Princípios de Medicina Interna do Imperador Amarelo

Dados Internacionais de Catalogação na Publicação (CIP)
(Câmara Brasileira do Livro, SP, Brasil)

Bing, Wang
  Princípios de medicina interna do Imperador Amarelo /
Bing Wang; tradução José Ricardo Amaral de Souza Cruz;
revisor técnico Olivier-Michel Niepeeron. – São Paulo:
Ícone, 2013.

Título original: Yellow Empero's canon of internal medicine.
ISBN 85-274-0626-8 (antigo)
ISBN 978-85-274-0626-0

1. Acupuntura. 2. Medicina chinesa. 3. Medicina interna.
4. Terapêutica. I. Título.

	CDD-610.951
00-4319	NLM-WB 900

Índices para catálogo sistemático:

1. Medicina chinesa.   610.951

Princípios de Medicina Interna do Imperador Amarelo

黄帝内经

Autor comprovado: Bing Wang (Dinastia Tang)
Tradução: José Ricardo Amaral de Souza Cruz
(Formado em Acupuntura e Fitoterapia Chinesa, especialização em Acupuntura no Instituto Ricci de Paris – 1995)
Revisor Técnico: Dr. Olivier-Michel Niepceron
Cirurgião-Dentista pela USP
Acupunturista – IBRAHO

原著：王　冰（唐）
英译：吴连胜　吴　奇

Brasil
2013

Ícone editora

中国科学技术出版社
·北　京·

© Copyright 2013.
Ícone Editora Ltda

Traduzido a partir da edição em inglês
"Yellow Empero's Canon of Internal Medicine"

Ilustração de sobrecapa e aberturas
Tomoichi Sogo

Design gráfico, capa e editoração
Richard Veiga

Diagramação
Andréa Magalhães da Silva

Tradução
José Ricardo Amaral de Souza Cruz

Revisão
Antônio Carlos Tosta

Proibida a reprodução total ou parcial desta obra,
de qualquer forma ou meio eletrônico, mecânico,
inclusive por meio de processos xerográficos, sem
permissão expressa do editor (Lei nº 9.610/98).

Todos os direitos reservados à:
ÍCONE EDITORA LTDA.
Rua Anhanguera, 56 – Barra Funda
CEP 01135-000 – São Paulo – SP
Tels./Fax.: (011) 3392-7771
www.iconeeditora.com.br
iconevendas@iconeeditora.com.br

目 录

Índice

素 问
Su Wen
(Questões Simples)

上古天真论篇第一
Capítulo 1　Shanggu Tianzhen Lun
(Sobre a Preservação da Energia Saudável nos Humanos
nos Tempos Antigos) 25

四气调神大论篇第二
Capítulo 2　Si Qi Tiao Shen Da Lun
(Sobre a Preservação da Saúde em Concordância
com as Quatro Estações) 31

生气通天论篇第三
Capítulo 3　Sheng Qi Tong Tian Lun
(Sobre a Energia Vital Humana Entrando em Contato
com a Natureza) 36

金匮真言论篇第四
Capítulo 4　Jin Gui Zhen Yan Lun
(A Verdade nas Coleções de Livros na Câmara Dourada) 43

阴阳应象大论篇第五
Capítulo 5　Yin Yang Ying Xiang Da Lun
(A Relação de Correspondência entre o Yin e o Yang no Homem
e em Todas as Coisas e a das Quatro Estações) 49

阴阳离合论篇第六
Capítulo 6　Yin Yang Li He Lun
(Atividades Isoladas e o Funcionamento Mútuo
do Yin e do Yang) 63

阴阳别论篇第七
Capítulo 7　Yin Yang Bie Lun
(O Yin e o Yang da Condição do Pulso) 66

灵兰秘典论篇第八
Capítulo 8　Ling Lan Mi Dian Lun
(As Coleções Confidenciais na Biblioteca Real acerca
das Funções das Doze Vísceras) 72

六节藏象论篇第九
Capítulo 9　Liu Jie Zang Xiang Lun
(A Estreita Relação entre as Vísceras do Corpo Humano
com o Ambiente do Mundo Exterior) 74

五藏生成篇第十
Capítulo 10 Wu Zang Sheng Cheng Pian
(As Funções das Cinco Vísceras em Relação ao Corpo
Humano e suas Relações Mútuas) 81

五藏别论篇第十一
Capítulo 11 Wu Zang Bie Lun
(As Diversas Funções entre os Órgãos Ocos e os Órgãos
Ocos Extraordinários para Digestão e Eliminação) 86

异法方宜论篇第十二
Capítulo 12 Yi Fa Fang Yi Lun
(Tratamento que Separa os Pacientes das Diferentes Regiões) 88

移精变气论篇第十三
Capítulo 13 Yi Jing Bian Qi Lun
(Acerca da Terapia de Transformar a Mente e o Espírito) 90

汤液醪醴论篇第十四
Capítulo 14 Tang Ye Lao Li Lun
(Sobre a Sopa de Arroz, o Vinho Turvo e o Vinho Doce) 93

玉版论要篇第十五
Capítulo 15 Yu Ban Lun Yao
(Métodos de Apalpação para Medir e Distinguir
a Doença Registrados na Tabuinha de Jade) 96

诊要经终论篇第十六
Capítulo 16 Zhen Yao Jing Zhong Lun
(O Fundamental do Diagnóstico e dos Sintomas
da Ruptura dos Doze Canais) 99

脉要精微论篇第十七
Capítulo 17 Mai Yao Jing Wei Lun
(O Essencial e o Fundamental do Diagnóstico
de Apalpação) 103

平人气象论篇第十八
Capítulo 18 Ping Ren Qi Xiang Lun
(A Respeito do Pulso Normal de uma Pessoa) 112

玉机真藏论篇第十九
Capítulo 19 Yu Ji Zhen Zang Lun
(A Coleção Valiosa da Placa de Jade sobre a Condição
do Pulso, Indicando o Esgotamento da Energia Visceral) 119

三部九候论篇第二十
Capítulo 20 San Bu Jiu Hou Lun
(Sobre as Três Partes e as Nove Subdivisões do Pulso) 129

经脉别论篇第二十一
Capítulo 21 Jing Mai Bie Lun
(Comentários Adicionais acerca do Canal) 135

6

藏气法时论篇第二十二
Capítulo 22 Zang Qi Fa Shi Lun
(Acerca da Relação entre as Energias das Cinco
Vísceras e a das Quatro Estações) 138

宣明五气篇第二十三
Capítulo 23 Xuan Ming Wu Qi
(Exposição sobre a Energia das Cinco Vísceras) 145

血气形志篇第二十四
Capítulo 24 Xue Qi Xin Zhi
(Sobre o Sangue, a Energia, o Corpo e o Espírito) 149

宝命全形论篇第二十五
Capítulo 25 Bao Ming Quan Xing Lun
(Seguir o Princípio da Natureza ao Tratar) 151

八正神明论篇第二十六
Capítulo 26 Ba Zheng Shen Ming Lun
(A Relação entre a Mudança de Tempo dos Oito Períodos
Solares Principais e a Depuração e o Fortalecimento
através da Acupuntura) 155

离合真邪论篇第二十七
Capítulo 27 Li He Zhen Xie Lun
(Assuntos que Precisam de Atenção em Acupuntura) 160

通评虚实论篇第二十八
Capítulo 28 Tong Ping Xu Shi Lun
(Sobre a Astenia e a Estenia) 164

太阴阳明论篇第二十九
Capítulo 29 Taiyin Yangming Lun
(Sobre as Relações entre as Superfícies e o Interior
dos Canais Taiyin e Yangming) 169

阳明脉解篇第三十
Capítulo 30 Yangming Mai Jie
(Explanação acerca do Canal Yangming) 172

热论篇第三十一
Capítulo 31 Re Lun
(Sobre a Doença Febril) 174

刺热篇第三十二
Capítulo 32 Ci Re
(Acupuntura para Tratar as Doenças Febris das Vísceras) 178

评热病论篇第三十三
Capítulo 33 Ping Re Bing Lun
(Sobre a Doença Febril) 182

逆调论篇第三十四
Capítulo 34 Ni Tiao Lun
(Sobre os Desajustes) 186

7

疟论篇第三十五
Capítulo 35 Nüe Lun
(Sobre a Malária) 189

刺疟篇第三十六
Capítulo 36 Ci Nüe
(Ao Tratar a Malária com a Acupuntura) 196

气厥论篇第三十七
Capítulo 37 Qi Jue Lun
(As Doenças Devidas ao Intercâmbio do Frio e do Calor
Perversos entre os Diversos Órgãos) 200

咳论篇第三十八
Capítulo 38 Ke Lun
(Sobre a Tosse) 202

举痛论篇第三十九
Capítulo 39 Ju Tong Lun
(Sobre a Patologia da Dor) 205

腹中论篇第四十
Capítulo 40 Fu Zhong Lun
(Sobre os Males Abdominais) 210

刺腰痛篇第四十一
Capítulo 41 Ci Yao Tong
(Terapia de Picadas para Lumbago em Diversos Canais) 214

风论篇第四十二
Capítulo 42 Feng Lun
(Sobre o Vento Perverso) 218

痹论篇第四十三
Capítulo 43 Bi Lun
(Enfermidade do Tipo Bi) 222

痿论篇第四十四
Capítulo 44 Wei Lun
(Sobre a Flacidez) 227

厥论篇第四十五
Capítulo 45 Jue Lun
(Sobre o Síndrome Jue) 230

病能论篇第四十六
Capítulo 46 Bing Neng Lun
(Sobre as Várias Doenças) 234

奇病论篇第四十七
Capítulo 47 Qi Bing Lun
(Sobre as Doenças Raras) 237

大奇论篇第四十八
Capítulo 48 Da Qi Lun
(Sobre as Doenças Estranhas) 241

8

脉解篇第四十九
Capítulo 49 Mai Jie
(Sobre os Canais) 245

刺要论篇第五十
Capítulo 50 Ci Yao Lun
(Fundamentos da Acupuntura) 250

刺齐论篇第五十一
Capítulo 51 Ci Qi Lun
(A Profundidade Adequada da Puntura) 252

刺禁论篇第五十二
Capítulo 52 Ci Jin Lun
(As Posições Proibidas ao Picar) 254

刺志论篇第五十三
Capítulo 53 Ci Zhi Lun
(Sobre o Tratamento da Astenia e da Estenia
por Meio da Acupuntura) 257

针解篇第五十四
Capítulo 54 Zhen Jie
(Explanação Acerca das Agulhas) 259

长刺节论篇第五十五
Capítulo 55 Chang Ci Jie Lun
(Comentário Suplementar Acerca da Puntura) 263

皮部论篇第五十六
Capítulo 56 Pi Bu Lun
(Sobre as Camadas de Pele) 266

经络论篇第五十七
Capítulo 57 Jing Luo Lun
(Sobre os Colaterais) 269

气穴论篇第五十八
Capítulo 58 Qi Xue Lun
(Sobre os Acupontos) 270

气府论篇第五十九
Capítulo 59 Qi Fu Lun
(Os Pontos de Acupuntura Associados a Vários Canais) 277

骨空论篇第六十
Capítulo 60 Gu Kong Lun
(Sobre a Cavidade Óssea) 286

水热穴论篇第六十一
Capítulo 61 Shui Re Xue Lun
(Sobre os Pontos Shu para o Tratamento da Síndrome
da Retenção e Fluidos e Febre) 292

调经论篇第六十二
Capítulo 62 Tiao Jing Lun
(O Equilíbrio dos Canais pela Puntura) 297

繆刺论篇第六十三
Capítulo 63 Miu Ci Lun
(Da Puntura Contralateral) 306

四时刺逆从论篇第六十四
Capítulo 64 Si Shi Ci Ni Cong Lun
(Tratamentos Regulares e Adversos da Acupuntura
nas Quatro Estações) 314

标本病传论篇第六十五
Capítulo 65 Biao Ben Bing Chuan Lun
(Os Troncos e os Ramos e a Seqüência de Transferência
da Doença) 318

天元纪大论篇第六十六
Capítulo 66 Tian Yuan Ji Da Lun
(A Movimentação do Yin e do Yang nos Cinco Elementos
e os Seis Tipos de Climas como Princípios que Norteiam
o Universo) 322

五运行大论篇第六十七
Capítulo 67 Wu Yun Xing Da Lun
(Sobre a Movimentação dos Cinco Elementos) 328

六微旨大论篇第六十八
Capítulo 68 Liu Wei Zhi Da Lun
(O Significado Refinado das Seis Energias) 336

气交变大论篇第六十九
Capítulo 69 Qi Jiao Bian Da Lun
(Mudanças na Intersecção das Energias) 349

五常政大论篇第七十
Capítulo 70 Wu Chang Zheng Da Lun
(Sobre as Energias da Movimentação dos Cinco Elementos) 364

六元正纪大论第七十一
Capítulo 71 Liu Yuan Zheng Ji Da Lun
(Sobre as Alterações e Símbolos da Movimentação dos Cinco
Elementos e os Seis Tipos de Clima no Ciclo de Sessenta Anos) .. 385

刺法论篇第七十二 （亡）
Capítulo 72 Ci Fa Lun
(Sobre a Terapia da Puntura) (Perdido) 438

本病论篇第七十三 （亡）
Capítulo 73 Ben Bing Lun
(Sobre a Proveniência das Doenças) (Perdido) 438

至真要大论第七十四
Capítulo 74 Zhi Zhen Yao Da Lun
(As Várias Alterações na Dominância das Seis Energias
e suas Relações com as Doenças) 439

著至教论篇第七十五
Capítulo 75 Zhu Zhi Jiao Lun
(O Princípio Supremo que se Relaciona ao Céu, à Terra
e ao Homem) 473

示从容论篇第七十六
Capítulo 76 Shi Cong Rong Lun
(Diagnosticar de Acordo com a Norma Estabelecida
de Maneira Menos Rígida) 476

疏五过论篇第七十七
Capítulo 77 Shu Wu Guo Lun
(As Cinco Falhas no Diagnóstico e no Tratamento) 479

徵四失论篇第七十八
Capítulo 78 Zheng Si Shi Lun
(As Quatro Razões da Falha no Tratamento) 483

阴阳类论篇第七十九
Capítulo 79 Yin Yang Lei Lun
(Sobre os Três Canais Yin e os Três Canais Yang) 485

方盛衰论篇第八十
Capítulo 80 Fang Sheng Shuai Lun
(Sobre a Abundância e Debilidade das Energias
Yin e Yang) 490

解精微论篇第八十一
Capítulo 81 Jie Jing Wei Lun
(Interpretação da Razão Sutil de Verter Lágrimas) 494

11

灵 枢
Ling Shu
(Eixo Espiritual)

九针十二原第一
Capítulo 1 Jiu Zhen Shi Er Yuan
(Os Nove Tipos de Agulha e os Doze Pontos Fonte) 501

本输第二
Capítulo 2 Ben Shu
(Os Acupontos) 509

小针解第三
Capítulo 3 Xiao Zheng Jie
(Explanação sobre a Agulha Pequena) 517

邪气脏腑病形第四
Capítulo 4 Xie Qi Zang Fu Bing Xing
(Os Males Viscerais Causados pela Energia Perversa) 522

根结第五
Capítulo 5 Gen Jie
(O Início e o Fim do Canal) 533

寿夭刚柔第六
Capítulo 6 Shou Yao Gang Rou
(Acerca da Relação entre Firmeza e Leveza do Corpo
e a Duração da Vida de Cada Um) 539

官针第七
Capítulo 7 Guan Zhen
(Acerca da Aplicação das Agulhas) 544

本神第八
Capítulo 8 Ben Shen
(As Doenças Causadas pelas Atividades do Espírito) 548

终始第九
Capítulo 9 Zhong Shi
(O Início e o Término dos Canais) 552

经脉第十
Capítulo 10 Jing Mai
(Sobre os Canais) 562

经别第十一
Capítulo 11 Jing Bie
(Ramificações dos Doze Canais) 580

经水第十二
Capítulo 12 Jing Shui
(A Água dos Canais) 583

经筋第十三
Capítulo 13 Jing Jin
(Distribuição dos Tendões ao Longo dos Canais) 587

骨度第十四
Capítulo 14 Gu Du
(A Medida Óssea) 595

五十营第十五
Capítulo 15 Wu Shi Ying
(Os Cinqüenta Ciclos da Circulação nos Canais de Energia) 598

营气第十六
Capítulo 16 Ying Qi
(A Energia Ying) 600

脉度第十七
Capítulo 17 Mai Du
(A Extensão dos Canais) 602

营卫生会第十八
Capítulo 18 Ying Wei Sheng Hui
(A Forma de Distribuição e de Funcionamento da Energia
Ying e da Energia Wei) 605

四时气第十九
Capítulo 19 Si Shi Qi
(Aplicação das Diversas Terapias de Puntura nas Diferentes
Estações) 609

五邪第二十
Capítulo 20 Wu Xie
(Terapia de Puntura para Tratar os Males das Cinco
Vísceras) 612

寒热病第二十一
Capítulo 21 Han Re Bing
(Doenças do Frio e do Calor) 614

癫狂第二十二
Capítulo 22 Dian Kuang
(Síndrome Maníaco-Depressivo) 618

热病第二十三
Capítulo 23 Re Bing
(A Doença Febril) 622

厥病第二十四
Capítulo 24 Jue Bing
(Síndrome Jue) 628

病本第二十五
Capítulo 25 Bing Ben
(Tratamento da Causa e da Conseqüência da Doença) 632

13

杂病第二十六
Capítulo 26 Za Bing
(Doenças Mistas) 634

周痹第二十七
Capítulo 27 Zhou Bi
(A Síndrome Bi pelo Corpo Todo) 638

口问第二十八
Capítulo 28 Kou Wen
(A Terapia de Tratamento através do Inquérito Verbal) 640

师传第二十九
Capítulo 29 Shi Chuan
(Instruções de Tratamento Reveladas pelos Mestres Antigos) 645

决气第三十
Capítulo 30 Jue Qi
(As Energias) 649

肠胃第三十一
Capítulo 31 Chang Wei
(O Intestino e o Estômago) 651

平人绝谷第三十二
Capítulo 32 Pin Ren Jue Gu
(O Jejum de um Homem Comum) 652

海论第三十三
Capítulo 33 Hai Lun
(Sobre os Quatro Mares) 654

五乱第三十四
Capítulo 34 Wu Luan
(As Cinco Perturbações) 656

胀论第三十五
Capítulo 35 Zhang Lun
(Sobre a Distensão) 658

五癃津液别第三十六
Capítulo 36 Wu Long Jin Ye Bie
(As Cinco Espécies de Fluido Corporal) 662

五阅五使第三十七
Capítulo 37 Wu Yue Wu Shi
(Determinação das Condições das Cinco Vísceras
ao se Examinar os Cinco Órgãos dos Sentidos) 664

逆顺肥瘦第三十八
Capítulo 38 Ni Shun Fei Shou
(Diferentes Terapias de Acupuntura para Pessoas de Diversas
Compleições, Gorda e Magra e as Condições de Contracorrente
e Concordância dos Doze Canais) 666

血络论第三十九
Capítulo 39 Xue Luo Lun
(Sobre as Vênulas Superficiais) 670

阴阳清浊第四十
Capítulo 40 Yin Yang Qing Zhuo
(O Límpido e o Turvo nas Energias Yin e Yang) 672

阴阳系日月第四十一
Capítulo 41 Yin Yang Xi Re Yue
(O Yin e o Yang no Corpo Humano em Relação ao Sol
e à Lua) 674

病传第四十二
Capítulo 42 Bing Chuan
(A Transmissão das Doenças) 677

淫邪发梦第四十三
Capítulo 43 Yin Xie Fa Meng
(O Sonho Induzido pela Energia Perversa) 681

顺气一日分为四时第四十四
Capítulo 44 Shun Qi Yi Ri Fen Wei Si Shi
(A Energia Humana Saudável de Dia e de Noite
Corresponde às Energias das Quatro Estações) 683

外揣第四十五
Capítulo 45 Wai Chuai
(Determinação que Vem de Fora) 686

五变第四十六
Capítulo 46 Wu Bian
(Os Cinco Tipos de Afecções) 688

本脏第四十七
Capítulo 47 Ben Zang
(As Várias Condições dos Órgãos Internos Relacionadas
às Diversas Doenças) 692

禁服第四十八
Capítulo 48 Jin Fu
(Compreensão Minuciosa dos Canais Antes de Picar) 700

五色第四十九
Capítulo 49 Wu Se
(As Cinco Cores) 705

论勇第五十
Capítulo 50 Lun Yong
(Sobre a Resistência) 711

背腧第五十一
Capítulo 51 Bei Shu
(Os Pontos Shu Posteriores Relativos às Cinco Vísceras) 714

卫气第五十二
Capítulo 52 Wei Qi
(Sobre a Energia Wei) 715

论痛第五十三
Capítulo 53 Lun Tong
(Sobre a Dor) 718

天年第五十四
Capítulo 54 Tian Nian
(A Duração Natural da Vida) 720

逆顺第五十五
Capítulo 55 Ni Shun
(A Concordância e a Contracorrente) 723

五味第五十六
Capítulo 56 Wu Wei
(Os Cinco Sabores) 725

水胀第五十七
Capítulo 57 Shui Zhang
(O Edema) 728

贼风第五十八
Capítulo 58 Zei Feng
(O Vento Perverso) 730

卫气失常第五十九
Capítulo 59 Wei Qi Shi Chang
(Tratamento da Energia Wei Anormal) 732

玉版第六十
Capítulo 60 Yu Ban
(A Placa de Jade) 736

五禁第六十一
Capítulo 61 Wu Jin
(As Cinco Contra-indicações) 740

动输第六十二
Capítulo 62 Dong Shu
(A Pulsação Arterial) 742

五味论第六十三
Capítulo 63 Wu Wei Lun
(Sobre os Cinco Sabores) 744

阴阳二十五人第六十四
Capítulo 64 Yin Yang Er Shi Wu Ren
(Os Vinte Cinco Tipos de Pessoas Dentro
das Diversas Características do Yin e do Yang) 747

五音五味第六十五
Capítulo 65 Wu Yin Wu Wei
(Os Cinco Tons e os Cinco Sabores) 755

16

百病始生第六十六
Capítulo 66 Bai Bing Shi Sheng
          (O Início das Diversas Doenças) 759

行针第六十七
Capítulo 67 Xing Zheng
          (A Transmissão pela Agulha) 763

上膈第六十八
Capítulo 68 Shang Ge
          (O Vômito Imediatamente Após a Ingestão de Comida) 765

忧恚无言第六十九
Capítulo 69 You Hui Wu Yan
          (Afonia Devida à Melancolia e ao Ressentimento) 767

寒热第七十
Capítulo 70 Han Re
          (O Frio e o Quente) 769

邪客第七十一
Capítulo 71 Xie Ke
          (Retenção do Perverso) 770

通天第七十二
Capítulo 72 Tong Tian
          (Os Diferentes Tipos de Homem) 776

官能第七十三
Capítulo 73 Guan Neng
          (Cada Qual de Acordo com sua Capacidade) 780

论疾诊尺第七十四
Capítulo 74 Lun Ji Zhen Chi
          (Determinar a Doença pela Inspeção da Pele Anterolateral
          do Antebraço) 785

刺节真邪第七十五
Capítulo 75 Ci Jie Zhen Xie
          (Critérios para Picar e a Diferença entre a Energia
          Saudável e a Energia Perversa) 789

卫气行第七十六
Capítulo 76 Wei Qi Xing
          (A Circulação da Energia Wei) 799

九宫八风第七十七
Capítulo 77 Jiu Gong Ba Feng
          (Os Nove Palácios e os Oito Ventos) 804

九针论第七十八
Capítulo 78 Jiu Zhen Lun
          (Sobre os Nove Tipos de Agulha) 808

岁露论第七十九
Capítulo 79 Sui Lu Lun
(Sobre os Frescores do Ano) 816

大惑论第八十
Capítulo 80 Da Huo Lun
(Sobre a Grande Confusão) 821

痈疽第八十一
Capítulo 81 Yong Ju
(Sobre o Carbúnculo e o Carbúnculo de Raiz Profunda) 825

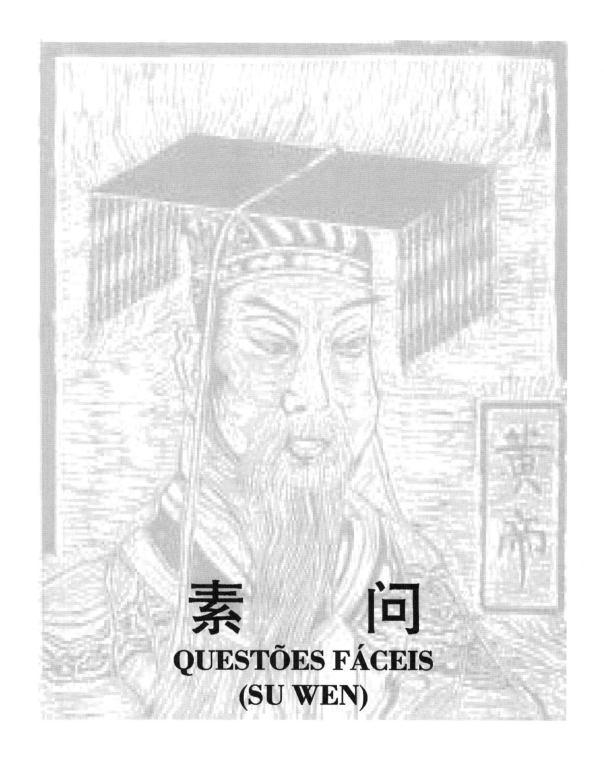

素 问
QUESTÕES FÁCEIS
(SU WEN)

序

王冰撰

夫释缚脱艰，全真导气，拯黎元于仁寿，济赢劣以获安者，非三圣道则不能致之矣。孔安国序《尚书》曰：伏羲、神农、黄帝之书，谓之三坟，言大道也。班固《汉书·艺文志》曰：《黄帝内经》十八卷，《素问》即其经之九卷也，兼《灵枢》九卷，乃其数焉。虽复年移代革，而授学犹存，惧非其人，而时有所隐，故第七一卷，师氏藏之，今之奉行，惟八卷尔。然而其文简，其意博，其理奥，其趣深，天地之象分，阴阳之候列，变化之由表，死生之兆彰，不谋而遐迩自同，勿约而幽明斯契，稽其言有徵，验之事不忒，诚可谓至道之宗，奉生之始矣。

Prefácio
Wang Bing

Alguém só pode conseguir se livrar dos fardos, superar as dificuldades, preservar o estado natural das coisas, purificar os sopros ascender da grande multidão e atingir a benevolência e a longa vida, conduzir os débeis e os fracos, atingindo a tranqüilidade, acompanhando os métodos usados pelos três sábios. O prefácio do "Livro da História" (Shang Shu) por Kong An Guo dizia que os escritos de Fu Xi, Shen Nong e do Imperador Amarelo eram chamados "Os Três Pináculos", e que estavam discutindo o grande caminho. No tratado acerca dos "Cânones da Literatura e da História. Dinastia Han", Ban Gu organizou o Cânone de Medicina Interna do Imperador Amarelo em 18 rolos dos quais as "Questões Fáceis" (Su Wen) em 9 rolos e o "Eixo Espiritual" (Ling Shu) em 9 rolos, perfazendo o número de 18 rolos do cânone.

Embora os anos tenham mudado e a época seja diferente, embora as palavras tenham sido colocadas como um conjunto e tenham virado objeto de estudo, por isso mesmo, esse livro foi preservado. Temeu-se que a pessoa errada pudesse deter a informação, assim, de tempos em tempos, algumas partes foram escondidas. Dessa forma, o sétimo rolo foi escondido pelo Mestre Shi, e o livro "Questões Fáceis" que hoje possuímos só tem 8 rolos.

Seja como for, seu estilo ainda é conciso, suas idéias são vastas, seus princípios são recônditos e seus propósitos são profundos. Com sua ajuda, os fenômenos do céu e da terra se sobressaem, o estado de Yin e de Yang é mantido íntegro, foram expostos os motivos de alteração, e os sintomas de morte ou sobrevivência do paciente mantidos acessíveis. Não é necessário deliberar acerca desses princípios com os outros, eles estão de maneira unânime longe e perto, e o implícito está em perfeito acordo. Se você examinar as palavras deste documento, se você achar que elas contêm provas; se você verificar os fatos, não encontrará erros; portanto, ele pode ser chamado a fonte do princípio primordial e o início da preservação da vida de cada um.

假若天机迅发，妙识玄通，蕴谋虽属乎生知，标格亦资于诂训，未尝有行不由途，出不由户者也。然刻意研精，探微索隐，或识契真要，则目牛无全，故动则有成，犹鬼神幽赞，而命世奇杰，时时间出焉。则周有秦公，魏有张公、华公，皆得斯妙道者也。咸日新其用，大济蒸人，华叶递荣，声实相副，盖教之著矣，亦天之假也。

Mesmo que alguém possua talentos naturais, um profundo e maravilhoso conhecimento, não obstante ele ainda tem necessidade de elucidações textuais e filológicas para proceder de forma exemplar. Ninguém pode caminhar se não houver uma trilha, e ninguém pode sair se não houver uma porta.

No entanto, se alguém concentrar sua atenção na pesquisa acerca da essência e dos traços das fontes implícitas e ocultas das coisas, ou conhecer verdadeiramente as características importantes deste documento, será capaz de conhecer minuciosamente o essencial como um chefe experiente, que quando abate uma vaca, pode ver somente os espaços dos ossos e músculos da vaca, em vez de ver seu corpo como um todo, e será bem sucedido, como se tivesse a misteriosa assistência dos espíritos e dos deuses. No passado, muitas pessoas foram notáveis e famosas durante uma geração, e de tempos em tempos. Tal como na dinastia Zhou, houve sua excelência Qin Yueren (cerca de 220 a.C.), na dinastia Wei, houve sua excelência Zhang Daoling (156 d.C.) e sua excelência Hua Tuo (falecido em 220 d.C.) todos eles renovando diariamente sua aplicação dos princípios e conseguindo uma multidão de seguidores, seu brilho tornou-se opulento, sua reputação atingiu a realidade, o que muito provavelmente foi conseguido pelos seus ensinamentos e por uma dádiva dos céus.

冰弱龄慕道，夙好养生，幸遇真经，式为龟镜。而世本纰缪，篇目重叠，前后不伦，文义悬隔，施行不易，披会亦难，岁月既淹，袭以成弊。或一篇重出，而别立二名；或两论并吞，而都为一目，或问答未已，别树篇题；或脱简不书，而云世阙；重《合经》，而冠《针服》，并《方宜》而为《欬篇》，隔《虚实》而为《逆从》，合《经络》而为《论要》，节《皮部》为《经络》，退《至教》以《先针》，诸如此流，不可胜数。且将升岱岳，非途奚为，欲诣扶桑，无舟莫适。乃精勤博访，而并有其人，历十二年，方臻理要，询谋得失，深遂夙心。时于先生郭子斋堂，受得等候师张公秘本，文字昭晰，义理环周，一以参详，群疑冰释。恐散于末学，绝彼师资，因而撰注，用传不朽，兼旧藏之卷，合八十一篇，二十四卷，勒成一部，冀乎究尾明首，寻注会经，开发童蒙，宣扬至理而已。

Eu, Wang Bing, admirei o Caminho e sempre amei em minha juventude os cuidados de saúde. Afortunadamente, cheguei ao Cânone do Imperador Amarelo, cuja função era a de um espelho que pode guiar o tratamento. Mas as cópias entre o povo estavam desordenadas, havia repetições dos índices de assuntos, a primeira e a última partes do livro não tinham concordância, de forma que ficou difícil aplicar ao aprendizado e ficou difícil ler e compreender. Estes erros perduraram por anos e se repetiram de forma a produzir alterações no texto. De vez em quando, um capítulo aparecia duas vezes, e a ele se dava um título diferente. Algumas vezes, combinavam-se duas discussões, e uma diretiva era dada à ambas. Algumas vezes, quando a resposta a uma pergunta ainda não tinha sido completada, era implantado um título de um capítulo em separado. Em algumas ocasiões as folhas escritas desapareceram ou não foram escritas por completo, e o escriba dizia por exemplo, "Nesta etapa faltam tais e tais assuntos", o capítulo "Sobre os Canais" foi repetido e novamente intitulado "A Agulha". A "Receita Adequada" foi absorvida para se tornar o capítulo "A Tosse". O capítulo "Astenia e Estenia" foi separado e intitulado "As Coisas Adversas e as Coisas Corretas". O capítulo "Canais e Colaterais" foi intitulado de "Discussão Importante", e a "Parte da Pele" simplificada para "Canais e Colaterais". Desta forma o ensinamento supremo foi passado para trás e o uso da agulha foi colocado à frente. Ocorrências desse tipo eram incontáveis.

Qualquer um que queira subir o Tai Yue (o Monte Tai) não pode fazê-lo sem uma estrada; qualquer um que queira viajar a Fu Sang (Japão) não pode chegar sem um navio. Assim, investiguei com diligência o texto original e visitei amiúde as pessoas que podiam me ajudar. Após doze anos de estudo, eu agora finalmente entendo os princípios. Inquiri acerca dos pontos certos e dos pontos incorretos e os resultados satisfazem meu antigo desejo.

Recebi o original secreto, edição do mestre proeminente, sua excelência Zhang Zhongjing em casa de meu professor Guo Zi Zhai. O que está escrito neste texto é muito claro, sendo seu princípio e sentido algo que se encaixa perfeitamente; e fazendo uso dele para propósitos de interpretação, muitos pontos duvidosos desapareceram como gelo derretido. Como temo que este texto possa ser perdido em minhas mãos, e como conseqüência, o material de ensinamento desapareça, escrevi um comentário a ele, para que se perpetue eternamente. Fiz uma mescla entre este e o texto do qual estou de posse, em um livro de oitenta e um capítulos e vinte e quatro rolos. É minha intenção investigar a cauda para entender a cabeça, investigar os comentários para compreender o clássico, desenvolver o conhecimento médico aos jovens, espalhando de maneira a mais ampla possível os princípios mais elevados.

其中简脱文断，义不相接者，搜求经论所有，迁移以补其处，篇目坠缺，指事不明者，量其意趣，加字以昭其义。篇论吞并，义不相涉，阙漏名目者，区分事类，别目以冠篇首。君臣请问，礼仪乖失者，考校尊卑，增益以光其意。错简碎文，前后重叠者，详其指趣，削去繁杂，以存其要。辞理秘密，难粗论述者，别撰《玄珠》，以陈其道。凡所加字，皆朱书其文，使今古必分，字不杂糅，庶厥昭彰圣旨，敷畅玄言，有如列宿高悬，奎张不乱，深泉净滢，鳞介咸分，君臣无夭枉之期，夷夏有延龄之望，俾工徒勿误，学者惟明，至道流行，徽音累属，千载之后，方知大圣之慈惠无穷。时大唐宝应元年岁次壬寅序

Alguns parágrafos deste livro, estão faltando no texto original e sua escrita interrompida, daí, o significado dos diferentes parágrafos não pode ser combinado. Tentei encontrar a parte faltante dos clássicos e ensaios e transplantá-los para preencher as lacunas. Nesta edição original, alguns títulos e tópicos foram perdidos, e não há clareza nas explanações, portanto, há títulos faltantes; por isso, dividi e os arranjei de acordo com as classificações e dei a eles novos títulos.

O texto consiste na conversação do imperador com seu ministro. Estas conversações nem sempre estão de acordo com a etiqueta; em tais casos, acrescentei algumas palavras a fim de enfocar suas posições, a exaltada e a humilde. Há também alguns parágrafos errados e caracteres confusos, alguns dos quais sobrepostos; tentei determinar seu significado e omiti as partes confusas e sobrepostas para preservar as porções essenciais. O significado de algumas palavras é profundamente obscuro e é difícil explicá-las por isso de forma corrente, razão pela qual estou escrevendo um outro livro chamado Xuan Zhu (Pérolas de Mistério) a fim de explicar os significados. Todas as palavras acrescidas por mim, estão escritas em vermelho, com o propósito de distinguí-las entre o novo e o antigo e evitar confusão entre as palavras.

Todos meus esforços foram empregados para tornar claro o texto, para preencher as leais esperanças e desejos do Imperador e para por em destaque as palavras profundas, de tal maneira que sejam como estrelas suspensas bem alto no céu, onde a estrela Kui não possa ser confundida com a estrela Zhang, e que sejam como um poço profundo, que seja tão claro que se possa distinguir peixes e tartarugas sob a água. Desejo também rogar para que o Imperador e seus subordinados se livrem de morrer jovens, a fim de dar tanto aos bárbaros quanto aos Chineses a esperança de prolongar suas vidas, e tornar claras as matérias a quem está aprendendo e fazer com que prevaleçam os mais altos princípios e de que conservem uma contínua existência, para que depois de mil anos, as pessoas saibam que a sapiência e a amabilidade dos grandes sábios eram sem limites.

Este prefácio foi escrito no primeiro ano de Bao Ying da grande dinastia Tang (762 d.C.).

上古天真论篇第一

Capítulo 1
Shanggu Tianzhen Lun
(Sobre a Preservação da Energia Saudável
nos Humanos nos Tempos Antigos)

昔在黄帝，生而神灵，弱而能言，幼而徇齐，长而敦敏，成而登天。

O Imperador Amarelo, de grande antiguidade, quando nasceu já era brilhante e sábio, bom de se conversar quando era criança, tinha uma maneira modesta de proceder e uma lisura de caráter quando cresceu; em sua juventude, honesto e possuía uma grande habilidade em distinguir o certo do errado. Quando chegou à idade correta, tornou-se imperador.

乃问于天师曰：余闻上古之人，春秋皆度百岁，而动作不衰；今时之人，年半百而动作皆衰者，时世异耶？人将失之耶？

O Imperador Amarelo se dirigiu ao mestre Taoísta Qibo, dizendo: "Fiquei sabendo que nos tempos antigos, as pessoas todas podiam viver por bem mais do que cem anos, e aparentavam estar muito bem de saúde e firmes nas ações; mas as pessoas nos tempos presentes são diferentes, não são tão lépidas no agir, já quando têm apenas cinqüenta anos; qual a razão? Isto se deve à mudança dos princípios espirituais ou é causado pelo comportamento artificial do homem?"

岐伯对曰：上古之人，其知道者，法于阴阳，和于术数，食饮有〔《千金方》"有"下有"常"字〕节，起居有常〔《千金方》"常"下有"度"字〕，不妄作劳，故能形与神俱，而尽终其天年，度百岁乃去。今时之人不然也，以酒为浆，以妄为常，醉以入房，以欲竭其精，以耗散其真，不知持满，不时〔林校引别本"时"作"解"〕御神，务快其心，逆于生乐，起居无节，故半百而衰也。

Qibo respondeu: "Aqueles que nos tempos antigos conheciam a maneira de conservar uma boa saúde, sempre nortearam seu comportamento do dia-a-dia de acordo com a natureza. Seguiam o princípio do Yin e do Yang e se conservavam de conformidade com a arte da profecia, baseada na interação do Yin e do Yang. Eram capazes de modular sua vida diária em harmonia, de forma a recuperar a essência e a energia vital, portanto podiam se cuidar e praticar a maneira de preservar uma boa saúde. Seus comportamentos do dia-a-dia eram todos mantidos em padrões regulares tais como sua comida e bebida, mantidas em quantidades fixas, suas atividades diárias, todas em intervalos regulares. Nunca excediam no trabalho. Dessa forma, podiam manter tanto no corpo como no espírito o substancial, e eram capazes de viver até uma idade avançada de mais de cem anos.

"Mas hoje em dia, as pessoas são muito diferentes. Não se recuperam a si próprias de forma a preservar uma boa saúde, mas vão contra isso. Estão voltadas a beber sem temperança, são sonhadores de ordinário, indulgem em prazeres sexuais, sobrepujam sua energia vital e arruinam sua saúde. Não protegem cuidadosamente sua energia primordial como se estivessem manuseando um utensílio cheio de coisas valiosas. Não compreendem a importância de economizar sua energia, mas a gastam de forma selvagem fazendo a que lhes apraz. Não conhecem a alegria de conservar uma boa saúde e não têm um padrão regular em seu dia-a-dia quanto à comida, bebida e às atividades. Por esse motivo, se tornam decrépitas quando têm somente cinqüenta.

夫上古圣人之教下也〔"下也"二字误倒，应据《千金方》乙正，"下"字属下读〕，皆谓之〔《千金方》"谓"为"为"字〕，虚邪贼风，避之有时；恬惔虚无，真气从之，精神内守，病安从来。是以志闲而少欲，心安而不惧，形劳而不倦，气从以顺，各从其欲，皆得所愿。故美其食，任其服，乐其俗，高下不相慕，其民故曰〔王冰所据本"曰"作"自"〕朴。是以嗜欲不能劳其目，淫邪不能惑其心，愚智贤不肖不惧于物，故合于道，所以能年皆度百岁而动作不衰者，以其德全不危也。

"Nos tempos antigos, as pessoas se comportavam de acordo com os ensinamentos dos sábios para preservar a saúde: Todas as energias perversas das várias estações são prejudiciais às pessoas, atacam o corpo quando debilitado em geral, e deve-se defender delas a qualquer momento e em qualquer lugar. Quando alguém está completamente livre de desejos, ambições e pensamentos que distraiam, indiferente à fama e ao lucro, a verdadeira energia daí irá despertar. Quando alguém concentra internamente seu espírito e conserva uma mente em seu estado perfeito, como pode ocorrer qualquer doença?

"Portanto, aqueles que forem capazes de conservar uma aspiração em repouso, não terão medo quando algo terrível ocorrer; aqueles que tenham corpos fortes não se sentirão cansados após o trabalho, e aqueles que tiverem um espírito tranqüilo, sua energia primordial será moderada; seus desejos podem ser facilmente satisfeitos bastando que não tenham ambição insaciável. É precisamente porque têm esta base espiritual, que são capazes de se adaptar a qualquer ambiente. Eles não estão muito preocupados com a qualidade e estilo da roupa, mas se sentem à vontade com os costumes locais. Eles não buscam ou admiram a vida material confortável dos outros, assim são tranqüilos e honestos.

"Como eles têm um estado mental tranqüilo e estável, nenhum desejo pode seduzir seus olhos, e nenhuma obscenidade pode seduzir seu coração. Muito embora a inteligência e o caráter moral entre as diversas pessoas não sejam os mesmos, no entanto elas podem atingir o estágio de não ligar para nenhum pensamento de ganho ou perda, e por isso todas elas são capazes de viver de acordo com a maneira de conservar uma boa saúde.

"A razão pela qual aqueles, podem viver mais de cem anos sem se tornarem decrépitos é que eles podem conviver com a forma de conservar cuidadosamente uma boa saúde".

帝曰：人年老而无子者，材力尽邪？将天数然也。

Perguntou o Imperador Amarelo: "As pessoas não são mais capazes de ter um filho quando envelhecem, por ser isto devido à exaustão da energia de seus músculos ou é uma lei natural da fisiologia?"

岐伯曰：女子七岁，肾气盛，齿更发长。二七而天癸至，任脉通，太冲〔《太平圣惠方》，并无"太"字〕脉盛，月事以时下，故有子。三七，肾气平均，故真牙生而长极。四七，筋骨坚，发长极，身体盛壮。五七，阳明脉衰，面始焦，发始堕。六七，三阳脉衰于上，面皆焦，发始白。七七，任脉虚，太冲脉衰少，天癸竭，地道不通，故形坏而无子也。

Qibo respondeu: "Para uma mulher, a energia dos rins se torna ativa quando ela faz sete anos, quando os rins determinam a condição dos ossos, e os dentes sendo excessos de osso, seus dentes de leite caem e os dentes permanentes emergem se sua energia dos rins for próspera; como o cabelo é a extensão do sangue e o sangue é transformado a partir da essência dos rins, seus cabelos irão crescer quando os rins estiverem prósperos.

"Seu Tiangui (substância necessária à promoção do crescimento, desenvolvimento e função reprodutora do corpo humano) surge na idade de quatorze (2 x 7). Por esta época, seu canal Ren começa a ser posto à prova, e seu canal Chong se torna próspero e sua menstruação começa a aparecer. Já que todas as suas condições fisiológicas estão maduras, ela pode engravidar e gerar um bebê.

"O crescimento da energia dos rins atinge o status normal de um adulto por volta da idade de vinte e um (3 x 7), seus dentes do juízo despontam por volta deste estágio, e seus dentes se encontram completamente desenvolvidos.

"Por volta da idade de vinte e oito (4 x 7), sua energia vital e seu sangue se tornam substanciais, suas extremidades se tornam fortes, o desenvolvimento dos tecidos e dos pêlos de todo o seu corpo é florescente. Neste estágio, seu corpo atravessa a condição mais forte.

"O físico duma mulher muda da prosperidade para o declínio, gradativamente após a idade de trinta e cinco (5 x 7). Assim, nessa época, seu canal Yangming começa a ficar debilitado, sua face enfraquece, e seus cabelos começam a cair.

"Por volta da idade de quarenta e dois (6 x 7), seus canais Yang (Taiyang, Yangming e Shaoyang), todos começam a declinar. Por essa época, a compleição de sua face murcha, e seus cabelos começam a ficar brancos.

"Após a idade de quarenta e nove (7 x 7), seus canais Ren e Chong declinam, sua menstruação some já que seu Tiangui está exausto. Seu físico fica velho e frágil, e por essa época, ela não pode mais conceber.

丈夫八岁，肾气实〔《圣济总录》引"实"作"盛"〕，发长齿更。二八，肾气盛，天癸至〔三字衍〕，精气溢泻，阴阳和，故能有子。三八，肾气平均，筋骨劲强，故真牙生而长极。四八，筋骨隆盛，肌肉满壮。五八，肾气衰，发堕齿槁。六八，阳气衰竭于上、面焦，发鬓颁白〔《太平圣惠方》引无"颁"字〕。七八，肝气衰，筋不能动，天癸竭，精少，肾藏衰，形体皆极。八八，则齿发去。肾者主水，受五藏六府之精而藏之，故五藏盛，乃能泻。今五藏皆衰，筋骨解堕，天癸尽矣。故发鬓白，身体重，行步不正，而无子耳。

"Quanto ao homem, sua energia dos rins se torna próspera com a idade de oito anos. Por essa época, seu cabelo se desenvolve e seus dentes permanentes surgem.

"Sua energia dos rins se torna próspera por volta dos dezesseis (2 x 8), ele se acha cheio de energia vital e é capaz de emitir esperma. Se ele mantiver relações sexuais com uma mulher, ele pode gerar um bebê.

"Com a idade de vinte e quatro (3 x 8), sua energia dos rins está bem desenvolvida para atingir o status de um adulto. Por essa época suas extremidades estão fortes, seus dentes do juízo já cresceram, e todos os seus dentes estão completamente desenvolvidos.

"Por volta dos trinta e dois (4 x 8), seu corpo já terá desenvolvido sua melhor condição, e suas extremidades e músculos estão bem desenvolvidos.

"Por volta dos quarenta (5 x 8), sua energia dos rins vai gradualmente mudando de próspera para declinante. Como resultado, seus cabelos começam a cair e os dentes começam a estragar.

"Com a idade de quarenta e oito (6 x 8), sua energia dos rins declina ainda mais. Já que a energia dos rins é a fonte da energia Yang, a energia Yang do corpo todo começa a declinar devido ao declínio da energia dos rins. Como resultado, sua compleição começa a definhar e seu cabelo embranquece.

"Após a idade de cinqüenta e seis (7 x 8) sua energia do fígado declina com o surgimento da deficiência da energia dos rins [a energia do fígado (madeira) provém da energia dos rins (água)]. Como o fígado determina a condição dos tendões, a deficiência da energia dos rins irá causar má nutrição dos tendões que irão ficar rígidos e irão falhar em atuar com presteza.

"Após a idade de sessenta e quatro (8 x 8), seu Tiangui estando exausto, sua essência e energia vital reduzidas, sua energia dos rins enfraquece. Já que os rins determinam a condição dos ossos, a debilidade dos rins causa o enfraquecimento dos tendões e ossos. Portanto neste estágio, sua essência e energia vital atingem o maior declínio, seus dentes caem, e cada parte de seu corpo se torna decrépita.

"A energia dos rins é a energia congênita do corpo humano, mas somente pode fazer parte plena de suas funções quando nutrida pela energia pós-natal. A essência dos cinco órgãos sólidos e dos seis órgãos ocos são originárias da essência dos líquidos e cereais. Somente após receber e armazenar previamente a essência dos líquidos e cereais dos cinco órgãos sólidos e dos seis órgãos ocos, é que os órgãos proporcionam energia aos rins. O rim está associado à água, e recebe e armazena a essência e energia que vêm dos cinco órgãos sólidos e dos seis órgãos ocos. Por isso, os rins somente podem espalhar sua essência e energia ao corpo todo, quando os cinco órgãos sólidos e os seis órgãos ocos estiverem substancialmente cheios.

"Já que as vísceras de alguém estão todas declinando, todos os tendões e ossos se tornando fracos, e o Tiangui também está exausto, seus cabelos ficam brancos, seu corpo se torna desajeitado, incapaz de andar direito, e que todas as outras funções fisiológicas estão declinando, então fica impossível a ele em definitivo gerar filhos".

帝曰：有其年已老而有子者何也？岐伯曰：此其天寿过度，气脉常通，而肾气有余也。此虽有子，男不过尽八八，女不过尽七七，而天地之精气皆竭矣。

O Imperador perguntou: "Algumas pessoas são capazes de gerar filhos mesmo sendo velhas, e qual a razão?" Qibo respondeu: "Esse tipo de pessoas tem um dom natural mais rico de energia primordial dos rins, e tem uma recuperação pós-natal da saúde, bem melhor, embora idosas, no entanto seus canais de energia ainda não estão declinando, por isso ainda há possibilidade de terem filhos. No entanto, para um homem, a idade de ter filhos não pode exceder sessenta e quatro (8 x 8), e para a mulher, não pode exceder a idade de quarenta e nove (7 x 7). Quando a essência e a energia vital de um homem ou mulher estiverem exaustas, é impossível a eles ter qualquer filho".

帝曰：夫道者年皆百数，能有子乎？岐伯曰：夫道者能却老而全形，身年虽寿，能生子也。

Disse o Imperador: "Desde que as pessoas que saibam preservar sua saúde podem viver até a idade de cem anos, pode uma pessoa com cem anos ter um filho?" Qibo respondeu: "Para aqueles que saibam preservar sua saúde, embora atinjam a idade de cem anos, já que podem conservar seu corpo em boa condição para postergar a senilidade, preservar seu físico do declínio, ainda podem ter filhos".

黄帝曰：余闻上古有真人者，提挈天地，把握阴阳，呼吸精气，独立守神，肌肉若一，故能寿敝〔沈祖绵曰："敝字误疑敌字也"〕天地，无有终时，此其道生。

Disse o Imperador: "Como fiquei sabendo dos tempos antigos, algumas pessoas eram capazes de preservar sua saúde, atingindo o nível de chegar ao "homem perfeito". Todos os seus comportamentos se adaptavam às mudanças da natureza de maneira tão fácil, elas podiam dominar a lei dos períodos de crescimento com os de decadência do Yin e do Yang. Eles respiravam a energia refinada, guardando os músculos de forma independente e, portanto, seus músculos podiam se tornar um todo integrado. Desde que podiam modular sua essência e energia vital para adaptar seu físico e espírito, portanto sua vida podia ser prolongada eternamente, e podiam sobreviver para sempre como o céu e a terra. Isso principalmente porque podiam praticar a preservação da saúde de maneira adequada.

中古之时，有至人者，淳德全道，和于阴阳，调于四时，去世离俗，积精全神，游行天地之间，视听八达之外，此盖益其寿命而强者也，亦归于真人。

"Nos idos da metade dos tempos antigos, algumas pessoas conseguiam preservar a saúde atingindo o nível de "homem supremo". Elas estudavam e praticavam a forma de, com todo seu coração, preservar a saúde, com um caráter moral puro e honesto. Elas empregavam seu comportamento e mente para se adaptar à lei de períodos de crescimento e decadência do Yin e do Yang e a subseqüente mudança de clima das estações. Elas eram capazes de manter sua energia primordial de forma concentrada liberando a si mesmas do torvelinho das palavras a fim de poderem conservar seu físico forte, seu espírito abundante, e aguçar olhos e ouvidos. Elas empreendiam viagens extensas a fim de ouvir e ver coisas em locais distantes. Este tipo de pessoas certamente podia prolongar seu tempo de vida. Seu nível de cultivo da saúde tinha quase atingido o estágio do "homem perfeito".

其次有圣人者，处天地之和，从八风之理，适嗜欲，于世俗之间，无恚嗔之心，行不欲离于世，被服章〔林校云"被服章"三字疑衍〕，举不欲观于俗，外不劳形于事，内无思想之患，以恬愉为务，以自得为功，形体不敝，精神不散，亦可以百数〔"亦"字疑脱"年"字，王注："年登百数"〕。

"Depois, vinham as pessoas capazes de conservar sua saúde até o nível de virar "Sábio". Elas viviam tranqüilas e confortavelmente no ambiente natural do universo, seguiam as regras dos oito ventos (diversos ventos de todas as direções) e podiam evitar ser feridas por eles. Elas regulavam seu comer, seu beber e a vida diária num estilo moderado, quando viviam junto às pessoas comuns. Seus temperamentos eram estáveis e calmos sem indignação e flutuação de humor. Na aparência externa, elas não se afastavam da realidade de sua vida diária, trabalhavam na administração com as roupas próprias da administração, como as outras, mas lidavam com as coisas de forma diferente das pessoas comuns. Nunca faziam trabalho físico excessivo e nem se engajavam em deliberações excessivas que causassem preocupação, mas sempre conservavam sua mente bem disposta, e se contentavam com suas próprias circunstâncias. Precisamente por causa disso, elas podiam cultivar a si próprias a fim de ter corpos fortes, e preservar seus espíritos da dissipação, e por isso, suas vidas podiam ser prolongadas até os cem anos de idade.

其次有贤人者，法则天地，象似日月，辨〔"辩"应作"辨"〕列星辰，逆从阴阳，分别四时，将从上古合同于道，亦可使益寿而有极时。

"Depois, aqueles que podem preservar sua saúde ao ponto de ser um "Homem sábio e bom". Podem dominar e aplicar a técnica de preservar a saúde de acordo com as variações do céu e da terra, tais como com as diferentes localizações do sol, os quartos crescente e o minguante da lua, a distribuição das estrelas, a contradição mútua do Yin e do Yang e a alternância das quatro estações. Eles dominavam e praticavam as formas de preservar a saúde, procuravam registrar as formas de preservar a saúde nos tempos antigos, a fim de que também pudessem prolongar suas vidas ao máximo".

四气调神大论篇第二

Capítulo 2
Si Qi Tiao Shen Da Lun
(Sobre a Preservação da Saúde em Concordância com as Quatro Estações)

春三月，**此谓发陈**，天地俱生，万物以荣，夜卧早起，广步于庭，被发缓形，以使〔《病沉》卷十五《肝病候》'使'下有"春"字〕志生，生而勿杀，予而勿夺，赏而勿罚，此**春气之应，养生**〔《类说》卷三十七"养生"作"生养"〕之道也。逆之则伤肝，夏为寒变，奉长者少。

No período dos três meses da primavera, é que se encontra o momento apropriado de nascimento e expansão. A grama e as árvores se tornam vívidas e todas as coisas vivas no mundo florescem com uma atmosfera dinâmica nova. Desde que o homem é uma das coisas vivas no universo, ele não pode ser excluído de maneira nenhuma. A fim de se manter de acordo com a lei de variação da seqüência sazonal, deve-se ir para a cama assim que cai a noite, e levantar-se cedo pela manhã. De manhã, deve-se inspirar o ar fresco enquanto se caminha ao ar livre a fim de exercitar os tendões e músculos e deixar o cabelo solto a fim de deixar o corpo todo de maneira confortável em relação à energia primaveril. Já que a primavera é a estação da geração, não se deve violentar a faculdade do crescimento. O que se deve fazer é ajudar a sobreviver, não matar; contribuir e não perverter, premiar e não punir, a fim de corresponder à propriedade da energia da primavera e estar de acordo com a forma de preservar a saúde. Se este princípio for violado pelo homem, seu fígado ficará ferido, já que o fígado está associado à madeira, e as madeiras prosperam na primavera. Quem falhar em se adaptar à propriedade da energia da primavera que é de "geração" e lesar seu fígado, irá contrair uma síndrome de frio no verão. Isto porque sua capacidade de adaptação ao verão foi enfraquecida devido à sua inépcia em preservar a saúde, em seguir a propriedade da energia da primavera que é de "geração". Neste caso, se chama "oferecimento ao crescimento inadequado".

夏三月，此谓蕃秀，天地气交，万物华实，夜卧早起，无厌于日，使志无怒，使华英成秀，使气得泄，若所爱在外，此夏气之应，养长之道也。逆之则伤心，秋为痎疟，奉收者少，冬至重病〔柯逢时曰："依例'冬至'四字衍"〕。

O período de três meses do verão é chamado de estação do florescimento em que todas as coisas vivas no mundo são prósperas e bonitas. No Solstício de Verão, a energia Yang atinge seu ápice e a energia Yin começa a declinar, portanto o inter-relacionamento das energias Yin e Yang ocorre nesse momento. Como a energia Yang constitui a energia vital das coisas e a energia Yin dá forma às mesmas, a combinação de energia vital e energia da forma, faz com que todas as coisas vivas na terra floresçam e liberem frutos. No trajeto do entrecruzamento da energia do céu com a energia da terra, deve-se, como na época da primavera, dormir assim que cai a noite e levantar-se cedo, pela manhã. Não se deve detestar a luz do sol nem ficar freqüentemente com fome, a fim de corresponder à propriedade de "crescimento" da energia solar, que promove o surgimento das flores e dos frutos. Deve-se suar para permitir a saída da energia Yang, a fim de evitar que o calor fique estagnado, em outras palavras "violento sobre o exterior". São estas as formas de preservar a saúde no verão. Se estes princípios forem violados pelo homem, seu coração ficará ferido, já que o coração está associado ao fogo e que o fogo é vigoroso no verão. Se alguém falhar em se adaptar à propriedade da energia do verão que é o "crescimento", seu coração ficará ferido, e a pessoa irá contrair malária no outono. Isto porque sua adaptabilidade à energia do outono se enfraqueceu devido à sua incapacidade de acompanhar a propriedade da energia do verão que é o "crescimento" para preservar a saúde. Nesse caso, se chama "inadequação em se oferecer à colheita".

秋三月，此谓容平，天气以急，地气以明，早卧早起，与鸡俱兴，使志安宁，以缓秋刑〔熊本"刑"作"形"〕，收敛神气，使秋气平，无外其志，使肺气清，此秋气之应，养收之道也，逆之则伤肺，冬为飧泄，奉藏者少。

Nos três meses do outono, as formas de todas as coisas vivas na terra se tornam naturalmente maduras e prontas para a colheita. No outono, o vento é vigoroso e rápido, o ambiente da terra é claro e brilhante, portanto, durante este período, deve-se deitar mais cedo a fim de ficar afastado do frio, levantar cedo para apreciar o ar áspero outonal, conservar o espírito tranqüilo e equilibrado, a fim de isolar-se do sussurro do outono, restringindo o espírito e a energia internamente, protegendo a mente contra a ansiedade e a impetuosidade. Dessa forma, a tranqüilidade de cada um pode ser mantida, mesmo na atmosfera do sussurro do outono, e pode-se conservar da mesma maneira o hálito do pulmão. Se estes princípios forem violados pelo homem, seu pulmão ficará ferido, já que o pulmão se associa ao metal, e este vinga no outono. Se alguém deixar de se adaptar à prosperidade da energia do outono, que é a "colheita", este estará sujeito a contrair diarréia lientérica, com fezes aquosas contendo alimento não digerido, no inverno. Isto porque sua adaptabilidade à energia do inverno se enfraqueceu devido à sua incapacidade em seguir a propriedade "de preservar a saúde, da energia do outono, que é a "colheita". Nesse caso se chama "inadequação em se oferecer ao armazenamento".

冬三月，此谓闭藏，水冰地坼，无扰乎阳，早卧晚起，必待日光，使志若伏若匿〔《病沉》"伏"下无"若"字〕，若有私意，若已有得，去寒就温，无泄皮肤、使气亟夺，此冬气之应，养藏之道也。逆之则伤肾，春为痿厥，奉生者少。

Nos três meses de inverno, toda grama e a maioria das árvores embranquece, os insetos entram em hibernação, a água vira gelo e a terra congela trincando. A maioria das coisas se fecha ou se oculta para se guardar contra o frio. A isto se chama estação de "fechar e armazenar". Neste período, deve-se estar num ambiente quente, manter-se aquecido e manter estrita prevenção contra o frio, para que a energia Yang não possa ser perturbada; deve-se ir cedo à noite para a cama e levantar-se cedo para o contato com a luz solar; deve-se abrigar o espírito e mantê-lo em repouso, como que tendo uma opinião particular no coração, porém sem revelá-la ou sem parecer ter uma idéia definida em mente, pronta para enfrentar a situação. Desde que o tempo no inverno é frio, deve-se evitá-lo e ir em direção à quentura, evitar que a pele transpire muito, guardar-se contra o consumo ou exaustão da energia Yang. Estas são as maneiras de manter a saúde no inverno. Se estes princípios forem violados pelo homem, seus rins ficarão lesados, já que estes se associam à água e que esta prospera no inverno. Se houver falha na adaptação à propriedade da energia do inverno, que é o "armazenamento", haverá probabilidade de contrair flacidez muscular e friagem nas extremidades na primavera. Isto porque sua adaptabilidade à energia da primavera se enfraqueceu devido à sua incapacidade de acompanhar a propriedade "de conservar a saúde, da energia do inverno que é "encerrar e armazenar". Neste caso, chama-se "inadequação em se oferecer ao surgimento".

天气，清净光明者也，藏德不止，故不下也。天明〔《易·蒙》郑注："天明即天蒙〕则日月不明，邪害空窍，阳气者闭塞，地气者冒明，云雾不精，则上应白〔《太素》"白"作'甘'〕露不下。交通不表，万物命故不施，不施则名木多死。恶气不发，风雨不节，白露不下，则苑藁不荣。贼风数至，暴雨数起，天地四时不相保，与道相失，则未央绝灭。唯圣人从之，故身无奇病，万物不失，生气不竭。

A energia do céu é clara e brilhante. Gera continuamente o surgimento, o crescimento, a doença e o envelhecimento de todas as coisas e dos seres humanos. A vitalidade de sua claridade e brilho nunca irá cessar, por isso também não irá ocorrer seu declínio.

Se o céu não estiver brilhante, o sol, a lua e toda a terra devem ficar escuros e as atividades funcionais da energia vital irão ficar obstruídas com a cavidade dos orifícios do corpo humano obstruídos ao serem invadidos por fatores perversos. O entrecruzamento entre as energias do céu e da terra, depende dos movimentos e da luminosidade do sol e da lua; se o sol e a lua pararem de iluminar, a energia do céu ficará obstruída e deixará de descer. Como resultado, o céu ficará obscurecido por nuvens e névoas, a energia da terra deixará de subir em resposta à energia do céu e o orvalho ficará impossibilitado de cair.

O crescimento e desenvolvimento de todas as coisas na terra dependem do entrecruzamento das energias do Yin e do Yang. Se as duas energias deixarem de se comunicar, todas as coisas na terra perderão sua fonte de nutrição. Sob tais circunstâncias, a maioria das árvores grandes morrerá. Além disso, irá ocorrer no mundo uma alteração anormal, e a seqüência do tempo nas quatro estações ficará confusa: o tempo não será severo no outono e não haverá um frio cortante no inverno, o vento e a chuva não serão regulares na primavera, e não haverá orvalho no verão. Desde que as energias Yin e Yang estejam mal ajustadas, não poderão ajudar ao surgimento e ao crescimento de todas as coisas, e tudo na terra irá morrer jovem.

Os sábios conhecem os "como e os porquês" da variação do Yin e do Yang, portanto podem evitar doenças raras sob o condicionamento de súbitas mudanças ambientais. Como podem se adaptar ao mecanismo da existência como outras coisas na terra, portanto sua energia vital nunca se esgotará.

逆春气，则少阳不生，肝气内变。逆夏气，则太阳不长，心气内洞〔《太平圣惠方》引"洞"作"动"〕。逆秋气，则太阴〔按"太阴与下逆冬气""少阴"颠倒，应改正过来〕不收，肺气焦满。逆冬气，则少阴不藏，肾气独沉〔《外台》卷十六引《删繁》，林校引《太素》并作"沉浊"〕。夫四时阴阳者，万物之根本也，所以圣人春夏养阳，秋冬养阴，以从其根，故与万物沉浮于生长之门。逆其根，则伐其本，坏其真矣。故阴阳四时〔《甲乙》"阴阳"下无"四时"二字〕者，万物之终始也，死生之本也，逆之则灾害生，从之则苛疾不起，是谓得道。道者，圣人行之，愚者佩〔《类说》引"佩"作"背"〕之。从阴阳则生，逆之则死，从之则治，逆之则乱。反顺为逆，是谓内〔《外台》引"内"作"关"〕格。

Se o princípio de preservar a saúde for violado na primavera, a energia Shaoyang de cada um não será capaz de aportar a função de geração à sua plenitude. Por isso, a energia dos rins piorará consideravelmente.

Se o princípio de conservar a saúde for violado no verão, a energia Taiyang de cada um não será capaz de aportar a função de crescimento à sua plenitude. Por isso, a energia do coração estará em agitação interna.

Se o princípio de conservação da saúde for violado no outono, a energia Shaoyin de cada um não será capaz de aportar a função de colheita a seu termo. Por isso, ocorrerá a distensão da energia dos pulmões.

Se o princípio de preservar a saúde for violado no inverno, a energia Taiyin de cada um não será capaz de aportar a função de armazenamento a seu termo. Já que a energia Taiyin se conecta internamente com os rins, ela então falha em armazenar, a energia dos rins irá degenerar e suas funções irão enfraquecer.

As energias de todas as coisas na terra surgem na primavera, crescem no verão, dão passagem no outono e se ocultam no inverno; são todas geradas pela lei de variação das energias do Yin e do Yang das quatro estações. Dessa forma as energias Yin e Yang das quatro estações são as energias- raiz de surgimento e crescimento de todas as coisas. Portanto os sábios conservam o coração e o fígado que é a energia Yang na primavera e no verão, e mantêm os pulmões e os rins que é a energia Yin no outono e no inverno, a fim de que estejam consistentes com suas raízes, para que assim possam preservá-las perfeitamente. Os seres humanos, como todas as coisas na terra, também se submetem à lei de variação das energias Yin e Yang; quando alguém vai contra a lei que é a raiz, será cortada sua origem da vida e sua energia primordial será espoliada. Portanto, a lei de variação das energias Yin e Yang controla o princípio e o fim e decide o nascimento e a morte de tudo. Se a lei de variação das energias Yin e Yang for violada pelo homem, irão ocorrer doenças com freqüência, mas se estiver bem adaptada, não surgirão doenças estranhas. Quem conseguir manter tal lei bem adaptada, será aquele que terá domínio sobre a forma apropriada de preservar a saúde. Comumente, só os sábios podem seguir à lei e os loucos vão contra ela. Resumindo, o homem sobreviverá quando seguir à lei, e irá morrer se agir contra ela. Se a energia Yang falhar em penetrar no corpo e a energia Yin não puder sair dele, a condição favorável de saúde irá virar transtorno, a contradição entre exterior e interior irá causar o adoecimento mútuo, com a exclusão do Yin e do Yang.

是故圣人不治已病治未病，不治已乱治未乱，此之谓也。夫病已成而后药之，乱已成而后治之，譬犹渴而穿井，斗而铸锥〔《太素》"锥"作"兵"〕，不亦晚乎！

Quando um sábio trata o paciente, sempre se enfatiza a precaução, e freqüentemente usa medidas preventivas para apaziguar os distúrbios. Se a doença for tratada após ter sido formada, ao se tentar apaziguar o distúrbio após este tomar forma, será muito tarde, da mesma forma que cavar um poço quando alguém tem sede, ou que se forjem armas após a guerra ter eclodido.

生气通天论篇第三

Capítulo 3
Sheng Qi Tong Tian Lun
(Sobre a Energia Vital Humana Entrando
em Contato com a Natureza)

黄帝曰：夫自古通天者生之本，本于阴阳。天地之间，六合之内，其气九州九窍〔俞樾说："九窍是衍文，九州即九窍，古窍为州"〕、五藏、十二节，皆通乎天气，其生五、其气三，数犯此者，则邪气伤人，此寿命之本也。

Disse o Imperador: "Desde os tempos antigos, considera-se que a existência do homem dependa do intercâmbio da variação das energias do Yin e do Yang, por isso, a vida humana se baseia no Yin e no Yang.

"Todas as coisas sobre a terra e no espaço se comunicam com as energias Yin e Yang. O ser humano é um pequeno universo, já que o corpo humano tem tudo que o universo tem. No universo, há nove estágios (a saber Ji, Yan, Qing, Xu, Yang, Jing, Yu, Liang e Yong), e o homem tem nove orifícios (sete orifícios yang: dois ouvidos, dois olhos, duas narinas, e uma boca; dois orifícios Yin: orifício externo da uretra e do ânus); há cinco tons musicais no universo, o homem tem cinco órgãos sólidos responsáveis pelo armazenamento das atividades mentais (o fígado armazena a alma, o coração armazena o espírito, o baço armazena a consciência, os pulmões armazenam o espírito inferior, os rins armazenam a vontade); há doze períodos solares no universo, e o homem tem doze canais. As energias Yin e Yang do ser humano correspondem às energias Yin e Yang do universo, e as energias Yin e Yang do todas as coisas (incluindo o homem) se comunicam com as do universo.

"A sobrevivência dum homem depende das energias Yin e Yang e depende dos cinco elementos (metal, madeira, água, fogo e terra), o que se costuma chamar de "a vida depende do cinco". Os cinco elementos na terra correspondem aos três Yin (o frio, o seco e o molhado) e aos três Yang (o vento, o fogo e o calor do verão), ao que se chama "energias que dependem do três". Se alguém violar os princípios de preservação da saúde, com freqüência, esta estará lesionada pelos fatores perversos e a doença será contraída. Por isso, as energias Yin e as Yang são os fundamentos da vida".

"苍天之气，清净则志意治，顺之则阳气固，虽有贼邪，弗能害也，此因时之序。故圣人传精神，服天气，而通神明。失之则内闭九窍，外壅肌肉，卫气散解，此谓自伤，气之削也。

"Quando a energia humana entra em contato com o universo, o temperamento humano estará vívido e refrescante, numa circunstância de calma onde não há vento forte e tempestade. Com a circunstância da calma, pode-se manter o espírito quieto e claro como o céu azul, livre das perturbações do excesso de alegria ou de raiva violenta. Nesse momento, sua energia corpórea será substancial, e não será ferida mesmo que for atacada por fatores perversos. Isto se deve à sua habilidade em se adaptar à seqüência e às variações das quatro estações em preservar sua saúde em bom estado.

"Portanto, assim como um sábio pode conservar sua essência vital e energia, em relação à energia yang do céu, também pode conectar sua energia com a divindade celeste. Mas, infelizmente, a maioria das pessoas corre na direção oposta, sempre que assaltada por fatores perversos, seus nove orifícios ficam internamente obstruídos, e seus músculos se contraem doentes, numa estagnação externa, tornando-se dispersa até sua energia Wei. Isto se deve à sua incapacidade de adaptação à seqüência e variações das quatro estações.

阳气者若天与日，失其所，则折寿而不彰，故天运当以日光明，是故阳因而上卫外者也。

"Há energia Yang no corpo humano assim como há sol no céu. Quando o sol não está em sua posição apropriada, o céu e a terra escurecem, e quando a energia Yang do homem não está em posição correta, este morrerá cedo. Dessa forma, a operação incessante do céu depende do brilho do sol, e a saúde corporal do homem, depende duma energia Yang clara e flutuante, que se guarde contra o exterior.

因于寒，欲如运枢，起居如惊〔吴本"惊"作"謷"〕，神气乃浮。因于暑，汗，烦则喘喝，静则多言，体若燔炭，汗出而散。因于湿，首如裹，湿热不攘，大筋缢短，小筋弛长，缢短为拘，弛长为痿。因于气，为肿，四维相代，阳气乃竭。

"Quando um homem é invadido pelo frio, ficará inquieto e intranqüilo, como em estado de alerta, seu espírito e energia ondulando para fora e sua energia Yang se torna instável.

"Quando um homem é invadido pelo calor, irá suar em demasia, ficará irritadiço e irá respirar rapidamente e com ruído. Se o calor invasor afetar o espírito, ele passará por síndromes de respiração curta, ficará ofegante, terá sede, polilogia, e seu corpo ficará quente como carvão ardente. O calor perverso estagnado, somente poderá ser dispersado pela transpiração.

"Se a doença partir duma umidade perversa, a cabeça ficará pesada como se estivesse embrulhada. A umidade prolongada irá virar calor. Deve ser eliminada a tempo, ou então, o calor irá lesar o Yin do sangue, causando desnutrição dos tendões, fazendo com que os tendões maiores se tornem rígidos e ocorram cãibras, ou fazendo com que os menores se relaxem, ocorrendo a flacidez.

"Quando um homem for invadido pelo vento perverso, irá ocorrer inchaço, e as quatro extremidades ficarão inchadas alternadamente, o que mostra o esgotamento da energia Yang.

阳气者，烦劳则张，精绝，辟积于夏，使人煎厥。目盲不可以视，耳闭不可以听，溃溃乎若坏都，汨汨乎不可止。阳气者，大怒则形气绝；而血菀于上，使人薄厥。有伤于筋，纵，其若不容，汗出偏沮，使人偏枯。汗出见湿，乃生痤痱。高〔《太素》"高"作"膏"〕梁之变，足生大丁，受如持虚〔《素问病机气宜保命集》卷二十六引作"受持如虚"〕。劳汗当风，寒薄为皶，郁乃痤。

"Quando houver excesso de trabalho, a energia Yang em seu corpo ficará hiperativa e tenderá a sair, causando esgotamento do Yin. Se a doença for prolongada, e o tempo estiver quente no verão, irá ocorrer enfermidade devido ao anterior. A enfermidade é caracterizada por síndromes onde não se escuta nada, como se os ouvidos tivessem parado de funcionar, e onde nada se vê, como se os olhos estivessem obscurecidos, como um golpe d'água rápido e num momento irresistível que não pudesse ser detido.

"A energia Yang irá ascender sem parar no momento em que alguém sente uma grande raiva, e o sangue irá subir com este erguimento. Se o sangue estagnar no peito, o físico e a atividade de energia vital irão ficar obstruídos. Nesse caso, o estado de confusão da energia vital e do sangue chama-se síncope devida a uma ascensão emocional.

"Se o tendão for ferido, demorará a se contrair e não poderá ser usado conforme a vontade.

"Se um lado do corpo de um homem estiver costumeiramente obstruído e não surgir suor nenhum, quando este deveria transpirar, este pode contrair semiparalisia num futuro-próximo.

"Quando alguém estiver transpirando e os poros estiverem abertos, tomando-se nesse momento um banho frio, os males da umidade e do calor ficarão estagnados dentro das estrias musculares. Isso irá causar furúnculos quando o caso for sério, e calor com comichões quando o caso for mais leve.

"Aquele que tiver inclinação às comidas apetitosas, com freqüência tem estagnação de calor internamente e está propenso a adquirir celulite e calor estagnado derivado de astenia.

"Quando alguém se senta ou fica contra o vento e transpira após exercer um trabalho árduo, o vento perverso pode invadir a pele e as estrias musculares. Isso irá causar cravos quando o caso for leve, e sensação dolorosa quando o caso for sério.

精气者，精则养神，柔则养筋。开阖不得，寒气从之，乃生大偻。陷脉为瘘，留连肉腠。俞气化薄，传为善畏，及为惊骇。营气不从，逆于肉（莫校本"肉"一作"内"）理，乃生痈肿。魄汗未尽，形弱而气烁、穴俞以闭，发为风疟。

"Quando a energia Yang estiver dentro do corpo e trouxer sua delicada função à tona, irá nutrir internamente a vitalidade e aliviar externamente os tendões.

"É normal que as estrias da pele do homem se abram na primavera e se fechem no inverno. Se não se abrirem quando deviam se abrir e não se fecharem quando deviam se fechar, darão oportunidade a que o frio perverso invada. Quando o frio perverso penetra profundamente e lesa a energia Yang, pode-se ficar corcunda. Isto porque a energia Yang lesada não mais pode aliviar os tendões.

"Quando o frio perverso penetra nos canais de alguém, isso irá causar estagnação do sangue. Quando o frio perverso e o sangue se acumularem e permanecerem nas estrias musculares por longo tempo, pode-se contrair escrófula.

"Quando a energia do sistema de canais estiver debilitada, o frio perverso irá invadir os órgãos sólidos e os ocos através dos canais. Já que os órgãos sólidos têm a seu cargo a atividade mental, quando invadidos pelo frio perverso, o espírito perderá sua quietude e irão ocorrer síndromes de bravura (devido ao coração) e timidez (devido ao fígado). Isto porque a energia Yang lesada não pode mais apoiar o espírito.

"Se a energia Yang for em contracorrente, devido às invasões de energia perversa, o sangue se estagnará nas estrias da pele. A estagnação do sangue irá causar o acúmulo de calor, e com a passagem do tempo, irá supurar e formar um carbúnculo.

"Se alguém for atacado pelo vento-frio perverso, enquanto seu suor não tiver sido cuidadosamente eliminado, seus pontos shu nos canais estarão fechados e farão com que o calor fique estagnado. Quando tanto o calor quanto o frio atacarem simultaneamente, ocorrerá uma malária tipo vento.

故风者，百病之始也，清净则肉腠闭拒，虽有大风苛毒，弗之能害，此因时之序也。

"Por isso, o vento é a principal fonte de várias doenças. Mas, como se pode resistir ao vento perverso? A chave é conservar-se o físico e a mente quietos e não se preocupar com o que concerne à matéria, mesmo se sua energia Yang for substancial e suas estrias da pele densas. Quando suas estrias da pele forem densas, o homem será capaz de resistir a um forte vento perverso e à toxina severa. É importante se adaptar à seqüência do tempo, para cuidar do físico e do espírito, isto é, preservar a saúde de acordo com a lei do Yin e do Yang.

"故病久则传化，上下不并，良医弗为。故阳〔熊本"阳"下有"气"字〕畜〔（滑抄本 "畜"作"蓄"）〕积病死，而阳气当隔，隔者当泻，不亟正治，粗乃败之。故阳气者，一日而 主外，平旦人〔"人"下脱"阳"字，王注与《学医随笔》俱引有"阳"字〕气生，日中而 阳气隆，日西而阳气已虚。气门乃闭。是故暮而收拒，无扰筋骨，无见雾露，反此三时，形 乃困薄。

"Quando a doença for prolongada, os fatores perversos serão transmitidos ao interior e ocorrerão mudanças. Quando a condição for séria, as energias Yin e Yang serão incapazes de se comunicar uma com a outra, o que fará que mesmo um bom médico nada possa fazer.

"Devido à incapacidade entre as energias Yin e Yang de se comunicarem, a energia Yang irá se acumular, e o paciente será acometido por uma enfermidade fatal e morrerá subitamente. Sob tais circunstâncias, o paciente deve ser tratado com uma purgação rápida. Se o tratamento for postergado, o paciente morrerá dentro de poucos dias.

"A energia Yang controla o exterior durante as horas diurnas. A energia Yang do homem, começa a emergir de manhã cedo, chega ao cúmulo ao meio-dia e enfraquece no poente, e daí por diante, a entrada de energia (abertura da glândula sudorípara) se fecha ao seu despontar. Isto mostra que quando alguém toma cuidados com seu espírito e energia, irá se manter de conformidade com o crescimento e o declínio das energias Yin e Yang, durante todo o dia. Dessa forma, ao poente, deve-se restringir a energia Yang, e não entrar em contato com garoas e orvalhos, permanecendo do lado de fora, a fim de evitar a invasão do frio-umidade perversos. Se alguém falhar em se adaptar às três diferentes fases do dia, falhará em utilizar sua energia Yang durante o dia, irá inversamente cansar sua energia Yang à noite, sua saúde corporal será perturbada pela invasão de fatores perversos.

岐伯曰：阴者，藏精而起亟〔"起亟"，吴注本作"为守"〕也；阳者，卫外而为固也，阴 不胜其阳，则脉流薄疾，并〔《素问病机宜保命集》引作"病"〕乃狂。阳不胜其阴，则五藏 气争〔"争"疑系"静"之坏字，阳不胜阴，阴胜则静，阳及运行，郁滞为病，故九窍不 通〕，九窍不通。是以圣人陈阴阳，筋脉和同，骨髓坚固，气血皆从。如是则内外调和，邪不 能害，耳目聪明，气立如故。

39

Disse Qibo: "O Yin serve para armazenar a essência da vida e a energia vital espreita de dentro, e o Yang serve para defender a periferia do corpo e se mantém guarda do lado de fora. Se a energia Yang tem atividades fora, a energia Yin corresponde pelo lado de dentro. Se a energia Yin for insuficiente, enquanto a energia Yang for excessiva a ponto de fazer o Yin inferior ao Yang, o fluxo das energias dos canais será forçado a se tornar mais rápido e forte, e pode causar manias; se a energia Yin for excessiva e a energia Yang for insuficiente, fazendo com que o Yang seja inferior ao Yin, a energia das cinco vísceras ficará estagnada para formar a obstrução dos nove orifícios.

"No entanto, os sábios podem dispor adequadamente sua energia Yin e sua energia Yang, cada uma em seu estágio indicado, conservar os tendões e canais em condição harmoniosa, tornar substanciais ossos e medula, e fazer com que a energia vital e o sangue permaneçam em seu lugar. Dessa forma, pode-se conservar a condição interna e externa das energias Yin e Yang em harmonia, e sua saúde se conservará sem prejuízos mesmo quando os fatores perversos invadirem, seus olhos e ouvidos permanecerão aguçados, e acima de tudo, poder-se-á freqüentemente manter sua energia primordial firmemente no interior.

风客淫气，精乃亡，邪伤肝也。因而饱食，筋脉横解，肠澼为痔。因而大饮，则气逆。因而强力，肾气乃伤，高骨乃坏。

"Devido ao fato do vento se associar com o fígado (o vento corresponde ao fígado e à madeira), quando alguém é lesado por excesso de vento perverso, a essência da vida e do sangue irá sofrer danos severos. Como o sangue é armazenado no fígado, o vento perverso irá ferir o fígado também.

"Quando alguém se sente saciado, e o estômago e os intestinos estão cheios, os tendões se tornam lassos. Se o intestino estiver usualmente cheio de comida mal digerida, os tendões se conservarão constantemente soltos, e isso causará fezes sangüinolentas e hemorróidas.

"Quando se toma bebida em excesso, a energia dos pulmões funciona em contracorrente.

"Quando se dá livre curso aos desejos carnais, e se tem dificuldade nas relações sexuais, os rins ficarão lesados, fazendo fenecer a medula e as vértebras lombares ficarão danificadas.

凡阴阳之要，阳密乃固〔《太素》作"阴密阳固"〕，两者不和，若春无秋，若冬无夏，因而和之，是谓圣度。故阳强不能密，阴气乃绝，阴平阳秘，精神乃治，阴阳离决，精气乃绝。

"O essencial da comunicação do Yin com o Yang, repousa na densidade da energia Yin e na firmeza da energia Yang. Se o Yin e o Yang não estiverem harmoniosos, parecerá não haver outono, mas somente primavera, nenhum verão, mas apenas inverno no ano. Sob tais circunstâncias, todos os seres viventes sobre a terra serão incapazes de existir e se reproduzir de acordo com a lei de nascimento, crescimento, desenvolvimento, colheita e armazenamento nas estações devidas. Desde que somente um sábio pode harmonizar as energias Yin e Yang de maneira apropriada, esta é considerada a ordem fundamental do sábio.

"Por isso, se a energia Yang for muito forte e perder sua função de defender o exterior, a essência Yin será deixada de fora, devido à falha do Yang em guardar o exterior. Quando a essência do Yin estiver consumida, irá logo desaparecer.

"Se as energias Yin e Yang do homem forem mantidas em estado de equilíbrio, seu corpo será forte e seu espírito saudável, se suas energias Yin e Yang falharem em sua comunicação, sua energia vital irá declinar e finalmente ficará esgotada.

因于露风，乃生寒热。是以春伤于风，邪气留连〔"连"作"夏"，属下读，为"夏乃为洞泄"〕，乃为洞泄。夏伤于暑，秋为痎疟，秋伤于湿，上〔《类说》引"上"作"冬"〕逆而咳，发为痿厥。冬伤于寒，春必温〔明抄本"温病"作"病温"〕病。四时之气，更伤五藏。

"Se alguém contrair uma doença proveniente da exposição ao orvalho e ao vento, ocorrerão frio e calor. Como o orvalho é Yin perverso e o vento é Yang perverso, e como o Yin perverso produz frio, e o Yang perverso produz calor, portanto ocorrerá uma síndrome de frio e calor.

"Quando o corpo é lesado pelo vento perverso na primavera, e a doença vem imediatamente, é a doença exógena, porém, se a doença não vem de imediato, mas fica retida no interior, ocorrerá diarréia com comida não digerida no verão.

"Quando alguém é lesado pelo calor perverso do verão, no verão, e a doença surge imediatamente, é uma doença do calor do verão; se a doença não surge imediatamente, mas fica incubada no interior, ocorrerá malária no outono.

"Quando alguém é ferido pela umidade perversa que ascende de maneira adversa para escapar pelos pulmões no outono, se a umidade brotar internamente, ocorrerá tosse no inverno; se eclodir externamente, os tendões ficarão flácidos e fracos, a fim de formar flacidez muscular e friagem das extremidades no inverno.

"Quando o corpo for lesado pelo frio perverso no inverno e a doença se implanta imediatamente, é a doença do frio perverso exógeno. Se a doença não surge imediatamente, e o frio perverso fica incubado no interior, o frio perverso virará mal febril sazonal quando a energia Yang ascender na primavera.

"Quando o clima das quatro estações for cálido na primavera, quente no verão, fresco no outono e frio no inverno em suas condições normais, o homem não ficará doente; se uma ou mais das condições climáticas vier a ser particularmente anormal, não só irá prejudicar a ativação da produção, circulação e função da energia vital, mas também irá prejudicar as cinco vísceras do homem.

阴之所生，本在五味，阴之五宫，伤在五味。是故味过于酸，肝气以津，脾气乃绝。味过于咸，大骨气劳，短肌，心气抑。味过于甘，心气喘满，色黑，肾气不衡〔《云笈七签》引"衡"作"卫"〕。味过于苦，脾气不濡，胃气乃厚。味过于辛，筋脉沮弛，精神乃央。是故谨和五味，骨正筋柔，气血以流，腠理以密，如是则骨气以精。谨道如法，长有天命。

"A nutrição das cinco vísceras deriva dos cinco sabores (picante, doce, ácido, amargo e salgado, que podem ser percebidos como gosto da comida), porém quando os cinco gostos são utilizados em excesso, eles lesam as cinco vísceras.

"O gosto ácido age no fígado; se o gosto ácido for utilizado em demasia, fará com que o fígado fabrique muito fluido corpóreo, o que irá causar estenia da energia do fígado. A estenia do fígado irá restringir o baço-terra e fazer com que a energia do baço se esvaia.

"O gosto salgado atua sobre os rins. Já que os rins determinam a condição dos ossos, e o gosto salgado pode amolecer a dureza e é superior ao sangue, portanto, quando o gosto salgado é ingerido em demasia, irá lesar os ossos e os músculos. Se os rins-água forem abundantes para sobrepujar o fogo do coração, a energia do coração ficará contida.

"O gosto doce atua sobre o baço, e a propriedade do gosto doce é a indolência e o que é pegajoso. Se o gosto doce for consumido em excesso, irá ocorrer dispnéia. Quando o baço estiver anormal, irá restringir o rim-água e fazer com que se torne negro (a cor dos rins). Quando o rim-água estiver restrito, a energia do rim ficará anormal até adoecer.

"O gosto amargo atua sobre o coração; se o gosto amargo for consumido em excesso, o coração será lesado. Quando o fogo do coração estiver ferido, o baço-terra não conseguirá mais se umedecer (o fogo deixa de aquecer o coração). Quando o baço não é umedecido, não pode mais proceder à atividade de transporte para o estômago, por isso, a secura perversa do estômago irá ficar abundante e irá ocorrer o mal da distensão da energia do estômago.

"O gosto picante atua sobre o pulmão; se o gosto picante for ingerido em excesso, a energia do pulmão irá se tornar abundante, e o pulmão-metal em abundância irá restringir a madeira do fígado. Já que o fígado determina a condição dos tendões, quando o fígado está restrito, os tendões irão amolecer. Devido ao gosto picante ter também a função de dispersão, a ingestão excessiva do gosto picante irá consumir o espírito da mesma forma.

"Por isso, se os cinco sabores forem adaptados a uma condição harmoniosa sem ingestão excessiva, o corpo todo irá receber ampla fonte de nutrição, e os tendões, ossos, energias, sangue e estrias da pele, irão se conservar em condição forte e normal. Portanto, aquele que for bom em equilibrar os cinco sabores, poderá gozar de longa vida".

金匮真言论篇第四

Capítulo 4
Jin Gui Zhen Yan Lun
(A Verdade nas Coleções de Livros na Câmara Dourada)

黄帝问曰：天有八风，经有五风，何谓？岐伯对曰：八风发邪〔《太素》"邪"下有"气"字〕，以为〔《太素》无"以为"二字，"经风"二字属下读，即"经风触五藏"〕经风，触五藏，邪气发病。所谓得四时之胜者，春胜长夏，长夏胜冬，冬胜夏，夏胜秋，秋胜春，所谓四时之胜也〔所谓得四时 32 字，柯逢时说"是衍文"〕。

Disse o Imperador Amarelo: "No céu, há ventos das oito direções, mas para o homem, há somente ventos das cinco vísceras; qual a razão?"

Qibo respondeu: "Todos os oito são ventos perversos que podem ferir o corpo humano. Se um dos canais for afetado pelo vento perverso, ele posteriormente irá invadir as vísceras. Quando as vísceras forem atingidas pelo vento perverso através dos canais, a pessoa irá contrair a doença e ocorrerão ventos nas cinco vísceras".

东风生于春，在病肝，俞在颈项；南风生于夏，病在心，俞在胸胁；西方生于秋，病在肺，俞在肩背；北风生于冬，病在肾，俞在腰股；中央为土，病在脾，俞在脊。

"O vento leste ocorre na primavera, e é um vento normal. Se a energia do fígado (a energia do fígado se associa à primavera) do homem declinar, será atingido pelo vento perverso e contrairá a doença, e o que é pior, seus pontos shu serão lesados primeiro. Como o ponto shu do fígado está no pescoço, a doença começará no pescoço. O vento sul ocorre no verão, e o vento é normal. Se a energia do coração (o coração se associa ao verão) de um homem declina, seus pontos shu serão lesados primeiro. Como os pontos shu do coração estão no peito e nos hipocôndrios, a doença irá ocorrer no peito e nos hipocôndrios. O vento oeste ocorre no outono, e o vento é normal. Se a energia dos pulmões (o pulmão se associa ao outono) de um homem declinar, seus pontos shu serão lesados primeiro. Como os pontos shu do pulmão estão no peito e nas costas, a doença irá ocorrer no peito e nas costas. O vento norte ocorre no inverno e o vento é normal. Se a energia dos rins (os rins se associam ao inverno) de um homem declinar, seus pontos shu serão lesados primeiro. Como o ponto shu dos rins está na região lombar, a doença irá ocorrer na região lombar. A parte central se associa à terra e sua condição é determinada pelo baço. Se a energia do baço de alguém declinar, seus pontos shu serão lesados primeiro. Já que o ponto shu do baço está na espinha, portanto, a doença ocorrerá na espinha. Embora sejam os pontos shu das cinco vísceras a serem afetados, na etapa seguinte, haverá doença nas cinco vísceras.

故春气者病在头，夏气者病在藏，秋气者病在肩背，冬气者病在四支。

"Por isso, a doença causada pelo perverso da primavera está na cabeça, já que o fígado se associa à primavera e o ponto shu do fígado está no pescoço que pertence à cabeça; a doença causada pelo perverso do verão está no peito e nos hipocôndrios, já que o coração está associado ao verão e o ponto shu do coração está no peito e nos hipocôndrios que acomodam as vísceras; a enfermidade causada pelo perverso do outono se aloja no ombro e nas costas, já que o pulmão está associado ao outono e o ponto shu do pulmão está no ombro na parte das costas; a enfermidade causada pelo perverso do inverno se aloja nas extremidades já que os rins estão associados ao inverno e o ponto shu dos rins está na região lombar, e as extremidades são as terminações do lombar.

故春善病鼽衄，仲夏善病胸胁，长夏善病洞泄寒中，秋善病风疟，冬善病痹厥。

"Portanto, na primavera, a pessoa está arriscada a contrair a síndrome do corrimento nasal e da hemorragia nasal, já que a enfermidade da energia da primavera está na cabeça. No meio do verão, a pessoa está arriscada a contrair a enfermidade no peito e nos hipocôndrios, já que o meio do verão se associa ao coração, e o ponto shu do coração está no peito e nos hipocôndrios. No verão prolongado, a pessoa está arriscada a contrair a enfermidade do frio no baço e no estômago, já que o baço está associado ao verão prolongado e ativa também a umidade. Quando a umidade perversa não transformada em síndrome de calor e do baço deixa de funcionar, ocorrerá enfermidade de frio do baço e do estômago. No outono, a pessoa está arriscada a contrair malária do tipo vento, já que a enfermidade da energia do outono se aloja no ombro e nas costas, e quando os ombros e as costas forem invadidos pelo frio perverso, haverá retenção no ponto Fengfu (Mansão do Vento), e quando a energia saudável e a energia perversa estiverem se conflitando uma com a outra, irá ocorrer a malária do tipo vento. No inverno, a pessoa está arriscada a contrair a síndrome da artralgia de incapacitação e friagem nos membros, já que a energia Yang está se fechando por dentro, e que os canais e as extremidades são fáceis de serem invadidos no inverno.

故冬不按跷，春不〔明抄本"不"上无"春"字〕鼽衄，春不病颈项，仲夏不病胸胁，长夏不病洞泄寒中，秋不病风疟，冬不病痹厥。飧泄，而汗出也〔《类说》引无"飧泄"以下六字，林校谓此六字疑剩〕。

"Já que a energia Yang está fechada e sendo conservada no interior no inverno, é aconselhável não massagear em demasia ou fazer ginástica calistênica no inverno já que fazem aflorar a energia Yang. Se a energia Yang da pessoa for bem preservada no inverno, a síndrome de corrimento nasal, de hemorragia nasal e de males do pescoço podem ser evitados na primavera, a enfermidade do peito e dos hipocôndrios podem ser evitados no meio do verão, a malária tipo vento pode ser evitada no outono, e a síndrome de artralgia, friagem das extremidades podem ser evitados no inverno.

夫精者，身之本也。故藏〔于鬯说："藏上当脱'冬'字"〕于精者，春不病温。夏暑汗不出者，秋成风疟。此平人脉法〔此平人之脉也，疑为衍文〕也。

"A essência da vida é a energia vital de um corpo humano, e a energia vital é o fundamento do homem. Quando a energia vital de alguém for abundante no inverno, dificilmente poder-se-á ser afetado pelo perverso, e a enfermidade febril sazonal não será contraída na primavera. No verão, se uma pessoa não conseguir transpirar quando devesse haver suor, a energia perversa estará contida no interior, e contrair-se-á malária do tipo vento no outono.

故曰：阴中有阴，阳中有阳。平旦至日中，天之阳，阳中之阳也；日中至黄昏，天之阳，阳中之阴也。合夜至鸡鸣，天之阴，阴中之阴也；鸡鸣至平旦，天之阴，阴中之阳也。故人亦应之。

"O Yin se associa ao interior, e quando a energia Yin permanece no interior, é o Yin do Yin; a energia Yang se associa ao exterior, e quando a energia permanece do lado de fora, é o Yang do Yang. Tomando-se, por exemplo, o lapso de tempo do dia e da noite, a energia Yang aflora de manhã (6 da manhã) e se torna mais forte ao meio-dia (12 horas), sendo, portanto, o período do Yang do Yang da natureza; o período que vai do meio-dia ao poente (12 horas às 18 horas), pertence ainda ao dia, mas o poente é o momento em que a energia Yin começa a emergir, e, portanto, é o momento do Yin do Yang; o período que vai do poente ao cantar do galo (18 horas às 0 horas) pertence à noite e é também o período do Yin de emergência ao estágio mais próspero, chamando-se, portanto, o Yin do céu, ou Yin do Yin da natureza; o período do cantar do galo até as primeiras horas da manhã (0 horas às 6 horas da manhã), embora pertencente à noite, sendo a manhã o momento em que a energia Yang começa a emergir, chama-se o Yin da natureza e também é chamado Yang do Yin, em que o ser humano corresponde ao universo.

夫言人之阴阳，则外为阳，内为阴。言人身之阴阳，则背为阳，腹为阴。言人身之藏府中阴阳，则藏者为阴，府者为阳。肝心脾肺肾五藏皆为阴，胆胃大肠小肠膀胱三焦六府皆为阳。所以欲知阴中之阴阳中之阳者何也？为冬病在阴，夏病在阳，春病在阴，秋病在阳，皆视其所在，为施针石也。故背为阳，阳中之阳，心也；背为阳，阳中之阴，肺也。腹为阴，阴中之阴，肾也；腹为阴，阴中之阳，肝也；腹为阴，阴中之至阴，脾也。此皆阴阳表里内外雌雄相输应也，故以应天之阴阳也。

"No corpo humano também há Yin e Yang. Olhando-se o interior e exterior, por exemplo, a parte externa do corpo é Yang, a parte interna é Yin; vendo-se de frente e de trás, a parte posterior do corpo é Yang, e o abdômen é Yin; do ponto de vista dos órgãos sólidos e ocos, os cinco órgãos sólidos (coração, fígado, baço, pulmões e rins) são todos Yin e os seis órgãos ocos (estômago, vesícula biliar, intestino grosso, intestino delgado, bexiga e triplo aquecedor) são todos Yang.

"A razão de alguém conhecer os princípios do Yin no Yin e do Yang no Yang, é para analisar a condição das doenças de acordo com as cinco vísceras e as quatro estações. Quando, por exemplo, alguém contrai enfermidade dos rins no inverno, já que o rim é Yin e está situado abaixo, a doença é Yin do Yin; quando alguém contrai doença do coração no verão, já que o coração é Yang e está situado acima, é doença do Yang no Yang; quando alguém contrai doença do fígado na primavera, já que o fígado é Yang e está situado do aquecedor médio, é doença do Yang no Yin; quando alguém contrai doença dos pulmões no outono, já que o pulmão é Yin, e está situado acima, é doença do Yin no Yang. Ao tratar as doenças dos diferentes órgãos sólidos nas diversas estações com agulhas e pedras, deve-se obedecer à condição do Yin e à situação do Yang.

"Já que a parte posterior do corpo é Yang, que o coração corresponde ao fogo, e que está situado na parte superior do corpo, isto é, que o Yang está situado na posição de Yang, portanto, o coração é o Yang do Yang. Como o abdômen é Yin, que os rins correspondem à água e se situam abaixo, isto é, que o Yin está situado na posição do Yin, então os rins são o Yin do Yin. Já que o abdômen é Yin, que o fígado corresponde à madeira, e que se situa na posição do aquecedor médio, isto é, que o Yang se situa na posição do Yin, então o fígado é o Yang do Yin. Já que o abdômen é Yin, que o baço corresponde ao coração, e que o baço se situa na posição de Taiyin, então o baço é o extremo Yin do Yin.

"Estas colocações acima, mostram as conexões mútuas dos órgãos sólidos e ocos (masculinos e femininos) e das ligações dos canais do corpo humano e das circulação sem fim da superfície e do interior, que corresponde às idas e vindas das quatro estações e do dia e da noite, e o Yin e o Yang do corpo humano correspondem ao Yin e ao Yang do universo".

帝曰：五藏应四时，各有收受〔朝本作"攸"，"攸"有"所"义，"受"作"用"解〕乎？岐伯曰：有。东方青色，入通于肝。开窍于目，藏精于肝，其病发惊骇。其味酸，其类草〔沈祖绵说，"草"字衍〕木，其畜鸡，其谷麦，其应四时，上为岁星，是以春气在头也，其音角，其数八，是以知病之在筋也〔"是以"八字系错出应据《素问识》删〕，其臭臊。

O Imperador Amarelo perguntou: "Desde que as cinco vísceras correspondem às quatro estações, podem todas as cinco vísceras se aplicar às energias das quatro estações e às energias do Yin e do Yang?".

Qibo respondeu: "Sim, o Yang surge no leste a cor do leste é verde, o fígado humano também é verde e corresponde à madeira, e já que a energia do universo está conectada à energia humana, dessa forma a energia do leste se comunica com o fígado. O canal do fígado dá acesso ao cérebro e se conecta com os olhos, portanto, os olhos são os orifícios do fígado. A essência Yin está armazenada no fígado, onde mora a alma, e a alma não estará à vontade quando o fígado estiver doente ou ocorrer pânico. O gosto da madeira é ácido, a madeira também é da mesma espécie que a grama, portanto pertence à categoria da madeira; o Galo se associa à madeira, pois galo canta nas primeiras horas da manhã da mesma forma que o sol que surge no leste pela manhã, portanto, quanto às criações, o fígado corresponde ao galo. O trigo é o que tem a colheita na primavera, portanto, quanto aos cereais, o fígado corresponde ao trigo. Quanto à posição dos quatro movimentos sazonais, o fígado-madeira corresponde à posição da estrela Sui (o nome antigo de Júpiter). Na natureza, a energia Yang está em ascensão, e no corpo humano, a energia Yang ascende na primavera, portanto, a energia da primavera do homem está na cabeça. Quanto às cinco notas, o tom correspondente ao fígado é Jue (o terceiro dos cinco tons). O número de preenchimento correspondente ao fígado é oito. Quanto aos cinco odores, o odor do fígado é putrefato.

南方赤色，入通于心，开窍于耳〔"耳"误，应作"舌"〕，藏精于心，故病在五藏，其味苦，其类火，其畜羊，其谷黍，其应四时，上为荧惑星，是以知病之在脉也，其音征，其数七，其臭焦。

"A cor do sul é o vermelho, e corresponde ao fogo, e o coração também corresponde ao fogo, portanto, a energia do sul se comunica com o coração e aí armazena sua energia, situando a abertura do coração na língua. As energias das cinco vísceras são dominadas pelo coração, por isso, quando o coração está enfermo, irá causar as enfermidades das energias das cinco vísceras. O gosto do fogo é amargo e também se estende à energia do mesmo; o coração corresponde ao fogo, portanto, de gosto, o coração é amargo, e em categoria, pertence ao fogo. Carneiro é a criação do fogo. O sorgo é vermelho, portanto, quanto à colheita, o coração corresponde ao sorgo. Quanto à posição dos movimentos sazonais, o coração corresponde à estrela Yinghuo (antigo nome de Marte). Já que o coração controla o sangue e este circula nos vasos, portanto, a enfermidade do coração está nos vasos. O tom do coração é Zhi (a quarta das cinco notas). O número de preenchimento correspondente é sete. Quanto aos cinco odores, o odor do coração é contundente.

中央黄色，入通于脾，开窍于口，藏精于脾，故病在舌本，其味甘，其类土，其畜牛，其谷稷，其应四时，上为镇星，是以知病之在肉也，其音宫，其数五，其臭香。

"O amarelo é a cor da centralização, e o baço que corresponde à terra, é também amarelo, portanto, a energia da centralização se comunica com o baço e armazena sua essência no mesmo. A boca ingere os cereais, que primeiro entram no estômago, já que o estômago é o órgão oco do baço, portanto, o orifício do baço é a boca. A energia do baço se conecta com a língua, portanto, a enfermidade do baço está na própria língua. O gosto da terra é o doce, e já que todos os doces irão nutrir o baço, portanto, o gosto da terra é doce. O painço é a colheita mais antiga e o painço é amarelo, portanto, quanto à colheita, o baço corresponde ao painço. A vaca é a criação da terra, portanto, no tocante à criações, o baço corresponde à vaca. O fígado corresponde à terra, portanto, em categoria, pertence à terra. Quanto à posição dos movimentos sazonais, corresponde à estrela Zhen (antigo nome de Saturno). O baço controla os músculos, portanto, a doença do baço se aloja nos músculos. Quanto aos cinco tons, o tom do baço é Gong (o primeiro dentre os cinco tons). O número de preenchimento correspondente ao baço é cinco. Dos cinco odores, o odor do baço é a fragrância.

西方白色，入通于肺，开窍于鼻，藏精于肺，故病在背，其味辛，其类金，其畜马，其谷稻，其应四时，上为太白星，是以知病之在皮毛也，其音商，其数九，其臭腥。

"O branco é a cor do oeste. Os pulmões correspondem ao metal e são brancos, portanto, a energia do oeste se comunica com os pulmões e nestes armazena sua essência. O nariz leva aos pulmões, portanto, o orifício dos pulmões é o nariz. Já que a enfermidade do outono está no ombro e nas costas, portanto, a enfermidade dos pulmões está nas costas. O acre ou picante é o gosto do metal, portanto, o gosto do pulmão é o acre. O pulmão corresponde ao metal, portanto, quanto à categoria, pertence ao metal. O cavalo é a criação que pertence ao metal, portanto, quanto à criação, o pulmão corresponde ao cavalo. O arroz com casca desabrocha no outono, portanto, quanto às colheitas, o pulmão corresponde ao arroz com casca. Quanto à posição dos movimentos sazonais, o pulmão corresponde à posição da estrela Taibai[NT]

NT – Taibai, Vênus, quer dizer o "Grande Branco", e na verdade é uma estrela de grande magnitude, a Estrela Dalva ou Vésper.

(antigo nome de Vênus). O pulmão determina a condição da pele e dos pêlos, portanto, a doença do pulmão está na pele e nos pêlos. O tom do pulmão é Shang (segundo entre os cinco tons). O número de preenchimento correspondente é nove. Dos cinco odores, o do pulmão é pútrido.

北方黑色，入通于肾，开窍于二阴，藏精于肾，故病在谿，其味咸，其类水，其畜彘，其谷豆，其应四时，上为辰星，是以知病之在骨也。其音羽，其数六，其臭腐。

"Preto é a cor do norte; o rim corresponde à água e armazena sua essência nos rins. As aberturas dos rins são os dois orifícios inferiores (orifícios frontal e posterior). Os espaços intermediários existentes nas junções dos músculos do corpo correspondem aos ossos, portanto, a doença dos rins está nos espaços intermediários das junções dos ossos. O salgado é o gosto da água, portanto, de gosto, o rim é salgado. O rim corresponde à água, portanto, pertence à categoria da água. O porco é a criação que corresponde à água, portanto, quanto às criações, o rim corresponde ao porco. A cor da fava (feijão de soja negro) é o preto, portanto, quanto às colheitas, o rim pertence à fava. Quanto à posição dos movimentos sazonais, os rins correspondem à posição da estrela Chen (antigo nome de Mercúrio). Os rins correspondem aos ossos, portanto, a enfermidade dos rins está nos ossos. O tom do rim é Yu (quinto dos cinco tons). O número de preenchimento dos rins é seis. Quanto aos cinco odores, o rim tem odor rançoso.

故善为脉者，谨察五藏六府，一逆一从〔《太素》无两"一"字，"逆从"二字属上读〕，阴阳、表里、雌雄之纪，藏之心意，合心〔《太素》"心"作"之"〕于精。非其人勿教，非其真〔《太素》"真"作"人"〕勿授，是谓得道。

"Aqueles que estiverem aptos na palpação do pulso para diagnosticar, devem investigar cuidadosamente, a fim de saber se as cinco vísceras estão em concordância com a energia e o sangue, harmoniosa a condição do Yin e do Yang, superfície e interior, o masculino e o feminino em excelente estado, considerando-se em profundidade, e ao mesmo tempo familiarizando-se com os princípios, e adquirindo aptidão no trato. Quando alguém tiver proficiência a tal ponto, pode escolher alguém para ensinar, e ministrar o ensinamento. Somente uma pessoa com tal capacidade é digna de ser aquela que conhece realmente da essência do diagnóstico".

阴阳应象大论篇第五

Capítulo 5
Yin Yang Ying Xiang Da Lun
(A Relação de Correspondência entre o Yin e o Yang
no Homem e em Todas as Coisas e a das Quatro Estações)

黄帝曰：阴阳者，天地之道也，万物之纲纪，变化之父母，生杀之本始，神明之府也，治病必求于本。故积阳为天，积阴为地。阴静阳躁，阳生阴长，阳杀〔《类说》卷三十七引"杀"作"发"〕阴藏。阳化气，阴成形。寒极生热，热极生寒。寒气生浊，热气生清。清气在下，则生飧泄；浊气在上，则生䐜胀。此阴阳反作，病之逆从也。

Disse o Imperador Amarelo: "O Yin corresponde à falta de movimento e sua energia simboliza a terra; o Yang corresponde ao movimento e sua energia simboliza o céu, portanto, o Yin e o Yang são os caminhos da terra e do céu. Como o nascimento, crescimento, desenvolvimento, colheita e armazenamento de todas as coisas são levados a efeito de acordo com a regra de crescimento e declínio do Yin e do Yang, então o Yin e o Yang são os princípios que norteiam todas as coisas. Na mútua vitória ou queda do Yin e do Yang, a situação será de variações inúmeras, portanto o Yin e o Yang são pais das variações. O Yin cresce enquanto o Yang está vigoroso o Yin se torna deficiente enquanto o Yin está enfraquecido. Do nascimento à morte, todas as coisas seguem o princípio do Yin e do Yang, por isso, o Yin e o Yang são o fundamento do nascimento e da morte. Quando o Yin e o Yang estão em harmonia, o espírito desabrocha, portanto o Yin e o Yang são as moradas do espírito.

"Por isso, quando tratar uma doença, deve-se ter como base o Yin e o Yang, isto é, buscar a orientação e o desenvolvimento da doença a partir da variação do Yin e do yang, a fim de determinar os princípios que norteiam o tratamento.

"O Céu se situa acima, é o cúmulo do Yang luzidio acima; a terra se situa abaixo, é o acúmulo do Yin turvo abaixo. O Yin se associa à calma, e o Yang se associa ao movimento impetuoso. O Yang se associa ao nascimento (como na primavera) e o Yin se associa ao crescimento (como no verão); o Yang se associa ao desenvolvimento (como no outono) e o Yin se associa ao ocultar (como no inverno). O Yang tem a função de ativar a energia vital, e o Yin tem a função de dar forma corporal a todas as coisas.

"Todas as coisas que atingiram seu apogeu se tornam em seus opostos, frio extremo trará calor e calor extremo trará frio. O frio tem a função de condensar, que causa a descida, e daí por diante se forma o turvo; o calor tem a função de dispersar, o que causa a ascensão, e daí em diante se produz o luzente. Em patologia, quando a energia luzidia no corpo permanece em baixo, o calor perverso será forçado a subir a fim de perturbar as atividades funcionais do baço e do estômago e irá ocorrer a diarréia aquosa com comida não digerida; se a energia turva permanecer acima, o Yin perverso subirá em contracorrente para causar a obstrução das atividades funcionais da energia vital e ocorrerá flatulência. Estas são as alterações viáveis ou patológicas adversas causadas por condições anormais do Yin e do Yang.

故清阳为天，浊阴为地；地气上为云，天气下为雨；雨出地气，云出天气。故清阳出上窍，浊阴出下窍；清阳发腠理，浊阴走五藏；清阳实四支，浊阴归六府。

"A energia do Yang luzidio se acumula acima para formar o céu, e a energia do Yin turvo se deposita abaixo para formar a terra. A energia da terra ascende para se tornar nuvem por meio da evaporação da energia do céu. A energia do céu se torna chuva quando desce. Por isso, embora a chuva caia do céu, no entanto é transformada pela energia da terra; embora a nuvem seja formada a partir da energia da terra, no entanto, depende da evaporação por parte da energia do céu, e estas são as relações de mútua função do Yin e do Yang.

"O Yang determina a energia ascendente, por isso o Yang luzidio escapa dos orifícios superiores do homem; o Yin determina a forma e é descendente, portanto, o Yin turvo escapa dos orifícios inferiores do homem. O Yang tem a função de guardar o exterior, por isso o Yang luzidio sai pelas estrias da pele; o Yin tem a função de tomar conta do interior, portanto, o Yin turvo se movimenta internamente pelas cinco vísceras. Como todos os Yangs fundamentam os quatro membros, portanto, o Yang luzidio reforça os quatro membros; os seis órgãos ocos transportam e digerem a comida para nutrir o corpo, e por isso o Yin turvo se estabiliza nos seis órgãos ocos. Esta é a função fisiológica do Yin e do Yang.

水为阴，火为阳。阳为气，阴为味。味归形，形归气，气归精，精归化；精食气，形食味，化生精，气生形。味伤形，气伤精；精化为气，气伤于味。

"A propriedade da água é fria e sem movimento, portanto corresponde ao Yin; a propriedade do fogo é quente e de chamas ascendentes, portanto corresponde ao Yang. O Yang luzidio é ascendente, por isso é energia, o Yin turvo é substancial, por isso é gosto (comida).

"O homem ingere comida nos cinco estados e absorve sua essência a fim de nutrir o corpo, por isso finalmente a comida vai para o físico (incluindo as vísceras, músculos, vasos, tendões e ossos); quando o físico está bem nutrido, a energia saudável se torna substancial. A energia saudável pode mais tarde produzir a essência da vida, a qual pode promover o viver e a transformação de todas as coisas vivas. O surgimento da essência da vida depende da energia saudável, e a aparência física depende da comida (gosto). A comida, quando digerida e transformada, vira essência de vida que pode finalmente substanciar o físico.

"Por isso o gosto pode nutrir o físico, se os cinco sabores forem ingeridos em excesso, isso irá lesionar o físico; por isso a energia pode promover o surgimento da essência, mas se a energia se tornar superabundante, pode ferir a essência. Quando a essência do sangue for abundante, pode ser ativada para se tornar energia, mas quando os cinco sabores forem ingeridos em excesso, de forma a lesionar o físico, a energia também será indiretamente ferida, portanto, a energia também pode ser lesada pelos sabores.

阴味出下窍，阳气出上窍。味厚者为阴，薄为阴之阳。气厚者为阳，薄为阳之阴。味厚则泄，薄则通。气薄则发〔李杲说："'发'作'渗'"〕泄，厚则发热。壮火之气衰，少火之气壮，壮火食气，气食少火，壮火散气，少火生气。气味，辛甘发散为阳，酸苦涌泄为阴。

"O Yin determina o gosto que é substancial, por isso é excretado dos orifícios inferiores; sendo o Yang a energia que é invisível, é expirada pelos orifícios superiores.

"O gosto se associa ao Yin, e quando pesado, pertence ao Yin; quando o gosto é leve, pertence ao Yang do Yin. A energia se associa ao Yang e quando a energia for densa, pertence ao puro Yang; quando a energia for fina, pertence ao Yin do Yang.

"A propriedade do Yin é de ser frio, e o Yin umedece as coisas por baixo. O gosto denso é puro Yin, por isso causa diarréia; o gosto leve é Yang do Yin, por isso gera uma liberação do estômago e do intestino. A propriedade do Yang é quente e o Yang flameja subindo; a energia densa é de puro Yang, produzindo então calor; a energia fina é Yin do Yang que pode fazer evaporar a energia perversa.

"Como o fogo estênico que é um fogo em hiperatividade consome a energia vital e causa um declínio da mesma; o fogo médio que é o fogo normal, nutre a energia vital, por isso torna a energia mais saudável e forte. Desde que o fogo estênico consome a energia vital, pode, portanto, interromper a energia vital de uma pessoa e dispersá-la. O fogo médio nutre a energia vital, por isso alguém pode ser nutrido por ele e o fogo médio pode causar o afloramento da energia vital.

"Dentre os gostos do Yin e do Yang: os gostos acre e doce, têm a função de dispersão (o doce para moderar e o agridoce para dispersar), e se associam ao Yang. Os gostos amargo e ácido têm como função causar o vômito e a diarréia (o amargo para a diarréia, o ácido como adstringente, e o ácido amargo para o vômito e a descarga) e se associam ao Yin.

阴胜则阳病，阳胜则阴病。阳胜则热，阴胜则寒。重寒则热，重热则寒。寒伤形，热伤气。气伤痛，形伤肿。故先痛而后肿者，气伤形也；先肿而后痛者，形伤气也。风胜则动〔《类说》引"动"作"痛"〕，热胜则肿，燥胜则干，寒胜则浮〔《太素》"浮"作胕〕，湿胜则濡泻。

"O Yin e o Yang dentro do corpo humano devem sempre ser conservados em equilíbrio. A superabundância de Yin causa enfermidades Yang, e a superabundância de Yang irá causar enfermidades Yin. A superabundância de Yang trará consigo o calor perverso, e a abundância de Yin trará consigo o frio perverso. Mas as coisas irão se desenvolver na direção oposta quando se tornarem extremas, por isso o calor extremo pode causar frio, e o frio extremo pode causar calor.

"O frio é o Yin perverso e o calor é o Yang perverso; o Yang produz a energia vital e o Yin dá forma ao físico. Por isso é o frio perverso que lesa o físico e o calor perverso que lesa a energia vital. Quando a energia duma pessoa for ferida, seu canal energético estará bloqueado e irá causar dor; quando o físico duma pessoa estiver ferido, seus músculos estarão cheios de grumos e causarão inchaço. Portanto, quando primeiro o paciente sofrer de dor e depois padecer de inchaço, isso se deve à enfermidade da energia vital, que fere o físico; quando o paciente sofrer primeiro de inchaço e depois tiver dor, isto se deve a um dano físico que afeta a energia vital.

51

"A propriedade do vento é o alvoroço; quando o vento perverso estiver predominando em parte, o paciente sentirá sacudidelas e tremores. Quando o calor perverso estiver predominando em parte, estará estagnado no interior e ferirá os músculos até causar inchaço. Quando o vento seco estiver predominando em parte, o fluido corporal será consumido e causará secura. Quando o frio perverso estiver predominando em parte, irá causar debilidade da energia Yang, que irá falhar na circulação e gerará edemas. Quando a umidade perversa estiver predominando em parte, a água e o fluido correrão para baixo e irão causar diarréia.

天有四时五行〔"五行"二字误窜，应在"以生寒暑"句上。王注："故云五行以生寒暑燥湿风五气也"〕，以生长收藏，以生寒暑燥湿风。人有五藏，化五气，以生喜怒悲忧恐。故喜怒伤气，寒暑伤形。暴怒伤阴，暴喜伤阳。厥气上行，满脉去形。喜怒不节，寒暑过度，生乃不固。故重阴必阳，重阳必阴。故曰：冬伤于寒，春必温〔胡本、诔本、赵本、吴本"温病"并作"病温"〕病；春伤于风，夏生飧泄；夏伤于暑，秋必痎疟；秋伤于湿，冬生〔《济生拔萃》引"生"作"必"〕咳嗽。

"Na natureza há o lapso das quatro estações, e as alterações dos cinco elementos produzem as cinco energias, isto é, frio, calor, secura, umidade e vento, e assim por diante, a fim de promover o nascimento, o crescimento, a colheita e o armazenamento de todas as coisas. Já que a natureza e o homem se combinam numa só, há como correspondência, cinco vísceras para o homem. As cinco vísceras do homem produzem as cinco energias que surgem respectivamente como excesso de alegria, raiva, melancolia, ansiedade e terror.

"A excitação dos humores como alegria excessiva, raiva etc., pode danificar as vísceras, então, fere a energia vital do homem. A súbita alteração de diversos climas, tais como frio, calor etc. pode invadir os músculos e a pele, ferindo conseqüentemente o físico do homem.

"A raiva violenta faz com que a energia vital flua em contra corrente e force o sangue a correr para cima causando estagnação na parte superior, e como resultante deixando o Yin ferido. O excesso violento de alegria faz com que a energia vital se infiltre em sentido descendente, e como resultado o Yang será ferido.

"Quando o vento perverso ataca o cérebro, o sangue sobe juntamente com a energia para fazer com que os canais e vasos se encham de sangue. Quando o sangue tiver transbordado, irá ocorrer uma semiparalisia.

"Todo estímulo de alegria e raiva sem temperança, e toda alteração anormal de frio e calor podem danificar a energia verdadeira da homem e encurtar sua vida.

"Por isso, o Yin em excesso irá virar Yang, e o Yang excessivo irá virar Yin.

"Quando o corpo for afetado pelo frio perverso no inverno e a doença não surgir de imediato, o frio perverso ficará escondido no interior, e transformar-se-á em calor para se tornar uma doença sazonal febril na primavera quando o Yang aumentar. Quando o corpo for afetado pelo vento perverso na primavera, já que o vento perverso se comunica com o fígado, sua energia irá se tornar abundante através do mesmo vento. Quando o fígado estiver em plenitude excessiva, o baço sofrerá restrição. Quando o baço falhar em transportar e digerir a comida, ocorrerá diarréia aquosa com comida não digerida no verão.

"Quando o corpo for afetado pelo calor perverso do verão, no verão e a doença não ocorrer imediatamente, o calor do verão ficará retido no interior, e quando o corpo for invadido pelo vento perverso no outono, a contenção de frio e calor um contra o outro, irá causar malária no outono. Quando o corpo for afetado pela umidade perversa no outono, esta irá subir em contracorrente para atacar o pulmão, e irá ocorrer tosse no inverno quando o frio começar a se evadir".

帝曰：余闻上古圣人，论理人形，列别藏府，端络经脉，会通六合，各从其经；气穴所发，各有处名；谿谷属骨，皆有所起；分部逆从，各有条理；四时阴阳，尽有经纪，外内之应，皆有表里，其信然乎？

Disse o imperador Amarelo: "Contaram-me que quando os sábios descreveram o corpo humano nos tempos antigos, eles sempre enumeraram respectivamente as posições dos cinco órgãos sólidos e dos seis órgãos ocos, ressaltando os pontos iniciais e terminais dos doze canais e as localizações por onde passam, dividiram as superfícies e os interiores dos três canais Yang e dos três canais Yin em seis desembocaduras (o Shaoyin do Pé e da Mão coincidem com os canais Taiyang; o Taiyin do Pé e da Mão coincidem com os canais Yangming e o Jueyin do Pé e da mão coincidem com os canais Shaoyang) e cada um deles tem uma passagem acessível. Os pontos de energia que afetam os canais estão todos localizados em posições específicas e todos têm nomes definidos. Como os pontos Xigu (Vale do Arroio) se localizam entre as juntas dos ossos, portanto, pertencem ao osso, tendo todos pontos de início e fim. Os colaterais na superfície da pele, que pertencem aos doze canais seguindo em posição favorável ou adversa. As mudanças Yin ou Yang das quatro estações, têm todas uma norma regular e as superfícies (canais Yang) e interiores (canais Yin) do corpo humano lhes correspondem. Estas variações são corretas?"

岐伯对曰：东方生风，风生木，木生酸，酸生肝，肝生筋，筋生心，肝主目。其在天为玄，在人为道、在地为化。化生五味，道生智，玄生神。神在天为风，在地为木、在体为筋，在藏为肝，在色为苍，在音为角，在声为呼，在变动为握，在窍为目，在味为酸，在志为怒。怒伤肝、悲胜怒；风伤筋，燥胜风；酸伤筋，辛胜酸。

Qibo respondeu: "O Leste corresponde à primavera quando a energia Yang começa a gerar, já que a energia Yang ascende e se dispersa para virar vento, portanto, o leste produz o vento. O vento faz com que a madeira floresça, por isso, o vento produz a madeira. A madeira é um dos cinco elementos, e gera ácido de acordo com a energia da terra, e gera o fígado de acordo com a energia madeira, portanto, o ácido produz o fígado. O fígado mantém os tendões, por isso, o fígado produz os tendões. Como o fígado é produzido pelos tendões, e o fígado se associa à madeira, e a madeira pode produzir fogo, portanto, os tendões geram o coração (o coração corresponde ao fogo). A energia do fígado se comunica com os olhos, por isso o fígado determina a condição dos olhos.

"O céu possui seu efeito sutil no desenvolvimento, e o homem tem suas formas de se adaptar às variações do Yin e do Yang, e a terra tem sua função de ativar o crescimento de todas as coisas sobre a terra. Já que o crescimento de todas as coisas é ativado, são produzidos os cinco gostos, durante o percurso de adaptação da alteração de todas as coisas que a sabedoria produziu e sob o efeito sutil de desenvolvimento, que a deidade produziu. A deidade se encarrega dos ventos no céu, se encarrega da madeira na terra, toma conta dos tendões no corpo humano, e toma conta do fígado e das cinco vísceras.

"A cor dos bosques é verde, quanto aos cinco matizes, é Jue (o terceiro tom), quanto aos sons, é estridente, nas variações, é domínio. Os olhos são os orifícios do fígado, o gosto do fígado-madeira é ácido, a emoção do fígado é a raiva, a raiva excessiva pode lesar o fígado, mas a tristeza pode sobrepujar a raiva (a tristeza é a emoção dos pulmões, e o metal pode dominar a madeira). O vento em excesso irá lesar os tendões, mas a secura pode sobrepujar o vento (a secura corresponde ao metal, e o metal pode dominar a madeira); o excesso de ingestão de ácido poderá lesar os tendões, mas o picante pode dominar a acidez (o picante corresponde ao metal e o metal pode dominar a madeira).

南方生热，热生火，火生苦，苦生心，心生血，血生脾，心主舌。其在天为热，在地为火，在体为脉，在藏为心，在色为赤，在音为征，在声为笑，在变动为忧，在窍为舌，在味为苦，在志为喜。喜伤心，恐胜喜；热伤气，寒胜热，苦伤气，咸胜苦。

"O sul corresponde ao verão, e o calor é gerado na terra a partir do fogo no verão; o fogo pode ser transformado em amargor que é o gosto do coração. A terra determina a condição do sangue, que gera o baço (o fogo gera a terra). Como a língua é o sintoma de tendência para o coração, por isso, o coração se associa à língua.

"Nos seis climas do céu, o sul é quente, nos cinco elementos da terra (madeira, fogo, terra, metal e água) é o fogo; no corpo humano, é canal, nas cinco vísceras (coração, fígado, baço, pulmão e rim), é o coração; nas cinco cores (verde, vermelho, amarelo, branco e preto), é o vermelho; nos cinco tons, é Zhi (o quarto tom), nos sons, é o riso, nas variações de emoção, é a melancolia, nos orifícios, é a língua, o gosto é o amargor, nas ações emocionais, é o excesso de alegria; uma alegria excessiva pode lesar o coração, mas o terror pode sobrepujar a alegria (o terror é a emoção dos rins, e a água pode deter o fogo); o calor excessivo, ao contrário, pode lesar a energia vital (o fogo estênico consome a energia vital); o frio pode sobrepujar o calor (a água fria pode sobrepujar a energia do fogo); o amargor é o gosto do fogo, e seu excesso também pode consumir a energia, e o salgado pode sobrepujar o amargor (o gosto dos rins é o salgado, e a água pode restringir o fogo).

中央生湿，湿生土，土生甘，甘生脾，脾生肉，肉生肺，脾主口。其在天为湿，在地为土，在体为肉，在藏为脾，在色为黄，在音为宫，在声为歌，在变动为哕，在窍为口，在味为甘，在志为思。思伤脾，怒胜思；湿伤肉，风胜湿；甘伤肉，酸胜甘。

"O central corresponde à terra, que produz o úmido e este é invisível e a terra é visível, já que as coisas visíveis são produzidas a partir das invisíveis; portanto, a umidade produz a terra. A terra se associa à propriedade, e a colheita na propriedade gera o doce, portanto, a terra produz o doce. O baço controla os músculos, o baço terra produz o pulmão metal. A boca é o orifício do baço, portanto, o baço se associa à boca.

"Nas seis espécies de clima no céu, o central é o úmido, nos cinco elementos sobre a terra, é a terra, no corpo humano, são os músculos, nas cinco vísceras, é o baço, nas cinco cores, é o amarelo, nos cinco tons, é Gong (o primeiro tom), nos sons, é o canto; quando a energia se torna adversa, é o soluço; nos nove orifícios, é a boca, nos cinco sabores, é o doce, nas emoções, é a ansiedade. O excesso de ansiedade pode lesar o baço, mas a raiva pode sobrepujar a ansiedade (a raiva é a emoção do fígado, e a madeira pode dominar a terra); o excesso de umidade pode lesar os músculos, mas o vento pode sobrepujar a umidade (o vento se associa à madeira, e a madeira pode dominar a terra); o excesso de doçura pode lesar os músculos, porém o ácido pode sobrepujar o doce (o ácido se associa à madeira, e a madeira pode dominar a terra).

西方生燥，燥生金，金生辛，辛生肺，肺生皮毛，皮毛生肾，肺主鼻。其在天为燥，在地为金，在体为皮毛，在藏为肺，在色为白，在音为商，在声为哭，在变动为咳，在窍为鼻，在味为辛，在志为忧，忧伤肺，喜胜忧；热〔据林校引《太素》"热"为"燥"〕伤皮毛，寒胜热；辛伤皮毛，苦胜辛。

"O oeste corresponde à secura metal, portanto, o oeste produz a secura, e a secura é invisível e o metal é visível, e já que as coisas visíveis são produzidas das invisíveis, portanto, a secura produz o metal. O gosto do metal é o picante, portanto, o metal produz o picante; o pulmão se associa ao metal, por isso o picante produz o pulmão. O pulmão determina a condição dos pêlos e da pele, portanto, o pulmão metal produz os pêlos e a pele. O pulmão metal produz os rins água, portanto, os pêlos e a pele produzem os rins. Os orifícios do pulmão é o nariz, por isso o pulmão se associa ao nariz.

"Nas seis espécies de clima do céu, o oeste é a secura, nos cinco elementos sobre a terra, é o metal, no corpo humano, se associa com os pêlos e a pele, nas seis cores, é o branco, nas cinco vísceras, é o pulmão, nos seis tons, é Shang (o segundo tom), nos sons, é o choro; quando a respiração é adversa, é a tosse; nos nove orifícios, é o nariz, nos cinco sabores, é o picante, nas emoções, é a melancolia, e a melancolia excessiva pode lesar o pulmão, mas o excesso de alegria sobrepuja a melancolia (o fogo pode dominar o metal), e a secura excessiva pode lesar os pêlos e a pele, e o frio pode sobrepujar o calor.

北方生寒，寒生水，水生咸，咸生肾，肾生骨髓，髓生肝，肾主耳。其在天为寒，在地为水，在体为骨，在藏为肾，在色为黑，在音为羽，在声为呻，在变动为栗，在窍为耳，在味为咸，在志为恐。恐伤肾，思胜恐；寒伤血〔林校引《太素》"血"作"骨"〕，燥〔林校引《太素》"燥"作"湿"〕胜寒；咸伤血〔林校引《太素》"血"作"骨"〕，甘胜咸。

"O norte corresponde ao frio-água, o frio é invisível e a água é visível, e já que as coisas visíveis são produto das invisíveis, portanto, a água é produzida pelo frio. O gosto dos rins é o salgado, portanto, a água produz o salgado, e o salgado produz os rins; quando o rim obtém a essência da água, produz gordura, a gordura produz tutano, portanto, o rim produz tutano. A água dos rins produz o fígado-madeira; os orifícios dos rins são os ouvidos, por isso, os rins se associam aos ouvidos.

"Nas seis espécies de clima no céu, o norte é frio, nos cinco elementos sobre a terra, é a água, no corpo humano, são os ossos, nas cinco vísceras, é o rim, nas cinco cores, é o negro, nos cinco tons, é Yu (o quinto tom), nos sons, é o gemido (gemido é o som do rim); quando em contracorrente, ocorrem calafrios; os orifícios dos rins são os ouvidos; nos cinco sabores é o salgado, nas emoções é o terror. O terror excessivo pode lesar os rins, mas a ansiedade pode sobrepujar o terror (a terra pode dominar a água). O frio excessivo pode lesar os ossos e a umidade pode sobrepujar o frio. O salgado em excesso pode lesar os ossos, porém o doce pode sobrepujar o salgado (doce é o sabor do baço).

故曰：天地者，万物之上下也；阴阳者，血气之男女也；左右者，阴阳之道路也；水火者，阴阳之征兆也；阴阳者，万物之能始也。故曰：阴在内。阳之守也；阳在外，阴之使也。

"Todas as coisas se situam entre o céu e a terra e confiam nas energias do céu e da terra para sua existência. O céu, bem acima, é Yang e a terra, bem abaixo é Yin, portanto, o céu e a terra são os altos e baixos de todas as coisas. Todas as coisas surgem de acordo com a alteração do Yin e do Yang do céu e da terra. Quanto aos seres humanos, os que se apoiam abundantemente na energia Yang são os homens e são de energia vital, os que se apoiam abundantemente na energia Yin são mulheres e são de sangue, portanto, o Yin e o Yang são o homem e a mulher da energia e do sangue. Dentro das três dimensões de céu e terra, o leste e o sul estão à esquerda, a qual é Yang; o oeste e o norte estão à direita, a qual é Yin. O Yang está associado à subida e o Yin está associado à descida, por isso, esquerda e direita são os caminhos de subida e descida do Yin e do Yang. As variações de Yin e de Yang são invisíveis, mas podem ser observadas por meio da alteração da água (que corresponde ao Yin) e ao fogo (que corresponde ao Yang), portanto, a água e o fogo são os sintomas do Yin e do Yang. O Yin cresce enquanto o Yang é vigoroso, e o Yin fica deficiente enquanto o Yang enfraquece. Todas as coisas se submetem a essa lei durante o curso da vida, do nascimento à morte, portanto o Yin e o Yang são os iniciadores de todas as coisas. No corpo humano, o Yin reside no interior e o Yang reside no exterior. É somente quando o Yang se guarda por fora, que o Yin pode defender o interior sem se dispersar; é somente devido ao Yin defendendo o interior que o Yang pode agir fora. Este é o caso de ação mútua do Yin e do Yang".

帝曰：法阴阳奈何？岐伯曰：阳胜则身热，腠理闭，喘粗为之俯仰，汗不出而热，齿乾以烦冤，腹满死，能冬不能夏。阴胜则身寒，汗出，身常清，数栗〔《阴证略例：阴毒三阴混说》"栗"引作"躁"〕而寒，寒则厥，厥则腹满死，能夏不能冬。此阴阳更胜之变，病之形能也。

Perguntou o Imperador Amarelo: "Como pode o homem regular o Yin e o Yang em si mesmo de acordo com as operações de Yin e de Yang do céu e da terra?" Qibo respondeu: "A superabundância de Yang deve se encarregar do calor do corpo e da abertura das estrias da pele a fim de provocar suor, mas por que justamente quando o corpo está quente, que as estrias da pele estão fechadas e nenhum suor aparece? É por que o fluido corporal se torna seco devido ao abrasamento da abundância do Yang, e o suor perde sua fonte e dessa forma nenhuma transpiração ocorre. A secura do fluido corporal também se evidencia pelo ressecamento dos dentes frontais. Quando a energia Yang é superabundante em parte, fará com que o paciente se fatigue rapidamente, curvando-se continuamente e erguendo a cabeça; quando o calor perverso está estagnado dentro do corpo, fará com que o paciente fique irritadiço e deprimido; o calor excessivo também pode provocar plenitude no abdômen do paciente. Estas são enfermidades fatais devidas a superabundância parcial do Yang e até mesmo do Yang puro sem Yin. Se esta espécie de enfermidade for encontrada no frio do inverno, o paciente ainda pode sobreviver com dificuldade, mas se ocorrer no verão, o paciente irá morrer com certeza.

"Quando a energia Yin do paciente estiver parcialmente superabundante, sua energia Yang deve estar deficiente, e sua energia Wei estará enfraquecida, por isso suas estrias da pele se tornam frouxas, seu corpo transpira e este freqüentemente se sente desassossegado e até entra em coma. O paciente pode também sentir plenitude do abdômen, devido à estagnação do frio perverso. Estas são as enfermidades fatais da superabundância parcial de energia Yin enquanto a energia Yang está sendo cortada. Nesse caso, o paciente ainda pode sobreviver com dificuldade quando a enfermidade ocorrer no inverno, mas irá certamente morrer quando a enfermidade ocorrer no verão. As colocações acima mostram o sintoma de alteração patológica do desequilíbrio do Yin e do Yang".

帝曰：调此二者奈何？岐伯曰：能知七损八益，则二者可调；不知用此，则早衰之节〔《甲乙》无"之节"二字〕也。年四十，而阴气自半也，起居衰矣；年五十，体重，耳目不聪明矣；年六十，阴痿，气大衰，九窍不利，下虚上实，涕泣俱出矣。故曰：知之则强，不知则老，故同出而名异耳。智者察同，愚者察异。愚者不足，智者有余，有余则耳目聪明，身体轻强，老者复壮，壮者益治。是以圣人为无为之事，乐恬憺之能，从欲快志于虚无之守，故寿命无穷，与天地终，此圣人之治身也。

Perguntou o Imperador Amarelo: "Porém como regularizar apropriadamente as energias do Yin e do Yang?" Qibo respondeu: "Se alguém puder regular o Yin e o Yang de acordo com as regras fisiológicas das sete desvantagens e das oito vantagens do homem e da mulher, haverá promessa de longevidade, e se não puder fazê-lo apropriadamente, envelhecerá cedo.

"O Tiangui (substância que se origina da essência renal necessária à regulagem do crescimento e da reprodução) do homem se esgota com a idade de 64 (8 x 8). Quando ele está com 40 (5 x 8), só resta metade de sua energia Yin, e seu modo de agir no dia-a-dia enfraquece. Quando ele está com 50, seu sangue e energia declinam e seu corpo se torna deselegante. Como a essência e o sangue são insuficientes para nutri-lo, seus olhos e ouvidos já não são afiados. Com a idade de 60, aproximadamente aos 64 (8 x 8), seu Tiangui se esgota, seus rins declinam e ele se torna impotente. A energia dos rins é a energia primordial verdadeira; quando declina, as energias dos órgãos sólidos e ocos enfraquecerão e já não poderão nutrir mais os nove orifícios e não estarão mais disponíveis. Já que a energia Yang está enfraquecida e que a energia Yin acima está superabundante, isso faz com que as lágrimas aflorem. Este é o caso em que alguém falha em regularizar o Yin e o Yang apropriadamente, causando o envelhecimento precoce.

"Por isso, quando alguém sabe como regular o Yin e o Yang apropriadamente, irá tornar seu corpo forte, e seu corpo tornar-se-á decrépito e senil quando não souber como regulá-lo. Todas as pessoas retiram seu sustento das energias do céu e da terra, mas algumas delas vivem uma vida longa e algumas morrem cedo devido às diversas formas como protegem a saúde. Isto porque um homem sábio pode preservar sua saúde antes da senilidade, enquanto que um ignorante só pode descobrir o fato após a senilidade ter ocorrido. Por isso o homem sábio pode permanecer constantemente forte e ter essência e sangue suficientes para guardar, enquanto que o ignorante tem sempre muito pouca essência e sangue. Quando a essência e o sangue de alguém forem abundantes, seu corpo será saudável e forte, seus olhos e ouvidos serão capazes de ver e ouvir com clareza; um homem idoso poderá ter ainda um corpo forte, um jovem ficará ainda mais forte.

"Por isso os sábios não fazem nada que não seja proveitoso para a preservação da saúde, vêem prazer na indiferença aos bens e à fama e estão livres de distrair o pensamento, seguem seu coração quando este deseja ficar à vontade e se apraz no estado de não ter desejo, para que sua vida possa ser infinita e tão duradoura quanto os céus e terras. Esta é a forma dos sábios de preservar a saúde.

天不足西北，故西〔《太素》"西"下无"北"字〕北方阴也，而人右耳目不如左明也。地不满东南，故东〔《太素》"东"下无"南"字〕南方阳也，而人左手足不如右强也。帝曰：何以然？岐伯曰：东方阳也，阳者其精并于上，并于上则上明〔《类说》"明"引作"盛"〕而下虚，故使耳目聪明而手足不便也。西方阴也，阴者其精并于下，并于下则下盛而上虚，故其耳目不聪明而手足便也。故俱感于邪，其在上则右甚，在下则左甚，此天地阴阳所不能全也，故邪居之。

"Falta o céu no noroeste, e o oeste corresponde ao Yin, por isso os olhos e ouvidos direitos do homem não são tão aguçados quanto os esquerdos. A terra não é plena no sudeste, e o leste é Yang, por isso a mão e o pé esquerdos de um homem não são tão fortes quanto os da direita. Isso é para mostrar que o corpo humano imita o céu e a terra, e que não são perfeitos".

O Imperador Amarelo perguntou: "Por que é assim?" Qibo respondeu: "O leste corresponde ao Yang; quando tanto o Yang quanto sua essência estão em cima, a parte de baixo do corpo deverá estar debilitada, tornando os olhos e ouvidos acurados, mas retirando a destreza das mãos e dos pés. O oeste corresponde ao Yin; quando tanto o Yin quanto sua essência se concentram embaixo, a parte superior deve estar debilitada, fazendo com que ouvidos e olhos não estejam tão acurados, mas que mãos e pés sejam ligeiros. Precisamente por causa dos fenômenos do Yin, Yang e da essência que são superabundantes, na parte superior ou na parte inferior do corpo, que isso faz com que o corpo fique superabundante em cima e débil embaixo ou vice-versa. Quando se contrai o mal, podem ocorrer várias situações, tais como enfermidades na parte superior do "Yin e de sua essência, ambas permanecendo embaixo e causando debilidade na parte superior"; a doença no lado direito é mais séria do que a do lado esquerdo (a direita corresponde ao Yin); na parte inferior as doenças do "Yang e sua essência, ambos permanecendo em cima a fim de causar debilidade na parte de baixo"; a doença do lado esquerdo é mais séria do que a do lado direito (a esquerda corresponde ao Yang). Isto porque nos humanos, céu e terra não são perfeitos o dia inteiro, e a energia maléfica pode levar vantagem da debilidade a fim de se instalar.

故天有精，地有形，天有八纪，地有五里〔《太素》作"理"〕，故能为万物之父母。清阳上天，浊阴归地，是故天地之动静，神明之纲纪，故能以生长收藏，终而复始。惟贤人上配天以养头，下象地以养足，中傍人事以养五藏。天气通于肺，地气通于嗌〔《太素》"嗌"

作 "咽"〕，风气通〔《外台》引《删繁》"通"作"应"〕于肝，雷气通〔《外台》引《删繁》"通"作"动"〕于心，谷气通〔《外台》引《删繁》"通"作"感"〕于脾，雨气通〔《外台》引《删繁》"通"作"润"〕于肾。六经为川，肠胃为海，九窍为水注之气〔《医说》引无"注之气"三字〕。以天地为之阴阳，阳〔"阳"应作"人"，王注："夫人汗泄於皮肤者"，似王所据本原作"人"〕之汗，以天地之雨名之；阳之气，以天地之疾风名之。暴气象雷，逆气象阳。故治不法天之纪，不用地之理，则灾害至矣。

"A razão pela qual céu e terra podem ser os pais de todas as coisas é que o céu tem sua energia invisível refinada e a terra tem sua substância visível. O céu tem oito termos para designar o tempo climático (isto é, Início da Primavera, Equinócio da primavera, Princípio do Verão, Solstício do Verão, Princípio do Outono, Equinócio de Outono, Início do Inverno e Solstício de Inverno), e a terra tem a distribuição dos cinco elementos a fim de ser o princípio guia de todas as coisas. Todas as mudanças do céu, da terra, Yin e Yang, têm padrões regulares, todas as coisas aderem à lei regular de nascimento, crescimento, maturidade e de se recolher.

"Somente o homem sábio pode seguir a lei da energia lúcida e leve do céu, a fim de nutrir sua cabeça que está acima, e aprender com o fenômeno da energia turva da terra para nutrir seus pés que estão abaixo; no meio, ele pode regular seu comer e beber, seguir seus movimentos e sua mente para nutrir as cinco vísceras.

"O pulmão está situado na parte superior do corpo e se encarrega da respiração; por isso a energia do céu se comunica com o pulmão, a laringo-faringe é a saída do estômago, o qual recebe os cereais, por isso a energia da terra se comunica com a laringo-faringe. Já que a energia do vento produz o fígado-madeira, por isso a energia do fígado corresponde ao fígado; como o coração está associado ao fogo, e o raio também está associado ao fogo, assim como nas gravuras que agradam, a energia do raio faz parte do coração; o baço se encarrega de transportar e digerir os cereais, por isso, a energia da substância essencial do cereal, se comunica com o baço; o rim é um sólido, de água, por isso a energia da chuva pode orvalhar os rins.

"Os seis canais de um homem são como rios em circulação, e o estômago e o intestino, que detêm os cereais, são como mares que contêm tudo. A energia refinada da água se conecta com os orifícios superiores, e a energia turva da água se conecta com os orifícios inferiores. Já que a lágrima, o muco nasal, a saliva, a urina e o excremento todos pertencem à água, dessa forma os orifícios são como o fluxo d'água.

"Tome o Yin e o Yang do céu e da terra para fazer uma analogia com o Yin e o Yang do corpo humano: quando o Yin e o Yang da terra se combinam, viram chuva; quando a energia vital e o sangue de um homem se unem, fazem suar, por isso o suor do homem é chamado de chuva. A energia Yang circula pelo corpo todo, e a energia do vento se espalha pela terra, por isso a "energia do homem" é chamada de vento do céu e da terra. A energia de temperamento violento num homem, é como o ribombar de um trovão, e a energia em contracorrente se parece com a ascensão do Yang.

"A atividade vital de um homem tem uma estreita semelhança com a energia do céu. Ao se tratar uma doença, deve-se seguir a lei e a disciplina do céu e da terra, senão a atividade vital do paciente pode ser prejudicada, ocorrendo imediatamente uma calamidade.

故邪风之至，疾如风雨，故善〔《千金》"治"下有"病"字〕治者治皮毛，其次治肌肤，其次治筋脉，其次治六府，其次治五藏。治〔《千金》"治"作"至"〕五藏者，半死半生〔《千金》无"半生"二字〕也。故天之邪气，感则害人五藏；水谷之寒热，感则害于六府；地之湿气，感则害皮肉筋脉。

"A chegada de um vento perverso é como uma súbita chuva torrencial ou uma tempestade repentina. Quando há invasão do vento perverso, ele penetra em primeiro lugar a pele e os pêlos. Se o vento perverso não for tratado a tempo, irá depois invadir os músculos, por isso, é o músculo que deve ser tratado em seguida. Se o músculo não for tratado a tempo, o vento perverso irá invadir em seguida os tendões e os canais, portanto, depois, devem ser tratados os tendões e os canais. Se os tendões e os canais novamente não forem tratados a tempo, o vento perverso irá invadir as cinco vísceras, sendo difícil antecipar o efeito de cura, sendo a probabilidade de sobrevivência do paciente de somente 50%.

"Por esse motivo, a energia perversa do céu invade com freqüência o corpo humano, primeiro a partir do exterior, indo depois ao interior, primeiro em superfície, depois em profundidade, e finalmente aos cinco órgãos sólidos. Quando a comida e a bebida de temperatura imprópria são levados ao estômago e ao intestino, isso pode lesar os mesmos, portanto, a comida pode lesar os seis órgãos ocos. A umidade perversa no corpo, após a invasão, fará com que a energia Wei e a energia Ying deixem de agir corretamente e lesem a pele, os músculos, os tendões e os canais.

故善用针者，从阴引阳，从阳引阴，以右治左，以左治右，以我知彼，以表知里，以观过与不及之理，见微得〔周本"得"作"则"〕过，用之不殆。

"Dessa forma, aquele que for bom no tratamento por acupuntura, deve conhecer o princípio do Yin e do Yang. Como o Yin e o Yang, a energia vital e o sangue, os canais e os colaterais estão ligados uns aos outros, o perverso que invade o Yang pode ocorrer da mesma forma no Yin, por isso, no tratamento acupuntural, o perverso no Yang pode ser retirado por meio do Yin; o perverso que invade o Yin pode ocorrer da mesma maneira no Yang, portanto, o perverso no Yin também pode ser eliminado através do Yang. Pelo mesmo motivo, a doença do lado esquerdo pode ser tratada a partir do direito, e vice-versa. Além disso, ao se investigar uma síndrome, pode-se também inferir uma síndrome interna através das síndromes de superfície. O mais importante é possuir a capacidade de analisar a astenia e a estenia, as energias calóricas e perversas do Yin e do Yang e determinar a localização da doença a partir dos sintomas ocorridos. Quando um médico pode diagnosticar de maneira apropriada conforme os princípios do Yin e do Yang, a fim de saber se a doença é séria ou passageira, o paciente não será exposto ao perigo de um diagnóstico errôneo.

善诊者，察色按脉，先别阴阳。审清浊，而知部分；视喘息，听音声，而知〔《甲乙》"知"下有"病"字〕所苦；观权衡规矩，而知病所主〔《甲乙》"主"作"生"〕；按尺寸，观浮沉滑涩，而知病所生〔《类说》引"生"作"在"〕。以治无过，以诊则不失矣。

"Aquele que for bom em diagnosticar, irá sempre observar a compleição do paciente e primeiro tomar o pulso, a fim de distinguir se a doença pertence ao Yin ou ao Yang (tal como a aparência vermelha representa o Yang, a aparência branca representa o Yin, um pulso flutuante mostra o pulso Yang e o pulso profundo demonstra o Yin etc.); infere em qual canal existe a doença, observando a cor e a compleição luzente ou turva do paciente (assim como o luzente é Yang, o turvo é Yin, a doença pode ser inferida a partir das cinco cores das cinco partes do rosto); distinguir com qual órgão sólido a doença se associa, em relação à condição de pulso das várias estações (assim como a primavera determina a condição do fígado, o verão determina a condição do coração etc.); observe a condição de dispnéia e ouve os sons a fim de inferir a dor do paciente; sente a condição dos pulsos Chi e Cun do paciente, a fim de saber se a doença está na superfície ou no interior, no Yin ou no Yang, conforme a condição flutuante, profunda, escorregadia, forte do pulso e tratar a doença de acordo. Dessa forma, o diagnóstico não conterá erros.

故曰：病之始起也，可刺而已；其盛，可待衰而已。故因其轻而扬之，因其重而减之，因其衰而彰之。形不足者，温之以气〔以气以味；柯校本"以气"作"以味"，"以味"作"以气"按柯校"气味两字互易"〕；精不足者，补之以味〔应作"气"〕。其高者，因而越之；其下者，引而竭之；中满者，泻之于内；其有邪者，渍形〔《太素》作"清"〕以为汗；其在皮者，汗而发之，其慓悍者，按而收之；其实者，散而写之。审其阴阳，以别柔刚，阳病治阴，阴病治阳。定其血气，各守其乡，血实宜决之，气虚宜掣引之

"Portanto, no começo, quando o mal ainda estiver na superfície, a doença pode ser curada beliscando com a agulha a fim de purgar o mal; se o perverso for abundante, a agulha deve ser retida após picar, a fim de permitir que a energia perversa decline por si.

"Quando a doença não for séria e estiver na superfície, pode ser expelida através de um agente diaforético; quando a doença for séria, com estenia interna, pode ser eliminada pelos excrementos através de agente purgativo; quando a doença for causada por deficiência de energia vital e de sangue, os mesmos podem se erguer por meio de terapia com tônicos.

"Como o físico é Yang, e a essência é Yin, a energia é Yang e o paladar é Yin, a deficiência física é um sinal de declínio do Yang, devendo ser aquecido com um gosto forte; a deficiência de essência, mostra um declínio do Yin e deve ser reavivada através de remédios qifen.

"Quando o mal estiver acima do diafragma, pode-se usar a terapia emética; quando o mal estiver no abdômen, pode-se usar a terapia de purgantes; quando houver uma flatulência abdominal, pode-se usar uma terapia que promova a digestão.

"Se a invasão do perverso for profunda, pode-se dispersar o mal através de suores com banho bem quente: quando o mal estiver na pele e nos pêlos, pode ser disperso por diaforese; se a doença ocorrer repentinamente com dor, pode-se usar massagem a fim de acalmar sua energia; quando a doença se associar a uma síndrome energética, deve ser tratada com terapia de dispersão, e quando a doença estiver associada à síndrome de estenia Yin, deve ser tratada com terapia purgativa.

"Investigar se a doença pertence ao Yin ou ao Yang, e determinar qual o caso da doença e a forma de tratamento a partir de um fenômeno imutável ou maleável.

"Em caso de superabundância de Yang e deficiência de Yin, o Yin deve ser nutrido; para o caso de superabundância de Yin e deficiência Yang, o Yang deve ser fortalecido, para que as energias do Yin e do Yang possam ser equilibradas.

"Acalmar o sangue e a energia vital, para que eles possam permanecer em suas posições sem se mover intempestivamente.

"Estenia significa a estenia do mal, e deficiência significa a deficiência de energia saudável. Quando o sangue estiver estênico, o mal deve ser eliminado ao picar, permitindo que saia sangue; deficiência de energia vital é a estenia dos canais e colaterais, portanto, a energia deve ser a partir do canal que não estiver deficiente, a fim de suprir a deficiência".

阴阳离合论篇第六

Capítulo 6
Yin Yang Li He Lun
(Atividades Isoladas e o Funcionamento Mútuo do Yin e do Yang)

黄帝问曰：余闻天为阳，地为阴，日为阳，月为阴，大小月三百六十〔《太素》"六十"有"五"字〕日成一岁，人亦应之。今三阴三阳，不应阴阳，其故何也？岐伯对曰：阴阳者，数之可十，推之可百，数之可千，推之可万，万之大不〔按《素问玄机原病式》引无"大"字〕可胜数，然其要一也。

O Imperador Amarelo perguntou: "Disseram-me que o céu é Yang e que a terra é Yin, que o sol é Yang e que a lua é Yin. O ano de 365 dias é formado pelos meses lunares de 29 e 30 dias e que o homem corresponde às alterações do Yin e do Yang nas quatro estações. Mas agora os três Yin e os Yang do corpo humano não têm a estatura do Yin e do Yang do céu e da terra, e isso por quê?"

Qibo respondeu: "Yin ou Yang, é apenas um nome que não tem forma. Pode ser aplicado a tudo, pode ser contado de um a dez, pode ser inferido de dez a cem, pode ser contado de cem a mil, e inferido de mil a dez mil e até a números incontáveis. Embora sua alteração seja infinita, o processo do desenvolvimento do Yin e do Yang é a união do oposto das coisas que vão se desenvolver, sendo um só.

天覆地载，万物方生，未出地者，命曰阴处，名曰阴中之阴；则出地者，命曰阴中之阳。阳予之正，阴为之主。故生因春，长因夏，收因秋，藏因冬，失常则天地四塞。阴阳之变，其在人者，亦数之可数〔《太素》"数"作"散"，杨注："散，分也"〕。

"Com o firmamento do céu acima, e o peso da terra abaixo, todas as coisas vivas sobrevivem pela descida da energia do céu e pela ascensão da energia da terra. O céu é o Yang que se associa ao movimento, a terra é o Yin que se associa ao repouso. Todas as coisas que se ocultam sob a terra estão em posição de Yin estático e são chamadas parte integrante do Yin no Yin; todas as coisas que aparecem acima do solo, são o Yin que sai e se revela e são chamadas parte integrante do Yang no Yin.

"O Yang serve para espalhar a energia saudável da friagem e da quentura, o Yin para se encarregar da vitalidade de todas as coisas. Assim, o nascimento de todas as coisas se deve à tepidez da energia da primavera, o crescimento de todas as coisas é resultado da quentura da energia do verão, a colheita de todas as coisas se deve à eliminação e morte da energia do outono, e a queda e o ocultar de todas as coisas se devem à virtude da friagem da energia do inverno. Esses são os padrões regulares das quatro alterações de tempo sazonais e o nascimento, crescimento, colheita e recolhimento de todas as coisas. Se esta condição normal divergir, o céu e a terra não serão harmoniosos e o Yin e o Yang serão obstruídos um pelo outro. A alteração de um corpo humano também pode ser inferida a partir dos fenômenos da natureza".

帝曰：愿闻三阴三阳之离合也。岐伯曰：圣人南面而立，前曰广明，后曰太冲，太冲之地，名曰少阴，少阴之上，名曰太阳，太阳根起于至阴，结于命门，名曰阴中之阳。中身而上，名曰广明，广明之下，名曰太阴，太阴之前，名曰阳明，阳明根起于厉兑，名曰阴中之阳。厥阴之表，名曰少阳，少阳根起于窍阴，名曰阴中之少阳。是故三阳之离合也，太阳为开，阳明为阖，少阳为枢。三经者，不得相失也，搏而勿浮，命曰一阳。

Disse o Imperador Amarelo: "Desejo saber acerca das atividades isoladas e do mútuo funcionamento dos três Yin e dos três Yang. Disse Qibo: "Quando um sábio se volta para o sul, em frente está o Yang e é chamado de Guangming (o Yang que é abundante), enquanto que à retaguarda está o Yin e é chamado Tai chong. O canal Taichong começa no canal dos rins, Shaoyin do pé. Acima do canal dos rins Shaoyin do pé, está o canal da Bexiga, Taiyang do pé. A terminação inferior do Taiyang do pé, principia no ponto Zhiyin do pé, e sua terminação superior se conecta com o ponto Jingming na face (no olho). O canal Taiyang coincide com o canal Shaoyin, e o canal Taiyang e o canal Shaoyin são a superfície e o interior, por isso o canal Taiyang é chamado de parte integrante do Yang no Yin.

"Na parte superior do corpo, o Yang é superabundante, por isso é chamado Guangming. Abaixo de Guangming, localiza-se o baço-Taiyin, já que a parte inferior do corpo se associa ao Yin, sendo por isso chamada Taiyin. Em frente ao Taiyin, posiciona-se o estômago Yangming, e já que a frente se associa ao Yang, por isso se chama Yangming. A terminação inferior do canal Yangming principia no ponto Lidui do pé; como o canal Yangming e o canal Taiyin são a superfície e o interior, por isso têm o nome de parte integrante do Yang no Yin.

"Os canais Jueyin e Shaoyang são a superfície e o interior; Jueyin no esgotamento do Yin, que faz com que o Yang emirja, já que o Yang acabou de nascer, é chamado Shaoyang. A parte inferior do canal Shaoyang principia no ponto Qiaoyin do pé; como o canal Shaoyang e o canal Jueyin são a superfície e o interior, estando também no estágio inicial de surgimento da energia Yang, chama-se por isso parte integrante do Shaoyang no Yin.

"Então, as atividades e mútuo funcionamento dos três Yang são: o Taiyang controla a superfície, e espalha a energia Yang para apoiar as vísceras, portanto está fechado; o Shaoyang se situa a meio caminho entre a superfície e o interior para fazer o transporte entre as duas localizações, e portanto é um eixo. As funções mútuas de abrir, fechar, e do eixo dos três Yang não podem falhar, sua condição de pulso deve ser um pouco escorregadia e não flutuante. Quando as energias dos três Yang estão harmoniosas e unificadas, a condição se chama um só Yang. Em outras palavras, a abertura, fechamento e o eixo, são as atividades dos três canais Yang, e as ações mútuas de regular e unificar são as funções mútuas dos três canais Yang".

帝曰：愿闻三阴。岐伯曰：外者为阳，内者为阴，然则中为阴，其冲在下，名曰太阴，太阴根起于隐白，名曰阴中之阴。太阴之后，名曰少阴，少阴根起于涌泉，名曰阴中之少阴。少阴之前，名曰厥阴，厥阴根起于大敦，阴之绝阳，名曰阴之绝阴。是故三阴之离合也，太阴为开，厥阴为阖，少阴为枢。三经者，不得相失也，搏而勿沉，名曰一阴。

Disse o Imperador Amarelo: "O que há acerca das atividades individuais e condições de mútuo funcionamento dos três canais Yang?" Disse Qibo: "O Yang guarda os músculos e as superfícies do lado de fora, o Yin nutre as vísceras do lado de dentro. Como o "dentro" também é Yin, e o canal Chong está abaixo do Yin, por isso é chamado canal Taiyin. O canal Taiyin principia no ponto Yinbai (o Branco Oculto) no pé, por isso é chamado parte integrante do Yin no Yin.

"Por trás do baço-Taiyang, localiza-se o Rim-Shaoyin. A terminação do canal Shaoyin principia no ponto Yongquan (Fonte Borbulhante), e é chamada parte integrante do Shaoyin no Yin.

"Defronte ao canal do rim-Shaoyin, localiza-se o canal fígado-Jueyin; a raiz do canal Jueyin principia no ponto Dadun (Grande Outeiro) do pé. Já que este canal é puro Yin, sem Yang, por isso está isento de Yang no Yin; como o Yin aqui se exauriu, é chamado o Yin esgotado no Yin.

"Portanto, a condição de atividades individuais e funções mútuas dos três Yin são: o Taiyin é a superfície dos três Yin; se localizado no meio para espalhar a energia Yin e irrigar os arredores, estará aberto; o Jueyin coleta a energia Yin e a transmite ao interior, por isso está fechado. O Shaoyin é o rim; quando a energia-rim é ampla, o fígado e o baço irão trazer suas funções de abrir e fechar num todo pleno, por isso é um eixo. As funções desses canais complementam umas às outras e nenhuma delas deve falhar. Sua condição de pulso deve ser levemente escorregadia e não deve ser super-flutuante. Dessa forma, as energias dos três Yin serão harmoniosas e integradas, por isso se chama o Yin uno. O abrir, fechar e o eixo, são atividades dos três canais Yin, e suplementam umas às outras; conservar a harmonia e a integridade são as funções mútuas dos três canais Yin. Estas são as condições gerais dos três canais Yin.

阴阳𫐉𫐉，积传为一周，气里形表而为相成也。

"As energias do Yin e do Yang operam e se movem incessantemente para lá e para cá no corpo. Isso completa um ciclo durante um dia e uma noite e prossegue, começando novamente. Esta é acima de tudo a condição de energia que se movimenta no interior e se manifesta fora do corpo, que é completada pelas ações mútuas do interno e do externo".

阴阳别论篇第七

Capítulo 7
Yin Yang Bie Lun
(O Yin e o Yang da Condição do Pulso)

黄帝问曰：人有四经十二从，何谓？岐伯对曰：四经应四时，十二从应十二月，十二月应二十脉。

O Imperador Amarelo perguntou: "O homem tem quatro canais e doze equivalências; quais são as implicações das mesmas ?" Qibo respondeu: "Os quatro canais são os quatro órgãos sólidos que correspondem às quatro estações; as doze equivalência são os doze períodos de duas horas; os doze períodos de duas horas correspondem aos doze meridianos. (Os quatro canais são os do fígado, coração, pulmão e dos rins, já que o baço não corresponde apenas à uma estação, por isso não é mencionado. O canal do fígado corresponde à primavera, o canal do coração corresponde ao verão, o canal do pulmão corresponde ao outono, e o canal do rim corresponde ao inverno). Os períodos de doze horas correspondem aos doze meses, tal como correspondem na primavera aos meses Yin, Mao e Chen, aos meses Si, Wu e Wei no verão, aos meses Shen, You e Xu no outono e no inverno aos meses Hai, Zi e Chou. Os doze meses correspondem aos doze canais, tal como o canal Taiyin da Mão corresponde ao primeiro mês lunar, o canal Yangming da Mão corresponde ao segundo mês, o Yangming do Pé corresponde ao terceiro mês, o Taiyin do Pé corresponde ao quarto mês, o Shaoyin da Mão corresponde ao quinto mês, o Taiyang da Mão corresponde ao sexto mês, o Taiyang do Pé corresponde ao sétimo mês, o Shaoyin do Pé corresponde ao oitavo mês, o Jueyin da Mão corresponde ao nono mês, o Shaoyang da Mão corresponde ao décimo mês, o Shaoyang do Pé corresponde ao décimo primeiro mês e o Jueyin do Pé corresponde ao décimo segundo mês.

脉有阴阳，知阳者知阴，知阴者知阳。凡阳有五，五五二十五阳。所谓阴者，真藏也，见则为败，败必死也。所谓阳者，胃脘之阳也。别于阳者，知病处也；别于阴者，知死生之期。三阳在头，三阴在手，所谓一也。别于阳者，知病忌时；别于阴者，知死生之期。谨熟阴阳，无与众谋。

"O pulso do Yin e do Yang pode ser dividido em posição do Yin para o Yang (tal como pulso flutuante, profundo, lento e rápido) e pertencente às vísceras Yin ou Yang (tal como o que pertence aos órgãos sólidos ou aos órgãos ocos). Embora os pulsos do Yin e do Yang sejam diferentes, no entanto, devem estar integrados e se conservar consistente em toda parte, devendo estar equilibrados. Se um, dentre os Yin e Yang, estiverem anormais, o outro ficará desorientado; se o Yang estiver superabundante, então o Yin deve estar debilitado, e se o Yin estiver superabundante, então haverá debilidade no Yang. Portanto, quando alguém conhece a condição do

Yin, pode também conhecer a condição do Yang, e quando conhece a condição do Yang, também pode conhecer a condição do Yin.

"Em cada um dos órgãos sólidos (coração, fígado, baço, pulmão e rins), há o pulso Yang como moderador. Os pulsos dos cinco órgãos sólidos correspondem às quatro estações, e para cada estação correspondente surge o seu próprio pulso com uma energia estomacal moderadora. Ao mesmo tempo, nos outros órgãos sólidos, ocorre concomitantemente a condição de pulso de órgãos sólidos, o que corresponde à estação predominante, tal como na primavera, o pulso do fígado é levemente em corda, e nos quatro órgãos sólidos: coração, baço, pulmão e rins, também ocorre o pulso moderador do estômago que é ligeiramente tenso. Portanto, há cinco órgãos sólidos, e cada um deles tem cinco pulsos diferentes nas diversas estações, e cinco vezes cinco, são os vinte e cinco pulsos Yang.

"O Yin indica a condição de pulso, demonstrando a exaustão da energia visceral que não é inteiramente de energia estomacal. Pode ocorrer em todos os pulsos dos cinco órgãos sólidos. Ao clinicar, a maioria deles representa a síndrome de corrupção. Como a energia visceral está corrompida e a energia estomacal está comprometida, o paciente seguramente irá morrer.

"O Yang indica o Yang da cavidade gástrica, que é também a energia do estômago. O estômago é o mar dos líquidos e dos cereais, que recebe a comida e se encarrega de digerir o alimento para nutrir as vísceras, ossos e extremidades, por isso, os canais das cinco vísceras dependem da nutrição da energia do estômago.

"Na palpação do pulso, quando se percebe que a energia estomacal (energia Yang) de determinada víscera está anormal, pode-se ter a certeza de que a doença está na dita víscera, por isso, quando o Yang estiver anormal, pode-se indicar a localização da doença; quando o pulso mostra a energia visceral e a energia estomacal em determinada víscera está exausta, pode-se prognosticar o momento da morte do paciente, por isso, quando a condição do pulso indica a exaustão da energia visceral, pode-se marcar a data da morte.

"Quando os três Yang (dos quais a energia estomacal predomina) na cabeça e os três Yin (dos quais a energia do pulmão predomina) da mão conservam harmonia, pode ser mantida no homem uma função fisiológica normal (os três Yang da cabeça indicam o pulso Renyin das artérias cervicais, laterais à cartilagem tiróide, refletindo a energia estomacal; os três Yin da mão indicam o pulso Cunkou, ao longo da artéria radial proximal ao punho, refletindo e energia do pulmão).

"Ao observar a condição do pulso, pode-se conhecer a data crítica da doença, quando a energia moderadora do estômago de um determinado órgão sólido estiver definhando (assim como as datas críticas das doenças do fígado são Geng e Xin, as datas críticas da doença pulmonar são Bing e Ding etc.). Assim, pode-se conhecer a data crítica da doença quando o Yang estiver anormal, e pode-se conhecer a data da morte ou de sobrevivência quando o Yin estiver anormal.

"Quando se conhece bem os princípios do Yin e do Yang, e do Yin e do Yang no pulso, pode-se determinar o tratamento apropriado na clínica, sem consultar os outros.

所谓阴阳者，去者为阴，至者为阳；静者为阴，动者为阳；迟者为阴，数者为阳。凡持真脉之藏脉者，肝至悬急，十八日死，心至悬绝，九日死，肺至悬绝，十二日死；肾至悬绝，七日死；脾死悬绝，四日死。

"Ao se distinguir o Yin do Yang na condição do pulso, todos os pulsos que fluem lentos e calmos, pertencem ao Yin, e todos os que acabam de ocorrer, movimentados e rápidos, pertencem ao Yang.

"Quando a energia do estômago estiver exaurida no pulso do fígado, que é diferente do pulso das outras vísceras, o paciente irá morrer em oito dias; quando a energia do estômago estiver exaurida no pulso do coração, que é diferente do pulso das outras vísceras, o paciente irá morrer em nove dias; quando a energia do estômago estiver exaurida no pulso do pulmão, que é diferente do pulso das outras vísceras, o paciente irá morrer em doze dias; quando a energia do estômago estiver exaurida no pulso dos rins, que é diferente do pulso das outras vísceras, o paciente irá morrer em sete dias; quando a energia do estômago estiver exaurida no pulso do baço que é diferente do pulso das outras vísceras, o paciente irá morrer em quatro dias.

曰：二阳之病发心脾，有不得隐曲，女子不月；其传为风消，其传为息贲者，死不治。

"A doença do segundo Yang indica a doença do Yangming do estômago e do intestino grosso; quando alguém se sente deprimido, irá afetar as funções de transporte e digestão do baço (a ansiedade lesa o baço), e pode também suprimir a energia do coração; quando o baço estiver desequilibrado, o estômago será incapaz de digerir a comida, fazendo com que se perca a fonte de nutrição, e quando a energia do coração for suprimida, será incapaz de transformar as substâncias nutritivas absorvidas pelo estômago e intestino em sangue, e quanto à mulher, sua menstruação irá cessar. Dessa maneira as doenças do segundo Yang forçam o coração e o baço. Se a doença persistir, os músculos ficarão emaciados, devido à falha estomacal em apoiar a essência do alimento, além de que o pulmão será sufocado pelo fogo do coração, devido à falha do fluido estomacal em umedecer o pulmão; nesse caso, irão ocorrer dispnéia e contracorrente respiratória. Já que tanto os órgãos sólidos quanto os ocos estão lesados, certamente o paciente irá morrer.

曰：三阳为病发寒热，下为痈肿，及为痿厥腨痛；其传为索泽，其传为颓疝。

"A doença do terceiro Yang indica a doença Taiyang. O canal Taiyang se encarrega da superfície; quando o perverso invade o homem, fica primeiro na superfície, e quando as energias saudáveis e perversas lutam, ocorre um frio-calor; se o perverso estagnar entre os músculos e as estrias da pele, irá surgir um carbúnculo; quando o perverso atinge o canal da bexiga, Taiyang do Pé, o músculo da barriga da perna, por onde passa o canal ficará dolorido; o pé também ficará flácido e frio. Se a doença se prolongar, o fluido corporal secará devido a um calor sufocante; a pele ficará seca devido ao calor sufocante, e se tornará grossa e rachada já que deixa de ser umedecida, e quando o calor-umidade transbordar para invadir o escroto, ocorrerá hérnia.

曰：一阳发病，少气善咳善泄；其传为心掣，其传为隔。

"A doença do primeiro Yang indica a doença do Shaoyang. Shaoyang é o estágio do Yang que acaba de surgir quando o Yang é diminuto, e o Yang ficará ainda menor quando a doença recrudescer. Sendo o Shaoyang o fogo ministerial, quando este oprimir o pulmão-metal, irá ocorrer tosse. Sendo o intestino grosso e o pulmão, a superfície e o interior, assim que a energia ascendente adversa do pulmão for atingida, a energia do intestino grosso ficará instável, e ocorrerá diarréia. Já que o fogo primeiro-ministro está forte interiormente, o coração será afetado e não estará à vontade. Como o fogo da madeira restringe o baço e o estômago, a ingestão de alimento será obstruída e causará disfagia.

二阳一阴发病，主惊骇背痛，善噫善欠，名曰风厥。

"A doença do segundo Yang e do primeiro Yin indicam a doença do Yangming e do Jueyin. Já que a doença do fígado Jueyin parece ser terrível, e que a doença do Yangming ocorre no tendão espinal, surgirá dor nas costas. Quando o Yangming do estômago for lesado pelo vento perverso, com freqüência ocorrerão arrotos e bocejos. As síndromes acima, de ascensão adversa da energia do pulmão, causada pela doença do fígado e do estômago afetados pelo vento, são chamadas síndromes Jue do vento.

二阴一阳发病，善胀心满善气。

"A doença do segundo Yin e do primeiro Yang indicam as doenças do Shaoyin (rim) e do Shaoyang (vesícula biliar). Quando a energia da vesícula biliar estiver superabundante, irá restringir o baço-terra, para fazer com que fique enfermo e tenha distensão. Na enfermidade do Shaoyin, os canais do coração e do rim deixam de se comunicar, por isso sente-se plenitude cardíaca com freqüentes e profundos suspiros.

三阳三阴发病，为偏枯、痿易、四支不举。

"A doença do terceiro Yang e do terceiro Yin indicam a doença do Taiyang e do Taiyin. Como o Taiyang se encarrega da energia, quando a energia Yang estiver debilitada, irá ocorrer hemiplegia; como o Taiyin toma conta do sangue, quando o sangue Yin deixar de nutrir os tendões, eles terão flacidez e ficarão fora de controle; como o baço se encarrega dos quatro membros, quando este estiver doente, os quatro membros serão incapazes de se erguer.

鼓一阳曰钩〔能志聪说："钩"当作"弦"，下文"弦"当作"钩"〕鼓一阴曰毛，鼓阳胜急曰弦〔当作钩〕，鼓阳〔"阳"象上误，疑当作"阴"〕至而绝曰石，阴阳相过曰溜。

"Quando houver uma energia apertada se agitando no pulso que parece estar reto e longo, chama-se "pulso em corda"; quando houver uma energia Yin se agitando num pulso leve, vazio e flutuante, chama-se "pulso de pena"; quando o pulso rápido do Yang for abundante, e começar forte e terminar fraco, chama-se "pulso em anzol"; quando no pulso, a energia Yang estando profunda e baixa e estiver pronta a ser rompida, e o pulso a afundar, chama-se "pulso de pedra"; quando no pulso, as energias Yin e Yang estando leves e harmoniosas, e o pulso for moderado, chama-se "pulso fluente".

阴争于内，阳扰于外，魄汗未藏，四逆而起，起则熏〔"熏"应作"动"，"动"作"伤解，杨上善说"内伤于肺"〕肺，使人喘鸣。阴之所生，和本曰和〔《太素》"和"作"味"，杨上善说："和气之本曰五味也"〕是故刚与刚，阳气破散，阴气乃消亡。淖则刚柔不和，经气乃绝。

"Quando o Yin estiver lutando no interior e o Yang prejudicando do lado de fora, o Yin e o Yang estarão em desequilíbrio. Quando o Yang não for denso do lado de fora, a glândula sudorípara estará escancarada, e irá ocorrer um suor contínuo. Quando o Yin estiver desequilibrado no interior, a essência Yin será deixada de fora e causará frio nas extremidades. Quando o calor do Yang lesar o pulmão, irá causar dispnéia e asma brônquica.

"Como o Yin depende da harmonia do Yin e do Yang a fim de gerar todas as coisas, portanto, a geração do Yin dos cinco órgãos sólidos depende da nutrição dos cinco sabores.

"Quando o Yang for superabundante por si mesmo e deixar de se harmonizar com o Yin, é a situação de "vigor com vigor", que se chama de Yang isolado. Quando o Yang isolado se romper e dispersar, o Yin estará murcho quando surgir.

"O Yin excessivo causa superabundância de frio-umidade; quando o Yin estiver superabundante por si mesmo, sem manter a harmonia com o Yang, chama-se Yin isolado; como o Yin isolado não pode promover o nascimento e o crescimento de todas as coisas, o canal de energia será rompido.

死阴之属，不过三日而死；生阳之属，不过四日而死〔周本"死"作"生"，《太素》"死"作"已"，"已"谓病愈〕。所谓生阳死阴者，肝之心谓之生阳，心之肺谓之死阴，肺之肾谓之重阴，肾之脾谓之辟阴，死不治。

"Quando os cinco órgãos sólidos quiserem subjugar uns aos outros, a isto se chama o "Yin morto"; quando os cinco órgãos sólidos quiserem gerar uns aos outros, isto se chama "Yang vivo". O paciente com Yin morto irá morrer em três dias e o paciente com Yang vivo se recuperará e sobreviverá em quatro dias.

"O significado de Yang vivo e de Yin morto são: quando o fígado gera o coração (a madeira gera o fogo), é chamado de "Yang vivo"; quando o coração gera o pulmão (o fogo restringe o metal), é chamado de "Yin morto"; quando o pulmão gera os rins, sendo ambos os órgãos Yin, os dois Yin combinados, fazem com que a doença se torne mais séria, por isso se chama o "duplo Yin"; quando o rim gera o baço, isto é, a água dos rins ataca o baço-terra em contracorrente, faz com que a terra decline e desapareça, tornando a doença ainda mais séria; nesse caso, chama-se exclusão do Yin, e o paciente irá morrer sem ser curado.

结阳者，肿四支。结阴者，便血一升，再结二升，三结三升。阴阳结斜，多阴少阳曰石水，少腹肿。二阳结谓之消，三阳结谓之隔，三阴结谓之水，一阴一阳结谓之喉痹。阴搏阳别〔《济生方》卷七引作"阳搏阴别"〕谓之有子。阴阳虚肠辟死。阳加于阴谓之汗。阴虚阳搏谓之崩。

"O Yang direciona os três canais da Mão e do Pé; como os canais Yang agem na superfície das quatro extremidades, sempre que houver estagnação do perverso, a energia e o sangue irão se tornar indolentes nas extremidades, causando inchaço dos membros.

"O sangue pertence ao Yin; desde que o canal Yin estagne, irá afetar a circulação de sangue; quando o sangue deixar de circular por fora, irá se acumular e penetrar no intestino, causando hematoquezia; quando novamente o canal Yin estagnar, as fezes sanguinolentas chegarão a dois litros; se a doença piorar, as fezes sanguinolentas chegarão a três litros.

"Na estagnação do perverso no Yin e no Yang, quando o Yin for mais e o Yang for menos, então o Yang estará debilitado. Quando a bexiga perder sua função de evaporar o fluido corporal, irá gerar acúmulo de fluido, que se chama água de pedra. O baixo ventre irá inchar por conta disso.

"O segundo Yang orienta o canal Yangming e o estômago; se houver calor estagnado no intestino grosso e no estômago, a água e os cereais serão consumidos rapidamente, contraindo diabetes e o paciente fica com fome enquanto consome a comida.

"O terceiro Yang orienta os canais Taiyang do intestino delgado e da bexiga. Quando houver calor estagnado no intestino delgado e na bexiga, as fezes e a urina ficarão retidas.

"O terceiro Yin orienta os canais Taiyin do pulmão e do baço. Quando houver calor estagnado no pulmão e no baço, eles não mais poderão transportar o fluido corporal, e assim que o fluido estagnar, irá ocorrer edema.

"O primeiro Yin orienta o Jueyin do fígado e do pericárdio; o primeiro Yang orienta o Shaoyang da vesícula biliar e do triplo aquecedor, mas os dois canais se associam ao fogo, que quando se move, produz vento. Quando o vento se une ao fogo, sufoca o fluido corporal e irá ocorrer dor de garganta.

"Quando a pulsação do pulso Cun do Yang for diferente da do pulso Chi do Yin, é a condição de pulso da gravidez na mulher.

"Quando tanto os pulsos Yin quanto Yang estão debilitados, com sangue em bolhas nas fezes, é o definhar da verdadeira energia, e o paciente com certeza irá morrer.

"Quando o Yang for mais abundante do que o Yin, a energia Yang irá forçar o fluido Yin a se descarregar, causando suor.

"Quando o Yang está em luta, é a superabundância do Yang; quando o Yin estiver debilitado e o Yang superabundante, o sangue será forçado a correr de forma brusca causando metrorragia.

三阴俱搏，二十日夜半死。二阴俱搏，十三日夕时死。一阴俱搏，十日〔吴本，周本，朝本"十日"下并有"平旦"二字〕死。三阳俱搏且鼓，三日死。三阴三阳俱搏，心腹满，发尽，不得隐曲，五日死。二阳俱搏，其病温〔胡本，朝本"温"并作"溢"〕，死不治，不过十日死。

"Quando os pulsos do terceiro Yin (pulmão e baço) pulsarem todos sob os dedos, o paciente irá morrer à meia-noite do vigésimo dia. Quando os pulsos do segundo Yin (coração e rins) pulsarem todos sob os dedos, o paciente morrerá na noite do décimo terceiro dia. Quando os pulsos do primeiro Yin (pericárdio e fígado) todos pulsarem sob os dedos, o paciente irá morrer cedo, pela manhã no décimo dia. Quando os pulsos do terceiro Yang (bexiga e intestino delgado) todos pulsarem sob os dedos, e as batidas soarem vigorosas, o paciente irá morrer no terceiro dia. Quando os pulsos do terceiro Yin e do terceiro Yang todos pulsarem sob os dedos, o paciente sentirá plenitude e flatulência no abdômen e no coração, sofrendo dor e retenção de fezes e urina, morrendo no quinto dia.

"Quando os pulsos do segundo Yin (estômago e intestino grosso) pulsarem sob os dedos, isso significa que a energia dos canais já foram dispersadas e que não há meios de curar, e o paciente irá morrer em dez dias".

灵兰秘典论篇第八

Capítulo 8
Ling Lan Mi Dian Lun
(As Coleções Confidenciais na Biblioteca Real acerca das Funções das Doze Vísceras)

黄帝问曰：愿闻十二藏之相使，贵贱何如？岐伯对曰：悉乎哉问也，请遂言之。心者，君主之官也，神明出焉。肺者，相傅之官，治节出焉。肝者，将军之官，谋虑出焉。胆者，中正之官，决断出焉。膻中者，臣使之官，喜乐出焉。脾胃〔《五行大义》引无"胃"字〕者，仓廪之官，五味出焉。大肠者，传道之官，变化出焉。小肠者，受盛之官，化物出焉。肾者，作强之官，伎巧出焉。三焦者，决渎之官，水道出焉。膀胱者，州都之官，津液藏焉，气化则能出矣。凡此十二官者，不得相失也。故主明则下安，以此养生则寿，殁世不殆，以为天下则大昌。主不明则十二官危，使道闭塞而不通，形乃大伤，以此养生则殃，以为天下者，其宗大危，戒之戒之！

O Imperador Amarelo pediu: "Gostaria que me falasse acerca das relações mútuas entre as doze vísceras no corpo humano e seus estados principais e subordinados nas funções".

Qibo respondeu: "Que questão árdua me propusestes: Agora deixe-me dizer: O coração é o comandante supremo ou o monarca do corpo humano; ele domina o espírito, a ideologia e o pensamento do homem.

"O pulmão governa os inúmeros vasos e regula a energia do corpo todo, como um primeiro-ministro assessorando o rei a governar o país.

"O fígado é uma víscera vigorosa; sua emoção é a raiva; é como um general, valente e cheio de recursos.

"A vesícula biliar é como um juiz imparcial que faz julgar o que é certo e o que é errado.

"O Tan Zhong (aqui indicando o pericárdio) é como um valete do rei, que pode transmitir através de si a alegria do coração.

"O baço é como um oficial que tem a seu cargo o celeiro; toma conta da digestão, absorvendo, espalhando e armazenando a essência do alimento.

"O intestino grosso é a via de transmissão das impurezas; transforma os detritos em fezes e depois as excreta para fora do corpo.

"O intestino delgado recebe o alimento do estômago; digere posteriormente a comida, divide-a em essência e refugo, depois absorve a essência e encaminha o refugo ao intestino grosso.

"O rim é o órgão com funções fortes, quando a essência e a energia nos rins são abundantes, o corpo estará forte e a pessoa está capacitada e apta a fazer as coisas.

"O triplo aquecedor toma a seu cargo eliminar a água na canalização do corpo todo; toma a seu cargo a atividade da energia vital do fluido corporal e a regulagem e eliminação do fluido.

"A bexiga toma a seu cargo a concentração; armazena a água e o fluido; após o fluido corpóreo ser transformado em água pela ativação da energia vital, ela pode ser excretada.

"As doze vísceras acima devem estar coordenadas e suplementar umas às outras. O coração é o monarca dos órgãos; ele domina as funções das várias vísceras, por isso quando a função do coração é forte e saudável, sob sua liderança unificada, todas as funções das várias vísceras estarão normais, o corpo estará saudável e o homem viverá uma vida longa, e em sua vida de muitos dias, não ocorrerá nenhuma doença séria. É semelhante à situação de um país; quando o monarca é sábio e capaz e todo o trabalho nas várias províncias está em uníssono, o país será próspero e poderoso; mas quando o monarca é estreito de idéias, isto é, quando a função do coração é insuficiente, as relações mútuas entre as vísceras num corpo estarão prejudicadas, o corpo sofrerá grande lesão que afetará a saúde e a extensão da vida. Num país, o poder político estará instável e todas as coisas da nação estarão fora de compasso. É aconselhável que se preste muita atenção a isso.

至道在微，变化无穷，孰知其原！窘乎哉，消者瞿瞿，孰知其要！闵闵之当，孰者为良！恍惚之数，生于毫厘，毫厘之数，起于度量，千之万之，可以益大，推之大之，其形乃制。

"O princípio de preservação da saúde é bastante delicado; uma pessoa não pode de forma alguma entender sua origem, a menos que observe com cuidado.

"Já que o princípio de preservação da saúde é sutil e difícil de compreender, dificilmente se pode decidir o que é certo dentre o essencial, embora se esforçando por ponderar durante o estudo. É somente através da análise explícita, pesando-se as condições do corpo todo que se pode compreender a essência do coração, que é dominador do corpo todo e a importância do coração para os doze órgãos.

"Qualquer substância mínima, embora invisível a olho nu, é de qualquer maneira uma matéria existente. Quando alinhadas juntas de forma a ter o tamanho de um milímetro, tornam-se visíveis e seu tamanho e peso podem ser medidos através de cálculos. Quando as substâncias ínfimas se acumulam e expandem até determinada extensão, formam o corpo humano".

黄帝曰：善哉，余闻精光之道，大圣之业，而宣明大道，非斋戒择吉日，不敢受也。黄帝乃择吉日良兆，而藏灵兰之室，以传保焉。

Disse o Imperador Amarelo: "Muito bem. Disseram-me que todos os princípios puros e luminosos (indicando aqui a forma de preservar a saúde) provêm dos sábios. Devo então jejuar e escolher um dia auspicioso para aceitá-los". Assim, o Imperador Amarelo escolheu um dia auspicioso, com boas profecias e conservou a conversa em material escrito, na biblioteca real, para guardar e manusear.

六节藏象论篇第九

Capítulo 9
Liu Jie Zang Xiang Lun
(A Estreita Relação entre as Vísceras do Corpo Humano com o Ambiente do Mundo Exterior)

黄帝问曰：余闻天以六六之节，以成一岁，人以九九制会，计人亦有三百六十五节，以为天地久矣。不知其所谓也？岐伯对曰：昭乎哉问也，请遂言之。夫六六之节，九九制会者，所以正天之度，气之数也。天度者，所以制日月之行也；气数者，所以纪化生之用也。天为阳，地为阴；日为阳，月为阴；行有分纪，周有道理，日行一度，月行十三度而有奇焉，故大小月三百六十五日而成岁，积气余而盈闰矣。立端于始，表正于中，推余于终，而天度毕矣。

O Imperador Amarelo perguntou: "Disseram-me que com a combinação do ciclo decimal do céu (Jia, Yi, Bing, Ding, Wu, Ji, Geng, Xin, Ren e Gui) e do ciclo duodecimal da terra (Zi, Chou, Yin, Mao, Chen, Si, Wu, Wei, Shen, You, Xiu e Hai) faz-se o ciclo de sessenta dias e seis ciclos fazem um ano; a terra com seus noventa dias numa estação para se comunicar com o céu; e o homem tem 365 acupontos para corresponder aos números do céu e da terra. Esta versão tem sido divulgada há muito tempo, mas o por que disso?"

Qibo respondeu: "Que pergunta brilhante me fizestes: Agora, me deixai vos explicar: Os seis e o número seis, para estabelecer o patamar do céu e os nove e o número nove, para ilustrar a energia da terra ao gerar todas as coisas. O patamar do céu é o critério de movimento do sol e da lua, e o número da terra-energia é o esboço de seu ciclo periódico ao gerar e promover o crescimento de todas as coisas.

"O céu é Yang e a terra é Yin; o Sol é Yang e a Lua é Yin. As revoluções do sol e da lua estão todas de acordo com graus regulares, e a velocidade de sua revolução se sujeita a determinadas regras. O ciclo completo do céu é de trezentos e sessenta e cinco graus. O sol se move um grau num dia e uma noite. Leva trezentos e sessenta e cinco dias ímpares para a lua percorrer o ciclo completo, e vinte e nove dias ímpares para a lua perfazer o ciclo completo. Está estipulado que os dias que a lua tem para percorrer o ciclo completo é um mês, e os dias para o sol percorrer o ciclo completo é um ano. Quando se somam os meses maiores e os menores do ano, há trezentos e sessenta e cinco dias, com um resto (o ciclo completo é de trezentos e sessenta e cinco graus e um quarto). Aos seis dias dos seis meses menores que estão faltando no ano e os dias restantes postulados acima, acrescentamos dois meses bissextos em cinco anos, para que o grau do céu seja ajustado.

"Estabeleça e levante uma vara de madeira desde o chão, meça diariamente os vários comprimentos da sombra do sol a partir do dia do Solstício de Inverno e do

Solstício do Verão, a fim de calcular o grau de revolução do sol e da lua, acrescentando o número de resto, e então, pode-se obter o cálculo do grau do céu".

帝曰：余已闻天度矣，愿闻气数何以合之？岐伯曰：天以六六为节，地以九九制会，天有十日，日六竟而周甲，甲六复而终岁，三百六十日法也。夫自古通天者，生之本，本于阴阳，其气九州九窍〔"九窍"二字是衍文〕，皆通乎天气，故其生五，其气三，三而成天，三而成地，三而成人，三而三之，合则为九，九分为九野，九野为九藏，故形藏四，神藏五，合为九藏以应之也。

Disse o Imperador Amarelo: "Agora eu ouvi o essencial a respeito dos graus do céu, mas eu desejo ouvir mais, sobre como o número da terra se encaixa aos graus do céu". Qibo respondeu: "O céu toma o número de seis para ser o critério e a terra se comunica com o céu pelo número de nove. Quando o ciclo decimal do céu em combinação com o ciclo duodecimal da terra (que se tornam Jia Zi, Yi Chou...) perfaz um ciclo de sessenta dias, e os seis ciclos fazem um ano, esta é a forma de calcular os trezentos e sessenta dias do ano.

"Desde os tempos antigos, todo aquele que conhece o princípio do céu, toma o céu como fonte da vida; em outras palavras, toda vida na terra, se enraíza no Yin e no Yang. A energia terrestre de todas as prefeituras (os vários distritos da terra) está em comunicação com a energia do céu.

"Por isso, há uma versão dos cinco elementos (madeira, fogo, terra, metal, água) e das três energias (três energias Yin e três energias Yang).

"Há três energias no céu, três energias na terra, e três energias para o homem, e a soma dará nove. Na terra, há nove prefeituras, e quanto ao homem, há nove vísceras, isto é, os quatro órgãos que armazenam substâncias (estômago, intestino grosso, intestino delgado, bexiga) e os cinco órgãos que guardam o espírito (o pulmão guarda o espírito inferior, o fígado guarda a alma, o coração guarda o espírito, o baço guarda a consciência, o rim guarda a vontade) e o número das nove vísceras corresponde ao número de seis e seis do céu".

帝曰：余已闻六六〔"六六"之下，似脱"之节"二字〕九九之会也。夫子言积气盈闰，愿闻何谓气？请夫子发蒙解惑焉。岐伯曰：此上帝所秘，先师传之也。帝曰：请遂闻之。岐伯曰：五日谓之候，三候谓之气，六气谓之时，四时谓之岁，而各从其主治焉。五运相袭，而皆治之，终朞之日，周而复始；时立气布，如环无端，候亦同法。故曰：不知年之所加，气之盛衰，虚实之所起，不可以为工矣。

Disse o Imperador Amarelo: "Agora eu entendo o significado da correspondência do seis e seis com o nove e nove. Mencionaste que os dias restantes dos termos solares se acumulam em meses bissextos, mas o que é o período solar? Por favor esclareça minha ignorância e liberte minha perplexidade". Disse Qibo: "Isso foi o que os imperadores precedentes não contaram e me foi comunicado por meu mestre". Disse o Imperador Amarelo: "Espero que possas me dizer tudo a respeito". "Há cinco dias para um qüinqüênio e três qüinqüênios perfazem um período solar; seis períodos solares (noventa dias) completam uma estação, e quatro estações fazem um ano. Em cada ano há uma energia-elemento que domina o ano (tal como o elemento-terra domina o ano de Jia Zi), e as cinco energias-elementos dominam alternadamente numa ordem regular. Ao tratar, deve-se acompanhar a energia dominante nos diversos períodos. Após um elemento dominar pelo período de um ano, o próximo elemento irá dominar o ano seguinte; após cinco anos, o que perfaz sessenta meses, vem o ciclo de Jia Zi. As energias dos cinco elementos dominam uma após outra, e prosseguem, começando novamente. Um ano se divide em cinco partes, e cada um dos cinco elementos domina uma estação (a madeira domina a primavera, o fogo domina o verão, a terra domina o verão longo, o metal domina o outono, a água domina o inverno. Por isso, cada uma das quatro estações está disseminando no devido tempo a energia de seu elemento correspondente. Quando se reduz o escopo a um qüinqüênio, também se divide por cinco, e a forma de dividir é a mesma que em um ano. Portanto, ao tratar uma doença, se alguém for ignorante acerca do período de chegada da energia do vento, do frio, do calor, da umidade e do fogo no ano, e não conhecer o princípio de astenia e estenia induzido pela expansão e vir aquém das energias dos cinco elementos, será incapaz de dominar a regra da alteração patológica no ambiente costumeiro, sendo incapaz de ser um médico".

帝曰：五运之〔"之"应作"终"〕始，如环无端，其太过不及何如？岐伯曰：五气更立，各有所胜，盛虚之变，此其常也。帝曰：平气何如？岐伯曰：无过者也。帝曰：太过不及奈何？岐伯曰：在经有也。帝曰：何谓所胜？岐伯曰：春胜长夏，长夏胜冬，冬胜夏，夏胜秋，秋胜春，所谓得五行时之胜，各以气命其藏。帝曰：何以知其胜？岐伯曰：求其至也，皆归始春，未至而至，此谓太过，则薄所不胜，而乘所胜也，命曰气淫；不分邪僻内生工不能禁。（王注：此十字文义不伦，应古人错简。）至而不至，此谓不及，则所胜妄行，而所生受病，所不胜薄之也，命曰气迫。所谓求其至者，气至之时也，谨候其时，气可与期。失时反候。五治不分，邪僻内生，工不能禁也。

Disse o Imperador Amarelo: "Agora eu compreendo a condição das energias dos cinco elementos dominando o ano, e que prosseguem e reiniciam como um anel sem fim. Mas quando a energia-elemento estiver dominando o ano, qual será a condição quando estiverem indo além e vindo aquém?". Disse Qibo: "O ano dominante dos cinco elementos é uma sucessão e se altera uma vez por ano. No período de dominação, freqüentemente ocorre o caso de ultrapassar e vir aquém, portanto, na operação de energia em um ano, freqüentemente há vitória ou derrota. Quando se está vitorioso, se está superabundante e se vai além; quando se está derrotado, se está em debilidade e se está aquém. Neste caso, suas energias estarão fora do equilíbrio, que irá afetar a saúde do ser humano, e a alteração patológica do homem será um fenômeno inevitável quando a operação do céu for anormal".

Disse o Imperador Amarelo: "Qual é o caso da energia numa situação comum?". Disse Qibo: "Quando a energia surge no devido tempo, sem expansão nem estar aquém, é a situação comum".

Disse o Imperador Amarelo: "Qual é o caso quando se vai além ou se está aquém?". Qibo disse: "Está escrito nos clássicos".

Perguntou o Imperador Amarelo: "O que queres dizer com sobrepujar?". Disse Qibo: "O fato da vitória ou da derrota das quatro estações se baseia no princípio de sobrepujar e restringir dos cinco elementos, e a energia vitoriosa irá restringir a energia declinante derrotada, tal como a primavera sobrepuja o verão longo, isto é, a madeira domina a terra; o verão longo sobrepuja o inverno, isto é, a terra domina a água; o inverno sobrepuja o verão, isto é, a água domina o fogo; o verão sobrepuja o outono, isto é, o fogo domina o metal; o outono sobrepuja a primavera, isto é, o metal domina a madeira. As vísceras são respectivamente chamadas de acordo com a energia das quatro estações e da energia dos cinco elementos que provêm do armazenamento das vísceras. Esta é a condição de sobrepujança da energia dos cinco elementos da primavera, do verão, do verão longo, do outono e do inverno. Além disso, quando as energias estão dominando as estações, a energia-elemento dominante se armazena na víscera correspondente do homem, tal como a energia da madeira da primavera se armazena no fígado, a energia do fogo do verão se armazena no coração, a energia da terra do verão longo se armazena no baço, a energia do metal do outono se armazena no pulmão, e a energia da água do inverno se armazena nos rins".

O Imperador Amarelo perguntou: "Como se pode saber quando a energia está sobrepujando?" Disse Qibo: "Pode-se descobrir comparando o período solar com o momento da chegada da energia armazenada da víscera. O início da primavera é o primeiro período solar do ano, e é também o momento em que a energia armazenada da víscera começa a chegar. Se a energia-elemento armazenada chega antes do período solar do início da primavera, é o caso da energia-elemento armazenada que está superabundante e vai além. Quando a energia armazenada estiver superabundante, irá invadir a energia-elemento que sobrepuja a si própria e restringe posteriormente a energia-elemento que sobrepuja (tal como, se a energia da madeira for abundante e a energia do metal estiver debilitada, então a madeira, ao contrário, irá enfrentar o metal, e ao mesmo tempo, restringir a terra ainda mais). Neste caso, é chamada de "mistura da energia do período solar com a expansão da energia armazenada". Quando a fisiologia normal de um homem for interrompida pela confusão do tempo, irá ocorrer a doença interna, e a afecção induzida pelo tempo anormal, não pode de forma alguma ser prevista pelo médico.

"Se a energia-elemento armazenada da víscera não aparece no período solar devido, é chamada de chegada antecipada; a energia-elemento que está então debilitada não será capaz de controlar a energia-elemento que é usada para sobrepujar e fazer com que corra desordenadamente. Além disso, a energia que está então debilitada, não pode mais dar apoio à sua geração de energia e causar o seu declínio, e a energia que debilita a si própria será perseguida pela energia que a restringe, tal como, quando a energia da madeira está debilitada, a energia da terra irá correr desordenadamente; como a água está restrita pela terra, mesmo um volume maior de água será incapaz de dar apoio à madeira. (A madeira é o filho da água) a energia da madeira estará restrita pelo metal com intensificação. Neste caso se chama "pressionar entre as energias".

"A condição acima, mostra que o expansão e o vir aquém da energia, são determinados pelo momento de chegada da energia-elemento da víscera; deve-se examinar cuidadosamente se está então de conformidade com o momento do período solar. Se a energia-elemento armazenada não está de conformidade com o momento da chegada, e sua relação correspondente com os cinco elementos dificilmente pode ser ressaltada para o tratamento, mostra que no interior se formou a energia perversa e que um médico nada pode fazer".

帝曰：有不袭乎？岐伯曰：苍天之气，不得无常也。气之不袭，是谓非常，非常则变矣。帝曰：非常而变奈何？岐伯曰：变至则病，所胜则微，所不胜则甚，因而重感于邪则死矣，故非其时则微，当其时则甚也。

O Imperador Amarelo perguntou: "Há algum caso em que as energias dos cinco elementos não dominam de acordo com os padrões regulares de sucessão?" Qibo respondeu: "O homem contrairá uma doença por conta disso. Se houver mudança na energia que possa ser sobrepujada pela energia dominante, a doença será leve, mas se houver mudança na energia que não possa ser superada pela energia dominante, a doença será séria (tal como quando a madeira da primavera dominando a estação, e a energia da terra estiver se alterando, da forma com que a madeira pode dominar a terra, dessa forma a doença será leve; mas se a energia do metal estiver mudando, já que a madeira é dominada pelo metal, assim a doença será séria). Se o paciente for invadido pela energia perversa durante o período, ele irá morrer. Por conseguinte, quando a energia passar por mudança, quando a energia dominante for capaz de alterar a energia que estiver se alterando, a doença será leve, mas se a energia dominante for incapaz de dominar a energia que estiver se alterando, a doença será séria".

帝曰：善！余闻气合而有形，因变以正名，天地之运，阴阳之化，其于万物，孰少孰多，可得闻乎？岐伯曰：悉哉问也！天至广不可度，地至大不可量，大神灵问，请陈其方。草生五色，五色之变，不可胜视，草生五味，五味之美，不可胜极，嗜欲不同，各有所通。天食人以五气，地食人以五味，五气入鼻，藏于心肺，上使五色修明，音声能彰；五味入口，藏于肠〔"肠"字衍〕胃，味有所藏，以养五气，气和而生，津液相成，神乃自生。

Disse o Imperador Amarelo: "Bom! Disseram-me que quando as energias do céu e da terra se combinam, isso gera todas as coisas. Todas as coisas são moldadas pela mudança e pelo nascimento, e seus nomes foram determinados de acordo com sua forma. No transcorrer da transformação e geração de todas as coisas através do Yin e do Yang do céu e da terra, qual delas é mais funcional e qual o é menos?"

Qibo respondeu: "Que pergunta exaustiva me fizestes! O céu e a terra são tão amplos que é difícil medi-los, portanto, eu não posso responder sua profunda questão em detalhes, mas posso fazê-lo de maneira concisa. Há cinco cores nos vegetais, mas as variações das cinco cores são muito numerosas para ver; há cinco sabores nos vegetais, mas as várias combinações dos cinco sabores são demasiadas para que alguém as prove todas. O desejo e o acréscimo para cada um são diferentes, e as preferências para diferentes pessoas não são as mesmas.

"O céu provê o ser humano com cinco energias (tais como a energia do vento que penetra no fígado, a energia do calor que penetra no coração, a energia úmida que penetra no baço, a energia seca que penetra no pulmão, e a energia fria que penetra nos rins), e a terra provê o ser humano com os cinco sabores (tais como o sabor ácido que penetra no fígado, o sabor amargo que penetra no coração, o sabor doce que penetra no baço, o sabor picante que penetra no pulmão, e o sabor salgado que penetra nos rins). As cinco energias que provêm do céu penetram no corpo através do nariz e são armazenadas no coração e no pulmão; como o coração se associa ao sangue e aos vasos, as energias irão nutrir a compleição de cada um e fazer com que brilhem e umedeçam com uma cor refinada, e como o pulmão se associa à voz, as energias irão fazer com que a voz fique alta e clara. Os cinco sabores dos alimentos da terra penetram no corpo pela boca e são armazenados no estômago; quando digeridos, sua essência será transportada e espalhada para nutrir as energias das cinco vísceras; quando as energias são transportadas e convertidas, isso dará vitalidade, além da função da saliva, e o espírito e energia do homem se tornarão viçosos naturalmente".

帝曰：藏象何如？岐伯曰：心者，生之本，神之变〔林校引全本"变"作"处"，按《五行大义》，引"变"作"处"〕也；其华在面，其充在血脉，为阳中之太阳，通于夏气。肺者，气之本，魄之处也；其华在毛，其充在皮，为阳中之太阴〔林校引《甲乙》、《太素》"太阴"作"少阴"〕，通于秋气。肾者，主蛰，封藏之本，精之处也；其华在发，其充在骨，为阴中之少阴〔林校引《甲乙》、《太素》"少阴"作"太阴"〕，通于冬气。肝者，罢极之本，魂之居也；其华在爪，其充在筋，以生血气，其味酸，其色苍〔滑本无"以生"十字〕，此为阳中〔林校本及《甲乙》、《太素》"阳中"并作"阴中"〕之少阳，通于春气。脾胃大肠小肠三焦膀胱者〔《五行大义》、《云笈七签》引并无"胃大肠小肠膀胱"九字〕，仓廪之本，营之居也；名曰器，能化糟粕，转味而入出者也；其华在唇四白，其充在肌，其味甘，其色黄〔林校云："其味甘，其色黄"六字当去〕，此至阴之类，通于土气。凡十一藏取决于胆也〔（此句九字，疑为后人所增〕。

O Imperador Amarelo perguntou: "Quais são as aparências externas, como quando as vísceras correspondem ao céu, à terra, ao Yin, ao Yang?"

Qibo respondeu: "O coração é a base da vida e o local onde se localizam a sabedoria e a mente; sua quintessência reflete na face e sua função é a de encher de sangue os vasos. Já que o coração se associa ao fogo e que é o Taiyang do Yang, portanto, sua energia se comunica com o verão.

"O pulmão é a base da respiração do homem e o local em que se localiza o espírito inferior do homem; sua quintessência surge no pêlo fino do corpo, sua função é enriquecer a superfície da pele. Já que o pulmão se associa ao metal, sua superfície é a pele. Como o pulmão se associa ao metal, é o Shaoyin no Yang e sua energia se comunica com a energia do outono.

"O rim é o local em que o verdadeiro Yin e o verdadeiro Yang de um homem hibernam; é a base do oculto e o local de armazenar a energia refinada; sua quintessência surge nos pêlos e sua função é enriquecer a medula dos ossos. Como o rim se associa à água, é o Taiyin no Yin, e sua energia se comunica com o inverno.

"O fígado é a base dos quatro membros; é o local em que reside a alma; sua quintessência surge nas unhas, sua função é enriquecer os tendões. O fígado é também o local em que se armazena o sangue, por isso, pode gerar sangue. O sabor do fígado é o ácido, e sua cor é o verde. O fígado se associa à madeira, é o Shaoyang no Yin e está relacionado com a primavera.

"O baço é a base do armazenamento da água e dos cereais, e é o local em que surge a energia Yin. É chamado de "transfere e transforma" que significa que pode eliminar os dejetos de alimento, isto é, transformar os cinco sabores e se encarregar

79

da absorção e da excreção. Já que os lábios são a extensão do músculo, a quintessência do baço aparece na volta toda dos lábios; sua função é enriquecer os músculos. Como o baço se associa à terra, pertence ao extremo Yin, e sua energia se comunica com a terra.

故人迎一盛，病在少阳，二盛病在太阳，三盛病在阳明，四盛已上为格阳。寸口一盛，病在厥阴，二盛病在少阳，三盛病在太阴，四盛已上为关阴。人迎与寸口俱盛四倍已上为关格，关格之脉嬴〔胡本、赵本、吴本、明抄本，周本"嬴"并作"嬴"〕，不能极于天地之精气，则死矣。

"Quando o pulso Renyin (pulso das artérias cervicais laterais à cartilagem tiróide, refletindo a condição do estômago) se torna agitado, uma vez maior do que o pulso Cunkou (ao longo da artéria radial proximal ao punho), a doença está no Shaoyang; quando o pulso Renyin se torna agitado, duas vezes maior do que o pulso Cunkou, a doença está no Taiyang; quando o pulso Renyin se torna agitado e três vezes maior do que o pulso Cunkou, a doença está no Yangming; quando o pulso Renyin se torna agitado e quatro vezes maior do que o pulso Cunkou, isso indica que o Yang é abundante de tal maneira, que não pode mais se comunicar com o Yin, e nesse caso se chama "Yang sendo rejeitado".

"Quando o pulso Cunkou é uma vez maior do que o pulso Renyin, a doença está no Jueyin; quando o pulso é duas vezes maior do que o pulso Renyin, a doença está no Shaoyin; quando o pulso Cunkou é três vezes maior do que o pulso Renyin, a doença está no Taiyin; quando o pulso Cunkou é quatro vezes maior do que o pulso Renyin, o Yin está abundante demais, e a energia Yang não pode mais se comunicar com ele, e nesse caso, é chamado "Yin sendo fechado".

"Se o pulso Renyin e o pulso Cunkou estiverem quatro vezes maiores do que sua condição normal, isso indica que tanto o Yin quanto o Yang estão ultrapassando a superabundância, para causar seu colapso, o que se chama "Guange" (falha do apoio mútuo). O pulso Guange é tão declinante que deixa de se comunicar com a essência do céu e da terra. O paciente com este pulso morrerá".

五藏生成篇第十

Capítulo 10
Wu Zang Sheng Cheng Pian
(As Funções das Cinco Vísceras em Relação
ao Corpo Humano e suas Relações Mútuas)

心之合脉也。其荣色也，其主肾也。肺之合皮也，其荣毛也，其主心也。肝之合筋也，其荣爪也，其主肺也。脾之合肉也，其荣唇也，其主肝也。肾之合骨也，其荣发也，其主脾也。

As funções específicas do coração e dos vasos, estão relacionadas; a quintessência do coração se reflete na compleição, e o coração é controlado pelos rins.

As funções específicas do pulmão e da pele estão relacionadas; a quintessência do pulmão se reflete na pele macia, e o pulmão é controlado pelo coração.

As funções específicas do fígado e dos tendões estão relacionadas; a quintessência do fígado se reflete nas unhas, e o fígado é controlado pelo pulmão.

As funções específicas do baço e dos músculos estão relacionadas; a quintessência do baço se reflete nos lábios, e o baço é controlado pelo fígado.

As funções específicas dos rins e dos ossos estão relacionadas; a quintessência dos rins se reflete nos cabelos, e os rins são controlados pelo baço.

是故多食咸，则脉凝泣而变色；多食苦，则皮槁而毛拔；多食辛，则筋急而爪枯；多食酸，则肉胝䐃而唇揭；多食甘，则骨痛而发落，此五味之所伤也。故心欲苦，肺欲辛，肝欲酸，脾欲甘，肾欲咸，此五味之所合也。

Por isso, quando se ingere muita comida salgada, irá causar estagnação no sangue e eclipsar a compleição; quando se ingerir muita comida amarga, isso irá causar secura na pele e queda dos pêlos: quando a comida picante for ingerida em excesso, isso irá causar cãibras nos tendões e enfraquecimento das unhas; quando for ingerida muita comida ácida, isso irá fazer com que a pele fique intratável e grossa e os lábios enrugados e quebradiços; quando o sabor doce for ingerido em excesso, isso irá causar dor nos ossos e queda dos cabelos. Estas são as condições da parcialidade do sabor em particular. Por isso, o coração prefere o sabor amargo, o pulmão prefere o sabor picante, o fígado prefere o sabor ácido, o baço prefere o sabor doce e os rins preferem o sabor salgado. Estas são as relações correspondentes entre os cinco sabores e as cinco vísceras.

五藏之气，故色见青如草兹〔《脉经》《千金方》并作"滋"《说文通训。定声》"兹"，黑也〕者死，黄如枳实者死，黑如炲〔《千金翼方》"炲"下有"煤"字〕者死，赤如衃血者死，白如枯骨者死，此五色之见死也。

Quando a quintessência das cinco vísceras refletida na compleição parece ser verde e negra como a grama morta no escuro, o paciente morrerá; quando parecer ser amarela como o fruto cítrico não amadurecido, o paciente morrerá; quando parecer ser negra como o carvão, o paciente morrerá; quando parecer ser vermelha como sangue estagnado, o paciente morrerá; quando parecer ser branca como um pedaço de osso seco, o paciente morrerá. Estas são as cinco cores para distinguir as doenças fatais.

青如翠羽者生，赤如鸡冠者生，黄如蟹腹者生，白如豕膏者生，黑如乌羽者生，此五色之见生也。生于心，如以缟裹朱；生于肺，如以缟裹红；生于肝，如以缟裹绀；生于脾，如以缟裹栝楼实，生于肾，如以缟裹紫，此五脏所生之外〔《太素》"之"下无"外"字〕荣也。

Quando a quintessência da cinco vísceras refletida na compleição parece ser verde como uma pena de pássaro, o paciente viverá; quando parece ser vermelha como uma crista de galo, o paciente viverá; quando parecer amarela como uma barriga de caranguejo, o paciente viverá; quando parecer branca como banha de porco, o paciente viverá; quando parecer ser negra como a pena de um corvo, o paciente viverá. Estas são as cinco cores para distinguir a vitalidade do homem. A cor da vitalidade no coração é como o cinábrio embrulhado em seda branca fina; a cor da vitalidade no pulmão é como algo vermelho embrulhado em seda branca fina; a cor da vitalidade do fígado é como algo avermelhado tendendo a preto embrulhado em seda branca fina; a cor da vitalidade no baço é como semente de trichosanthes (avermelhado-amarelo) embrulhada em seda branca fina; a cor da vitalidade dos rins é como algo púrpura embrulhado em seda branca fina. Esta é a aparência da vitalidade das cinco vísceras.

色味当五藏：白当肺、辛，赤当心、苦，青当肝、酸，黄当脾、甘，黑当肾、咸。故白当皮，赤当脉，青当筋，黄当肉，黑当骨。

As cinco cores e os cinco sabores estão de conformidade com as cinco vísceras. O branco de acordo com o pulmão e o picante, o vermelho conforme o coração e o amargor, o verde conforme o fígado e o gosto ácido, o amarelo conforme o baço e o sabor doce, o preto conforme os rins e o sabor salgado. Por isso, o branco também está de acordo com a pele, o vermelho também está de acordo com os vasos, o verde também está de acordo com os tendões, o amarelo também está de acordo com os músculos, e o preto também está de acordo com os ossos.

诸脉者皆属于目，诸髓者皆属于脑，诸筋者皆属于节〔《太素》作肝〕，诸血者皆属于心，诸气者皆属于肺，此四支八谿之朝夕也。

Todos os canais do homem levam aos olhos, todas as medulas levam ao cérebro, todos os tendões levam ao fígado, todo sangue leva ao coração, todo o ar na respiração leva aos pulmões. O ar, o sangue, os tendões e os vasos, são como a subida e a descida da maré transbordando nos cotovelos, axilas, costelas, fossa poplítea e nas quatro extremidades.

故人卧血归于肝，肝〔《伤寒论》、《宣明论方》并引作"目"〕受血而能视，足受血而能步，掌受血而能握，指受血而能摄。卧出而风吹之，血凝于肤者为痹，凝于脉者为位，凝于足者为厥，此三者，血行而不得反其空，故为痹厥也。人有大谷十二分，小谿三百五十四名，少十二俞〔《太素》作"关"〕，此皆卫气之所留止，邪气之所客也，针石缘而去之。

Quando o homem se deita, seu sangue vai para o fígado. O sangue pode nutrir as extremidades e todas as partes do corpo, portanto, quando os olhos conseguem sangue, eles podem ver; quando os pés obtêm sangue, eles podem caminhar; quando as palmas das mãos obtêm sangue elas podem segurar as coisas; quando os dedos obtêm sangue, eles podem mandar trazer as coisas. Quando alguém sai para fora imediatamente depois de ter acordado e for invadido por um sopro de vento, se a estagnação de sangue estiver na superfície da pele, ocorrerá a síndrome Bi (uma síndrome marcada pela artralgia, adormecimento e discinésia dos membros); quando a estagnação de sangue estiver nos canais, isso irá causar retardamento do fluxo sangüíneo; quando a estagnação sangüínea estiver nos pés, isso irá causar friagem nas extremidades inferiores. Todos os três tipos de doença se devem à incapacidade do sangue em fluir de volta ao canal de circulação. Há doze juntas principais para a energia Wei ficar, e estas são também locais para a energia perversa residir; quando alguém for atacado pela energia perversa, esta deve ser removida por meio de acupuntura ou por meio de terapia com agulha de pedra.

诊病之始，五决为纪，欲知其始，先建其母。所谓五决者，五脉也。

No princípio do diagnóstico, deve-se tomar as cinco determinações de delinear. Ao tratar uma doença, deve-se saber de qual víscera a doença provém, e investigar a condição da energia do estômago na dita víscera. Se a energia do estômago de determinada víscera estiver enferma, deve-se fixar primeiro sua energia estomacal que é mãe de todas as outras vísceras (a terra é a mãe de todas as coisas, e o estômago se associa à terra). As assim chamadas cinco determinações, são atualmente as condições de pulso das cinco vísceras.

是以头痛巅疾，下虚上实，过在足少阴、巨阳，甚则入肾。徇蒙招尤〔《妇人良方》"尤"并作"摇"〕，目冥耳聋，下实上虚，过在足少阳、厥阴，甚则入肝。腹满䐜胀，支鬲胠〔《太素》"胠"下无"胁"字〕胁，下厥〔《甲乙》"厥"作"病"〕上冒，过在足太阴、阳明。咳嗽上气，厥在胸中〔《甲乙》作"胸中痛"〕，过在手阳明、太阴。心烦头痛，病在鬲中〔病在鬲中：《甲乙》作"支满，腰脊相引而痛"〕。过在手巨阳、少阴。

A dor de cabeça e outras enfermidades na cabeça, pertencem à categoria de astenia da energia saudável na parte inferior e estenia da energia perversa na parte superior; a doença está nos canais Shaoyang do Pé e Taiyang; se a doença piorar, será transmitida aos rins. Presbiopia com tremores na cabeça quando o ataque for agudo, ou leve escurecimento ocular ou surdez quando ela for prolongada; pertence à categoria de estenia da parte inferior e astenia da superior; a doença está nos canais Shaoyang do Pé e Jueyin; se a doença piorar, será transmitida ao fígado. Quando alguém tem plenitude e intensidade no abdômen e suas axilas estão como se tivessem sido escoradas, sente frio na parte inferior do corpo e vertigem na parte superior, a doença está nos canais Taiyin do Pé e Yangming. Quando se tem tosse com respiração rápida e se sente o peito doente, a doença está nos canais Yangming da Mão e Taiyin. Quando alguém tem dor no peito, e dor ao longo da coluna espinal como que dilacerante, a doença está nos canais Taiyang da Mão e Shaoyin.

夫脉之小大滑涩浮沉，可以指别；五藏之象，可以类推；五藏相音，可以意识；五色微诊可以目察。能合脉色，可以万全。赤，脉之至也，喘而坚，诊曰〔《太素》"曰"作"之"〕有〔《甲乙》"有"作"为"〕积气在中，时害于食，名曰心痹，得之外疾〔能琦说："外疾二字是衍文"〕思虑而心虚，故邪从之。白，脉之至也，喘而浮，上虚下实，惊〔按："惊"字误窜，似应在"喘而虚"句下〕，有积气在胸中，喘而虚，名曰肺痹，寒热，得之醉而使内也。

83

青，脉之至也，长而〔《甲乙》"而"下有"弦"字〕左右弹，有积气在心下支胠，名曰肝痹，得之寒湿，与疝同法，腰痛足清头痛。黄，脉之至也，大而虚，有积气在腹中，有厥气，名曰厥疝，女子同法，得之疾使〔《中藏经》无"疾使"二字〕四支汗出当风。黑，脉之至也，上〔按："上"字误，应为"下"〕坚而大，有积气在小腹与阴，名曰肾痹，得之沐浴清水而卧。

O pulso, na condição de fraco, forte, escorregadio, agitado, flutuante ou em colapso, pode ser distinguido pela palpação dos dedos. As energias e fenômenos das cinco vísceras, podem ser inferidas por analogia. O som correspondente às cinco vísceras, pode ser concebido mentalmente e ser analisado. Embora as cinco cores sejam refinadas e diferenciadas, elas podem ser observadas pela vista. Combinando-se os métodos de aplicar a cor e as condições de pulso, pode-se ter certeza do diagnóstico.

Se a compleição do paciente se mostrar vermelha, o pulso é rápido e cheio, e é de acordo com o diagnóstico, a energia perversa estagnada no abdômen, e irá freqüentemente deter a comida e a bebida; este tipo de doença se chama síndrome Bi cardíaca; é devido à energia do coração, ferida por preocupações, e a energia perversa leva vantagem da sua debilidade para invadir.

Se a compleição do paciente se mostra branca, e o pulso rápido e flutuante, é porque o pulmão está astênico, e o fogo do coração estênico; como o pulmão cobre o coração, dessa forma há astenia na parte superior e estenia na inferior. Quando o fogo do coração é superabundante, a mente se distrairá para causar medo. A doença é chamada síndrome Bi do pulmão, que é causada pelo frio e calor e desempenho de relações sexuais após estar alcoolizado.

Se a compleição do paciente se mostrar verde, e o pulso for extenso e que dê saltos, e que golpeie com rapidez os dedos no lado direito e no esquerdo, mostra que há friagem no fígado, o que faz com que a energia perversa fique estagnada sob o coração apertando as axilas; a doença é chamada síndrome Bi hepática, e é causada pelo frio-umidade, que é a mesma que gera hérnia. Além disso, ocorrerão as síndromes de lumbago, pés frios e dor de cabeça.

Se a compleição do paciente se mostrar amarela, o pulso estará pesado, mas vazio; é a energia perversa estagnada no abdômen e o paciente sente como que o inverso da energia vital. Como a hérnia pertence à enfermidade do fígado, e a madeira domina a terra, a doença está relacionada ao fígado, por isso, se chama síncope de hérnia em vez de síndrome Bi do baço; é causada pela invasão do vento perverso após perspiração quando os quatro membros estiverem fatigados.

Se a compleição do paciente se mostrar negra, o pulso é firme e pesado; é a energia perversa sendo estagnada no baixo ventre e nos órgãos genitais externos ou no orifício uretral externo, e se chama síndrome Bi dos rins; a doença é causada por dormir imediatamente após um banho frio.

凡相五色之奇脉〔《千金翼方》无"之奇脉"〕，**面黄目青，面黄目赤，面黄目白，面黄目黑者，皆不死也。面青目赤，面赤目白，面青目黑，面黑目白，面赤目青，皆死也。**

Observando-se as cinco cores da compleição, quando esta parecer amarela, que é a aparência externa da energia do estômago, o paciente irá sobreviver: tal como rosto amarelo com olhos verdes, rosto amarelo com olhos vermelhos, rosto amarelo com olhos brancos, ou rosto amarelo com olhos negros; todos estes não são sintomas de morte. Quando a compleição do paciente for verde com olhos vermelhos, vermelha com olhos brancos, verde com olhos negros, preta com olhos brancos, e vermelha com olhos verdes, mostra a energia do estômago sendo esgotada, por isso, são todos, sintomas de morte.

五藏别论篇第十一

Capítulo 11
Wu Zang Bie Lun
(As Diversas Funções entre os Órgãos Ocos e os Órgãos Ocos Extraordinários para Digestão e Eliminação)

黄帝问曰：余闻方士，或以脑髓为藏〔《太素》"为藏"下有"或以为府"四字〕，或以肠胃为藏，或以为府，敢问更相反，皆自谓是，不知其道，愿闻其说。

O Imperador Amarelo solicitou: "Tenho ouvido diversos comentários de diversos médicos; alguns tomam o cérebro e a coluna espinal como órgãos sólidos, alguns os tomam como órgãos ocos; alguns tomam o intestino e o estômago como órgãos sólidos, alguns os tomam como órgãos ocos. Eles sustentam opiniões diferentes, mas todos insistem que o que dizem é o certo. Eu não sei a razão de seus diversos comentários, e espero que possas me dizer".

岐伯对曰：脑髓骨脉胆女子胞，此六者，地气之所生也，皆藏于阴而象于地，故藏而不写，名曰奇恒之府。夫胃、大肠、小肠、三焦、膀胱，此五者，天气之所生也，其气象天，故写而不藏，此受五藏浊气，名曰传化之府，此不能久留输写者也。魄门亦为五藏，使水谷不得久藏。所谓五藏者，藏精气而不写也，故满而不能实。六府者，传化物而不藏，故实而不能满也。所以然者，水谷入口，则胃实而肠虚；食下，则肠实而胃虚，故曰实而不满，满而不实也〔明抄：无"满而不实"四字〕。

Qibo respondeu: "Os seis órgãos: cérebro, coluna espinal, ossos, vasos, vesícula biliar e útero duma mulher são gerados de acordo com a energia da terra; eles armazenam a essência e o sangue, como a espessura da terra que sustenta todas as coisas. Sua função é armazenar a essência e a energia a fim de nutrir o corpo sem deixá-las escapar para a parte exterior do corpo, e são chamados de "Órgãos Ocos Extraordinários".

"Os cinco órgãos, estômago, intestino grosso, intestino delgado, triplo aquecedor e bexiga, são gerados conforme a energia do céu; trabalham incessantemente, assim como o céu opera sem se deter. Eles eliminam sem armazenar e são chamados "Órgãos Ocos para Digestão e Eliminação".

"Isto quer dizer que a água, os cereais e a energia turva são recebidos, mas não podem ser retidos no corpo por muito tempo, porém, após decompostos, a essência é transportada e o refugo respectivamente eliminado.

"O ânus que é tido como o sexto órgão oco, também tem a função de evitar que o refugo seja mantido no corpo por muito tempo.

"A função dos cinco órgãos sólidos é armazenar a essência sem eliminar; embora sejam constantemente preenchidos, não ficam repletos. Não se parecem com o estômago e o intestino que ficam freqüentemente repletos de água e cereal.

"A função dos seis órgãos ocos é digerir, absorver e transportar a comida, por isso, embora estejam constantemente cheios, no entanto, não podem ficar cheios como os cinco órgãos sólidos. Quando a comida entra pela boca, o estômago pode ficar repleto, mas o intestino então está vazio, e quando a comida entra no intestino, este fica cheio, mas o estômago fica vazio".

帝曰：气口何以独为五藏主〔《太素》"主"下有"气"字〕? 岐伯曰：胃者，水谷之海，六府之大源也。五味入口，藏于胃以养五藏气。气口亦〔《何校云："'亦'当作'手'"》〕太阴也，是以五藏六府之气味〔明抄、《类说》"气"下皆无"味"字〕，皆出于胃，变见于气口。故五气入鼻，藏于心肺〔《类说》引"于"下无"心"字〕，心肺有病，而鼻为之不利也。凡治病必察其下，适其脉，观其志意，与其病也.

Perguntou o Imperador Amarelo: Quando se inspeciona somente a condição de pulso de Cun Kou apalpando, como se pode conhecer as condições das energias dos cinco órgãos sólidos, seis órgãos ocos e dos doze canais?"

Qibo respondeu: "O estômago é o mar dos líquidos e a fonte dos seis órgãos ocos. Todos os cinco sabores entram pela boca, são armazenados no estômago, e são então digeridos e transportados pelo baço a fim de nutrir o sangue e a energia das vísceras. O pulso Qikou (Cunkou) pertence ao canal do pulmão, Taiyin da Mão, e o canal do pulmão controla todos os pulsos. Por isso, todas as energias dos cinco órgãos sólidos e dos órgãos ocos se enraízam no estômago, e suas variações todas se refletem no pulso Qikou. Quando os cinco odores (pútrido, queimado, adocicado, acre e rançoso) entram no pulmão pelo nariz e causam doença pulmonar, reduz a função nasal.

"Quando se trata uma doença, deve-se conhecer primeiro as condições da urina e das fezes, distinguir e analisar a condição do pulso, observar o espírito e a patogenia do paciente.

拘于鬼神者，不可与言至德〔《太素》"德"作"治"〕，恶于针石者，不可与言至巧，病〔《太素》"病"上有"治"字〕不许治者，病必不〔《太素》作"不必"〕治，治之无功矣。

"Se o paciente for muito supersticioso e acreditar em fantasmas e deuses, não é necessário falar-lhe da teoria de tratamento; se o paciente detestar a acupuntura e a terapia das pedras com todas as forças, não é necessário lhe dizer da capacidade relacionada ao tratamento; se o paciente relutar em ser tratado, não é necessário tratá-lo através de métodos difíceis. Nesse caso, não esperar obter um efeito curador com qualquer tratamento".

异法方宜论篇第十二

Capítulo 12
Yi Fa Fang Yi Lun
(Tratamento que Separa os Pacientes das Diferentes Regiões)

黄帝问曰：医之治病也，一病而治各不同，皆愈何也？岐伯对曰：地势使然也。故东方之域，天地之所始生也，鱼盐之地，海滨〔《医心方》并作"浜海"〕傍水，其民食鱼而嗜咸，皆安其处，美其食，鱼者使人〔《本草衍义》引无"使人"〕热中，盐〔按"盐"误应作"咸"〕者胜血，故其民皆黑色疏理，其病皆为痈疡〔《甲乙》"疡"作"肿"〕，其治宜砭石，故砭石者，亦从东方来。

O Imperador Amarelo perguntou: "Quando a mesma espécie de doenças é tratada por diversos médicos de diferentes maneiras, todas as doenças podem ser curadas; qual a razão?" Qibo respondeu: "Deve-se às diversas condições locais.

"No distrito do leste, onde o tempo é cálido como o ar da primavera, este estará próximo ao mar e à água. Como o distrito é rico na produção de peixe e sal, o povo do local gosta de comer peixe e sal, e estão acostumados a viver no local e gostam de sua comida. Mas quando o peixe for ingerido em excesso, irá fazer com que o calor perverso fique retido no estômago e nos intestinos; quando o sal é ingerido em excesso, irá lesar o sangue do homem. A maioria das pessoas do local tem pele escura e fezes estriadas, e suas doenças em sua maioria são do tipo carbúnculo. É aconselhável tratar a doença com terapia de pedras (punturar com pedra), por isso a terapia das pedras provém do leste.

西方者，金玉之域，沙石之处，天地之所收引也。其民陵〔《后汉书·西羌传》引"陵"作"山"〕居而多风，水土刚强，其民不衣而褐荐，其民华食而脂肥，故邪不能伤其形体，其病〔《太素》"病"下并有"皆"字〕生于内，其治宜毒药，故毒药者，亦从西方来。

"No distrito do oeste, em sua maioria deserto e de pedras, onde se produz em abundância o ouro e o jade, o tempo é restritivo como o do outono. Os habitantes vivem nas montanhas e o vento geralmente é obstinado, com vento e poeira. O povo do local não usa seda ou algodão fino, e em sua maioria, dorme sobre algodão áspero e esteira de palha. Eles estão afeitos às comidas saborosas que podem fazer com que engordem. Nesse caso, embora raramente seus corpos possam ser lesados pelo mal exógeno, se arriscam a sofrer enfermidades viscerais devidas à comida e às emoções. Ao tratar a doença, necessita-se de drogas, por isso a terapia por meio de drogas provém do oeste.

北方者，天地所闭藏之域也，其地高陵居，风寒冰冽〔《医心方》"冽"并作"冻"〕，其民乐野处而乳食，藏寒生满病〔《本草纲目》引作"其病藏寒生满"〕其治宜灸焫，故灸焫者，亦从北方来。

"No distrito do norte em sua maioria terras altas, onde o vento é frio, que se oculta e esconde como o inverno, o povo vive nas montanhas e colinas, e o vento frio freqüentemente varre as terras geladas. O povo do local gosta do estado selvagem a fim de beber leite de vaca e de ovelha. Neste caso, suas vísceras podem facilmente contrair o frio e ocorrer a enfermidade da distensão abdominal. Ao tratar a doença, deve ser usada a moxibustão, por isso a terapia da moxibustão provém do norte.

南方者，天地所长养，阳之所盛处〔俞樾说："应作'盛阳之所处'"〕也，其地下，水土弱，雾露之所聚也，其民嗜酸而食胕〔《甲乙》作"臊"，俞樾说："胕"即"腐"字〕。故其民皆致理而赤色，其病挛痹，其治宜微针。故九针者，亦从南方来。

"No distrito do sul em sua maioria de terras baixas, onde o vento é quente como o verão, com energia Yang abundante para produzir todas as coisas; devido à chuva, há abundância e o clima é delicado. As pessoas preferem comer alimentos ácidos ou picantes; suas peles são densas e vermelhas, e elas contraem com freqüência o mal do espasmo e da artralgia tipo úmido. Ao tratar a doença, aconselha-se a terapia por acupuntura com os nove tipos de agulha. Por isso, a terapia por acupuntura, com nove agulhas, é proveniente do sul.

中央者，其地平以湿，天地所以生万物也众〔《太素》、《医心方》并作"天地所生物色者众"〕，其民食杂而不劳，故其病多痿厥寒热，其治宜导引按跷，故导引按跷者，亦从中央出也。故圣人杂合以治，各得其所〔"所"字衍〕宜，故治所以异而病皆愈者，得病之情，知治之大体也。

"No distrito central, em sua maioria de terras niveladas e onde há umidade, onde os produtos naturais são abundantes, as pessoas têm comida suficiente para comer, sem sofrer preocupações ou situações duras. Por isso, a maioria das enfermidades que as pessoas contraem são a flacidez muscular e a friagem das extremidades, e também o frio e o calor. Ao tratar as doenças, deve-se aplicar o exercício dos membros e a massagem. Por isso, as terapias do exercício dos membros e da massagem foram transmitidos da região central.

"Já que um médico zeloso pode inferir todos os tipos de terapia de forma apropriada, de acordo com a condição específica da doença, então, embora os tratamentos para a mesma doença sejam diferentes, eles todos podem curá-las".

移精变气论篇第十三

Capítulo 13
Yi Jing Bian Qi Lun
(Acerca da Terapia de Transformar a Mente e o Espírito)

黄帝问曰：余闻古之治病，惟其移精变气，可祝由而已。今世治病，毒药治其内，针石治其外，或愈或不愈，何也？

O Imperador Amarelo perguntou: "Disseram-me que nos tempos antigos, quando um médico tratava uma doença, ele apenas transformava a mente e o espírito do paciente, a fim de extirpar a fonte da doença. Nos dias de hoje, o paciente é tratado internamente com remédios e externamente com acupuntura. No entanto, algumas doas doenças são curadas, mas algumas delas não podem sê-lo; por quê?"

岐伯对曰：往古人〔《太素》"人"下有"民"字〕居禽兽之间，动作以避寒，阴居以避暑，内无眷慕之累，外无伸官〔《太素》"伸官"作"由宦"〕之形，此恬憺之世，邪不能〔《太素》"不"下无"能"字〕深入也。故毒药不能〔无"能"字〕治其内，针石不能治其外，故可移精〔杨、王两注："移精"下有"变气"二字〕祝由而已。当今之世不然，忧患缘其内，苦形伤其外，又失四时之从，逆寒暑之宜，贼风数至，虚邪朝夕，内至五藏骨髓，外**伤空窍肌肤**〔《医垒元戎》"肤"作"肉"〕，所以小病必甚，大病必死，故祝由不能已也。

Qibo respondeu: "Nos tempos antigos, o povo vivia em cavernas agrestes, rodeado de pássaros e bestas; afastavam o frio pelo próprio movimento, e se evadiam do verão quente, viviam à sombra. Eles não tinham nenhuma sombra no coração por admirar a fama e o lucro, e não tinham cansaço no corpo por procurar uma posição mais elevada, por isso, dificilmente se poderia ser invadido pelo mal exógeno neste ambiente calmo e tranqüilo. Por isso, quando alguém contraia uma doença, não eram necessários tanto os remédios para curar internamente, quanto a acupuntura para curar externamente, mas somente alteravam a emoção e o espírito do paciente; só era necessário cortar a fonte da doença.

"Mas, hoje em dia, a situação é diferente; as pessoas tanto são perturbadas pela ansiedade interna do coração, como feridas pelas dificuldades externas do corpo, juntamente com o descuido do paciente, violentando as regras da seqüência do clima das quatro estações, e a friagem e o calor da manhã e da noite. Quando o mal larápio invadir sem cessar, as vísceras do paciente serão feridas por dentro e os orifícios serão feridos por fora. Se a doença contraída for leve, seguramente irá se transformar em uma doença séria; se a doença contraída for séria, o paciente com certeza morrerá. Por isso, hoje em dia, a doença não pode ser curada somente cortando-se a fonte da mesma".

帝曰：善。余欲临病人，观死生，决嫌疑，欲知其要，如日月光，可得闻乎？岐伯曰：色脉者，上帝之所贵也，先师之所传也。上古〔《太素》"上古"之下有"之时"二字，"使"下

90

无"儵"字〕使儵贷季，理色脉而通神明，合之金木水火土四时〔《太素》"四时"下有"阴阳"二字〕，八风六合，不离其常，变化相移，以观其妙，以知其要〔按此四字似衍〕，欲知其要，则色脉是矣。色以应日，脉以应月，常求其要，则其要也。夫色〔《太素》"色"下有"脉"字〕之变化，以应四时之脉，此上帝之所贵，以合于神明也。所以远死而近生，生道以长，命曰圣王。中古之治病，至〔《太素》"至"上有"病"字〕而治之，汤液十日，以去八风五痹之病，十日不已，治以草苏草荄之枝，本末为助〔《太素》"助"作"眇"〕，标本已得，邪气乃服。暮世之治病也则不然，治不本四时，不知日月，不审逆从，病形已成，乃欲微针治其外，汤液治其内，粗工兇兇〔《太素》作"凶凶"按"凶"，"兇"之借字，与"匈"通，"匈匈"有"灌讻"之意〕，以为可攻，故〔《太素》"故"作"旧"〕病未已，新病复起。

Disse o Imperador Amarelo: "Bem, espero que quando eu for diagnosticar um paciente, eu possa distinguir se a doença é passageira ou séria, decidir sobre os pontos duvidosos da doença e saber lidar com seu essencial, de maneira clara como que se iluminado pelo sol e pela lua. Pode me dizer o que devo fazer?" Qibo respondeu: "Os primeiros reis davam importância à inspeção da condição da compleição e do pulso, e isso foi manipulado pelos mestres no passado.

"Nos tempos antigos, havia um médico cujo nome era Daiji. Ele estudou os princípio da compleição e do pulso ao ponto de se comunicar com a divindade; ele podia aliá-los aos cinco elementos: metal, madeira, água, fogo e terra, às quatro estações, ao Yin e ao Yang, aos ventos perversos de todas as direções e às três dimensões, não se separando do princípio de norma regular da compleição e do pulso, e ele pode observar a essência profunda do intercâmbio mútuo. Por isso, é importante que se observe a compleição e as condições do pulso para saber o essencial sobre a doença.

"A compleição é como o sol, que tem diferentes condições nos dias bonitos e nos dias nublados, e o pulso é como a lua, que tem diferentes condições de crescente e minguante. É muito importante um diagnóstico, a fim de observar cuidadosamente o brilho e o escuro da compleição, e a diferença de estenia e astenia do pulso. Em suma, a variação de compleição e de pulso, correspondem às variações das energias das quatro estações. Os primeiros reis conferiam grande importância ao princípio, já que está de acordo com a divindade. Se algum puder lidar assim com o diagnóstico, poderá ajudar o paciente a evitar a morte e a sobreviver. Quando a vida do paciente for prolongada, ele irá lhe exaltar como a um rei dos sábios.

"Pelos idos dos tempos antigos, o médico freqüentemente tratava o paciente quando a doença já tinha ocorrido; ele tratava com decocção por dez dias a fim de retirar a artralgia e o vento perverso; se o paciente não se curava em dez dias, aplicava-se a ervanária. É muito importante que se trate com ervas medicinais, e a cooperação do paciente é muito importante, da mesma forma. Neste caso, a energia perversa pode ser submetida, e a doença pode ser curada.

"Mas os médicos das gerações posteriores tratam os pacientes de forma diferente; eles não tratam de acordo com as mudanças do tempo nas quatro estações; eles negligenciam a importância da compleição e do pulso, e não distinguem a condição excelente ou adversa da compleição e do pulso, mas fazem uso da decocção e da acupuntura a fim de tratar respectivamente o interno e o externo, após a doença já ter tomado forma. Alardeia seu efeito curador acerca do tratamento que aplica, supondo que a doença possa ser curada sem sombra de dúvida, mas, finalmente, a doença anterior ainda permanece, e algumas doenças novas se acrescentam".

帝曰：愿闻要道。岐伯曰：治之要极，无失色、脉，用之不惑，治之大则。逆从到〔吴本"到"作"倒"〕行，标本不得，亡神失国〔疑"亡神"句上脱"如使辅君"四字〕。去故就新，乃得真人。帝曰：余闻其要于夫子矣，夫子言不离色、脉，此余之所〔滑抄本"所"下有"未"字〕知也。岐伯曰：治之极于一。帝曰：何谓一？岐伯曰：一者因〔滑抄本"因"下有"而"字，主注："因问而得之"〕得之。帝曰：奈何？岐伯曰：闭户塞牖，系之病者，数问其情，以从其意，得神者昌，失神者亡。帝曰：善。

Disse o Imperador Amarelo: "Desejo ouvir alguma teoria fundamental acerca do tratamento". Disse Qibo: "O eixo mais importante do tratamento é manter-se fiel à inspeção da compleição do paciente e sua condição de pulso, e insistir nesse mais elevado princípio. Se a fonte da doença for compreendida numa seqüência errada, ou deixar de obter a cooperação do paciente, o tratamento não terá sucesso. Quando alguém ajuda um rei a governar um país como este, o país será subjugado. Ao tratar, deve-se em primeiro lugar remover a doença mais antiga, e então tratar a doença contraída recentemente; supõe-se que quem puder tratar dessa forma, irá obter a fama de médico habilidoso".

Disse o Imperador Amarelo: "Agora desejo ouvir acerca do princípio fundamental de tratar, e o âmago de suas palavras não deve se isolar da inspeção da compleição e da condição do pulso ao tratar, o que eu não ouvi ainda". Disse Qibo: "Há ainda um outro eixo importante". Perguntou o Imperador: "O que é?". Disse Qibo: "É o diagnóstico através das perguntas". O Imperador Amarelo perguntou: "Como fazê-lo?" Disse Qibo: "O paciente deve ser deixado sozinho na sala, as janelas e portas devem estar fechadas para eliminar toda dúvida dele, e inquiri-lo confidencialmente e em detalhes acerca da condição da doença. Após inquirir, dirigir-se às condições de compleição e pulso; se a compleição do paciente for lustrosa e o pulso que bate for calmo, a isto se chama "espirituosidade" e a doença pode ser curada. Quando a compleição do paciente não for lustrosa, e seu pulso deixar de corresponder às variações sazonais, a isto se chama "depleção do espírito"; a doença não pode ser curada de forma alguma. Disse o Imperador Amarelo: "Bom. Eu suponho que tenhas dito tudo corretamente".

汤液醪醴论篇第十四

Capítulo 14
Tang Ye Lao Li Lun
(Sobre a Sopa de Arroz, o Vinho Turvo e o Vinho Doce)

黄帝问曰：为五谷汤液及醪醴奈何？岐伯对曰：必〔《圣济经》"必"作"醯"〕以稻米，炊之稻薪，稻米者完，稻薪者坚。帝曰：何以然？岐伯曰：此得天地〔《知古今篇》"天"下无"地"字〕之和，高下之宜，故能至完，伐取得时，故能至坚也。

O Imperador Amarelo perguntou: "Qual é o método de fazer a sopa de arroz, o vinho turvo e o vinho doce com cinco cereais?" Qibo respondeu: "Manter o arroz com casca em fermentação e os pedúnculos de arroz como combustível, já que a energia do arroz com casca é completa em relação à de todas as estações e direções, e que o pedúnculo do arroz é robusto. Perguntou o Imperador Amarelo: "Por que isso?" Qibo respondeu: "O arroz com casca recebe a energia harmoniosa do céu e cresce na terra de altitude e centralização corretas, por isso, recebe a energia que é mais completa, já que é colhido na estação correta, e o pedúnculo de arroz é mais robusto".

帝曰：上古圣人作汤液醪醴，为而不用何也？岐伯曰：自〔《太素》"自"作"上"〕古圣人之作汤液醪醴者，以为备耳，夫上古作汤液，故为而弗服也。中古之世，道德稍衰，邪气时至，服之万全。帝曰：今之世不必已何也？岐伯曰：当今之世，必齐毒药攻其中，镵石针艾治其外也。帝曰：形弊血尽而功不立者何？岐伯曰：神不使也。帝曰：何谓神不使？岐伯曰：针石，道也。精神不进〔《太素》"进"作"越"〕，志意不治〔《太素》"治"作"散"〕，故病不可愈。今精坏神去，荣卫不可复收。何者？嗜欲无穷，而忧患不止，精气弛坏，荣泣卫除，故神去之而病不愈也。

Disse o Imperador Amarelo: "Nos tempos antigos, a sopa de arroz, o vinho turvo e o vinho doce, preparados pelos médicos, eram usados nos sacrifícios e para entreter os convidados, mas raramente usados para tratar a doença, e isso por quê?" Qibo respondeu: "Nos tempos antigos, a sopa de arroz, o vinho turvo e o vinho doce preparados, somente eram usados na contingência, por isso eram raramente usados para tratar a doença.

"No decorrer dos tempos antigos, o povo dava menos atenção à conservação da saúde e seus corpos se tornaram fracos, mas quando o mal exógeno levou vantagem em invadir, após o paciente ter ingerido um pouco de sopa de arroz, vinho turvo e vinho doce, a doença estava curada".

O Imperador Amarelo perguntou: "Nos dias de hoje, embora se tome um pouco de sopa de arroz, vinho turvo ou vinho doce, não se tem certeza de curar a doença, e isso por quê?". Qibo respondeu: "Nos dias de hoje, quando as pessoas contraem a doença, é necessário tratá-las internamente com remédios ou picando com acupuntura de pedra ou externamente com moxibustão a fim de curar a doença".

Disse o Imperador Amarelo: "Quando o corpo do paciente está em declínio, seu sangue e energia estão esgotados, por que o tratamento é ineficaz?" Disse Qibo: "Isto porque o espírito do paciente não pode mais desempenhar seu papel". O Imperador Amarelo perguntou: "O que queres dizer com isso?" Disse Qibo: "A acupuntura e a terapia das pedras somente podem conduzir o sangue e a energia, mas não podem fazer nada com o espírito e com a consciência do paciente. Se o espírito e a energia do paciente tiverem desaparecido, seu desejo e consciência estiverem dispersas, a doença não pode ser curada de maneira alguma. Desde que o espírito do paciente está declinando, e sua energia está se dispersando, as funções de sua energia Rong dentro dos vasos para nutrir o corpo todo e a energia Wei do lado de fora dos vasos para umedecer a pele e as estrias já não podem mais ser recuperadas. A razão da doença ter chegado a condições tão sérias, é a indulgência excessiva do paciente no desejo sexual, juntamente com a ansiedade infinita que aflige seu coração, fazendo com que seu espírito e energia feneçam, sua energia Rong se esgote no sangue, e a energia Wei diminua. Já que o espírito e a energia estão se separando do corpo, sua doença não pode ser curada".

帝曰：夫病之始生也，极微极精，必先入结〔《太素》"入结"作"舍"〕于皮肤。今良工皆称曰病成，名曰逆，则针石不能治，良药不能及也。今良工皆得其〔《太素》作"持"〕法，守其数，亲戚兄弟远近音声日闻于耳，五色日见于目，而病不愈者，亦何暇〔《太素》"何暇"作"可谓"〕不早乎？岐伯曰：病为本、工为标、标本不得，邪气不服，此之谓也。

Disse o Imperador Amarelo: "Quando a doença estava no seu estágio inicial, era quase superficial e simples; o mal só estava escondido na pele e a doença poderia ter sido curada com facilidade. Mas o médico se certificou que a doença já tinha tomado forma, que deveria ter sido cuidada antes, por isso, tanto a acupuntura quanto a decocção teriam sido eficazes. Mas, de fato, muitos médicos no presente momento conhecem bem a maneira de tratar, muitos parentes e amigos fazem companhia ao paciente para cuidar dele, ouvindo sua voz e observando sua compleição todos os dias; como se pode dizer que o tratamento não foi feito em tempo hábil?"

Disse Qibo: "O paciente é a raiz e o médico é o ramo; devem ser compatíveis. Naturalmente, é necessária a cooperação do paciente, mas apenas a cooperação do paciente, sem um bom médico, não basta; também se pode falar em incompatibilidade da raiz com o ramo, e o mal também não pode mais ser removido".

帝曰：其有不从毫毛而生〔金刻本、胡本、之头本、赵本、周本"而生"二字至乙，"而字属下读，《太素》"其"下有"病"字〕五藏阳〔《太素》"阳"作"伤"〕以竭也，津液充郭〔《太素》作"虚廓"〕，其魄独居，孤精于内，气耗于外，形不可〔《太素》"形不可"作"形别不"〕与衣相保，此四极急而动中，是气拒于内，而形施于外，治之奈何？岐伯曰：平治于权衡，去宛陈莝，微动四极，温衣〔滑抄本"衣"作"之"〕，缪刺其处，以复其形。开鬼〔按"鬼"疑为"魄"之坏字〕门，洁净府，精以时服，五阳已布，疏涤五藏，故精自生，形自盛，骨肉相保，巨气乃平。帝曰：善。

Disse o Imperador Amarelo: "Algumas doenças não se originam na superfície corporal, mas a partir de lesão direta nas cinco vísceras. Seus sintomas parecem ser esvaziamento do fluido corporal, definhamento das atividades espirituais, consumo da essência e do sangue no interior, e dispersão externa da energia Wei. O paciente fica emaciado e mole e não se recomendam roupas apertadas no corpo; posteriormente surgem cãibras nos quatro membros emaranhando a energia intermediária. Em suma, a energia vital das vísceras se emaranha por dentro e se torna inconsistente por fora. Como deve este tipo de paciente ser tratado?"

Disse Qibo: "Ao tratar, deve-se harmonizar os dois canais Yin e Yang dos órgãos sólidos e ocos, remover o sangue estagnado e eliminar a água acumulada, fazer o paciente exercitar levemente suas extremidades, fazer com que a energia Yang se espalhe gradualmente; depois, tentar fazer com que o paciente transpire cuidadosamente, e conserve sua urina desobstruída, além de dar ao paciente, de acordo com a condição, remédios no devido tempo. Quando a energia Yang tiver se espalhado nas cinco vísceras do paciente, será eliminada a estagnação nas mesmas, seguramente sua essência e energia vão se regenerar, seu corpo certamente ficará mais forte, seus ossos e músculos novamente suplementarão um ao outro, e sua energia interior estagnada será naturalmente removida". Disse o Imperador Amarelo: "Bom!"

玉版论要篇第十五

Capítulo 15
Yu Ban Lun Yao
(Métodos de Apalpação para Medir e Distinguir a Doença Registrados na Tabuinha de Jade)

黄帝问曰：余闻揆度奇恒，所指不同，用之奈何？岐伯对曰：揆度者，度病之浅深也。奇恒者，奇恒者，言奇病也。请〔林校引全本"请"作"谓"〕言道之至数，五色脉变、揆度奇恒，道在于一。神转不回，回〔《太素》"回"作"逥"〕则不转，乃失其机，至数之要，迫近以微，著之玉版，命曰合玉〔俞樾说："合"字衍〕机。

Perguntou o Imperador Amarelo: "Disseram-me que os dois métodos para medir e distinguir a doença por meio da apalpação são diferentes; como podem ser aplicados um em relação ao outro?" Qibo respondeu: "Medir é avaliar o grau de seriedade da doença, e distinguir é identificar a doença irregular. Eu suponho que as variações de compleição e a condição do pulso são os axiomas do diagnóstico. O ponto fundamental para medir e distinguir, é manter a relação correspondente entre a compleição e a condição do pulso.

"A energia e o sangue de um corpo humano estão agindo sempre. Se parar, a vitalidade estará perdida. Este princípio é muito importante e está registrado na tabuinha de jade, que é denominado o "princípio de preservar a saúde gravado na tabuinha de jade.

容〔《太素》"容"作"客"〕色见上下左右，各在其要，其色见浅者，汤液主治，十日已。其见深者，必齐主治，二十一日已。其见大深者，醪酒〔"酒"应作"醴"〕主治，百日已。色夭〔《太素》"夭"作"赤"〕面脱，不治。百日尽已〔按"百日"上疑脱"色不夭面不脱"二字〕。脉短气绝死。病温虚甚死。

"A cor que não for a cor da energia que corresponde à víscera na compleição, se chama cor convidada. Surge em diversas posições na parte superior, inferior, direita ou esquerda do nariz, e pode-se averiguar cuidadosamente sua variação em diversos matizes. Quando a cor convidada parecer ser suave, indica que a doença é leve, que pode ser curada em cerca de dez dias, tratando-se por meio de decocção dos cinco grãos; quando a cor convidada for forte, é necessário tratar com decocção medicinal, e a doença pode ser curada em cerca de vinte e um dias. Se a cor convidada parecer ser muito escura, mostra que a doença é muito séria, que é necessário tratar com tintura, e pode ser curada em cerca de cem dias. Se a compleição do paciente for vermelha, o que mostra a ausência da energia estomacal que é amarela, e seu rosto estiver fino, a doença já não pode mais ser curada de forma alguma. Se a compleição do paciente não for vermelha, e o rosto não estiver fino, a doença pode ser curada após uns cem dias.

"Além disso, se o pulso do paciente for curto, deixando de atingir tanto a posição do pulso Guan quanto do pulso Chi, isso indica rompimento das energias Yin e Yang, e o paciente morrerá. Se a doença contraída for uma doença sazonal febril e a energia vital estiver no extremo de deficiência, o paciente morrerá.

色见上下左右，各在其要，上为逆，下为从。女子右为逆，左为从；男子左为逆，右为从。易，重阳死，重阴死。阴阳反他，治在权衡相夺，奇恒事也，揆度事也。

"Deve-se observar cuidadosamente se a cor convidada surge na parte superior, inferior esquerda ou direita do nariz, a fim de descobrir seu movimento. Quando se move para cima, está na direção reversa; quando se move para baixo, está numa direção correta; numa mulher, quando a cor convidada estiver se movendo da direita para a esquerda, é reversa; quando se movendo da esquerda para a direita está correta; num homem se a cor convidada estiver se movendo da esquerda para a direita é reversa; quando se mover da direita para a esquerda é correta. Se a direção de movimento de um homem e de uma mulher estiver alternando a mudança de correta para reversa, num homem é um duplo Yang, e numa mulher, é um duplo Yin. Tanto os pacientes com duplo Yang quanto com duplo Yin, estão prestes a morrer.

"Quanto ao paciente cujo Yin e Yang estiverem diferentes dos outros, deve-se tratar fortalecendo a importância comparativa, a fim de reverter a condição para que se torne normal. Já que esta é uma doença irregular, deve-se diagnosticar com muito cuidado.

搏脉，痹躄。寒热之交。脉孤为消气〔《太素》"消"下无"气"字〕，虚泄〔《太素》作"虚与泄"〕为夺血。孤为逆，虚为从。行奇恒之法，以〔"以"误，应作"从"〕太阴始。行所不胜曰逆，逆则死；行所胜曰从，从则活。八风四时之胜，终而复始，逆行一过，不复可数，论〔《太素》"论"作"诊"〕要毕矣。

"Quando os pulsos baterem sob os dedos, e a doença se refletir como síndrome Bi (uma síndrome marcada por artralgia e adormecimento e discinésia dos membros) ou flacidez dos pés, isso tudo será causado pelas energias frias e quentes que ocorrem simultaneamente. Se o pulso parecer solitário, mostra que a energia Yang está lesada no interior; se o pulso parecer estar fraco, é a síndrome de diarréia e esgotamento do sangue. Todos os pulsos solitários que mostram a energia do estômago ausente são um alerta de prognóstico desfavorável; todos os pulsos deficientes são corretos e têm um prognóstico favorável.

"Quando se aplica o método de distinguir, deve-se começar a apalpar a partir do pulso Cun Kou do canal Taiyin da Mão. Quando o pulso visceral tiver um traço de um outro pulso visceral que estiver se sobressaindo, tal como, quando o pulso do fígado (madeira) tiver o traço do pulso do pulmão (metal); quando o pulso do pulmão tiver o traço do pulso do coração (fogo), quando o pulso do coração tiver o traço do pulso dos rins (água); quando o pulso dos rins tiver o traço do pulso do baço (terra), ou quando o pulso do baço tiver o traço do pulso do fígado (madeira), é o pulso adverso e o paciente morrerá. Quando o pulso visceral tiver o traço de um outro pulso visceral exceto do que estiver se sobressaindo, tal como, quando o pulso do fígado (madeira) tiver o traço do pulso do rim (água), do coração (fogo) ou do baço (terra); quando o pulso do coração (fogo) tiver o traço do pulso do pulmão (metal), do baço (terra) ou do fígado (madeira) etc., é o pulso correto e o paciente sobreviverá.

"Cada vento da várias direções domina uma estação, tal como, o vento leste domina a primavera, e o vento leste associado à madeira sobrepuja a terra; o vento sul domina o verão, e o sul associado ao fogo sobrepuja o metal; o vento oeste domina o outono, e o oeste associado ao metal sobrepuja a madeira; o vento norte domina o inverno, e o norte associado à água sobrepuja o fogo. Eles repetem os ciclos, retornam e começam de novo.

"Se o tempo das quatro estações se tonar anormal, não deve ser tomado como princípio da prática comum. Isto é o essencial do medir e distinguir".

诊要经终论篇第十六

Capítulo 16
Zhen Yao Jing Zhong Lun
(O Fundamental do Diagnóstico e dos Sintomas
da Ruptura dos Doze Canais)

黄帝问曰：诊要何如？岐伯对曰：正月二月，天气始方，地气始发，人气在肝。三月四月，天气正方，地气定发，人气在脾。五月六月，天气盛、地气高、人气在头。七月八月，阴气始杀，人气在肺。九月十月，阴气始冰〔王注"冰"作"凝"〕，地气始闭，人气在心。十一月十二月，冰复，地气合，人气在肾。

O Imperador Amarelo perguntou: "O que é essencial no diagnóstico?" Respondeu Qibo: "No primeiro e segundo meses lunares, a energia do céu começa a ascender, e a energia da terra começa a se sobressair; nesse momento, a energia do homem está no fígado.

"No terceiro e quarto meses lunares, a energia do céu está se desenvolvendo e a energia da terra está crescendo; nesse momento, a energia do homem está no baço.

"No quinto e sexto meses lunares, a energia do céu é abundante e a energia da terra é ascendente; nesse momento a energia do homem está na cabeça.

"No sétimo e oitavo meses lunares, começa a ocorrer o clima solene e mortal; nesse momento a energia do homem está no pulmão.

"No nono e décimo meses lunares, a energia Yin começa a ficar estagnada e a energia da terra começa e se fechar e recolher; nesse momento, a energia do homem está no coração.

"No décimo primeiro e décimo segundo meses lunares, a terra está confinada ao gelo e a energia da terra está lacrada; nesse momento, a energia da terra está nos rins.

故春刺散俞，及与分理，血出而止，甚者传气，间者环〔林校引《太素》"也"作"已"〕也。夏刺络俞，见血而止，尽气闭环，痛病必下，秋刺皮肤，循理，上下同法，神变而止。冬刺俞窍于〔《甲乙》"于"上有"及"字〕分理，甚者直下，间者散下，春夏秋冬，各有所刺，法其所在。

"Ao se tratar na primavera, deve-se picar os pontos shu que estão espalhados, para atingir a posição em que o músculo adere ao osso, e parar imediatamente de picar quando se ver sangue. Se a doença for séria, quando a energia for trazida à tona após picar, haverá uma recuperação gradual; se a doença for passageira, será imediatamente removida.

"No verão, deve-se picar os colaterais imediatos aos pontos shu, parando de picar imediatamente quando se vir sangue. Quando a energia perversa tiver sido removida, o orifício do acuponto se fecha, a dor será eliminada.

99

"No outono, deve-se picar a pele, porém esfregar e pressionar a veia junto ao músculo a fim de dispersar em primeiro lugar a energia e o sangue. A profundidade da picada deve ser controlada como se expôs acima, até o momento em que se veja sangue. Observar a expressão do paciente e parar de picar sempre que a compleição do mesmo esteja mudando.

"No inverno, deve-se picar profundamente os pontos shu, para atingir a posição em que o músculo adere ao osso. Quando a doença for séria, a picada deve ser profunda e direta, sem fricção ou pressão na veia junto ao músculo; quando a doença for passageira, não é necessário picar diretamente, mas pode-se picar acima e abaixo, à esquerda ou à direita, de uma maneira flexível.

"Em suma, as formas de picar são diferentes nas quatro estações, e o picar nas quatro estações tem posições diferentes.

春刺夏分，脉乱气微，入淫骨髓，病不能愈，令人不嗜食，又且少气。春刺秋分，筋挛逆气，环为咳嗽，病不愈，令人时惊，又且哭。春刺冬分，邪气著藏，令人胀〔《四时刺逆从论》"胀"上脱"腹"字〕，病不愈。又且欲言语。

夏刺春分，病不愈，令人解墮。夏刺秋分，病不愈，令人心中欲无言，惕惕如人将捕之。夏刺冬分，病不愈，令人少气〔"少"疑作"上"〕，时欲怒。

秋刺春分，病不已，令人惕然，欲有所为，起而忘之。秋刺夏分，病不已，令人益嗜卧，又且善梦。秋刺冬分，病不已，令人洒洒时寒。

冬刺春分，病不已，令人欲卧不能眠，眠而有见。冬刺夏分，病不愈，气上，发为诸痹。冬刺秋分，病不已，令人善渴。

"Quando por engano se picar a posição do verão na primavera, ocorrerão pulso desordenado e declínio da energia, e a energia perversa irá invadir a medula óssea. A doença não será curada e o paciente não terá apetite nenhum havendo deficiência de energia.

"Quando se pica por engano a posição do outono na primavera, haverá convulsão e a energia vital ficará adversa, e haverá tosse ao levantar. A doença não será curada, e o paciente algumas vezes fica sobressaltado, e muitas vezes quer chorar.

"Quando por engano se pica a posição do inverno na primavera, a energia se ancorará profundamente nas vísceras, causando a distensão do abdômen do paciente. A doença não será curada e o paciente começará a falar demais.

"Quando se pica a posição da primavera no verão, a doença não será curada, e o paciente ficará cansado, tenso e fraco.

"Quando se pica a posição do outono por engano, no verão, a doença não será curada, o paciente não terá vontade de falar com sinceridade, e com freqüência se sentirá pouco à vontade, como se alguém quisesse prendê-lo.

"Quando se pica por engano a posição do inverno no verão, a doença não será curada, ocorrerá uma energia vital adversa, e ele estará prestes a ficar com raiva.

"Quando por engano se pica a posição da primavera no outono, a doença não será curada, e o paciente ficará inquieto; quando ele desejar fazer algo, irá esquecer de imediato o que quer.

"Quando se pica por engano a posição do verão no outono, a doença não será curada, e o paciente terá cada vez mais vontade de dormir e sonhar.

"Quando se pica a posição do inverno, por engano, no outono, a doença não será curada e o paciente irá sentir calafrios.

"Quando por engano se pica a posição da primavera no inverno, a doença não será curada; o paciente não conseguirá conciliar o sono, mesmo quando estiver cansado, e mesmo que tenha dormido, será como se tivesse visto algo em sonho.

"Quando se pica por engano a posição do verão no inverno, a doença não será curada, e irão ocorrer transtornos na energia vital do paciente e também a síndrome Bi ou insensibilidade.

"Quando por engano se pica a posição do outono no inverno, a doença não será curada, e com freqüência o paciente irá ter sede.

凡刺胸腹者，必避五藏。中心者环死，中脾者五日死，中肾者七日死，中肺者五日死，中鬲者，皆为伤中，其病虽愈，不过一岁必死。刺避五藏者，知逆从也。所谓从者，鬲与〔"鬲"上疑脱"知"字〕脾肾之处，不知者反之。刺胸腹者，必以布憿著之，乃从单布上刺，刺之不愈复刺。刺针必肃，刺肿摇针，经刺勿摇，此刺之道也。

"Quando se pica o peito e o abdômen do paciente, deve-se prestar atenção para evitar ferir as vísceras. Se o coração for picado, o paciente morrerá em um dia; se o baço for picado, o paciente morrerá em cinco dias; se o rim for picado, o paciente morrerá em sete dias; se o diafragma for picado, o que se chama "ferir o meio", embora a enfermidade possa melhorar temporariamente, devido ao distúrbio da energia visceral, o paciente morrerá em um ano.

"A indicação para se evitar picar as vísceras é conhecer as maneiras incorretas e as corretas de picar. A assim chamada maneira correta, é conhecer as posições dos órgãos do diafragma, baço, rins etc. e deve-se tomar cuidado para evitá-los; em não se conhecendo as posições, se não se as evitar, as cinco vísceras poderão facilmente ser lesadas, o que se chama maneira incorreta. Por isso é necessário antes de picar o peito e o abdômen, abaná-los com um pano para evitar ferir as vísceras por meio de uma picada profunda. Se ao picar não se obtiver um efeito curador, deve-se picar de novo.

"Ao picar, a inserção da agulha deve ser de ação rápida; ao tratar uma doença com inchaço, pode ser aplicado o método de girar a agulha a fim de retirar o mal; se a picada for sobre o canal, o método de girar não é necessário. Estes são os fundamentos da acupuntura".

帝曰：愿闻十二经脉之终奈何？岐伯曰：太阳之脉，其终也，戴眼，反折瘛瘲，其色白〔明抄本"白"作"黑"〕，绝汗乃出，出则死矣。少阳终者，耳聋，百节皆纵，目睘〔《甲乙》校注云："一本无"睘"字，按《灵枢经·经始篇》作"目系绝"〕绝系，绝〔"系"字衍，上"系"字连"绝"字之头，应作"系绝一日半死"〕系一日半死，其死也〔《难经·二十四难杨注引无"死也"二字》〕，色先〔"先"字衍〕青白，乃死矣。阳明终者，口目动作，善惊，妄言，色黄，其上下经盛，不仁〔《灵枢·终始》"仁"作"行"字〕，则终矣。少阴终者，面黑，齿长而垢，腹胀闭，上下不通而终矣。太阴终者，腹胀闭不得息，善噫〔《难经·二十四难》虞注引无"善噫"二字，似衍〕善呕，呕则逆，逆则面赤，不逆〔"逆"字误，应作"呕"〕则上下不通，不通则面黑，皮毛焦而终矣。厥阴终者，中热嗌乾，善溺心烦，甚则舌卷卵上缩而终矣。此十二经之所败也。

O Imperador Amarelo perguntou: "Quais as situações acerca do rompimento dos doze canais?"

Qibo respondeu: "Ao se romper o canal Taiyang, ficará numa busca contínua com os dois olhos; a parte posterior do corpo penderá na direção contrária, as extremidades terão cãibras com a suspensão do suor, e quando esta suspensão do suor ocorrer, o paciente morrerá.

"Ao se romper o canal Shaoyang, o paciente ficará surdo, as juntas do corpo todo ficarão pendentes, afastar-se-á a conexão da cena visual, e quando isso ocorrer, o paciente morrerá em um dia e meio. Imediatamente antes de morrer, surgirão na compleição do paciente as cores verde e branca, e aí morrerá de imediato.

"Ao se romper o canal Yangming, a boca e os ouvidos do paciente ficarão bem abertos; ele ficará extremamente assustado, divagando sobre a instauração de sua compleição amarela; se os canais da Mão e do Pé estiverem em hiperirritabilidade, deixando de funcionar, o paciente morrerá.

"Ao se romper o canal Shaoyin, o paciente parecerá ter uma compleição preta; seus dentes parecerão mais longos e cheios de tártaro e seu abdômen sentirá plenitude e retenção de fezes e urina. Quando sua parte superior e sua parte inferior do corpo não conseguirem mais se comunicar o paciente morrerá.

"Ao se romper o canal Taiyin, sentirá distensão e bloqueio no abdômen, dificuldade de respirar e vômitos freqüentes; o vômito gera a incorreção da energia, e esta faz com que a compleição se torne vermelha. se o vômito parar, a comunicação entre a parte superior e a parte inferior do corpo ficará bloqueada; então a compleição do paciente se tornará negra, e sua pele e seus pêlos mais finos ficarão extremamente secos; nessas condições o paciente morrerá.

"Ao se romper o canal Jueyin, o peito do paciente ficará quente com secura na garganta, freqüência de urinas e desassossego. Quando a doença for séria, ocorrerão os sintomas de língua enrolada e testículos retraídos e, nesse caso, o paciente morrerá. Estes são os sintomas do rompimento dos doze canais".

脉要精微论篇第十七

Capítulo 17
Mai Yao Jing Wei Lun
(O Essencial e o Fundamental do Diagnóstico de Apalpação)

黄帝问曰：诊法何如？岐伯对曰：诊法常以平旦，阴气未动，阳气未散，饮食未进，经脉未盛，络脉调匀，气血未乱，故乃可诊有过之脉。

O Imperador Amarelo perguntou: "Qual o método de diagnóstico na apalpação do pulso?" Qibo respondeu: "A apalpação do pulso deve ser levada a efeito pela manhã, quando a energia Yang ainda não está ativa, a energia Yin não estando ainda completamente dispersa, a comida e a bebida do homem ainda não foram ingeridas, a energia do canal ainda não está em hiperatividade, as energias dos ramos colaterais dos grandes canais estão em harmonia e a energia e o sangue ainda não foram perturbados. Nesta situação, a condição do pulso pode ser diagnosticada de forma eficaz.

切脉动静而视精明，察五色，观五藏有余不足，六府强弱，形之〔《类说》引 "之" 作 "气"〕盛衰，以此参伍决死生之分。

"Devem ser inspecionadas, ao mesmo tempo em que se diagnosticam as variações dinâmicas e estáticas do pulso do paciente, suas pupilas e compleição, a fim de poder distinguir se suas energias das cinco vísceras são abundantes ou não, seus seis órgãos ocos estão fortes ou não, seu físico e energia estão em conformidade ou não. Quando estes aspectos forem considerados em conjunto, pode-se julgar a data da morte ou sobrevida do paciente.

夫脉者，血之府也，长则气治，短则气病，数则烦心，大则病进，上盛则气高〔林校本引全本引 "高" 作 "鬲"〕，下盛则气胀，代则气衰，细则气少，濇则心〔金刻本 "心" 作 "气"〕痛，浑浑革〔《脉经》、《千金》"革" 下并重 "革" 字，"至" 字属下之头〕至如涌泉。病进而色弊〔《脉经》、《千金》"色" 并作 "危"，《千金》"弊" 下重 "弊" 字〕，绵绵〔《千金》"绵绵" 作 "绰绰，孙鼎说："弊弊者，弓弦已坏之意，绰绰者弦绝之声"〕其去如弦绝，死。

"O vaso é o local de constituição do sangue, e a circulação deste, depende da direção por parte da energia. O pulso longo mostra que as atividades funcionais da energia vital estão normais; o pulso curto mostra que o paciente tem a síndrome qifen; o pulso rápido mostra a sensação febril acompanhada da inquietação do paciente; o pulso amplo mostra que a doença está piorando.

"Se o pulso da parte superior do corpo for superabundante, isso mostra que a energia perversa está estagnada no peito; se o pulso da parte inferior do corpo for superabundante, isso mostra que a energia perversa está se expandindo no abdômen; o pulso intermitente mostra a debilidade da energia; o pulso em corda mostra que o paciente tem menos energia perversa; o pulso oscilante mostra que o paciente está dolorido devido à energia perversa.

"Quando a chegada do pulso é forte como água jorrando da fonte, mostra que a doença está piorando a ponto de se tornar perigosa; se a chegada do pulso parecer ocorrer e de repente não existir mais, e se comporta como um pedaço de corda partida, certamente o paciente irá morrer.

夫精明〔《千金翼方》无"精明"二字〕五色者，气之华也，赤欲如白〔《脉经》、《千金》引"白"并作"帛"〕裹朱，不欲如赭；白欲如鹅羽，不欲如盐；青欲如苍璧之泽，不欲如蓝；黄欲如罗裹雄黄，不欲如黄土；黑欲如重漆色，不欲如地苍〔《脉经》、《千金》"地苍"并作"炭"〕。五色精微象见矣，其寿不久也。夫精明者，所以视万物，别白黑，审短长。以长为短，以白为黑，如是则精衰矣。

"As cinco cores da compleição, são a aparência externa da energia vital; quando estiver vermelha, parecerá com o cinábrio raspado num pedaço de seda branca fina que pode ser vista de maneira indistinta com um matiz corado, e não parece ocre ou vermelho púrpura; quando for branca, parecerá a pena brilhante do ganso, e não como o sal que é branco, mas está misturado a impurezas escuras; quando estiver verde, parecerá verde como jade com lustro e não como o azul índigo do verde escuro; quando for amarela parecerá realgar raspado num pedaço de seda branca fina sobre o amarelo-vermelho, e não como a terra amarela com resíduos; quando for negra, parecerá com algo pintado de preto com salpicos brilhantes, e não com o carvão seco e escuro. Se surgirem os fenômenos de decaída das cinco cores, a vida do paciente não durará muito.

"Os olhos de um homem são para observar coisas, distinguir o negro, o branco e o comprimento. Se alguém não puder mais distinguir o comprimento e o negro e o branco, sua energia vital já estará esgotada.

五藏者，中之守也，中盛藏满，气胜伤恐者〔《三因方》引无此五字〕，声如从室中言，是中气之湿也。言而微，终日乃复言〔于弁说："曰"字衍〕者，此夺气也。衣被不敛，言语善恶，不避亲疏者，此神明之乱也。仓廪不藏者，是门户不要也。水泉不止者，是膀胱不藏也。得守者生，失守者死。

"As funções das cinco vísceras são armazenar a essência do homem e guardá-la no interior. Se a energia do abdômen estiver superabundante, a energia armazenada no interior estará repleta, a voz do paciente será áspera e rouca, como se proveniente de dentro de um quarto, já que o aquecedor médio estará coberto pela umidade perversa; se a voz do paciente for baixa, repetindo sem cessar quando fala, mostra que a energia sadia está declinando a olhos vistos; se o paciente não pode mais erguer seus pertences, se assusta com seu estado, não pode distinguir se as pessoas estão perto ou longe, é óbvio que sua consciência se tornou desordenada; se o estômago e o intestino do paciente têm dificuldade em reter a água e os cereais, com incontinência fecal, é a astenia do rim, que deixa de reter; se houver incontinência de urina, isto se deve à incapacidade da bexiga de fechar e armazenar. Em suma, se as cinco vísceras são capazes de desempenhar seu papel de guardar no interior, a saúde do paciente pode ser recuperada, senão, o paciente morrerá logo.

夫五藏者，身之强也。头者，精明〔《类说》"精明"引作"精神"〕之府，头倾视深，精神将夺矣。背者胸中〔《类说》、《天中记》引"胸"下并无"中"字〕之府，背曲肩随，府〔《类说》"府"并作"胸"〕将坏矣。腰者肾之府，转摇〔《类说》引"摇"作"腰"〕不能，肾将惫〔《天中记》引"惫"作"败"〕矣。膝者筋之府，屈伸不能，行则偻附，筋将惫矣。骨者髓〔按骨髓二字误倒应作"髓者骨之府"〕之府，不能久立，行则振掉，骨将惫矣，得强则生，失强则死。

"As cinco vísceras são a fundação da saúde do corpo, e a cabeça é onde se aloja o espírito; se a cabeça pender para baixo ou der solavancos com os olhos se inclinando para baixo, mostra que logo o espírito irá declinar; como as cinco vísceras se alojam no abdômen, e todos os pontos shu das vísceras estão nas costas, dessa forma, as energias das vísceras aparecem nas costas; se as costas estiverem curvadas e os ombros caídos, isso mostra que as vísceras irão declinar rapidamente; a energia dos rins aparece na região lombar; não se podendo girar esta região, a energia do rim logo estará esgotada; a energia dos tendões aparece nos joelhos; se os joelhos se dobram e se esticam com dificuldade o paciente ficará corcunda e sua cabeça ficará pendente enquanto anda; isso mostra que logo os tendões estarão incapacitados; a energia dos ossos aparece na medula; se a pessoa não puder se alongar, vacilante enquanto anda, isso mostra que os ossos ficarão degenerados. Em suma, se as vísceras puderem ressurgir da fraqueza, a vida do paciente poderá ser preservada, do contrário, irá morrer".

岐伯曰：反四时者，有余为精，不足为消。应太过，不足为精，应不足，有余为消。阴阳不相应，病名曰关格。

Disse Qibo: "As vísceras humanas correspondem às quatro estações; se elas se comportam contra as quatro estações, a essência e a energia viscerais do paciente estarão superabundantes, as substâncias para transformar e transportar nos seis órgãos ocos serão insuficientes; se sua correspondência for excessiva, a essência e energia das vísceras, ao contrário, irá se tornar deficiente; aí então, as substâncias para converter e transportar serão mais do que suficientes. Ambos os casos são a não adaptação do Yin e do Yang, e a doença se chama "Guange".

帝曰：脉其〔《甲乙》"其"作"有"〕四时动奈何？知病之所在奈何？知病之所变奈何？知病乍在内奈何？知病乍在外奈何？请问此五者，可得闻乎？岐伯曰：请言其与天运转大〔《太素》无"大"字〕也。万物之外〔《甲乙》无此四字〕，六合之内，天地之变，阴阳之应，彼春之暖〔林校引全本作"缓"〕，为之夏暑，彼秋之忿〔《太素》作"急"〕，为冬之怒，四变之动，脉与之上下，以春应中规〔《阴阳应象大论》王注引"中规"下有"言阳气柔软"五字〕，夏应中矩〔《阴阳应象大论》王注引"中矩"下有"言阳气盛强"五字〕，秋应中衡〔《阴阳应象大论》王注引"中衡"下有"言阴升阳降，气有高下"九字〕，冬应中权〔《阴阳应象大论》王注引"中权"下有"言阳气居下也"六字〕是故冬至四十五日，阳气微上，阴气微下；夏至四十五日，阴气微上，阳气微下。阴阳有时，与脉为期，期而相失，知〔金刻本、之头本、赵本、吴本"知"并作"如"〕脉所分，分之有期，故知死时。微妙在脉，不可不察，察之有纪，从阴阳始，始之有经，从五行生，生之有度，四时为宜〔《太素》"宜"作"数"〕，补写勿失，与天地如一，得一之情，以知死生。是故声合五音，色合五行，脉合阴阳。

105

O Imperador Amarelo perguntou: "Qual é a condição de variação do pulso às quatro estações? Como localizar a doença por meio da apalpação? Como conhecer as variações da doença a partir da apalpação? Como saber se a doença no interior é súbita por meio da apalpação? Como saber se a doença na exterior é súbita por meio da apalpação? Podes me responder a estas cinco perguntas?"

Qibo respondeu: "Deixai-me dizer da relação entre as variações acerca dos cinco aspectos e operações do céu. As variações naturais e os reflexos do Yin e do Yang no céu e na terra são como o do tempo relaxante da primavera, que se desenvolve dentro do calor escorchante do verão e tempo vigoroso e urgente do outono na friagem severa do inverno. As idas e vindas e subidas e descidas do pulso correspondem às variações das quatro estações: a correspondência do pulso da primavera se assemelha a um par de compassos com uma energia Yang leve; a correspondência do pulso do verão se assemelha a uma régua com uma energia Yang forte e abundante; a correspondência do pulso de outono se assemelha à balança com ascensão do Yin e descida do Yang em diversos níveis; e a correspondência do pulso de inverno se assemelha a uma escala com a energia Yang se mantendo em baixo.

"As condições do Yin e do Yang nas quatro estações são: o primeiro Yang é gerado no solstício de inverno, e no quadragésimo quinto dia após ele, a energia Yang ascende ligeiramente e a energia Yin desce ligeiramente; o primeiro Yin é gerado no solstício de verão e no quadragésimo quinto dia após ele, a energia Yin ascende ligeiramente e a energia Yang desce ligeiramente; a ascensão e descida do Yin e do Yang têm seu tempo definido, que está de conformidade com a variação da condição do pulso. Se a condição do pulso não estiver de acordo com as quatro estações, saber-se-á a qual víscera a doença pertence, e a data de falecimento do paciente pode se deduzida de acordo com a abundância e debilidade das vísceras. A condição de pulso mais sutil, deve ser observada mais cuidadosamente. Na observação deve-se ater ao essencial e começar do Yin e do Yang. Ao observar o Yin e o Yang, alguns pontos também devem ser seguidos. O Yin e o Yang são gerados com o auxílio dos cinco elementos, sob a regra específica das variações das quatro estações. Ao tratar a doença, deve-se seguir a regra e não se afastar dela, e ao mesmo tempo, aliar as condições de pulso e as variações do Yin e do Yang do céu e da terra. Se for possível dominar de fato a indicação da correlação considerada, ser-se-á capaz de predizer a morte e a sobrevida do paciente.

"Em suma, a voz humana corresponde aos cinco tons (Gong, Shang, Jue, Zhi e Yu); a compleição de um homem corresponde aos cinco elementos, e as variações de pulso de um homem correspondem ao Yin e ao Yang, ao céu e à terra, e às quatro estações.

是知〔《明抄本 "知" 作 "故"》〕阴盛则梦涉大水恐惧，阳盛则梦大火燔灼，阴阳俱盛则梦相杀毁伤；上盛则梦飞〔《太素》"飞" 下有 "扬" 字〕，下盛则梦堕〔《太素》"堕" 下有 "坠" 字〕；甚饱则梦予，甚饥则梦取；肝气盛则梦怒，肺气盛则梦哭〔《太素》"哭" 作 '哀"〕；短虫多则梦聚众，长虫多则梦相击毁伤。

"Quando a energia Yin de uma pessoa está superabundante, ela irá sonhar que está vadeando através de um rio e está assustada. Quando sua energia Yang for superabundante, irá sonhar que um grande fogo está ardendo.

"Quando seu Yin e Yang estiver superabundante, sonhará que as pessoas estão matando umas às outras.

"Quando a energia estiver superabundante na parte superior do corpo, irá sonhar que está voando para cima; quando houver superabundância na parte de baixo, irá sonhar que está despencando. Quando comer a ponto de ficar superlotada, irá sonhar que está dando coisas aos outros. Quando estiver com uma fome excessiva, irá sonhar que está tomando a comida dos outros. Quando sua energia do fígado estiver superabundante, irá sonhar que está ficando zangada. Quando sua energia do pulmão estiver superabundante, irá sonhar que está atormentada.

"Quando houver uma enorme quantidade de oxiúros no abdômen irá sonhar que muitas pessoas estão se reunindo. Quando houver muitas lombrigas no abdômen, irá sonhar que foi ferida ou que está lutando com os outros.

是故持脉有道，虚静为保〔《甲乙》"保"作"宝"〕。春日浮，如鱼之游在波〔《太素》"波"作"皮"，谓浮而未显〕；夏日在肤，泛泛〔《太素》作"沉沉"〕乎万物有余；秋日下肤，蛰虫将去；冬日在骨，蛰虫周〔《太素》"周"作"固"〕密，君子居室。故曰：知内者按而纪之，知外者终而始之，此六者，持脉之大法。

"Portanto, deve-se ter aptidão para a apalpação, e isso só é útil quando se é modesto e calmo ao apalpar. Os pulsos são diferentes nas diversas estações: na primavera, o pulso flutua alto como um peixe nadando sob a superfície da água; no verão, o pulso está sobre a pele e é abundante como se cheio de coisas; no outono, o pulso afunda ligeiramente para ficar sob a pele como uma minhoca hibernando, escondida numa toca; no inverno o pulso afunda em direção aos ossos, como uma minhoca hibernando que se esconde num buraco ou um homem que vive num quarto interno. Por isso, quem quiser conhecer o interior do pulso, deve apalpar em profundidade para conhecer o seu essencial. Quando alguém quiser conhecer a superfície do pulso, deve dar ênfase em procurar a fonte da doença de acordo com sua condição. Os seis pontos concernentes à primavera, ao verão, ao outono, ao inverno, ao interior e à superfície, acima colocados, são os pontos principais do diagnóstico de apalpação.

心脉搏坚而长，当病舌卷〔《中藏经》"卷"作"强"〕不能言；其耎〔《千金》"耎"作"濡"，谓力量不及〕而散者，当消环自己。肺脉搏坚而长，当病唾血；其耎而散者，当病灌〔《千金》"灌"作"漏"〕汗，至今不复散发〔据杨注"散发"二字乃衍文，应删〕也。肝脉搏坚而长，色不青，当病坠若搏，因血在胁下，令人喘〔《太素》作"善喘"〕逆；其耎而散色泽者，当病溢饮，溢饮者，渴〔《脉经》"喝"作"湿"〕暴多饮，而易〔《千金》"易"作"溢"〕入肌皮肠胃之外也。胃脉搏坚而长，其色赤，当病折髀；其耎而散者，当病食痹〔按"痹"误，应为"痞"，"痞"，痛也〕。脾脉搏坚而长，其色黄，当病少气；其耎而散色不泽者，当病足胻肿，若水状也。肾脉搏坚而长，其色黄而赤者，当病折腰；其耎而散者，当病少血，至今不复〔《脉经》无此四字〕也。

"Quando o pulso do coração está vigoroso e longo, mostra que o fogo está superabundante no canal do coração, o que causa a síndrome da língua rígida e a impossibilidade da fala; se o pulso estiver fraco e difuso, o paciente sentirá deficiência da energia do coração, mas após, os canais transmitem na seqüência e quando ele voltar à posição original depois de um ciclo, o paciente estará recuperado.

"Quando o pulso do pulmão for vigoroso e longo, mostra que o fogo está superabundante no canal do pulmão a ponto de causar esputo sanguinolento; se o pulso estiver fraco e disperso, é a deficiência da energia do pulmão, e a pele e o cabelo estarão instáveis e cheios de suor; neste caso, a força corporal dificilmente poderá ser restaurada.

"Quando o pulso do fígado estiver vigoroso e longo e a compleição do paciente não for verde, é a síndrome de trauma causada por queda ou pancada; como o sangue estagnado está debaixo dos flancos, faz com que o paciente respire rapidamente, mas se o pulso for flutuante, quente e dispersivo, e a compleição for lisa e úmida, é a doença da anasarca (fluido estagnado na pele e nas extremidades) que é causada pela umidade acumulada no interior e por beber em excesso; como a energia estagnada do fígado não pode se dispersar, faz com que o fluido flutue entre o músculo e a pele, e também por fora do estômago e dos intestinos.

"Quando o pulso do estômago for vigoroso e longo, e o paciente tiver compleição vermelha, seu baço estará tremendamente dolorido; se o pulso estiver fraco e difuso, é a deficiência da energia do estômago e a doença do estômago após ingestão de alimento.

"Quando o pulso do baço estiver vigoroso e longo, com compleição do paciente amarela, é o pulso do baço que deixa de ficar lento e moderado, e a energia do baço deixa de transportar, e irá ocorrer a síndrome de diminuição da energia ao acordar; se o pulso estiver flutuante, fraco e difuso e a compleição não estiver lisa e lustrosa, irá ocorrer edema da barriga da perna, e haverá inchaço como se estivesse cheia d'água.

"Quando o pulso do rim estiver vigoroso e longo e o paciente estiver com uma compleição vermelho-amarelada, a região lombar do paciente sofrerá fortes dores; se o pulso estiver flutuante, fraco e difuso, é a deficiência da essência do sangue".

帝曰：诊得心脉而急，此为何病？病形何如？岐伯曰：病名心疝，少腹当有形也。帝曰：何以言之？岐伯曰：心为牡藏，小肠为之使，故曰少腹当有形也。帝曰：诊得胃脉，病形何如？岐伯曰：胃脉实则胀，虚则泄。

O Imperador Amarelo perguntou: "Quando se perceber pela apalpação que o pulso do coração está tenso, qual é a doença, e como ela é?" Qibo respondeu: "É chamada de cólica do canal do coração, e ocorrerão bloqueios no baixo abdômen". O Imperador Amarelo perguntou: "Por que é assim?" Qibo respondeu: "O coração é um órgão sólido do Yang e o coração se relaciona na superfície e no interior com o intestino delgado; como o intestino delgado está no baixo abdômen, portanto, ocorrerão bloqueios no mesmo".

O Imperador Amarelo perguntou: "Quando se sabe pela apalpação que a doença está na energia do estômago, com o que a síndrome se parecerá?" Qibo respondeu: "Se o pulso do estômago for de estenia, a doença é flatulência e plenitude do abdômen; se o pulso do estômago for de astenia, é diarréia".

帝曰：病成而变何谓？岐伯曰：风成为寒热，瘅成为消中，厥成为巅疾，久风为飧泄，脉风成为疠，病之变化，不可胜数。

O Imperador Amarelo perguntou: "Por que razão se forma a doença e qual é a condição de sua variação?" Qibo respondeu: "A doença irá se tornar síndrome de frio e calor devido ao vento perverso; tornar-se-á diabetes envolvendo o aquecedor médio, devido ao calor perverso; tornar-se-á mania devido às condições de incorreção da energia vital; quando o vento perverso da madeira permanecer no interior por longo tempo, irá restringir o baço-terra e irá ocorrer diarréia lientérica; como o vento-frio perverso invadiu o pulso, e não pode ser removido por muito tempo, irá virar síndrome de lepra. As variações das doenças são tão enormes que não podem ser contadas".

帝曰：诸痈肿筋骨痛，此皆安生？岐伯曰：此寒气之肿〔按：肿应作钟，犹言聚也〕，八风之变也。帝曰：治之奈何？岐伯曰：此四时之病，以其胜治之愈也。

O Imperador Amarelo perguntou: "Como ocorrem as doenças do carbúnculo, espasmo dos tendões e dor nos ossos?" Disse Qibo: "Elas são causadas pelo acúmulo de frio perverso e pela invasão de vento perverso". O Imperador Amarelo perguntou: "Como tratá-las?" Qibo respondeu: "As doenças são causadas pelos perversos das quatro estações; elas podem ser curadas usando-se o método seqüencial de sobreposição dos cinco elementos".

帝曰：有故病五藏发动，因伤脉色，各何以知其久暴至〔按："至"字衍〕之病乎？岐伯曰：悉乎哉问也！征其脉小色不夺者，新病也；征其脉不夺其色夺者，此久病也；征其脉与五色俱夺者，此久病也；征其脉与五色俱不夺者，新病也。肝〔《太素》"肝"上有"故"字〕与肾脉并至，其色苍赤，当病毁〔《太素》"毁"作"击"〕伤，不见血，已见血，湿若中水也。

Disse o Imperador Amarelo: "Quando as vísceras dos pacientes com doenças que se instalaram há muito tempo, afetam o pulso e a compleição, como podemos saber se a doença é antiga ou nova?" Qibo respondeu: "Que pergunta meticulosa me fizestes. Podeis distinguí-la observando a compleição do paciente. De uma maneira geral, se o pulso for fraco, mas a compleição permanecer inalterada, é uma doença nova; se o pulso permanecer inalterado, mas a compleição estiver horrível e sem lustro, é uma doença antiga; se tanto o pulso quanto a compleição estiverem longe de ser satisfatórios, é uma doença prolongada; se tanto a compleição quanto o pulso estiverem bons, é uma doença nova. Quando o pulso do fígado e o pulso do rim parecerem afundar e ficar tensos, e quando a pele parecer vermelho púrpura, isso é causado por pancadas, não importando se o sangue seja visto ou não; seguramente o corpo ficará inchado como edemas, com sangue estagnado.

尺内两傍，则季胁也。尺外以候肾，〔柯校本"肾"作"背"〕尺里以候腹中附上，左外以候肝，内以候鬲；右外以候胃，内以候脾。上附上，右外以候肺，内以候胸中，左外以候心，内以候膻中。前以〔《太素》无"以"字〕候前，后以〔《太素》无"以"字〕候后。上竟上者，胸喉〔《三因方》"胸喉"有"头项"二字〕中事也；下竟下者，少腹腰股膝胫足中事也。

"Quando ao se apalpar ambos os lados do pulso Chi, isso é para detectar doença no peito e nas costelas. Ao se apalpar levemente o pulso Chi, é para detectar as costas; quando se apalpa com força, é para detectar o abdômen. Quanto à parte média do pulso Chi, ao se apalpar levemente o lado esquerdo, é para detectar o fígado, e quando se apalpa com força, é para detectar o diafragma; quando se apalpa levemente o lado direito, é para detectar o estômago, e quando se apalpa com força, é para detectar o baço. Quanto à parte superior do pulso Chi, quando se apalpa levemente o lado direito, é para detectar o pulmão; quando se apalpa com força, é para detectar o peito; quando se apalpa levemente o lado esquerdo, é para detectar o coração, e quando se apalpa com força, é para detectar o Tanzhong. Quando se apalpa a demarcação do canal Yin do lado interno do braço, é para detectar o abdômen; quando se apalpa a demarcação do canal Yang do lado externo do braço, é para detectar as costas. Quando se apalpa o terminal da seção superior, é para detectar a enfermidade na cabeça, tronco do pescoço e garganta; quando se apalpa o terminal da seção inferior, é para detectar a enfermidade do abdômen inferior, região lombar, coxa, joelho, barriga da perna e pé.

粗大者，阴不足阳不余，为热中也。来疾去徐，上实下虚，为厥巅疾〔"疾"下有"者"字〕；来徐去疾，上虚下实，为恶风也。故中恶风者，阳气受也〔《太素》无此九字〕。有脉俱沉细数者，少阴厥也。沉细数散〔"数"字衍，《太素》杨注："沉细阴也，散为散，故病寒热"〕者，寒热也。浮而散者为眴仆。诸浮不躁〔柯校"不"作"而"〕者皆在阳，则为热；其有躁者在〔《太素》"有"作"右"，"在"下有"左"字〕手。诸细而沈者皆在阴，则为骨痛；其有静者在足。数动一代者，病在阳〔按"阳"应用"阴"〕之脉也，泄〔《太素》"泄"上有"溏"字〕及便脓血。诸过者切之〔《甲乙》无此五字〕，涩者阳气有余也，滑者阴气有余也。阳气有余为身热无汗，阴气有余为多汗身寒，阴阳有余则无汗而寒。推而外之，内而不外，有心腹积也。推而内之，外而不内，身〔《太素》"有"上无"身"字〕有热也。推而上之，上而不下，腰足清也。推而下之，下而不上，头项痛也。按之至骨，脉气少者，腰脊痛而身〔《太素》"身"下有"寒"字〕有痹也。

"Quando houver transbordamento da condição do pulso, é deficiência de Yin e abundância de Yang, e ocorre na síndrome de calor interno. Quando o pulso é rápido em chegar e lento ao sair, é estenia da parte superior e astenia da inferior, e ocorre na síndrome do vento perverso.

"Quando a condição do pulso for de afundar, fina e rápida, é a síndrome de frio e calor; quando o pulso estiver flutuante e espalhado, é a tontura que causará quedas; quando o pulso estiver flutuante e impetuoso, a doença está na superfície, e o paciente terá febre; quando a hiperirritabilidade estiver no colateral direito, a doença está na mão esquerda. Quando o pulso estiver fino e afundando, a doença está no interior, e as juntas dos ossos se tornam doloridas. Se o pulso for fino, afundado e calmo, então a doença está nos três canais do Pé. Quando o pulso é intermitente, a doença está no canal Yin, e irá ocorrer a síndrome de diarréia com fezes moles e sanguinolentas.

"Quando o pulso é áspero, mostra que a energia Yang está além do necessário; quando o pulso é escorregadio, mostra que a energia Yin é mais do que suficiente. Quando a energia Yang está mais do que suficiente, o corpo estará quente sem suor; quando a energia Yin é mais do que suficiente, o corpo estará frio e cheio de suor; quando tanto a energia Yin quanto a energia Yang estiverem mais do que suficientes, o paciente estará frio, sem suor.

"Há um outro método de inspecionar as doenças; quando a doença parecer ser uma síndrome da superfície, no qual o pulso está flutuante, mas pode ser visto um pulso afundado e lento, isso mostra que a doença se acumula no coração e no abdômen; quando parece ser uma doença do interno onde o pulso deveria estar afundado, mas é visto um pulso flutuante e rápido, isso mostra uma síndrome de calor interno; quando se detecta a parte superior do corpo, se somente o pulso da parte superior estiver proeminente, e o da parte inferior estiver bastante pequeno, é a síndrome dos calafrios da região lombar e dos pés; ao se detectar a parte inferior do corpo, se somente o pulso da parte inferior estiver proeminente, e o da parte superior estiver debilitado, é a síndrome da dor na cabeça e no pescoço. Se a apalpação por forte, atingindo o osso, embora a energia do canal esteja pequena, é a síndrome de dor na região lombar e na espinha com artralgia do tipo frio".

平人气象论篇第十八

Capítulo 18
Ping Ren Qi Xiang Lun
(A Respeito do Pulso Normal de uma Pessoa)

黄帝问曰：平人何如？岐伯对曰：人一呼脉再动，一吸脉亦再动，呼吸定息脉五动，闰〔《外科精义》引"闰"作"为"〕以太息，命曰平人。平人者不病也。常以不病〔《甲乙》"不病"下有"之人以"三字〕调病人，医不病，故为病人平息以调之为法。

O Imperador Amarelo perguntou: "Qual é a condição de batimento de pulso de uma pessoa que pareça normal?" Qibo respondeu: "O pulso de uma pessoa normal bate duas vezes na expiração, e duas vezes na inspiração, e a inspiração e a expiração se chamam respiração. Algumas vezes, uma batida de pulso ocorre no intervalo do fim da inspiração e no começo da expiração. A condição de pulso bate cinco vezes numa respiração que seja a mais longa da pessoa. A pessoa com quatro ou cinco vezes a batida de pulso em uma respiração, é chamada pessoa normal, que não tem doença.

"Numa apalpação para diagnóstico, deve-se medir o pulso do paciente com o padrão de uma pessoa saudável, que não tenha nenhuma doença, a fim de verificar a variação de batidas do pulso do paciente, com o respirar de uma pessoa normal. Esta é a regra da apalpação para diagnóstico.

人一呼脉一动，一吸脉一动〔《太素》"动"下有"者"字〕，曰少气。人一呼脉三动，一吸脉三动而躁，尺热曰病温，尺不热脉滑曰病风，脉濇曰痹〔《甲乙》无"脉濇曰痹"四字〕。人一呼脉四动 以上〔《太素》"动"作"至"，无"以上"二字〕曰死，脉绝不至曰死，乍疏乍数曰死。

"Se o pulso do paciente bater uma vez na expiração, e uma vez na inspiração, isso mostra que a energia saudável do paciente está declinando.

"Se o pulso bater três vezes em uma expiração e três vezes em uma inspiração, e o pulso for rápido com hiperirritabilidade e ao mesmo tempo a pele em Chi-fu estiver quente como que queimando, é a doença sazonal febril; se a pele em Chi-fu não estiver quente, e o pulso for escorregadio, é a doença do vento perverso.

"Se o pulso bater quatro vezes em uma expiração, isto é, oito vezes ou mais numa respiração, ou as batidas do pulso pararem sem reaparecer, ou os pulsos baterem rapidamente ou devagar, em turnos, sem um padrão regular, o paciente morrerá.

平人之常气禀于胃〔《甲乙》作"人常禀气于胃"〕，胃〔《太机真藏论》王注引"胃"下有"气"字〕者，平人之常气也。人无胃气曰逆，逆者〔《太素》"者"作"曰"〕死。

"A energia de pulso normal provém do estômago, e a energia do estômago é a energia de pulso normal de uma pessoa normal. Se a energia do estômago estiver ausente no pulso de alguém, chama-se condição adversa, que pode causar a morte do paciente.

春胃微弦曰平，弦多胃少曰肝病，但弦无胃曰死，胃而有毛〔《脉经》作"有胃而毛"，"毛"为轻而浮滑之脉乃秋平之象〕曰秋病，毛甚曰今病，藏真散于肝，肝藏筋膜之气也。夏胃微钩曰平，钩多胃少曰心病，但钩无胃曰死，胃而有石曰冬病，石甚曰今病，藏真通于心，心藏血脉之气也。长夏胃微软弱曰平，弱多胃少曰脾病，但代〔按"代"字误，应作"弱"〕无胃曰死，软弱有石曰冬病，弱〔《千金》"弱"作"名"〕甚曰今病，藏真濡于脾，脾藏肌肉之气也。秋胃微毛曰平，毛多胃少曰肺病，但毛无胃曰死，毛〔明抄本，吴注本"毛"并作"胃"〕而有弦曰春病，弦甚曰今病，藏真高于肺，以行荣卫阴阳也。冬胃微石曰平，石多胃少曰肾病，但石无胃曰死，石而有钩曰夏病，钩甚曰今病，藏真下于肾，肾藏骨髓之气也。

"A condição de pulso na primavera é o tenso com energia moderada do estômago, chamada de pulso normal da primavera; se a condição tensa persistir com pouca energia do estômago, é a doença do pulso do fígado; se somente for vista a condição de pulso tenso sem qualquer energia do estômago, o paciente morrerá; se na energia do estômago, além de tudo houver um pulso leve, flutuante ou escorregadio, que é um pulso típico do outono, a pessoa adoecerá no outono, mas se a condição flutuante e escorregadia perdurar, a doença ocorrerá de imediato. Na observação clínica, deve-se notar que a primavera é a estação para as energias sadias das vísceras se espalharem por sobre o fígado, e o fígado serve principalmente para armazenar a energia da aponeurose.

"A condição de pulso no verão é como um anzol com energia do estômago moderada, que é chamada pulso normal do verão; se a condição de pulso em anzol perdurar com pouca energia do estômago, é o pulso enfermo do coração; se somente for vista a condição de anzol sem qualquer energia do estômago, o paciente morrerá; se na energia do estômago houver, além de tudo, o pulso de pedra que é típico do pulso do inverno, o paciente irá contrair a doença no inverno, mas se a condição de pedra perdurar, a doença irá ocorrer de imediato. Na observação clínica, deve-se notar que o verão é a estação das energias verdadeiras das cinco vísceras se comunicarem com o coração, e o coração serve principalmente para armazenar a energia do sangue.

"A condição de pulso no verão longo é suave e fraca com energia moderada do estômago, que é chamada pulso normal do verão longo; se a condição fraca e suave predominar com pouca energia do estômago; é o pulso doente do baço; se apenas for vista a condição suave e fraca sem qualquer energia do estômago, o paciente morrerá; se ao pulso suave e fraco for acrescentado o pulso de pedra, que é o pulso típico do inverno, o paciente irá contrair doença no inverno, mas se predominar a condição do pulso suave e fraco, a doença irá ocorrer imediatamente. Na observação clínica, deve-se dar atenção ao fato de que o verão longo é a estação das energias saudáveis das cinco vísceras a fim de nutrir o baço, e o baço serve principalmente para armazenar a energia muscular.

"A condição de pulso no outono é flutuante e se espalha, com energia moderada do estômago; é chamada de pulso normal do outono; se a condição flutuante e espalhada for proeminente com pouca energia do estômago, é o pulso doente do pulmão;

113

se for vista somente a condição de pulso flutuante e que se espalha, sem qualquer energia do estômago, o paciente morrerá. Se a condição de pulso tenso ocorrer com a energia do estômago, o paciente contrairá doença na primavera, mas se a condição tensa predominar, a doença ocorrerá imediatamente. Na observação clínica, deve-se dar atenção ao fato de que o outono é a estação em que as energias saudáveis das cinco vísceras crescem para se comunicar com o pulmão, e o pulmão serve principalmente para armazenar as energias da pele e dos cabelos.

"A condição de pulso no inverno é de estar afundada e ser de pedra, com energia moderada do estômago, que é chamada pulso normal do inverno; se a condição de estar afundada e ser de pedra for proeminente, com pouca energia do estômago, é o pulso doente dos rins; se for visto somente o pulso afundado e de pedra, sem qualquer energia do estômago, o paciente morrerá; se for vista a condição de anzol além do pulso afundado e de pedra, o paciente irá contrair enfermidade no verão; se a condição de anzol for predominante, a doença ocorrerá de imediato. Na observação clínica, deve-se dar atenção ao fato de que o inverno é a estação das energias saudáveis das cinco vísceras para o armazenamento nos rins, e os rins servem principalmente para armazenar a energia da medula óssea.

胃之大络，名曰虚里，贯鬲络肺，出于左乳下，其动应衣〔《甲乙》"衣"作"手"〕，脉〔《甲乙》"脉"下有"之"字〕宗气也。盛喘数绝〔按"喘"似应作"搏"，"绝"涉下误，疑应作"疾"〕者，则病在中；结而横，有积矣；绝不至曰死。乳之下其动应衣，宗气泄也〔林校引全本及《甲乙》无"乳之下"十一字〕。

"O grande canal colateral do estômago é chamado "Xuli" que se dirige para cima debaixo do seio esquerdo, passando pelo diafragma e subindo para se conectar com o pulmão, e pode-se sentir sua pulsação com a mão. É o lugar onde se localiza a energia Zong dos canais.

"Se a batida de Xuli for violenta e rápida, isso mostra que a enfermidade está em Tanzhong; se as batidas ocasionalmente estiverem atrasadas e sua posição tender para o lado, isso mostra que há bloqueios no corpo; se o pulso se romper e demorar a voltar, o paciente morrerá.

欲知〔《脉经》、《千金》并无"欲知"二字〕寸口太过与不及，寸口之〔"之"系衍〕脉中手短者，曰头痛。寸口脉中手长者，曰足胫痛。寸口脉中手促上击〔《甲乙》"击"作"数"〕者，曰肩背痛。寸口脉沈而坚者，曰病在中。寸口脉浮而盛者，曰病在外。寸口脉沈而弱，曰寒热及疝瘕少腹痛。寸口脉沉而横，曰胁下有积〔《甲乙》《千金》"有积"并作"及"字〕，腹中有横积痛。寸口脉沉〔《甲乙》"沉"作"浮"，"喘"乃"搏"之误字〕而喘，曰寒热。脉盛滑坚者，曰病在外，脉小实而坚者，病在内。脉小弱以濇，谓之久病。脉滑浮而疾者，谓之新病。脉急者，曰疝瘕少腹痛。脉滑曰风，脉濇曰痹。缓而滑曰热中。盛而紧曰胀。脉从阴阳，病易已；脉逆阴阳，病难已。脉得四时之顺，曰病无他；脉反四时及不间藏〔《太素》"四时"下无"及不间藏"四字〕，曰难已。

"Quanto ao conhecimento do expansão e do estar aquém do pulso Cunkou por meio da apalpação, quando o pulso Cunkou sob os dedos for curto, o mal estará na parte superior, e a doença poderá aparecer na cabeça; quando o pulso Cunkou sob os dedos for longo, o mal estará na parte inferior, e a enfermidade poderá ser dor na tíbia e no pé; quando as batidas do pulso Cunkou forem curtas e urgentes, se arremetendo para cima para atingir os dedos, isto é superabundância de Yang na parte superior, e a doença pode aparecer como dor no ombro e nas costas; quando o pulso estiver afundado e apertado, a doença está no interior; quando o pulso é flutuante e forte, a doença está na superfície; quando o pulso sob os dedos está afundado e fraco, isto mostra que o frio perverso ataca os canais Shaoyin e Jueyin, a fim de causar calafrios e febre, e dor no abdômen inferior; quando o pulso Cunkou estiver afundado e inclinado para o lado, isto mostra que há bloqueios no hipocôndrio, no tórax e no abdômen, causando dor; quando o pulso sob o dedo estiver flutuante, é a síndrome do frio e do calor.

"Quando o pulso for forte, escorregadio e apertado, isso demonstra que uma doença séria está nos seis órgãos ocos; quando o pulso é fino, substancial e firme, isso mostra que uma doença mais séria está nas cinco vísceras.

"Quando o pulso ao chegar é fino, fraco e áspero, isso demonstra uma doença prolongada; quando o pulso é flutuante, escorregadio ao chegar, é a doença contraída recentemente.

"Quando o pulso é apertado e impetuoso ao chegar, mostra síndromes de calafrios e febre e dor no baixo abdômen. Quando o pulso for escorregadio e fluir ao chegar, é o mal do vento perverso. Quando o pulso for áspero e estagnado ao chegar, é o mal de retenção do calor perverso no aquecedor médio. Quando o pulso for forte e apertado ao chegar, mostra distensão no abdômen.

"Quando o pulso estiver concordando com o Yin e o Yang, a doença está prestes a se curar, ou então, a doença dificilmente poderá ser curada. Quando o pulso estiver correspondendo às quatro estações, é o caso da concordância, a doença contraída não oferecerá perigo, mas quando o pulso for reverso em relação às quatro estações, a doença dificilmente poderá ser curada.

臂多青脉，曰脱血。尺脉缓〔"脉缓"二字误倒，本句应作"尺缓脉濇"〕濇，谓之解㑊。安卧脉盛，谓之脱血。尺濇脉滑，谓之多汗。尺寒脉细，谓之后世。脉尺粗常热者，谓之热中。

"Quando se pode ver uma quantidade de veias azuis no braço em que se localizam Renying e Cunkou, isso se deve à perda de sangue. Quando o pulso Chi está lento e estagnado, é a obstrução do úmido perverso no interior, para causar fadiga e sonolência. Quando a pele no pulso Chi estiver quente e o pulso quente na chegada, isso mostra uma séria perda de sangue; quando a pele no pulso Chi estiver rachada e o pulso escorregadio ao chegar, é a deficiência de Yin, e o paciente terá abundância de suor; quando a pele no pulso Chi estiver fria e o pulso fino, é a astenia fria do baço e do estômago, causando diarréia; quando a pele junto ao pulso Chi estiver áspera e a energia do pulso parecer freqüentemente quente, é a síndrome calor no interior, causada pela deficiência Yin.

肝见庚辛死，心见壬癸死，脾见甲乙死，肺见丙丁死，肾见戊已死，是谓真藏见皆死。

"Quando a condição do pulso do fígado estiver indicando a exaustão da energia visceral, o paciente morrerá nos dias de Geng e Xin (os cinco elementos aplicados à sujeição). Quando a condição do pulso do coração está indicando o esgotamento da energia visceral, o paciente morrerá nos dias de Ren e Gui. Quando a condição do pulso do baço estiver indicando o esgotamento da energia visceral, o paciente morrerá nos dias de Jia e Yi. Quando a condição do pulso do pulmão estiver indicando o esgotamento da energia visceral, o paciente morrerá nos dias de Bing e Ding. Quando a condição do pulso do rim estiver indicando o esgotamento da energia visceral, o paciente morrerá nos dias de Wu e Ji. Estas são as datas da morte do paciente após a condição de pulso estar indicando o esgotamento da energia visceral.

颈脉动喘疾〔《太素》乙作"疾喘"〕欬，曰水。目里〔金刻本、赵本、吴本"里"并作"裹"〕微肿如卧蚕起之状，曰水。溺黄赤〔《太素》"黄"下无"赤"字〕安卧者，黄疸。已食〔王注所据本"已食"作"食已"〕如饥者，胃疸。面肿曰风，足胫肿曰水，目黄者曰黄疸妇人手〔林校引全本"手"作"足"〕少阴脉动甚者，姙子也。

"Quando o pulso do paciente estiver pulsando de maneira séria no pescoço, juntamente com a síndrome de respiração rápida e tosse, é a doença associada à água. Quando a pálpebra estiver inchada como o bicho-da-seda que deita adormecido, também é a doença associada à água.

"Quando a urina estiver amarela e o paciente estiver freqüentemente sonolento, é a icterícia; quando ainda estiver com fome após a ingestão de comida, é a síndrome do diabetes envolvendo o aquecedor médio.

"Quando o edema estiver no rosto, é a doença associada ao vento; quando o edema estiver na tíbia junto ao pé, está associada à água. Quando o globo ocular estiver amarelo, é icterícia.

"Quando o canal Shaoyin do Pé de uma mulher pulsar com violência, é o fenômeno da gravidez.

脉有逆从，四时未有藏形，春夏而脉瘦，秋冬而脉浮大，命曰逆四时也。风热而脉静，泄而脱血脉实，病在中，脉虚，病在外，脉濇坚者，皆难治，命曰反四时也〔明抄本"反"下无"四时"二字。〕。

"Algumas vezes, a aparência da condição do pulso pode se rebelar contra as quatro estações, isto é, quando outra condição de pulso aparecer em vez da condição de pulso normal, que deveria aparecer na estação correta, assim como o pulso minguado e pequeno aparecendo na primavera e no verão, ou o pulso flutuante e cheio aparecendo no outono e no inverno, estão todos contra a condição normal. Nesses casos, eles são chamados de condição de pulso adversa às quatro estações.

"Na doença do vento-calor, em que a condição de pulso deve estar irritável, mas ao contrário, parece ser calma; na doença da diarréia e perda sanguinolenta, em que a condição do pulso deve ser astênica, mas ao contrário, parece ser estênica; quando a doença está no interior, em que a condição do pulso deve ser estênica, mas ao contrário, parece ser astênica; quando a doença está no exterior, em que a condição do pulso deve ser flutuante e escorregadia, mas ao contrário, parece estar áspera e firme, em todos os casos acima, as doenças dificilmente podem ser curadas, pois estão contrárias à regra normal.

人以水谷为本，故人绝水谷则死，脉无胃气亦死。所谓无胃气者，但得真藏脉不得胃气也。所谓脉不得胃气者，肝不弦肾不石也。

"A fundação do ser humano se constitui em água e cereal. Quando forem separados, o paciente morrerá. Quando a energia do estômago estiver ausente do pulso, o paciente também morrerá. A assim chamada ausência de energia do estômago, é aquela em que a condição que indica esgotamento da energia visceral surge sem qualquer ação moderadora da energia do estômago. Nesse caso, o pulso tenso do fígado na primavera não pode mais ser chamado de pulso tenso, e o pulso do rim que afunda no inverno, não mais pode ser chamado de pulso que afundou.

太阳脉至〔据《难经·七难》"太阳"等八字应在"阳明脉至，浮大而短"之后〕，洪大以长；少阳脉至，乍数乍疏，乍短乍长；阳明脉至，浮大而短。

"O canal Shaoyang domina no primeiro e no segundo meses do calendário lunar; a chegada do pulso, nesse momento, se fecha repentinamente e se solta subitamente, fica subitamente curto e subitamente longo; o canal Yangming domina no terceiro e quarto meses do calendário lunar; a chegada do pulso é então flutuante, ampla e curta; o canal Taiyang domina no quinto e sexto meses do calendário lunar; a chegada do pulso é então cheia e longa.

平肺脉来，厌厌聂聂，如落榆荚，曰肺平，秋以胃气为本。病肺脉来，不上不下〔《病沉》"不上不下"作"上下"连下读〕，如循鸡羽，曰肺病。死肺脉来，如物〔据《太素》杨注"物"当作"芥"〕之浮，如风吹毛，曰肺死。

"Quando chega o pulso do coração com a energia do estômago, é como pérolas que caem umas atrás das outras, rolando continuamente e isso é uniforme como bater num pedaço de mármore; é a condição normal do pulso do coração, e a energia do estômago é a energia fundamental do verão. Quando o pulso for muito rápido e ligeiramente acidentado, é o pulso enfermo do coração. Se o pulso estiver acidentado ao chegar e depois permanecer calmo como se segura um anzol sem afrouxar, é o pulso do coração indicando morte.

平肺脉来，厌厌聂聂，如落榆荚，曰肺平，秋以胃气为本。病肺脉来，不上不下〔《病沉》"不上不下"作"上下"连下读〕，如循鸡羽，曰肺病。死肺脉来，如物〔据《太素》杨注"物"当作"芥"〕之浮，如风吹毛，曰肺死。

"Quando a chegada do pulso do pulmão com a energia do estômago é suave, flutuante e leve como uma folha de olmo soprando ao vento, é a condição de pulso normal do pulmão; a energia do estômago é a energia fundamental do outono. Quando o pulso é áspero como golpear as penas firmes e vigorosas do galo, é o pulso enfermo do pulmão; se a chegada do pulso for como ervas daninhas flutuando na água ou um pedaço de pena flutuando como soprado pelo vento, é o pulso do pulmão indicando morte.

平肝脉来，软弱招招，如揭〔《千金》"揭"下无"长"字〕长竿末梢，曰肝平，春以胃气为本。病肝脉来，盈实而滑，如循长竿〔于鬯说："'竿'字当是笐之坏文，长笐者指因冠之笄〕，曰肝病。死肝脉来，急益劲，如新张弓弦，曰肝死。

"Quando a chegada do pulso do fígado com a energia do estômago é como segurar uma viga com uma terminação mole e comprida, é a condição normal do pulso do fígado, e a energia do estômago é sua energia fundamental na primavera. Quando o pulso for substancial e escorregadio como bater num cortador de cabelos, é a enfermidade do pulso do fígado; se a chegada do pulso for tensa e rija como pular um obstáculo com uma vara apertada e dura, é o pulso do fígado indicando morte.

平脾脉来，和柔相离，如鸡〔《甲乙》"鸡"下并有"足"字〕践地，曰脾平。长夏以胃气为本。病脾脉来，实而盈数，如鸡举足，曰脾病。死脾脉来，锐坚如乌之喙，如乌之距，如屋之漏，如水之流〔《脉经》"流"作"溜"〕，曰脾死。

"Quando a chegada do pulso do baço com a energia do estômago é suave, mas adere à energia, como as garras do galo à vontade quando caminha pelo terreiro, é a condição normal do pulso do baço, e a energia do estômago é sua energia fundamental no verão longo. Quando a chegada do pulso é substancial e rápida, como um galo correndo com pressa, é a enfermidade do pulso do baço; se a chegada do pulso for tensa e dura, firme e afiada como o bico ou as garras de um corvo, ou como as gotas de chuva em um escoadouro de goteiras a intervalos determinados, ou como a água fluindo que nunca volta, são todos pulsos do baço indicando a morte.

平肾脉来，喘喘累累如钩，〔《太素》"钩"作"旬"，按"旬"古与"营"通，"营"为莹之假字，"莹"石似玉也〕按之而坚，曰肾平，冬以胃气为本。病肾脉来，如〔"如"上脱"形"字，王注："形同引葛"〕引葛，按之益坚，曰肾病。死肾脉来，发如夺〔《难经》《千金》"夺"并作"解"，《千金》校语说解索者，动数而随散乱，无复次绪也〕索，辟辟如弹石，曰肾死。

"Quando a chegada do pulso do rim com a energia do estômago é contínua, diminuta, firme, lisa, e dura como pedra quando pressionada, é a condição normal do pulso do rim, e a energia do estômago é sua energia fundamental no inverno. Quando a chegada do pulso afunda e é apertada, como o arrastar dos veios da palha, é o pulso enfermo do rim. Se o pulso for rápido e desordenadamente pesado e duro como mármore, é o pulso do rim indicando morte".

玉机真藏论篇第十九

Capítulo 19
Yu Ji Zhen Zang Lun
(A Coleção Valiosa da Placa de Jade sobre a Condição do Pulso, Indicando o Esgotamento da Energia Visceral)

黄帝问曰：春脉如弦，何如而弦？岐伯对曰：春脉者肝〔《脉经》《甲乙》《千金》"脉"下并无"者"字，下"夏、秋、冬"同《太素》《四时脉形论》"肝"下有"脉"字〕也，东方木也，万物之所以始生也，故其气来，软弱轻〔《太素》"软"作"濡"，"轻"作"软"〕虚而滑，端直以长，故曰弦，反此者病。帝曰：何如而反？"岐伯曰："其气来实而强〔《千金》"强"作"弦"〕，此谓太过，病在外；其气来不实而微，此谓不及，病在中。"帝曰："春脉太过与不及，其病皆何如？"岐伯曰："太过则令人善忘〔《气交变大论》林校引"善忘"作"善怒"〕，忽忽眩冒而巅疾；其不及，则令人胸痛引背，下则〔明抄"两胁"上无"下则"二字〕两胁胠满。"

O Imperador Amarelo perguntou: "A condição de pulso na primavera é tensa, mas com que se parece esse tenso?"

Qibo respondeu: "O pulso da primavera é o pulso do fígado, e se associa à madeira do leste, que tem como cena a vitalidade de todas as coisas; como a condição do pulso é úmida, leve, fraca, vazia e escorregadia, reta e longa, a isso se chama de tensa. Se a posição estiver ao contrário, será o pulso doente".

O Imperador Amarelo perguntou: "Qual é a condição quando está ao contrário?" Qibo respondeu: "Quando a condição da energia do pulso for substancial e tensa ao chegar, é a condição de expansão, que é a doença no exterior; se a energia do pulso não estiver substancial e fraca, é a condição de recrudescimento, o que mostra que a doença está no interior". O Imperador Amarelo perguntou: "Quais síndromes irão ocorrer quando a condição de pulso da primavera estiver se expandindo ou decrescendo?" Qibo respondeu: "Quando se está expandindo, fica-se zangado com freqüência e sente-se tontura e dor de cabeça; quando se decresce, sentese dor no peito como se as costas fossem arrastadas, e distensão na parte lateral do tórax".

帝曰："善，夏脉如钩，何如而钩？"岐伯曰："夏脉者心也，南方火也，万物之所以盛长也，故其气来盛去衰，故曰钩，反此者病。"帝曰："何如而反？"岐伯曰："其气来盛去亦盛，此谓太过，病在外；其气来不盛去反盛，此谓不及，病在中"。帝曰："夏脉太过与不及，其病皆何如？"岐伯曰："太过则令人身热而肤〔《太素》《甲乙》"肤"并作"骨"〕痛，为浸淫；其不及则令人烦心〔《中藏经》"心"作"躁"〕，上见欬唾〔《中藏经》"见"作"为"，《太素》"欬"作"噎"〕，下为气泄。"

O Imperador Amarelo disse: "Bom, a condição de pulso do verão é como um anzol, mas o que é um pulso em anzol?" Qibo respondeu: "O pulso do verão é o

119

pulso do coração; ele se associa ao fogo do sul, que tem como cena o florescer de todas as coisas; como a chegada da energia do pulso é abundante, mas se torna deficiente quando toma a imagem de um anzol, é chamada pulso em anzol; se a condição for contrária, é um pulso doente".

O Imperador Amarelo perguntou: "Qual é a condição quando se tem o contrário?" Qibo respondeu: "Quando a energia do pulso é abundante na chegada, e também abundante na saída, é a expansão que mostra que a doença está no exterior; se a energia do pulso não for abundante ao chegar, mas for abundante ao sair, é o recrudescimento que mostra que a doença está no interior". O Imperador Amarelo perguntou: "Quais são as doenças de expansão e de recrudescimento no verão?" Qibo respondeu: "Ter-se-á febre, dor nos ossos e erosão com dor quando da expansão; sente-se opressão sobre o peito, mastiga-se a saliva na parte superior e vento que atinge na parte inferior quando do recrudescimento".

帝曰：善。秋脉如浮，何如而浮？岐伯曰：秋脉者肺也，西方金也，万物之所以收成也，故其气来，轻虚以浮，来急去散，故曰浮，反此者病。帝曰：何如而反？岐伯曰：其气来，毛布中央坚，两傍虚，此谓太过，病在外；其气来，毛而微，此谓不及，病在中。帝曰：秋脉太过与不及，其病皆何如？岐伯曰：太过则令人逆气而背痛，愠愠然；其不及，则令人喘，呼吸少气而欬，上气见血，下闻病音。

Disse o Imperador Amarelo: "Bom, a condição do pulso do outono é flutuante, mas com o que se parece esse flutuante?" Qibo respondeu: "O pulso do outono é o pulso do pulmão, e se associa ao metal do oeste, que tem como cena a colheita de todas as coisas; como a energia do pulso é leve, frágil, flutuante e apressada na chegada, mas se espalha na saída, é chamada de pulso flutuante. Se a condição for contrária, é o pulso enfermo".

O Imperador Amarelo perguntou: "Qual é a condição quando ocorre o contrário?" Qibo respondeu: "Quando o pulso está flutuante e macio, com firmeza na parte central, mas vazio de ambos os lados na chegada, está indo além, o que mostra que a doença está no exterior; quando a energia do pulso está flutuante, leve e fina ao chegar, é o recrudescimento que mostra que a doença está no interior". O Imperador Amarelo perguntou: "Quais doenças irão ocorrer quando da expansão ou do recrudescimento?" Qibo respondeu: "Na expansão, sente-se a energia vital adversa, dor nas costas, sente-se lânguido e deprimido; quando do recrudescimento, há respiração acelerada e tosse, hemorragia devido à energia vital contrariada na parte superior do corpo e pode ser ouvido o som de respiração rápida na parte inferior do peito".

帝曰：善。冬脉如营，〔《难经·十五难》"营"作"石"，按"营"为"莹"之借字〕何如而营？岐伯曰：冬脉者肾也，北方水也，万物之所以合藏〔滑抄本，"合"作"含"，《太素》"所以"下无"合"字〕也，故其气来沉以〔《甲乙》"搏"作"濡"〕搏，故曰营，反此者病。帝曰：何如而反？岐伯曰：其气来〔《脉经》"气"下无"来"字〕如弹石者，此谓太过，病在外；其去如数〔《太素》"数"作"毛"〕者，此谓不及，病在中。帝曰：冬脉太过与不及，其病皆何如？岐伯曰：太过则令人解㑊，脊脉〔《太素》"脊脉"作"腹"〕痛，而少气不欲言；其不及则令人心悬如病饥，眇中清，脊中痛，少腹满，小便变〔《脉经》"变"作"黄赤"〕。帝曰：善。

Disse o Imperador Amarelo: "Bom, a condição do pulso no inverno, é de pedra, mas com que se assemelha esse "de pedra"?". Qibo respondeu: "O pulso do inverno é o pulso do rim, e se associa à água do norte, com a cena de fechar e esconder todas as coisas; como a chegada da energia do pulso, é de afundar e umedecer, por isso se chama pulso de pedra. Se a condição for contrária, é o pulso doente".

O Imperador Amarelo perguntou: "Qual é a condição do pulso quando ocorre o contrário?" Qibo respondeu: "Quando o pulso está golpeando os dedos como mármore, está se expandindo, e mostra que a doença está no exterior; se a condição do pulso for flutuante e leve, é o decréscimo que mostra que a doença está no interior". Disse o Imperador Amarelo: "Que doença ocorrerá quando o pulso do inverno estiver se expandindo ou em decréscimo?" Qibo respondeu: "No expansão, sentir-se-á fadiga, dor no abdômen e isenção da fala; quando do decréscimo sentir-se-á o coração suspenso como alguém que está faminto, sentir-se-á frio na parte vazia e mole por debaixo do hipocôndrio, dor na espinha, distensão na parte inferior do abdômen com urina de cor intensa e forte". Disse o Imperador Amarelo: "Bom!"

帝曰：四时之序，逆从之变异也，然脾脉独何主？岐伯曰：脾脉〔《脉经》"脾"下无"脉"字〕者土也，孤藏以灌四傍者也。帝曰：然则脾〔《太素》"脾"下有"之"字〕善恶，可得见之乎？岐伯曰：善者不可得〔《太素》《脉经》《甲乙》"不可"下并无"得"字〕见，恶者可见。帝曰：恶者何如可见？岐伯曰：其来如水之流者，此谓太过，病在外；如鸟之喙〔《太素》"如"上有"其来"二字《难经》作"啄"〕者，此谓不及，病在中。帝曰：夫子言脾为孤藏，中央土以灌四傍，其太过与不及，其病皆何如？岐伯曰：太过则令人四支〔《脉经》《千金》"四支"下并有"沉重"二字〕不举；其不及则令人九窍〔《脉经》《千金》"九窍"下并有"壅塞"二字〕不通，名曰重强。

Disse o Imperador Amarelo: "A seqüência das quatro estações é a fonte para se indicar a alteração de concordância e a adversa da condição do pulso, mas qual estação o baço controla?" Qibo respondeu: "O baço se associa à terra e é um visgo solitário que tem a função de umedecer tudo em volta das outras vísceras".

O Imperador Amarelo perguntou: "Podemos distinguir se a função do baço está normal ou não?" Qibo respondeu: "É difícil que se distinga o pulso normal do baço, mas pode-se distinguir através do pulso doente". Disse o Imperador Amarelo: "Com o que se parece o pulso doente?" Qibo respondeu: "Quando a chegada do pulso é como água corrente, está indo além, o que mostra que a doença está no exterior; quando a chegada do pulso é como uma ave ciscando o grão, é o recrudescimento, que mostra que a doença está no interior". Disse o Imperador Amarelo: "Desde que disseste que o baço é um visgo solitário que se situa no centro para umedecer tudo em volta e as outras vísceras, qual doença pode ocorrer quando da expansão e do recrudescimento ?" Qibo respondeu: "Quando da expansão, sentir-se-á peso nas extremidades e dificuldade de se erguer; quando do decréscimo, os nove orifícios ficarão obstruídos e o corpo ficará desajeitado".

帝瞿〔明抄本"瞿"作"矍"〕然而起，再拜而稽首曰：善。吾得脉之大要，天下至数，五色〔《太素》"脉"上无"五色"二字〕脉变，揆度奇恒，道在于一，神转不迴，迴则不转，乃失其机，至数之要，迫近以微，著之玉版，藏之藏府〔《太素》"藏府"作"于府"〕，每旦读之，名曰玉机。

O Imperador Amarelo se pôs de pé com admiração, fez uma reverência e disse: "Muito bem! Agora compreendo os fundamentos essenciais da apalpação e o axioma do mundo. O essencial do diagnóstico através da apalpação para observar a condição do pulso normal e anormal é se manter alinhado com o princípio de operação da vitalidade incessante e que segue em frente; se parar, o que resta da vida estará perdido. Esta é uma verdade muito importante e profunda que deve ser gravada numa placa de jade e ser guardada na mansão interna para ser recitada toda manhã. Seu nome deve ser "Placa de Jade".

五脏受气于其所生，传之于其所胜，气舍于其〔"其"疑衍〕所生，死于其所不胜。病之且死，必先传行至其所不胜，病乃死，此言气之逆行也，故死〔此二字疑衍〕。肝受气于心，传之于脾，气舍于肾，至肺而死。心受气于脾，传之于肺，气舍于肝，至肾而死。脾受气于肺·传之于肾，气舍于心，至肝而死。肺受气于肾，传之于肝，气舍于脾，至心而死。肾受气于肝，传之于心，气舍于肺，至脾而死，此皆逆死〔按"逆死"似应作"逆行"〕也。一日一夜五分之，此所以占死〔《甲乙》"生"作"者"〕生之早暮也。

"A energia perversa de uma determinada víscera se origina da víscera que a gera (tal como a energia perversa do fígado se origina no coração); transmite à víscera que domina (tal como a energia perversa é transmitida do fígado ao baço); retém na víscera que a gera (tal como a energia perversa do fígado é retida nos rins), e o paciente morrerá quando a transmissão atingir a víscera que a restringe (tal como, quando a energia perversa for transmitida ao pulmão, o paciente morrerá). O paciente morrerá somente após a energia visceral ser transmitida à víscera que a restringe, e esta é a direção contrária da transmissão da energia perversa.

"Por exemplo, a energia perversa do fígado, se origina do coração, sendo então transmitida ao baço e, depois, fica retida nos rins; quando a transmissão atinge o pulmão, o paciente morrerá. A energia perversa do coração se origina do baço, sendo então transmitida ao pulmão e retida no fígado; quando a transmissão atingir os rins, o paciente morrerá. A energia perversa do baço se origina do pulmão, sendo então transmitida aos rins, e é então retida no coração; quando a transmissão atingir o fígado, o paciente morrerá. A energia perversa do pulmão se origina nos rins, sendo então transmitida ao fígado e retida no baço; quando a transmissão atingir o coração, o paciente morrerá. A energia perversa dos rins se origina do fígado, sendo então transmitida ao coração e retida no pulmão; quando a transmissão atingir o baço, o paciente morrerá. Estas são as condições de contracorrente das energias perversas. Quando se divide as horas do dia e da noite em cinco partes para associá-las respectivamente às cinco vísceras, pode-se, provavelmente, estimar a hora da morte do paciente (quando a transmissão da energia perversa do baço atingir o fígado, o paciente morrerá de manhã; morrerá antes do meio-dia quando a energia perversa do pulmão atingir o coração; morrerá ao meio-dia quando a energia perversa dos rins atingir o pulmão, e morrerá à noite quando a energia perversa do coração atingir os rins)".

黄帝曰：五藏相通，移皆有次，五藏有病，则各传其所胜。不治，法〔《标本病传论》王注引作"或"〕三月若六月，若三日若六日，传五藏〔《标本病传论》王注引"传"下无"五藏"二字，《类说》引"而"作"皆"〕而当死，是顺传所胜之次〔林校引《素问》及《甲乙》并无此七字〕。故曰：别于阳者，知病从来；别于阴者，知死生之期，言知〔《甲乙》"言"下无"知"字〕至其所困而死。

Disse o Imperador Amarelo: "As cinco vísceras estão em comunicação umas com as outras e a transmissão das energias perversas tem seqüência regular. Se uma das cinco vísceras estiver doente, sua energia perversa será transmitida à víscera que domina; se o tratamento não ocorrer a tempo, tal transmissão causará a morte do paciente de três a seis meses quando o tempo for longo, e de três a seis dias quando o tempo for breve. Por isso, quando se puder distinguir a síndrome interna, pode-se conhecer o dia crítico da doença, isto é, quando a víscera estiver sendo abandonada pelos perversos, será a data da morte do paciente.

是故风者百病之长也，今风寒客于人，使人毫毛毕直，皮肤闭而为热，当是之时，可汗而发也；或痹不仁肿痛，当是之时，可汤熨及火灸刺而去〔《圣济总录》引"刺"下无"而去"二字〕之。弗治，病〔"病"字误移，似应在"名曰"上，病名曰肺痹〕入舍于肺，名曰肺痹，发欬上气，弗治，肺即传而行之肝〔《脉乐大典》引作"肺传之肝"〕，病名曰肝痹，一名曰厥，胁痛出食，当是之时，可按若刺耳〔弗治，肝传之脾，病名曰脾风，发瘅，腹中热，烦心出黄，当此之时，可按可药可浴。弗治，脾传之肾，疝名曰疝瘕，少腹冤热而痛，出白〔《甲乙》作"汗出"〕，一名曰蛊，当此之时，可按可药。弗治，肾传之心，病〔熊本"引"下无"而"字。再"筋脉相引而急"与下"病名曰瘛"误倒，《圣济经》吴注引"肾传之心，是为心瘛"〕筋脉相引而急，病名曰瘛，当此之药，可灸可药。弗治，满十日，法当死。肾因传之心，心即复反传而行之肺，发寒热，法当三岁〔滑寿说："三岁当作三日"〕死，此病之次也。

"As doenças provenientes do vento perverso, estão à frente de todas as doenças.

"Quando o vento perverso invadir o corpo humano, fará com que ocorram o levantamento dos pêlos finos, obstrução da pele e febre no interior do corpo do homem. Nesse momento, pode-se curar pelo método do suor. Não se tratando a tempo, irão ocorrer síndromes de insensibilidade e inchaço; nesse momento, pode-se curar com terapias de compressa quente, fogo, moxibustão e acupuntura. Se o tratamento for postergado, a energia perversa será transmitida e retida no pulmão para causar a síndrome Bi do pulmão, ocorrendo tosse e contracorrente da energia do pulmão. Se a doença novamente não for tratada, a energia perversa será transmitida pelo pulmão ao fígado, para causar a síndrome Bi hepática, dor hipocondríaca e perda do apetite. Nesse momento, pode ser tratada por meio de massagem e acupuntura; se o tratamento demorar, a energia perversa será transmitida do fígado ao baço, para causar a síndrome do vento esplênico, icterícia, quentura no abdômen, irritabilidade e urina amarela. Nesse momento, pode ser tratada com massagem, remédios e banho quente; se novamente não for tratada, a energia perversa será transmitida do baço aos rins para causar a síndrome de retenção dos perversos no aquecedor inferior, e o calor ficará acumulado no baixo abdômen para causar dor e suores. Esta enfermidade se chama síndrome das trompanites, devido à infestação parasítica. Nesse momento, pode ser tratada com massagem e remédios. Se o tratamento for novamente postergado, a energia perversa será transmitida dos rins ao coração para causar a síndrome do espasmo dos músculos e dos tendões, que é chamada convulsão. Nesse momento, pode ser tratada com moxibustão por cone de moxa e remédios. Se a doença não for curada, o paciente morrerá após dez dias. Se a energia perversa for transmitida dos rins ao coração e então transmitida em contracorrente do pulmão, com febre e frio, o paciente morrerá em três dias. Esta é a seqüência de transmissão da doença.

然其卒发者，不必治于传，或其传化有不以次，不以次入〔《甲乙》无"不以次入"四字，"者"字连上读〕者，忧恐悲喜怒，令不得其次，故令人〔《甲乙》"人"下无"有"字，"大"疑作"卒"〕有大病矣。因而喜大虚〔"大虚"二字似衍〕则肾气乘矣，怒则肝气乘矣〔张志聪说："肝"应作"肺"〕，悲则肺气乘〔张志聪说："悲应作"思"，"肺"应作"肝"〕矣，恐则脾气乘矣，忧则心气乘矣，此其道也。故病有五〔据林校引文，"五"下有"变"字〕，五五二十五变，及〔胡本、赵本、吴本明抄本"及"并作"反"〕其传化。传，乘之名也。

"Se a doença surgir de maneira abrupta, não é necessário seguir a seqüência regular do tratamento, já que a transmissão não é necessariamente a seqüência regular. As cinco atividades emocionais de melancolia, terror, sofrimento, excesso de alegria e raiva, pode fazer com que a energia perversa seja transmitida, não de acordo com a seqüência regular e faça com que a doença seja transmitida de repente.

"Dessa forma, o excesso de alegria pode lesar o coração, e a energia dos rins que domina o coração, pode se aproveitar para invadir. A raiva lesa o fígado, e a energia do pulmão, que domina o fígado, pode se aproveitar para invadir. A ansiedade lesa o baço, e a energia do fígado, que domina o baço, pode se aproveitar para invadir. O terror lesa os rins, e a energia do baço que domina os rins, pode se aproveitar para invadir. A melancolia lesa o pulmão, e a energia do coração que domina o pulmão, pode se aproveitar para invadir. Estas são as regras em que a doença não segue a seqüência regular. Por isso, embora haja cinco variedades de doença, elas podem virar vinte e cinco variedades, que são o contrário da transmissão normal. Transmissão é o codinome de "invasão".

大骨枯槁，大肉陷下，胸中气满，喘息不便，其气动形，期六月死，真藏脉〔《太素》"藏"下无"脉"字〕见，乃予之期日。大骨枯槁，大肉陷下，胸中气满，喘息不便，内痛引肩项，期一月死，真藏见，乃予之期日。大骨枯槁，大肉陷下，胸中气满，喘息不便，内痛引肩项，身热脱肉破胭，真藏见，十月〔明抄本，"月"作"日"〕之内死。大骨枯槁，大肉陷下，肩髓内〔吴本"内"作"肉"，《太素》"髓"作"隋"〕消，动作益衰，真藏〔《太素》"来"作"未"〕来见，期一岁死，见其真藏，乃予之期日。大骨枯槁，大肉陷下胸中气满，腹内痛，心中不便，肩项〔"肩项"二字似蒙上节"内痛引肩项"衍。"身热"二字属下之头〕身热，破胭脱肉，目匡〔明抄本"匡"作"眶"〕陷，真藏见，目不见人，立死，其见人者，至其所不胜之时〔于鬯说"时"应作"日"〕则死。

"Quando os ossos grandes do paciente estiverem devastados, seus músculos maiores se tornam finos e pressionados pela plenitude da respiração no peito; há desassossego com respiração rápida que causa abalo nos ombros e no peito, e o paciente morre em seis meses. Sempre que a condição do pulso indicar o esgotamento da energia vista no pulmão, pode-se prever a data de falecimento do paciente.

"Quando os ossos grandes do paciente estiverem devastados, seus músculos maiores se tornam finos e pressionados pela plenitude da respiração no peito, ocorrendo respiração rápida que causa dor no coração e incômodo nos ombros e no pescoço, e o paciente morrerá em cerca de um mês. Sempre que a condição do pulso indicar o esgotamento da energia do baço, pode-se predizer a data de falecimento do paciente.

"Quando os ossos grandes do paciente estiverem devastados, seus músculos maiores se tornam finos e pressionados pela plenitude no peito e respiração acelerada; o paciente terá dor no abdômen; causando movimentos de subida e descida nos ombros e no pescoço, terá febre pelo corpo todo, músculos lassos e os músculos das juntas ficam proeminentes, principalmente nos ombros e joelhos; se nesse momento a condição de pulso indicar esgotamento da energia visceral, o paciente morrerá em dez dias.

"Quando os ossos grandes do paciente estiverem devastados, seus músculos maiores se tornam finos e pressionados, seus ombros estiverem afundando, seus músculos declinando, e ele estiver frágil no modo de agir, se nesse momento não for visto o esgotamento da energia dos rins, o paciente morrerá em cerca de um ano; quando for visto o esgotamento da energia dos rins, pode-se predizer a data de falecimento do paciente.

"Quando os ossos grandes do paciente estiverem devastados, seus músculos maiores estiverem finos e pressionados, em sua grande maioria com distensão do peito, dor no abdômen, desassossego e febre no corpo inteiro, desgaste poplíteo, flacidez dos músculos, afundamento da órbitas, se nesse momento for visto o pulso que indica esgotamento da energia do fígado, e o paciente não puder enxergar nada, morrerá muito em breve. Se o paciente ainda puder ver alguma coisa, ele morrerá mais tarde, quando perder finalmente sua resistência corporal.

急虚身中卒至，五藏绝闭，脉道不通，气不往来，譬于堕溺，不可为期。其脉绝不来，若人一息〔《甲乙》"若"下无"人"字，按"若"有"或"义，"息"字误，似应作"吸"〕五六至，其形肉不脱，真藏虽不〔于鬯说："'不'字疑因下'不'字而误，《三部九候论》'形肉已脱，九候虽调，犹死'"〕见，犹死也。

"Quando a energia saudável se tornar astênica de repente, e o mal exógeno invadir o corpo de forma abrupta, para fazer com que as cinco vísceras fiquem bloqueadas, os canais obstruídos, a comunicação com o ar rompida, como um homem que tenha caído na água ou nela se afogado, dificilmente se pode predizer para tal afecção súbita, a morte do paciente. Se o pulso se romper e não mais retornar, ou houver cinco ou seis inspirações, os músculos se desconjuntarem no corpo, nesse caso, mesmo que não se veja nenhum esgotamento visceral, o paciente logo morrerá.

真肝脉至，中〔《千金》"中"作"内外急"犹言浮中沉，三候皆坚动〕外急如循刀刃，责责然，如按琴瑟弦〔《病沉》作"如新张弓弦"〕，色青白不泽，毛折，乃死。真心脉至，坚〔《病沉》"坚"作"牢"〕而搏，如循薏苡子〔《太素》"苡"下无"子"字〕累累然，色赤黑不泽，毛折，乃死。真肺脉至，大而虚，如以毛羽中人肤〔《三部九候论》王注引"如"下无"以"字，《太素》"肤"下有'然"字〕，色白赤不泽，毛折，乃死。真肾脉至，搏而绝〔《太平圣惠方》"搏而绝"作"坚而沉"〕，如指〔滑本"如"下无"指"字〕弹石辟辟然，色黑黄不泽，毛折，乃死。真脾脉至，弱而乍数乍疏〔《千金》"乍数乍疏"并作"乍疏乍散"〕，色黄青不泽，毛折，乃死。诸真藏脉见者，皆死不治也。

"Quando a chegada do pulso que indica o esgotamento da energia do fígado do paciente for vigorosa, independente de pressão leve, moderada ou forte, como o som de esfregar a lâmina de uma espada larga, ou apertada como a corda de um arco que acaba de ser puxada, havendo evidência da compleição do paciente ser verde ou branca e opaca, seus pêlos finos também estiverem devastados, o paciente morrerá. Quando o pulso que indica esgotamento da energia do coração for firme e atingir os dedos como ao tocar as contas dum rosário, que são minúsculas e firmes, e a compleição do paciente evidenciar um preto-avermelhado sem brilho, com os pêlos finos definhando, o paciente morrerá. Quando a chegada do pulso que indica o esgotamento da energia do pulmão for plena, mas muito frágil, como uma pena que toca a mão de um homem, e a compleição do paciente evidenciar o vermelho e o pálido sem qualquer brilho, com os pêlos finos definhando, o paciente morrerá. Quando a chegada do pulso que indica o esgotamento da energia dos rins for firme, afundando, muito dura como mármore, e a compleição do paciente evidenciando o amarelo escuro sem qualquer brilho, e seus pêlos finos estiverem fenecendo, o paciente morrerá. Quando a chegada do pulso que indica o esgotamento da energia do baço for fraca e espalhada, e a compleição do paciente evidenciar o verde-amarelado sem qualquer brilho, com fenecimento dos pêlos finos, o paciente morrerá. Em suma, sempre que for visto o pulso que indica o esgotamento da energia visceral, este denota uma doença fatal".

黄帝曰：见真藏曰死，何也？岐伯曰：五藏者，皆禀气于胃，胃者五藏之本也，藏气〔《太素》"藏气者"作"五藏"〕者，不能自致于手太阴，必因于胃气，乃至于手太阴也〔《甲乙》无"乃至"七字〕，故五藏各以其时，自为而至于手太阴也。故邪气胜者，精气衰也，故病甚者，胃气不能与之俱至于手太阴，故真藏之气独见，独见者病胜藏也，故曰死。帝曰：善。

Disse o Imperador Amarelo: "O paciente morrerá quando surgir o esgotamento da energia visceral, mas isso por quê?" Qibo respondeu: "O nutrir das energias das cinco vísceras, depende da substância refinada da água e dos cereais do estômago, por isso o estômago é a raiz das cinco vísceras. As energias das cinco vísceras não podem atingir diretamente o Cunkou do Canal Taiyin da Mão, mas podem fazê-lo com ajuda da energia do estômago. As condições de pulso das cinco vísceras só podem aparecer em Cunkou quando forem abundantes, com ajuda da energia do estômago. Se a energia perversa for superabundante, a energia saudável declinará naturalmente; assim quando a energia perversa estiver crítica, a energia do estômago será incapaz de atingir o Taiyin da Mão, simultaneamente à energia visceral. Nesse caso, o pulso que indica o esgotamento da energia visceral (sem qualquer energia do estômago) aparecerá sozinho em Cunkou. O "aparecer sozinho" mostra que a energia perversa sobrepuja a energia visceral, e o paciente morrerá". Disse o Imperador Amarelo: "Bom".

黄帝曰：凡治病，察其形气色泽，脉之盛衰，病之新故，乃治之无后其时。形气相得，谓之可治；色泽以浮，谓之易已；脉从四时，谓之可治；脉弱以滑，是有胃气，命曰易治，取〔《太素》"取"作"趣"，《甲乙》作"治之趣之，无后其时"〕之以时。形气相失，谓之难治；色夭不泽，谓之难已；脉实以坚，谓之益甚；脉逆四时，为不可治〔《甲乙》并作"谓之不治"〕。必察四难而明告之。

126

Disse o Imperador Amarelo: "A rotina de tratamento do paciente é: primeiro inspecionar o corpo, respiração e compleição do paciente, astenia e estenia de condição do pulso, saber se a doença foi contraída de novo ou se é prolongada e, então, começar a tratar, e não se deve perder a oportunidade de tratar.

"Quando o corpo e a respiração do paciente estiverem um à altura do outro, a doença pode ser curada; quando a compleição do paciente estiver úmida, a doença pode ser facilmente curada. Quando a condição do pulso se ajustar às quatro estações, a doença é curável; quando a chegada do pulso for fraca, mas fluente, mostra que a energia do estômago existe, e a doença pode ser curada com facilidade; todos os casos acima são doenças que podem se curadas ou que podem ser facilmente curadas, contanto que tratadas a tempo. quando o corpo e a respiração do paciente não estiverem em sintonia, a doença dificilmente poderá ser curada; quando a compleição do paciente foi minada sem nenhum brilho, a doença dificilmente poderá ser curada. Quando o pulso for substancial e firme, é uma doença que se agrava; se o pulso não corresponder às quatro estações, é uma doença incurável. Deve-se descobrir os quatro casos difíceis e falar claramente ao paciente.

所谓逆四时者，春得肺脉，夏得肾脉，秋得心脉，冬得脾脉，其至皆悬绝沉濇者，命曰逆。四时未有藏形，于〔《太素》无"于"字〕春复而脉沉濇，秋冬而脉浮大，名曰逆四时也。

"A assim chamada condição adversa do pulso das quatro estações é: quando o pulso do pulmão for visto na primavera; quando o pulso dos rins for visto no verão; quando o pulso do coração for visto no outono, e quando o pulso dos rins for visto no inverno. A chegada de todos os pulsos acima é de "surgimento isolado" indicando o esgotamento da energia das vísceras (surge isolado, afunda e arranha, sem nenhuma energia do estômago). Todas são condições adversas de pulso.

"Quando não há pulso indicando que ocorra esgotamento da energia visceral nas quatro estações, mas que em vez disso ocorram condições de afundamento e aspereza de pulso na primavera e no verão, ou que em vez disso ocorra condição de pulso flutuante e cheio no outono e no inverno, eles são chamados de condição adversa de pulso que está contrária às quatro estações.

病热脉静〔"脉"下有"青"字，泄而〔《千金》"而"作"利"〕脉大，脱血而脉实，病在中脉实坚，病在外脉不实坚者，皆〔《甲乙》"皆"下有"为"字〕难治。

"Quando se estiver na doença da síndrome do calor, mas a condição de pulso, ao contrário, estiver fresca e calma; quando na diarréia, mas a condição de pulso, ao contrário, for cheia; quando o paciente entra em colapso devido a uma hemorragia maciça, mas a condição de pulso, ao contrário, é substancial; quando a doença estiver no exterior, mas a condição, ao contrário, não for nem normal nem firme; são todos casos de contrariedade à condição de pulso, e estas doenças dificilmente podem ser curadas".

黄帝曰：余闻虚实以决死生，愿闻其情。岐伯曰：五实死，五虚〔《儒门事亲》"实"、"虚"下并有"者"字〕死。帝曰：愿闻五实五虚。岐伯曰：脉盛、皮热、腹胀、前后不通、闷瞀，此谓五实。脉细、皮寒、气少、泄利前后，〔《卫生宝鉴》引无"前后"二字〕饮食不入，此谓五虚。帝曰：其时有生者，何也？岐伯曰：浆粥入胃，泄注止〔"注"字误，应作"利"〕，则虚者活，身汗得后利，则实者活，此其候也。

Disse o Imperador Amarelo: "Disseram-me que se pode predizer a morte ou a sobrevida do paciente de acordo com a astenia e a estenia do mesmo. Espero que me possas dizer o motivo".

Qibo respondeu: "Quando for contraído a síndrome de estenia das cinco vísceras ou síndrome de astenia das cinco vísceras, o paciente morrerá". Disse o Imperador Amarelo: "Diga-me qual é a síndrome de estenia e a síndrome de astenia das cinco vísceras". Disse Qibo: "Quando a chegada do pulso for florescente, a pele do paciente é quente, com distensão e plenitude do abdômen, retenção de fezes e urina, e também confusão mental; chama-se síndrome de estenia das cinco vísceras. Quando a condição de pulso for muito fina, pele fria, respiração curta, diarréia e falta de apetite, chama-se síndrome de astenia das cinco vísceras". Disse o Imperador Amarelo: "Alguns dos pacientes que contraíram síndrome de astenia e estenia nas cinco vísceras, foram finalmente curados; qual a razão?" Qibo respondeu: "Se o paciente de astenia das cinco vísceras ingerir algum mingau ou fluido espesso para recuperar gradativamente o seu estômago, e sua diarréia for detida, poderá se recuperar; se a síndrome de estenia das cinco vísceras do paciente estiver se esgotando, e suas fezes não estiverem retidas, seu interno e externo estiverem em harmonia, a doença também pode ser curada. Este é o princípio de se predizer a morte e a sobrevida do paciente de acordo com a astenia e a estenia".

三部九候论篇第二十

Capítulo 20
San Bu Jiu Hou Lun
(Sobre as Três Partes e as Nove Subdivisões do Pulso)

黄帝问曰：余闻九针〔《太平圣惠方》引作"候"〕于夫子，众多博大，不可胜数。余愿闻要道〔林校引全元起本"道"作"地"〕，以属子孙，传之后世，著之骨髓，藏之肝肺，歃血而受，不敢妄泄，令合天道〔"道"林校引作"地"〕，必有始终，上应天光星历纪，下副四时五行。贵贱更互（胡本、赵本"互"并作"立"）冬阴夏阳，以人应之奈何？愿闻其方。

O Imperador Amarelo perguntou: "O que escutei acerca do princípio das nove subdivisões do pulso, foi tão abundante e vasto para mim, que dificilmente poderia repetir na íntegra. Espero ouvir algo mais a respeito dos princípios que são importantes, para que possa recomendar a meus descendentes como lidar com as futuras gerações. Vou ter isso firme na mente, afirmando que não farei descaso. Conserva-los-ei compatíveis com o céu e a terra do começo ao fim, fazendo acima a correspondência com os números do sol, da lua, das estrelas e dos termos solares, e abaixo em concordância com a variação das quatro estações e dos cinco elementos. Já que há diferentes condições de abundância e declínio nos cinco elementos, e nas quatro estações, o inverno é Yin e o verão é Yang, como pode um homem se adaptar a essas leis naturais? Espero que possas me dizer se há algum método".

岐伯对曰：妙乎哉问也！此天地之至数。帝曰：愿闻天地之至数，合于人形，血气通〔按"通"字误倒，应作"通血气"〕，决死生，为之奈何？岐伯曰：天地之至数，始于一，终于九焉。一者〔明抄本"者"作"曰"〕天，二者〔应作"曰"〕地，三者〔应作"曰"〕人，因而三之，三三者九，以应九野，故人〔《类说》引"人"作"脉"〕有三部，部有三候，以决死生，以处百病，以调虚实，而除邪疾。

Disse Qibo: "Que boa pergunta me fizestes, pois é o axioma do céu e da terra".

Disse o Imperador Amarelo: "Espero que possas me falar acerca do axioma do céu e da terra, para que possa estar de conformidade com o corpo humano, limpando o sangue e a energia, e capacitando a que se distinga a morte e a sobrevida do paciente. Mas como pode isso ser levado a efeito?" Qibo respondeu: "Os números do céu e da terra começam com um e terminam com nove.

"O Um é Yang e vale para o céu; Dois é Yin e vale para a terra, como o homem vive entre o céu e a terra; por isso, Três responde pelo homem, já que o céu, a terra e o homem são três; três vezes três são Nove, que corresponde ao número das nove prefeituras.

"Por isso, há três partes no pulso, e cada uma delas tem três subdivisões que são os fundamentos para se distinguir a morte e a sobrevida do paciente, diagnosticar todos os tipos de doença, equilibrar a astenia e a estenia, e remover as doenças".

129

帝曰：何谓三部？岐伯曰：有下部，有中部，有上部，部各有三候，三候者，有天有地有人也，必指而导之，乃以为真。上部天〔"上部天至下部人，足太阴也"〕，两额之动脉；上部地，两颊之动脉；上部人，耳前之动脉。中部天，手太阴也；中部地，手阳明也；中部人，手少阴也。下部天，足厥阴也；下部地，足少阴也；下部人，足太阴也。故下部之天以候肝，地以候肾，人以候脾胃之气。

O Imperador Amarelo perguntou: "O que são as três partes?" Qibo respondeu: "As três partes são a parte inferior, a parte média e a parte superior, e cada uma delas tem três subdivisões que são representadas respectivamente pelo céu, pela terra e pelo homem, e só se pode entendê-las tendo a instrução de outrem.

"A parte superior do céu representa as artérias dos dois lados das têmporas; a parte superior da terra representa as artérias das duas bochechas; a parte superior do homem representa as artérias das duas orelhas; a parte média do céu é o Taiyin da Mão; a parte média da terra é o Yangming da Mão; a parte média do homem é o Shaoyin da Mão; a parte inferior do céu é o Jueyin do Pé; a parte inferior da terra é o Shaoyin do Pé; a parte inferior do Homem é o Taiyin do Pé.

"O céu, subdivisão da parte inferior pode ser usada para diagnosticar a energia do fígado; a terra, subdivisão da parte inferior pode ser usada para diagnosticar a energia dos rins, e o homem, subdivisão da parte inferior, pode ser usada para diagnosticar o estômago e o baço".

帝曰：中部之候奈何？岐伯曰：亦有天，亦有地，亦有人。天以候肺，地以候胸中之气，人以候心。帝曰：上部以何候之？岐伯曰：亦有天，亦有地，亦有人。天以候头角之气，地以候口齿之气，人以候耳目之气。三部者，各有天，各有地，各有人，三而成天，三而成地，三而成人，三而三之，合则为九，九分为九野，九野为九藏。故神藏五，形藏四，合为九藏。五藏已败，其色必夭，夭必死矣。

O Imperador Amarelo perguntou: "Qual é a condição da parte média?" Qibo disse: "Há três subdivisões do céu, da terra e do homem na parte média. A subdivisão do céu da parte média, pode ser usada para diagnosticar a energia do pulmão; a subdivisão terra da parte média, pode ser usada para diagnosticar o peito; a subdivisão homem da parte média, pode ser usada para diagnosticar a energia do coração".

O Imperador Amarelo perguntou: "Qual é a condição da parte superior?" Qibo disse: "Também há três subdivisões na parte superior. A subdivisão céu da parte superior pode ser usada para diagnosticar a energia do canto da testa; a subdivisão terra da parte superior pode ser usada para diagnosticar as energias da boca e dos dentes; a subdivisão homem da parte superior pode ser usada para diagnosticar as energias dos ouvidos e olhos.

"Resumindo, em cada uma das três partes, há respectivamente céu, terra e homem; há três subdivisões do céu, três subdivisões da terra e três subdivisões do homem. Três vezes três, são nove subdivisões ao todo. As nove subdivisões do pulso correspondem às nove prefeituras da terra, e as nove prefeituras correspondem aos nove órgãos do homem, isto é, os cinco órgãos que armazenam o espírito, fígado, pulmão, coração, baço e rim e aos quatro órgãos de armazenamento das substâncias, estômago, intestino grosso, intestino delgado e bexiga. Se as cinco vísceras declinarem, a compleição irá definhar e escurecer, e o paciente irá morrer".

帝曰：以候奈何？岐伯曰：必先度其形之肥瘦，以调其气之虚实，实则写之，虚则补之。必先去其血脉，而后调之，无问其病，以平〔《原病式》引'以平"上有"五藏"二字〕为期。

O Imperador Amarelo disse: "Qual é o método para examinar o paciente?" Qibo respondeu: "Deve-se primeiro verificar se o corpo do paciente está gordo ou magro, a fim de se poder equilibrar a astenia ou estenia de sua energia. Quando a energia do paciente é de estenia, o excesso deve ser descarregado; quando a energia do paciente é de astenia, a insuficiência deve ser reconstituída. Antes de equilibrar, deve-se remover a estase do sangue do paciente. Ao tratar, não importa qual for a doença, as cinco vísceras devem ser mantidas em equilíbrio".

帝曰：决死生奈何？岐伯曰：形盛脉细，少气不足以息者危〔林校引全本及《甲乙》、《脉经》"危"作"死"〕。形瘦脉大，胸中多气者死，形气相得者生，参伍不调者病。三部九候皆相失者死。上下左右之脉相应如参舂者病甚。上下左右相失不可数者死。中部之候虽独调，与众相失者死，中部之候相减者死。目内陷者死。

O Imperador Amarelo perguntou: "Como distinguir a morte e a sobrevida do paciente?" Disse Qibo: "Quando o corpo do paciente for forte, mas em contrapartida seu pulso for fino, com respiração curta como se seu respirar fosse descontínuo, mostra que o paciente morrerá. Quando o corpo do paciente for magro, mas em contrapartida seu pulso for cheio, com muito alento no peito, isso também mostra que o paciente irá morrer. Quando as batidas do pulso forem desordenadas e desarmoniosas, isso mostra que existe doença. Se as três partes e as nove subdivisões do pulso forem irregulares, isso mostra que o paciente irá morrer; quando os pulsos superior e inferior, esquerdo e direito estiverem correspondendo, porém com um movimento inconstante, para cima e para baixo como o batedor do pilão e em batidas amplas e rápidas, isso mostra que a doença é séria. Quando os pulsos superior e inferior, esquerdo e direito estiverem em desarmonia fazendo com que não se seja capaz de contar o número de pulsações em uma inspiração, é o sintoma de morte do paciente. Quando o pulso da parte média for harmonioso por si, mas os pulsos indicarem que as diversas vísceras da parte superior e inferior estão irregulares, é também um sintoma da morte do paciente; quando o pulso da parte média for menor do que os das partes superior e inferior, também é um sintoma de morte. Quando as órbitas oculares do paciente estiverem afundadas, é o sintoma de declínio da energia vital, o paciente irá morrer".

帝曰：何以知病之所在？岐伯曰：察九候，独小者病，独大者病，独疾者病，独迟者病，独热者病，独寒者病，独陷下者病。以左手足上，上〔《甲乙》"去"上无"上"字，按"以左手"两句，亡名氏《脉经》作"以左手去足内踝上五寸微指按之"文义较明显〕去踝五寸按之，庶右手足当踝而弹之，其应过五寸以上蠕蠕然者不病；其应疾中手浑浑然者病；中手徐徐然者病；其应上不能至五寸，弹之不应〔亡名氏《脉经》"不应"下有"手"字〕者死。是以脱肉身不去者死。中部乍疏乍数者死。其脉代〔孙鼎宜说："'代'当作'大'"〕而钩者，病在络脉。九候之相应也，上下若一，不得相失。一候后则病，二候后则病甚，三候后则病危，所谓后者，应〔亡名氏《脉经》"应"上有"上中下"三字〕不俱也。察其府藏〔《太素》作"病"〕，以知死生之期。必先知经脉，然后知病脉，真藏脉见者胜〔《甲乙》"者胜'作"邪胜者"〕死。足太阳气绝者，其足不可屈伸，死必戴眼。

O Imperador Amarelo perguntou: "Como se pode saber onde a doença se localiza?" Disse Qibo: "Quando uma das subdivisões está só diminuta, só ampla, só rápida, só lenta, só quente (escorregadia), só fria (áspera), ou só assentada (afundada ou escondida), há todos os sintomas de doença.

"Quando se pressiona de leve o local que está a cinco cun (polegadas) do tornozelo interno com a mão esquerda, e dando-se uma pancada de leve com a mão direita, ao se sentir batidas vigorosas do pulso além do âmbito de cinco cun, isso mostra que o paciente não tem doença alguma; se a chegada da energia for precipitada, mas fraca na resposta aos dedos, isso mostra que existe doença. Quando não há resposta após se bater dentro da amplitude de cinco cun, é o sintoma de morte.

"Se o músculo for substancial, mas o pulso falhar no ir e vir, é sintoma de morte. Quando o pulso da parte média estiver fechado e solto a intervalos, e a energia do canal espalhada e em desordem, também é sintoma de morte. Quando o pulso da parte superior for amplo e em anzol, isso mostra que a doença está no canal e no colateral.

"As nove subdivisões devem ser harmoniosas e estar de acordo uma com a outra e não devem ser oscilantes; se uma delas não corresponder dentro das nove partes, é o sintoma da doença; quando duas delas não se corresponderem, a doença é séria; quando três delas não se corresponderem, o paciente está em perigo. O que se chama de não corresponder, significa que as três partes, superior, média e inferior deixam de se manter idênticas. Quando as vísceras doentes são examinadas, pode-se antever o tempo de morte ou de sobrevida do paciente. Deve-se conhecer primeiro a condição do pulso normal, e então se pode saber o que é um pulso enfermo. Quando for visto o pulso que indica o esgotamento da energia visceral e a energia perversa for abundante, o paciente morrerá. Quando a energia do canal Taiyang do Pé estiver fenecendo, o paciente encontrará dificuldade de dobrar e esticar seus pés, e seus olhos terão uma aparência de olhar para cima como se estivesse morrendo".

帝曰：冬阴夏阳奈何？岐伯说：九候之脉，皆沈细悬绝者为阴，主冬，故以夜半死。盛躁喘数者为阳，主夏，故以日中死。是故寒热病〔《太素》、《脉经》"热"下并无"病"字〕者，以平旦死。热中及热病者，以日中死。病风者，以日夕死。病水者，以夜半死。其脉乍疏乍数乍迟乍疾者，日〔《太素》、《甲乙》、《脉经》"日"上并有"以"字〕乘四季死。形肉已脱，九候虽调，犹死。七诊虽见，九候皆从者不死，所言不死者，风气之病，及经月〔《太素》"月"作"间"杨注：经脉间轻病〕之病，似七诊之病而非也，故言不死。若有七诊之病，其脉候亦败者死矣。必发哕噫〔按"噫"字疑衍〕。必审问其所始病〔《太素》作"其故所始作病"〕，与今之所方病，而后各〔《太素》、《甲乙》"后"下并无"各"字〕切循其脉，视其经络浮沉，以上下逆从循之。其脉疾者不〔不字疑衍〕病，其脉迟者病，脉不往〔《甲乙》"往"下有"不"字〕来者死。皮肤著者死。

O Imperador Amarelo perguntou: "O que queres dizer com o inverno é Yin e o verão é Yang?" Disse Qibo: "Quando as condições de pulso das nove subdivisões estiverem todas afundadas, finas, tensas e se dissociando, é o Yin como no inverno, o paciente morrerá à meia-noite. Se as condições de pulso das nove subdivisões estiverem todas batendo vigorosas e rápidas, é o Yang como no verão, e o paciente de tal enfermidade morrerá ao meio-dia. Quando ocorrerem alternadamente a síndrome de frio e a síndrome de calor, o paciente morrerá ao amanhecer, quando o Yin encontra o Yang. Quando o calor estiver tanto no interior quanto na superfície, o paciente morrerá ao meio-dia quando o Yang é extremo.

"Quando atacado pelo vento perverso, o paciente morrerá no período de duas horas de Shen (15:00 - 17:00) e You (17:00 - 19:00). Quando for atacado pela retenção de líquidos, o paciente morrerá à meia-noite quando o Yin é extremo. Se o pulso estiver lasso e fechado, lento e rápido a intervalos, isso mostra que a energia do baço está dissociada por dentro, e o paciente morrerá no período de duas horas de Chen (07:00 - 09:00), Xiu (19:00 - 21:00), Chou (01:00 - 03:00) e Wei (13:00 - 15:00).

"Se os músculos estiverem dissociados do corpo, muito embora as nove subdivisões estejam em harmonia, é também sintoma de morte. Se aparecerem os sete tipos de pulso da palpação (uma das nove subdivisões está só diminuta, só cheia, só rápida, só lenta, só quente, só fria, ou só assentada), mas as nove subdivisões estiverem conforme as quatro estações, o paciente poderá não morrer, e a doença não ser fatal. Assim como na síndrome do vento ou na enfermidade entre os canais, embora a condição de pulso seja muito semelhante aos sete tipos de pulso doente, no entanto, não são exatamente os mesmos, e o sintoma não é de morte. Se forem vistos os sete tipos de pulso enfermo e as subdivisões todas tiverem uma aparência corrompida, é o sintoma de morte, e com certeza o paciente terá soluços ao morrer.

"Por isso, ao tratar, deve-se perguntar primeiro ao paciente detalhes sobre a condição da doença no começo e no momento atual, e depois apalpar o pulso, inspecionar a flutuação e o afundamento do canal, e a condição adversa e correta da parte superior e inferior do paciente. Quando o pulso for fluente ao chegar, não existe doença alguma; quando o pulso deixar de ir e vir, é o sintoma da morte; quando o músculo estiver dissociado do corpo, quando a doença for prolongada, e a pele estiver presa aos ossos, também é sintoma de morte".

帝曰：其可治者奈何？岐伯曰：经病者治其经，孙络病者治其孙络血，血病身有痛者治其经络。其病在奇邪，奇邪之脉则缪刺之。留瘦不移，节而刺之。上实下虚，切而从之，索其结络脉，刺出其血，以见通〔《太素》"以"以下无"见"字《甲乙》"以见通之"作"以通其气"〕之。瞳子高者，太阳不足，戴眼者，太阳已绝，此决死生之要，不可不察也。手指及手外踝上五指留针（此"手指"十一字据王注是错简文）。

O Imperador Amarelo perguntou: "Como tratar a doença quando for curável?" Disse Qibo: "Quando a doença estiver no canal, picar o canal; quando a doença estiver no colateral imediato, picá-lo até que sangre; quando a doença estiver associada ao sangue com síndrome de dor, picar o canal e o colateral imediato. Se os perversos estiverem retidos no colateral maior, aplicar inserções colaterais de picar à esquerda quando a doença estiver à direita, e picar à direita quando a doença estiver à esquerda. Quando o paciente estiver muito magro devido à doença prolongada, com síndrome imutável, deve-se picar a junta em que a energia perversa está instalada. Quando o paciente for estênico na parte superior e astênico na inferior, deve-se primeiro apalpar e depois tratar com acupuntura, procurar o local estagnado dos canais e colaterais, e picar até sangrar para desobstruir a energia. Quando os olhos

133

do paciente estiverem olhando para cima, continuamente arregalados, isso mostra que a energia do canal Taiyin está dissociada. Estes são os artifícios importantes para distinguir a morte e a sobrevida do paciente que devem ser cuidadosamente observados".

经脉别论篇第二十一

Capítulo 21
Jing Mai Bie Lun
(Comentários Adicionais acerca do Canal)

黄帝问曰：人之居处动静勇怯，脉亦为之变乎？岐伯对曰：凡人之惊恐恚劳动静，皆为变也。是以夜行则喘〔防鼎宜说："'喘'当作'惴'形误（下同）"〕出于肾，淫气病肺。有所堕恐〔"恐"字误，似应作"坠"，〕，喘〔当作"惴"〕出于肝，淫气害脾。有所惊恐，喘〔当作"惴"〕出于肺，淫气伤心。度水跌仆，喘〔当作"惴"〕出于肾与骨〔《难经》虞注引"骨"作"胃"〕，当是之时，勇者气行则已，怯者则着〔胡本、之头本"着"并作"著"，按《国语·晋语》韦注"著，附也"附有"随义"〕而为病也。故曰：诊病之道，观人勇怯骨〔《素问校讹》引古抄本"骨"作"肌"〕肉皮肤，能知其情，以为诊法也。

O Imperador Amarelo perguntou: "Desde que o homem vive em ambientes diferentes e trabalha em lugares de tamanho diferente com diferentes humores, seus canais, sangue e energias mudam juntamente com as diferentes situações?" Qibo respondeu: "O canal, o sangue e a energia de um homem, serão afetados e alterados pelo terror, o temor, a fadiga, o movimento e a quietude. Por isso, quando se viaja à noite, o temor provirá dos rins; quando a energia está superabundante e se move desordenada, irá prejudicar o pulmão. Quando uma pessoa cai, o temor provém do fígado; quando a energia está superabundante e se move desordenadamente, irá ferir o baço. Quando alguém sente grande terror, este provém do pulmão. Quando a energia estiver abundante e correr desordenada, irá prejudicar o coração. Se alguém vadear por um rio ou cachoeira, o temor provirá dos rins e do estômago. Sob tais circunstâncias, se a pessoa tiver um corpo forte, sua energia pode ser desobstruída e poderá se recuperar de sua enfermidade; se seu corpo for fraco, a energia perversa irá ferir o corpo ao levantar. Por isso, ao tratar, deve-se verificar se o corpo do paciente é forte ou fraco, e a aparência de sua pele e músculo, a fim de saber de onde a doença provém, sendo este o método de diagnosticar uma doença.

故饮食饱甚，汗出〔按《难经》虞引注"汗出"作"必伤"〕于胃；惊而夺精，汗出〔应作必伤〕于心；持重远行，汗出〔应作"必伤"〕于肾；疾走恐惧，汗出〔应作"必伤"〕于肝；摇体〔《医说》引"体"作"动"〕劳苦，汗出〔应作"必伤"〕于脾。故春秋冬夏四时阴阳，生病起于过用，此为常也。

"Portanto, quando alguém come demais, seu estômago certamente ficará lesado. Quando alguém tem medo, certamente seu coração será lesado. Quando alguém carrega um fardo e vai longe, seu rim certamente será atingido. Quando alguém se agita com cansaço, seu baço certamente será ferido.

"Assim, durante as variações do Yin e do Yang nas quatro estações, primavera, outono, inverno e verão, a maioria das doenças certamente é devida ao excesso de trabalho físico, comida ou bebida, fadiga e consumo de álcool.

食气入胃，散精于肝，淫气于筋。食气入胃，浊气归心〔沈思敏说："'心'字误，应作'脾'"〕，淫精于脉。脉气流经，经气归于肺，肺朝百脉，输精于皮毛。毛〔《素问入气运气论奥》引"脉"上无"毛"字〕脉合精，行气于府。府精神明，留于四藏，气归于权衡，权衡以平，气口成寸，以决死生。

"Quando a comida entra no estômago, após ser digerida, parte dela é a substância refinada que é transportada ao fígado para umedecer os tendões do corpo todo.

"Outra parte dela que é a substância essencial dos cereais é vertida no baço embebendo-se no sangue dentro do canal.

"A energia do canal circula nos canais e ascende ao pulmão. Após as energias do canal convergirem ao pulmão, são transportadas para a pele e os pêlos.

"Quando a energia do canal e a energia refinada se combinam, fluem aos seis órgãos ocos, e os fluidos corporais desses órgãos fluem ao coração, fígado, baço e rim.

"A expansão da energia refinada depende do pulmão, e a condição do pulmão se expressa no pulso de Cunkou. Pode-se distinguir se a doença do paciente é curável ou não de acordo com a condição de pulso de Cunkou.

饮入于胃，游溢精气，上输于脾。脾气散精，上归于肺，通调水道，下输膀胱。水精四布，五经并行，合于四时五藏阴阳揆度〔林校引别本作"动静"〕，以为常也。

"Quando a água entra no estômago, faz evaporar a energia refinada e a joga para cima, espalhando, no baço; e o baço a joga para cima espalhando no fígado; a energia do pulmão se comunica com a via das águas, e transporta a essência à vesícula biliar. Dessa forma, com a produção, atividade de circulação da energia vital e geração de água, a energia refinada se espalha para a pele e os pêlos do corpo todo, circulando nos canais das cinco vísceras e sendo captada de acordo com as variações do movimento e descanso do Yin e do Yang das cinco vísceras nas diferentes estações, e esta é a condição normal dos canais.

太阳藏独至，厥喘虚气逆，是阴不足阳有余也，表里当俱写，取之下俞。阳明藏独至，是阳气重并也，当写阳补阴，取之下俞。少阳藏独至，是厥气也，蹻前卒大，取之下俞。少阳独至者，一阳之过也。太阴藏搏〔四库本"博者"作"独至"〕者，用心省真，五脉气少，胃气不平，三阴〔按"三阴"下似脱"之过"〕也，宜治其下俞，补阳写阴。一阳〔林校云："'一阳'乃'二阳'之误"〕独啸，少阳〔林校引全本"少阳"作"少阴"〕厥也，阳并于上，四脉争张，气归于肾，宜治其经络，写阳补阴，一阴〔按"一阴"下脱"独"字〕至，厥阴之治也，真虚痛心，厥气留薄，发为白〔"白"应作"自"〕汗，调食和药，治在下俞。

"Quando só o canal de Taiyang está superabundante, irá ocorrer contracorrente da energia astênica e dispnéia. Isso mostra que o Yin está insuficiente e que o Yang está em superávit; aplicar-se-á purgação do externo e do interno: picar o ponto Shugu (Osso Shu), ponto Shu inferior do Canal da Bexiga e o ponto Taixi (Grande Arroio), ponto Shu inferior do Canal do Rim.

"Se só o canal Yangming estiver superabundante, e a energia Yang estiver muito rica e estênica, poder-se-á purgar picando o ponto Xiangu (Vale que Submerge) do

Canal Yangming do Pé, e o Canal Taiyin do Pé será fortalecido picando-se o ponto Taibai (Grande Claridade).

"Se só o Canal Shaoyang estiver superabundante, ocorrerá uma energia caótica, por isso o Canal Shaoyang que está em frente ao Canal Yangjiao, irá ficar grande de repente; deve-se picar o ponto Linqi (Queda das Lágrimas) do Canal Shaoyang.

"Quando só o Canal Shaoyang estiver superabundante, isso mostra que o Shaoyang está em excesso. Quando só o Canal Taiyin estiver superabundante, deve ser examinado com cuidado: se as energias dos canais das cinco vísceras estiverem reduzidas, e a energia do estômago não puder ser controlada, é porque há excesso de Taiyin. Ao tratar, deve-se revigorar o Canal Yangming do Pé, picando Xiangu (Vale que Submerge), devendo ser purgado o Canal Taiyin do Pé, no ponto Taibai (Grande Claridade).

"Se só o segundo Canal Yin estiver superabundante, isso é causado pela extremidades frias, devido ao calor perverso de Shaoyin e ao Yang astênico de cima, e às energias do coração, baço, fígado e pulmão que estão em conflito. Quando a energia perversa estiver no rim, tanto a superfície quanto o interior do canal devem ser tratados; o Canal Taiyang do Pé deve ser purgado picando-se o ponto Kunlun (Grande e Alto) sobre o canal e o ponto Feiyang (Elevação no Vôo) sobre o colateral, e revigorado o Canal Shaoyin do Pé picando-se o ponto Fuliu (Deslizar Repetido) do canal e o ponto Dazhong (Grande Sino) dentre os pontos colaterais.

"Se só o Canal Yin estiver superabundante, é dominado pelo Canal Jueyin, e a energia saudável é insuficiente. O paciente sentirá dor no coração, e sua energia contrária retida, irá combater a energia saudável, havendo com freqüência perspiração expontânea. Nesse caso, deve-se tomar cuidado ao equilibrar o comer e o beber, e tratar com remédios balanceados. Quando se aplicar acupuntura, deve ser picado o ponto Taichong (Grande Corrida) do canal Jueyin".

帝曰：太阳藏何象？岐伯曰：象三阳而浮也。帝曰：少阳藏何象？岐伯曰：象一阳也，一阳藏者，滑而不实也。帝曰：阳明藏何象？岐伯曰：象大浮〔林校引《太素》及全元起本"大浮"上有"心之"二字〕也。太阴藏搏，言伏鼓也。二阴搏至，肾沉不浮也。

Disse o Imperador Amarelo: "Com o que se parece a condição de pulso do Canal Taiyang?" Disse Qibo: "O Canal Taiyang é abundante como os três canais Yang, mas ao mesmo tempo é leve e flutuante". Disse o Imperador Amarelo: "Com o que se parece a condição do Canal Shaoyang?" Disse Qibo: "É como o primeiro canal Yang que é escorregadio e não é substancial". Perguntou o Imperador Amarelo: "Qual é a condição de pulso do Canal Yangming?" Disse Qibo: "É ampla e flutuante como o pulso do coração. Quando o pulso do canal Taiyin vibra, sua condição de pulso é submersa e escondida, mas golpeia sensivelmente os dedos; quando o pulso do segundo canal Yin vibra, tem a aparência de submerso e não de flutuante como a do pulso do rim".

藏气法时论篇第二十二

Capítulo 22
Zang Qi Fa Shi Lun
(Acerca da Relação entre as Energias das Cinco Vísceras e a das Quatro Estações)

黄帝问曰：合人形以法四时五行而治，何如而从？何如而逆？得失之意，愿闻其事。岐伯对曰：五行者，金木水火土也，更贵更贱以知死生，以决成败，而定五藏之气，间甚之时，死生之期也。

O Imperador Amarelo perguntou: "Quando se trata a doença integrando o corpo humano e seguindo a lei das quatro estações e dos cinco elementos, qual é o caminho correto e o caminho adverso, qual caminho será seguido e qual caminho será deixado de lado?" Qibo respondeu: "Os cinco elementos que mencionastes são: o metal, a madeira, a água, o fogo e a terra, donde se pode inferir se a doença é séria ou não, se o tratamento terá sucesso ou não, através das variações de declínio e ascensão, gerando-as ou restringindo-as, da mesma forma como quando se pode distinguir a ascensão e o declínio das cinco vísceras, a séria extensão da doença, e a data da morte ou sobrevida do paciente".

帝曰：原卒闻之。岐伯曰：肝主春，足厥阴少阳主治，其日甲乙，肝苦急，急食甘以缓之。

Disse o Imperador Amarelo: "Espero que possas me dar os detalhes". Disse Qibo: "O fígado se encarrega da energia da primavera que é a estação da madeira; há madeira Yin e madeira Yang; quando o fígado age através do Canal Jueyin do Pé, é madeira Yin; quando a vesícula biliar age através do Canal Shaoyang do Pé, é a madeira Yang, e na primavera, são estes os dois canais principais para tratar. Jia e Yi se associam à madeira, por isso, Jia e Yi são os dias em que o fígado está em ascensão. A característica do fígado é ser impetuoso, o que se pode moderar com remédios de sabor doce.

心主夏，手少阴太阳主治，其日丙丁，心苦缓，急食酸以收之。

"O coração se encarrega da energia do verão que é a estação do fogo; há fogo Yin e fogo Yang; quando o coração age através do Canal Shaoyin da Mão, é o fogo Yin; quando o intestino delgado age através do Canal Taiyang da Mão, é o fogo Yang; no verão, são estes os dois canais principais para tratar. Bing e Ding se associam ao fogo, por isso Bing e Ding são os dias em que a energia do coração está ascendente. A característica do coração é dispersar; deve ser constrito com remédio de sabor ácido.

脾主长夏，足太阴阳明主治，其日戊已，脾苦湿，急食苦〔《素问绍识》：" '苦'是 '咸' 之误"〕以燥之。

"O baço se encarrega da energia do verão longo que é a estação da terra; há terra Yin e terra Yang; quando o baço age através do Canal Taiyin da Mão, é a terra Yin; quando o estômago age através do Canal Yangming do Pé, é a terra Yang; no verão longo são estes dois canais principais para tratar. Wu e Ji se associam à terra, por isso Wu e Ji são os dias em que o baço está ascendente. A característica do baço é ser úmido, e deve ser seco com remédio de sabor salgado.

肺主秋，手太阴阳明主治，其日庚辛，肺苦气上逆，急食苦以泄之。

"O pulmão se encarrega da energia do outono que é a estação do metal; há metal Yin e metal Yang; quando o pulmão age através do Canal Taiyin da Mão, é o metal Yin; quando o intestino grosso age através do Canal Yangming da Mão, é o metal Yang; no outono, estes são os dois canais principais a tratar. Geng e Xin se associam ao metal, por isso, Geng e Xin são os dias em que o pulmão é ascendente. Quando a energia do pulmão ascende em contracorrente, deve ser purgado com remédios de sabor amargo.

肾主冬，足少阴太阳主治，其日壬癸，肾苦燥，急食辛以润之，开腠理，致津液，通气也。

"O rim se encarrega da energia do inverno que é a estação da água; há água Yin e água Yang; quando o rim age através do Canal Shaoyin do Pé, é a água Yin; quando a bexiga age através do Canal Taiyang do Pé, é a água Yang; no inverno, são estes os dois canais principais para tratar. Ren e Gui se associam à água, por isso, Ren e Gui são os dias em que a energia do rim é ascendente. A característica da enfermidade do rim é ser seca; deve ser umedecida com remédio de sabor picante. Em suma, quando se tratam as cinco vísceras com os cinco sabores, é para abrir as estrias da pele, circular o fluído corpóreo e limpar a energia.

病在肝，愈于夏，夏不愈，甚于秋，秋不死，持于冬，起于春，禁当风。肝病者，愈在丙丁，丙丁不愈，加于庚辛，庚辛不死，持于壬癸，起于甲乙。肝病者，平旦慧，下晡甚，夜半静。肝欲散，急食辛以散之，用辛补之，酸写之。

"Quando a doença está no fígado, deve-se recuperar no verão; se não se recuperar, será agravada no outono; se o paciente não morrer no outono, a doença se prolongará no inverno e o paciente só poderá melhorar na primavera do ano seguinte, quando a energia da madeira estiver ascendente, mas o paciente deve tomar cuidado para evitar o vento perverso.

"O paciente da doença do fígado, pode ter uma melhora nos dias Bing e Ding; se a doença não tiver então uma melhora, agravar-se-á nos dias Geng e Xin; se então não se agravar, prolongar-se-á nos dias Ren e Gui, mas terá uma melhora até os dias Jia e Yi.

"O paciente com doença do fígado, terá uma melhora ao alvorecer, irá piorar à tardinha, e se aclamará à meia-noite.

"A energia perversa do fígado deve ser dispersa com remédio picante; quando necessário revigorá-lo, deve ser usado remédio ácido para repor o que o fígado perdeu; quando necessário purgar, deve-se usar remédio picante para eliminar o fogo da energia do fígado.

病在心，愈在长夏，长夏不愈，甚于冬，冬不死，持于春，起于夏，禁温食热衣。心病者，愈在戊己，戊己不愈，加于壬癸，壬癸不死，持于甲乙，起于丙丁。心病者，日中慧，夜半甚，平旦静。心欲软，急食咸以软之，用咸补之，甘写之。

"Quando a doença está no coração, irá se recuperar no verão longo; se então não se recuperar, agravar-se-á no inverno; se o paciente não morrer no inverno, a doença irá se prolongar até a primavera do ano seguinte, mas terá uma melhora gradativa no verão, quando o fogo está ascendente, mas o paciente deve tomar cuidado em não vestir roupas quentes, não ingerir comida quente para que a energia do fogo não possa crescer.

"O paciente de doença do coração pode ter uma melhora nos dias Wu e Ji; se não se recuperar, então terá um agravamento nos dias Ren e Gui; se não piorar então, prolongar-se-á nos dias Jia e Yi, mas terá uma melhora nos dias Bing e Ding.

"O paciente com doença do coração sentir-se-á melhor ao meio-dia, ficará pior à meia-noite, mas se acalmará ao nascer do sol.

"A energia perversa do coração será aliviada através de remédio de sabor salgado; quando se precisar revigorar, deve-se usar remédio de sabor salgado para preencher o coração; quando for necessária a purgação, deve-se usar remédio de sabor doce para purgar a energia.

病在脾，愈在秋，秋不愈，甚于春，春不死，持于夏，起于长夏，禁温食〔张琦说："疑当作'冷食'"〕饱食湿地濡衣。脾病者，愈在庚辛，庚辛不愈，加于甲乙，甲乙不死，持于丙丁，起于戊己。脾病者，日昳慧，日出〔《病源》、《脾病候》"日出"作"平旦"林校引《甲乙》亦作"平旦"〕甚，下晡静。脾欲缓，急食甘以缓之，用苦写之，甘补之。

"Quando a doença estiver no baço, pode ser recuperada no outono; se o paciente não morrer na primavera, a doença irá se prolongar até o verão, mas terá uma melhora quando a energia da terra estiver ascendente no verão longo, mas o paciente deve tomar cuidado, em não ingerir comida fria, não comer seu recheio e evitar viver em locais úmidos ou vestir roupas úmidas.

"O paciente com doença do baço terá uma melhora nos dias Geng e Xin; se a doença não se recuperar, então agravar-se-á nos dias Jia e Yi; se o paciente não morrer nos dias Jia e Yi, haverá um prolongamento da doença até os dias Bing e Ding, mas terá uma melhora até os dias Wu e Ji.

"O paciente com doença do baço sentir-se-á melhor nas duas horas de Wei (13:00 - 15:00); a doença ficará mais séria ao amanhecer, acalmando-se ao entardecer.

"A energia perversa do baço deve ser moderada com remédio doce; quando a purgação for necessária, deve-se usar remédio de sabor amargo para purgar o baço; quando for necessário revigorar, deve ser usado remédio de sabor doce para preencher o baço.

病在肺，愈在冬，冬不愈，甚于夏，夏不死，持于长夏，起于秋，禁寒饮食寒衣。肺病者，愈在壬癸，壬癸不愈，加于丙丁，丙丁不死，持于戊己，起于庚辛。肺病者。下晡慧，日中甚，夜半〔《素问识》云："按据前后文例当是'日昳静'"〕静。肺欲收，急食酸以收之，用酸补之，辛写之。

"Quando a doença está no pulmão, poderá haver recuperação no inverno; se não for recuperada no inverno, agravar-se-á no verão do ano seguinte; se o paciente

140

não morrer no verão, a doença irá se prolongar no verão longo, mas terá uma melhora no outono, quando a energia do metal está em ascensão; mas o paciente deve tomar cuidado em não ingerir comida ou bebida fria, e não usar pouco agasalho em relação ao tempo.

"O paciente com doença do pulmão pode se recuperar nos dias Ren e Gui; se não se recuperar então, irá ter um agravamento nos dias Bing e Ding; se não piorar então, haverá um prolongamento até os dias Wu e Ji, mas terá uma melhora nos dias Geng e Xin.

"O paciente com doença do pulmão, sentir-se-á melhor ao entardecer, ficará pior ao meio-dia, e se acalmará nas duas horas de Wei (13:00 - 15:00).

"A energia perversa do pulmão deverá se restringir com remédio de sabor ácido. Quando for necessário revigorar, deve-se usar remédio de sabor ácido para preencher o pulmão; quando for necessária a purgação, deve-se usar remédio de sabor picante para purgar a energia estênica do pulmão.

病在肾，愈在春，春不愈，甚于长夏，长夏不死，持于秋，起于冬，禁犯焠烧热食温〔"犯"字衍，伟以"禁当风"，又"温"亦衍文，应据《病沉》《肾候病》删〕炙衣。肾病者，愈在甲乙，甲乙不愈，甚于戊已，戊已不死，持于庚辛，起于壬癸。肾病者，夜半慧，四季〔《病沉》"四季"上有"日乘"二字〕甚，下晡静。肾欲坚，急食苦以坚之，用苦补之，咸写之。

"Quando a doença está no rim, pode ter uma recuperação na primavera; se não tiver uma recuperação na primavera, irá se agravar no verão longo; se o paciente não morrer no verão longo, a doença se prolongará no outono, mas terá uma melhora quando a energia da água estiver próspera no inverno, mas o paciente deve tomar cuidado em não ingerir comida frita ou comida tostada ou comer e beber algo que esteja muito quente, nem vestir roupas que tenham sido aquecidas junto ao fogo a fim de não adquirir a síndrome de secura-calor.

"O paciente com doença do rim poder-se-á recuperar nos dias Jia e Yi; se não se recuperar, então terá uma piora nos dias Wu e Ji; se não morrer, então terá um prolongamento até os dias Geng e Xin, mas terá uma melhora até os dias Ren e Gui.

"O paciente com doença do rim sentir-se-á melhor à meia-noite, terá um agravamento nas duas horas de Chen (07:00 - 09:00), Xu (19:00 - 21:00), Chou (01:00 - 03:00) e Pei (13:00 - 15:00), e estará calmo ao entardecer.

"Na doença do rim, a energia deve ser reforçada com remédio de sabor amargo; quando for necessário revigorar, deve-se usar remédio de sabor amargo a fim de preencher o rim; quando for necessária purgação, deve-se usar remédio de sabor salgado para purgar a energia do rim

夫邪气之客于身也，以胜相加，至其所生而愈，至其所不胜而甚，至于所生而持，自得其位而起，必先定五藏之脉，乃可言间甚之时，死生之期也。

"Quando a energia perversa invade o corpo, a doença visceral é causada pelo elemento de energia que está associado ao dia e que é sobrepujado (tal como a doença da madeira do fígado é causada pela energia do pulmão-metal); recuperar-se-á no dia do elemento associado que produz (a doença do fígado se recupera no verão ou nos dias de Bing e Ding); agravar-se-á no dia em que o elemento associado

141

a restringe (a doença do fígado se agrava nos dias de Geng e Xin, já que o metal domina a madeira); terá uma paralisação no dia em que o elemento associado a produz (a doença do fígado estará estacionária no inverno ou nos dias de Ren e Gui, já que a água gera a madeira); terá uma melhora quando atingir o momento em que o elemento a ela se associa (a doença do fígado terá uma melhora na primavera e a energia do fígado-madeira, está ascendente na primavera). Deve haver em primeiro lugar, uma certeza da condição normal de pulso das cinco vísceras (i.e., o pulso do fígado é tenso, o pulso do coração é em anzol, o pulso do baço é lento, o pulso do pulmão é flutuante e o pulso do rim é de pedra), e, então, inferir se a doença é passageira ou séria, e data de morte ou sobrevida do paciente.

肝病者，两胁下痛引少腹，令人善怒，虚则目𥆩𥆩无所见，耳无所闻，善恐，如人将捕之，取其经，厥阴与少阳，气逆，则头痛耳聋不聪〔《云笈七签》引无"不聪"二字〕颊肿。取血者。

"Na doença do fígado, quando este estiver estênico, haverá dor sobre os hipocôndrios, o que afeta o baixo abdômen, e com freqüência o paciente estará zangado; se o fígado estiver em astenia, os dois olhos do paciente estarão ofuscados com obscurecimento da visão, seus dois ouvidos não poderão escutar as coisas distintamente, se assustando com freqüência como se alguém fosse prendê-lo.

"A doença deve ser tratada picando-se os pontos shu dos Canais Jueyin e Shaoyang. Se a energia do fígado estiver ascendendo em contracorrente, o paciente terá síndromes de dor nos olhos, surdez e inchaço nas bochechas; dever-se-á também picar os acupontos dos Canais Jueyin e Shaoyang até sangrarem.

心病者，胸中痛，胁支〔《甲乙》"支"作"楂"，《尔雅·释言》："楂"柱也，此言胁胀，如柱撑着也〕满，胁下痛，膺背肩甲〔朝本"甲"作"胛"〕间痛，两臂内痛；虚则胸腹大，胁下与腰〔《脉经》"腰"下有"背"字〕相引而痛，取其经，少阴太阳，舌下血者。其变病刺郄中血者〔《圣济总录》卷一百九十一引"血者"作"出血"〕。

"No mal do coração, quando este estiver em estenia, irá ocorrer dor no peito, distensão do hipocôndrio, dor sob a axila, dor entre os seios, dor nas costas e na parte superior dos braços; se o coração estiver em astenia, irá ocorrer inchaço no peito e no abdômen, o que causará dor no hipocôndrio, na região lombar e nas costas.

"A enfermidade deve ser tratada picando-se os acupontos dos Canais Shaoyin e Taiyang e por debaixo da língua até sangrar. Se a condição da doença diferir de seu início, deve-se picar Weizhong (Centro Poplíteo) até sangrar.

脾病者，身重善肌〔明抄本，朝本"肌"作"饥"，《脾胃论》亦引作"善饥"〕肉痿，足不收行〔林校引《千金》作"足痿不行"〕善瘈，脚下痛；虚则腹满〔《甲乙》"满"作"胀"〕肠鸣，飧泄食不化，取其经，太阴阳明少阴血者〔（沈祖绵说：宜作"取其经太阴阳明之外，少阴血者"）〕。

"Na enfermidade do baço, quando este estiver em estenia, o paciente sentirá o corpo pesado, propício a ter fome, flacidez nas pernas e incapacidade de se erguer para andar, e dor nos pés; se o baço estiver astênico, irá ocorrer flatulência abdominal e borborigmo com cereais não digeridos nas fezes.

"A doença deve ser tratada picando-se em primeiro lugar a parte lateral dos Canais Taiyang e Yangming e depois, os acupontos do canal Shaoyin até sangrar.

肺病者，喘咳逆气，肩背痛，汗出，尻阴股膝髀〔《云笈七签》引无"髀"字，日本田中清左卫门刻本《素问》旁注谓无"阴"字〕腨胻足皆痛；虚则少气不能报〔《太平圣惠方》"报"作"太"〕息，耳聋〔《太平圣惠方》引作"胸满"〕嗌乾，取其经，太阴足太阳之外厥阴内〔《脉经》、《甲乙》"厥阴内"并有"少阴"二字〕血者。

"Na enfermidade do pulmão, quando este estiver estênico, irá ocorrer tosse, respiração forte, contracorrente da energia vital, dor nas costas e nos ombros, inchaço e dor nas nádegas, nas coxas, na barriga da perna, na tíbia e no pé; se o pulmão tiver astenia, o paciente sentirá falta de ar, não poderá tomar fôlego, com plenitude no peito e secura na garganta.

"Ao se tratar a doença, deve-se picar a parte lateral dos Canais Taiyin e Taiyang do Pé, e o Canal Shaoyin do lado interno do Canal Jueyin até sangrar.

肾病者，腹大胫肿〔《脉经》"肿"下有"痛"字〕，喘咳身重，寝汗出，憎风；虚则胸中痛〔《史载之方》引"痛"作"满"〕，大腹〔《太平圣惠方》卷七《肾藏论》引无"大腹"二字〕小腹痛，清厥意不乐，取其经，少阴太阳血者。

"Na doença do rim, quando este tiver estenia, irá ocorrer a síndrome de inchaço e dor no abdômen e na tíbia, tosse, respiração rápida, peso no corpo, suor noturno e aversão ao vento; se o rim estiver em astenia, o paciente sentirá plenitude no peito, dor no baixo abdômen, e se sentirá infeliz.

"Ao tratar a doença, deve-se picar os acupontos dos Canais Shaoyin e Taiyang até que sangrem.

肝色青，宜食甘，粳米〔《太素》"米"后有"饭"字〕牛肉枣葵皆甘。心色赤，宜食酸，小豆〔《太素》无此二字〕犬肉李韭皆酸。肺色白，宜食苦，麦羊肉杏薤皆苦。脾色黄，宜食咸，大豆豕肉栗藿皆咸。肾色黑，宜食辛，黄黍鸡肉桃葱皆辛。辛散，酸收，甘缓，苦坚，咸软〔《太素》作"㕮"〕。

"O fígado está associado à cor verde; sua característica quando enfermo é a urgência, por isso deve-se ser moderado com comida de sabor doce. Arroz com casca, carne de vaca, jojoba e girassol, todos são doces.

"O coração está associado à cor vermelha; sua característica quando doente é a dispersão, por isso deve-se evitar comida de sabor ácido. Linho, carne de cachorro, ameixa, cebolinha chinesa, são todos ácidos.

"O pulmão está associado à cor branca; sua característica quando enfermo, é a contracorrente, por isso, deve ser purgado ingerindo-se comida de sabor amargo. Trigo, carneiro, abricó e alho-porro são todos amargos.

"O baço se associa à cor amarela; sua característica quando enfermo é a umidade, por isso deve ser drenado ingerindo-se comida de sabor salgado. Feijão de soja, carne de porco, painço e betônica são todos salgados.

"O rim se associa à cor negra; sua característica quando enfermo é a secura, por isso deve ser umedecido ingerindo-se comidas de sabor picante. Glúten, frango, pêssego e cebolinha verde, todos são picantes.

"A comida com sabor picante tem a função de dispersar, a comida com sabor ácido tem a função de coletar, a comida com sabor doce tem a função de moderar, a comida com sabor amargo tem a função de secar e a comida com sabor salgado tem a função de aliviar a dureza.

143

毒药攻邪，五谷为养，五果为助，五畜〔《千金》作"肉"〕为益，五菜为充。气味合而服之，以补精益气。此五〔《太素》"五"下有"味"字〕者，有辛酸甘苦咸，各有所利，或散，或收，或缓，或急〔按"或急"衍〕，或坚，或软，四时五藏，病随〔《太素》"病"下无"随"字〕五味所宜也。

"As drogas venenosas servem para expelir os perversos. As cinco espécies de cereais servem para nutrir o corpo; as cinco espécies de frutas servem para suplementar; as cinco espécies de carne servem para revigorar, e as cinco espécies de vegetais servem para recuperar.

"Quando se ingere combinados os cereais, as frutas, as carnes e os vegetais, pode-se revigorar a essência e nutrir a energia vital.

"Os cinco sabores (picante, ácido, doce, amargo e salgado), nas diversas comidas, têm a função específica respectiva de dispersar, coletar, moderar, reforçar e aliviar. Ao tratar, deve-se usar os cinco sabores de maneira apropriada, de acordo com as condições específicas das quatro estações e das cinco vísceras".

144

宣明五气篇第二十三

Capítulo 23
Xuan Ming Wu Qi
(Exposição sobre a Energia das Cinco Vísceras)

五味所入；酸入肝，辛入肺，苦入心，咸入肾，甘入脾，是谓五入。

Quando os alimentos dos cinco sabores entram no estômago, eles vão respectivamente às várias vísceras de acordo com suas próprias preferências: a acidez se encaminha ao fígado, o acre se encaminha ao pulmão, o amargor se encaminha ao coração, o salgado se encaminha ao rim e o adocicado se encaminha ao baço. Estas são as assim chamadas cinco entradas.

五气〔《太素》卷六《藏府气液》作"五藏气"〕所病：心为〔《太素》"为"作"主"〕噫，肺为咳，肝为语，脾为吞，肾为欠〔《太素》"欠"下无"为嚏"二字〕为嚏，胃为气逆，为哕为恐〔《太素》无"为恐"二字〕，大肠小肠为泄，下焦溢为水，膀胱不利为癃〔《太素》无此四字〕，不约为遗溺，胆为怒，是谓五病。

As síndromes das energias dos cinco órgãos sólidos são: quando a energia do coração é comprimida, arrota-se; quando a energia do pulmão não está límpida, tem-se tosse; quando a energia do fígado não é dragada, tem-se polilogia; quando a energia do baço deixa de transportar e converter, fica-se engolindo; quando a energia do rim é insuficiente, boceja-se. As síndromes das energias dos seis órgãos ocos são: quando a energia do estômago não é descendente, sobe em contracorrente e tem-se soluço; quando o intestino grosso ou o intestino delgado estão enfermos, tem-se diarréia; quando o fluido corporal do aquecedor inferior transborda na pele, tem-se edema; quando a energia da bexiga não estiver sendo convertida, ter-se-á disúria; quando descontrolada, ter-se-á enurese; quando a energia da vesícula biliar estiver enferma, estar-se-á sempre a ponto de ter fome. Estas são as doenças dos cinco órgãos sólidos.

五精所并〔《太素》"五精所并"作"五并"〕：精气并于心则喜，并于肺则悲，并于肝则忧〔张琦说："忧"当作"怒"〕，并于脾则畏〔疑当作思〕，并于肾则恐，是谓五并，虚而相并者也。

Quando as energias refinadas dos cinco órgãos sólidos estiverem imersas em um órgão, a energia do órgão se tornará estênica e surgirá a doença; quando a energia refinada estiver imersa no coração, a energia do coração terá um superávit e ter-se-á vontade de rir; quando imersa no pulmão, a energia do pulmão terá um superávit e ter-se-á entristecimento; quando imersa no fígado, a energia do fígado tornar-se-á parcialmente abundante a fim de restringir o baço e ficar-se-á raivoso; quando imersa no baço, a energia do baço estará abundante em parte e restringe o rim, gerando ansiedade; quando imersa no rim, a energia do rim terá um superávit e ficar-se-á aterrorizado. Essas são as assim chamadas penetrações.

五藏所恶〔《太素》作"五恶"〕：心恶热，肺恶寒，肝恶风，脾恶湿，肾恶燥，是谓五恶〔《太素》作"此五藏气所恶"〕。

Os cinco órgãos sólidos têm respectivamente suas repugnâncias: o coração está prestes a ficar doente quando estiver quente a ponto de ferir o sangue Yin, portanto, o coração detesta a quentura; o pulmão está prestes a ficar doente quando está frio a ponto de obstruir a energia, por isso o pulmão detesta o frio; o fígado está prestes a adoecer quando invadido pelo vento que causa a contratura dos tendões, por isso o fígado detesta o vento; o baço está prestes a ficar doente quando está úmido a ponto de causar inchaço dos músculos, por isso o baço detesta a umidade; o rim está prestes a ficar doente quando está seco a ponto de esgotar a essência Yin, por isso o rim detesta a secura. Estas são as assim chamadas aversões dos cinco órgãos sólidos.

五藏化液〔《太素》作"五液"〕：心为汗〔《太素》"为"作"主"下同〕，肺为涕，肝为泪，脾为涎，肾为唾，是谓五液〔《太素》作"此五液所生"〕。

As secreções provenientes dos cinco órgãos sólidos são: o coração se encarrega do sangue, e o suor é transformado em sangue, portanto, o suor é a secreção do coração; o nariz é o orifício do pulmão, e a descarga nasal parte do nariz, por isso a descarga nasal é a secreção do pulmão; os olhos são o orifício do fígado, e as lágrimas dos olhos, por isso as lágrimas são a secreção do fígado; a boca é o orifício do baço e a saliva serosa sai da boca, por isso a saliva serosa é a secreção do baço. O pulso do Shaoyin do Pé está sob a língua; a saliva mucosa está sob a língua, por isso a saliva mucosa é a secreção do rim. Estes são os cinco tipos de secreções convertidas e produzidas dos cinco órgãos sólidos.

五味所禁：辛走气，气病无多食辛〔《太素》作"病在气无食辛"，下血、骨、肉、筋句法同〕；咸〔《太素》"咸"作"苦"〕走血，血病无多食咸；苦〔《太素》"苦"作"咸"〕走骨，骨病无多食苦；甘走肉，肉病无多食甘；酸走筋，筋病无多食酸。是谓五禁，无令多食〔《医说》引无"无令多食"四字〕。

Os cinco tipos de sabores são contra-indicados a determinadas doenças dos cinco órgãos sólidos a saber: o sabor picante afeta a energia, por isso nas doenças da energia, não se deve ingerir muita comida picante; o gosto amargo afeta o sangue, por isso, nas doenças do sangue, não se deve ingerir muita comida amarga; o sabor salgado afeta os ossos, portanto, nas doenças dos ossos, não se deve ingerir muita comida salgada; o sabor doce afeta os músculos, por isso, nas doenças dos músculos não se deve ingerir muita comida doce; o sabor ácido afeta os tendões, por isso nas doenças dos tendões, não se deve ingerir muita comida ácida. Estas são as cinco espécies de sabores que devem ser contra-indicados.

五病所发：阴病发于骨，阳病发于血，阴病发于肉〔《太素》、《邪传》作"以味病发于气"，按"以味"应据杨注作"五味"〕，阳病发于冬，阴病发于夏，是谓五发。

As cinco enfermidades que ocorrem em diferentes locais ou estações são: o rim é o órgão sólido do Yin e se encarrega dos ossos; a doença dos rins provém da medula óssea; o coração é o órgão sólido do Yang e se encarrega do sangue; a doença do coração provém do sangue; o baço é o órgão sólido do Yin, e se encarrega dos músculos; a doença do baço provém dos músculos; o fígado é o órgão sólido do Yang, e está associado à primavera, mas sua doença provém do inverno; o pulmão é

146

o órgão sólido do Yin, e está associado ao outono, mas sua doença provém do verão. Estes são os casos das proveniências das doenças dos cinco órgãos sólidos. Elas são chamadas as cinco ocorrências.

五邪所乱〔《太素》"所乱"作"入"〕：邪入于阳则〔《太素》"则"下有"为"字〕狂，邪入于阴则〔《太素》"则"下有"为血"二字〕痹，搏阳则为巅疾〔《太素》作"邪入于阳搏则为巅疾"〕，搏阴则为瘖，阳入之阴则〔《太素》"则"作"病"〕静，阴出之阳则怒〔《太素》作"病善怒"〕，是谓五乱。

Quando os cinco órgãos sólidos são invadidos pela energia perversa, ocorrerão diversas afecções: quando os perversos entram no Yang, o calor irá perturbar a consciência e ocorrerão manias; quando os perversos entram no Yin, a circulação do sangue será perturbada e irá ocorrer artralgia devido à perturbação do sangue; quando os perversos entram no Yang para causar contracorrente na energia vital, ocorrerá enfermidade mortal; quando os perversos entrarem no Yin para causar dano ao fluido Yin, o paciente emudecerá; quando os perversos mudarem do Yang para o Yin e o Yin se tornar superabundante, o paciente tornar-se-á calmo; quando os perversos mudarem do Yin para o Yang e o Yang se tornar superabundante, o paciente ficará zangado com freqüência. Estas são as doenças causadas pelos cinco perversos.

五邪所见，春得秋脉，夏得冬脉，长夏得春脉，秋得夏脉，冬得长夏脉，名曰阴出之阳〔林校云："按'阴出之阳病善怒'已是前条，此再言之文义不伦，必古文错简"〕，病善怒不治，是谓五邪。皆同命，死不治。

As condições de pulso dos cinco perversos são: quando o pulso flutuante do outono for visto na primavera; quando o pulso de pedra do inverno for visto no verão; quando o pulso tenso da primavera for visto no verão longo; quando o pulso em anzol do verão for visto no outono, e quando o pulso leve e flutuante do verão longo for visto no inverno. Estas são as condições do pulso perverso que não devem ocorrer. Se qualquer delas for vista nas quatro estações, a doença não será curada.

五藏所藏：心藏神，肺藏魄、肝藏魂，脾藏意〔《五行大义》引"意"作"志"〕，肾藏志〔《五行大义》"志"作"精"〕，是谓五藏所藏。

Estes são os diversos armazenamentos dos cinco órgãos sólidos: o coração armazena a mente; o pulmão armazena a alma inferior; o fígado armazena o espírito; o baço armazena a vontade e o rim armazena a essência. Estes são os armazenamentos dos cinco órgãos sólidos.

五藏所主：心主脉，肺主皮，肝主筋，脾主肉，肾主骨，是谓五主。

As diversas funções dos cinco órgãos sólidos são: o coração promove a circulação do sangue, portanto, o coração se encarrega dos vasos; o pulmão espalha a energia pela superfície da pele, por isso o pulmão se encarrega da pele; o fígado armazena o sangue e dispersa sua essência para nutrir os tendões, por isso o fígado se encarrega dos tendões; o baço transporta e converte a água e os cereais para nutrir os músculos, por isso o baço se encarrega dos músculos; o rim armazena a essência e gera a medula para nutrir os ossos, por isso o rim se encarrega dos ossos. Estas são as cinco funções dos cinco órgãos sólidos.

五劳所伤：久视伤血，久卧伤气，久坐伤肉，久立伤骨，久行伤筋，是谓五劳所伤。

Os sete danos do esforço excessivo são: a atenção prolongada sobrecarrega o coração e prejudica o sangue; a inatividade prolongada sobrecarrega o pulmão e prejudica a energia; o sentar prolongado irá sobrecarregar o baço e prejudicar os músculos; o ficar em pé prolongado prejudica os rins e incapacita os ossos; o caminhar prolongado irá sobrecarregar o fígado e prejudicar os tendões. Estes são os cinco tipos de prejuízo pela sobrecarga.

五脉应象：肝脉弦，心脉钩，脾脉代，肺脉毛，肾脉石，是谓五藏之脉。

A condição de pulso dos cinco órgãos sólidos correspondente às quatro estações é: o pulso do fígado corresponde à primavera e se assemelha ao tenso; o pulso do coração corresponde ao verão e se assemelha ao anzol; o pulso do baço corresponde ao verão longo e se assemelha ao intermitente; o pulso do pulmão corresponde ao outono e se assemelha ao flutuante; o pulso do rim corresponde ao inverno e se assemelha a algo como pedra. Estas são as condições de pulso dos cinco órgãos sólidos.

血气形志篇第二十四

Capítulo 24
Xue Qi Xin Zhi
(Sobre o Sangue, a Energia, o Corpo e o Espírito)

夫人之常数，太阳常多血少气，少阳常〔《太素》卷十九《知形志所宜》"少阳"下无"常"字〕少血多气，阳明常多气多血，少阴常少血多气，厥阴常多血少气，太阴常多气少血，此天〔"天"字疑误，据上文应作"人"〕之常数。

A porção de energia e de sangue distribuída no corpo humano é constante. No Canal Taiyang há muito sangue e pouca energia; no Canal Shaoyang há pouco sangue e muita energia; no Canal Yangming há tanto sangue quanto energia; no Canal Shaoyin há pouco sangue e muita energia; no Canal Jueyin há muito sangue e pouca energia; no Canal Taiyin há muita energia e pouco sangue. Estas são as condições constantes de sangue e energia no corpo humano.

足太阳与少阴为表里，少阳与厥阴为表里，阳明与太阴为表里，是为足〔滑抄本"足"下有"之"字〕阴阳也。手太阳与少阴为表里，少阳与心主为表里，阳明与太阴为表里，是为手之阴阳也。今知手足阴阳所苦〔《太素》无此八字〕，凡治病必先去其血，乃去其所苦，伺之所欲，然后写有余，补不足。

O Canal da Bexiga, Taiyang do Pé e o Canal do Rim, Shaoyin do Pé, são superfície e interior; o Canal da Vesícula Biliar, Shaoyang do Pé e o Canal do Fígado, Jueyin do Pé, são superfície e interior; o Canal do Estômago, Yangming do Pé, e o Canal do Baço, Taiyin do Pé, são superfície e interior; estas são as conexões entre os três canais Yin do pé e os três canais Yang do pé. O Canal do Intestino Delgado, Taiyang da Mão e o Canal do Coração, Shaoyin da Mão, são superfície e interior; o Canal do Triplo Aquecedor, Shaoyang da Mão e o Canal do Pericárdio, Jueyin da Mão são superfície e interior; o Canal do Intestino Grosso, Yangming da Mão e o Canal do Pulmão, Taiyin da Mão são superfície e interior; estas são as conexões entre os três canais Yin da mão e os três canais Yang da mão.

Ao tratar, se o sangue estiver prevalecendo, deve-se picar para removê-lo, a fim de aliviar em primeiro lugar a dor do paciente, e depois testar a vontade do mesmo, descobrir a condição estênica e astênica da doença e purgar o superávit ou revigorar a deficiência.

欲知背俞，先度其两乳间，中折之，更以他草度去〔《太素》卷十一《气穴》、《医心方》"去"下并有"其"字〕半已，即以两隅相拄〔朝本"拄"作"柱"〕也。乃举〔《医心方》"举"下有"臂"字〕以度其背，令其一隅居上，齐脊大椎，两隅在下，当其下隅者，肺之俞也；复下一度，心之俞也；复下一度，左〔《太素》《医心方》并作"右"〕角肝之俞也，右〔《太素》《医心方》并作"左"〕角脾之俞也；复下一度，肾之俞也；是谓五藏之俞，灸刺之度也。

149

Quando se quer conhecer a localização dos pontos shu das cinco vísceras, pode-se medir a distância entre os dois mamilos do paciente com um pedaço de palha e quebrá-lo no tamanho, a fim de estabelecer seu comprimento para determinar a distância; dobrar a palha duas vezes e fazer de seu filamento um quarto da distância entre os mamilos; depois retirar um dos quartos e fazer um triângulo com os três filamentos. Solicitar ao paciente para esticar seus braços colocando o ângulo superior do triângulo sobre o acuponto Dazhui (Grande Vértebra) do paciente, e a localização dos dois ângulos inferiores estarão sobre os pontos Shu do Pulmão.

Mover o ângulo superior do triângulo até o ponto médio da linha de conexão dos dois pontos shu do pulmão e a localização dos dois ângulos inferiores será a dos pontos Shu do Coração; movendo de novo para baixo o triângulo, como acima descrito, o ângulo inferior direito será o ponto Shu do Fígado, e o ponto inferior esquerdo será o ponto Shu do Baço; se o triângulo for movido novamente como acima descrito, os ângulos inferiores esquerdo e direito serão os pontos Shu dos Rins. Estas são as localizações dos pontos shu das cinco vísceras e são as que valem para a acupuntura e moxibustão.

形乐志苦，病生于脉，治之以灸刺；形乐志乐，病生于肉，治之以针石；形苦志乐，病生于筋，治之以熨引；形苦志苦，病生于咽嗌〔林校引《甲乙经》作"困竭"〕，治之以百〔《甲乙》"百"作"甘"〕药；形数惊恐，经络〔《太素》《医心方》"经络"并作"筋脉"〕不通，病生于不仁，治之以按摩醪药，是谓五形志也。

Quando o paciente não está com o corpo cansado, mas se preocupa o tempo todo, sua doença se deve à obstrução do canal. Deve ser tratado com acupuntura e moxibustão.

Quando o corpo e o espírito do paciente estão à vontade, sua doença se deve ao inchaço dos músculos. Deve ser tratado picando-se os acupontos com agulhas de pedra.

Quando o paciente parece ter exaustão e cansaço no corpo, mas está de bom humor, sua doença se deve à lesão nos tendões. Deve ser tratado com aplicações tópicas de remédios aquecidos.

Quando o paciente tem exaustão e cansaço tanto no corpo quanto no espírito, sua doença se deve ao desgaste e esgotamento da energia. Deve ser tratado com remédios de sabor doce.

Quando o paciente está se assustando a intervalos regulares, a ponto de causar obstrução dos tendões, sua doença se deve à insensibilidade. Deve-se tratar com massagem e tintura.

Estas são as cinco espécies de doença do corpo e do espírito.

刺阳明〔《太素》"刺"上有"故曰"二字〕出血气，刺太阳出血恶气，刺少阳出气恶血，刺太阴出气恶血，刺少阴出气恶血〔《太素》"出气恶血"作"出血气"〕，刺厥阴出血恶气也。

Por isso, ao picar o Canal Yangming, é permitido que se deixe escapar sangue e energia; ao picar o Canal Taiyang, é permitido deixar sair sangue, enquanto que a energia não pode ser lesada; ao picar o Canal Shaoyang, só se permite deixar escapar energia, enquanto que o sangue não deve ser mexido; quando se pica o Canal Taiyin, permite-se deixar escapar tanto o sangue quanto a energia; quando se pica o Canal Shaoyin, só é permitido deixar sair a energia o não se deve ferir o sangue; quando se pica o Canal Jueyin, só é permitido deixar escapar sangue, enquanto que a energia não deve ser tocada.

150

宝命全形论篇第二十五

Capítulo 25
Bao Ming Quan Xing Lun
(Seguir o Princípio da Natureza ao Tratar)

黄帝问曰：天覆地载，万物悉备，莫贵于人，人以天地之气生，四时之法成，君王众庶，尽欲全形，形之疾病〔《太素》卷十九《知针石》作"所疾"〕，莫知其情，留淫日深，著于骨髓，心私虑〔《太素》"虑"作"患"〕之，余欲针除其疾病，为之奈何？

O Imperador Amarelo perguntou: "Dentre todas as coisas que há entre o céu e a terra, nada é mais precioso do que o homem. O homem depende para existir, das energias do céu e da terra e cresce juntamente com a Lei das quatro estações. Todas as pessoas, incluindo os Reis e as pessoas comuns, desejam ter um corpo saudável, mas, ocasionalmente, sentem um pouco de desconforto e negligenciam isso, e a doença se acumula gradativamente indo finalmente para dentro da medula óssea, sendo dificilmente removida. Isso é o que me preocupa, e desejo aliviar suas penas com acupuntura, mas como posso fazê-lo?"

岐伯对曰：夫盐之味〔袁刻《太素》无"味"字〕咸者，其气令器津泄；弦绝者，其音嘶败〔"败"字衍〕；木敷〔《太素》"敷"作"陈"〕者，其叶发〔"发"是"落"之坏字〕；病深者，其声哕。人有此三〔"三"字疑衍〕者，是谓坏府，毒药无治，短针无取，此皆绝皮伤肉，血气争黑〔《太素》"黑"作"异"〕。

Qibo respondeu: "No diagnóstico, deve-se prestar atenção ao examinar as síndromes que aparecem: tais como, quando o sal é armazenado num utensílio, a água pode evaporar do mesmo; quando a corda de um instrumento está prestes a se romper, produz um som sibilante; quando uma árvore está arruinada e desgastada, suas folhas começam a cair; quando a doença de um homem está em estágio crítico, sua voz ficará parecendo o vômito; sob tais condições, percebe-se que as vísceras foram seriamente danificadas, e tanto aplicar remédios quanto acupuntura será inútil; já que a pele, os músculos, o sangue e a energia não têm mais conexão, sua doença dificilmente poderá se curada".

帝曰：余念其痛，心为之乱惑，反甚其病，不可更代，百姓闻之，以为残贼，为之奈何。

O Imperador Amarelo disse: "Eu tenho muita preocupação com as doenças, das pessoas, mas tenho algumas dúvidas: Desejo tratar o paciente, mas se falhar, a doença irá piorar, e como não posso sofrer por elas vão pensar que eu sou um homem cruel. O que devo fazer?"

岐伯曰：夫人生于地，悬命于天，天地合气，命之曰人。人能应四时者，天地为之父母。知万物者，谓之天子。天有阴阳，人有十二节；天有寒暑，人有虚实。能经天地阴阳之化者，不失四时；知十二节之理者，圣智不能欺也。能存八动〔"动"疑当作"风"〕之变，五胜更立，能达虚实之数者，独出独入，呿吟至微，秋毫在目。

151

Qibo disse: "Embora o homem viva sobre a terra, mas sua mulher não possa de maneira alguma se divorciar do céu, quando as energias do céu e da terra se combinarem, produz-se o homem. Se um homem pode se adaptar às quatro estações, então todas as coisas na natureza irão se tornar fonte de sua vida. Se alguém puder entender todas as coisas, estará pronto para ser um imperador. O homem corresponde à natureza: no céu há o Yin e o Yang, no homem há doze grandes juntas dos membros; no céu há frio e calor, no homem há astenia e estenia; por isso, quando se acompanha as alterações do Yin e do Yang no céu e na terra, nunca se viola a lei das quatro estações. Quando uma pessoa compreende o princípio das doze juntas, nenhum sábio poderá ultrapassá-la. Quando uma pessoa estiver apta a examinar os Oito Ventos, o declínio e a ascensão dos cinco elementos, e puder entender cada vez mais da lei da mudança astênica e estênica, será capaz de compreender a fundo as condições da doença e a dor do paciente, e mesmo algo tão diminuto como um pedaço fino de cabelo não escapará à sua observação".

帝曰：人生有形，不离阴阳，天地合气，别为九野，分为四时，月有小大，日有短长，万物并至，不可胜量，虚实呿吟，敢问其方。

O Imperador Amarelo disse: "O homem existe sob as forma de corpo físico, mas não pode se separar do Yin e do Yang; todas as coisas vêm a existir no mundo após a combinação das energias do céu e da terra. Na geografia, a terra está dividida em nove prefeituras; quanto aos meses, há os pares de 30 dias e os meses lunares de 29 dias; durante o período de luz do dia, algumas extensões são mais longas e algumas são mais curtas; todas as coisas vêm ao mundo simultaneamente e é difícil medi-las. O que eu desejo é apenas aliviar a dor dos pacientes; podes me dizer qual método de acupuntura devo empregar?"

岐伯曰：木得金而伐，火得水而灭，土得木而达〔《素问绍识》谓"达"当作"夺"声误〕，金得火而缺，水得土而绝，万物尽然，不可胜竭。故针有悬布〔明抄本"布"下有"于"字〕天下者五，黔首共余食，莫知之也。一曰治神，二曰知养身〔杨所据本无"知"字，又"身"应作"形"〕，三曰知毒为真，四曰制砭石小大，五曰知府藏血气之诊。五法俱立，各有所先。今末世之刺〔《太平圣惠方》卷九十九《金十经序》引"刺"作"制"〕也，虚者实之，满者泄之，此皆众工所共知也。若夫法天则地，随应而〔四库本"而"作"即"〕动，和之者若响，随之者若影，道无鬼神，独来独往。

Disse Qibo: "O método da acupuntura pode ser analisado segundo o princípio das mudanças dos cinco elementos; quando a madeira encontra o metal, a madeira será cortada; quando o fogo encontra a água, o fogo será extinto; quando a terra encontra a madeira, a terra ficará restrita; quando o metal encontra o fogo, o metal será derretido; quando a água encontra a terra, a água será contida. As mudanças são as mesmas em todas as coisas e os exemplos são por demais numerosos para serem mencionados. Há ao todo cinco métodos de acupuntura que podem ser divulgados, mas as pessoas só se preocupam com sua comida e tentam não compreendê-los cuidadosamente. Os cinco métodos são: primeiro, concentrar a atenção; segundo, tomar conta do corpo; terceiro, conhecer as propriedades atuais dos remédios; quarto: preparar diversos tamanhos de agulhas de pedra, a fim de conseguir tratar as várias doenças; quinto, conhecer o método de diagnóstico para as vísceras, o sangue e a

152

energia. Cada um dos métodos tem seus méritos, e pode-se decidir qual será empregado em primeiro lugar de acordo com a situação específica. No momento, a terapia por acupuntura serve para revigorar quando a energia é astênica, e purgar quando a energia for superabundante, e é conhecida de todos os médicos. Se for possível aplicar a terapia da acupuntura de acordo com o princípio das variações do Yin e do Yang do céu e da terra, serão obtidos efeitos curativos no transcurso. Isso nada tem de misterioso; quando se tem seriedade em acumular conhecimentos de acupuntura com o prolongamento da experiência, certamente irá ocorrer algo de único nos resultados".

帝曰：愿闻其道。

岐伯曰：凡刺之真，必先治神，五藏已定，九候已备〔《甲乙》"备"作"明"〕，后乃存针，众脉不见，众凶弗闻，外内相得，无以形先，可玩往来，乃施于人。人有虚实〔《甲乙》作"虚实之要"〕，五虚勿近，五实勿远，至其当发，间不容瞚。手动若务，针耀而匀，静意视义〔"义"字误，应作"息"〕，观适之变，是谓冥冥，莫知其形，见其乌乌，见其稷稷，从〔于鬯说："从"字盖"徒"字之误〕见其飞，不知其谁〔《太素》"知"作"见"，"谁"作"杂"〕，伏如横弩，起如发机。

Disse o Imperador Amarelo: "Gostaria de conhecer os princípios acerca da acupuntura". Disse Qibo: "O método correto da acupuntura é primeiro concentrar a mente. Pode-se aplicar a picada somente após se ter certeza da astenia e da estenia das cinco vísceras e das nove subdivisões do pulso estarem claras. Quando se pica, deve-se concentrar a atenção, não vendo mais nada, mesmo que alguém esteja olhando, e não ouvindo mais nada, mesmo que haja ruídos perturbadores. Examinar a condição do pulso do paciente, assegurar-se de que ainda existe o pulso das energias viscerais esgotadas, não se devendo apenas examinar a aparência exterior. Antes de picar, deve-se compreender cuidadosamente a síndrome até que esteja madura, e dominar a condição de ir e vir da energia do canal. Como a picada é fácil em purgar e difícil de revigorar, aos pacientes das cinco doenças astênicas (pulso fino, pele fria, respiração curta, diarréia, falta de ingestão alimentar), não se deve picar com força; aos pacientes das cinco doenças estênicas (pulso cheio, pele quente, distensão no abdômen, disúria e inquietação), não se deve relutar em picar. Ao picar, assim que a energia do canal tiver chegado, deve-se avaliar a oportunidade de picar sem demora, até em menos tempo do que um piscar de olhos. Quando se movimentar a agulha, não se deve ter mais nada em mente além de se assegurar que a picada é límpida e rápida; após a agulha ser aplicada, deve-se prestar atenção à respiração do paciente e examinar a esperada alteração de energia. O ir e vir da energia é invisível e bastante difícil de determinar. É como pássaros de sexos diferentes voando em bandos; só se pode ver o vôo harmonioso, mas não se pode ver a diferença dos sexos.

"Antes que chegue a energia do canal, o médico deve aguardar pacientemente, como aguardando uma prece, em posição de um arco distendido; quando a energia do canal chegar, ele deve picar tão rápido como o puxar de um gatilho".

帝曰：何如而虚！何如而实？岐伯曰：刺虚者须其实，刺实者须其虚，经气已至，慎守勿失，深浅在志，远近若一，如临深渊，手如握虎，神无营于众物。

Disse o Imperador Amarelo: "Como picar uma doença astênica, e como picar a doença estênica?" Qibo respondeu: "Quando se pica a doença de astenia, deve ser

153

aplicada a terapia revigorante; quando se pica a doença de estenia, deve-se aplicar a terapia de purgar. Quando a energia do canal tiver chegado, deve-se ter cuidado em não perder a oportunidade. Não importa que a picada seja profunda ou rasa, que o acuponto esteja longe ou perto do foco, a sensação obtida pela acupuntura deve ser a mesma. Quando se mexe na agulha, deve-se ser muito cuidadoso como se estivesse à beira de um abismo, e tão concentrado como se segurasse um tigre feroz. Em suma, deve-se concentrar a mente, e não se perturbar com outras coisas".

八正神明论篇第二十六

Capítulo 26
Ba Zheng Shen Ming Lun
(A Relação entre a Mudança de Tempo dos Oito Períodos Solares
Principais e a Depuração e o Fortalecimento através da Acupuntura)

黄帝问曰：用针之服，必有法则焉，今何法何则？岐伯对曰：法天则（"天则"明抄本作"则天"）地，合以天光。

O Imperador Amarelo perguntou: "A técnica da acupuntura deve ter algumas regras específicas. Quais são então elas?" Disse Qibo: "Só se pode estudar e compreender seguindo os padrões do céu, da terra, do Yin e do Yang e dos corpos celestes do sol, da lua e das estrelas".

帝曰：愿卒闻之。岐伯曰：凡刺之法，必候日月星辰四时八正之气，气定乃刺之。是故天温日明，则人血淖液而卫气浮，故血易写，气易行；天寒日阴，则人血凝泣〔《太素》"凝"作"淚"，《云笈七签》引"泣"作"沍"〕而卫气沉。月始生则血气始精，卫气始行；月郭满，则血气实〔《太素》"实"作"盛"〕，肌肉坚；月郭空，则肌肉减，经络虚，卫气去，形独居。是以因天时而调血气也。是以天〔《甲乙》"天"作"大"下"天温"同〕寒无刺，天温无疑〔《针灸大成》卷二《标幽赋》杨注引"疑"作"灸"〕。月生无写，月满无补，月郭空无治，是谓得时而调之。因天之序，盛虚之时，移光定位，正立而待之故曰：月生而写，是谓藏虚；月满而补，血气扬〔《移精变气论》王注引"扬"作"盈"〕溢，络有留血，命曰重实；月郭空而治，是谓乱经。阴阳相错，真邪不别，沈以留止，外虚内乱，淫邪乃起。

O Imperador Amarelo disse: "Espero que me contes em detalhes". Disse Qibo: "De uma maneira geral, deve-se examinar as energias dos oito principais períodos solares (equinócio da primavera, equinócio do outono, solstício de verão, solstício de inverno, início da primavera, início do verão, início do outono e início do inverno) e picar após a energia se ter estabilizado.

"Se o tempo estiver bom e o sol estiver brilhando muito, o sangue do corpo estará umedecido e a energia Wei será abundante; se o tempo estiver frio e nublado, a circulação do sangue estará dificultosa e estagnada, e a energia terá afundado e estará escondida. Quando a lua tiver acabado de surgir, o sangue e a energia do homem começam a ser geradas quando ela se levanta, e a energia Wei opera conjuntamente; quando a lua estiver cheia, o sangue e a energia do homem estarão ascendentes e seus músculos estarão firmes e substanciais; quando a lua estiver oculta, os músculos do homem estarão emaciados; nesse momento, seus canais e colaterais ficam astênicos, sua energia Wei se vai, e seu corpo fica abandonado. Por isso, ao picar, deve-se ajustar o sangue e a energia à condição do céu.

"Por isso, não picar quando o tempo estiver muito frio; não tratar com moxibustão quando o tempo estiver quente; não aplicar terapia que purgue quando a lua tiver

155

acabado de surgir; não aplicar terapia que revigore quando a lua estiver cheia; não tratar de forma alguma quando a lua estiver oculta; esta é a assim chamada capacidade de ajuste da energia de acordo com a condição do céu. Deve-se ter certeza da localização da energia de acordo com a seqüência móvel da estação e o estado abundante ou declinante do sangue e da energia de um homem, e aguardar atentamente a oportunidade ótima para tratar.

"Se for aplicada a purgação quando a lua tiver acabado de surgir, a isso se chama "astenia dupla"; quando o picar for aplicado quando a lua estiver oculta, isso irá perturbar a energia do canal, e é chamada a "confusão do canal". Esses tratamentos errôneos irão causar distúrbio no Yin e no Yang, gerando uma confusão da energia saudável e da energia perversa, retenção dos perversos, resultando numa síndrome de astenia externa dos colaterais e confusão interna dos canais, e a energia perversa irá se aproveitar para invadir".

帝曰：星辰八正何候？

O Imperador Amarelo disse: "O que faz as estrelas, os oito períodos do sistema solar e as quatro estações se confirmarem?"

岐伯曰：星辰者，所以制日月之行也；八正者，所以候八风之虚邪以时至者也；四时者，所以分春秋冬夏之气所在，以时调之也，八正之虚邪，而避之勿犯也。以身之虚，而逢天之虚，两虚相感，其气至骨，入则伤五藏，工候救之，弗能伤也，故曰天忌不可不知也。

Disse Qibo: "Ao examinar o rumo das estrelas, pode-se determinar o padrão regular da rota permanente do sol e da lua; quando se examina a alternância das energias regulares dos oito períodos solares principais, pode-se determinar o momento da chegada da doença que é invadida pelos oito ventos; quando se examinam as quatro estações, pode-se determinar a localização das energias da primavera, do verão, do outono e do inverno; quando se mede a energia perversa dos oito períodos solares principais de acordo com a seqüência do tempo e tenta expurgá-la pode evitar a mesma. Quando alguém está astênico e está sendo invadido pela energia perversa astênica, a astenia dupla irá fazer com que a energia perversa invada os ossos. Se o médico não subestimar os efeitos da mudança de tempo e de resgate no tempo, o paciente não será lesado seriamente. De outro modo, a energia perversa penetra profundamente nas cinco vísceras. Portanto, é necessário que todos compreendam as abstenções de tempo relacionadas ao céu".

帝曰：善。其法星辰者，余闻之矣，愿闻法往古者。

岐伯曰：法往古者，先知《针经》也。验于来今者，先知日之寒温、月之虚盛，以候气之浮沉，而调之于身，观其立有验也。观其冥冥者，言形气荣卫之不形于外，而工独之，以日之寒温，月之虚盛，四时气之浮沉，参伍相合而调之，工常先见之，然而不形于外，故曰观于冥冥焉。通于无穷者，可以传于后世也。是故工之所以异也。然而不形见于外，故俱不能见也。视之无形，尝之无味，故谓冥冥，若神仿佛。虚邪者，八正之虚邪气〔"气"字衍〕也。正邪者，身〔《太素》"形"下有"饥"字〕形若用力，汗出，腠理开〔《文选·风赋》善注引"汗出"下无"腠理开"三字〕，逢虚风，其中人也微，故莫知其情，莫见其形，上工救其萌芽，必先见〔《太素》"见"作"知"〕三部九候之气，尽调不败而救之，故曰上工〔《太素》无"上工"二字，"故曰"二字连下读〕。下工〔《太素》"下工"下无救其已成，救其已败"八字"〕救其已成，救其已败，救其已成者，言不知三部九候之〔《太素》"之"下下有"气以"二字〕相失，因病而败之也。知其所在者，知诊三部九候之病脉处而治之，故曰守其门户焉。莫知其情而见邪形也。

O Imperador Amarelo disse: "Bom. Agora que eu ouço sobre o assunto, de alguém que segue o exemplo das estrelas, desejo saber mais sobre como seguir o exemplo dos antigos". Disse Qibo: "Quando alguém deseja seguir o exemplo dos antigos, deve primeiro conhecer o "Clássico da Acupuntura". Se alguém deseja hoje em dia testar a antiga técnica da acupuntura, deve conhecer primeiro o calor e frio do sol, o crescente e o minguante da lua, certificar-se da flutuação e do afundamento da energia, examinar as condições corpóreas do paciente que estão integradas, depois poderá ver seu efeito. A assim chamada "observação no escuro" quer dizer que, embora haja alterações no sangue e na energia, a energia Wei e a energia Rong do paciente não parecendo no exterior, mesmo assim, o médico ainda pode entendê-la. Este é o resultado do exame sintético do calor e do frio do sol, do crescente e do minguante da lua, da flutuação e do afundamento das energias do tempo nas quatro estações. Desde que o médico pode predizer com freqüência as síndromes quando a doença ainda não se manifestou, a isso se chama "observação no escuro". Se um médico puder conhecer a doença em detalhes, sua experiência pode passar às gerações pósteras, e este é o porquê o médico é diferente das pessoas comuns que não podem descobrir a doença quando ainda não se manifestou. Não ver imagem alguma quando olha, e não sentir nenhum sabor ao degustar, são as condições no escuro e a doença se assemelha a algo que está em parte aparente e em parte escondida, de forma a não poder ser delineada.

"O perverso astênico é a energia perversa dos oito períodos solares das quatro estações. O estênico é o resultado de quando se está com fome, quando se fica suado após o esforço físico, e se é invadido pelo vento astênico. Como, de início, o perverso estênico só pode atingir o paciente de leve, então um médico comum não compreende sua condição e nem mesmo fica atento à ela.

"Um médico bom, pode prestar atenção ao início da doença e tratá-la quando as três partes e as nove subdivisões do pulso ainda estão em harmonia e ainda não foram interrompidas, podendo então curar a doença com mais facilidade. Um médico medíocre não pode descobrir a doença no início, e só pode tratá-la quando tiver tomado forma. Ele não pode descobrir de antemão a desarmonia através da energia do pulso das três partes e das nove subdivisões, ele só pode tratar depois. Se um médico puder descobrir a localização da doença a partir do pulso das três partes e das nove subdivisões irá se manter em guarda contra a invasão da energia perversa, por isso chamada de "guardar a entrada". O médico ficará preso numa posição passiva, quando só conhece a aparência superficial da doença, em vez de conhecer sua patologia".

帝曰：余闻补写，未得其意。

岐伯曰：写必用方，方者，以气方盛也，以月方满也，以日方温也，以身方定也，以息方吸而内针，乃复候其吸而转针，乃复候其方呼而徐引针，故曰写必用方，其气而行〔明抄本，"而"并作"易"〕焉。补必用员，员者行也，刺必中其荣，复以吸排针也。故员与方，非〔《太素》"非"作"排"〕针也。故养神者，必知形之肥瘦，荣卫血气之盛衰。血气者，人之神。不可不谨养。

157

O Imperador Amarelo disse: "Disseram-me que há terapias de purgar e revigorar na acupuntura, mas não compreendo seus significados". Disse Qibo: "Ao purgar, deve-se dominar o momento do "acabar de"; "acabar de" significa o tempo em que a energia do paciente acaba de surgir, quando a lua acaba de se tornar cheia, quando o tempo acaba de esquentar, e quando o corpo acaba de se estabilizar para ficar longe da perturbação da energia Yang, inserindo a agulha no momento em que o paciente acaba de inspirar e retirando a agulha devagar, no momento em que o paciente acaba de exalar. Por isso, na terapia de purgar, é necessário dominar o "acabar de" que está acontecendo, a fim de que a energia perversa possa ser colocada para fora, a energia saudável possa passar e a doença possa ser curada.

"Na terapia de revigorar, é necessário "eliminar"; eliminar significa ativar a energia, e ativar significa induzir a energia à localização do foco. Quando se insere a agulha, deve-se atingir a posição apropriada; quando se retira a agulha, esta deve ser feita durante a inspiração do paciente, a fim de evitar que escape a energia juntamente com a agulha. Quando se aplica na acupuntura o método do "acabar de" e de "eliminar", é necessário puxar a agulha para cima e empurrá-la para baixo.

"Por isso, aquele que for bom em acupuntura, deve primeiro examinar se o paciente é gordo ou magro, e a condição ascendente ou de declínio da energia Wei, energia Rong, do sangue e da energia. Já que o sangue e a energia são os locais em que o espírito e a energia vital habitam, deve-se cultivá-los cuidadosamente".

帝曰：妙乎哉论也！合〔《太素》"合"上有"辞"字〕人形于阴阳四时，虚实之应，冥冥之期，其非夫子孰能通之。然夫子数言形与神，何谓形，何谓神，愿卒闻之。

O Imperador Amarelo disse: "Que comentário brilhante fizestes. Fizestes a integração do corpo humano com o Yin, o Yang e as quatro estações, e ilustrastes as respostas sobre astenia e estenia e a condição visível na doença; se não fosse por ti, quem poderia dar uma explicação tão clara? Mencionastes muitas vezes o físico e o espírito, mas o que são físico e espírito? Espero que possas me contar em detalhes".

岐伯曰：请言形、形乎形、目冥冥、问其所病，索之于经，慧然〔俞樾说："慧然在前"本作"卒然在前"〕在前，按之不得，不知其情，故曰形。

Disse Qibo: "Irei primeiro vos contar acerca do físico; o assim chamado físico é a aparência externa do paciente. O médico só pode ver de forma esmaecida o exterior do paciente, o que está exposto, mas não pode enxergar a razão oculta, por isso, deve perguntar ao paciente sobre a causa da doença, e então combiná-la com a aparência externa da doença e com a condição do canal, obtida da apalpação, de maneira a adquirir uma compreensão abrangente e fazer o diagnóstico. A condição da doença não pode de forma alguma ser evidenciada se nada se achar na apalpação. Desde que a aparência exterior do paciente é visível, por isso se chama Físico".

·帝曰：何谓神？岐伯曰：请言神，神乎神，耳不闻，目〔服子温说："目"下疑脱"不"字〕明，心开而志先〔《甲乙》"先"作"光"〕，慧然独悟，口弗能言，俱视独见，适若昏，昭然独明请言神，若风吹云，故曰神。三部九候为之原，九针之论，不必存也。

O Imperador Amarelo perguntou: "O que é espírito?" Disse Qibo: "Vou contar-vos acerca disso. Um médico de alto nível, pode concentrar sua mente no tratamento, ele não pode ouvir nenhum ruído perturbador, não pode ver coisas irrelevantes, tem a mente aberta e é capaz de compreender com clareza a essência da doença, que dificilmente se pode exprimir com palavras. Quando algo é examinado por muitas pessoas, mas só uma delas pode compreender com clareza, então este algo que estava na obscuridade até então, se torna claro como dia, assim como as nuvens que são levadas embora pelo vento; isto é o assim chamado espírito. O entendimento do espírito está fundamentado no conhecimento das três partes e das nove subdivisões do pulso, e também nos esforços de conter a dor. Quando alguém puder atingir este nível de tratamento, não precisa mais aderir rigidamente à teoria das nove espécies de agulha nas terapias da acupuntura".

离合真邪论篇第二十七

Capítulo 27
Li He Zhen Xie Lun
(Assuntos que Precisam de Atenção em Acupuntura)

黄帝问曰：余闻九针九篇，夫子乃因而九之，九九八十一篇，余尽通其意矣。经言气之盛衰，左右倾移，以上调下，以左调右，有余不足，补泻于荥输，余知之矣。此皆荣卫之〔《太素》"之"下有"气"字〕倾移，虚实之所生，非邪气从外入于经也。余愿闻邪气之在经也，其病人〔《济生拔萃。窦大师流注指要赋》引无"人"字〕何如？取之奈何？

O Imperador Amarelo perguntou: "Ouvi falar sobre os nove capítulos, os nove métodos de acupuntura, e tu os dividiste em nove vezes nove, com oitenta e um capítulos, e agora compreendo todos os significados. Dos clássicos, eu tomei conhecimento de que há a energia superabundante ou deficiente, diferentes modos de picar do lado direito ou do esquerdo, inserção controlateral de picadas na parte superior para curar a doença na inferior, e picadas do lado esquerdo para curar o direito, revigorar a deficiência ou purgar o superávit através dos cinco pontos shu. Tomei conhecimento de que se devem a desvios incomuns das energias Rong e Wei e à astenia e estenia, e de que não são o resultado da invasão da energia perversa aos canais. Agora, desejo saber quais sintomas irão aparecer quando a energia perversa invadir os canais, vinda de fora, e quais os métodos de tratá-la?"

岐伯对曰：夫圣人之起度数，必应于天地，故天有宿度，地有经水，人有经脉，天地温和，则经水安静；天寒地冻，则经水凝泣；天暑地热，则经水沸溢；卒风暴起，则经水波涌而陇起。夫邪之入于脉也，寒则血凝泣，暑则气〔《太素》"气"下有"血"字〕淖泽，虚邪因而入客，亦如经水之得风也，经之动脉〔王注所据本为"经脉之动"〕，其至也亦时陇起，其行于脉中循循然。其至寸口中手也，时大时小，大则邪至，小则平，其行无常处，在阴与阳，不可为度，从而察之，三部九候，卒然逢之，早遏其路，吸则内针，无令气忤；静以久留，无令邪布；吸则转针，以得气为故；候呼引针，呼尽乃去；大气皆出，故命曰写。

Qibo respondeu: "Os ajustes formulados pelos sábios estavam certos em buscar fazer conforme a natureza. Há trezentos e sessenta e cinco graus e vinte e oito constelações no céu, vinte rios na terra e doze canais no homem.

"Quando o céu e a terra estão aquecidos, a água dos rios é calma; quando o céu e a terra estão frios, a água dos rios se torna estagnada e dura; quando o tempo é de um calor opressivo, a água dos rios fica fervente e transborda; quando se ergue a ventania violenta, vagalhões brancos se levantam nos rios como cordilheiras e sulcos profundos.

"Quando a energia perversa invade o canal, se for um perverso frio, irá fazer com que o sangue se torne úmido. Quando o vento perverso invade o canal, é como a água sendo atacada pelo vento, e o pulsar do canal também não será uniforme, como cordilheiras e sulcos profundos; quando a energia perversa estiver gerando problemas no pulso, é como uma barra horizontal detendo um carro.

"O que se sente sob o dedo na apalpação, pode ser algumas vezes algo forte e algumas vezes algo fraco; quando forte, mostra uma energia perversa abundante; quando fraco, mostra uma energia perversa calma. Quando a energia perversa está prevalecendo, não tem posição definida. Pode estar localizada no Yang, assim como pode estar localizada no Yin, o que dificilmente se pode precisar. Se alguém desejar proceder a um exame, deve acompanhar a seqüência apropriada e seu traçado, usando o método de apalpar as três partes e as nove subdivisões do pulso. Quando se inspeciona, se a localização da doença for descoberta nas três partes e nas nove subdivisões do pulso, a energia perversa deve ser bloqueada a tempo pelo tratamento.

"Ao tratar, inserir a agulha quando o paciente inspira, não permitir que a energia fique contrária ao inserir. Após a inserção, deve-se aguardar pacientemente pela chegada da energia, e a agulha deve ser retida por mais tempo a fim de evitar a dispersão da energia perversa. Mover a agulha no momento da inspiração do paciente, para que se consiga a sensação esperada na acupuntura. Retirar a agulha vagarosamente no momento da expiração do paciente, puxando-a ao fim desta. Dessa forma, a energia acumulada sob a agulha, sai de maneira perfeita, este é o método de purgar".

帝曰：不足者补之，奈何？

岐伯曰：必先扪而循之，切而散之，推而按之，弹而怒〔《难经·七十八难》"怒"作"努"〕之，抓而下之，通而取之，外引其门，以闭其神。呼尽内针，静以久留，以气至为故，如待所贵，不知日暮，其气以至，适而自护，候吸引针，气不得出，各在其处，推阖其门，令神〔《甲乙》"神"作"真"〕气存，大气留止，故命曰补。

O Imperador Amarelo perguntou: "Como revigorar quando da síndrome da deficiência?" Disse Qibo: "Sintais com a mão, tocando ao longo dos acupontos e pressionai com a ponta dos dedos a fim de dispersar a energia perversa, e depois empurrai e pressionai a pele, golpeando os acupontos a fim de fazer com que a energia os preencha e começai a picar quando a energia do canal tiver sido limpa. Após a retirada da agulha, massageai o orifício, de forma a que a energia saudável possa ser armazenada no interior. A inserção da agulha deve ser levada a efeito quando da expiração do paciente e retida sem mexer o maior tempo possível, a fim de se conseguir a sensação de acupuntura. Enquanto se espera pela chegada da energia após a inserção, deve-se estar atento como quando se espera um hóspede ilustre, sendo-se pego de surpresa quando cai a noite. Ao sentir a esperada sensação de acupuntura, deve-se dar a atenção devida. Retirar a agulha no momento da inspiração do paciente, para que a energia saudável não possa escapar, sendo este o método de revigorar".

帝曰：候气奈何？

O Imperador Amarelo perguntou: "Como esperar pela chegada da energia após a inserção?"

岐伯曰：夫邪去络入于经也，舍〔《太素》作"合"〕于血脉之中，其寒温未相得〔《太素》作"合"〕，如涌波之起也，时来时去，故不常在。故曰方其来也，必按而止之，止而取之，无逢其冲而写之。真气者，经气也，经气太虚，故曰其来不可逢，此之谓也。故曰候邪不审，大气已过，写之则真气脱，脱则不复，邪气复至，而病益蓄，故曰其往不可追，此之谓也。不可挂以发者〔俞樾说"此六字衍文"〕，待邪之至时而发针写矣，若先若后者，血气已尽，其病不可下〔《太素》"不"下无"可"字〕，故曰知其可取如发机，不知其〔《太素》"其"下有"可"字〕取如扣锥，故曰知机道者不可挂以发，不知机者扣之不发，此之谓也。

Disse Qibo: "Quando a energia perversa é mantida longe dos colaterais, entra no canal e aí fica retida. Nesse momento, a energia perversa que ou é fria ou é quente, ainda não se combinou com a energia sadia, e a condição do pulso está flutuante e gigantesca como ondas turbulentas, indo e vindo sem uma posição definida.

"Assim, quando a energia perversa chega, deve ser bloqueada primeiro, e então dominada. Não aplicar a purgação quando a energia perversa está ascendendo.

"Quando a energia verdadeira, isto é, a energia do canal estiver deficiente, e ao mesmo tempo, se for aplicada a purgação, a energia do canal se tornará mais deficiente. Eis o porque do ditado: "não se deve purgar quando a energia estiver deficiente".

"Quando a energia perversa do paciente não for observada e compreendida em detalhes, e a energia acumulada sob a agulha já tiver partido, se a purgação for aplicada, irá causar a prostração do paciente, difícil de recuperar. Neste caso, a energia perversa voltará novamente e a doença irá se agravar. Eis o porque do ditado: se a energia perversa já tiver ido embora, não se pode purgar uma outra vez.

"Em suma, a inserção deve começar após a chegada da energia perversa; se a inserção for feita antes ou depois, quando o sangue e a energia estão debilitados, dificilmente se poderá amenizar a doença. Por isso, para aquele que for bom em acupuntura, seu efeito de tratamento será como tocar um gatilho, enquanto que uma mão frouxa em acupuntura, é como bater as baquetas sem qualquer resposta. Então, para aqueles que conhecem o essencial, o efeito é pronto como um piscar de olhos, enquanto que para aqueles que não conhecem o essencial, nada pode ser iniciado mesmo que o gatilho seja acionado".

帝曰：补写〔明抄本作"取血"〕奈何？岐伯曰：此攻邪也，疾出以去盛血，而复其真气，此邪新客，溶溶〔《太素》无此二字〕未有定处也，推之则前，引之则止，逆而刺之〔《太素》无此四字〕，温〔"温"误，应作"写"〕血也，刺出其血，其病立已。

O Imperador Amarelo perguntou: "Como descarregar o sangue?" Disse Qibo: "Picar e descarregar sangue que está superabundante, serve para atacar a energia perversa e recuperar a energia saudável. Como a energia perversa acabou de invadir, não está estabilizada, portanto, pode se mover para a frente quando empurrada ou pode ser retida quando contida, por isso o sangue superabundante pode ser purgado ao picar. Quando o sangue é descarregado pela purgação, o paciente irá se recuperar".

帝曰：善。然真邪以合，波陇不起，候之奈何？

岐伯曰：审扪〔"扪"字衍〕循三部九候之盛虚而调之，察其左右上下相失及相减者，审其病藏以期之。不知三部者，阴阳不别，天地不分，地以候地，天以候天，人以候人，调之中府，以定三部，故曰刺不知三部九候病脉之处，虽有〔明抄本无"虽有"二字〕大过且至，工不能禁也。诛罚〔滑抄本"罚"作"伐"〕无过，命曰大惑，反乱大经，真不可复，用实为虚，以邪为真，用针无义，反为气贼，夺人正气，以从为逆，荣卫散乱，真气已失，邪独内

著，绝人长命〔按此四字涉下误衍〕，予人天〔胡本，赵本，明抄本．周本"天"并作"天"〕
殃，不知三部九候，故不能久长。因不知合之四时五行，因加相胜，释邪攻正，绝人长命。邪
之新客来也，未有定处，推之则前，引之则止，逢而写之，其病立已。

O Imperador Amarelo disse: "Muito bem. Mas se a energia perversa se combinar com a energia saudável, porém não causar nenhuma flutuação na energia do pulso, como se pode examinar e diagnosticar?" Disse Qibo: "Deve-se acompanhar a astenia e a estenia das três partes e das nove subdivisões do pulso, e examinar cuidadosamente a parte esquerda, a direita, a superior, a inferior do paciente, a fim de ver se há algum lugar enfraquecido ou que não se encaixe, descobrir o local em que a doença se aloja, e picar com a agulha até a chegada da energia. Inspecionar o aquecedor inferior a partir da parte inferior do pulso; inspecionar o aquecedor superior a partir do pulso da parte superior; e inspecionar o aquecedor médio a partir da parte média do pulso. As condições de pulso nas três partes e nas nove subdivisões são todas determinadas pela presença ou ausência da energia do estômago.

"Se uma pessoa não conseguir entender a condição de pulso das três partes e das nove subdivisões, for incapaz de distinguir o Yin e o Yang, e nem puder distinguir a parte superior da parte inferior e picar de forma áspera, pode ser dado um tratamento errôneo, a doença irá piorar e a partir daí, mesmo um bom médico nada poderá fazer a respeito.

"Se for usada a purgação quando não devia, a isso se chama "grande perplexidade", podendo perturbar os canais das vísceras e a energia saudável será difícil de recuperar. Quando uma pessoa confunde a síndrome estênica com a síndrome astênica, confunde a energia perversa com a energia saudável, e aplica a agulha sem uma regra, a energia perversa irá causar dano e lesão à energia saudável do paciente. Dessa forma, o caso de um diagnóstico favorável, irá se tornar o caso de um diagnóstico desfavorável, a energia Rong e a Energia Wei do paciente irão se tornar confusas, sua energia saudável irá se esgotar, e a energia perversa irá crescer e causar calamidades. Um médico que não conhece nem as três partes nem as nove subdivisões do pulso, não possuirá um efeito curador que dure muito tempo.

"Quando uma pessoa não conhece o princípio de coordenação das quatro estações e o sobrepujar de cada um dos cinco elementos, não conhecendo a chegada da energia hospedeira e da energia convidada do ano, não for capaz de controlar a energia perversa e deixar que ela ataque a energia saudável, poderá arruinar a vida do paciente.

"Por fim, deve-se recapitular que quando a energia perversa invade o corpo, não tem local de residência certo, pode ser empurrada para a frente ou trazida de volta; se a energia perversa for tratada com a primazia da purgação, a doença pode ser relaxada imediatamente".

163

通评虚实论篇第二十八

Capítulo 28
Tong Ping Xu Shi Lun
(Sobre a Astenia e a Estenia)

黄帝问曰：何谓虚实？岐伯曰：邪气盛则实，精〔《难经·七十五难》虞注引"精"作
"真"〕气夺则虚。

O Imperador Amarelo perguntou: "O que é astenia e estenia?" Qibo respondeu: "Quando a energia perversa for superabundante, é estenia; quando a energia saudável for lesada, é astenia".

帝曰：虚实何如？岐伯曰：气虚者，肺虚也，气逆者，足寒也，非其时则生，当其时则
死。余藏皆如此。

O Imperador Amarelo perguntou: "Quais são respectivamente as condições de astenia e estenia?" Disse Qibo: "O pulmão se encarrega da energia; quando a energia é deficiente, é a astenia da energia do pulmão que causa a adversidade da energia vital e o frio dos pés. Se a doença do pulmão encontrar com a estação do verão à qual está associada (elemento fogo), é subjugada pelo metal do pulmão, o paciente morrerá. Se for encontrada outra estação à qual seu elemento se associa, isto é, primavera, outono ou inverno que não subjugue o metal do pulmão, o paciente sobreviverá. As condições nas outras vísceras são todas as mesmas".

帝曰：何谓重实？岐伯曰：所谓重实者，言大热病，气热脉满，是谓重实。

O Imperador Amarelo: "O que é a Estenia dupla?" Qibo respondeu: "Quando o paciente tem uma febre alta com energia perversa quente e pulso cheio, a isso se chama estenia dupla".

帝曰：经络俱实何如？何以治之？岐伯曰：经络皆实，是寸〔莫文泉说："按王注'脉急
谓脉口'是王本原无'寸'字〕脉急而尺缓也，皆当治之，故曰滑则从，濇则逆也。夫虚实
者，皆从其物类〔"类"字衍〕始，故五藏骨肉滑利，可以长久也。

O Imperador Amarelo perguntou: "Qual é a condição quando tanto a energia do canal quanto a energia colateral são estênicas, e como tratar?" Disse Qibo: "A assim chamada dupla energia do canal e energia colateral estênicas, indica a condição no momento em que o pulso é rápido, mas a pele da região antero-lateral do antebraço está solta. Nesse caso, tanto a energia do canal quanto a energia colateral devem ser tratadas. Quando a condição de pulso for escorregadia e ascendente, a isso se chama condição favorável; quando o pulso estiver inconstante, o que mostra que a energia e o sangue estão deficientes e estagnados, a isso se chama condição adversa. A condição de astenia e de estenia do corpo humano, é como a de todas as outras coisas vivas; sobreviverá quando a condição do pulso for escorregadia e ascendente, e morrerá quando for inconstante e estagnada. Quando as vísceras, órgãos e músculos

164

de uma pessoa estiverem escorregadios e ascendentes, sua vida irá durar muito tempo".

帝曰：络气不足，经气有余，何如？岐伯曰：络气不足，经气有余者，脉口〔《太素》卷三十《经络虚实》"脉"下无"口"字〕热而尺寒也，秋冬为逆，春夏为从，治主病者。

O Imperador Amarelo perguntou: "Qual é a condição quando a energia colateral é deficiente, mas a energia do canal tem um superávit?"Disse Qibo: "Quando a energia colateral é deficiente e a energia do canal está tendo um superávit, surgirá calor no pulso e frio na pele da região antero-lateral do antebraço. Se aparecer no outono ou no inverno, é uma condição adversa; se aparecer na primavera ou no verão, é uma condição favorável. É a condição adversa da doença principal que deve ser tratada".

帝曰：经虚络满，何如？岐伯曰：经虚络满者，尺热满脉口〔《太素》"脉"下无"口"字〕寒濇也，此春夏死秋冬生也。

O Imperador Amarelo perguntou: "Qual é a condição quando o canal está astênico, mas o colateral está estênico?" Disse Qibo: "Quando a energia do canal está astênica e a energia colateral estênica, a pele da região antero-lateral do antebraço estará quente e o pulso estará frio. Se surgir na primavera ou no verão, o paciente morrerá; se aparecer no outono ou no inverno, o paciente poderá sobreviver".

帝曰：治此者奈何？岐伯曰：络满经虚灸阴刺阳；经满络虚，刺阴灸阳。

O Imperador Amarelo perguntou: "Como tratar a doença?" Disse Qibo: "Quando a energia colateral é estênica e a energia do canal está astênica, tratar o Yin com moxibustão e picar o Yang com agulha; quando o canal está estênico e a energia colateral está astênica, picar o Yin com agulha e o Yang, tratar com moxibustão".

帝曰：何谓重虚？岐伯曰：脉气上虚尺虚〔明抄本作"脉虚气虚尺虚"〕，是谓重虚。帝曰：何以治之？岐伯曰：所谓气虚者，言无常也。尺虚者，行步恇然。脉虚者，不象阴〔于鬯说"阴"下脱"阳"字〕也。如此者，滑则生，濇则死也。

O Imperador Amarelo perguntou: "O que é a astenia dupla?" Disse Qibo: "Quando a energia do pulso e o pulso Chi (pulso latejante proximal do pulso radial) estiverem todos astênicos, a isso se chama astenia dupla".

O Imperador Amarelo perguntou: "Como distinguir isso?" Disse Qibo: "A astenia da energia é devida à energia deficiente de Tanzhong (Meio do Peito) que faz com que o paciente tenha um falar descontínuo; a astenia do pulso chi é devida ao enfraquecimento do pulso chi que faz com que o paciente se torne tímido e sem firmeza ao andar; a astenia do pulso se deve tanto à energia e ao sangue que estão fracos, como ao Yin e ao Yang que não estão correspondendo. O paciente com essas síndromes sobreviverá se seu pulso for escorregadio, e morrerá se seu pulso for inconstante".

帝曰：寒气暴〔《脉经》"暴上"作"上攻"〕上，脉满而实何如？岐伯曰：实而滑则生，实而逆则死。

O Imperador Amarelo perguntou: "No que implica quando o frio perverso ataca em direção ascendente e o pulso está cheio e estênico?" Disse Qibo: "Quando a condição de pulso é estênica e escorregadia, mostra que o paciente sobreviverá; quando a condição de pulso for estênica, mostra que o paciente sobreviverá; quando a condição de pulso é estênica, adversa e inconstante, mostra que o paciente irá morrer".

165

帝曰：脉实满，手足寒，头热，何如？岐伯曰：春秋则生，冬夏则死。脉浮而濇，濇而身有热者死。

O Imperador Amarelo perguntou: "Qual a implicação, quando o pulso é estênico e cheio, as mãos e os pés estão frios e a cabeça quente?" Disse Qibo: "Se a síndrome ocorre na primavera e no outono, o paciente sobrevive; se ocorrer no inverno ou no verão, ele morre; além disso, se a condição de pulso do paciente for flutuante e inconstante e tiver febre no corpo todo, ele também morre".

帝曰：其形〔《脉经》校语引《太素》作"举形"〕尽满何如？岐伯曰：其形尽满者，脉急〔明抄：夹注云：脉下有"口"字〕大坚，尺濇而不应也，如是者，故〔《脉经》校语引《太素》无"故"字〕从则生，逆则死。帝曰：何谓从则生，逆则死？岐伯曰：所谓从者，手足温也；所谓逆者，手足寒也。

O Imperador Amarelo perguntou: "Qual a condição quando o paciente está astênico e com edema?" Disse Qibo: "Na síndrome de astenia com edema, o pulso Cunkou do paciente está rápido, amplo e firme, mas o pulso Chi está inconstante e um não se encaixa ao outro; nesse caso se a condição for favorável, o paciente sobrevive; se a condição for adversa o paciente morre".

O Imperador Amarelo perguntou: "Qual é a condição favorável e qual a condição adversa?" Disse Qibo: "Quando as mãos e os pés do paciente estiverem quentes, é a condição favorável, quando suas mãos e pés estiverem frios, é a condição adversa".

帝曰：乳子而病热，脉悬小者何如？岐伯曰：手足〔林校引《太素》无"手"字〕温则生，寒则死。

O Imperador Amarelo perguntou: "Quando uma mulher acaba de dar à luz a um bebê e fica com febre e pulso muito fino, no que isso implica?" Disse Qibo: "A paciente pode sobreviver quando seus pés estiverem quentes, e morre quando seus pés estiverem frios".

帝曰：乳子中风热〔热字疑衍王注引《正理伤寒论》无"热"字〕，喘鸣肩息者，脉何如？岐伯曰：喘鸣肩息者，脉实大也，缓则生，急则死。

O Imperador Amarelo perguntou: "Quando uma mulher deu à luz e foi atacada pelo vento perverso, com síndrome de respiração ruidosa, abre a boca e levanta os ombros, o que acontece?" Disse Qibo: "Quando sua condição de pulso for oscilante e lenta, e existir energia em seu estômago, ela pode sobreviver; se sua condição de pulso for opressiva e rápida, e sua energia visceral estiver esgotada, ela morrerá".

帝曰：肠澼便血何如？岐伯曰：身热则死，寒则生。帝曰：肠澼下白沫何如？岐伯曰：脉沈则生，脉浮则死。帝曰：肠澼下脓血何如？岐伯曰：脉悬绝则死，滑大则生。帝曰：肠澼之属，身不热，脉不悬绝何如？岐伯曰：滑大者曰生，悬濇者曰死，以藏期之。

O Imperador Amarelo perguntou: "O que pensar do paciente que tem as fezes sanguinolentas juntamente com purulência?" Disse Qibo: "Quando a condição do pulso é diminuta e inconstante, o paciente morrerá; quando a condição de pulso for escorregadia e avantajada, o paciente sobreviverá".

O Imperador Amarelo perguntou: "O que pensar se o paciente tem febre e seu pulso não é diminuto e inconstante?" Disse Qibo: "Quando o pulso for escorregadio e avantajado, o paciente sobreviverá; quando a condição do pulso for flutuante e estiver fenecendo, o paciente morrerá; quanto à data de sua morte, é determinada pelo dia a que se associa o elemento subjugado".

帝曰：癫疾何如？岐伯曰：脉搏大滑，久自己；脉小坚急，死不治。帝曰：癫疾之脉，虚实何如？岐伯曰：虚则可治，实则死。

O Imperador Amarelo perguntou: "O que pensar do paciente com um distúrbio na cabeça (tais como vento na cabeça, dor de cabeça, tontura, vertigem, bolhas no couro cabeludo etc., devido à ascensão da energia e do fogo)?" Disse Qibo: "Quando a condição do pulso for avantajada e escorregadia, a doença pode ser curada de uma só vez; se o pulso for diminuto, firme e rápido, mostra que a energia é estênica e está sendo obstruída, e o paciente irá morrer". O Imperador Amarelo perguntou: "O que pensar da condição astênica e estênica do distúrbio da cabeça?" Disse Qibo: "Se a condição do pulso for astênica e lenta, a doença é curável; se a condição do pulso for estênica e firme, o paciente morrerá".

帝曰：消瘅虚实何如？岐伯曰：脉实大，病久可治，脉悬小坚〔《脉经》"坚"下有"急"字〕，病久不可治。

O Imperador Amarelo perguntou: "O que pensar da condição astênica e estênica do diabetes?" Disse Qibo: "Quando a condição de pulso for estênica e avantajada, mesmo apesar da doença ser prolongada, ainda pode ser curada; se a condição do pulso for diminuta, firme e urgente, e a doença for prolongada, não será curada".

帝曰：春亟治经络，夏亟治经输；秋亟治六府，冬则闭塞，闭塞者，用〔《甲乙》"用"上有"治"字〕药而少〔《太素》"少"下有"用"字〕针石也。所谓少针石者，非痈疽之谓也，痈疽不得顷时回。痈不知所，按之不应手〔《圣济总录》"应"下无"手"字〕，乍来乍已刺手太阴傍三痏与缨脉各二，掖〔朝本"掖"作"腋"〕痈大热，刺足少阳五；刺而热不止，刺手心主三，刺手太阴经络者，大骨之会各三。暴痈筋软，随分而痛，魄汗不尽，胞气不足，治在经俞。

Disse o Imperador Amarelo: "Quando se trata a doença na primavera, devem se picados os pontos colaterais; no verão, deve ser picado o ponto shu dos vários canais; no outono, devem ser picados os pontos convergentes das seis vísceras; no inverno, já que é uma estação de recolhimento, ao tratar deve-se aplicar mais remédios e menos acupuntura e pedra. Mas, quanto ao carbúnculo, não se deve hesitar em tratar com agulha.

"No estágio inicial de um carbúnculo, raramente pode ser localizado pela pressão, e a localização de sua dor não é definida. Nesse caso, picar três vezes os acupontos da parte lateral do Canal Taiyin da Mão, e duas vezes dos lados esquerdo e direito do pescoço.

"Ao paciente com carbúnculo debaixo da axila, com febre alta, deve-se picar o ponto Yuanye (Fluido Profundo, VB 22) do Canal Shaoyang do Pé, cinco vezes; se a febre não baixar após a picada, punturar Tianchi (Estanque Celestial, CS 1), na palma da mão por três vezes, e picar os pontos colaterais do Canal Taiyin da Mão, e Jianzhen (Parte superior do Ombro, ID 9), três vezes cada um.

"Para a doença do carbúnculo agudo, contração dos tendões, dor no músculo juntamente com inchaço e suor contínuo; como se devem à deficiência do canal da bexiga, ao tratar deve-se picar os pontos shu do canal.

167

腹暴〔《甲乙》"暴"下有"痛"字〕满，按之不下，取手太阳经络者，胃之募也，少阴俞去脊椎三寸傍五用员利针。霍乱，刺俞傍五，足阳明及上傍三。刺痫惊脉五，针手〔明抄本"手"上无"针"字〕太阴各五，刺经太阳五，刺手少阴经络傍者一，足阳明一，上踝五寸刺三针。

"Quando o abdômen se distende e dói repentinamente, e não pode ser aliviado pela pressão, devem ser picados cinco vezes com a agulha de ponta arredondada, os pontos colaterais do Taiyang da Mão (isto é, os pontos mu do estômago) e os pontos shu do Rim, Canal Shaoyin.

"Para o paciente que sofre de cólera devem ser picados por cinco vezes os pontos Zhishi (Pavilhão da Vontade, B 52) dos dois lados dos pontos shu do Rim, os pontos shu do estômago, Canal Yangming do Pé, e Weicang (Celeiro do Estômago, B 50) dos ambos os lados dos pontos shu do Rim, três vezes cada um. Para os males convulsivos, há cinco pontos a serem picados: picar o ponto Jingqu (Sulco do Canal, P 8), do Canal Taiyin da Mão por cinco vezes, picar o ponto Yanggu (Vale do Yang, ID 5) do Canal do Intestino Delgado, Taiyang da Mão, cinco vezes, picar o ponto Zhizheng (Longe do Canal, ID 7) ao lado do Canal Shaoyin da Mão e colateral, uma vez; picar o ponto Jiexi (Orifício Aberto, E 41) do canal Yangming do Pé, uma vez, e picar o ponto Zhubin (Pavilhão dos Hóspedes, R 9) o qual está a cinco polegadas acima do tornozelo, três vezes.

凡治消瘅、仆击、偏枯、痿厥、气满发逆〔《甲乙》作"厥气逆满"〕，肥〔守校本"肥"上有"甘"字〕贵人，则高梁之疾也。隔塞闭绝，上下不通，则暴忧之疾也。暴厥而聋，偏塞闭不通，内气暴薄也。不从内，外中风之病，故瘦留著也。蹠跛，寒风湿之病也。

"Os males de diabetes, cataplexia, hemiplegia, contracorrente da energia vital, flatulência abdominal etc., são sofridos na maioria das vezes por pessoas nobres que usufruem de comida excelente com muita carne e arroz refinado. O arroto do paciente pode estagnar a respiração e impedir a comunicação entre a parte superior e a parte inferior do corpo, e a doença é gerada pela fúria e as preocupações. O mal da dor excruciante sobre o peito e o abdômen, com friagem nos membros, que ocorre de repente, a inconsciência, a surdez, a retenção das fezes e de urina, são todas causadas pela coerção ascendente da energia interna. Algumas doenças não provêm de dentro, mas da invasão externa do vento perverso. Quando o vento perverso fica retido por longo tempo dentro do corpo, será transformado em calor, a fim de gerar emaciação dos músculos. Algumas pessoas se inclinam para um dos lados quando andam; isto é devido a que se contraia o vento perverso ou o vento-umidade perverso".

黄帝曰：黄疸暴痛，癫疾厥狂，久逆之所生也。五藏不平，六府闭塞之所生也。头痛耳鸣，九窍不利，肠胃之所生也。

O Imperador Amarelo disse: "Icterícia, dor drástica repentina, manias, contracorrente da energia vital etc., são causadas por reversão ascendente prolongada da energia do canal. Esta desarmonia das cinco vísceras, é causada pela estagnação dos seis órgãos ocos. A dor de cabeça, o tínito, e o enrijecimento dos nove orifícios, são causados pela afecção do estômago e do intestino".

168

太阴阳明论篇第二十九

Capítulo 29
Taiyin Yangming Lun
(Sobre as Relações entre as Superfícies
e o Interior dos Canais Taiyin e Yangming)

黄帝问曰：太阴〔《甲乙》"太阴"上有"足"字〕阳明为表里，脾胃脉也，生病而异者何也？岐伯对曰：阴阳异位，更虚更实，更逆更从，或从内，或从外，所从不同，故病异名也。

O Imperador Amarelo perguntou: "O Canal do baço, Taiyin do Pé e o Canal do estômago, Yangming, são a superfície e o interior, mas suas doenças são diferentes; qual a razão?" Qibo respondeu: "O baço pertence ao canal Yin e o estômago pertence ao canal Yang; os dois canais seguem rotas diversas, são diferentes na astenia e na estenia e na condição correta e na condição adversa; no tocante à fonte de suas doenças de dentro e de fora, são também diferentes, portanto, sua denominação é diferente".

帝曰：愿闻其异状也。岐伯曰：阳者，天气也，主外；阴者，地气也，主内。故阳道实，阴道虚。故犯贼风虚邪者，阳受之；食饮不节，起居不时者，阴受之。阳受之则入六府，阴受之则入五藏。入六府，则身热不时卧〔《甲乙》作"不得眠"〕，上为喘呼；入五藏，则䐜满闭塞，下为飧泄，久为肠澼。故喉主天气，咽主地气。故阳受风气，阴受湿气。故阴气从足上行至头，而下行循臂至指端；阳气从手上行至头，而下行至足。故曰阳病者上行极而下〔《太素》、《云笈七签》"下"下并有"行"字〕，阴病者下行极而上〔《太素》《云笈七签》"上"下并有"行"字〕。故伤于风者，上先受之；伤于湿者，下先受之。

O Imperador Amarelo disse: "Espero que possas me falar a respeito das condições diferentes". Disse Qibo: "O Yang é como o céu, guardando o exterior do corpo humano, o Yin é como a terra, protegendo o interior do corpo humano. Como o Yang é firme e o Yin é frágil, freqüentemente o Yang é estênico e o Yin é astênico. Portanto, quando o vento-ladrão e o perverso que debilita invadem o corpo, o Yang será afetado em primeiro lugar; quando a pessoa é descuidada em relação à comida e à bebida e se comporta de maneira irregular na vida diária, o Yin será lesado. Se o exterior do corpo contrair uma doença, ela será transmitida aos seis órgãos ocos; se o interior do corpo contrair uma doença, ela será transmitida aos cinco órgãos sólidos. Se a energia perversa entrar nos seis órgãos ocos, a pessoa terá febre, será incapaz de dormir e respira com rapidez; se a doença estiver nos cinco órgãos sólidos, o paciente terá distensão do abdômen e sentir-se-á deprimido, tendo diarréia lientérica, e após um determinado tempo, terá disenteria. A garganta se encarrega da respiração, por isso se associa à energia do céu; a faringe se encarrega da ingestão de comida, por isso se associa à energia da terra. O vento é o Yang perverso; quando o

169

vento invade o corpo, o Yang ficará infectado; a umidade é o Yin perverso; quando a umidade invade o corpo, o Yin ficará infectado.

"Os canais do três Yin ascendem dos pés à cabeça, e descem da cabeça aos braços e daí, à ponta dos dedos das mãos. Os canais dos três Yang ascendem das mãos à cabeça, e daí, descem aos pés. Por isso, a energia perversa do canal Yang ascende primeiro à altura extrema, e depois desce; a energia perversa do canal Yin desce primeiro à parte inferior extrema, e daí vai para cima. Portanto, quando alguém capta o vento perverso externo, é na maioria das vezes na parte superior; quando alguém capta a umidade perversa, é na maioria das vezes na parte inferior".

黄帝：脾病而四支不用何也？岐伯曰：四支皆稟气于胃，而不得至经〔《太素》作"径至"，"径"有"直"义〕，必因于脾，乃得稟也。今脾病不能为胃行其津〔读本、赵本、吴本"津"并作"精"〕液，四支不得稟水谷气，气〔元残一、赵本、吴本、明抄本"日"上并无"气"字〕日以衰，脉道不利〔《甲乙》"利"作"通"〕，筋骨肌肉，皆无气以生，故不用焉。

O Imperador Amarelo perguntou: "Os quatro membros não podem se mover normalmente quando o baço está enfermo; qual a razão?" Disse Qibo: "Todos os quatro membros são nutridos pela energia do estômago, mas esta não pode atingir diretamente os quatro membros. A essência da água e dos cereais só pode atingir os quatro membros após ser convertida pelo baço. Agora, desde que o baço esteja doente, a essência da água e dos cereais do estômago não pode mais ser enviada aos quatro membros, e eles se tornarão mais fracos, dia após dia. Como os canais estão obstruídos, os tendões, os ossos e os músculos do paciente não podem se enriquecer, devido à desnutrição; a quatro membros não poderão se mover normalmente".

帝曰：脾不主时何〔《太素》"脾"下有"之"字〕也？岐伯曰：脾者土也，治中央〔《甲乙》作"土者中央"〕，常以四时长四藏，各十八日寄治，不得独主于时也。脾藏者常著胃〔《太素》作"脾藏有常著"，按"者"作"有"似误，本句应作"脾藏者，常著土之精也"〕土之精也，土者生〔《太素》"生"作"主"〕万物而法天地，故上下至头足，不得主时也。

O Imperador Amarelo perguntou: "Qual é a razão pela qual o baço não pode dominar uma só estação em especial?" Disse Qibo: "O baço está ligado à terra e se localiza na posição central. Como se associa à terra, simboliza a energia-terra, a fim de promover o crescimento de todas as coisas vivas; como se localiza no centro, espalha o fluido corporal para nutrir as outras quatro vísceras. Nas quatro estações, as quatro vísceras dependem do baço para conseguir nutrição, por isso, ao fim de cada uma delas, há dezoito dias dentre os noventa, para que o baço se fortaleça e domine; por isso então, o baço não domina uma estação isolada. Como o baço ativa com freqüência o fluido corporal para o estômago, e nutre os quatro membros e os ossos do corpo, age de fato na cabeça, nos pés e no corpo todo, assim como o céu e a terra produzindo e gerando o crescimento de tudo, e não domina uma só estação em especial".

帝曰：脾与胃以膜相连耳，而能为之行其津液何也？岐伯曰：足太阴者三阴也，其脉贯胃属脾络嗌，故太阴为之行气于三阴。阳明者表也，五藏六府之海也，亦为之行气于三阳。藏府各因其经而受气于阳明，故为胃行其津液，四支不得稟水谷气〔丹波元坚说"四支"以下二十八字与上文复，正是衍文〕，日以益衰，阴道不利，筋骨肌肉无气以生，故不用焉。

170

O Imperador Amarelo perguntou: "Já que há apenas uma membrana conectando o baço com o estômago, como pode o baço transportar o fluido corporal para o estômago?" Disse Qibo: "O Canal do Baço, Taiyin do Pé, que é o terceiro Yin, cujo canal circunda o estômago, conecta o baço por meio de uma passagem rápida pela garganta; por isso, a energia Yangming pode ser transportada pelo canal Taiyin, fazendo com que entre nos três canais Yin da Mão e do Pé; o Canal do estômago, Yangming do Pé, é a superfície do Canal do baço, Taiyin do Pé e também o mar da nutrição dos cinco órgãos sólidos e dos seis órgãos ocos, por isso o Canal do Estômago também pode transportar a energia de Taiyin aos três Canais Yang da Mão e do Pé. Já que os cinco órgãos sólidos e os seis órgãos ocos, podem todos receber a essência da água e dos cereais do Yangming com a ajuda do Canal do Baço, então, este é capaz de transportar o fluido do corpo para o estômago".

阳明脉解篇第三十

Capítulo 30
Yangming Mai Jie
(Explanação acerca do Canal Yangming)

黄帝问曰：足阳明之脉病，恶人与火，闻木音则惕然而惊，钟鼓不为动，闻木音而惊何也？愿闻其故。岐伯对曰：阳明者胃脉也，胃者土也，故闻木音而惊者，土恶木也。帝曰：善。其恶火何也？岐伯曰：阳明主肉，其脉血气盛，邪客之则热，热甚则恶火。

O Imperador Amarelo perguntou: "O paciente com enfermidade no Yangming do Pé, detesta o homem e o fogo, e se assusta quando escuta um som produzido pela madeira, mas não tem reação quando ouve o som de um sino. Por que se assusta somente com o som da madeira? Desejo saber a razão". Qibo respondeu: "O canal do estômago Yangming do Pé, dentro dos cinco elementos, pertence à terra; como a terra abomina o jugo da madeira, o paciente irá se assustar com o som da madeira".

Disse o Imperador Amarelo: "Muito bem. Mas por que detesta o fogo?" Disse Qibo: "O Yangming se encarrega dos músculos, e o canal Yangming é abundante em sangue e energia; quando atingida pelos perversos exógenos, a energia yang ficará obstruída e o sangue estagna para produzir calor; quando o calor do corpo é excessivo, o paciente irá detestar fogo".

帝曰：其恶人何也？岐伯曰：阳明厥则喘而惋〔《甲乙》作闷〕，惋则恶人。帝曰：或喘而死者，或喘而生者，何也？岐伯曰：厥逆连藏则死，连经则生。

O Imperador Amarelo perguntou: "Por que detesta o homem?" Disse Qibo: "Quando ocorre Jueni (friagem dos membros, dor no peito e no abdômen, e suspensão temporária da consciência) no Yangming, o paciente terá dispnéia e se sentirá inquieto, por isso detesta o homem".

O Imperador Amarelo perguntou: "Alguns pacientes morreram devido ao Jueni e à dispnéia, mas alguns puderam sobreviver apesar deles; isso por quê?" Disse Qibo: "Se o Jueni tiver atingido as vísceras e o paciente tiver dispnéia, morrerá; se o Jueni tiver atingido apenas o canal, ele poderá sobreviver embora tenha dispnéia".

帝曰：善。病甚〔《太素》"病甚"上有"阳明"二字〕则弃衣而走，登高而歌，或至不食数日，逾垣上屋，所上之处〔《太素》"所上"下无"之处"二字〕，皆非其素所能也，病反能者何也？岐伯曰：四支者，诸阳之本也，阳盛则四支实，实则能登高〔《甲乙》"登高"下有"高歌"二字〕也。

Disse o Imperador Amarelo: "Muito bem. Alguns pacientes com doença séria no Yangming, tiram suas roupas e correm de lá para cá, cantam em altas vozes em lugares elevados; algumas vezes não come nada por vários dias, pula muros e telhados. Comumente não poderia fazer essas coisas, mas é capaz de fazê-las quando está doente; por que isso?" Disse Qibo: "As quatro extremidades são os fundamentos de todo o Yang; quando a energia Yang está superabundante, as extremidades estarão estênicas, e quando as extremidades estão estênicas, o paciente será capaz de escalar um local alto".

帝曰：其弃衣而走者何也？岐伯曰：热盛于身，故弃衣欲〔《太素》"欲"作"而"〕走也。

O Imperador Amarelo perguntou: "Por que o paciente tira suas roupas e corre de lá para cá?" Disse Qibo: "Quando o calor perverso é superabundante em parte do corpo, o paciente será capaz de tirar suas roupas e correr em volta".

帝曰：其妄言〔《太素》"其"下无"妄言"二字〕骂詈，不避亲疏而歌者何也？岐伯曰：阳盛则使人妄言〔《甲乙》"则使人"作"故"字，"妄言"二字应删〕骂詈不避亲疏，而不欲食，不欲食，故妄走〔明抄本"不欲食"以下九字作"歌"〕也。

O Imperador Amarelo perguntou: "Alguns pacientes abusam dos outros sem distinção de amigos e inimigos e algumas vezes os ofendem aos gritos; isso por quê?" Disse Qibo: "Quando a energia Yang for superabundante numa parte do corpo, fará com que o paciente fique com a consciência confusa; eis o porquê dele abusar dos outros de maneira audaciosa e ofendê-los".

热论篇第三十一

Capítulo 31
Re Lun
(Sobre a Doença Febril)

黄帝问曰：今夫热病者。皆伤寒之类也。或愈或死。其死皆以六七日之间。其愈皆以十日以上者何也？不知其解。愿闻其故。

O Imperador Amarelo perguntou: "De uma maneira geral, a doença febril é uma das doenças exógenas; alguns dos pacientes se recuperaram, mas outros morreram. Para aqueles que morreram, isso ocorreu no sexto ou sétimo dia, e para aqueles que se recuperaram, isso após dez dias; o por quê disso? Eu não compreendo, e espero que possas me explicar".

岐伯对曰：巨阳者，诸阳之属也。其脉连于风府，故为诸阳主气也。人之伤于寒也，则为病热，热虽甚不死；其两感于寒而病者，必不免于死。

Qibo respondeu: "O Canal Taiyang do Pé, é o local para onde convergem todos os Yang; seu canal se conecta com o ponto Fengfu (Mansão do Vento) do Canal Du (no meio das costas); como o Canal Du se dirige a todos os canais Yang do corpo, assim, o Taiyang do Pé pode dominar as energias de todos os canais yang. Quando alguém é invadido pelo vento perverso, terá febre, mas se só tiver febre, não irá morrer mesmo que ela seja muito alta; mas se tanto os canais Yin quanto os canais Yang forem invadidos pelo frio perverso ao mesmo tempo, causando a doença, o paciente morrerá".

帝曰：愿闻其状。岐伯曰：伤寒一日，巨阳受之，故头项痛腰脊强〔按《史载之方》引"脊"作"背"〕；二日阳明受之，阳明主肉〔《外台》、《伤寒补亡论》引"主"下并有"肌"字〕，其脉侠鼻络于目，故身热目疼〔《病论》"身"作"肉"字《太素》"热"下无"目疼"二字〕而鼻乾，不得卧也；三日少阳受之，少阳主胆〔《太素》《甲乙》《病论》"胆"并作"骨"字〕，其脉循胁络于耳，故胸胁痛而耳聋，三阳经络皆受其病，而未入于藏〔明抄本"藏"作"府"〕者，故可汗而已；四日太阴受之，太阴脉布胃中络于嗌，故腹满而嗌乾；五日少阴受之，少阴脉贯肾络于肺，系舌本，故口燥〔《太素》《病论》"燥"并作"热"〕舌乾而渴；六日厥阴受之，厥阴脉循阴器而络于肝，故烦满而囊缩，三阴三阳、五藏六府皆受〔《太素》《病论》"皆"下并无"受"字〕病，荣卫不行，五〔《太素》"五"作"府"〕藏不通则死矣。

Disse o Imperador Amarelo: "Espero escutar algo acerca das síndromes da doença febril exógena". Disse Qibo: "No primeiro dia, quando o paciente contrai a doença febril exógena, o Canal Taiyang fica infectado pelo frio perverso; ele sentirá dor na cabeça, nas costas e na região lombar.

"No segundo dia, o mal é transmitido para o Canal Yangming. O Canal Yangming se encarrega dos músculos; em seu trajeto, ele pinça o nariz e circunda os olhos, por isso, o perverso irá fazer com que os músculos fiquem quentes, havendo secura no nariz e sonolência.

"No terceiro dia, o mal é transmitido ao Shaoyang. O Canal Shaoyang se encarrega dos ossos e corre junto às duas partes laterais do tórax, circundando as duas orelhas, por isso o perverso irá causar dor no peito e no hipocôndrio, e ensurdecimento nos ouvidos. Se todos os três canais Yang estiverem infectados, mas o mal ainda não tiver penetrado nos órgãos ocos, a doença poderá ser curada por diaforese.

"No quarto dia, o mal é transmitido para o Canal Taiyin, que se espalha pelo estômago, circundando a faringe, por isso, o perverso causará a distensão do abdômen e secura na faringe do paciente.

"No quinto dia, o mal é transmitido ao Canal Shaoyin. O Canal Shaoyin se conecta com o rim e o pulmão, e se liga à raiz da língua, por isso, o perverso irá causar quentura e secura na língua, e sede no paciente.

"No sexto dia, o mal é transmitido ao Canal Jueyin. O Canal Jueyin corre junto aos genitais externos e circunda o fígado; o perverso irá fazer com que o canal contraia o escroto e incomode o paciente.

"Se todos os três canais Yin e Yang, os cinco órgãos sólidos e os seis órgãos ocos estiverem todos infectados, tanto as energias Rong quanto Wei obstruídas, e os órgãos sólidos e ocos impedidos, o paciente morrerá.

其不两感于寒者，七日巨阳病衰，头痛少愈；八日阳明病衰，身热少愈；九日少阳病衰、耳聋微闻；十日太阴病衰、腹减如故，则思饮食；十一日少阴病衰〔《太素》"衰"作"愈"〕、渴止不满〔《甲乙》《伤寒补亡论》引"渴止"下并无"不满"二字〕，舌乾已而嚏；十二日厥阴病衰，囊纵少腹微下，大气皆去，病日已矣。帝曰：治之奈何？岐伯曰：治之各通其藏脉〔何校本"脉"作"腑"〕，病日衰已矣。其〔《病论》"其"下有"病"字〕未满三日者，可汗而已；其满三日者〔《病论》作"其病三日过者"〕，可泄而已。

"Se o canal Yang e o canal Yin do paciente não tiverem sido infectados pelo frio perverso ao mesmo tempo, então, no sétimo dia, a doença de Taiyang terá uma melhora e a dor de cabeça ficará um pouco aliviada; no oitavo dia, a doença de Yangming terá uma melhora e a febre do corpo baixará ligeiramente; no nono dia, a doença de Shaoyang terá uma melhora, a surdez irá melhorar e o paciente poderá ouvir alguma coisa; no décimo dia, a doença de Taiyin terá uma melhora, o inchaço do abdômen do paciente ficará normal como de costume e ele quererá comer; no décimo primeiro dia, a doença de Shaoyin terá uma melhora, o paciente não sentirá mais sede nem secura na língua, e irá espirrar com freqüência. No décimo segundo dia, a doença de Jueyin terá tido uma recuperação, o escroto estará relaxado, o baixo abdômen estará mais confortável, todos os perversos estarão recessivos e o paciente estará recuperado aos poucos".

O Imperador Amarelo perguntou: "Como tratar isso?" Qibo respondeu: "Deve-se tomar como base a condição dos órgãos sólidos e ocos dos vários canais e tratar cada um deles respectivamente, para fazer com que a doença decline dia-a-dia. À doença que sofreu processo de infecção em menos de três dias, pode haver cura por meio de diaforese; à doença que sofreu processo de infecção durante mais de três dias, pode-se curar com purgação".

帝曰：热病已愈，时有所遗者何也？岐伯曰：诸遗者，热甚而强食之，故有所遗也〔按此五字涉下疑衍〕，若此者，皆病已衰，而热有所藏，因其谷气相薄〔《伤寒补亡论》引"薄"作"搏"〕，两热相合，故有所遗也。帝曰：善。治遗奈何？岐伯曰：视其虚实，调其逆从，可使必已矣〔《甲乙》"必"作"立"〕。帝曰：病热当何禁之？岐伯曰：病热少愈，食肉则复，多食则遗，此其禁也。

O Imperador Amarelo perguntou: "Após a doença febril ter sido curada, ocorre com freqüência que o calor permaneça, e que não tenha sido de todo eliminado, isso por quê?" Disse Qibo: "O calor remanescente se deve ao paciente ingerir comida com dificuldade quando a febre estava muito forte. Nesse caso, embora a doença tenha tido um alívio, ainda há um calor remanescente que constitui obstáculo à água e aos cereais, fazendo com que fiquem retidos". Disse o Imperador Amarelo: "Muito bem. Mas como tratar o calor remanescente?" Disse Qibo: "Tratar de acordo, respectivamente o astênico e o estênico, a condição correta e a errônea da doença, e a doença pode ser curada".

O Imperador Amarelo perguntou: "Quais as contra-indicações quando se contrai a doença febril?" Disse Qibo: "Quando a doença febril do paciente melhorar, se houver ingestão de carne, a doença voltará; se ingeridos muitos cereais, o calor remanescente ficará retido da mesma forma. Estas são as contra-indicações na doença febril".

帝曰：其病两感于寒者，其脉应与其病形何如？岐伯曰：两感于寒者，病一日则巨阳与少阴俱病，则头痛口乾而烦满〔《外台》、《伤寒补亡论》并作"烦满而渴"〕；二日则阳明与太阴俱病，则腹满〔《太素》"腹"作"肠"〕身热，不欲食，谵言；三日则少阳与厥阴俱病，则耳聋囊缩而厥，水浆不入，不知人，六日死。帝曰：五藏已伤，六府不通，荣卫不行，如是之后，三日乃死何也？岐伯曰：阳明者，十二经脉之长也，其血气盛〔《伤寒总病论》引"血"作"邪"〕，故不知人，三日其气乃尽，故死矣。

O Imperado Amarelo perguntou: "Quais são as condições de pulso e as síndromes do paciente que contrai o frio perverso tanto nos canais Yin quanto nos canais Yang?" Disse Qibo: "As condições do paciente que contrai o frio perverso tanto nos canais Yin quanto nos canais Yang são: no primeiro dia, quando tanto os canais Taiyang quanto os canais Shaoyin estão infectados, o paciente terá as síndromes de dor de cabeça, secura na boca, inquietação e sede; no segundo dia, quando tanto o Yangming quanto o Taiyin estiverem infectados, ocorrerão as síndromes de plenitude do intestino, febre, horror à comida, e fala incoerente; no terceiro dia, quando tanto os canais Shaoyang quanto Jueyin estiverem infectados, irão ocorrer as síndromes de surdez, contração do escroto e Jueni. Se o paciente recusar beber e tiver uma perda completa ou parcial da consciência, irá morrer no sexto dia".

Disse o Imperador Amarelo: "Quando a doença chega no estágio em que as cinco vísceras estão comprometidas, os seis órgãos ocos estão impedidos, as energias Rong e Wei desarmoniosas, alguns dos pacientes irão morrer no terceiro dia, e isso por quê?" Disse Qibo: "O Canal Yangming é o mais importante dos doze canais; quando a energia perversa está superabundante no Canal, o paciente estará prestes a perder a consciência. Após três dias do ataque do perverso, a energia do Canal Yangming estará esgotada, e o paciente morrerá.

凡病伤寒而成温〔《外台》卷四《温病论》"温"下有"病"字〕者，先夏至日者为病温〔《伤寒论》"病温"作"温病""病暑"作"暑病"〕，后夏至日者为病暑，暑当与汗皆出，勿止。

"Quando o paciente contrai o frio perverso e a doença então se torna febril sazonal, se atacar antes do solstício de verão, é chamada de doença febril sazonal; se atacar após o solstício de verão, é chamada de mal do calor do verão. Ao tratar o mal do calor do verão, deve-se aplicar diaforese para permitir que o calor saia pelo suor; não deve ser usada terapia adstringente".

刺热篇第三十二

Capítulo 32
Ci Re
(Acupuntura para Tratar as Doenças Febris das Vísceras)

肝热病者，小便先黄〔按"小便"二字与"先"字误倒，应作"先小便黄"〕，腹痛多卧身热，热争〔《太平圣惠方》卷十七《热病论》引"争"作"盛"〕，则狂言及〔《太平圣惠方》"及"作"多"〕惊，胁满〔《太素》卷二十五《五藏热病》"胁"下无"满"字〕痛，手足躁，不得安卧；庚辛甚，甲乙大汗，气逆则庚辛死。刺足厥阴少阳。其逆则头痛员员〔按"其逆"七字，似误窜移〕，脉引冲头也〔此五字疑古注所错，宜删〕。

Na doença febril sazonal do fígado, ocorrem em primeiro lugar as síndromes de urina amarela, dor abdominal antes de dormir e febre. Quando o calor é excessivo, irão ocorrer delírios, sobressaltos freqüentes, dor nos hipocôndrios, desassossego das mãos e dos pés, impossibilidade de dormir; se a energia dos fígado for ao contrário, ascendendo, o paciente sentirá tontura. A doença se agravará nos dias Geng e Xin e o paciente estará aliviado, com transpiração abundante nos dias Jia e Yi. Se o paciente já estiver com a energia desordenada, morrerá nos dias Geng e Xin. Ao tratar, deve-se picar os canais Jueyin do Pé e Shaoyang do Pé.

心热病者，先不乐，数日乃热，热争，则卒心痛〔《甲乙》"则"下无"卒痛"二字，"心"字连下"烦闷"读〕，烦闷〔《太平圣惠方》"闷"作"热"〕善呕，头痛面赤，无汗；壬癸甚，丙丁大汗，气逆则壬癸死。刺手少阴太阳。

Na doença febril do coração, o paciente primeiro ficará triste, e terá febre após alguns dias. Quando o calor for excessivo, o paciente terá uma sensação febril, acompanhada de desassossego, náusea, dor de cabeça, face avermelhada e anidrose. A doença se agravará nos dias Ren e Gui, e o paciente terá um alívio com transpiração abundante nos dias Bing e Ding. Se a energia do paciente já estiver desequilibrada, morrerá nos dias Re e Gui. Ao tratar, deve-se picar os canais Shaoyin da Mão e Taiyang da Mão.

脾热病者，先头重颊痛，烦心颜青〔《甲乙》《病论》并无"颜青"二字〕，欲呕身热，热争，则腰痛不可用〔明抄二"不可"下无"用"字〕俛仰，腹满〔《圣济总录》引"满"下无"泄"字〕泄，两颔痛；甲乙甚，戊已大汗，气逆则甲乙死。刺足太阴阳明。

O paciente com doença febril do baço, sentirá peso na cabeça, dor entre os olhos e sobrancelhas, estará inquieto, terá uma sensação de que vai vomitar, e primeiro, uma febre pelo corpo todo. Quando o calor for excessivo, o paciente terá lumbago, impossibilidade de se abaixar ou levantar, distensão abdominal e dor nos hipocôndrios. A doença irá se agravar nos dias Jia e Yi, e o paciente irá transpirar de forma plena nos dias Wu e Ji. Se a energia do paciente já estiver em desordem, morrerá nos dias Jia e Yi. Ao tratar, deve-se picar os canais Taiyin do pé e Yangming do Pé.

肺热病者，先淅然厥，起毫毛，恶风寒〔《太素》《病论》"风"下并无"寒"字〕，舌上黄身热，热争，则喘欬，痛走胸膺〔明抄二"膺"作"应"〕背，不得大息，头痛不堪，汗出而〔《伤寒总病论》引"而"下有"恶"字〕寒；丙丁甚，庚辛大汗，气逆则丙丁死。刺手太阴阳明，出血如大豆〔《伤寒总病论》引作"豆大"〕，立〔《伤寒九十论》引"立"作"疼"〕已。

O paciente com doença febril no pulmão, sentirá frio e terá a pele arrepiada, terá aversão ao vento, língua amarela e de início febre no corpo todo. Quando o calor for excessivo, o paciente terá tosse com respiração rápida. A tosse irá sacudir o peito, causando dor e afetando as costas. O paciente dificilmente poderá respirar profundamente, mas uma dor de cabeça insuportável fará com que tenha suores frios contínuos. A doença irá se agravar nos dias Bing e Ding, e o paciente terá uma transpiração plena nos dias Geng e Xin. Ao tratar, deve-se picar os canais Taiyin da Mão e Yangming da Mão. A doença será curada, quando após a picada, saírem gotas de sangue de ambos os lados.

肾热病者，先腰痛胻痠〔《病论》"胻"作"胫"〕，苦渴数饮，身热，热争，则项痛而强，胻寒且痠，足下热，不欲言，其逆则项痛员员澹澹〔《甲乙》"员员"下无"澹澹"二字，按"员员"谓病之急〕然；戊己甚，壬癸大汗，气逆则戊己死。刺足少阴太阳。诸汗者，至其所胜日汗出也〔《太素》无"诸汗"以下十一字〕。

O paciente com doença febril dos rins, sentirá dor na região lombar, sensação incômoda nas pernas, sede, desejará líquidos e primeiro tem febre pelo corpo todo. Quando o calor for excessivo, o paciente terá dor de cabeça e rigidez na nuca, terá as pernas frias e doloridas, seus pés estarão quentes, e ele reluta em falar. Se a energia dos rins estiver em contracorrente ascendente, o paciente sentirá dor e rigidez no pescoço. A doença se agravará nos dias Wu e Ji, e o paciente estará aliviado com transpiração abundante nos dias Ren e Gui. Se a energia do paciente já estiver em desordem, morrerá nos dias Wu e Ji. Ao tratar, picar os canais Shaoyin do Pé e Taiyang do Pé.

肝热病者，左颊先赤；心热病者，颜〔《病论》"颜"作"额"〕先赤；脾热病者，鼻〔《太平圣惠方》"鼻"作"唇"，《病论》"病"上有"凡"字〕先赤；肺热病者，右颊先赤；肾热病者，颐先赤。病虽未发，见赤〔《太素》"见"下有"其"字〕色者刺之，名曰治未病。热病从部所起者，至〔《太素》"至"下有"其"字〕期而已；其刺之反者，三周而已；重逆则死。诸当汗者，至其所胜日，汗大出也。

Na doença febril, quando o calor está no fígado, aparecerá primeiro uma cor vermelha na bochecha esquerda do paciente; quando o calor está no coração, a cor vermelha aparecerá primeiro na testa; quando o calor está no baço, a cor vermelha aparecerá primeiro nos lábios; quando o calor está no pulmão, a cor vermelha aparecerá primeiro na bochecha direita; quando o calor está nos rins, a cor vermelha aparecerá primeiro nas bochechas. Em geral, deve-se tratar a tempo, quando a cor vermelha aparece no rosto, antes que a doença ataque, o que se chama tratar antecipado.

Se a cor vermelha estiver em uma posição específica no rosto, sendo vista antes da doença atacar, e se a doença for tratada a tempo, pode ser curada no dia de dominação. Se o tratamento estiver sendo feito de forma contrária, a doença irá

179

durar três semanas, mas se o tratamento continuar errado, o paciente irá morrer. Em suma, ao tratar a doença febril, deve-se usar diaforese; se o tratamento estiver dentro do prazo, a doença pode ser curada no dia em que a energia visceral suplantar a diaforese.

诸治热病，以〔《甲乙》"以"作"先"〕饮之寒水，乃刺之；必寒衣之，居止寒处，身寒而止也。

Ao tratar a doença febril, pedir ao paciente para que antes tome água fria, e depois começar o tratamento por acupuntura. O paciente deve usar roupas leves e permanecer num local fresco. Dessa forma, quando o calor do corpo for eliminado, a doença será curada.

热病先胸胁痛，手足躁，刺足少阳，补足〔《甲乙》"足"作"手"〕太阴，病甚者为五十九刺，热病始手臂痛〔《甲乙》"臂"下无"痛"字〕者，刺手阳明太阴而汗出止〔《甲乙》"出"下并无"止"字〕。热病始于头首者，刺项太阳而汗出止。热病始于足胫者，刺足阳明而汗出止。热病先身重骨痛，耳聋好瞑〔元残二，越本，吴本"瞑"并作"瞑"〕，刺足少阴，病甚为五十九刺。热病先眩冒〔《太素》"冒"作"胃"〕而热，胸胁满，刺足少阴〔张琦说："少阴"二字衍〕少阳。

Na doença febril, o paciente sente opressão e dor no peito e hipocondria e desassossego nas mãos e nos pés; deve-se picar o Canal Shaoyang do Pé e revigorar o Canal Taiyin da Mão; se a doença for séria, deve ser usado o Método da Cinqüenta e Nove Picadas.

Se a doença febril tiver início no braço, picar o Canal Yangming da Mão (ponto Shangyang, IG 1) e o Canal Taiyin da Mão (ponto Lieque P 7), até obter suor.

Na doença febril que tiver início na cabeça, picar o Canal Taiyin do Pé Tianzhu, B 10), até obter suor.

Se a doença febril tiver início na tíbia, picar o Canal Yangming do Pé até obter suor.

Se o paciente com doença febril sentir peso no corpo, dor nas juntas dos ossos, surdez e sonolência, picar o Canal Shaoyin do Pé; se a doença for bastante séria, punturar com o Método das Cinqüenta e Nove Picadas.

Se o paciente tiver primeiro doença febril e tontura, calor no estômago, distensão no peito e hipocôndrio, picar o Canal Shaoyang do Pé.

太阳〔喜多村直宽说"太阳"疑当作"少阳"〕之脉，色荣颧骨〔张文虎说："言颧不必言骨。林引杨上善"骨"字属下读〕，热病也，荣未交〔于鬯说："'交'当从林校作'夭'，'荣'即色，荣未夭即色未夭"〕，曰〔《太素》"曰"作"日"连上读，今作"令"〕今且得汗，待时而已。与厥阴脉争见者，死期不过三日，其热病内连肾〔此六字疑错简〕，少阳之脉色也〔林校云："旧无此四字"〕。少阳之脉〔喜多村直宽说："少阳疑当作太阳"〕，色荣颊前〔《太素》"前"作"筋"〕，热病也，荣未交，曰今且得汗，待时而已，与少阴脉争见者，死期不过三日。

Quando a cor vermelha do mal Shaoyang surgir nas duas bochechas, é sinal de doença óssea do tipo calor. Se a compleição não estiver deteriorada, pode-se recuperar da doença no dia em que a energia visceral estiver preponderante, e somente se o paciente tiver transpiração. Mas se forem vistas ao mesmo tempo, a condição de pulso e outras manifestações do Canal Jueyin, o paciente morrerá dentro de três dias.

Quando a cor vermelha do Canal Taiyang aparecer nas bochechas, é sinal de doença febril. Se a compleição do paciente não estiver deteriorada, a doença cede no dia em que a energia visceral se recuperar, se o paciente transpirar. Mas se a condição de pulso e outras manifestações do Canal Shaoyin forem observadas ao mesmo tempo, o paciente morre em três dias.

热病气穴：三椎下间主胸中热，四椎下间主鬲〔《太素》"鬲"下无"中"字〕中热，五椎下间主肝热，六椎下间主脾热，七椎下间主肾热，荣在骶也〔《太素》无"骶也"二字，"荣在"二字属下读〕，项上三椎陷者中也。颊下逆颧为大瘕，下牙车为腹满，颧后为胁痛。颊上者，鬲上也。

Ao se tratar a doença febril com os pontos por onde passa a energia Yang, deve-se aplicar uma picada em posição regular: abaixo da terceira vértebra, para purgar o calor do pulmão; abaixo da quarta vértebra para purgar o calor do coração; abaixo da sexta vértebra para purgar o calor do baço; abaixo da sétima vértebra para purgar o calor do rim. Quando se mede uma vértebra: o ponto Dazhui (Vértebra Grande), está no meio da depressão abaixo da terceira vértebra cervical. Quando se inspeciona a compleição do paciente, pode-se inferir assim a doença no abdômen: quando a cor vermelha se movimenta para cima, a partir da parte inferior da bochecha até o osso da mesma, mostra que a doença é disenteria; quando a cor vermelha surgir no ponto Jiache (Junta Mandibular), mostra distensão abdominal; quando a cor vermelha aparecer atrás das bochechas, mostra dor nos hipocôndrios. Quando a cor vermelha for vista nos vários locais acima, todos indicam que a doença está no diafragma.

评热病论篇第三十三

Capítulo 33
Ping Re Bing Lun
(Sobre a Doença Febril)

黄帝问曰：有病温者，汗出辄〔《伤寒百证歌》引"辄"作"而身"〕复热，而脉躁疾不为汗衰〔《病论》卷十《温病候》"疾"作"病"。"脉躁"应断句，"疾"字属下读〕，狂言不能食，病名为何？岐伯对曰：病名阴阳交，交者〔《病论》"交"上有"阴阳"二字〕死也。帝曰：愿闻其说。岐伯曰：人所以汗出者，皆生于谷，谷生于精。今邪气交争于骨肉而得汗者，是邪却而精胜也。精胜，则当能食〔《太素》卷二十五《热病说》"当"下无"能"字〕而不复热〔《太素》《外台》引"热"上无"复"字〕，复热者邪气也，汗者精气也；今汗出而辄复热者，是邪胜也，不能食者，精无俾〔《太素》作"精母"，精母，痹也〕也，病而留者〔《脉经》《伤寒补亡论》并作"汗而留热者"〕，其寿可立而倾也。且夫《热论》曰：汗出而脉尚躁盛者死。今脉不与汗相应，此不胜〔《病论》"胜"作"称"〕其病也，其死明矣。狂言者是失志，失志者死。今见三死，不见一生，虽愈必死也。

O Imperador Amarelo perguntou: "O paciente com enfermidade febril ainda tem o pulso febril e irritado após suar; sua doença não se alivia pelo suor, e também tem delírio e recusa comida; qual é a doença?" Qibo respondeu: "Chama-se Complexo Yinyang e é uma doença fatal".

O Imperador Amarelo disse: "Espero ouvir a respeito". Disse Qibo: "O suor provém da água e dos cereais que são convertidos em energia refinada para nutrir o corpo todo; quando a energia refinada da água e dos cereais é excretada à superfície da pele, é suor. No combate da energia perversa contra a energia saudável entre os ossos e os músculos, se a energia refinada for vitoriosa, a energia perversa será excretada juntamente com o suor, e o paciente irá se recuperar, já que não tem mais febre, e a água e os cereais são convertidos novamente, e ele terá apetite para comer. Se o paciente ainda tiver febre após a transpiração, mostra que a energia refinada foi suplantada pela energia perversa, o suor não pode mais deixar sair a energia perversa, mas somente pode consumir a essência. Quando a energia perversa estiver superabundante e a energia refinada debilitada, a água e os cereais não podem ser convertidos, e o paciente se recusará a comer. Parar de comer irá causar deficiência do fluido refinado, fazendo com que o calor perverso se torne ainda mais abundante. Quando o paciente tem bastante suor, mas a febre não abaixa, espera-se a morte do mesmo a qualquer momento, como está dito em "Sobre o Calor": "quando o paciente transpira com uma condição de pulso irritante e superabundante, morrerá"; no momento, a condição de pulso não está de acordo com a condição de transpiração, e a energia refinada é incapaz de suplantar a energia perversa, por isso o sintoma de morte é evidente; quanto aos delírios do paciente, isto se deve à perda da consciência e também ao sintoma de morte. Agora que o paciente tem três sintomas de morte sem qualquer oportunidade de vida, embora haja algumas condições de melhora, o paciente irá morrer de qualquer jeito".

帝曰：有病身热汗出烦满，烦满不为汗解，此为何病？岐伯曰：汗出而身热者，风也；汗出而烦满不解者，厥也，病名曰风厥。帝曰：愿卒闻之。岐伯曰：巨阳主气〔《甲乙》作"太阳为诸阳主气"〕，故先受邪；少阴与其为表里也，得热则上从之，从之则厥也。帝曰：治之奈何？岐伯曰：表里刺之，饮之服汤〔《太素》"饮"下无"服"字〕。

O Imperador Amarelo perguntou: "Alguns pacientes que têm febre, suam e ficam inquietos ao mesmo tempo, isto é, a inquietação não pode ser aliviada pela transpiração; qual é a doença?" Disse Qibo: "Quando um paciente tem febre e sua ao mesmo tempo, isso se deve ao vento perverso; quando o suor não pode aliviar a inquietação, isso se deve à reversão da energia vital, e a doença se chama jue do vento". Disse o Imperador Amarelo: "Espero ouvir acerca disso". Disse Qibo: "O Canal Taiyang controla todas as energias do Yang, e o canal Taiyang é a superfície do corpo, por isso, é fácil de ser invadido. O Canal Shaoyin e o Canal Taiyang são a superfície e o interior; se o Canal Shaoyin estiver em contracorrente ascendente sob o efeito da febre do canal Taiyang, acarretará síndrome Jue". O Imperador Amarelo perguntou: "Como tratar isso?" Disse Qibo: "Picar os pontos dos Canais Taiyang e Shaoyin e tomar decocções".

帝曰：劳风为病何如？岐伯曰：劳风法〔《医垒元戎》引作"发"〕在肺下，其为病也，使人强上〔于鬯说："'上'疑'工'之误，强工即强项"〕冥视，唾出若涕，恶风而振寒，此为劳风之病〔按"此为"六字衍，《千金》无此六字〕。帝曰：治之奈何？岐伯曰：以救俯仰。巨阳引。精者三日，中年者五日，不精者七日，咳出青黄涕，其状如〔《太素》"如"下有"稠"字〕脓，大如弹丸，从口中若鼻中出〔"鼻中出"下脱"为善"二字，应据《千金》《医心方》补〕，不出则伤肺〔《千金》"不出"上有"若"字〕，伤肺则死也。

O Imperador Amarelo perguntou: "O que é a doença lao feng (síndrome do vento sendo sobrepujada)?" Disse Qibo: "O ataque inicial do mal lao feng depende do pulmão; suas síndromes surgem como rigidez no pescoço e na cabeça, obscurecimento da visão, esputo pegajoso, aversão ao vento e calafrio". O Imperador Amarelo perguntou: "Como tratar isso?" Disse Qibo: "O paciente dever dar muita atenção principalmente ao descanso, e depois, a energia Yang do Canal Taiyang deve ser induzida a remover e energia perversa da depressão com o auxílio da ingestão de remédios. Com o tratamento, um homem forte pode se recuperar em cinco dias, e um homem idoso, com deficiência de energia, pode se recuperar em sete dias. O paciente irá cuspir um catarro verde-amarelado, com pus rijo, do tamanho de uma bala de arma de fogo. É a melhor opção para se remover o catarro rijo da boca e do nariz. Se não for possível expelir, isso irá prejudicar o pulmão, e quando este estiver lesado, o paciente morrerá".

帝曰：有病肾风者，面胕庞〔《甲乙》卷八第五"然"下有"肿"字〕然壅，害于言，可刺不？岐伯曰：虚不当刺，不当刺而刺，后五日其气必至。帝曰：其至何如？岐伯曰：至必少气时热〔《甲乙》"时"下无"热"字，"时"字属下读〕，时热从胸背上至头，汗出，手热，口干苦渴〔吴本无"口干"二字，滑抄本"苦"作"善"〕，小便黄，目下肿，腹中鸣，身重难以〔《甲乙》"难"下无"以"字〕行，月事不来，烦而不能食〔滑抄本"烦而"下无"不能食"三字〕，不能正偃，正偃则欬〔"欬"下脱"甚"字〕，病名曰风水，论在《刺法》中。

183

O Imperador Amarelo perguntou: "O paciente que sofre de vento no rim, tem edema na face e no dorso do pé, inchaço sob os olhos como um bicho-da-seda de tocaia, tendo alalia; este paciente pode ser picado?" Disse Qibo: "Como o rim está astênico, não se deve picar; se a picada for aplicada, certamente irá acarretar energia perversa". O Imperador Amarelo perguntou: "Qual é a condição quando ocorre a energia perversa". Disse Qibo: "Quando a energia perversa chega, o paciente terá respiração curta, freqüente quentura partindo do peito e da parte de trás da cabeça, suor, quentura nas mãos, sede, urina amarela, inchaço nas pálpebras, borborigmo, peso no corpo, e encontrará dificuldade de locomoção. Se o paciente for mulher, sua menstruação cessará. O paciente também terá uma sensação irritante e de depressão no peito, sendo incapaz de se abaixar e levantar e irá ter uma tosse severa se tentar abaixar e se levantar. A doença se chama água cheia de vento, que é exposta em minúcias no "Método de Picar".

帝曰：愿闻其说。岐伯曰：邪之所凑，其气必虚，阴虚者、阳必凑之，故少气时热而汗出也〔《甲乙》"也"字作"小便黄"〕。小便黄者，少腹中有热也。不能正偃者，胃中不和也。正偃则欬甚，上迫肺也〔"上"上脱"气"字〕。诸有水气者、微肿先见于目下也。帝曰：何以言？岐伯曰：水者阴也，目下亦阴也，腹者至阴之所居，故水在腹者，必使目下肿也。真〔明抄本"真"作"其"〕气上逆，故口苦舌乾〔《太素》"口"上无"故"字〕，卧〔《太素》"卧"作"故"〕不得正偃，正偃则咳出清水也。诸水病者，故不得卧，卧则惊，惊则咳甚也。腹中鸣者，病本于胃也〔明抄本"病"下无"本"字。张琦说："'胃'当作'脾'"〕。薄脾则烦不能食〔《医垒元戎》卷十引"脾"作"胃"〕，食不下者，胃脘隔也。身重难以行者，胃脉在足也。月事不来者，胞脉闭也，胞脉者属心〔《阴阳别论》"属"下有"于"字〕而络于胞中，今气上迫肺，心气不得下通，故月事不来也。帝曰：善。

O Imperador Amarelo disse: "Espero que possas me dizer a razão disso". Disse Qibo: "O acúmulo de energia perversa se deve principalmente à deficiência de energia saudável. Quando o rim é lesado pelo vento perverso, sua essência será astênica, e a isso se chama astenia do Yin; quando o Yin está astênico, o Yang aproveitará para invadir, e assim o Yang viola o Yin. Nesse caso, irá tornar a energia refinada astênica, respiração curta, febre e suor no paciente. Quando o abdômen inferior estiver quente e o calor estiver no aquecedor inferior, surgirá urina amarela. Quando o paciente não puder se deitar de costas, porque seu estômago está em desarmonia, quando o deitar de costas agravar a tosse, isso será por causa da contracorrente ascendente do fluído do pulmão. Todos os pacientes com síndrome de retenção de líquido, têm um leve inchaço sob os olhos, e isso devido ao baço-terra ser incapaz de controlar a água dos rins; em vez disso, a água assume o controle".

O Imperador Amarelo perguntou: "Por que isso?" Disse Qibo: "A água pertence ao Yin; a posição sob os olhos igualmente pertence ao Yin; o abdômen é o lugar em que se localiza o extremo Yin, por isso há um acúmulo de água no abdômen e um leve inchaço aparece sob os olhos. Quando a energia reversa ascende, a boca fica amarga, a língua fica seca e o paciente não pode se deitar de costas; se o fizer, irá cuspir água límpida. Todo paciente que for invadido pela energia da água não pode deitar de costas; se o fizer, se sentirá sobressaltado e desconfortável, o que causa uma tosse ainda mais severa. O borborigmo é causado pela astenia do baço. Quando

184

a energia da água estiver exercendo coerção sobre o estômago, o paciente se sentirá irritado e recusará a comida. Quando o paciente for incapaz de engolir qualquer alimento, isto se deve à existência de algum obstáculo no estômago. Quando o corpo se sente pesado e o paciente encontra dificuldade em se mexer, é porque a energia do canal do estômago se encaminha direto para os pés. O cessar da menstruação numa mulher se deve à estagnação dos colaterais do útero. A energia do útero pertence ao coração, e os colaterais se conectam com o útero; quando a energia da água vai em contra-corrente ascendente, a fim de coagir o pulmão, a energia do coração será incapaz de se comunicar com a parte inferior do corpo e a menstruação irá cessar". O Imperador Amarelo disse: "Muito bem".

逆调论篇第三十四

Capítulo 34
Ni Tiao Lun
(Sobre os Desajustes)

黄帝问曰：人身非常〔于鬯说："'常'本'裳'字"〕温也，非常〔应作裳〕热也，为之热而烦满者何也？岐伯对曰：阴气少而阳气胜，故热而烦满也。

O Imperador Amarelo perguntou: "Qual a razão, quando alguém tem febre e se sente oprimido, mas não permite que lhe coloquem roupas quentes?" Qibo respondeu: "Deve-se à deficiência da energia Yin e à superabundância da energia Yang; neste caso, fará com que o paciente tenha febre e se sinta inquieto".

帝曰：人身非衣寒也，中非有寒气〔《太素》卷三十《身寒》"寒"下无"气"字〕也，寒从中生〔滑抄本"生"作"出"〕者何？岐伯曰：是人多痹气也〔《甲乙》"痹"下无"气也"二字〕，阳气少，阴气多，故身寒如从水中出。

Disse o Imperador Amarelo: "Quando se usam roupas finas em relação ao tempo, e não há frio perverso interno, mas parece que o frio está brotando de dentro, qual é a razão?" Disse Qibo: "É porque o paciente contraiu a síndrome Bi; sua energia Yang está deficiente e sua energia Yin está repleta, e seu corpo está frio como se tivesse acabado de sair da água fria".

帝曰：人有四支〔按"四支"下似脱"先"字〕热，逢风寒〔《全生指迷方》引无"寒"字。"如火"应作"于火"〕如炙如火者何也？岐伯曰：是人者，阴气虚，阳气盛，四支〔《甲乙》"四支"下有"热"字〕者阳也，两阳相得，而阴气虚少，少水〔《太素》"水"上无"少"字，"灭"作"减"〕不能灭盛火，而阳独治，独治者，不能生长也，独胜而止耳，逢风而如炙如火者，是人当肉烁也。

O Imperador Amarelo disse: "Algumas pessoas têm febre primeiro nas extremidades; quando se defrontam com o vento, ficam quentes como se atingidas pelo fogo; por que isso?" Disse Qibo: "Esse tipo de pessoa é astênica e deficiente de energia Yin, e superabundante em energia Yang; já que as extremidades pertencem ao Yang, quando os dois Yang se combinam, isso fará com que a energia Yin se torne astênica e deficiente, de maneira a não ser capaz de reduzir o fogo yang superabundante, e a energia yang ficará superabundante apenas no exterior. Quando a energia yang estiver ascendente no exterior por si só, irá parar de crescer. Sempre que se defrontar com o vento, o paciente estará quente como que sendo sufocado, e seus músculos ficarão gradativamente emaciados".

帝曰：人有身寒，汤火不能热，厚衣不能温，然不冻栗，是为何病？岐伯曰：是人者，素肾气胜，以水为事；太阳气衰，肾脂枯不长；一水不能胜两火〔高世栻"'一水'七字以下七字，重于此，衍文"〕，肾者水也，而生于骨，肾不生〔《圣济总录》卷二十引"生"作

186

"荣"），则髓不能满，故寒甚至骨也。所以不能冻〔据王注"能"字衍〕栗者，肝一阳也〔孙鼎宜说："当作'胆一阳也'"〕，心二阳也〔孙鼎宜说"当作'心二阴也'"〕，肾孤藏也，一水不能胜〔《甲乙》"胜"下有"上下"二字〕二火，故不能冻栗，病名曰骨痹，是人当挛节也。

Disse o Imperador Amarelo: "Há um tipo de pessoa que sente frio no corpo, mas não se sente aquecida quando junto ao fogo, nem se sente quente ao vestir roupas grossas, embora não se arrepie com o frio; que doença é essa?" Disse Qibo: "Esse tipo de pessoa tem sempre uma energia superabundante no rim, dependendo da água e da umidade para conservar sua vida, o que faz com que a energia Taiyang se torne debilitada, e sua adiposidade dos rins pare de aumentar. O rim é um chamariz para a água e se encarrega dos ossos; quando a energia do rim não é ascendente, a medula óssea não será abundante. A razão de não se arrepiar com o frio é: a vesícula biliar é o fogo ministerial principal do primeiro yang, e o coração é o fogo imperador do segundo Yin; o rim é um chamariz solitário, e a água de um só rim não será capaz de suplantar os dois fogos acima e abaixo do coração e da vesícula biliar, por isso, apesar da friagem, não sentirá arrepios. A doença se chama síndrome Bi dos ossos, e o paciente com esta síndrome irá sofrer de contratura nas juntas".

帝曰：人之肉苛者，虽近衣絮、犹尚苛也，是谓何疾？岐伯曰：荣气虚卫气实也〔《素问识》云"此七字不相冒，恐是衍文"，荣气虚则不仁，卫气虚则不用，荣卫俱虚，则不仁且不用，肉如故也，人身与志不相有，曰死。

Disse o Imperador Amarelo: "Há um tipo de pessoa cujos músculos são entorpecidos e rijos; ela não tem sensação alguma, mesmo quando seus músculos tocam roupas ou algodão; qual é a doença?" Disse Qibo: "Quando a energia Rong de uma pessoa é astênica, sua pele e músculos se tornam entorpecidos; quando a energia Wei de uma pessoa é astênica, seus membros dificilmente podem se mover; quando tanto a energia Rong quanto a energia Wei estão astênicas e fracas, irá ocorrer entorpecimento e debilidade, e os músculos estarão entorpecidos e rijos na maior parte do tempo. Se o físico de uma pessoa não estiver acompanhando sua consciência, esta irá morrer".

帝曰：人有逆气不得卧而息有音者；有不得卧而息无音者；有起居如故而息有音者；有得卧，行而喘者；有不得卧，不能行〔滑寿说："能行"上衍"不"字〕而喘者；有不得卧，卧而喘者；皆何藏使然？愿闻其故。岐伯曰：不得卧而息有音者，是阳明之逆也，足三阳者下行，今逆而上行，故息有音也。阳明者，胃脉也，胃者，六腑之海，其气亦下行，阳明逆不得从其道，故不得卧也。《下经》曰：胃不和则卧不安。此之谓也。夫起居如故而息有音者，此肺〔《太素》卷三十《卧息喘逆》"肺"作"脾"〕之络脉逆也；络脉不得随经上下，故留经而不行，络脉之病人也微，故起居如故而息有音也。夫不得卧，卧则喘者，是水气之客也；夫水者，循津液而流也，肾者，水脏，主津液，主卧与喘也。帝曰：善。

Disse o Imperador Amarelo: "Quando sofrem de contra-corrente da energia vital, alguns pacientes não podem se deitar e têm uma respiração ruidosa; alguns, mesmo que se deitem, têm respiração ruidosa; alguns podem levar uma vida normal mas têm respiração ruidosa; alguns podem se deitar, mas ficam com a respiração rápida assim que se mexem; alguns não podem se deitar, mas podem se mexer, com respiração rápida; alguns não podem se deitar e terão respiração rápida assim que se deitam. Dentre todos esses casos, qual se deve ao mal visceral? Espero conhecer a razão acerca disso".

Disse Qibo: "Em caso de incapacidade de deitar e ter respiração ruidosa, isto se deve à ascensão reversa da energia do Canal Yangming. Como a energia do Canal Yangming do Pé deve correr para baixo, sua reversão faz com que a respiração não decorra uniforme e cause ruído. O Yangming é um canal do estômago, e o estômago é o mar das seis vísceras; a energia do estômago também deve correr para baixo; por isso, se a energia Yangming estiver contrária, a energia do estômago será incapaz de seguir seu trato a fim de correr para baixo, e o paciente não poderá se deitar de costas. Eis o porquê se postula nos "Xia Jing" (Clássicos Elementares): "Quando o estômago é inarmônico, a pessoa dificilmente pode deitar quieta".

"Quando uma pessoa pode levar uma vida normal com a respiração ruidosa, isso se deve a um empecilho nos colaterais do pulmão, e a energia colateral não pode se mover para cima e para baixo, juntamente com a energia do canal, e a energia ficará retida neste, em vez de correr pelo colateral; como a doença dos colaterais é relativamente mais leve, o paciente pode levar uma vida normal durante o dia, e, no entanto, tem respiração ruidosa.

"Se o paciente encontrar dificuldade em deitar e tem respiração rápida assim que se deita, isto se deve à invasão da energia das águas no pulmão; a energia das águas corre juntamente com o rastro do fluido corporal, e o rim é um chamariz para a água e se encarrega dos fluidos do corpo; quando uma pessoa tem respiração rápida quando se deita, isto se deve à afecção dos rins". O Imperador Amarelo disse: "Muito bem".

疟论篇第三十五

Capítulo 35
Nüe Lun
(Sobre a Malária)

黄帝问曰：夫痎疟皆生于风，其蓄作有时者何也？岐伯对曰：疟之始发也，先起于毫毛，伸欠乃作，寒慄鼓颔，腰脊俱痛，寒去则内外皆热，头痛如破〔《病论》"头痛"下无"如破"二字〕，渴欲冷饮。

O Imperador Amarelo perguntou: "Todos os casos de malária são afetados pelo vento perverso, e têm um determinado período de incubação antes do momento de atacar. Por que isso?" Qibo respondeu: "No ataque inicial de malária, o frio provém dos pêlos finos, e então o paciente sentirá fadiga tanto no corpo quanto no espírito, se arrepiando com o frio, tremendo nas partes moles de ambos os lados debaixo do queixo e terá dor na região lombar e na espinha; quando o frio tiver passado, o paciente terá febre tanto dentro quanto fora, dor de cabeça, sede, e vontade de bebidas frias".

帝曰：何气使然？愿闻其道。岐伯曰：阴阳上下交争，虚实更作，阴阳相移也。阳并于阴，则阴实而阳〔《太素》"阳"下有"明"字〕虚，阳明虚，则寒慄鼓颔也；巨阳虚，则腰背头项痛〔《太素》《太平圣惠方》引"背"并作"脊"〕；三阳俱虚，则阴气胜，阴气胜则骨寒而痛；寒生于内，故中外皆寒；阳盛则外热，阴虚则内热，外内皆热则喘而渴，故欲冷饮也。

O Imperador Amarelo perguntou: "Qual é a energia perversa que faz com que a energia perversa tenha essas condições?" Disse Qibo: "Deve-se à contenção entre o Yin e o Yang acima e abaixo, à alternância de astenia e estenia, e à transformação entre si do Yin e do Yang. Quando a energia Yang se incorpora ao Yin, a energia Yin ficará estênica e a energia Yangming ficará astênica.

"Quando a energia do Canal Yangming está astênica, surgirão arrepios frios e tremores de ambos os lados sob o queixo; quando a energia do Canal Taiyang está astênica, ocorrerá dor na região lombar, na espinha, na cabeça e no pescoço; quando todas as três energias Yang estiverem astênicas, a energia Yin se tornará excessiva e irá causar friagem e dor nas juntas. Como a friagem provém de dentro, o paciente sentirá frio tanto dentro quanto fora; quando o Yang é superabundante, produzir-se-á o calor externo; quando o Yin estiver astênico, produzir-se-á calor no interior; ao se produzir calor tanto no exterior quanto no interior, o paciente terá respiração rápida, sede e vontade de bebidas frias.

此皆得之〔《太素》《病论》《太平圣惠方》"此"下并无"皆"字〕夏伤于暑，热气盛，藏于皮肤之内，肠胃之外，此荣气之所舍也。此令人汗〔《太素》，《甲乙》，《病源》"汗"下有"出"字〕空疏，腠理开，因得秋气，汗出遇风，及得之以浴〔《太素》《病源》"及"作

"乃"），水气舍于皮肤之内，与卫气并居。卫气者，昼日行于阳〔《甲乙》"昼"下无"日"字〕，夜行于阴，此气得阳而外出，得阴而内搏，内外相薄〔《太素》《病源》并无"内外相搏"四字〕，是以日作。

"Este tipo de doença ocorre quando o paciente é lesado pelo calor do verão durante o verão. Quando o calor é abundante, irá se esconder na pele, além do estômago e do intestino, isto é, a energia perversa irá residir na energia Ying.

"O calor do verão pode causar suor, flacidez dos músculos e abertura das estrias da pele; toda vez que se encontrar com a energia do outono que dá arrepios, o paciente suado será infectado pelo vento perverso, e a doença irá piorar após este tomar banho. Por isso, quando a energia do vento e a energia da água, retida na pele se une à energia Wei, a malária explode. A energia Wei circula nos canais Yang durante o dia e circula nos canais Yin à noite; quando a energia perversa se mistura à energia Yang, haverá dispersão externa; quando se mistura à energia Yin, invadirá internamente; dessa forma, a doença irá atacar uma vez por dia".

帝曰：其间日而作者何也？岐伯曰：其气之〔《圣济总录》引"之"下有"所"字〕舍深，内薄于阴，阳气独发，阴邪内著，阴与阳争不得出，是以间日而作也。

O Imperador Amarelo perguntou: "Há tipos de malária que atacam dia sim dia não; por que isso?" Disse Qibo: "Porque a situação da energia perversa está bem mais profunda a ponto de se aproximar da energia Yin que está no interior, por isso a energia Yang só pode operar por si só, do lado de fora e o mal da malária ficará retido dentro. Como a energia perversa não pode se dispersar após a contenção entre o Yin e o Yang, dessa forma, a doença só pode atacar dia sim dia não".

帝曰：善。其作日晏与其日早者，何气使然？岐伯曰：邪气客于风府，循膂而下，卫气一日一夜大会于风府，其明日〔《病源》"日"下不叠"日"字〕日下一节，故其作也晏〔《病源》"作"下无"也晏此先客于脊背也每止于风府"十四字〕，此先客于脊背也。每至于风府，则腠理开，腠理开则邪气入，邪气入则病作，以此日作稍益晏〔《病源》、《外台》"以此所"作"此所以"。孙鼎宜说："'稍'字疑衍"也。其出于风府〔《病源》作"卫气之行风府"〕，日下一节〔《太素》"节"作"椎"〕，二十五日下至骶骨；二十六日入于脊内，注于伏膂之脉〔周本"注"下无"于"字，《甲乙》"伏膂"作"太冲"〕；其气上行〔《病源》作"伏冲脉其行"〕，九日出于缺盆之中。其气日高〔《病源》"日高"作"即上"〕，故作日益早也〔《病源》作"故其病稍早发"〕。其间日发者，由邪气内薄于五藏，横连募原也。其道远，其气深，其行迟，不能与卫气俱行，不得皆出〔《太平圣惠方》引无"俱行不得"四字作"不能与卫气皆出"〕，故间日乃作也。

O Imperador Amarelo falou: "Muito bem. Alguns tipos de malária atacam mais cedo, dia após dia, e alguns atacam mais tarde, dia após dia. Qual a razão?" Disse Qibo: "Após a invasão da energia perversa ao ponto Fengfu (Morada do Vento), ela se desloca para baixo, ao longo das vértebras, uma após outra; freqüentemente a energia Wei encontra a energia perversa no ponto Fengfu durante um dia e uma noite; como a energia Wei se desloca para baixo, uma vértebra a cada dia, então, o encontro da energia perversa com a energia Wei ocorrerá mais tarde dia após dia, e o momento da doença atacar a cada dia também será cada vez mais tarde. Esta é a condição, quando a energia perversa se aloja na espinha. Sempre que a energia Wei atinge o ponto Fengfu, as estrias da pele se abrem; a energia perversa levará vantagem para invadir e a doença eclodirá; esta é a razão pela qual a doença eclode dia após dia. Quando a energia Wei age no ponto Fengfu, a energia perversa irá se deslocar diariamente de uma vértebra; atinge o osso sacral inferior no vigésimo quinto dia; atinge a parte interior da espinha desembocando no Canal Taichong no vigésimo sexto dia, e então sobe pelo mesmo Canal e atinge o ponto Tiantu (Proeminência Celeste) do canal Ren no nono dia de subida. Como a energia perversa está subindo e chegando cada vez mais perto, irá se juntar à energia Wei mais cedo a cada dia, e o ataque da doença mais cedo dia-a-dia. Quando ataca dia sim dia não, isto se deve à energia perversa exercer coerção dentro das vísceras se conectando à membrana do diafragma, isto é, à zona sob o umbigo, já que comparativamente a distância é extensa, comparativamente a penetração é profunda, e comparativamente sua operação é lenta, e não pode brotar juntamente com a energia Wei no mesmo dia; portanto, ataca dia sim dia não".

帝曰：夫子言卫气每至于风府，腠理乃发，发则邪气入，入则病作。今卫气日下一节，其气之发也〔《病源》无此五字〕，不当风府，其日作者〔《病源》无此四字〕奈何？岐伯曰：此邪气客于头项循膂而下者也〔林校云："按全元起本及《甲乙》、《太素》自'此邪气客于头项'至'则病作故'八十八字并无。按《病源》亦无此八十八字〕，故虚实不同，邪中异所，则不得当其风府也。故邪中于头项者，气至头项而病；中于背者，气至背而病；中于腰脊者，气至腰脊而病；中于手足者，气至手足而病。卫气之所在，与邪气相合〔明抄本《太素》《病源》并作"舍"〕，则病作。故风无常府，卫气之所发，必开其腠理，邪气之所合，则其府也〔《甲乙》《病源》"府也"并作"病作"〕。

O Imperador Amarelo falou: "Como disseste, quando a energia Wei atinge o ponto Fengfu, as estrias irão se abrir, e a energia perversa irá tirar vantagem para invadir e causar doença; agora, a energia Wei se desloca para baixo nas vértebras diariamente; não atingiu o ponto Fengfu, mas a doença ataca todo dia; qual a razão?" Disse Qibo: "A colocação acima está indicando a condição quando a energia perversa invade a cabeça e o pescoço e se move para baixo acompanhando as vértebras da espinha. Já que as condições dos homens são diferentes, alguns são astênicos e outros são estênicos e os locais de contrair a energia perversa são diferentes, por isso não é necessário que a doença se manifeste no momento em que a energia perversa atinge o ponto Fengfu. Por exemplo, quando a cabeça contrai a energia perversa, se a energia Wei chegar e se combinar com a energia perversa da cabeça e do pescoço, a doença irá se manifestar; quando as costas contraírem a energia perversa, se a energia Wei chegar e aí se combinar com a energia perversa, a doença eclodirá; quando a região lombar e a espinha contraírem a energia perversa, se a energia Wei chegar e se combinar com a energia perversa nos membros, a doença eclodirá. Em suma, em qualquer lugar que a energia Wei existir e se combinar com a energia perversa, isso irá causar um ataque da doença. Portanto, embora o local de invasão da energia perversa seja indeterminado, apesar disso, sempre que a energia Wei corresponder à ela, as estrias irão se abrir, a energia perversa irá ficar retida e a doença irá ocorrer".

帝曰：善。夫风之与疟也，相似同类，而风独常在，疟得有时而休者何也？岐伯曰：风气留其处，故常在〔《病源》、《外台》无"故常在"三字〕，疟气随经络，沉以内薄〔林校引《甲乙》作"次以内传"〕，故卫气应乃作。

O Imperador Amarelo falou: "Muito bem. Parece que os males do vento perverso e malária são praticamente a mesma coisa, mas por que razão o vento perverso não é intermitente ao atacar e a malária algumas vezes ataque em horas regulares?" Disse Qibo: "O vento perverso, freqüentemente permanece no mesmo lugar, e a malária circula pelos canais e colaterais e é transmitida internamente numa seqüência; a doença só pode eclodir quando a energia Wei responder à energia perversa".

帝曰：疟先寒而后热者何也！岐伯曰：夏伤于大暑〔《病源》"于"下无"大"字〕，其汗大出，腠理开发，因遇夏〔《太素》"夏"下无"气"字，于鬯说"水"字是"小"字之误〕气凄沧之水寒，藏于腠理〔按"腠理"二字衍〕皮肤之中，秋伤于风，则病成矣。夫寒者，阴气也，风者，阳气也〔《太平圣惠方》引"阴""阳"下皆无"气"字〕，先伤于寒而后伤于风，故先寒而后热也，病以时作，名曰寒疟。

O Imperador Amarelo perguntou: "Quando o mal da malária ocorre, o paciente sente frio e depois calor; qual a razão?" Disse Qibo: "Quando alguém é infectado pelo calor do verão durante o verão e transpira abundantemente, suas estrias serão abertas e o frio discreto do verão irá se aproveitar para invadir, e isso ficará retido na pele; quando alguém é infectado pelo vento perverso no outono, isso irá se transformar em malária. Como o frio pertence ao Yin e o vento pertence ao Yang, quando alguém é infectado primeiro pelo frio, e depois pelo vento, sentirá frio primeiro e depois calor. Há regularidade no tempo de ataque da doença, e a isso se dá o nome de malária do tipo frio".

帝曰：先热而后寒者何也！岐伯曰：此先伤于风，而后伤于寒，故先热而后寒也，亦以时作，名曰温疟。

O Imperador Amarelo perguntou: "Num determinado tipo de malária, o paciente primeiro sente calor, e depois sente frio; qual a razão?" Disse Qibo: "Isso se deve a ser primeiro atingido pelo Yang perverso do vento, e depois pelo Yin perverso do frio. O tempo de ataque da doença também é regular, e se chama malária do tipo quente.

其但热而不寒者，阴气先〔《太素》"气"下无"先"字〕绝，阳气独发，则少气烦冤，手足热而欲呕，名曰瘅疟。

"Se o paciente somente sente calor e não sente frio, é por causa da energia Yin estar extremamente deficiente, fazendo com que a energia Yang prospere por si mesma; nesse caso, o paciente terá a respiração curta e se sentirá inquieto, sentindo calor nas mãos e nos pés, com vontade de vomitar. A doença se chama malária-dan".

帝曰：夫经言有余者写之，不足者补之。今热为有余，寒为不足。夫疟者之寒，汤火不能温也，及其热，冰水不能寒也，此皆有余不足之类。当此之时，良工不能止，必须其自衰乃刺之，其故何也？愿闻其说。

Disse o Imperador Amarelo: "Foi estabelecido nos clássicos de medicina que deve-se purgar quando houver um excesso e revigorar quando houver uma deficiência. Nesse momento, há um excesso de quentura e uma deficiência de frio; o frio da malária não pode ser aquecido com água quente nem com o fogo, e sua quentura não pode ser resfriada mesmo com água gelada, já que o frio e a quentura são causados pelo excesso e pela deficiência, então, quando estiver quente ou frio, mesmo um bom médico não poderá fazer nada para detê-los, e a acupuntura só poderá ser aplicada após o frio ou o calor terem declinado; por que isso? Espero que me digas o motivo".

岐伯曰：经言无刺熇熇之热，无刺浑浑之脉，无刺漉漉之汗，故〔明抄本"为"上无"故"字〕为其病逆，未可治也。夫疟之始发也，阳气并于阴〔"阳"下"气"字衍〕，当是之时，阳虚而阴盛〔"盛"应作"实"〕，外无〔《素问玄机原病式》引"外无"下有"阳"字〕气，故先寒栗也；阴气逆极，则复出之阳，阳与阴复并于外〔张琦说："外"应作"内"〕则阴〔周本"阴虚"上无"则"字〕虚而阳实，故先热而渴〔《太素》"故"下无"先"字〕夫疟气者，并于阳则阳胜，并于阴则阴胜，阴胜则寒，阳胜则热。疟〔《甲乙》"疟"下无"气者"二字〕者，风寒之〔林校引《甲乙》"之"下有"暴"字〕气不常也，病极则复，至病之发也，如火之热，如风雨不可当也。故经言曰：方其盛时〔《太素》"盛时"下有"勿敢"二字〕必毁，因其衰也，事必大昌，此之谓也。夫疟之未发也，阴未并阳，阳未并阴，因而调之，真气得安，邪气乃亡〔《太素》"亡"作"已"〕，故工不能治其已发，为其气逆也

Disse Qibo: "Estabeleceu-se nos clássicos de medicina que não se deve picar quando o paciente tiver febre alta; não se deve picar quando o pulso estiver desordenado, e não se deve picar quando o paciente estiver suando muito. Isso porque não se deve prosseguir com o tratamento quando a doença estiver caminhando ao revés. No ataque inicial de malária, o Yang externo penetra o Yin interno; nesse momento, o Yang é astênico e o Yin é estênico e o Yang astênico da superfície será incapaz de tomar conta do exterior, por isso o paciente estará às voltas primeiro com o calor. Quando a energia Yin reverter ao ponto extremo, virará em seu oposto e surgirá do Yin se misturando ao Yang no exterior. Nesse momento, o Yin estará astênico e o Yang estênico, e o paciente sentirá calor e sede. Quando o mal da malária penetrar no Yang, a energia Yang se tornará excessiva, e quando penetrar no Yin, este estará em excesso. Quando a energia Yin estiver em excesso, o paciente sentirá frio; quando a energia Yang for excessiva, o paciente sentirá calor. A condição da malária é mutável devido às variações irregulares de um súbito vento-frio perverso; quando o calor chegar no ponto extremo, irá ocorrer a energia fria do Yin perverso; quando o frio atingir o ponto extremo, irá ocorrer a quentura do Yang perverso. Quando a malária ataca, o paciente pode ficar quente como o fogo ardente ou frio como o vento e a chuva que não se opõe resistência. Por isso, diz-se nos clássicos de medicina: "quando prospera a energia perversa, não se deve atacar o mal; o tratamento só poderá ser eficaz quando a energia perversa tiver declinado". Antes do ataque de malária, quando a energia Yin ainda não tiver penetrado no Yang ou que a energia Yang ainda não tenha penetrado no Yin, o tratamento a tempo não irá prejudicar a energia saudável e a energia perversa pode ser removida. A razão pela qual um médico não trata quando a doença está atacando, é para evitar que se confundam a energia saudável com a energia perversa".

帝曰：善。攻之奈何？早晏何如？岐伯曰：疟之且发也，阴阳之且移也，必从四末始也。阳已伤，阴从之，故先其时〔《甲乙》"故"下有"气未并"三字〕坚束其处，令邪气不得入，阴气不得出，审候见之，在孙络盛坚而血者皆取之，此真〔《太素》"真"作"直"〕往而未得并者也。

Disse o Imperador Amarelo: "Muito bem. Mas como tratar a malária? Deve ser tratada o quanto antes, ou mais tarde?"

Disse Qibo: "Quando a malária está prestes a atacar, a energia Yin e a energia Yang estarão se afastando uma da outra, e o afastamento terá início a partir das quatro extremidades. Se a energia Yang for atingida, a energia Yin será afetada assim que surgir. Dessa forma, antes do surgimento do Yin e do Yang, a terminação das extremidades do paciente devem ser atadas firmemente com cordas, a fim de impedir a ida da energia perversa e a saída da energia Yin; examina-se, então, com cuidado, os colaterais minuto cheios, e a localização da estagnação do sangue; pica-se para deixar sair sangue e, então, o mal verdadeiro será removido para que se evite entrar no corpo".

帝曰：疟不发，其应何如？岐伯曰：疟气者，必更盛更虚，当〔《太素》《甲乙》"当"并作"随"〕气之所在也，病在阳，则热而脉躁；在阴，则寒而脉静；极则阴阳俱衰，卫气相离，故病得〔明抄本"得"作"乃"〕休；卫气集，则复病也。

O Imperador Amarelo perguntou: "Qual é a condição da malária antes de atacar?" Disse Qibo: "A superabundância e a fraqueza da energia da malária têm lugar em turnos; ataca juntamente com a presença da energia perversa; quando a doença está no Yang, o paciente tem febre e sua condição de pulso será impetuosa e rápida; quando a doença está no Yin, o paciente terá frio e sua condição de pulso será profunda e calma; quando o ataque da doença chega a seu extremo, tanto as energias Yin quanto Yang estarão em declínio; quando a energia Wei se afastar da energia perversa, a doença cessará; quando a energia Wei se misturar de novo com a energia perversa, a doença reaparecerá".

帝曰：时有间二日或至数日发，或渴或不渴，其故何也？岐伯曰：其间日者，邪气与卫气客于六府〔《素问识》云"考上文并无客于六府之说，疑是'风府'之讹"〕，而有时相失，不能相得，故休数日乃作也。疟者，阴阳更胜也，或甚或不甚，故或渴或不渴。

Disse o Imperador Amarelo: "No mal da malária, algumas vezes o ataque ocorre dia sim dia não e algumas vezes ataca por dias seguidos, e às vezes não; qual a razão?" Disse Qibo: "Algumas vezes o encontro da energia perversa com a energia Wei no ponto Fengfu é tremendo; elas não podem sair juntas ao mesmo tempo devido à demora, além de que a abundância de Yin e de Yang na malária é alternante, e que a extensão da superabundância e de deficiência sejam com freqüência diferentes, por isso, alguns dos pacientes têm sede e outros não".

帝曰：论言夏伤于暑，秋必病疟。今疟不必应者何也？岐伯曰：此应四时者也。其病异形者，反四时也。其以秋病者寒甚，以冬病者寒不甚，以春病者恶风，以夏病者多汗。

Disse o Imperador Amarelo: "Está dito nos clássicos de medicina: "quando alguém é infectado pelo calor do verão no verão, certamente irá contrair malária no outono". Mas, hoje em dia, a condição não é necessariamente esta, e por quê?" Disse Qibo: "O texto de "quando alguém é infectado pelo calor do verão no verão, certamente irá contrair malária no outono" está indicando quando há compatibilidade com a norma regular da doença ao atacar nas quatro estações, mas a malária com sintomas diferentes não segue a norma padrão. Quando a malária ataca no outono, o paciente irá sofrer um frio severo; quando ataca no inverno, o paciente sentirá um ligeiro frio; quando ataca na primavera, o paciente terá a síndrome de aversão ao vento; quando ataca no verão, o paciente terá hiper-hidrose".

194

帝曰：夫病温疟与寒疟而皆安舍〔《太素》"夫"下无"病"字，而皆作"各"〕，舍于何藏？岐伯曰：温疟者，得之冬中于风，寒气藏于骨髓之中，至春则阳气大发，邪气不能自出〔《甲乙》"邪"作"寒"，何梦瑶说'邪'上当有"若"字〕，因遇大暑，脑髓烁，肌肉消，腠理发泄，或有所用力〔《太素》《病源》"或"并作"因"〕，邪气与汗皆出，此病藏于肾〔《千金》"病"下有"邪气先"三字〕，其气先从内出之于外也。如是者，阴虚而阳盛，阳盛则热矣，衰则气复反入，入则阳虚，阳虚则寒矣〔《外台》"则"下有"复"字〕，故先热而后寒，名曰温疟。

O Imperador Amarelo perguntou: "Onde residem respectivamente a malária de tipo quente e a de tipo frio? Que viscosidade elas retêm no interior?" Disse Qibo: "A malária de tipo quente é devida à infecção do vento perverso do inverno; como a energia fria é retida na medula óssea, quando a energia yang começa a crescer na primavera, e se a energia perversa não pode sair por si mesma, o paciente, ao encontrar o calor do verão, sentirá cansaço, tontura, emaciação muscular, e suas estrias se abrirão nesse momento; se ele exercita sua força em algum trabalho físico, a energia perversa será excretada juntamente com o suor. Durante a doença, a energia perversa se ancora primeiro nos rins; quando a doença ataca, a energia perversa caminhará de dentro para fora. No princípio da doença, a energia Yin é astênica e a energia Yang é parcialmente abundante, o que faz com que o corpo fique febril, mas quando a superabundância parcial do Yang chega a seu extremo, a energia perversa estará retornando ao Yin. Quando a energia perversa entra no Yin, o Yang se torna de novo astênico e gera frio. A condição dessa doença é primeiro de calor e depois de frio, e se chama malária do tipo calor".

帝曰：瘅疟何如？岐伯曰：瘅疟者，肺素有热，气盛于身，厥逆上冲〔《甲乙》、《外台》并作"厥气逆上"〕，中气实而不外泄〔《太平圣惠方》"气"上无"中"字〕，因有所用力，腠理开，风寒舍于皮肤之内，分肉之间而发，发则阳气盛，阳气盛而不衰则病矣，其气不及于阴〔《太素》、《甲乙》并作"不反之阴"〕，故但热而不寒，气内藏于心〔按"气"上脱"邪"字，应据《千金》补〕而外舍于分肉之间，令人消烁脱〔明抄本"脱"作"肌"〕，肉，故命曰瘅疟。帝曰善。

O Imperador Amarelo perguntou: "Qual é a condição da malária-dan?" Disse Qibo: "A malária-dan se deve ao calor do pulmão em primeiro lugar; quando a energia do pulmão estiver abundante, ela subirá em contracorrente, e a energia estênica não será capaz de ser excretada para fora; quando ocorrer do paciente empregar sua força num trabalho, suas estrias se abrirão e o vento perverso terá a oportunidade de invadir, retendo a si mesmo entre a pele e o músculo para causar a doença; e esta irá fazer com que a energia Yang se torne superabundante; se a condição de superabundância for mantida, o paciente terá febre. Como a energia perversa não retorna ao Yin, o paciente ficará quente, mas não terá aversão ao frio. Nessa doença, a energia perversa se ancora internamente e fica retida externamente entre os músculos. Ela pode causar emaciação muscular do paciente, e a doença se chama malária-dan". O Imperador Amarelo disse: "Muito bem".

刺疟篇第三十六

Capítulo 36
Ci Nüe
(Ao Tratar a Malária com a Acupuntura)

足太阳之疟，令人腰痛头重，寒从背起，先寒后热，熇熇暍暍然，热止汗出〔《甲乙》巢元方"暍暍"作"渴渴"，《太素》"熇熇暍暍然热止汗出"作"渴渴止汗出"〕，难已，刺郄中出血。

A malária do Canal Taiyang do Pé faz com que o paciente tenha lumbago, peso na cabeça e tremor nas costas. Primeiro ele sente frio e depois sente calor e quando a febre termina, ele transpira abundantemente. Esse tipo de malária dificilmente pode ser curado. Ao tratar deve-se picar o ponto Weizhong (Centro Poplíteo, B 40) até sangrar.

足少阳之疟，令人身体解㑊〔《病论》"㑊"作"倦"〕，寒不甚，热不甚〔《甲乙》无"热不甚"三字〕，恶见人，见人心惕惕然，热多汗出甚，刺足少阳。

A malária do Canal Shaoyang do Pé faz com que o paciente sinta cansaço no corpo, um ligeiro frio, tenha aversão a encontrar pessoas e se assuste com o contato de pessoas; comparativamente, a duração da febre é longa, e o paciente transpira muito. Ao tratar, picar o Canal Shaoyang do Pé.

足阳明之疟，令人先寒，洒淅〔按此衍"洒淅"二字，所遗"洒淅"二字应下读〕洒淅，寒甚久乃热，热去汗出〔"出"字误，据王注应作"已"〕，喜见日月〔《病源》、《圣济总录》引"日"下无"月"字〕光火气，乃快然，刺足阳明跗上〔《甲乙》"跗上"下有"及调冲阳"四字〕。

A malária do Canal Yangming do Pé faz com que o paciente sinta primeiro um frio severo; depois de um tempo, ele terá febre, e quando o calor diminuir, a transpiração pára ao mesmo tempo. Esse tipo de paciente deseja ver a luz do sol e o brilho do fogo, e sentir-se-á confortável ao vê-los. Ao tratar, picar o ponto Chongyang, (Impetuosidade do Yang, E 42) do Canal Yangming do Pé, no dorso do pé.

足太阴之疟，令人不乐，好太息，不嗜食，多寒热〔《甲乙》作"多寒少热"〕汗出，病至则善呕，呕已乃衰，即取之〔《甲乙》"取之"下有"足太阴"三字〕。

A malária do Canal Taiyin do Pé faz com que o paciente se sinta deprimido, suspire com freqüência, relute em comer, com muito frio e pouca febre. Ele tem suor e vômitos quando a doença ataca, e fica aliviado após o vômito. Ao tratar, picar o ponto Gongsun (Ponto Colateral do Canal do Baço - BP 4) do Canal Taiyin do Pé.

足少阴之疟，令人〔《外台》引"令人"下有"闷"字〕呕吐甚，多寒热，热多寒少，欲闭户牖而处，其病难已。

A malária do Canal Shaoyin do Pé faz com que o paciente fique deprimido, tenha vômitos muito fortes, tenha frio e febre com freqüência, sendo muita febre e pouco frio, e ele deseja fechar as portas e janelas e permanecer no quarto. Esse tipo de malária dificilmente pode ser curado.

足厥阴之疟，令人腰痛少腹满，小便不利，如癃状〔据《图经》卷五《太冲》条应作"淋淋"〕，非癃也〔似系"如癃"之旁记混入正文〕，数便，意恐惧〔林校云："按《甲乙经》"数便意"三字作"数噫"二字〕，气不足，腹〔《太素》"腹"作"肠"〕中悒悒，刺足厥阴。

A malária do Canal Jueyin do Pé, faz com que o paciente tenha lumbago, distensão no baixo ventre, disúria como estrangúria. Ele arrota e freqüentemente se assusta, tem uma respiração deficiente e bloqueio intestinal. Ao tratar, picar o ponto Taichong (Grande Impetuosidade, F 3) do Canal Jueyin do Pé.

肺疟者，令人心寒，寒甚〔《千金》"甚"下有"则发"二字〕热，热间〔《千金》"间"下有"则"字〕善惊，如有所见者，刺手太阴阳明。

A malária do pulmão faz com que o paciente sinta um frio que provém do coração; quando a friagem está em seu extremo, haverá febre quando ela surgir. Durante a febre, o paciente tem facilidade de se assustar, como se estivesse vendo algo. Ao tratar, picar o ponto Lieque (Fenda Ramificada, P 7) do Canal Taiyin da Mão e o ponto Hegu (Vales Conectados, IG 4) do Canal Yangming da Mão.

心疟者，令人烦心甚，欲得〔《千金》《外台》"得"作"饮"〕清水，反〔《甲乙》无"反"字〕寒多，不甚热，刺手少阴。

A malária do coração, faz com que o paciente tenha uma forte sensação de febre, acompanhada de inquietação, desejo de beber água fria, e sente muito frio com pouca febre. Ao tratar, picar o ponto Shenmen (Porta do Espírito, C 7) do Canal Shaoyin da Mão.

肝疟者，令人色苍苍然，太息〔《甲乙》无此二字〕，其状若死者。刺足厥阴见血。

A malária do fígado faz que o paciente tenha um aspecto pálido e esverdeado como um morto. Ao tratar, picar o Canal Juyin do Pé até sangrar.

脾疟者，令人寒，腹中痛，热则肠中〔《太素》杨注《医垒元戎》无"中"字〕鸣，鸣已〔《千金》无"鸣已"二字〕汗出，刺足太阴。

A malária do baço faz com que o paciente tenha um frio que quase não consegue suportar, dor no abdômen, borborigmos devido ao deslocamento descendente do calor do baço, e transpiração. Ao tratar, picar o ponto Shangqiu (Colina Shang, BP 5) do Canal; Taiyin do Pé.

肾疟者，令人洒洒〔《甲乙》《千金翼方》《外台》"洒"作"悽"〕然，腰脊痛，宛转〔《医垒元戎》引"宛转"上有"不能"二字〕，大便难，目眴眴〔《病源》"目"下有"眩"字〕然，手足寒，刺足太阳少阴。

A malária dos rins faz com que o paciente sinta frio e dor na região lombar e na coluna, mexendo-se com dificuldade, tendo também retenção de fezes, tontura e frio nas mãos e nos pés. Ao picar, inserir nos Canais Taiyang do Pé e Shaoyin do Pé.

胃疟者，令人且〔《太素》"且"作"疸"〕病也，善饥而不能食，食而〔《千金翼亏》无"食而"二字〕支满腹大，刺足阳明太阴横脉出血。

A malária do estômago causa calor nesse órgão; o paciente se sente faminto, mas reluta em comer, tendo também inchaço e distensão no abdômen. Ao tratar, picar os Canais Yangming do Pé e Taiyin do Pé e seus Colaterais até que sangrem.

197

疟发身方热，刺跗上动脉，开其空，出其〔《甲乙》"出"下无"其"字〕血，立寒；疟方欲寒，刺手阳明太阴，足阳明太阴。疟脉满大急，刺背俞，用中针，傍伍胠俞各一，适肥瘦出其〔《甲乙》"出"下无"其"字〕血也。疟脉小实急，灸胫少阴，刺指井。疟脉满大急，刺背俞，用五胠俞背俞各一，适行至于血也〔林校云："疟脉满"以下二十二字与前文重复，当从删消"〕。

Quando o corpo está febril após um ataque de malária, picar a artéria do dorso do pé a fim de abrir o acuponto; após o sangue ter escorrido, a febre declina.

Se o paciente de malária está prestes a sentir frio, deve-se picar os canais Yangming da Mão e Taiyin da Mão, e os Canais Yangming do Pé e Taiyin do Pé.

Se o estado do pulso do paciente com malária for cheio, amplo e rápido, devem picar os pontos shu posteriores com uma agulha de tamanho médio; picar cada um dos cinco pontos shu próximos à parede lateral do peito abaixo das axilas e deixar que saia algum sangue de acordo com a robustez ou magreza do paciente.

Se o pulso do paciente for discreto, cheio e rápido, tratar os pontos do Canal Shaoyin na barriga da perna com moxibustão, e picar os pontos Poço nas pontas dos dedos e dos artelhos.

疟脉缓大虚，便宜〔胡本，谈本，赵本"便"下无"宜"字〕用药，不宜用针。凡治疟，先发如食顷，乃可以治，过之则失时也。诸疟而脉不见〔《甲乙》"而"作"如"〕，刺十指间出血，血去必已，先视身之赤如小豆者尽取之。十二疟者，其发各不同时，察其病形，以知其何脉之病也。先其发〔《太素》"先其"下有"病"字〕时如食顷而刺之，一刺则衰，二刺则知，三刺则已；不已，刺舌下两脉出血，不已，刺郄中盛经出血，又刺项已下侠脊者必已。舌下两脉者，廉泉也。

Quando a situação do pulso do paciente com malária for lenta, ampla e fraca, deve-se tratar com remédios em vez de acupuntura.

Ao tratar a malária, deve-se tratar antes do ataque, no período das refeições; se esse momento já tiver passado, perdeu-se a oportunidade.

Nos vários tipos de malária, em que o pulso está escondido, deve-se picar de forma rápida entre os dez dedos até que sangrem; quando o sangue sair a energia perversa será removida. Quando houver alguns pontos vermelhos na pele parecendo feijão azuki, deve-se picar para fazer com que sumam.

Os doze tipos de malária acima colocados, são diferentes na aparência quando atacam; ao examinar os sintomas, pode-se distinguir a qual canal a doença pertence. Se a picada for efetuada antes do período das refeições, a energia perversa pode ser aliviada após ter-se picado uma vez, ter um efeito curativo significativo após picar-se duas vezes; e o paciente pode se recuperar após a terceira picada. Se o paciente não se recuperar, picar os dois vasos sanguíneos sob a língua até que sangrem. Se mesmo assim não se recuperar, picar o ponto Weizhong (Centro Poplíteo, B 40) onde o sangue é abundante no canal e nos colaterais, até sangrar; depois, picar os pontos Dazhu (Grande Eixo, B 11) e Fengmen (Porta dos Ventos, B 12) sob o pescoço, e com absoluta certeza haverá recuperação. Os dois vasos sanguíneos sob a língua são os pontos Lianchuan (Fonte da Língua, RN 23) do Canal Ren.

刺疟者，必先问其病之所先发者，先刺之。先头痛及重者，先刺头上及两额两眉间出血。先项背痛者，先刺之。先腰脊痛者，先刺郄中出血。先手臂痛者，先刺手少阴阳明十指间。先

198

足胫痠痛者，先刺足阳明十指〔按"足阳明"疑应作"足阴阳"〕间出血。风疟，疟发则汗出恶风，刺三阳经背俞之血者。䯒痠痛甚〔《甲乙》"痛"下无"甚"字〕，按之不可，名曰胕〔吴本"胕"作"附"〕髓病，以镵针针绝骨出血，立已。身体小痛，刺至阴〔《甲乙》无"至阴"二字，"刺"字连下读〕，诸阴之井无出血，间日一刺。疟不渴，间日而作，刺足太阳；渴而间日作，刺足少阳；温疟汗不出，为五十九刺。

Ao se tratar a malária picando, deve-se ter clareza, perguntando ao paciente qual parte do corpo doeu antes, para saber qual picar primeiro. Se o paciente tiver dor e sensação de peso primeiro na cabeça, deve-se picar primeiro a cabeça, as duas têmporas, e entre as duas sobrancelhas até que sangrem; quando a doença atacar primeiro o pescoço e as costas, deve-se picar primeiro o pescoço e as costas; quando houver dor primeiro na região lombar e na espinha, pica-se em primeiro lugar o ponto Weizhong (Centro Poplíteo, B 40) até que sangre. Quando primeiro, houver dor no braço, picar os pontos entre os dez dedos nos Canais Yin e Yang da mão.

Quando o incômodo surgir primeiro na barriga da perna, picar os pontos entre os dez dedos dos Canais Yin e Yang do Pé.

Quando a malária-vento atacar, e o paciente transpirar e tiver aversão ao vento, picar os pontos shu do Canal Taiyang nas costas, até que sangrem.

Quando a barriga da perna estiver dolorida e o paciente não puder suportar a pressão, a isso se chama mal da medula óssea; picar o ponto Juegu (i.e. Xuanzhong ou Sino Suspenso VB 39) até que sangre e a dor seja aliviada.

Se o corpo estiver ligeiramente dolorido, picar os pontos Jing dos vários Canais Yin dia sim dia não, sem deixar sair uma gota de sangue.

Se o paciente de malária não tiver sede e a doença atacar dia sim dia não, picar o Canal Taiyin do Pé. Se o paciente tiver sede e a doença atacar dia sim dia não, picar o Canal Shaoyang do Pé.

Para os pacientes de malária tipo calor sem transpiração, aplicar a Terapia de Cinqüenta e Nove Picadas.

气厥论篇第三十七

Capítulo 37
Qi Jue Lun
(As Doenças Devidas ao Intercâmbio do Frio
e do Calor Perversos entre os Diversos Órgãos)

黄帝问曰：五藏六府，寒热相移者何？岐伯曰：肾移寒于肝〔明抄本"肝"作"脾"〕痈〔《医垒元戎》引"痈"上有"发为"二字〕肿少气。脾移寒于肝，痈肿筋挛。肝移寒于心，狂隔〔《太素》"隔"作"鬲"〕中。心移寒于肺，肺消〔《甲乙》、《圣济总论》"肺消"上并有"为"字〕，肺消者饮一溲二，死不治。肺移寒于肾，为涌水，涌水者，按腹不坚〔《甲乙》"按"下有"其"字，《太素》"不"作"下"〕，水气客于大肠，疾行则〔《甲乙》"则"作"肠"〕鸣濯濯，如囊裹浆，水之病也〔《太素》作"治主肺者"〕。

O Imperador Amarelo perguntou: "Quais são as condições de intercâmbio do frio e do calor entre os cinco órgãos sólidos e os seis órgãos ocos?"

Disse Qibo: "Quando o frio dos rins é transferido para o baço, o paciente ficará com inchaços e com a respiração curta.

"Quando o frio do baço for transferido para o fígado, o paciente terá o mal dos carbúnculos e contração dos tendões.

"Quando o frio do fígado for transferido para o coração, o paciente terá manias e impedimento na energia do coração.

"Quando o frio do coração for transferido para o pulmão, irá ocorrer diabetes prejudicando o pulmão; a urina do paciente será o dobro da água que ele bebe. É uma doença fatal que não pode ser curada de forma alguma.

"Quando o frio do pulmão for transferido aos rins, haverá retenção de água no intestino grosso, fazendo com que o abdômen não abaixe quando pressionado. Como a água invade o intestino grosso, pode-se ouvi-la se mover no interior quando se anda com rapidez, como a água dentro de um estojo, e para essa doença, deve-se tratar principalmente o pulmão.

脾移热于肝，则为惊衄。肝移热于心，则死。心移热于肺，传为鬲消。肺移热于肾，传为柔痓。肾移热于脾，传为虚，〔张琦说："'虚'字衍"〕肠澼，死，不可治。胞移热十膀胱，则癃〔四库本"癃"作"必"〕溺血。膀胱移热于小肠，鬲肠〔《伤寒论》引"肠"作"热"〕不便，上为口糜〔《太素》"糜"作"靡"〕。小肠移热于大肠，为虙瘕〔《太素》作"密疝"〕，为沉。大肠移热于胃，善食而瘦入〔按"入"字疑衍〕，谓之食亦。胃移热于胆，亦曰食亦。胆移热于脑，则辛頞〔"頞"音遏"頞"又称"下极"位于左右侧内眦之中内〕鼻渊，鼻渊者〔《圣济总论》引无"鼻渊"以下九字〕，浊涕下不止也，传为衄衊瞑目，故得之气厥也〔《太素》作"厥气"〕。

"Quando o calor do baço for transferido para o fígado, o paciente ficará assustado chegando ao terror e terá epistaxe.

"Quando o calor do fígado for transferido para o coração, o paciente morrerá.

"Quando o calor do coração for transferido para o pulmão, se isso for algo prolongado e se desenvolver, irá se tornar um mal convulsivo de tipo leve.

"Quando o calor do pulmão for transferido para os rins, se isso for prolongado e de desenvolver, irá se tornar uma doença convulsiva do tipo leve

"Quando o calor dos rins for transferido para o baço, se isso for prolongado e se desenvolver, irá se tornar o pi intestinal (sangue nas fezes) que dificilmente pode ser curado.

"Quando o calor do útero for transferido para a bexiga, o paciente terá hematúria.

"Quando o calor da vesícula for transferido para o intestino delgado, irão ocorrer estagnação de calor, retenção de fezes e subida do calor, e isso irá causar aftas.

"Quando o calor do intestino delgado for transferido para o intestino grosso, se o calor estagnado não for disperso, irá ocorrer massa abdominal e hemorróidas.

"Quando o calor do intestino grosso for transferido para o estômago, o paciente irá comer muito, mas ficará emaciado, e a doença se chama síndrome polifagia-emaciação.

"Quando o calor do estômago for transferido para a vesícula biliar, também se chama síndrome polifagia-emaciação.

"Quando o calor da vesícula biliar for transferido ao cérebro, a pessoa terá uma sensação picante na proeminência nasal e terá sinusite; se isso se prolongar e desenvolver, irá ocorrer epistaxe e visão borrosa, que são causadas pela reversão da energia da vesícula biliar".

咳论篇第三十八

Capítulo 38
Ke Lun
(Sobre a Tosse)

黄帝问曰：肺之令人咳何也？岐伯对曰：五藏六府皆令人咳，非独肺也。帝曰：愿闻其状。岐伯曰：皮毛者肺之合也，皮毛受邪气〔《伤寒明理论》引"邪"作"寒"〕，邪气以从其合也。其寒饮食入胃，从肺脉上至〔《太素》"至"作"注"〕于肺，则肺寒〔《太素》《伤寒明理论》引并无"则肺寒"三字〕，肺寒则外内合邪，因而客之，则为肺咳。五藏各以其时受病，非其时，各传以与之。人与天地相参，故五藏各以治时，感于寒则受病，微则为咳，甚则为泄为痛。乘秋则〔《太素》林校引全本无"乘秋则"三字〕肺先受邪，乘春则肝先受之，乘夏则心先受之，乘至阴〔《外台》《太平圣惠方》并引作"季夏"〕则脾先受之，乘冬则肾先受之。

O Imperador Amarelo perguntou: "O pulmão pode fazer com que uma pessoa tussa, e isso por quê?" Qibo respondeu: "Não somente o pulmão, mas todos os cinco órgãos sólidos e os seis órgãos ocos podem fazer com que uma pessoa tussa".

O Imperador Amarelo disse: "Espero que possas me dar detalhes". Disse Qibo: "A pele e os pêlos tomam conta das superfícies e estão em acordo com o pulmão; quando a pele e os pêlos contraem a energia fria, essa irá se introduzir no pulmão. Se alguém tiver bebido água fria, a energia fria irá entrar no estômago e ascender ao pulmão por meio do vaso do mesmo, fazendo com que este se contraia de frio. Dessa forma, o frio perverso dentro e fora, irão se combinar e ficarão retidos no pulmão, e irá ocorrer tosse.

"Quanto à tosse dos cinco órgãos sólidos e dos seis órgãos ocos, isso é por causa das doenças que afetam nas estações que os cinco órgãos sólidos respectivamente dominam; não há afecção na estação que o pulmão domina, mas uma transferência às doenças dos cinco órgãos sólidos.

"O Homem corresponde ao céu e à terra. Quando os cinco órgãos sólidos são afetados pelo frio perverso em suas respectivas estações de dominância, contrai-se a doença. Se a afecção for leve, ocorrerá tosse; se a infecção for severa, e a energia fria tiver se introduzido bem no interior, tornar-se-á diarréia e dor abdominal.

"De uma maneira geral, primeiro o pulmão será afetado pelo perverso no outono; o fígado será afetado primeiro pelo perverso na primavera; o coração será afetado em primeiro lugar pelo perverso no verão; o baço será afetado primeiro pelo perverso no fim do verão, e o rim será afetado primeiro pelo perverso no inverno".

帝曰：何以异之？岐伯曰：肺咳之状，咳而喘息有音，甚则唾血。心咳之状，咳则心痛，喉中介介如梗〔《太素》、《外台》引"梗"并作"哽"〕状，甚则咽肿喉痹。肝咳之状，咳则两胁〔《千金》《外台》引"两胁"并作"左胁"〕下痛，甚则不可以转〔《千金》《外台》引并作"甚者不得转侧"〕，转则两胠下满〔《医心方》作"两脚下满"〕。脾咳之状，咳则右胠下〔《外台》引"胠"下无"下"字〕下痛，阴阴引肩背，甚则不可以动，动则咳剧。肾咳之状，咳则腰背相引而痛，甚则咳涎。

O Imperador Amarelo perguntou: "Então, como distinguir os diversos tipos de tosse?"

Disse Qibo: "Os sintomas de tosse do pulmão são: há ruído de respiração quando a pessoa tosse, e esputo sanguinolento quando o caso é severo.

"Os sintomas de tosse do coração são: a pessoa tem dor no coração quando tosse; sente como algo obstruindo a garganta, e esta fica inchada com dor e estagnação quando o caso é severo.

"Os sintomas de tosse do fígado são: dor do lado esquerdo do tórax ao tossir, e se é incapaz de andar quando o caso for severo, e se o paciente andar os dois pés ficarão inchados.

"Os sintomas de tosse do baço são: dor do lado direito do tórax ao tossir, dor recessiva que ataca os ombros e as costas, e se é incapaz de mover quando o caso for severo e o paciente irá tossir quando se mexer.

"Os sintomas da tosse dos rins são: dor na região lombar e as costas são afetadas, uma afetando a outra, e há tosse com muco quando o caso é severo".

帝曰：六府之咳奈何？安所受病？岐伯曰：五藏之久咳，乃移于六府。脾咳不已，则胃受之，胃咳之状，咳而呕，呕甚则长虫出。肝咳不已，则胆受之，胆咳之状，咳呕胆汁。肺咳不已，则大肠受之，大肠咳状，咳而遗失。心咳不已，则小肠受之，小肠咳状，咳而失气，气与咳俱失〔《太素》"气"下有"者"字"失"作"出"〕。肾咳不已，则膀胱受之，膀胱咳状，咳而遗溺。久咳不已，则三焦受之，三焦咳状，咳而腹〔《医心方》"腹"作"肠"〕满，不欲食饮〔"饮"字衍〕，此皆〔《太平圣惠方》"此皆"下有"寒气"二字〕聚于胃关于肺，使人多涕唾，而面浮〔《圣济总录》引"面"下有"目"字〕肿气逆也。

O Imperador Amarelo perguntou: "O que pensar dos sintomas de tosse nos seis órgãos ocos, e como afetam as doenças?" Disse Qibo: "Quando a tosse dos cinco órgãos sólidos é prolongada, será transmitida aos seis órgãos ocos.

"Quando a tosse do baço, por exemplo, é prolongada, o estômago será afetado; o sintoma da tosse do estômago, é a tosse com vômito, e podem ser expelidas lombrigas quando o caso for severo.

"Quando a tosse do fígado for prolongada, a vesícula biliar será afetada; o sintoma da tosse da vesícula biliar é: poder-se vomitar um líquido ácido ao tossir.

"Quando a tosse do pulmão for prolongada, o intestino grosso será afetado; o sintoma da tosse do intestino grosso é: ocorrência de incontinência fecal quando se tosse.

"Quando a tosse do coração é prolongada, o intestino delgado será afetado; o sintoma da tosse do intestino delgado é: uma projeção de ar que dilacera enquanto se tosse e, geralmente, um ar que se projeta ao mesmo tempo que se tosse.

"Quando a tosse do rim é prolongada, a bexiga será afetada; o sintoma da tosse da bexiga é: incontinência de urina quando se tosse.

"As várias espécies de tosse acima expostas, se forem prolongadas, irão afetar o triplo aquecedor; os sintomas da tosse do triplo aquecedor são: distensão intestinal, onde o paciente reluta em comer.

"Não importa onde se enraíze a afecção, esta se deve ao acúmulo de vento perverso no estômago, e o vento perverso se conecta com o pulmão. Irá fazer com que a pessoa tenha um esputo grosso, edema na face e nos olhos, e inversão da energia vital".

帝曰：治之奈何！岐伯曰：治藏者治其俞，治府者治其合，浮肿者治其经。帝曰：善。

O Imperador Amarelo perguntou: "Como tratá-la?" Disse Qibo: "Ao tratar a tosse dos cinco órgãos sólidos, picar os pontos Shu; ao tratar a tosse dos órgãos ocos, picar os pontos He; ao paciente de edema causado por tosse, drenar o canal, picando os pontos do canal correspondente". Disse o Imperador Amarelo: "Muito bem".

举痛论篇第三十九

Capítulo 39
Ju Tong Lun
(Sobre a Patologia da Dor)

黄帝问曰：余闻善言天者，必有验于人；善言古者，必有合于今；善言人者，必有厌于己。如此，则道不惑而要数极，所谓明〔胡本误本，元残二，赵本吴本"明"并叠"明"字，按"明明"谓明其〕也。今余问于夫子，令言而可知，视而可见，扪而可得，令验于已而发蒙解惑，可得而闻乎？岐伯再拜稽首对曰：何道之问也？帝曰：愿闻人之五藏卒痛，何气使然？岐伯对曰：经脉流行不止、环周不休，寒气入经而〔《太素》"入"下有"爲"字，"而"作"血"〕稽迟，泣而不行，客于脉外则血少，客于脉中则气不通，故卒然而痛。

O Imperador Amarelo disse: "Disseram-me que quando alguém é bom em discutir a lei do céu, deve-se ser capaz de testar a lei do céu no homem; quando alguém é bom em discutir eventos do passado, deve ser capaz de conectar o passado com o presente; quando se é bom em comentar sobre os outros, deve-se ser capaz de integrá-los consigo mesmo; só dessa maneira alguém não estará num emaranhado com os princípios de medicina, a fim de obter e conhecer cuidadosamente a verdade.

"Agora desejo perguntar a ti acerca do diagnóstico que pode ser compreendido pela fala, visível por meio dos olhos, e tangível ao toque, para que eu possa ter uma compreensão acerca dele.

Qibo perguntou: "Quais os princípios que desejais conhecer?" Disse o Imperador Amarelo: "Eu desejo ouvir acerca do que são as energias perversas que causam a súbita dor nas vísceras". Qibo respondeu: "O sangue e a energia nos canais estão circulando incessantemente no corpo todo; quando o frio perverso invade o canal, o sangue no mesmo irá ficar estagnado, e a dor irá ocorrer de súbito".

帝曰：其痛或卒然而止者，或痛甚不休者，或痛甚不可按者，或按之而痛止者，或按之无益者，或喘〔按"喘"误，疑应作"揣"，"动"有"痛"义〕动应手者，或心与背相引而痛者，或〔《太素》"或"下有"心"字〕胁肋与少腹相引而痛者，或腹痛引阴股者，或痛宿〔谓抄本"宿"作"夙"〕昔而成积者，或卒然痛死不知人，有少〔《太素》"有"下无"少"字〕间复生者，或痛而呕者，或腹痛而后〔《太素》"后"作"复"〕泄者，或痛而闭〔滑抄本"闭"作"闷"〕不通者，凡此诸痛，各不同形，别之奈何？

O Imperador Amarelo disse: "Algumas dores param por si mesmas de repente; algumas dores agudas não podem ser detidas; algumas dores são tão severas que não se pode suportar a massagem e a pressão; algumas dores podem ser aliviadas pela massagem e pela pressão; algumas delas não podem ser aliviadas com a massagem e a pressão; algumas delas ocorrem assim que a mão toca o abdômen; algumas vezes, a dor no coração, a dor no hipocôndrio e a dor no baixo ventre afetam umas às outras; algumas vezes a dor do abdômen repuxa o lado interno da coxa; algumas dores são prolongadas e formam massas abdominais; algumas dores agudas ocorrem de repente e fazem com que o paciente fique inconsciente como um homem morto, revivendo após instantes; alguns pacientes sentem dor e vomitam ao mesmo tempo; alguns dos pacientes têm dor abdominal e diarréia; alguns pacientes sentem dor e opressão no peito. Já que todos os casos são diferentes, como podem ser distinguidos?"

岐伯曰：寒气客于脉〔《太素》"脉"作"肠"〕外则脉寒〔《太素》"脉"并作"肠"〕，脉寒则缩踡，缩踡则脉〔《太素》并作"肠"〕绌急，绌急则外引小络，故卒然而痛，得炅〔音窘，热也〕则痛立止；因重中于寒，则痛久矣。

Disse Qibo: "Quando o frio perverso invade a parte externa do intestino e faz com que ele se contraia de frio, o intestino irá se contrair e serpentear como se estivesse sendo costurado; como isso afeta os finos colaterais externos, a dor ocorrerá de repente; mas a dor só pode cessar se o calor for circundado. Mas se for novamente invadido pelo frio perverso, a dor não se aliviará em pouco tempo.

寒气客于经脉之中，与炅气相薄则脉满，满则痛而不可按〔滑抄本，柯校本并作"甚而不休"〕也。寒气稽留，炅气从上〔"上"误，似应作"之"〕，则脉充大而血气乱，故痛甚不可按也。

"Quando o frio perverso invade o canal e persegue o calor dentro dele, a contenção entre eles fará com que o canal fique cheio e substancial, e que se torne astênico. Sob essas condições, irá ocorrer dor severa e incessante.

"Quando o frio perverso fica retido, o calor perverso surge, e o combate entre o frio perverso e o calor perverso farão com que o canal fique cheio e substancial. Como energia e sangue se confundem no interior, a dor severa não poderá suportar a pressão.

寒气客于肠胃之间，膜原之下，血〔《太素》"血"作"而"〕不得散，小络〔《宣明论方》"络"作"腹"〕急引故痛，按之则血〔据王注所据本"血"字应作"寒"〕气散，故按之痛止。

"Quando o frio perverso invadir o local entre os intestinos e o estômago, e as membranas que conectam o diafragma, intestino e estômago; se isso não for dispersado, os colaterais finos em volta ficarão retesados, e o repuxar causará dor; mas quando a energia perversa e o frio forem dispersados pela massagem e pela pressão, a dor se aliviará.

寒气客于侠脊之脉，则深〔《史载之方》"则"下无"深"字〕按之不能及，故按之无益也。

"Quando o frio perverso invade o Canal Du, mesmo uma forte pressão não será capaz de atingir o foco da doença, por isso a pressão será ineficaz.

寒气客于冲脉，冲脉起于关元，随腹直上，寒气客〔《太素》无"寒气客"三字〕则脉不通，脉不通则气因〔《史载之方》引作"脉因之则气不通"〕之，故揣动应手矣。

"Quando o frio perverso invade o canal Chong, como este começa a partir do ponto Guanyuan (Passo da Energia) e descreve uma ascensão ao longo do abdômen, o Canal Chong será obstruído, e a energia estagnada por conta disso. Portanto, a dor irá ocorrer assim que a mão toque o abdômen.

206

寒气客于背俞之脉则〔胡本、误本、赵本、吴本"则"下并有"血"字〕脉泣，脉泣则血虚，血虚则痛，其俞注于心〔《史载之方》引"其"作"背"，"注"作"主"〕故相引而痛，按之则热气至，热气至则痛止矣。

"Quando o frio perverso invade o canal dos shu posteriores, a circulação sangüínea se tornará inconstante causando astenia do sangue e trazendo a dor. Já que o ponto shu nas costas se conecta com o coração, a disputa de um com o outro causará dor. Quando se aperta o foco de dor com a mão, o foco da mão fica quente, a assim que esquentar a dor será aliviada.

寒气客于厥阴之脉，厥阴之脉者，络阴器系于肝，寒气客于脉中，则血泣脉急，故胁肋与少腹相引痛矣。

"Quando o frio perverso invade o Canal Jueyin, que circunda os genitais externos e se conecta com o fígado; quando o frio perverso fica retido, a circulação sangüínea se torna inconstante e a condição do pulso se torna rápida, o hipocôndrio e o baixo ventre vão lutar um contra o outro, causando dor.

厥〔按"厥气"与下"寒气"误倒〕气客于阴股，寒气上及少腹，血泣在下相引，故腹痛引阴股。

"Quando o frio perverso invadir o lado interno da coxa, a desarmonia entre energia e sangue, irão fazer com que a circulação sanguínea no baixo ventre e no lado interno da coxa não flua, afetando um e outro. Dessa forma, a dor no abdômen irá afetar o lado interno da coxa.

寒气客于小肠膜原之间，络血之中，血泣不得注于大经，血气稽留不得行，故宿昔而成积矣。

"Quando o frio perverso invade o local entre o intestino delgado e a membrana do diafragma e o colateral sangüíneo, isso faz com que o sangue se torne inconstante e deixe de entrar no canal do Intestino Delgado; a energia e o sangue ficam obstruídos e retidos. Quando a condição se prolonga, ocorrerá hérnia.

寒气客于五藏，厥逆上泄〔柯校本"泄"作"壅"〕，阴气竭〔《张琦说："竭"作法"极"》〕，阳气未入，故卒然痛死不知人，气复反〔"反"字疑衍〕则生矣。

"Quando o frio perverso invade as cinco vísceras, a energia Jueni irá se tornar ascendente e reversa, causando superabundância de energia Yin e o impedimento da energia Yang. Nesse caso, o paciente ficará subitamente inconsciente, morrendo de dor; se a energia Yang se recuperar, o paciente pode reviver novamente.

寒气客于肠胃，厥逆上出，故痛而呕也。

"Quando o frio perverso invade o estômago e o intestino, a energia Jueni ficará ascendente reversa, e ocorrerá dor abdominal e vômitos.

寒气客于小肠，小肠不得成聚，故后泄腹痛矣。

"Quando o frio perverso invade o intestino delgado, e este deixar de se encarregar da recepção, a água e os cereais não serão capazes de ser retidas no intestino delgado, ocorrendo diarréia e dor abdominal.

热气留于小肠，肠中痛，瘅热焦渴，则坚乾〔《儒门事亲》引作"便坚"〕不得出，故痛而闭不通矣。

"Quando o calor perverso fica retido no intestino delgado, ocorrerá dor no intestino, e o paciente ficará quente e com sede, juntamente com fezes secas e retenção fecal. Essas condições acima, podem ser conhecidas, perguntando-se ao paciente."

帝曰：所谓言而可知者也。视而可见奈何？岐伯曰：五藏六府，固〔明抄本"固"作"面"〕尽有部，视其五色，黄赤为热，白为寒，青黑为痛，此所谓视而可见者也。

O Imperador Amarelo disse: "Quais são as doenças que podem ser comprovadas pela vista?" Disse Qibo: "As diversas partes da face representam respectivamente os cinco órgãos sólidos e os seis órgãos ocos; quando são inspecionadas as cinco cores da compleição do paciente, a doença pode ser constatada: compleições amarela e vermelha representam calor; a compleição branca representa o fio; as compleições verde e preta representam dor; essas são as condições que podem ser conhecidas pela vista".

帝曰：扪而可得奈何？岐伯曰：视其主病之脉，坚而血及陷下者，皆可扪而得也。

Disse o Imperador Amarelo: "Quais as condições de doença que podem ser conhecidas pela palpação?" Disse Qibo: "Conhece-se principalmente pela condição do pulso. Quando a condição do pulso é firme e substancial, é a superabundância da energia perversa; quando a condição de pulso é hesitante, há deficiência na energia saudável. Todas elas podem ser conhecidas pela palpação".

帝曰：善。余知〔《太素》"知"作"闻"〕百病生于气也。怒则气上〔《病源》"上"并作"逆"〕，喜则气缓，悲则气消，恐则气下，寒则气收〔《云笈七签》引"收"作"寨"〕，炅〔《病源》、《太平圣惠方》引"炅"并作"热"〕则气泄，惊〔《太素》《病源》"惊"并作"忧"〕则气乱，劳则气耗，思则气结，九气不同，何病之生？岐伯曰：怒则气逆，甚则呕血及飧泄，故气上矣。喜则气和志达〔《病源》《太平圣惠方》"气和"下并无"志达"二字〕，荣卫通利，故气缓矣。悲则心系急，肺布叶举，而上焦〔《甲乙》"而上焦"作"两焦"〕不通，荣卫不散〔《太平圣惠方》引无"荣卫不散"四字〕，热气在中，故气消矣。恐则精却，却则上焦闭，闭则气还，还则下焦胀，故气不行〔林校云："'不行'当作'下行'"〕矣。寒则腠理闭〔《病源》并作"寒则经络埃涩"〕，气不行，故气收矣。炅则腠理开，荣卫通，汗大泄，故气泄。惊则心无所倚，神无所归，虑无所定，故气乱矣。劳则喘息汗出，外内皆越，故气耗矣。思则心有所存，神有所归，正气留而不行，故气结矣。

Disse o Imperador Amarelo: "Bem, disseram-me que muitas doenças são afetadas pela energia. Assim como quando alguém está furioso, a energia reverte ascendendo; quando alguém tem excesso de alegria, a energia se relaxa; quando alguém entra num sofrimento, a energia se dispersa; quando alguém experimenta o terror, a energia decai; quando alguém encontra o frio, a energia começa a se armar; quando alguém se depara com o calor, a energia se descarrega; quando alguém tem uma melancolia excessiva, a energia se confunde; quando alguém tem excesso de cansaço, a energia se consome; quando alguém está ansioso ou preocupado, a energia fica estagnada. As nove alterações de energia são diferentes; que doenças podem acarretar?"

Disse Qibo: "Quando se está furioso, a energia reverte ascendente; quando o caso for severo, irá ocorrer hematêmese e diarréia lientérica. Por isso se chama "energia vital adversa".

"Quando se está feliz, a energia estará harmoniosa e tanto as energias Ying quanto a Wei estarão desobstruídas. Por isso se chama "relaxamento da energia".

"Quando se tem um grande sofrimento, o coação e os tecidos que se conectam com as vísceras se contraem, os lobos do pulmão incham, o aquecedor superior e o médio ficam obstruídos , e o calor interno fica retido. Por isso é chamado "dissipação da energia".

"Quando se experimenta terror, a energia refinada declina, e o declínio da energia abaixo, irá causar obstrução do aquecedor superior; como a energia não pode atingir o aquecedor superior, irá retornar ao aquecedor inferior, e a estagnação de energia irá causar plenitude e distensão do aquecedor inferior. A isso se chama "instabilidade e descida da energia".

"O frio perverso faz com que e canal e os colaterais se tornem ásperos, e a circulação das energias Ying e Wei se tornem obstruídos. A isso se chama "coletar a energia".

"O calor causa a abertura das estrias e a excreção excessiva das energias Ying e Wei juntamente com o suor. A isso se chama "excreção de energia".

"Quando se sente um terror excessivo, a batida do coração fará com que se sinta desamparado; parece que o espírito e a mente não têm lugar de descanso, e sua apreensão não tem onde se deter. A isso se chama "confusão da energia".

"Quando se está fatigado por excesso de trabalho, ficar-se-á com a respiração rápida, e cheio de suor, e haverá um esgotamento tanto no exterior quanto no interior. A isso se chama "esgotamento de energia".

"Quando se sente uma ansiedade excessiva, o coração será lesado e o espírito ficará apático, a energia ficará estagnada e deixará de circular. A isso se chama "estagnação da energia".

腹中论篇第四十

Capítulo 40
Fu Zhong Lun
(Sobre os Males Abdominais)

黄帝问曰：有病心腹满，且食则不能暮食，此为何病？岐伯对曰：名为鼓胀。帝曰：治之奈何？岐伯曰：治之以鸡矢醴一剂知，二剂已。帝曰：其时有复发者何也？岐伯曰：此饮食不节，故时有病也。虽然其病且已，时故当病，气聚于腹也。

O Imperador Amarelo perguntou: "Há um tipo de doença com plenitude e distensão do epigastro e do abdômen, onde o paciente ingere comida de manhã e reluta em comer à noite. Qual é a doença?" Disse Qibo: "Chama-se distensão dos grãos".

O Imperador Amarelo perguntou: "Como tratar?" Disse Qibo: "Pode ser tratada com vinho de excremento de galinha; quando uma dose é tomada, será eficaz, e quando tomadas duas doses, a doença será curada".

Disse o Imperador Amarelo: "Algumas vezes, a doença pode ressurgir; por que isso?" Disse Qibo: "Quando o paciente não se preocupa com sua comida e com sua bebida, algumas vezes a doença pode ressurgir; algumas vezes em que o paciente novamente pega friagem, no momento em que está para se recuperar, e o frio perverso se acumula no abdômen, a doença pode ressurgir".

帝曰：有病胸胁支满者，妨于食，病至则先闻腥臊臭〔《全氏指迷方》引“臭”作“鼻”，“鼻”字疑属下读〕，出清液〔《甲乙》“液”作“涕”〕，先〔于鬯说：“‘先’字衍”〕唾血，四支清，目眩，时时前后血，病名为何？何以得之？岐伯曰：病名血枯，此得之年少时，有所〔“所”字疑衍〕大脱血；若醉入房中，气竭肝伤，故月事衰少不来也。帝曰：治之奈何？复以何术？岐伯曰：以四乌鲗骨一藘茹〔按“藘茹”似应作“茹藘”〕二物并合之，丸以雀卵，大如小豆，以五丸为后饭，饮以鲍鱼汁，利肠〔《太素》“肠”作“胁”〕中及伤肝也。

Disse o Imperador Amarelo: "Há uma espécie de doença com distensão e opressão no peito e no hipocôndrio que atrapalha a ingestão de comida. Antes do irromper da doença, sente-se um odor fedorento e ácido, e o paciente tem um corrimento nasal claro, esputos sanguinolentos, frio nas extremidades, tontura, sangue nas fezes e hematúria. Qual é a doença e como é contraída?"

Disse Qibo: "É chamada esgotamento do sangue. Ocorre quando o paciente teve hemorragia enquanto jovem e o remanescente da doença se enraizou no corpo, ou devido ao paciente ter tido relações sexuais após ter ficado embriagado, esgotando assim sua energia refinada, ferindo o fígado. Para uma mulher, sua menstruação irá declinar, diminuir ou cessar".

O Imperador Amarelo perguntou: "Como tratá-la e como podem o sangue e a energia ser recuperados?" Disse Qibo: "Combinar quatro porções de casca de molusco com uma porção de raiz de rubia, preparando-as com gema de ovo de passarinho para formar pílulas do tamanho de um feijão vermelho. Tomar cinco pílulas juntamente com sopa de abalone antes da comida. O remédio será capaz de curar a distensão do hipocôndrio e revigorar o fígado que está lesado".

帝曰：病有少腹盛，上下左右皆有根，此为何病？可治不？岐伯曰：病名曰伏梁。帝曰：伏梁何因而得之？岐伯曰：裹大〔《太素》《千金》"裹"下并无"大"字〕脓血，居肠胃之外，不可治，治之每切，按之致〔《圣济总录》引"致"作"至"〕死。帝曰：何以然？岐伯曰：此下则因〔孙鼎宜说："'因'当作'困'"〕阴，必下脓血，上则迫胃脘，生〔孙鼎宜说："'生'当作'至'"〕鬲，侠〔《太素》"侠"作"使"〕胃脘内痈，此久病也，难治。居齐上为逆，居齐下为从〔孙鼎宜说："逆从二字当乙转方与上文'不可治'义合"〕，勿动亟夺，论在《刺法》中。

Disse o Imperador Amarelo:

"Há uma espécie de doença com plenitude do baixo ventre e onde os focos de doença estão acima, abaixo, à esquerda e à direita. Qual é a doença; e ela pode ser curada?"

Disse Qibo: "Chama-se fuliang (antigo nome da doença com plenitude epigástrica e massas)".

O Imperador Amarelo perguntou: "Como é contraída a doença fuliang?" Disse Qibo: "Quando a purulência e o sangue são agasalhados no baixo ventre e se localizam na parte externa dos intestinos e do estômago, é difícil tratar. Ao tratar, irá ocorrer dor severa; se ao pressionar o foco estiver duro, o paciente poderá morrer".

O Imperador Amarelo perguntou: "Por que isso é assim?" Disse Qibo: "Se a pressão pesada estiver na parte inferior, irá ferir o Yin; se a pressão estiver na parte superior, irá exercer coerção entre o estômago e o diafragma, gerando um carbúnculo na cavidade gástrica. Esta é uma doença profundamente enraizada e prolongada, que dificilmente pode ser curada. Quando a doença estiver acima do umbigo, é um caso com prognóstico favorável; quando estiver sob o umbigo, é um caso de prognóstico desfavorável e o paciente deve evitar o trabalho físico freqüente. A doença está relatada e exposta em detalhes na "Terapia de Picadas."

帝曰：人有身体髀股䯒皆肿，环齐而痛，是为何病？岐伯曰：病名伏梁，此风根也。其气溢〔《甲乙》校注引《素问》"溢"作"泄"〕于大肠而著于肓，肓之原在齐下，故环齐而痛也，不可动之，动之为水溺涩之病。

O Imperador Amarelo perguntou: "Quando a perna, a coxa e em torno das costelas há inchaço com dor em volta do umbigo, qual é a doença?" Disse Qibo: "Também se chama fuliang e se enraíza no vento-frio. Quando o vento frio é descarregado a partir do intestino grosso e fica retido em sua membrana externa, e a raiz da membrana externa do intestino está no ponto Qihai, ocorrerá dor em torno do umbigo. Essa doença não deve ser tratada de forma brusca; se for tratada de maneira imprópria, irá ocorrer disúria".

帝曰：夫子数言热中消中，不可服高梁芳草石药，石药发瘨〔何校云："《甲乙》'瘨'作'疽'"〕，芳草发狂。夫热中消中者，皆富贵人也，今禁高梁，是不合其心，禁芳草石药，是病不愈，愿闻其说。岐伯曰：夫芳草之气美，石药之气悍，二者其气急疾坚劲，故非缓心和人，不可以服此二者〔明抄二无"不可"七字〕。帝曰：不可以服此二者，何以然？岐伯曰：

211

夫热气慓悍，药气亦然，二者相遇，恐内伤脾，脾者土也而恶木，服此药者，至甲乙日更论〔《甲乙》作"当愈甚"〕。

Disse o Imperador Amarelo: "Tu disseste muitas vezes que quando se contrai a doença da retenção do calor perverso no aquecedor médio e a diabetes envolve este aquecedor, não se deve ingerir cereais refinados e comidas de paladar delicioso, nem deve usar drogas de odor fragrante e remédios em forma de pedra, já que os remédios em forma de pedra podem causar úlcera subcutânea, e as drogas de odor fragrante podem causar mania. Como a maioria dos pacientes que contraem a doença da retenção do calor perverso no aquecedor médio e diabetes que envolve esse aquecedor são pessoas ricas ou pessoas das classes superiores da sociedade, não estão acostumadas a se privarem de comida deliciosa, mas a doença não será curada se não forem empregadas as beberagens de odor fragrante e os remédios em forma de pedra. Desejo ouvir tua opinião a respeito".

Disse Qibo: "A maioria das drogas de odor fragrante têm a propriedade de serem quentes e a maioria dos remédios em forma de pedra são violentos, e ambos são urgentes, rápidos, firmes e vigorosos. Eles não podem de forma alguma relaxar o corpo e o espírito de um homem".

O Imperador Amarelo perguntou: "Então, por que esses dois tipos de remédio não podem ser empregados?" Disse Qibo: "O calor perverso por si é urgente e vigoroso, e assim são as energias dos remédios; quando se unem o baço será prejudicado; como a energia do baço pertence à terra, e a terra detesta o subjugo da madeira, se o remédio for tomado, a doença se agravará quando encontrar os dias Jia e Yi".

帝曰：善。有病膺肿颈痛胸满腹胀，此为何病？何以得之？岐伯曰：名厥逆。帝曰：治之奈何？岐伯曰：灸之则瘖，石之则狂，须其气并，乃可治也。帝曰：何以然？岐伯曰：阳气重上〔"上"字疑涉下衍〕，有余于上，灸之则阳气入阴，入则瘖，石之则阳气虚〔胡本，元残二"气虚"并作"出内"〕，虚〔"虚"字疑误，据王注应作"出"〕则狂；须其气并而治之，可使全〔《甲乙》"全"作"愈"〕也。

Disse o Imperador Amarelo: "Muito bem. Há uma espécie de doença com inchaço e dor no peito e na nuca, plenitude no peito e distensão do abdômen. Qual é a doença e como pode ser contraída?" Disse Qibo: "Chama-se Jueni".

O Imperador Amarelo perguntou: "Como tratá-la?" Disse Qibo: "Se a doença for tratada com moxibustão, o paciente terá afonia; quando for tratada com agulha de pedra, o paciente ficará maníaco. Só pode ser tratada no momento em que as energias superiores e inferiores entrarem em contato". O Imperador Amarelo perguntou: "Por que isso?" Disse Qibo: "A energia Yang é ascendente, por isso o paciente é pesado e tem excesso em cima; se for aplicada a moxibustão, seria colocar fogo contra fogo; quando o Yang for superabundante e o Yin debilitante, a energia Yang se aproveitará da vantagem para penetrar o Yin, e a energia Yin debilitante não será capaz de dar apoio à raiz da língua, e ocorrerá afonia; se a doença for tratada com agulha de pedra, haverá uma descarga de sangue junto com a picada, causando a debilidade do Yin, e esta, causará superabundância do Yang, o que irá causar mania. Ao tratar, é necessário que se espere até que entrem em contato a energia superior e a energia inferior, para que a doença possa ser curada".

帝曰：善。何以知怀子之且生也？岐伯曰：身有病而无邪脉也。

Disse o Imperador Amarelo: "Muito bem. Como se pode saber que uma mulher está grávida e dará à luz um bebê ?" Disse Qibo: "Pode-se saber por meio do diagnóstico; quando a mulher parece estar doente, mas não tem sinal de doença por meio da palpação, então está grávida".

帝曰：病热而有所痛者何也？岐伯曰：病热者，阳脉也，以三阳之动〔《甲乙》"动"作"盛"〕也，人迎一盛〔《甲乙》"盛"下有"在"字〕少阳，二盛太阳、三盛阳明，入阴也〔《太素》、《甲乙》并无此三字〕。夫阳入于阴，故病在头与腹，乃䐜胀而头痛也。帝曰：善。

O Imperador Amarelo perguntou: "Há uma espécie de doença onde se tem febre e dores em várias partes do corpo, e qual a razão?" Disse Qibo: "Todas as doenças com febre surgem no pulso Yang, e quando o paciente tem febre, todas as condições de pulso nos três canais Yang são superabundantes. Quando o pulso Renying for duas vezes maior do que o pulso Cunkou, a doença está no Canal Shaoyang; quando for três vezes maior do que o pulso Cunkou, a doença está no Canal Taiyang; quando for quatro vezes maior do que o pulso Cunkou, a doença está no Canal Yangming. Quando a energia perversa entrar nos canais Yin, a partir dos canais Yang, a doença está na cabeça e no abdômen, e ocorrerão a dor de cabeça e a dor abdominal". Disse o Imperador Amarelo: "Muito bem".

刺腰痛篇第四十一

Capítulo 41
Ci Yao Tong
(Terapia de Picadas para Lumbago em Diversos Canais)

足太阳脉令人腰痛，引项脊尻背如重状，刺其郄中太阳正经出血，春无见血。

Quando o Canal Taiyang do Pé contrai a doença, fará com que o paciente tenha lumbago, e a dor fará com que o paciente sinta como algo pesado em seu pescoço, espinha, nádegas e costas. Ao tratar, deve-se picar o ponto Weizhong (Centro Poplíteo, B 40) do Canal Taiyang do Pé até sangrar. Estando-se na primavera, a picada não deve causar sangramento.

少阳〔"少阳"下脱"脉"字，下"阳明""足少阴"亦脱"脉"字〕令人腰痛，如以针刺其皮中〔《圣济总录》引"皮"下无"中"字〕，循循然不可以俯仰，不可以顾〔《甲乙》"可以"下有"左右"二字〕，刺少阳成骨之端出血，成骨在膝外廉之骨独起者〔此句十一字疑为上文"成骨"之释语，传写误入正文〕，夏无见血。

A dor do lumbago, causada pela doença do Canal Shaoyang do Pé, é como a picada da pele pela agulha. Agravando-se gradativamente, fará com que se seja incapaz de olhar para cima ou para baixo, e nem em torno. Ao tratar, deve-se picar o ponto inicial da tíbia até que sangre. Se for no verão, a picada não deve causar sangramento.

阳明令人腰痛，不可以顾，顾如有见者，善悲，刺阳明于骺前三痏，上下和之出血，秋无见血。

O lumbago causado pela doença do Canal Yangming do Pé, é tão doloroso que o paciente não pode olhar para trás; se o fizer, parece estar vendo algo, além do que o paciente está sempre acometido de dores. Ao tratar, picar o ponto Zusanli (Três Distâncias do Pé, E 36) do Canal Yangming do Pé até sangrar, a fim de promover a combinação das energias superiores e inferiores. Se for no outono, a picada não deve causar sangramento.

足少阴令人腰痛，痛引脊内廉〔《太素》作"引脊内痛"〕，刺少阴于内踝上二痏，春无见〔《太素》"见"作"出"〕血，出血太多，不可复也。

O lumbago causado pelo Canal Shaoyin do Pé leva a parte interna da espinha a ficar dolorida. Ao tratar, deve-se picar duas vezes o ponto Shuliu (Tropeções Repetidos, R 7) do Canal Shaoyin. Se for na primavera, a picada não deve causar sangramento; se o sangramento for excessivo, o sangue ficará astênico e difícil de se recuperar.

厥阴之脉，令人腰痛，腰中如张弓弩弦，刺厥阴之脉，在腨踵鱼腹之外，循之累累然，乃刺之，其病令人善〔《素问识》云："其病"以下十五字与前四经腰痛之例不同，恐是衍文〕言，默默然不慧，刺之三痏。

O lumbago proveniente da doença do Canal Jueyin do Pé, causa dor tão severa e que aperta, como uma corda de arco completamente distendida. Ao tratar, picar o colateral de Jueyin. Deve-se procurar achar o lugar que é como um colar de pérolas, entre o calcanhar e o flanco externo da barriga do peixe no meio da canela (ponto Ligou C 5) e proceder à picada.

解脉令人腰痛，痛引肩〔《太素》"引肩"作"引膺"〕目䀮䀮〔《太素》"䀮"作"䀮"〕然，时遗溲，刺解脉，在膝〔《太素》"膝"作"引"，袁刻《太素》"筋肉"作"筋内"〕筋肉分间郄外廉之横脉出血，血变而止。

O lumbago proveniente da doença do Canal de Desobstrução horizontal, irá causar dor no peito, prejudicando a visão e causando incontinência urinária ao paciente. Ao tratar, picar o Canal de Desobstrução a fim de causar sangramento, e parar de picar quando o sangue púrpura começar a ficar vermelho. O Canal de Desobstrução está na linha horizontal da proeminência muscular entre os dois tendões atrás do joelho (ponto Weiyang, B 39).

解脉令人腰痛如引带〔《甲乙》"如引带"作"如裂"〕，常如折腰状，善恐；刺解脉，在郄中结络如黍米，刺之血射以黑，见赤血而已。

O lumbago proveniente do Canal de Dispersão, faz com que a região lombar se fragilize de dor, e normalmente pareça quebrada, além do paciente estar pronto a se zangar. Ao tratar, picar o Canal Desobstruído a fim de permitir a saída de sangue púrpura, e deter a picada quando o sangue ficar vermelho. O nó do canal Desobstruído está na junção dos colaterais do tamanho de um grão de painço.

同阴之脉，令人腰痛，痛如小锤居其中，怫然肿〔四库本"肿"作"痛"〕；刺同阴之脉，在外踝上绝骨之端，为三痏。

O lumbago proveniente do Canal Tongyin que é um colateral extra do Canal Shaoyang do Pé, é como um pequeno martelo batendo, bastante doloroso. Ao tratar, deve-se picar o Canal Tongyin por três vezes. O Canal Tongyin é o ponto Yangfu (Apoio do Yang, VB 39), que está na porção inferior da tíbia, acima do maléolo externo.

阳维之脉，令人腰痛，痛上怫然〔《太素》"怫然"下有"脉"字〕肿；刺阳维之脉，脉与太阳合腨下间，去地一尺所。

O lumbago proveniente da doença do Canal Yangwei (um dos oito canais extraordinários) faz com que o local dolorido do canal enche abruptamente. Ao tratar, deve-se picar o Canal Yangwei. Como o Canal Yangwei se une ao Canal Taiyang, o acuponto picado deve estar sob a barriga da perna, a um pé acima do chão.

衡络之脉，令人腰痛，不可以俛仰，仰则恐仆，得之举重伤腰，衡络绝，恶血归〔《铜人图经》卷五《殷门》"归"作"注"〕之，刺之在郄阳筋〔《甲乙》"筋之"作"之筋"〕之间，上郄数寸，衡居为二痏出血。

O lumbago proveniente da doença do Canal da Cintura, faz com que o paciente não possa olhar para cima nem para baixo; se ele olhar para cima, poderá cair. Esta doença é causada por suspender pesos, o que fere a região lombar, e pelo sangue deteriorado injetado no Canal da Cintura, fazendo com que fique entupido. Ao tratar, picar duas vezes o ponto Weiyang (Yang Poplíteo B 39) e o ponto Yinmen (Grande Portão Vermelho, B 37) e deixar o sangue escorrer. Os dois acupontos estão muitas polegadas sob o colateral horizontal das nádegas.

会阴之脉，令人腰痛，痛上〔明抄二"上"作"止"〕漯漯然汗出，汗干令人欲饮，饮已欲走〔"走"字疑误似作"溲"〕，刺直阳〔"直阳"应作"会阴"林校谓"直阳之脉即会阴之脉"〕之脉上三痏，在跻上郄下五寸横居，视其盛者出血。

A doença do Canal Huiyin (canal que passa no períneo) irá causar lumbago. Quando a dor para, o paciente irá transpirar continuamente; quando o suor tiver secado, o paciente terá desejo de beber, e após beber, deseja urinar. Ao tratar, picar três vezes o Canal Huiyin na posição acima do Canal Yangqiao e a cinco polegadas sob o ponto Weizhong, onde o sangue é abundante no colateral. Picar até sangrar.

飞阳之脉，令人腰痛，痛上拂拂然，甚则悲以恐，刺飞阳之脉，在内踝上五寸，少阴之前，与阴维之会〔《太素》"维"下无"之"字〕。

O lumbago que é proveniente da doença do Canal Feiyang (um colateral extraordinário do Taiyang do Pé) faz com que o paciente fique desassossegado chegando às raias do sofrimento e do terror. Ao tratar, picar o Canal Feiyang. A posição de picar está na intersecção do Canal Feiyang e do Canal Yinwei defronte ao Canal Shaoyin, cinco polegadas acima do maléolo médio.

昌阳之脉，令人腰痛，痛引膺，目䀮䀮然，甚则反折，舌卷不能言；刺内筋为二痏，在内踝上大筋前，太阴后，上踝二寸所。

Quando o lumbago for proveniente da doença do Canal Fuliu, afeta o peito, torna a visão borrosa; quando o caso for sério, a região lombar e as costas não serão capazes de se endireitar, e a língua ficará enrolada e afundada, de forma que o paciente não poderá falar. Ao tratar, picar por duas vezes o ponto Fuliu (Escorregões Repetidos, R 7) em frente ao tendão maior, atrás do Canal Taiyin e acima do maléolo médio, i.e., duas polegadas acima do maléolo médio.

散脉，令人腰痛而热，热甚生烦，腰下如有横木〔明抄二夹注："木一作脉"〕居其中，甚则遗溲；刺散脉，在膝前骨〔《太素》"膝前"下无"骨"字〕肉分间，络外廉束脉，为三痏。

O lumbago que é proveniente da doença do Canal de Dispersão (um Canal extra do Taiyin do Pé) causa febre ao paciente; quando for sério, o paciente ficará irritado e desassossegado, como tendo um canal que corre horizontalmente por dentro. Quando a situação for séria, ocorrerá incontinência de urina. Ao tratar, picar três vezes o Canal de Dispersão. O Canal de Dispersão está entre a estria muscular em frente ao joelho, conectando- se com o tendão menor do aspecto lateral da perna.

肉里之脉，令人腰痛，不可以咳，咳则筋缩急〔《太素》"缩"作"挛"，《甲乙》"缩"下无"急"字〕，刺肉里之脉为二痏〔此二字有错简，应据《圣济总录》移在"少阳绝骨之后"句下。〕，在太阳之外，少阳绝骨之后〔《甲乙》"后"作"端"〕。

O lumbago proveniente da doença do Canal Rouli, faz com que o paciente dificilmente contenha a tosse; se tossir, ocorrerá contração dos tendões. Ao tratar, picar duas vezes o Canal Rouli. O Canal Rouli está no ponto Xuanzhong (ou ponto Juegu, Sino Suspenso, VB 39) do Canal Shaoyang no flanco externo do Canal Taiyang.

腰痛侠脊而痛至头，几几然，目䀮䀮〔《太素》作"目䀮䀮"："目䀮䀮"惊视貌"〕欲僵仆，刺足太阳郄中出血。腰痛上寒，刺足太阳阳明；上热，刺足厥阴；不可以俛仰，刺足少阳；中热而喘刺足少阴，刺郄中出血〔"出血"应作"血络"〕。

216

Quando o lumbago afeta a espinha e a dor vai ao topo da cabeça, essa ficará pesada e os olhos arregalados e parece que o paciente vai cair. Ao tratar, picar o ponto Weizhong (Centro Poplíteo, B 40) até que sangre.

Se houver sensação de frio durante a dor, devem ser picados os canais Taiyang do Pé e Yangming do Pé; se houver sensação de calor durante a dor, deve-se picar o Canal Jueyin do Pé; se o paciente não puder olhar para cima e para baixo, deve ser picado o Canal Shaoyang do Pé; se a dor for acompanhada de síndrome de calor interno e respiração rápida, deve-se picar o Canal Shaoyin do Pé e o sangue dentro do colateral do ponto Weizhong.

腰痛上寒，不可顾，刺足阳明；上热，刺足太阴；中热而喘，刺足少阴。大便难，刺足少阴。少腹满，刺足厥阴。如折，不可以俛仰，不可举，刺足太阳，引脊内廉，刺足少阴。

Quando o paciente sentir frio durante o lumbago e não puder olhar em volta, deve-se picar o Canal Yangming do Pé; quando sentir calor durante o lumbago, com síndrome calor-secura, deve-se picar o Canal Taiyin do Pé; quando o lumbago for acompanhado de síndrome calor interno e respiração rápida, deve-se picar o Canal Shaoyin do Pé.

Quando o lumbago for acompanhado de constipação, deve-se picar o Canal Shaoyin do Pé. Quando o lumbago for acompanhado de plenitude e distensão do baixo ventre, deve-se picar o Canal Jueyin do Pé. Quando se tiver dor na região lombar parecendo uma quebradura, incapaz de olhar para cima ou para baixo, ou de se mover em torno, deve-se picar o Canal Taiyang do Pé. Quando o lumbago afetar o flanco interno da espinha, deve-se picar o Canal Shaoyin do Pé.

腰痛引少腹控䏚，不可以仰。刺腰尻交者，两髁肿上，以月生死为痏数，发针立已。左取右，右取左。

Quando o lumbago afeta o baixo ventre, atingindo o hipocôndrio a fim de causar desassossego, e o paciente não puder ficar ereto, deve-se picar o ponto Xialiao (entre o espaço ósseo) sob as nádegas em cima do músculo tenso da costela, sob ambos os lados da região lombar. O momento de picar deve ser calculado de acordo com a lua cheia e minguante a fim da picada ser eficaz. Ao picar, quando a dor estiver do lado esquerdo, utilizar o acuponto do lado direito; quando a dor estiver do lado direito, picar o acuponto do lado esquerdo.

风论篇第四十二

Capítulo 42
Feng Lun
(Sobre o Vento Perverso)

黄帝问曰：风之伤人也，或为寒热，或为热中，或为寒中，或为疠〔《甲乙》《千金》"疠"并作"厉"〕风，或为偏枯，或为风也，其病各异，其名不同〔明抄二无"或为"以下十二字〕，或内至五藏六府，不知其解，愿闻其说。

O Imperador Amarelo perguntou: "Quando o vento perverso invade o corpo, às vezes ocorre ao paciente de ter calafrios e febre; algumas vezes retenção de calor perverso no aquecedor médio; às vezes, causa retenção de frio perverso no aquecedor médio; às vezes lepra, às vezes hemiplegia, e às vezes invade o interior para atingir as vísceras. Eu não sei a razão e espero que possas me dizer".

岐伯对曰：风气藏于皮肤之间，内不得通〔《千金》《医心方》"通"并作"泄"〕，外不得泄〔《千金》、《医心方》"泄"并作"散"〕；风者善行而数变，腠理开则洒〔《甲乙》"洒"作"凄"〕然寒，闭则热而闷，其寒也则衰食饮，其热也则消肌肉，故使人怢慄而不能食，名曰寒热。

Qibo respondeu: "Quando o vento perverso invade a pele, não pode ser disperso pelo interior, nem pode se difundir ao exterior.

"O vento é rápido ao se mover e pode se desenvolver em inúmeras doenças; quando as estrias da pele se abrem, irão fazer com que a pessoa sinta frio; quando as estrias estão fechadas, isso irá fazer com que se tenha uma sensação de febre acompanhada de desassossego. Quando o paciente tem frio, sua comida e bebida serão reduzidas; então ele tem febre, seus músculos ficam emaciados. Por isso, quando alguém não tem apetite e reluta em comer, tem a doença do frio e do calor.

风气与阳明入胃，循脉而上至目内眦，其人肥则风气不得外泄〔滑抄本"泄"作"出"〕，则为热中而目黄；人〔《圣济总录》引"人"上有"其"字〕瘦则外泄而寒〔"而寒"二字衍文〕，则为寒中而泣〔《千金》"泣"作"泪"〕出。

"O vento perverso entra no estômago pelo Canal Yangming e ascende acompanhando o canal até atingir o canto interno do olho. Se o paciente for gordo, o vento perverso dificilmente pode sair para o exterior; quando a retenção for prolongada, tornar-se-á retenção de calor perverso no aquecedor médio e os globos oculares do paciente ficarão amarelos; se o paciente for magro, sua energia Yang pode facilmente ser dispersada ao exterior; tornar-se-á retenção de frio perverso no aquecedor médio, e o paciente derramará lágrimas com freqüência.

风气与太阳俱入，行诸脉俞，散于分肉〔"分肉"二字误倒，据王注应作"肉分"，谓内之分理〕之间，与卫〔《病源》"卫"作"血"、《太平圣惠方》"干"作"搏"〕气相干，其道不利，故使肌肉愤膜〔《太素》"愤"作"𦡁"，"瘣"作"伤"〕而有疡，卫气有所凝而不行，

故其肉有不仁也。疠者，有荣气热胕〔"有荣气热胕"应为"荣卫热"〕，其气不清，故使其
鼻柱坏而色败，皮肤疡溃，风寒客于脉而不去，名曰疠风，或名曰寒热〔滑抄本无此五字〕。

"Quando o vento perverso invade o corpo pelo Canal Taiyang, atinge os pontos shu dos diversos canais, se espalha por entre as estrias dos músculos e se mistura com o sangue e a energia; dessa forma, ele dirige a energia para sua obstrução, e os músculos incham para ficarem lesados. Se a energia Wei estiver estagnada a ponto de não poder efetuar sua circulação, os músculos se tornam adormecidos e não têm mais sensação de dor e de prurido.

"A lepra é causada pelo calor, das energias, tanto Rong quanto Wei; quando a energia e o sangue não estão refinados e prejudicam a proeminência do nariz, a compleição ficará deteriorada e a pele se torna quebradiça. Como a retenção prolongada do vento perverso no canal não pode ser removida, causa lepra.

以春甲乙〔《外台》"甲乙"下有"日"字，下丙丁等同〕伤于风者为肝风，以夏丙丁伤
于风者为心风，以季夏戊己伤于邪〔《甲乙》《千金》"邪"并作"风"〕者为脾风，以秋庚辛
中于邪〔《甲乙》"千金""中于邪"并作"伤于风"〕者为肺风，以冬壬癸中于邪者为肾风。

"Quando se é atingido pelo vento perverso nos dias Jia e Yi na primavera, é o vento do fígado; quando se é atingido pelo vento perverso nos dias Bing e Ding no verão, é o vento do coração; quando se é ferido pelo vento perverso nos dias Wu e Ji no verão tardio (verão longo) é o vento do baço; quando se é atingido pelo vento perverso nos dias Ren e Gui no inverno, é o vento dos rins.

风〔《太素》《甲乙》"风"下并有"气"字〕中五藏六府之俞，亦为藏府之风，各入其
门户所〔《太素》"所"作"之"〕中，则为偏风。风气〔《太平圣惠方》"气"作"邪"〕循
风府而上，则为脑风。风入系头〔按《甲乙》注云："一本作'头系'"。头系是头中的目系、
目系，谓目睛人脑之系〕，则为目风，眼〔《太素》"眼"作"眠"，"眠寒"二字属下节〕寒。
饮酒中风，则为漏风。入房汗出中风，则为内风。新沐中风，则为首风。久风入中，则为肠
风飧〔《千金》"肠风"下无"飧泄"二字〕泄。外在腠理，则为泄风。故〔《千金》"故"下
有"曰"字〕风者百病之长也，至其变化，乃为他病也，无常方，然致有风〔吴注本"有"作
"自"〕气也。

"Quando o vento perverso invade os pontos shu dos cinco órgãos sólidos e os seis órgãos ocos, tornar-se-á o vento dos cinco órgãos sólidos e dos seis órgãos ocos. Independente de ser colateral, canal, víscera ou entranha, quando qualquer um deles for invadido pelo vento perverso, tornar-se-á seu abrigo de um lado do corpo.

"Após a invasão do vento perverso, ele ascende acompanhando o Canal Fengfu até atingir o cérebro, e irá ocorrer a síndrome do vento-do-cérebro; quando o vento-do- cérebro penetra nas camadas do olho, irá ocorrer a síndrome do vento- do- olho.

"Quando alguém pega friagem durante o sono ou contrai o vento perverso após ter-se embriagado, irá ocorrer a síndrome do vento perfurante.

"Quando alguém sua durante a relação sexual e contrai o vento perverso, ocorrerá o síndrome do vento endógeno; quando alguém contrai o vento perverso imediatamente após ter lavado os cabelos, ocorrerá a síndrome do vento- da- cabeça.

"Quando o vento perverso ficar retido nas estrias da pele por um longo tempo, prejudicando o baço e o estômago, aparecerá sangue fresco nas fezes, causado pelo vento perverso.

"Quanto ao vento frio retido entre as estrias externas, tornar-se-á o vento perverso endógeno.

"Por isso, o vento perverso é o principal fator que induz a várias doenças, tem muitas variantes, e não tem nenhuma regra de comportamento quando se altera para formar outras doenças. Porém, em última análise, as doenças provêm da invasão do vento perverso".

帝曰：五藏风之形状不同者何？愿闻其诊及其病能。

Disse o Imperador Amarelo: "Quais são as diferenças entre as aparências das síndromes do vento dos cinco órgãos sólidos? Espero ouvir acerca do que é essencial quanto à inspeção e à aparência das doenças".

岐伯曰：肺风之状，多汗恶风，色皏然白，时咳短气，昼日则差，暮则甚，诊在眉上，其色白。

Disse Qibo: "Os sintomas do vento do pulmão são hiperidrose, o paciente tem aversão ao vento, uma compleição esbranquiçada, tosse de vez em quando e tem pouco alento; comparativamente, os sintomas são mais brandos durante o dia e se tornam mais agudos à noite. Durante a inspeção, observar a posição acima da sobrancelha, que deve ser branca.

心风之状，多汗恶风，焦绝，善怒吓〔按"善怒"属于心，不合，《医心方》引《小品方》正作"喜悲"〕，赤色，病甚则言不可快〔《千金》、《类编朱氏集验医方》引作"言语不快"〕，诊在口〔高注本引"口"作"舌"，《三因方》引作"舌"〕，其色赤。

"Os sintomas da síndrome do vento do coração, são hiperidrose, o paciente tem aversão ao vento. O paciente definha e emagrece, freqüentemente sofrendo, compleição vermelha. Quando a infecção for severa, ocorrerá distúrbio da fala. Durante a inspeção, observar a cor da língua, que deve estar vermelha.

肝风之状，多汗恶风，善悲〔按"善悲"于肝无属，《医心方》引无"善悲"二字〕，色微苍，嗌乾善怒，时憎女子，诊在目下，其色青。

"Os sintomas da síndrome do vento do fígado são hiperidrose, o paciente tem aversão ao vento, uma compleição ligeiramente esverdeada, garganta seca, zanga-se com facilidade e se afasta de mulher de vez em quando. Durante a inspeção, observar a posição sob os olhos que deve estar verde.

脾风之状，多汗恶风，身体怠堕〔《圣济总录》引"堕"作"惰"〕，四支不欲动，色薄〔按"薄"字衍〕微黄，不嗜食，诊在鼻上，其色黄。

"Os sintomas da síndrome do vento do baço são hiperidrose, o paciente sente aversão ao vento, fadiga, tem dificuldade em mover as extremidades e não quer comer. Durante a inspeção, observar a posição acima do nariz, que deve estar amarela.

肾风之状，多汗恶风，面疣然浮肿，脊〔《太素》"脊"上有"腰"字〕痛不能正〔按"正"字当作"久"，应据《外台》《医心方》改〕立，其色炲，隐曲不利〔《外台》引作"隐曲膀胱不通"〕，诊在肌上，其色黑。

"Os sintomas da síndrome do vento do rim são hiperidrose, o paciente tem uma aversão ao vento, edema da face, dor na região lombar e na espinha, é incapaz de se manter em pé, compleição negra como a fumaça de carvão queimado e tem disúria. Durante a inspeção, observar as duas bochechas que devem estar negras.

胃风之状，颈〔《病源》"颈"作"头"〕多汗恶风，食饮不下，鬲〔《病源》、《千金》"鬲"并作"鬲下"〕塞不通，腹善〔《病源》"腹"下无"善"字〕满，失衣则䐜胀，食寒则泄，诊形瘦而腹大。

"Os sintomas da síndrome do vento do estômago são hiperidrose, na testa, o paciente tem aversão ao vento, estagnação e bloqueio sob o diafragma e distensão do abdômen a ponto do paciente dificilmente poder comer ou beber. Se o paciente estiver muito pouco agasalhado em relação ao clima, terá distensão do abdômen; se ingerir comida fria, terá diarréia. Ao inspecionar, observar as características do paciente com um corpo magro e um abdômen grande.

首风之状，头〔《甲乙》"头"下有"痛"字〕面多汗恶风，当先风一日，则病甚，头痛不可以出内〔《三因方》引"出"下无"内"字〕，至其风日〔《云笈七签》引"日"作业"〕，则病少愈。

"O sintomas da síndrome do vento-da-cabeça, são: o paciente tem hiperidrose e aversão ao vento. No dia anterior ao ataque da doença, o paciente já se sente dolorido, tem dor de cabeça e reluta em sair de casa. A doença irá melhorar nos dias em que houver abundância de vento.

漏风之状，或〔滑抄本无"或"字〕多汗，常不可〔《圣济总录》引"不可"上无"常"字〕单衣，食则汗出，甚则身汗〔《圣济总录》引"汗"作"寒"〕，喘息〔据杨注应无"喘息"二字〕恶风，衣常〔全本"常"作"裳"〕濡，口干善渴，不能劳事。

"Os sintomas da síndrome do vento perfurante são: o paciente tem hiperidrose e não pode usar roupas leves, transpirando assim que come. Quando a transpiração for excessiva, ele sentirá frio no corpo e terá aversão ao vento. Suas roupas estarão sempre molhadas de suor; ele tem sede e almeja beber algo, e não pode suportar o cansaço.

泄〔林校云："疑此'泄'字'内'之误也"〕风之状，多汗，汗出泄衣上〔《医心方》引"泄衣上"作"沾衣裳"〕，口中干，上渍其风，〔明抄二无"上渍"四字，《素问识》说"上渍其风"四字未详，或恐是衍文〕不能劳事，身体尽痛则寒。帝曰：善。

"Os sintomas do vento endógeno são: o paciente tem hiperidrose a ponto de molhar suas roupas, secura na boca, dor no corpo todo e sente frio, não podendo também tolerar a fadiga". O Imperador Amarelo disse: "Muito bem".

痹论篇第四十三

Capítulo 43
Bi Lun
(Enfermidade do Tipo Bi)

黄帝问曰：痹之〔《甲乙》"之"作"将"〕安生？岐伯对曰：风寒湿三气杂〔《甲乙》"杂"作"合"〕至，合〔《甲乙》"合"作"杂"〕而为痹也。其风气胜者为行痹，寒气胜者为痛痹，湿气胜者为著痹也。

O Imperador Amarelo perguntou: "Como ocorre a enfermidade do tipo Bi?" Qibo respondeu: "Quando as energias perversas do vento, do frio e da umidade, atacam ao mesmo tempo se misturando, vão se combinar para formar a enfermidade Bi: quando houver ênfase do vento, chama-se artralgia migratória; quando enfatizada pelo vento, chama-se artralgia do tipo frio; quando enfatizada pela umidade, chama-se artralgia adversa".

帝曰：其有五者何也？岐伯曰：以冬遇此者为骨痹，以春遇此者为筋痹，以夏遇此者为脉痹，以至阴〔张琦说："当作'季夏'"〕遇此者为肌痹，以秋遇此者为皮痹。

O Imperador Amarelo perguntou: "Por que as síndromes Bi se dividem em cinco tipos e quais são elas?" Disse Qibo: "Quando a doença é contraída no inverno, chama-se síndrome Bi dos ossos; quando contraída na primavera, chama-se síndrome Bi dos tendões; quando contraída no verão, chama-se síndrome Bi do canal; quando contraída no verão tardio, chama-se mialgia; quando contraída no outono, chama-se prurido da pele".

帝曰：内舍五藏六府，何气使然？岐伯曰：五藏皆有合，病久而不去者，内舍于其合也。故骨痹不已，复感于邪，内舍于肾；筋痹不已，复感于邪，内舍于肝；脉痹不已，复感于邪，内舍于心；肌痹不已，复感于邪，内舍于脾，皮痹不已，复感于邪，内舍于肺。后谓痹者，各以其时重感〔《甲乙》"感"上无"重"字〕于风寒湿之气也。

Disse o Imperador Amarelo: "Alguns perversos da doença Bi ficam retidos nos cinco órgãos sólidos e nos seis órgãos ocos; qual energia faz isso?" Disse Qibo: "Os cinco órgãos sólidos correspondem aos tendões, canais, músculos, pele e ossos. Quando o perverso fica retido na posição corporal que corresponde a determinada víscera, e não for removido por longo tempo, irá fazer com que a víscera fique debilitada. Por isso, quando a síndrome Bi ósseo for prolongada, e os perversos do vento, do frio e da umidade forem novamente contraídos, a energia perversa ficará retida nos rins; quando o mal Bi dos tendões for prolongado, e os perversos contraídos de novo, haverá retenção no fígado; quando a síndrome Bi do canal for prolongada, e os perversos novamente contraídos, ela ficará retida no coração; quando a mialgia for prolongada e os perversos novamente contraídos, haverá retenção no baço; quando o prurido da pele for prolongado e os perversos novamente contraídos, haverá retenção no pulmão. Portanto, a síndrome Bi é formada na estação dominante através da invasão repetida das energias perversas do vento, do frio e da umidade.

凡痹之客五藏者，肺痹者，〔《圣济总录》引"肺痹者"下有"胸背痛甚上气"六字〕，烦满喘而呕；心痹者，脉不通，烦则心下鼓，暴上气而喘，嗌乾善噫，厥气上则恐；肝痹者，夜卧则惊，多饮数小便，上为引如怀〔"为"字衍，本句应作"上引如怀妊"〕；肾痹者，善胀，尻以代踵，脊以代头；脾痹者，四支解堕，发咳〔《全生指迷方》引"咳"作"渴"〕呕汁〔《三因》卷三《叙论》引"汁"作"沫"〕，上为大〔"大"应作"不"〕塞；肠痹者，数饮而出不得，中气喘争〔《三因方》引"争"作"急"〕，时发飧泄；胞痹者，少腹膀胱，按之内痛〔"内痛"《太素》作"两髀"，"两髀"有太阳脉气所过〕，若沃以汤，涩于小便，上为清涕。

"Quando a síndrome Bi invade os cinco órgãos sólidos, seus sintomas são diferentes. Os sintomas da síndrome Bi do pulmão são: dor aguda no peito e nas costas, reversão da energia vital, respiração sem sossego, deprimida e rápida, vômito. Os sintomas da síndrome Bi do coração são: entupimento do canal, irritabilidade, palpitação do coração, deslocamento súbito da energia causando respiração rápida, secura na garganta e eructação freqüente, já que a energia adversa pressiona o coração para cima, fazendo com que o paciente fique assustado. Os sintomas da síndrome Bi hepática são: ter medo com freqüência e à noite na hora de dormir, desejo de beber, micção freqüente, distensão do baixo ventre como se houvesse gravidez. Os sintomas do síndrome Bi do rim são: inchaço no corpo todo, a pessoa pode se sentar mas não pode caminhar devido ao inchaço, só pode abaixar a cabeça mas não pode ergue-la. O paciente sente como se seu cóccix estivesse tocando o chão, seus ossos cervicais se enviesam para baixo e as vértebras espinais empinadas para cima. Os sintomas da síndrome Bi esplênica são: cansaço e fraqueza nas extremidades, sede, vômito espumante e estagnação no peito. Os sintomas da síndrome Bi intestinal são: tomar líquidos com freqüência, disúria, insuficiência de energia do aquecedor médio que causa respiração rápida e às vezes diarréia. Os sintomas da síndrome Bi da bexiga são: sentir como se tivesse sido borrifado com sopa quente, quando se aperta as coxas com as mãos, disúria e corrimento nasal límpido.

阴气者，静则神藏，躁则消亡，饮食自倍，肠胃乃伤。淫气喘息，痹聚在肺；淫气忧思，痹聚在心；淫气遗溺〔《太素》作"欧唾"，按《宣明五气篇》"肾为唾"〕，痹聚在肾；淫气乏竭〔《太素》"竭"作"渴"〕，痹聚在肝；淫气肌〔《太素》"肌"作"饥"〕绝，痹聚在脾。

"Quando a energia Yin dos cinco órgãos sólidos está calma, o espírito é conservado no interior; quando irritada, estará prestes a escapar em direção ao exterior. Se a comida e a bebida forem consumidas em excesso, o intestino e o estômago ficarão prejudicados. Quando se tem respiração rápida no momento em que a energia estiver em desarmonia e anormal, as energias perversas do vento, do frio e da umidade estarão prontas a se acumular no pulmão; quando a pessoa sentir melancolia e ansiedade no momento em que a energia estiver em desarmonia e anormal, as energias perversas do vento, do frio e da umidade irão se acumular no coração; quando a pessoa vomitar no momento em que a energia estiver em desarmonia e anormal, as energias perversas do vento, frio e umidade irão se acumular nos rins;

quando a pessoa estiver cansada e com sede no momento em que a energia estiver em desarmonia e anormal, as energias perversas do vento, do frio e da umidade irão se acumular no fígado; quando a pessoa estiver com fome extrema a ponto de lesar o estômago no momento em que a energia estiver em desarmonia e anormal, as energias perversas do vento, do frio e da umidade irão se acumular no baço.

诸痹不已，亦益内也〔《太素》"内也"作"于内"〕，其风气胜者，其人易已也。

"Quando os vários tipos de síndromes Bi se prolongarem, irão penetrar cada vez mais profundamente no interior do corpo. Se o vento for o que estiver prevalecendo na síndrome Bi, o paciente irá se recuperar mais facilmente".

帝曰：痹，其时有死者，或疼久者，或易已者，其故何也？岐伯曰：其入藏者死，其留〔《太素》"留"和"流"〕连筋骨间者疼久，其留皮肤间者易已。

O Imperador Amarelo perguntou: "Algumas das enfermidades Bi causam a morte ao paciente, algumas são prolongadas e não podem se curar durante um longo tempo, e algumas podem ser curadas num pequeno espaço de tempo; qual a razão?" Disse Qibo: "Se a enfermidade Bi tiver penetrado nas vísceras, o paciente morrerá; se permanecer nos tendões e ossos, a dor será prolongada; se retida somente na pele, o paciente pode se recuperar com facilidade".

帝曰：其客于六府者何也？岐伯曰：此亦其食饮居处，为其病本也。六府亦各有俞，风寒湿气中其俞，而食饮应之，循俞而入，各舍其府也。

O Imperador Amarelo perguntou: "Algumas vezes a enfermidade Bi invade os seis órgãos ocos; por que isso?" Disse Qibo: "Quando alguém deixa de praticar a temperança em comer ou beber ou não vive num ambiente apropriado, isso se tornará a principal razão da ocorrência da enfermidade Bi. Há pontos shu em todos os seis órgãos ocos; quando os perversos do vento, do frio e da umidade invadem um determinado ponto shu externamente, e ao mesmo tempo, o paciente é lesado por dentro por comida e bebida, o perverso irá penetrar pelo ponto shu e ficar retido no dito órgão oco".

帝曰：以针治之奈何？岐伯曰：五藏有俞，六府有合，循脉之分，各有所发，各随〔《太素》、《甲乙》"随"作"治"〕其过，则病瘳也。

O Imperador Amarelo perguntou: "Isso pode ser tratado com acupuntura?" Disse Qibo: "Nos cinco órgãos sólidos, há pontos shu, nos seis órgãos ocos, há pontos de correspondência (o estômago corresponde ao ponto Sanli, a vesícula biliar corresponde ao ponto Yangling Quan, o intestino grosso corresponde ao ponto Quchi, o intestino delgado corresponde ao ponto Xiaohai, o triplo aquecedor corresponde ao ponto Weiyang, e a bexiga corresponde ao ponto Weizhong), e a instauração da doença tem uma localização definida no canal. Por isso, quando a localização específica onde a doença resiste, é tratada, a doença será curada".

帝曰：荣卫之气，亦令人〔《太素》"令"作"合"，本句应作"荣卫之气亦合为痹乎"〕痹乎？岐伯曰：荣者，水谷之精气也，和调于五藏，洒陈于六府，乃能入于脉也。故循脉上下，贯五藏，络六府也。卫者，水谷之悍气也，其气慓疾滑利，不能入于脉也，故循皮肤之中，分肉之间，熏于肓膜，散〔《甲乙》"散"作"聚"〕于胸腹，逆其气则病，从其气则愈，不与风寒湿气合，故不为痹。

O Imperador Amarelo perguntou: "Podem as energias Rong e Wei se combinar com os três perversos do vento, do frio e da umidade para virar uma doença Bi?"

Disse Qibo: "A energia Rong é uma energia refinada que é transformada a partir da água e dos cereais. Ela harmoniza os cinco órgãos sólidos e se estende aos seis órgãos ocos; ela pode entrar nos canais e pode circular para cima e para baixo ao longo dos mesmos a fim de conectar os cinco órgãos sólidos e contatar os seis órgãos ocos. A energia Wei é a energia rude que é transformada a partir da água e dos cereais; sua propriedade é ser urgente e escorregadia, mas não pode entrar nos canais e somente pode se mover sob a pele e entre as estrias fora dos canais, a fim de fumigar o diafragma e constituir a si mesma no peito e no abdômen. Em condições normais, a energia Rong se movimenta dentro do canal e a energia Wei se movimenta fora do canal, ambas dando a volta ao corpo, começando novamente, sem cessar. Quando a circulação tem uma condição anormal, o paciente irá morrer; quando tiver uma condição normal, irá se recuperar. Já que as energias Rong e Wei estão circulado cem cessar, elas não se combinam com as três energias perversas do vento, do frio e da umidade, e nesse caso, a enfermidade Bi não pode ocorrer de forma alguma".

帝曰：善。痹或痛，或不痛，或不仁，或寒、或热，或燥〔此二字疑衍，因下文未涉及燥〕，或湿，其故何也？岐伯曰：痛者，寒气多也，有寒故〔《太素》"有"下有"衣"字〕痛也。其不痛不仁者，病久入深，荣卫之行濇，经络时疏，故不通〔《甲乙》"通"作"痛"〕，皮肤不营，故为不仁。其寒者，阳气少，阴气多，与病相益，故寒也〔《甲乙》"寒也"作"为寒"〕。其热者，阳气多，阴气少，病气胜〔《圣济总录》引无此三字〕，阳遭阴〔明抄本"遭"作"乘"〕，故为痹热〔《甲乙》"为"下无"痹"字〕。其多汗而濡者，此其逢湿甚〔《太素》"甚"作"胜"〕也，阳气少，阴气盛，两气相感，故汗出而濡也。

Disse o Imperador Amarelo: "Pois bem. Algumas das doenças Bi são doloridas e algumas não. Alguns pacientes têm dormência e alguns são acompanhados pelas diversas condições de calafrios, febre e umidade; qual a razão?" Disse Qibo: "A dor se deve ao excesso de frio perverso; além do uso de roupa fina por parte do paciente, o frio tanto por dentro quanto por fora irá causar dor. Se o paciente tem adormecimento mas não dor, deve-se à penetração profunda do perverso quando a doença for prolongada, o que faz a obstrução das circulação das energias Rong e Wei. Mas no caso em que ocasionalmente o canal não esteja obstruído, a dor não irá ocorrer. Quando a pele estiver desnutrida, irá ocorrer insensibilidade. Se o frio perverso for excessivo, a energia Yang tornar-se-á menor e a energia Yin tornar-se-á maior; e a energia Yin irá agravar as energias perversas do vento, do frio e da umidade na enfermidade Bi, por isso o paciente tem frio. Quando o calor for excessivo, a energia Yang tornar-se-á maior e a energia Yin tornar-se-á menor; o Yang sobrepujando o Yin, a paciente terá calor. Quando o paciente tem hiperidrose e umidade pelo corpo todo, isso se deve a ter contraído umidade em excesso, e sua energia Yang estará deficiente e sua energia Yin estará em superávit. Quando a energia Yin responde à energia da umidade, isso causará hiperidrose que irá tornar úmido o corpo todo".

帝曰：夫痹之为病，不痛何也？岐伯曰：痹在于〔《太素》，《甲乙》引"在"下并无"于"字〕骨则重，在于〔"于"字衍〕脉则血凝〔《甲乙》"则"下无"血"字〕而不流，在于筋则屈不伸，在于肉〔"于"字衍〕则不仁，在于皮则寒，故具此五者则不痛也。凡痹之类，逢寒则虫〔《太素》《甲乙》"虫"作"急"〕，逢热则纵。帝曰：善。

225

O Imperador Amarelo perguntou: "Algumas das enfermidades Bi não são doloridas, isso por quê?" Disse Qibo: "Quando o Bi está nos ossos, o paciente sentirá peso no corpo; quando a enfermidade Bi estiver no canal, este estará estagnado e bloqueado; quando a enfermidade Bi estiver nos tendões, este estará encaroçado e impossibilitado de se esticar; quando a enfermidade Bi estiver nos músculos, estes ficarão se mexendo; quando a enfermidade Bi estiver na pele, o paciente sentirá frio; se ocorrerem quaisquer dos cinco sintomas acima, o paciente não estará dolorido. Na maioria das doenças do tipo Bi, irão ocorrer constrição e aperto ao se defrontar com o frio, e relaxamento e perda ao se defrontar com o calor". O Imperador Amarelo disse: "Muito bem".

痿论篇第四十四

Capítulo 44
Wei Lun
(Sobre a Flacidez)

黄帝问曰：五藏使人痿何也？岐伯对曰：肺主身之皮毛，心主身之血脉，肝主身之筋膜，脾主身之肌肉，肾主身之骨髓，故肺热叶焦，则皮〔《甲乙》"则皮"上有"焦"字〕毛虚弱急薄，著则生痿躄也；心气热，则下脉厥而上，上则下脉虚，虚则生脉痿，枢折挈〔"挈"上疑脱"不"字〕，胫纵而不任地也；肝气热，则胆泄口苦筋膜乾，筋膜乾则筋〔《太素》"则"下无"筋"字〕急而挛，发为筋痿；脾气热，则胃乾而渴，肌肉不仁，发为肉痿；肾气热，则腰脊不举，骨枯而髓〔《难经·十五难》"枯"下无"而"字〕减，发为骨痿。

O Imperador Amarelo perguntou: "Todos os órgãos sólidos podem causar flacidez num homem, isso por quê?" Qibo respondeu: "O pulmão se encarrega da pele e dos pelos do corpo inteiro; o coração se encarrega dos canais do corpo inteiro; o fígado se encarrega dos tendões do corpo inteiro; o baço se encarrega dos músculos do corpo inteiro, e o rim se encarrega da medula óssea no corpo inteiro.

"Por isso, quando há calor no pulmão, os lobos do mesmo enfraquecerão e a pele e os pelos vão se tornar fracos e prensados; quando o caso for severo, irá ocorrer flacidez nos pés.

"Quando há calor no coração, a energia descendente no canal irá ascender reversa, para causar abundância na parte superior do corpo e deficiência na inferior, e a deficiência inferior irá causar a síndrome da flacidez vascular; o paciente irá se sentir como que quebrado nas juntas, que não podem entrar em contato umas com as outras, e a barriga da perna tornar-se-á frouxa a ponto de causar incapacidade de caminhar.

"Quando há calor no fígado, a bile irá ascender causando amargor na boca; a aponevrose vai se tornar enfraquecida devido à desnutrição, e quando as aponevroses estiverem enfraquecidas, irá ocorrer a síndrome de flacidez envolvendo os tendões.

"Quando há calor no baço, ele irá causar secura do fluído corporal no estômago, o paciente ficará com sede tendo adormecimento nos músculos a ponto de causar a síndrome de flacidez muscular.

"Quando há calor no rim, o fluído seminal estará esgotado, a região lombar e a espinha estarão incapacitadas de se mover; a fraqueza óssea e a redução da medula irão provocar a ocorrência da síndrome de flacidez envolvendo o osso".

帝曰：何以得之？岐伯曰：肺者，藏之长也，为心之盖也；有所失亡，所求〔滑抄本作"求之"〕不得，则发肺鸣，鸣则肺热叶焦〔《甲乙》无"故曰"以下九字〕，故曰，五藏因肺热叶焦，发为痿躄，此之谓也。悲哀太甚，则胞〔高世栻说："胞"应作"包"，"包络"心包之络也〕络绝，胞络绝，则阳气内动，发则心下崩〔《圣济总录》"胞络"以下十三字作"阳

气动中"〕，数溲血也。故《本病》曰：大经空虚，发为肌〔《太素》"肌"作"脉"〕痹，传
为脉痿。思想无穷，所愿不得，意淫〔《素问校伪》引古抄本"淫"作"浮"〕于外，入房太
甚，宗筋弛纵，发为筋痿，及为白淫，故《下经》曰：筋痿者，生于肝〔《太素》"于"下无
"肝"字〕使内也。有渐于湿，以水为事，若有所留，居处相〔《甲乙》"相"作"伤"〕湿，
肌肉濡渍，痹而不仁，发为肉痿。故《下经》曰：肉痿者，得之湿地也。有所远行劳倦，逢
大热而渴，渴则阳气内伐〔《三因方》卷九《五痿证例》引"伐"作"乏"〕，内伐则〔明抄
二"热"上无"内伐则"三字〕热舍于肾，肾者水藏也，今水不胜火，则骨枯而髓虚〔《甲
乙》"虚"作"空"〕，故足不任身，发为骨痿。故《下经》曰：骨痿者，生于大热也。

O Imperador Amarelo perguntou: "Como surge a flacidez?" Disse Qibo: "O
pulmão é o líder dentre as várias vísceras, e é a canopla do coração; quando o desejo
de uma pessoa não pode ser satisfeito e ela fica muito desapontada, seu fogo do
coração irá abrasar o pulmão provocando ruído na respiração, e o calor do pulmão
fará com que seu fluído se torne exausto. Esta é a ocorrência da flacidez nos pés.

"Quando uma pessoa tem um sofrimento excessivo, o pericárdio será ferido, e
a energia Yang irá se agitar por dentro causando hematoquezia. Por isso, está
estabelecido no "Capítulo da Origem da Doença" que quando o grande canal está
deficiente, irá causar a síndrome Bi do canal, e por fim se tornar a síndrome da
flacidez vascular.

"Se alguém delibera em excesso quando seus desejos não são atendidos, fazendo com que seu pensamento flutue, ou quando se tem fadiga pelas atividades sexuais
a ponto de causar moleza nos tendões, a síndrome Bi nos tendões prossegue até que
se tenha emissão noturna ou leucorréia. Por isso, está postulado nos "Clássicos Menores", que "o mal Bi dos tendões é causado pelas atividades sexuais em excesso".

"Quando alguém contrai a umidade perversa e se dá à bebida, o calor-umidade
irá ficar retido no interior; como ele reside num lugar úmido, a umidade irá invadir
a partir do exterior e causar adormecimento dos músculos. A umidade, tanto dentro
quanto fora, irá causar a síndrome da flacidez muscular. Por isso está estabelecido
nos "Clássicos Menores": "a síndrome da flacidez muscular é causado pelo viver
prolongado junto a um local úmido".

"Quando se está cansado após uma longa jornada em clima quente e se fica com
sede, o que é fenômeno da energia Yangming deficiente no interior, o calor astênico
irá invadir o rim. como o rim é um órgão que pertence à água e nesse momento, a
água é incapaz de sobrepujar o calor do fogo, a medula se esvaziará, os dois pés não
mais poderão sustentar o corpo, e irá ocorrer a síndrome de flacidez envolvendo o
osso. Por isso, postulou-se nos "Clássicos menores": "a síndrome de flacidez envolvendo o osso, é causado pelo calor excessivo".

帝曰：何以别之？岐伯曰：肺热者色白而毛败，心热者色赤而络脉溢，肝热者色苍而爪
枯，脾热者色黄而肉蠕动〔《太平御览人事部》引"蠕动"作"輭"〕，肾热者色黑而齿槁。

O Imperador Amarelo perguntou: "Como distinguir os cinco tipos de flacidez?"
Disse Qibo: "Quando o calor perverso está no pulmão, a compleição do paciente é
branca e seu cabelo fenece; quando o calor perverso está no coração, sua compleição é vermelha e seus colaterais imediatos estão aparentes; quando o calor perverso
está no fígado, sua compleição é verde e suas unhas estão secas; quando o calor

perverso está no baço, sua compleição é amarela e seus músculos estão moles; quando o calor perverso está no rim, sua compleição é negra e seus dentes enfraquecem".

帝曰：如夫子言可矣，论言治痿者独取阳明，何也？岐伯曰：阳明者，五藏六府之海，主闰〔吴本，朝本"闰"作"润"〕宗筋，宗筋主束骨〔"宗筋"下有"者"字，"主束骨"作"束骨肉"〕而利机关也。冲脉者，经脉之海也，主渗灌谿谷，与阳明合于宗筋，阴阳揔宗筋之会，会于气街，而阳明为之长，皆属于带脉，而络于督脉。故阳明虚则宗筋纵，带脉不引，故足痿不用也。

O Imperador Amarelo disse: "O que dissesse é sensato. Mas está atestado nos livros antigos que quando se trata a flacidez, deve-se tratar o canal Yangming isoladamente, isso por que?"

Disse Qibo: "O Canal Yangming é a fonte dos cinco órgãos sólidos e dos seis órgãos ocos; ele alimenta a convergência dos tendões que controlam os ossos e os músculos e amaciam as juntas. O Canal Chong é o nascedouro dos canais; ele permeia e irriga as estrias musculares. Tanto o Canal Chong quanto o Canal Yangming conectam os tendões, e tanto os canais Yin quanto os canais Yang participam da convergência dos tendões e se unem novamente no ponto Qichong (Impulso da Energia E 30). O Canal Yangming é o líder dentre todos que estão relacionados ao Canal da Cintura e se conectam com o Canal Du. Por isso, quando o Canal Yangming está em insuficiência, a convergência dos tendões tornar-se-á enfraquecida e daí para frente não mais pode ser controlada pelo Canal da Cintura. Como resultado, os pés ficarão fracos e inúteis".

帝曰：治之奈何？岐伯曰：各补其荥而通其俞，调其虚实，和其逆顺，筋、脉、骨、肉各以其时受月，则病已矣。帝曰：善。

O Imperador Amarelo perguntou: "Como tratar isso?" Disse Qibo: "Pode-se tratar revigorando a energia Xing e drenando a energia Shu a fim de equilibrar o astênico e o estênico, as condições favoráveis e desfavoráveis. Não importa que seja tendão, canal, osso, ou músculo, quando se proceder ao tratamento no mês relacionado à energia visceral, em que ela estiver próspera, a doença pode ser curada". O Imperador Amarelo disse: "Muito bem".

229

厥论篇第四十五

Capítulo 45
Jue Lun
(Sobre o Síndrome Jue)

黄帝问曰：厥之寒热者何也！岐伯对曰：阳气衰于下，则为寒厥；阴气衰于下，则为热厥。

O Imperador Amarelo perguntou: "Por que há as síndromes Jue de tipo frio e as síndromes Jue de tipo calor?" Respondeu Qibo: "Quando a energia Yang começa a declinar nos pés, é a síndrome Jue de tipo frio, quando a energia Yin começa a declinar nos pés, é a síndrome Jue de tipo calor".

帝曰：热厥之为热也〔《甲乙》、《千金》"热厥"下并无"之为热也"四字〕，必起于足下者何也？岐伯曰：阳气起于〔林校引《甲乙》"起"作"走"〕足五指之表，阴脉者〔《太素》、《病沉》、《千金》"集于"上并无"阴脉者"三字〕集于足下，而聚于足心，故阳气〔《太素》、《甲乙》"阳"下并无"气"字〕胜则足下热也。

O Imperador Amarelo perguntou: "A síndrome Jue de tipo calor com certeza provém dos pés, e isso por quê?" Disse Qibo: "A energia Yang passa através do flanco externo dos cinco artelhos, concentra-se sob o pé e se aloja na sola. Quando a energia Yang é abundante debaixo do pé, ela produz calor".

帝曰：寒厥之为寒〔《甲乙》《千金》并无"之为寒也"四字〕也，必从〔《甲乙》《千金》"从"并作"起"，《太素》《病沉》"而上于膝者"并作"始上于膝下"〕五指而上于膝者何也？岐伯曰：阴气起于五指之里，集于膝下〔《千金》无"下"字〕而聚于膝上，故阴气胜，则从五指至膝上寒，其寒也，不从外，皆从内也〔《太素》、《病沉》并作"内寒"〕。

O Imperador amarelo perguntou: "A síndrome Jue do tipo frio tem início regularmente a partir dos cinco artelhos e então sobe à uma localização sob o joelho; qual a razão?" Disse Qibo: "A energia Yin emerge de dentro dos cinco artelhos, e se acumula no joelho. Quando a energia Yin é abundante, pode fazer com que o frio provenha dos artelhos e suba ao joelho; o frio não é da mesma espécie que invade o corpo a partir de fora, mas o frio devido ao Yang astênico que provém de dentro.

帝曰：寒厥何失〔"失"字误，疑应作"如"〕而然也？岐伯曰：前阴者，宗〔《甲乙》"宗"作"众"〕筋之所聚，太阴阳明之所合也。春夏则阳气多而阴气少，秋冬则阴气盛而阳气衰。此人者质壮，以秋冬夺于所用，下气上争不能复，精气溢下，邪气因从之而上也；气因〔《太素》"因"作"居"〕于中，阳气衰，不能渗营其经络，阳气日损，阴气独在，故手足为之寒也。

O Imperador Amarelo perguntou: "Como surge a síndrome Jue de tipo frio?" Disse Qibo: "O yin anterior (genitais externos) é o lugar em que se reúnem os inúmeros tendões e também a junção do Canal Taiyang do baço e do Canal Yangming do estômago. De um modo geral, na primavera e no verão, a energia Yang está no apogeu e a energia Yin está baixa; no outono e no inverno, a energia Yin é próspera e a energia Yin está deficiente. Na maioria das vezes, o paciente de síndrome Jue de tipo frio convence a si mesmo de que em um corpo forte, negligencia a prática da temperança das atividades sexuais no outono e no inverno quando a energia Yang declinou; isso faz com que a energia Yin abaixo suba e flutue e lute com a energia Yang. Como a energia Yang não pode ser armazenada no interior, a energia Yin que é fria, irá subir em contracorrente, tornando-se a síndrome Jue de tipo frio. Já que o frio perverso se ancora na parte de dentro, a energia yang irá declinar e enfraquecer, e não será capaz de permear-se e operar nos canais e nos colaterais. Dessa forma, a energia Yang é ferida todo dia, e finalmente, só existirá a energia Yin, e como resultado, o paciente terá frio nas extremidades".

帝曰：热厥何如而然也？岐伯曰：酒入于胃，则络脉满而经脉虚；脾主为胃行其津液者也，阴气虚则阳气入〔孙鼎宜说："入"当作"实"〕，阳气入则胃不和，胃不和则精气竭，精气竭则不营其四支也。此人必数醉，若饱以入房，气聚于脾中不得散，酒气与谷气相薄〔《太素》"薄"当作"搏"〕，热盛于中〔《病沉》"盛于中"作"起于内"〕，故热偏于身内热而溺赤也。夫酒气盛而慓悍，肾气有〔胡本，元残二，吴本，朝本，"有"并作"曰"〕衰，阳气独胜，故手足为之热也。

O Imperador Amarelo perguntou: "Como surge a síndrome Jue de tipo calor?" Disse Qibo: "Quando se ingere álcool, irá fazer com que os colaterais se encham de sangue, e os canais, ao contrário, fiquem vazios. Como o baço deve auxiliar o estômago para transportar a essência da água e dos cereais, se o álcool for ingerido em excesso, o baço não terá nada o que transportar e fará com que a energia Yin fique astênica; quando a energia Yin estiver astênica, a energia Yang estará estênica, e a energia do estômago tornar-se-á desarmoniosa, e por isso, a energia refinada da água e dos cereais ficará reduzida, e as extremidades dificilmente podem se nutrir. O paciente desse tipo, pode estar freqüentemente embriagado, levando a cabo relações sexuais após estar bem aborrecido; sua energia dos rins está tão astênica que sua porta da vida não tem mais energia para dar apoio ao baço, e a energia no baço estará estagnada sem se dispersar. Quando a energia do álcool e a energia dos cereais estiverem combatendo, emergirá calor de dentro, e irá ocorrer febre pelo corpo todo com urina de cor intensa. Como a energia do álcool é abundante e violenta, e a energia dos rins está declinando dia após dia, a energia Yang só será abundante no interior e tanto as mãos quanto os pés estarão quentes".

帝曰：厥或令人腹满，或令人暴不知人，或至〔《病沉》"或"下无"至"字〕半日远至一日乃知人者何也？岐伯曰：阴气盛于上则下虚，下虚则腹胀满；阳气盛于上，则下气重上，而邪气逆，逆则阳气乱，阳气乱则不知人也。

O Imperador Amarelo perguntou: "Algumas síndromes Jue fazem com que a pessoa tenha distensão no abdômen; alguns geram inconsciência de repente fazendo com que a pessoa não recupere a consciência a não ser meio dia ou até um dia depois; qual a razão disso?" Disse Qibo: "Quando a energia Yin é parcialmente abundante na parte superior do corpo, a pessoa terá deficiência na parte inferior e o abdômen estará propenso a ter distensão; quando a energia Yang estiver parcialmente abundante na parte superior, a energia Yin se juntará à ela e prosseguirá junto. Como a energia perversa está indo no sentido contrário, irá causar confusão com a energia Yang, e quando a energia Yang tiver sido confundida, a pessoa perderá a consciência repentinamente".

帝曰：善。愿闻六经脉之厥状病能〔王注所据本无"病能"二字，疑衍〕也。岐伯曰：巨阳之厥，则肿〔《太素》"肿"作"踵"，据《太素》杨注"头"应作"皆"〕首头重，足不能行，发为眴仆；阳明之厥，则癫疾欲走呼，腹满不得卧，面〔"面"上有"卧则"二字〕赤而热，妄见而妄言；少阳之厥，则暴聋颊肿而〔《病源》"而"作"胸"〕热，胁痛，胻不可以运；太阴之厥，则腹满䐜胀，后不利，不欲食，食则呕，不得卧；少阴之厥，则口乾〔《太素》《病沉》《千金》"口"并作"舌"〕溺赤，腹满心痛，厥阴之厥，则少腹肿痛，腹〔《太素》"腹"作"膜"〕胀，泾溲不利，好卧屈膝，阴缩肿〔《甲乙》"缩"下无"肿"字〕，䯒〔《太素》、《病沉》"䯒"并作"胫"〕内热。盛则写之、虚则补之，不盛不虚，以经取之。

O Imperador Amarelo disse: "Pois bem. Eu espero ouvir acerca das síndromes do mal jue nos seis canais". Disse Qibo: "O mal Jue do Canal Taiyang faz com que a pessoa sinta peso na cabeça e nos calcanhares, e faça com que a pessoa tenha vista curta, o que vem a ser causa de tombos. O paciente é incapaz de andar devido à fraqueza das pernas.

"O mal jue do Canal Yangming faz com que se tenha mania, onde a pessoa corre enquanto grita, tenha distensão do abdômen e incapacidade de se deitar. Quando o paciente se deita, sua compleição se torna vermelha e ele tem febre; o que ele vê são coisas que só ele pode ver e o que ele diz são tolices.

"O mal Jue do Canal Shaoyang faz com que a pessoa fique surda de repente, tenha inchaço nas bochechas, quentura no peito, dor na parte lateral do tórax, e não possa mover as coxas.

"O mal Jue do Canal Taiyin faz com se tenha distensão no abdômen, constipação, relutância em comer e vômitos após a comida; o paciente é incapaz de ficar quieto.

"O mal Jue do Canal Shaoyin faz com que se tenha a língua seca, urina de cor forte, distensão no abdômen e dor cardíaca.

"O mal Jue do Canal Jueyin faz com que se tenha inchaço e dor no baixo ventre, plenitude e distensão do abdômen, disúria; desejo de aconchegar ao deitar, atrofia dos genitais externos e quentura na parte interna da barriga da perna.

"Quando se tratar o mal Jueyin, aplicar a terapia de purgação quando o corpo do paciente for forte, e aplicar a terapia revigorante quando o corpo do paciente for fraco. Aos pacientes com um corpo comum, que não seja nem forte nem fraco, aplicar a terapia de acupuntura a fim de picar os pontos principais do canal relacionado.

太阴厥逆〔《太素》作"足太阴脉厥逆"，下"少阳"等类推〕，胻急挛，心痛引腹，治主病者；少阴厥逆，虚满呕变，下泄清〔《太素》"清"作"青"，柯校云："'清'疑'青水'二字"〕，治主病者；厥阴厥逆，挛、腰痛，虚满前闭，谵言，治主病者；三阴俱逆，不得前后，便人手足寒，三日死。太阳厥逆，僵仆，呕血善衄，治主病者；少阳厥逆，机关不利，机关不利者，腰不可以行，项不可以顾，发肠痈不可〔"不可"应作"犹可"〕治，惊者死；阳明厥逆，喘咳身热，善惊，衄呕〔《甲乙》"衄"下有"血"字〕血。

"Quando for contraído o mal Jueni do Canal Taiyin do Pé, irá ocorrer convulsão na barriga da perna e dor cardíaca que afeta o abdômen. Ao tratar, picar os pontos do canal que estão associados à doença. Quando for contraído o mal Jueni do Canal Shaoyin do Pé, irá ocorrer distensão e plenitude do abdômen, vômito e diarréia aquosa verde. Ao tratar, picar os pontos sobre o canal que estejam associados à doença. Quando for contraído o mal Jueni do Canal Jueyin do Pé, irá ocorrer convulsão, lumbago, disúria e fala sem sentido. Ao tratar, picar os pontos do canal que estão associados à doença. Se o Jueni dos canais Taiyin, Shaoyin e Jueyin forem contraídos simultaneamente, o paciente terá retenção de fezes e de urina, extremidades frias desde as pontas até os ombros ou joelhos, e morrerá em três dias.

"Quando for contraído o mal Jueni do Canal Taiyang do Pé o paciente entrará em coma, e terá quedas freqüentes e hemorragias nasais sem parar. Ao tratar, picar os pontos do canal associado à doença.

"Quando for contraído o mal Jueni do Canal Shaoyang do Pé, tendões, ossos e juntas não terão mais agilidade, mexe-se a região lombar com dificuldade e o pescoço dificilmente pode ser virado para trás; se a infecção piogênica intestinal ocorrer ao mesmo tempo, o mal terá chance de ser curado, mas se o paciente entrar em pânico morrerá.

"Quando for contraído o mal do Canal Yangming do Pé, irá ocorrer respiração rápida, tosse, febre pelo corpo, com sustos freqüentes, hemorragia nasal e hematêmese.

手太阴厥逆，虚满而咳，善呕沫，治主病者，手心主、少阴厥逆，心痛引喉，身热死，不（《甲乙》"不"下有"热"字）可治；手太阳厥逆，耳聋泣出，项不可以顾，腰不可以俯仰〔王冰说："项不可二句，脉不相应，疑古错简文"〕，治主病者；手阳明、少阳厥逆、发喉痹、嗌肿、痓〔林校全本引"痓"作"痉"，谓颈项强急〕，治主病者。

"Quando for contraído o mal Jueni do Canal Taiyin da Mão, irá ocorrer plenitude astênica do peito e do abdômen, tosse, vômito de fleuma e água com freqüência. Ao tratar, picar os pontos sobre o canal que estejam associados à doença.

"Quando for contraído o mal Jueni do Canal do Pericárdio, Jueyin da Mão ou do Canal do Coração, Shaoyin da Mão, irá ocorrer dor cardíaca que afeta a garganta; se o paciente tiver febre, irá morrer; se não tiver febre, o mal pode ser curado.

"Quando for contraído o mal Jueni do Canal Taiyang da Mão, a pessoa ficará surda e terá sempre lágrimas escorrendo. Ao tratar, picar os pontos sobre o canal, que estejam associados à doença.

"Quando for contraído o mal Jueni dos Canais Yangming da Mão e Shaoyang da Mão, isso pode se desenvolver para dor de garganta, inchaço da faringe, e rigidez do pescoço. Ao tratar, picar os pontos sobre o canal que estejam associados à doença".

病能论篇第四十六

Capítulo 46
Bing Neng Lun
(Sobre as Várias Doenças)

黄帝问曰：人病胃脘痈者，诊当何如？岐伯对曰：诊此者当候胃脉，其脉当〔《圣济总录》"脉"下并无"当"字〕沉细〔《甲乙》"细"作"濇"，下"细"字同〕，沉细者气逆，逆者人迎甚盛，甚盛则热；人迎者胃脉也，逆而盛，则热聚于胃口而不行，故胃脘为痈也。

Disse o Imperador Amarelo: "Como se pode diagnosticar o carbúnculo da cavidade gástrica?" Respondeu Qibo: "Ao se diagnosticar a espécie da doença, deve-se inspecionar em primeiro lugar o pulso do estômago. Nessa doença, o pulso Fuyang (também chamado pulso Chongyang, localizado sobre a parte anterior do dorso do pé, refletindo os distúrbios do baço e do estômago do paciente) deve estar deprimido e áspero, o que reflete a reversão da energia do estômago; quando esta estiver em reversão ascendente o Renying (pulso das artérias cervicais laterais à cartilagem tiróide) irão pulsar de maneira severa, o que denota que o paciente tem febre. Como o pulso Renying é a artéria do estômago, o pulso Fuyang deprimido e áspero está em condição desfavorável de energia; quando a pulsação de Renying estiver florescente, isso mostra que o calor está acumulado no estômago sem se dispersar, portanto, irá se forma um carbúnculo na cavidade gástrica".

帝曰：善。人有卧而有所不安者何也？岐伯曰：藏有所伤，及精有所之寄则安〔《甲乙》作"情有所倚，则卧不安"〕，故人不能悬其病也。

Disse o Imperador Amarelo: "Muito bem. Algumas pessoas não podem dormir calmamente, e qual a razão?" Disse Qibo: "Isso é porque as vísceras estão prejudicadas, ou que seus sentimentos são bastante radicais. Se não forem eliminadas as duas razões, a pessoa não poderá dormir com calma".

帝曰：人之不得偃仰者何也？岐伯曰：肺者藏之盖也，肺气盛则脉大，脉大则不得偃卧，论在《奇恒阴阳》中。

O Imperador Amarelo perguntou: "Algumas pessoas não podem se deitar de costas, isso por quê?" Disse Qibo: "O pulmão está situado na posição mais elevada e cobre todos os outros órgãos; quando a energia perversa preenche completamente o pulmão, seus colaterais ficarão inchados, e quando isso ocorre, a pessoa não deita de costas. Ocorreu uma discussão semelhante no "Yin e Yang Extraordinário e Normal" nos tempos antigos".

帝曰：有病厥者，诊右脉沈而紧，左脉浮而迟，不然病主安在？岐伯曰：冬诊之，右脉固当沉紧，此应四时，左脉浮而迟，此逆四时，在左当主病在肾，颇关在肺，当腰痛也。帝曰：何以言之？岐伯曰：少阴脉贯肾络肺，今得肺脉，肾为之病，故肾为腰痛之病也。

234

O Imperador Amarelo perguntou: "Algumas pessoas ficam doentes devido à adversidade na energia vital; de acordo com a palpação, o pulso de sua mão direita está deprimido e apertado, e o pulso de sua mão esquerda está flutuante e lento; onde está o mal?" Disse Qibo: "No inverno, se o pulso da mão direita estiver deprimido e apertado, pois está de acordo com as quatro estações; se o pulso esquerdo estiver flutuante e lento no inverno, isso é anormal e contrário às quatro estações, e a doença está nos rins. Como a condição de pulso flutuante é quase similar ao pulso do pulmão, o qual é flutuante, o paciente terá lumbago".

O Imperador Amarelo perguntou: Por que é assim?" Disse Qibo: "O Canal Shaoyin corre através do rim e se conecta com o pulmão; como no momento, o pulso flutuante e lento ocorre no inverno, ele mostra a deficiência da energia do rim. Quando há enfermidade no rim, o paciente sofrerá de lumbago".

帝曰：善。有病颈痈者，或石治之，或针灸〔《甲乙》"或"下并有"以"字，柯校云："依下文，'灸'字疑衍"〕治之，而皆已，其真〔《甲乙》"真"作"治"〕安在？岐伯曰：此同名异等者也。夫痈气之息者，宜以针开除〔"除"字疑衍〕去之，夫气盛血聚者，宜石而写之，此所谓同病异治也。

Disse o Imperador Amarelo: "Muito bom. Ao paciente com carbúnculo no pescoço, algumas vezes dá-se o tratamento com agulha de pedra, algumas vezes com agulha de metal, e todos eles podem ser curados; por quê?" Disse Qibo: "Isto se deve às doenças terem o mesmo nome, mas pertencerem a espécies diferentes. Se o carbúnculo é formado pelo acúmulo de energia estagnada, deve-se picar com agulha de metal a fim de abrir o acuponto e colocar para fora a energia perversa; se o carbúnculo tiver se formado com pus, juntamente com energia estagnada abundante e sangue, eles devem ser retirado com agulha de pedra, A isso se chama tratar a mesma doença de formas diferentes".

帝曰：有病怒狂者，此病安生？岐伯曰：生于阳也。帝曰：阳何以使人狂？岐伯曰：阳气者〔《千金》"气"下无"者"字〕，因暴折而难决，故善怒也，病名曰阳厥。帝曰：何以知之？岐伯曰：阳明者常动，巨阳少阳不动，不动而动大疾，此其候也。帝曰：治之奈何？岐伯曰：夺〔《太素》、《甲乙》"夺"并作"衰"〕其食即已，夫食入于阴，长气于阳，故夺其食即已。使之服以生铁洛〔《太素》"洛"作"落"〕为饮，夫生铁洛〔作"落"〕者，下气疾也。

O Imperador Amarelo perguntou: Há uma doença que faz com que a pessoa se zangue com fúria; como isso ocorre?" Disse Qibo: "Isso se deve à superabundância de energia Yang". O Imperador Amarelo perguntou: Por que a energia Yang pode fazer com que alguém fique louco ?" Disse Qibo: "Quando a energia Yang se encontra repentinamente em retrocesso e não pode ser drenada, irá fazer com que a pessoa fique possessa e essa doença se chama Jue do tipo Yang". O Imperador Amarelo perguntou: "Como a pessoa pode saber que a doença está para se implantar?" Disse Qibo: "Para um homem normal, alguns pontos pulsam predominando (tal como o ponto Renying) no Canal Yangming, mas alguns pontos no Canal Taiyang (tal como o ponto Tianchuang ID 16) e no Canal Shaoyang (tal como o ponto Tianrong ID 17), só pulsam de modo fraco. Se o pulso que deve pulsar de leve, tornar-se repentinamente rápido demais, é a síndrome de síncope de tipo Yang e o paciente ficará possesso e

235

ficará louco". O Imperador Amarelo perguntou: "Como tratar isso?" Disse Qibo: "Quando se reduzir a carne e a comida, poder-se-á recuperar da doença. Quando a comida entra no estômago, põe em andamento a energia Yang, portanto, quando é reduzida a comida, a energia Yang declina, e recupera-se da doença. Além disso, o paciente pode ingerir uma sopa que contenha ferro, que tem um efeito curador sobre a doença do tipo mania".

帝曰：善。有病身热解堕〔《政和经史证备用草本》引"身热"下有"者"字，"解堕"二字自为句〕，汗出如浴，恶风少气，此为何病？岐伯曰：病名曰酒风。帝曰：治之奈何？岐伯曰：以泽泻、术各十分，麋衔五分，合，以三指撮，为后饭。

Disse o Imperador Amarelo: "Muito bem. Algumas pessoas têm febre pelo corpo todo, sentem cansaço nas extremidades, suam pelo corpo todo como se tivessem tomado um banho, têm aversão ao vento e respiração curta; que doença é essa?" Disse Qibo: "Chama-se síndrome do mal do vento, devido à bebida". O Imperador Amarelo perguntou: "Como tratar isso?" Disse Qibo: "Tome-se da planta aquática oriental (Rhizoma Alismatis) e atractilóides de cabeça grande (Rhizoma Atractylodis Macrocephalæ) dez partes de cada, pirola (Herba Pyrilæ) cinco partes, misturar reduzindo-as a pó, e tomar a quantidade que pode ser pega com três dedos antes de cada refeição.

所谓深之细者，其中手如针也，摩之切之，聚者坚也，博〔"博"疑误，似应作"搏"〕者大也。《上经》者，言气之通天也；《下经》者言病之变化也；《金匮》者，决死生也；《揆度》者，切度之也；《奇恒》者，言奇病也。所谓奇者，使奇病不得以四时死也；恒者，得以四时死也，所谓揆者，方切求之也，言切求其脉理也〔《太素》无"言切"以下七字〕；度者，得其病处，以四时度之也。

"O assim chamado pulso deprimido e fino, é como a agulha quando responde aos dedos à palpação; quando o pulso está concentrado e não disperso após ser empurrado e pressionado, é o pulso firme; quando o Yin e o Yang estão se debatendo, é um pulso avantajado.

"Os "Clássicos Maiores" é o livro que discute a relação entre a natureza e as atividades do corpo humano; os "Clássicos Menores" é o livro que discute as variações das doenças; a "Câmara Dourada" é o livro que discute os prognósticos das doenças e a determinação de sobrevivência e morte do paciente; a "Observação e Julgamento" é o livro que discute a determinação das doenças de acordo com a condição de pulso a partir da palpação; "Doenças Extraordinárias e Ordinárias" é o livro que discute e analisa as doenças anormais. As doenças extraordinárias indicam as doenças fatais que não são afetadas pelas quatro estações; as doenças ordinárias indicam as doenças fatais que são afetadas pelas mudanças de tempo das quatro estações. "Julgar" indica integrar as condições favoráveis e desfavoráveis das quatro estações a fim de analisar os métodos de tratamento da doença e determinar a morte ou sobrevida do paciente de acordo com o resultado do diagnóstico".

奇病论篇第四十七

Capítulo 47
Qi Bing Lun
(Sobre as Doenças Raras)

黄帝问曰：人有重身，九月而瘖，此为何也？岐伯对曰：胞之络〔“之络”二字误倒，应据《太平御览》乙正〕脉绝也。帝曰：何以言之？岐伯曰：胞络者系于肾，少阴〔《太平御览》引“阴”下，无“之”字〕之脉，贯肾〔按《灵枢经脉篇》“贯”作“属”〕系舌本，故不能言。帝曰：治之奈何？岐伯曰：无治也，当十月复。《刺法》曰：无损不足，益有余，以成其疹〔《甲乙》“疹”作“辜”〕。然后调之〔《太素》，《甲乙》并无“然后”四字〕，所谓无损不足者，身赢瘦，无用镵石也；无益其〔“其”字衍〕有余者，腹中有形而泄〔孙鼎宜说："'泄'当作'补'"，下同〕之，泄之则精出而病独擅中，故曰疹成〔《甲乙》“疹成”作“成辜”〕也。

O Imperador Amarelo perguntou: "No nono mês de gravidez duma mulher, não há voz quando ela fala; qual a razão?" Qibo respondeu: "É porque os colaterais em seu útero estão obstruídos".

O Imperador Amarelo perguntou: "Por que isso?" Disse Qibo: "Os colaterais do útero se conectam com os rins, e o Canal Shaoyin do Rim pertence tanto ao rim quanto à raiz da língua, por isso, quando os colaterais do útero estão obstruídos, ela irá falar sem ter voz".

O Imperador Amarelo perguntou: "Como tratar isso?" Disse Qibo: "Não é necessário tratar de forma alguma; quando a gravidez estiver completa após dez meses[NT], isso irá se recuperar naturalmente.

"Foi estabelecido pela "Acupuntura" dos tempos antigos: "não se deve ferir onde há uma insuficiência, nem revigorar o que transborda, senão, isso pode fazer com que a energia perversa se torne um tumor sólido".

"O que se chama não ferir quando há uma insuficiência, significa que o paciente é magro, não se deve tratar com agulha de pedra. O que se chama não revigorar o que transborda, embora após revigorar, o espírito do paciente possa melhorar, é que pode ocorrer algo sólido como uma massa abdominal".

帝曰：病胁下满气逆〔《甲乙》“气逆”下并有“行”字，按“行”字应属下读，《国语·晋语》书注："'行'，历也"〕，二三岁不已，是为何病？岐伯曰：病名曰息积〔《甲乙》“积”作“贲”〕，此不妨于食，不可灸刺，积为导引服药〔《圣济经》无“服药”二字〕，药不能独治也。

NT - Na China, conta-se a vida desde a fecundação, por isso a gestação é dita ter dez meses; inclusive a idade da pessoa, após o nascimento, é contada pelo número de anos mais dez meses.

O Imperador Amarelo perguntou: "Algumas pessoas têm plenitude e distensão no hipocôndrio e energia vital invertida que dura de dois a três anos; que doença é essa?" Disse Qibo: "Chama-se massa informe que se localiza no hipocôndrio direito, e o paciente pode comer e beber como de costume, sem que isso lhe cause qualquer dano. Ao tratar, não se deve aplicar moxibustão e acupuntura, mas deve-se drenar a energia e o sangue através de um exercício físico a longo prazo, e a doença não pode ser curada somente com remédios".

帝曰：人有身体髀股骱皆肿，环齐而痛，是为何病？岐伯曰：病名曰伏梁。此风根也，其气溢于大肠，而著于肓，肓之原在齐下，故环齐而痛也。不可动之，动之为水溺濇之病也。

O Imperador Amarelo perguntou: "Algumas pessoas têm inchaço junto às costelas, coxas e pernas e dor em torno do umbigo; qual a doença?" Disse Qibo: "Chama-se Fuliang (antigo nome da doença com plenitude epigástrica e massa) que é causada principalmente pelo vento perverso. Como a energia perversa se espalha por toda a parte de fora do intestino grosso e fica retida na membrana adiposa, e a fonte desta está por debaixo do umbigo, então há dor em volta dele. A essa espécie de doença, não se deve aplicar remédios que purguem; se for aplicada a terapia de purgação, irá ocorrer disúria".

帝曰：人有尺脉数甚〔《甲乙》"脉数"作"肤缓"〕，筋急而见，此为何病：岐伯曰：此所谓疢〔《甲乙》"疢"作"狐"〕筋，是人腹必急〔《太素·疢筋》"是"下无"人"字〕，白色黑色见，则病甚。

O Imperador Amarelo perguntou: "Alguém cujo pulso Chi (o que lateja proximal ao pulso radial) pulse vagarosamente, qual sua enfermidade?" Disse Qibo: "Chama-se Hujin (dor abdominal e convulsão das extremidades). Quando contraída, irá ocorrer dor abdominal. Se houver ocorrência da cor branca ou negra na pele, a doença será séria".

帝曰：人有病头痛以数岁〔《甲乙》"痛"下无"以"字〕不已，此安得之？名为何病？岐伯曰：当有所犯大寒，内至骨髓，髓者〔《甲乙》"髓"上有"骨"字〕以脑为主，脑逆故令头痛〔《太素》"令"下有"人"字〕，齿亦痛〔《太素》"亦"下有"当"字〕，病名曰厥逆〔《针灸资生经》卷六《头痛》引"厥逆"下有"头痛"二字〕。帝曰：善。

O Imperador Amarelo perguntou: "Alguém que tenha dor de cabeça durante muitos anos, como isso foi contraído?" Disse Qibo: "Alguma parte do corpo deve ter sido invadida pelo frio perverso. Quando o frio perverso invade a medula óssea, o cérebro será invadido, já que o cérebro toma parte importante na medula óssea, e irá ocorrer a síndrome de dor de cabeça e de dor de dente. A doença se chama dor de cabeça devido ao ataque do frio perverso". Disse o Imperador Amarelo: "Muito bem".

帝曰：有病口甘者，病名为何？何以得之？岐伯曰：此五气〔《医说》引"五"作"土"〕之溢也，名曰脾瘅。夫五味入口，藏于胃，脾为之行其精气，津液在脾〔《外治》作"溢在于脾"〕，故令人口甘也；此肥美之所发也，此人必数食甘美而多肥也，肥者令人内热，甘者令人中满，故其气上溢，转为消渴。治之以兰，除陈气也。

O Imperador Amarelo perguntou: "Algumas pessoas têm um gosto doce na boca; qual é a doença e como surge?" Disse Qibo: "Isso é devido ao fluxo transbordante da energia da terra, e a doença se chama Pidan (calor e umidade no baço). Geralmente, a comida entra pela boca, se armazena no estômago, se converte em substância refinada pelo baço, sendo transportada a vários órgãos. Nesse momento, no entanto, o baço falha em sua operação normal, e a ascensão do fluido corporal fará com que a boca fique adocicada. Essa doença piora com comida refinada e saborosa, e a maioria dos pacientes com essa doença, costumeiramente se alimentam com comida boa e deliciosa. As comidas engorduradas e saborosas podem gerar calor interno num homem, e o sabor doce pode fazer com se tenha plenitude e distensão no peito, e a ascensão do fluxo da energia do baço pode virar diabetes. Deve ser tratada com caule de orquídea que pode remover o calor rançoso".

帝曰：有病口苦取阳陵泉〔明抄本“有病”下并无“口苦取阳陵泉”六字〕，口苦者病名为何？何以得之？岐伯曰：病名曰胆瘅。夫肝者中之将也〔林校云：“按《甲乙》曰：胆者中精之府，五藏取决于胆，咽为之使，疑“肝者中之将也”文误〕，取决于胆，咽为之使。此人者，数谋虑不决，故胆虚气上溢〔《甲乙》“胆”下无“虚”字，按“溢”误，应作“嗌”〕，而口为之苦。治之以胆募俞，治在《阴阳十二官相使》中。

O Imperador Amarelo perguntou: "Alguns pacientes têm amargor na boca; qual a doença e como ocorre?" Disse Qibo: "A doença se chama Dandan (calor e umidade na vesícula biliar). A vesícula biliar é um órgão oco límpido, e determina as condições de todas as cinco vísceras e controla a faringe e a laringe. O paciente com o mal Dandan está sempre desanimado com preocupações contínuas, por isso a vesícula biliar não pode desempenhar plenamente suas funções normais, e a bile irá ascender transbordando, causando amargor na boca. Ao tratar, picar o ponto Mu frontal da vesícula biliar, o ponto Riyue (VB 24) e o ponto Danshu (VB 19). O princípio de tratamento está escrito na "Assistência Mútua dos Doze Órgãos do Yin e do Yang."

帝曰：有癃者，一日数十溲，此不足也。身热如炭〔《太素》“炭”下有“火”字〕，颈膺如格，人迎躁盛，喘息气逆，此有余也。太阴脉微细如发者〔明抄本“细”上无“微”字〕，此不足也，其病安在？名为何病？岐伯曰：病在太阴，其盛在胃，颇在肺，病名曰厥，死不治，此所谓得五有余二不足也。帝曰：何谓五有余二不足？岐伯曰：所谓五有余者〔张琦说：“‘五’字衍，下‘五病’之‘五’字亦衍”〕，五病之气有余也，二不足者〔张琦说：“‘二’字衍”〕，亦病气之不足也。今外得五有余，内得二不足，此其身不表不里，亦正死〔《甲乙》“正死”作“死证”〕明矣。

O Imperador Amarelo perguntou: "Algumas pessoas têm micção freqüente que muitas vezes diminui durante um dia, o que é o caso de insuficiência; seu corpo fica quente carvão, parece ter algo bloqueando entre o pescoço e o peito, seu pulso Renying está irritado, têm respiração rápida e energia vital contrária, que mostra no caso, que há um excesso; seu pulso Cunkou é fino como cabelo e isso é sinal de insuficiência. Agora, onde está localizada a doença e qual é ela?" Disse Qibo: "A origem da doença está no Canal Taiyin, sendo causada por calor excessivo no estômago, e sua síndrome se manifesta no pulmão. A doença é chamada síndrome jue, e é uma doença fatal. A doença é causada pelos cinco casos de excesso e pelos dois casos de insuficiência".

O Imperador Amarelo perguntou: "Quais são os cinco casos de excesso e os dois casos de insuficiência?" Disse Qibo: "O que se chama ter um excesso, indica

239

que há um superávit de energia perversa, e o que se chama de insuficiente, indica a insuficiência da energia perversa. Desde que nesse momento, há cinco espécies de condições de pulso e outras manifestações que mostram excesso no exterior (cinco casos de excesso: corpo quente como carvão, obstrução entre o pescoço e o peito, irritação no pulso Renying, respiração rápida e energia vital inversa) e há dois tipos de condição de pulso e outras manifestações que mostram insuficiência no interior (dois casos de insuficiência: o pulso é fino como cabelo, muitas desistências de urinar durante o dia; o paciente não pode ser tratado a partir da superfície, nem pode ser tratado a partir do interior, por isso, ele tem uma doença fatal".

帝曰：人生而有病癫疾者〔《太平御览》《医说》引"而"下无"有"字〕，病名曰何？安所得之？岐伯曰：病名为胎病。此得之在母腹中时，其母有所大惊〔《千金》《圣济总录》"所"下并有"数"字〕，气上而不下，精气并居，故令子发为巅疾〔《太平御览》引"发"下无"为"字〕也。

O Imperador Amarelo perguntou: "Algumas pessoas têm epilepsia desde que nascem; qual a doença e como ela surge?" Disse Qibo: "Chama-se epilepsia infantil. Isso porque a mãe levou sustos sérios inúmeras vezes enquanto o bebê estava no ventre; sua energia vital ia em contracorrente ascendente e deixava de descer e a instauração da energia do medo, fez com que o bebê tivesse epilepsia ao nascer".

帝曰：有病疙然如有水状〔《甲乙》"水"下并有"气"字〕，切其脉大紧，身无痛者，形不瘦，不能食，食少，名为何病？岐伯曰：病生在肾〔《甲乙》"生"作"主"〕，名为肾风，肾风而不能食，善惊〔《甲乙》"惊"作"不"〕，惊已，心气〔《太素》"心"下无"气"字〕痿者死。帝曰：善。

O Imperador Amarelo perguntou: "Alguém que tenha um inchaço como um edema na face, sua condição de pulso seja agigantada e apertada, não tenha dor no corpo e nem esteja emaciado, mas que não possa comer só possa comer um pouco, de que doença se trata?" Disse Qibo: "A raiz dessa doença está nos rins, se chama síndrome do vento perverso do rim. Quando o paciente da síndrome do vento perverso do rim atingir o estágio de deixar de comer ou que só possa comer um pouco; se assustar freqüentemente ou estiver sendo assustado continuamente, irá ter falha cardíaca e morrer". O Imperador Amarelo falou: "Muito bem".

大奇论篇第四十八

Capítulo 48
Da Qi Lun
(Sobre as Doenças Estranhas)

肝满〔"满"应作"脉"，以后"心脉""肝脉"均同〕肾满肺满皆实，即〔《太素》"即"作"皆"〕为肿。肺为雍〔《太素》《甲乙》"雍"并作"痈"，按"肺"下"之"字衍〕，喘而两胠满；肝雍，两胠〔《太素》"胠"作"胁"〕满，卧则惊，不得小便；肾雍，脚〔《太素》《甲乙》"脚"并作"胠"《脉经》"少"并作"小"〕下至少腹满，胫有大小，髀胻大〔《甲乙》"胻"作"胫"，无"大"字〕跛，易偏枯。

Quando as condições do fígado, rim e pulmão forem todas substanciais, abundantes e plenas, elas irão causar inchaço.

Ao se contrair um abcesso no pulmão, irá ocorrer respiração rápida e distensão nas duas partes laterais do tórax; quando se contrai um abcesso no fígado, irá ocorrer distensão dos dois lados do tórax, medo durante o sono e disúria; quando se contrai um abcesso no rim, irá ocorrer distensão no hipocôndrio e no baixo vente, inchaço nos dois lados da tíbia de vez em quando, deformação das coxas e das pernas; o paciente não poderá equilibrar seu corpo ao andar, e estará propenso a ter hemiplegia.

心脉满大，痫瘈筋挛；肝脉小急，痫瘈筋挛；肝脉骛，暴有所惊骇，脉不至若瘖，不治自己。

Quando o pulso do coração estiver pleno e agigantado, isso mostra que o calor interno é excessivo e irá ocorrer epilepsia, cãibras nas mãos e nos pés, e rigidez nos tendões. se o pulso do fígado estiver diminuto e apertado, o que mostra frio astênico no fígado, irá ocorrer epilepsia, cãibras nas mãos e nos pés e rigidez nos tendões. Se o pulso do fígado estiver rápido, o pulso não puder ser sentido durante o tempo em que o paciente estiver com medo e ele também estiver afônico, isso é o fenômeno da energia vital contrária devido ao medo. Não é necessário tratar de forma alguma já que irá haver uma recuperação quando o paciente tiver se acalmado.

肾脉小急，肝脉小急，心脉小急〔《太素》"心脉"下无"小急"二字，"心脉"二字连下读〕不鼓皆为瘕。

Quando o pulso do rim estiver diminuto e apertado, o pulso do fígado também diminuto e apertado, e o pulso do coração não puder ser percebido sob os dedos, isso mostra estagnação do sangue que pode se tornar uma massa abdominal.

肾肝并沉〔王注"肾肝"下并有"脉"字〕为石水，并浮为风水，并虚为死，并小弦欲〔《全生指迷方》引作"为"〕惊。

Quando tanto o pulso do rim quanto o do fígado estiverem deprimidos, irá ocorrer edema endurecido.

241

Quando as condições tanto do rim quanto do fígado estiverem flutuantes, isso é o edema causado pelo vento perverso e é uma doença fatal. Se forem diminutos e tensos como uma corda vergada, irá ocorrer o mal do medo profundo.

肾脉大急沉，肝脉大急沉，皆为疝。

Quando a condição de pulso do rim estiver agigantada, rápida e deprimida, ou que a condição de pulso do fígado esteja agigantada, rápida e deprimida, irá ocorrer hérnia.

心脉搏滑急〔《太素》"搏"作"揣"、《广推·释诂》"揣"动也，"心脉搏，谓心脉之动，"滑急"即谓滑紧〕为心疝，肺脉沉搏〔准上文例，"搏"亦应作"揣"〕为肺疝。

Quando a condição de pulso do coração for escorregadia e tensa, é a cólica do canal do coração; quando a condição de pulso do pulmão for deprimida, é a cólica do canal do pulmão.

三阳急为瘕，三阴急为疝〔《太素》《甲乙》并无"三阴急为疝"五字〕，二阴急为痫厥，二阳急为惊。

Quando a chegada do pulso da bexiga e do intestino delgado tiverem urgência, é a massa abdominal; quando tanto a chegada do pulso do coração como do rim tiverem urgência, é o mal da síncope epiléptica; quando tanto a chegada do pulso do estômago quanto do intestino grosso tiverem urgência, é o mal do medo profundo.

脾脉外鼓，沉为肠澼，久自已。肝脉小缓为肠澼，易治。肾脉小搏沉，为肠澼下血，血温身〔《尤怡说："温"当作"溢"》〕热者死。心肝澼亦下血〔"澼亦下血"误衍，《全生指迷方》引正作"心肝脉小，沈濇为肠澼"〕，二藏同病者可治，其脉小沉濇为肠澼，其身热者死，热见〔《甲乙》"见"作"甚"〕七日死。

Quando a condição de pulso do baço for não só ágil quanto deprimida, é a diarréia que pode de que se pode recuperar num determinado período. O paciente com diarréia cujo pulso do fígado for diminuto e lento, pode ser curado facilmente. Quando o paciente de diarréia com sangue nas fezes e cujo pulso do rim estiver diminuto e deprimido, se seu sangue transbordar e ele tiver febre, morrerá. Quando o paciente de diarréia cujos pulsos do coração e do fígado estiverem diminutos, deprimidos e inconstantes, como ambas as vísceras estão doentes e a madeira produz fogo, a doença pode ser curada. Se o paciente tiver febre, ele pode morrer; quando a febre for severa, ele irá morrer em sete dias.

胃脉沉鼓〔"鼓"字涉下衍，此当作"胃脉沈濇"〕濇，胃外鼓大，心脉小坚急〔《全生指迷方》引"小"下无"坚"字〕，皆鬲〔"鬲"字误，似应作"为"〕偏枯，男子发左，女子发右，不瘖舌转，可治，三十日起，其从者，瘖，三岁起，年不满二十者，三岁死。

Quando a condição de pulso do estômago for deprimida e inconstante, ou flutuante e agigantada, juntamente com um pulso do coração rápido e diminuto, isso mostra que a energia e o sangue estão estagnados o que pode causar hemiplegia. Se a doença de um homem estiver do lado esquerdo, ou de uma mulher estiver do lado direito, falando sem afonia e a língua puder operar livremente, o mal pode ser curado dentro de trinta dias. Se a doença de um homem estiver do lado direito e a de uma mulher do lado esquerdo, havendo afonia ao falar, pode-se recuperar da doença em cerca de três dias. Se o paciente tiver menos de vinte anos e seu corpo estiver se desenvolvendo, ele morrerá dentro de três anos.

脉至而搏，血衄〔《甲乙》作"衄血"〕身热者死，脉来悬钩浮为常脉。

Quando a chegada do pulso for agigantada e forte ao responder aos dedos, e o paciente tiver hemorragia e febre e morrerá. Quando a chegada do pulso for suspensa sem ter onde se apegar, e for um tanto em anzol e flutuante, é o pulso apropriado à hemorragia.

脉至如喘，名曰暴厥。暴厥者，不知与人言。脉至如〔《甲乙》"如"作"而"〕数，使人暴惊，三四日自己。

Quando a chegada do pulso for urgente como corredeiras, é a síncope de instauração súbita. O paciente de síncope com instauração súbita fica inconsciente e não pode falar durante um tempo. Quando a chegada do pulso for rápida, é o calor perverso acelerando o coração, o que faz com que a pessoa se assuste subitamente. Quando o calor tiver baixado, o paciente se acalmará naturalmente e haverá recuperação do mal em cerca de três ou quatro dias.

脉至〔"至"下脱"如"字〕浮合，浮合如数〔张琦以"浮合如数"四字为衍文〕，一息十至以上，是经气予不足也，微见九十日死；脉见如火薪〔明抄本，《太素》"薪"并作"新"〕然，是心精之予夺〔《甲乙》"精"下无"之"字，"予夺"即"之夺"，"夺"古"脱"也〕也，草乾而死；脉至如散叶〔《甲乙》作"丛棘"，张琦说，"丛棘，弦硬杂乱之象"〕，是肝气予虚也，木叶落而死；脉至如省客，省客者，脉塞而鼓，是肾气予不足也，悬去枣华而死；脉至如丸泥，是胃精予不足也，榆荚落而死；脉至如横格，是胆气予不足也，禾熟而死；脉至如弦缕，是胞精予不足也，病善言，下霜而死，不言可治；脉至如交漆〔《太素》"漆"作"荚"〕，交漆者，左右傍至也，微见三十日死；脉至如涌泉〔《太素》"如"下无"涌"字〕，浮鼓肌〔《太素》"肌"作"胞"〕中，太阳气予不足也，少气味〔张琦说："此二字衍"〕，韭英而死；脉至如颓土〔《太素》《脉经》"颓"并作"委"，按"委"有"弃"义〕之状，按之不得〔《甲乙》"不得"作"不足"〕，是肌气予不足也，五色先见〔《甲乙》"五色"下无"先"字〕，黑白垒发死；脉至如悬雍，悬雍者，浮揣切之益大，是十二俞之予不足也，水凝而死；脉至如偃刀，偃刀者，浮之〔《甲乙》"之"下有"气"字〕小急，按之坚大急〔《甲乙》"大"下无"急"字〕，五藏菀熟，寒热独并于肾也，如此其人不得坐，立春而死；脉至如丸，滑不直〔《甲乙》"直"作"著"〕手，不直手者，按之不可得也，是大肠气予不足也，枣叶生而死；脉至如华〔《甲乙》"华"并作"春"〕者，令人善恐，不欲坐卧，行立常听，是小肠气予不足也，季秋而死。

Quando a chegada do pulso é como o assomar de ondas flutuantes, i.e., a chegada muito freqüente das ondas, a pulsação é mais do que dez vezes em uma respiração; ela mostra a insuficiência das energias dos doze canais no corpo humano. O paciente morrerá dentro de noventa dias a partir da ocorrência do pulso em questão. Quando a chegada do pulso é como o princípio de incêndio, ela mostra que a energia refinada do coração está exausta; o paciente morrerá no começo do inverno quando as ervas estiverem murchando.

Quando a chegada do pulso for como espinhos que crescem por todo lado, é a condição de pulso da astenia extrema da energia do fígado; o paciente morrerá no momento em que as folhas estiverem caindo.

Quando a chegada do pulso for bastante substancial como bloqueada em vez de pular para cima para atingir os dedos, ela mostra que a energia refinada dos rins se tornou extremamente insuficiente, e que o paciente irá morrer num período entre o que a árvore da jojoba dá flores e a queda das pétalas.

243

Quando a chegada do pulso for como uma bola de piçarra, que é firme, breve e inconstante, ela mostra que a energia do estômago ficou insuficiente; o paciente morrerá no começo do verão quando as folhas dos olmos caírem.

Quando a chegada do pulso for como algo que bloqueia horizontalmente sob os dedos, ela mostra que a energia da vesícula biliar se tornou insuficiente; o paciente morrerá no final do outono quando as safras estiverem maduras.

Quando a chegada do pulso for como uma corda ou uma linha, ela mostra que a energia dos colaterais no útero se tornou insuficiente. Se a paciente tiver polilogia, morrerá na estação em que caem as geadas; se não falar demais, o mal poderá ser curado.

Quando a chegada do pulso for como a interseção das vagens à esquerda e à direita, o paciente morrerá dentro de trinta dias a partir da ocorrência do pulso.

Quando a chegada do pulso for como uma fonte de água jorrando no útero, ela mostra que a energia no Canal Taiyang se tornou insuficiente; o paciente morrerá no verão longo, quando ocorrem as flores da cebolinha chinesa.

Quando a chegada do pulso for como o pó que é inadequado à pressão forte, mostra que a energia do músculo se tornou insuficiente. Quando as compleições branca e preta do paciente ocorrerem com freqüência, o paciente irá morrer.

Quando a chegada do pulso for como uma jarra de alças que parece cada vez maior, mostra a insuficiência das energias retidas dos doze pontos shu que se sente de leve, o paciente irá morrer no inverno quando a água gelar.

Quando a chegada do pulso for como uma lâmina virada para cima, diminuta e rápida ao se tocar de leve, agigantada e firme ao se sentir de leve, é o calor estagnado, armazenado nas cinco vísceras, e a síndrome do frio associado a síndrome calor retidos nos rins; o paciente com esse mal não pode se sentar ereto e morrerá no início da primavera.

Quando a chegada do pulso for como um tiro, e dificilmente pode ser tocado devido a ser escorregadio, e não pode ser segurado quando se aperta, mostra que a energia refinada do intestino grosso se tornou insuficiente, e o paciente irá morrer no começo do verão quando as folhas da árvore da jojoba começarem a crescer.

Quando a chegada do pulso for como o pesar do arroz que faz com que a pessoa se assuste com freqüência, incapaz de se sentar ou dormir com facilidade, ouvindo sons com freqüência ao ficar de pé ou caminhar, mostra que a energia refinada do intestino delgado se tornou insuficiente, e que o paciente morrerá no fim do outono.

脉解篇第四十九

Capítulo 49
Mai Jie
(Sobre os Canais)

太阳所谓肿腰〔柯校云："'肿腰'当云'腰肿'"〕肿痛者，正月太阳〔于鬯说："'太阳'二字疑涉下衍"〕寅，寅太阳也，正月阳气出在〔明抄本"在"作"于"〕上，而阴气盛，阳未得自次也，故肿腰脽痛也。病偏虚为跛〔《太素》卷八《经脉病解》"偏"上无"病"字〕者，正月阳气冻〔读本，赵本，吴本"冻"并作"东"〕解地气而出也，所谓偏虚者，冬寒颇有不足者，故偏虚为跛也。所谓强上引背〔《太素》无"引背"二字〕者，阳气大上而争，故强上也。所谓耳鸣者，阳气万物〔张文虎说："'万物'二字衍"〕盛上而跃，故耳鸣也。所谓甚则狂巅疾者〔《图经》注引无"甚则"二字〕，阳尽在上，而阴气从下，下虚上实，故狂巅疾也，所谓浮为聋者，皆在气也。所谓入中为瘖者，阳盛已衰，故为瘖也。内夺而厥，则为瘖俳，此肾虚也。少阴不至〔《太素》"不至"下重"少阴不至"四字〕者，厥也。

No Canal Taiyang, há o mal do inchaço e da distensão lombar e da dor nas nádegas. Isso porque o primeiro mês (lunar) do ano é Yin, e o mês Yin pertence a Taiyang. No primeiro mês, a energia Yang começa a vir de cima, enquanto a energia fria do Yin ainda prospera, e a energia Yang não pode expandir a si mesma livremente sem ser impedida; isso causa dor na região lombar e nas nádegas.

A condição de coxo devido à energia Yang astênica parcial no corpo é: quando a energia Yang vem do leste no primeiro mês, ela derrete a energia da terra congelada e ascende; como o tempo ainda está frio, a energia Yang no corpo ainda é insuficiente, por isso, a energia Yang astênica só pode residir no corpo se inclinando para um lado, e irá ocorrer a síndrome da coxeadura.

A condição de dor de cabeça e rigidez no pescoço se deve à contenção da energia Yang quando ascende.

A condição de tínito se deve à superabundância e à atividade da energia Yang acima.

A condição de mania é: a energia Yang fica exclusivamente em cima, incapaz de se combinar com a energia Yin abaixo; a astenia da energia Yin abaixo e a estenia da energia Yang acima, irão provocar mania.

A surdez causada pela energia Yang flutuante acima, se deve à subida da energia Yang como uma chama e à incapacidade do fogo em descer.

A condição de afonia é a de que a energia Yang vai para o interior e a energia Yang já se tornou astênica.

Quando a atividade sexual for excessiva, irá ocorrer o mal de Jueni (friagem nos membros); pode evoluir para afonia, afasia e paralisia dos membros. A doença se deve à declinação do rim que não pode ser atingido pela energia do Canal Shaoyin.

245

Quando a energia do Canal Shaoyin não puder se aproximar, irá ocorrer o mal Jueni.

少阳所谓心胁痛者，言少阳盛也〔《太素》"盛"作"戌"，下"盛者"同，孙鼎宜说"'言'字衍"〕，盛者心之所表也，九月阳气尽而阴气盛，故心胁痛也。所谓不可反侧者，阴气藏物也〔《太素》杨注《图经》"阴气"上有"九月"二字〕，物藏〔四库本"物藏"作"藏物"〕则不动，故不可反侧也。所谓甚则跃者，九月万物尽衰，草木毕落而堕，则气去阳而之阴，气盛而阳之下长，故谓跃。

A condição de dor no coração e no hipocôndrio, do Canal Shaoyang é: o Shaoyang pertence ao nono mês lunar do ano que é o mês Xu. Xu pertence ao Canal Shaoyang que se conecta com o pericárdio, e a instauração da doença irá afetar o canal do coração. No nono mês, a energia Yang está prestes a se exaurir, e a energia Yin está cada vez mais crescente, por isso causa dores no coração e no hipocôndrio.

A incapacitação do paciente quando deitado, de se mexer e virar é: a energia Yin começa a se tornar próspera gradativamente a partir do nono mês; todas as coisas na terra procuram se ocultar, e tudo parece calmo e sem movimento; já que a energia do Canal Shaoyang no corpo humano também é afetada, então, o paciente não pode se mexer nem virar.

A condição do mal do Yao é: no nono mês lunar, todas as coisas começam a declinar a grama e as árvores enfraquecem e se desnudam, e a energia do homem muda do Yang para o Yin; se a energia Yang for próspera, estará ativa abaixo da mesma forma, por isso se chama a doença do Yao (estar ativo).

阳明所谓洒洒振寒者，阳明者午也，五月盛阳之阴也，阳盛而阴气加之，故洒洒振寒也。所谓胫肿而股不收者，是五月盛阳之阴也，阳者衰于五月，而一阴气上，与阳始争。故胫肿而股不收也。所谓上喘而为水者，阴气下而复上，上则邪客于藏府间，故为水也。所谓胸痛少气者，水气在藏府也〔《太素》"水"下无"气"字〕，水者阴气也，阴气在中，故胸痛少气也。所谓甚则厥，恶人与火，闻木音则惕然而惊者，阳气与阴气相薄，水火相恶，故惕然而惊也。所谓欲独闭户牖而处者，阴阳相薄也，阳尽而阴盛，故欲独闭户牖而居。所谓病至则欲乘高而歌，弃衣而走者，阴阳复〔林校引本句无"复"字，疑衍〕争，而外并于阳，故使之弃衣而走也。所谓客孙脉则头痛鼻衄腹肿者，阳明并于上，上者则其孙络太阴也〔《太素》"络"作"脉"〕，故头痛鼻衄腹肿也。

A condição de tremer o corpo todo com fio é: o Canal Yangming está próspero no quinto mês lunar do ano. É o momento em que o Yang é extremo e o Yin começa a emergir. A doença do Canal Yangming é como a estação em que o Yang é extremo e o Yin vai subindo gradativamente; quando o Yangming é invadido pelo Yin que está associado ao frio, a síndrome de tremer com frio irá ocorrer pelo corpo todo.

A condição de inchaço das pernas do paciente e a incapacidade de se esticar e dobrar as coxas se deve ao causar dano à energia Yin durante o Yang abundante. No quinto mês lunar, a energia Yang começa a declinar e a energia do primeiro Yin começa a ascender e luta com a energia Yang. Quando a energia do Canal Yangming entra em desarmonia, ocorrerá a síndrome de inchaço nas pernas e a incapacidade de dobrar e esticar as coxas.

A condição de subida adversa da energia do pulmão em virar edema, se deve à reversão ascendente da energia Yin e à invasão do Yin perverso no baço e no estômago. Quando a umidade for excessiva, irá se transformar em água e fará uma ascensão reversa para invadir o pulmão e causar dispnéia.

A condição de dor no peito e respiração curta se deve à retenção de água nas vísceras; como o fluido pertence à energia Yin, quando retido no corpo, irá ocorrer a síndrome de dor no peito e respiração curta.

A condição de virar o mal Jueni quando a doença é severa é: o paciente detesta fogo e luz, fica assustado ao ouvir o som de pancadas na madeira. Isso se deve à fricção entre as energias Yin e Yang, e à desarmonia da água e do fogo que faz com que o paciente se assuste.

A condição do paciente em desejar fechar as portas e janelas e viver em solidão, se deve ao conflito entre a energia Yin e a energia Yang; quando a energia Yang declina, a energia Yin se torna próspera e faz com qu o paciente prefira a calma, por isso, ele deseja fechar as portas e janelas e viver na solidão.

A condição do paciente em desejar subir a um lugar elevado e cantar alto, correndo de lá para cá e tirando as roupas durante a instauração da doença é: a energia Yang se torna superabundante após sua contenção pela energia Yin e pela energia perversa combinadas dentro do Canal Yang, fazendo com que o paciente tenha coma, fique inconsciente, e deseje correr de lá para cá tirando as roupas.

A condição de dor de cabeça, nariz entupido, nariz escorrendo e distensão abdominal assim que a energia perversa invade os colaterais minuto da parte superior do corpo é: devido à energia perversa do Canal Yangming ter-se combinado com os colaterais finos da parte superior do corpo e do Canal Taiyin. Quando a energia perversa entrar nos colaterais finos da parte superior do corpo, irá causar ao paciente dor de cabeça, nariz entupido e nariz escorrendo; quando a energia perversa entra no canal Taiyin, causa distensão abdominal.

太阴所谓有病胀者，太阴子也 〔《太素》"太阴"下有"者"字〕，十一月万物气皆藏于中，故曰病胀；所谓上走心为噫者，阴盛而上走于阳明，阳明络属心，故曰上走心为噫也；所谓食则呕者，物盛满而上溢，故呕也；所谓得后与气则快然如衰者，十二月〔胡本，诛本，赵本，吴本"二"并作"一"〕阴气下衰，而阳气且〔《图经》卷二《足大阴脾经》注引"且"作"自"〕出，故曰得后与气则快然如衰也。

A condição de distensão do Canal Taiyin se deve ao referido Canal estar próspero no décimo primeiro mês do ano lunar, que é o mês de Zi, e o décimo primeiro mês lunar, é o mês de armazenar e ocultar todas as coisas. Nesse momento, a energia Yang de um homem também está se escondendo e armazenando; se a energia perversa também for armazenada no interior, irá ocorrer a síndrome da plenitude e da distensão abdominal.

A condição de ascensão da energia Yin ao coração, para causar eructação é: devido à superabundância da energia Yin que sobe para invadir o Canal do Estômago, Yangming do Pé, como os colaterais ao Canal Yangming se conectam com o coração, então quando o canal deste é invadido pela energia Yin, irá ocorrer a síndrome da eructação.

A condição do paciente, de vomitar após ingerir a comida, se deve a que a comida deixa de ser digerida, e quando o estômago está repleto e a comida transborda ascendendo, o paciente vomita.

A condição do paciente em se sentir confortável quando não retém as fezes, ou de emitir o vento, se deve à energia Yin estar superabundante ao extremo no décimo primeiro mês lunar, e daí para a frente, a energia Yin declina gradativamente e a energia Yang sobe gradativamente. Assim, o paciente irá se sentir confortável quando esvazia os intestinos e emite o vento.

少阴所谓腰痛者，少阴者肾〔"肾"字误，应作"申"〕也，十〔《太素》"十"作"七"〕月万物阳气皆伤，故腰痛也。所谓呕咳上气喘者，阴气在下，阳气在上，诸阳气浮，无所依从，故呕咳上气喘也。所谓色色〔《太素》"色色"作"邑邑"，"坐"上无"久"字，连下读，"邑邑"忧貌〕不能久立久坐，起则目䀮䀮无所见者，万物阴阳不定未有主也〔《图经》卷一《足少阴肾经》注引"主"作"生"〕，秋气始至，微霜始下，而方杀万物，阴阳内夺，故目䀮䀮无所见也。所谓少气善怒者，阳气不治，阳气不治，则阳气不得出，肝气当治而未得，故善怒，善怒者，名曰煎厥。所谓恐如人将捕之者，秋气万物未有毕去〔《太素》"有"作"得"〕，阴气少，阳气入，阴阳相薄，故恐也。所谓恶闻食臭者，胃无气，故恶闻食臭也。所谓面黑如地色〔孙鼎宜产："'地'当作'炲'炲即炭也"〕者，秋气内夺，故变于色也。所谓咳则有血者，阳脉伤也，阳气未盛于上〔孙鼎宜说："'未'字疑衍，阳气盛于上即上文阳气在上之义，'满'谓邪满也"〕而脉满，满则咳，故血见于鼻也。

A condição de lumbago no Canal Shaoyin se deve ao Shaoyin começar no sétimo mês lunar do ano, que é o mês Shen. No sétimo mês lunar, todos os três Yin subiram e a energia Yang no corpo humano começa a declinar com a da estação. Dessa forma, irá ocorrer lumbago.

Na condição de vômito, irá ocorrer uma energia vital adversa e respiração rápida no paciente, devido à energia Yin estar superabundante embaixo, e à energia yang estar flutuando acima; como a energia yang não pode aderir a nada, irá ocorrer síndromes de vômito, tosse, energia vital adversa e respiração rápida.

A condição do paciente de preocupações prolongadas e de desapontamento, incapaz de se manter em pé, tendo deslumbramentos e não conseguindo ver nada quando em pé, se deve à energia Yin e à energia Yang, ambas instáveis. Quando chega a estação do outono, da energia fria, o enregelamento começa a descer devagar, e todas as coisas ficam tênues e nuas devido a isso. O caso da contenção da energia Yin e Yang no corpo humano é exatamente o mesmo, assim, os olhos do paciente ficam turvos e ele não pode ver nada.

A condição de respiração curta e freqüente, deixa o paciente zangado devido à energia Yang não poder desempenhar seu papel normal; a energia do Canal Shaoyang não pode sair, e a energia estagnada do fígado não pode ser dispersada, por isso o paciente está pronto a ficar bravo e a doença se chama "síncope escorchante."

A condição do paciente se assustar com freqüência, como se alguém fosse prendê-lo se deve à energia do outono ter acabado de descer; a energia Yang de todas as coisas ainda não foi cuidadosamente removida, o tempo ainda não está frio e uma parte da energia Yang ainda permanece no interior; à medida em que o tempo esquenta, o conflito freqüente das energias Yin e Yang fazem com que o paciente fique assustado amiúde.

A condição do paciente em ter uma aversão ao odor da comida se deve ao estômago deixar de digerir a comida; por isso ele detesta o odor da comida.

A condição de compleição negra como carvão do paciente, se deve à quintessência ter sido esgotada pela energia do outono; sua compleição se torna negra.

A condição de hemoptise se deve à lesão dos colaterais na parte superior do corpo. Como a energia yang está superabundante em cima, e o sangue preenche os vasos, o preenchimento dos vasos com sangue na parte superior do corpo irá causar tosse, e ocorrerá a síndrome da tosse e epistaxe.

厥阴所谓癪疝，妇人少腹肿者，厥阴者辰也，三月阳中之阴，邪在中，故曰癪疝少腹肿也。所谓腰脊〔"脊"字疑衍，《灵枢·经脉》肝足厥阴之脉，是动则病腰痛，并未言"脊"〕痛不可以俯仰者，三月一振荣华，万物一俯而不仰也〔《太素》"万物"上有"而"字〕。所谓癪癃疝〔《太素》作"钉癃"，小便难也〕肤胀者，曰阴亦盛而脉胀不通〔《太素》作"曰阴一盛，而胀阴胀不通"〕，故曰癪癃疝也〔《太素》无"疝"字〕。所谓甚则嗌干热中者，阴阳相薄而热，故嗌干也。

O mal do inchaço do escroto do macho, ou distensão do baixo ventre na fêmea no Canal Jueyin é: o mês de início do Jueyin é Chen, que é o terceiro mês lunar do ano. O terceiro mês lunar é a época em que a energia Yang está levemente astênica e que a energia Yin está prestes a se esgotar, e esta é a estação do Yin e do Yang. Quando a energia perversa está acumulada no interior, ocorrerá o inchaço do escroto do macho ou a distensão do baixo ventre na fêmea.

A condição de lumbago que faz com que não se possa olhar para cima e para baixo é: devido à energia Yang estar ágil no terceiro mês lunar do ano, as gramas e árvores estão florescendo, todos os ramos e folhas estão pendurados, mostrando a tendência de se pendurar sem se erguer. A doença de um homem está de acordo com isso, e o mal do lumbago irá fazer com que seja incapaz de olhar para cima e para baixo.

A condição de inchaço nos genitais externos, pele e músculos do paciente se deve à superabundância da energia Jueyin causando distensão e bloqueio do Yin, inchaço dos genitais externos e disúria.

A condição de secura da laringo-faringe e a retenção de calor perverso no aquecedor médio se deve ao calor interno produzido a partir do conflito entre o Yin e o Yang. Pode causar secura na laringo-faringe.

刺要论篇第五十

Capítulo 50
Ci Yao Lun
(Fundamentos da Acupuntura)

黄帝问曰：愿闻刺要。岐伯对曰：病有浮沈，刺有浅深，各至其理，无过其道，过之则内伤，不及则生外壅〔《按"生"字衍〕，壅则邪从之，浅深不得，反为大贼，内动〔《甲乙》"动"作"伤"〕五藏，后生大病。故曰：病有在毫毛腠理者，有在皮肤者，有在肌肉者，有在脉者，有在筋者，有在骨者，有在髓者。

O Imperador Amarelo perguntou: "Quais são os fundamentos da acupuntura?" Qibo respondeu: "São diversos os envolvimentos da severidade das doenças, e ao tratar, a severidade da picada também deve ser diferente. Ao tratar, a picada deve atingir a profundidade ideal, e não deve exceder o critério apropriado. Se a picada for muito profunda, a víscera será atingida; se a picada for muito rasa, a energia perversa pode se aproveitar para invadir. Por esse motivo, se a profundidade da picada for imprópria, pode ao contrário, causar grande dano. Se a víscera for ferida por dentro, o paciente irá contrair uma doença séria.

"O fato é que algumas doenças estão nos pelos finos e nas estrias, algumas na pele, algumas nos músculos, algumas estão no canal, algumas estão nos tendões, algumas estão nos ossos e algumas estão na medula.

是故刺毫毛腠理无伤皮，皮伤则内动肺，肺动则秋病温疟〔《甲乙》"温疟"下有"热厥"二字〕，泝泝〔《甲乙》作"淅淅"《广雅·释诂二》："淅，洒也""洒然"寒貌〕然寒慄。

"Portanto, ao picar junto aos pelos finos e às estrias, a pele não deve ser ferida; se a pele for ferida, irá afetar no interior o pulmão. Quando o pulmão não puder desempenhar completamente suas funções, o paciente terá malária do tipo calor e irá ocorrer frio nas extremidades devido ao calor perverso no outono, podendo se transformar numa síndrome de rigor e de frio.

刺皮无伤肉，肉伤则内动脾，脾动则七十二日四季之月，病腹胀烦〔《甲乙》"烦"下有"满"字〕，不嗜食。

"Quando picar a pele, o músculo não deve ser ferido; se o músculo for ferido, irá afetar o baço no interior. Quando o baço não puder desempenhar suas funções por completo, o paciente terá síndromes de desassossego, distensão do abdômen e se recusará a comer nos últimos dezoito dias de cada estação quando a energia do baço estiver abundante.

刺肉无伤脉，脉伤则内动心，心动则夏病心痛。

"Quando picar o músculo, os vasos não devem ser feridos pois isso irá afetar o coração. Quando o coração não puder desempenhar por completo suas funções, irá ocorrer dor cardíaca no verão.

刺脉无伤筋，筋伤则内动肝，肝动则春病热而筋弛。

"Quando se pica os vasos, o tendão não deve ser ferido; pois isso iria afetar internamente o fígado. Quando o fígado não puder desempenhar completamente suas funções, a doença do coração ocorrerá na primavera, e os tendões do paciente também ficarão flácidos.

刺筋无伤骨，骨伤则内动肾，肾动则冬病胀、腰痛。

"Quando se pica os tendões, os ossos não devem ser feridos; se os ossos forem feridos, isso irá afetar por dentro o rim. Quando o rim não puder desempenhar plenamente suas funções, irão ocorrer no inverno as síndromes de distensão e lumbago.

刺骨无伤髓，髓伤则销铄衚酸，体解㑊然不去矣。

"Quando picar junto aos ossos, a medula não deve ser ferida; se a medula for afetada, se enfraquecerá gradativamente a ponto de causar dor intermitente nas pernas e coxas; o paciente ficará cansado e fraco e relutante em se mover".

刺齐论篇第五十一

Capítulo 51
Ci Qi Lun
(A Profundidade Adequada da Puntura)

黄帝问曰：愿闻刺浅深之分。岐伯对曰：刺骨者无伤筋，刺筋者无伤肉，刺肉者无伤脉，刺脉者无伤皮；刺皮者无伤肉，刺肉者无伤筋，刺筋者无伤骨。

O Imperador Amarelo perguntou: "Quais são as diferenças de profundidade de picar na terapia da acupuntura?" Qibo respondeu: "Na picada profunda: ao picar junto ao osso, não se deve picar de forma pouco profunda a ponto de ferir o tendão; quando se pica o tendão não se deve picar de maneira pouco profunda a ponto de ferir o músculo; quando picar o músculo, não se deve picar de maneira pouco profunda de forma a ferir os vasos; quando picar os vasos, não se deve picar de maneira pouco profunda a ponto de ferir a pele; na picada pouco profunda: quando se pica a pele, não se deve picar profundamente de forma a ferir o músculo; quando se pica o músculo, não se deve picar profundamente para ferir o tendão; quando picar o tendão, não se deve picar profundamente a ponto de ferir o osso".

帝曰：余未知其所谓，愿闻其解。岐伯曰：刺骨无伤筋者，针至筋而去，不及骨也；刺筋无伤肉者，至肉而去，不及筋也；刺肉无伤脉者，至脉而去，不及肉也；刺脉无伤皮者，至皮而去，不及脉也。

Disse o Imperador Amarelo: "Não intendi muito bem o que disseste; expliques para mim por favor". Disse Qibo: "Aquilo que se diz, de quando picar junto ao osso, não se deve picar com pouca profundidade a ponto de ferir os tendões, significa: quando se pica junto ao osso, não se deve atingir o tendão, apenas até atingir o osso e deter a picada ou retirar a agulha; aquilo que se diz, de quando picar o tendão, não se deve picar com pouca profundidade a ponto de ferir o músculo, significa: quando se pica o tendão, não se deve picar de forma pouco profunda, de forma que não se atinja o tendão e que se detenha a picada ou retire a agulha; aquilo que se diz, de quando picar o vaso, não se deve picar pouco profundo para não ferir a pele significa: não picar de forma pouco profunda para atingir a pele de forma que não se atinja o vaso, ou que se detenha a picada ou retire a agulha.

所谓刺皮无伤肉者，病中皮中，针入皮中，无伤肉也；刺肉无伤筋者，过肉中筋也；刺筋无伤骨者，过筋中骨也，此之谓反也。

"Aquilo que se diz, de quando picar a pele, não ferir o músculo, significa: quando a doença estiver na pele, só esta deve ser picada, e não se deve picar em excesso a ponto de ferir o músculo. Aquilo que se diz, de quando picar o músculo, não ferir o tendão, significa: a picada somente deve atingir o músculo onde reside a doença; se a picada for excessiva, irá ferir o tendão. Aquilo que se diz de quando picar o tendão, não ferir o osso, significa: a picada só deve atingir o tendão no qual reside a doença; se a picada for excessiva, isso é o manuseio irregular da acupuntura".

刺禁论篇第五十二

Capítulo 52
Ci Jin Lun
(As Posições Proibidas ao Picar)

黄帝问曰：愿闻禁数，岐伯对曰：藏有要害，不可不察，肝生于左，肺藏于右，心部于表，肾治〔《云笈七签》"治"作"位"〕于里，脾为〔赵本，吴本"为"并作"谓"〕之使，胃为之市，鬲肓之上，中有父母，七节之傍，中有小〔《太素》《甲乙》"小"并作"志"〕心，从之有福，逆之有咎。

Disse o Imperador Amarelo: "Espero que possas me falar acerca das posições proibidas de se picar". Disse Qibo: "Nas cinco vísceras, há sempre partes vitais às quais se deve dar atenção. O fígado está do lado esquerdo; o pulmão está do lado direito; o coração se encarrega da parte externa do corpo; os rins controlam o interior do corpo; o baço transporta as substâncias refinadas dos líquidos e cereais às diversas vísceras como um servo; o estômago acomoda secos e molhados como um mercado; acima do diafragma há um mar de energia que mantém a vida, e ao lado da sétima vértebra, está a substância refinada dos rins. Ao picar, deve-se ater às regras de acupuntura a fim de obter o efeito curador. Se as regras forem violadas, a picada estará errada.

刺〔《太平圣惠方》"刺"下有"若"字〕中心，一日死，其动为噫。刺中肝，五日死，其动为语〔《甲乙》"语"作"欠"〕。刺中肾，六〔《诊要经终论》"六"作"七"〕日死，其动为嚏。刺中肺，三日〔《诊要经终论》"三"作"五"〕死，其动为咳。刺中脾，十〔《诊要经终论》"十"作"五"〕日死，其动为吞。刺中胆，一日半死，其动为呕。

"Se o coração for lesado por uma picada errônea, o paciente morrerá em um dia, e sua reação alérgica é a eructação.

"Se o fígado for lesado por uma picada errônea, o paciente morrerá em cinco dias, e sua reação alérgica é o bocejo exagerado.

"Se os rins forem feridos por uma picada errônea, o paciente morrerá em sete dias, e a reação alérgica é o corrimento nasal.

"Se o pulmão for lesado por uma picada errônea, o paciente morrerá em cinco dias, e sua reação alérgica é a tosse.

"Se o baço for lesado por uma picada errônea, o paciente morrerá em cinco dias, e sua reação alérgica estará no engolir.

"Se a vesícula biliar for lesada por uma picada errônea, o paciente morrerá em cinco dias, e sua reação alérgica é o vômito.

刺跗上，中大脉，血出不止死。刺面，中溜脉，不幸为盲。刺头，中脑户，入脑〔《圣济总录》引无"入脑"二字〕立死。刺舌下，中脉太过，血出不止为瘖。刺足下布络中脉，血不出为肿。刺郄中〔《"郄中"下脱"中"字》〕大脉，令人仆脱色。刺气街中脉，血不出为肿，鼠仆〔《千金》《圣济总录》"仆"并作"鼷"，横骨尽处去中行五寸，有肉核名鼠鼷〕。刺脊间中髓，为伛。刺乳上，中乳房，为肿，根蚀。刺缺盆中内陷，气泄，令人喘〔《医心方》引"喘"下无"咳"字〕咳逆。刺手鱼腹内陷，为肿。

"Quando se pica o dorso do pé, se a artéria da eminência tenar do rádio for lesada por acidente, o paciente irá sangrar de maneira contínua e morrerá.

"Ao picar a face, se os vasos que se conectam com os olhos forem picados por acidente, isso fará com que o paciente fique cego.

"Quando se puntura a cabeça, se o ponto Naohu (Janela do Cérebro DU 17) for picado de forma errônea, o paciente morrerá imediatamente.

"Quando se pica o ponto Lianquan (Fonte da Língua, VC 23 (Renmai) sob a língua, se o canal for picado muito profundamente, o sangramento contínuo irá causar afonia ao paciente.

"Quando os colaterais que se espalham por sob o pé forem lesados ao picar, o sangue será incapaz de sair e ocorrerá inchaço.

"Ao picar muito profundamente o ponto Weizhong Centro Poplíteo B 41) e se ferir o vaso maior por erro, isso pode fazer com que o paciente desmaie, com compleição esbranquiçada.

"Ao picar o ponto Qichong (Impulso da Energia, E 30), se o canal por um erro for ferido, e o sangue não puder sair, a estagnação sangüínea irá causar inchaço e dor no cerne do músculo junto ao osso pubiano.

"Quando a medula espinal for ferida por acaso ao se picar o espaço intervertebral, o paciente ficará corcunda.

"Quando se pica o ponto Ruzhong (Centro do Peito E 17) e a mama for picada por um erro, haverá inchaço e um trauma irá corroer o local.

"Ao picar o ponto Quepen (Fossa Supraclavicular E 12) muito profundamente, a ponto de expulsar a energia, isso irá causar dispnéia.

"Ao picar o músculo acima do ponto Yuji (Proeminência Tenar P 10) muito profundamente, isso causará inchaço numa certa parte do corpo.

无刺大醉，令人气〔"气"疑应作"脉"，王注所据本原作"脉乱"〕乱。无刺大怒，令人气逆。无刺大劳人，无刺新〔《太平圣惠方》引"新"作"大"〕饱人，无刺大饥人，无刺大渴人，无刺大惊人。

"Não se pica quem estiver alcoolizado, pois se o fizer, seu pulso ficará confuso. Não se pica quem estiver com muita raiva, pois se for picado, ficará com a energia vital ao contrário. Não picar aquele que estiver esgotado, nem quem estiver excitado, nem quem estiver com muita fome, nem aquele que tiver muita sede, nem quem estiver por demais assustado.

刺阴股中大脉，血出不止死。刺客主人内陷中脉，为内漏、为聋。刺膝髌出液，为跛。刺臂太阴脉，出血多立死。刺足少阴脉，重虚出血，为舌难以言。刺膺中陷，中肺〔《圣济总录》引"肺"作"脉"〕，为喘逆仰息。刺肘中内陷，气归之，为不屈伸。刺阴股下三寸内陷，令人遗弱。刺腋下胁间内陷，令人咳。刺少腹中膀胱，溺出，令人少腹满。刺肠肠内陷为肿。刺〔《千金》"刺"下有"目"字〕匡上陷骨中脉，为漏为盲。刺关节中液出不得屈伸。

"Quando se pica os acupontos do flanco interno da coxa, se a pulsação maior for ferida por um acaso, o paciente irá sangrar continuamente e morrer.

255

"Quando se pica a cavidade acima do local exato do ponto Shangguan (Passo Superior VB 3), se os colaterais forem picados por um erro, isso irá gerar pus nos ouvidos causando surdez ao paciente.

"Ao se picar a cápsula do joelho, se saírem líquidos, o paciente ficará manco.

"Quando se pica o ponto Tianfu (Mansão Celeste, P 3), se o Canal Taiyin da Mão for ferido por um erro, e o sangramento dor abundante, o paciente morrerá logo

"Quando se pica o Canal Shaoyang do Pé fazendo-o sangrar, isso irá fazer com que os rins fiquem astênicos, e ocorrerá ao paciente a síndrome da incapacidade de falar, devido à língua deixar de ter agilidade.

"Quando se pica muito profundamente o peito, e o canal é ferido, ocorre ao paciente dispnéia, tosse e a síndrome de respiração rápida ao olhar para cima.

"Quando se pica o ponto Chize (Marcha com um Só Pé, P 5) e o ponto Quze (Caminhada acidentada, CS 3) muito profundamente, a energia ficará estagnada num determinado local, e irá ocorrer ao paciente incapacidade de se curvar e de esticar os braços.

"Quando se pica muito profundamente o local a três polegadas abaixo do flanco interno da coxa, isso irá causar incontinência de urina.

"Quando se pica entre a axila e a parte lateral do tórax muito profundamente, isso irá causar tosse ao paciente.

"Quando se pica muito profundamente o abdômen e se fere a bexiga, a urina irá invadir a cavidade abdominal e causar distensão ao paciente.

"Quando se pica muito profundamente a barriga da perna, isso irá causar inchaço em determinada parte do corpo.

"Quando se pica o osso orbital e se fere os colaterais, isso irá causar lacrimejamento contínuo e até cegueira ao paciente.

"Quando se pica as vértebras lombares ou as juntas dos quatro membros , se houver um líquido escapando, o paciente perderá a capacidade de se curvar, esticar e mover".

刺志论篇第五十三

Capítulo 53
Ci Zhi Lun
(Sobre o Tratamento da Astenia e
da Estenia por Meio da Acupuntura)

黄帝问曰：愿闻虚实之要，岐伯对曰：气实形实，气虚形虚，此其常也，反此者病；谷盛气盛，谷虚气虚，此其常也，反此者病；脉实血实，脉虚血虚，此其常也，反此者病。

Disse o Imperador Amarelo: "Espero que possas me falar o essencial sobre a astenia e a estenia". Disse Qibo: "Quando a energia for substancial e o corpo também estiver com substância ou quando a energia estiver deficiente e o corpo também, isso é a condição de enfermidade. Quando se ingere muita comida e a energia está por demais abundante, ou quando apenas se pode ingerir pouca comida e a energia é insuficiente, isso é a condição normal; quando a condição estiver ao contrário, é a situação de doença. Quando o pulso estiver substancial e o sangue também, o quando o pulso estiver deficiente e o sangue também, é a condição normal; quando a condição estiver ao contrário, é a situação de doença".

帝曰：如何而反？岐伯曰〔林校云："据《甲乙》"曰"下当补"气盛身寒"四字〕：气虚身热，此谓反也，谷入多而气少，此谓反也；谷不入〔"不入"误，应作"入少"〕而气多，此谓反也；脉盛血少，此谓反也；脉少〔"少"误，应作"小"〕血多，此谓反也。

O Imperador Amarelo perguntou: "Qual a condição quando se está anormal?" Disse Qibo: "Quando a energia saudável está em superabundância mas o corpo está frio, ou quando a energia está deficiente mas o corpo está quente, ambas as condições são anormais. Quando se come demais mas a energia é insuficiente, é a condição anormal; quando só se pode comer um pouco, mas a energia está superabundante, a condição também é anormal. Quando o pulso estiver substancial, mas o sangue for insuficiente, é a condição anormal. Quando o pulso estiver deficiente mas o sangue por inteiro, a condição também é anormal.

气盛身寒，得之伤寒。气虚身热，得之伤暑。谷入多而气少者，得之有所脱血，湿居下也，谷入少而气多者，邪在胃及与肺也。脉小血多者，饮中热也。脉大血少者，脉有风气，水浆不入，此之谓〔张琦说"此之谓"三字衍〕也。

"Quando a energia estiver superabundante, mas o corpo estiver frio, isso é conseqüência de se ter sido lesado pelo frio perverso. Quando a energia for insuficiente mas o corpo estiver quente, isso é conseqüência de se ter sido lesado pelo calor do verão.

"Quando se pode comer muito, mas se tem pouca energia, isso se deve ao acúmulo de umidade perversa na parte inferior após perda de sangue.

"Quando só se pode comer um pouco, mas a energia tem um superávit, isso mostra a energia perversa retida no estômago, e que atingiu o pulmão.

"Quando o pulso estiver diminuto, mas o sangue for abundante e o paciente tiver uma compleição vermelha, isso é causado pelo calor do aquecedor médio, devido à ingestão de vinho em demasia. Quando o pulso for amplo, mas o sangue for pouco, isso se deve ao paciente ter contraído o vento perverso sem ter tomado qualquer líquido ou sopa.

夫实者，气入也，虚者，气出也；气实者，热也，气虚者，寒也。入实者，左手开针空也；入虚〔《素问识》云：“当是‘出虚’”〕者，左手闭针空也。

"A assim chamada estenia, indica que a energia perversa penetrou no corpo. A assim chamada astenia indica que a energia saudável se exauriu no interior. Quando a energia perversa for estênica, será produzido calor; quando a energia saudável for astênica, irá ocorrer frio.

"Ao se tratar a síndrome de estenia com acupuntura, abrir-se-á o orifício feito pela picada de agulha com a mão esquerda a fim de purgar; quando se tratar a síndrome de astenia com acupuntura, deve-se fechar o orifício feito pela picada de agulha com a mão esquerda, a fim de revigorar".

针解篇第五十四

Capítulo 54
Zhen Jie
(Explanação Acerca das Agulhas)

黄帝问曰：愿闻九针之解，虚实之道。岐伯对曰：刺虚则实之者，针下热也，气实乃热也〔《太素》无"气实"五字〕；满而泄之者，针下寒也，气虚乃寒也〔《太素》无"气虚"五字〕；菀陈则除之者，出恶血也。邪胜则虚之者，出针勿按；徐而疾则实者，徐出针而疾按之；疾而徐则虚者，疾出针而徐按之；言实与虚者，寒温气多少也。若无若有者，疾不可知也。察后与先者，知病先后也。为虚与实者，工〔《太素》"工"下有"守"字〕勿失其法。若得若失者，离其法也。虚实之要，九针最妙者，为其各有所宜也。补写之时〔林校据《甲乙经》"补写之时"下脱"以针为之"四字〕者，与气开阖相合也。九针之名，各不同形者，针穷其所当补写也。

Disse o Imperador Amarelo: "Espero que me expliques acerca das nove agulhas e dos diversos métodos de tratar a astenia e a estenia". Disse Qibo: "Ao tratar a astenia com acupuntura, deve aplicar o método de revigoramento; quando houver uma quentura sob a agulha, isso mostra que a energia saudável foi atingida para gerar a normalidade; quando se trata a estenia com acupuntura, deve-se usar o método de purgar; quando houver uma friagem sob a agulha, isso mostra que a energia perversa foi purgada para encaminhar à normalidade. O sangue no qual a energia perversa estagnada tiver estado por um longo tempo, deve ser deixado sair. Quando se pica um paciente cuja energia perversa estiver superabundante, não se fecha o orifício de agulha, a fim de deixar sair a energia perversa. O que se chama "devagar no começo e veloz em seguida para causar estenia" indica que após empurrar a agulha devagar, deve-se pressionar e fechar rapidamente o orifício de agulha, para que a energia saudável não possa ser excretada. O que se chama "rápido no início e devagar em seguida, para causar astenia" indica que após se empurrar a agulha com rapidez, deve-se deixar o orifício aberto sem pressioná-lo para que a energia perversa possa ser dispersada. O que aqui é chamado de astenia e de estenia, indica que na astenia, a energia é pouca e fria, e que na estenia, a energia é muita e quente; se a sensação de quente e frio não for evidente, então, a astenia e a estenia da doença serão difíceis de distinguir. Ao se inspecionar a condição nos primeiros e nos últimos estágios da doença, isso é para se assegurar dos ramos e dos troncos da mesma. Um médico só pode evitar o erro quando conhece a estenia ou a astenia da doença e se atém às regras da acupuntura. Se um médico não tiver uma certeza acerca da forma de tratar (tal como aplicar a purgação quando for necessário revigorar, ou aplicar revigoramento quando for necessário purgar) seu tratamento estará apartado da regra.

"Quando tratar a astenia e a estenia, deve-se aplicar a flexibilidade das nove agulhas.

Os nove tipos de agulha podem servir aos vários tipos de doença.

"Quando se aplica o método de revigorar ou o método de purgar, a agulha a ser usada deve estar de acordo com a abertura ou com o fechamento da energia.

"O que se chama as nove agulhas significa que existem nove tipos de agulhas de vários formatos e que têm nomes diferentes, e que cada espécie delas tem um papel específico para revigorar ou purgar.

刺〔《太素》"刺"下有"其"字，下"刺虚"同〕实须其虚者，留针阴气隆至〔明抄本 "隆至"下有"针下寒"三字〕，乃去针也；刺虚须其实者，阳气隆至，针下热乃去针也。经 气已至，慎守勿失者，勿变更也。深浅在志者，知病之内外也；近远如一者，深浅其候等也。 如临深渊者，不敢堕也；手如握虎者，欲其壮也；神无营于众物者，静志观病人，无左右视 也；义无邪下者，欲端以正也；必正其神者，欲瞻病人目制其神，令气易行也。所谓三里者， 下膝三寸也；所谓跗之者〔林校云："'跗之'上作'跗上'"〕，举膝〔"膝"是"脉"之误 字〕分易见也；巨虚者，跷足胻独陷者；下廉者，陷下者也。

"Ao tratar por meio da picada a síndrome de estenia, deve ser usada a terapia de purgar; a agulha deve ser retida no corpo a aguardar a chegada da energia Yin abundante, quando se empurra a agulha após haver uma sensação de frio sob a mesma. Quando se trata a síndrome de astenia picando, deve ser usado o método de revigoramento; após picar, esperar pela chegada da energia Yang, e empurra-se a agulha após ter uma sensação de calor sob a agulha.

"O que se chama aguardar com cuidado até que chegue a sensação de acupuntura significa: não alterar bruscamente o método de picar.

"O que se chama ter a certeza da profundidade da picada significa: deve-se saber com conhecer com clareza o exterior e o interior da doença.

"O que se diz da picada à distância e da picada proximal serem da mesma forma significa: os métodos de aguardar pela sensação de acupuntura tanto nas doenças severas quanto nas leves, são os mesmos.

"O que se chama sentir como se estivesse à beira de um abismo ao picar significa: não se deve ser indolente e ter falta de cuidado ao picar.

"O que se chama segurar a agulha como se segura um tigre significa: a picada deve ser firme e usar de força.

"O que se chama concentrar a mente sem dar atenção às coisas de fora, significa: inspecionar o paciente com calma sem olhar ao redor.

"O que se chama de puntura não enviesada significa: a agulha que é inserida deve estar de pé.

"O que se chama controlar o espírito do paciente significa: observar atentamente os olhos do paciente a fim de controlar suas atividades espirituais, para que o canal de energia flua com facilidade.

"O ponto Zusanli (Três Li (Distâncias) do Pé E 36)é o nome do acuponto a três polegadas abaixo do joelho em posição lateral. O ponto Chongyang (Impetuosidade do Yang E 42) está no dorso do pé e pode ser visto com facilidade quando se pica a artéria. O ponto Shangjuxu (Vasta Passagem Superior E 37) está na posição de depressão na parte lateral da tíbia, e pode ser picado quando a perna é erguida. O ponto Xiajuxu (Vasta Passagem Inferior E 35) está abaixo da posição de depressão acima citada".

帝曰：余闻九针，上应天地四时〔《类说》引"天地"下并无"四时"二字〕阴阳，愿闻其方，令可传于后世〔《太素》"世"下有"而"字〕以为常也。岐伯曰：夫一天、二地、三人、四时、五音、六律、七星、八风、九野，身〔《太素》"身"作"人"〕形亦应之，针各有所宜，故曰九针。人皮应天，人肉应地，人脉应人，人筋应时，人声应音，人阴阳合气〔柯逢时说："依《九针论》'合气'二字衍"〕应律，人齿面目应星，人出入气〔《太素》"气"下有"口"字〕应风，人九窍三百六十五络应〔《太平圣惠方》引"应"下有"九"字〕野，故一针皮，二针肉，三针脉，四针筋，五针骨，六针调阴阳，七针益精，八针除风，九针通九窍，除〔据《太素》杨注"除"字当作"应"〕三百六十五节气，此之谓各有所主也〔《太平圣惠方》引"主"作"立"〕。人心意应八风，人气应天，人发齿耳目五声应五音六律，人阴阳脉血气应地，人肝目应之九。

Disse o Imperador Amarelo: "Disseram-me que as nove agulhas correspondem ao céu, à terra, ao Yin e ao Yang; espero que possas me dar a relação causal a isso, para que possa ser passada às gerações pósteras e que se torne rotina ao tratar". Disse Qibo: "As várias partes do corpo humano correspondem ao seguinte: o um corresponde ao céu, o dois corresponde à terra, o três corresponde ao homem, o quatro corresponde às quatro estações, o cinco corresponde às cinco notas, o seis corresponde às seis regras do poema que prescreve as rimas e as sílabas que regulam uma à outra, o sete corresponde às sete estrelas, o oito corresponde aos oito tipos de vento, o nove corresponde aos nove campos abertos. O vários tipos de agulha servem respectivamente a diversas doenças, e são chamados as nove agulhas.

"A pele de um homem é como o céu que cobre todas as coisas; os músculos de um homem são como a terra que é espessa e sólida; o florescimento e o declínio de um canal são como a robustez e a senilidade de um homem; as funções dos tendões nas várias partes do corpo são como os diversos climas nas quatro estações; a voz de um homem corresponde às cinco notas na natureza; os órgãos sólidos e os ocos, Yin e Yang são como as seis regras num poema em que as rimas e as sílabas se coordenam umas com as outras; o arranjo dos dentes e os cinco órgãos do sentido do homem são como uma constelação do céu; a respiração do homem é como o vento na natureza; os nove orifícios e os trezentos e sessenta e cinco colaterais que se espalham pelo corpo todo, são como os nove campos abertos.

"Por isso, o primeiro tipo de agulha é usado para picar a pele; o segundo tipo de agulha é usado para picar o músculo; o terceiro tipo de agulha é usado para picar os vasos; o quarto tipo de agulha é usado para picar os tendões; o quinto tipo de agulha é usado para picar o osso; o sexto tipo de agulha é usado para equilibrar o Yin e o Yang; o sétimo tipo de agulha é usado para revigorar a energia refinada; o oitavo tipo de agulha é usado para expelir o vento perverso; o nono tipo de agulha é usado para drenar as energias dos nove orifícios, a fim de responder às energias dos trezentos e sessenta e cinco acupontos; por isso cada tipo de agulha tem função específica.

"Os pensamentos e idéias de um homem, mudam sem padrão regular como as oito espécies de vento; a energia saudável de um homem é como a operação contínua do céu; os cabelos, dentes, ouvidos e olhos do homem se coordenam perfeitamente como as cinco notas e as seis regras prescritas num poema; o sangue, a energia, os canais são como a terra que promove o nascimento e o crescimento de todas as coisas; a energia do fígado de um homem que se comunica com os olhos, corresponde ao número nove".

长刺节论篇第五十五

Capítulo 55
Chang Ci Jie Lun
(Comentário Suplementar Acerca da Puntura)

刺家不诊〔孙鼎宜说："按'不诊'或为'来诊'"〕，听病者言，在头，头疾痛，为藏〔林校据全元起本无"藏"字〕针之，刺至骨，病已上〔朝本，明抄本"上"并作"止"〕，无伤骨肉及皮，皮者道也。

Quando um médico tem muita experiência de acupuntura para tratar a doença, sempre ouve a auto-anamnese do paciente. Quando a dor de cabeça do paciente for severa, o acuponto sobre a cabeça deve ser picado, detendo a picada quando a dor de cabeça for aliviada. Ao picar, o osso, o músculo e a pele não devem ser machucados. A passagem da agulha deve ser limitada à pele para que o osso e músculo não possam ser lesados.

阴〔《太素》"阴"作"阳"〕刺，入一傍四处〔《太素》"四"下无"处"字〕，治寒热。深专者，刺大藏；迫藏刺背，背〔《太素》"刺背"下不重"背"字〕俞也。刺之迫藏，藏会，腹中寒热〔《太素》"寒热"下有"气"字〕去而止。与刺之要，发针而浅出血。

Ao punturar o Yang, picar de maneira reta e no meio uma vez, e picar enviesado do lado esquerdo e do direito por quatro vezes, com o que se cura o mal do calor e do frio.

Se a energia perversa penetrar no interior a fim de atacar superficialmente as vísceras, as cinco vísceras devem ser picadas. Quando a energia perversa se aproximar das cinco vísceras, devem ser picados os pontos shu posteriores, já que estes são os locais em que a energia visceral se estrutura. A picada deve ser detida quando o frio e o calor abdominais tiverem sido dispersos. De uma maneira geral, há um ligeiro sangramento quando se empurra a agulha.

治腐〔《太素》"腐"作"痈"〕肿者刺腐上，视痈小大深浅〔《太素》"深浅"下无"刺"字〕刺，刺大者多血，小者深之〔楼英说："'大者多血，小者深之'衍文也"〕，必端内针为故止。

Ao tratar o carbúnculo, este deve ser picado. Deve-se inspecionar primeiro o tamanho e a profundidade do carbúnculo e picar de maneira apropriada para sair o pus; a puntura deve ser em pé.

病在少腹有积，刺皮䯏〔《太素》"皮䯏"作"腹齐"〕以下，至少腹而止；刺侠脊两傍四椎间，刺两髂髎季胁肋间，导腹中气热〔全本作"热气"〕下已。

Quando há uma massa no baixo ventre, deve-se picar os locais do abdômen abaixo do baixo ventre, picando então os pontos dos dois lados da quarta vértebra, o Juliao do Fêmur (Fissura do Agachamento VB 29) dos lados da costela e os acupontos sobre o hipocôndrio a fim de fazer com que o calor do abdômen se mova para baixo e a doença seja curada.

263

病在少〔"少"作"小"〕腹，腹痛不得大小便，病名曰疝，得之寒；刺少腹两股间〔《甲乙》作"得寒则少腹胀，两股间冷"〕，刺腰髁骨间，刺而多〔"多"疑当作灸〕之，尽炅病已。

Quando a doença está no baixo ventre, e a dor incapacita os intestinos de se mexerem e que a urina passe, chama-se hérnia. Quando se contrai o frio, isso irá fazer com que se tenha distensão abdominal e frio entre as coxas. Ao tratar, deve-se picar a região lombar e o local entre as costelas e tratar com moxibustão após picar. A doença será curada quando o baixo ventre esquentar paulatinamente.

病在筋，筋挛〔《太素》"挛"下有"诸"字〕节痛，不可以行，名曰筋痹。刺筋上为故，刺分肉〔《太素》"分"下无"肉"字，按王注："分谓肉分间有筋维络处也"〕间，不可中骨也；病起〔"病起"二字衍〕筋炅，病已止。

Quando a doença estiver nos tendões e o paciente for atingido por cãibras, tiver dor nas juntas e for incapaz de andar, isso se chama síndrome Bi dos tendões. Ao tratar, deve-se picar o tendão, já que este é a junção dos músculos. A picada deve atingir o tendão na junção dos músculos, mas o osso não deve ser ferido. Quando for sentida a sensação de calor no tendão, isso mostra que a enfermidade foi curada e deve-se deter a picada.

病在肌肤，肌肤尽痛，名曰肌痹，伤于寒湿。刺大分、小分，多发针而深之，以热为故；无伤筋骨，伤筋骨，痈〔《甲乙》"痈"作"寒"〕发若变；诸分尽热，病已止。

Quando a doença estiver na pele e tanto a pele quanto o músculo estiverem doloridos, isso se chama mialgia e é causada pela invasão do frio-umidade. Ao tratar, deve-se picar os acupontos nas junções pequenas e grandes dos músculos. A picada deve ser profunda e em vários locais, até que se sinta quentura. Ao picar, não se deve ferir o tendão e o osso; se o tendão e o osso forem feridos, o frio perverso irá atacar e causar doença. Quando uma sensação quente for sentida nas junções pequenas e grandes dos músculos após picar, isso mostra que a doença foi curada e que a picada deve ser detida.

病在骨，骨重不可举，骨髓酸痛，寒气至〔孙鼎宜说："'至'下疑有'骨'字"〕，名曰骨痹，深者刺，无伤脉肉为故，其道〔《太素》"其道"作"至其"〕大分小分，骨热病已止。

Quando a doença estiver no osso, o paciente sentirá peso no osso e dificilmente poderá se mover; se a medula estiver dolorida e o osso extremamente frio, é a síndrome Bi óssea. Ao tratar, a picada deve ser profunda, mas o vaso e o músculo não devem ser feridos. Quando a agulha atingir o osso entre as junções grandes e pequenas e for sentido calor no osso, haverá pronta recuperação da doença, e a picada deve ser detida.

病在诸阳脉，且寒且热〔按"且寒"四字，涉下误衍〕，诸分且寒且热，名曰狂。刺之虚脉，视分尽热，病已止。病初发，岁一发，不治，月一发，不治，月四五发，名曰癫病。刺诸分诸脉〔《甲乙》作"其脉"，连下读〕，其无寒者以针调〔《甲乙》无"其"字，"无"作"尤"，"调"作"补"〕之，病〔金本，胡本，误本，赵本，吴本"病"下并有"已"字〕止。

Quando a doença estiver em diversos canais Yang (Canais Taiyang do Pé e da Mão, Shaoyang e Yangming) e forem sentidos calor e frio de vez em quando nas junções dos músculos, a doença é a mania. Ao tratar, deve-se aplicar uma terapia de purgação a fim de dispersar as energias perversas dos canais Yang; quando se sentir calor em todas as juntas musculares, recuperar-se-á muito rapidamente do mal, e a picada deve ser detida.

Quando a mania for novamente contraída, irá atacar uma vez por ano; se o tratamento for postergado, irá atacar uma vez por mês, e se não for novamente tratada, irá atacar de quatro a cinco vezes por mês, o que se chama epilepsia.

Ao tratar, deve-se picar as junções grandes e pequenas do músculo; se o canal estiver extremamente frio com freqüência, deve-se aplicar a terapia de revigoramento. Quando a doença apresentar uma melhora, deve-se deter a picada.

病风且寒且热，泣汗出，一日数过〔《甲乙》“过”作“欠”按“欠”疑是“次”之坏字〕，先刺诸分理络脉；汗出且寒且热，三日一刺，百日而已。

Quando a doença do paciente for causada pelo vento perverso, irá ocorrer por vezes a síndrome do frio e do calor; o paciente transpira quando está quente e a doença ocorre inúmeras vezes ao dia. Ao tratar, deve-se picar em primeiro lugar as junções dos músculos, a pele e os colaterais. Se o paciente continuar a transpirar e de vez em quando sentir calor e frio, deve ser punturado a cada três dias, e depois tratados durante cem dias; a doença será curada.

病大风，骨节重，鬚眉堕，名曰大风，刺肌肉为故，汗出百日，刺骨髓，汗出百日，凡二百日，鬚眉生而止针。

Quando se contrai lepra, o paciente sentirá peso nas juntas do corpo todo, e sua barba e sobrancelhas cairão; a isso se chama o mal da lepra. Ao tratar, deve-se picar o músculo para causar suor, e após cem dias de picadas, pica-se novamente a medula óssea para causar suor. O processo todo deve durar duzentos dias antes que cessem as picadas.

皮部论篇第五十六

Capítulo 56
Pi Bu Lun
(Sobre as Camadas de Pele)

黄帝问曰：余闻皮有分部，脉有经纪，筋有结络，骨有度量。其所生病各异，别其分部，左右上下，阴阳所在，病之始终，愿闻其道。

Disse o Imperador Amarelo: "Disseram-me que as várias camadas da pele pertencem respectivamente aos doze canais; na distribuição dos vasos, alguns são verticais e outros horizontais; na distribuição dos tendões há nós e colaterais; na distribuição dos ossos, alguns deles são grandes e longos e alguns deles são pequenos e curtos. As doenças provenientes dos vários órgãos são diferentes, e podem ser distinguidas pelas partes da pele que pertencem respectivamente aos vários canais; além disso, deve-se levar em conta as posições alta e baixa, esquerda e direita, o atributo do Yin e do Yang e o processo de desenvolvimento da doença. Espero que posteriormente possas me falar a respeito".

岐伯对曰：欲知皮部以经脉为纪者〔《太素》"纪"下无"者"字〕，诸经皆然。阳明之阳，名曰害蜚，上下同法。视其部中有浮络者，皆阳明之络也。其色多青则痛，多黑则痹，黄〔据《太素》"黄赤"上脱"多"字〕赤则热，多白则寒，五色皆见，则寒热也。络盛则入客于经，阳主外，阴主内。

Disse Qibo: "Quando se deseja determinar a qual canal pertence a parte da pele, deve-se basear nas localizações que o canal atinge e por onde passa. As condições de todos os doze canais são as mesmas.

"Os colaterais Yang do Canal Yangming o qual atinge e passa por parte da pele chama-se "Haifei" (a energia mortífera que impede o nascimento e o crescimento). As condições do Canal Yangming da Mão e do Canal Yangming do Pé são as mesmas. Os colaterais flutuantes vistos em parte da pele são todos os colaterais flutuantes do Canal Yangming; se os colaterais forem verdes em sua maioria, isso demonstra haver dor; se forem pretos em sua maioria, isso mostra que há Bi (mal de bloqueio dos perversos nas extremidades, meridianos e vísceras); se a maioria for amarelado-vermelho, isso mostra que há calor; se forem brancos em sua maioria, isso mostra que há frio; se todas as cinco cores existirem isso mostra que a doença se alterna entre o frio e o calor. Quando a energia perversa dos colaterais estiver superabundante, irá invadir seu canal. Os colaterais, que pertencem ao Yang, se encarregam do exterior, e os canais, que pertencem ao Yin, se encarregam do interior.

少阳之阳，名曰枢持，上下同法。视其部中有浮络者，皆少阳之络也。络盛则入客于经。故在阳者主内，在阴者主出，以渗于内，诸经皆然〔"故在阳"以下十九字，张琦以为伪误，孙鼎宜以为衍文，吴注木册此十九字〕。

266

"Os colaterais Yang do Canal Shaoyang que atingem e passam por parte da pele, se chamam "Shuchi" (o eixo do pivô), e as condições do Canal Shaoyang da Mão e do Canal Shaoyang do Pé são as mesmas. Os colaterais flutuantes vistos em parte da pele são todos colaterais do Canal Shaoyang. Quando a energia perversa nos colaterais estiver superabundante, irá penetrar seu canal.

太阳之阳，名曰关枢，上下同法。视其部中有浮络者，皆太阳之络也。络盛则入客于经。

"Os colaterais yang do Canal Taiyang que atingem e passam por parte da pele se chamam "Guanshu" (pivô controlador). As condições tanto do Canal Taiyang da Mão quanto do Pé são as mesmas. Os canais flutuantes vistos em parte da pele são todos colaterais do Canal Taiyang. Quando a energia perversa nos colaterais for superabundante, irá penetrar seu canal.

少阴之阴，名曰枢儒，上下同法。视其部中有浮络者，皆少阴之络也。络盛则入客于经，其入经也，从阳部注于经〔"经"蒙上误，似应作"筋"〕；其〔《太素》"其"下有"经"字，按"经"字应在"出"字下，为"其经出者"〕出者，从阴内〔《太素》"阴"下无"内"字，按"阴内"应作"阴部"《甲乙》作"阴部""阴部"谓脉也〕注于骨。

"Os colaterais Yin do Canal Shaoyin que atingem e passam por parte da pele são chamados "Shuru" (eixo da bucha do pivô). As condições do Canal Shaoyin da Mão e do Canal Shaoyin do Pé são as mesmas. Os colaterais flutuantes vistos em parte da pele são todos colaterais do Canal Shaoyin. Quando a energia perversa invadir o canal, irá penetrar no tendão por meio dos colaterais; se não invadir o canal, irá invadir o osso através dos vasos.

心主〔张琦说："'心主'当作'厥阴'"〕之阴，名曰害肩，上下同法。视其部中有浮络者，皆心主〔当作"厥阴"〕之络也。络盛则入客于经。

"Os colaterais Yin do Canal Jueyin que atingem e passam por parte da pele se chamam "Haijian" (que lesam o ombro). As condições do Canal Jueyin da Mão e do Canal Jueyin do Pé são as mesmas. Os colaterais flutuantes vistos, são todos colaterais do Canal Jueyin. Quando a energia perversa no colateral estiver superabundante, irá penetrar seu canal.

太阴之阴，名曰关蛰，上下同法。视其部中有浮络者，皆太阴之络也，络盛则入客于经。凡十二经络〔《太素》"经"下无"络"字〕脉者，皮之部也。

"Os colaterais Yin do Canal Taiyin que atingem e passam por parte da pele se chamam "Guanzhe" (o que hiberna lacrado). As condições do Canal Taiyin da Mão e do Canal Taiyin do Pé são as mesmas. Os colaterais flutuantes vistos em parte da pele são os colaterais flutuantes do Canal Taiyin. Quando a energia perversa nos colaterais estiver superabundante, irá penetrar seu canal. Em outras palavras, todos os doze canais pertencem respectivamente às várias camadas da pele.

是故百病之始生也，必先于皮毛〔吴注本"毛"作"也"，《太素》《甲乙》"先"下有"客"字〕，邪中之则腠理开，开则入客于络脉，留而不去，传入于经，留而不去，传入于府，廪于〔《类说》"入手"下无"府廪于"三字〕肠胃。邪之始入于皮也，泝〔《甲乙》"泝"作"淅"，"淅然"寒貌〕然起毫毛，开腠理；其入于络也，则络脉盛色变；其入客于经也，则感虚乃陷下。其留于筋骨之间，寒多则筋挛骨痛；热多则筋弛骨消，肉烁䐃破，毛直而败。

"Assim, todas as doenças principiam definitivamente, em primeiro lugar a partir de parte da pele. Quando o mal ataca a pele, as estrias se conservarão abertas e a energia perversa irá invadir os colaterais; quando o perverso ficar por longo tempo retido, será transmitido aos intestinos e ao estômago. Quando o mal invade a pele, a pessoa irá tremer de frio com os finos cabelos da pele em pé e as estrias abertas. Quando a energia perversa invade os colaterais, estes ficarão cheios, e a cor da compleição do paciente irá mudar. Quando o mal invadir o canal, o paciente terá uma síndrome de afundamento, pulso fraco e respiração deficiente. Se o mal ficar retido entre os tendões e os ossos, e quando a energia perversa for superabundante, o paciente terá espasmos musculares e dor nos ossos; quando a energia quente for superabundante, o paciente terá flacidez muscular, e fraqueza nos ossos; seus músculos do ombro e dos cotovelos irão se deteriorar e sua pele e cabelos ficarão enfraquecidos".

帝曰：夫子言皮之十二部，其生病皆何如？岐伯曰：皮者脉之部也，邪客于皮则腠理开，开则邪入客于络脉，络脉满则注于经脉，经脉满则入舍于府藏也，故皮者〔《甲乙》"皮"下无"者"字〕有分部，不与而生大病也。帝曰：善！

Disse o Imperador Amarelo: "Quais são as condições das infecções das doze camadas da pele, que disseste?" Disse Qibo: "A pele é o local onde os colaterais se espalham; quando a energia perversa invade a pele, as estrias se abrirão; quando as estrias se abrirem, a energia perversa irá invadir os colaterais; quando o colateral estiver repleto de energia perversa, esta penetrará no canal; quando o canal estiver repleto, ela irá mais adiante e penetrará nas vísceras. Portanto, quando a energia perversa invadir a pele, se tratada em tempo, poder-se-á recuperar rapidamente da doença; se o tratamento demorar, a energia perversa irá penetrar nas vísceras e causar enfermidade séria".

经络论篇第五十七

Capítulo 57
Jing Luo Lun
(Sobre os Colaterais)

黄帝问曰：夫络脉之见也，其五色各异，青黄赤白黑不同，其故何也？岐伯对曰：经有常色而络无常变也。

O Imperador Amarelo perguntou: "Quando os colaterais aparecem no lado externo, eles têm cinco cores diferentes: verde, amarelo, vermelho, branco e preto; qual a razão?"

Qibo respondeu: "A cor do canal é imutável, mas a cor dos colaterais é mutável."

帝曰：经之常色何如？岐伯曰：心赤、肺白、肝青、脾黄、肾黑，皆亦应其经脉之色也。

O Imperador Amarelo perguntou: "Quais são as cores regulares dos doze canais?" Qibo respondeu: "Os doze canais se conectam com as cinco vísceras, e as cores das cinco vísceras são diferentes: o coração é vermelho, o pulmão é branco, o fígado é verde, o baço é amarelo e o rim é preto. Nos doze canais, a cor do canal é a mesma que a da víscera com que se conecta".

帝曰：络之阴阳，亦应其经乎？岐伯曰：阴络之色应其经，阳络之色变无常，随四〔《太素》"随"下无."四"字〕时而行也。寒多则凝泣，凝泣则青黑；热多则淖泽，淖泽则黄赤；此皆常色，谓之无病〔明抄二夹注云："'此皆'八字，当在'随时而行'之下"〕，五色具〔《太素》"具"作"俱"〕见者，谓之寒热。帝曰：善。

O Imperador Amarelo perguntou: "Os colaterais Yin (profundos) e os colaterais Yang (rasos) correspondem às cores regulares do canal a que pertencem?"

Respondeu Qibo: "A cor do canal Yin corresponde à cor do canal com que se relaciona, mas a cor do canal Yang é mutável, e a cor muda juntamente com a mudança do tempo.

"Quando o tempo está extremamente frio, o sangue fica moroso e estagnado, e sua cor esverdeado-negra; quando o tempo fica extremamente úmido e quente, o sangue fica úmido e escorregadio e sua cor amarelado-vermelha. Essas cores são normais e mostram uma boa saúde do corpo. Se as cinco cores aparecem ao mesmo tempo, isso é causado pelo frio extremo ou pelo calor extremo do corpo". O Imperador Amarelo disse: "Muito bem".

气穴论篇第五十八

Capítulo 58
Qi Xue Lun
(Sobre os Acupontos)

黄帝问曰：余闻气穴三百六十五，以应一岁，未知其所〔《太素》"所"下有"谓"字〕，愿卒闻之。岐伯稽首再拜对曰：窘乎哉问也！其非圣帝，孰能穷其道焉！因〔《太素》"因"作"固"〕请溢意尽言其处。帝捧手逡巡而却曰：夫子之开余道也，目未见其处，耳未闻其数，而目以明，耳以聪矣。岐伯曰：此所谓圣人易语，良马易御也。帝曰：余非圣人之易语也，世言真数开人意，今余所访问者真数，发蒙解惑，未足以论也。然余愿闻夫子溢志尽言其处，令解其意，请藏之金匮，不敢复出。

Disse o Imperador Amarelo: "Disseram-me que o homem tem trezentos e sessenta e cinco acupontos que correspondem ao número de dias do ano, mas eu não conheço suas posições. Espero que possas me falar a respeito".

Qibo se prosternou duas vezes e disse: "Esse é um problema que causa embaraço. Como pode alguém impor seus princípios a um imperador sagaz? Já que vós o mencionastes, tentarei explicar da melhor forma".

O Imperador Amarelo colocou uma mão em cima da outra em concha sobre o peito e disse modestamente: "Se tu puderes me falar o essencial e inspirar para que eu compreenda os acupontos, dos quais eu não vi ou ouvi antes, isso será como fazer com que eu tenha olhos atentos e ouvidos aguçados". Disse Qibo: "Vossa excelente habilidade de compreensão é como o que se diz que "um sábio é sempre esperto o suficiente para compreender bem as coisas, e um bom cavalo pode ser facilmente atrelado"".

O Imperador Amarelo: "Não sou a espécie de sábio que seja tão brilhante. Porém mesmo uma pessoa comum, terá seus sentidos bem abertos quando conhecer o número dos acupontos nos meridianos (que é o que eu desejo saber). O que peço a ti é para iluminar minha ignorância e somente eliminar minha perplexidade, e não estou pedindo a ti para discutir a teoria sutil. Já que disseste que desejas fazer o melhor para explicar a posição dos acupontos e tornar o essencial claro para mim, eu desejo ter anotadas suas explanações num cofre de ouro e jamais perdê-lo".

岐伯再拜而起曰：臣请言之，背与心相控而痛，所治天突与十椎及上纪〔《太素》"上纪"下有"下纪"二字〕，上纪者，胃脘也，下纪者关元也。背胸邪系〔《太素》"邪上无"胸背"二字，"系"作"主"〕阴阳左右，如此其病前后痛涩，胸胁痛而不得息，不得卧，上气短气偏〔林校云："按别本'偏'作'满'"〕痛，脉满起，斜出尻脉，络胸胁〔《太素》"胸"下无"胁"字〕支心贯鬲、上肩加天灾，斜下肩交十椎下〔《太素》"下"者"藏"字，杨上善说："下藏者，下络肾藏也"〕

Qibo se prosternou profundamente mais uma vez, depois se ergueu e disse: "Nesse caso, tentarei explicá-lo. Quando as costas e o peito de uma pessoa exercem tração um sobre o outro com dor, deve-se tratar picando o ponto Tiantu (VC 22 (Renmai) do Canal Ren, o ponto Zhongshu (DU 7) do Canal Du, o ponto Zhongwan (VC 12 (Renmai) e o ponto Guanyuan (VC 4 (Renmai).

"Quando a energia perversa ataca os lados esquerdo e direito e o Yin e o Yang, a dor no hipocôndrio fará com que o paciente respire com dificuldade, sendo incapaz de se deitar de costas. A subida invertida da energia do pulmão causa respiração acelerada, insuficiência de ar, distensão, plenitude e dor. Quando a energia perversa preencher o canal, irá subir e passar para o colateral maior, escorregando depois para as nádegas, peito, coração, diafragma, escápula, interceptando depois o Canal Ren no ponto Tiantu, encaminhando-se depois para baixo em direção aos ombros, e apegando-se aos rins, abaixo da parte posterior da décima vértebra.

藏俞五十穴，府俞七十二穴，热俞五十九穴，水俞五十七穴，头上五行，行五，五五二十五穴，中膂两傍各五，凡十穴，大椎〔《太素》"大椎"作"大杼"，按"上"疑是"下"〕上两傍各一，凡二穴，目瞳子浮白二〔"浮白"下脱"各"字，王注"左右言之，各二为四也"〕穴，两髀厌分〔《太素》"厌"下无"分"字〕中二穴，犊鼻二穴，耳中多所闻二穴，眉本二穴，完骨二穴，项中央一穴，枕骨二穴，上关二穴，大迎二穴，下关二穴，天柱二穴，巨虚上下廉四穴，曲牙二穴，天突一穴，天府二穴，天牖二穴，扶突二穴，天窗二穴，肩解二穴，关元一穴，委阳二穴，肩贞二穴，瘖门一穴，齐一穴，胸俞十二穴，背俞二穴，膺俞十二穴，分肉二穴，踝上横二穴，阴阳跷四穴，水俞在诸分，热俞在气穴，寒热俞在两骸厌中二穴，大禁二十五，在天府下五寸，凡三百六十五穴，针之所由行也。

"Nos cinco órgãos sólidos, cada qual tem cinco tipos de pontos shu que são Ting, Xing, Shu, Jing e He, e cada ponto shu tem cinco acupontos; cinco vezes cinco perfaz vinte e cinco e eles ascendem a cinqüenta pontos nos lados esquerdo e direito, como se segue:

Acupontos dos cinco órgãos sólidos	Fígado	Coração	Baço	Pulmão	Rim
Ting (Madeira)	Dadun (F 1)	Shaochong (C 9)	Yinbai (BP 1)	Shaoshang (P 11)	Yongquan (R 1)
Xing (Fogo)	Xingjian (F 2)	Shaofu (C 8)	Dadu (BP 2)	Yuji (P 10)	Rangu (R 2)
Shu (Terra)	Taichong (F 3)	Shenmen (C 7)	Taibai (BP 3)	Taiyuan (P 9)	Taixi (R 3)
Jing (Metal)	Zhongfeng (F 4)	Lingdao (C 4)	Shangqiu (BP 5)	Jingqu (P 8)	Fuliu (R 7)
He (Água)	Quchuan (F 8)	Shaohai (C 3)	Yinlingquan (BP 9)	Chize (P 5)	Yingu (R 10)

"Nos seis órgãos ocos, cada um deles tem seis tipos de pontos shu que são Jing, Xing, Shu, Yuan, Jing e He, e cada ponto shu tem seis acupontos; seis vezes seis perfaz trinta e seis. Eles ascendem a setenta e dois pontos dos lados esquerdo e direito como a seguir:

271

Os Shu dos seis órgãos ocos	Vesícula Biliar	Estômago	Intestino grosso	Intestino delgado	Triplo aquecedor	Bexiga
Ting (Metal)	Qiaoyin (VB 44)	Lidui (E 45)	Shangyang (IG 1)	Shaoze (ID 1)	Guanchong (TA 1)	Zhiyin (B 67)
Xing (Água)	Xiaxi (VB 43)	Neiting (E 44)	Erjian (IG 2)	Qiangu (ID 2)	Yemen (TA 2)	Tonggu (B 66)
Shu (Madeira)	Linqi (VB 41)	Xiangu (E 43)	Sanjian (IG 3)	Houxi (ID 3)	Zhongzhu (TA 3)	Shugu (B 65)
Yuan	Qiuxu (VB 40)	Chongyang (E 42)	Hegu (IG 4)	Wangu (ID 4)	Yangchi (TA 4)	Jinggu (B 64)
Jing (Fogo)	Yangfu (VB 38)	Jiexi (E 41)	Yangxi (IG 5)	Yanggu (ID 5)	Zhigou (TA 6)	Kunlun (B 60)
He (Terra)	Yanglingquan (VB 34)	Sanli (E 36)	Quchi (IG 11)	Xiaohai (ID 8)	Tianjing (TA 10)	Wizhong (B 40)

"Os acupontos para tratar a síndrome do calor são cinqüenta e nove. Na seção da cabeça há cinco fileiras e cada uma delas tem cinco acupontos. Na fileira do meio há cinco pontos: Shangxing (DU 23), Xinhui (DU 22), Qianding (DU 21), Baihui (DU 20) e Houding (DU 19); em cada um dos dois lados estão os pontos Wuchu (B 5), Chengguang (B 6), Tongtian (B 7), Luoque (B 8) e Yuzhen (B 9), e eles somam dez pontos dos lados esquerdo e direito; em cada um dos lados seguintes estão os pontos: Linqi da Cabeça (B 15), Muchuang (B 16), Zhengying (B 17), Chengling (B 18) e Naokong (B 19); eles chegam a dez pontos dos lados esquerdo e direito. O total dos acupontos acima são vinte e cinco. Além disso, há de cada lado os pontos Dashu (B 11), Yingshu *, Quepen (E 12), Fengmen (B 12); eles perfazem oito pontos dos lados esquerdo e direito; de cada lado os pontos: Qichong (E 30), Sanli (E 36), Shangjuxu (E 37) e Xiajuxu (E 39); eles perfazem oito pontos dos lados esquerdo e direito; de cada lado os pontos Yunmen (P 2), Yugu (Jianyu IG 15), Weizhong (B 40) e Yaoshu (DU 2); eles somam oito pontos dos lados esquerdo e direito; de cada lado os pontos: Pohu (B 42), Shentang (B 44), Pomen (Hunmen B 47), Yishe (B 49) e Zhishi (B 52); eles chegam a dez pontos dos lados esquerdo e direito. O total dos pontos para tratar a síndrome do calor é de cinqüenta e nove.

"São cinqüenta e sete os acupontos para tratar a síndrome de retenção de líquidos. Há cinco faixas acima das nádegas e cada uma tem cinco acupontos. Ao longo da região média da espinha, por onde passa o Canal Du há cinco pontos: Jizhong (DU 6), Xuanshu (DU 5), Mingmen (Du 4), Yaoshu (DU 2) e Chiangqiang (DU 1). Uma polegada e meia ao lado da espinha, por onde passa o canal Taiyang do Pé, estão os pontos: Dachangshu (B 25), Xiaochangshu (B 27), Pangguangshu (B 28), Zhonglushu (B 29), Baihuanshu B 30); esses pontos chegam a dez dos lados esquer-

---

*Nota do tradutor: Yingshu é um outro nome do ponto Zhongfu - P1, fato que ocorre com alguns pontos, que têm dois ou até mais nomes.

do e direito. A três polegadas de cada lado da espinha, por onde passa o Canal Taiyang do Pé, estão os pontos: Weicang (B 50), Huangmen (B 51), Zhishi (B 52), Baohuang (B 53) e Zhibian (B 54); eles somam dez pontos dos lados esquerdo e direito. O total de pontos acima é de vinte. Além disso, acima do músculo femural reto, há duas faixas, e cada uma delas, tem cinco acupontos, por onde passa o Canal Shaoyang do Pé. Eles são os pontos: Zhongzhu (R 15), Siman (R 14), Qixue (R 13), Dahe (R 12), e Henggu (R 11) e perfazem um total de dez pontos nos lados esquerdo e direito. Lateralmente, aos Canais Chong e Shaoyin do Pé, por onde passa o Canal yangming do Pé, estão os pontos: Wailing (E 26), Daju (E 27), Shuidao (E 28), Guilai (E 29) e Qichong (E 30) e eles somam dez pontos dos lados esquerdo e direito. Acima de cada calcanhar, há uma faixa, cada qual por onde passam os Canais Shaoyin do Pé e Yinjiao com seis acupontos. Eles são: Taichong (F 3), Fuliu (R 7), Yingu (R 10), Zhaohai (R 6), Jiaoxin (R 8) e Zhubin (R 9) e somam doze pontos dos lados esquerdo e direito. É de cinqüenta e sete o total de acupontos para tratar a síndrome da retenção de líquidos.

"Na seção da cabeça há cinco faixas, e cada uma tem cinco acupontos, e cinco vezes cinco perfaz vinte e cinco pontos (os vinte e cinco pontos na cabeça acima para tratar a síndrome do calor).

"À uma polegada e meia dos dois lados da espinha, há cinco acupontos. Ao lado da terceira vértebra, está Feishu (B 13); ao lado da quinta vértebra está Xinshu (B 15); ao lado da nona vértebra está Ganshu (B 18); ao lado da décima primeira vértebra Pishu (B 20). Ao lado da décima quarta vértebra está Shenshu (B 23); eles somam dez pontos dos lados esquerdo e direito.

"Dos dois lados abaixo do ponto Dazhui estão os dois pontos Dazhu (B 11).

"A meia polegada de cada lado do canto externo do olho, estão os dois pontos Mutong (Tongziliao VB 1); na parte superior por trás de cada otomastóide estão os dois pontos Fubai (VB 10). Eles somam quatro pontos dos lados esquerdo e direito.

"Na junta do grande trocanter (ápice do aspecto lateral da coxa, onde há a proeminência do fêmur) está o ponto Huantiao (VB 30). Eles chegam a dois pontos de cada lado, esquerdo e direito.

"O ponto Dubi (E 35) está entre a cápsula do joelho e a tíbia. Eles somam dois pontos do lado esquerdo e do direito.

"O ponto Duosowen (Tinggong ID 19) está no orifício ao lado do lobo da orelha. São dois pontos dos lados esquerdo e direito.

"O ponto Meiben (Cuanzhu B 2) está no orifício da sobrancelha, perfazendo dois pontos dos lados esquerdo e direito.

"O ponto Wangu (VB 12) está dentro da linha capilar atrás da orelha. São dois pontos dos lados esquerdo e direito.

"O ponto Fengfu (DU 16) está no pescoço a uma polegada dentro da linha do cabelo. Há somente um ponto.

"O ponto Zhengu (Touqiaoyin VB 11) está sob o osso occipital, sete fen acima do ponto Wangu. São dois pontos dos lados esquerdo e direito.

"O ponto Shangguan (Kezhuren VB 3) está em frente ao ouvido. Soma dois pontos, dos lados esquerdo e direito.

"O ponto Daiying (E 5) está na artéria, uma polegada e três fen na cavidade em frente à curva do queixo. Soma dois pontos dos lados esquerdo e direito.

"O ponto Xiaguan (E 7) está a três polegadas abaixo do ponto Shangguan, e soma dois pontos dos lados esquerdo e direito.

"O ponto Tianzhu (B 10) está na parte posterior da cabeça, cinco polegadas adentro da linha do cabelo; soma dois pontos dos lados esquerdo e direito.

"O ponto Shangjuxu (E 37) está a três polegadas abaixo do ponto Sanli do Pé; o ponto Xiajuxu (E 39) está a três polegadas abaixo do ponto Shangjuxu. Eles somam quatro pontos dos lados esquerdo e direito.

"O ponto Quya (Jiache E 6) está na cavidade terminal da bochecha, oito fen abaixo da orelha. Soma dois pontos dos lados esquerdo e direito.

"O ponto Tiantu (RN 22) está a quatro polegadas sob o pomo de Adão, e há somente um ponto.

"O ponto Tianfu (P 3) está a três polegadas sob a axila; soma dois pontos dos lados esquerdo e direito.

"O ponto Tianyou (TA 6) está ao lado do tendão maior, atrás do ponto Tianrong e em frente ao ponto Tianzhu, sob o ponto Wangu e acima da linha dos cabelos. Soma dois pontos dos lados esquerdo e direito.

"O ponto Futu (IG 18) está à uma polegada e meia ao lado do ponto Renying e à uma polegada acima do ponto Tianding, entre os tendões maiores e o pescoço. Eles somam dois pontos dos lados esquerdo e direito.

"O ponto Tianchuang (ID 16) está à uma polegada atrás do ponto Futu, entre os tendões maiores do pescoço, sob a curva do queixo. Eles somam dois pontos dos lados esquerdo e direito.

"O ponto Jianjie (Jianjing VB 21) está na cavidade do ombro à uma polegada ao lado do pescoço e à uma polegada acima do ponto Jianliao. Somam dois pontos dos lados esquerdo e direito.

"O ponto Guanyuan (RN 4) está a três polegadas sob o umbigo, na linha branca do abdômen. Há somente um ponto.

"O ponto Weiyang (B 39) está na posição mais afastada do ponto Weizhong no terminal externo da fossa poplítea. Somam dois pontos dos lados esquerdo e direito.

"O ponto Jianzhen (ID 9) está sob a escápula, somando dois pontos dos lados esquerdo e direito.

"O ponto Yinmen (Yamen DU 15) está no ápice do pescoço, cinco fen para dentro da linha do cabelo. Há somente um ponto.

"No centro do umbigo há o ponto Shenque (RN 8) que não pode ser picado. Há apenas um ponto.

"De cada um dos lados do Canal Ren no peito, há seis acupontos: Shufu (R 27), Yuzhong, Shencang (R 25), Lingxu (R 24), Shengfeng (R 23) e Buguo (Bulang (R 22). A distância vertical de cada ponto, é de uma polegada e seis fen. Somam doze pontos dos lados esquerdo e direito.

"O ponto Dazhu (B 11) está nas costas e à uma polegada e meia da primeira vértebra toráxica. Somam dois pontos dos lados esquerdo e direito.

"De cada lado do peito, estão os pontos Yunmen (P 2), Zhongfu (P 1), Zhourong (BP 20), Xiongxiang (BP 19), Tianxi (BP 18) e Shidou (BP 17). Chegam a doze pontos dos lados direito e esquerdo e todos estão a seis polegadas ao lado do Canal Ren.

"O ponto Fenrou (Yangfu VB 38) está à quatro polegadas acima do maléolo externo no espaço existente entre os feixes musculares na extremidade inferior da fíbula. Somam dois pontos dos lados esquerdo e direito.

"Acima dos maléolos interno e externo, há um acuponto: o ponto Jiaoxin (R 8) está à duas polegadas acima do maléolo interno e o ponto Fuyang (B 59) à duas polegadas acima do maléolo externo. Somam quatro pontos dos lados esquerdo e direito.

"O ponto Yinqiao (Zhaohai R 6) está sob o maléolo interno; o ponto Yangqiao (Shenmai B 62) está a cinco fen sob o maléolo externo. Chegam a quatro pontos dos lados direito e esquerdo.

"Os cinqüenta e sete pontos para tratar a síndrome de retenção de líquidos, estão nos espaços entre os feixes de músculos e os cinqüenta e nove pontos para tratar as síndromes do calor perverso, estão nas interseções dos diversos canais. O ponto para tratar as síndromes do frio perverso é Xiyangguan (VB 33) no local mais estreito do flanco externo sob o joelho. Soma dois pontos dos lados esquerdo e direito.

"O ponto Dajin (Wuli IG 11) está a cinco polegadas por debaixo do ponto Tianfu. Este acuponto não deve ser picado mais do que vinte e cinco vezes: quando for picado vinte e cinco vezes, a energia shu ficará esgotada e o paciente morrerá. Esta é a razão pela qual o ponto se chama Dajin (Grande Proibição).

"Há trezentos e sessenta e cinco acupontos, todos em posições importantes para se aplicar agulhas".

帝曰：余已知气穴之处，游针之居，愿闻孙络谿谷，亦有所应乎？岐伯曰：孙络三百六十五穴会，亦以应一岁，以溢奇邪，以通荣卫〔按"以通"四字涉下误衍〕，荣卫稽留，卫散荣溢〔按"卫散"四字，疑为"气竭血著"之旁注，误入正文〕，气竭〔《太素》"竭"作"浊"〕血著，外为发热，内为少气，疾写无怠，以通荣卫，见而写之，无问所会。

Disse o Imperador Amarelo: "Agora eu conheço as posições dos acupontos para se aplicar as agulhas, e desejo conhecer mais acerca dos colaterais imediatos, juntas e vales e reentrâncias entre os feixes de músculos correspondentes".

Disse Qibo: "Os trezentos e sessenta e cinco pontos que nem os colaterais imediatos e as reentrâncias dos músculos, correspondem ao número de dias do ano. A função dos colaterais imediatos é remover a energia perversa. Quando a energia perversa invade o corpo, gera estagnação das energias Rong e Wei, respiração áspera e turva, coagulação do sangue, febre interna e respiração curta externa; se o colateral imediato for picado logo em seguida sem a descarga da energia perversa, as energias Rong e Wei ficam desimpedidas, por isso, sempre que for vista a condição acima, deve-se aplicar a terapia de purgação ao picar, independente da posição do acuponto".

275

帝曰"善。愿闻溪谷之会也。岐伯曰〔胡本，误本，赵本"曰"下并无"善"字〕：肉之大会为谷，肉之小会为谿，肉分之间，谿谷之会，以行荣卫，以会〔《甲乙》"会"作"舍"〕大气，邪溢气壅，脉热肉败，荣卫不行，必将为脓，内销骨髓，外破大腘，留于节凑，必将为败。积寒留舍，荣卫不居，卷肉缩筋，肋肘不得伸，内为骨痹，外为不仁，命曰不足，大寒留于谿谷也。谿谷三百六十五穴会，亦应一岁，其小痹淫溢，循脉往来，微针所及，与法相同。

Disse o Imperador Amarelo: "Desejo conhecer mais acerca da convergência dos vales e das reentrâncias". Disse Qibo: "O espaço maior entre os feixes de músculos se chama "vale"; o espaço menor entre os feixes de músculos se chama "reentrância". Portanto, as energias Rong e Wei podem passar livremente no espaço entre os feixes de músculos, e a energia perversa pode se instalar. Quando a energia perversa invade e se instala nos vale e na reentrância, a energia saudável ficará estagnada, causando calor no sangue e deterioração muscular; as energias Rong e Wei serão incapazes de prosseguir e o músculo ficará inchado; nesse caso, a medula será destruída por dentro e a protuberância do músculo se quebrará por fora. Se a energia perversa ficar retida entre o osso e o músculo, ocorrerá uma corrupção pela doença. Quando a energia perversa for retida por muito tempo, as energias Rong e Wei não serão capazes de circular normalmente e o tendão se encolherá e será incapaz de se esticar, devido à friagem excessiva em seu interior; nesse caso, causará no interior do osso a síndrome Bi e do lado de fora insensibilidade. As síndromes acima, provêm da retenção de frio excessivo nos vales e reentrâncias. Os vales e reentrâncias se ligam aos trezentos e sessenta e cinco acupontos e também correspondem ao número de dias do ano. Se um ligeiro frio for retido por muito tempo, pode se acumular e tornar maior, e também pode circular ao longo do vaso causando a doença. A energia perversa pode ser purgada usando-se uma agulha pequena como para um tratamento de puntura comum".

帝乃辟左右而起，再拜曰：今日发蒙解惑，藏之金匮，不敢复出，乃藏之金兰之室，署曰气穴所在。岐伯曰：孙络之脉别经者，其血盛而当写者，亦三百六十五脉，并注于络，传注十二络脉、非独十四络脉也，内解写于中者十脉。

O Imperador Amarelo dispensou as pessoas ao redor, levantou-se e se prosternou várias vezes dizendo: "Seu discurso de hoje ilumina minha ignorância e alivia minha perplexidade. Desejo conservar todas as suas palavras num cofre de ouro, e não perdê-lo de forma alguma; guardarei o cofre de ouro na biblioteca real e o nome do arquivo é "As Posições dos Acupontos".

Disse Qibo: "A diferença do vaso do colateral imediato e do canal, é que o vaso do colateral imediato pode despejar o sangue quando estiver abundante. Como os trezentos e sessenta e cinco vasos, todos se conectam com os colaterais, a superabundância de sangue pode penetrar nos colaterais e depois nos canais. A penetração não se limita aos catorze canais (os doze canais, mais os canais Ren e Du); mesmo quando o meridiano que está no osso for invadido pelo perverso, o sangue também pode penetrar nos canais dos cinco órgãos sólidos (dez canais à esquerda e à direita)".

气府论篇第五十九

Capítulo 59
Qi Fu Lun
(Os Pontos de Acupuntura Associados a Vários Canais)

足太阳脉气所发者七十八〔《太素》"八"作"三"〕穴：两眉头各一，入发至顶〔林校云："'项'当作'顶'"〕三寸半，傍五，相去寸，其浮气在皮中者凡五行，行五，五五二十五，项中大筋两傍各一，风府两傍各一，侠背〔《太素》"背"作"脊"〕以下至尻尾二十一节，十五间各一，五藏之俞各五，六府之俞各六，委中以下至足小指傍各六俞。

Os acupontos provenientes do canal de energia Taiyin do Pé são setenta e três.

O ponto Cuanzhu (B 2) está na reentrância do supercílio. Somam dois pontos dos lados esquerdo e direito.

Do ponto Cuanzhu até a linha do cabelo, e do ponto médio da linha do cabelo subindo até o ponto Qianding (DU 21), a distância é de três polegadas e meia; na mesma linha estão os pontos Shenting (Du 24), Shangxing (DU 23) e Xinhui (Du 22). A seção onde está o ponto Qianding está na faixa média; uma polegada e meia ao lado desta, estão as duas faixas laterais, e uma polegada e meia ao lado das duas faixas laterais, há mais duas faixas laterais. A distância da faixa média à faixa lateral mais próxima é de três polegadas.

Há cinco faixas da energia do canal, pairando no topo da cabeça. Na faixa do meio, há os cinco pontos Xinhui (Du 22), Qianding (Du 21), Baihui (DU 20), Houding (DU 19) e Qiangjian (DU 18), que pertencem ao Canal Du. Sobre cada uma das faixas laterais estão os pontos Wuchu (B 5), Chengguang (B 6), Tongtian (B 7), Luoque (B 8) e Yuzhen (B 9) que pertencem ao canal Taiyang. Eles chegam a dez pontos dos lados esquerdo e direito. Em cada uma das faixas seguintes, estão os pontos Linqi da cabeça (VB 15), Muchuang (VB 16), Zhengying (VB 17), Chengling (VB 18) e Naokong VB 19) que pertencem ao Canal Shaoyang. Eles somam dez pontos nos lados esquerdo e direito. O total de pontos nas cinco faixas é de vinte e cinco.

Dos lados esquerdo e direito do tendão maior do pescoço, estão os dois pontos Tianzhu (B 10).

Dos lados do ponto Fengfu estão os dois pontos Fengchi (VB 20).

Entre as vinte e uma vértebras a partir da vértebra toráxica até o cóccix, há quinze pontos, onde cada um deles está a uma polegada e meia ao lado do espaço interespinal, tanto do lado esquerdo quanto do direito, incluindo os cinco pontos shu dos cinco órgãos sólidos e dos seis órgãos ocos. São eles Feishu (B 13) que está à uma polegada e meia ao lado da terceira vértebra; Jueyinshu (B 14) que está à uma polegada e meia ao lado da quarta vértebra; Xinshu (B 15) que está à uma polegada e meia ao lado da quinta vértebra; Geshu (B 17) que está à uma polegada e meia ao lado da sétima vértebra; Ganshu (B 18) que está à uma polegada e meia ao lado da nona vértebra; Danshu (B 19) que está à uma polegada e meia ao lado da décima vértebra; Pishu (B 20), que está à uma polegada e meia ao lado da décima primeira vértebra; Weishu (B 21) que está à uma polegada e meia ao lado da décima segunda vértebra; Sanjiaoshu (B 22) que está à uma polegada e meia ao lado da décima terceira vértebra; Shenshu (B 23), que está à uma polegada e meia ao lado da décima quarta vértebra; Dachangshu (B 25) que está à uma polegada e meia da décima sexta vértebra; Xiaochangshu (B 27) que está à uma polegada e meia da décima oitava vértebra; Zhonglushu (B 29) que está à uma polegada e meia da vigésima vértebra e Baihuanshu (B 30) que está à uma polegada e meia da vigésima primeira vértebra. Somam trinta pontos dos lados esquerdo e direito. A partir do ponto Weizhong descendo em direção ao lados esquerdo e direito do artelho menor, há seis pontos de cada lado, sendo eles: Weizhong (B 40), que está na reentrância da artéria da linha indistinta no meio da fossa poplítea; Kunlun (B 60) que está a cinco fen atrás do maléolo externo do pé; Jinggu (B 64) que está na reentrância do limite dorso-ventral sob o osso maior do flanco externo do pé; Shugu (B 65) que está na reentrância do limite dorso-ventral em frente à junta básica sobre o flanco externo do artelho menor; Tonggu (B 66) que está na reentrância do limite dorso-ventral em frente à junta básica sobre o flanco externo do artelho menor e Zhiyin (B 67) que está a cerca de um fen ao lado do canto da unha do artelho sobre o flanco externo do artelho menor. Eles somam doze pontos dos lados esquerdo e direito.

足少阳脉气所发者六十二穴：两角上各二，直目上发际内各五，耳前角上各一，耳前角下各一，锐发下各一，客主人各一，耳后陷中各一，下关各一，耳下牙车之后各一，缺盆各一掖下三寸，胁下至胠，八间各一，髀枢中傍各一，膝以下至足小指次指各六俞。

Os acupontos provenientes do canal de energia Shaoyang do Pé são sessenta e dois. No ângulo da testa estão os pontos Tianchong (VB 9) que está a duas polegadas na linha do cabelo por detrás do ouvido, e o ponto Qubin (VB 7) que está na depressão da linha do cabelo acima do ouvido. Eles somam quatro pontos dos lados esquerdo e direito.

A partir da pupila penetrando na linha do cabelo estão os cinco pontos do Linqi da cabeça (VB 15) que está a cinco fen na linha dos cabelos acima do olho, Muchuang (VB 16) que está à uma polegada por detrás do ponto Linqi da cabeça, Zhengying (VB 17) que está à uma polegada por detrás do ponto Muchuang, Chengling (VB 18) que está à uma polegada e meia atrás do ponto Zhengying e Naokong (VB 19) que está à uma polegada e meia atrás do ponto Chengling. Eles chegam a dez pontos dos lados esquerdo e direito.

Acima da têmpora, está o ponto Hanyan (VB 4). Chega a dois pontos dos lados esquerdo e direito.

Sob a têmpora, está o ponto Xuanli (VB 6). Somam dois pontos dos lados esquerdo e direito.

No ângulo agudo da linha dos cabelos, em frente à aurícula está o ponto Heliao (TA 22). Somam dois pontos dos lados esquerdo e direito.

Sob o ponto Heliao, está o ponto Kezhuren (Shangguan VB 3). Somam dois pontos dos lados esquerdo e direito.

Na depressão embaixo da ponta da orelha está o ponto Yifeng (TA 17). Soma dois pontos dos lados esquerdo e direito.

Sob o ponto Kezhuren está o ponto Xiaguan (E 7). soma dois pontos dos lados esquerdo e direito.

Na extremidade da curva da mandíbula, sob o ouvido está o ponto Jiache (E 6). Somam dois pontos dos lados esquerdo e direito.

Na depressão transversa sob o ombro está o ponto Quepen (E 12). Somam dois pontos dos lados esquerdo e direito.

Três polegadas sob a axila estão os três pontos Yuanye (VB 22), Zhejin (VB 23) e Tianchi (CS 1). Nos espaços das costelas sobre o hipocôndrio: de cada lado estão os seis pontos Riyue (VB 24), Zhangmen (F 13), Daimai (VB 26), Wushu (VB 27), Weidao (VB 28) e Juliao (VB 29). Chegam a dezoito os pontos dos lados esquerdo e direito.

Ao lado da parte mais alta do aspecto lateral da coxa onde existe a proeminência do fêmur está o ponto Huantiao (VB 30) que está acima do grande trocanter do flanco externo da coxa. Chegam a dois os pontos dos lados esquerdo e direito.

A partir dos joelhos em direção aos lados do pequeno artelho e do quarto artelho, estão os seis pontos: Yanglingquan (VB 34), que está à uma polegada sob o joelho; Yangfu (VB 38) que está a quatro polegadas acima do maléolo externo; Qiuxu (VB 40) que está defronte e sob o maléolo externo; Linqi (VB 15) que está na depressão atrás da junta de base entre o quarto artelho e os artelhos menores; Xiaxi (VB 43) que está na depressão em frente à junta de base na junção do pequeno artelho e o quarto artelho, e Qiaoyin (VB 44), que está a um fen ao lado da unha do quarto artelho. Chegam a doze os pontos dos lados esquerdo e direito.

足阳明脉气所发者六十八穴；额颅发际傍各三，面骱骨空各一，大迎之骨空各一，人迎各一，缺盆外骨空各一，膺中骨间各一，侠鸠尾之外，当乳下三寸，侠胃脘各五，侠齐广三寸〔高注本"三寸"作"二寸"〕各三，下齐二寸，侠之各三，气街动脉各一，伏菟上各一，三里以下至足中指各八俞，分之所在穴空。

Os acupontos provenientes do canal Yangming do Pé são sessenta e oito. Ao lado da sobrancelha, crânio e linha dos cabelos está o ponto Xuanlu (VB 5) que está na têmpora; o ponto Yangbai (VB 14) que está à uma polegada acima do arco dos olhos, e o ponto Touwei (E 8) que está na linha dos cabelos sobre o canto frontal à uma polegada e meia ao lado do ponto Benshen. Chegam a seis os pontos dos lados esquerdo e direito.

Em frente ao osso malar por debaixo do olho está o ponto Sibai (E 2). chegam a dois os pontos dos lados esquerdo e direito.

Na depressão à uma polegada e três fen em frente à curva da mandíbula, está o ponto Daying (E 5). Chegam a dois os pontos dos lados esquerdo e direito.

Ao lado do pomo de Adão está o ponto Renying (E 9). Chegam a dois os pontos dos lados esquerdo e direito.

Na depressão acima do ponto Quepen está o ponto Tianliao (TA 15). Chegam a dois os pontos dos lados esquerdo e direito.

Debaixo da clavícula, ao longo da linha do mamilo, há um acuponto entre cada espaço das costelas. São os pontos Qihu (E 13), que está sob a clavícula, Kufang (E

14), que está no espaço da primeira costela; Wuyi (E 15) que está no espaço da segunda costela; Yingchuang (E 16) que está no espaço da terceira costela e Rugen (E 18) que está no espaço da quinta costela. Chegam a doze os pontos do lado esquerdo e direito.

Pelo lado de fora do encaixe que está a três polegadas por debaixo do mamilo e ao lado da cavidade gástrica, há de cada lado cinco pontos, Burong (E 19), Chengman (E 20), Liangmen (E 21), Guanmen (E 22) e Taiyi (E 23). O ponto Burong está debaixo do término da quarta costela, e do ponto Burong ao ponto Taiyi, a distância um do outro é de uma polegada, e as distâncias a partir da linha média, duas polegadas. Chegam a dez os pontos dos lados esquerdo e direito.

A duas polegadas de cada lado do umbigo estão os três pontos Huaroumen (E 24) que está à uma polegada sob o ponto Taiyi, Tianshu (E 25) que está à uma polegada sob o ponto Huaroumen, e Wailing (E 26) que está à uma polegada sob o ponto Tianshu. Chegam a seis os pontos dos lados esquerdo e direito.

A duas polegadas sob o umbigo, em cada um dos lados, estão os três pontos, Daju (E 27), Shuidao (E 28) e Guilai (E 29). As distâncias entre eles são sempre de uma polegada. Chegam a seis os pontos dos lados esquerdo e direito.

O ponto Qijie (Qichong E 30) está à uma polegada por baixo do ponto Guilai. Chegam a dois os pontos dos lados esquerdo e direito.

Seis polegadas acima do músculo femural reto está o ponto Biguan (E 31). Chegam a dois os pontos dos lados esquerdo e direito.

De cada lado, a partir do ponto Zusanli, descendo ao artelho médio, estão oito pontos: Zusanli (E 36), que está a três polegadas sob o ponto Xiyan por fora da tíbia e fíbula entre os dois tendões; Shanglian (Shangjuxu E 37) que está a três polegadas abaixo do ponto Zusanli; Xialian (Xiajuxu E 30) que está a três polegadas abaixo do ponto Shanglian; Jiexi (E 41) que está na depressão do dorso do pé onde se dá o laço no sapato; Chongyang (E 42) que está bem em frente à segunda e terceira juntas do metatarso; Xiangu (E 43) que está na depressão atrás da junta de base do segundo artelho; Neiting (E 44) que está na depressão frontal da junta de base por fora do segundo artelho, e Lidui (E 45) que está a um fen ao lado da unha por fora do segundo artelho. Chegam a dezesseis os pontos dos lados esquerdo e direito.

手太阳脉气所发者三十六穴；目内眦各一，目外〔明抄本"外"下有"眦"字〕各一，鼽骨下各一，耳郭〔《甲乙》"郭"作"廓"〕上各一，耳中各一，巨骨穴各一，曲掖上骨穴各一，柱骨上陷者各一，上天窗四寸各一，肩解各一，肩解下三寸各一，肘以下至手小指本各六俞。

Os pontos provenientes do canal de energia Taiyang da Mão são trinta e seis. A um fen ao lado do canto interno do olho está o ponto Jingming (B 1). Chegam a dois os pontos dos lados esquerdo e direito.

A cinco fen ao lado do canto externo do olho está o ponto Tongziliao (VB 1). Chegam a dois os pontos dos lados esquerdo e direito.

Sob o osso malar na cavidade da proeminência óssea, está o ponto Quanliao (ID 18). Chegam a dois os pontos dos lados esquerdo e direito.

Sob a linha dos cabelos acima da aurícula está o ponto Jiaosun (TA 20). Chegam a dois os pontos dos lados esquerdo e direito.

Abaixo e defronte do meato auditivo externo, ao lado do processo condilar do osso palatino inferior, está o ponto Tinggong (ID 19). Chegam a dois os pontos dos lados esquerdo e direito.

Na cavidade interna terminal do ombro onde os dois ossos se juntam está o ponto Jugu (IG 16). Chegam a dois os pontos dos lados esquerdo e direito.

Na depressão acima da axila, nas costas, acima do ponto Jianzhen e abaixo do ponto Jugu está o ponto Naoshu (TA 10). Chegam a dois os pontos dos lados esquerdo e direito.

Na cavidade superior do processo espinhoso da sétima vértebra cervical, acima do ponto Quepen, está o ponto Jianjing (VB 21). Chegam a dois os pontos dos lados esquerdo e direito.

Quatro polegadas acima do ponto Tianchuang, atrás do ouvido, e à uma polegada abaixo do ponto Fubai, está o ponto Qiaoyin (VB 11). Chegam a dois os pontos dos lados esquerdo e direito.

Na junta do ombro, atrás da protuberância óssea menor do ombro, está o ponto Bingfeng (ID 12). Chegam a dois os pontos dos lados esquerdo e direito.

Na cavidade do osso maior ao lado do ponto Bingfeng, três polegadas sob a junta do ombro, está o ponto Tianzong (ID 11). Chegam a dois os pontos dos lados esquerdo e direito.

A partir do cotovelo em direção à ponta do dedo mínimo estão os seis pontos: Xiaohai (ID 8) que está na depressão a cinco fen ao lado da parte terminal externa do osso maior do cotovelo, dentro do mesmo; Yanggu (ID 5) que está no punho sob o osso proeminente no flanco externo da mão; Wangu (VB 12) que está em frente ao punho no flanco externo da mão; Houxi (ID 3) que está na depressão da junta de base atrás do flanco externo do dedo mínimo; Qiangu (ID 2) que está na depressão em frente à junta básica do flanco externo do dedo mínimo, e Shaoze (ID 1) que está a um fen ao lado da unha, no flanco externo da ponta do dedo mínimo. Chegam a doze os pontos dos lados esquerdo e direito.

手阳明脉气所发者二十二穴：鼻空外廉、项上各二；大迎骨空各一；柱骨之会各 一，髃骨之会各一，肘以下至手大指次指各六俞。

Os acupontos provenientes do canal de energia Yangming da Mão são vinte e dois. Cinco fen pelo lado de fora do umbigo, está o ponto Yingxiang (IG 20); no músculo esternocleidomastóideo ao lado do pescoço está o ponto Futu (IG 18). Chegam a quatro os pontos dos lados esquerdo e direito.

A uma polegada e três fen em frente à dobra da mandíbula está o ponto Daying (E 5). Chegam a dois os pontos dos lados esquerdo e direito.

Acima do ponto Quepen, no pescoço, à uma polegada ao lado do ponto Futu, está o processo espinhoso da sétima vértebra cervical onde o pescoço se une ao ombro, está o ponto Tianding (IG 17). Chegam a dois os pontos dos lados esquerdo e direito.

Na depressão da fenda na extremidade do membro superior e do ombro, na junta escapular do acrômio está o ponto Jianyu (IG 15). Chegam a dois os pontos dos lados esquerdo e direito.

De cada lado da linha do cotovelo, descendo em direção ao polegar e ao indicador, estão os seis pontos Shousanli (IG 10) que está na cavidade entre os dois tendões do pulso, Hegu (IG 4) que está na cavidade da junta óssea do polegar e do indicador, Sanjian (IG 3), que está na cavidade atrás do flanco interno da junta básica do indicador, Erjian (IG 2) que está na cavidade em frente ao flanco interno da junta básica do indicador, e Shangyang (IG 1) que está a um fen ao lado do canto da unha no flanco interno do indicador. Chegam a doze os pontos dos lados esquerdo e direito.

手少阳脉气所发者三十二穴；骺骨下各一，眉后各一，角上各一，下完骨后各一，项中足太阳之前各一，俠〔《太素》"扶"上无"俠"字〕扶突各一，肩贞各一，肩贞下三寸分间各一，肘以下至手小指次指本各六俞。

Os acupontos provenientes do canal de energia Shaoyang da Mão são trinta e dois. Abaixo do osso malar está o ponto Quanliao (ID 18). Chegam a dois os pontos dos lados esquerdo e direito.

Na cavidade por detrás das sobrancelhas está o ponto Sizhukong (TA 23). Chegam a dois os pontos dos lados esquerdo e direito.

Na depressão da linha dos cabelos abaixo do ponto Xuanlu está o ponto Xuanli (VB 6). Chegam a dois os pontos dos lados esquerdo e direito.

Abaixo do ponto Wangu está o ponto Tianyou (TA 16). Chegam a dois os pontos dos lados esquerdo e direito.

Na reentrância da linha dos cabelos está o ponto Naokong defronte ao Canal Taiyang do Pé; sobre o pescoço está o ponto Fengchi (VB 20). Chegam a dois os pontos dos lados esquerdo e direito.

No espaço do tendão maior do pescoço ao lado do ponto Futu está o ponto Tianchuang (ID 16). Chegam a dois os pontos dos lados esquerdo e direito.

Uma polegada abaixo do ponto Naoshu atrás e abaixo da junta do ombro está o ponto Jianzhen (ID 9). Chegam a dois os pontos dos lados esquerdo e direito.

Três polegadas abaixo do ponto Jianzhen na parte superior do braço, na extremidade do ombro está o ponto Jianliao (TA 14), sobre a parte postero- exterior do braço; três polegadas abaixo do ponto Juliao está o ponto Naohui (TA 13); externamente à parte superior do braço, duas polegadas e meia abaixo do ponto Naohui está o ponto Xiaoluo (TA 12). Chegam a seis os pontos dos lados esquerdo e direito.

De cada lado da linha a partir do cotovelo até a extremidade do dedo mínimo e do indicador, há seis pontos: Tianjing (TA 10)que está na fenda dos dois tendões da fíbula atrás do osso maior, uma polegada acima do cotovelo; Zhigou (TA 6) que está na depressão entre os dois ossos, três polegadas atrás do pulso no flanco externo do antebraço; Yangchi (TA 4) que está na parte do meio, atrás da junta do punho; Zhongzhu (TA 3), que está na cavidade entre as juntas básicas do dedo mínimo e do quarto dedo, e Guangchong (TA 1) que está a um fen ao lado da unha do quarto dedo. Os pontos acima chegam a doze dos lados esquerdo e direito.

督脉气所发者二十八穴：项中央二，发际后中八，面中三，大椎以下至尻尾及傍十五穴，至骶下凡二十一节，脊椎法也。

Os acupontos provenientes do canal de energia Du são vinte e oito.

No meio do pescoço há dois pontos: Fengfu (DU 16) que está à uma polegada da linha dos cabelos no meio do pescoço e Yamen (DU 15) que está a cinco fen da linha dos cabelos no meio do pescoço.

A partir do ponto médio da linha frontal dos cabelos, diretamente para trás há oito pontos: Shengting (DU 24), que está a cinco fen da linha dos cabelos; Shangxing (DU 23) que está à uma polegada na linha dos cabelos; Xinhui (DU 22) que está à uma polegada atrás do ponto Shangxing; Qianding (Du 21) que está à uma polegada e meia atrás do ponto Xinhui; Baihui (DU 20) que está à uma polegada e meia atrás do ponto Qianding; Houding (Du 19) que está à uma polegada e meia atrás do ponto Baihui e Qiangjian (DU 18) que está à uma polegada e meia atrás do ponto Houding, e Naohu (DU 17) que está à uma polegada e meia atrás do ponto Qiangjian.

Na parte central da face há três pontos: Suliao (DU 25) que está do ápice do nariz; Shuigou (Du 26) que está na dobra nasolabial, e Yinjiao (DU 28) que está no lábio superior acima do dente incisivo.

A partir do ponto Dazhui, descendo e se pondo ao lado do osso sacral há quinze pontos. Eles são: o ponto Dazhui (DU 14) que está no espaço superior da primeira vértebra; o ponto Taodao (DU 13) que está no espaço inferior da terceira vértebra; o ponto Shendao (DU 11) que está no espaço inferior da quinta vértebra; o ponto Lingtai (DU 10) que está no espaço inferior da sexta vértebra; o ponto Zhiyang (DU 9) que está no espaço inferior da sétima vértebra; o ponto Jinsuo (DU 8) que está no espaço inferior da nona vértebra; o ponto Zhongshu (DU 7) que está no espaço inferior da décima vértebra; o ponto Jizhong (DU 6) que está no espaço inferior da décima primeira vértebra; o ponto Xuanshu (DU 5) que está no espaço inferior da décima terceira vértebra; o ponto Mingmen (DU 4) que está no espaço inferior da décima quarta vértebra; o ponto Yangguan (DU 3) que está no espaço inferior da décima sexta vértebra; o ponto Yaoshu (DU 2) que está no espaço inferior da vigésima vértebra; o ponto Changqiang (DU 1) que está sob o sacro e o cóccix, e o ponto Huiyang (B 35) que está a cinco fen ao lado do cóccix.

A partir da primeira vértebra (primeira vértebra torácica) descendo ao sacro e ao cóccix (ponto Yaoshu) há vinte e uma vértebras que são padrões para se procurar os acupontos contando-as.

任脉之气所发者二十八穴：喉中央二，膺中骨陷中各一，鸠尾下三寸，胃脘五寸，胃脘以下至横骨六寸半一〔顾观光说："'一'上当脱'寸'字，'大'谓每寸一穴也"〕，腹脉法也。下阴别一，目下各一，下唇〔"下唇"应之作"唇下"〕一，龈交一。

Os acupontos provenientes do canal de energia Ren são vinte e oito. No meio da garganta há dois pontos. Eles são o ponto Lianquan (RN 23) que está na depressão sob o queixo e acima do pomo de Adão, e o ponto Tiantu (RN 22) que está na cavidade em cima da extremidade superior do esterno.

Em cada depressão no meio do esterno há um acuponto, e estes chegam a seis. Eles são: o ponto Xuanji (RN 21) que está à uma polegada abaixo do ponto Tiantu; o ponto Huagai (RN 20) que está na depressão uma polegada abaixo do ponto Xuanji; o ponto Zigong do peito (RN 19) que está dentro da cavidade uma polegada e seis fen abaixo do ponto Huagai; ponto Yutang (RN 18) que está à uma polegada e seis fen abaixo do ponto Zigong o peito; ponto Tanzhong (RN 17) que está a depressão no meio dos dois peitos, uma polegada e seis fen abaixo do ponto Yutang e o ponto Zhongting (RN 16) que está na depressão a uma polegada e seis fen abaixo do ponto Tanzhong.

Nas três polegadas de comprimento a partir da cauda do pássaro (processo xifóide do esterno) estão os três pontos: Jiuwei (RN 15) que está a cinco fen abaixo da mesma; Juqye (RN 14) que está à uma polegada abaixo do ponto Jiuwei, e Shangwan (Rn 13) que está à uma polegada abaixo do ponto Juque. Nas cinco polegadas de comprimento da cavidade gástrica a partir do ponto Zhongwan até o ponto Qizhong há cinco pontos: Zhongwan (RN 12) que está uma polegada abaixo do ponto Shangwan; Jianli (RN 11) que está ma polegada abaixo do ponto Zhongwan; Xiawan (Rn 10) que está uma polegada abaixo do ponto Jianli. Shuifen (RN 9) que está uma polegada abaixo do ponto Xiawan, e Shenque (RN 8) que está à uma polegada abaixo do ponto Shuifen no meio do umbigo. Nas seis e meia polegadas de comprimento a partir da cavidade gástrica até o osso pubiano que está à uma polegada abaixo do umbigo, há seis pontos: Yinjiao do Abdômen (RN 7) que está à uma polegada abaixo do umbigo; Qihai (RN 6) que está à uma polegada e meia abaixo do umbigo; Shimen (Rn 5) que está a duas polegadas abaixo do umbigo; Guanyuan (Rn 4) que está a três polegadas abaixo do umbigo; Zhongji (RN 3) que está à uma polegada abaixo do ponto Guanyuan e Qugu (RN 2) que está à uma polegada abaixo do ponto Zhongji no osso pubiano. Essas são as regas para picar os acupontos no abdômen a partir da cauda do pássaro até o osso pubiano.

No períneo há o ponto Huiyin (RN 1).

Sete fen abaixo dos olhos há o ponto Chengqi (E 1). Chegam a dois dos lados esquerdo e direito.

Abaixo do lábio inferior, defronte ao queixo, está o ponto Chengjiang (RN 24).

Na sutura do dentes superiores com o meio dos incisivos superiores está o ponto Yinjiao (DU 28).

冲脉气所发者二十二穴：侠鸠尾外各半寸至齐寸一，侠齐下傍各五分至横骨寸一，腹脉法也。

Os acupontos provenientes do Canal Chong são vinte e dois. A cinco fen de cada lado da linha média estão seis pontos: Youmen (R 21) que está a cinco fen ao lado do ponto Juque, Tonggu (R 20) que está à uma polegada abaixo do ponto Youmen, Yindu (Shigong R 19) que está à uma polegada abaixo do ponto Tonggu, Shiguan (R 18) que está à uma polegada abaixo do ponto Yindu, Shangqu (R 17) que está à uma polegada abaixo do ponto Shiguan e Huangshu (R 16) que está a cinco fen abaixo do umbigo, uma polegada abaixo do ponto Shagqu. Chegam a doze pontos dos lados esquerdo e direito a partir do ponto Youmen até o umbigo, e a distância de um ponto ao outro é de uma polegada.

A cinco fen de cada lado da linha média a partir do umbigo até o osso pubiano, há cinco pontos que estão à uma polegada um do outro. Eles são: Zhongzhu (R 15) que está à uma polegada abaixo do ponto Huangshu; o ponto Suifu (Siman R 14), que está à uma polegada abaixo do ponto Zhongzhu; o ponto Baomen (Qixue R 13) que está à uma polegada abaixo do ponto Suifi; o ponto Dahe (Yinwei R 12) que está à uma polegada abaixo do ponto Baomen, e o ponto Henggu (Xiaji R 11) que está à uma polegada abaixo do ponto Dahe. Eles chegam a dez, dos lados esquerdo e direito.

足少阴舌下，厥阴毛中急脉各一，手少阴各一，阴阳跷各一，手足诸鱼际脉气所发者〔孙鼎宜说："'者'下脱'各一'二字，手足共四，故曰诸"。手鱼际，肺经穴名，足鱼际，谓足太阴大都穴〕，凡三百六十五穴也。

Os acupontos provenientes do Canal Shaoyin do Pé são os dois pontos Lianquan do Canal do Rim de cada lado debaixo da língua.

Os acupontos associados ao Canal Jueyin são os dois pontos Jimai (IG 12) sobre os lados esquerdo e direito. Eles estão no limite suprapubiano.

O ponto Xi do Canal Shaoyin da Mão é o ponto Yinxi (C 6) que está a cinco polegadas por detrás do punho. Chegam a dois os pontos dos lados esquerdo e direito.

Os acupontos do Canal Yinjiao são os dois pontos Jiaoxin (R 8) que estão a duas polegadas acima do maléolo interno; os acupontos do Canal Yangjiao são os dois pontos Fuyang (VB 59) que estão a três polegadas acima do maléolo externo. Chegam a quatro os pontos dos lados esquerdo e direito.

Cada um dos pontos Yuji da Mão (P 10) e Yuji do Pé (Dadu BP 2) que pertencem ao Canal Taiyin corresponde a dois pontos dos lados esquerdo e direito.

O total de pontos acima chega a trezentos e sessenta e cinco (alguns deles ocorrem repetidamente devido à sua associação com diversos canais).

骨空论篇第六十

Capítulo 60
Gu Kong Lun
(Sobre a Cavidade Óssea)

黄帝问曰：余闻风者百病之始也，以针治之奈何？岐伯对曰：风从外入，令人振寒，汗出头痛，身重恶〔《太素》《骨空》"恶"下有"风"字〕寒，治在风府，调其阴阳，不足则补，有余则写。

O Imperador Amarelo perguntou: "Disseram-me que o vento perverso é a fonte de todas as doenças; qual método deve ser aplicado ao tratar-se pela acupuntura?"

Qibo respondeu: "Quando o vento perverso invade o corpo, faz com que o paciente tenha arrepios de frio, transpiração, dor de cabeça, e sinta peso no corpo, tendo aversão ao vento. Ao tratar, deve ser picado o ponto Fengfu (DU 16), para equilibrar o Yin e o Yang. Se a energia saudável do paciente estiver insuficiente, deve ser aplicado o método de revigoração; se a energia perversa estiver transbordando, deve ser aplicado o método de purgação.

大风颈项痛，刺风府，风府在上椎；大风汗出，灸谚谚，谚谚在背下侠脊傍三寸所，厌之，令病者呼谚谚，谚谚应手。

"Se um grande vento perverso for contraído e a nuca estiver dolorida, deve ser picado o ponto Fengfu que está na primeira vértebra cervical. Se um grande vento perverso for contraído e o paciente suar, pica-se o ponto Yixi (B 45) que está a três polegadas ao lado da sexta vértebra espinal nas costas; quando o ponto for pressionado com os dedos, o paciente sentirá dor e gritará o som Yixi; nesse momento, o médico sentirá o balanço do pulso sob os dedos.

从风憎风，刺眉头。失枕，在肩上〔《太素》"上"下有"之"字，按"在"上疑脱"论"字〕横骨间。折，使榆〔"榆"《太素》吴本作"揄"〕臂，齐肘正，灸脊中。

"Ao paciente que tem aversão à força do vento, deve-se picar o ponto Chanzhu (B 2) nas sobrancelhas.

"Para a síndrome de dor na nuca, deve-se picar os pontos transversos ao ombro. Quando o braço está dolorido como se tivesse sido quebrado, pedir ao paciente para em primeiro lugar ambas as mãos, e aí, aplicar moxibustão sobre a parte central na linha média de conexão entre os dois ombros.

䏚络季胁引少腹而痛胀，刺谚谚。

"Quando o baixo ventre ficar dolorido na parte não substancial e mole debaixo do hipocôndrio, deve-se picar o ponto Yixi.

腰痛不可以转摇，急引阴卵，刺八髎与痛上，八髎在腰髁分间。

"Quando o lumbago faz com que o paciente esteja incapacitado oscilar ou se inclinar, e seus testículos causarem desconforto quando a dor for severa, deve-se

286

picar os quatro pontos liao do local da dor. O ponto Shangliao (B 31 é o primeiro forame sacral que está à uma polegada ao lado da décima oitava vértebra; o ponto Ciliao (B 32) é o segundo forame sacral que está a oito fen da décima nona vértebra; o ponto Zhongliao (B 33) é o terceiro forame sacral que está a sete fen ao lado da vigésima vértebra, e o ponto Xialiao (B 34) é o quarto forame sacral que está a seis fen ao lado da vigésima primeira vértebra. Os pontos liao chegam a oito, dos lados esquerdo e direito.

鼠瘘，寒热，还刺寒府，寒府在〔《太素》"在"下无"附"字〕附膝外解营，取膝上外者使之拜，取足心者使之跪。

"Quando contrai escrófula, o paciente tem calafrios e febre, devendo ser picado o ponto Hanfu (Xiyangguan B 33) que está na cabeça do osso, ao lado do invólucro do joelho. Quando se pica os pontos do flanco externo do joelho, o paciente deve ficar numa postura em que se dobre para a frente; quando se pica o ponto Yongquan (R 1) que se encontra na sola do pé, o paciente deve ficar numa postura de joelhos.

任脉者，起于中极之下，以上毛际，循腹里上关元，至咽喉，上颐循面入目。冲脉者，起于气街，并少阴〔《甲乙》"少阴"作"阳明"〕之经，侠齐上行，至胸中而散。任脉为病，男子内结七疝，妇子带下〔《难经·二十九难》"带下"作"为"〕瘕聚。冲脉为病，逆气里急。

"O Canal Ren começa a partir do ponto Huiyin (RN 1) entre os genitais externos e o ânus ascendendo à margem pilosa suprapubiana, subindo depois ao longo da linha média do abdômen (linha branca do abdômen) até o ponto Guanyuan (uma polegada acima do ponto Zhongji), parte superior do abdômen, peito, garganta e bochecha, e gengiva inferior, passando pelo ponto Chengjiang, atingindo finalmente o ponto Chengqi (E 1), abaixo do olho.

"O Canal Chong começa no ponto Qijie (Qichong E 30), que é paralelo ao Canal Yangming avançando dos lados esquerdo e direito do umbigo, espalhando-se depois, quando atinge o meio do peito.

"Havendo uma alteração patológica no Canal Ren, um homem irá contrair sete tipos de hérnia no abdômen; uma mulher ficará com massa abdominal. Havendo alteração patológica no Canal Chong, a energia vital subirá em sentido contrário, causando dor no abdômen.

督脉为病，脊强反折〔滑抄本"折"作"张"〕。督脉者，起于少腹以下骨中央。女子入系廷孔，其孔，溺孔之端也。其络循阴器合篡〔《太素》《甲乙》"篡"作"纂"〕间，绕篡后，别绕臀，至少阴与巨阳中络者〔王注无"者"字凝衍〕合，少阴上股内后廉，贯脊属肾，与太阳起于目内眦，上额交巅，上入络脑，还出别下项，循肩髆，内侠脊抵腰中，入循膂络肾〔《太素》"络肾"下有"而止"二字〕；其男子循茎下至篡，与女子等，其少腹直上者，贯齐中央，上贯心入喉，上颐还唇，上系两目之下中央。此生病，从少腹上冲心而痛，不得前后，为冲疝；其女子不孕，癃痔〔《太素·督脉》杨注："有本无'痔'字"〕遗溺嗌乾。督脉生病治督脉，治在骨上，甚者在齐下营。

"Quando há alteração patológica no Canal Du, isso causará enrijecimento na espinha e o paciente ficará incapacitado de olhar para baixo ou para cima.

"O Canal Du começa a partir do osso ilíaco sob o baixo abdômen. Numa mulher, começa de dentro do orifício uretral externo; seus colaterais acompanham o orifício vaginal, juntando ao períneo, circundando a parte exterior do ânus; um outro ramo do Canal Du circunda as nádegas até o Canal Shaoyin ligando-se então com os colaterais médios do Canal Taiyang. O Canal Shaoyin ascende da parte interna traseira da coxa, penetra na espinha e se conecta aos rins.

"O Canal Du também parte do Canal Taiyang do Pé, saindo do canto interno do olho; ascendem à testa e se ligam ao topo da cabeça; seus colaterais atingem o cérebro, e a partir deste, desce um ramo colateral ao pescoço, aos ombros, braço e região lombar, indo finalmente aos rins.

"Quanto a um homem, o Canal Du desce ao períneo acompanhando o pênis, com o mesmo trajeto que na mulher. A diferença, é que o Canal Du sobe direto a partir do baixo ventre, penetra no centro do umbigo, passando pelo coração e pela garganta, circundando os lábios até atingir a localização debaixo dos dois olhos.

"Quando há uma alteração patológica no Canal Du, a energia irá brotar do baixo ventre indo até o coração para causar dor; o paciente será incapaz de deixar passar a urina, não deixando também que transitem as fezes, contraindo uma doença que se chama hérnia pelo impacto; numa mulher, isso irá fazer com que tenha a síndrome da esterilidade, disúria, enurese e secura laringo faríngea etc. Em suma, quando o Canal Du contrai a doença, deve ser tratado; quando a doença for passageira, tratar os pontos sobre a espinha, ou transversos à ela, através de picadas; se a doença for severa, picar o ponto Yinjiao (RN 7) sob o umbigo.

其上气有音者，治其喉中央，在缺盆中者，其病〔孙鼎宜说："'上'字衍"〕上冲喉者治其渐，渐者，上侠颐也。

"Para o paciente que tiver a síndrome da respiração acelerada ruidosa, picar o ponto Lianquan (RN 23) e o ponto Tiantu (RN 22) ao tratar. Se a energia vital for para cima, causando impacto à garganta, picar o ponto Daying (E 5) no osso curvo do maxilar.

寒，膝伸不屈，治其楗。坐而膝痛，治其机。立而暑解〔尤怡说："'暑'当是'骨'字，骨解言骨散堕如解也"〕，治其骸关。膝痛，痛及拇指治其腘。坐而膝痛如物隐者，治其关。膝痛不可屈伸，治其背内，连骭若折，治阳明中俞髎。若别，治巨阳少阴荥。淫泺胫痠〔《太素》"泾泺"下无"胫痠"二字〕，不能久立，治少阳之维〔"维"误，应作"络"，核王注原作"络"〕，在外上五寸。

"Ao paciente que tiver dificuldade de andar e não puder dobrar o joelho, picar o ponto Biguan (E 31) em sua coxa ao tratar; para o paciente cujo joelho esteja dolorido ao se sentar, picar o ponto Huantiao (VB 30) ao tratar; ao paciente cujos ossos estejam se fendendo e esfacelando como se estivessem sendo separados, picar o ponto Yangguan (VB 33) na junta do joelho ao tratar; quando a dor do joelho atingir o polegar e o hálux, picar o ponto Weizhong (B 40) no poplíteo. Quando o joelho estiver dolorido como algo que se esconda internamente quando se senta, picar o trocanter maior; quando o joelho estiver dolorido a ponto de não poder se esticar ou dobrar, picar os pontos shu posteriores do Canal Taiyang do Pé; quando a dor afetar a perna como se fosse quebrada, picar o ponto Xiangu (E 43) que é o ponto shu do Canal; Yangming do Pé; quando o joelho estiver dolorido e suas seções estiverem se partindo, picar os pontos Xing dos canais Taiyang e Shaoyin; quando o joelho estiver dolorido e fraco, e o paciente não puder ficar em pé, picar o ponto a cinco polegadas acima do maléolo externo que está no colateral do Canal Shaoyang.

辅骨上，横骨下为楗，侠髋为机膝解为骸关，侠膝之骨为连骸，骸下为辅，辅上为腘，腘上为关，头〔《太素》"头"作"项"杨上善说：项横骨，项上头后王、枕也〕横骨为枕。

"Acima da fíbula e abaixo do osso pubiano, está o fêmur; entre o ilíaco, está o pivô; a junção do joelho se chama junta do joelho; o osso proeminente ao lado do joelho é a cobertura do joelho; abaixo desta está a fíbula; acima da fíbula está a fossa poplítea; a junta móvel acima da fossa poplítea se chama indicativa; o osso horizontal atrás da nuca é o occipital.

水俞五十七穴者，尻上五行，行五；伏菟上两行，行五，左右各一行，行五；踝上各一行，行六穴，髓空在脑后三分，在颅际锐骨之下，一在龈基下，一在项后中复骨下，一在脊骨上空在风府上；脊骨下空，在尻骨下空，数髓空在面侠鼻，或骨空在口下当两肩；两髆骨空，在髃中之阳，臂骨空在臂阳〔《太素》"骨"下无"空"字〕，去踝四寸两骨空之间；股骨上空在股阳〔孙鼎宜说："出上"二字恐误倒〕，出上膝四寸；衔骨空在辅骨之上端，股际骨空在毛中动〔《太素》"动"下有"脉"字〕下；尻骨空在髀骨之后，相去四寸。扁骨有渗理凑〔《太素》"理"下无"凑"字〕，无髓孔，易髓〔顾观光说："'易髓'二字当乙转"。"易"作"亦"解〕无孔。

"Os pontos shu para tratar da síndrome da água são cinqüenta e sete; há cinco faixas acima do osso sacro, e em cada uma delas há cinco pontos. Na faixa média que está no Canal Du, há cinco pontos: Jizhong (DU 6), Xuanshu (DU 5), Mingmen (DU 4), Yaoshu (Du 2), e Changqiang (DU 1). Em cada faixa lateral junto ao Canal Du, está o Canal Taiyang do Pé, e de cada lado há cinco pontos: Dachangshu (B 25), Xiaochangshu (B 27), Pangguangshu (B 28), Zhonglushu (B 29) e Baihuanshu (B 30), chegando a dez os pontos dos lados esquerdo e direito. Em cada uma das faixas seguintes também pertencentes ao canal Taiyang, há cinco pontos: Weishu (B 27), Huangmen (B 51), Zhishi (B 52), Baohuang (B 53) e Zhibian (B 54), chegando a dez os pontos dos lados esquerdo e direito. Acima do ponto Futu ao lado do Canal Ren, há duas faixas, e em cada uma delas há cinco pontos: Zhongzhu (R 15), Siman (R 14), Qixue (R 13), Dahe (R 12) e Henggu (R 11), chegando a dez os pontos dos lados esquerdo e direito. Em cada um dos lados seguintes, junto ao Canal Shaoyin do Pé, sobre o Canal Yangming do Pé, há cinco pontos: Wailing (E 26), Daju (E 27), Shuidao (E 28), Guilai (E 29) e Qichong (E 30), chegando a dez os pontos dos lados esquerdo e direito. Acima de cada maléolo interno, há uma faixa, e em cada uma há seis pontos: Taichong (F 3), Zhaohai (R 6), Fuliu (R 7), Jiaoxin (R 8), Zhubin (R 9) e Yingu (R 10), chegando a dez os pontos dos lados esquerdo e direito.

"A cavidade óssea que leva à medula também se chama cavidade da medula. A cavidade óssea do ponto Fengfu (Du 16) está a cinco fen atrás do cérebro, sobre o osso proeminente do crânio; a cavidade óssea do ponto Chengjiang (Rn 24) está na depressão do maxilar inferior; a cavidade óssea do ponto Yinmen (ponto Yamen DU 15) está na parte média posterior da nuca sob o ponto Fugu; a cavidade óssea do ponto Naohu (DU 17) está acima do ponto Fengfu na cavidade superior da espinha; a cavidade óssea do ponto Changjiang (DU 1) está abaixo da espinha na cavidade inferior do osso sacro. Além da cavidade nasal na face, algumas delas levam ao cérebro e são: Chengqi (E 1), Juliao (E 3), Quanliao (ID 18), Jingming (B 1), Sizhukong (TA 23), Tongziliao (VB 1), Tinghui (VB 2) e Yingxiang (IG 20); algumas cavidades ósseas estão debaixo da boca, ou sobre os dois ombros como os dois pontos Daiying (E 5).

"A cavidade óssea do ombro está no flanco externo do ombro. A cavidade óssea do braço está no flanco externo do mesmo, a quatro polegadas acima do punho, entre os dois ossos que , onde estão os pontos Sanyangluo (TA 8) do Canal Shaoyang da Mão.

"A cavidade óssea sobre a coxa está no flanco externo da mesma, a quatro polegadas acima do joelho, que é o ponto Futu (E 32).

"A cavidade da tíbia e da fíbula está no terminal superior da fíbula qu é o ponto Dubi (E 35).

"A cavidade óssea da parte superior da coxa está na artéria da margem suprapubiana, sobre os dois terminais do osso pubiano, sob o baixo ventre. A cavidade do osso sacro está a quatro polegadas atrás do fêmur, que são os oito pontos Liao.

"Cada parte óssea do corpo circunda sua medula, e cada osso com medula tem uma passagem para a mesma que é sua cavidade, mas o osso de forma inflada, cujas estrias estão irrigadas de sangue em vez de ter medula, não tem cavidade para esta.

灸寒热之法，先灸项大椎，以年为壮数，次灸橛〔《太素》作"厥"〕骨，以年为壮数，视背俞陷者灸之，举〔《太素》"举"作"与"〕臂肩上陷者灸之，两季肋之间灸之，外踝上绝骨之端灸之，足小指次指间灸之，腨下陷脉灸之，外踝后灸之，缺盆骨上切之坚痛如筋者灸之，膺中陷骨间灸之，掌束骨下灸之，齐下关元三寸灸之，毛际动脉灸之，膝下三寸〔《甲乙》"膝"作"脐"，"三"作"二"〕分间灸之，足阳明跗上动脉灸之，巅上一灸之 。犬所啮〔《太素》作"齧"，《说文》"齧"，噬也"〕之处灸之三壮，即以犬伤病法灸之。凡当灸二十九处〔《太素》"九"作"七"〕，伤食灸之，不已者，必视其经之过於阳者，数刺其俞而药之。

"Ao tratar o frio e a febre, aplicar moxibustão primeiro ao ponto Dazhui, determinando o número de cones de moxa usados em cada tratamento, de acordo com a idade do paciente; depois, aplicar moxibustão aos pontos do osso sacro e usar o número de cones de acordo com a idade do paciente.

"Ao tratar, inspecionar em primeiro lugar as costas do paciente, tratando com moxibustão onde houver uma reentrância. O paciente deve erguer horizontalmente seu braço para que a cavidade a ser tratada no ombro, (ponto Jianyu IG 15) assim o seja. Tratar com moxibustão o ponto entre os dois hipocôndrios (ponto Jingmen VB 25). Tratar com moxibustão a extremidade inferior da fíbula, acima do maléolo externo (Yangfu VB 38).Tratar com moxibustão o ponto em frente à junta básica do artelho menor e do quarto artelho (ponto Xiaxi VB 43). Tratar com moxibustão na cavidade abaixo da barriga da perna (ponto Chengjin B 56). Tratar com moxibustão o ponto Kunlun (B 60), atrás do maléolo externo.

"Tratar com moxibustão o local que estiver dolorido e duro como no tendão ao ser pressionado com a mão acima da fossa supraclavicular. Tratar com moxibustão o ponto Guanyuan (RN 4) que está a três polegadas abaixo do umbigo. Tratar com moxibustão o ponto Qichong (E 30) na artéria da margem pilosa suprapubiana. Tratar com moxibustão o ponto Zusanli (E 36) entre os dois tendões, a duas polegadas sob o joelho. Tratar com moxibustão o ponto Chongyang (E 42) onde há a artéria dorsal. Tratar com moxibustão o ponto Baihui (DU 20) que está no centro do topo da cabeça.

"Quando se for mordido por um cachorro, a parte atingida deve ser tratada com moxibustão, aplicando-se três cones de moxa ao tratamento de acordo com o método de tratar a mordida do cachorro, já que a mordida também pode causar frio e febre.

"Os pontos acima, para tratar a síndrome do frio e da febre, somam vinte e sete.

"A síndrome da dispepsia deve ser tratada com moxibustão, já que a dispepsia também pode causar frio e febre. Se a doença não puder ser curada com moxibustão, o canal do paciente deve ser inspecionado; se seu Yang perverso estiver superabundante, deve-se picar repetidamente seus pontos Shu, e ao mesmo tempo deve-se ingerir remédios".

水热穴论篇第六十一

Capítulo 61
Shui Re Xue Lun
(Sobre os Pontos Shu para o Tratamento
da Síndrome da Retenção e Fluidos e Febre)

黄帝问曰：少阴何以主肾？肾何以主水？岐伯对曰：肾者，至〔《太素》"阴"上无"至"字〕阴也，至阴者，盛水也；肺者，太阴也〔《太素》作"肾者少阴"〕，少阴者，冬脉也，故其本在肾，其末在肺，皆积水也。帝曰：肾何以能聚水而生病？岐伯曰：肾者，胃之关也〔《太素》"也"作"闭"〕，关门〔赵本"门"作"阀"〕不利，故聚水而从其类也。上下溢于皮肤，故为胕肿，胕肿者，聚水而生病也。

O Imperador Amarelo perguntou: "Por que é que o Shaoyin determina a condição dos rins, e esses determinam a condição da água?" Qibo respondeu: "O Rim é o local onde está armazenado o Yin extremo, e o Yin pertence à água, por isso, é a víscera que determina a condição da água. O Rim pertence ao Shaoyin, e este está mais próspero no inverno, a estação que corresponde à água; portanto, a raiz do edema está nos rins e seu sintoma se manifesta no pulmão. Se a víscera do pulmão ou dos rins não funcionar bem, irá ocorrer o acúmulo de fluidos".

O Imperador Amarelo perguntou: "Como pode o rim acumular fluido e causar a doença?" Qibo respondeu: "O rim é como uma comporta do estômago; quando ela não funciona, o fluido irá se acumular e a energia perversa irá correr desordenada; quando o fluido estiver transbordando perto da pele, irá ocorrer fluido no peritônio. O surgimento de fluido no peritônio se deve ao acúmulo contínuo de fluido".

帝曰：诸水皆生〔《甲乙》"生"作"主"〕于肾乎？岐伯曰：肾者，牝藏也，地气〔《医垒元戎》引"地气"下无"上者"二字〕上者属于肾，而生水液也，故曰至阴。勇而劳甚则肾〔《圣济总录》引"勇"上有"故人"二字，孙鼎宜说："'肾'字业上'甚'字声衍"〕汗出，肾汗〔《太素》"汗"上无"肾"字〕出逢于风，内不得入于藏府〔《太素》作"入其藏"〕，外不得越于皮肤，客于玄〔《太素》"玄"作"六"〕府，行于皮里〔四库本"里"作"肤"，按《太素》作"肤"〕，传为胕肿，本之于肾，名曰风水。所谓玄府者，汗空也〔《太素》无"也"字〕。

O Imperador Amarelo perguntou: "Todas as síndromes da retenção de líquidos têm origem nos rins?" Qibo respondeu: "O Rim é uma víscera Yin; quando a energia da terra se comunica com os rins, haverá geração de fluido, por isso o rim se chama a víscera do extremo Yin. Se alguém se encoraja a levar a cabo relações sexuais em excesso, ou participa de trabalhos em excesso, irá suar, e quando o vento perverso invadir o corpo durante o ato de suar, seus poros sudoríparos irão se fechar subitamente; como a transpiração não se completou, o suor não pode retornar para dentro da víscera, nem ser descarregado para fora da pele, o fluido irá preencher a pele causando edema.

"O mal é causado pela afecção dos rins, por isso se chama edema causado pelo vento perverso".

帝曰：水俞五十七处者，是何〔《太素》"何"下有"所"字〕主也？岐伯曰：肾俞五十七穴，积阴之所聚也，水所从出入也。尻上五行行五者，此〔《太素》"此"下有"皆"字〕肾俞，故水病下为胕肿大腹，上为喘呼，不得卧者，标本俱病，故肺为喘呼，肾为水肿，肺为逆〔《太素》"逆"下有"故"字〕不得卧，分为相输俱受者，水气之所留也。伏菟上各二行行五者，此肾之街〔"街"作"所冲"〕也，三阴之所交结于脚也。踝上各一行行六者，此肾脉之下行也，名曰太冲。凡五十七穴者，皆藏之阴络，水之所客也。。

O Imperador Amarelo perguntou: "O número dos pontos Shu para tratar a síndrome da retenção de líquidos é de cinqüenta e sete; a qual víscera se relacionam?" Qibo respondeu: "Os cinqüenta e sete pontos Shu dos rins se localizam onde a energia Yin se acumula e também nos locais por onde o fluido entra e sai. Há cinco faixas acima das nádegas, e cada uma delas tem cinco pontos, chegando seu total a vinte e cinco e todos são pontos Shu dos rins; são os pontos Shu dominados pelo Canal Du e pelo Canal Taiyang do Pé. Quando a retenção de líquidos está na parte inferior, irá ocorrer edema do dorso e inchaço do abdômen; se a retenção de fluidos estiver na parte superior, irá ocorrer respiração acelerada e não irá deixar que o paciente se deite de costas. Este é o caso de doença tanto no tronco quanto nos ramos: a respiração acelerada se associa ao pulmão e o edema se associa aos rins; quando o pulmão for coagido pelo fluxo ascendente reverso da energia da água, o paciente será incapaz de se deitar de costas. Como o espalhar da energia dos rins e da energia do pulmão se relacionam uma com a outra, a retenção de fluido irá fazer com que ambas as vísceras sofram doenças.

"Acima do ponto Futu ao lado do Canal Ren há duas faixas; sobre cada uma delas há os pontos Zhongzhu (R 15), Siman (R 14), Qixue (R 13), Dahe (R 12) e Henggu (R 11); em cada uma das seguintes há cinco pontos Wailing (E 26), Daju (E 27), Shuidao (E 28), Gilai (E 29) e Qichong (E 30). Chegam a vinte os pontos dos lados esquerdo e direito e todos são passagens da energia do rim e dos três Canais Yin do Pé. Acima de cada maléolo interno, há uma faixa para a energia do rim descer até o ponto Yongquan, que se chama linha Taichong. Em cada linha à direita e à esquerda, há seis pontos: Taichong (F 3), Fuliu (R 7), Yingu (R 10), Zhaohai (R 6), Jiaoxin (R 8) e Zhubin (R 9), e eles chegam a doze pontos dos lados esquerdo e direito. Os cinqüenta e sete pontos acima são todos colaterais Yin das vísceras e também se localizam onde há retenção de líquidos. Devem ser picados ao tratar a síndrome da retenção de fluidos".

帝曰：春取络脉分肉何也？岐伯曰：春者木始〔《太素》"木"下无"始"字〕治，肝气始生，肝气急，其风疾，经脉常深，其气少，不能深入，故取络脉分肉〔《甲乙》"肉"下有"之"字〕间。

O Imperador Amarelo perguntou: "Ao tratar na primavera, deve-se picar a posição superficial em que se localize o colateral e o muscular; qual a razão?" Qibo respondeu: "A primavera é a estação na qual as gramas e as árvores começam a crescer, e que o fígado que à ela corresponde manifesta seu vigor e também vitalidade. A propriedade do fígado é mais a urgência e muda tão rapidamente como o vento. O canal energético de um homem reside nas profundezas no inverno, e começa a se soerguer na primavera; por isso, na primavera, o canal de energia ainda está pequeno por fora e abundante no interior. Assim, quando a energia perversa invade, só pode atingir o raso onde se localizam o colateral e o muscular, ao invés de atingir as profundezas que é onde a energia do canal está abundante. Por isso, ao tratar, somente se deve picar a posição rasa onde podem se localizar o colateral e o muscular".

帝曰：夏取盛经分腠，何也？岐伯曰：夏者火始治，心气始长，脉瘦气弱，阳气留〔《太素》《甲乙》"留"作"流"〕溢，热熏分腠〔《甲乙》作"血温于腠"〕，内至于经，故取盛经分腠，绝肤而病去者，邪居浅也。所谓盛经者，阳脉也。

O Imperador Amarelo perguntou: "Ao tratar no verão, deve-se picar os colaterais Yang que estão prósperos e flutuando entre a pele e o músculo; qual a razão?" Qibo respondeu: "A energia do fogo domina no verão e a energia do calor começa em contrapartida a se tornar próspera nessa época, embora a energia do fogo ainda esteja fraca em seu estágio inicial; no entanto se enche de energia Yang; quando ela se torna gradativamente próspera, e se espalha pelo corpo todo, o calor irá fumigar os colaterais flutuantes e prósperos entre os músculos e as estrias e atingir o interior do canal. Como a energia Yang está abundante no canal, a energia perversa não pode atingir de forma alguma; por isso quando a picada atingir só a posição rasa que é a colateral entre o músculo e as estrias, irá exterminar a energia perversa na pele. Os colaterais flutuantes entre o músculo e as estrias, são os colaterais dos Canais Yang".

帝曰：秋取经俞何也？岐伯曰：秋者金始治，肺将收杀〔按"杀"疑误，似应作"敛"〕，金将胜火，阳气在合，阴气初胜，湿气及体，阴气未盛，未能深入，故取俞以写阴邪，取合以虚阳邪，阳气始衰，故取于合。

O Imperador Amarelo perguntou: "Ao tratar no outono, deve-se picar os pontos Shu dos canais; qual a razão?" Qibo respondeu: "O metal domina no outono; o pulmão que a ele corresponde no corpo, também manifesta a aparência de calafrios e restrição como o outono. Quando a energia metal está próspera e a energia do fogo está começando a declinar, o metal triunfará do fogo e a energia Yang irá penetrar cada vez mais para entrar nos pontos He do canal. Como a energia Yin está somente em seu estágio inicial de prosperidade, sua umidade não é forte o bastante para penetrar profundamente no corpo. Por isso, ao tratar, deve-se picar os pontos Shu para purgar o Yin perverso. Já que nesse momento a energia só começa a declinar e entra nos pontos He, então esses pontos devem ser picados para excretar o Yin perverso".

帝曰：冬取井荥〔全本，胡本，吴本"荥"作"荥"〕何也？岐伯曰：冬者水始治，肾方闭，阳气衰少，阴气坚盛〔《太素》"坚盛"作"紧"〕，巨阳伏沈，阳脉〔赵本，朝本，"脉"作"气"〕乃去，故取井以下阴逆，取荥〔应作荥〕以实阳气。故曰冬取井荥，春不鼽衄，此之谓也。

O Imperador Amarelo perguntou: "Ao tratar no inverno, deve-se picar os pontos Jing e os pontos Xing; qual a razão?" Qibo respondeu: "A água domina no inverno; o rim, que no corpo corresponde à ela, também se manifesta em aparência ao declínio do Yang, quando o Yin no inverno se torna abundante. Como a energia do Canal Taiyang do Pé está penetrando nos ossos, e a energia Yang decresce ao seu ressurgir, deve-se picar os pontos Jing para restringir o que for excessivo e fazer com que a energia Yin ascenda reversa, picando os pontos Xing para enriquecer a energia Yang que está insuficiente. Esse é o porquê do ditado: "Quando os pontos Jing e os pontos Xing são picados no inverno, não se contrairá rinite alérgica e epistaxe na primavera".

帝曰：夫子言治热病五十九俞，余论〔"论"疑误〕其意，未能领〔《太素》"能"下无 "领"字〕别其处，愿闻其处，因闻其意。岐伯曰：头上五行行五者，以越诸阳之热逆也；大 杼、膺俞、缺盆、背俞，此八者，以写胸中之热也；气街、三里、巨虚上下廉，此八者，以 写胃中之热也；云门、髃骨、委中、髓空，此八者，以写四支之热也，五藏俞傍五，此十者， 以写五藏之热也，凡此五十九穴者，皆热之左右也。

Disse o Imperado Amarelo: "Agora compreendo a idéia geral dos cinqüenta e nove pontos Shu para tratamento da febre, mas não conheço exatamente suas posições. Espero que possas me dar suas localizações e como excretam o calor". Qibo respondeu: "Sobre a cabeça, há cinco faixas e cada uma delas tem cinco pontos, que ao todo somam vinte e cinco. Como todas as energias Yang ascendem à cabeça, o calor pode ser excretado quando se picam os vinte e cinco pontos. Na faixa média está o Canal Du, há cinco pontos: Shangxing (DU 23), Xinhui (DU 22), Qianding (DU 21), Baihui (DU 20) e Houding (DU 19), Em cada um das faixas laterais, onde se acha o Canal Taiyang do Pé, há cinco pontos: Wuchu (B 5), Chengguang (B 6), Tongtian (B 7), Luoque (B 8) e Yuzhen (B 9), somando dez pontos dos lados esquerdo e direito. Em cada uma das faixas seguintes, pertencentes ao Canal Shaoyang do Pé, há cinco pontos: Linqi (VB 15), Muchuang (VB 16), Zhengying (VB 17), Chengling (VB 18) e Naokong (VB 19) somando dez pontos dos lados esquerdo e direito.

"O ponto Dazhu (B 11) do Canal Taiyang do Pé está ao lado do ponto Dazhui do pescoço. O ponto Yingshu (Zhongfu, P 1) do Canal Taiyang está a seis polegadas ao lado do meio do peito; o ponto Quepen (E 12) do Canal Yangming do Pé está na depressão da clavícula, no ombro; o ponto Beishu (Fengmen, B 12) do Canal Taiyang do Pé está à uma polegada e meia ao lado da segunda vértebra. Chegam a oito os pontos dos lados esquerdo e direito. Como estão todos sobre o peito e as costas, o calor do peito pode ser excretado picando-os.

"O ponto Qijie (Qichong, E 30) está na extremidade do osso pubiano sob o baixo ventre onde há a artéria e pode ser localizado quando esta é tocada com a mão; o ponto Sanli (Zusanli, E 36) está no músculo entre os dois tendões do lado de fora da tíbia e fíbula a três polegadas abaixo do joelho; o ponto Shangjuxu (E 37) está a três polegadas abaixo do ponto Sanli; o ponto Xiajuxu (E 39) está a três polegadas abaixo do ponto Shangjuxu. Chegam a oito os pontos dos lados esquerdo e direito. Todos os oito pontos pertencem ao Canal Yangming do Pé, e o calor do estômago pode ser excretado picando-os.

"O ponto Yunmen (P 2) do canal Taiyin da Mão está abaixo da clavícula seis polegadas ao lado do meio do peito; o ponto Yugu (Jianyu (IG 15) sobre a escápula do acrômio do Canal Yangming da Mão está ao lado da extremidade do ombro; o

295

ponto Weichong (B 40) do Canal Taiyang do Pé está no meio da fossa poplítea, na artéria sobre a linha indistinta atrás do joelho; o ponto Suikong (Henggu R 11) do Canal Shaoyin do Pé está na margem pilosa suprapubiana a cinco fen ao lado da margem superior do osso pubiano. Chegam a oito os pontos dos lados esquerdo e direito. Os canais com os oito pontos passam pelos quatro membros e o calor dos mesmos pode ser excretado picando-os.

"Os pontos Shu das cinco vísceras estão nas costas, e todos se localizam à uma polegada e meia ao lado da espinha; o ponto Feishu (B 13) está no espaço da terceira vértebra; o ponto Xinshu (B 15) está no espaço da quinta vértebra; o ponto Ganshu (B 18) está no espaço da nona vértebra; o ponto Pishu (B 20) está no espaço da décima quarta vértebra. Somam dez pontos dos lados esquerdo e direito. Os dez pontos, todos pertencem ao Canal Taiyang do Pé, e o calor das cinco vísceras pode ser excretado picando-os.

"Os cinqüenta e nove pontos acima, são todos pontos para tratar febre".

帝曰：人伤于寒而传〔《太平御览》引"传"下"转"〕为热，何也？岐伯曰：夫寒盛〔《太素》"盛"作"甚"〕则生热也。

O Imperador Amarelo perguntou: "Quando se contrai o frio perverso, ele se transforma em febre; qual a razão?" Disse Qibo: "É porque o frio perverso é abundante no exterior, e a energia yang está encerrada no interior; quando a energia e o sangue ficam estagnados, isso produz febre".

调经论篇第六十二

Capítulo 62
Tiao Jing Lun
(O Equilíbrio dos Canais pela Puntura)

黄帝问曰：余闻刺法言，有余写之，不足补之，何谓有余？何谓不足？岐伯对曰：有余有五，不足亦有五，帝欲何问？帝曰：愿尽闻之。岐伯曰：神有〔《甲乙》"神有"下叠"有"字，下气，血，形，志同〕余有不足，气有余有不足，血有余有不足，形有余有不足，志有余有不足，凡此十者，其气不等也。

O Imperador Amarelo perguntou: "Disseram-me que quando a doença está a ponto de ter um excesso, deve ser aplicada a terapia de purgação; quando a doença está no estágio de insuficiência, deve ser aplicada a terapia de revigoração, mas qual a condição de excesso ou de insuficiência?" Qibo respondeu: "Há cinco condições para que se tenha um excesso e cinco condições para que se tenha uma insuficiência. Qual delas desejais conhecer?" Disse o Imperador Amarelo: "Gostaria de ouvir acerca de todas elas". Disse Qibo: "No espírito [NT 1], na energia, no sangue, na forma e na vontade, em todos se tem as condições de ter um excesso ou estar-se insuficiente. Essas dez condições vão se desenvolvendo em situações diferentes e são todas mutáveis".

帝曰：人有精气津液，四支、九窍、五藏、十六部，三百六十五节，乃生百病，百病之生，皆有虚实。今夫子乃言有余有五，不足亦有五，何以生之乎？岐伯曰：皆生于五藏〔林校云：按《甲乙经》无"五藏"二字〕也。夫心藏神，肺藏气，肝藏血，脾藏肉，肾藏志，而此成形。志意通，〔《甲乙》"通"下有"达"字〕内连骨髓，而成身形五藏。五藏之道，皆出于经隧，以行血气，血气不和，百病乃变化而生，是故守经隧焉。

Disse o Imperador Amarelo: "Na energia refinada, nos fluidos, nas quatro extremidades, nas cinco vísceras, nos nove orifícios, nos dezesseis canais e trezentas e sessenta e cinco juntas ósseas de um homem, em todas elas pode-se contrair uma doença, e todas as doenças contraídas são astênicas ou estênicas. Agora, mencionaste somente cinco condições de ter um excesso e cinco condições de estar-se insuficiente; como isso vem à tona?"

Disse Qibo: "Todas elas provêm das cinco vísceras. O coração controla o espírito, o pulmão controla a energia, o fígado controla o sangue, o baço controla os

---

NT1 - Ao se referir a espírito, estamos traduzindo um conceito chinês que não pode ser entendido ao pé da letra, pois envolve um conceito sutil de "almas" das vísceras. Cada uma tem uma alma e está dominada por uma emoção. Assim, o SHEN, é o chamado princípio vital e se aloja no coração; o PO ou PRO é a alma instintiva e se aloja no pulmão; o HUN ou ROUN é a alma espiritual e se aloja no fígado; o YI ou I se aloja no baço e o ZHI ou TCHE se aloja nos rins.

músculos, e os rins controlam a vontade, e com essas funções as vísceras são forma-
das; quando o espírito e a vontade estão desimpedidos, as medulas ósseas se conectam
mutuamente no interior e forma-se o corpo todo. A comunicação das cinco vísceras
depende do conduto do canal que capacita a circulação da energia e do sangue. Se
a energia e o sangue não estiverem em harmonia, irão ocorrer inúmeras doenças.
Por isso, o conduto do canal deve estar desimpedido".

帝曰：神有余不足何如？岐伯曰：神有余则笑不休，神不足则悲，血气未并，五藏安定，
邪客於形，洒淅起於毫毛，未入於经络也，故命曰神之微。帝曰：补写奈何？岐伯曰：神有
余，则写其小络之血〔守校本"血"作脉〕，出血勿之深斥，无中其大经，神气乃平。神不足
者，视其虚络，按〔《甲乙》《太素》"按"本作"切"〕而致之，刺而利〔《甲乙》"利"作
"和"〕之，无出其血，无泄其气，以通其经，神气乃平。帝曰：刺微奈何？岐伯曰：按摩勿
释，著针勿斥，移气于不足〔林校云："按《甲乙》及《太素》作'移气于足'，无'不'
字"〕，神气乃得复。

O Imperador Amarelo perguntou: "O que irá ocorrer quando o espírito estiver
tendo um excesso ou estiver insuficiente?" Disse Qibo: "Quando houver um excesso
no espírito, a pessoa irá rir contínua e ruidosamente; quando o espírito estiver com
insuficiência, a pessoa estará melancólica. Se a energia perversa ainda não tiver se
combinado com o sangue e a energia, as cinco vísceras podem retomar seu equilíbrio. Nesse momento, a energia perversa está boiando no corpo, o frio perverso só
está na pele e nos pêlos finos em vez de atingir o canal e é chamada de doença
passageira do espírito".

O Imperador Amarelo perguntou: "Como aplicar a revigoração e purgar ao
tratar?" Disse Qibo: "Quando o espírito da pessoa está em excesso, deve-se picar
um pequeno colateral até que sangre, a fim de purgar, mas não se deve inserir a
agulha em profundidade para não ferir o canal maior em seu trajeto; assim o espírito
pode se equilibrar para se normalizar. Quando o espírito tiver uma insuficiência,
deve-se aplicar a terapia de revigoração. Procurar ao longo do colateral astênico
para encontrar o foco e picar com a agulha, evitar o sangramento para não permitir
a saída de energia; quando o canal e os colaterais tiverem sido dragados da impureza,
o espírito estará equilibrado para se normalizar".

O Imperador Amarelo perguntou: "Como tratar a doença passageira do espírito
picando?" Disse Qibo: "Não se deve elevar a mão ao massagear; a inserção da agulha
não deve ser profunda; quando a energia e o sangue tiverem sido encaminhados ao
local que tem a insuficiência e aí se tornarem substanciais, o espírito irá se recuperar".

帝曰：善！有余〔《太素》"有余"上并有"气"字〕不足奈何？岐伯曰：气有余则喘咳
上气，不足则息〔"息"下脱"不"字〕利少气。血气未并，五藏安定皮肤微病，命曰白气
微泄。帝曰：补写奈何？岐伯曰：气有余，则写其经隧，无伤其经，无出其血，无泄其气；不
足，则补其经隧，无出其气。帝曰：刺微奈何？岐伯曰：按摩勿释，出针视之，曰我〔《甲
乙》"我"作"故"〕将深之，适人〔《太系》萧校引《甲乙》"人"作"入"〕必革，精气自
伏，邪气散乱，无所休〔《太素》"休"作"优"〕息，气泄腠理，真气乃相得。

O Imperador Amarelo disse: "Muito bem. O que irá suceder quando a energia
tiver um excesso ou estiver insuficiente?" Disse Qibo: "Quando a energia tiver um
excesso, irá ocorrer respiração acelerada, tosse e reversão ascendente da energia

do paciente; quando a energia estiver insuficiente, irá ocorrer respiração difícil e pouco alento. Se a energia perversa ainda não tiver se combinado com a energia e o sangue, as cinco vísceras podem conservar sua estabilidade. Nesse momento, a energia perversa só poderá invadir a pele e ferir de leve a energia do pulmão, e a doença se chama descarga leve da energia branca [NT 2]. A energia do pulmão também é chamada energia branca, já que a cor do metal é o branco".

Disse o Imperador Amarelo "Como tratar a doença com revigoração e purgação?" Disse Qibo: "Quando a energia está em excesso, o canal deve ser purgado picando-se, mas não deve causar sangramento, para não excretar a energia, e o canal não deve ser ferido. Se a energia estiver insuficiente, o canal deve ser revigorado, mas a energia não deve ser descarregada".

O Imperador Amarelo perguntou: "Como tratar a doença passageira de energia picando?" Disse Qibo: "Quando tratar, massagear o foco sem afrouxar a mão; mostrar a agulha ao paciente e dizer-lhe que se vai picar profundamente para fazer com que a energia refinada dele fique retida no interior, alternando para uma picada superficial ao inserir; dessa forma a energia perversa só pode se dispersar, já que não tem para onde ir. Quando a energia perversa tiver sido excretada pelas estrias, a energia saudável será recuperada".

帝曰：善！血有余不足奈何？岐伯曰：血有余则怒，不足则恐〔《太素》"恐"作"悲"〕；血气未并，五藏安定，孙络水〔金本，赵本，明抄本"水"并作"外"〕溢，则经〔《甲乙》"经"作"络"〕有留血。帝曰：补写奈何？岐伯曰：血有余，则写其盛经出其血；不足，则视〔《太素》"视"作"补"〕其虚经内针其脉中，久留而视；脉大，疾出其针，无令血泄。帝曰：刺留血奈何？岐伯曰：视其血络，刺出其血，无令恶血得入于经，以成其疾。

Disse o Imperador Amarelo: "Muito bem. Quais as condições, quando o sangue está tendo um excesso ou está insuficiente?" Disse Qibo: "O fígado controla o sangue e quando o sangue está em excesso, a energia do fígado estará em superabundância; a raiva se associa ao fígado e quando sua energia estiver abundante demais, a pessoa estará propensa a ter raiva. O fígado e a vesícula biliar estão em conexão, portanto, quando o sangue estiver insuficiente, e energia da vesícula biliar será acanhada fazendo com que o paciente se sinta um sofredor. Se a energia perversa ainda não tiver se combinado com a energia e o sangue, as cinco vísceras permanecerão estáveis, mas a energia perversa superabundante nos colaterais secundários podem tender a transbordar, causando a retenção do sangue nos colaterais".

O Imperador Amarelo perguntou: "Como tratar: revigorando ou purgando?" Disse Qibo: "Quando o sangue está em excesso, purgar o colateral que está preenchido com energia perversa em abundância, e picar até que sangre. Se o sangue estiver insuficiente, picar e revigorar o colateral a partir do qual a energia está insuficiente. Se o pulso do paciente estiver em magnitude normal, o período de retenção da agulha deve ser maior e deve-se observar os olhos do paciente para ver a resposta; se o pulso estiver cheio e agigantado, a agulha deve ser retirada imediatamente para evitar sangramento".

NT2 - Segundo o conceito chinês, o pulmão pertence ao elemento ou movimento "Metal" didaticamente tido como branco, pois os metais são em sua maioria claros.

O Imperador Amarelo perguntou: "Como picar o colateral em que o sangue estiver retido?" Disse Qibo: "Picar o colateral no qual houver estase sangüínea até que sangre, mas tomar cuidado para que o sangue contaminado não flua para outro canal causando uma outra enfermidade".

帝曰"善！形有余不足奈何？岐伯曰：形有余则腹胀，泾溲不利，不足则四支不用。血气未并，五藏安定，肌肉蠕动，命曰微风。帝曰：补写奈何？岐伯曰：形有余则写其阳经，不足则补其阳络。帝曰：刺微奈何？岐伯曰：取分肉间，无中其经，无伤其络，卫气得复，邪气乃索。

Disse o Imperador Amarelo: "Muito bem. Quais as condições, quando a forma estiver tendo um excesso ou uma insuficiência?" Disse Qibo: "Quando a forma (o físico) estiver em excesso, irá ocorrer um inchaço no abdômen e disúria. Quando a forma for insuficiente, os membros não terão destreza. Se a energia perversa ainda não tiver se combinado com a energia e o sangue, as cinco vísceras poderão permanecer estáveis; como o vento perverso só pode atingir o músculo, só haverá uma sensação de torção muscular. A doença se chama vento passageiro".

O Imperador Amarelo perguntou: "Como revigorar e purgar ao tratar?" Disse Qibo: "Purgar a energia do canal do estômago, Yangming do Pé, quando a forma estiver em excesso, e revigorar a energia do colateral do estômago, Yangming do Pé quando a forma for insuficiente".

O Imperador Amarelo perguntou: "Como punturar o mal do vento passageiro?" Disse Qibo: "Picar o músculo sob a pele a fim de dispersar a energia perversa, mas o canal não deve ser picado e o colateral não deve ser ferido. Dessa maneira, a energia Wei poderá se recuperar, e a energia perversa poderá se dissipar".

帝曰：善！志有余不足奈何？岐伯曰：志有余则腹胀飧泄，不足则厥，血气未并，五藏安定，骨节有动。帝曰：补写奈何？岐伯曰：志有余则写然筋〔林校云："详诸处引然各者多云'然骨之前血者'疑少"骨之"二字，'前'字误作'筋'字〕血者，不足则补其复溜。帝曰：刺未并奈何！岐伯曰：即取之，无中其经，邪所〔《甲乙》作"以去其邪"〕乃能立虚。

Disse o Imperador Amarelo: "Muito bem. Quais as condições, quando a vontade está em excesso ou insuficiente?" Disse Qibo: "A vontade pertence aos rins; quando a vontade adoece por causa do excesso, isso fará com que a energia perversa tenha um superávit nos rins. O rim é uma víscera do frio e da água; quando sua energia perversa está em excesso, a energia fria ficará superabundante, causando distensão abdominal e diarréia lientérica. Quando a vontade for insuficiente, isso se deve à insuficiência de energia Yang primordial nos rins, que causará frio nos membros. Quando a energia perversa ainda não tiver se combinado com a energia e o sangue, as cinco vísceras permanecerão estáveis, mas haverá uma sensação de um leve tremor nas juntas ósseas, já que o rim foi afetado pela energia perversa e os ossos estão associados ao rim".

O Imperador Amarelo perguntou: "Como revigorar e purgar ao tratar?" Disse Qibo: "Quando a vontade estiver em excesso, picar o ponto Rangu (R 2), até que sangue para purgar; quando a vontade for insuficiente, picar o ponto Fuliu (R 7) para revigorar".

"O Imperador Amarelo perguntou: "Como picar quando a energia perversa ainda não tiver se combinado com a energia e o sangue?" Disse Qibo: "Picar a junta óssea trêmula. Não picar o canal, mas picar somente o local em que a energia perversa estiver retida e esta energia será eliminada de imediato".

帝曰：善！余已闻虚实之形，不知其何以生！岐伯曰：气血以〔赵本"以"作"已"〕并，阴阳相倾，气乱于卫，血逆于经，血气离居，一实一虚。血并于阴，气并于阳，故为惊狂；血并于阳，气并于阴，乃为炅中；血并于上，气并于下，心烦惋〔《甲乙》"惋"作"闷"〕善怒；血并于下，气并于上，乱〔《太素》"乱"上有"气"字〕而喜忘。帝曰：血并于阴，气并于阳，如〔《太素》"如"作"于"字〕是血气离居，何者为实？何者为虚？岐伯曰：血气者，喜温而恶寒，寒则泣不能流，温则消而去之，是故气之所并为血虚，血之所并为气虚。

Disse o Imperador Amarelo: "Muito bem. Agora, que eu ouvi acerca das várias aparências da astenia e da estenia, mas não sei como vêm à tona". Disse Qibo: "A astenia e a estenia são causadas pelo desequilíbrio do Yin e do Yang devidos à combinação da energia perversa com a energia e o sangue. Quando a energia perversa caminha desgovernada perturbando a energia Wei, e o sangue corre em contracorrente ao longo dos canais e colaterais, eles deixam de assumir suas posições apropriadas, e ocorrem as condições de astenia e de estenia. Se o sangue se misturar ao Yin perverso, e a energia se misturar com o Yang perverso, irá ocorrer a síndrome do terror e da mania. Se o sangue se misturar com o Yang perverso, e a energia se misturar com o Yin perverso, irá ocorrer a síndrome do calor interno. Se o sangue se misturar com a energia perversa na parte superior do corpo, e a energia se misturar com a energia perversa na parte inferior do corpo, isso fará com que a pessoa fique irritada, angustiada e pronta a se zangar. Se o sangue se misturar com a energia perversa na parte inferior do corpo, e a energia se misturar à energia perversa na parte superior do mesmo, isso fará com que haja distúrbio da energia vital e amnésia".

O Imperador Amarelo perguntou: "Quando o sangue se mistura ao Yin perverso, e a energia se mistura ao Yang perverso, todos eles deixam suas posições adequadas; como podemos saber o que é astênico e o que é estênico?" Disse Qibo: "Tanto a energia quanto o sangue apreciam a quentura e detestam a friagem; esta pode fazer com que a energia e o sangue fiquem estagnados e impedidos, enquanto que a quentura pode fazer com que a energia e o sangue circulem mais livremente. Por isso, quando a energia estiver superabundante em parte, o sangue estará astênico; quando o sangue estiver superabundante em parte, a energia estará astênica".

帝曰：人之所有者、血与气耳。今夫子乃言〔四库本"言"作"曰"〕血并为虚，气并为虚，是无实乎？岐伯曰：有者为实，无者为虚，故气并则无血，血并则无气，今血与气相失，故为虚焉。络之与孙脉〔明抄本"孙脉"作"孙络"〕俱输〔《甲乙》"输"作"注"〕于经，血与气并，则为实焉。血之与气并走于上，则为大厥，厥则暴死，气〔《太素》"复反"上无"气"字〕复反则生，不反则死。

Disse o Imperador Amarelo: "A energia e o sangue são os mais importantes no corpo humano; agora que disseste que tanto a superabundância parcial do sangue quanto a superabundância da energia são as condições de astenia, então, há uma condição em que se esteja estênico?" Disse Qibo: "Quando há excesso, isso é estenia; quando há insuficiência, isso é astenia, por isso, quando a energia se combina com o Yang, o sangue estará insuficiente; quando o sangue se combina com o Yin, a energia estará insuficiente; desde que tanto a energia quanto o sangue têm suas posições próprias e estão desequilibrados, estão em condição de astenia. Tanto a energia quanto o sangue nos colaterais e nos colaterais secundários estão fluindo para os canais; se a energia e o sangue se misturarem no colateral, este ficará estênico. Se a energia e o sangue se misturarem e subirem pelos canais e colaterais até a cabeça, ocorrerá o coma, e este poderá causar uma morte súbita. Se puder fazer com que o sangue desça e retorne ao normal, a cabeça será aliviada, e o paciente retornará à vida; se não voltar, será a morte".

帝曰：实者何道从来？虚者何道从去？虚实之要，愿闻其故。岐伯曰：夫阴与阳，皆有俞会，阳注于阴，阴满之外，阴阳匀平，以充其形，九候若一，命曰平人。夫邪之生〔《甲乙》"之"下有"所"字〕也，或生于阴，或生于阳，其生于阳者，得之风雨寒暑〔"暑"字误应作"湿"〕；其生于阴者，得之饮食居处〔《太素》《甲乙》"居处"作"起居"〕，阴阳喜怒。

O Imperador Amarelo perguntou: "De onde provém o estênico perverso e para onde vai o astênico perverso, e qual a essência da astenia e da estenia?" Disse Qibo: "Tanto os canais Yin quanto os canais Yang têm seus pontos shu impregnar e conectar uns com os outros. Quando a energia e o sangue do canal Yang passam para o canal Yin, a energia e o sangue no canal Yin ficam repletas e passam para uma outra parte qualquer no corpo; dessa forma, o Yin e o Yang podem ficar equilibrados e permeiam o corpo a fim de que as condições de pulso das nove subdivisões possam ficar idênticas e normais. Algumas das infecções causadas pela energia perversa provêm de atingimentos internos do Yin e algumas de causas externas do Yang. As infecções do Yang são devidas à invasão do vento, da chuva, do frio e da umidade, e as do Yin se devem à intemperança na ingestão de comida e bebida, anormalidade na vida diária, excesso de atividades sexuais e mau humor".

帝曰：风雨之伤人奈何？岐伯曰：风雨之伤人也，先客于皮肤，传入于孙脉，孙脉满则传入于络脉，络脉满则输于大〔《甲乙》"则输"作"乃注"，孙鼎宜说："'大'字疑衍"〕经脉，血气与邪并客于分腠之间，其脉坚大，故曰实。实者外坚充满，不可按之〔《甲乙》"按"下并无"之"〕，按之则痛。帝曰：寒湿之伤人奈何？岐伯曰：寒湿之中人也，皮肤不〔《太素》《甲乙》"肤"下并无"不"字〕收，肌肉坚紧〔《太素》"坚"下无"紧"字〕，荣血泣，卫气去，故曰虚。虚者聂〔《太素》"聂"作"慑"〕辟，气不足〔《太素》《甲乙》"不足"下并有"血泣"二字〕，按之则气足以温之，故快然而不痛。

O Imperador Amarelo perguntou: "Quais são as condições quando as pessoas são atingidas pelo vento e pela chuva?" Disse Qibo: "Quando o vento e a chuva prejudicam o corpo, a invasão se dá primeiro através da pele, entrando então no colateral imediato; quando este estiver preenchido, a energia perversa será transmitida ao colateral; quando este tiver sido preenchido, isso se transmitirá ao canal; quando a energia perversa se misturar com a energia e o sangue e invadir o local que está entre o músculo e as estrias sob a pele, irá ocorrer a condição de pulso agigantado, e isso é a síndrome da estenia. Na síndrome estênica, ele parece firme e substancial do exterior, mas a pele e os músculos não podem tolerar o toque e a pressão irá causar dor".

O Imperador Amarelo perguntou: "Quais são as condições de quando o frio-umidade lesa as pessoas?" Disse Qibo: "Quando o frio-umidade prejudica as pessoas, irá causar um súbito encolhimento da pele, endurecimento do músculo, estagnação do Yin do sangue e esgotamento da energia Wei, e isso é a síndrome da astenia. O paciente com síndrome astênica está freqüentemente nervoso e com a respiração curta, mas quando se faz pressão e massagem com as mãos, o fluxo de sangue se torna fluente, a respiração se torna suficiente, e o paciente se sente confortavelmente aquecido e sem dor".

帝曰：善！阴之生实奈何？岐伯曰：喜怒不节，则阴气上逆，上逆则下虚，下虚则阳气走之，故曰实矣。帝曰：阴之生虚奈何？岐伯曰：喜〔"喜"字误，似应作"恐"，《举痛论》"恐则气下"〕则气下，悲则气消，消则脉虚空〔《太素》"虚"下无"空"字〕，因寒饮食，寒气熏满〔《甲乙》作"动藏"〕，则血泣气去，故曰虚矣。

Disse o Imperador Amarelo: "Muito bem. Quis são as condições da proveniência da síndrome estênica do Yin ?" Disse Qibo: "Quando a pessoa está sempre zangada de forma destemperada, a energia Yin irá ascender em contracorrente, o que causará a deficiência da energia Yin na parte inferior, e a energia Yang irá tomar seu lugar, e essa é a síndrome estênica".

帝曰：经言阳虚则外寒，阴虚则内热，阳盛则外热、阴盛则内寒，余已闻之矣，不知其所由然也。岐伯曰：阳受气于上焦，以温皮肤分肉之间，令〔全本、读本、赵本，"令"并作"今"，《太素》《甲乙》"不通"上并不叠"上焦"二字〕寒气在外，则上焦不通，上焦不通，则寒气〔《太素》《甲乙》"寒"下并无"气"字〕独留于外，故寒慄。帝曰：阴虚生内热奈何？岐伯曰：有所劳倦，形气衰少，谷气不盛，上焦不行，下脘〔《甲乙》"下焦"〕不通，胃气热、热气〔《甲乙》《病沉》并无"热气"二字〕熏胸中，故内热。帝曰：阳盛生外热奈何？岐伯曰：上焦不通利，则皮肤致密，腠理闭塞，玄府不通〔《太素》《甲乙》并无"玄府"二字〕，卫气不得泄越，故外热。帝曰：阴盛生内寒奈何？岐伯曰：厥气上逆、寒气积于胸中而不写，不写则温气去，寒独留，则血凝泣，凝则脉不通，其脉盛大以濇，故中寒〔"中寒"据杨注应作"寒中"〕。

Disse o Imperador Amarelo: "Está dito nos clássicos antigos: "Quando o Yang é deficiente, irá se produzir frio externo; quando o Yin estiver deficiente, será produzido calor interno; quando o Yang está superabundante, será produzido calor externo; quando o Yin estiver superabundante, será produzido frio interno". Escutei o que se diz, mas não sei a razão". Disse Qibo: "Todos os Yang recebem energia do aquecedor superior, para aquecer os locais que estão entre a pele e o músculo. Agora, como a energia fria invade a partir de fora, a energia do aquecedor superior não pode atingir os locais que se encontram entre a pele e os músculos; como o frio permanece somente na superfície, irá ocorrer a síndrome dos tremor pelo frio.

"O Imperador Amarelo perguntou: "Qual a condição quando o Yin astênico produz o calor interno?" Disse Qibo: "Quando alguém se cansa em excesso, sua força corporal se torna insuficiente. Como resultado, o aquecedor superior incapacitará o canal a entrar em contato com os sabores dos cinco cereais; a parte inferior da cavidade gástrica não será capaz de transformar os cereais em essência, e a energia estagnada do estômago irá produzir calor para fumigar o peito. Esta é a condição quando o Yin astênico produz o calor interno".

303

O Imperador Amarelo perguntou: "Qual é a condição quando o Yang superabundante produz o calor externo?" Disse Qibo: "Quando o aquecedor superior é ineficaz, a pele se torna compacta e as estrias impedidas, fazendo com que a energia Wei não possa ser excretada, e irá ocorrer o calor externo".

O Imperador Amarelo perguntou: "Qual é a condição quando o Yin superabundante produz o frio interno?" Disse Qibo: "Como a energia do Jueni (friagem nos membros) está ascendendo reversa, a energia fria está acumulada no peito e não pode ser excretada para baixo, fazendo com que a energia Yang se disperse e deixe a energia fria somente no peito. como resultado, o sangue ficará estagnado, o canal ficará entupido, e a condição do pulso ficará agigantada e inconstante, para se tornar a síndrome do aquecedor médio".

帝曰：阴与阳并〔《太素》作"阴之与阳"〕，血气以并，病形以成，刺之奈何？岐伯曰：剌此者，取之经隧，取血于营，取气于卫，用形哉，因四时多少高下。帝曰：血气以并，病形以成，阴阳相倾，补写奈何？岐伯曰：写实者气盛乃内针，针与气俱内〔《素问校伪》引古抄本"俱"下无"内"字〕，以开其门，如利其户；针与气俱出，精气不伤，邪气乃下，外门不闭，以出其疾，摇大其道，如利其路，是谓大写，必切而出，大气乃屈。帝曰：补虚奈何？岐伯曰：持针勿置，以定其意，候呼内针，气出针入，针空四塞，精无从去，方实而疾出针，气入针出，热不得还，闭塞其门，邪气布散，精气乃得存，动气候时〔《太素》作"动勿候时"，谓及时入针出针〕，近气不失，远气乃来，是谓道之。

O Imperador Amarelo perguntou: "Quando o Yin se mistura ao Yang, e ao mesmo tempo se mistura com a energia e o sangue para causar a doença, como tratá-lo com puntura?" Disse Qibo: "Ao tratar, picar o canal e picar também o sangue Yin dentro do canal e a energia Wei fora do canal; ao mesmo tempo, verificar se o tipo de constituição do paciente é alto ou baixo, gordo ou magro, reportando-se às estações para determinar o momento de picar e se a picada deverá ser na parte superior ou na inferior do corpo".

O Imperador Amarelo perguntou: "Quando a energia perversa tiver se misturado à energia e ao sangue, e o Yin e o Yang ficarem desequilibrados, como aplicar a terapia de revigoração ou a purgação?" Disse Qibo: "A forma de purgar a estenia, é inserir a agulha quando a energia perversa estiver superabundante, e fazer com que tanto a agulha quanto a energia entrem no corpo juntas, a fim de abrir os portões para descarregar a energia perversa. Ao puxar a agulha, fazer com que a agulha e a energia saiam juntas, conservando a energia refinada intocada; dessa forma, a energia perversa será extinta. O orifício da agulha não deve ser fechado, devendo-se mover a agulha com força para alargar a saída fazendo com que a energia perversa venha para fora devagar, e a isso se chama terapia da grande purgação. Quando se retira a agulha, isso deve ser rápido, para que a energia perversa possa ser retirada".

O Imperador Amarelo perguntou: "Como revigorar a síndrome da astenia?" Disse Qibo: "Manter uma atitude calma antes de picar; picar quando o paciente expirar e inserir a agulha quando a inspiração terminar. Dessa forma, haverá uma pressão em torno da agulha e a energia refinada não será excretada. Inserir a agulha rapidamente quando a energia estiver no estágio estênico, para permitir a energia entrar. Dessa forma, o calor debaixo da agulha não sairá junta mente com ela; sua saída em dispersão será bloqueada. Por isso, a energia perversa será logo dispersada, e a energia refinada será retida. Em suma, ao picar, tanto a inserção quanto a retirada da agulha não devem deixar escapar a oportunidade, a fim de que a energia obtida não seja perdida através da agulha, e que a energia que ainda não chegou possa ser induzida. A isso se chama terapia de revigoração".

帝曰：夫子言虚实者有十，生于五藏，五藏〔《甲乙》"五藏"上不叠"五藏"二字〕五脉耳，夫十二经脉皆生其〔《太素》《甲乙》"其病"上并有"视"字〕病，今夫子独言五藏，夫十二经脉者，皆络三百六十五节，节有病必被经脉，经脉之病，皆有虚实，何以合之？岐伯曰：五藏者，故得六府与为表里，经络支节，各生虚实，其病所居，随而调之。病在脉、调之血；病在血、调之络；病在气，调之卫；病在肉，调之分肉；病在筋，调之筋；病在骨，调之骨〔《太素》无"病在"六字〕；燔针劫刺其下及与急者；病在骨，焠〔《太素》"焠"作"卒"〕针药熨；病不知所痛，两跷为上；身形有痛，九候莫病，则缪刺之；痛在于左而右脉病者，巨刺之。必谨察其九候，针道备〔《甲乙》作"毕"〕矣。

Disse o Imperador Amarelo: "Tu falaste que os dez tipos de astenia e de estenia são provenientes dos cinco canais das cinco vísceras, mas de fato, os doze canais do corpo podem todos contrair doenças; tu mencionaste somente as cinco vísceras, mas os doze canais se conectam com os trezentos e sessenta e cinco acupontos [NT3]; quando os acupontos contraem a doença, isso irá afetar o canal e as doença do canal são estênicas e astênicas; como elas correspondem à astenia e à estenia das cinco vísceras?" Disse Qibo: "Os cinco órgãos sólidos e os seis órgãos ocos têm relação uns com os outros e são a superfície e o interior. Todas as enfermidades nos canais colaterais e seus pontos relacionados têm condições de astenia e de estenia, e devem ser equilibradas de acordo com a localização do foco através da inspeção.

"Se a doença estiver no canal, equilibrar o sangue; se a doença estiver no sangue, equilibrar o colateral; se a doença estiver na energia, equilibrar a energia Wei; se a doença estiver no músculo, equilibrar o músculo sob a pele; se a doença estiver no tendão, equilibrar o tendão e picar o foco da doença e o local da contratura com uma agulha aquecida; se a doença for nos ossos, picar profundamente e então aquecer o foco com remédio após inserir a agulha. Se o paciente não se inteirar do incômodo, picar os canais Yangqiao e Yinqiao; se o paciente estiver sentindo dor e as condições de pulso das nove subdivisões forem anormais, aplicar a terapia de puntura dos colaterais controlaterais (picar o lado direito quando a dor for no esquerdo e vice-versa); se a dor estiver no lado esquerdo e o pulso doente no lado direito, aplicar a terapia de puntura controlateral do canal. Em suma, inspecionar cuidadosamente a condição de pulso da nove subdivisões antes de picar, para que possa ser encetada uma forma completa de puntura".

NT3 - Essa é uma maneira simbólica de dizer que há um ponto a ser picado, para cada dia do ano.

缪刺论篇第六十三

Capítulo 63
Miu Ci Lun
(Da Puntura Contralateral)

黄帝问曰：余闻缪刺，未得其意，何谓缪刺？岐伯对曰：夫邪之客于形也，必先舍于皮毛，留而不去，入舍于孙脉〔明抄本"脉"作"络"〕，留而不去，入舍于络脉，留而不去入舍于经脉，内连五藏，散于肠胃，阴阳俱感〔《太素》"俱感"作"更盛"〕，五藏乃伤，此邪之从皮毛而入，极于五藏之次也，如此则治其经焉。今邪客于皮毛，入舍于孙络，留而不去，闭塞不通、不得入于经，流溢〔《甲乙》《外台》"溢"上并无"流"字〕于大络，而生奇病也。夫邪客大络者，左注右，右注左，上下左右〔《太素》"上下"下无"左右"二字〕，与经相干，而布于四末。其气无常处，不入于经俞，命曰缪刺。

O Imperador Amarelo perguntou: "Disseram-me que há um tipo de puntura controlateral, mas eu não conheço seu significado; afinal de contas, o que é a puntura controlateral?"

Qibo respondeu: "Quando a energia perversa invade o corpo, isso começa na pele e nos pêlos finos; se aí for retida e não sair, irá entrar no colateral; se for novamente retida, irá entrar no canal para atingir as cinco vísceras e daí se dispersa ao intestino e ao estômago. Dessa forma, o Yin e o Yang ficarão alternadamente mais abundantes e as cinco vísceras serão lesadas. Esta é a seqüência da transmissão da energia perversa a partir da pele e dos pêlos finos até as vísceras. Por isso, ao tratar, deve-se punturar o canal com uma picada comum. Se a energia perversa invadir a pele e os pêlos finos e depois se detiver no colateral imediato, mas não puder atingir o canal, devido ao entupimento do ramo colateral do canal, irá fluir para o colateral maior, e aparecerá infecção de um lado, i.e., a doença do lado esquerdo aparecerá do direito e vice-versa. Quando a energia perversa entrar no colateral maior, ela flui da esquerda para a direita e depois da direita para a esquerda, para cima e para baixo ao longo do colateral maior que se comunica com o canal e se espalha às quatro extremidades. Como a energia perversa corre em todas as direções, não ficando num local determinado, nem fluindo para os pontos shu do canal, então é necessária a puntura contralateral".

帝曰：愿闻缪刺以左取右以右取左奈何〔《甲乙》无此二字〕？其与巨刺何以别之？岐伯曰：邪客于经，左盛则右病，右盛则左病，亦有移易者，左痛未已而右脉先病，如此者，必巨刺之，必中其经，非络脉也。故络病者，其痛与经脉缪处，故命曰缪刺。

Disse o Imperador Amarelo: "Gostaria de ouvir a respeito da razão pela qual quando a doença está do lado esquerdo, pica-se do lado direito, e quando a doença está do lado direito, pica-se o lado esquerdo, contralateralmente, e como se distingue da puntura oposta?" Disse Qibo: "Como a energia perversa do lado esquerdo se conecta com a do lado direito, assim, quando o canal é invadido pela energia perversa, se esta estiver superabundante do lado esquerdo, isso freqüentemente causa doença do lado direito. Mas algumas vezes, a condição é diferente: quando ainda não tiver havido uma recuperação da dor do lado esquerdo, os vasos do lado direito começam a ficar doentes. Nesse caso, a energia perversa não está no colateral, mas no canal. Assim, deve-se aplicar a puntura oposta que irá atingir o canal. Se a energia perversa estiver no colateral em que a profundidade da dor for diferente daquela do canal, deve-se aplicar a puntura contralateral".

帝曰：愿闻缪刺奈何？取之何如？岐伯曰：邪客于足少阴之络，令人卒心痛，暴胀，胸胁支满，无积者，刺然骨之前出血，如食顷而已。不已〔《甲乙》《太素》并无此二字〕，左取右，右取左。病新发者，取五日〔《太素》《甲乙》"五日"上并无"取"字，按"取"误应作"刺"〕，已。

Disse o Imperador Amarelo: "Quero saber o que é puntura contralateral e como aplicá-la!" Disse Qibo: "Quando a energia perversa invade o colateral do Shaoyin do Pé, isso irá fazer com que se tenha dor cardíaca, súbita distensão no abdômen e plenitude no peito e no hipocôndrio. Se o paciente não tiver massa abdominal, picar o ponto Rangu (R 2) até que sangre, e haverá recuperação da doença no período de uma refeição. Picar o lado esquerdo quando a doença estiver do lado direito, e picar do lado direito quando a doença estiver no lado esquerdo. Se a doença for causa de recorrência, só pode haver recuperação da doença após cinco dias de se picar.

邪客于手少阳之络，令人喉痹舌卷，口干心烦，臂外〔《太素》"外"作"内"〕廉痛，手不及头，刺手中指〔《太素》作小指〕次指爪甲上，去端如韭叶各一痏，壮者立已，老者有顷已，左取右，右取左。此新病数日已。

"Quando a energia perversa invade o ramo colateral do Canal Shaoyang da Mão, ocorrerão as síndromes de dor de garganta, língua enrolada, secura da boca, inquietação e dor no flanco externo do braço a ponto de não poder erguer o braço até a cabeça. Ao tratar, picar o ponto Guanchong (TA 1) que tem comparativamente a mesma distância da folha de cebolinha chinesa, ao lado da unha, na ponta do dedo, junto ao dedo mínimo; picar uma vez do lado esquerdo e outra do lado direito.

"Para um homem na flor da idade, haverá recuperação imediata da doença; para um velho, haverá recuperação após um curto espaço de tempo. Picar o lado direito quando a doença estiver do lado esquerdo, e picar do lado esquerdo quando a doença estiver do lado direito. Se a doença tiver sido contraída muito recentemente, haverá recuperação em poucos dias após a picada.

邪客于足厥阴之络，令人卒疝暴痛，刺足大指爪甲上，与肉交者各一痏，男子立已，女子有顷已，左取右，右取左。

"Quando a energia perversa invadir o ramo colateral do Canal Jueyin do Pé, irá fazer com que se tenha hérnia com dor súbita; picar o ponto Dadun (F 1) que está na conexão da unha com a pele no artelho, uma vez do lado esquerdo e outra do direito. Para um homem, a doença terá recuperação imediata; para uma mulher, a recuperação demorará um pouco. Picar o lado direito quando a doença estiver do lado esquerdo, e picar o lado esquerdo quando a doença estiver do lado direito.

邪客于足太阳之络，令人头项〔《太素》《甲乙》"项"下并有"痛"字〕肩痛，刺足小指爪甲上，与肉交者各一痏，立已，不已，刺外踝下三痏，左取右，右取左，如食顷已〔《太素》无"如食"四字〕。

"Quando a energia perversa invadir o ramo colateral do Canal Taiyang do Pé, isso fará com que se tenha dor de cabeça e dor no pescoço e no ombro. Ao tratar, picar o ponto Zhiyin (B 67) que está na conexão entre a unha e o músculo acima da ponta do artelho menor. Picar uma vez do lado esquerdo e uma vez do direito, e haverá recuperação imediata da doença. Se não houver recuperação, picar por três vezes o ponto Jinmen (B 63) abaixo do maléolo externo. Se a doença estiver no lado esquerdo, picar o lado direito; se a doença estiver no lado direito, picar o lado esquerdo.

邪客于手阳明之络，令人气满胸中，喘息〔《甲乙》"息"作"急"〕而支胠，胸中热，刺手大指、次指爪甲上，去端如韭叶，各一痏，左取右，右取左，如食顷已。

"Quando a energia perversa invade o ramo colateral do Canal Yangming da Mão, irá fazer com que haja distensão da energia vital no peito, respiração acelerada e calor no peito. Ao tratar, picar o ponto Shangyang (IG 1) que numa distância comparativa, tem a largura da folha de cebolinha chinesa, ao lado da folha da ponta da unha do indicador, próximo ao polegar. Picar uma vez do lado esquerdo e uma vez do lado direito. Picar o lado direito quando a doença estiver no lado esquerdo, e picar do lado esquerdo quando a doença estiver do lado direito. Haverá recuperação da doença no período de uma refeição.

邪客于臂掌之间，不可〔《甲乙》"不"下无"可"字〕得屈，刺其踝后，先以指按之痛，乃刺之，以月死生为〔《明抄本"为"下有"痏"字〕数，月生一日一痏，二日二痏〔按"二痏"下脱"渐多之"三字，应据《刺腰痛篇》王注引补〕，十五日十五痏，十六日十四痏〔按"十四痏"下脱"渐少之"三字，应据《刺腰痛篇》王注引补〕。

"Quando a energia perversa invadir o colateral da palma da mão e a junta do punho deixar de se dobrar; deve-se picar a junta básica do punho. Pressionar primeiro o foco dolorido e depois inserir a agulha. O número de vezes de se picar deve ser determinado pela lua crescente e minguante; quando a lua for crescente, picar uma vez no primeiro dia do mês lunar; picar duas vezes no segundo dia do mês lunar, acrescentando uma picada dia após dia. Quando a lua for minguante, na segunda metade do mês lunar, picar quinze vezes no décimo quinto dia do mês lunar, picar catorze vezes no décimo sexto dia do mês lunar, e uma picada a menos por dia sucessivamente.

邪气客于足〔《太素·量缪刺篇》"于"下无"足"字〕阳跷之脉，令人目痛从内眦始，刺外踝之下半寸所各二痏，左刺右，右刺左，如行十里顷而已。

"Quando a energia perversa invadir o Canal Yangqiao isso irá causar dor começando no canto interno do olho. Ao tratar, picar duas vezes o ponto Shenmai (B 62) que está à meia polegada abaixo do maléolo externo. Picar duas vezes do lado esquerdo e do lado direito. Quando a doença estiver do lado esquerdo, picar o lado direito, e quando a doença estiver do lado direito, picar o lado esquerdo; haverá recuperação da doença em um período de uma caminhada de dez li [NT1] (uma hora).

NT1 - Li é uma medida chinesa de distância com cerca de 576 m; também se fala em Li com o sentido de 0,033m que é o que se aplica à medida em questão.

人有所堕坠，恶血留内，腹中满〔《卫生宝鉴》“满”作“痛”〕胀，不得前后，先饮利药，此上伤厥阴之脉，下伤少阴之络，刺足内踝之下，然骨之前，血脉〔林校云：“脉”疑是“络”字〕出血，刺足跗上动脉，不已，刺三毛上各一痏，见血立已，左刺右，右刺左。善悲惊〔《太素》“悲”下有“善”字〕不乐，刺如右方。

"Quando alguém se fere numa queda e o sangue estagnado fica retido no corpo, isso irá causar dor abdominal, retenção de fezes e disúria. Ao tratar, deve-se usar primeiro um remédio para dispersar a estagnação. Desde que o Canal Jueyin na parte superior e o Colateral Shaoyin na parte inferior tenham sido feridos deve-se picar as vênulas superficiais em frente ao ponto Rangu (R 2) abaixo do maléolo interno até que sangre, e picar também o ponto Chongyang (E 42) na artéria dorsal. Se a picada for ineficaz, picar o ponto Dadun (F 1) no artelho, uma vez do lado esquerdo e uma vez do direito; haverá recuperação imediata da doença após o sangramento. Picar o lado direito quando a doença estiver no lado esquerdo, e picar o lado esquerdo quando a doença estiver do lado direito. Se o paciente estiver propenso a ficar melancólico, assustado e infeliz a forma de picar deve ser a mesma que a de cima.

邪客于手阳明之络，令人耳聋，时不闻音〔《太素》“闻”下无“音”字〕，刺手大指次指爪甲上去端如韭叶各一痏，立闻，不已，刺中指爪甲上与肉交者立闻，其不时闻者，不可刺也。耳中生风者，亦刺之如此数，左刺右，左刺左。

"Quando a energia perversa invadir o ramo colateral do Canal Yangming da Mão, isso irá causar surdez e que com freqüência não escute mais nada. Ao tratar, picar o ponto Shaoshang (P 11), que está na ponta do polegar numa distância comparativa à largura da folha da cebolinha chinesa, ao lado da unha. Picar uma vez do lado esquerdo e uma vez do lado direito e pode-se recuperar imediatamente o sentido da audição. Se a picada for ineficaz, picar o ponto Zhongchong (CS 9) que está e contato com o músculo e a unha do dedo médio, e o paciente poderá ouvir de imediato; se ele ainda não puder ouvir, isso mostra que a energia do colateral foi prejudicada e que a puntura foi ineficaz. Quando o paciente tiver tínito como se ouvisse o som do vento, o método e o momento de picar devem ser os mesmos que acima. Picar o lado direito quando a doença estiver do lado esquerdo, e picar o lado esquerdo quando a doença estiver do lado direito.

凡痹往来行无常处者，在分肉间痛而刺之，以月死生为数，用针者〔《明抄本无“用针”十一字〕随气盛衰，以为痏数，针过其日〔《太素》“日”作“月”〕数则脱气，不及日数则气不写，左刺右，右刺左，病已止，不已，复刺之如法，月生一日一痏，二日二痏，渐多之；十五日十五痏，十六日十四痏，渐少之。

"Para o paciente com síndrome Bi [NT2], como a dor dessa síndrome não é localizada, deve-se picar o local onde o músculo esteja dolorido. As ocasiões de picar devem se basear nas datas de lua cheia e minguante, e se a freqüência das picadas for menor do que deve ser, a energia perversa não será removida. Se a doença estiver do lado esquerdo, picar o lado direito, e se a doença estiver do lado direito,

---

NT2 - A síndrome Bi se refere às algias reumáticas erráticas e articulares dos membros, causadas pela invasão dos perversos.

picar o lado esquerdo. Quando houver recuperação da doença, deve-se parar de picar. Se não houver recuperação, o método de picar, acima citado deve ser repetido. Quando a lua estiver crescente, picar uma vez no primeiro dia do mês lunar, duas vezes no segundo dia do mês lunar, aumentando o número de picadas dia após dia; quando a lua estiver minguante, picar quinze vezes no décimo quinto dia do mês lunar, catorze vezes no décimo sexto, diminuindo o número de picadas dia-a-dia.

邪客于足阳明之经〔《太素》、《甲乙》"经"并作"络"〕,令人鼽衄上齿寒,刺足中指次指〔《甲乙》、《太素》"中指"下并无"次指。二字〕爪甲上,与肉交者各一痏,左刺右,右刺左。

"Quando a energia perversa invadir o colateral do Canal Yanming do Pé, isso fará com que se tenha rinorréia, epistaxe e sensação de arrepios nos dentes superiores. Se for picar, faça-se no ponto Lidui (E 45) na conexão da unha com o músculo do artelho médio, uma vez do lado esquerdo e uma vez do lado direito. Picar o lado direito quando a doença estiver do lado esquerdo, e picar o lado esquerdo quando a doença estiver do lado direito.

邪客于足少阳之络,令人胁痛不得息,咳而汗出,刺足小指次指〔《甲乙》"小指"下无"次指"二字〕指爪甲上,与肉交者各一痏,不得息立已,汗出立止,咳者温衣饮食,一日已。左刺右,右刺左,病立已。不已,复刺如法。

"Quando a energia perversa invadir o ramo colateral do Canal Shaoyang do Pé, isso fará com que se tenha síndromes de dor nos hipocôndrios, respiração difícil, tosse e suores. Ao tratar, picar o ponto Qiaoyin (VB 44) que está na conexão entre a pele e a unha, na ponta do quarto artelho, uma vez do lado esquerdo e uma vez do lado direito. Dessa forma, a dificuldade na respiração será aliviada e o suor estancado. Se o paciente tossir, cuidar para que ingira comidas quentes e use roupas aquecidas, e irá se recuperar em um dia. Picar o lado direito quando a doença estiver do lado esquerdo, e picar o lado esquerdo quando a doença estiver do lado direito e a doença será removida imediatamente. Se não houver recuperação, picar novamente de acordo com o método acima.

邪客于足少阴之络,令人嗌痛〔《甲乙》"嗌""咽"〕,不可内食,无故善怒,气上走贲〔四库本"贲"下无"上"字〕上,刺足下中央之脉,各三痏,凡六刺,立已,左刺右,右刺左。

"Quando a energia perversa invadir o ramo colateral do Canal Shaoyin do Pé, isso irá fazer com que se tenha síndromes de dor na faringe, incapacidade de se alimentar, raiva sem motivo e reversão ascendente da energia vital contra o diafragma. Ao tratar, picar o ponto Yongquan (R 1), na sola do pé, picando três vezes do lado esquerdo e três vezes do lado direito, num total de seis vezes, e a doença irá ceder imediatamente. Picar o lado direito quando a doença estiver do lado esquerdo e picar o esquerdo quando a doença estiver no direito.

嗌中肿,不能内唾,时不能出唾者,刺然骨之前,出血立已,左刺右,右刺左。

"Quando a faringe e a laringe apresentarem inchaço, e o paciente for incapaz de engolir a saliva, e esta não puder ser cuspida da boca, deve-se picar o ponto Rangu (R 2), em frente ao osso navicular, anterior ao meio do maléolo, até que sangre, e isso terá um efeito curador imediato. Picar o lado direito quando a doença estiver do lado esquerdo, e picar o lado esquerdo quando a doença estiver do lado direito.

邪客于足太阴之络，令人腰痛，引少腹控䏚，不可以仰息，刺腰尻之解，两胛之上，是腰俞〔《太素》无此三字〕，以月死生为痏数，发针立已，左刺右，右刺左。

"Quando a energia perversa invadir o ramo colateral do Canal Taiyin do Pé, isso irá fazer com que se tenha lumbago, que afeta a parte inferior do hipocôndrio e não se pode respirar e não se pode projetar o peito para a frente. Ao tratar, picar o ponto Xialiao (B 34), que está sobre o músculo ao lado da coluna espinal e faz a linha de junção entre a região lombar e as nádegas. A ocasião de picar é determinada pelos dias de lua crescente e minguante. Depois de picar, haverá uma melhora imediata. Picar o lado direito quando a doença estiver do lado esquerdo, e picar o lado esquerdo quando a doença estiver do lado direito.

邪客于足太阳之络，令人拘挛背急，引胁而痛，刺之从项始，数脊椎侠脊，疾按之应手如痛，刺之傍三痏，立已。

"Quando a energia perversa invadir o ramo colateral do Canal Taiyang do Pé, isso irá fazer com que se tenha contratura nas costas, afetando o hipocôndrio que ficará dolorido. Ao tratar, contar as vértebras ao longo do pescoço, pressionando os lados da espinha, onde o paciente tiver dor. Será eficaz picar três vezes ao lado da espinha.

邪客于足少阳之络，令人留于〔"留于"二字衍〕枢中痛，髀不可举，刺枢中以毫针，寒则久留针，以月死生为〔"为"下脱"痏"字，应据《太素》《甲乙》补〕数，立已。

"Quando a energia perversa invadir o ramo colateral do Canal Shaoyang do Pé, irá causará dor em volta do ponto Huantiao, fazendo com a coxa não possa ser erguida. Ao tratar, picar o ponto Huantiao (VB 30) com uma agulha fina; se o frio for severo, deve-se prolongar a retenção da agulha. Determinar os momentos de picar, de acordo com as datas de lua crescente e minguante, e haverá uma recuperação imediata da doença.

治诸经刺之，所过者不病，则缪刺之。

"Ao tratar as doenças nos diversos canais com puntura, quando o local por onde passa o canal não estiver dolorido, isso mostra que o foco está no colateral, e deve-se aplicar a puntura contralateral.

耳聋，刺手阳明，刺其通〔《甲乙》"通"作"过"〕脉出耳前者。

"Quando se trata a síndrome da surdez, pica-se o ponto Shangyang (IG 1) do Canal Yangming da Mão. Se isso não surtir efeito, pica-se o ponto Tinggong (ID 19) do Canal Taiyang da Mão, em frente ao ouvido.

齿龋，刺手阳明〔《甲乙》"阳明"下有"立已"二字〕，不已，刺其脉入齿中〔金刻本、读本、赵本"中"下并有"者"字〕，立已。

"Ao tratar as cáries dentárias, picar o ponto Shangyang (IG 1), do Canal Yangming da Mão, o efeito será imediato. Se for ineficaz, picar o canal entre os dentes, a fim de que saia o sangue impuro, e isso fará efeito imediatamente.

邪客于五藏之间，其病也，脉引而痛，时来时止，视其病〔《太素》《甲乙》病下并有"脉"字〕，缪刺之于手足爪甲上，视其脉，出其血，间日一刺，一刺不已，五刺已。

"Quando a energia perversa invade as cinco vísceras, a dor do canal e a do colateral irão exercer influência uma sobre a outra. Algumas vezes a dor provém do

311

colateral, algumas vezes termina no canal. Deve-se ter certeza de que o canal está enfermo e em seguida, pica-se até sangrar. Picar dia- sim dia- não. Se não houver recuperação após uma só puntura, a recuperação virá após cinco punturas sucessivas.

缪传引上齿，齿唇寒痛〔《甲乙》"寒"下无"痛"字〕，视其手背脉〔按"脉血"疑作"血络"〕血者去之，足阳明〔"足阳明"上有"刺"字〕中指爪甲上一痏，手大指次指爪甲上各一痏，立已，左取右，右取左。

"Quando o Canal Yangming da Mão está enfermo e a energia perversa erroneamente transmitida aos dentes superiores, isso irá causar dor nos dentes e nos lábios; inspecionar as costas da mão do paciente procurando o colateral com estase sanguínea e picar até que sangre, e então picar o ponto Neiting (E 44) do Canal Yangming do Pé acima da unha do dedo médio e o ponto Shangyang (IG 1) do Canal Yangming da Mão, acima da unha do dedo indicador. Picar uma vez cada ponto e haverá recuperação imediata da doença. Picar o lado direito quando a doença estiver no lado esquerdo e picar o lado esquerdo quando a doença estiver do lado direito.

邪客于手足少阴太阴足阳明之络，此五络，皆会于耳中，上络左角，五络俱竭，令人身脉皆动，而形无知也，其状若尸，或曰尸厥，刺其〔《甲乙》"络"下有"者"字〕足大指内侧爪甲上，去端如韭叶，后刺足心，后刺足中指〔"中指"应作"大指次指"。〕爪甲上各一痏，后刺手大指内侧，去端如韭叶，后刺手心主〔《太素》无"后刺"五字〕，少阴锐骨之端各一痏，立已。不已，以竹管吹其两耳〔《甲乙》"耳"下有"中"字，按"两耳"下脱"立已不已"四字〕，鬄〔《甲乙》作"剔"，剔又同"剃"〕其左角之发方一寸，燔治，饮以美酒一杯，不能饮者灌之，立已。

"Como os cinco canais, Shaoyin da Mão, Shaoyin do Pé, Taiyin da Mão, Taiyin do Pé e Yangming do Pé se reúnem no ouvido, e ascendem para circundar o ângulo frontal acima do ouvido esquerdo, se a energia do canal do cinco tipos de colaterais estiver esgotada, quando a energia perversa invadir, isso fará com que se perca a consciência; ao contrário de quando o funcionamento dos canais no corpo todo está normal, o paciente se assemelhará a um cadáver, e a isso se chama síncope. Ao tratar, picar o ponto Yinbai (BP 1) que tem a distância de uma folha de cebolinha chinesa em largura, a partir da ponta do dedo, junto à unha no flanco interno do artelho; ao picar o ponto Yongquan (R 1) na sola do pé, picar bilateralmente os pontos Lidui (E 45), uma vez no segundo artelho e, depois, picar bilateralmente o ponto Shaoshang (P 11) que tem a distância em largura, da folha de cebolinha chinesa a partir da ponta do flanco interno do polegar, e uma vez o ponto Shenmen (C 7) do Canal Shaoyin que está no terminal do osso proeminente da palma da mão; haverá recuperação imediata; se a picada for ineficaz, soprar as duas orelhas do paciente com um tubo de bambu e haverá recuperação imediata. Se o sopro for ineficaz, raspar uma polegada quadrada de cabelo do ângulo frontal esquerdo do paciente, queimando ao fogo, socando o resíduo até se tornar pó, misturar com vinho de boa qualidade [NT3] e beber. Se o paciente não puder beber devido à perda da consciência, deve ser drenado para dentro da boca do mesmo, e o paciente se recuperará de imediato.

NT3 - Os vinhos chineses são diferentes daqueles do Ocidente em sabor, sendo mais ácidos e encorpados. Em geral, se chamam Maotai e são escuros e de graduação alcoólica muito forte.

凡刺之数，先〔《太素》"先"上有"必"字〕视其经脉，切而从〔《甲乙》"从"作"循"〕之，审其虚实而调之，不调者，经刺之，有痛而经不病者缪刺之，因视其皮部有血络者尽取之，此缪刺之数也。

"De uma maneira geral, ao picar, inspecionar primeiro a condição do pulso do paciente, tocar e pressionar seu pulso delicadamente com a mão, a fim de saber se a doença é estênica ou astênica, e equilibrar a energia e o sangue do mesmo. Se a condição for parcialmente estênica ou parcialmente astênica, punturar o canal opondo as agulhas. Se o paciente tiver dor mas o canal não estiver afetado, aplicar a puntura contralateral. Além disso, deve-se inspecionar a pele; se houver vênulas superficiais, o sangue estagnado deve ser retirado. Este é o princípio da puntura contralateral".

四时刺逆从论篇第六十四

Capítulo 64
Si Shi Ci Ni Cong Lun
(Tratamentos Regulares e Adversos
da Acupuntura nas Quatro Estações)

厥阴有余，病阴痹；不足，病生〔明抄本，明抄二"病"。下并无"生"字〕热痹；滑则病狐疝风；濇则病少腹积气。

Quando a energia do Canal Jueyin estiver em excesso, irá ocorrer a síndrome Bi de tipo Yin; quando for insuficiente, irá ocorrer artralgia do tipo calor; quando a condição do pulso for a escorregadia, irá ocorrer hérnia inguinal devida ao vento perverso; quando a condição do pulso for instável, isso mostra que há retenção de energia no baixo ventre.

少阴有余，病皮痹隐轸〔《永乐大典》卷一万三千八百七十七引"轸"作"疹"按"隐轸"即"瘾胗"〕；不足，病肺痹；滑则病肺风疝，濇则病积溲血。

Quando a energia do Canal Shaoyin estiver em excesso, irá ocorrer coceira na pele e urticária; quando insuficiente, irá ocorrer a síndrome Bi do pulmão; quando a condição do pulso for escorregadia, irá ocorrer hérnia pulmonar devida ao vento perverso; quando a condição do pulso for instável, irá ocorrer massa abdominal e hematúria.

太阴有余，病肉痹寒中；不足，病脾痹；滑则病脾风疝；濇则病积心腹时满。

Quando a energia do Canal Taiyin estiver em excesso, irá ocorrer mialgia e frio no aquecedor médio; quando estiver insuficiente, irá ocorrer a síndrome Bi esplênica; quando a condição do pulso for escorregadia, irá ocorrer hérnia esplênica devido ao vento perverso; quando a condição do pulso for instável, irá ocorrer com freqüência massa abdominal e distensão no coração e no abdômen.

阳明有余，病脉痹，身时热；不足，病心痹；滑则病心风疝；濇则病积时善惊。

Quando a energia do Canal Yangming estiver em excesso, irá ocorrer a síndrome Bi do Canal, e o paciente terá febre com freqüência; quando estiver insuficiente, irá ocorrer a síndrome Bi cardíaca; quando a condição de pulso for escorregadia, irá ocorrer cólica no canal do coração devido ao vento perverso; quando a condição de pulso for instável, o paciente terá massa abdominal e pânico.

太阳有余，病骨痹身重；不足病肾痹；滑则病肾风疝；濇则病积善时〔明抄二"积"下无"善时"三字〕巅疾。

Quando a energia do Canal Taiyang estiver em excesso, irá ocorre a síndrome Bi óssea, e o paciente irá sentir o corpo pesado; quando for insuficiente, irá ocorrer a síndrome Bi dos rins; quando a condição do pulso for escorregadia, irá ocorrer hérnia nos rins devido ao vento perverso; quando a condição do pulso for instável, isso mostra que o paciente irá ter massa abdominal ou distensão na cabeça com freqüência.

少阳有余，**病筋痹胁满**；不足病肝痹；滑则病肝风疝；濇则病积时筋急目痛。

Quando a energia do Canal Shaoyang estiver em excesso, irá ocorrer a síndrome Bi nos tendões, e o paciente sentirá plenitude no hipocôndrio; quando for insuficiente, ocorrerá a síndrome Bi hepática; quando a condição do pulso for escorregadia, irá ocorrer hérnia hepática devido ao frio perverso; quando a condição do pulso for instável, isso demonstra massa abdominal, e o paciente terá contratura dos tendões e dor nos olhos.

是故春气在经脉，夏气在孙络，长夏气在肌肉，秋气在皮肤，冬气在骨髓中。帝曰：余愿闻其故。岐伯曰：春者、天气始开，地气始泄，冻解冰释，水行经通，故人气在脉。夏者、经满气溢，入〔"入字衍，应据姚止庵说删〕孙络受血，皮肤充实。长夏者、经络皆盛，内溢肌中。秋者、天气始收，腠理闭塞，皮肤引急。冬者盖藏，血气在中，内著骨髓，通于五藏。是故邪气者，常随四时之气血而入客也，至其变化不可为〔明抄二"为"作"以"〕度，然必从其经气，辟除其邪，除其邪〔明抄二无此三字〕，则乱气不生。

Por isso, na primavera, a energia está no canal; no verão, a energia está no colateral imediato; no verão longo, a energia da umidade e da terra está no músculo; no outono, a energia da secura e do metal está na pele; no inverno, a energia está na medula óssea.

Disse o Imperador Amarelo: "Quero ouvir sobre a razão pela qual a energia da primavera está no canal, a energia do verão está no colateral imediato, a energia do verão longo está no músculo, a energia do outono está na pele, e a energia do inverno está na medula óssea". Disse Qibo: "Na primavera, a energia Yang começa a subir, e a energia da terra acaba de surgir, expelida pela terra gelada, o gelo acaba de derreter, a água pode fluir nos rios, e todas as coisa vivem mais uma vez. Da mesma forma a energia do homem que é correspondente à energia da primavera, se localiza no canal. No verão, tudo está crescendo, a energia do canal está plena e superabundante, o colateral imediato pode ser plenamente nutrido pelo sangue, e a pele se torna corada e substancial. Por isso a energia do homem, que corresponde à energia do verão se localiza no colateral imediato. No verão longo, tanto o canal como o colateral estão prósperos e podem umedecer completamente o músculo; como o verão longo está associado ao baço, e o baço está associado aos músculos, assim a energia do homem correspondente ao verão longo se localiza no músculo. No outono, o clima começa a restringir a si próprio, as estrias do corpo humano se tornam mais fechadas e a pele se contrai com seu surgimento; dessa forma, a energia do homem correspondente ao outono se localiza na pele. No inverno, que é a estação de se fechar e recolher, a energia do sangue se armazena no corpo, a energia refinada se apega à medula óssea e se comunica com as cinco vísceras, dessa forma, a energia do homem correspondente ao inverno se localiza na medula óssea. Como conseqüência, a energia perversa invade o corpo com freqüência juntamente com as várias condições de energia e de sangue nas diversas estações, e suas variações específicas dificilmente podem ser inferidas. Porém ao tratar, a energia perversa deve ser removida de acordo com as diversas localizações em que a energia residiu nas várias estações. Dessa forma a doença não pode ocorrer".

帝曰：逆四时而生乱气奈何？岐伯曰：春刺络脉，血气外溢，令人少气；春刺肌肉，血气环逆，令人上气；春刺筋骨，血气内著，令人腹胀。夏刺经脉，血气乃竭，令人解㑊〔《诊要经络论》林校引本句 "㑊" 作 "堕"，"堕" 系 "惰" 之借字，"解㑊" 即 "解惰"〕；夏刺肌肉，血气内却，令人善恐；夏刺筋骨，血气上逆，令人善怒。秋刺经脉，血气上逆，令人善忘；秋刺络脉，气不外行〔林校引全元起本作 "气不卫外"〕，令人卧不欲动；秋刺筋骨，血气内散，令人寒慄。冬刺经脉，血气皆脱，令人目不明；冬刺络脉，内〔"内" 是 "血" 之误字〕气外泄，留为大痹；冬刺肌肉，阳气竭绝，令人善忘〔林校引作 "善渴"〕。凡此四时刺者，大逆之病〔林校引全元起本作 "六经之病"〕，不可不从也，反之，则生乱气相淫病焉。故刺不知四时之经，病之所生，以从为逆，正气内乱，与精相薄。必审九候。正气不乱，精气不转。

Disse o Imperador Amarelo: "Qual a condição quando o sangue e a energia se tornam desordenados e quando se violam as leis de tratar de acordo com as alterações sazonais?" Disse Qibo: "A energia da primavera está no canal; se o colateral for picado na primavera, o sangue e a energia irão transbordar causando ao paciente insuficiência de ar; se o músculo for picado na primavera, o sangue e a energia irão circular desordenadamente gerando respiração acelerada ao paciente; se os tendões e os ossos forem picados na primavera, o sangue e a energia ficarão retidos no interior causando distensão abdominal ao paciente. A energia do verão está nos colaterais imediatos. Se o canal for picado no verão, o sangue e a energia ficarão esgotados causando fadiga ao paciente; se o músculo for picado no verão, o sangue e a energia ficarão presos dentro; a energia Yang ficará obstruída fazendo com a pessoa fique facilmente aterrorizada; se os tendões e os ossos forem picados no verão, o sangue e a energia ascenderão reversos fazendo com que a pessoa fique com raiva. A energia do outono está na pele; se o canal for picado no outono, o sangue e a energia ascenderão reversos, fazendo com que se tenha amnésia; se o colateral for picado no outono, a energia ficará deficiente e deixará de guardar o exterior, o paciente terá letargia e ficará relutante em se mexer do lugar; se os tendões e os ossos forem picados no outono, a energia e o sangue ficarão internamente desordenados, causando tremores de frio ao paciente. A energia do inverno está na medula óssea; se o canal for picado no inverno, o paciente terá visão borrosa, e prostração devido à debilidade da energia e do sangue; se o colateral for picado no inverno, o sangue e a energia serão excretados causando deficiência da energia visceral e a energia perversa ficará estagnada nas cinco vísceras; se o músculo for picado no inverno, a energia Yang ficará esgotada causando sede ao paciente. Essas diversas contra-indicações de picar, relacionadas às quatro estações devem ser seguidas ao tratar as doenças dos seis canais. Se forem violadas, produzir-se-á uma energia desordenada, e a energia desordenada descontrolada irá fazer com que a doença piore. Portanto, quando não se conhece a localização da energia do canal nas quatro estações e a condição de incidência da doença, tomando a condição correta pela condição adversa, isso irá fazer com que a energia saudável se torne internamente confusa, fazendo-se com que a energia perversa combata a energia saudável. Assim sendo, quando se diagnostica, deve-se inspecionar a condição de pulso das três divisões e das nove subdivisões da condição do pulso, para que a energia saudável não fique confusa, e a energia saudável não possa entrar em luta com a energia perversa".

帝曰：善。刺五藏，中心一日死，其动为噫；中肝五日死，其动为语〔林校引《甲乙》"语"作"欠"〕；中肺三日死，其动为咳；中肾六日死，其动为嚏欠〔林校引《甲乙》无"欠"字〕；中脾十日死，其动为吞。刺伤人五藏必死，其动则依其藏之所变候知其死也。

Disse o Imperador Amarelo: "Muito bem. Ao picar as cinco vísceras, quando o coração for atingido, o paciente morrerá em cinco dias, e sua síndrome de afecção é a eructação; quando o fígado for atingido, o paciente morrerá em cinco dias, e sua síndrome de afecção é o bocejo; se o pulmão for atingido, o paciente morrerá em três dias, e sua síndrome de afecção é a tosse; se o rim for atingido, o paciente morrerá em seis dias, e sua síndrome de afecção é o corrimento nasal freqüente; quando o baço for atingido, o paciente morrerá em dez dias, e sua síndrome de afecção é o inchaço. em outras palavras, quando uma das cinco vísceras for atingida pela picada, o paciente com certeza irá morrer. A síndrome de afecção indica que a víscera foi ferida e a data da morte do paciente também pode ser conhecida".

标本病传论篇第六十五

Capítulo 65
Biao Ben Bing Chuan Lun
(Os Troncos e os Ramos e a Seqüência de Transferência da Doença)

黄帝问曰：病有标本，刺有逆从奈何？岐伯对曰：凡刺之方，必别阴阳，前后相应，逆从得施，标本相移，故曰：有其在标而求之于标，有其在本而求之于本，有其在本而求之于标，有其在标而求之于本，故治有取标而得者，有取本而得者，有逆取而得者，有从取而得者，故知逆与从，正行无问〔吴注本“问”作“间”〕，知标本者，万举万当，不知标本、是谓妄行。

O Imperador Amarelo perguntou: "Quanto às doenças, algumas pertencem aos ramos e algumas pertencem aos troncos; ao picar, algumas vezes se aplica o tratamento regular, e algumas vezes se aplica o tratamento não convencional; qual a razão disso?"

Disse Qibo: "De um modo geral, ao picar, deve-se distinguir se a doença pertence ao Yin ou ao Yang, integrando primeiro o estágio inicial e o estágio último da doença, determinando depois se será aplicado um tratamento agradável ou drástico. Por isso, para algumas das doenças dos ramos, seus ramos são tratados, e para algumas doenças dos troncos, seus troncos são tratados. Dentre os tratamentos, alguns são eficazes para tratar os ramos, e alguns são eficazes para tratar o tronco; alguns são eficazes quando se aplica a terapia de tratamento brando, e alguns são eficazes quando se aplica o tratamento drástico. Dessa maneira, quando se conhece o princípio do tratamento agradável e do adverso, pode-se tranqüilizar a mente quanto a tratar sem equivocar; quando se conhece o princípio de tratar as doenças do ramo e do tronco, estar-se-á seguro do sucesso e pode-se curar o paciente repetidamente. Se não se conhecer o princípio do ramo e do trinco da doença, só se poderá tratar de forma brutal.

夫阴阳，逆从，标本之为道也，小而大，言一而知百病之害。少而多，浅而博，可以言一而知百也。以浅而知深，察近而知远，言标与本，易而勿及。

"O princípio do Yin e do Yang, do tratamento regular e não convencional, do ramo e do tronco, capacita a que se entenda se a doença é passageira ou severa, fazendo com que se conheça os danos das inúmeras doenças, começando de um determinado ponto; além disso, capacita a que se saiba mais acerca da doença, conhecendo-se apenas um pouco, a inspecionar a doença numa medida extensa em vez de limitada, compreender as diversas doenças inferindo uma só, partindo do conhecimento superficial para o profundo, e conhecer o que está mais distante, conhecendo o que está próximo. O princípio dos ramos e dos troncos pode ser facilmente compreendido, mas é difícil de ser levado a efeito.

治反为逆，治得为从。先病而后逆者治其本；先逆而后病者治其本；先寒而后生病者治其本；先病而后生寒者治其本；先热而后生病者治其本；先热而后生中满者治其标〔《灵枢·病本》"热"作"病"，滑寿说："此句当作'先病而后生热者治其标'"〕先病而后生寒者治其本；先病而后泄者治其本；先泄而后生他病者治其本；必且调之，乃治其他病；先病而后先中满〔金本，胡本，赵本吴本"先中满"并作"生中满"，明抄二"而后"下无"先"字〕者治其标；先中满而后烦心者治其本。人有客气，有同〔林校引全本"同"作"固"〕气。小大不利治其标；小大利治其本；病发而有余，本而标之，先治其本，后治其标；病发而不足，标而本之，先治其标，后治其本。谨察间甚，以意调之，间者并行，甚者独行。先小大不利而后生病者治其本〔明抄本，明抄二"先小大不利"十三字移上"小大利治其本"句下〕。

"Quando se tratar de maneira drástica, esse é o tratamento reverso, e quando se trata de maneira rotineira, esse é o tratamento leve.

"Quando a desarmonia da energia e do sangue é causada por uma determinada doença, a doença é do tronco, e deve ser tratada primeiro; quando a doença é causada pela desarmonia da energia e do sangue, esta é o tronco, e a energia e o sangue devem ser tratados primeiro.

"Quando o frio perverso é contraído primeiro, e ocorrem as outras doenças, então o frio perverso é o tronco, que deve ser tratada primeiro; quando outra doença é contraída primeiro, e então ocorrer o frio perverso, então a outra doença é o tronco que deve ser tratada primeiro.

"Quando o paciente contrai o calor perverso, e então outra doença ocorre, o calor perverso é o tronco que deve ser tratado primeiro; quando outra doença for contraída primeiro e então ocorrer o calor perverso, o ramo é o calor perverso que deve ser tratado primeiro.

"Quando o paciente contrai outra doença primeiro e então ocorre diarréia, tratar primeiro o tronco, que é a outra doença; quando o paciente primeiro tem diarréia e depois ocorre outra doença, tratar primeiro o tronco, que é a diarréia e equilibrar o estômago, e depois trata-se a outra doença.

"Quando a outra doença for contraída primeiro e então ocorrer flatulência abdominal, o ramo, que é a flatulência abdominal deve ser tratado primeiro; quando a flatulência abdominal for contraída primeiro, e então ocorrer a irritação cardíaca, tratar primeiro a raiz que é a flatulência abdominal.

No corpo humano há a energia perversa e a energia saudável.

"Quando for contraída outra doença primeiro e então ocorrer a retenção de fezes e urina, o ramo que é a retenção de fezes e urina, deve ser tratado primeiro; se não houver retenção de fezes e disúria, o tronco que é a doença contraída primeiro, deve ser tratada em primeiro lugar.

"Quando a doença for estênica, isso mostra que a energia perversa está avançando, e o tronco que é a energia perversa, deve ser tratada primeiro, e depois se equilibra a energia saudável; quando a doença for astênica, isso mostra que a energia saudável é insuficiente, e o tronco, que é a energia saudável, deve receber um apoio em primeiro lugar, e depois se trata a energia perversa.

Antes de tratar, inspeciona-se cuidadosamente se a doença é passageira ou se é severa, e então equilibra-se de acordo; quando a doença é passageira, pode-se levar a efeito ao mesmo tempo a terapia de apoio da energia saudável e a terapia de eliminação da energia perversa; quando a doença for severa, tratar primeiro o ramo ou o tronco de acordo com sua condição específica. Se a retenção de fezes e de urina ocorrer primeiro e depois ocorrer a outra doença, tratar a retenção de fezes e de urina primeiro, que é a raiz.

夫病传者〔沈祖　说"传"当作"转"〕，心病先心痛，一日而咳；三日胁支痛；五日闭塞不通，身痛体重；三日不已，死。冬夜半，夏日中。

"A seqüência de transferência da doença é a seguinte: quando se contrai a doença do coração, o paciente terá uma dor cardíaca ; em cerca de um dia, a doença transferir-se-á ao pulmão, e ocorrerá tosse; no terceiro dia, a doença irá de transferir ao fígado, ocorrendo dor no hipocôndrio do paciente; no quinto dia, a doença irá se transferir ao baço, ocorrendo retenção de fezes, com dor e peso no corpo; se a doença perdurar por mais três dias, o paciente morrerá. No inverno, ele morrerá ao meio-dia; no verão, à meia-noite.

肺病喘咳，三日而胁支满痛；一日身重体痛；五日而胀；十日不已，死。冬日入，夏日出。

"Ao ser contraído o distúrbio do pulmão, irá ocorrer no paciente, respiração acelerada e tosse: em cerca de três dias, a doença será transferida ao fígado, ocorrendo plenitude e dor no hipocôndrio; em cerca de um dia, a doença será transferida ao baço e irá ocorrer uma sensação de peso e dor no corpo; no quinto dia, a doença transferir-se-á ao rim, ocorrendo inchaço no corpo; se a doença perdurar por outros dez dias, o paciente morrerá. No inverno, ele irá morrer ao por do sol; no verão, ele morrerá ao nascer do sol.

肝病头目眩，肋支满，三日体重身痛；五日而胀；三日腰脊少腹痛，胫酸；三日不已，死。冬日入〔林校引《甲乙》作"日中"〕，夏早食。

"Ao ser contraído o distúrbio do fígado, o paciente irá sentir distensão no hipocôndrio: em cerca de três dias, a doença será transferida ao baço, e o paciente sentirá peso e dor no corpo; no quinto dia, a doença será transferida ao estômago, ocorrendo distensão abdominal; em outros três dias, a doença será transferida ao rim, ocorrendo dor na coluna espinal e no baixo ventre e as pernas ficarão doloridas; se a doença perdurar por mais três dias, o paciente irá morrer. No inverno, ele irá morrer ao meio-dia; no verão, após o desjejum.

脾病身痛体重，一日而胀；二日少腹腰脊痛胫酸；三日背䯀筋痛，小便闭；十日不已，死。冬人定，夏晏食。

"Ao ser contraído o distúrbio do baço, o paciente irá sentir do e peso no corpo; em cerca de um dia, a doença transferir-se-á ao estômago, ocorrendo distensão no estômago; no segundo dia, a doença será transferida ao rim, ocorrendo dor na coluna espinal e no baixo ventre, com peso nas pernas; no terceiro dia, a doença será transferida à bexiga, ocorrendo dor nos tendões dos ossos posteriores e disúria; e a doença perdurar por dez dias, o paciente irá morrer. No inverno, ele morrerá na hora em que as pessoas descansam (19:00 às 21:00 h); no verão, ele irá morrer no horário da ceia.

肾病少腹腰脊痛，胻酸，三日背䯀筋痛，小便闭；三日腹胀；三日两胁支痛，三日不已、死。冬大晨，夏晏晡。

320

"Ao ser contraído o distúrbio do rim, o paciente irá ter dor no baixo ventre, na coluna espinal e nas pernas; no terceiro dia, a doença transferir-se-á à bexiga, ocorrendo dor nos tendões posteriores e disúria; nos três dias seguintes, a doença será transferida ao intestino delgado, ocorrendo distensão no baixo ventre; em outros três dias, a doença será transferida ao coração, ocorrendo plenitude no peito e no hipocôndrio; se a doença perdurar por outros três dias, o paciente morrerá. No inverno, ele irá morrer ao amanhecer; no verão, no horário da ceia.

胃病胀满，五日少腹腰脊痛，骱酸；三日背胕筋痛，小便闭；五日身体重；六日不已，死。冬夜半后，夏日昳。

"Quando for contraído o distúrbio do estômago, o paciente terá plenitude e distensão no estômago: no quinto dia, a doença será transferida ao rim, ocorrendo dor no baixo ventre e na coluna espinal, sentindo as pernas doloridas; em outros três dias, o mal será transferido à bexiga, ocorrendo dor nos tendões dos ossos posteriores e disúria; em outros cinco dias, a doença será transferida ao baço e o paciente sentirá peso no corpo; se a doença perdurar por mais seis dias, o paciente morrerá. No inverno, ele morrerá após a meia-noite; no verão, à tarde [NT1].

膀胱病小便闭，五日少腹胀，腰脊痛，骱酸；一日腹胀；一日身体痛；二日不已，死。冬鸡鸣，夏下晡。

"Ao ser contraído o distúrbio da bexiga, o paciente terá disúria: no quinto dia, o mal será transferido ao rim, ocorrendo distensão no baixo ventre e dor nas pernas; em cerca de um dia, a doença será transferida ao intestino delgado, ocorrendo distensão abdominal; cerca de um dia depois, a doença será transferida ao coração, ocorrendo uma sensação de peso no corpo e dor; se o mal perdurar por mais dois dias, o paciente irá morrer. No inverno, ele morrerá após a meia-noite; no verão, à tarde [NT2].

诸病以次是〔金本"次"下无"是"字〕相传，如是者，皆有死期，不可刺，间一藏止〔林校引《甲乙》无"止"字〕，及至三四藏者，乃可刺也。

"Se a doença for transferida de víscera à víscera, uma à uma, como na seqüência acima, o paciente irá morrer na data acima estimada, e não se deve aplicar puntura. Se transmitida à qualquer outra víscera ou à outras três ou quatro, a puntura é permitida".

NT1 - O "à tarde" aqui especificado, segundo o ideograma, se refere ao horário logo após o meio-dia.

NT2 - O "à tarde" aqui especificado, segundo o ideograma, é "à tardinha", o horário que antecede a noite.

天元纪大论篇第六十六

Capítulo 66
Tian Yuan Ji Da Lun
(A Movimentação do Yin e do Yang nos Cinco Elementos e os Seis Tipos de Climas como Princípios que Norteiam o Universo)

黄帝问曰：天有五行，御五位，以生寒、暑、燥、湿、风。人有五藏，化五气，以生喜、怒、思、忧、恐。论言五行相袭而皆治之，终期之日，周而复始，余已知之矣，愿闻其与三阴三阳之候奈何合之？

O Imperador Amarelo perguntou: "Os cinco elementos da natureza se associam às cinco orientações, do leste, do oeste, do sul, do norte e da parte central para produzir os climas frio, quente, a umidade, a secura e o vento. As cinco vísceras do homem ativam a energia vital para produzir as cinco emoções da alegria desmedida, da raiva, da melancolia, da ansiedade e do terror. No capítulo dos "Seis Ciclos de Sessenta Dias e os Estados das Vísceras" afirma-se que a energia do movimento do elemento que domina os dias do ano, um após outro, é uma seqüência definida; completa seu ciclo no último dia do ano e aí, começa tudo novamente. Conheço o assunto, mas espero saber como o movimento dos cinco elementos coincide com as seis energias, i.e., as três energias do Yin e as três energias do Yang".

鬼臾区稽首再拜对曰：昭乎哉问也。夫五运阴阳者，天地之道也，万物之纲纪，变化之父母，生杀之本始，神用之府也，可不通乎！故物生谓之化，物极谓之变，阴阳不测谓之神，神用无方谓之圣。夫变化之为用也，在天为玄，在人为道，在地为化，化生五味，道生智，玄生神。神在天为风，在地为木；在天为热，在地为火；在天为湿，在地为上；在天为燥，在地为金；在天为寒，在地为水。故在天为气，在地成形，形气相感而化生万物矣。然天地者，万物之上下也，左右者，阴阳之道路也，水火者，阴阳之微兆也，金木者，生成之终始也。气有多少，形有盛衰，上下相召，而损益彰矣。

Gui Yuqu colocou suas mãos em concha, prosternou-se várias vezes e disse: "Que pergunta meticulosa me fizésseis. O Yin e o Yang do movimento dos cinco elementos é a lei do universo, o princípio que guia todas as coisas, a fonte das inúmeras mudanças, a base de crescimento e de prejuízo, e a sede suprema das atividades espirituais; poder-se-ia dizer que não foi completamente entendido?

"O crescimento de todas as coisas se chama Transformação; quando o crescimento chega ao estágio último, chama-se mudança; quando a mudança do Yin e do Yang não é antecipada, a isso se chama Divindade; quando a propriedade da divindade está em constante mutação, é o sagrado. Quanto ao funcionamento da divindade mutante, no céu, é o universo que é profundo e inescrutável; no homem, é o princípio penetrante, e na terra, é o crescimento e desenvolvimento de todas as coisas. Como a terra promove o crescimento e o desenvolvimento, ela produz os cinco sabores que nutrem todas as coisas; quando um homem compreende o princípio penetrante, ele produz a sabedoria; quando o céu é indecifrável, ele produz a divindade.

"Na variação da divindade, no céu, é o vento, na terra é a madeira; no céu é o calor, na terra é o fogo; no céu é a umidade, na Terra é a terra; no céu é a secura, na terra é o metal; no céu é o frio, na terra é a água. Em suma, no céu, há os seis tipos de clima sem forma, e na terra, eles têm a forma dos cinco elementos. Quando os elementos e o clima correspondem uns aos outros, isso gera o crescimento e o desenvolvimento de todas as coisas.

"Portanto, o céu e a terra são os limites de todas as coisas para subir e descer; a esquerda e a direita são os caminhos do Yin e do yang para ascender e descer; a água e o fogo são as manifestações do Yin e do Yang, e a primavera e o outono são o princípio e o fim do crescimento e da colheita. Há diferencial na plenitude e insuficiência na energia, e há diversidade na superabundância e insuficiência nos cinco elementos; quando os elementos que têm forma e as energias sem forma inspiram uns aos outros, o fenômeno do excesso e da insuficiência se tornam aparentes".

帝曰：愿闻五运之主时也何如？鬼臾区曰：五气运行，各终期日，非独主时也。帝曰：请闻〔守校本"闻"作"问"〕其所谓也。鬼臾区曰：臣积〔"积。疑作"稽"〕考《太始天元册》文曰：太虚廖廓，肇基化元，万物资始，五运终天，布气真灵，总统坤元，九星悬朗，七曜周旋，曰阴曰阳，曰柔曰刚，幽显既位，寒暑驰张，生生化化，品物咸章。臣斯十世，此之谓也。

Disse o Imperador Amarelo: "Espero saber como o movimento dos cinco elementos controla a condição das quatro estações". Disse Gui Yuqu: "O movimento dos cinco elementos dá voltas para controlar as estações do ano e os dias; eles não controlam apenas as estações".

O Imperador Amarelo disse: "Espero que possas me contar a razão disso". Disse Gui Yuqu: "Eu li o antigo livro do Universo Primordial" onde estava estabelecido: "A energia primordial no céu espaçoso é o fundamento da geração, e o crescimento e o desenvolvimento de todas as coisas dependem dela. Como o movimento dos cinco elementos tem seus padrões regulares, formam-se as quatro estações: primavera, verão, outono e inverno. A energia refinada do céu e da terra se espalham enormemente e controlam todas as coisas no universo, por isso, as nove estrelas iluminam acima e os sete corpos celestes (sol, lua e os cinco planetas) giram em torno; daí vem a distinção do Yin e do Yang podendo-se distinguir as diversas propriedades de firmeza e maciez. Devido ao próprio funcionamento do Yin e do Yang, as idas e vidas das quatro estações e a alternância do dia e da noite, todas as coisas podem crescer e se desenvolver e se prosperar. Esta proposição passou de mão em mão em minha família durante dez gerações".

帝曰：善。何谓气有多少，形有盛衰？鬼臾区曰：阴阳之气各有多少，故曰三阴三阳也，形有盛衰，谓五行之治，各有太过不及也。故其始也，有余而往，不足随之，不足而往，有余从之，知迎知随，气可与期。应天为天符，承岁为岁直，三合为治。

Disse o Imperador Amarelo: "Muito bem. Mas qual é o significado de haver diferencial na plenitude e insuficiência de energia e de haver diversidade de superabundância e insuficiência nos cinco elementos?" Disse Gui Yuqu: "Nas energias Yin e Yang há diferenças de plenitude e insuficiência, partindo daí as distinções de três Yin e de três yang. O Yin se divide em três Yin de acordo com o conter mais ou menos Yin nele mesmo: quando há mais Yin, é o Taiyin; quando há menos é o Shaoyin; quando há menos ainda, é o Jueyin (o primeiro Yin é o Jueyin, o segundo é o Shaoyin e o terceiro é o Taiyin). O Yang se divide em três Yang de acordo com o conter mais ou menos Yang nele mesmo: quando há mais Yang, é o Taiyang; quando há menos é o Yangming: quando há menos ainda é o Shaoyang (o primeiro Yang é o Shaoyang, o segundo é o Yangming e o terceiro é o Shaoyang).

"A superabundância e a deficiência do movimento dos cinco elementos significa sua dominância excessiva ou insuficiente no ano. Se um movimento do elemento for excessivo ao dominar o ano, então sua dominância no ano seguinte será insuficiente tal como quando a dominância do movimento da madeira no ano Ren é excessiva, então a dominância do movimento da madeira no ano Ding (cinco anos após o ano Ren) será insuficiente; quando a dominância do movimento do fogo no ano Wu for excessiva, então a dominância do movimento do fogo no ano Gui (cinco anos após o ano Wu) será insuficiente; quando a dominância do movimento da terra no ano Jia for excessiva, então o movimento de dominância da terra no ano Ji (cinco anos após o ano Jia) será insuficiente; quando a dominância do movimento metal no ano Geng for excessiva, a dominância do movimento metal no ano Yi (cinco anos após o ano Geng) será insuficiente; quando a dominância do movimento água no ano Bing for excessiva, então a dominância do movimento água no ano Xin (cinco anos após o ano Bing) será insuficiente; quando a dominância começar com a condição de excesso, a condição insuficiente de dominância virá em seu surgimento; dessa maneira: quando o ano Jia do movimento terra estiver em excesso, o ano seguinte Yi, do movimento metal será insuficiente; quando o ano Zi de Shaoyin tiver um excesso, o ano seguinte Chou de Taiyin será insuficiente. Quando a dominância principiar com a condição de insuficiência, a condição de dominância do excesso virá em seu surgimento: quando o ano Yi do movimento metal for de insuficiência, o ano seguinte Bing do movimento água estará em excesso; quando o ano Chou de Taiyin for insuficiente, o ano seguinte Yin de Shaoyang terá um excesso.

"Quando se entender o princípio de ter um excesso ou uma insuficiência, será capaz de saber qual o ano de excesso e qual o ano de insuficiência. Quando o movimento do elemento corresponde e se equipara à energia controladora do céu, chama-se Controle Celeste, como quando o movimento da terra domina o ano e a energia controlado do céu é Taiyin; quando o fogo domina o ano, e a energia controladora do céu é Shaoyang e Shaoyin; quando o metal domina o ano, e a energia controladora do ano é Yangming; quando a madeira domina o ano, e a energia controladora do céu é Jueyin; quando a água domina o ano e a energia controladora do céu é Taiyang. Quando o movimento do elemento coincide com a ordem duodecimal do ano, é chamado Ano Due, tal como quando o movimento Madeira encontra o ano Mao; quando o movimento Fogo encontra o ano Wu; quando o movimento Metal encontra o ano You; quando o movimento água encontra o ano Zi. Quando o movimento do elemento, a energia que controla o céu, e a ordem duodecimal do ano todos concordam, chama-se concordância tripla do ano de controle celeste e de convergência, no qual a energia nem tem excesso, nem insuficiência".

帝曰：上下相召奈何？鬼臾区曰：寒暑燥湿风火，天之阴阳也，三阴三阳上奉之。木火土金水火，地之阴阳也，生长化收藏下应之。天以阳生阴长，地以阳杀阴藏。天有阴阳，地亦有阴阳。木火土金水火，地之阴阳也，生长化收藏。下应之。天以阳生阴长，地以阳杀阴藏。天有阴阳，地亦有阴阳，木火土金水火（《困学纪闻》卷九《天道》引无"木火土金水火，地之阴阳也，生长化收藏"十六字）地之阴阳也，生长化收藏。故阳中有阴，阴中有阳。所以欲知天地之阴阳者。应天之气，动而不息，故五岁而右迁，应地之气，静而守位，故六期而环会，动静相召，上下相临，阴阳相错，而变由生也。

O Imperador Amarelo perguntou: "Qual é a condição, quando o céu e a terra inspiram um ao outro?" Disse Gui Yuqu: "O frio, o calor, a secura, a umidade, o vento e o fogo são o Yin e o Yang do céu, e os três Yin e os três Yang correspondem a eles. A madeira, fogo imperial, terra, metal água e fogo ministerial são o Yin e o Yang da terra e a geração, o crescimento, o desenvolvimento, a colheita e o armazenamento correspondem a eles.

"No céu, o Yang gera e o Yin promove o crescimento; na terra, o Yang restringe e o Yin armazena.

"Há Yin e Yang nos seis tipos de clima no céu, e há Yin e Yang nos cinco elementos na terra. Quando o Yin e o Yang do céu e o da terra se combinam, isso produz alterações naturais na geração, no crescimento, no desenvolvimento, na colheita e no armazenamento de todas as coisas. A energia celeste não será capaz de descer quando não houver nenhum Yin, e a energia terrestre não será capaz de ascender quando não houver Yang algum. Por isso, deve haver Yin no Yang, e deve haver Yang no Yin. Quando se desejar conhecer o Yin e o Yang do céu e da terra, deve-se conhecer seu modo de operar. Os movimentos dos cinco elementos da terra, que correspondem aos seis tipos de clima no céu, se movem continuamente; move-se para a frente por cinco anos, a fim de completar um ciclo e então recomeça; os seis tipos de clima do céu que correspondem aos movimentos dos cinco elementos na terra, completam um ciclo completo a cada seis anos. Sob a interação do céu e da terra, do movimento e do repouso, indo bem para cima e bem para baixo, irá ocorrer o entrelaçamento do Yin e do Yang".

帝曰：上下周纪，其有数乎？鬼臾区曰：天以六为节，地以五为制，周天气者，六期为一备；终地纪者，五岁为一周。君火以明，相火以位〔明抄本无"君火"以下八字〕，五六相合，字七百二十气为一纪，凡三十岁；千四百四十气，凡六十岁而为一周，不及太过，斯皆见矣。

O Imperador Amarelo perguntou: "Há algum limite numérico nas operações do céu e da terra que dê um giro e recomece?" Disse Gui Yuqu: "No céu há seis tipos de clima, na terra há os cinco elementos. Os seis tipos de clima que se associam ao céu, levam seis anos para completar um ciclo, e os cinco elementos que se associam à terra, levam cinco anos para completar um ciclo. Quando o movimento dos cinco elementos se combina com os seis tipos de clima, perfaz trinta anos, ou uma era que compreende setecentos e vinte termos solares. Após um mil quatrocentos e quarenta termos solares num ciclo se sessenta anos, podem ser revelados todos os casos de excesso e insuficiência".

帝曰：夫子之言，上终天气，下毕地纪，可谓悉矣。余愿闻而藏之，上以治民，下以治身，使百姓昭著〔明抄本无"使百姓昭著，上下和亲，德泽下流，子孙无忧"十七字〕，上下和亲，德泽下流，子孙无忧，传之后世，无有终时，可得闻乎？鬼臾区曰：至数之机，迫迮以微，其来可见，其往可追，敬之者昌，慢之者亡。无道行私，必得天殃，谨奉天道，请言真要。

Disse o Imperador Amarelo: "Tu explicastes exaustivamente o clima do céu acima e a era da terra abaixo. Terei em mente o que me dissestes para que o sofrimento das pessoas possa ser retirado e minha própria saúde mantida. Desejo passar isso para as gerações posteriores, perpetuamente, porém, podes me dizer mais acerca disso?"

Disse Gui Yuqu: "A lei do movimento dos cinco elementos e da combinação dos seis tipos de clima é bastante sutil, embora seu futuro possa ser inspecionado e seu passado pode ser traçado. Quando se presta atenção à lei da mutação, pode-se evitar doenças; quando se negligencia, contrair-se-á doenças ou pode-se até morrer. Quando se viola a lei natural e se comporta à própria maneira, ocorrendo um desastre. Dessa forma, deve-se ter cuidado em adaptar a lei natural do movimento dos elementos e dos seis tipos de clima. Agora, permiti-me dizer da essência verdadeira".

帝曰：善言始者，必会于终。善言近者，必知其远，是则至数极而道不惑，所谓明矣。愿夫子推而次之，令有条理，简而不匮，久而不绝，易用难忘，为之纲纪。至数之要，愿尽闻之。鬼臾区曰：昭乎哉问！明乎哉道！如鼓之应桴，响之应声也。臣闻之：甲己之岁，土运统之；乙庚之岁，金运统之；丙辛之岁，水运统之；丁壬之岁，木运统之，戊癸之岁，火运统之。

O Imperador Amarelo disse: "Quando se é bom em explicar o princípio, deve-se conhecer bem o resultado; quando se é sagaz em comentar o simples, deve-se entender o que é profundo. Somente nesse caso pode o princípio de movimento dos cinco elementos e seis tipos de clima se tornar explícitos sem enganos. Espero que possas dar um passo adiante, a fim de tornar seus itens mais sistemáticos, concisos embora não faltantes, fáceis de ser aplicados, fácil de lembrar em esboços, para que se possa lidar com eles por um bom tempo. Espero conhecer em detalhes o princípio acerca dos movimentos dos cinco elementos e dos seis tipos de clima".

Disse Gui Yuqu: "Que brilhante questão me propuseste. O princípio do movimento dos cinco elementos e dos seis tipos de clima é bastante evidente; é tão certo quanto o som quando a baqueta bate no tambor, e o eco de um som. Disseram-me que os anos Jia e Ji inteiros, são dominados pela terra, os anos Yi e Geng inteiros são dominados pelo metal, os anos Bing e Xin inteiros são dominados pela água, os anos Ding e Ren inteiros são dominados pela madeira, e os anos Wu e Gui inteiros são dominados pelo fogo".

帝曰：其于三阴三阳，合之奈何？鬼臾区曰：子午之岁，上见少阴；丑未之岁，上见太阴；寅申之岁，上见少阳；卯酉之岁，上见阳明；辰戌之岁，上见太阳；巳亥之岁，上见厥阴，少阴所谓标也。厥阴所谓终也。厥阴之上，风气主之；少阴之上，热气主之；太阳之上，湿气主之；少阳之上，相火主之；阳明之上，燥气主之；太阳之上，寒气主之。所谓本也，是谓六元。

326

O Imperador Amarelo perguntou: "De que forma os movimentos dos cinco elementos e dos seis tipos de clima se integram com os três Yin e com os três Yang?" Disse Gui Yuqu: "Tanto nos anos Zi quanto nos Wu, o Shaoyin controla o céu; tanto nos anos Chou quanto nos Wei, o Taiyin controla o céu; tanto nos anos Yin quanto nos Shen, o Shaoyang controla o céu; tanto nos anos Chen quanto nos Xu, o Taiyang controla o céu; tanto nos anos Si quanto nos Hai, o Jueyin controla o céu. Na seqüência do ciclo duodecimal, o Yin e o yang começam a partir do ano Zi e terminam no ano Hai. O Jueyin é dominado pela energia do vento; o Shaoyin é dominado pela energia do calor; o Taiyin é dominado pela energia da umidade; o Shaoyang é dominado pela energia do fogo ministerial; o Yangming é dominado pela energia da secura; o Taiyang é dominado pela energia do frio. Como o vento, o calor, a umidade, o fogo, a secura e o frio são as energias próprias dos três Yin e dos três Yang em si, sendo assim chamados Energia Primordial Celeste".

帝曰：光乎哉道！明乎哉论，请著之玉版，藏之金匮，署曰《天元纪》。

Disse o Imperador Amarelo: "Fizeste uma explanação bastante explícita. Grave-a, por favor, numa tabuleta de jade, e eu a conservarei num gabinete dourado, e chama-lo-ei "Anais da Energia Primordial do Universo"".

五运行大论篇第六十七

Capítulo 67
Wu Yun Xing Da Lun
(Sobre a Movimentação dos Cinco Elementos)

黄帝坐明堂，始正天纲，临观八极，考建五常，请天师而问之曰：论言天地之动静，神明为之纪；阴阳之升降，寒暑彰其兆。余闻五运之数于夫子，夫子之所言，正五气之各主岁尔，首甲定运，余因论之。鬼臾区曰：土主甲己、金主乙庚，水主丙辛，木主丁壬，火主戊癸。子午之上，少阴主之；丑未之上，太阴主之，寅申之上，少阳主之；卯酉之上，阳明主之，辰戌之上，太阳主之，巳亥之上，厥阴主之。不合阴阳，其故何也？

Sentando-se no saguão luminoso (Saguão da Proclamação das Políticas), o Imperador Amarelo começou a observar as estrelas no zodíaco celeste e inspecionou o terreno das oito orientações na terra, para estudar as razões das variações do movimento dos cinco elementos do Yin e do Yang.

Chamou Qibo até ele e lhe perguntou: "Em alguns livros, está postulado que o movimento e a inatividade do céu e da terra são regulados pelo grau de movimentação do sol e da lua, e os sintomas desse movimento do Yin e do Yang para cima e para baixo se manifestam pelo frio e pelo calor das estações.

"Ouvi sua explicação acerca da lei de movimento dos cinco elementos, em que disseste: as energias dos movimentos dos cinco elementos dominam o ano respectivo, e isso começa no ano Jia. Discuti sobre o que disseste, com Gui Yuqu, mas ele disse: o movimento terra domina os anos Jia e Ji; o movimento metal domina os anos Yi e Geng; o movimento água domina os anos Bing e Xin; o movimento madeira domina os anos Ding e Ren; o movimento fogo domina os anos Wu e Gui; nos dois anos de Zi e Wu, o Shaoyin controla o céu; nos dois anos de Chou e Wei, o Taiyin controla o céu; nos dois anos de Yin e Shen o Shaoyang controla o céu; nos dois anos de Mao e You, o Yangming controla o céu; nos dois anos de Chen e Xu, o Taiyang controla o céu; nos dois anos de Si e Hai, o Jueyin controla o céu. O que ele disse não estava conforme o Yin e o Yang que comentaste; qual a razão?"

岐伯曰：是明道也，此天地之阴阳也。夫数之可数者，人中之阴阳也，然所合，数之可得者也，夫阴阳者，数之可十，推之可百，数之可千，推之可万。天地阴阳者，不以数推，以象之谓也。

Disse Qibo: "O motivo é evidente, é por causa do Yin e do Yang. Gui Yuqu disse que há Yin e Yang no movimento dos cinco elementos na terra e nas seis espécies de clima no céu. O Yin e o Yang no corpo humano são mensuráveis, assim como o sangue é Yin e a energia é Yang; os órgãos sólidos são Yin e os órgãos ocos são Yang; o interior é Yin e a superfície é Yang. Quando o Yin e o Yang do corpo humano se combinam com o céu e a terra, isso pode ser calculado por analogia, da mesma maneira que se pode inferir de dez para cem, ou de mil para dez mil, mas o número de Yin e Yang no céu e na terra não podem ser contados um a um, só podem ser obtidos por estimativa".

帝曰：愿闻其所始也。岐伯曰：昭乎哉问也！臣览《太始天元册》文，丹天之气，经于牛女戊分；黅天之气，经于心尾己分；苍天之气，经于危室柳鬼；素天之气，经于亢氐昴毕；玄天之气，经于张翼娄胃。所谓戊己分者，奎壁角轸，则天地之门户也。夫候之所始，道之所生，不可不通也。

Disse o Imperador Amarelo: "Espero saber como isso começa". Disse Qibo: "Que brilhante questão me colocastes pela frente. Eu li o antigo livro do "Universo Primordial" no qual se postulou: "Nos tempos antigos, as pessoas viam que havia no céu a energia vermelha pairando entre as duas estrelas da posição Niu e Nu e da posição Wu a noroeste; havia a energia amarela pairando entre as duas estrelas da posição Xin e Wei e da posição Ji a sudeste; havia a energia verde pairando entre as duas estrelas da posição Wei e Shi e as duas estrelas da posição Liu e Gui; havia a energia branca pairando entre as duas estrelas da posição Kang e Di e as duas estrelas da posição Mao e Bi; e havia a energia negra pairando entre as duas estrelas da posição Zhang e Yi e as duas estrelas da posição Lou e Wei". A assim chamada posição Wu está onde se localizam as duas estrelas Kui e Bi, e a posição Ji está onde se localizam as duas estrelas Jiao e Zhen. As duas estrelas Kui e Bi se localizam entre os termos solares do Princípio do Outono e do Princípio do Inverno; as duas estrelas Jiao e Zhen se localizam entre os termos solares do Princípio da Primavera e do Princípio do Verão. Dessa formas elas são os portões do céu e da terra, e são também o princípio dos termos solares, que o ponto de partida do Yin e do Yang no céu e na terra, e ninguém deve ignorar isso".

帝曰：善。论言天地者，万物之上下，左右者，阴阳之道路，未知其所谓也。岐伯曰：所谓上下者，岁上下见阴阳之所在也。左右者，诸上见厥阴，左少阴，右太阳；见少阴，左太阴，右厥阴；见太阴，左少阳，右少阴；见少阳，左阳明，右太阴；见阳明，左太阳，右少阳；见太阳，左厥阴，右阳明。所谓面北而命其位，言其见也。

Disse o Imperador Amarelo: "Muito bem. Está estabelecido no "Universo Primordial": "O céu e a terra são os graus mais elevado e mais baixo de todas as coisas que ascendem e caem, e a esquerda e a direita são os caminhos do Yin e do Yang para subir e descer". Porém não entendo seu significado".

Disse Qibo: "Ascender significa a posição Yin ou Yang dos seis tipos de clima que controlam o céu acima; cair significa a posição Yin ou Yang do movimento dos cinco elementos que afetam a terra abaixo. A esquerda e a direita são as posições esquerda e direita do controle do céu. Quando o Jueyin surge na posição de controle do céu, a esquerda será Shaoyin e a direita será Taiyang; quando o Shaoyin surge na posição de controle do céu, a esquerda será Taiyin e a direita será Jueyin; quando o Taiyin surge na posição de controle do céu, a esquerda será Shaoyang e a direita será Shaoyin; quando o Shaoyang surge na posição de controle do céu, a esquerda será Yangming e a direita será Taiyin; quando o Yangming surge na posição de controle do céu, a esquerda será Taiyang e a direita será Shaoyang; quando o Taiyang surge na posição de controle do céu, a esquerda será Jueyin e a direita será Yangming.

329

Este é o caso em que se deve posicionar de frente ao norte para determinar a posição do Yin e do Yang ao indicar os vários surgimentos do Yin e do Yang no controle do céu".

帝曰：何谓下？岐伯曰：厥阴在上，则少阳在下，左阳明，右太阴；少阴在上，则阳明在下，左太阳，右少阳；太阴在上，则太阳在下，左厥阴，右阳明；少阳在上，则厥阴在下，左少阴，右太阳；阳明在上，则少阴在下，左太阴，右厥阴；太阳在上，则太阴在下，左少阳，右少阴；所谓面南而命其位，言其见也。上下相遘、寒暑相临，气相得则和，不相得则病。

O Imperador Amarelo perguntou: "Qual o significado de afetar a terra abaixo?" Disse Qibo: "Quando Jueyin está na posição de controle do céu, então, Shaoyang estará em posição de afetar a terra, Yangming estará à esquerda e Taiyin à direita; quando Shaoyin estiver na posição de controle do céu, então Yangming está em posição de afetar à terra, Taiyang estará à esquerda e Shaoyang à direita; quando Taiyin estiver na posição de controle do céu, então Taiyang está em posição de afetar a terra, Jueyin está à esquerda e Yangming está à direita; quando Shaoyang está na posição de controle do céu, então Jueyin está em posição de afetar a terra, Shaoyin está à esquerda e Taiyang está à direita; quando Yangming está em posição de controle do céu, então Shaoyin está em posição de afetar a terra, Taiyin está à esquerda e Jueyin à direita; quando Taiyang está em posição de controle do céu, então Taiyin está em posição de afetar a terra, Shaoyang está à esquerda e Shaoyin à direita. Estou falando aqui, sobre as posições do Yin e do Yang, quando se faz face ao sul, e das diferentes posições de surgimento do Yin e do Yang ao controlar o céu e afetar à terra.

"Nas interrelações das energias acima e abaixo, e diferentes efeitos dos climas, se as energias geram umas às outras, isso causará harmonia; se dominam umas às outras, isso causará doença".

帝曰：气相得而病者何也？岐伯曰：以下临上不当位也。

O Imperador Amarelo perguntou: "Algumas vezes, a doença ocorre quando os seis tipos de clima estão harmoniosos; qual a razão?" Disse Qibo: "O controle do céu deve ocorrer na primeira metade do ano, e a influência sobre a terra deve acontecer na segunda metade do ano. Quando o controle do céu está na segunda metade ou a influência sobre a terra está na primeira metade, estão nas posições erradas e ocorre a doença".

帝曰：动静何如？岐伯曰：上者右行，下者左行，左右周天，余而复会也。帝曰：余闻鬼臾区曰，应地者静。今夫子乃言下者左行，不知其所谓也，愿闻何以生之乎？岐伯曰：天地动静，五行迁复，虽鬼臾区其上候而已，犹不能遍明。夫变化之用，天垂象，地成形，七曜纬虚五行丽地；地者，所以载生成之形类也。虚者，所以列应天之精气也。形精之动，犹根本之与枝叶也。仰观其象，虽远可知也。

O Imperador Amarelo perguntou: "Quais as condições, quando as energias controlam o céu e afetam a terra?" Disse Qibo: "A energia que controla o céu gira para a direita, e a energia que afeta a terra vira para a esquerda; elas retornam à sua posição original após girarem para a direita e para a esquerda durante um ano".

Disse o Imperador Amarelo: "Gui Yuqu me falou que as energias que correspondem à terra são imóveis; agora, tu me disseste que a energia do movimento dos elementos que afetam a terra está girando para a esquerda. Não sei qual a razão. Espero que possas me dizer, como ela se move?"

Disse Qibo: "O movimento e a inatividade do céu e da terra se alternam, e o movimento dos cinco elementos gira num ciclo. Embora Gui Yuqu conheça o padrão do movimento do céu, ele porém não conhece os mínimos detalhes do direito e do esquerdo.

"No processo natural das mudanças, o céu cria as constelações, a terra dá forma a todas as coisas, o sol, a lua e os cinco planetas contentam-se em suas órbitas no espaço interestelar, e os cinco elementos se prendem à terra. A terra carrega todas as coisas visíveis. O sol, a lua, e as cinco estrelas se espalham pelo céu. Todas as coisas sobre a terra, assim como os movimentos do sol, da lua e das cinco estrelas se relacionam umas às outras, intimamente, como o tronco de uma árvore, conectando seus ramos e folhas. Quando erguemos nossas cabeça e observamos os fenômenos celestes, podemos tomar conhecimento do corpo celeste, mesmo que esteja muito longe".

帝曰：地之为下否乎？岐伯曰：地为人之下，太虚之中者也。帝曰：冯乎？岐伯曰：大气举之也。燥以干之，暑以蒸之，风以动之，湿以润之，寒以坚之，火以温之。故风寒在下，燥热在上湿气在中，火游行其间，寒暑六入，故令虚而生化也。故燥胜则地干，暑生则地热，风胜则地动，湿胜是地泥，寒胜则地裂，火胜则地固矣。

Perguntou o Imperador Amarelo: "A terra está embaixo, não está?" Disse Qibo: "A terra está debaixo do ser humano, e no espaço interestelar".

O Imperador Amarelo perguntou: "A terra é sustentada por alguma coisa?" Disse Qibo: "É sustentada pela atmosfera (que contém as seis energias: o vento, o frio, o calor, a umidade, a secura e o fogo) no espaço interestelar.

"A energia da secura faz com que a terra se torne seca, a energia do calor faz com que evapore, a energia do vento faz com se mova, a energia da umidade faz com que se torne umedecida, a energia do frio faz com que fique firma e substancial, e a energia do fogo faz com que fique aquecida.

"O vento e o fogo se situam abaixo, a secura e o calor se situam acima, a umidade está no meio, e a energia do fogo está acima e abaixo. As seis energias invadem a terra respectivamente dentro de um ano, e a terra pode criar e reproduzir todas as coisas sob seu efeito.

"Quando a energia da secura for excessiva, a terra se tornará seca; quando a energia do calor for excessiva, a terra se tornará quente demais; quando a energia do vento for excessiva, todas as coisas sobre a terra se moverão; quando a energia da umidade for excessiva, a terra se tornará úmida; quando a energia do frio for excessiva, a terra congelará com rachaduras; quando a energia do fogo for excessiva, a terra se tornará substancial e firme".

帝曰：天地之气，何以候之？岐伯曰：天地之气，胜复之作，不形于诊也。《脉法》曰：天地之变，无以脉诊，此之谓也。

O Imperador Amarelo perguntou: "Como o universo e os homens estão recebendo a mesma energia, como detectar as energias que estão controlando o céu e afetando a terra, por meio da palpação?" Disse Qibo: "Os seis tipos de clima no céu

331

e o movimento dos cinco elementos na terra são cambiáveis em invadir e se voltar contra o que não aparece no pulso do homem. Eis porque se postulou no "A Pulsação": As alterações do céu e da terra não podem ser inspecionadas pela pulsação".

帝曰：间气何如？岐伯曰：随气所在，期于左右。帝曰：期之奈何？岐旧曰：从其气则和，违其气则病，不当其位者病，迭移其位者病，失守其位者危，尺寸反者死，阴阳交者死。先立其年，以知其气，左右应见，然后乃可以言死生之逆顺。

O Imperador Amarelo perguntou: "Como verificar a energia intermediária (a energia entre o controle do céu e a que afeta a terra) pela palpação?" Disse Qibo: "Pode-se detectar a posição da energia intermediária, inspecionando o pulso esquerdo e o pulso direito. Quando a energia estiver à esquerda, o pulso esquerdo irá corresponder; quando a energia estiver à direita, o pulso será correspondente".

O Imperador Amarelo perguntou: "Qual é a condição quando o pulso corresponde à energia?" Disse Qibo: "Quando a energia chega juntamente com o pulso, ambas estão em harmonia; quando o pulso chega mas a energia demora a chegar, ambas estão desarmoniosas; nesse caso, ocorrerá a doença.

"Quando a energia estiver à esquerda e o pulso estiver à direita, é o pulso doente na posição errada; quando o pulso que corresponde freqüentemente mudar de posição, também será um pulso doente; quando o pulso que deve ser subjugado surgir enquanto que o fundamental estiver sendo perdido, o paciente estará em perigo; quando o pulso Cun e o pulso Chi surgirem em contracorrente no ano devido, o paciente morrerá; quando o pulso aparecer à esquerda no ano do Yin quando o pulso de correspondência deveria estar à direita, ou aparecer à direita no ano do Yang, onde o pulso de correspondência deveria estar à esquerda, também é alteração do pulso e o paciente irá morrer.

"Deve-se verificar primeiro qual energia está no controle do céu e qual energia está afetando a terra durante o ano, a partir de onde se deriva as energias intermediárias à esquerda e à direita; pode-se então inferir a morte, a sobrevivência do paciente, os prognósticos desfavoráveis e favoráveis".

帝曰：寒暑燥湿风火，在人合之奈何？其于万物何以生化？岐伯曰：东方生风，风生木，木生酸，酸生肝、肝生筋、筋生心。其在天为玄，在人为道，在地为化。化生五味，道生智，玄生神，化生气。神在天为风，在地为木，在体为筋，在气为柔，在藏为肝。其性为暄，其德为和，其用为动，其色为苍，其化为荣，其虫毛，其政为散，其令宣发，其变摧拉，其眚为陨，其味为酸，其志为怒。怒伤肝，悲胜怒；风伤肝，燥胜风；酸伤筋，辛胜酸。

O Imperador Amarelo perguntou: "Como os seis tipos de clima, frio, calor, secura, umidade, vento e fogo coincidem com o ser humano, e como podem promover o crescimento de todas as coisas?"

Disse Qibo: "Quanto às variações dos seis tipos de clima, no céu é o fenômeno misterioso; no homem é forma de se adaptar à mudança, e na terra, é a influência de geração e crescimento de todas as coisas. A influência da terra produz os cinco sabores das inúmeras coisas, a jeito de se adaptar do homem produz a sabedoria, e o fenômeno misterioso do céu produz a divindade. Como a terra pode produzir a geração e o crescimento de todas as coisas, os seis tipos de clima são produzidos a partir daí.

"O leste produz o vento, o vento pode fazer com que a energia da madeira cresça; a energia da madeira pode produzir o sabor ácido, o sabor ácido pode nutrir o fígado, o sangue no fígado pode nutrir os tendões. Como o tendão é gerado a partir do fígado, este se associa à madeira, e a madeira pode gerar o fogo, por isso, o fígado também pode nutrir o coração. No céu está o vento; nos cinco elementos está a madeira; no corpo humano, há os tendões, em sua influência sobre as coisas, há a maciez; nas vísceras há o fígado; na atribuição, há o aquecimento; na essência é modesto, sua função é movimento; sua cor é verde-escuro; na variação, é glória; no animal, é a besta; na emoção, é dispersivo; na estação, é a energia harmônica e dispersiva; na alteração, está apto a se romper; seu risco é cair; seu sabor é ácido; no humor é a raiva. A raiva pode lesar o fígado, e a melancolia pode restringir a raiva; a energia do vento pode lesar o fígado, e a energia da secura pode restringir a energia do vento; quando o sabor ácido for excessivo, irá lesar os tendões, e o gosto picante pode restringir o ácido.

南方生热，热生火，火生苦，苦生心，心生血，血生脾。其在天为热，在地为火，在体为脉，在气为息，在藏为心，其性为暑，其德为显，其用为躁，其色为赤，其化为茂，其虫羽，其政为明，其令郁蒸，其变炎烁，其眚燔焫，其味为苦，其志为喜。喜伤心，恐胜喜；热伤气，寒胜热；苦伤气，咸胜苦。

"O sul produz o calor; o calor pode fazer com que a energia do fogo se torne próspera; a energia do fogo pode produzir o sabor amargo, o amargo pode nutrir o coração; o coração pode produzir o sangue; quando o sangue for abundante, ele pode nutrir o baço. Quanto aos seis tipos de clima no céu, é o calor; nos cinco elementos na terra, é o fogo; no homem, é o conduto; na função, pode promover o crescimento de todas as coisas; nas vísceras, é o coração; no atributo, é o calor do verão; na essência é a ostentação; na função é a irritabilidade; no animal, é o pássaro; na função, é o razoável; na estação, é o calor extremo e a vaporização; na alteração, está apto a se queimar; seu risco é o acidente pelo fogo; no sabor, é o amargo; no humor, é a alegria excessiva. Quando o transbordo de alegria for demasiado, irá prejudicar o coração e o terror triunfa do excesso de alegria. Quando o calor for excessivo, irá prejudicar a energia, e a energia fria pode restringir a energia do calor; quando se acrescentar o gosto amargo, pode-se também prejudicar a energia, e o gosto salgado pode restringir o amargor.

中央生湿，湿生土，土生甘，甘生脾，脾生肉、肉生肺。其在天为湿，在地为土，在体为肉，在气为充、在脏为脾。其性静兼，其德为濡，其用为化，其色为黄，其化为盈，其虫倮，其政为谧，其令云雨，其变动注，其眚淫溃，其味为甘，其志为思。思伤脾，怒胜思；湿伤肉，风胜湿，甘伤脾，酸胜甘。

"A posição central produz a umidade, a energia da umidade pode gerar a energia da terra; a energia da terra pode produzir o gosto doce das safras; o sabor doce pode nutrir a energia do baço, e a energia do baço pode nutrir os músculo; quando os músculos forem fortes, a energia do pulmão será abundante. Quanto aos seis tipos de clima, é a umidade; nos cinco elementos é a terra; no homem é o músculo; na função, é a substancialidade do corpo; nas vísceras é o baço; sua propriedade é a tranqüilidade e a compatibilidade da energia fria e da energia quente; na essência, é a lisura; na função, pode gerar e promover o crescimento de todas as coisas; na cor, é o amarelo; na alteração, é a plenitude; na fauna, pertence ao animal sem pelos, do tipo conchas e escamas; na emoção é a tranqüilidade; na estação, é o nublado e a chuva; em sua variação, está apto à chuva torrencial ou à chuva excessiva e contínua e seu desastre é como a ruptura dos diques após ter resistido à chuva; no sabor, pertence ao tipo doce; no humor, pertence à ansiedade; quando se tem uma ansiedade excessiva, isso irá prejudicar o baço, e a raiva pode restringir a ansiedade. A umidade pode prejudicar os músculos, e a energia do vento pode restringir a umidade. Quando o sabor doce tiver sido acrescentado em excesso, isso também pode lesar o baço, e o sabor ácido pode restringir a doçura.

西方生燥，燥生金，金生辛，辛生肺，肺生皮毛，皮毛生肾。其在天为燥，在地为金，在体为皮毛，在气为成，在脏为肺。其性为凉，其德为清，其用为固，其色为白，其化为敛，其虫介，其政为劲，其令雾露，其变肃杀，其眚苍落，其味为辛，其志为忧。忧伤肺，喜胜忧；热伤皮毛，寒胜热；辛伤皮毛，苦胜辛。

"O oeste produz a secura, a energia da secura pode promover a energia do metal; a energia do metal pode produzir o sabor picante; o sabor picante pode nutrir a energia do pulmão; a energia do pulmão pode nutrir a pele e os pelos finos; quando a pele e os pelos finos estiverem umedecidos eles podem gerar o fluído dos rins. Quanto aos sei tipos de clima, é a secura; nos cinco elementos é o metal; no homem, é a pele e os pelos finos; na função, pode levar as coisas a termo; nas vísceras, é o pulmão. Na propriedade, é o frescor; na essência, é a quietude; na variação, é o reforço; sua cor é branca; sua alteração é a restrição; no animal, pertence ao tipo caprino; na emoção, pertence ao que é vigoroso; na estação, pertence àquelas das neblinas emergentes e orvalhos que caem; na alteração é a vida desalentadora e a restrição de todas as coisas; seu desastre é fazer com que as gramas e os bosques fiquem secos e murchem; no gosto é o picante; no humor, é a melancolia. A melancolia excessiva pode prejudicar o pulmão; o excesso de alegria pode restringir a melancolia. Quando o calor for excessivo, irá prejudicar a pele e os pelos finos; a energia fria pode restringir o calor. Quando o gosto picante for excessivo, também pode lesar a pele e os pelos finos. A energia fria pode restringir o calor. Quando o sabor picante for excessivo, também poderá prejudicar a pele e os pelos finos, e o gosto amargo pode restringir a acridez.

北方生寒，寒生水，水生咸，咸生肾，肾生骨髓，髓生肝。其在天为寒，在地为水，在体为骨，在气为坚，在脏为肾。其性为凛，其德为寒，其用为〔明抄本"为"下补"藏"字〕，其色为黑，其化为肃，其虫鳞，其政为静，其令〔明抄本"令"下补"霰雪"二字〕，其变凝冽、其眚冰雹，其味为咸，其志为恐。恐伤肾，思胜恐；寒伤血，燥胜寒，咸伤血，甘胜咸。五气更立，各有所先，非其位则邪，当其位则正。

"O norte produz o frio, a energia fria pode fazer com que a energia da água se torne próspera; a energia da água pode produzir o sabor salgado, o sabor salgado pode nutrir a energia do rim; a energia do rim pode nutrir a medula óssea; quando esta for substancial, pode nutrir o fígado. Quanto aos seis tipos de clima, é o frio; nos cinco elementos, é a água; no corpo humano, é osso; sua emoção é reforçar o âmago; nas vísceras, é o rim. Sua propriedade pertence ao frescor; sua essência pertence à friagem, sua função é armazenar; sua cor é o preto; na alteração, é a solenidade e o silêncio de todas as coisas; na fauna, pertence aos animais de crostas; é sem movimento; nas estações, é a estação da queda da neve; na variação, é o frio congelante ao frio áspero; no desastre é o granizo no momento errado; nos cinco sabores, é o salgado; no humor, é o terror. Quando se sente um terror excessivo, isso irá prejudicar os rins; a ansiedade pode restringir o terror; quando o fio for excessivo, irá ferir os canais; a energia da secura pode restringir o frio; o sabor salgado pode prejudicar os canais; o sabor doce pode restringir o sabor salgado.

"As energias das cinco orientações têm lugar se alternando, em seqüência definida. Quando o clima não está de conformidade com a orientação das quatro estações, tal como o frio no verão e o calor no inverno, é a energia perversa; quando está de conformidade com a orientação das quatro estações, é a energia saudável".

帝曰：病生之〔读本，赵本，吴本"生之"并乙作"之生"〕变何如？岐伯曰：气相得则微，不相得则甚。帝曰：主岁何如？岐伯曰：气有余，则制己所胜而侮所不胜；其不及，则己所不胜侮而乘之，己所胜轻而侮之。侮反受邪〔滑本无"侮而受邪"四字〕，侮而受邪，寡于畏也。帝曰：善。

O Imperador Amarelo perguntou: "Qual é condição quando se contrai a doença?" Disse Qibo: "Quando o clima está na posição apropriada de acordo com as cinco orientações, a doença será passageira; quando não estiver na posição apropriada, a doença será severa".

Disse o Imperador Amarelo: "Qual é a condição do movimento dos cinco elementos no domínio do ano?" Disse Qibo: "Quando o movimento dos cinco elementos chega no momento em que não deve chegar, isso mostra que a energia é excessiva; não somente irá invadir a energia do elemento que pode subjugar (tal como a madeira domina a terra), mas também irá subjugar inversamente o elemento que pode sobrepujar a si próprio (tal como a madeira que submete o metal em contradominância). Quando o movimento do elemento não chega quando deve chegar, mostra que a energia é insuficiente; quando for insuficiente, não só será subjugada pelo elemento que pode subjugar a si mesmo (tal como a madeira sendo subjugada pelo metal), mas também será subjugada de forma reversa pelo elemento que não pode subjugar a si mesmo (tal como a terra subjuga a madeira em contradominância). No princípio de movimento dos cinco elementos, há sobrepujança e retaliação; quando um elemento invadir um outro, ele será invadido pela energia perversa, e a invasão é levada a efeito pelo tumulto de si próprio". Disse o Imperador Amarelo: "Muito bem".

335

六微旨大论篇第六十八

Capítulo 68
Liu Wei Zhi Da Lun
(O Significado Refinado das Seis Energias)

黄帝问曰：鸣呼！远哉，天之道也，如迎浮云，若视深渊，视深渊尚可测，迎浮云莫知其极，夫子数言谨奉天道，余闻而藏之，心私异之，不知其所谓也。愿夫子溢志尽言其事，令终不灭，久而不绝，天之道可得闻乎？岐伯稽首再拜对曰：明乎哉问，天之道也！此因天之序，盛衰之时也。

O Imperador Amarelo proferiu: "Pasme-se! Quão profundo é o princípio dos céus; Ele é como a nuvem que flutua acima, e o abismo profundo abaixo. Pode-se medir o abismo, mas não se pode de maneira nenhuma conhecer a extensão da nuvem flutuante. Disseste-me muitas vezes que se deve acompanhar com cuidado o princípio do céu, e conservei isso em mente, mas ainda tenho dúvidas, pois desconheço a razão. Espero que possas me dizer em detalhes para que não se perca e possa ser manuseado por muito tempo. Agora, desejo conhecer de ti os detalhes acerca do princípio do céu". Qibo se prosternou várias vezes e disse: "Que pergunta brilhante fizésseis! Ao que se chama princípio dos céus, é a ascensão e o declínio mostrados na seqüência temporal pelas mudanças naturais".

帝曰：愿闻天道六六之节盛衰何也？岐伯曰：上下有位，左右有纪。故少阳之右，阳明治之；阳明之右，太阳治之；太阳之右，厥阴治之；厥阴之右，少阴治之；少阴之右，太阴治之；太阴之右，少阳治之。此所谓气之标，盖南面而待也。故曰：因天之序，盛衰之时，移光定位，正立而待之，此之谓也。

Disse o Imperador Amarelo: "Espero ouvir das razões da ascensão e do declínio na seqüência temporal das seis vezes sessenta dias (um ano)".

Disse Qibo: "Há as posições regulares das seis energias dominantes acima e abaixo, e há uma regra determinante para a situação à direita e à esquerda. Dessa forma, do lado direito de Shaoyang, Yangming toma conta; do lado direito do Yangming, Taiyang toma conta; do lado direito de Taiyang, Jueyin se encarrega; do lado direito de Jueyin, Shaoyin toma conta; do lado direito de Shaoyin, o que se encarrega é Taiyin; do lado direito de Taiyin, Shaoyang toma conta. Estes são os ramos dos três Yin e dos três Yang, e deve-se observá-los olhando para o sul. A ascensão e o declínio da seqüência de tempo na natureza, pode ser determinada acompanhando-se o deslocar da sombra determinada pelo sol".

336

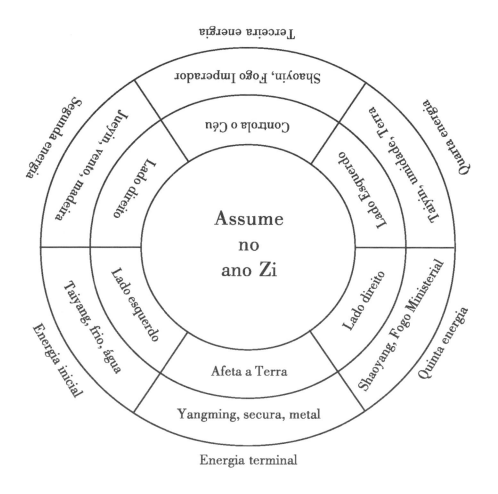

Diagrama das energias de controle dos céus, afetando a terra, do lado esquerdo e do lado direito.

Diagrama ilustrativo:
Controlar o céu, afetar a terra, lado esquerdo e lado direito são os termos apropriados na teoria dos cinco elementos e dos seis tipos de variação das condições climáticas, que indicam as seis energias que dominam acima, abaixo, à esquerda e à direita. O significado de acima e abaixo, é o céu e a terra; o significado de esquerda e direita é o tempo. Controlar o céu indica o que domina a energia celeste e afetar a terra indica dominar a energia da terra. Num determinado ano, a energia de controle do céu domina na primeira metade do ano e a energia que afeta a terra domina na Segunda metade. Além das energias de controle do céu e das que afetam a terra, as quatro outras energias são as energias intermediárias que estão dos lados esquerdo e direito. As seis etapas que giram à esquerda uma à uma, mostram cada uma

das seis energias que dominam alternadamente as estações do ano. A energia inicial (primeira energia) começa no termo solar do Grande Frio e finda na energia terminal (sexta energia), onde cada uma dura dois meses, e as seis energias duram pelo período de um ano. Na seqüência da circulação, as energias de controle do céu e que afetam a terra são as energias primárias. Do lado esquerdo da energia que afeta a terra, está a energia inicial, da mesma maneira em que quando o Shaoyin controla o céu, então o Yangming afeta a terra, e o lado esquerdo de Yangming será o Taiyang que é a energia inicial. Do lado esquerdo de Taiyang está Jueyin que é a Segunda energia; do lado esquerdo de Jueyin está Shaoyin que é a terceira energia; do lado esquerdo de Shaoyin está Yaiyin que é a Quarta energia; do lado esquerdo de Taiyin está Shaoyang que é a Quinta energia; do lado esquerdo de Shaoyang está Yangming que é a energia terminal. São estas as seqüências de circulação das energias na dominância.

少阳之上，火气治之，中见厥阴；阳明之上，燥气治之，中见太阴；太阳之上，寒气治之，中见少阴；厥阴之上，风气治之，中见少阳；少阴之上，热气治之，中见太阴；太阴之上，湿气治之，中见阳明。所谓本也，本之下，中之见也，见之下，气之标也，本标不同，气应异象。

Shaoyang está associado ao sul e ao fogo, e é dominado pelo fogo acima, já que Shaoyang e Jueyin são a superfície e o interior, dessa forma, Jueyin é a energia intermediária.

Yangming está associado ao oeste e ao metal, e é dominado pela secura acima; como Yangming e Taiyin são a superfície e o interior, então Taiyin é a energia intermediária.

Taiyang está associado ao norte e à água e é dominado pelo frio acima; como Taiyang e Shaoyin são a superfície e o interior, então Shaoyin é a energia intermediária.

Jueyin está associado ao leste e à madeira, e é dominado pelo fogo acima; já que Jueyin ee Shaoyang são a superfície e o interior, então Shaoyang é a energia intermediária.

Shaoyin está associado ao sul e ao fogo imperador, e é dominado pelo calor acima; como Shaoyin e Taiyang são a superfície e o interior, então Taiyang é a energia intermediária.

Taiyin está associado ao sudoeste e à terra e é dominado pela umidade acima; já que Taiyin e Yangming são a superfície e o interior, então Yangming é a energia intermediária.

As energias que dominam acima, são as energias raiz dos três Yang. As energias dominadas pelas energias raiz são as energias ramos. Entre as energias raiz e as energias ramo, com as energias-raiz acima, estão as energias intermediárias.

(Raiz)

Frio	Secura	Fogo		Umidade	Calor	Vento
Shaoyin	Taiyin	Jueyin	Energia Interme-diária	Yangming	Taiyang	Shaoyang
Taiyang	Yangming	Shaoyang		Yaiyin	Shaoyin	Jueyin

(Ramo)

Diagrama das energias da raiz, ramo e intermediária dos seis canais

As energias que dominam acima, são as energias-raiz dos três Yang. As energias dominadas pela energias-raiz são as energias-ramo. Entre as energias-raiz e as energias-ramo e as energias-raiz acima, estão as energias intermediárias.

Diagrama de ilustração:

As energias dos seis canais tomam o vento, o frio, o calor, a umidade, a secura e o fogo como raízes, e tomam os três Yang e os três Yin como ramos. Entre as raízes e os ramos, há as energias intermediárias, assim como o Shaoyang e o Jueyin são a superfície e o interior (vesícula biliar e fígado são a superfície e o interior); o triplo aquecedor e o pericárdio são a superfície e o interior; Yangming e Taiyin são a superfície e o interior (estômago e baço são a superfície e o interior); Taiyang e Shaoyin são a superfície e o interior, e o intestino delgado e o coração são a superfície e o interior. Como a superfície e o interior se conectam, as energias são intermediárias uma em relação à outra.

Como as seis energias dominantes são diferentes ao encontrar a energia da raiz, do ramo e a intermediária, seus efeitos de resposta também são diferentes. Enquanto que Shaoyang e Taiyin seguem a raiz, Shaoyin e Taiyang seguem a raiz ou o amo, Yangming e Jueyin não seguem nem a raiz nem o ramo, mas seguem a energia intermediária. A raiz de Shaoyang é o fogo e seu ramo é Yang; a raiz de Taiyin é a umidade e seu ramo é Yin, mas sua raiz e ramo são da mesma espécie, por isso, acompanham a raiz; como conseqüência, tanto Shaoyang como Taiyin têm energias intermediárias, mas não as seguem: a energia intermediária de Shaoyang (fogo) é o vento-madeira de Jueyin; como a madeira e o fogo são energias de espécie similar, a madeira é assimilada pelo fogo, não seguindo por isso a energia intermediária. A energia intermediária de Taiyin (umidade-terra) é a secura-metal de Yangming; como a terra gera o metal, a secura assimila a umidade, e por isso não acompanha a energia intermediária. A razão pela qual Shaoyin e Taiyang podem seguir tanto a raiz quanto o ramo, é que: o ramo de Shaoyin é Yin e sua raiz é o calor e o ramo de Taiyang é Yang e sua raiz é o frio; ambas as energias, no ramo e na raiz são de

339

espécies diferentes uma da outra e podem ser assimiladas tanto pelo frio quanto pelo calor; no entanto, tanto Shaoyin quanto Taiyang têm energias intermediárias e a razão pela qual não acompanham as energias intermediárias é: a energia intermediária de Shaoyin é Taiyang cuja raiz é o frio e a água; a energia intermediária de Taiyang é Shaoyin cuja raiz é o fogo imperial; possuem o mesmo tipo de raiz com diferentes tipos de ramos ou têm o mesmo tipo de ramo com diferentes espécies de raiz, e dessa forma, não seguem a energia intermediária, mas seguem tanto a raiz quanto o ramo. Quanto à razão por Yangming e Jueyin não seguirem a raiz ou o ramo ma seguirem a energia intermediária, é porque à energia intermediária de Yangming (secura) ser Taiyin cuja energia-raiz é a umidade e a terra, e a secura irá assimilar a umidade; a energia intermediária de Jueyin (vento) é Shaoyang cuja energia- raiz é o fogo ministerial, e o vento irá se assimilar ao fogo. Por isso, tanto Yangming quanto Jueyin não seguem a raiz nem o ramo, mas acompanham as energias intermediárias. Ao mesmo tempo, quando Yangming (secura) encontra sua energia intermediária que é Taiyin (umidade), tornar-se-á não-secura; quando Jueyin (vento e madeira) encontra sua energia intermediária que é Shaoyang (fogo), a madeira será queimada; por isso, quando Yangming e Jueyin encontram suas energias intermediárias, irão acompanhá-las. Em suma, na assimilação da raiz e do ramo, quando o vento encontra o fogo, a madeira será assimilada pelo fogo; quando a secura encontra a umidade, a secura será assimilada pela umidade. Como os padrões que seguem são vários, às respostas são diferentes. Ao tratar, algumas vezes a doença pode ser curada quando acompanha a raiz; algumas vezes pode ser curada quando segue o ramo; algumas vezes pode ser curada quando segue a raiz ou o ramo, e algumas vezes pode ser curada ao seguir a energia intermediária.

Ilustração do diagrama:

Os órgãos sólidos e os órgãos ocos são as raízes que são o interior; os doze canais são os ramos que são a superfície. As energias que são a superfície e o interior juntamente com os órgãos sólidos e ocos são as energias intermediárias. As energias intermediárias se situam entre as raízes e os ramos quanto à ligação, e também se chamam ligações. Tal como o Canal da Bexiga, Taiyang do Pé se liga ao rim, o Canal do Rim, Shaoyin do Pé se liga à bexiga etc.

帝曰：其有至而至，有至而不至，有至而太过，何也？岐伯曰：至而至者和；至而不至，来气不及也；未至而至，来气有余也。帝曰：至而不至，未至而至如何？岐伯曰：应则顺，否则逆，逆则变生，变则病。帝曰善。请言其应。岐伯曰：物，生其应也，气，脉其应也。

Disse o Imperador Amarelo: "Algumas vezes, a energia dominante dentre as seis energias chega com o surgimento da estação; algumas vezes se arrasta até depois da estação; algumas vezes chega antes da estação: qual a razão?" Disse Qibo: "Quando a energia dominante chega na estação correta, é a energia moderada; quando a energia ainda não chegou e a estação já se estabeleceu, é a condição de energia minimizada; quando a energia chega antes e a estação ainda não teve início, a energia está em demasia".

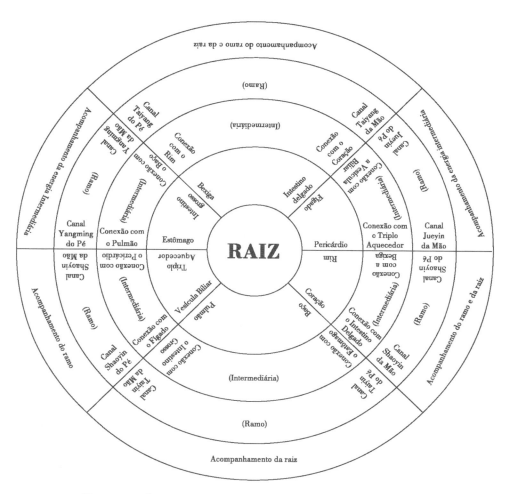

Diagrama da raiz, ramo e energia intermediária da víscera.

O Imperador Amarelo perguntou: "Quais as condições quando a energia dominante ainda não chegou e a estação já se estabeleceu, e a condição da energia quando vem antes da estação que ainda não chegou?" Disse Qibo: "Quando a chegada da energia corresponde à estação, é a condição agradável; quando a chegada da energia desencontra da correspondência da estação, é a condição adversa; quando ocorrer a condição adversa, esta alteração irá causar a doença".

Disse o Imperador Amarelo: "Muito bem. Espero que possas me falar acerca do significado da correspondência". Disse Qibo: "As condições de todas as coisas correspondem aos diversos estágios de seu crescimento, e as várias condições de pulso correspondem aos diversos tipos dentro dos seis climas".

帝曰：善。愿闻地理之应六节气位何如？岐伯曰：显明之右，君火之位也；君火之右，退行一步，相火治之；复行一步，土气治之；复行一步，金气治之；复行一步，水气治之；复行一步，水气治之；复行一步，木气治之；复行一步，君火治之。

帝曰：善。愿闻地理之应六节气位何如？岐伯曰：显明之右，君火之位也；君火之右，退行一步，相火治之；复行一步，土气治之；复行一步，金气治之；复行一步，水气治之；复行一步，水气治之；复行一步，木气治之；复行一步，君火治之。

Disse o Imperador Amarelo: "Muito bem. Espero que me fales acerca dos seis tipos de clima quando dominam a estação". Disse Qibo: "Após o Equinócio da Primavera (leste absoluto), domina a posição Shaoyin da energia fogo imperial (sudeste); ao se recuar um passo à direita a partir da energia fogo imperial, está dominando a posição Shaoyang da energia fogo ministerial (sul absoluto); ao se recuar outro passo, estará dominando a posição Taiyin da energia da terra (sudoeste); ao se recuar outro passo está dominando a posição Yangming da energia metal (noroeste); ao se recuar outro passo, está dominando a posição Taiyang da energia da água (norte absoluto); ao se recuar outro passo, domina a posição Jueyin da energia da madeira (nordeste); ao se recuar outro passo, domina novamente a posição Shaoyin da energia do fogo imperial (sudeste).

"Sob a posição de dominância da energia do fogo ministerial, a energia da água fica restrita (a água pode subjugar o fogo); a fim de prevenir o excesso da dominância do fogo ministerial, sob a posição de dominância da energia da água, a energia da terra é restritiva (a terra pode dominar a água); sob a posição de dominância da energia da terra, a energia do vento é restritiva (a madeira pode subjugar a terra); sob a posição de dominância da energia do vento, a energia do metal é restritiva (o metal pode subjugar a madeira); sob a posição de dominância da energia do metal, a energia do fogo é restritiva (o fogo pode subjugar o metal); sob a posição de dominância da energia imperial, a essência Yin é restritiva (a água pode dominar o fogo)".

O Imperador Amarelo perguntou: "Por que é assim?" Disse Qibo: "Quando as energias estão hiperativas na dominância, isso irá causar danos, por isso, devem ser restritas numa determinada medida. Só dessa maneira pode-se levar a efeito o crescimento e a transformação de todas as coisas. Quando as seis energias são excessivas ou insuficientes, elas causam dano ao mecanismo do crescimento e da transformação, produzindo a afecção severa".

帝曰：盛衰何如？岐伯曰：非其位则邪，当其位则正，邪则变甚，正则微。帝曰：何谓当位？岐伯曰：木运临卯，火运临午，土运临四季，金运临酉，水运临子，所谓岁会，气之平也。帝曰：非位何如？岐伯曰：岁不与会也。

O Imperador Amarelo perguntou: "Quais são as condições de prosperidade na natureza?" Disse Qibo: "Quando a energia não está em sua condição apropriada, é a energia perversa; quando está em sua condição apropriada, é a energia saudável. Quando a energia perversa causa doença, esta será cambiante, mas quando a energia saudável causa a doença, essa será passageira".

O Imperador Amarelo perguntou mais uma vez: "Qual é o significado da posição apropriada?" Disse Qibo: "Quando o movimento madeira encontra o ano Mao, que é o ano Ding Mao; quando o movimento fogo encontra o ano Wu que é o ano Wu Wu; quando o movimento terra encontra os anos Chen, Xu, Chou e Wei, que são os anos Jia Chen, Jia Xu, Ji Chou e Ji Wei; quando o movimento metal encontra o ano You que é o ano Yi You; quando o movimento água encontra o ano Zi, que é o ano

Bing Zi, são todos anos em que o ciclo decimal converge ao ciclo duodecimal. Eles se chamam anos convergentes, nos quais suas energias estão nas posições apropriadas. No ano convergente, a energia estará normal e moderada sem a condição de excesso ou deficiência". O Imperador Amarelo perguntou: "Qual é a condição quando a energia não está em sua posição apropriada?" Disse Qibo: "No ano de não-convergência, no qual a energia tem a condição de excesso ou de deficiência, este é o ano no qual a energia não está em sua posição apropriada".

帝曰：土运之岁，上见太阴；火运之岁，上见少阳、少阴；金运之岁，上见阳明；木运之岁，上见厥阴；水运之岁，上见太阳，奈何？岐伯曰：天之与会也。故《天元册》曰天符。

O Imperador Amarelo perguntou: "Quais as condições quando o movimento terra está dominando o ano e Taiyin está controlando o céu; quando o movimento fogo está dominando o ano e Shaoyang e Shaoyin controlam o céu; quando o movimento metal está dominando o ano e Yangming controlando o céu; quando o movimento madeira está dominando o ano e Jueyin controlando o céu; quando o movimento água estiver dominando o ano e Taiyang estiver controlando o céu?" Disse Qibo: "São as condições da energia que controla o céu, convergindo com a energia de movimento do elemento. Esta condição se chama Mandato do Céu no antigo livro "Origem do Universo"".

天符岁会何如？岐伯曰：太乙天府之会也。

O Imperador Amarelo perguntou: "Qual a condição quando o mandato do céu ocorre simultaneamente ao ano convergente?" Disse Qibo: "É o caso da coincidência do clima que controla o céu, do movimento do ano, da orientação do ciclo duodecimal e do atributo dos cinco elementos, que se chama mandato do céu, na unidade primordial do Yin e do Yang".

帝曰：其贵贱何如？岐伯曰：天符为执法，岁位为行令，太乙天符为贵人。帝曰：邪之中也奈何？岐伯曰：中执法者，其病速而危；中行令者，其病除而特〔赵本，吴本"特"并作"持"〕中贵人者，其病暴而死。帝曰：位之易也何如？岐伯曰：君位臣则顺，臣位君则逆，逆则其病近，其害速；顺则其病远，其害微。所谓二火也。

O Imperador Amarelo perguntou: "Há alguma diferença de nobreza e humildade entre eles?" Disse Qibo: "O Mandato do Céu é como o oficial que cumpre a lei; o Ano Convergente é como o oficial que executa a ordem, e o Mandato do Céu na Unidade Primordial do Yin e do Yang é como o homem nobre".

O Imperador Amarelo perguntou: "Qual a diferença nos três casos em que a pessoa é afetada pela energia perversa e contrai a doença?" Disse Qibo: "Quando alguém é afetado pela energia perversa do oficial que cumpre a lei, a doença será aguda e perigosa; quando se é afetado pela energia perversa do oficial qe executa a ordem, a doença será moderada e a energia perversa e a energia saudável estarão empatadas; quando afetada pela energia perversa do homem nobre, a doença irá ocorrer súbita e o paciente morrerá instantaneamente".

O Imperador Amarelo perguntou: "Qual a condição quando as seis energias trocam de posição?" Disse Qibo: "Quando o monarca se situa na condição de cortesão, é a condição agradável; quando o cortesão se situa na posição do monarca, é a condição adversa. Na condição adversa, a doença será aguda e perigosa. O

343

que se chama de posição de troca de energias está indicando o fogo imperial e o fogo ministerial".

帝曰：善。愿闻其步何如？岐伯曰：所谓步者，六十度而有奇，故二十四步积盈百刻而成日也。

Disse o Imperador Amarelo: "Muito bem. Quero ouvir acerca do significado de mover um passo". Disse Qibo: "Um dia é um grau; 60 dias e 87,5 pontos perfazem um passo. Em um ano, há 365, 25 graus, e 24 passos fazem 4 anos. O restante um quarto de grau (25 pontos) a cada ano, serão acumulados durante quatro anos em 100 pontos, que é um dia".

帝曰：六气应五行之变何如？岐伯曰：位有终始，气有初中，上下不同，求之亦异也。帝曰：求之奈何？岐伯曰：天气始于甲，地气始于子，子甲相合，命曰岁立，谨候其时，气可与期。帝曰：愿闻其岁，六气始终，早晏何如？岐伯曰：明乎哉问也！甲子之岁，初之气，天数始于水下一刻，终于八十七刻半；二之气，始于八十七刻六分，终于七十五刻；三之气，始于七十六刻，终于六十二刻半；四之气，始于六十二刻六分，终于五十刻；五之气，始于五十一刻，终于三十七刻半；六之气，始于三十七刻六分，终于二十五刻，所谓初六，天之数也。

O Imperador Amarelo perguntou: "Qual a condição de variação quando as seis energias correspondem aos cinco elementos ?" Disse Qibo: "A posição de cada uma das energias dentro das seis energias que dominam a estação, tem sua época de começo e de término. Nas energias, há a diferença da energia inicial, energia intermediária, energia do céu e energia da terra, e não devem todas ser calculadas da mesma forma".

O Imperador Amarelo perguntou: "Como calculá-las?" Disse Qibo: "O ciclo decimal do céu principia a partir de Jia, e o ciclo duodecimal da terra principia em Zi; quando Jia encontra Zi, é o começo do ano. Quando se calcula as alterações a partir do início do ano, cuidadosamente, será obtido o tempo convergente do ponto inicial e terminal nas seis energias".

O Imperador Amarelo perguntou: "Posso ouvir acerca das condições de adiantamento ou postergar, início e término das seis energias no ano?" Disse Qibo: "Que pergunta brilhante me fizestes! No ano Jia Zi, a energia inicial principia na primeira marca sob o nível de água da clepsidra e termina no ponto 87,5; a Segunda energia começa no ponto 87,6 e termina no 75°; a terceira energia começa no 76° ponto e termina no de número 62,5; a quarta energia começa no ponto 62,6 e termina no 50°; a quinta energia começa no ponto 51° e termina no 37,5; a sexta energia começa no ponto 37,6 e termina no 25°. Estes são os números dos pontos do princípio e do término do primeiro ciclo das seis energias.

乙丑岁，初之气，天数始于二十六刻，终于一十二刻半；二之气，始于一十二刻六分，终于水下百刻；三之气，始于一刻，终于八十七刻半；四之气，始于八十七刻六分，终于七十五刻；五之气，始于七十六刻，终于六十二刻半；六之气，始于六十二刻六分，终于五十刻；所谓六二，天之数也。

"No ano Yi Chou, a energia inicial parte do 26° ponto e termina no 12,5; a segunda energia principia no ponto 12,6 e termina no 100° sob o nível de água da clepsidra; a terceira energia tem início no 1° ponto e termina no 87,5; a quarta energia principia no ponto 87,6 e termina no 75°; a quinta energia principia no ponto 76° e termina no 62,5; a sexta energia começa no ponto 62,6 e termina no 50°. Estes são os números dos pontos no princípio e no término do segundo ciclo das seis energias.

丙寅岁，初之气，天数始于五十一刻，终于三十七刻半；二之气，始于三十七刻六分，终于二十五刻；三之气，始于二十六刻，终于一十二刻半；四之气，始于一十二刻六分，终于水下百刻；五之气，始于一刻，终于八十七刻半；六之气，始于八十七刻六分，终于七十五刻，所谓六三，天之数也。

"No ano Bing Yin, a energia inicial principia no 51° ponto e termina no 37,5; a segunda energia principia no ponto 37,6 e termina no 25°; a terceira energia principia no ponto 26° e termina no 12,5; a quarta energia principia no ponto 12,6 e termina no 100° sob o nível de água da clepsidra; a quinta energia principia no 1° ponto e termina no 87,5; a sexta energia principia no ponto 87,6 e termina no 75°. Esse é o número dos pontos do princípio e do fim do terceiro ciclo das seis energias.

丁卯岁，初之气，天数始于七十六刻，终于六十二刻半；二之气，始于六十二刻六分，终于五十刻；三之气，始于五十一刻，终于三十七刻半；四之气，始于三十七刻六分，终于二十五刻；五之气，始于二十六刻，终于一十二刻半；六之气，始于一十二刻六分，终于水下百刻，所谓六四，天之数也。次戊辰岁，初之气复始于一刻，常如是无已，周而复始。

"No ano Ding Mao, a energia inicial principia no ponto 76° e termina no 62,5; a segunda energia principia no ponto 62,6 e termina no 50°; a terceira energia principia no ponto 51° e termina no 37,5; a quarta energia principia no ponto 37,6 e termina no 25°; a quinta energia principia no ponto 26° e termina no 12,5; a sexta energia começa no ponto 12, 6 e termina no 100° sob o nível de água da clepsidra. Esses são os números dos pontos do princípio e do fim do quarto ciclo das seis energias. Em seguida, a energia inicial no ano Wu Chen começa novamente do 1° ponto da clepsidra para se mover continuamente, de acordo com a seqüência acima estabelecida que segue em torno e principia novamente".

帝曰：愿闻其岁候何如？岐伯曰：悉乎哉问也！日行一周，天气始于一刻，日行再周，天气始于二十六刻，日行三周，天气始于五十一刻，日行四周，天气始于七十六刻，日行五周，天气复始于一刻，所谓一纪也。是故寅午戌岁气会同，卯未亥岁气会同，辰申子岁气会同，巳酉丑岁气会同，终而复始。

O Imperador Amarelo perguntou: "Qual a condição ao se contar o ano?" Disse Qibo: "Que cuidado tivestes ao fazer a pergunta! No primeiro ciclo da circulação solar, as seis energias partem do primeiro ponto, no segundo ciclo de sua circulação; as seis energias partem do 26° ponto, no terceiro ciclo de sua circulação; as seis energias partem do 51° ponto; no quarto ciclo de sua circulação as seis energias partem do 76° ponto; no quinto ciclo de sua circulação; as seis energias partem novamente do 1° ponto. Estes são os quatro ciclos das seis energias, o que se chama período de quatro anos.

"Portanto, os pontos de princípio e fim das seis energias nos anos Yin, Wu e Xu são os mesmos; os pontos de princípio e fim dos anos Mao, Wei e Hai são os mesmos; os pontos de princípio e fim dos anos Chen, Shen e Zi são os mesmos; os pontos de princípio e fim no ano Si, You e Chou são os mesmos. Em suma, as seis energias circulam continuamente, giram em círculos até o fim e principiam novamente".

帝曰：愿闻其用也。岐伯曰：言天者求之本，言地者求之位，言人者求之气交。帝曰：何谓气交？岐伯曰：上下之位，气交之中，人之居也。故曰天枢之上，天气主之；天枢之下，地气主之；气交之分，人气从之，万物由之。此之谓也。帝曰：何谓初中？岐伯曰：初凡三十度而有奇，中气同法。帝曰：初中何也？岐伯曰：所以分天地也。帝曰：愿卒闻之。岐伯曰：初者地气也，中者天气也。

O Imperador Amarelo disse: "Quais são as funções das seis energias?" Disse Qibo: "No tocante aos céus, deve-se buscar as seis energias dominantes do frio, do calor, da secura, da umidade, do vento e do fogo; no tocante à terra, deve-se buscar as seis posições do metal, da madeira, da água, do fogo ministerial, da terra e do fogo imperial no domínio das estações; no tocante ao homem, deve-se buscar a intersecção da energia do céu e da energia da terra".

O Imperador Amarelo perguntou: "Qual é a intersecção da energia do céu e da energia da terra?" Disse Qibo: "A energia do céu desce do alto, e a energia da terra ascende desde o baixo, e a intersecção da energia do céu e da energia da terra está na zona em que vive o ser humano. Assim, acima da zona média (espaço entre o céu e a terra), há a dominância do céu; abaixo da zona média, há a dominância da terra e na seção em que se interpenetram a energia do céu e a energia da terra, existe a energia humana, e todas as coisas são geradas dessa seção".

O Imperador Amarelo perguntou: "Quais são a energia inicial e a energia intermediária?" Disse Qibo: "A energia inicial tem um ciclo de trinta e um dias pares (30,4375 dias), e a energia intermediária tem o mesmo número de dias".

O Imperador Amarelo perguntou: "Por que há a energia intermediária além da energia inicial?" Disse Qibo: "Elas são o padrão para se distinguir o céu e a terra".

Disse o Imperador Amarelo: "Eu gostaria de conhecer isso em detalhes". Disse Qibo: "A energia inicial é a energia da terra e a energia intermediária é a energia do céu".

帝曰：其升降何如？岐伯曰：气之升降，天地之更用也。帝曰：愿闻其用何如？岐伯曰：升已而降，降者谓天；降已而升，升者谓地。天气下降，气流于地；地气上升，气腾于天。故高下相召，升降相因，而变作矣。帝曰：善。寒湿相遘，燥热相临，风火相值，其有闻〔读本，吴本，朝本"闻"并作"间"〕乎？岐伯曰：气有胜复，胜复之作，有德有化，有用 有变，变则邪气居之。

O Imperador Amarelo perguntou: "Qual é condição de ascensão e descida das energias?" Disse Qibo: "A ascensão da energia da terra e a descida da energia do céu são funções mútuas da energia do céu e da energia da terra".

O Imperador Amarelo perguntou: "Quais são suas funções?" Disse Qibo: "A função do céu é primeiro ascender e depois descer; a função da terra é primeiro descer e depois ascender. Quando a energia do céu desce, se espalha pela terra; quando a energia da terra ascende, se infiltra dentro do céu. Quando as energias superior e inferior estão operando em coordenação uma com a outra e as energias ascendentes e descendentes promovem umas às outras, mudanças irão ocorrer".

Disse o Imperador Amarelo: "Muito bem. Há alguma variação quando o frio encontra a umidade, quando a secura é enfrentada pelo calor e quando o vento confina com o fogo?" Disse Qibo: "Nas seis energias, há as de superação e as de retaliação; algumas pertencem à essência, algumas pertencem à promoção do crescimento e algumas causam alteração. Quando a mudança ocorre traz consigo a retenção da energia perversa".

帝曰：何谓邪乎？岐伯曰：夫物之生从于化，物之极由乎变，变化之相薄，成败之所由也。故气有往复，用有迟速，四者之有，而化而变，风之来也。帝曰：迟速往复，风所由生，而化而变，故因盛衰之变耳。成败倚伏游乎中何也？岐伯曰：成败倚伏生乎动，动而不已，则变作矣。

O Imperador Amarelo perguntou: "O que é a energia perversa?" Disse Qibo: "O crescimento de todas as coisas depende de transformações, e a maturação de todas as coisas depende das mudanças. O combate entre a mudança e a transformação é a fonte do crescimento e da ruína. Dessa forma, há as energias de ida e de vinda, retorno, rapidez e retardo. As diversas condições de ida, retorno, rapidez e retardo, irão causar a transformação e a mudança e são a fonte da energia do vento".

O Imperador Amarelo perguntou: "As diversas condições de ida, de vinda, de rapidez e retardo da energia, causam com que a energia do vento se manifeste, e o processo a partir da transformação até a mudança se forma pelas variações da prosperidade e de declínio. Mas não importa se na geração ou na ruína, seus fatores de incubação provêm da mudança: isso por quê?" Disse Qibo: "Devido ao movimento das seis energias, os fatores de promoção e ruína estão incubados uns nos outros, e o movimento contínuo causa a mudança".

帝曰：有期乎？岐伯曰：不生不化，静之期也。帝曰：不生化乎？岐伯曰：出入废则神机化灭，升降息则气立孤危，故非出入，则无以生长壮老已；非升降，则无以生长化收藏。是以升降出入，无器不有。故器者生化之宇，器散则分之，生化息矣。故无不出入，无不升降，化有小大，期有近远，四者之有，而贵常守，反常则灾害至矣。故曰：无形无患。此之谓也。帝曰：善。有不生不化乎。岐伯曰：悉乎哉问也！与道合同，惟真人也。帝曰：善。

O Imperador Amarelo perguntou: "Há algum caso de cessação após a ocorrência da mudança? " Disse Qibo: "Quando não há nenhum crescimento e nenhuma mudança, é o momento de cessar".

O Imperador Amarelo perguntou: "Há algum caso em que tenha sido detida a geração e a transformação?" Disse Qibo: "Na espécie animal, se a respiração cessar, a vida irá se deteriorar num momento; na espécie das plantas e dos minerais, quando seu Yin e seu Yang deixam de ascender e descer, sua vitalidade fenecerá. Por isso, quando nada sair nem entrar, não haverá nenhum processo de nascimento, crescimento, robustez, senilidade e morte; se não houver nenhuma ascensão e descida, não haverá nenhum processo de geração, crescimento, florescimento, produção de fruto e colheita e por fim de armazenamento. Por isso, em todas as coisas visíveis, estão ocorrendo energias de saída, de entrada, ascensão e descida. Por essa razão, a existência de crescimento e transformação depende da existência das coisas visíveis. Se o corpo visível tiver desaparecido, o crescimento e a transformação estarão extintos. Assim, nenhuma das coisas visíveis deixa de Ter as energias de saída, entrada, ascensão e descida, e há somente as diferenças de extensão e o cedo e o tarde no tempo. Na ascensão e na descida, é importante conservar a normalidade, e o desastre irá ocorrer quando a condição anormal acontecer, e somente nas coisas visíveis o desastre pode ser evitado".

O Imperador Amarelo comentou: "Muito bem. Há algum ser humano que possa ir além do escopo do crescimento e da transformação?" Disse Qibo: "Que pergunta exaustiva me fizestes. Somente um homem perfeito que possa misturar a si mesmo na lei natural, e ir mudando com a natureza pode fazê-lo". Disse o Imperador Amarelo: "Muito bem".

气交变大论篇第六十九

Capítulo 69

Qi Jiao Bian Da Lun

(Mudanças na Intersecção das Energias)

黄帝问曰：五运更治，上应天期，阴阳往复，寒暑迎随，真邪相薄，内外分离，六经波荡，五气倾移，太过不及，专胜兼并，愿言其始，而有常名，可得闻乎？岐伯稽首再拜对曰：昭乎哉问也！是明道也。此上帝所贵，先师传之，臣虽不敏，往闻其旨。帝曰：余闻得其人不教，是谓失道，传非其人，慢泄天宝。余诚菲德，未足以受至道；然而众子哀其不终，愿夫子保於无穷，流於无极，余司其事，则而行之奈何？岐伯曰：请遂言之也。《上经》曰：夫道者上知天文，下知地理，中知人事，可以长久，此之谓也。帝曰：何谓也？岐伯曰：本气位也，位天者，天文也，位地者，地理也，通于人气之变化者，人事也。故太过者先天，不及者后天，所谓治化而人应之也。

O Imperador Amarelo perguntou: "As alternâncias dos movimentos dos cinco elementos correspondem aos seis tipos de clima no céu; a chegada e a saída do Yin e do Yang acompanham as mudanças seqüenciais das estações fria e quente. O combate da energia saudável com a energia perversa causam o afastamento da superfície e do interior no corpo humano; a flutuação do sangue e a energia dos seis canais e o movimento e o equilíbrio das cinco vísceras causam plenitude e insuficiência da energia visceral humana e da dominância do movimento dos cinco elementos ao ano.

"Espero ouvir acerca do princípio de seu começo e das síndromes refletidas no corpo humano. Podeis me dizer?" Qibo se prosternou e respondeu: "Que pergunta evidente me fizestes. É um princípio importante que deve ser explicado claramente, e é um princípio válido com o qual lidavam os médicos antigos. No entanto, eu não sou capacitado o bastante para entendê-lo acuradamente, mas ouvi acerca de seu significado no passado".

Disse o Imperador Amarelo: "Disseram-me que quando alguém deixa de ensinar quando encontra a pessoa correta, perderá a chance de partilhar o princípio; quando alguém passa o princípio a uma pessoa indigna, isso será o mesmo que negligenciar o princípio válido. Embora me falte a habilidade e seja raso de conhecimentos, e não seja capaz de levar adiante o princípio da medicina, no entanto, eu tenho compaixão pelas pessoas que morrem doentes. Espero que possas partilhar comigo o conhecimento, para que possa ser salva a vida de muitas pessoas, e o princípio médico possa ser passado de mão em mão por muito tempo. Irei me encarregar do assunto de acordo com as regras. O que pensas disso?"

Disse Qibo: "Tentarei explicar da melhor maneira possível. Foi estabelecido nos "Clássicos Superiores": Quando alguém conhece o princípio, conhecerá a astronomia dos céus acima, a geografia da terra abaixo, os assuntos humanos no meio, e viverá por muito tempo".

O Imperador Amarelo perguntou: "Qual o significado disso?" Disse Qibo: "A coisa fundamental aqui, é inferir as posições de energia do céu, da terra e do homem. Quando a energia se situa no céu, é a energia que controla o clima; quando a energia se situa na terra, são os seis passos que afetam a terra; quando a energia se comunica com o homem, encarrega-se das variações dos assuntos humanos. Assim, a energia excessiva chega antes da estação; a energia insuficiente chega depois da estação e a condição anormal confunde o Yin e o Yang e causa alterações regulares e irregulares no clima, e o corpo humano também vai mudando com isso".

帝曰：五运之化，太过何如？岐伯曰：岁木太过，风气流行，脾土受邪。民病飧泄，食减体重，烦冤，肠鸣腹支满，上应岁星。甚则忽忽善怒，眩冒巅疾。化气不政，生气独治，云物飞动，草木不宁，甚而摇落，反胁痛而吐甚，冲阳绝者死不治，上应太白星。

O Imperador Amarelo perguntou: "Qual é a condição quando a atividade da energia do movimento dos cinco elementos é excessiva?"

Disse Qibo: "Quando a atividade da energia do movimento da madeira é excessivo, irá fazer com que a energia do vento prevaleça e o baço-terra seja por ela ferido. Quando o baço deixa de efetuar o transporte, contrai-se diarréia, com os sintomas de reduzir a comida, sente-se peso nos membros, angústia, borborigmos no intestino e distensão abdominal. Como a energia da madeira é excessiva, o correspondente no céu, Júpiter, estará brilhando. Se a energia do vento exceder o próspero, a pessoa poderá se zangar subitamente, tendo os sintomas de tontura, obscurecimento súbito e crescente nos olhos, doenças na cabeça etc. São esses os fenômenos quando a energia da terra deixa de ser implementada e e energia da madeira é abundante sozinha. Assim, a energia do vento soprará de maneira selvagem, fazendo com que as nuvens flanem no céu, as gramas e as madeiras balancem na terra, e as folhas e ramos caiam. No homem, haverá dor nos hipocôndrios e vômito contínuo. Se o subjugo da energia da madeira à terra tornar severo o pulso Chongyang, o paciente não irá se recuperar de forma alguma e morrerá. Quando a energia da madeira tender a se enfraquecer após atingir o extremo, Vênus estará inusitadamente brilhante no céu (o metal domina a madeira).

岁火太过，炎暑流行，金肺受邪。民病疟，少气咳喘，血溢血泄注下，嗌燥耳聋，中热肩背热，上应荧惑星。甚则胸中痛〔《三因方》卷五引无"胁痛"二字〕，胁支满胁痛，膺背肩胛间痛，两臂内痛，身热骨痛〔林校"骨"字是"肤"字之误〕而为浸淫。收气不行，长气独明，雨水霜寒，上应辰星。上临少阴少阳，火燔焫，冰〔读本，赵本，明抄本"冰"并作"水"〕泉涸，物焦槁，病反谵妄狂越，咳喘息鸣，下甚血溢泄不已，太渊绝者死不治，上应荧惑星。

"Quando o movimento da energia do fogo for excessiva, a energia do calor do verão irá prevalecer, e o pulmão-metal será prejudicado; a pessoa contrairá malária, tendo os sintomas de falta de ar, tosse, respiração acelerada, esputo sanguinolento, epistaxe, hematoquezia, diarréia aquosa, garganta seca, surdez, calor no peito, calor nos ombros e nas costas etc. Como a energia do fogo é excessiva, o correspondente Marte nos céus estará brilhante. Se a energia do fogo ultrapassar o próspero, as pessoas terão sintomas de dor no peito, plenitude sob os hipocôndrios, dor no meio do peito, costas e escápula, dor do lado interno dos braços, febre no corpo, dor na pele causando sensação dolorida de infestação etc. São estes os fenômenos quando a energia metal deixa de implementar seu grau e a energia do fogo se torna superabundante sozinha. Após a energia do fogo Ter atingido seu extremo, de forma inversa se torna fraca, e assim, a energia da água aproveita para invadir e causa a chegada de chuvas, gelo, geadas e frio. O correspondente Mercúrio no céu, estará brilhante (a água vence o fogo). No período em que a energia do fogo está próspera sozinha, a condição de Shaoyin (energia do calor dominando acima) ou de Shaoyang (fogo dominando acima) é encontrada dominando o clima; a energia e a do fogo estarão hiperativas como o crepitar do fogo. Isso fará com que a primavera fique ressequida, as plantas definhem e o homem sofra de hematúria e hematoquezia contínuas. Se o subjugar da energia do fogo à energia do metal for demasiada, fazendo com que o pulso Taiyuan fique severo, a maioria dos pacientes não poderá se curar de forma alguma e irá morrer. Como a energia do fogo é excessiva, o Marte correspondente no céu estará brilhante.

岁土太过，雨湿流行，肾水受邪。民病腹痛，清厥意不乐，体重烦冤，上应镇星。其则肌肉萎，足痿不收，行善瘈，脚下痛，饮发中满食减，四支不举。变生得位，藏气伏，化气独治之，泉涌河衍，涸泽生鱼，风雨大至，土崩溃，鳞见于陆，病腹满溏泄肠鸣，反下甚而太谿绝者，死不治，上应岁星。

"Quando o movimento da energia da terra for excessivo, a energia da chuva e da umidade irão prevalecer e a energia do rim- água será prejudicada. O paciente terá dor abdominal, extremidades frias, espírito deprimido, peso no corpo e irá se aborrecer. Como a energia da terra é excessiva, o correspondente Saturno no céu estará brilhante. Se a energia da terra exceder o próspero, a energia da umidade estará abundante em parte e a energia do baço será prejudicada devido à superabundância. Como resultado, a musculatura será lesada no ser humano, a flacidez nos pés causará incapacidade no andar; o paciente terá contrações freqüentes, dor no joelho, distensão abdominal devido à retenção de água perversa e redução da comida, já que não pode mover suas extremidades. São estas as condições de quando a energia da água deixa de desempenhar seu papel e a energia da terra está dominando a estação e se torna próspera sozinha. Quando a umidade-terra enfraquece após uma excessiva abundância, a energia água irá controlar a energia terra ao reverso, a água da primavera irá transbordar, os rios ficarão cheios d'água e os peixes irão se multiplicar nos tanques secos. Isso pode ir tão longe, a ponto de causar tempestades violentas fazendo com que os diques arrebentem; a água do rio se torna caudalosa e os peixes aparecem em terra seca. O homem contrai plenitude e distensão abdominais, diarréia com fezes moles, borborigmo, diarréia contínua etc. Se a energia do rim-água estiver excessivamente prejudicada a ponto de fazer com que o pulso Taixi se torne severo, o paciente não poderá se curar de forma alguma e morrerá. Quando a energia da água estiver ferida, a energia de seu filho, que é a madeira (a água gera a madeira) irá se voltar contra sua mãe e o Júpiter correspondente no céu estará brilhante.

岁金太过，燥气流行，肝木受邪。民病两胁下少腹痛，目赤痛眦疡〔《三因方》引"疡"作"痒"〕，耳无所闻。肃杀而甚，则体重烦冤，胸痛引背，两胁满且痛引少腹，上应太白星。甚则喘咳逆气，肩背痛，尻阴〔《圣济总录》卷一中引作："下连"〕股膝髀腨胻足皆病，上应荧惑星。收气峻，生气下，草木敛，苍干凋陨，病反暴痛，胠胁不可反侧，咳逆甚而血溢，太冲绝者死不治，上应太白星。

"Quando a energia do movimento metal for excessiva, a energia da secura irá prevalecer e o fígado-madeira será lesado por ela. O homem irá sofrer dor sob a região dos hipocôndrios e no baixo ventre, terá olhos vermelhos, dor ocular, prurido no canto do olho, surdez etc. Quando a energia da secura do metal estiver excedendo o próspero, isso irá causar peso no corpo, sensação de inquietação e infelicidade, dor no peito refletindo nas costas, plenitude e distensão nos dois hipocôndrios, o que afeta o baixo ventre. Como a energia do metal é excessiva, o Vênus correspondente no céu também estará brilhando; quando a energia do metal estiver próspera ao extremo, irá enfraquecer gradativamente; o filho da energia da madeira (energia do fogo) irá se aproveitar para se voltar contra sua mãe. Quando a energia do fogo subjugar o pulmão-metal, o homem terá os sintomas de respiração acelerada, tosse, energia vital em contracorrente, dor nos ombros e costas etc. Como a energia do metal é muito fraca para gerar o rim-água, surgirão males nas coxas, no joelho, barriga da perna e na perna. Como a energia do fogo é próspera, o Marte correspondente no céu estará brilhando. Se a energia metal estiver excessivamente severa, a energia madeira (energia de geração) ficará restrita e as gramas e as madeiras ficarão menos prósperas, ou mesmo ocorrendo das folhas verdes fenecerem e caírem. No homem, quando a energia do fígado está restrita, ocorrerão as síndromes de dor de cabeça aguda, dor nos hipocôndrios causando incapacidade de se virar, tosse, energia vital em contracorrente, esputos sanguinolentos, e hemorragia. Se o pulmão-metal subjugar o fígado-madeira a ponto de fazer com que o pulso Taichong se torne severo, a maioria dos pacientes morrerá. Como a energia metal é próspera, Vênus correspondente no céu estará resplandecente.

岁水太过，寒气流行，邪害心火。民病身热烦心，躁悸，阴厥上下中寒，谵妄心痛，寒气早至，上应辰星。甚则腹大胫肿，喘咳，寝汗出憎风，大雨至，埃雾朦郁，上应镇星。上临太阳，雨冰雪，霜不时降，湿气变物，病反腹满肠鸣，溏泄食不化，渴而妄冒，神门绝者死不治，上应荧惑辰星。

"Quando a energia do movimento água for excessiva, a energia fria irá prevalecer, e o fogo do coração será por ela ferido. O homem irá contrair a febre corporal, opressão na parte superior do peito, irá sentir ansiedade, palpitação, frio astênico devido ao ataque do frio perverso, calafrios pelo corpo todo, delírio, e cardialgia. Em relação ao clima, a energia fria virá adiantada. Já que a energia da água está em excesso, o Mercúrio correspondente no céu estará resplandecente. Se a energia da água estiver próspera de forma excedente, de forma que o baço-terra não mais possa restringi-la, o homem irá contrair síndromes de hidroperitônio, edemas na barriga da perna, respiração acelerada, tosse, suor noturno e terá aversão ao frio. Como a energia da água está próspera, irá cair uma chuva pesada, e o pó e a neblina irão causar confusão mental. Quando a energia da água atingir seu extremo e começar a enfraquecer gradativamente, a energia da terra (energia que é o filho da energia do fogo) irá se aproveitar para se voltar contra sua mãe e o Saturno correspondente no céu estará resplandecente. Quando a energia fria da água estiver parcialmente abundante e for encontrada a condição de energia fria Taiyang controlando o clima, a combinação das duas energias frias irá causar a queda de granizo, congelamento e neve, e o excesso de umidade fará com que as coisas se deformem. No homem, irão ocorrer as síndromes de distensão abdominal, diarréia com fezes moles, indigestão à comida, sede e tontura. Se a energia da água submeter a energia do fogo com violência a ponto de fazer com que o pulso Shenmen fique severo, o paciente não poderá se curar de forma alguma e irá morrer. Como o fogo não pode vencer a água, o Marte correspondente no céu estará escuro, e o Mercúrio brilhará.

帝曰：善。其不及何如？岐伯曰：悉乎哉问也！岁木不及，燥廼大行，生气失应，草木晚荣，肃杀而甚，则刚木辟著，悉萎苍干，上应太白星，民病中清，胠胁痛，少腹痛，肠鸣溏泄，凉雨时至，上应太白星，其谷苍。上临阳明，生气失政，草木再荣，化气乃急，上应太白、镇星，其主苍早〔沈祖绵说："'主'上脱'谷'字，'早'为'曰'之讹"〕。复则炎暑流火，湿性燥，柔脆草木焦槁，下体再生，华实齐化，病寒热疮疡痈肿胗痤，上应荧惑、太白，其谷白坚。白露早降，收杀气行，寒雨害物，虫食甘黄，脾土受邪，赤气后化，心气晚治，上胜肺金，白气乃屈，其谷不成，咳而鼽，上应荧惑、太白星。

Disse o Imperador Amarelo: "Muito bem. Então, qual é a condição quando a energia de movimento dos cinco elementos for insuficiente?" Disse Qibo: "Que pergunta difícil me propusestes. Quando a energia do movimento da madeira for insuficiente, a energia da secura do metal irá prevalecer (o metal subjuga a madeira de forma mais ferina), a energia de geração que é o fígado-madeira não será capaz de agi a tempo, e as gramas e madeiras irão postergar seu florescer. Quando a energia do metal estiver hiperativa, as árvores fortes e robustas irão se quebrar como se estivessem rachadas, e os ramos tenros e as folhas irão fenecer. Como a energia da secura do metal é excessiva, o Vênus correspondente no céu estará resplandecente. No homem, irão ocorrer as síndromes de astenia fria na energia do aquecedor médio, dor nos hipocôndrios e no baixo ventre, borborigmos e diarréia com fezes moles. No clima, a chuva fria irá cair de vez em quando. Como a energia do metal é abundante, o correspondente Vênus estará brilhando no céu. Como a energia da madeira foi restringida, a energia de geração será insuficiente, e as colheitas serão imaturas com cor verde e cinza. Quando a energia da secura estiver superabundante, e for encontrada a condição de Yangming controlando o clima, a energia da madeira não será capaz de implementar seu decréscimo e deixa de restringir a terra; a energia da terra irá subir e as gramas e madeiras irão florescer novamente. Como a energia de geração e transformação é urgente, as colheitas dificilmente poderão amadurecer. Como tanto a energia da secura assim como a energia da terra estão prósperas, então tanto Vênus quanto Saturno irão brilhar no céu. Como a energia da madeira está restrita fazendo com que a colheita se torne cinza e branca, sua energia (a energia do fogo) irá se voltar contra sua mãe, o clima ficará quente como fogo, todas as coisas úmidas ficarão secas, os ramos suaves e tenros e as folhas das plantas irão nascer mais uma vez a partir da raiz e finalmente irão atingir o estágio de aparecer flores e frutos. No homem, irão ocorrer as síndromes de frio e calor, dores e furúnculos. Em sua correspondência, tanto Marte quanto Vênus estarão brilhando no céu. Porém, devido à restrição da energia do fogo à energia do metal (energia da colheita) o plantio dificilmente irá amadurecer, e haverá a descida antecipada dos orvalhos brancos entre o verão e o outono e a energia severa e restritiva irá prevalecer. A chuva fria no tempo indevido prejudica a todas as coisas e as plantações doces e amarelas são atingidas por besouros. Quando a energia do metal é próspera, a energia da madeira fica restrita, a energia do fogo (filho da energia da madeira) irá causar retaliação para se tornar ativa, mas devido à energia da água (energia-filho da energia do metal) pode restringir o fogo; a energia do fogo só pode se tornar ativa posteriormente e a energia do coração irá postergar seus efeitos. Quando o fogo for capaz de superar a energia do metal, esta será submetida, a energia da colheita não será prevalecente e as plantações não serão capazes de amadurecer. No homem, irão ocorrer as síndromes da tosse o do corrimento nasal. Como a energia do fogo e energia do metal são combatentes, tanto Marte quanto Vênus estarão brilhando no céu.

岁火不及，寒乃大行，长政不用，物荣而下，凝惨而甚，则阳气不化，乃折荣美，上应辰星，民病胸中痛〔《三因方》引作"胃"〕，胁支满，两胁痛，膺背肩胛间及两臂内痛，郁冒朦昧，心痛暴瘖，胸腹大，胁下与腰背相引而痛，其则屈不能伸，髋髀如别，上应荧惑、辰星，其谷丹。复则埃郁，大雨且至，黑气乃辱，病骛溏腹满，食饮不下，寒中肠鸣，泄注腹痛，暴挛痿痹，足不任身，上应镇星、辰星，玄谷不成。

"Quando a energia do movimento do fogo for insuficiente, a energia fria da água irá prevalecer em larga escala (a água domina o fogo); a energia do crescimento que é a energia do verão não será capaz de implementar o decréscimo, as plantas ficarão longe do viço. Quando a energia fria da água for excessiva, a energia yang não será capaz de promover o crescimento e a transformação, e o florescer de todas as coisas será destruído. O Mercúrio correspondente no céu estará brilhando. No homem, irão ocorrer as síndromes de dor de estômago, plenitude e dor na região dos hipocôndrios, dor no peito, dor entre as costas e a escápula, e dor no flanco interno do braço, estagnação e ascensão da energia vital, vista borrosa, dor cardíaca, afonia súbita, inchaço no peito e no abdômen. A região lateral sob os hipocôndrios irá incitar de um lado e do outro com dor; quando a condição for severa, o paciente será incapaz de olhar para cima e para baixo e terá dor nas costelas e nos ossos da coxa como se estes estivessem partidos. Como a energia do fogo é restrita pela energia da água, o Marte correspondente no céu estará escuro, o Mercúrio estará brilhante, e as cinco plantações estarão imaturas, de cor vermelha. Quando a energia da água restringir o fogo do coração, a energia da terra (energia-filho da energia do fogo) crescerá para se voltar contra sua mãe; a energia da umidade-terra irá evaporar para virar nuvens e logo cairá um aguaceiro. Como a energia da terra é capaz de dominar a energia da água, esta será subjugada. Porém quando a energia da terra ficar parcialmente abundante, o baço deixará de fazer o transporte e a transformação, o homem irá sentir diarréia com fezes, plenitude abdominal, falta de apetite, frio no abdômen, borborigmos, diarréia contínua, dor abdominal, contratura súbita nos membros, flacidez e desequilíbrio nos pés, que não podem suportar seu corpo.

Como a energia da água está restrita pela energia da terra, o Saturno correspondente no céu estará brilhando, o Mercúrio estará escuro e as plantações de cor negra
não estarão maduras.

岁土不及，风乃大行，化气不令，草木茂荣。飘扬而甚，秀而不实，上应岁星。民病飧
泄霍乱，体重腹痛，筋骨繇复，肌肉眴酸，善怒，藏气举事，蛰虫早附，咸病寒中，上应岁
星、镇星，其谷黅。复则收政严峻，名木苍凋，胸胁暴痛，下引少腹，善太息，虫食甘黄，气
客于脾，黅谷乃减，民食少失味，苍谷乃损，上应太白、岁星。上临厥阴，流水不冰，蛰虫
来见，藏气不用，白乃不复，上应岁星，民乃康。

"Quando a energia do movimento da terra for insuficiente, a energia do vento irá
prevalecer em larga escala (a madeira domina a terra), e a energia da terra que é a
transformação não será capaz de implementar o decréscimo. Como a energia do vento-
madeira pode promover o crescimento de todas as coisas, as gramas e as madeiras
irão florescer. No entanto, devido à excessiva flutuação do vento, as plantações dificilmente irão vingar apesar de que sua aparência seja graciosa. O Júpiter correspondente no céu estará brilhante. No homem, irão ocorrer as síndromes de diarréia
lientérica, cólera, peso no corpo, dor abdominal, amolecimento e rigidez nas extremidades, enfraquecimento dos músculos com dor, e o paciente ficará doente com freqüência. Como a energia da madeira subjuga o baço-terra fazendo com que a terra não
submeta a água, a energia da água irá se aproveitar para ficar ativa, e os animais irão
hibernar mais cedo. No homem irá ocorrer a síndrome do frio astênico na energia do
aquecedor médio. Na correspondência, o Júpiter no céu estará brilhado e Saturno
estará escuro. Quanto às plantações, elas ficarão amarelas, e dificilmente ficarão maduras. Como a energia da terra fica restrita pela energia da madeira, a energia do
metal (energia que é filho da energia da terra) irá se voltar contra sua mãe, por isso, a
energia do outono (metal) estará próspera, e a energia de limpeza e descida, restrição
e severidade irão prevalecer; portanto as árvores grandes ficarão enfraquecidas e nuas.
No homem, irá ocorrer uma súbita dor no peito e no hipocôndrio, afetando o baixo
ventre, e o paciente irá suspirar com freqüência. Quando a energia do metal estiver
superabundante, sua energia-filho (energia da água) também ficará próspera. Quando
a energia da água estiver superabundante, as plantas doces de cor amarela serão
atacadas por besouros, e as colheitas amarelas irão reduzir sua produção. Como a
energia do metal suplanta a madeira, as plantas verdes serão prejudicadas. O Vênus
correspondente estará brilhando no céu e Júpiter estará escuro. Se nesse momento se
encontrarem a condição de Jueyin controlando o clima e Shaoyang afetando a terra, a
água fluente não será capaz de congelar e as minhocas que hibernavam vão surgir de
novo. Já que a água fria deixa de cumprir seu papel, a energia metal não será abundante de novo. Assim, Júpiter estará brilhando no céu, e as pessoas estarão saudáveis.

岁金不及，炎火乃行，生气乃用，长气专胜，庶物以茂，燥烁以行，上应荧惑星，民病
肩背瞀重，鼽嚏血便注下，收气乃后，上应太白星，其谷坚芒。复则寒雨暴至，乃零冰雹霜
雪杀物，阴厥且格，阳反上行，头脑户痛，延及囟顶发热，上应辰星，丹谷不成，民病口疮，
甚则心痛。

"Quando a energia do movimento do metal for insuficiente, a energia do fogo irá
prevalecer (o fogo domina o metal). Como a energia do metal não é forte o suficiente

para dominar a madeira, a energia de geração, que é a da madeira será capaz de implementar seu decréscimo, e a energia de crescimento, que é a do fogo será abundante, e todas as coisas irão florescer. Quando a energia do fogo estiver próspera, o clima irá se tornar danoso, com secura e um calor escorchante, e o Marte correspondente no céu estará brilhando. Como a energia do pulmão é subjugada pelo fogo do coração, o homem terá problemas de síndromes de peso nos ombros, nariz escorrendo, coriza, hematoquezia, diarréia contínua etc. Como e energia do metal está restrita, a energia de colheita do outono verá atrasada. O correspondente Vênus no céu estará escuro, as plantações de cor branca não serão capazes de amadurecer. Quando a energia metal tiver recuperado o controle, sua energia-filho (energia da água) se voltará contra sua mãe, e então, uma chuva fria virá de repente e o granizo, o enregelamento e a neve virão com seu aparecimento, e todas as coisas sofrerão prejuízo. Quando o homem for perturbado pelo frio perverso, a energia Yang subirá causando dor de cabeça, dor no cérebro e febre no corpo. O correspondente Mercúrio estará brilhando no céu. As plantações de cor vermelha não irão amadurecer, e um homem irá contrair com freqüência aftas e mesmo uma dor cardíaca.

岁水不及，湿乃大行，长气反用，其化乃速，暑雨数至，上应镇星，民病腹〔《三因方》"腹"作"肿"〕满身重，濡泄寒疡流水，腰股痛发，腘腨股膝不便，烦冤，足痿，清厥，脚下痛，甚则胕肿，藏气不政，肾气不衡，上应辰星，其谷秬。上临太阴，则大寒数举，蛰虫早藏，地积坚冰，阳光不治，民病寒疾于下，甚则腹满浮肿，上应镇星，其主黅谷。复则大风暴发，草偃木零，生长不鲜，面色时变，筋骨并辟，肉瞤瘛，目视䀮䀮，物疏璺，肌肉胗发，气并鬲中，痛于心腹，黄气乃损，其谷不登，上应岁星。

"Quando a energia do movimento da água for insuficiente, a energia da umidade irá prevalecer em larga escala (a terra domina a água). Como a energia da água não é forte o bastante para controlar o fogo, a energia de crescimento que é a do fogo, ao contrário, será capaz de implementar o decréscimo. Quando a energia de crescimento estiver desempenhando seu papel, a energia de transformação irá agir rapidamente, impulsionando o crescimento e a transformação de todas as coisas. Devido à evaporação de todas as coisas, a chuva de verão irá cair com freqüência. O correspondente Saturno no céu estará brilhante. No homem, irão ocorrer as síndromes de plenitude, peso no corpo, diarréia devida à umidade perversa, dor devida ao pus diluído, dor lombar e nas coxas, sensação desagradável poplítea, na barriga da perna, nas coxas e joelhos, sensação de inquietação e desgosto, flacidez nos pés, extremidades frias, ocorrendo dor no pé e até edema. Essas são as condições quando a energia oculta do inverno não pode implementar seu decréscimo e a energia dos rins fica em desequilíbrio. O correspondente Mercúrio no céu estará escuro, e as plantações de cor negra não amadurecerão. Nessa ocasião, se a condição de Taiyin em controlar o clima e a água fria que afeta a terra se encontrarem, haverá com freqüência invasão de energia fria e as minhocas se esconderão mais cedo. Na terra, haverá um manto espesso de gelo e a luz solar no céu não será capaz de aportar calor. As pessoas irão contrair a síndrome do frio nas partes inferiores e irão ocorrer plenitude abdominal e edema quando o caso for severo. O correspondente Saturno estará brilhando no céu e as plantações de cor amarela irão amadurecer. Como a energia da terra está restrita pela energia da água, a energia-filho da energia da água (energia da madeira) se voltará contra sua mãe, e ma tremenda chuva com rajadas cairá repentinamente; as gramas ficarão dobradas, as madeiras ficarão enfraquecidas e perderão seu brilho devido à secura e irão quebrar com o sopro dos ventos. Como o vento-madeira subjuga o baço-terra, a compleição do homem perderá seu lustro, os tendões e ossos ficarão contraídos e doloridos, os músculos serão tomados de espasmos, os dois olhos não poderão ver claramente, parecendo ver fendas nas coisas, havendo um surgimento de rubéola. Se a energia do vento invadir o diafragma irão ocorrer dores cardíacas e abdominais. Como a energia da madeira está mais do que próspera e a energia da terra (energia amarela) está ferida, as colheitas de cor amarela dificilmente irão amadurecer. O correspondente Júpiter no céu, estará brilhando".

帝曰：善。愿闻其时也。岐伯曰：悉哉问也！木不及，春有鸣条律畅之化，则秋有雾露清凉之政，春有惨凄残贼之胜，则夏有炎暑燔烁之复，其眚东，其藏肝，其病内舍胠胁，外在关节。

O Imperador Amarelo disse: "Muito bem. Espero que possas me falar acerca da relação existente entre a energia dos cinco movimentos e as quatro estações". Disse Qibo: "Que pergunta complexa me fizestes. Quando a energia do movimento madeira é insuficiente, e a energia do metal não está dominando, haverá uma energia moderada como uma brisa suave e haverá um tempo claro e fresco normais com névoa e orvalho no outono; se a energia metal estiver subjugando a madeira insuficiente e a energia do metal será fria e desprovida como uma brisa suave na primavera e a energia- filho da madeira (energia do fogo) irá se rebelar causando um tempo cáustico como o fogo no verão. Ocorrem com freqüência calamidades no leste; no homem a doença irá ocorrer no fígado. A posição de ataque da doença está internamente nos hipocôndrios e no exterior, nas juntas.

火不及，夏有炳明光显之化，则冬有严肃霜寒之政，夏有惨凄凝冽之胜，则不时有埃昏大雨之复，春眚南，其藏心，其病内舍膺胁，外在经络。

"Quando a energia do movimento do fogo estiver insuficiente no verão, e a energia da água não estiver dominando, haverá uma energia moderada no verão e um clima normal frio e severo com congelamento no inverno; se a energia da água estiver dominando o fogo insuficiente, então, haverá um tempo desolado e frio no verão, ocorrendo com freqüência um céu melancólico com poeiras e chuva violenta. Sua calamidade freqüentemente ocorre no sul, e no corpo humano, o atingido é o coração. A posição de ataque da doença está no peito e nos hipocôndrios internamente e externamente nos canais colaterais.

土不及，四维有埃云润泽之化，则春有鸣条鼓拆之政，四维发振拉飘腾之变，则秋有肃杀霖霪之复，其眚四维，其藏脾，其病内舍心腹，外在肌肉四支。

"Quando a energia do movimento terra estiver insuficiente e a energia da madeira não estiver dominando, haverá uma energia moderada misturando poeiras e nuvens nos quatro cantos (sudoeste, noroeste, sudeste e nordeste), e haverá um tempo normal com vento, gorjeios de pássaros e desenvolver de gramas e madeiras na primavera nos quatro cantos (sudeste, nordeste, sudoeste e noroeste) e nos quatro meses (o terceiro, o sexto, o nono e o décimo-segundo), havendo um clima fresco e sombrio com chuvas contínuas no outono. Sua calamidade ocorre com freqüência nos quatro cantos, e no ser humano geralmente ocorre no baço. A posição de ataque da doença está no coração e no abdômen no interior e nos músculos e extremidades no exterior.

金不及，夏有光显郁蒸之令，则冬有严凝整肃之应，夏有炎烁燔燎之变，则秋有冰雹霜雪之复，其眚西，其藏肺，其病内舍膺胁肩背，外在皮毛。

"Quando a energia do movimento metal é insuficiente e a energia do fogo não é dominante, haverá uma energia moderada com aparente umidade e vapor no verão, e haverá o frio cortante, o congelamento e o clima severo correspondentes no inverno; se a energia do fogo dominar o metal insuficiente, então haverá um verão quente como fogo ardente na época do verão, e um clima correspondente de frio, granizo, congelamento e neve no outono. Sua calamidade ocorre com freqüência no oeste; no ser humano, ocorre geralmente nos pulmões. A posição de ataque está no peito, no hipocôndrio, no ombro e nas costas no interior, e na pele e nos pelos finos no exterior.

水不及，四维有湍润埃云之化，则不时有和风生发之应，四维发埃昏骤注之变，则不时有飘荡振拉之复，其眚北，其藏肾，其病内舍腰脊骨髓，外在谿谷踹膝。夫五运之政，犹权衡也，高者抑之，下者举之，化者应之，变者复之，此生长化成收藏之理。气之常也，失常则天地四塞矣。故曰：天地之动静，神明为之纪，阴阳之往复，寒暑彰其兆，此之谓也。

"Quando a energia do movimento da água é insuficiente, e a energia da terra não está dominando, haverá uma energia normal com uma mistura de poeiras e nuvens nos quatro cantos e nos quatro meses, havendo a resposta de geração de uma brisa suave e freqüente; se a energia da terra estiver dominando a água insuficiente, então haverá um céu desbotado, com nevoeiros, poeiras e chuvas torrenciais nos quatro cantos e nos quatro meses. Haverá com freqüência a condição de tempestades se formando, causando balanço e quebra nas gramas e madeiras. Sua calamidade ocorre com freqüência ao norte; no ser humano, geralmente nos rins. A posição de ataque da doença está interiormente na espinha e na medula óssea, exteriormente no septo intermuscular, calcanhar e joelho.

"A função de movimento das cinco energias é a de conservar o equilíbrio umas das outras. Restringe o movimento da energia que está em excesso, e assiste à que está insuficiente, até a normalização da atividade da energia. Haverá uma resposta normal para as anormais, restaurando para trazer ao normal. Esta é a lei natural de todas as coisas em seu processo de nascimento, crescimento, transformação, colheita e armazenamento e a rotina seqüencial das quatro estações. Se a lei for violada, a energia do céu e da terra ficarão obstruídas em todas as direções, tornando-se impedidas. Por isso, a atividade do céu e da terra pode ser atribuída ao sol, à lua e às estrelas, e os sintomas de ida e de vinda do Yin e do Yang são dispostos pelas alternâncias da estação fria e da estação quente.

帝曰：夫子之言五气之变，四时之应，可谓悉矣。夫气之动乱，触遇而作，发无常会，卒然灾合，何以期之？岐伯曰：夫气之动变，固不常在，而德化政令灾变，不同其候也。帝曰：何谓也？岐伯曰：东方生风，风生木，其德敷和，其化生荣，其政舒启，其令风，其变振发，其灾散落。南方生热，热生火，其德彰显，其化蕃茂，其政明曜，其令热，其变销烁，其灾燔炳。中央生湿，湿生土。其德溽蒸，其化丰备，其政安静，其令湿，其变骤注，其灾霖溃。

西方生燥，燥生金，其德清洁，其化紧敛，其政劲切，其令燥，其变肃杀，其灾苍陨。北方生寒，寒生水，其德凄沧，其化清谧，其政凝肃，其令寒，其变凛冽，其灾冰雪霜雹。是以察其动也，有德有化，有政有令，有变有灾，而物由之，而人应之也。

Disse o Imperador Amarelo: "Tu explicaste exaustivamente as mudanças dos cinco movimentos da energia que correspondem às quatro estações, mas o lado selvagem da energia só se mostra quando contrariado; já que o desencadear do aspecto selvagem não tem padrões regulares, como podemos prever por antecipação sua ocorrência súbita?" Disse Qibo: "Muito embora o desencadear da selvageria e alterações das cinco energias não possua um padrão regular, isso pode ser inferido por suas diferentes funções, capacidades de transformação e por suas variações".

O Imperador Amarelo perguntou: "Por que é assim?" Disse Qibo: "O leste produz o vento, e o vento pode gerar a prosperidade da energia da madeira. Sua característica é espalhar a energia moderada, sua capacidade é promover o crescimento e a transformação e gerar a reprodução e o florescimento de todas as coisas; sua autoridade de desempenho é fazer com que todas as coisas de desenvolvam e floresçam; sua aparência é a do vento; sua variação é o eclodir da tempestade; sua calamidade é arrebatar tudo de seus lugares e causar desolação.

"O sul produz o calor, e o calor pode gerar a prosperidade da energia do fogo. Sua característica é o brilho e a proeminência; sua habilidade está em promover o crescimento e a transformação a fim de fazer com que todas as coisas se tornem numerosas e prósperas; sua autoridade de desempenho é inundar a todas as coisas com luz; sua aparência é o calor; sua variação é a queimação do fogo; sua calamidade é derreter tudo.

"O centro produz a umidade, e a energia da umidade pode gerar a prosperidade da energia da terra. Sua característica é a umidade-calor; sua habilidade é promover o crescimento e a transformação e fazer com que todas as coisas se tornem agrupadas e interligadas; sua autoridade de desempenho é fazer com que tudo fique calmo; sua aparência é a umidade; sua variação é o chover torrencialmente; sua calamidade é a chuva incessante, fazendo com que terra entre em colapso e escavando a lama.

"O oeste produz a secura, e a energia da secura pode gerar a prosperidade da energia do metal. Sua característica é a ausência de mácula; sua habilidade está em promover o crescimento e a transformação e faz com que todas as coisas fiquem contidas e restritas; sua autoridade de desempenho é fazer com que todas as coisas fiquem fortes e aguçadas pela secura; sua variação é fazer com que todas as coisas se tornem severas e descendentes; sua calamidade é fazer com que tudo se torne cinza, feneça e caia.

"O norte produz o frio, e o frio pode gerar a prosperidade da energia da água; sua característica é o frio; sua habilidade está em promover o crescimento e a transformação fazendo que todas as coisas se tornem pacíficas e quietas; sua autoridade de desempenho é fazer com que todas as coisas se solidifiquem e de uma maneira ordeira; sua aparência é o frio; sua variação é o frio extremo; sua calamidade é o gelo, a neve, o congelamento e o granizo.

"Dessa forma, quando se observam suas atividades, pode-se ver que há habilidades características de promover o crescimento e a transformação, autoridade de desempenho, aparência, variação e calamidade, e todas as coisas e os homens a elas correspondem".

帝曰：夫子之言岁候，不及其太过，而上应五星。今夫德化政令，灾眚变易，非常而有也，卒然而动，其亦为之变乎。岐伯曰：承天而行之，故无妄动，无不应也。卒然而动者，气之交变也；其不应焉。故曰：应常不应卒。此之谓也。帝曰：其应奈何？岐伯曰：各从其气化也。

O Imperador Amarelo disse: "Explicaste as condições de plenitude e insuficiência dos cinco movimentos e as mudanças correspondentes às cinco estrelas. Agora, quando às características, promoção de crescimento e transformação, autoridade de desempenho, aparência, calamidade e variação não surgem num padrão rotineiro, mas de forma inesperada, os cinco movimentos mudam junto?" Disse Qibo: "Se os cinco movimentos seguem o caminho do céu, então é certeza que correspondam às estrelas. A mudança inesperada da dominância e da contra-dominância se deve a mudanças na intersecção do clima, o que não tem relação com as cinco estrelas. Esta é a condição daquilo que se chama: "As cinco estrelas estão correspondendo ao comportamento regular, não a alterações súbitas"".

O Imperador Amarelo perguntou: "De que maneira as cinco estrelas correspondem ao movimento dos elementos?" Disse Qibo: "As cinco estrelas acompanham respectivamente a atividade da energia do clima, assim como Saturno corresponde à atividade da energia da umidade, Júpiter corresponde à atividade da energia do vento, Vênus corresponde à atividade da energia da secura, e Mercúrio corresponde à atividade do energia do frio".

帝曰：其行之徐疾逆顺何如？岐伯曰：以道留久，逆守而小，是谓省下；以道而去，去而速来，曲而过之，是谓省遗过也；久留而环，或离或附，是谓议灾与其德也；应近则小，应远则大，芒而大倍常之一，其化甚；大常之二，其眚即也；小常之一，其化减；小常之二，是谓临视，省下之过与其德也。德者福之，过者伐之。是以象之见也，高而远则小，下而近则大，故大则喜怒迩，小则祸福远。岁运太过，则运星北越，运气相得，则各行以道。故岁运太过，畏星失色而兼其母，不及则色兼其所不胜。肖者瞿瞿，莫知其妙，闵闵之当，孰者为良，妄行无征，示畏侯王。

O Imperador Amarelo perguntou: "Nos movimentos das cinco estrelas, há aceleração e lentidão na velocidade, direção adversa e agradável, e que isso ilustra?" Disse Qibo: "Se as cinco estrelas se demoram num curso de direção agradável, ou permanecem no mesmo ponto numa luz tênue, é o mesmo que inspecionar o bom ou o mau comportamento das pessoas sob a sua jurisdição; se as cinco estrelas passam ao longo de seu curso e voltam atrás rapidamente ou passam piscando e dando voltas, é como querer saber se há alguma pessoa sob sua jurisdição cujo bom ou mau comportamento tenha sido negligenciado ou deixado escapar; se as cinco estrelas se demoram, dando voltas ou ficando cá e lá, é como se deliberadamente estivessem sendo pródigas em calamidades e bênçãos às pessoas sob sua jurisdição. Se o momento de ser pródigas em calamidades e bênçãos estiver se aproximando, a luz das cinco estrelas estará tênue, se o momento for remoto, a luz da estrela será brilhante. Se a luz da estrela estiver duas vezes maior do que o normal, é a hiperatividade da energia; quando a luz da estrela é três vezes maior do que o normal, irão ocorrer calamidades instantaneamente; quando a luz da estrela for de somente a metade do costumeiro, mostra a redução da atividade da energia; quando a luz da estrela for de somente um quarto da usual, a isto se chama estimativa, o que significa inspecionar as faltas e méritos do povo abaixo, e irá conceder bênçãos a quem tenha méritos e soltar calamidades àqueles que tenham faltas.

"Assim, quando as cinco estrelas aparecem altas e distantes, o nível de sua dominância e retaliação será suave; se as cinco estrelas parecerem baixas e próximas, o grau de seu domínio e retaliação será pesado. Quando a luz da estrela estiver brilhante, isso mostra que o tempo de emitir calamidades ou bênçãos terá terminado; quando a luz da estrela estiver tênue, isso mostra que o momento de emitir calamidades ou bênçãos estará remoto.

"Quando a energia do movimento do elemento for excessiva, a estrela correspondente irá abandonar seu curso e se mover para o norte, assim como quando o movimento madeira está em excesso, o Júpiter que domina o ano irá deixar seu curso e se mover para o norte. Somente quando a energia dos cinco movimentos está em sua posição correta e no tempo apropriado, que pode a estrela correspondente que está dominando o ano se mover em seu percurso.

"Por esse motivo, quando a energia do movimento do elemento for excessiva, a estrela que restringe não estará brilhando, e ao mesmo tempo, tem também a cor de seu movimento estelar, tal como quando a energia do movimento madeira for excessiva, o Saturno a que domina estará escuro, e ao mesmo tempo, Saturno também terá a cor de sua estrela mãe (Marte). Quando a energia de movimento do elemento for insuficiente, não somente a estrela correspondente está escura, mas também a luz da estrela de que o elemento correspondente sofre restrição: Júpiter não estará brilhante e Vênus, que Júpiter não pode dominar (o metal domina a madeira) também não.

"Em suma, o princípio de mudança no céu, é sutil e difícil de se entender, mas é adequado e benéfico. Quanto às pessoas que consultam horóscopos, que sejam ignorantes e não tenham vontade de aprender, realmente não irão entender a astronomia; só vão poder usá-lo como jogo para derrotar senhores e reis".

帝曰：其灾应何如？岐伯曰：亦各从其化也。故时至有盛衰，凌犯有逆顺，留守有多少，形见有善恶，宿属有胜负，征应有吉凶矣。

O Imperador Amarelo perguntou: "De que maneira as estrelas correspondem às calamidades?" Disse Qibo: "A correspondente alteração das cinco estrelas às calamidades, varia respectivamente quanto às diversas atividades da energia de movimento do elemento. Portanto, quando chegam de acordo com as diversas estações, há as condições adversas e agradáveis; nos períodos de retenção, há as condições de tempo longo e curto; na aparência, há as condições boas e más; quanto à subordinação, há diversas condições de vitória e derrota entre cada uma delas; em seus sintomas correspondentes quanto às coisas e os homens, há bênçãos e calamidades".

361

帝曰：其善恶何谓也？岐伯曰：有喜有怒，有忧有丧，有泽有燥，此象之常也，必谨察之。帝曰：六者高下异乎？岐伯曰：象见高下，其应一也，故人亦应之。

O Imperador Amarelo perguntou: "Que tipo de aparência têm as bênçãos e as calamidades?" Disse Qibo: "Quanto à aparência, as cinco estrelas têm a diferença do regozijo, ira, melancolia, depressão, umidade e secura, que são aparências comuns das estrelas, e devem ser observadas cuidadosamente".

O Imperador Amarelo perguntou: "Quanto aos diversos comportamentos de localização da estrela, quanto às seis aparências, de regozijo, ira etc., elas se mostram diferentes quando afetam os homens?" Disse Qibo: "Embora os comportamentos de alto e baixo das estrelas sejam diferentes, suas influências no mundo são as mesmas, portanto, não há diferença quando afetam os homens".

帝曰：善。其德化政令之动静损益皆何如？岐伯曰：夫德化政令灾变，不能相加也。胜复盛衰，不能相多也。往来小大，不能相过也。用之升降，不能相无也。各从其动而复之耳。

Disse o Imperador Amarelo: "Muito bem. Quais são as influências, danos e benefícios de suas características, capacidade de transformação, jurisdição e reforço dispensados ao homem?" Disse Qibo: "Suas características, capacidade de transformação, jurisdição e reforço dispensados ao homem são determinadas pelo bom ou mau comportamento do homem, que são regulares e não podem ser aumentados ou diminuir arbitrariamente; quando a energia de dominância for excessiva, a energia de retaliação será excessiva; quando a energia de dominância for deficiente, a energia de retaliação também será deficiente. Elas são diretamente proporcionais, o que não pode ser aumentado ou deixado de lado; o período em dias da dominância ou da contra-dominância também é o mesmo e um não pode superar ao outro. A ascensão e descida do Yin e do Yang dos cinco elementos, se integram uma à outra e não irão diminuir somente de um lado. Suas condições correspondentes se relacionam com a energia dos cinco movimentos".

帝曰：其病生何如？岐伯曰：德化者气之祥，政令者气之章，变易者复之纪，灾眚者伤之始，气相胜者和，不相胜者病，更感于邪则甚也。

O Imperador Amarelo perguntou: "Em que proporção afetam as doenças?" Disse Qibo: "A característica de sua capacidade de geração e transformação, é gentileza e a harmonização da energia do ano; a aparência de sua autoridade de desempenho é a evidência que se sobressai da energia do ano; a variação é o perfil para sua repetição; e a calamidade é a fonte de prejuízos a todas as coisas. Quando a energia do homem acompanha a energia do ano, haverá calma e paz; quando a energia do homem deixa de seguir a energia do ano, ocorrerão doenças; se a energia perversa for novamente afetada, a doença se tornará ainda mais severa".

帝曰：善。所谓精光之论，大圣之业，宣明大道，通于无穷，究于无极也。余闻之，善言天者，必应于人，善言古者，必验于今，善言气者，必章于物，善言应者，同天地之化，善言化言变者，通神明之理，非夫子孰能言至道欤！乃择良兆而藏之灵室，每旦读之，命曰《气交变》，非斋戒不敢发，慎传也。

Disse o Imperador Amarelo: "Muito bem. Sua brilhante e profunda teoria atingiu o padrão da causa dos sábios e seu conhecimento de boa interpretação atingiu uma meta inextinguível. Ouvi dizer que aquele que é bom em explicar o princípio do céu,

362

pode adaptá-lo ao homem; que é bom em relatar as coisas antigas, pode aplicá-las ao presente; que for bom em expor a atividade da energia, pode aplica a mesma de maneira explícita a todas as coisas; aquele que for bom em explicar as respostas, pode integrá-la com a criação do céu e da terra; aquele que for bom em interpretar o crescimento, a transformação e a mudança, conhece o princípio da natureza, e quem pode enunciar tal princípio refinado e maravilhoso senão tu? Conservarei suas palavras no salão da eminente orquídea a fim de lê-las todas as manhãs. Vou chamá-las de "Mudanças na Intersecção das Energias". Será de bom alvitre que eu não abra o livro quando não for sincero o bastante, e passa-lo-ei às gerações vindouras".

五常政大论篇第七十

Capítulo 70
Wu Chang Zheng Da Lun
(Sobre as Energias da Movimentação dos Cinco Elementos)

黄帝问曰：太虚寥廓，五运迴薄，衰盛不同，损益相从，愿闻平气何如而名？何如而纪也？岐伯对曰：岐伯对曰：昭乎哉问也！木曰敷和，火曰升明，土曰备化，金曰审平，水曰静顺。

O Imperador Amarelo perguntou: "O céu é espaçoso e ilimitado e o movimento dos cinco elementos circula rápida e incessantemente. Assim como há diversas condições de prosperidade e declínio, seu prejuízo e benefício ao corpo humano são variados. Espero ouvir como denominar e distinguir as energias moderadas do movimento dos cinco elementos". Disse Qibo: "Que pergunta complexa me propusestes. Quando a energia da madeira é moderada, ela espalha harmonia e suavidade, e é chamada "Harmonia Infiltrante"; quando a energia do fogo é moderada, ela ascende e se torna brilhante, e é chamada "Brilho Ascendente"; quando a energia da terra é moderada, ela espalha as energias do crescimento e da transformação que se estendem a todas as coisas, e é chamada "Ativação Extensiva da Energia"; quando a energia do metal é moderada, é refrescante mas não restritiva ao extremo e é chamada "Punição Abrandada"; quando a energia da água é moderada, é calma e fluente, e é chamada "Calma e Agradável".

帝曰：其不及奈何？岐伯曰：木曰委和，火曰伏明，土曰卑监，金曰从革，水曰涸流。帝曰：太过何谓？岐伯曰：木曰发生，火曰赫曦，土曰敦阜，金曰坚成，水曰流衍。

O Imperador Amarelo perguntou: "Quais as condições quando isso tudo for insuficiente?" Disse Qibo: "Quando a energia da madeira for insuficiente, é tortuosa sem a energia harmoniosa do Yang, e é chamada "Desarmonia"; quando a energia do fogo for insuficiente, ele se esconde sem iluminar, e é chamada "Luz Oculta"; quando a energia da terra for insuficiente, ela permanece baixa sem promover o crescimento e a transformação, e é chamada "Descida Rasteira"; quando a energia do metal for insuficiente, é como o couro sem a energia da firmeza e é chamada "Semelhante ao Couro"; quando a energia da água for insuficiente, é seca sem a energia da umidade, e é chamada "Fluxo Seco".

O Imperador Amarelo perguntou: "Quais as condições quando estão em excesso?" Disse Qibo: "Quando a energia da madeira estiver em excesso, o crescimento e a transformação de todas as coisas ocorrerão antes da hora, e a isso se chama "Geração Antecipada"; quando a energia do fogo for excessiva, o flamejar do fogo será muito forte, e a isso se chama a "Chama Conspícua"; quando a energia da terra for excessiva, ela é alta e espessa, e é chamada "Alto e Espesso"; quando a energia do metal for excessiva, será muito dura, e é chamada "Firme e Bloqueada"; quando a energia da água for excessiva, será transbordante e é chamada "Inundação".

帝曰：三气之纪，愿闻其候。岐伯曰：悉乎哉问也！敷和之纪，木德周行，阳舒阴布，五化宣乎，其气端，其性随，其用曲直，其化生荣，其类草木，其政发散，其候温和，其令风，其藏肝，肝其畏清，其主目，其谷麻，其果李，其实核，其应春，其虫毛，其畜犬，其色苍，其养筋，其病里急支满，其味酸，其音角，其物中坚，其数八。

O Imperador Amarelo perguntou: "Quais são os símbolos das energias moderada, insuficiente e excessiva e como distingui-los?" Disse Qibo: "Que pergunta difícil. O símbolo da "Harmonia Infiltrante", que é a energia moderada da madeira prevalece à sua volta causando o relaxamento da energia Yang, espalhando a energia Yin, fazendo com que as atividades do movimento da energia dos cinco elementos se tornem desimpedidas e moderadas. A energia moderada da madeira está ereta: sua propriedade é agradável à transformação de todas as coisas; sua variação é irregular ou direta; sua capacidade de promover o crescimento e a transformação faz com que todas as coisas se tornem prósperas; subordina as gramas e a madeira suavemente; sua função é a difusão, seu sintoma é a suavidade; sua manifestação é o vento; sua víscera correspondente no homem é o fígado. O fígado-madeira teme o pulmão- metal e está ligado aos olhos. Quando à colheita, são as fibras; no tipo de fruta, é a ameixa; nas partes da fruta, é o caroço; nas estações é a primavera; nos animais menores, é a lagarta; nos animais é o cão; nas cores é o verde escuro; sua energia refinada nutre os tendões; quanto às doenças, é o tenesmo e a distensão abdominal; nos cinco sabores, é o ácido; nos cinco tons é o Jue; na essência é o tipo firme; no número da realização no diagrama místico, é o oito.

升明之纪，正阳而治，德施周普，五化均衡，其气高，其性速，其用燔灼，其化蕃茂，其类火，其政明曜，其候炎暑，其令热，其藏心，心其畏寒，其主舌，其谷表，其果杏，其实络，其应夏，其虫羽，其畜马，其色赤，其养血，其病眴瘛，其味苦，其音徵，其物脉，其数七。

"O símbolo do "Brilho Ascendente" que é a energia moderada do fogo está o implemento universal do édito do fogo, fazendo com que as atividades da energia dos cinco elementos se desenvolvam de forma equilibrada. A energia moderada do fogo é ascendente; sua propriedade é a rapidez no movimento; seu modo de agir é o calor escorchante e que queima; sua capacidade de promover movimento faz com que todas as coisas se tornem florescentes; quanto à categoria, pertence ao fogo; sua função é inundar de luz; nos climas, é o verão tórrido; sua autoridade é implementar o mandato do calor; nas vísceras é o coração, e o coração teme o rim- água; no corpo humano, associa-se à língua; nas cinco colheitas, é o trigo; nas espécies de frutos é o damasco; nas partes da fruta é a parte esponjosa; nas estações, é o verão; nos animais pequenos, é o inseto voador; nos animais, é o cavalo; nas cores, é o vermelho; sua energia refinada nutre o sangue; nas doenças é o salto e o espasmo muscular; nos cinco sabores, é o amargo; nos cinco tons, é o Zhi; na essência, pertence à espécie dos canais e colaterais; seu número de realização no diagrama místico é o sete.

备化之纪，气协天休，德流四政，五化齐修。其气平，其性顺，其用高下，其化丰满，其类土，其政安静，其候溽蒸，其令湿，其藏脾，脾其畏风，其主口，其谷稷，其果枣，其实肉，其应长夏，其虫倮，其畜牛，其色黄，其养肉，其病否，其味甘，其音宫，其物肤，其数五。

"O símbolo da "Ativação Extensiva da Energia" que é a energia moderada da terra é a coordenação da espessura da energia da terra com a energia harmoniosa do céu. A energia se espalha em todas as direções fazendo com que as atividades dos cinco elementos se tornem simultaneamente prósperas. A energia moderada da terra é suave; sua propriedade é agradável; nas variações, ou é alta ou é baixa; sua capacidade é promover o crescimento, para fazer com que todas as coisas se tornem abundantes e plenas; nas categorias, pertence à terra; nas funções, faz com que todas as coisas se tornem calmas e silenciosas; no clima, é a umidade que vaporiza e o calor; nas manifestações, é a umidade; seu órgão interno correspondente no homem é o baço, e o baço teme o fígado-madeira; o baço está associado à boca; na colheita é o painço; no tipo de fruta é a jojoba; nas partes da fruta, é a polpa; nas estações é o verão longo; no animais pequenos, é a minhoca; nos animais, é a vaca; nas cores, é o amarelo; sua energia refinada nutre os músculos; nas doenças, é a sensação de estagnação e opressão; nos cinco sabores, é o doce; nos cinco tons, é Gong; na essência, pertence à pele; seu número de realização no diagrama místico, é o cinco.

审平之纪，收而不争，杀而无犯，五化宣明，其气洁，其性刚，其用散落，其化坚敛，其类金，其政劲肃，其候清切，其令燥，其藏肺，肺其畏热，其主鼻，其谷稻，其果桃，其实壳，其应秋，其虫介，其畜鸡，其色白，其养皮毛，其病咳，其味辛，其音商，其物外坚，其数九。

"O símbolo da "Punição Abrandada", que é a energia moderada do metal, restringe sem conflito, comportamento inamistoso sem perseguição, a fim de que as atividades da energia do movimento dos cinco elementos possam ser igualadas e clarificadas. A energia moderada do metal é límpida; sua propriedade é ser firme e prosseguir em frente; na variação é o dispersar; sua capacidade de promover o movimento e a transformação faz com que todas as coisas produzam frutos e se restrinjam; na categoria, pertence ao metal; sua função é fazer com que todas as coisas se tornem límpidas e solenes; seus sintomas são o frescor e a urgência; sua manifestação é a secura; seu órgão interno correspondente no homem é o pulmão, e o pulmão teme o calor do coração; o pulmão está associado ao nariz; na colheita, é o arroz; nos tipos de frutas, é a pêra; nas partes da fruta, é a casca; sua estação correspondente é o outono; nos animais pequenos é a carpa; na criação, é o frango; nas cores, é o branco; sua energia refinada nutre a pele e os pelos; na doença é a tosse; nos cinco sabores, é o acre; nos cinco tons, é Shang; na essência, é a casca externa dura; seu número de realização no diagrama místico é o nove.

静顺之纪，藏而勿害，治而善下，五化咸整，其气明，其性下，其用沃衍，其化凝坚，其类水，其政流演，其候凝肃，其令寒，其藏肾，肾其畏湿，其主二阴，其谷豆，其果栗，其实濡，其应冬，其虫鳞，其畜彘，其色黑，其养骨髓〔吴本"骨"下无"髓"字〕，其病厥，其味咸，其音羽，其物濡，其数六。

"O símbolo do "Calmo e Agradável" que é a energia moderada da água, é o armazenamento de todas as coisas sem causar nenhum dano. Promove o crescimento e a transformação e o seu bem em fluir de leve para fazer com que as energias do movimento dos cinco elementos se tornem completas. A energia moderada é calma e radiante; sua propriedade é tender a descer; na variação, é a irrigação e o transbordamento; sua capacidade de promover o crescimento é à solidificação; na categoria, pertence ao líquido; sua função é causar a inesgotabilidade da água na fonte, no poço e no rio; seus sintomas são o frescor e a calma; sua manifestação é a friagem; seu órgão interno correspondente no homem é o rim, e o rim teme o baço-terra; o rim está relacionado ao yin posterior (ânus) e ao yin anterior (genitais externos e orifício uretral); na colheita, é a ervilha; nos tipos de frutas, é a castanha; nas partes da fruta é o sumo; sua estação correspondente é o inverno; nos animais pequenos são os bichos de carapaça; na criação é o porco; nas cores é o preto; sua energia refinada nutre os ossos; nas doenças, é a contracorrente da energia vital; nos cinco sabores, é o salgado; nos cinco tons, é o Yu; na essência, pertence à espécie líquida; no número de realização do diagrama místico, é o seis.

故生而勿杀，长而勿罚，化而勿制，收而勿害，藏而勿抑，是谓平气。

"Quando a energia tem condições de promover a geração sem perseguição, promover o crescimento sem punição, promover a transformação sem prevenção, restringir sem interferir, armazenar sem suprimir, é chamada de energia moderada.

委和之纪，是谓胜生。生气不政，化气乃扬，长气自平，收令乃早。凉雨时降，风云并兴，草木晚荣，苍乾凋落，物秀而实，肤肉内充。其气敛，其用聚，其动缅戾拘缓，其发惊骇，其藏肝，其果枣李，其实核壳，其谷稷稻，其味酸辛，其色白苍，其畜犬鸡，其虫毛介，其主雾露凄沧，其声角商。其病摇动注恐，从金化也，少角与判商同，上角与正角同，上商与正商同；其病支废痈肿疮疡，其甘虫，邪伤肝也，上宫与正宫同。萧飕肃杀，则炎赫沸腾，眚于三，所谓复也。其主飞蠹蛆雉，乃为雷霆。

"O símbolo da "Desarmonia" que é a energia insuficiente do movimento madeira é a obstrução da energia de geração. Quando a energia de geração da madeira não pode desempenhar seu papel, a energia de transformação da terra irá se espalhar, a energia de crescimento do fogo irá se acalmar e a energia de colheita do metal chegará adiantada, e, então, a chuva fria caindo de vez em quando, fará com que o vento e as nuvens se levantem; o crescimento das gramas e das madeiras se posterga fazendo com que se enfraqueçam. Mas quando as colheitas estiverem produzindo, as palhas e os grãos serão substanciais. A propriedade da energia insuficiente da madeira é a restrição; sua função é coletar; sua variação no corpo humano é a contração e o relaxamento dos tendões; na doença, é a tendência a se assustar; seu órgão interno correspondente no homem é o fígado; nos tipos de frutas, são a jojoba e a ameixa; nas partes da fruta, são o caroço e a casca; nas colheitas, são o painço e o arroz; nos cinco sabores, são o ácido e o picante; nas cores, são o branco e o verde; nos animais, são o cão e o frango; nos animais pequenos, são a lagarta e a carpa; no clima, são a neblina, o orvalho e o frio; nos cinco tons, são Jue e Shang; no ataque das doenças, são o tremor e o temor devidos à insuficiência do movimento madeira, ao se assimilarem a madeira e o metal. Nesse momento, o tom Jue Inferior (energia insuficiente da madeira) é semelhante ao tom do Shang Inferior (energia insuficiente do metal). Quando Jueyin está no controle do clima, é o tom do Jue Superior (quando o vento da madeira está dominando o clima); quando a energia insuficiente do movimento madeira recebe a ajuda da energia dominante que o vento madeira, faz com que o tom do Jue Superior seja semelhante ao tom do Jue Natural (energia moderada da madeira); quando o Yangming controla o clima, é o tom do Shang Superior (a secura domina o clima); como a energia insuficiente do movimento da madeira é subjugado pela energia dominante que é a secura do metal, isso faz com que o tom do Shang Superior se torne semelhante ao tom do Shang Natural (energia moderada do metal). Nas doenças, é o inchaço nas extremidades, sensação dolorida, infestação de parasitas devido à lesão à energia do fígado pela energia do metal. Nesse momento, o tom do Gong Superior (umidade dominando o clima) é semelhante ao tom do Gong Natural (energia moderada da terra). Quando a madeira é dominada pelo metal, a energia do outono será um tanto fria e restritiva, mas o calor flamejante virá em seu auxílio. Sua calamidade vem do leste, e se chama retaliação. Quando a madeira é dominada pelo metal, irão aparecer os insetos voadores relacionados ao calor, mariposa, mosca vareja, e o besouro furta-cor; quando a energia da madeira estiver extremamente enfraquecida, ocorrerão coriscos. Portanto, quando a energia da madeira for insuficiente, isto se associa ao surgimento dos insetos voadores, da mariposa, da mosca vareja do besouro furta-cor e do trovão.

伏明之纪，是谓胜长。长气不宣，藏气反布，收气自政，化令乃衡；寒清数举，暑令乃薄。承化物生，生而不长，成实而稚，遇化已老。阳气屈伏，蛰虫早藏。其气郁，其用暴，其动彰伏变易。其发痛，其藏心，其果栗桃，其实络濡，其谷豆稻，其味苦咸，其色玄丹，其畜马彘，其虫羽鳞，其主冰雪霜寒，其声徵羽。其病昏或悲忘，从水化也，少徵与少羽同，上商与正商同。邪伤心也，凝惨凓洌则暴雨霖霾，眚于九〔胡本、读本、吴本"九"作"七"〕，其主骤注雷霆震惊，沈龄淫雨。

"O símbolo da "Luz Oculta", que é a energia insuficiente do movimento do fogo, é a obstrução do crescimento da energia. Quando o fogo não pode desempenhar seu papel, a energia da água irá aproveitar para se espalhar de forma ampla, a energia da colheita irá desempenhar seu papel, a energia da terra estará calma, a energia do frio irá surgir de vez em quando, e a energia do calor do verão ficará enfraquecida. Embora todas as coisas sejam geradas pela influência da energia de transformação da terra, devido à insuficiência de energia do movimento fogo, as plantações dificilmente poderão crescer; embora possam produzir, seus grãos serão pequenos e frágeis; quando estiver chegando a energia de transformação do verão longo, estarão decrépitas antes da hora. Devido ao ocultamento da energia Yang, os animais diminutos irão hibernar antes da estação correta. A energia insuficiente do fogo é estagnante; sua função é a urgência; sua variação é ou se esconder ou se revelar sem uma certeza; no ataque da doença, é a dor profunda; no órgãos interno correspondente no homem, é o coração; no tipo de fruta, é a castanha e o pêssego; nas partes da fruta, a parte esponjosa e o sumo; na colheita, a ervilha e o arroz; nos cinco sabores, o amargo e o salgado; nas cores, o preto e o vermelho; nos animais, o cavalo e o porco; nos animais pequenos, são o inseto voador e os de carapaça; controla o clima onde há gelo, neve, granizo e frio; nos cinco tons, é o Zhi e ou Yu; nas doenças do homem, são o mergulho no estupor e a confusão, sensação de sofrimento, havendo amnésia devido à assimilação do fogo por sobre a água. Nesse momento o tom do Zhi Inferior (energia insuficiente do fogo) será semelhante ao Yu Inferior (energia insuficiente da água). Quando o Yangming estiver controlando o clima, é o tom do Shang Superior (a secura dominando o clima); como o fogo não pode controlar o metal o tom do Shang Superior é igual ao tom do Shang Natural (energia moderada do metal). Como a energia do movimento fogo é insuficiente, a energia do coração (fogo) será ferida pela energia da água, o tempo ficará fechado e nublado, e começará a cair uma chuva torrencial. As calamidades virão das quatro direções. Já que o fogo está restrito, ocorrerão chuvas torrenciais e estalos de trovão. Quando o fogo estiver restrito pela água até seu limite extremo, o clima irá ficar nebuloso e chuvoso, por isso, a insuficiência da energia do movimento fogo se associa ao surgimento de chuvas torrenciais trovoadas e chuva incessante.

卑监之纪，是谓减化。化气不令，生政独彰，长气整，雨乃愆，收气平，风寒并兴，草木荣美，秀而不实，成而粃也。其气散，其用静定，其动疡涌分溃痈肿，其发濡滞，其藏脾，其果李栗，其实濡核，其谷豆麻，其味酸甘，其色苍黄，其畜牛犬，其虫倮毛，其主飘怒振发，其声宫角，其病留满否塞，从木化也，少宫与少角同，上宫与正宫同，上角与正角同，其病飧泄，邪伤脾也。振拉飘扬，则苍乾散落，其眚四维，其主败折虎狼，清气乃用，生政乃辱。

"O símbolo da "Descida Rasteira" que é a energia insuficiente do movimento terra, é a redução da energia de transformação. Quando a energia de transformação da terra não pode desempenhar seu papel, a geração da energia da madeira irá prevalecer de forma isolada; embora a energia de crescimento do fogo possa ser conservada intacta, o vento e o frio irão aparecer simultaneamente; muito embora as gramas e as madeiras estejam florescendo, elas dificilmente poderão dar sementes, e a produção das plantações tem a peste nos grãos. A energia insuficiente do movimento terra é a da indolência; sua função é causar a sedação e a estabilização; na variação são as pústulas e os inchaços de úlceras; o ataque da doença é a umidade e a estagnação; seu órgão interno correspondente no homem é o baço; nos tipos de frita, há a ameixa e a castanha; nas partes da fruta, há a noz e o caroço; nas colheitas, há a ervilha e as fibras; nos cinco sabores, há o ácido e o doce; nas cinco cores, há o verde escuro e o amarelo; na criação, estão a vaca e o cão; nos animais pequenos, a minhoca e a lagarta; no clima dominante, está o sopro do vendaval e o oscilar das árvores; nos cinco tons, há Gong e Jue; nas doenças, há a sensação de distensão e estagnação e a terra se dissimulando em madeira. Nesse momento, o tom do Gong Inferior (energia insuficiente da terra) é semelhante ao tom do Jue Inferior (energia insuficiente da madeira). Quando Taiyin estiver controlando o clima, é o tom do Gong Superior (umidade dominando o clima); já que a energia insuficiente do movimento terra recebe a ajuda da umidade dominante, o tom do Gong Superior é semelhante ao tom do Gong Natural (energia moderada da terra). Quando Jueyin estiver controlando o clima, é o tom do Jue Superior (o vento dominando o clima); como a energia do movimento terra é insuficiente, juntamente com a dominância da energia do vento que está controlando o clima, o tom do Jue Superior é semelhante ao tom do Jue Natural (energia moderada da madeira). Na doenças, é a diarréia lientérica devida ao ferimento do baço pela energia da madeira. Como a energia da terra é deficiente e a energia da madeira está próspera, o vendaval irá soprar subitamente, as gramas e madeiras irão dobrar com o vento, se tornando enfraquecida e caindo. Suas calamidades provêm dos quatro cantos (sudeste, noroeste, sudoeste e noroeste), e sua decomposição e ferimento serão iguais ao dano feroz das bestas selvagens como o tigre e o lobo. Quando prevalecem o clima fresco e claro, as funções da energia de geração serão abrandadas.

从革之纪，是谓折收，收气乃后，生气乃扬，长化合德，火政乃宣，庶类以蕃。其气扬，其用躁切，其动铿禁瞀厥，其发咳喘，其藏肺，其果李杏，其实壳络，其谷麻麦，其味苦辛，其色白丹，其畜鸡羊，其虫介羽，其主明曜炎烁，其声商徵，其病嚏咳衄衈，从火化也，少商与少徵同，上商与正商同，上角与正角同。邪伤肺也。炎光赫烈，则冰雪霜雹，眚生七，〔胡本，读本、吴本、"七"并作"九"〕其主鳞伏彘鼠，岁气早至，乃生大寒。

"O símbolo do "Semelhante ao Couro" que é a energia insuficiente do movimento metal, é a redução da energia da colheita. Quando a energia da colheita, própria do metal, se posterga, a energia geradora da madeira estará flamejante. Quando a energia do fogo se combina com a energia da terra, a função da energia do fogo estará plenamente desenvolvida e todos os tipos de plantas estarão florescendo. A energia insuficiente do movimento metal está ascendente; sua função é a impetuosidade; sua variações são a respiração acelerada, a tosse, a afonia, a opressão no peito e a energia vital em contracorrente; nos ataques da doença, há a tosse e a respiração acelerada. Seu órgão interno correspondente no homem é o pulmão; nos tipos de fruta, há a ameixa e o damasco; nas partes da fruta, estão a casca e a parte esponjosa; nas colheitas, há as fibras e o glúten; nos cinco sabores, há o amargo e o picante; nas cores, o branco e o vermelho; nas criações, há o frango e o carneiro; nos animais pequenos, o inseto voador e as carpas; os climas dominantes são bons e quentes; nos cinco tons, há o Shang e o Zhi; nos ataques da doença, há a coriza, a tosse, o corrimento nasal e a hemorragia devidos à insuficiência da energia do movimento metal e à assimilação do metal com o fogo. Nesse momento, o tom o Shang Inferior (energia insuficiente do metal) é semelhante ao tom do Zhi Inferior (energia insuficiente do fogo). Quando o Yangming estiver controlando o clima, é o tom do Shang Superior (secura dominando o clima); já que a energia insuficiente do movimento metal recebe ajuda da secura dominante, o tom do Shang Superior é semelhante ao tom do Shang Natural (energia moderada do metal). Quando Jueyin está controlando o clima, é o tom do Jue Superior (madeira dominando o clima). Já que o metal é incapaz de controlar a madeira, então o tom do Jue Superior é semelhante ao tom do Jue Natural (energia moderada da madeira). Isto se deve ao pulmão sendo ferido pela energia do fogo. Como o metal está declinando e o fogo está próspero, a chama será brilhante e vigorosa, mas quando o fogo estiver extremamente próspero, a água virá para se vingar, e junto com o surgimento dela, o gelo, a neve, a geada e o granizo. A calamidade está no sul, surgindo os insetos de carapaça e os pequenos répteis. A energia de armazenamento do inverno chegará adiantada, e o tempo ficará muito frio.

370

涸流之纪，是谓反阳，藏令不举，化气乃昌，长气宣布，蛰虫不藏，土润水泉减，草木条茂，荣秀满盛。其气滞，其用渗泄，其动坚止，其发爆槁，其藏肾，其果枣杏，其实濡肉，其谷黍稷，其味甘咸，其色黅玄，其畜彘牛，其虫鳞倮，其主埃郁昏翳，其声羽宫，其病痿厥坚下，从土化也，少羽与少宫同，上宫与正宫同，其病癃闷，邪伤肾也，埃昏骤雨，则振拉摧拔，眚于一，其主毛显狐狢，变化不藏。

"O símbolo do "Fluxo Seco" que é a energia insuficiente do movimento água é a condição de substituição da energia Yin pela energia Yang. Como a energia de armazenamento da água não pode desempenhar seu papel, a energia de transformação da terra irá se tornar próspera, e a energia do crescimento também irá se expandir da mesma forma, e os animais que hibernam não irão se recolher em tempo. A terra estará úmida, a água da fonte irá diminuir, as gramas e madeiras estarão florescentes e todas as coisas estarão viçosas, carnudas e prósperas. A insuficiência de energia no movimento água, é a estagnação; sua função é penetrar devagar; sua variação é firme e plana; seu ataque na doença é o secar dos fluídos sangüíneos; seu órgão interno correspondente no homem é o rim; nos tipos de fruta, são a jojoba o o damasco; nas artes da fruta, há o sumo e a polpa; nas colheitas há o painço e o glúten; nos cinco sabores, há o doce e o salgado; nas cores, o amarelo e o negro; nas criações, há o porco e a vaca; nos animais pequenos há os insetos de placas e a minhoca; domina o clima com nuvens de pó ascendentes e um céu melancólico; nos cinco tons são os de Yu e Gong; nas doenças, são a flacidez muscular, a friagem nas extremidades e o tumor endurecido nas partes baixas do corpo, devido à insuficiência da energia do movimento água e à assimilação da água com a terra. Quando a energia do movimento água for insuficiente, o tom do Yu Inferior (energia insuficiente da água) é semelhante ao tom Gong Inferior (energia insuficiente da terra). Quando Taiyin está controlando o clima, é o tom do Gong superior (a umidade dominando o clima); já que a energia do movimento água é insuficiente, e ao mesmo tempo, é subjugada pela umidade que está dominando o clima, o tom do Gong Superior se assemelha ao tom do Gong Natural (energia moderada da terra). Nas doenças, é a urodiálise ou disúria devida ao ferimento do rim pela energia da terra. Como a energia do movimento água é insuficiente, o céu estará melancólico e cheio de poeira e a chuva cairá repentinamente. Quando a energia da água for subjugada em excesso pela energia da terra, a energia da madeira (energia-filho da água) chegará para vingar sua mãe, e assim, aparecerá um furacão violento e as árvores serão arrancadas e destruídas. A calamidade ocorre no norte, e irão aparecer a lagarta e as bestas do tipo da raposa e a variação não se irá disfarçar.

故乘危而行，不速而至，暴虐无德，灾反及之，微者复微，甚者复甚，气之常也。

"Por isso, quando as energias de movimento dos cinco elementos estiverem insuficientes, sua energia dominante irá aproveitar a ocasião para invadir com rudeza, mas a energia-filho da energia que está sendo subjugada, virá para vingar a mãe; se o ferimento da energia-mãe for leve, a vingança também será leve; se o ferimento da energia-mãe for severo, a vingança também será severa, e esta é a atividade regular da atividade da energia.

371

发生之纪，是谓启敕，土疏泄，苍气达，阳和布化，阴气乃随，生气淳化，万物以荣。其化生，其气美，其政散，其令条舒，其动掉眩巅疾，其德鸣靡启坼，其变振拉摧拔，其谷麻稻，其畜鸡犬，其果李桃，其色青黄白，其味酸甘辛，其象春，其经足厥阴少阳，其藏肝脾，其虫毛介，其物中坚外坚，其病怒。太角与上商同。上徵则其气逆，其病吐利。不务其德，则收气复，秋气劲切，甚则肃杀，清气大至，草木凋零，邪乃伤肝。

"O símbolo da "Geração Antecipada" que é a energia excessiva do movimento madeira, é o espargir suave da energia Yang a fim de promover o crescimento de todas as coisas. Devido ao excesso da energia da madeira, a energia da terra se torna macia e difusa, a energia serena das gramas e das madeiras fica desimpedida, a energia Yang se espalha em todas as direções e a energia Yin se recolhe. A energia de geração proporciona o crescimento e a transformação de todas as coisas, e faz com que elas se tornem florescentes. A excessiva energia do movimento madeira é boa; sua autoridade é se espalhar para fora; sua manifestações são a suavidade e a extensão; nas afecções do corpo, é o tremor, a tontura e as enfermidades no alto da cabeça; suas características são o esparzir das brisas e a geração da renovação; na variação é a destruição e a quebra das árvores pelo tufão violento; nas colheitas, as fibras e o arroz; na criação, é o frango e o cão; nos tipos de fruta, é a ameixa e o pêssego; nas cores, o verde, amarelo e branco; nos cinco sabores, é o ácido, o doce e o picante; sua estação correspondente é a primavera; nos canais do homem, há o Jueyin e o Shaoyang do pé; nos órgãos internos do homem, estão o baço e o fígado; nos animais pequenos, há a lagarta e a carpa; na essência, é a substância firme e dura, tanto pelo lado interno quanto pelo externo; nas doenças, é a zanga; quando a energia da madeira é excessiva, ela pode resistir à dominância da energia do metal, por isso, o tom Jue Maior (energia excessiva da madeira) é semelhante ao tom Shang Superior (secura dominando o clima). Quando o fogo imperador de Shaoyin ou o fogo ministerial de Shaoyang estão controlando o clima, é o tom Zhi Superior (calor ou fogo dominando o clima) Já que a energia-filho da madeira está controlando sua energia- mãe (energia da madeira) de forma reversa no homem, haverá contracorrente da energia vital, causando vômito e diarréia. Se a energia da madeira estiver auto-confiante em sua capacidade e invadir a terra de forma maliciosa, então a energia metal (energia-filho da terra) virá para se vingar a implementação do decreto do outono, e irão ocorrer as energias da friagem desagradável e da contenção; o tempo irá ficar fresco de repente, e as gramas e madeiras ficarão fracas e cairão. Como a energia do movimento madeira é debilitante, a energia perversa irá ferir o fígado do homem.

赫曦之纪，是谓蕃茂，阴气内化，阳气外荣，炎暑施化，物得以昌。其化长，其气高，其政动，其令鸣〔明抄本"鸣"作"明"〕显，其动炎灼妄扰，其德喧 暑郁蒸，其变炎烈沸腾，其谷麦豆，其畜羊彘，其果杏栗，其色赤白玄，其味苦辛咸，其象夏，其经手少阴太阳，手厥阴少阳，其藏心肺，其虫羽鳞，其物脉濡，其病笑疟疮疡血流狂妄目赤。上羽与正徵同，其收齐，其病痉〔张琦说："其收"六字疑衍 '痉' 为大阳病，与火运无与〕，上徵而收气后也。暴烈其政，藏气乃复，时见凝惨，甚则雨水霜雹切寒，邪伤心也。

"O símbolo da "Chama Conspícua" que é a energia excessiva do movimento fogo, é a prosperidade. Quando as coisas encontram a energia Taiyang, a energia

Yin irá provir de dentro e a energia Yang será florescente do lado de fora. O calor do verão irá desempenhar seu papel de vaporizar e as gramas e as madeiras estarão florescentes. A energia excessiva do movimento fogo é promotora do crescimento; sua energia é ascendente; sua autoridade é o promover; sua manifestação é a do que é óbvio; sua afecção no corpo humano é a febre alta e não estar à vontade; sua característica é o calor do verão, a umidade e a vaporização; sua variação é o calor extremo como a fervura; nas colheitas, estão o trigo e a ervilha; na criação, é o carneiro e o porco; nos tipo de fruta, é o damasco e a castanha; nas cores, o branco e o preto; nos cinco sabores, o amargo, o picante e o ácido; sua estação correspondente é o verão; nos seis canais do corpo, é o Shaoyin da Mão, o Taiyang da Mão, o Jueyin da Mão e o Shaoyang da Mão; nos órgãos internos de um homem, é o coração e o pulmão; nos animais pequenos, os insetos voadores e os de carapaça; na essência, é os canais, os colaterais, o sumo e o fluido; nas afecções da doença, estão a gargalhada, a malária, as manias e os olhos vermelhos. Como a energia excessiva do fogo pode ser dominada pela água fria que controla o clima, então, o tom do Grande Yu (energia excessiva da água) é semelhante ao tom do Zhi Natural (energia moderada do fogo). Quando a energia do fogo for excessiva e ao mesmo tempo a energia do fogo estiver controlando o clima, a combinação dos dois fogos irá ferir a energia do metal, e o papel da energia da colheita será postergado. Se a energia do movimento fogo estiver extremamente violenta, a energia da água (energia-filho da energia do metal) virá para vingar sua mãe; irá ocorrer a cena de condensação e de miséria, e a chuva, a geada e o granizo irão cair, tornando o clima extremamente frio. Quando a energia do movimento fogo entrar em declínio, a energia perversa irá ferir o coração no corpo humano.

敦阜之纪，是谓广化，厚德清静，顺长以盈，至阴内实，物化充成，烟埃朦郁，见于厚土，大雨时行，湿气乃用，燥政乃辟，其化圆，其气丰，其政静，其令周备，其动濡积并稸，其德柔润重淖，其变震惊飘骤崩溃，其谷稷麻，其畜牛犬，其果枣李，其色黅玄苍，其味甘咸酸，其象长夏，其经足太阴阳明，其藏脾肾，其虫倮毛，其物肌核，其病腹满，四支不举，大风迅至，邪伤脾也。

"O símbolo do "Alto e Espesso", que é a energia excessiva do movimento terra, é a energia excessiva da transformação. A característica da terra é ser espessa e calma; isso faz com que todas as coisas acompanhem a estação para crescer e se tornarem plenas e abundantes. Como a energia refinada da terra pode tornar as coisas substanciais internamente, faz com que todas as coisas sejam transformadas e tenham forma. Quando a energia da terra for excessiva, irá se vaporizar como fumaças e poeiras que ocorrem acima das colinas; surgirá a chuva torrencial; a energia da umidade terá uma fúria assassina e o poder da secura estará fora do caminho. A capacidade da energia excessiva do movimento terra é ser satisfatória; sua energia é abundante; sua autoridade é manter a calma; sua manifestação é a compreensão; sua afecção ao corpo humano é o acúmulo de umidade; sua característica é a lisura e o brilho; suas variações são o choque do trovão, a queda súbita de chuvas torrenciais e o deslizamento de terras; nas colheitas, são o painço e as fibras; na criação, são a vaca e o cão; nos tipos de fruta, são a jojoba e a ameixa; nas cores, o amarelo,

o preto e o verde; nos cinco sabores , o doce, o salgado e o ácido; sua estação correspondente é o verão longo; nos seis canais do homem, são o Taiyin do Pé e o Yangming
do Pé; nos órgãos internos do homem, são o baço e o rim; nos animais pequenos, são a
minhoca e a lagarta; na essência, pertence à carne e ao caroço; nos ataques das doenças, há a plenitude abdominal e a incapacidade de erguer as extremidades. Quando a
energia do movimento terra estiver excessiva a ponto de ferir a água, a energia da
madeira (energia-filho da energia da água) virá para vingar sua mãe, e assim, o tufão
violento irá ocorrer instantaneamente. Desde que a energia da terra caia em declínio,
durante o combate com a madeira, a energia perversa irá ferir o baço no homem.

坚成之纪，是为收引，天气洁，地气明，阳气随，阴治化，爆行其政，物以司成，收气
繁布，化洽不终。其化成，其气削，其政肃，其令锐切，其动暴折疡疰，其德雾露萧飋，其
变肃杀雕零，其谷稻黍，其畜鸡马，其果桃杏，其色白青丹，其味辛酸苦，其象秋，其经手
太阴阳明，其脏肺肝，其虫介羽，其物壳络，其病喘喝，胸凭仰息，上徵与正商同，其生齐，
其病咳。政暴变，则名木不荣，柔脆焦首，长气斯救，大火流，炎烁且至，蔓将槁，邪伤肺
也。

"O símbolo de "Firme e Bloqueada" que é a excessiva energia do movimento
metal, é restrição do Yang. Como a energia do céu é límpida e a energia da terra está
plana e desimpedida e a energia da secura do metal, isso é capaz de desempenhar
seu papel fazendo com que todas as coisas produzam frutos. Mas desde que a energia da colheita se espalhe com freqüência, a energia transformadora não será capaz
de desempenhar seu papel de forma acurada. A excessiva energia do movimento
metal reduz o crescimento, suas funções são as de cortar e enfraquecer; sua autoridade é a friagem e a restrição; suas manifestações são a agudeza e a urgência; nas
afecções do corpo humano, são a fratura óssea e as dores na pele; sua características
são o murmúrio da neblina e do orvalho; suas variações são a friagem e a desolação;
nas colheitas são o arroz e o glúten; na criação, é o frango e o cavalo; nos tipos de
fruta, são o pêssego e o damasco; nas cores, são o branco, o verde e o vermelho; nos
cinco sabores, são o picante, o ácido e o amargo; sua estação correspondente é o
outono; nos canais do homem, há o Taiyin da Mão e o Yangming da Mão; nos órgãos
internos do homem, há o pulmão e o fígado; nos animais pequenos, há os insetos
voadores e as lagartas; na essência, pertencem à casca e à espécie da esponja; nas
doenças, são a respiração acelerada e a dispnéia ao expirar, que fazem com que o
paciente tenha que ficar deitado. Como e excessiva energia do metal pode ser dominada pela energia do fogo, então, o tom do Zhi Superior (fogo dominando o clima) é
semelhante ao tom do Shang Natural (energia moderada do metal). Como a energia
do metal está restrita, não pode mais dominar a madeira, por isso a energia de
geração será capaz de manter as energia do crescimento, de transformação, de colheita e de armazenamento, e a enfermidade a ocorrer será somente a tosse. Se a
energia excessiva do movimento metal implementar de forma despótica seu decreto,
então, as grandes árvores não irão florir, as gramas e as madeiras tenras e fracas vão
enfraquecer e morrer, e a energia de crescimento do verão ficará resumida; o calor
irá prevalecer e as sementes da plantação irão morrer. Quando a energia do metal
começar a declinar, a energia perversa irá ferir o pulmão do homem.

374

"O símbolo da "Inundação" que é a energia excessiva do movimento água, fecha e oculta. Nesse momento, a energia oculta está dominando, o clima é frio, as coisas na terra estão geladas, e a energia de crescimento não pode desempenhar seu papel. A capacidade de ativação da energia excessiva do movimento água causa frio; suas energias são a firmeza e a solidificação; sua autoridade é a calmaria; suas manifestações são a umidade e as águas torrenciais; como efeitos no homem, estão a diarréia com dor e a salivação; sua característica é a energia fria do desânimo; sua variações são o tempo frio, a neve, o congelamento e o granizo; nas colheitas, há a ervilha e o painço; na criação, há o porco e a vaca; nos tipos de fruta, há a castanha e a jojoba; nas cores, há o preto, o vermelho e o amarelo; nos cinco sabores, há o salgado, o amargo e o doce; seu signo é o inverno; nos seis canais do homem há o Shaoyin do Pé e o Taiyang do Pé; nos órgãos internos do homem, há o rim e o coração; nos animais pequenos, há os animais de placas e as minhocas; na essência, pertence ao líquido pleno; na doença, é a distensão abdominal devida à incapacidade de espalhar o crescimento da energia do fogo. Se a excessiva energia do movimento água ferir em demasia a energia do fogo, a energia da terra (energia-filho do fogo) virá para vingar sua mãe; o combate da água com a terra irá causar chuvas torrenciais. Quando a energia do movimento água estiver declinando, a energia perversa irá ferir o rim do homem.

"Portanto, quando a energia do elemento deixa de se ater às suas funções normais, e emprega sua capacidade em enfrentar excessivamente a energia que está fraca, a energia de outro elemento que a pode sobrepujar, virá para a desforra. Se a energia do elemento implementar sua função normalmente, muito embora invadida pela energia de um elemento forte, a energia deste último também pode ser assimilada".

帝曰：天不足西北，左寒而右凉；地不满东南，右热而左温；其故何也？岐伯曰：阴阳之气，高下之理，太少之异也。东南方，阳也，阳者其精降于下，故右热而左温。西北方，阴也，阴者其精奉于上，故左寒而右凉。是以地有高下，气有温凉，高者气寒，下者气热，故适寒凉者胀，之〔按 "之" 应作 "适"〕温热者疮，下之则胀已，汗之则疮已，此腠理开闭之常，太少之异耳。

O Imperador Amarelo perguntou: "A energia do céu é insuficiente a noroeste para causar frescor no norte o no oeste; a energia da terra não é plena no sudeste para gerar quentura no sul e aquecimento a leste; qual a razão?" Disse Qibo: "É porque as energias Yin e Yang no céu e na terra e as altitudes baixas e elevadas do terreno são diferentes em extensão. O sudeste pertence ao Yang, e a energia refinada do Yang vem bem lá do alto, por isso o sul é muito quente e o leste é cálido; o noroeste pertence ao Yin, e a energia refinada do Yin vem de baixo, ascendendo, por isso o oeste é fresco e o norte é frio. Conseqüentemente, no terreno, há altas altitudes baixas e as elevadas; no clima, há o muito quente e o frio. Quando a altitude for elevada, o clima é frio; quando ocorrer a baixa altitude, o clima é muito quente. Quando uma pessoa vai para um local frio ou fresco no noroeste, está prestes a contrair distensão abdominal; quando vai para um local muito cálido ou muito quente, no sudeste, contrai dores. O paciente que sofre de distensão abdominal pode ser curado aplicando-se remédios de purgação; o paciente que sofre de dores, pode ser curado aplicando-se drogas diaforéticas, e essas são as condições comuns concernentes ao clima, terreno e abertura e fechamento das estrias no corpo humano; ao tratar, isso pode variar de acordo com as diversas extensões da condição da doença".

帝曰：其余寿夭何如？岐伯曰：阴精所奉其人寿，阳精所降其人夭。帝曰：善。其病也，治之奈何？岐伯曰：西北之气散而寒之，东南之气收而温之，所谓同病异治也。故曰：气寒气凉，治以寒凉，行水渍之；气温气热。治以温热，强其内守，必同其气，可使平也，假者反之。帝曰：善。一州之气，生化寿夭不同，其故何也？岐伯曰：高下之理，地势使然也。崇高则阴气治之，污下则阳气治之，阳胜者先天，阴胜者后天，此地理之常，生化之道也。帝曰：其有寿夭乎？岐伯曰：高者其气寿，下者其气夭。地之小大异也，小者小异，大者大异。故治病者，必明天道地理，阴阳更胜，气之先后，人之寿夭，生化之期，乃可以知人之形气矣。

O Imperador Amarelo perguntou: "Como as energias refinadas do Yin e do Yang afetam o ciclo da vida de um homem?" Disse Qibo: "As pessoas que permanecem num lugar onde a energia refinada do Yin é ascendente, suas estrias serão densas e ela terá uma vida longa. As pessoas que vivem num local onde a energia refinada do Yang é descendente, suas estrias ficarão amolecidas e ela irá morrer cedo".

Disse o Imperador Amarelo: "Muito bem. Mas como tratar a doença?"

Disse Qibo: "Como o tempo no noroeste é frio, deve-se dispersar a friagem externa e liberar o calor interno; o clima no sudoeste é cálido e quente: deve-se coletar e guardar a energia Yang excretada e aquecer o frio interno, sendo estas as maneiras de tratar a mesma doença de formas diferentes. Por isso, as pessoas que vivem em locais de clima frio, com freqüência têm calor interno, e isso pode ser tratado com drogas de natureza fria ou socadas em decocção; as pessoas que vivam em locais de clima quente, freqüentemente têm uma síndrome de frio endógeno, e isso pode ser tratado com uma terapia de aquecimento para expelir o frio; a par disso, deve haver um resguardo contra a excreção do Yang verdadeiro do paciente. Ao tratar, deve-se estar de acordo com o clima local e fazer com que a energia se torne agradável e moderada. A doença fria da pseudo síndrome do calor ou a febre da pseudo síndrome do frio, deve-se tratar de forma contrária".

Disse o Imperador Amarelo: "Muito bem. Mas no mesmo local e no mesmo clima, as condições de crescimento do ciclo de vida do homem são diferentes: qual a razão?" Disse Qibo: "Isto se deve à altitude diferente do terreno. No terreno com elevada altitude, o clima é dominado pela energia Yin e faz frio; no local de baixa altitude, o clima é dominado pela energia Yang e faz muito calor. Quando a energia Yang for muito excessiva, o clima virá antes da estação; quando a energia Yin for excessiva, o clima estará posterior à estação, e esta é a lei comum entre a baixa e a elevada altitude e a geração antecipara ou tardia e crescimento de todas as coisas".

O Imperador Amarelo perguntou: "Está relacionado ao ciclo de vida do homem?" Disse Qibo: "No terreno de altitude elevada, a energia primordial de um homem é estável devido ao clima frio, por isso, ele viverá muito tempo; no terreno de baixa altitude, a energia primordial de um homem é excretada devido ao clima muito quente, e ele irá morrer cedo. A diferença de ciclos de vida também está relacionada ao tamanho da região: o ciclo de vida de um homem numa região pequena será menor do que o ciclo de vida de um homem numa região maior. Portanto, ao tratar, deve-se conhecer a lei do céu e o terreno, o ciclo de vida, e o tempo de geração e transformação; então pode-se conhecer o físico e o mecanismo da energia do homem".

帝曰：善。其岁有不病，而藏气不应不用者何也？岐伯曰：天气制之，气有所从也。帝曰：愿卒闻之。岐伯曰：少阳司天，火气下临，肺气上从，白起金用，草木眚，火见燔焫，革金且耗，大暑以行，咳嚏鼽衄鼻窒，口疡，寒热胕肿，风行于地，尘沙飞扬，心痛胃脘痛，厥逆鬲不通，其主暴速。

Disse o Imperador Amarelo: "Muito bem. Algumas vezes, mesmo que de acordo com a energia dominante do ano, pode-se contrair a doença, mas ela não ocorre; ou quando a energia relacionada à víscera deve estar correspondendo, mas deixa de corresponder: qual a razão?" Disse Qibo: "Isto é devido à energia visceral de um homem, dever acompanhar um determinada energia que controla o clima".

Disse o Imperador Amarelo: "Espero ouvir detalhes a respeito". Disse Qibo: "Quando o fogo ministerial de Shaoyang está no controle do clima, a energia do fogo está se espalhando, o pulmão será dominado pela energia do fogo em primeiro lugar, e o metal irá acompanhar o clima que é controlado pelo fogo acima; o metal irá se assimilar ao fogo e desempenhar o papel deste último, por isso, as gramas e as madeiras na terra serão feridas, o fogo escorchante irá atingir o metal e irá prevalecer o calor do verão. Num homem, irão ocorrer as enfermidades da tosse, do corrimento nasal, da hemorragia, do nariz entupido, dores, malária e edema.

"Quando o fígado-madeira de Jueyin estiver afetando a energia da terra, o vento irá se levantar da terra, a poeira e a areia estarão no ar. Num homem, irão ocorrer de imediato a dor cardíaca, a dor de estômago, a friagem nos membros, obstrução entre o peito e o diafragma.

阳明司天，燥气下临，肝气上从，苍起木用而立，土乃眚，凄沧数至，木伐草萎，胁痛目赤，掉振鼓慄，筋痿不能久立。暴热至，土乃暑，阳气郁发，小便变，寒热如疟，甚则心痛，火行于槁，流水不冰，蛰虫乃见。

"Quando a secura do metal de Yangming está no controle do clima, a energia da secura descerá à terra, e a energia do fígado será subjugada em primeiro lugar; o fígado madeira irá acompanhar o clima que é dominado pela secura acima, e a madeira irá se assimilar ao metal e desempenhar o papel deste último, por isso, a energia da terra será ferida, a energia fria irá ocorrer de vez em quando, e a madeira será destruída e as gramas enfraquecidas. Num homem, irá ocorrer dor nos lados do tórax, olhos vermelhos, tremores, arrepios, síndrome de flacidez envolvendo os músculos e incapacidade de ficar de pé por muito tempo. Como Yangming está controlando o clima, o fogo imperial de Shaoyin estará afetando a energia da terra, por isso, o calor do verão irá chegar e a energia da terra ficará demasiado quente e vaporizada. Num homem, a energia Yang ficará estagnada no interior, causando doenças; a urina ficará amarela ocorrendo episódios alternados de calafrio e febre como malária, e o paciente poderá vir a ter dores cardíacas. Durante o tempo em que a energia do fogo prevalecer, as gramas e madeiras ficarão enfraquecidas, o fluxo da água não irá congelar e os animais que hibernam, serão vistos sem o fazer.

太阳司天，寒气下临，心气上从，而火且明，丹起金乃眚，寒清时举，胜则水冰，火气高明，心热烦，嗌乾善渴，鼽嚏，喜悲数欠，热气妄行，寒乃复，霜不时降，善忘，甚则心痛。土乃润，水丰衍，寒客至，沉阴化，湿气变物，水饮内稸，中满不食，皮㾦肉苛，筋脉不利，甚则胕肿，身后痈。

"Quando a água fria de Taiyang estiver controlando o clima, a energia fria irá descer sobre a terra e o fogo do coração ficará restrito. A energia do fogo irá acompanhar o clima que é dominado pelo frio acima, e o fogo irá se assimilar à água e desempenhar o papel desta última. Como o fogo é invadido pela água, ele irá se voltar para dominar o metal, e este será ferido. Como resultado, irão ocorrer as energias frias e frescas e a água irá congelar. Como a energia do fogo é compelida a flamejar, irão ocorrer as enfermidades do calor do coração, opressão no peito, garganta seca, nariz escorrendo, coriza, melancolia, bocejos freqüentes: a energia do calor forte irá correr desenfreada para cima, a energia fria irá se vingar abaixo, o congelamento opressivo irá ocorrer aqui e ali, e o espírito e a energia do homem ficarão feridas. Como a energia do fogo do coração é invadida pela energia da água, o paciente ficará sujeito ao esquecimento, e às vezes terá dores cardíacas. Como Taiyang está controlando o clima, a umidade da energia da terra de Taiyin estará afetando a energia da terra. Já que a terra domina a água, então, a energia da terra ficará úmida, e a água será abundante. Quando a energia convidada da água fria ocorrer, o fogo irá se assimilar à umidade da terra, e todas as coisas se deformarão devido à energia do frio-umidade. Num homem, irão ocorrer as enfermidades da retenção de líquidos, incapacidade de ingerir alimentos, devido à plenitude abdominal, insensibilidade da pele e adormecimento muscular. O paciente poderá até ter edema, e ter dificuldade em virar o corpo.

厥阴司天，风气下临，脾气上从，而土且隆，黄起，水乃眚，土用革，体重，肌肉萎，食减口爽，风行太虚，云物摇动，目转耳鸣。火纵其暴，地乃暑，大热消烁，赤沃下，蛰虫数见，流水不冰，其发机速。

"Quando o vento da madeira de Jueyin estiver controlando o clima, a energia do vento irá descer à terra, e a energia do baço será restrita, e a energia da terra irá se assimilar à energia da madeira e desempenhar o papel desta. Quando a terra for invadida pela madeira, ela irá se voltar para restringir a água; a água será ferida e suas funções de terra serão da mesma forma alteradas. Num homem, irão ocorrer as enfermidades de peso no corpo, atrofia muscular, redução da ingestão de comida, gosto ruim na boca. Como a energia do vento está se movendo no céu, as nuvens, gramas e madeiras irão se dobrar, e o homem irá sofrer de tontura e tínito. Como Jueyin está controlando o clima, o fogo ministerial de Shaoyang irá afetar a energia da terra, a energia do fogo irá prevalecer, e a terra terá um calor escorchante como no verão. Num homem, irá ocorrer diarréia com sangue nas fezes. Nesse momento, os animais que hibernam poderão ser vistos do lado de fora das tocas, o fluxo de água não estará congelado, e o ataque da doença será muito rápido.

少阴司天，热气下临，肺气上从，白起金用，草木眚，喘呕寒热，嚏鼽衄鼻窒，大暑流行，甚则疮疡燔灼，金烁石流。地乃燥清〔读本，赵本，吴本"燥"下并无"清"字〕，凄沧数至，胁痛善太息，肃杀行，草木变。

"Quando o fogo imperial de Shaoyin estiver controlando o clima, a energia do calor irá descer à terra, e a energia do pulmão ficará restrita e irá acompanhar o clima que é dominado pelo calor acima. O metal será assimilado pelo fogo e desempenhar o papel deste último, assim, as gramas e madeiras serão feridas. Num homem, irão ocorrer as enfermidades da respiração acelerada, vômitos, frio e calor, coriza, corrimento nasal, hemorragia e nariz entupido. Como a energia do fogo está no comando, o grande calor do verão estará prevalecendo, e podem até ocorrer as enfermidades da dor e da febre alta. O calor sufocante do verão parece capaz de derreter o metal e a pedra. Como Shaoyin está controlando o clima, a secura do metal de Yangming irá afetar a energia da terra e as energias frescas e frias irão surgir de vez em quando. Num homem, irá ocorre dor de ambos os lados do tórax, e o paciente irá suspirar com freqüência. Como estão prevalecendo as energias frias e restritivas, o surgimento e constituição das gramas e madeiras será alterado.

太阴司天，湿气下临，肾气上从，黑起水变〔林校云："详前后文，'变'下少'火乃青'三字"〕，埃冒云雨，胸中不利，阴痿，气大衰，而不起不用。当其时，反腰脽痛，动转不便也，厥逆。地乃藏阴，大寒且至，蛰虫早附，心下否痛，地裂冰坚，少腹痛，时害于食，乘金则止水增，味乃咸，行水减也。

"Quando a umidade da terra de Taiyin estiver controlando o clima, a energia da umidade irá descer à terra, a energia do rim ficará restrita e irá acompanhar o clima que é dominado pela umidade acima. A água irá se assimilar à terra e desempenhar o papel desta, ocorrendo nuvens e chuvas. No homem, irão ocorrer as enfermidades da aflição no peito, impotência, debilidade extrema da energia Yang, incapacidade de ereção e incapacidade de um desempenho sexual. Nesse momento, a região lombar e as nádegas do paciente estarão doloridas, e ele terá dificuldade de se virar. Como Taiyin está controlando o clima, a energia fria da água de Taiyin irá afetar a energia da terra, a energia da água fria irá se ligar à terra, chegará o grande frio e os animais que hibernam terão uma pressa antecipada em se juntar à terra. No ataque da doença, irá ocorrer a plenitude epigástrica com dor. Se a energia fria for excessiva, a terá irá se congelar com estalos, a água irá ficar congelada, e no homem, irá ocorrer a síndrome de dor no baixo ventre afetando a ingestão de comida. Quando a energia da água invadir a energia do pulmão metal, a água estará ativa. Quando ela se encontrar com o metal, a energia fria ficará cada vez mais proeminente (o metal gera a água), e como resultado, a água irá aumentar na fonte e no poço; seu gosto será salgado devido à redução de água torrencial no rio".

帝曰：岁有胎不孕不育，治之不全，何气使然？岐伯曰：六气五类，有相胜制也，同者盛之，异者衰之，此天地之道，生化之常也。故厥阴司天，毛虫静，羽虫育，介虫不成；在泉，毛虫育，倮虫耗，羽虫不育。少阴司天，羽虫静，介虫育，毛虫不成；在泉，羽虫育，介虫耗不育。太阴司天，倮虫静，鳞虫育，羽虫不成；在泉，倮虫育，鳞虫〔林校云："详'鳞虫'下少一'耗'字"〕不成。少阳司天，羽虫静，毛虫育，倮虫不成；在泉，羽虫育，介虫耗，毛虫不育。阳明司天，介虫静，羽虫育，介虫不成；在泉，介虫育，毛虫耗，羽虫不成。太阳司天鳞虫静，倮虫育；在泉，鳞虫耗〔林校云："详此当作'鳞虫育，羽虫耗'"〕，倮虫不育。诸乘所不成之运，则甚也。故气主有所制，岁立有所生，地气制已胜，天气制胜已，天制色，地制形，五类衰盛，各随其气之所宜也。故有胎孕不育，治之不全，此气之常也，所谓中根也。根于外者亦五，故生化之别，有五气五味五色五类五宜也。帝曰：何谓也？岐伯曰：根于中者，命曰神机，神去则机息。根于外者，命曰气立，气止则化绝。故各有制，各有胜，各有生，各有成。故曰：不知年之所加，气之同异，不足以言生化，此之谓也。

O Imperador Amarelo perguntou: "Alguns animais diminutos podem ficar prenhes e se multiplicar a cada ano enquanto outros não, pois suas condições de geração são diferentes: qual a razão?" Disse Qibo: "Os cinco tipos de animais diminutos (lagarta, insetos voadores, minhocas, cíprides e insetos de carapaça) que procriam nos seis climas e nos cinco elementos, dominam e são dominados uns pelos outros. Se os seis climas forem semelhantes à energia do movimento dos cinco elementos, as coisas vivas estarão exuberantes; se forem diferentes uns dos outros, as coisas vivas cairão em decadência. Esta é a regra da procriação no universo e a lei natural de crescimento e de transformação. Por isso, quando Jueyin estiver controlando o clima, a lagarta será conservada intacta e permanecerá calma, o inseto voador estará apto a se multiplicar, e o cípride não irá se desenvolver. Quando Jueyin estiver afetando a energia da terra, a lagarta estará apta a se multiplicar, a minhoca será ferida e o inseto voador não poderá se multiplicar.

"Quando Shaoyin estiver controlando o clima, o inseto voador estará intacto e permanecerá calmo, o cípride será capaz de se multiplicar, e a lagarta não irá crescer. Quando Shaoyin estiver afetando a energia da terra, o inseto voador será capaz de se multiplicar, o cípride será ferido e não terá capacidade de multiplicação.

"Quando Taiyin estiver controlando o clima, a minhoca será conservada intacta e permanecerá calma, o inseto de carapaça será capaz de se multiplicar e o inseto voador não irá crescer. Quando Taiyin estiver afetando a energia da terra, a minhoca será capaz de se multiplicar, mas o inseto de carapaça será ferido e não irá crescer.

"Quando Shaoyang estiver controlando o clima, o inseto voador será conservado intacto e permanecerá calmo, a lagarta será capaz de se multiplicar e a minhoca não irá crescer. Quando Shaoyang estiver afetando a energia da terra, o inseto voador será capaz de se multiplicar, o cípride será ferido e a lagarta não poderá se multiplicar.

"Quando Shaoyang estiver controlando o clima, o cípride será conservado intacto e permanecerá calmo, o inseto voador estará apto a se multiplicar, e o cípride não irá crescer. Quando o Yangming estiver afetando a energia da terra, o cípride será capaz de se multiplicar, a lagarta será ferida e o inseto voador não irá crescer.

"Quando Taiyang estiver controlando o clima, o inseto de carapaça será conservado intacto e permanecerá calmo, e a minhoca será capaz de se multiplicar. Quando Taiyang estiver afetando a energia da terra, o inseto de carapaça estará apto a se multiplicar, o inseto voador será ferido, e a minhoca não será capaz de se multiplicar.

"Se a energia do movimento do elemento que estiver sendo dominado pelos seis climas atrapalhar o crescimento, a condição ficará ainda mais séria. Por isso, cada uma das seis energias tem seus padrões de ser dominada e de dominar, e o movimento da energia de cada ano tem sua função de promover o crescimento e transformação de determinada coisa; a energia que afeta a energia da terra freqüentemente que afeta a energia que esta pode dominar, e a energia que controla o clima, com

380

freqüência restringe a energia que pode dominar a si mesma; a energia que controla o clima determina a cor, e a energia que afeta a energia da terra determina o formato. A prosperidade e declínio dos cinco tipos de animais ínfimos, na propagação, depende das condições dos seis climas e, então, há as diversas condições de prenhez e esterilidade. Isso não se deve a que não se completem as energias de geração e transformação, mas é a condição normal da energia de movimento dos elementos, que se chama "Fonte Interna da Vitalidade".

"Quanto às coisas vivas sem consciência (como árvores e plantações), sua fonte de vitalidade está no exterior, e elas possuem a extensão de geração e transformação de acordo com as diversas condições de movimento do elemento. Como resultado, elas possuem os cinco odores, o pútrido, o escorchante, o fragrante, o fétido e o rançoso, e os cinco sabores: o ácido, o amargo, o picante, o salgado e o doce; as cinco cores: verde, amarelo, vermelho, branco e preto, e os cinco tipos de animais diminutos: lagarta, inseto voador, minhoca, inseto de carapaça e cípride, e todos eles desempenham seu próprios papéis, um em relação ao outro.

"O Imperador Amarelo perguntou: "Por que é assim?" Disse Qibo: "Quando a fonte de vitalidade das coisas vivas está oculta no interior, é chamada de mecanismo do espírito; se o espírito estiver ausente, o mecanismo de geração e transformação será cortado. Quando a fonte de vitalidade está do lado de fora, chama-se "Estabelecimento da Energia"; quando a energia do lado de fora se detém, a geração e transformação será detida. Por isso, cada um dos movimentos do elemento, somente tem controle para dominar, gerar e cumprir. Se alguém não conhece o momento de chegada da energia do ano e dos seis climas, a semelhança e diferença dos mesmos, não irá entender as condições de geração e transformação".

帝曰：气始而生化，气散而有形，气布而蕃育，气终而象变，其致一也。然而五味所资，生化有薄厚，成熟有少多，终始不同，其故何也？岐伯曰：地气制之也，非天不生地不长也，帝曰：愿闻其道。岐伯曰：寒热燥湿，不同其化也。故少阳在泉，寒毒不生，其味辛，其治苦酸，其谷苍丹。阳明在泉，湿毒不生，其味酸，其气湿，其治辛苦甘，其谷丹素。太阳在泉，热毒不生，其味苦，其治淡咸，其谷黅秬。厥阴在泉，清毒不生，其味甘，其治酸苦，其谷苍赤。其气专，其味正。少阴在泉，寒毒不生，其味辛，其治辛苦甘，其谷白丹。太阴在泉，燥毒不生，其味咸，其气热，其治甘咸，其谷黅秬。化淳则咸守，气专则辛化而俱治。

O Imperador Amarelo perguntou: "Desde que a energia seja formada, haverá geração e transformação; quando a energia se movimenta, ela irá dar prosseguimento à essência da coisa; quando a energia se espalha, há multiplicação; quando a energia termina, a forma da coisa terá mudado, e junto todas as essências. Porém sob a condição de receber as energias dos cinco sabores, há diferentes condições de pesado e leve, de geração e transformação, diversas condições de chegar à maturidade, e diversas afecções no princípio e no fim: qual é a razão?" Disse Qibo: "Isto se deve às diversas energias que afetam a energia da terra, causando diferentes condições de promover a geração e transformação e não se deve à falta de energia proveniente do céu para gerar vida e a energia da terra para promover o crescimento".

O Imperador Amarelo disse: "Espero conhecer a razão disso". Disse Qibo: "As atividades da energia do frio, do calor, da secura e da umidade são diferentes, portanto, quando o fogo ministerial de Shaoyang está afetando a energia da terra, o frio tóxico não será produzido. Como o fogo domina o metal, o metal é assimilado pelo fogo, então o sabor é picante: como Shaoyang se associa ao fogo e sua energia intermediária Jueyin se associa à madeira, então os sabores principais para tratar são o amargo e o ácido. Nas cores da plantação, são o verde e o vermelho.

"Quando a secura do metal de Yangming está afetando a energia da terra, a umidade tóxica não irá se produzir. Como o metal restringe a madeira, ela se assimila ao metal, então seu sabor é o ácido, e sua energia é a da umidade; como o Yangming metal é picante, o fogo ministerial que controla a energia do céu é amargo, e a umidade é doce, então os principais sabores para tratar são o picante, o amargo e o doce. Nas cores das plantações, são o vermelho e o branco.

"Quando a água fria de Taiyang está afetando a energia da terra, o calor tóxico não será produzido. Como a água domina o fogo e o fogo se assimila à água, então seu sabor é o amargo; os principais sabores para tratar são os suaves e o salgado. Nas cores das plantações, são amarelo e preto.

"Quando o vento madeira de Jueyin está afetando a energia da terra, o frescor tóxico não será produzido. Como a madeira domina a terra e a terra é assimilada à madeira, então seu sabor é doce; o sabor da madeira é o ácido; quando o fogo ministerial está controlando o clima, seu sabor é ácido; por isso, os principais sabores para tratar são o ácido e o amargo. Nas cores das plantações, são o verde e o vermelho. Já que Jueyin está afetando a terra, e Shaoyang está controlando o clima, como a madeira produz fogo, a atividade da energia estará concentrada e seu sabor será puro.

"Quando o fogo imperial de Shaoyin estiver afetando a energia da terra, o frio tóxico não será produzido. Como o fogo domina o metal, e o metal é assimilado ao fogo, então, seu sabor é picante. Como o sabor da energia do metal que controla o clima é o picante, e o gosto da energia intermediária é o doce, então os principais sabores para tratar são o picante, o amargo e o doce. Nas cores das plantações, são o branco e o vermelho.

"Quando a umidade terra de Taiyang estiver afetando a energia da terra, a secura tóxica não irá se produzir. Como a terra domina a água, a água se assimila à terra, então seu sabor é o salgado e a energia é quente. Como o sabor da umidade é doce, o sabor da água fria que controla o clima é o salgado. Suas cores na plantação são o amarelo e o preto. Como Taiyin está afetando a energia da terra, a energia que ativa será pura e espessa; como a terra pode dominar a água, então, o salgado pode ser conservado no interior; já que a terra produz metal, então a energia produzida será uniforme e pura. Como resultado, o ácido também pode se tornar ativo e domina junto com a umidade da terra.

故曰：补上下者从之，治上下者逆之，以所在寒热盛衰而调之。故曰：上取下取，内取外取，以求其过。能毒者以厚药，不胜毒者以薄药，此之谓也。气反者，病在上，取之下；病在下，取之上；病在中，傍取之。治热以寒，温而行之；治寒以热，凉而行之；治温以清，冷而行之；治清以温，热而行之。故消之削之，吐之下之，补之写之，久新同法。

"Por isso, à enfermidade induzida pela energia insuficiente que controla a energia do céu, ou à energia insuficiente que afeta a energia da terra, deve ser aplicada a terapia revigorante, e a revigoração deve ser levada a efeito favoravelmente com a energia; à doença induzida pela energia excessiva que controla a energia do céu ou à energia excessiva que afeta a energia da terra, deve ser aplicado o método terapêutico, e o tratamento aplicado ao inverso da energia, e todos os tratamentos devem Ter como meta equilibrar o frio, o calor, a superabundância e o declínio. Então, quando quer que seja tratada a energia excessiva com remédios, eliminando a comida indigesta com purgantes, aplicando um controle interno ou tratando com medidas externas, deve-se primeiro descobrir a razão da insuficiência ou do excesso de energia. Deve-se ministrar remédio com propriedade violenta e sabor rico ao paciente que tenha um corpo forte que é capaz de suportar a toxina, e dar remédio com propriedade suave ou sabor leve ao paciente que tenha constituição fraca e não pode suportar a toxina. Se a condição da doença for anormal, tratar a parte superior do corpo. Quando a doença estiver na parte inferior, trata-se o lado esquerdo ou o direito quando a doença estiver no meio. Ao tratar a febre, aplicar os remédios com propriedade fria, e as decocções devem ser usadas quando estiver quente; ao tratar a doença fria, aplicar os remédios com propriedade quente, e tomar a decocção quando estiver frio; ao tratar a febre sazonal, aplicar os remédios com propriedade fria, e a decocção deve ser tomada quando estiver frio. Como o corpo do paciente tem as diversas condições de estar estênico e astênico, as formas de tratar não devem ser as mesmas. De acordo com as diversas condições do paciente, usar respectivamente a terapia de dispersão, a terapia de cortar, a terapia do vômito, a terapia purgativa e a terapia de revigoração. Esta regra deve ser observada tanto ao tratar as doenças prolongadas, quanto as recentemente contraídas".

帝曰：病在中而不实不坚，且聚且散，奈何？岐伯曰：悉乎哉问也！无积者求其藏，虚则补之，药以祛之，食以随之，行水渍之，和其中外，可使毕已。

O Imperador Amarelo perguntou: "Em caso de doença interna que não seja substancial nem arraigada, algumas vezes ela fica concentrada para ter forma, algumas vezes ela fica dispersa para ficar sem forma: como tratar?" Disse Qibo: "Que pergunta difícil me propusestes. Se não houver estagnação, a razão da doença deve ser buscada nos órgãos internos. Se a doença for astênica, deve ser aplicada primeiro a terapia de revigoração e, então, nutrir o paciente com comida e bebida, esfregar a banhar a parte afetada com decocção quente para equilibrar o interior e o exterior do paciente, assim a doença será curada".

帝曰：有毒无毒，服有约乎？岐伯曰：病有久新，方有大小，有毒无毒，固宜常制矣。大毒治病，十去其六；常〔《素问玄机原病式·火》引"常"作"小"〕毒治病，十去其七；小〔《原病式》引"小"作"常"〕毒治病，十去其八；无毒治病，十去其九；谷肉果菜，食养尽之，无使过之，伤其正也。不尽，行复如法，必先岁气，无伐天和，无盛盛，无虚虚，而遗人夭殃，无致邪，无失正，绝人长命。帝曰：其久病者，有气从不康，病去而瘠，奈何？岐伯曰：昭乎哉圣人之问也！化不可代，时不可违。夫经络以通，血气以从，复其不足，与众齐同，养之和之，静以待时，谨守其气，无使倾移，其形乃彰，生气以长，命曰圣王。故《大要》曰：无代化，无违时，必养必和，待其来复。此之谓也。帝曰：善。

O Imperador Amarelo perguntou: "Há algumas restrição em se tomar drogas venenosas e sem veneno?" Disse Qibo: "Quanto às doenças, algumas são prolongadas e algumas são contraídas de novo; nas prescrições, algumas das quantidades são grandes e outras são pequenas; na decocção, algumas drogas são tóxicas e outras não; e há determinadas regras para tomá-las. As drogas com grande toxicidade devem ser suspensas quando a doença tiver sido removida em 60%; as drogas com toxicidade pequena devem ser suspensas quando a doença for removida em 70%; a droga comum deve ser suspensa quando a doença for removida em 80%; e a droga sem qualquer toxicidade deve ser suspensa quando a doença for removida em 90%. Após suspender a droga, o paciente deve ingerir cereais, carnes, frutas e vegetais a fim de eliminar a energia perversa remanescente. Se alguma energia perversa ainda remanescer, o paciente deve tomar a droga novamente de acordo com o acima descrito. Por isso, deve-se assegurar de antemão acerca da energia do ano, evitar o ataque da energia primordial harmonizada, e nem se deve deixar que a energia estênica fique mais estênica e a energia astênica se torne ainda mais astênica, para não deixar o paciente com problemas futuros. Em suma, não deixar que a energia perversa se torne mais abundante e não infringir penalidades à energia saudável do paciente para arruinar sua vida".

O Imperador Amarelo perguntou: "Algumas vezes, a energia saudável do paciente não pode se recuperar de uma doença prolongada; embora a doença tenha sido removida, ainda estará com a pele emaciada e o corpo fraco: pode-se fazer alguma coisa?" Disse Qibo: "Que perguntas brilhante me fizestes. A capacidade de promover a energia de geração e transformação do céu e da terra a todas as coisas, não pode ser substituída no homem, e a seqüência das quatro estações não deve ser violada pelo homem. Só se deve seguir a atividade das energias das quatro estações para manter a desobstrução dos canais e colaterais, e a fluente circulação da energia e do sangue, assim para resumir sua condição normal de insuficiência de forma gradativa, quando se revigorar ou equilibrar a energia, deve-se observar cuidadosamente e guardar a energia saudável com prudência contra o esgotamento e o consumo. Dessa forma, o físico do paciente irá se recuperar e a energia vital pode ser aumentada dia a dia, e este é chamado de "Método do Rei Santificado". Nos "Essenciais" está escrito: "Não substituir a atividade da energia com o poder do homem, e não violar os movimentos das quatro estações; deve-se conservar a calma e ser paciente quanto à recuperação da energia saudável". O Imperador Amarelo disse: "Muito bem".

六元正纪大论篇第七十一

Capítulo 71
Liu Yuan Zheng Ji Da Lun
(Sobre as Alterações e Símbolos da Movimentação dos Cinco Elementos e os Seis Tipos de Clima no Ciclo de Sessenta Anos)

黄帝问曰：六化六变，胜复淫治，甘苦辛咸酸淡先后，余知之矣。夫五运之化，或从五气，或逆天气，或从天气而逆地气，或从地气而逆天气，或相得，或不相得，余未能明其事。欲通天之纪，从地之理，和其运，调其化，使上下合德，无相夺伦，天地升降，不失其宜，五运宣行，勿乖其政，调之正味，从逆奈何？岐伯稽首再拜对曰：昭乎哉问也，此天地之纲纪，变化之渊源，非圣帝孰能穷其至理欤！臣虽不敏，请陈其道，令终不灭，久而不易。

Disse o Imperador Amarelo: "Agora eu compreendo as condições normais e anormais acerca das seis energias as relações entre a energia dominante e a energia de retaliação, o tratamento para equilibrar o Yin e o Yang e as razões da geração antecipada e da geração tardia causada pelos sabores doce, amargo, picante, ácido e salgado. Mas às vezes, a atividade da energia dos cinco elementos concorda com a energia que controla o céu, às vezes a viola, algumas vezes concorda com a energia que afeta a energia da terra, mas vai contra a energia que controla a energia do céu; por vezes, concorda com a energia que controla a energia celeste mas vai contra a energia que afeta a energia da terra; às vezes uma dá força à outra, e às vezes não; eu não entendo o motivo. Eu desejo seguir a lei das seis energias do céu, obedecer a regra dos seis elementos da terra, regular a atividade de energia do movimento dos cinco elementos, para que as energias superiores, lá em cima e as inferiores, abaixo, não possam violentar uma à outra, manter a ascensão e a queda das energias do céu e da terra dentro dos seus padrões rotineiros, os cinco elementos desimpedidos sem desvio de sua autoridade de mando, ajustando a atividade coincidente ou reversa da energia aos cinco sabores. Como devo fazê-lo?"

Qibo se prosternou muitas vezes e disse: "Que pergunta difícil me propusestes! Este é o princípio guia da geração e transformação do céu e da terra, e é a origem das mutações das seis energias e dos cinco movimentos. Quem pode fazer um inquérito a respeito de sua quintessência a não ser um sábio elevado? Embora eu não

---

Nota do Tradutor: Os números a que se refere este capítulo, bem como as localizações das calamidades nas diversas direções, podem ser constatadas a partir do I Ching, o Livro das Mutações, através do Mapa do Rio Amarelo; segundo o Livro dos Ritos, um dragão-cavalo caiu no Rio Amarelo, carregando em seu dorso um desenho de símbolos que inspirou a Fou-Hi a idéia dos trigramas. Diz-se deste Mapa, que estava preservado na corte por volta de 1709 a.C.; depois disso sumiu, foi matéria de muita especulação e seu desenho foi apresentado ao povo durante o reinado de Hui Tsung, da Dinastia Sung (1101 a 1125 da nossa Era).

tenha talento, tenho o intento de ilustrar seu princípio para vós, para que perdure muito tempo sem mudanças.

帝曰：愿夫子推而次之，从其类序，分其部主，别其宗司，昭其气数，明其正化，可得闻乎？岐伯曰：先立其年以明其气，金木水火土运行之数，寒暑燥湿风火临御之化，则天道可见，民气可调，阴阳卷舒，近而无感，数之可数者，请遂言之。

Disse o Imperador Amarelo: "Espero que possas distinguir para mim a energia hospedeira, a energia convidada, a energia dominante e a energia dominada nos seis tipos de clima, de acordo com as categorias e seqüências e tornar claros os símbolos e as regras da atividade da energia dos cinco movimentos".

Disse Qibo: "Deve-se sobrepor o ciclo decimal e o ciclo duodecimal do primeiro ano para certificar-se da energia dominante do ano, conhecer as condições das energias do metal, da madeira, da água, do fogo e da terra do movimento dos cinco elementos que dominam o ano e as alterações principais e subordinadas dos seis climas, frio, calor, secura, umidade fogo e vento. Dessa forma, a lei da natureza pode ser compreendida, o mecanismo da energia do homem pode ser ajustado e as razões de vitória e derrota do Yin e do Yang podem ser conhecidas sem perplexidade. Os símbolos do clima e a movimentação dos elementos podem ser traçados por cálculo e farei o melhor possível para demonstrá-lo".

帝曰：太阳之政奈何？岐伯曰：辰戌之纪也。

O Imperador Amarelo perguntou: "Quais são as condições de movimento dos cinco elementos e dos seis tipos de clima quando Taiyang está controlando a energia do céu?" Qibo respondeu: "São os dois anos marcados pelos símbolos Chen e Xu no ciclo duodecimal.

太阳　太角　太阴　壬辰　壬戌　其运风，其化鸣紊启圻，其变振拉摧拔，其病眩掉目瞑。

太角初正　少徵　太宫　少商　太羽终

"No ano Chen e no ano Xu, a água fria de Taiyang controla a energia do céu, e a umidade da terra Taiyin afeta a energia da terra; se for encontrado o movimento excessivo da energia da madeira, trata-se dos dois anos de Ren Chen e de Ren Xu. A energia do movimento do ano do ano domina vento; quando a dominação for normal, a madeira terá um som agradável ao soprar do vento, e todas as coisas começarão a surgir; quando a dominação se configurar anormal, o vendaval irá sacudir as gramas e as árvores e estas serão quebradas e destruídas. Como a energia do vento é excessiva, as pessoas irão contrair o mal da tontura e da incongruência da visão. Já que o movimento do ano é madeira, e Ren é um ano Yang, então a então convidada principia no Grande Jue e termina no grande Yu (a seqüência é o Jue Maior, o Zhi Menor, Gong Maior, Shang Menor e Yu Maior). O início e o término da energia convidada é semelhante ao movimento convidado.

太阳　太徵　太阴　戊辰　戊戌同正徵。　其运热，其化暄暑郁燠，其变炎烈沸腾，其病热郁。

太徵　少宫　太商　少羽终　少角初

"Quando Taiyang controla a energia do céu e Taiyin afeta a energia da terra, se for encontrada a energia excessiva do movimento fogo, elas se referem aos dois anos de Wu Chen e de Wu Xu. Embora a energia do fogo nesses dois anos seja excessiva, apesar de que restrita pela água fria dominante de Taiyang que controla a energia do céu, então, o movimento do ano é semelhante ao Zhi Correto (ano do movimento moderado do fogo). A energia do movimento do ano domina o calor; quando a dominação é normal, o clima será cálido e tendendo gradativamente ao calor do verão e à evaporação; se a dominância for anormal, a energia do fogo será de uma força flamejante e a água irá borbulhar e evaporar. No homem, a maioria das doenças se deve ao excesso da energia do fogo e à estagnação do calor perverso. Como o movimento do ano é fogo, e Wu é um ano de Yang, então a energia convidada se inicia no Zhi Maior e termina no Jue Menor (a seqüência é Zhi Maior, Gong Menor, Shang Maior, Yu Menor e Jue Menor). A energia hospedeira começa no Jue menor e termina no Yu Menor (a seqüência é Jue Menor, Zhi Maior, Gong Maior, Shang Maior e Yu Menor).

太阳　太宫　太阴　甲辰岁会^{同天符}　甲戌岁会^{同天符}其运阴埃，其化柔润重泽，其变震惊飘骤，其病湿下重。

太宫　少商　太羽^终　太角^初　少徵

"Quando Taiyang controla a energia do céu e Taiyin afeta a energia da terra, se for encontrado o movimento excessivo da terra, são os dois anos de Jia Chen (ano de convergência e idêntico ao do cômputo celeste) e Jia Xu (ano de convergência e idêntico ao do cômputo celeste). O movimento do ano domina o clima nebuloso e chuvoso. Quando a dominação for normal, a energia da terra será suave e úmida, a chuva e o orvalho irão umedecer a terra de forma adequada; quando a dominação for anormal, irão ocorrer o trovão, o raio e a tempestade. No homem, a doença causada pela energia excessiva do movimento da terra, é o peso na parte inferior do corpo. Como o movimento do ano é terra, e Jia é um ano do Yang, então a energia convidada principia no Gong Maior e termina no Zhi Menor (a seqüência é Gong Maior, Shang Menor, Yu Maior, Jue Maior e Zhi Menor. A energia hospedeira começa em Jue Maior e Zhi Menor), e o movimento hospedeiro começa a partir do Jue Maior e termina no Yu Maior (a seqüência é Jue Maior, Zhi Menor, Gong Maior, Shang Menor e Yu Maior).

太阳　太商　太阴　庚辰　庚戌　其运凉，　其化雾露萧飋，其变肃杀凋零，其病燥背瞀胸满。

太商　少羽^终少角^初　太徵　少宫

"Quando Taiyang estiver controlando a energia do céu e a energia Taiyin estiver afetando a energia da terra, se for encontrada a energia excessiva do metal, são os dois anos de Geng Chen e Gen Xu e os movimentos dos anos são semelhantes aos do Shang Puro que está dominando a friagem. Se a dominância for normal, haverá neblina e orvalho; se a dominância for anormal, haverá restrição e desolação. Já que a energia do metal é excessiva, as pessoas irão contrair dor no ombro, nas costas e no peito. Como o movimento do ano é metal, e Geng é um ano do Yang, então, a energia convidada começa em Shang Maior e termina no Gong Menor (a seqüência é Shang Maior, Yu Menor, Jue Menor, Zhi Maior e Gong Menor). A energia hospedeira começa no Jue menor e termina no Yu Menor (a seqüência é Jue Menor, Zhi Maior, Gong Menor, Shang Maior e Yu Menor).

太阳　太羽　太阴　丙辰天符　丙戌天符　其运寒，其化凝惨凓冽，其变冰雪霜雹，其病大寒留於谿谷。

太羽終　太角初　少徵　太宫　少商

"Quando Taiyang está no controle do céu e Taiyin está afetando a energia da terra, se for encontrada a energia do movimento da água, são os dois anos de Bing Chen (padrão celeste) e Bing Xu (padrão celeste). A energia de movimento do ano domina o frescor. Quando a dominância for normal, haverá um clima frio com gelo, neve, geadas e granizo; quando a dominância for anormal, haverá um clima meio frio com desolação. As pessoas irão contrair o mal da retenção da energia fria nas dobras. Como o movimento do ano é água e Bing é um ano de Yang, então a energia convidada começa a partir do Yu Maior e termina no Shang Menor (a seqüência é Yu Maior, Jue Maior, Zhi Menor, Gong Maior e Shang Menor), e a energia hospedeira começa em Jue Maior e termina em Yu Maior (a seqüência é Jue Maior, Zhi Menor, Gong Maior, Shang Menor e Yu Maior).

凡此太阳司天之政，气化运行先天，天气肃，地气静，寒临太虚，阳气不令，水土合德，上应辰星镇星。其谷玄黅，其政肃，其令徐。寒政大举，泽无阳焰，则火发待时。少阳〔吴本注"阳"作"阴"〕中治，时雨乃涯，止极雨散，还于太阴，云朝北极，湿化乃布，泽流万物，寒敷于上，雷动于下，寒湿之气，持于气交。民病寒湿，发肌肉萎，足萎不收，濡写血溢。初之气，地气迁，气乃大温，草乃早荣，民乃厉，温病乃作，身热头痛呕吐，肌腠疮疡。二之气，大凉反至，民乃惨，草乃遇寒，火气遂抑，民病气郁中满，寒乃始。三之气，天政布，寒气行，雨乃降，民病寒反热中，痈疽注下，心热瞀闷，不治者死。四之气，风湿交争，风化为雨，乃长乃化乃成，民病大热少气，肌肉痿，足痿，注下赤白。五之气，阳复化，草乃长，乃化乃成，民乃舒。终之气，地气正，湿令行，阴凝太虚，埃昏郊野，民乃乃惨凄，寒风以至，反者孕乃死。故岁宜苦以燥之温之〔林校云："详'故岁'九字，当在'避虚邪以安其正'下，错简在此"〕，必折其郁气，先资其化源，抑其运气，扶其不胜，无使暴过而生其疾，食岁谷以全其真，避虚邪以安其正。适气同异，多少制之，同寒湿者燥热化，异寒湿者燥湿化，故同者多之，异者少之，用寒远寒，用凉远凉，用温远温，用热远热，食宜同法。有假者反常，反是者病，所谓时也。

"Sempre que Taiyang estiver dominando o clima e desempenhando seu papel, a atividade da energia virá antes do clima normal da estação. A energia do céu será fria e clara e a energia da terra será calma. Como a energia fria está ocupando o céu, a energia Yang não pode desempenhar seu papel, o frio da água (preto) e a umidade da terra (amarelo) geram um ao outro. Suas estrelas correspondentes são Mercúrio e Saturno. As plantações que vingam são de cor preta e amarela. Seu fenômeno é o solene, sua função a lentidão. Se a função da energia fria se expandir ao extremo, o Yang e o Yin estarão restritos, não haverá energia Yang se evaporando nos rios e nos lagos, e a energia suprimida do fogo irá aguardar uma ocasião para explodir. Quando a energia do fogo do Shaoyin controlar o clima, a chuva irá cessar na época adequada. Mas quando a condição se desenvolver ao extremo, a chuva se tornará rara e Taiyin irá dominar novamente. Então, a energia da terra irá ascender e se transformar em nuvens se movem para o norte carregando chuva, a energia da umidade irá se espalhar em todas as direções, e o molhado da chuva irá atingir todas as coisas. Como a energia da água fria está se espalhando acima, a energia do fogo imperador de Shaoyin estará agindo abaixo, a energia fria e a energia úmida ficarão presas na interseção das energias do céu e da terra. Nesse momento, irão ocorrer nas pessoas os males da flacidez dos músculos e dos pés, devido ao frio-umidade perverso, e diarréia devida à umidade perversa e à perda de sangue.

"No estágio da energia inicial, o fogo imperial de Shaoyin estará desempenhando seu papel. A energia que afeta a energia da terra estará muito deslocada, o clima ficará muito quente e os vários tipos de grama irão florescer mais cedo. Nesse período, as pessoas são capazes de contrair o mal febril epidêmico e sazonal, dos quais as síndromes são febre pelo corpo, dor de cabeça, vômitos e pontos vermelhos na pele.

"No estágio da segunda energia, a energia da secura do metal de Yangming estará desempenhando seu papel, ocorrendo um tempo de grande friagem. As pessoas irão sofrer com o tempo carregado e nublado, os vários tipos de gramas irão sofrer com as energias frias, e a energia do fogo estará restrita. As pessoas irão sofrer os males da energia estagnada no aquecedor médio e distensão no peito e no abdômen. A energia da água fria de Taiyang tem início desde aí.

"No estágio da terceira energia, quando a energia da água fria de Taiyang está desempenhando seu papel, a energia fria irá prevalecer e a chuva irá cair. As pessoas irão contrair com freqüência o mal frio com febre interna como se tivessem carbúnculos, diarréia, febre, sensação febril acompanhada de um desassossego no peito, coma e depressão no peito. Se a doença não for tratada em tempo o paciente irá morrer.

"No estágio da quarta energia, a energia do vento da madeira de Jueyin estará desempenhando seu papel e a umidade da terra em Taiyin será a energia hospedeira. No combate da energia do vento com a energia da umidade, o vento não poderá ultrapassar a umidade e se transformará na chuva que faz com que todas as coisas cresçam, se transformem e sejam maturadas. Nesse momento, as pessoas irão contrair com freqüência, febre alta, deficiência da energia vital, flacidez dos músculos e dos pés, diarréia esbranquiçada e fezes sanguinolentas.

"No estágio da quinta energia, quando a energia do fogo imperial de Shaoyin estiver na posição de dominação, devido à presença da energia convidada, a energia do fogo imperial dificilmente poderá agir. No entanto, devido à combinação do Fogo Imperial de Shaoyin e à umidade da terra de Taiyin, as gramas irão crescer, transformando-se e tomando forma, e as pessoas estarão à vontade, livres de doenças.

"No estágio da energia terminal, a energia da umidade da terra de Taiyin estará desempenhando seu papel, a energia da terra estará próspera e a energia da umidade irá prevalecer. A energia Yin estará como que encalhada no céu, o pó e a areia estarão suspensos para cobrir os arredores, a as pessoas ficarão insatisfeitas e aborrecidas com tal clima. Se o vento frio que sobrepuja a umidade, chegar, irá afetar o corpo humano, a mulher grávida poderá ser atingida e abortar. Se alguém desejar enfraquecer a energia excessiva que causa estagnação, deve cultivar a fonte de geração e transformação para restringir a excessiva energia do movimento do elemento, e apoiar a energia do movimento do elemento que não está dominando. Dessa forma, pode-se evitar em parte a energia superabundante ou em parte a energia deficiente que causam as doenças. Além disso, o paciente poderá fazer com que as colheitas do ano se tornem verdes e amarelas, que são as cores que estão de acordo com a energia de movimento do ano, para preservar a energia verdadeira, afastando o perverso debilitante e a energia perversa que rouba, a fim de manter a energia saudável. Por isso, nesse ano o paciente deve ingerir comida de sabor amargo para dispersar a umidade, mais remédio de sabor amargo e de natureza quente para dispersar o frio. Estabelecer a quantidade de energia de acordo com a similaridade da diferença das energias do movimento. Se o movimento e a energia forem ambos frio e úmido, deve-se aplicar o remédio seco e quente; se o movimento e a energia forem diferentes, com frio e umidade, deve-se aplicar o remédio de secar a umidade; quando o movimento e a energia forem diferentes, a dosagem do remédio deve ser pequena. Evitar o tempo frio para aplicar o remédio de natureza fria. Evitar o clima quente quando aplicar o remédio de natureza cálida, e evitar o clima muito quente quanto aplicar o remédio de natureza muito quente. Quando ingerir comida ou bebida, devem ser observadas as mesmas regras propostas acima. Se a energia substituta estiver desempenhando seu papel e o clima estiver anormal, tal como calor no inverno e frio no verão, e a energia perversa, ao contrário, estiver superabundante, não se deve seguir a regra de evitar o clima frio e o clima quente estabelecida acima, de maneira rígida a ponto de causar doenças, mas tratar a doença de uma outra forma. Isto é o que se chama tratar de maneira diferente de acordo com as diversas condições".

帝曰：善。阳明之政奈何？岐伯曰：卯酉之纪也。

Disse o Imperador Amarelo: "Muito bem. Qual é a condição de movimento dos cinco elementos e dos seis tipos de clima quando Yangming estiver controlando a energia do céu?" Disse Qibo: "Elas são os anos que estão marcados pelos símbolos de Mao e You do ciclo duodecimal.

阳明　少角　少阴　清热胜复同，同正商。丁卯岁会　丁酉　其运风清热

少角初正太徵　少宫　太商　少羽终

"Quando a energia da secura do metal de Yangming estiver controlando a energia da terra e a energia do Fogo imperial de Shaoyin estiver afetando a energia da terra, sendo encontrada a energia insuficiente do movimento da madeira, ocorrerá simultaneamente a dominância da energia fria e a retaliação da energia do fogo. Como a energia da madeira é insuficiente nesse ano, e Yangming está controlando a energia do céu (o metal domina a madeira), então o Shang Superior é semelhante ao Shang Puro (energia moderada do metal). São os anos Ding Mao (o ano da convergência) e Ding You. A energia do movimento do ano é o vento, a energia dominante é a friagem e a energia de retaliação é o calor do fogo imperial. Como o movimento do ano é a madeira, e Ding é um ano Yin, então a energia convidada principia com Jue Menor e termina com Jue Maior (a seqüência é Jue Menor, Zhi Maior, Gong menor, Shang Maior e Yu Menor). O início e o término do movimento hospedeiro são semelhantes aos da energia convidada.

阳明　少徵　少阴　寒雨胜复同　同正商。癸卯同岁会癸酉同岁会其运热寒雨。

少徵　太宫　少商　太羽终　太角初

"Quando o Yangming está controlando a energia do céu e Shaoyin afetando a energia da terra, se for encontrada a energia insuficiente do movimento fogo, irão ocorrer simultaneamente o ultrapassar da energia do frio e a chuva retaliadora (umidade). Como a energia do fogo é insuficiente, e o Yangming está controlando a energia do céu, então o Shang superior se torna semelhante ao Shang Puro. Eles são os dois anos de Gui Mao (o mesmo que o ano de convergência) e Gui You (o mesmo que o ano de convergência). O movimento de energia do ano é o calor forte, a energia que sobrepuja é o frio e a energia de retaliação é a chuva. Como o movimento do ano é fogo e Gui é um ano de Yin, então, a energia convidada começa em Zhi Menor e termina no Jue Maior (a seqüência é Zhi Menor, Gong Maior, Shang Menor, Yu Maior e Jue Maior), e a energia hospedeira começa em Jue Maior e termina em Yu Maior (a seqüência é Jue Maior, Zhi Menor, Gong Maior, Shang Menor e Yu Maior).

阳明　少宫　少阴　风凉胜复同。己卯　己酉　其运雨风凉

少宫　太商　少羽終少角初　太徵

"Quando o Yangming está controlando a energia do céu e Shaoyin está afetando a energia da terra, sendo encontrada energia insuficiente na energia da terra, irão ocorrer simultaneamente a dominância da energia do vento e a retaliação da energia fria. Eles são os dois anos de Ji Mao e Ji You. A energia de movimento do ano é a chuva, a energia de dominância é o vento e a energia de retaliação é a friagem. Como o movimento do ano é terra e Ji é um ano de Yin, então a energia convidada começa no Gong Menor e termina no Zhi Maior (a seqüência é Gong Menor, Shang Maior, Yu Menor, Jue Menor e Zhi Maior), e o movimento hospedeiro começa a partir do Jue Menor e termina em Yu Menor (a seqüência é Jue Menor, Zhi Maior, Gong Menor, Shang Maior e Yu Menor).

阳明　少商　少阴　热寒胜复同，同正商。乙卯天符，乙酉岁会，太乙天符。其运凉热寒。

少商　太羽終　太角初　少徵　太宫

"Quando o Yangming está controlando a energia do céu e Shaoyin está afetando a energia da terra, sendo encontrada energia insuficiente no movimento metal, a energia dominante do calor forte e a energia fria retaliadora vão ocorrer simultaneamente. O Shang superior será semelhante ao Shang Puro. Eles são os dois anos de Yi Mao (ano de correspondência celeste) e Yi You (ano de convergência e de correspondência). A energia do movimento do ano é a friagem, a energia dominante é o calor e a energia de retaliação é o frio. Como o movimento do ano é metal e Yi é um ano de Yin, então o movimento convidado começa em Shang Menor e termina em Gong Maior (a seqüência é Shang Menor, Yu Maior, Jue Maior, Zhi Menor e Gong Maior), e o movimento hospedeiro começa em Jue Maior e termina em Yu Maior (a seqüência é Jue Maior, Zhi Menor, Gong Maior, Shang Menor e Yu Maior).

阳明　少羽　少阴　雨风胜复同，辛卯少宫同。辛酉　辛卯　其运寒雨风。

少羽終　少角初　太徵　太宫　太商

"Quando o Yangming está controlando a energia do céu e o Shaoyin está afetando a energia da terra, sendo encontrada a energia insuficiente do movimento água, ocorrem simultaneamente a chuva (energia da umidade) e a energia retaliadora do

391

vento. Como a energia da água é insuficiente e a energia da terra a subjuga de forma inclemente, o Yu Menor se torna semelhante ao Gong Menor. São os dois anos de Xin Chou e de Xin Mao. A energia do movimento do ano é o frio, a energia dominante é a chuva, e a energia de retaliação é o vento. Como o movimento do ano é água, e Xin é um ano de Yin, então a energia convidada começa no Yu Menor e termina no Shang Maior (a seqüência é Yu Menor, Jue Menor, Zhi Maior, Gong Maior e Shang Maior), e o movimento da energia hospedeira começa no Jue Menor e termina no Yu Menor (a seqüência é Jue Menor, Zhi Maior, Gong Maior, Shang Maior e Yu Menor).

凡此阳明司天之政，气化运行后天，天气急，地气明，阳专其令，炎暑大行，物燥以坚，淳风乃治，风燥横运，流于气交，多阳少阴，云趋雨府，湿化乃敷。燥极而泽，其谷白丹，闲谷命太者，其耗白甲品羽，金火合德，上应太白荧惑。其政切，其令暴，蛰虫乃见，流水不冰，民病咳嗌塞，寒热发，暴振溧癃闷，清先而劲，毛虫乃死，热后而暴，介虫乃殃，其发躁，胜复之作，扰而大乱，清热之气，持于气交。初之气，地气迁，阴始凝，气始肃，水乃冰，寒雨化。其病中热胀，而目浮肿，善眠，鼽衄，嚏欠，呕，小便黄赤，甚则淋。二之气，阳乃布，民乃舒，物乃生荣。厉大至，民善暴死。三之气，天政布，凉乃行，燥热交合，燥极而泽，民病寒热，四之气，寒雨降，病暴仆，振慄谵妄，少气，嗌乾引饮，及为心痛痈肿疮疡虐寒之疾，骨痿血便。五之气，春令反行，草乃生荣，民气和，终之气，阳气布，候反温，蛰虫来见，流水不冰，民乃康平，其病温。故食岁谷以安其气，食间谷以去其邪，岁宜以咸以苦以辛，汗之、清之、散之，安其运气，无使受邪，折其郁气，资其化源。以寒热轻重少多其制，同热者多天化，同清者多地化，用凉远凉，用热远热，用寒远寒，用温远温，食宜同法。有假者反之，此其道也。反是者，乱天地之经，扰阴阳之纪也。

"Sempre que a secura da energia do metal de Yangming estiver controlando a energia do céu e desempenhando seu papel, a atividade da energia irá deixar para trás o clima normal da estação, e o clima será afetado. Como a energia do fogo imperial de Shaoyin está afetando a energia da terra, esta será radiante. Como a energia Yang está dominando a estação, irá prevalecer o calor escorchante, e as gramas e madeiras irão se tornar secas e endurecidas, o que só pode ser recuperado pelo sopro de brisas cálidas. Como as energias do vento e da secura perduram durante o ano e vão de encontro à intersecção das energias do céu e da terra, isso faz com que haja mais energia Yang e menor energia Yin. As nuvens e chuvas ocorrem com freqüência e a energia da umidade da terra se espelha. Mas quando a secura extrema se transforma em umidade, a chuva irá cair. As colheitas do ano, ativadas pela energia benfazeja têm as cores vermelho e branco, gerando a maturidade das colheitas intermediárias, promovidas pela energia intermediária excessiva. Os besouros e a espécie dos insetos voadores serão prejudicados e não poderão se multiplicar. As energias do metal e do fogo se combinam para desempenhar seus papéis, e as estrelas correspondentes acima são Vênus e Marte. A energia do metal está exercendo pressão e a energia do fogo está furiosa e violenta, por isso vão surgir os animais de hibernação, a água irão fluir sem congelar, e as pessoas irão contrair os males da tosse, disfagia, frio e calores súbitos, calafrios e retenção de urina e fezes. Como Yangming está controlando a energia do céu, ele determina o clima da primeira metade do ano e, então, o tempo é frio e exerce pressão na primeira metade do ano, e as lagartas irão morrer; já que Shaoyin está afetando a energia da terra, ele determina o clima na segunda metade do ano e as carpas serão prejudicadas. Já que os ataques da energia do metal e da energia do fogo são súbitos, a mudanças das energias dominantes e de retaliação são freqüentemente desordenadas e as energias do frio e do calor extremos se posicionam na intersecção das energias do céu e da terra.

"No estágio da energia inicial, a energia da umidade da terra em Taiyin está desempenhando seu papel, a energia da terra está se modificando, e a energia Yin começa a se condensar, e como resultado, o clima se torna áspero e restritivo, a água congela, e a chuva fria está se formando. Quando o homem é transpassado pelo clima, ele contrai os males do síndrome de calor interno, plenitude no peito, edema da face e dos olhos, sonolência, rinorréia, epistaxe, corrimento nasal, bocejo, vômitos, amarelidão, urinas vermelhas, urinas freqüentes, urgência na micção, disúria e gotejamento de urinas etc.

"No estágio da segunda energia, a energia do fogo ministerial de Shaoyang está desempenhando seu papel. A energia Yang está se espalhando, as pessoas se sentem à vontade e as gramas e madeiras brotam. Mas a epidemia correrá solta por uns tempos, causando a morte das pessoas.

"No estágio da terceira energia, a secura do metal de Yangming estará desempenhando seu papel. A energia fria começa a operar e a energia da secura e do calor entram em coordenação. Quando a energia da secura atinge seu extremo, vira umidade. Freqüentemente as pessoas contraem malária.

"No estágio da quarta energia, a água fria da energia de Taiyang está desempenhando seu papel. Cai a chuva fria. As pessoas contraem os males de cair de repente, tremem de frio, falam coisas sem sentido, têm respiração curta, garganta seca, sede, dor de cabeça, carbúnculos, malária do tipo frio, síndrome de flacidez envolvendo os ossos, fezes sanguinolentas e hematoquezia.

"No estágio da quinta energia, a energia do vento madeira de Jueyin está desempenhando seu papel, e em vez disso, o outono irá atiçar o decréscimo da primavera. As gramas vão novamente florescer graciosas e as pessoas se sentirão à vontade.

"No estágio da energia terminal, a energia do forte calor do fogo imperial de Shaoyin está desempenhando seu papel, a energia Yang está se espalhando por toda parte, e o clima, ao contrário, está cálido. Os animais hibernantes podem ser vistos do lado de fora, e a água corrente não pode congelar. As pessoas estão quietas e saudáveis mas têm facilidade em contrair os males das febres sazonais.

"Num ano assim, deve-se comer das colheitas da época, que são de cores branca e vermelha a fim de estabilizar a energia saudável; ingerir das colheitas intermediárias, de onde a maturidade é gerada pela energia intermediária para expelir a energia perversa. Aplicar remédios com os sabores salgado, amargo e picante, aplicando além disso terapias de diaforese, eliminação do calor e dispersão, para acompanhar a energia de movimento do elemento. Proteger o paciente contra a energia perversa, enfraquecer a energia estagnada e dar assistência à fonte de geração e de transformação.

Aplicar remédios diferentes de acordo com a extensão de frio e calor: quando a energia que controla a energia do céu e o movimento que afeta a energia da terra, ambas forem quentes, tratar com remédios de natureza fria; quando tanto a energia quanto o movimento não forem frios, tratar com remédios de natureza quente. Não aplicar o remédio de natureza fria no tempo frio, não aplicar o remédio de natureza quente no clima quente, não aplicar o remédio de natureza muito fria no clima muito frio, e não aplicar o remédio de natureza cálida no clima cálido. Quando se ingerir comida e bebia, a mesma regra acima deve ser observada. Quando a energia substituta estiver dominando e o clima for anormal, a doença deve ser tratada de outra maneira. Estes são os métodos de adaptar a lei natural; se ele for violada, estará se instaurando a regra das mudanças naturais e a lei do Yin e do Yang".

帝曰：善。少阳之政奈何？岐伯曰：寅申之纪也。

Disse o Imperador Amarelo: "Muito bem. Qual é a condição quando Shaoyang está controlando a energia celeste?" Disse Qibo: "São os dois anos que são marcados pelos símbolos de Yin e Shen do ciclo duodecimal.

少阳　太角　厥阴　壬寅^{同天符}　壬申^{同天符}　其运风鼓，其化鸣紊启坼，其变振拉摧拔，其病掉眩，支胁，惊骇。

太角^{初正}　少徵　太宫　少商　太羽^终

"Quando Shaoyang está controlando a energia do céu e Jueyin está afetando a energia da terra, se for encontrada a energia excessiva do movimento madeira, são os dois anos de Ren Yin (coincidindo com o ano que domina o céu) e Ren Shen (o mesmo que o ano de controle do céu). A energia de movimento do ano domina o vento e a motilidade. Quando a dominação for normal, as madeiras terão um som agradável ao soprar dos ventos, e todas as coisas começam a despertar; quando a dominação for anormal, o vendaval irá soprar para sacudir e destruir as gramas e as árvores. Como a energia do vento é excessiva, as pessoas vão contrair os males da tontura, dor nos hipocôndrios e do pavor. Como o movimento do ano é madeira e Ren é um ano de Yang, então a energia convidada começa em Jue Maior e termina no Yu Maior (a seqüência é Jue Maior, Zhi Menor, Gong Maior, Shang Menor e Yu Maior). O início e o término do movimento hospedeiro são semelhantes ao da energia convidada.

少阳　太徵　厥阴　戊寅天符　戊申天符。其运暑，其化暄嚣郁燠，其变炎烈沸腾，其病上热郁，血溢血泄心痛。

太徵　少宫　太商　少羽^终　少角^初

"Quando Shaoyang está controlando a energia do céu e Jueyin está afetando a energia da terra, se for encontrada a energia excessiva do movimento fogo, são os dois anos de Wu Yin (ano de comando do céu) e Wu Shen (ano de controle celeste). A energia do movimento do ano domina o calor forte do verão. Quando a dominação for normal, é o calor forte; quando a dominação for anormal, há o calor escorchante e a temperatura de fervura. Quando num homem a energia do fogo for excessiva, irão ocorrer os males da febre na parte superior do corpo, fluxo transbordante de sangue, hematoquezia e dor epigástrica devido à estase do sangue. Como o movimento do ano é o fogo, e Wu é um ano de Yang, então o movimento convidado começa em Zhi Maior e termina em Jue Menor (a seqüência é Zhi Maior, Gong Menor, Shang Maior, Yu Menor e Jue Menor), e o movimento hospedeiro começa em Jue Menor e termina em Yu Menor (a seqüência é Jue Menor, Zhi Maior, Gong Menor, Shang Maior e Yu Menor).

少阳　太宫　厥阴　甲寅　甲申　其运阴雨，其化柔润重泽，其变震惊飘骤，其病体重，肘肿痞饮。

太宫　少商　太羽終　太角初　少徵

"Quando Shaoyang está controlando a energia do céu e Jueyin está afetando a energia da terra, se for encontrada a energia excessiva do movimento terra, são os dois anos de Jia Yin e Jia Shen. A energia do movimento domina o tempo nublado e chuvoso. Quando a dominação for normal, o clima será suave e levemente úmido; quando a dominação for anormal, este será chocante, havendo lufadas súbitas de vento. Como a energia da era é excessiva, as pessoas irão contrair os males do excesso de peso no corpo, edemas e retenção de líquidos no corpo, causando a sensação de plenitude e de opressão. Como o movimento do ano é terra, e Jia é um ano de Yang, então o movimento convidado começa em Gong Maior e termina em Zhi Menor (a seqüência é Gong Maior, Shang Menor, Yu Maior, Jue Maior e Zhi Menor), e a energia hospedeira começa em Jue Maior e termina em Yu Maior (a seqüência é Jue Maior, Zhi Menor, Gong Maior, Shang Menor e Yu Maior).

少阳　太商　厥阴　庚寅　庚申同正商　其运凉，其化雾露清切，其变肃杀凋零，其病肩背胸中。

太商　少羽終　少角初　太徵　少宫

"Quando Shaoyang está controlando a energia do céu e a energia Jueyin está afetando a energia da terra, se for encontrada a energia excessiva do metal, são os dois anos de Geng Yin e de Gen Shen e os movimentos do ano são semelhantes aos do Shang Puro que está dominando a friagem. Se a dominação for normal, será de restrição e desolação. Como a energia do metal é excessiva, as pessoas vão contrair dor no ombro, nas costas e no peito. Como o movimento do ano é metal e Geng é um ano de Yang, então o movimento convidado começa em Shang Maior e termina em Gong Menor (a seqüência é Shang Maior, Yu Menor, Jue Menor, Zhi Maior e Gong Menor). O movimento hospedeiro começa em Jue Menor e termina em Yu Menor (a seqüência é Jue Menor, Zhi Maior, Gong Menor, Shang Maior e Yu Menor).

少阳　太羽　厥阴　丙寅　丙申　其运寒肃，其化凝惨溧冽，其变冰雪霜雹，其病寒浮肿。

太羽終　太角初　少徵　太宫　少商

"Quando Shaoyang está controlando a energia do céu e Jueyin está afetando a energia da terra, se for encontrada a energia excessiva do movimento água, são os dois anos de Bing Yin e Bing Shen. A energia de movimento do ano domina o frio e a aspereza. Quando a dominação for normal, o clima será de condensação, desolação e friagem; quando a dominação for anormal, será um ano de gelos, neve, congelamento e granizo. As pessoas irão contrair os males do resfriado e do edema. Como o movimento do ano é a água, e Bing é um ano de Yang, então o movimento convidado começa em Yu Maior e termina em Shang Menor (a seqüência é Yu Maior, Jue

Maior, Zhi Menor, Gong Maior e Shang Menor), e o movimento hospedeiro começa em Jue Maior e termina em Yu Maior (a seqüência é Jue Maior, Zhi Menor, Gong Maior, Shang Menor e Yu Maior).

凡此少阳司天之政，气化运行先天，天气正，地气扰，风乃暴举，木偃沙飞，炎火乃流，阴行阳化，雨乃时应，火木同德，上应荧惑岁星，其谷丹苍，其政严，其令扰，故风热参布，云物沸腾，太阴横流，寒乃时至，凉雨并起。民病寒中，外发疮疡，内为泄满。故圣人遇之，和而不争，往复之作，民病寒热疟泄，聋瞑呕吐，上怫肿色变。初之气，地气迁，风胜乃摇，寒乃去，候乃大温，草木早荣。寒来不杀，温病乃起，其病气怫于上，血溢目赤，咳逆头痛，血崩胁满，肤腠中疮。二之气，火反郁，白埃四起，云趋雨府，风不胜湿，雨乃零，民乃康，其病热郁于上，咳逆呕吐，疮发于中，胸嗌〔《三因方》引"嗌"作"膻"〕不利，头痛身热，昏愦脓疮。三之气，天政布，炎暑至，少阳临上，雨乃涯，民病热中，聋瞑血溢，脓疮咳呕，鼽衄渴嚏欠，喉痹目赤，善暴死。四之气，凉乃至，炎暑间化，白露降，民气和平，其病满身重。五之气，阳乃去，寒乃来，雨乃降，气门乃闭，刚木早凋，民避寒邪，君子周密。终之气，地气正，风乃至，万物反生，霿雾以行，其病关闭不禁，心痛，阳气不藏而咳。抑其运气，赞所不胜，必折其郁气，先取化源，暴过不生，苛疾不起。故岁宜咸辛宜酸，渗之泄之，渍之发之，观气寒温以调其过，同风热者多寒化，异风热者少寒化，用热远热，用温远温，用寒远寒，用凉远凉，食宜同法，此其道也。有假者反之，反是者病之阶也。

"Toda vez que Shaoyang estiver controlando a energia do céu e estiver cumprindo seu papel, a atividade da energia vem antes do clima normal da estação, a energia celeste é normal, mas a energia da terra está agitada. O vento irá se elevar de súbito, as árvores serão atiradas para baixo, a areia e o pó estarão voando pelos ares e a energia do fogo escorchante estará prevalecendo. Quando a energia do vento de Jueyin se combina com a energia do fogo ministerial de Shaoyang, a chuva cairá no tempo certo. As energias do fogo e da madeira se juntam para desempenhar seus papéis, as estrelas correspondentes acima são Marte e Júpiter, e as colheitas correspondentes são de cor vermelha e verde escura. Como o fogo ministerial de Shaoyang está controlando a energia do céu e o caráter do fogo é urgente, então sua autoridade fica restrita; como a energia do vento madeira está afetando a energia da terra, e o caráter do vento é a mobilidade, então sua aparência é a agitação. Quando a energia do vento e a energia do calor forte se misturam na intersecção das energias do céu e da terra, a evaporação irá parecer nuvens pairando ao léu. Uma vez que a energia da umidade da terra está agindo com fúria assassina, freqüentemente surgirá a energia fria, e a chuva gelada virá com seu advento. Sob estas condições, as pessoas irão contrair a síndrome da estagnação do frio interno que causa dores externas e diarréia e plenitude abdominal no interior. Quando um homem sábio encontra essa condição, ele será capaz de ajustar as energias do frio e do calor a fim de deter sua contenda. Se as energias do frio e do calor forte estiverem em contenda uma vez por outra, irão ocorrer os males da malária, diarréia, surdez, olhos lacrados, vômitos, estagnação das energias do coração e do pulmão, inchaço e alteração da cor da pele.

"No estágio da energia inicial, a energia do fogo imperador de Shaoyin está desempenhando seu papel. A energia da terra está se modificando, a energia do vento está hiperativa, o vento está ondulando, a energia fria está em retirada, o clima estará esquentando e as gramas e madeiras estarão florescendo, ao passo que o frio remanescente não pode romper sua trajetória cuidadosamente. Nesse momento irão ocorrer as enfermidades sazonais febris, e as pessoas irão contrair com freqüência a síndrome depressiva devido ao distúrbio da energia vital na parte superior do corpo, com sangramentos, olhos vermelhos, tosse, contracorrente da energia vital, dor de cabeça, metrorragia, plenitude e distensão nos hipocôndrios e dores na pele.

"No estágio da segunda energia, a energia da umidade da terra de Taiyin desempenha seu papel, e a energia do fogo imperador de Shaoyin, ao contrário, está sendo restringida. Assim, a energia branca está surgindo em toda parte e o tempo se mostra nublado e chuvoso; como a energia do vento não pode ultrapassar a energia da umidade, vão cair chuviscos aqui e ali, as pessoas estarão saudáveis e à vontade. Havendo alguma doença, essa será a estagnação do calor na parte superior do corpo, tosse, contracorrente da energia vital, vômitos, úlcera interna, dor nos músculos do peito, dor de cabeça, febre generalizada, inquietação e dor com pus.

"No estágio da terceira energia, a energia do calor forte de Shaoyang está desempenhando seu papel, e tempo está quente de forma escorchante. Como tanto a energia hospedeira quanto a energia convidada estão desempenhando o papel de fogo ministerial de Shaoyang, a chuva terá cessado. Nesse momento, as pessoas com freqüência irão contrair a síndrome do calor interno, surdez, fechamento dos olhos, hemorragia, tosse, vômitos, nariz tumefacto, corrimento nasal, hemorragia nasal, calafrios, obstrução e dor na garganta, olhos vermelhos. Algumas vezes o paciente pode morrer repentinamente.

"No estágio da quarta energia, e energia fria convidada de Yangming acrescenta se acrescenta à energia da umidade de Taiyin que está dominando a estação; o clima estará bem quente e bem frio alternadamente. O orvalho branco irá cair e as pessoas se sentirão calmas e à vontade. Se houver doenças, elas vão ser a plenitude no peito e peso no corpo.

"No estágio da quinta energia, a energia da água fria de Taiyang está desempenhando seu papel, o calor da energia Yang se dispersou e a energia fria surge com seu aparecimento. A chuva cai e as estrias e orifícios do homem se encolhem e as árvores de madeira dura perecem antes da hora. As pessoas se afastam do frio e vivem despreocupadamente.

"No estágio da energia terminal, a energia do vento de Jueyin desempenha seu papel. Como a energia do vento está se movendo, todas as coisas crescem e se transformam, e ocorre com freqüência o frio com escuridão. Sob essas condições, as pessoas contraem com freqüência, o mal da incontinência de fezes e urina, dores cardíacas e tosse, devidas à incapacidade de fechamento da energia Yang. Ao tratar, deve-se suprimir a energia do movimento em excesso, dar assistência à insuficiência de energia do movimento, debelar a energia estagnada e primeiro tratar a fonte de geração e de transformação. Se não estiver ocorrendo o excesso de energia do movimento, então não irá ocorrer nenhuma doença séria. Quando se tratar, deve-se aplicar os remédios de sabores salgado, picante e ácido, e aplicar as terapias de excreção, purgação, infiltração e diaforese dentro do mesmo ano. Observar a friagem e a quentura da energia do movimento do ano, e ajustar de forma a que não se torne excessiva; quando a energia de movimento do ano for semelhante à assimilação da energia do vento que afeta a energia da terra, tratar com mais remédios de natureza fria e fresca a fim de eliminar o calor; quando não forem semelhantes, tratar com menos remédios de natureza fria e fresca. Não aplicar remédios de natureza quente no calor forte, não aplicar remédios de natureza cálida no tempo morno, não aplicar remédios de natureza fria no tempo frio. Ao ingerir comida ou bebida, devem ser observadas também as regras acima postuladas. Se uma energia substituta estiver dominando, e o clima estiver anormal a doença deve ser tratada de uma outra forma. Estas são as regras fundamentais que não devem ser violadas, para que não causem uma outra doença".

帝曰：善。太阴之政奈何？岐伯曰：丑未之纪也。

Disse o Imperador Amarelo: "Muito bem. Qual é a condição quando Taiyang está controlando a energia celeste?" Disse Qibo: "São os dois anos que são marcados pelos símbolos de Chou e Wei do ciclo duodecimal.

太阴　少角　太阳　清热胜复同，同正宫。丁丑　丁未　其运风清热。

少角初正　太徵　少宫　太商　少羽終

"Quando Taiyin está controlando a energia do céu e Taiyang está afetando a energia da terra, se for encontrada a energia insuficiente do movimento madeira, irá ocorrer simultaneamente a dominância da energia fria e a retaliação da energia do calor forte. Como a energia da madeira é insuficiente e a energia da terra está desempenhando seu papel, o Gong Maior é semelhante ao Gong Puro. São os dois anos de Ding Chou e Ding Wei. A energia de movimento do ano é o vento, e a energia dominante é fria e a de retaliação é extremamente quente. Como o movimento do ano é madeira e Ding é um ano de Yin, então, o movimento convidado começa em Jue Menor e termina em Yu Menor (a seqüência é Jue Menor, Zhi Maior, Gong menor, Shang Maior e Yu Menor). O início e o término da energia hospedeira são semelhantes aos da energia convidada.

太阴　少徵　太阳　寒雨胜复同。　癸丑　癸未　其运热寒雨。

少徵　太宫　少商　太羽終太角初

"Quando Taiyin está controlando a energia do céu e Taiyang está controlando a energia da terra, se for encontrada a energia insuficiente do movimento fogo, irão ocorrer simultaneamente a dominância da energia fria e a energia de retaliação da chuva (umidade). São os dois anos de Gui Chou e de Gui Wei. A energia de movimento do ano é o calor forte, a energia dominante é o frio e a energia de retaliação é a chuva. Como o movimento do ano é fogo e Gui é um ano de Yin, então, o movimento convidado começa em Zhi Menor e termina em Jue Maior (a seqüência é Zhi Menor, Gong Maior, Shang Menor, Yu Maior e Jue Maior), e o movimento hospedeiro começa em Jue Maior e termina em Yu Maior (a seqüência é Jue maior, Zhi Menor, Gong Maior, Shang Menor e Yu Maior).

太阴　少宫　太阳　风清胜复同，同正宫。己丑太乙天符　己未太乙天符，其运雨风清。

少宫　太商　少羽終　少角初　太徵

"Quando Taiyin está controlando a energia do céu e Taiyang está afetando a energia da terra, se for encontrada a energia insuficiente do movimento terra, irão

398

ocorrer simultaneamente a dominância da energia do vento e a retaliação da energia fria. Embora a energia da terra seja insuficiente no ano, e receba a ajuda da umidade da energia da terra que está controlando a energia do céu, então, o Gong Maior é semelhante ao Gong Puro. São os dois anos de Ji Chou (ano de convergência e de correção do céu) e Ji Wei (ano de convergência e de correção do céu). A energia do movimento do ano é a chuva, a energia dominante é o vento e a energia de retaliação é a friagem. Como o movimento do ano é terra e Ji é um ano de Yin, então o movimento convidado começa em Gong menor e termina em Zhi Maior (a seqüência é Gong Menor, Shang Maior, Yu Menor, Jue menor e Zhi maior), e o movimento hospedeiro começa em Jue menor e termina em Yu Menor (a seqüência é Jue Menor, Zhi Maior, Gong Menor, Shang Maior e Yu Menor).

太阴　少商　太阳　热寒胜复同，乙丑　乙未　其运凉热寒。

少商　太羽^終　太角^初　少徵　太宫

"Quando Taiyin está controlando a energia do céu e Taiyang está afetando a energia da terra, se for encontrada a energia insuficiente do metal, ocorrerão simultaneamente a energia dominante do calor forte e a energia fria de retaliação. São os dois anos de Yi Chou e Yi Wei. A energia de movimento do ano é a friagem, a energia dominante é o calor e a energia de retaliação é o frio. Como o movimento do ano é o metal e Yi é um ano de Yin, então, o movimento convidado começa em Shang Menor e termina em Gong maior (a seqüência é Shang Menor, Yu Maior, Jue Maior, Zhi Menor e Gong Maior), e o movimento hospedeiro começa a partir de Jue Maior e termina em Yu Maior (a seqüência é Jue Maior, Zhi Menor, Gong Maior, Shang Menor, Yu Maior).

太阴　少羽　太阳　雨风胜复同，同正宫。辛丑^{同岁会}　辛未^{同岁会}　其运寒雨风。

少羽^終　少角^初　太徵　少宫　太商

"Quando Taiyin está controlando a energia do céu e Taiyang está afetando a energia da terra, se for encontrada a energia insuficiente da energia da água, ocorrerão simultaneamente a dominância da energia da chuva e a retaliação da energia do vento. Como a energia da água é insuficiente dentro do ano, e é excessivamente dominada pela umidade da energia da terra que controla o céu, o Gong Maior é semelhante ao Gong Puro. São os dois anos de Xin Chou (mesmo que o ano de convergência) e Xin Wei (mesmo que o ano de convergência). A energia do movimento do ano é o frio, a energia dominante é a chuva e a energia de retaliação e o vento. Como o movimento do ano é água e Xin é um ano de Yin, então o movimento convidado começa em Yu Menor e termina em Shang Maior (a seqüência é Yu Menor, Jue Menor, Zhi Maior, Gong Menor e Shang Maior), e o movimento hospedeiro começa em Jue Menor e termina em Yu Menor (a seqüência é Jue Menor, Zhi Maior, Gong Menor Shang Maior e Yu Menor).

凡此太阴司天之政，气化运行后天，阴专其政，阳气退辟，大风时起，天气下降，地气上腾，原野昏霿，白埃四起，云奔南极，寒雨数至，物成于差夏。民病寒湿，腹满，身膜愤，胕肿，痞逆寒厥拘急。湿寒合德，黄黑埃昏，流行气交，上应镇星辰星。其政肃，其令寂，其谷黅玄。故阴凝于上，寒积于下，寒水胜火，则为冰雹，阳光不治，杀气乃行。故有余宜高，不及宜下，有余宜晚，不及宜早，土之利，气之化也，民气亦从之，间谷命其太也。初之气，

399

地气迁，寒乃去，春气正，风乃来，生布万物以荣，民气条舒，风湿相薄，雨乃后。民病血溢，筋络拘强，关节不利，身重筋痿。二之气，大火正，物承化，民乃和，其病温厉大行，远近咸若，湿蒸相薄，雨乃时降。三之气，天政布，湿气降，地气腾，雨乃时降，寒乃随之。感于寒湿，则民病身重胕肿，胸腹满。四之气，畏火临，溽蒸化，地气腾，天气否隔，寒风晓暮，蒸热相薄，草木凝烟，湿化不流，则白露阴布，以成秋令。民病腠理热，血暴溢疟，心腹满热，胪胀，甚则胕肿。五之气，惨令已行，寒露下，霜乃早降，草木黄落，寒气及体，君子周密，民病皮腠。终之气，寒大举，湿大化，霜乃积，阴乃凝，水坚冰，阳光不治。感于寒，则病人关节禁固，腰脽痛，寒湿推于气交而为疾也。必折其郁气，而取化源，益其岁气，无使邪胜，食岁谷以全其真，食间谷以保其精。故岁宜以苦燥之温之，甚者发之泄之。不发不泄，则湿气外溢，肉溃皮坼而水血交流。必赞其阳火，令御甚寒，从气异同，少多其判也，同寒者以热化，同湿者以燥化，异者少之，同者多之，用凉远凉，用寒远寒，用温远温，用热远热，食宜同法。假者反之，此其道也，反是者病也。

"Toda vez que Taiyin estiver controlando a energia do céu e desempenhando seu papel, a atividade da energia se posiciona atrás do clima normal da estação. Como a energia Yin está dominando, a energia Yang se retrai, o vendaval sopra com freqüência, a energia do céu desce, a energia da terra ascende, a região inculta ao ar livre fica indistinta e melancólica, as nuvens brancas sobem e se movem para o sul, a chuva fria cai com freqüência e as colheitas só podem maturar depois do Princípio do Outono. As pessoas irão contrair as doenças do frio-umidade, distensão abdominal, plenitude no corpo, edema, obstrução e opressão no peito, inversão da energia vital, extremidades frias devido à astenia da energia Yang e rigidez dos músculos e dos membros. A energia da umidade se combina com a energia fria, fazendo com que o céu se torne melancólico, com poeira amarela e negra flutuando na intersecção das energias do céu e da terra. As estrelas correspondentes acima, são Saturno e Mercúrio, sua autoridade é a solenidade, sua aparência é calma, e as colheitas correspondentes são de cor amarela e negra. Como a energia da umidade da terra se condensa acima, a energia da água fria se condensa abaixo, e a água pode dominar o fogo, por isso, irá ocorrer o granizo. Quando a energia Yang não pode mais desempenhar seu papel, a energia Yin irá prevalecer No ano com movimento excessivo de energia, as plantações devem ser feitas nas terras altas e no ano com movimento escasso de energia, deve-se plantar nas terras baixas; no ano com movimento excessivo de energia, as plantações devem ser feitas mais tarde, e no ano com movimento insuficiente de energia, as plantações devem ser feitas mais cedo. A capacidade de promover o crescimento da terra que provém da natureza e a natureza do corpo humano são a mesma coisa. A maturação das colheitas intermediárias se deve à recepção do excesso de energia intermediária.

"No estágio da energia inicial, a energia do vento de Jueyin está desempenhando seu papel. A energia da terra e a energia do frio se desviam, a primavera chega, a brisa fresca surge, a energia vital se espalha por toda parte e as coisas se tornam florescentes e o homem se sente à vontade. Como a umidade da terra em Taiyin está controlando a energia do céu, a energia do vento e a energia da umidade estão combatendo entre si, e a chuva não irá cair na hora certa. Sob a influência do clima, as pessoas irão contrair os males da hemorragia na boca e no nariz, rigidez e contração muscular, males nas juntas, peso no corpo e síndrome de flacidez envolvendo os músculos.

"No estágio da segunda energia, a energia do fogo imperial de Shaoyin está desempenhando seu papel, todas as coisas caminham como devem ser e as pessoas estão estáveis e calmas. Somente quando a energia da umidade evaporar e combater com a energia do calor, a chuva da época poderá cair.

"No estágio da terceira energia, Taiyin controla a energia do céu e desempenha seu papel, a energia da umidade desce e a energia da terra ascende, a chuva cai na época certa e a energia fria aparece com o seu surgimento. Se um homem contrair o frio-umidade, terá os males de peso no corpo, edema e distensão no peito e no abdômen.

"No estágio da quarta energia, o vigoroso fogo ministerial de Shaoyang está desempenhando seu papel. A energia da umidade evapora, a energia da terra ascende, e a energia celeste estando obstruída, o vento frio sopra de manhã e à noite, a evaporação da umidade e a energia do calor forte combatem uma à outra e parece haver uma nuvem fina se espalhando entre as gramas e as madeiras. Como a energia da umidade está estagnada e cai o orvalho branco, parece ser a estação da colheita do outono. Nesse momento, as pessoas contraem os males do calor na pele, sangramento repentino, malária, calor e distensão no coração e no abdômen, ou até têm edemas.

"No estágio da quinta energia, a secura da energia do metal de Yangming está desempenhando seu papel. O orvalho frio desce, o congelamento pesado desce mais cedo, as gramas e madeiras ficam amarelas e enfraquecidas, e o ser humano é invadido pela energia fria. As pessoas que são boas em preservar sua saúde vivem cuidadosamente para se guardarem contra o fato de contrair a doença. Nesse momento, pode ocorrer, com freqüência, o mal das estrias.

"No estágio da energia terminal, a energia da água fria de Taiyang está desempenhando seu papel. A energia fria é muito forte, a energia da umidade está operando, o frio congelante se estabelece, a água vira gelo duro e a energia Yang dificilmente pode desempenhar seu papel. As pessoas contraem os males da rigidez nas juntas, dor na região lombar e nas pernas, devido à instauração da energia do frio e da energia da umidade na intersecção das energias do céu e da terra.

"Ao tratar, a energia estagnada deve ser enfraquecida para reforçar o surgimento da transformação, devendo-se restringir a excessiva energia do movimento do ano, a fim de se evitar o ferimento da energia perversa abundante. Deve-se usar as colheitas do ano, que são da mesma cor do movimento do mesmo, para manter a energia saudável, e usa-se a colheita intermediária cuja maturidade é promovida pela energia intermediária excessiva, para preservar a energia refinada.

"Neste ano deve-se aplicar remédios de sabor amargo e as terapias de secar e aquecer; para as doenças que sejam severas, deve-se aplicar a indução de terapias de diaforese e as purgativas. Se a energia da umidade não for dispersada, haverá um fluxo excessivo para fora, causando a queda dos músculos, rachaduras na pele e sangramentos. Deve-se dar assistência ao fogo Yang para resistir ao frio cortante e determinar a forma de tratar e a quantidade de remédio a ser aplicado de acordo com a semelhança ou diferença da energia e do movimento. Quando a energia do movimento do ano e a energia que controla a energia do céu são ambas de friagem, ajustá-las com remédios de natureza quente; quando ambas forem de umidade, ajustá-las com remédios de natureza seca; aplicar pequenas doses de remédio quando forem diferentes, e grandes doses quando forem semelhantes. Não aplicar remédios de natureza fresca durante o tempo fresco, não aplicar remédios de natureza muito fria no tempo muito frio, não aplicar remédios cálidos no tempo levemente quente e não aplicar remédios muito quentes no tempo muito quente. Ao se ingerir comida e bebidas, deve ser obedecida a regra acima da mesma forma. Se uma energia substituta estiver dominando e o clima for anormal, a doença deve ser tratada de outra maneira. Estas são as regras fundamentais que não devem ser violadas para não se causar nenhuma doença".

帝曰：善。少阴之政奈何？岐伯曰：子午之纪也。

Disse o Imperador Amarelo: "Muito bem. Qual é a condição quando Shaoyin está controlando a energia celeste?" Disse Qibo: "São os anos marcados pelos símbolos de Zi e Wu do ciclo duodecimal.

少阴 太角 阳明 壬子 壬午 其运风鼓，其化鸣紊启拆，其变振拉摧拔，其病支满。太角初正 少徵 太宫 少商 太羽终

"Quando Shaoyin está controlando a energia do céu e Yangming está afetando a energia da terra, se for encontrada a energia excessiva do movimento madeira, serão os dois anos de Ren Zi e Ren Wu. A energia de movimento do ano domina o vento e a motilidade. Quando a dominação for normal, a madeira terá um som agradável ao soprar do vento e a energia da terra começa a se erguer; quando a dominação for anormal o vendaval estará soprando para quebrar e destruir as gramas e as árvores. As pessoas irão contrair o mal da plenitude epigástrica. Como o movimento do ano é madeira e Ren é um ano de Yang, então o movimento convidado começa em Jue Maior e termina em Yu Maior (a seqüência é Jue Maior, Zhi Menor, Gong maior, Shang Menor e Yu Maior). O começo e o término do movimento hospedeiro é semelhante ao movimento convidado.

少阴 太徵 阳明 戊子天符 戊午太乙天符 其运炎暑，其化暄曜郁燠，其变炎烈沸腾，其病上热血溢。

太徵 少宫 太商 少羽终少角初

"Quando Shaoyin estiver controlando a energia do céu e Yangming está afetando a energia da terra, se for encontrada a energia excessiva do movimento fogo, são os dois anos de Wu Zi (ano da correção celeste) e Wu Wu (ano de correção celeste e de convergência). A energia do movimento do ano domina o calor forte do verão: quando a dominação for normal, o clima é ligeiramente quente, muito quente com evaporação, ocorrendo um clima úmido com chuvas pesadas; quando a dominação for anormal, o clima será escorchante como a fervura. Num homem, irá ocorrer o mal do síndrome-calor na parte superior do corpo, bem como hemorragias. Como o movimento do ano é fogo e Wu é um ano de Yang, então, a energia convidada começa em Zhi Maior e termina em Jue Menor (a seqüência é Zhi Maior, Gong Menor, Shang Maior, Yu Menor e Jue Menor), e o movimento hospedeiro começa em Jue menor e termina em Yu Menor (a seqüência é Jue Menor, Zhi Maior, Gong Menor, Shang Maior e Yu Menor).

少阴　太宫　阳明　甲子　甲午　其运阴雨，其化柔润时雨，其变震惊飘骤，其病中满身重。

太宫　少商　太羽﹡　太角﹡少徵

"Quando Shaoyin estiver controlando a energia do céu e Yangming estiver afetando a energia da terra, se for encontrada a energia excessiva do movimento terra, são os dois anos de Jia Zi e Jia Wu. O movimento do ano domina o clima nublado e chuvoso. Quando a dominação for normal, o clima será suave e úmido; quando a dominação for anormal, haverá choque e lufadas súbitas de vento, e as pessoas irão contrair os males de flatulência abdominal e peso no corpo. Como o movimento do ano é terra e Jia é um ano Yang, então o movimento convidado começa em Gong Maior e termina em Zhi Menor (a seqüência é Gong Maior, Shang Menor, Yu Maior, Jue Maior e Zhi Menor) e o movimento convidado começa em Jue Maior e termina em Yu Maior (a seqüência é Jue Maior, Zhi Menor, Gong Maior, Shang Menor e Yu Maior).

少阴　太商　阳明　庚子﹡同天符庚午﹡同天符　同正商　其运凉劲，其化雾露萧飈，其变肃杀凋零，其病下清。

太商　少羽﹡　少角﹡　太徵　少宫

"Quando Shaoyin está controlando a energia do céu e Yangming está afetando a energia da terra, se for encontrada a energia excessiva do movimento metal, são os dois anos de Gen Zi (igual ao ano de controle celeste) e Geng Wu (igual ao ano de controle celeste). Como a energia do fogo imperial está controlando a energia do céu e o movimento do ano é o excesso de metal, então o Zhi Maior é semelhante ao Shang Puro. O movimento do ano domina o frio e pressiona o clima. Quando a dominação for normal, irá ocorrer um clima de geada, orvalhos e desolação; quando a dominação for anormal, o clima será áspero e as árvores vão apodrecer. As pessoas irão contrair os males da diarréia e da friagem na parte inferior do corpo. Como o movimento do ano é metal e Geng é um ano de Yang, então o movimento convidado começa em Shang Maior e termina em Gong menor (a seqüência é Shang Maior, Yu Menor, Jue Menor, Zhi Maior e Gong Menor), e o movimento hospedeiro começa em Jue Menor e termina em Yu Menor (a seqüência é Jue Menor, Zhi Maior, Gong Menor, Shang Maior e Yu Menor).

少阴　太羽　阳明　丙子岁会　丙午　其运寒，其化凝惨凓冽，其变冰雪霜雹，其病寒下。

太羽﹡　太角﹡　少徵　太宫　少商

"Quando Shaoyin está controlando a energia do céu e Yangming está afetando a energia da terra, se for encontrada a energia excessiva do movimento água, são os dois anos de Bing Zi (ano de convergência) e Bing Wu. A energia de movimento domina a friagem. Quando a dominação for normal, o clima será frio; quando a dominação for anormal, o clima será de gelos, neve, geadas e granizo. As pessoas irão contrair astenia do aquecedor médio e frio no abdômen e nos pés. Como o movimento do ano é água e Bing é um ano de Yang, então o movimento convidado

403

começa em Yu Maior e termina em Shang Menor (a seqüência é Yu Maior, Jue Maior e Jue Maior, Zhi Menor, Gong Maior e Shang Menor), e o movimento hospedeiro começa a partir de Jue Maior e termina em Yu Maior (a seqüência é Jue Maior, Zhi Menor, Gong Maior, Shang Menor e Yu Maior).

凡此少阴司天之政，气化运行先天，地气肃，天气明，寒交暑，热加燥，云驰雨府〔张琦说"上热下燥无湿化流行之理，'云驰'十二字必误衍〕，湿化乃行，时雨乃降，金火合德，上应荧惑太白。其政明，其令切，其谷丹白。水火寒热持于气交而为病始也。热病生于上，清病生于下，寒热凌犯而争于中，民病咳喘，血溢血泄，鼽嚏，目赤，眦疡，寒厥入胃，心痛，腰痛，腹大，嗌乾肿上。初之气，地气迁，燥将去，寒乃始，蛰复藏，水乃冰，霜复降，风乃至，阳气郁，民反周密，关节禁固，腰脏痛，炎暑〔张琦说："'炎暑'二句不伦，必误衍〕将起，中外疮疡。二之气，阳气布，风乃行，春气以正，万物应荣，寒气时至，民乃和，其病淋，目瞑目赤，气郁于上而热。三之气，天政布，大火行，庶类蕃鲜，寒气时至。民病气厥心病，寒热更作，咳喘目赤。四之气，溽暑至，大雨时行，寒热互至。民病寒热，嗌乾，黄瘅，鼽衄，饮发。五之气，畏火临，暑反至，阳乃化，万物乃生乃长荣，民乃康，其病温。终之气，燥令行，余火内格，肿于上，咳喘，甚则血溢。寒气数举，则霿雾翳，病生皮腠，内舍於胁，下连少腹而作寒中，地将易也，必抑其运气，资其岁胜，折其郁发，先取化源，无使暴过而生其病也，食岁谷以全真气，食间谷以辟虚邪。岁宜咸以软之，而调其上，甚则以苦发之，以酸收之，而安其下，甚则以苦泄之，适气同异而多少之，同天气者以寒清化，同地气者以温热化，用热远热，用凉远凉，用温远温，用寒远寒，食宜同法。有假则反，此其道也，反是者病作矣。

"Toda vez que Shaoyin estiver controlando a energia do céu e desempenhando seu papel, a atividade da energia vem antes que o clima normal da estação. A energia da terra afunda e a energia celeste está clara e brilhante. A energia fria ascende para fazer intersecção com a energia do verão, e a energia do calor forte desce para se misturar com a energia da secura; a energia do metal e a energia do fogo se coordenam para desempenhar seus papéis. As estrelas correspondentes acima são Marte e Vênus. O governo da energia celeste é brilhante, e a manifestação da energia da terra é urgente; a cor da colheitas e vermelha e branca as energias fria e quente lutam umas com as outras na intersecção das energias do céu e da terra causando doença ao homem. O mal do calor perverso aparece na parte superior do corpo do homem, e o mal da contenda mútua do frio e do calor surge na parte média do corpo. Sob tais condições, as pessoas contraem com freqüência os males da tosse, da respiração rápida, sangramento na boca e no nariz, fezes sangüinolentas, nariz entumecido, nariz escorrendo, corrimento, olhos vermelhos, dor no canto do olho, síndrome do tipo Jue frio no estômago, dor de cabeça, lumbago, distensão abdominal, garganta seca, inchaço na cabeça e na face etc.

"No estágio da energia inicial, a água fria de Taiyang está desempenhando seu papel. A energia da água vai embora, a energia da secura é removida, a energia fria começa a se tornar ativa, os insetos hibernam, a água dos rios congela, o granizo frio cai novamente, o vento frio sopra com freqüência e a energia Yang fica restrita pela energia fria. Nesse momento, o homem deve tomar cuidado com sua vida. Se deixar de cuidar de si mesmo, irá contrair os males da inconveniência ao mover as juntas e dor na região lombar e nas nádegas. No período que antecede o clima escorchante, pode-se contrair dores internas e externas.

"No estágio da segunda energia, o vento madeira de Jueyin está desempenhando seu papel. A energia Yang se espalha, a energia do vento gira em torno, a energia da primavera deixa o homem bem à vontade, e todas as coisas estão florescentes. Mas devido ao fogo imperial que controla a energia celeste ainda não ser abundante o bastante, a energia fria volta com freqüência. Como as energias de movimento do vento e do fogo se harmonizam com a estação, as pessoas se sentem calmas e à vontade. Devido à energia do calor forte, as pessoas contraem os males da disúria, olhos vermelhos, Qifen estagnado no aquecedor superior e febre pelo corpo.

"No estágio da terceira energia, a energia do fogo imperial de Shaoyin que controla a energia do céu e a energia do movimento do fogo ministerial se combinam para desempenhar seus papéis. A energia do fogo será abundante e todas as coisas serão florescentes e brilhantes, mas devido à invasão freqüente da energia fria, as pessoas vão contrair com freqüência os males das extremidades frias devido ao calor perverso, dor cardíaca, ataques alternados de calor e frio, tosse, respiração acelerada e olhos vermelhos.

"No estágio da quarta energia, a energia da secura da terra em Taiyin está desempenhando seu papel. Chega o clima úmido do verão quente e as grandes chuvas caem com freqüência. O frio e o calor ocorrem alternadamente e as pessoas vão contrair os males do frio e do calor, garganta seca, icterícia, nariz entumecido, corrimento nasal, epistaxe, acúmulo de líquidos corporais excessivos etc.

"No estágio da quinta energia, o fogo ministerial de Shaoyang está desempenhando seu papel, o clima é de um calor escorchante apesar do outono, embora a energia Yang aja e se espalhe, por isso, todas as coisas se tornam floridas e as pessoas gozam de boa saúde. Se houver alguma doença, será a febre sazonal comum.

"No estágio da energia terminal, a secura do metal de Yangming estará desempenhando seu papel, mas o fogo perverso remanescente causa problemas dentro do corpo e as pessoas com freqüência contraem inchaços na cabeça e no rosto, tosse e ficam com a respiração acelerada. Quando isso for severo, pode ocorrer hemorragia na boca e no nariz. Como a energia fria flui constantemente, irá ocorrer o quadro de um céu brumoso e de denso nevoeiro. Num homem, a doença externa irá aparecer nas estrias da pele, a doença interna ficando retida nos hipocôndrios, e o mal do frio pode se alojar no baixo ventre. Nesse momento, a energia da terra estará se retirando.

"Ao tratar, deve-se restringir a energia do movimento, se for excessiva, dar assistência à energia dominante através da energia do movimento do ano, e debelar a energia estagnada.

Ajustar a fonte de geração e transformação, evitando que se torne excessiva a ponto de causar doenças. Ingerir o que for colhido, de acordo com as cores correspondentes às do movimento do elemento do ano, e ingerir as colheitas intermediárias cujo crescimento é gerado pela energia intermediária excessiva, a fim de prevenir a energia perversa. Dentro do ano, deve-se aplicar remédios ou ingerir comida de sabor salgado e de natureza fria, para aplacar a firmeza e adequar a parte superior do corpo, e tomar remédios ou ingerir comida de sabor amargo para posterior purgação; além disso, deve-se tomar remédios de sabor ácido e comidas também ácidas, a fim de restringir e estabilizar a parte inferior do corpo. Determinar a grande ou a pequena quantidade de remédio de acordo com a semelhança ou diferença do movimento com a energia. Quando tanto o movimento quanto a energia do ano, que controlam a energia do céu estiverem quentes, tratar com remédios de natureza fresca ou fria; quando o movimento do ano e a energia que afeta a terra forem ambas frescas, tratar com remédios de natureza quente ou cálida. Não aplicar o remédio de natureza muito quente no clima muito quente, não aplicar o remédio de natureza fresca no clima fresco, não aplicar o remédio de natureza cálida no clima cálido e não aplicar o remédio de natureza fria no clima muito frio. Ao ingerir comidas e bebidas, deve-se da mesma forma obedecer as regras postuladas acima. Se uma energia substituta estiver dominando e o clima for anormal, a doença deve ser tratada de outra maneira. Estas são as regras fundamentais que não devem ser violadas para não se causar nenhuma doença".

帝曰：善。厥阴之政奈何？岐伯曰：巳亥之纪也。

Disse o Imperador Amarelo: "Muito bem. Qual é a condição quando Jueyin está controlando a energia do céu?" Disse Qibo: "São os anos marcados pelos símbolos de Si e Hai do ciclo duodecimal.

厥阴　少角　少阳　清热胜复同，同正角。丁巳天符　丁亥天符　其运风清热。

少角^{初正}　太徵　少宫　太商　少羽^終

"Quando Jueyin estiver controlando a energia do céu e Shaoyang estiver afetando a energia da terra, se for encontrada a energia insuficiente da madeira, ocorrerão simultaneamente a dominância da energia do tempo fresco e a energia de retaliação do calor forte. Como a energia insuficiente da madeira recebe a ajuda de Jueyin que controla a energia do céu, então o Jue Maior é semelhante ao Jue Puro (energia moderada da madeira). São os dois anos de Ding Si (ano de ajuste celeste) e Ding Hai (ano de ajuste celeste). A energia de movimento do ano é o vento, a energia dominante é o frescor e a energia de retaliação é o calor forte. Como o movimento do ano é a madeira e Ding é um ano de Yin, então o movimento convidado começa em Jue Menor e termina em Yu Menor (a seqüência é Jue Menor, Zhi Maior, Gong Menor, Shang Maior e Yu Menor). O início e o término do movimento hospedeiro são o mesmo.

厥阴　少徵　少阳　寒雨胜复同。癸巳^{同岁会}　癸亥^{同岁会}　其运热寒雨。

少徵　太宫　少商　太羽^終太角^初

"Quando Jueyin está no controle da energia celeste e Shaoyang está afetando a energia da terra, se for encontrada insuficiência na energia do fogo, ocorrerão simultaneamente a dominância da energia do frio e energia de retaliação da chuva. São os dois anos de Gui Si (igual ao ano de convergência) e Gui Hai (idêntico ao ano de convergência). A energia do movimento do ano é o calor forte, e energia dominante é o frio, e a energia de retaliação é a chuva. Como o movimento do ano é o fogo e Gui é um ano de Yin, então o convidado principia em Zhi Menor e termina em Jue Maior (a seqüência é Zhi Menor, Gong Maior, Shang Menor, Yu Maior e Jue maior, e o movimento hospedeiro começa em Jue Maior e termina em Yu Maior (a seqüência é Jue Maior, Zhi menor, Gong Maior, Shang Menor e Yu Maior).

406

厥阴　少宫　少阳　风清胜复同，同正角。己巳　己亥　其运雨风清。

少宫　太商　少羽終　少角初　太徵

"Quando Jueyin estiver controlando a energia do céu e Shaoyang estiver afetando a energia da terra, se for encontrada a energia insuficiente do movimento terra, ocorrerão simultaneamente a energia vitoriosa do vento e a energia retaliadora do frescor. Como a energia insuficiente do movimento terra é sobrepujada pela energia do vento madeira que controla a energia do céu, e a energia da terra se assimila à energia da madeira, então, o Jue Superior é semelhante ao Jue Puro. São os dois anos de Ji Si e de Ji Hai. A energia de movimento do ano é a chuva, a energia vitoriosa é o vento e a energia de retaliação é o frescor. Como o movimento do ano é terra, e Ji é um ano de Yin, então o movimento convidado começa a partir de Gong Menor e termina em Zhi Maior (a seqüência é Gong Menor, Shang Maior, Yu Menor, Jue Menor e Zhi Maior), e o movimento hospedeiro começa a partir de Jue Menor e termina em Yu Menor (a seqüência é Jue Menor, Zhi Maior, Gong Menor, Shang Maior e Yu Menor).

厥阴　少商　少阳　热寒胜复同　同正角。乙巳　乙亥　其运凉热寒。

少商　太羽終　太角初　少徵　太宫

"Quando Jueyin está controlando a energia do céu e Shaoyang está afetando a energia da terra, se for encontrada a energia insuficiente do movimento metal, a energia vitoriosa do calor forte e a energia de retaliação do frescor irão ocorrer simultaneamente. Como a energia do movimento metal é insuficiente, e o vento madeira de Jueyin está controlando a energia do céu, o metal não pode mais controlar a madeira, e esta desempenha seu papel, por isso o Jue Superior é semelhante ao Jue Puro. São os dois anos de Yi Si e Yi Hai. A energia de movimento do ano é o frescor, a energia que sobrepuja é o calor forte e a energia de retaliação é o frescor. Como o movimento do ano é metal e Yi é um ano de Yin, então o movimento convidado principia em Shang Menor e termina e Gong Maior (a seqüência é Shang Menor, Yu Maior, Jue Maior, Zhi Menor e Gong maior), e o movimento hospedeiro começa em Jue Maior e termina em Yu Maior (a seqüência é Jue Maior, Zhi Menor, Gong Maior, Shang Menor e Yu Maior).

厥阴　少羽　少阳　雨风胜复同。辛巳　辛亥　其运寒雨风。

少羽終　少角初　太徵　少宫　太商

"Quando Jueyin está controlando a energia do céu e Shaoyang está afetando a energia da terra, se for encontrada a energia insuficiente do movimento água, a energia vitoriosa da chuva e a energia de retaliação do vento ocorrerão simultaneamente. São os dois anos de Xin Si e Xin Hai. A energia de movimento do ano é o frescor, a energia dominante é a chuva e a energia de retaliação é o vento. Como o movimento do ano é água e Xin é um ano de Yin, então, o movimento convidado começa a partir do Yu Menor e termina em Shang Maior (a seqüência é Yu Menor, Jue Menor, Zhi Maior, Gong Menor e Shang Maior), e o movimento hospedeiro começa a partir de Jue Menor e termina em Yu Menor (a seqüência é Jue Menor, Zhi Maior, Gong Menor, Shang Maior e Yu Menor).

凡此厥阴司天之政，气化运行后天，诸同正岁，气化运行同天，天气扰，地气正，风生高远，炎热从之，云趋雨府，湿化乃行，风火同德，上应岁星荧惑。其政挠，其令速，其谷苍丹，间谷言太者，其耗文角品羽。风燥火热，胜复更作，蛰见来见，流水不冰，热病行于下，风病行于上，风燥胜复形于中。初之气，寒始肃，杀气方至，民病寒于右之下。二之气，寒不去，华雪水冰，杀气施化，霜乃降，名草上焦，寒雨数至，阳复化，民病热于中。三之气，天政布，风乃时举，民病泣出耳鸣掉眩。四之气溽暑湿热相薄，争于左之上，民病黄乃而为胕肿。五之气，燥湿更胜，沉阴乃布，寒气及体，风雨乃行。终之气，畏火司令，阳乃大化，蛰虫出见，流水不冰，地气大发，草乃生，人乃舒，其病温厉，必折其郁气，资其化源，赞其运气，无使邪胜。岁宜以辛调上，以咸调下，畏火之气，无妄犯之。用温远温，用热远热，用凉远凉，用寒远寒，食宜同法。有假反常，此之道也，反是者病。

"Toda vez que Jueyin está controlando a energia do céu e desempenhando seu papel a atividade da energia se acha postergada em relação ao clima normal da estação; se for encontrada a energia moderada do ano, a ativação da energia virá de conformidade com o clima normal da estação. Como a energia do vento madeira está controlando a energia do céu, então esta será arrebatadora, e a energia do fogo imperial de Shaoyin está afetando a energia da terra, esta será normal. Como a energia da madeira está em cima, o vento estará soprando bem alto e longe; como a energia do fogo está em baixo um calor escorchante será contínuo. O levar da chuva pelas nuvens é o símbolo do espalhar da umidade da energia da terra, e é o efeito da coordenação da energia do vento e da energia do fogo. As estrelas correspondentes acima, são Júpiter e Marte. Sua autoridade de comando é o vento e o fogo e o ânimo, e o decreto do fogo é urgente. As colheitas correspondentes são das cores verde escuro e vermelho, e a maturação das colheitas intermediárias se promove pela energia intermediária excessiva. Como as energias da secura do vento e do calor do fogo estão combatendo, os animais hibernantes estarão novamente do lado de fora e a água corrente não poderá congelar. Num homem, as doenças do calor perverso estão a ponto de aparecer na parte inferior do corpo; as doenças do vento perverso estarão prontas para surgir na parte superior do corpo, e as doenças da contenção das energia do vento e da secura estarão prontas para ocorrer na parte medial do corpo.

"No estágio da energia inicial, a energia da secura de Yangming está desempenhando seu papel. A energia fria é urgente, as energias da friagem e da restrição acabam de chegar, e as pessoas vão contrair com freqüência uma doença fria por debaixo do hipocôndrio direito.

"No estágio da segunda energia, a energia da água fria de Taiyang está desempenhando seu papel. A energia fria está retida, a neve está sendo soprada para o alto e a água congela no rio; as energias da friagem e da contenção estão desempenhando seus papéis, a queda da geada fria faz com que a ponta dos arbustos enfraqueçam e a chuva fria cai com freqüência. Como o fogo imperial está dominando a estação, a energia Yang será dispersada uma vez mais, e as pessoas irão contrair o mal da retenção do calor perverso no aquecedor médio.

"No estágio da terceira energia, a energia do vento de Jueyin está desempenhando seu papel e o vento sopra com freqüência. Freqüentemente as pessoas contraem males de lágrimas nos olhos, tínito e tontura.

408

"No estágio da quarta energia, a energia do fogo imperial de Shaoyin está desempenhando seu papel. Chega o verão úmido, e a energia da umidade (energia hospedeira) e a energia do calor forte (energia convidada) estão combatendo no lado superior esquerdo do corpo. As pessoas contraem com freqüência o amarelão e os edemas.

"No estágio da quinta energia, a energia hospedeira da secura de Yangming e a energia convidada da umidade de Taiyin se tornam ainda mais abundantes, geralmente o tempo se torna nublado, a energia fria invade o homem e ocorrem tempestades.

"No estágio da energia terminal, a energia convidada do fogo ministerial de Shaoyang está desempenhando seu papel. A energia Yang está superabundante, os hibernantes saem com freqüência, a água corrente não pode congelar. A energia da terra está se desenvolvendo, as várias espécies de gramas crescem novamente, as pessoas se sentem à vontade, o mal sazonal febril está prestes a ser contraído.

"Ao tratar, deve-se enfraquecer a energia dominante que faz com que a energia fique retida, dar assistência à fonte de geração e transformação, salientar a energia do movimento e evitar que a energia perversa ocorra em excesso. Durante o ano, aplicar o sabor picante a fim de adaptar a energia do vento que está em cima, e aplicar o sabor salgado a fim de adaptar a energia do fogo que está embaixo; deve ser apaziguado o fogo ministerial porém de forma que não seja enfrentado diretamente. Não aplicar remédios de natureza morna durante o tempo mais ou menos quente, não aplicar remédios muito quentes durante o calor forte, não aplicar remédios muito frios durante o frio , e não aplicar remédios refrescantes durante o tempo fresco. Ao comer e beber, devem da mesma forma ser obedecidas as regras estabelecidas acima. Quando estiver dominando a energia substituta, e o clima for anormal, o mal deve ser tratado de outra maneira. Estas são as regras fundamentais para tratamento, e não devem ser violadas a fim de não se causar doenças".

帝曰：善。夫子言可谓悉矣，然何以明其应乎？岐伯曰：昭乎哉问也！夫六气者，行有次，止有位，故常以正月朔日平旦视之，睹其位而知其所在矣。运有余，其至先，运不及，其至后，此天之道，气之常也。运非有余非不足，是谓正岁，其至当其时也。帝曰：胜复之气，其常在也。灾眚时至，候他奈何？岐伯曰：非气化者，是谓灾也。

Disse o Imperador Amarelo: "Muito bem. Suas palavras são competentes o bastante, mas como saber se isso tudo dá certo?" Disse Qibo: "Que pergunta difícil me propusestes. O movimento dos seis climas está acompanhando as seqüências regulares e as orientações definidas. Deve-se observar a aurora do primeiro dia do primeiro mês lunar. De acordo com sua posição, pode-se saber se tudo corresponde ou não. Quando a energia de movimento do ano for excessiva, a atividade da energia virá antes do clima normal da estação; quando a energia do movimento do ano for insuficiente, a atividade da energia será deixada para depois do clima normal da estação. Este é o princípio do céu e a li dos seis climas. Se a energia do movimento do ano não for nem excessiva nem insuficiente, é o assim chamado "ano normal", e a atividade da energia vem junto e emparelhada com o clima normal da estação".

O Imperador Amarelo perguntou: "Ocorrem com freqüência a energia dominante, a energia de retaliação; as calamidades, como examiná-las?" Disse Qibo:

409

"Quando a atividade da energia não está em sua posição apropriada, pode ser considerada calamidade".

帝曰：天地之数，终始奈何？岐伯曰：悉乎哉问也！是明道也。数之始，起于上而终于下，岁半之前，天气主之，岁半之后，地气主之，上下交互，气交主之，岁纪毕矣。故曰位明，气月可知乎，所谓气也。帝曰：余司其事，则而行之，不合其数何也？岐伯曰：气用有多少，化洽有盛衰，衰盛多少，同其化也。帝曰：愿闻同化何如？岐伯曰：风温春化同，热臑昏火夏化同，胜与复同，燥清烟露秋化同，云雨昏暝埃长夏化同，寒气霜雪冰冬化同，此天地五运六气之化，更用盛衰之常也。

O Imperador Amarelo perguntou: "Qual a ordem de controle e atingimento dos símbolos iniciais e terminais e das alterações periódicas das energias do céu e da terra?" Disse Qibo: "Que pergunta difícil me propuseste. Seguramente estais empenhado na pesquisa da medicina. Começa a partir da energia do céu e termina na energia da terra; a energia do céu domina a primeira metade do ano; a energia da terra domina a segunda metade do ano, e a energia de intersecção do céu e da terra domina as ações mútuas das energias do céu e da terra. Eis o panorama completo da lei de atividade da energia durante o ano. Por isso, quando se sabe das posições superior, inferior, esquerda e direita da energia, pode-se saber qual energia está dominando respectivamente o mês. A isto se chama conhecer a dominação inicial e terminal das energias do céu e da terra".

Disse o Imperador Amarelo: "Eu examinei a matéria e me comporto da maneira que você mencionou, mas algumas vezes, a dominação das energias do céu e da terra não coincidem com o clima que corresponde ao ano: qual a razão?" Disse Qibo: "A influência dos seis tipos de clima às vezes é excessiva e algumas vezes insuficiente; quando isto se combina ao movimento dos cinco elementos, a energia pode estar próspera ou em declínio. Já que os casos são diversos, existe a assimilação".

O Imperador Amarelo perguntou: "O que é assimilação?" Disse Qibo: "A energia do vento e a energia quente se assimilam à energia da madeira da primavera; a energia deprimente muito quente se assimila à energia do fogo do verão. Existem também assimilações na energia dominante e na energia de retaliação, nas energias da secura, do frescor, serração e orvalho se assimilam à energia do metal do outono, e as energias do granizo e da neve se assimilam à energia da água do inverno. Existe assimilação dos seis tipos de clima no céu e do movimento dos cinco elementos na terra e esta é a lei regular de interação da prosperidade e do declínio".

帝曰：五运行同天化者，命曰，天符，余知之矣。愿闻同地化者何谓也？岐伯曰：太过而同天化者三，不及而同天化者亦三，太过而同地化者三，不及而同地化者亦三。此凡二十四岁也。帝曰：愿闻其所谓也。岐伯曰：甲辰甲戌太宫下加太阴，壬寅壬申太角下加厥阴，庚子庚午太商下加阳明，如是者三。癸巳癸亥少徵下加少阳，辛丑辛未少羽下加太阳，癸卯癸酉少徵下加少阴，如是者三。戊子戊午太徵上临少阴，戊寅戊申太徵上临少阳，丙辰丙戌太羽上临太阳，如是者三。丁巳丁亥少角上临厥阴，乙卯乙酉少商上临阳明，己丑己未少宫上临太阴，如是者三。除此二十四岁，则不加不临也。帝曰：加者何谓？岐伯曰：太过而加同天符，不及而加同岁会也。帝曰：临者何谓？岐伯曰：太过不及，皆曰天符，而变行有多少，病形有微甚，生死有早晏晏耳。

Disse o Imperador Amarelo: "Eu fiquei sabendo que quando a energia de movimento do ano está de acordo com a energia que controla a energia do céu, esta se chama cômputo celeste. Desejo conhecer mais a respeito da condição em que a energia de movimento do ano concorda com a energia que afeta a energia da terra". Disse Qibo: "Existem três casos em que a energia excessiva de movimento do ano está de acordo com a energia que controla a energia do céu e há três casos em que a energia insuficiente do movimento anual concorda com a energia que controla a energia do céu, e há três casos em que a energia excessiva de movimento do ano concorda com a energia que afeta a energia da terra; há três casos em que a energia insuficiente do movimento do ano concorda com a energia que afeta a energia da terra. Todos juntos, formam vinte e quatro anos, com situações diferentes".

Disse o Imperador Amarelo: "Espero conhecer o significado dos três". Disse Qibo: "Nos dois anos de Jia Chen e de Jia Xu, a energia excessiva do movimento terra de assimila ao Taiyin que afeta a energia da terra; nos anos de Ren Yin e Ren Shen, a energia excessiva do movimento madeira se assimila a Jueyin que afeta a energia da terra; nos anos de Geng Zi e Geng Wu, a energia excessiva do movimento metal se assimila ao Yangming que afeta a energia da terra. Esses são os três casos em que a energia excessiva concorda com a energia que afeta a energia da terra.

"Nos dois anos de Gui Si e Gui Hai, a energia insuficiente do movimento fogo se assimila a Shaoyang que afeta a energia da terra; nos anos de Xin Chou e Xin Wei, a energia insuficiente do movimento água se assimila a Taiyang que afeta a energia da terra; nos anos de Gui Mao e Gui You, a energia insuficiente do movimento fogo se assimila a Shaoyin que afeta a energia a terra. Esses são os três casos em que a energia insuficiente está de acordo com a energia que afeta a energia da terra.

"Nos dois anos de Wu Zi e Wu Wu, a energia excessiva do movimento fogo se assimila a Shaoyin que controla a energia do céu; nos anos de Wu Yin e Wu Shen, a energia excessiva do movimento fogo se assimila a Shaoyang que controla a energia do céu; nos anos de Bing Chen e Bing Xu, a energia excessiva do movimento água se assimila a Taiyang que controla a energia do céu. Ocorrem os três casos quando a energia excessiva concorda com a energia que controla a energia do céu.

"Nos dois anos de Ding Si e Ding Hai, a energia insuficiente do movimento madeira assimila-se a Jueyin que controla a energia do céu nos anos de Yi Mao e Yi You, a energia insuficiente do movimento metal se assimila ao Yangming que controla a energia do céu; nos anos de Ji Chou e Ji Wei, a energia insuficiente do movimento terra se assimila a Taiyin que controla a energia do céu. Esses são os três casos em que a energia insuficiente está de acordo com a energia que controla a energia do céu.

"Além dos vinte e quatro anos, não há outra energia do movimento do ano que concorde com a energia que controla a energia do céu ou que afete a energia da terra".

O Imperador Amarelo perguntou: "Qual a condição, quando o movimento do ano concorda com a energia que afeta a energia da terra?" Disse Qibo: "Quando a energia excessiva concorda com a energia que afeta a energia da terra, chama-se

411

"concordante com o cômputo celeste"; quando a energia insuficiente concorda com a energia que afeta a energia da terra, chama-se "concordante com o ano de convergência". O Imperador Amarelo perguntou: "Qual é a condição em que o movimento do ano concorda com a energia que controla a energia do céu?" Disse Qibo: "Quando a energia excessiva ou a energia insuficiente concordam com o movimento do ano, ambas se chamam cômputo celeste, e apenas a extensão da operação da energia pode ser maior ou menor, a condição das doenças pode ser mais severa ou mais leve, e o tempo de sobrevida do paciente ou sua morte podem ser abreviados ou demorar".

帝曰：夫子言用寒远寒，用热远热，余未知其然也，愿闻何谓远？岐伯曰：热无犯热，寒无犯寒，从者和，逆者病，不可不敬畏而远之，所谓时兴〔《素问校讹》引古抄本"兴"作"与"〕六位也。帝曰：温凉何如？岐伯曰：司气以热，用热无犯，司气以寒，用寒无犯，司气以凉，用凉无犯，司气以温，用温无犯，闲气同其主无犯，异其主则小犯之，是谓四畏，必谨察之。帝曰：善。其犯者何如？岐伯曰：天气反时，则可依及胜其主则可犯，以平为期，而不可过，是谓邪气反胜者。故曰：无失天信，无逆气宜，无翼其胜，无赞其复，是谓至治。

Disse o Imperador Amarelo: "Como tu o disseste, não aplicar remédios de natureza fria no tempo frio e não aplicar remédios de natureza quente no tempo muito quente, e eu não sei exatamente como fazê-lo; espero que me possas especificar em detalhes". Disse Qibo: "Ao aplicar o remédio de natureza quente, não se deve estar em desacordo com o clima quente. Quando se aplica o remédio de natureza fria, não se deve contrariar o clima frio. Quando se segue esta lei, o paciente fica à vontade e calmo; caso contrário, a doença se tornará mais séria, devendo-se tomar cuidado para não contrariar esse fato. Isto indica a energia hospedeira (que domina as quatro estações) e a energia convidada (as seis energias que cooperam com as quatro estações)".

O Imperador Amarelo perguntou: "Já que a tepidez e o frescor são inferiores ao calor e à friagem, podem ser violados a tepidez e o frescor?" Disse Qibo: "Quando a energia do movimento é quente, deve-se evitar aplicar remédios de natureza quente; quando o a energia do movimento é fria, deve-se evitar aplicar remédios de natureza fria; quando o movimento da energia é o frescor, deve-se evitar aplicar remédios de natureza fresca; quando a energia do movimento for de natureza tépida, deve-se evitar aplicar remédios de natureza tépida. Quando a energia intermediária for semelhante à energia hospedeira, de maneira que ambas sejam quentes ou frias, a energia será forte e não deve ser violada; se a energia intermediária for diferente da energia hospedeira, pode ser ligeiramente violada. A friagem, a quentura, a tepidez e o frescor são chamados os quatro temores, e devem ser cuidadosamente observados, prestando-se muita atenção em evitá-los".

Disse o Imperador Amarelo: "Muito bem. Mas no momento em que esta condição pode ser violada, como se deve fazer?" Disse Qibo: "Quando a energia convidada não está de acordo com a energia hospedeira, a energia hospedeira deve ser seguida; quando a energia convidada for mais forte do que a energia hospedeira também pode ser violada, mas esta violação deve se limitar ao nível e equilíbrio e não de ser ultrapassada. Isto porque, a energia perversa, ao contrário está sobrepujando a energia que domina a estação. Por esse motivo, a forma de tratar não está causando violação ao momento de chegada da energia convidada e da energia hospedeira, nem violando a frio, o quente, o tépido e o fresco e nem colocando em destaque a energia dominante ou a energia de retaliação; esta é a melhor forma de tratar".

帝曰：善。五运气行主岁之纪，其有常数乎？岐伯曰：臣请次之。

甲子甲午岁

上少阴火　中太宫土运，下阳明金　热化二，雨化五，燥化四，所谓正化日也。其化上咸寒，中苦热，下酸热，所谓药食宜也。

Disse o Imperador Amarelo: "Muito bem. Existe algum número regular na atividade da energia de movimento do elemento que domina o ano?" Disse Qibo: "Deixe-me dizê-lo na seqüência:

Nos anos de Jia Zi e Jia Wu, Shaoyin está controlando a energia do céu e Yangming está afetando a energia da terra, por isso, o movimento superior é o fogo imperador de Shaoyin, o movimento inferior é a secura do metal de Yangming, e o movimento intermediário do ano é a energia excessiva do movimento terra de Gong Maior. O número produzido pelo fogo imperial que controla a energia do céu acima, é dois; o número produzido pela energia excessiva do movimento da energia da terra no ano é cinco, e o número resultante da energia da secura que afeta a energia da terra abaixo, é quatro. Durante o ano, não há energias de dominância e de retaliação. Como os movimentos superior, médio e inferior são todos assimilados à energia saudável, esta se chama atividade normal da energia. Ao tratar a doença causada pela energia do calor que controla a energia do céu, deve-se aplicar o sabor salgado e de natureza fria; ao se tratar a doença causada da energia úmida da chuva do movimento médio, o remédio a ser aplicado é o de sabor amargo e de natureza quente; ao tratar a doença causada pela energia da secura eu afeta a terra, o remédio a ser aplicado é o de sabor ácido e de natureza quente. Estas são as maneiras apropriadas de se aplicar os remédios nesses dois anos.

乙丑乙未岁

上太阴土　中少商金运　下太阳水　热化寒化胜复同，所谓邪气化日也。灾七宫。湿化五，清化四，寒化六，所谓正化日也。其化上苦热，中酸和，下甘热，所谓药食宜也。

"Nos anos de Yi Chow e Yi Wei, Taiyin está controlando a energia do céu acima e Taiyang está afetando a energia da terra abaixo, por isso o movimento superior é a umidade da terra de Taiyin e o movimento inferior é a água fria de Taiyang, e o movimento intermediário é Shang Menor que é a energia insuficiente do movimento metal. A energia dominante é o calor que se assimila e a energia de retaliação que é o frio que se assimila vão ocorrer simultaneamente. Como a assimilação de ambas, as energias, a de dominância e a de retaliação são energias anormais, são chamadas energias que se assimilam à energia perversa. A calamidade causada está no oeste, o número resultante da energia assimilada da umidade que controla a energia do céu é cinco; o número produzido pela energia fria assimilada no movimento médio é quatro; o número de perfeição da energia fria assimilada que afeta a energia da terra é seis. Como todas as energias de assimilação são energias saudáveis, elas são chamadas energias de assimilação saudável. Ao tratar a doença causada pela energia da umidade que controla a energia do céu, deve-se aplicar o remédio de sabor amargo e natureza quente; ao tratar a doença causada pela energia fresca do movimento médio do ano, o remédio a ser aplicado é o de sabor ácido e natureza suave; ao tratar a doença causada pela energia fria que afeta a energia da terra, o remédio a ser aplicado é o de sabor doce e de natureza quente. Estes são os meios apropriados de aplicar os remédios nestes dois anos.

丙寅　丙申岁

上少阳相火，中太羽水运，下厥阴木，火化二，寒化六、风化三，所谓正化日也。其化上咸寒，中咸温，下辛温，所谓药食宜也。

"Nos dois anos de Bing Yin e Bing Shen, Shaoyang está controlando a energia do céu acima, e Jueyin está afetando a energia da terra abaixo, por isso, o movimento superior é o fogo ministerial de Shaoyang, o movimento inferior é o vento madeira de Jueyin, e o movimento medial é o Grande Yu que é a energia excessiva do movimento água. O número resultante da assimilação do fogo ministerial que controla a energia do céu é dois; o número de perfeição da assimilação da energia da água do movimento médio é seis; o número resultante da assimilação da energia do vento que afeta a energia da terra é três. Como todas as energias de assimilação são energias saudáveis, são chamadas assimilação das energias saudáveis. Ao tratar a doença causada pela energia do fogo que controla a energia do céu, deve-se aplicar o remédio de sabor salgado e de natureza fria; ao tratar a doença causada pela energia excessiva da água do movimento médio, deve-se aplicar o remédio de sabor salgado e natureza quente; ao tratar a doença causada pela energia do vento que afeta a energia da terra, deve-se aplicar o remédio de sabor picante e de natureza quente. Estes são os meios adequados de se aplicar remédios nestes dois anos.

丁卯岁金　丁酉岁

上阳明金，中少角木运，下少阴火，清化热化胜复同，所谓邪气化日也，灾三宫。燥化九，风化三，热化七，所谓正化日也。其化上苦小温，中辛和，下咸寒，所谓药食宜也。

"Nos anos de Ding Mao (anos de convergência) e Ding You, Yangming está controlando a energia do céu acima e Shaoyin está afetando a energia da terra abaixo, por isso, o movimento superior é a secura metal de Yangming, o movimento inferior é o calor do fogo imperial de Shaoyin e o movimento medial é o Jue Menor que é a energia insuficiente do movimento madeira. A energia dominante do frescor que se assimila e a energia de retaliação do calor que se assimila ocorrem simultaneamente. Como as energias de assimilação são as energias perversas, elas são chamadas de assimilação das energias perversas. A calamidade está no leste. O número de perfeição da energia de assimilação da secura que controla a energia do céu é nove; o número resultante da energia de assimilação do vento do movimento do meio é três, e o número de perfeição da energia do calor de assimilação que afeta a energia da terra é sete. Como todas as energias que se assimilação são saudáveis, elas são chamadas de assimilação das energias saudáveis. Ao tratar a doença causada pela energia da secura que controla a energia do céu, deve-se aplicar o remédio de sabor amargo e de natureza levemente tépida; ao tratar a doença causada pela energia insuficiente da energia do vento do movimento medial, deve-se aplicar o remédio picante de natureza suave; ao tratar a doença causada pela energia do calor que afeta a energia da terra, deve-se aplicar o remédio de sabor salgado e de natureza fria. Estas são as formas apropriadas de se aplicar remédios nestes dois anos.

戊辰　戊戌岁

上太阳水，中太徵火运，下太阴土，寒化六，热化七，湿化五，所谓正化日也。其化上苦温，中甘和，下甘温，所谓药食宜也。

"Nos anos de Wu Chen e Wu Xu, Taiyang está controlando acima a energia do céu e Taiyin está afetando abaixo a energia da terra, por isso o movimento superior é a água fria de Taiyang, o movimento inferior é a secura da terra de Taiyin e o movimento do meio é o Thi maior que é a energia excessiva do movimento fogo. O número de perfeição da energia fria de assimilação que controla a energia do céu é seis; o número de perfeição da energia de assimilação do fogo do movimento do meio é sete; o número resultante da energia de assimilação da umidade que afeta a terra é cinco. Como todas as energias de assimilação são saudáveis, elas são chamadas de assimilação das energias saudáveis. Ao tratar a doença causada pela energia fria que controla a energia do céu, devem ser empregados remédios de sabor amargo e natureza morna; ao tratar a doença causada pela energia do fogo do movimento do meio, deve-se empregar o sabor doce e a natureza suave; ao tratar a doença causada pela energia da secura que afeta a energia da terra, deve-se empregar remédios de sabor doce e natureza morna. Essas são as formas corretas de se ministrar remédios nesses dois anos.

己巳　己亥岁

上厥阴木，中少宫土运，下少阳相火，风化清化胜复同，所谓邪气化日也。灾五宫。风化三，湿化五，火化七，所谓正化日也。其化上辛凉，中甘和，下咸寒，所谓药食宜也。

Nos anos de Ji Si e Ji Hai, Jueyin está controlando acima a energia do céu e Shaoyang está afetando abaixo a energia da terra, por isso, o movimento superior é a energia do vento-madeira de Jueyin, o movimento inferior é o fogo ministerial de Shaoyang e o movimento do meio é o Gong menor, que é a energia insuficiente do movimento terra. A energia dominante do vento assimilado e a energia da retalhação do frescor, irão ocorrer simultaneamente. Já que as energias de assimilação, tanto das energias de dominância quanto de retalhação são anormais ao ano, elas são chamadas de assimilação de energias perversas. A calamidade causada está no centro. O número de geração da energia assimilada do vento que controla a energia do céu é três; o número de geração da energia de assimilação da secura do movimento do meio é cinco, e o número resultante da energia de assimilação do fogo que afeta a energia da terra é sete. Como todas as energias de assimilação são saudáveis, elas são chamadas de assimilação das energias saudáveis. Ao tratar a enfermidade causada pela energia do vento que controla a energia do céu, deve-se aplicar o remédio de sabor picante e de natureza fresca. Ao tratar a doença causada pela energia insuficiente da terra do movimento do meio, deve-se aplicar um remédio de sabor doce e de natureza suave; ao tratar a enfermidade causada pela energia do fogo ministerial que afeta a energia da terra, deve-se aplicar o remédio de sabor salgado e de natureza fria. Essas são as formas adequadas para se ministrar remédios nesses dois anos.

庚午^{同天符}　庚子岁^{同天符}

上少阴火，中太商金运，下阳明金，热化七，清化九，燥化九，所谓正化日也。其化上咸寒，中辛温，下酸温，所谓药食宜也。

"Nos anos de Geng Wu (idêntico ao ano do cômputo celeste) e Geng Zi (idêntico ao ano do cômputo celeste), Shaoyin está controlando acima a energia do céu e Yangming está afetando abaixo a energia da terra, por isso, o movimento superior é o calor do fogo imperial de Shaoyin, o movimento inferior é a secura do metal de Yangming, e o movimento medial é o Shang Maior que é a energia excessiva do movimento metal. O número de perfeição da assimilação da energia do calor que controla a energia do céu é sete; o número de perfeição da assimilação da energia fresca do movimento medial é nove; o número de perfeição da assimilação da energia da secura que afeta a energia da terra é nove. Como todas as energias assimiladas são saudáveis, elas são chamadas energias de assimilação da saúde. Quando se tratar a doença causada pela energia do calor que controla a energia do céu, o remédio deve ter sabor salgado e ser de natureza fria. Ao se tratar a doença causada pela energia fresca do movimento médio, deve-se aplicar o remédio de sabor picante e de natureza quente. Ao tratar a doença causada pela energia da secura que afeta a energia da terra, deve-se aplicar o remédio de sabor ácido e de natureza quente. Estes são os meios adequados de se aplicar remédios nesses dois anos.

辛未^{同岁会}辛丑岁^{同岁会}

上太阴土，中少羽水运，下太阳水，雨化风化胜复同，所谓邪气化日也。灾一宫。雨化五，寒化一，所谓正化日也。其化上苦热，中苦和，下苦热，所谓药食宜也。

"Nos anos de Xin Wei (idêntico ao ano de convergência) e Xin Chou (idêntico ao ano de convergência), Taiyin está acima no controle dos céus, e Taiyang está afetando abaixo a energia da terra, por isso, o movimento superior é a terra encharcada de Taiyin, o movimento inferior é o movimento da água fria de Taiyang. A energia vencedora da assimilação da chuva e da energia de retaliação da assimilação irão ocorrer simultaneamente. Como as duas energias de assimilação de supremacia e de retaliação são as energias anormais do ano, são chamadas de energia de assimilação. A calamidade causada está ao norte. O número resultante da energia de assimilação da chuva que controla a energia do céu é cinco; o número resultante da energia fria que afeta a energia da terra é um. Como as energias de assimilação são todas saudáveis, elas são chamadas de energias saudáveis de assimilação. Quando se trata a doença causada pela energia da umidade que controla a energia do céu, aplica-se o remédio de sabor amargo e de natureza quente; quando se trata a doença causada pela energia insuficiente da água do movimento médio, deve-se aplicar o remédio de sabor amargo e de natureza leve; quando se trata a doença causada pela energia fria que afeta a energia da terra, deve-se aplicar o remédio de sabor amargo e natureza quente. Esta é a forma adequada de se ministrar remédios nesses dois anos.

壬申^{同天符}　壬寅岁^{天同符}

上少阳相火，中太角木运，下厥阴木，火化二，风化八，所谓正化日也。其化上咸寒，中酸和，下辛凉，所谓药食宜也。

"Nos anos de Ren Shen (idêntico ao ano do comando celeste) e de Ren Yin (idêntico ao ano de comando do céu), Shaoyang está controlando a energia celeste acima e Jueyin está afetando a energia terrestre abaixo. Por isso, o movimento superior é o fogo ministerial de Shaoyang; o movimento inferior é o vento da madeira de Jueyin e o movimento do meio é o Jue maior, que é a energia excessiva do movimento madeira. O número resultante da assimilação da energia do fogo que controla a energia do céu é dois; o número de cumprimento da energia de assimilação do vento que afeta a energia da terra é oito. Como as duas energias de assimilação são saudáveis, elas se chamam energias de assimilação saudável. Ao tratar a doença causada pela energia do fogo ministerial que controla a energia do céu, deve-se aplicar o remédio de sabor salgado e de natureza fria. Ao tratar a doença causada pela energia excessiva da madeira do movimento do meio, deve-se aplicar o remédio de sabor ácido e de natureza suave. Ao tratar a doença causada pela energia do vento que afeta a energia da terra, deve-se aplicar o remédio de sabor picante e de natureza fria. Estas são as maneiras apropriadas de se ministrar remédios nesses dois anos.

癸酉^{同岁会}　癸卯岁^{同岁会}

上阳明金，中少徵火运，下少阴火，寒化雨化胜复同，所谓邪气化日也。灾九宫。燥化九，热化二，所谓正化日也。其化上苦小温，中咸温，下咸寒，所谓药食宜也。

Nos anos de Gui You (idêntico ao ano de convergência) e de Gui Mao (idêntico ao ano de convergência), Yangming está controlando acima a energia do céu e Shaoyin abaixo está afetando a energia da terra. Por isso, o movimento superior é o frescor do metal de Yangming, o movimento inferior é o calor do fogo imperial de Shaoyin, e o movimento do meio é o Thi Menor que é a energia insuficiente do movimento fogo. A energia dominante da assimilação do frio e a energia de retalhação da chuva aparecem simultaneamente. Já que as energias de assimilação de dominância e retalhação do ano são ambas energias anormais, elas são chamadas de assimilação das energias perversas. A calamidade causada está no sul. O número de perfeição da energia de assimilação da secura, que controla a energia do céu é nove, o número gerado pela energia de assimilação do calor que afeta a energia da terra é dois. Já que as energias de assimilação são ambas saudáveis, elas são chamadas de assimilação das energias saudáveis. Quando tratar a doença causada pela energia da secura que controla a energia do céu, deve-se aplicar o remédio de sabor amargo e de natureza ligeiramente morna; ao tratar a doença causada pela energia insuficiente do fogo no movimento do meio, deve-se aplicar o remédio de sabor salgado e natureza morna; ao tratar a doença causada pela energia do calor que afeta a energia da terra, deve-se empregar o remédio de sabor salgado e de natureza fria. Essas são as formas adequadas de se ministrar remédios nesses dois anos.

甲戌^{岁会同天符}　甲辰岁^{岁会同天符}

上太阳水，中太宫土运，下太阴土，寒化六，湿化五，正化日也。其化上苦热，中苦温，下苦温，药食宜也。

"Nos anos de Jia Xu (ano de convergência e idêntico ao ano do comando celeste) e Jia Chen (ano de convergência e idêntico ao ano do comando celeste), Taiyang está controlando acima a energia do céu, Taiyin está afetando abaixo a energia da terra.

Por isso, o movimento superior é a água fria de Taiyang, o movimento inferior é a umidade da terra em Taiyin, e o movimento do meio é o Gong maior, que é a energia excessiva do movimento terra. O número de perfeição da energia de assimilação do frio que controla a energia do céu é seis, e o número resultante da energia de assimilação da umidade que afeta a energia da terra é cinco. Já que as energias de assimilação são ambas saudáveis, elas são chamadas de assimilação das energias saudáveis. Ao tratar a doença causada pela energia do frio que controla a energia da terra, deve-se empregar o remédio de sabor amargo e de natureza quente; ao tratar a doença causada pela energia excessiva da terra, no movimento do meio, deve-se empregar o remédio de sabor amargo e natureza morna; ao tratar a doença causada pela energia da umidade que afeta a energia da terra, deve-se empregar o remédio de sabor amargo e natureza morna. Essas são as formas adequadas de se ministrar remédios nesses dois anos.

乙亥　乙巳岁

上厥阴木，中少商金运，下少阳相火，热化寒化胜复同，邪气化日也。灾七宫。风化八，清化四，火化二，正化度也。其化上辛凉，中酸和，下咸寒，药食宜也。

"Nos anos de Yi Hai e de Yi Si, Jueyin está controlando acima a energia celeste e Shaoyang está afetando a energia da terra abaixo. Por isso, o movimento superior é o vento da madeira de Jueyin, o movimento inferior é o fogo ministerial de Shaoyang e o movimento médio é o Shang menor que é a energia insuficiente do movimento metal. A energia dominante da assimilação do calor e a energia de retaliação da assimilação do frio irão ocorrer simultaneamente. Como ambas as energias de assimilação da dominância e retaliação são as energias anormais do ano, elas são chamadas de assimilação da energia perversa. A calamidade causada está a oeste. O número de cumprimento da energia de assimilação do vento que controla a energia do céu é oito; o número resultante da energia de assimilação do frescor no movimento do meio é quatro, e o número resultante da energia do fogo ministerial que afeta a energia da terra é dois. Como as energias de assimilação são todas saudáveis, elas são chamadas de assimilação das energias saudáveis. Ao tratar a doença causada pela energia do vento que controla a energia do céu, deve ser empregado o remédio de sabor picante e de natureza fresca; ao tratar a enfermidade causada pela energia da secura do movimento do meio, deve-se aplicar o remédio de sabor ácido e de natureza suave; ao tratar a doença causada pela energia do fogo ministerial que afeta a energia da terra, deve-se aplicar o remédio de sabor salgado e de natureza fria. Estas são as formas adequadas de se aplicar remédios nesses dois anos.

丙子岁会　丙午岁

上少阴火，中太羽水运，下阳明金，热化二，寒化六，清化四，正化度也。其化上咸寒，中咸热，下酸温，药食宜也。

"Nos anos de Bing Zi (ano de convergência) e de Bing Wu, Shaoyin está controlando acima a energia do céu e Yangming está afetando a energia da terra abaixo. Por isso, Shaoyin é o movimento do fogo imperial, o movimento inferior é a secura metal de Yangming, e o movimento do meio é o Yu maior que é a energia excessiva do movimento água. O número resultante da energia de assimilação do calor que controla a energia do céu é dois; o número de cumprimento da energia de assimilação do frio do movimento do meio é seis, e o número resultante da energia de assimilação do frio que afeta a terra é quatro. Como todas são energias saudáveis, elas são chamadas de energias saudáveis de assimilação. Ao tratar o mal causado pela energia do calor que controla a energia do céu, deve-se aplicar o remédio de gosto salgado e de natureza fria; ao tratar a doença causada pela energia do frio excessivo do movimento do meio, deve-se aplicar o remédio de sabor salgado e de natureza quente; ao tratar o mal causado pela energia da secura que afeta a energia da terra, deve-se usar o remédio de sabor ácido e de natureza morna. Estas são as maneiras adequadas de se aplicar remédios nesses dois anos.

丁丑　丁未岁

上太阴土，中少角木运，下太阳水，清化热化胜复同，邪气化度也。灾三宫。雨化五，风化三，寒化一，正化度也。其化上苦温，中辛温，下甘热，药食宜也。

"Nos anos de Ding Chou e de Ding Wei, Taiyin está controlando acima a energia do céu, e Taiyang está afetando a energia da terra abaixo. Por isso, o movimento superior é a terra encharcada de Taiyin, o movimento inferior é a água fria de Taiyang, e o movimento do meio é o Jue Inferior que é a energia insuficiente do movimento madeira. A energia triunfante da assimilação do frescor e a energia de retaliação da assimilação do calor vão ocorrer de maneira simultânea. Como as energias de assimilação da dominância e de retaliação são ambas energias anormais do ano, elas são chamadas de energias de assimilação perversa. A calamidade causada está a leste. O número resultante da energia da umidade que controla a energia dos céus é cinco; o número resultante da energia de assimilação do vento no movimento do meio é três; o número resultante da energia de assimilação da energia do frio que afeta a energia da terra é um, e todas são energias saudáveis. Ao tratar a doença causada pela energia da umidade que controla a energia do céu, deve-se aplicar o remédio de sabor amargo e de natureza morna; quando se vai tratar a doença causada pela energia insuficiente do movimento madeira do movimento do meio, deve-se aplicar o remédio de sabor picante e de natureza morna; ao tratar a doença causada pela energia fria que afeta a energia da terra, deve-se aplicar o remédio de sabor doce e de natureza quente. Estes são os meios adequados para se ministrar remédios nesses dois anos.

戊寅　戊申岁天符

上少阳相火，中太徵火运，下厥阴木，火化七，风化三，正化度也。其化上咸寒，中甘和，下辛凉，药食宜也。

"Nos anos de Wu Yin e de Wu Shen (ano de comando do céu), Shaoyang está controlando acima a energia do céu e Jueyin está abaixo afetando a energia da terra. Por isso, o movimento superior é o calor do fogo ministerial de Shaoyang, o movimento inferior é a energia do vento da madeira de Jueyin, e o movimento do meio é o Zhi maior que é a energia excessiva do movimento fogo. O número de cumprimento da energia de assimilação da energia do fogo que controla a energia da terra é sete, o número resultante da energia de assimilação da energia do vento que afeta a energia da terra é três, e todas são energias saudáveis. Ao tratar a doença causada pela energia do fogo que controla a energia do céu, o remédio a ser usado é o de sabor salgado e de natureza fria; ao tratar o mal causado pela energia excessiva do fogo do movimento do meio, deve-se aplicar o remédio de sabor doce e de natureza suave; ao tratar o mal causado pela energia do vento que afeta a energia da terra, deve-se aplicar o remédio de sabor picante e de natureza fria. Estes são os meios adequados para se aplicar os remédios nesses dois anos.

己卯　己酉岁

上阳明金，中少宫土运，下少阴火，风化清化胜复同，邪气化度也。灾五宫。清化九，雨化五，热化七，正化度也。其化上苦小温，中甘和，下咸寒，药食宜也。

"Nos anos de Ji Mao e Ji You, o Yangming está controlando a energia do céu e Shaoyin está afetando a energia da terra. Por isso, o movimento superior é a secura do metal de Yangming, o movimento inferior é o fogo imperial de Shaoyin, e o movimento do meio é o Gong Inferior que é a energia insuficiente do movimento terra. A energia dominante da assimilação e da energia de retaliação da assimilação do frescor, são ambas energias anormais ao ano, são a assimilação de energias perversas. A calamidade causada está no centro. O número de cumprimento da energia de assimilação do frescor é nove; o número resultante da energia de assimilação da chuva é cinco; o número de cumprimento da energia de assimilação do calor é sete, e todas são energias saudáveis. Ao tratar a doença causada pela energia da secura que controla a energia do céu, deve-se aplicar o remédio de sabor amargo e de natureza ligeiramente morna; ao tratar a doença causada pela energia insuficiente da terra do movimento do meio, o remédio a ser empregado é de natureza doce e de natureza suave; ao tratar o mal causado pela energia do fogo imperial que afeta a energia da terra, deve-se aplicar o remédio de sabor salgado e de natureza fria; esses os meios adequados para se aplicar o remédio nesses dois anos.

庚辰　庚戌岁

上太阳水，中太商金运，下太阴土，寒化一，清化九，雨化五，正化度也。其化上苦热，中辛温，下甘热药食宜也。

"Nos anos de Geng Chen e de Geng Xu, Taiyang está controlando acima a energia celeste e Taiyin está afetando abaixo a energia da terra, por isso, o movimento superior é a água fria de Taiyang, o movimento inferior é a umidade da terra de Taiyin, e o movimento do meio é o Shang maior que é a energia excessiva do movimento metal. O número resultante da assimilação da energia fria é um, o número de cumprimento da assimilação da energia do frescor é nove; o número resultante da assimilação da energia da chuva é cinco, e são energias saudáveis. Ao tratar a doença causada pela energia do frio que controla a energia do céu, aplica-se o remédio de sabor amargo e de natureza quente; ao tratar o mal causado pela energia excessiva do metal do movimento do meio, usa-se o remédio de sabor picante e de natureza morna; quando se trata a doença causada pela energia da umidade da terra, deve-se usar o remédio de sabor doce e de natureza quente. Estes são os meios adequados de se aplicar remédios nesses dois anos.

420

辛巳　辛亥岁

上厥阴木，中少羽水运，下少阳相火，雨化风化胜复同，邪气化度也。灾一宫。风化三，寒化一，火化七，正化度也。其化上辛凉，中苦和，下咸寒，药食宜也。

"Nos anos de Xin Si e de Xin Hai, Jueyin está controlando a energia do céu e Shaoyang está afetando a energia da terra. Por isso, o movimento superior é o vento madeira de Jueyin, o movimento inferior é o fogo ministerial de Shaoyang, e o movimento do meio é o Yu menor que é a energia insuficiente do movimento água. A energia dominante da energia de assimilação da chuva e da energia de retaliação do vento, ocorrem simultaneamente. As energias de assimilação de dominância e de retaliação, são ambas energias anormais do ano, e são chamadas de assimilação das energias perversas. A calamidade causada está ao norte. O número resultante da energia do vento que controla a energia do céu é três; o número resultante da assimilação da energia fria no movimento do meio é um; o número de cumprimento da energia do fogo que afeta a energia da terra é sete, e são todas energias saudáveis. Ao tratar a doença causada pela energia do vento que controla a energia do céu, aplica-se o remédio de sabor picante e de natureza fresca; ao tratar o mal causado pela energia insuficiente da água no movimento do meio, aplica-se o remédio de sabor amargo e de natureza suave; ao tratar a enfermidade causada pela energia do fogo ministerial que afeta a energia da terra, deve-se aplicar o remédio de sabor salgado e de natureza fria. Estes são os meios adequados de se aplicar remédios nesses dois anos.

壬午　壬子岁

上少阴火，中太角木运，下阳明金，热化二，风化八，清化四，正化度也。其化上咸寒，中酸凉，下酸温，药食宜也。

"Nos anos de Ren Wu e de Ren Zi, Shaoyin está controlando acima a energia do céu e o Yangming está afetando abaixo a energia da terra. Por isso, o movimento superior é o fogo imperial de Shaoyin, o movimento inferior é a secura do metal de Yangming, e o movimento médio é o Jue maior que é a excessiva energia do movimento madeira. O número resultante da energia de assimilação do calor que controla a energia do céu é dois, o número de cumprimento da assimilação da energia do vento do movimento do meio é oito; o número resultante da energia de assimilação do frescor que afeta a energia da terra é quatro, e são todas energias saudáveis. Ao tratar a doença causada pela energia do fogo imperial que controla a energia do céu, deve-se aplicar o remédio de sabor salgado e de natureza fria; ao tratar o mal causado pela energia excessiva do vento no movimento do meio, deve-se aplicar o remédio de sabor ácido e de natureza fresca; quando se trata o mal causado pela energia da secura que afeta a energia da terra, deve-se aplicar o remédio de sabor ácido e de natureza quente; quando se trata a energia da secura que afeta a energia da terra, deve-se aplicar o remédio de sabor salgado e de natureza quente. Esses são os meios adequados para se aplicar remédios nesses dois anos.

癸未　癸丑岁

上太阴土，中少徵火运，下太阳水，寒化雨化胜复同，邪气化度也。灾九宫。雨化五，火化二，寒化一，正化度也。其化上苦温，中咸温，下甘热，药食宜也。

421

"Nos anos de Gui Wei e de Gui Chou, Taiyin está controlando a energia do céu e Taiyang está afetando a energia da terra. Por isso, o movimento superior é a terra encharcada de Taiyin, o movimento inferior é a água fria de Taiyang, e o movimento do meio é o Zhi Inferior que é a energia insuficiente do movimento fogo. A energia dominante da assimilação do frio e a energia de retaliação da assimilação da chuva irão ocorrer simultaneamente. Tanto as energias de assimilação da dominância quanto da retaliação são energias anormais do ano, e se chamam assimilação das energias perversas. A calamidade está ao sul. O número resultante da energia de assimilação da chuva que controla a energia do céu é cinco; o número resultante da energia de assimilação do fogo no movimento do meio é dois; o número resultante da assimilação da energia da água fria que afeta a energia da terra é um, e todas são chamadas energias saudáveis. Quando se trata a doença causada pela energia encharcada que controla a energia do céu, aplica-se o remédio de sabor amargo e de natureza morna; ao tratar o mal causado pela energia insuficiente do fogo no movimento do meio, usa-se o remédio de sabor salgado e de natureza morna; ao tratar a doença causada pela energia fria que afeta a energia da terra, aplica-se o remédio de sabor doce e de natureza quente. Esses são os meios adequados para se aplicar remédios nesses dois anos.

甲申　甲寅岁

上少阳相火，中太宫土运，下厥阴木，火化二。雨化五，风化八，正化度也。其化上咸寒，中咸和，下辛凉，药食宜也。

"Nos anos de Jia Shen e de Jia Yin, Shaoyang está controlando a energia do céu, Jueyin está afetando a energia da terra. Por isso, o movimento superior é o fogo ministerial de Shaoyang, o movimento inferior é o vento madeira de Jueyin e o movimento do meio é o Gong maior que é a energia excessiva do movimento terra. O número resultante da energia de assimilação do fogo que controla a energia do céu é dois; o número resultante da assimilação da energia da chuva no movimento do meio é cinco; o número de cumprimento da energia de assimilação do vento que afeta a energia da terra é oito, e são todas energias saudáveis. Ao tratar a doença causada pela energia do fogo que controla a energia do céu, aplica-se o remédio de sabor salgado e de natureza fria; ao tratar a doença causada pela umidade da energia do movimento do meio, usa-se o remédio de sabor salgado e de natureza suave; ao tratar a doença causada pela energia do vento que afeta a energia da terra, aplica-se o remédio de sabor picante e de natureza fresca. Estas as maneiras apropriadas de se aplicar remédios nesses dois anos.

乙酉太乙天符　乙卯岁天符

上阳明金，中少商金运，下少阴火，热化寒化胜复同，邪气化度也。灾七宫。燥化四，清化四，热化二，正化度也。其化上苦小温，中苦和，下咸寒，药食宜也。

"Nos anos de Yi You (o ano de dominância e convergência do céu) e Yi Mao (ano de dominância do céu), Yangming está controlando a energia do céu e Shaoyin está afetando a energia da terra. Por isso, o movimento superior é a secura do metal de Yangming, o movimento inferior é o calor do fogo imperial de Shaoyin, e o movimento do meio é o Shang inferior que é a energia insuficiente do movimento metal. A energia dominante de assimilação do calor e a energia de retaliação da assimilação do frio vão ocorrer simultaneamente. As energias de assimilação de dominância e de retaliação são ambas anormais e são a assimilação das energias perversas. A calamidade é causada no oeste. O número resultante da assimilação da energia da secura é quatro; o número resultante da assimilação da energia do frescor é quatro; o número resultante da assimilação da energia do calor que afeta a energia da terra é dois, e são todas energias saudáveis. Ao tratar a doença causada pela energia da secura que controla a energia do céu, deve-se usar o remédio de sabor amargo e de natureza levemente morna; ao tratar o mal causado pela energia insuficiente da secura do movimento do meio, deve-se aplicar o remédio de sabor amargo e de natureza suave; ao tratar a doença causada pela energia do fogo que afeta a energia da terra, aplica-se o remédio de sabor salgado e de natureza fria. Esses são os meios adequados para se aplicar remédios nesses dois anos.

丙戌^{天符}　丙辰岁^{天符}

上太阳水，中太羽水运，下太阴土，寒化六，雨化五，正化度也。其化上苦热，中咸温，下甘热，药食宜也。

"Nos anos de Bing Xu (ano de dominância do céu) e Bing Chen (ano de dominância do céu), Taiyang está controlando acima a energia do céu e Taiyin está afetando abaixo a energia da terra. Por isso, o movimento superior é a água fria de Taiyang, o movimento inferior é a terra encharcada de Taiyin e o movimento do meio é o Yu Maior que é a energia excessiva do movimento água. O número de cumprimento da energia de assimilação da energia fria que controla a energia do céu é seis; o número resultante da assimilação da energia da chuva que afeta a energia da terra é cinco, e são todas energias saudáveis. Ao tratar a doença causada pela energia fria que controla a energia do céu, aplica-se o remédio de sabor amargo e de natureza quente; ao tratar a doença causada pela energia excessiva da energia da água no movimento do meio, deve-se aplicar o remédio de gosto salgado e de natureza morna; ao tratar a doença causada pela energia da umidade que afeta a energia da terra, deve-se aplicar o remédio de sabor doce e de natureza quente; estas são as formas apropriadas de se aplicar os remédios nesses dois anos.

丁亥^{天符}　丁巳岁^{天符}

上厥阴木，中少角木运，下少阳相火，清化热化胜复同，邪气化度也。灾三宫。风化三，火化七，正化度也。其化上辛凉，中辛和，下咸寒，药食宜也。

"Nos anos de Ding Hai (ano de dominância do céu) e Ding Si (ano de dominância do céu), Jueyin está controlando a energia do céu e Shaoyang está afetando a energia da terra. Por isso, o movimento superior é o vento madeira de Jueyin, o movimento inferior é o fogo ministerial de Shaoyang, e movimento do meio é o Jue menor que é a energia insuficiente do movimento madeira. A energia dominante da friagem e da energia da retaliação do calor vão ocorrer simultaneamente. Como essas energias são anormais ao ano, são a assimilação das energias perversas. A calamidade causada está a leste. O número resultante da assimilação da energia do vento que controla a energia do céu é três; o número de cumprimento da assimilação da energia do fogo que afeta a energia da terra é sete, e são as energias saudáveis. Quando tratar a doença causada pela energia do vento que controla a energia do céu, deve-se aplicar o remédio de sabor picante e de natureza fresca; quando tratar a doença causada pela energia insuficiente da madeira no movimento do meio, deve-se aplicar o remédio de sabor picante e de natureza suave; ao tratar a doença causada pela energia do fogo que afeta a energia da terra, deve-se aplicar o remédio de sabor salgado e de natureza fria. Esses são os meios adequados para se aplicar remédios nesses dois anos.

戊子天符　戊午岁太乙天符

上少阴火，中太徵火运，下阳明金，热化七，清化九，正化度也。其化上咸寒，中甘寒，下酸温，药食宜也。

"Nos anos de Wu Zi (ano de dominância do céu) e Wu Wu (ano de dominância do céu e de convergência), Shaoyin está controlando acima a energia do céu e Yangming está afetando abaixo a energia da terra. Por isso, o movimento superior é o fogo imperial de Shaoyin, o movimento inferior é a secura metal de Yangming, e o movimento do meio é o Zhi maior que é a energia excessiva do movimento fogo. O número de cumprimento da energia de assimilação do calor que controla a energia do céu é sete; o número de cumprimento da assimilação da energia fresca que afeta a energia da terra é nove e ambas são energias saudáveis. Ao tratar a doença, deve-se aplicar o remédio de sabor salgado e natureza fria; quando tratar a doença causada pela energia excessiva do fogo no movimento do meio, deve-se aplicar o remédio de sabor doce e de natureza fria; ao tratar o mal causado pela energia fria que afeta a energia da terra, deve-se aplicar o remédio de sabor ácido e de natureza morna. Essas as formas adequadas de se aplicar os remédios nesses dois anos.

己丑太乙天符　己未岁太乙天符

上太阴土，中少宫土运，下太阳水，风化清化胜复同，邪气化度也。灾五宫。雨化五，寒化一，正化度也。其化上苦热，中甘和，下甘热，药食宜也。

"Nos anos de Ji Chou (ano de dominância do céu e de convergência) e de Ji Wei (ano e dominância do céu e de convergência), Taiyin está controlando a energia do céu e Taiyang está afetando a energia da terra. Por isso, o movimento superior é a umidade da terra de Taiyin, o movimento inferior é o da água fria de Taiyang, e o movimento do meio é o Gong menor que é a energia insuficiente do movimento terra. A energia vencedora da assimilação do vento e a energia de retaliação da assimilação do frescor ocorrem simultaneamente. Tanto as energia de assimilação da dominância quanto da retaliação são as energias anormais do ano, são as energias de assimilação das energias perversas. A calamidade causada está no centro. O número resultante da assimilação da energia da chuva que controla a energia do céu é cinco, o número resultante da assimilação da energia do frio é um, e ambas são energias saudáveis. Ao tratar a doença causada pela energia da chuva que controla a energia do céu, deve-se aplicar e remédio de sabor amargo e de natureza quente; ao tratar o mal causado pela energia insuficiente da terra no movimento do meio, deve-se usar o remédio de sabor doce e de natureza suave; ao tratar a doença causada pela energia fria que afeta a energia da terra, deve-se aplicar o remédio de sabor doce e de natureza quente. Estas são as formas adequadas para se aplicar remédios nesses dois anos.

庚寅　庚申岁

上少阳相火，中太商金运，下厥阴木，火化七，清化九，风化三，正化度也。其化上咸寒，中辛温，下辛凉，药食宜也。

"Nos anos de Geng Yin e de Geng Shen, Shaoyang está controlando a energia do céu e Jueyin está afetando a energia da terra. Por isso, o movimento superior é o do fogo ministerial de Shaoyang, o movimento inferior é o do vento madeira de Jueyin, e o movimento do meio é o Shang maior que é a energia excessiva do movimento metal. O número de cumprimento da energia de assimilação do fogo que controla a energia do céu é sete; o número resultante da energia de assimilação do frescor do movimento do meio é nove; o número resultante da energia de assimilação do vento é que afeta a energia da terra é três, e todas são energias saudáveis. Ao tratar a doença causada pela energia do fogo que controla a energia do céu, aplica-se o remédio de sabor salgado e de natureza fria; quando tratar o mal causado pela energia fresca do movimento do meio, deve-se aplicar o remédio de sabor picante e de natureza quente; quando tratar o mal causado pela energia do vento que afeta a energia da terra, aplica-se o remédio de sabor picante e de natureza fresca. Estes são os meios adequados para aplicar os remédios nesses dois anos.

辛卯　辛酉岁

上阳明金，中少羽水运，下少阴火，雨化风化胜复同，邪气化度也。灾一宫。清化九，寒化一，热化七，正化度也。其化上苦小温，中苦和，下咸寒，药食宜也。

"Nos anos de Xin Mao e de Xin You, o Yangming está controlando a energia do céu e Shaoyin está afetando a energia da terra. Por isso, o movimento é a secura do metal de Yangming, o movimento inferior é o fogo imperial de Shaoyin e o movimento do meio é o Yu inferior, que é a energia insuficiente do movimento água. A energia dominante da assimilação da chuva e da energia de retaliação do vento irão ocorrer simultaneamente. Tanto as energias de assimilação de dominância quanto de retaliação são energias anormais do ano. A calamidade causada está ao norte. O número de cumprimento da energia de assimilação do frescor que controla a energia do céu é nove; o número resultante da assimilação da energia do frio no movimento do meio é um; o número de cumprimento da energia de assimilação do calor que afeta a energia da terra é sete, e são todas energias saudáveis. Ao tratar o mal causado pela energia da secura que controla a energia do céu, aplica-se o remédio de sabor amargo de natureza levemente quente; ao tratar a doença causada pela energia insuficiente da água no movimento médio, aplica-se o remédio de sabor amargo e de natureza leve; ao tratar a doença causada pela energia do fogo imperial que afeta a energia da terra, deve-se aplicar o remédio de sabor salgado e de natureza fria. Estes são os meios adequados de se ministrar remédios nesses dois anos.

壬辰　壬戌岁

上太阳水，中太角木运，下太阴土，寒化六，风化八，雨化五，正化度也。其化上苦温，中酸和，下甘温，药食宜也。

"Nos anos de Ren Chen e de Ren Xu, Taiyang está controlando a energia do céu e Taiyin está afetando a energia da terra. Por isso, o movimento superior é a água fria de Taiyang, o movimento inferior é a umidade da terra de Taiyin, e o movimento do meio é o Jue maior, que é a energia excessiva do movimento madeira. O número de cumprimento da energia de assimilação do frio que controla a energia do céu é seis; o número de cumprimento da energia de assimilação do vento no movimento madeira é oito; o número resultante da assimilação da energia da chuva é cinco, e são todas energias saudáveis. Ao tratar a doença causada pela energia fria que controla a energia do céu, aplica-se o remédio de sabor amargo e natureza quente; ao tratar a doença causada pela energia excessiva do vento no movimento do meio, aplica-se o remédio de sabor ácido e natureza suave; ao tratar o mal causado pela energia da umidade que afeta a energia da terra, aplica-se o remédio de sabor doce e de natureza quente. Esses são os meios adequados de se aplicar remédios nesses dois anos.

癸巳^{同岁会} 癸亥岁^{同岁会}

上厥阴木，中少徵火运，下少阳相火，寒化雨化胜复同，邪气化度也。灾九宫。风化八，火化二，正化度也。其化上辛凉，中咸和，下咸寒，药食宜也。

"Nos anos de Gui Si (o mesmo que o ano de convergência) e Gui Hui (o mesmo que o ano de convergência), Jueyin está controlando acima a energia do céu e Shaoyang está controlando abaixo a energia da terra, por isso o movimento superior é o vento madeira de Jueyin, o movimento inferior é o fogo ministerial de Shaoyang e o movimento do meio é o Zheng inferior que é a energia inferior do movimento do fogo. A energia dominante da assimilação do frio e a energia de retaliação da assimilação da chuva ocorrem simultaneamente. Tanto as energias de assimilação vencedoras e de retaliação são as energias anormais do ano. A calamidade é causada no sul. O número de cumprimento da assimilação do vento que controla a energia do céu é oito; o número resultante da energia de assimilação do fogo que afeta a energia da terra é dois, e ambas são energias saudáveis. Ao tratar a doença causada pela energia do vento que controla a energia do céu, usa-se o remédio de sabor picante e de natureza fresca; ao tratar o mal causado pela energia insuficiente do fogo no movimento do meio, deve-se usar o remédio de sabor salgado e de natureza suave; ao tratar o mal causado pela energia do fogo que afeta a energia da terra, aplica-se o remédio de sabor salgado e de natureza fria. Esses são os meios adequados de se aplicar remédios nesses dois anos.

凡此定期之纪，胜复正化，皆有常数，不可不察。故知其要者，一言而终，不知其要，流散无穷，此之谓也。

"No ciclo de sessenta anos, período de combinação do ciclo decimal e do ciclo duodecimal supracitado, as energias saudáveis, dominante, de retaliação e de assimilação, estão numa ordem regular que pode ser averiguada com cuidado. Por isso, quando se conhece seu ponto essencial, pode-se entendê-las com poucas palavras; se não se conhecer seus pontos essenciais, ser-se-á completamente ignorante a respeito".

帝曰：善。五运之气，亦复岁乎？岐伯曰：郁极乃发，待时而作也。帝曰：请问其所谓也？岐伯曰：五常之气，太过不及，其发异也。帝曰：愿卒闻之。岐伯曰：太过者暴，不及者徐，暴者为病甚，徐者为病持。帝曰：太过不及，其数何如？岐伯曰：太过者其数成，不及者其数生，土常以生也。

426

Disse o Imperador Amarelo: "Muito bem. As energias dominantes e as de retaliação dos cinco movimentos, ocorrem a cada ano de maneira semelhante às seis energias?" Disse Qibo: "Quando a energia dos cinco movimentos for suprimida em excesso pela energia dominante, a energia de retaliação irá surgir e ser rompida num determinado momento". O Imperador Amarelo perguntou: "Por que isso?" Disse Qibo: "Há diversas condições de energia em excesso e insuficientes nas energias dos cinco movimentos, por isso as condições de ruptura e retaliação das energias são diferentes".

Disse o Imperador Amarelo: "Espero conhecer isto em minúcias". Disse Qibo: "A ruptura da energia excessiva é rápida, e a da energia insuficiente é lenta; quando a energia rápida atinge o homem, a doença será severa; quando a energia lenta atinge o homem, a doença será suportável". O Imperador Amarelo perguntou: "Quais são as condições de número quando a energia for excessiva ou insuficiente?" Disse Qibo: "Quando a energia for excessiva, é o número de cumprimento; quando a energia for insuficiente, é o número resultante, e a terra com freqüência aplica o número resultante".

帝曰：其发也何如？岐伯曰：土郁之发，岩谷震惊，雷殷气交，埃昏黄黑，化为白气，飘骤高深，击石飞空，洪水乃从，川流漫衍，田牧土驹。化气乃敷，善为时雨，始生始长，始化始成。故民病心腹胀，肠鸣而为数后，甚则心痛胁䐜，呕吐霍乱，饮发注下，胕肿身重，云奔雨府，霞拥朝阳，山泽埃昏，其乃发也，以其四气。云横天山，浮游生灭，怫之先兆。

O Imperador Amarelo perguntou: "Qual a condição de ruptura quando a energia está sendo suprimida em excesso?" Disse Qibo: "Na ruptura da energia suprimida da terra, ela chacoalha as rochas e vales, soa o trovão na energia de intersecção do céu e da terra, o céu fica coberto por uma poeira escura como se fosse noite, a umidade sobe e vira nuvens e chuva, a tempestade rebenta nas altas montanhas e nos vales profundos, causando impacto nas areias e rochas, gerando torrentes e a água dos rios vira uma correnteza. Após o sumiço das águas, o que resta de terra e pedras no chão se assemelha a cavalos no pasto. Então, a umidade começa a se espalhar, a chuva cai no momento adequado, causando o crescimento e transformando todas as coisas. Nesse momento, as pessoas freqüentemente contraem os males da distensão no peito e no abdômen, tínito e diarréia, chegando mesmo a ter dores cardíacas, distensão nos hipocôndrios, vômitos, cólera, síndrome de retenção de fleumas, diarréia aquosa, edema, peso no corpo etc. Quando as nuvens escuras se tornam densas, raios rosados circundam o céu, poeiras em nevoeiro surgem nas montanhas e nos rios; isso mostra que a energia suprimida da terra estará logo sendo rompida. O rompimento se dá no período da quarta energia. Quando a energia da umidade estiver se evaporando, as nuvens de grande tamanho pairam por sobre os céus e as montanhas; as nuvens de tamanho pequeno flutuam, se movem por toda parte, surgem e diminuem; são o prenúncio da ruptura da energia suprimida da terra.

金郁之发，天洁地明，风清气切，大凉乃举，草树浮烟，燥气以行，霿雾数起；杀气来至，草木苍乾，金乃有声。故民病咳逆，心胁满，引少腹，善暴痛，不可反侧，嗌乾面尘色恶。山泽焦枯，土凝霜卤，怫乃发也，其气五。夜零白露，林莽声凄，怫之兆也。

427

"Na ruptura da energia suprimida do metal, a energia do céu é clara e a energia da terra é brilhante, o clima é frio e se desenvolve com ímpeto, e cega a estação fria do outono. Parece haver fumaças flutuando entre as gramas e árvores, a energia da secura prevalece, a geada e os nevoeiros ocorrem com freqüência, as gramas e as madeiras ficam cinzentas e enfraquecidas e a energia do metal começa a liberar o som do outono. Quando o tempo seco afeta o homem, este terá tosse e ficará invertida sua energia vital; terá plenitude no peito e nos hipocôndrios, afetando o baixo ventre, terá dor súbita, será incapaz de olhar por cima dos ombros; terá a garganta seca e uma compleição sem graça como se coberta de poeira. Quando a primavera desponta, as águas-mães se cristalizam no chão como geada, mostrando que a energia suprimida do metal estará logo sendo rompida. O rompimento se dá no período da quinta energia. Quando o orvalho branco cai à noite, sons pesarosos e incômodos emanam das gramas e das árvores; são o prenúncio do rompimento da energia suprimida do metal.

水郁之发，阳气乃辟，阴气暴举，大寒乃至，川泽严凝，寒雾结为霜雪，其则黄黑昏翳，流行气交，乃为霜杀，水乃见样，故民病寒客心痛，腰脽痛，大关节不利，屈伸不便，善厥逆，痞坚腹满。阳光不治，空积沉阴，白埃昏瞑，而乃发也。其气二火前后。太虚深玄，气犹麻散，微见而隐，色黑微黄，怫之先兆也。

"Quando do rompimento da energia suprimida da água, a energia Yang se retira, a energia Yin se põe em movimento de maneira súbita; chega a energia do frio cortante, a água nos rios e lagos fica congelada; o vapor se torna indistinto, amarelo e escuro, deixando-se ficar na energia de intersecção do céu e da terra. Nesse momento, as pessoas contraem com freqüência os males do frio perverso, dor cardíaca, dor lombar, lumbago, dificuldade de esticar e dobrar as juntas maiores, ficam com as extremidades frias, têm massa abdominal, distensão e plenitude no abdômen etc. Quando a energia Yang não pode mais desempenhar o seu papel, surge no céu uma cena enevoada, a energia da poeira branca se torna escura, mostrando que a energia suprimida da água logo estará sendo rompida. A época do rompimento da energia suprimida da água está próxima da dominância dos dois fogos (a segunda energia do fogo imperial está no Equinócio da Primavera do segundo mês lunar; a terceira energia do fogo ministerial está na Chuva de Partículas do quarto mês lunar. Há cerca de sessenta dias entre a dominância dos dois fogos, em cujo período a água suprimida se rompe). Quando o céu parece bem alto e longínquo com fibras desordenadas de energia amarelo escura que só podem ser vistas de uma maneira turva, isto é o prenúncio de rompimento da supressão da energia da água.

木郁之发，太虚埃昏，云物以扰，大风乃至，屋发折木，木有变。故民病胃脘当心而痛，上支两肋，膈咽不通，食饮不下，甚则耳鸣眩转，目不识人，善暴僵仆。太虚苍埃，天山一色，或气浊色，黄黑郁若，横云不起，雨而乃发也，其气无常。长川草偃，柔叶呈阴，松吟高山，虎啸岩岫，怫之先兆也。

"Quando do rompimento da energia suprimida da madeira, o céu fica obscurecido com poeiras, as nuvens se tornam agitadas, sopra uma ventania em lufadas de ar, os enfeites nos cantos dos telhados são arrancados pelo vendaval, e as árvores se quebram e são destruídas pelo irromper da energia da madeira. Nesse momento, as pessoas freqüentemente contraem dor de estômago por sobre o epigastro, têm plenitude nos braços e nos hipocôndrios, obstrução na garganta, incapacidade de engolir a comida e a bebida, tínito, tontura, vista borrosa, tendo dificuldade de identificar os outros, distinguem com dificuldade os céus e as montanhas; por vezes, uma energia torpe de cor amarelado-escura se instala como nuvens que se deixam ficar no céu sem chuvas; são fenômenos que antecedem o rompimento. O surgimento da energia do vento não tem um tempo certo, mas pode ser constatado pelas seguintes aparências: quando a erva selvagem da beira dos rios é fustigada pelo lufar do vento; as folhas tenras se curvam, deixando ver a parte de baixo; os pinheiros emitem um som sibilante nas altas montanhas; ouve-se o rugir dos tigres nas cavernas; são o prenúncio do rompimento da energia suprimida da madeira.

火郁之发，太虚肿翳，大明不彰，炎火行，大暑至，山泽燔燎，材木流津，广厦腾烟，土浮霜卤，止水乃减，蔓草焦黄，风行惑言，湿化乃后。故民病少气，疮疡痈肿，胁腹胸背，面首四支膜愤，胪胀，疡痱，呕逆，瘛瘲骨痛，节乃有动，注下温虐，腹中暴痛，血溢流注，精液乃少，目赤心热，甚则瞀闷懊㦬，善暴死。刻终大温，汗濡玄府，其乃发也，其气四。动复则静，阳极反阴，湿令乃化乃成。华发水凝，山川冰雪，焰阳午泽，怫之先兆也。有怫之应而后报也，皆观其极而乃发也，木发无时，水随火也。谨候其时，病可与期，失时反岁，五气不行，生化收藏，政无恒也。

"Quando do rompimento da energia suprimida do fogo, o sol fica coberto e o céu se turva, o calor escorchante prevalece e o verão tórrido se instala. A temperatura no meio das montanhas e dos rios é de um calor sufocante, a resina das madeiras começa a escorrer e nota-se fumaça nos altos edifícios. A geada como gotas d'água adere à superfície do chão, a água nos poços escasseia dia-a-dia, e as sementes finas e longas que rolam pelo chão, ficam amarelas. Como o calor extremo engendra o vento, o vento e o calor se entrelaçam, as pessoa têm alalia, e o espalhar da energia da umidade não pode chegar a tempo. Nesse caso, as pessoas contraem com freqüência os males da falta de ar, carbúnculos, inchaço nos hipocôndrios, inchaço no peito, nas costas, no rosto, na cabeça e nas quatro extremidades, aperto nos músculos e na pele, vômito do tipo miliária, convulsão das extremidades, ostealgia como se algo estivesse se contorcendo dentro das juntas ósseas, diarréia aquosa, dor abdominal aguda, circulação selvagem do sangue devido ao calor; sangramento em torrente, diminuição da saliva, vermelhidão nos olhos, sensação febril acompanhada de inquietação, até a pessoa ficar apática com a chateação e a opressão, inquietação e morte súbita. Por volta da última divisão do dia (no final das horas duplas Chou, quando a energia do dia está mais fresca), o tempo fresco que se espera, está pelo contrário extremamente quente, e os poros ficam umedecidos de suor; isto mostra que o verão longo estará logo atacando. O ataque está no período da quarta energia. A imobilidade sucede o movimento, o extremo Yang vira em extremo Yin, o calor extremo produz a umidade, e o fato da umidade se espalhar produz a transformação e a maturidade das coisas. Quando as flores estão desabrochando, mas a água dos rios está congelada, e a geada e a neve estão cobrindo a terra, isto mostra que a energia do fogo está sendo suprimida. Se houver uma energia Yang subindo dos pequenos lagos que estão de frente para o sul, é o prenúncio do aparecimento da supressão da energia do fogo.

"Antes do surgimento da energia de retaliação, deve haver prenúncios. De acordo com a observação, todas as energias de retaliação estão se acumulando a um nível extremo. Quando se olha a estação com cuidado, pode-se ficar sabendo as causas da doença. Se a pessoa não conhecer a estação e violar a energia de movimento do ano, então a compreensão das energias dos cinco movimentos, i.e. a energia de geração, crescimento, transformação, colheita e armazenamento estará em desordem. Nesse caso, como se pode conhecer a alteração anormal das energias de dominância e retaliação?"

帝曰：水发而雹雪，土发而飘骤，木发而毁折，金发而清明，火发而曛昧，何气使然？岐伯曰：气有多少，发有微甚，微者当其气，甚者兼其下，征其下气而见可知也。

Disse o Imperador Amarelo: "No rompimento da supressão da energia da água, surgem e a granizo e a neve; no rompimento da supressão da energia da terra, surge a tempestade; no rompimento da supressão da energia do metal surge a cena clara e brilhante; no rompimento a supressão da energia do fogo, surge a cena da lama; por que isto?" Disse Qibo: "Há diversas condições das energias em excesso e insuficiência dos cinco elementos, e há as diversas extensões de persistência e desaceleração no rompimento. Quando o rompimento for leve, é a energia adequada em si mesma; quando for severo, é a energia adequada em si mesma; quando for severa é o rompimento de sua própria energia juntamente coma energia de apoio que está abaixo. Quando se inspeciona a condição severa ou leve da energia de apoio abaixo, pode-se conhecer a extensão da condição de ataque da doença".

帝曰：善。五气之发，不当位者何也？岐伯曰：命其差。帝曰：差有数乎？岐伯曰：后皆三十度而有奇也。

Disse o Imperador Amarelo: "Muito bem. Qual a razão de às vezes o ataque das cinco energias não ocorrer em concordância com a estação adequada?" Disse Qibo: "As diversas condições de energia, sendo por causa de excesso e de deficiência, a chegada antecipada ou tardia das energias, tem por isso diferença". O Imperador Amarelo perguntou: "Existem diferenças regulares nos dias?" Disse Qibo: "As diferenças estão nos trinta dias ímpares".

帝曰：气至而先后者何？岐伯曰：运太过则其至先，运不及则其至后，此候之常也。帝曰：当时而至者何也？岐伯曰：非太过非不及，则至当时，非是者眚也。

O Imperador Amarelo perguntou: "Às vezes a chegada da energia é antecipada, a às vezes é tardia; qual a razão?" Disse Qibo: "Quando a energia do ano de movimento é excessiva, a energia chega mais cedo; quando for insuficiente, a energia chega mais tarde, e este é o padrão regular do tempo". O Imperador Amarelo perguntou: "Às vezes a energia chega na hora correta; qual a razão?" Disse Qibo: "É porque a energia não é nem excessiva e nem insuficiente, e chega na hora apropriada, ou então, ocorrem calamidades".

帝曰：善。气有非时而化者何也？岐伯曰：太过者当其时，不及者归其己胜也。

Disse o Imperador Amarelo: "Muito bem. Às vezes a energia desempenha seu papel no clima, o qual não domina, tal qual o frio na primavera em vez de no outono: qual a razão?" Disse Qibo: "A energia excessiva desempenha seu papel quando domina a energia do céu; a energia insuficiente parece ter o papel de sua energia de dominância, por isso desempenha o papel de se desviar do clima correspondente".

帝曰：四时之气，至有早晏高下左右，其候何如？岐伯曰：行有逆顺，至有迟速，故太过者化先天，不及者化后天。

O Imperador Amarelo perguntou: "Como verificar as diversas condições da chegada da energia, que podem estar atrasadas ou a tempo, no alto ou no baixo, provenientes da esquerda ou da direita?" Disse Qibo: "As direções do movimento da energia podem ser agradáveis ou reversas, as chegadas da energia podem ser rápidas ou lentas, e a energia excessiva pode cegar antes do clima normal da estação; a energia insuficiente estará chegando por detrás do clima normal da estação".

帝曰：愿闻其行何谓也？岐伯曰：春气西行，夏气北行，秋气东行，冬气南行，故春气始于下，秋气始于上，夏气始于中，冬气始于标。春气始于左，秋气始于右，冬气始于后，夏气始于前。此四时正化之常。故至高之地，冬气常在，至下之地，春气常在。必谨察之。帝曰：善。

Disse o Imperador Amarelo: "Eu espero conhecer as diversas condições da atividade agradável ou adversa, rápida ou lenta da atividade da energia". Disse Qibo: "A energia da primavera se move de leste para oeste; a energia do verão se move do sul ao norte; a energia do outono se move do oeste para o leste e a energia do inverno se move do norte para o sul. Por isso a energia da primavera começa de baixo, a energia do outono começa de cima, a energia do verão do meio para atingir o exterior, a energia do inverno provém de fora e atinge o interior, a energia da primavera começa à esquerda (leste), a energia do outono começa à direita (oeste), a energia do inverno começa atrás (norte) e a energia do verão provém da frente (sul). Estas são as atividades normais das energias das quatro estações. Por isso, com freqüência, a energia do inverno ocorre nos lugares altos, a energia da primavera existe com freqüência nos lugares baixos, e isso deve ser cuidadosamente mantido". Disse o Imperador Amarelo: "Muito bem".

黄帝问曰：五运六气之应见，六化之正，六变之纪何如？岐伯对曰：夫六气正纪，有化有变，有胜有复，有用有病，不同其候，帝欲何乎？帝曰：愿尽闻之。岐伯曰：请遂言之。夫气之所至也。厥阴所至为和平，少阴所至为喧，太阴所至为埃溽，少阳所至为炎暑，阳明所至为清劲，太阳所至为寒雾，时化之常也。

O Imperador Amarelo perguntou: "Já que os movimentos dos cinco elementos e dos seis tipos de clima podem ser vistos externamente, então qual a essência das condições regulares e irregulares dos seis tipos de clima?" Disse Qibo: "Nas assimilações normais dos seis tipos de clima existe assimilação regular, variação, energia dominante, energia de retaliação, benefícios e calamidades, e suas aparências são todas diferentes; qual delas vós desejais conhecer?" Disse o Imperador Amarelo: "Eu desejo conhecer a todas".

Disse Qibo: "Deixai-me dizê-lo em detalhes. Na chegada das seis energias, e energia Jueyin é cordial, a energia Shaoyin é cálida, a energia Taiyin é úmida e encharcada, a energia Shaoyang é bastante quente, a energia Yangming é fresca e leve e a energia Taiyang é fria. Esses são os fenômenos normais das atividades das energias nas quatro estações.

厥阴所至为风府，为璺启，少阴所至为火府，为舒荣；太阴所至为雨府，为员盈；少阳所至为热府，为行出；阳明所至为司杀府，为庚苍；太阳所至为寒府，为归藏；司化之常也。

431

"Quando da chegada da energia Jueyin, a reunião dos ventos simboliza a germinação das gramas e das madeiras; na chegada da energia Shaoyin, o fogo significa a graça de todas as coisas; na chegada da energia Taiyin, a chuva significa o completar e a plenitude de todas as coisas; na chegada da energia Shaoyang, o calor significa a atividade da energia externa; na chegada da energia Yangming, as energias do frio intendo e de restrição, simbolizam a condição de envelhecimento de todas as coisas; na chegada da energia Taiyang, chega o frio, que simboliza o recolhimento de todas as coisas. Esses são os fenômenos normais, através dos quais as seis energias controlam e alteram todas as coisas.

厥阴所至为生，为风摇；少阴所至为荣，为形见；太阴所至为化，为云雨；少阳所至为长，为蕃鲜；阳明所至为收，为雾露；太阳所至为藏，为周密；气化之常也。

"Quando da chegada da energia Jueyin, todas as coisas começam sua geração e há o movimento dos ventos; na chegada da energia Shaoyin, todas as coisas ficam bem e há a manifestação das formas; na chegada da energia Taiyin, todas as coisas crescem e se transformam, e são umedecidas pelas nuvens e pelas chuvas; na chegada da energia Shaoyang, todas as coisa crescem e se nutrem, e se tornam florescentes e belas; na chegada da energia Yangming, todas as coisas se restringem e ocorrem os nevoeiros e os orvalhos; na chegada da energia Taiyang, todas as coisas se fecham e se escondem, e a energia Yang fica estável. Esses são os fenômenos da alteração normal das seis energias.

厥阴所至为风生，终为肃；少阴所至为热生，中为寒；太阴所至为湿生，终为注雨；少阳所至为火生，终为蒸溽；阳明所至为燥生，终为凉；太阳所至为寒生，中为温；德化之常也。

"Na chegada da energia Jueyin, os animais de pêlo podem se reproduzir; na chegada da energia Shaoyin, os animais alados podem se reproduzir; na chegada da energia Taiyin, os animais de corpos nus podem se reproduzir; na chegada da energia Shaoyang, os insetos com asas podem se reproduzir; na chegada da energia Yangming os animais de concha podem se reproduzir; na chegada da energia Taiyang, os animais de escamas podem se reproduzir. Esses são os fenômenos normais das seis energias em alimentar todas as coisas.

厥阴所至为毛化，少阴所至为羽化，太阴所至为倮化，少阳所至为羽化，阳明所至为介化，太阳所至为鳞化，德化之常也。

"Na chegada da energia Jueyin, ocorre a geração de todas as coisas; na chegada da energia Shaoyin, ocorre a abundância de todas as coisas; na chegada da energia Taiyin, ocorre a umidificação de todas coisas; na chegada da energia Shaoyang ocorre o florescimento de todas as coisas; na chegada da energia Yangming todas as coisas se tornam substanciais; na chegada da energia Taiyang todas as coisas se fecham e se ocultam. Essas são as leis comuns do espalhar das seis energias e todas as coisas se adaptam à mudança.

厥阴所至为飘怒太凉，少阴所至为太暄寒，太阴所至为雷霆骤注烈风，少阳所至为飘风燔燎霜凝，阳明所至为散落温，太阳所至为寒雪冰雹白埃，气变之常也。

"Com a chegada da energia Jueyin, o trovão ribomba e o clima se torna frio; com a chegada da energia Shaoyin, o tempo se alterna, ficando muito quente e muito frio; com a chegada da energia Taiyin, ocorrem a tempestade com raios, a chuva torrencial e o raio violento; quando da chegada da energia Shaoyang ocorre um vento que varre tudo, o tempo esquenta durante o dia e à noite o orvalho vira geada; com a chegada da energia Yangming, as gramas e madeiras rareiam e caem, mas o clima, ao contrário, fica ligeiramente quente; com a chegada da energia Taiyang, a neve cai, ocorrendo o gelo e os torvelinhos de neve e pode ser vista no chão a energia branca. Essas são as leis comuns de variação dos seis climas quando estão em hiperatividade.

厥阴所至为挠动，为迎随；少阴所至为高明，焰为曛；太阴所至为沉阴，为白埃，为晦瞑；少阳所至为光显，为彤云，为曛；阳明所至为烟埃，为霜，为劲切，为凄鸣；太阳所至为刚固，为坚芒，为立；令行之常也。

"Com a chegada da energia Jueyin, todas as coisas ficam ágeis e têm influência; com a chegada da energia Shaoyin, as chamas se tornam altas e brilhantes e surgem na cor amarela; com a chegada da energia Taiyin, o tempo fica esmaecido ocorrendo no céu poeiras esbranquiçadas e a energia de evaporação da umidade da terra causa nebulosidade; com a chegada da energia Shaoyang, ocorre o arco-íris, as nuvens avermelhadas e o calor escorchante; com a chegada da energia Yangming o ar fica esfumaçado, há pó, geadas, um vento vigoroso sopra do oeste e há pipilar de insetos; com a chegada da energia Taiyang, ocorre o endurecimento do gelo os golpes de vento e o amadurecimento das colheitas. Essas são as leis comuns das seis energias quando estão desempenhando seus papéis.

厥阴所至为里急；少阴所至为疡胗身热；太阴所至为积饮否隔；少阳所至为嚏呕，为疮疡；阳明所至为浮虚；太阳所至为屈伸不利；病之常也。

厥阴所至为支痛；少阴所至为惊惑，恶寒，战栗，谵妄；太阴所至为稸满；少阳所至为惊躁，瞀昧，暴病；阳明所至为鼽，尻阴股膝髀腨胻足病；太阳所至为腰痛；病之常也。

"Com a chegada da energia Jueyin, irá ocorrer a contração muscular; com a chegada da energia Shaoyin; irão ocorrer a ulceração da pele, pápulas e febre; com a chegada da energia Taiyin, ocorrem a retenção de líquidos e a sensação de opressão no peito; com a chegada da energia Shaoyang, acontecem os corrimentos nasais, vômitos e dores não localizadas; com a chegada da energia Yangming ocorrem males de edemas da pele; com a chegada da energia Taiyang ocorrem a dificuldade de esticar e dobrar as juntas. Essas são as doenças comuns causadas pelas seis energias.

"Com a chegada da energia Jueyin ocorre uma dor localizada nos hipocôndrios; com a chegada da energia Shaoyin, ocorrem a desconfiança, tremores de frio, falas sem sentido e atos ríspidos; com a chegada da energia Taiyin, ocorre a distensão abdominal; com a chegada da energia Shaoyang, ocorrem o medo, a inquietação, a sensação de opressão e a confusão mental; com a chegada da energia Yangming, ocorrem o entupimento nasal, o corrimento nasal e males nas nádegas, no púbis, joelhos, coxas, na fíbula e na perna; com a chegada da energia Taiyang, ocorre o mal do lumbago. Essas são as doenças comuns causadas pelas seis energias.

厥阴所至为缜戾；少阴所至为悲妄衄衊；太阴所至为中满霍乱吐下；少阳所至为喉痹，耳鸣呕涌；阳明所至皱揭；太阳所至为寝汗，痉；病之常也。

433

"Na chegada da energia Jueyin, irá ocorrer o mal de enfraquecimento e de contração nas extremidades, causando dificuldade de virar o corpo; com a chegada da energia Shaoyin, ocorre o mal do riso e do sofrimento injustificados, hemorragia e poluição sanguínea; com a chegada da energia Taiyin ocorrem os males do cólera, vômitos e diarréia; com a chegada a energia Shaoyang, ocorrem dores de garganta, tínito e vômitos; com a chegada da energia Yangming, a pele fica áspera; com a chegada da energia Taiyang, ocorrem suores noturnos, e convulsão muscular. Essas são as doenças causadas pelas seis energias.

厥阴所至为胁痛呕泄；少阴所至为语笑；太阴所至为重胕肿；少阳所至为暴注，瞒瘛，暴死；阳明所至为鼽嚏，太阳所至为流泄禁止；病之常也。

"Com a chegada da energia Jueyin, ocorrem dores nos hipocôndrios, vômitos e diarréia; com a chegada da energia Shaoyin, ocorre o mal de falar e rir sem parar; com a chegada da energia Taiyin, ocorre peso no corpo e edema; com a chegada da energia Shaoyang ocorrem a instauração súbita da diarréia, saltos nos músculos e convulsão nos músculos e tendões e o paciente pode morrer subitamente; com a chegada da energia Yangming, ocorre o nariz entupido e o corrimento nasal; com a chegada da energia Taiyang ocorre incontinência nas fezes e na urina. Essas são as regras gerais da causação das doenças sob o efeito das seis energias.

凡此十二变者，报德以德，报化以化，报政以政，报令以令，气高则高，气下则下，气后则后，气前则前，气中则中，气外则外，位之常也。故风胜则动，热胜则肿，燥胜则干，寒胜则浮，湿胜则濡泄，甚则水闭胕肿，随气所在，以言其变耳。

"Resumindo as doze alterações estabelecidas acima, pode-se ver que todas as coisas estão correspondendo aos efeitos provenientes das seis energias. As posições de chegada das seis energias são diferentes no alto e no baixo, na frente e atrás, dentro e fora, o que também causa doenças nas diversas posições de alto e baixo, frente e atrás, dentro e fora do corpo. Quando a energia do vento é abundante, haverá dor; quando a energia do calor for abundante, haverá inchaço; quando a energia da secura for abundante, haverá rugas na pele; quando a energia fria estiver abundante, haverá diarréia aquosa, chegando até ao ponto em que possa haver retenção de urina e edema. Resumindo, quando se estuda as mudanças, deve-se estar de acordo com as diversas localizações da energia perversa".

帝曰：愿闻其用也。岐伯曰：夫六气之用，各归不胜而为化，故太阴雨化，〔张琦说："雨化"应作"湿化"〕施于太阳；太阳寒化，施于少阴；少阴热化，施于阳明；阳明燥化，施于厥阴；厥阴风化，施于太阳。各命其所在以征之也。帝曰：自得其位何如？岐伯曰：自得其位，常化也。帝曰：愿闻所在也。岐伯曰：命其位而方月可知也。

Disse o Imperador Amarelo: "Gostaria de ouvir acerca dos efeitos da atividade da energia". Disse Qibo: "A atividade das seis energias se produz quando a energia encontra a outra que a domina, tal como: quando a umidade da energia da terra, de Taiyin encontra a energia da água fria de Taiyang, como a terra domina a água, a energia da terra será assimilada pela energia da umidade de Taiyin; quando a energia da água fria de Taiyang encontra o fogo imperial de Shaoyin, como a água domina o fogo, a energia do calor de Shaoyin será assimilada pela energia fria de Taiyang; quando a energia do calor de Shaoyin encontra a energia da secura do metal, como o fogo domina o metal, a energia da secura deste em Yangming será assimilada pela energia do calor de Shaoyin; quando a energia da secura do metal de Yangming encontra a energia do vento da madeira de Jueyin, como o metal domina a madeira, a energia do vento de Jueyin será assimilada pela energia da secura de Yangming; quando o vento da energia da madeira de Jueyin encontra a umidade, a energia da terra em Taiyin será assimilada pela energia do vento de Jueyin. Deve-se proceder de acordo com as orientações situadas respectivamente em relação às seis energias".

Perguntou o Imperador Amarelo: "Qual a condição, quando as seis energias dominam a orientação adequada no mês correto?" Disse Qibo: "Quando as seis energias estão dominando na orientação adequada de si próprias, em seu mês adequado, isso é a condição normal da atividade da energia". Disse o Imperador Amarelo: "Eu desejo conhecer a orientação da situação". Disse Qibo: "Quando a seqüência e a situação das seis energias são atingidas, a situação de orientação e o mês de dominância podem ser conhecidos".

帝曰：六位之气〔明抄本作"六气之位"〕盈虚何如？岐伯曰：太少异也，太者之至徐而常，少者暴而亡。帝曰：天地之气盈虚何如？岐伯曰：天气不足，地气随之，地气不足，天气从之，运居其中而常先也，恶所不胜，归所同和，随运归从而生其病也。故上胜则天气降而下，下胜则地气迁而上，多少而差其分，微者小差，甚者大差，甚则位易气交易，则大变生而病作矣。《大要》曰：甚纪五分，微纪七分，其差可见。此之谓也。

O Imperador Amarelo perguntou: "Qual é a condição, em que as seis energias são abundantes ou deficientes?" Disse Qibo: "Nas energias, há diversas condições de excesso e de insuficiência. Com a chegada da energia excessiva, há vigor e rapidez, mas logo irá diminuir; na chegada da energia insuficiente, ela é lenta, mas pode durar muito tempo".

O Imperador Amarelo perguntou: "Qual a condição quando a energia está com superávit ou é insuficiente para controlar a energia do céu e afetar a energia da terra?" Disse Qibo: "Quando a energia que controla a energia do céu é insuficiente, a energia que afeta a energia da terra irá ascender com o surgimento desta; quando a energia que afeta a energia da terra é insuficiente, a energia que controla a energia do céu irá descer com seu surgimento; a energia de movimento do ano se situa na energia de intersecção do céu e da terra, e com freqüência sobe ou desce antes da energia do céu ou da energia a terra. Esta, abomina a energia que controla a energia do céu ou que afeta a energia da terra, que pode ser que não ultrapasse, e se combina ou assimila com a energia que controla a energia do céu ou que afeta a energia da terra que lhe é similar. Como a assimilação significa assistir e combinar, a doença ocorrerá quando de seu surgimento. Por isso, quando a energia que controla a energia do céu for abundante, a energia do céu irá descer; quando a energia que afeta a energia da terra for abundante, a energia da terra irá subir, e a extensão da dominância determina as diversas extensões de subida e descida. Quando a energia de dominância for leve, a diferença de subida e descida será pequena; quando a energia de dominância for vigorosa, a diferença de ascensão e descida será grande. Se a diferença for muito grande, então a posição da energia de intersecção será ampliada para produzir a alteração e a doença. Está determinado nas "Essências": "No ano de dominância excessiva, a diferença da extensão é de setenta por cento; no ano de uma dominância leve, a diferença de extensão é de cinqüenta por cento, e as diferenças são perceptíveis"".

帝曰：善。论言热无犯热，寒无犯寒。余欲不远寒，不远热奈何？岐伯曰：悉乎哉问也！发表不远热，攻里不远寒。帝曰：不发不攻而犯寒犯热何如？岐伯曰：寒热内贼，其病益甚。帝曰：愿闻无病者何如？岐伯曰：无者生之，有者甚之。帝曰：生者何如？岐伯曰：不远热则热至，不远寒则寒至，寒至则坚否腹满，痛急下利之病生矣，热至则身热，吐下霍乱，痈疽疮疡，瞀郁注下，瞤瘛肿胀，呕，鼽衄头痛，骨节变，肉痛，血溢血泄，淋閟之病生矣。帝曰：治之奈何？岐伯曰：时必顺之，犯者治以胜也。

Disse o Imperador Amarelo: "Muito bem. Está definido no tratado: "Quando se aplica o remédio de natureza quente, não se viola a energia dominante do calor; quando se aplica o remédio de natureza fria, não se viola a dominância da energia fria". Eu não desejo evitar a energia quente nem a energia fria; como devo proceder?" Disse Qibo: "Que pergunta complexa me colocastes. Ao dispersar os perversos superficiais, não se deve omitir o remédio de natureza quente; ao dispersar os perversos no interior não se deve omitir o remédio de natureza fria". O Imperador Amarelo perguntou: "Quando não são dispersados nem os perversos superficiais e nem os perversos internos, mas se quebram os tabus da aplicação dos remédios de natureza quente no clima quente e os remédios de natureza fria no tempo frio, qual deve ser a condição?" Disse Qibo: "Nesse caso, o frio e o calor perversos irão prejudicar internamente as vísceras, e a doença irá piorar". O Imperador Amarelo perguntou: "O que sucederá a um homem que não esteja doente?" Disse Qibo: "O homem que não está doente ficará, e o homem que estiver doente irá piorar".

O Imperador Amarelo perguntou: "Qual é a condição quando se contrai a doença?" Disse Qibo: "Quando não se evita o tempo muito quente, o paciente contrai o calor perverso; quando não se evita o tempo frio, o paciente contrai o frio perverso. Se o frio perverso for extremo, irão ocorrer o mal de massas no peito, plenitude abdominal, dor aguda e diarréia. Quando o calor perverso for extremo, irão ocorrer os males da febre, vômito, cólera, ulceração, carbúnculo, confusão mental, opressão, diarréia, convulsão no corpo, inchaço, corrimento nasal, epistaxe, dor de cabeça, deformação das juntas, dor muscular, esputos sanguinolentos, sangue nas fezes, estrangúria e disúria".

O Imperador Amarelo perguntou: "Como tratá-los?" disse Qibo: "Deve-se acompanhar a seqüência das quatro estações; se a contra-indicação tiver sido violada, deve-se tratar aplicando um remédio de natureza fria para a febre, e aplicar a natureza fria para a febre, e aplicar o remédio de natureza quente para os males do frio".

黄帝问曰：妇人重身，毒之何如？岐伯曰：有故无殒，亦无殒也。帝曰：愿闻其故何谓也？岐伯曰：大积大聚，其可犯也，衰其太半而止，过者死。

O Imperador Amarelo perguntou: "O que achas de se aplicar o remédio violento a uma mulher grávida?" Disse Qibo: "Se a paciente tiver massa abdominal, o remédio violento virá em seguida à doença, mas a mãe e o feto ficarão ilesos". O Imperador Amarelo perguntou: "Qual a razão?" Disse Qibo: "Para as doenças de grande estagnação e acúmulo, o remédio violento pode ser usado para remover a doença, mas quando esta for removida em quase sua metade, a aplicação do remédio deve cessar; se o remédio aplicado for mais do que suficiente, pode causar a morte da paciente".

帝曰：善。郁之甚者治之奈何？岐伯曰：木郁达之，火郁发之，土郁夺之，金郁泄之，水郁折之，然调其气，过者折之，以其畏也，所谓写之。帝曰：假者何如？岐伯曰：有假其气则无禁也。所谓主气不足，客气胜也。帝曰：至哉圣人之道！天地大化运行之节，临御之纪，阴阳之政，寒暑之今〔赵本，吴本"今"并作"令"〕，非夫子孰能通之！请藏之灵兰之室，署曰《六元正纪》非斋戒不敢示，慎传也。

O Imperador Amarelo disse: "Muito bem. Como tratar a doença causada pela supressão extrema da energia dos cinco elementos?" Disse Qibo: "Quando for suprimida a energia da madeira, esta deve ser ajustada para ficar plena; quando a energia do fogo for suprimida, deve ser dispersada; quando a energia da terra for suprimida, deve ser atacada com empenho; quando a energia do metal for suprimida, deve ser drenada; quando a energia da água for suprimida, deve ser restrita, e essas são as formas de se ajustar as energias. Para a energia excessiva, deve-se atacar usando um remédio purgante". O Imperador Amarelo perguntou: "O que achas de tratar a doença quando uma energia substituta estiver dominando?" Disse Qibo: "Ao tratar a doença durante a dominância da energia substituta, como a energia hospedeira é insuficiente e a energia convidada é abundante, não se deve seguir a contra-indicação de evitar a clima frio e o clima quente".

Disse o Imperador Amarelo: "Quão profunda é a teoria dos sábios! O princípio da atividade da energia do céu e da terra, as regras de operação dos cinco movimentos, os pontos essenciais de encontro das seis energias, as funções de Yin e de Yang e a influência do clima quente e do clima frio das estações, são tão recônditas, que quem poderá entendê-las senão tu? Agora, deixa-me guardar os papéis que contêm tuas palavras na Câmara da Orquídea Real, e chamá-las "Sobre as Mudanças e os Símbolos do Movimento dos Cinco Elementos e dos Seis tipos de Clima no Ciclo de Sessenta Anos". Não será permitido lê-las sem antes ter sido feito um jejum e haver-se banhado previamente, e devem ser manuseados cuidadosamente para preservá-los para as gerações vindouras".

刺法论篇第七十二（亡）

Capítulo 72
Ci Fa Lun
(Sobre a Terapia da Puntura)
(Perdido)

本病论篇第七十三（亡）

Capítulo 73
Ben Bing Lun
(Sobre a Proveniência das Doenças)
(Perdido)

至真要大论篇第七十四

Capítulo 74
Zhi Zhen Yao Da Lun
(As Várias Alterações na Dominância das Seis
Energias e suas Relações com as Doenças)

黄帝问曰：五气交合，盈虚更作，余知之矣。六气分治，司天地者，其至何如？岐伯再
拜对曰：明乎哉问也！天地之大纪，人神之通应也。帝曰：愿闻上合昭昭，下合冥冥奈何？岐
伯曰：此道之所主，工之所疑也。

O Imperador Amarelo perguntou: "Eu compreendi os princípios da coordenação mútua das energias dos cinco movimentos e de suas mútuas alternâncias, quando são excessivas ou insuficientes. Mas o que se dizer das alternâncias induzidas pela chegada da energia que controla o céu ou as da energia que afeta a energia da terra durante a dominância sazonal das seis energias respectivamente?" Qibo se curvou e disse: "Que pergunta difícil me propuseste. É a lei fundamental das alterações do céu e da terra, e a lei do corpo humano em seguir as mudanças do céu e da terra".

Disse o Imperador Amarelo: "Eu espero saber como se pode acompanhar o princípio evidente do céu acima e se prender à verdade profunda da terra abaixo?" Disse Qibo: "Esta é a parte principal da teoria da medicina, a qual não é clara para muitos médicos".

帝曰：愿闻其道也。岐伯曰：厥阴司天，其化以风；少阴司天，其化以热；太阴司天，其
化以湿；少阳司天，其化以火，阳明司天，其化以燥；太阳司天，其化以寒。以所临藏位，命
其病者也。

Disse o Imperador Amarelo: "Espero ouvir a respeito". Disse Qibo: "Quando Jueyin está controlando a energia do céu, a energia é assimilada pelo vento; quando Shaoyin está controlando a energia do céu, a energia é assimilada pelo calor; quando Taiyin está controlando a energia do céu, a energia é assimilada pela umidade; quando Shaoyang está controlando a energia do céu, esta é assimilada pela secura; quando Taiyang está controlando a energia do céu, a energia é assimilada pelo frio. Os nomes das doenças são determinados pelas vísceras na qual ocorre a energia convidada".

帝曰：地化奈何？岐伯曰：司天同候，间气皆然。帝曰：间气何谓？岐伯曰：司左右者，
是谓间气也。帝曰：何以异之？岐伯曰：主岁者纪岁，间气者纪步也。帝曰：善。岁主奈何？
岐伯曰：厥阴司天为风化，在泉为酸化，司气为苍化，间气为动化。少阴司天为热化，在泉
为苦化，不司气化，居气为灼化。太阴司天为湿化，在泉为甘化，司气为黅化，间气为柔化。
少阳司天为火化，在泉为苦化，司气为丹化，间气为明化。阳明司天为燥化，在泉为辛化，司
气为素化，间气为清化。太阳司天为寒化，在泉为咸化，司气为玄化，间气为藏化。故治病
者，必明六化分治，五味五色所生，五藏所宜，乃可以言盈虚病生之绪也。

439

Disse o Imperador Amarelo: "Qual a condição de assimilação quando a energia está afetando a energia da terra?" Disse Qibo: "É semelhante à energia que controla a energia do céu, e a condição da energia intermediária também é a mesma".

O Imperador Amarelo perguntou: "O que é a energia intermediária?" Disse Qibo: "É a energia que se encarrega do lado esquerdo e do lado direito da energia que controla a energia do céu e que afeta a energia da terra".

O Imperador Amarelo perguntou: "Qual a diferença da energia que controla a energia do céu, da energia que afeta a energia da terra e da energia intermediária?" Disse Qibo: "A energia que controla a energia do céu e que afeta a energia da terra, domina a atividade da energia do ano inteiro, e a energia intermediária domina a atividade da energia durante seis dias (uma medida)".

Disse o Imperador Amarelo: "Muito bem. Qual a condição da energia que domina o ano?" Disse Qibo: "Quando Jueyin está controlando a energia do céu, é assimilada pelo vento; quando está afetando a energia da terra, é assimilada pela acidez; quando domina o movimento anual, é assimilada pela cor verde. Quando é a energia intermediária, é assimilada pela mobilidade. Quando Shaoyin está controlando a energia do céu, é assimilado pelo calor; quando está afetando a energia da terra, é assimilado pelo amargo como um monarca; quando Shaoyin não domina o movimento do ano, é a energia intermediária, e é assimilado pelo calor escorchante. Quando Taiyin está controlando a energia do céu, é assimilado pela umidade. Quando está afetando a energia da terra, é assimilado pela doçura; quando domina o movimento do ano, é assimilado pela cor amarela; quando é a energia intermediária, é assimilado pela leveza; quando Shaoyang está controlando a energia do céu, é assimilado pelo fogo; quando está afetando a energia da terra, é assimilado pelo amargo quando domina o movimento do ano, é assimilado pela cor vermelha; quando é a energia intermediária, é assimilado pelo brilho; quando Yangming está controlando a energia do céu, é assimilado pela secura. Quando está afetando a energia da terra, é assimilado pelo picante; quando está dominando o movimento do ano, é assimilado pela ausência de beleza; quando é a energia intermediária, é assimilado pelo frescor. Quando Taiyang está controlando a energia do céu, é assimilado pelo frio; quando está afetando a energia da terra, é assimilado pelo salgado; quando está dominando o movimento do ano, é assimilado pela cor negra; quando é a energia intermediária, é assimilado pela energia do armazenamento.

"Por isso quando se for tratar, deve-se entender as diversas funções das atividades energéticas das seis energias, das funções produzidas pelos cinco sabores e pelas cinco cores e aquilo que as cinco vísceras apreciam ou não; então pode-se conhecer as oportunidades de superávit e deficiência da atividade energética e das doenças".

帝曰：厥阴在泉而酸化，先余知之矣。风化之行也何如？岐伯曰：风行于地，所谓本也余气同法。本乎天者，天之气也，本乎地者，地之气也，天地合气，六节分而万物化生矣。故曰：谨候气宜，无失病机，此之谓也。

Disse o Imperador Amarelo: "Eu fiquei sabendo que quando Jueyin está afetando a energia da terra, será assimilado pela acidez, mas qual a condição de quando é assimilado pelo vento?" Disse Qibo: "Quando Jueyin está afetando a energia da terra, o vento se move por sobre a terra e a energia da terra é assimilada pelo vento, e as outras energias agem da mesma maneira. Quando as seis energias estão controlando a energia do céu, elas pertencem à energia do céu; quando as seis energias estão afetando a energia da terra, elas pertencem à energia da terra; quando a energia da terra e a energia do céu se juntam, ocorrem aí as delimitações dos seis estágios das energias, e dessa forma, todas as coisas podem crescer e se transformar. Por isso, deve-se dar atenção a que se observe a mudança do clima e não se deve deixar escapar a oportunidade de tratar as doenças".

帝曰：其主病何如？岐伯曰：司岁备物，则无遗主矣。帝曰：先岁物何也？岐伯曰：天地之专精也。帝曰：司气者何如？岐伯曰：司气者主岁同，然有余不足也。帝曰：非司岁物何谓也？岐伯曰：散也，故质同而异等也，气味有薄厚，性用有躁静，治保有多少，力化有浅深，此之谓也。

O Imperador Amarelo perguntou: "Quais os principais remédios para se tratar a doença?" Disse Qibo: "Quando se prepara adequadamente os remédios dos quais sua energia seja semelhante à energia que domina o ano, então nenhum remédio que seja necessário estará faltando".

O Imperador Amarelo perguntou: Por que razão se deve preparar o remédio cuja energia seja semelhante à energia que domina o ano?" Disse Qibo: "Porque tal remédio tem a quintessência específica do céu e da terra e tem um efeito curativo melhor".

O Imperador Amarelo perguntou: "O que achas dos remédios que são semelhantes à energia do movimento do elemento que domina o ano?" Disse Qibo: "São os mesmos que a energia que controla a energia do céu, mas têm a diferença do excesso ou da falta".

O Imperador Amarelo perguntou: "O que achas do remédio cuja energia não é semelhante à energia que controla a energia do céu ou que afeta a energia da terra?" Disse Qibo: "O sabor do remédio é impuro, tem a característica essencial, mas em menor grau. Quando se compara o remédio com o da energia semelhante, vê-se que há uma diferença de peso e de sabor leve, diferença na propriedade de repouso e de agitação, diferença num efeito curativo maior ou menor e diferença no efeito clínico profundo ou superficial".

帝曰：岁主藏害何谓？岐伯曰：以所不胜命之，则其要也。帝曰：治之奈何？岐伯曰：上淫于下，所胜平之，外淫于内〔张琦说："按地气不可云外理于内，疑是‘内淫于外’在泉之气，当可云协矣〕，所胜治之。帝曰：善。平气何如？岐伯曰：谨察阴阳所在而调之，以平为期，正者正治，反者反治。

O Imperador Amarelo perguntou: "Às vezes o clima das seis energias, que dominam o ano, pode lesar as cinco vísceras e qual a razão?" Disse Qibo: "Existem os casos de dominância e de retaliação em todas as seis energias e nas cinco vísceras. O excesso de dominância ou de retaliação irá lesar as cinco vísceras, e este é o âmago da questão".

O Imperador Amarelo perguntou: "Como tratar isso?" Disse Qibo: "Quando a energia que controla a energia do céu é superabundante só em parte, a fim de ferir a parte inferior do corpo, aplica-se o remédio de sabor apropriado e de natureza fria, fresca, quente ou morna, que estiver dominando, a fim de acalmar; quando a energia que afeta a energia da terra for superabundante a ponto de ferir a parte exterior do corpo, aplica-se o remédio de sabor adequado e de natureza fria, quente, fresca ou morna que estiver dominando, a fim de tratar".

O Imperador Amarelo perguntou: "Muito bem. Mas às vezes, contrai-se a doença quando a energia do ano está moderada; como tratá-la?" Disse Qibo: "Deve-se observar cuidadosamente a posição das três energias Yin e das três energias Yang que controlam a energia do céu e que afetam a energia da terra, e tratar adequadamente até que a energia esteja equilibrada. Quando a síndrome do calor é vista na febre, ou a síndrome do frio é vista na enfermidade fria, é um caso normal de doença, que deve ser tratado com firmeza, i.e., aplicar-se o remédio de natureza fria quando tratar a síndrome do calor, ou quando for vista a síndrome do calor ou a síndrome do frio na doença fria, é a doença anormal que deve ser tratada de maneira inversa, i.e., aplicar-se o remédio de natureza quente quando tratar a febre e aplicar o remédio de natureza fria quando tratar a doença fria".

帝曰：夫子言察阴阳所在而调之，论言人迎与寸口相应，若引绳小大齐等，命曰平，阴之所在寸口何如？岐伯曰：视岁南北，可知之矣。帝曰：愿卒闻之。岐伯曰：北政之岁，少阴在泉，则寸口不应，厥阴在泉，则右不应；太阴在泉，则左不应。南政之岁，少阴司天，则寸口不应；厥阴司天，则右不应；太阴司天，则左不应。诸不应者，反其诊则见矣。帝曰：尺候何如？岐伯曰：北政之岁，三阴在下，则寸不应；三阴在上，则尺不应。南政之岁，三阴在天，则寸不应；三阴在泉，则尺不应。左右同。故曰：知其要者，一言而终，不知其要，流散无穷，此之谓也。

Disse o Imperador Amarelo: "Como disseste que se deve tratar de acordo com a posição do Yin e do Yang, mas em alguns livros médicos se define que a condição do pulso Renying (pulso das artérias cervicais laterais à cartilagem tiróidea) deve coincidir com a do pulso Cunkou (pulso localizado ao longo da artéria radial proximal do pulso) como orifícios pressionados que devem ser mantidos do mesmo comprimento para que estejam desobstruídos, o que achas da condição do pulso Cunkou quando se vê e pulso dos três Yin?" Disse Qibo: "Há diversos casos da administração no sul e da administração no norte (no ano Jia e no ano Ji quando o fogo imperial está desempenhando seu papel na terra, e implementa seu decréscimo voltado para o sul) ou a administração do norte (nos oito anos de Yi, Geng, Bing, Xin, Ding, Ren, Wu e Gui, quando a madeira, o fogo, o metal e a água estão desempenhando respectivamente seus papéis, e já que todos são corteses, implementam seu decréscimo voltados para o norte)". Disse o Imperador Amarelo: "Espero conhecer isso em detalhes". Disse Qibo: "Na administração do norte, quando Shaoyin está afetando a energia da terra, o pulso Cunkou será fino, profundo, escondido e dificilmente responde à palpação dos dedos; quando Jueyin está afetando a energia da terra, o pulso Cunkou da mão direita será fino, profundo, escondido e dificilmente responde aos dedos; quando Taiyin está afetando a energia da terra, o pulso Cunkou da mão esquerda será fino, profundo, escondido e dificilmente responde ao dedo. Na administração do sul, quando Shaoyin está controlando a energia do céu, o pulso Cunkou deve ser fino e profundo, o que dificilmente responde ao dedo; quando Jueyin está controlando a energia do céu, o pulso Cunkou na mão direita será fino e profundo e dificilmente irá responder ao dedo; quando Taiyin está controlando a energia do céu, o pulso Cunkou na mão esquerda será fino e profundo, o que dificilmente responde ao dedo. Toda vez que o pulso Cunkou estiver profundo e que dificilmente possa ser encontrado, vire a palma da mão do paciente para baixo e será encontrado um pulso flutuante e agigantado".

Disse o Imperador Amarelo: "Qual a condição do pulso Chi (pulso latejante proximal do pulso radial)?" Disse Qibo: "Na administração do norte, quando as três energias Yin afetam a energia da terra, o pulso Cunkou não irá responder; quando as três energias Yin controlam a energia do céu, o pulso Chi não irá responder. Na administração do sul, quando as três energias Yin afetam a energia da terra, o pulso Chi não irá responder. A falta de resposta do pulso esquerdo e do pulso direito é a mesma coisa que o acima exposto. Por isso o ditado: "Quando se conhece o princípio fundamental, pode-se entendê-lo com uma só palavra; se não se conhece o princípio fundamental, estar-se-á no caminho errado".

帝曰：善。天地之气，内淫而病何如？岐伯曰：岁厥阴在泉，风淫所胜，则地气不明，平野昧，草乃早秀。民病洒洒振寒，善伸数欠，心痛支满，两肋里急，饮食不下，鬲咽不通，食则呕，腹胀善噫，得后与气，则快然如衰，身体皆重。

Disse o Imperador Amarelo: "Muito bem. Qual é a condição quando as energias do céu e da terra invadem o interior do corpo e causam a doença?" Disse Qibo: "No ano em que Jueyin está afetando a energia da terra, a energia do vento é superabundante em parte, a energia da terra será opaca, aquilo que é selvagem irá se tornar desalentado e as gramas vão despontar mais cedo. As pessoas irão contrair os males frios, como a malária, haverá gemidos freqüentes, bocejos incessantes, dores cardíacas, distensão no peito, sensação de vômito após comer, distensão abdominal, eructação, sensação de relaxamento após soltar os intestinos ou emitir ventos, e sensação de cansaço.

岁少阴在泉，热淫所胜，则焰浮川泽，阴处反明。民病腹中常鸣，气上冲胸，喘不能久立，寒热皮肤痛，目瞑齿痛颐肿，恶寒发热如疟，少腹中痛，腹大，蛰虫不藏。

"No ano em que Shaoyin está afetando a energia da terra, a energia do calor está parcialmente abundante. A energia estará flutuando acima dos rios e dos lagos. Os locais ensombrados ficam claros e os animais que hibernam não se escondem. As pessoas irão contrair o mal dos burburinhos no abdômen, reversão da energia perversa atacando o peito, respiração acelerada causando a incapacidade de ficar de pé por muito tempo, calafrios e febre, dor na pele, vista confusa, dor de dente, inchaço no alto do corpo, contenção do calor e do frio como malária, dor e inchaço no baixo abdômen.

岁太阴在泉，草乃早荣〔林校云："详'草乃早荣'四字疑衍"〕，湿淫所胜，则埃昏岩谷，黄反见黑，至阴之交。民病饮积，心痛耳聋，浑浑焞焞，嗌肿喉痹，阴病血见。少腹痛肿，不得小便，病冲头痛，目似脱，项似拔，腰似折，髀不可以回。腘如结，腨如别。

"No ano em que Taiyin está afetando a energia da terra, a energia da umidade é superabundante em parte. O vale estará obscuro e turvo, a terra amarela se torna preta quando a umidade da energia da terra for extrema, e este é o fenômeno da energia da umidade se misturando com a energia da terra. As pessoas irão com freqüência contrair a retenção de líquidos, massa abdominal, dor de cabeça, surdez sem ouvir coisa alguma, inchaço na faringe, dor de garganta, mal do tipo yin com sangramento tal qual estrangúria com sangue, hematoquezia, dor e inchaço no baixo ventre, disúria, ataque na parte superior do corpo pela energia perversa causando dor de cabeça e sensação como se o globo ocular fosse saltar para fora; sensação do pescoço sendo puxado para cima, a parte lombar como se estivesse sendo quebrada, as coxas dificilmente podem ser viradas para trás, a fossa do joelho parece ter ficado sólida e o tornozelo parece estar rígido.

少阳在泉，火淫所胜，则焰明郊野，寒热更至。民病注泄赤白，少腹痛溺赤，甚则血便，少阴同候。

"No ano em que Shaoyang está afetando a energia da terra, a energia do fogo é superabundante. Os locais vistos juntos ao horizonte estarão destacados pela luz e o clima irá alternar o frio e o calor. As pessoas irão contrair diarréia aquosa, disenteria com fezes purulentas e sanguinolentas, dor no baixo ventre, urina vermelha, chegando mesmo à hematoquezia; as outras síndromes contraídas serão semelhantes a quando Shaoyin estiver controlando a energia da terra.

岁阳明在泉，燥淫所胜，则雾雾清暝。民病喜呕，呕有苦，善太息，心肋痛不能反侧，甚则嗌乾面尘，身无膏泽，足外反热。

"No ano em que Yangming estiver afetando a energia da terra, a energia da secura é parcialmente abundante. Os nevoeiros causarão uma tal obscuridade e dificilmente se pode ver alguma coisa. O clima irá ficar frio. As pessoas com freqüência irão contrair vômitos, vômitos biliosos, irão suspirar com freqüência, dores cardíacas e nos hipocôndrios fazendo com que o paciente não tenha possibilidade de virar de lado. Quando a doença piorar, a faringe ficará seca, a compleição ficará terrosa, a pele do corpo todo esbranquiçada sem lustro, e o flanco externo do pé dará a sensação de calor.

岁太阳在泉，寒淫所胜，则凝肃惨慄。民病少腹控睾，引腰脊，上冲心痛，血见，嗌痛颔肿。

"No ano em que Taiyang está afetando a energia da terra, a energia do frio está parcialmente abundante; o clima estará desolado, solene e muito frio. As pessoas com freqüência ficam com dor no baixo ventre irradiando aos testículos, região lombar e rins, dor cardíaca causada pela subida repentina do frio perverso, sangramento, dor na faringe e inchaço na bochecha".

帝曰：善。治之奈何？岐伯曰：诸气在泉，风淫于内，治以辛凉，佐以苦〔明抄本"苦"下有"甘"字〕，以甘缓之，以辛散之。热淫于内，治以咸寒，佐以甘苦，以酸收之，以苦发之。湿淫于内，治以苦热，佐以酸淡，以苦燥之，以淡泄之。火淫于内，治以咸冷，佐以苦辛，以酸收之，以苦发之。燥淫于内，治以苦温，佐以甘〔林校云："'甘'字疑当作'酸'"〕辛，以苦下之。寒淫于内，治以甘热，佐以苦辛，以咸写之，以辛润之，以苦坚之。

Disse o Imperador Amarelo: "Muito bem. Então, qual o modo de tratar?" Disse Qibo: "Quando a energia está afetando a energia da terra, se a parte interna do corpo for lesada pela energia excessiva do vento, e deve-se aplicar o remédio de sabor picante e de natureza fria principalmente para tratar, assistir com o remédio de sabor amargo e doce, moderar a madeira do fígado com o remédio de sabor doce, e dispersar o vento perverso com o remédio de sabor picante; se a parte interna do corpo for lesada pela energia excessiva do calor, aplique o remédio de sabor salgado e de natureza fria principalmente para tratar, assistir com remédio de sabor doce e amargo, coletar a energia do Yin com o sabor ácido e dispersar o calor perverso com o remédio de sabor amargo; se o interior do corpo for lesado pela energia excessiva da umidade, aplicar o remédio de sabor amargo e de natureza quente, principalmente quando for tratar, assistir com remédio de sabor ácido e constante, secar a umidade com o remédio de sabor amargo e drenar a umidade perversa com remédio de sabor constante. Se o interior do corpo estiver lesado pela excesso da energia do fogo, aplicar o remédio de sabor salgado e de natureza fria, principalmente para tratar, assistir com remédio de sabor amargo e picante, coletar a energia Yin com remédio de sabor ácido e tornar difuso o fogo perverso com o remédio de sabor amargo; se o interior do corpo for lesado pela energia excessiva da secura, aplicar o remédio de sabor amargo e de natureza morna, principalmente para tratar, assistir com remédio de sabor ácido e picante, expulsar o calor perverso com remédio de sabor amargo e de natureza fria e purgar o fogo perverso com remédio de sabor salgado; se o interior do corpo estiver lesado pela energia do frio excessivo, aplicar o remédio de sabor adocicado e de natureza quente principalmente para tratar, assistir com o remédio de sabores amargo e picante, aquecer e umidificar a energia com remédio de sabor picante, e tornar a energia substanciosa com remédio de sabor amargo".

帝曰：善。天气之变何如？岐伯曰：厥阴司天，风淫所胜，则太虚埃昏，云物以扰，寒生春气，流水不冰。民病胃脘当心而痛，上支两胁，鬲咽不通，饮食不下，舌本强，食则呕，冷泄腹胀，溏泄，瘕水闭，蛰虫不去〔吴本，明抄本"去"并作"出"《类经》移此句于上文"流水不冰"句下似是〕，病本于脾。冲阳绝，死不治。

Disse o Imperador Amarelo: "Muito bem. Qual é a condição quando a energia do céu estiver mudando?" Disse Qibo: "Quando Jueyin estiver controlando a energia do céu, a energia do vento estará em parte superabundante. O céu estará empoeirado e escuro, as nuvens e tudo o mais estará agitado e balançando com a energia do vento; já que o decréscimo da primavera é implementado pela estação fria, a água corrente não pode congelar, e os animais que hibernam ainda estarão se escondendo. As pessoas irão contrair dor de estômago pela posição do coração, sensação de hipocondria, disfagia, deixam de comer e de beber, rigidez na base da língua, vômitos após a ingestão da comida, diarréia do tipo frio, inchaço abdominal, diarréia com fezes moles, estagnação da energia formando massa abdominal e disúria, e essas enfermidades são provenientes do baço. Se o pulso Chongyang estiver severo, isso mostra que a energia do estômago foi lesada, o paciente não pode de jeito nenhum ser curado e morre.

少阴司天，热淫所胜，怫热至，火行其政。民病胸中烦热，嗌乾，右胠满，皮肤痛，寒热咳喘，大雨且至，唾血血泄，鼽衄嚏呕，溺色变，甚则疮疡胕肿，肩背臂臑及缺盆中痛，心痛肺䐜，腹大满，膨膨而喘咳，病本于肺。尺泽绝，死不治。

"No ano em que Shaoyin está controlando a energia do céu, a energia do calor é superabundante apenas em parte. O fogo imperial está desempenhando seu papel, o clima está opressor e quente, e a chuva pesada se aproxima. As pessoas contraem os males da irritabilidade e calor no peito, ficam com a faringe seca, plenitude no hipocôndrio direito, dor na pele, resfriado e febre, tosse, respiração acelerada, cospem sangue, hematoquezia, epistaxe, espirros, vômitos, urina de cor muito escura, infecção piogênica e ulceração na pele, edema, dor no ombro, nas costas, parte inferior e superior dos braços, dor cardíaca, distensão no pulmão, plenitude e distensão do abdômen, respiração acelerada e tosse, e todos essas enfermidades são originárias do pulmão. Se o pulso Chize estiver evidente, mostra que o pulmão foi atacado, o paciente não pode ser curado de forma alguma e morre.

太阴司天，湿淫所胜，则沉阴且布，雨变枯槁。胕肿骨痛阴痹，阴痹者按之不得，腰脊头项痛，时眩，大便难，阴气不用，饥不欲食，咳唾则有血，心如悬，病本于肾。太谿绝，死不治。

"No ano em que Taiyin está controlando a energia do céu, a energia da umidade está superabundante em parte. A energia lúgubre estará se espalhando, e a chuva excessiva, pelo contrário, fará com que as gramas e madeiras enfraqueçam. As pessoas irão contrair edema, dor nos ossos, e a síndrome bi do tipo yin, cuja localização dificilmente se pode distinguir pela pressão. O paciente terá dores na região lombar, na nuca e na cabeça, tontura freqüente, disquezia, disfunção da energia Yin, reluta em comer quando tem fome, cospe sangue e fica com o coração oprimido como se estivesse pendurado no ar; essas doenças provêm dos rins. Se o pulso Taixi estiver em evidência, isso mostra que a energia do rim foi lesada, o paciente não pode se curar de forma alguma e morre.

少阳司天，火淫所胜，则温气流行，金政不平。民病头痛，发热恶寒而疟，热上皮肤痛，色变黄赤，传而为水，身面胕肿，腹满仰息，泄注赤白，疮疡咳唾血，烦心胸中热，甚则鼽衄，病本于肺。天府绝，死不治。

"No ano em que Shaoyang está controlando a energia do céu, a energia do fogo está superabundante em parte. O que estará prevalecendo, serão as energias cálidas e quentes, o metal terá perdido sua energia de frieza e restrição, e deixa de desempenhar seu papel. As pessoas contraem as enfermidades da dor de cabeça, febre, arrepios e malária; quando o calor estiver na parte superior do corpo, a pele ficará dolorida tornando-se amarelo-avermelhada; quando o calor for transmitido ao interior e ficar descontrolado, irão ocorrer edema no rosto e no corpo, plenitude abdominal, suspiros, diarréia aquosa com fezes purulentas e sanguinolentas, infecção piogênica e ulceração da pele, esputos com sangue, sensação de opressão no peito, calor no peito e epistaxe; essas doenças são provenientes do pulmão. Se o pulso Tianfu estiver em evidência, isso mostra que a energia do pulmão foi lesada, que o paciente não pode se curar de jeito nenhum e irá morrer.

阳明司天，燥淫所胜，则木乃晚荣，草乃晚生，筋骨内变。民病左胠胁痛，寒清于中，感而疟，大凉革候，咳，腹中鸣，注泄鹜溏，名木敛，生菀于下，草焦上首，心胁暴痛，不可反侧，嗌乾面尘腰痛，丈夫㿉疝，妇人少腹痛，目昧眦，疡疮痤痈，蛰虫来见，病本于肝。太冲绝，死不治。

"No ano em que Yangming estiver controlando a energia do céu, a energia da secura estará superabundante em parte. As gramas e madeiras vão se recuperar

446

depois do tempo. As pessoas irão contrair as enfermidades dos músculos e dos ossos. O clima irá se tornar anormal devido à grande friagem, as pontas dos ramos das grandes árvores ficarão enfraquecidas; as pontas das gramas vão ficar encarquilhadas devido a estarem abaixo da energia de geração, e os animais de hibernação que deveriam estar se escondendo, ao contrário, começam a aparecer. As pessoas contraem a enfermidade da dor do lado esquerdo do hipocôndrio se as vísceras forem invadidas novamente pelo frio externo, e irá ocorrer malária. Além disso as pessoas irão contrair tosse, burburinho, diarréia aquosa, fezes moles, dor cardíaca repentina e aguda e a região dos hipocôndrios não irá permitir que a pessoa se vire de lado; irão ocorrer garganta seca, compleição terrosa, lumbago, distúrbios na cabeça e hérnia no homem e dor no baixo ventre na mulher, escuro no canto do olho, infecção piogênica e ulceração da pele e carbúnculos, e essas doenças provêm do fígado. Se o pulso Taichong estiver em evidência, mostra que a energia do fígado foi lesada, e o paciente não pode se curar de jeito nenhum e morre.

太阳司天，寒淫所胜，则寒气反至，水且冰，血变于中，发为痈疡。民病厥心痛，呕血血泄鼽衄，善悲，时眩仆，运火炎烈，雨暴乃雹，胸腹满，手热肘挛掖肿，心澹澹大动，胸胁胃脘不安，面赤目黄，善噫，嗌乾，甚则色炲，渴而欲饮，病本于心。神门绝，死不治。所谓动气知其藏也。

"No ano em que Taiyang está controlando a energia do céu, a energia fria que está superabundante surge de repente, e a água congela. Se o movimento da energia do ano Wu Gui no qual o fogo é assimilado e brilha intensamente, o frio e o fogo estiverem combatendo, irão ocorrer chuvas torrenciais e granizo. No homem, isso dará lugar a uma variação no sangue e irão ocorrer carbúnculo, ulceração, dor cardíaca devido ao ataque do frio perverso, hematoquezia, epistaxe, melancolia, quedas freqüentes devido à tontura, plenitude no peito e no abdômen, quentura nas mãos, reversão do cotovelo, inchaço nas axilas, palpitação, inquietação, mal-estar no peito, nos hipocôndrios e na cavidade gástrica, rosto vermelho, os olhos ficarão amarelos, eructação, garganta seca, compleição de cor queimada e desejo de beber devido à sede. Esses males provêm do coração. Se o pulso Shenmen estiver em evidência, isso mostra que a energia do coração foi lesada, o paciente não pode se curar de jeito nenhum, e irá morrer.

"Por isso, a partir da pulsação do canal de energia pode-se conhecer a existência das energias viscerais".

帝曰：善。治之奈何？岐伯曰：司天之气，风淫 所胜，平以辛凉，佐以苦甘，以甘缓之，以酸写之。热淫所胜，平以咸寒，佐以苦甘，以酸收之。湿淫所胜，平以苦热，佐以酸辛，以苦燥之，以淡泄之。湿上甚而热，治以苦温，佐以甘辛，以汗为故而止。火淫所胜，平以酸冷，佐以苦甘，以酸收之，以苦发之，以酸复之，热淫同。燥淫所胜，平以苦湿，佐以酸辛，以苦下之。寒淫所胜，平以辛热，佐以甘苦，以咸写之。

Disse o Imperador Amarelo: "Muito bem. Mas como tratar tudo isso?" Disse Qibo: "Nas doenças causadas pela energia que controla a energia do céu, se houver uma dominância do vento perverso, aplicar remédio de sabor picante e de natureza fria como remédio principal a fim de acalmar a energia dominante, e aplicar o remédio de sabor amargo e doce como remédio coadjuvante, deter a emergência da doença com remédio de sabor doce, e dispersar a energia perversa com remédio de sabor ácido; se houver uma dominância do calor perverso, aplicar o remédio de sabor salgado e de natureza fria, principalmente para moderar a energia dominante, ajudar com remédio de sabor salgado e doce; coletar a energia Yin com um remédio de sabor ácido; se houver dominância da umidade perversa, aplicar o remédio de sabor amargo e de natureza quente, principalmente para moderar a energia dominante, ajudar com remédio de sabor ácido e picante, secar a umidade com remédio de sabor amargo e expurgar a umidade perversa com remédio de sabor uniforme; se a umidade perversa estiver superabundante na parte superior do corpo com febre, deve ser tratada principalmente com remédio de natureza amarga, assistido por um remédio de sabor doce e picante e tratar com terapia de diaforese até que a condição normal seja recuperada; se a dominância for do fogo perverso aplicar o remédio de sabor ácido e de natureza fria, principalmente para moderar a energia dominante, ajudar com remédio de sabor amargo e doce, coletar a energia Yin com remédio de sabor ácido, dispersar o fogo perverso com remédio de sabor amargo e restringir o fluido Yin com remédio de sabor ácido; se a dominância for do calor perverso, o tratamento deve ser semelhante; se a dominância for da secura perversa, aplicar o remédio de sabor amargo e de natureza úmida para moderar principalmente a energia dominante e assistir com remédio de sabor ácido e picante, expurgar a retenção da secura com remédio de sabor amargo; se a dominância for do frio perverso, aplicar o remédio de sabor picante e de natureza quente, principalmente para moderar a energia dominante, assistir com remédio de sabor doce e amargo e expurgar o frio perverso com remédio de sabor salgado".

帝曰：善。邪气反胜，治之奈何？岐伯曰：风司于地，清反胜之，治以酸温，佐以苦甘，以辛平之。热司于地，寒反胜之，治以甘热，佐以苦辛，以咸平之。湿司于地，热反胜之，治以苦冷，佐以咸甘，以苦平之。火司于地，寒反胜之，治以甘热，佐以苦辛，以咸平之。燥司于地，热反胜之，治以平〔《素问校讹》引古抄本“平”作“辛”〕寒，佐以苦甘，以酸平之，以和为利，寒司于地，热反胜之，治以咸冷，佐以甘辛，以苦平之。

Disse o Imperador Amarelo: "Muito bem. Como tratar a doença causada pela dominância excessiva de energia perversa?" Disse Qibo: "Quando a energia insuficiente do vento estiver afetando a energia da terra, e o vento da madeira for superado pela dominância excessiva do frio do metal, deve-se tratar principalmente com remédio de sabor ácido e de natureza quente, ajudar com remédio de sabor amargo e doce e recuperar a energia enfraquecida com remédio de sabor picante; quando o calor insuficiente estiver afetando a energia da terra e o calor for vencido pela dominância excessiva do frio, tratar principalmente com remédio de sabor doce e de natureza quente a ajudar com remédio de sabor amargo e picante e recuperar a energia enfraquecida com remédio de sabor salgado; quando a energia insuficiente da umidade estiver afetando a energia da terra e o calor for superado pela dominância excessivamente fria da água, deve-se tratar principalmente com remédio de sabor amargo e natureza fria, ajudar com remédio de sabor salgado e doce e recuperar a energia enfraquecida com remédio de sabor amargo: quando a energia insuficiente do fogo estiver afetando a energia da terra e o fogo for vencido pela dominância excessivamente fria da água, tratar principalmente com remédio de sabor doce e natureza quente, ajudando com remédio de sabor amargo e picante e recuperar a energia enfraquecida com remédio de sabor salgado; quando a energia insuficiente da secura estiver afetando a energia da terra e a secura tiver sido vencida pela dominância da energia excessiva do calor, tratar principalmente com remédio de sabor picante e de natureza fria, assistir com remédio de sabor amargo e doce, recuperar a energia enfraquecida com remédio de sabor ácido, e os remédios aplicados devem ser de natureza suave; quando a energia insuficiente do frio estiver afetando a energia da terra e a energia do calor estiver vencendo, tratar principalmente com remédio de sabor salgado e de natureza fria, ajudar com remédio de sabor doce e picante, e recuperar a energia enfraquecida com remédio de sabor amargo".

帝曰：其司天邪胜何如？岐伯曰：风化于天，清反胜之，治以酸温，佐以甘苦；热化于天，寒反胜之，治以甘温，佐以苦酸辛；湿化于天，热反胜之，治以苦寒，佐以苦酸；火化于天，寒反胜之，治以甘热，佐以苦辛；燥化于天，热反胜之，治以辛寒，佐以苦甘；寒化于天，热反胜之，治以咸冷，佐以苦辛。

O Imperador Amarelo perguntou: "Como tratar a doença causada pela energia insuficiente que controla a energia do céu e a energia que é dominante no momento?" Disse Qibo: "Quando a energia insuficiente do vento de Jueyin estiver controlando a energia do céu e a energia fria estiver vencendo-a de maneira excessiva, deve-se tratar principalmente com remédio de sabor ácido e de natureza morna e assistir com remédio de sabor salgado e doce; quando a energia insuficiente do calor estiver controlando a energia do céu e a energia fria estiver dominando em excesso, deve-se tratar principalmente com remédio de sabor doce e de natureza morna e ajudar com remédio de sabor amargo, ácido e picante; quando a energia insuficiente da umidade estiver controlando a energia do céu e a energia do calor estiver dominando em excesso, deve-se tratar principalmente com remédio de sabor amargo e de natureza fria e assistir com remédio de sabor amargo e ácido; quando a energia insuficiente do fogo estiver controlando a energia do céu e a energia fria estiver dominando em excesso, tratar principalmente com remédio de sabor doce e natureza quente e assistir com remédio de sabor amargo e picante; quando a energia insuficiente da secura estiver controlando a energia do céu e a energia do calor estiver dominando em excesso, tratar principalmente com remédio de sabor picante e de natureza fria e assistir com remédio de sabor amargo e doce; quando a energia insuficiente do frio estiver controlando a energia do céu e a energia do calor estiver em contradominância, tratar principalmente com remédio de sabor salgado e de natureza fria, e ajudar com remédio de sabor amargo e picante".

帝曰：六气相胜奈何？岐伯曰：厥阴之胜，耳鸣头眩，愦愦欲吐，胃鬲如寒，大风数举，倮虫不滋，胠胁气并，化而为热，小便黄赤，胃脘当心而痛，上支两胁，肠鸣飧泄，少腹痛，注下赤白，甚则呕吐，鬲咽不通。

O Imperador Amarelo perguntou: "Qual é a condição quando as seis energias se alteram para invadir e causam doenças?" Disse Qibo: "Quando a energia do vento de Jueyin está invadindo, devendo-se em parte à superabundância, e realmen-

449

te invade, as pessoas têm tínito, tontura, sentem opressão no peito, desejo de vomitar, sentem frio na cavidade gástrica e sob o diafragma. Quando o vento forte está soprando, as minhocas não podem se multiplicar. Nessa época, as pessoas freqüentemente contraem síndromes febris devidos à imersão da energia dos hipocôndrios na energia do fígado, ocorrendo urinas de cor bastante escura, dor de estômago subindo ao coração, distensão dos hipocôndrios e dos membros superiores, tínito, diarréia lientérica, dor no baixo ventre e disenteria. Se a doença for severa, o paciente irá vomitar e terá afasia.

少阴之胜，心下热善饥，齐下反动，〔读本，吴本"动"作"痛"〕气游三焦，炎暑至，木乃津，草乃萎，呕逆躁烦，腹满痛，溏泄，传为赤沃。

"Quando a energia do calor de Shaoyin estiver superabundante em parte e invadir, o paciente terá calor sobre a região epigástrica, sensação de fome freqüente, dor sob o umbigo, com um calor que se espalha por sobre todo o triplo aquecedor. Assim que chegar o calor do verão, flui o líquido das madeiras e as plantas enfraquecem. As pessoas contraem os males do vômito, irritabilidade, dor e distensão no abdômen, fezes moles e têm até hematúria.

太阴之胜，火气内郁，疮疡于中，流散于外，病在胠胁，甚则心痛热格，头痛 喉痹项强，独胜则湿气内郁，寒迫下焦，痛留顶，互引眉间，胃满，雨数至，爆〔张介宾说："'燥' 当作 '温'"〕，化乃见，少腹满，腰脽重强，内不便，善注泄，足下温，头重足胫胕肿，饮发于中，胕肿于上。

"Quando a energia da umidade de Taiyin estiver superabundante em parte e invadir, se a energia do fogo estiver estagnada dentro do corpo, irá fermentar como uma infecção piogênica e úlcera; se fluir para o exterior, irá causar um mal nos hipocôndrios ou até causar uma dor cardíaca. Quando o calor estiver retido na parte superior do corpo, as pessoas irão contrair os males da dor de cabeça, dor de garganta e rigidez no pescoço. Quando a energia da umidade estiver transbordando sozinha e estagnar no interior, e o aquecedor médio estiver oprimido pela energia do frio-umidade, então irá ocorrer a dor irradiada no alto da cabeça e ruídos e distensão estomacal. O surgimento freqüente de minhocas de grumos na terra, mostra que está emergindo o fenômeno da quentura. As pessoas terão distensão no baixo ventre, peso e rigidez nas vértebras lombares, dificuldade de se esticar e de dobrar as extremidades, devido à retenção de umidade no interior, diarréia aquosa, calor nos pés, peso na cabeça, inchaço tibial junto ao pé, e edema na parte superior do corpo devido à retenção interna de líquidos.

少阳之胜，热客于胃，烦心心痛，目赤欲呕，呕酸善饥，耳痛溺赤，善惊谵妄，暴热消烁，草萎水涸，介虫乃屈，少腹痛，下沃赤白。

"Quando a energia do fogo de Shaoyin estiver parcialmente abundante e invadir, se o calor perverso ficar retido no estômago, irão ocorrer as síndromes de irritabilidade, dor cardíaca, olhos vermelhos, vontade de vomitar, fome freqüente, dor de ouvido, urina de cor muito escura, propensão ao amedrontamento e delírio. O calor súbito seca todas as coisas e faz com que as gramas fiquem enfraquecidas, as águas sequem e se esgotem, e com que os cíprides permaneçam quietos. As pessoas contraem dor no baixo ventre e disenteria com fezes purulentas e sanguinolentas.

450

阳明之胜，清发于中，左胠胁痛溏泄．内为嗌塞，外发㿉疝，大凉肃杀，华英改容，毛虫乃殃，胸中不便，嗌塞而咳。

"Quando a energia da secura de Yangming estiver parcialmente superabundante e invadir, a energia fria será projetada de dentro para fora, causando dor no hipocôndrio esquerdo e diarréia. A energia fria causa obstrução no lado interno da faringe, e causa inchaço no lado externo do escroto. Como a energia do grande frio causa dissolução, as gramas e madeiras ficarão enfraquecidas, algumas das lagartas morrerão. As pessoas irão contrair os males de mal-estar no peito, obstrução da laringe e tosse.

太阳之胜，凝溧且至，非时水冰，羽乃后化，痔疟发，寒厥入胃，则内生心痛，阴中乃疡，隐曲不利，互引阴股，筋肉拘苛，血脉凝泣，络满色变，或为血泄，皮肤否肿．腹满食减，热反上行，头项囟顶脑户中痛，目如脱，寒入下焦，传为濡写。

"Quando a energia fria de Taiyang estiver superabundante em parte e invadir, será a chegada do clima condensado e muito frio. A água irá congelar antes do tempo, e o crescimento dos insetos de asas será postergado. As pessoas irão contrair os males das hemorróidas e da malária. Quando a energia fria invadir o estômago, a energia ficará invertida para cima, causando dor de cabeça. As pessoas também irão ficar com dores nos órgãos genitais, terão disúria, dor irradiada no lado interno da coxa, convulsão e contração muscular, descoloração da tez devido à estagnação e plenitude dos canais, hematoquezia, edema da pele devido à retenção de líquidos no corpo, plenitude abdominal, irão reduzir a comida e a bebida, terão dor no alto da cabeça devido à subida do calor, dor no globo ocular como se este estivesse para cair e diarréia aquosa causada pela energia fria que invade o aquecedor inferior".

帝曰：治之奈何？岐伯曰：厥阴之胜，治以甘清，佐以苦辛，以酸写之。少阴之胜，治以辛寒，佐以苦咸，以甘写之。太阴之胜，治以咸热，佐以甘辛，以苦写之，少阳之胜，治以辛寒，佐以甘咸，以甘泻之。阳明之胜，治以酸温，佐以辛甘，以苦泄之。太阳之胜，治以甘〔林校云："详此为治，皆先泻其不能，而后泻其来胜，疑'甘'字苦之误也"〕热．佐以辛酸，以咸写之。

O Imperador Amarelo perguntou: "Como tratar isto?" Disse Qibo: "Quando se for cuidar dos males causados pela dominância da energia Jueyin, aplicar o remédio de sabor doce e natureza fria, principalmente quando se for tratar, e ajudar com remédio de sabor amargo e picante, e expurgar a energia dominante com remédio de sabor ácido; ao tratar os males causados pela dominância da energia do calor de Shaoyin, aplicar para tratar o remédio de sabor picante e de natureza fria, ajudando com remédio de sabor amargo e salgado, expurgando a energia dominante com remédio de sabor doce; ao tratar os males causados pela superabundância da energia da umidade de Taiyin, aplicar para tratar, principalmente o remédio de sabor salgado e de natureza quente, ajudando com remédio de sabor picante e doce, e expurgando a energia dominante com o remédio de sabor amargo; ao tratar os males causados pela energia do fogo de Shaoyang, aplicar o remédio de sabor picante e de natureza fria ao tratar, e expurgar a energia dominante com remédio de sabor doce; ao tratar a doença causada pela energia da secura de Yangming, aplicar para tratar o remédio de sabor ácido e natureza morna, ajudando com o remédio de sabor picante e doce, e expurgar a energia dominante com o remédio de sabor amargo; ao tratar o mal causado pela energia fria de Taiyang, aplicar para tratar, principalmente o remédio de sabor amargo e de natureza quente, ajudando com remédio de sabor picante e ácido, e expurgar a energia dominante com remédio de sabor salgado".

帝曰：六气之复何如？岐伯曰：悉乎哉问也？厥阴之复，少腹坚满，裹急暴痛，偃木飞沙，倮虫不荣，厥心痛，汗发呕吐，饮食不入，入而复出，筋骨掉眩，清厥，甚则入脾，食痹而吐。冲阳绝，死不治。

O Imperador Amarelo perguntou: "Qual é a condição quando a doença é causada pela energia de retaliação das seis energias?" Disse Qibo: "Que pergunta difícil me propuséstes. Quando a retaliação provém da energia de Jueyin, isso irá causar massa e flatulência no baixo ventre, rigidez muscular no abdômen e os hipocôndrios ficarão subitamente doloridos. Na natureza, as árvores estarão se igualando, a poeira será levantada e as minhocas de corpo liso não irão se multiplicar. As pessoas irão contrair os males da síncope, devido ao distúrbio da energia vital, dor cardíaca, suores, vômitos, irão comer com dificuldade, vomitarão após haver ingerido a comida, terão tremores nos músculos e nos ossos, tontura e extremidades frias. Quando a enfermidade for severa, o vento perverso irá invadir o baço, causando dor de estômago e vômitos após a ingestão de comida. Quando o pulso Chongyang estiver se sobressaindo, o paciente não pode se curar de forma alguma e morre.

少阴之复，燠热内作，烦躁鼽嚏，少腹绞痛，火见燔炳，嗌燥，分注时止，气动于左，上行于右，咳，皮肤痛，暴瘖心痛，郁冒不知人，乃洒淅恶寒，振栗谵妄，寒已而热，渴而欲饮，少气骨痿，隔肠不便，外为浮肿，哕噫，赤气后化，流水不冰，热气大行，介虫不复，病痱胗疮疡，痈疽痤痔，甚则入肺，咳而鼻渊。天府绝，死不治。

"Quando a retaliação provém da energia de Shaoyin, será produzida no interior do corpo uma sensação febril acompanhada de inquietação, e irão ocorrer os males da irritabilidade, epistaxe, espirros, angina na parte inferior do peito, calor como fogo do lado de fora do corpo e calor calcinante do lado de dentro, faringe seca, cessação temporária de urinas e fezes, movimento da energia no lado esquerdo e energia reversa do lado direito, tosse, dor na pele, afonia súbita, dor cardíaca, inconsciência, aversão ao frio com s sensação de haver espalhado água fria no corpo, endurecimento, palavras sem sentido, febre após calafrios, sede e desejo de líquidos, respiração curta, flacidez óssea, obstrução intestinal, retenção de fezes, edema externa, soluções e arrotos. Se a energia do calor do fogo imperial de Shaoyin estiver por trás da retaliação, a água corrente não irá congelar, a energia do calor irá prevalecer e o cípride não irá hibernar. As pessoas irão contrair com freqüência as lesões superficiais da malária, pápulas, infecção piogênica e ulceração na pele, carbúnculo, acne e hemorróidas; quando o calor perverso for excessivo, irá invadir o pulmão causando tosse e sinusite. Se o pulso Tianfu estiver evidente, o paciente não pode de jeito nenhum ser curado e morre.

太阴之复，湿变乃举，体重中满，食饮不化，阴气上厥，胸中不便，饮发于中，咳喘有声。大雨时行，鳞见于陆，头顶痛重，而掉瘛尤甚，呕而密默，唾吐清液，甚则入肾，窍写无度。太谿绝，死不治。

452

"Quando a retaliação provém da energia de Taiyin, irá ocorrer o mal da energia da umidade; o paciente irá sentir peso no corpo, plenitude no peito, indigestão com a comida, inversão da energia Yin, mal-estar no peito, tosse incessante e retenção de líquidos no interior. Se as chuvas pesadas caírem com freqüência e os peixes aparecerem pelo chão, as pessoas irão sentir dor e peso na cabeça e no pescoço, e o mal irá se tornar cada vez mais severo à medida em que ficarem assustadas. Como a umidade interna é abundante, o paciente estará relutante em se mover e terão cuspo aquoso. Se a umidade invadir os rins, a diarréia do paciente ficará fora de controle. Se o pulso Taixi estiver em evidência, o paciente não pode se curar de forma alguma e morre.

少阳之复，大热将至，枯燥燔蓺，介虫乃耗，惊瘛咳衄，心热烦燥，便数憎风，厥气上行，面如浮埃，目乃𥆧瘛，火气内发，上为口糜，呕逆，血溢血泄，发而为疟，恶寒鼓慄，寒极反热，嗌络焦槁，渴引水浆，色变黄赤，少气脉萎，化而为水，传为胕肿，甚则入肺，咳而血泄。尺泽绝，死不治。

"Quando a energia de retaliação for proveniente da energia de Shaoyang, o calor extremo logo estará se aproximando. Isso faz com que todas as coisas fiquem secas e haverá calor escorchante, e o cípride será lesado. As pessoas ficarão aterrorizadas, tendo dores no alto, tosse, hemorragia, calor no coração, irritabilidade, micção freqüente e aversão ao vento. Quando o calor perverso estiver em sentido reverso, o paciente apresentará uma tez terrosa com calor nos olhos. Quando a energia do fogo penetrar no interior do corpo, irá causar sede, vômitos e hemorragia no paciente; quando a energia do fogo estiver decaindo, irá causar hematoquezia, malária, arrepios e calafrios; quando a energia do frio extremo se transformar em energia do calor, o paciente ficará com a garganta seca, terá sede, desejo de líquidos, terá uma tez amarelo-avermelhada, respiração curta com síndrome de flacidez vascular. Quando a energia da assimilação do calor se transformar em doença aquosa, irá ocorrer edema; quando posteriormente a energia perversa invadir o pulmão, irá ocorrer hemoptise. Se o pulso Chize estiver em evidência, o paciente não poderá ser curado de forma alguma e morrerá.

阳明之复，清气大举，森木苍乾，毛虫乃厉。病生胠胁，气归于左，善太息，甚则心痛否满，腹胀而泄，呕苦咳哕，烦心，病在鬲中头痛，甚则入肝，惊骇筋挛。太冲绝，死不治。

"Quando a energia de retaliação for proveniente de Yangming, a energia fria e restrita irá prevalecer; a maioria das árvores ficará cinza e enfraquecida e muitos animais irão contrair doenças epidêmicas. As pessoas irão contrair os males do hipocôndrio, a síndrome de enviezamento da energia do lado esquerdo, causando tombos. Quando a condição for severa, irá causar dor cardíaca, sensação de plenitude e opressão no peito, distensão abdominal, diarréia, vômitos, tosse, soluço e irritabilidade. Quando a energia perversa estiver no diafragma, irá ocorrer dor de cabeça; se a energia perversa penetrar no fígado, a pessoa irá se sentir aterrorizada e terá rigidez muscular. Se o pulso Taichong estiver em evidência, o paciente não poderá se curar de forma alguma e morrerá.

太阳之复，厥气上行，水凝雨冰，羽虫乃死，心胃生寒，胸膈不利，心痛否满，头痛善悲〔《史载之方》引"悲"作"恐"〕，时眩仆，食减，腰脽反痛，屈伸不便，地裂冰坚，阳光不治，少腹控睾，引腰脊，上冲心，唾出清水，及为哕噫，甚则入心，善忘善悲。神门绝，死不治。

"Quando a retaliação for proveniente da energia de Taiyang, a energia fria ascende, a água congela, e cai neve. A maioria dos insetos com asas irão morrer. As pessoas irão contrair os males de geração da energia fria a partir do coração e do estômago, mal-estar no peito, dor cardíaca, sensação de plenitude e opressão no peito, dor de cabeça, terão sustos freqüentes, tonturas freqüentes com quedas, reduzirão a ingestão de alimentos, dor nas vértebras lombares e dificuldade de se esticar e dobrar as extremidades. Se a terra estiver rachada, o gelo estará espesso e firme, e o sol não ficará quente de forma alguma; as pessoas irão contrair dores no baixo ventre que irão se irradiar para os testículos, região lombar e espinha. Quando a energia invertida ascender para atacar o coração, irão ocorrer as síndromes de cuspir saliva clara, soluços e eructação. Se o pulso Shenmen estiver em evidência, o paciente não poderá se curar de forma alguma e morrerá".

帝曰：善。治之奈何？岐伯曰：厥阴之复，治以酸〔林校引别本"酸"作"辛"〕寒，佐以甘辛，以酸写之，以甘缓之。少阴之复，治以咸寒，佐以苦辛，以甘写之，以酸收之，辛苦发之，以咸软之。太阴之复，治以苦热，佐以酸辛，以苦写之，燥之，泄之。少阳之复，治以咸冷，佐以苦辛，以咸软之，以酸收之，辛苦发之，发不远热，无犯温凉，少阴同法。阳明之复，治以辛温，佐以苦甘，以苦泄之，以苦下之〔四库本作"以甘发之"〕，以酸补之。太阳之复，治以咸热，佐以甘辛，以苦坚之。治诸胜复，寒者热之，热者寒之，温者清之，清者温之，散者收之，抑者散之，燥者润之，急者缓之，坚者耎之，脆者坚之，衰者补之，强者写之，各安其气，必清必静，则病气衰去，归其所宗，此治之大体也。

Disse o Imperador Amarelo: "Muito bem. Mas como tratar isso?" Disse Qibo: "Ao cuidar do mal causado pela energia de retaliação de Jueyin para tratar, deve-se aplicar o remédio de sabor picante e de natureza fria, ajudando com o remédio de natureza doce e picante, expurgando a energia perversa com o remédio de sabor ácido, afastando a urgência com o remédio de sabor doce.

"Ao cuidar da doença causada pela energia de retaliação de Shaoyin, tratar aplicando o remédio de sabor salgado e de natureza fria, ajudando com o remédio de sabor amargo e picante, expurgando a energia perversa com o remédio de sabor doce; coletar toda a energia perversa com remédio de sabor ácido e dispersá-la com remédio de sabor amargo, e dissipar a massa com remédio de sabor salgado.

"Ao cuidar da doença causada pela energia de retaliação de Taiyin, aplicar o remédio de sabor amargo e natureza quente, ajudando com o remédio de sabor ácido e picante; aplicar remédio amargo para expurgar o perverso, secar a umidade e expurgar a umidade perversa.

"Ao tratar o mal causado pela energia de retaliação de Shaoyang, aplicar para tratar, o remédio de sabor salgado e de natureza fria, ajudando com remédio de sabor amargo e picante, dissipar a massa com remédio de sabor salgado, coletar toda a energia perversa com remédio de sabor ácido e aplicar a terapia de diaforese com remédio de sabor amargo. Ao aplicar a terapia de diaforese, não é necessário evitar a contra-indicação de usar o remédio de natureza quente no clima quente ou o de natureza fria no clima frio, mas o remédio de natureza morna ou fresca não se deve usar.

"Ao aplicar a terapia de diaforese para tratar o mal causado pela energia de retaliação de Shaoyin, esta deve ser usada da mesma maneira que para Shaoyang.

"Ao tratar o mal causado pela energia de retaliação de Yangming, aplicar o remédio de sabor picante e de natureza morna, ajudando com o remédio de sabor amargo e doce, aplicando o remédio de sabor amargo para uma purgação lenta, dispersar com e remédio de sabor doce e recuperar a deficiência com remédio de sabor ácido.

"Ao tratar a doença causada pela energia de retaliação de Taiyang, aplicar o remédio de sabor salgado e de natureza quente, ajudando com o remédio de sabor doce e picante e estabilizar a energia com o remédio de sabor amargo.

"Ao tratar as doenças causadas pelas inúmeras energias dominantes e de retaliação, aplicar o remédio de natureza quente para a doença fria, aplicar o remédio de natureza fria para a doença quente; aplicar o remédio de natureza fresca à doença úmida e aplicar o remédio de natureza morna à doença ligeiramente fria; quando a energia primordial do paciente estiver se esgotando, aplicar o remédio para coletar; quando a energia do paciente estiver oprimida e estagnada, aplicar o remédio para dispersar; quando o paciente for invadido pela secura perversa, aplicar o remédio umidecedor; quando a energia do paciente estiver oprimindo, aplicar o remédio para aliviar; quando a energia perversa do paciente estiver substancial, aplicar remédio para suavizar e dissipar; quando a energia do paciente estiver fraca, aplicar o remédio estabilizador; quando a energia do paciente estiver hiperativa, aplicar o remédio purgante. Dessa forma, as cinco vísceras voltam à posição devida sem que uma perturbe à outra, a energia perversa irá diminuir seu curso, e as outras energias estarão cada qual em sua categoria sem superabundância parcial resumindo-se a seu estado normal. Esses são os métodos de tratar o todo".

帝曰：善。气之上下，何谓也？岐伯曰：身半以上，其气三矣，天之分也，天气主之。身半以下，其气三矣，地之分也，地气主之。以名命气，以气命处，而言其病。半，所谓天枢也。故上胜而下俱病者，以地名之，下胜而上俱病者，以天名之。所谓胜至，报气屈服而未发也。复至则不以天地异名，皆如复气为法也。帝曰：胜复之动，时有常乎？气有必乎？岐伯曰：时有常位，而气无必也。帝曰：愿闻其道也。岐伯曰：初气终三气，天气主之，胜之常也。四气尽终气，地气主之，复之常也。有胜则复，无胜则否。帝曰：善。复已而胜何如？岐伯曰：胜至则复，无常数也，衰乃止耳。复已而胜，不复则害，此伤生也。帝曰：复而反病何也？岐伯曰：居非其位，不相得也。大复其胜则主胜之，故反病也。所谓火燥热也。

Disse o Imperador Amarelo: "Muito bem. Quanto às energias, algumas estão na parte superior e algumas na parte inferior do corpo: isso por quê?" Disse Qibo: "Existem três energias na parte superior do corpo (i.e., a energia que controla a energia do céu e as energias intermediárias da esquerda e da direita) que são as partes do corpo humano que correspondem ao céu e são controladas pela energia celeste, e há as três energias da parte inferior do corpo (i.e., a energia que afeta a energia da terra e as energias intermediárias da esquerda e da direita) que são as partes do corpo humano que correspondem à terra e que são controladas pela energia que afeta a energia da terra. A energia dominante e a energia de retaliação são indicadas pela parte superior e pela parte inferior, e as seções do corpo que apresentam as doenças são indicadas pelas seis energias. A demarcação da parte superior do corpo e da parte inferior está no ponto Tianshu (em volta do umbigo).

"Quando as três energias que estão na parte superior do corpo estiverem superabundantes e as três energias da parte inferior do corpo estiverem deficientes, a doença está na parte inferior, e as doenças contraídas são chamadas de acordo com a energia da terra; quando as três energias na parte inferior do corpo estiverem superabundantes e as três energias da parte superior do corpo estiverem deficientes, a doença está na parte superior, e as doenças contraídas são chamadas de acordo com a energia do céu. A colocação acima se refere à condição em que a energia dominante chegou e a energia de retaliação ainda está oculta. Quando a energia de retaliação tiver chegado, a doença não será chamada de acordo com as energias que controlam a energia do céu ou que afetam a energia da terra, mas são chamadas de acordo com a variação da energia de retaliação".

O Imperador Amarelo perguntou: "Existe um tempo regular nas mudanças das energias de dominância e retaliação e existe qualquer padrão regular na chegada ou na não chegada da energia?" Disse Qibo: "Embora existam posições regulares nas quatro estações, entretanto a chegada ou a não chegada da energia de dominância e da energia de retaliação são incertas". Disse o Imperador Amarelo: "Espero saber a razão". Disse Qibo: "Os estágios que partem da energia inicial para a terceira energia, são controlados pela energia do céu, e parecem ser as posições sazonais comuns da energia dominante; os estágios que partem da quarta energia à energia terminal são afetados pela energia da terra, e parecem ser as posições sazonais comuns da energia de retaliação. A energia de retaliação só pode ocorrer quando existe a energia dominante; se não houver nenhuma energia dominante, não haverá energia de retaliação alguma".

Disse o Imperador Amarelo: "Muito bem. Mas às vezes, a energia dominante ocorre novamente depois da energia de retaliação já haver se retirado: qual a razão?" Disse Qibo: "A energia de retaliação vem após a dominante, e depois da retaliação, a energia de dominância pode ocorrer de novo; o tempo da dominância e da retaliação não é definido, e isso para quando ambos estiverem ficando debilitados. A energia dominante ocorre novamente após a energia de retaliação, e se a retaliação não ocorrer após a energia dominante correspondente, irá atingir a vida do homem".

O Imperador Amarelo perguntou: "Existe o caso de após a energia de retaliação chegar, esta mesma causar a doença: por que isso?" Disse Qibo: "Isto é porque a chegada da energia de retaliação não está no tempo sazonal adequado e a energia de retaliação não coincide com a posição adequada da estação; quando a energia dominante for retaliada em excesso pela energia de retaliação, esta ficará deficiente, e se for novamente dominada pela energia que domina a estação, a energia de retaliação em si irá causar a doença. Esses são os casos no fogo, na secura e no calor forte".

帝曰：治之何如？岐伯曰：夫气之胜也，微者随之，甚者制之。气之复也，和者平之，暴者夺之。皆随胜气，安其屈伏，无问其数，以平为期，此其道也。

O Imperador Amarelo perguntou: "Como tratar isto?" Disse Qibo: "Ao tratar a doença causada pela energia dominante, se a enfermidade for leve, deve-se seguir sua propriedade; quando for severa, deve-se detê-la aplicando o remédio de dominância; ao tratar a doença causada pela energia de retaliação, se a doença for moderada, deve-se adequá-la para que se torne calma; se a doença for violenta, deve-se enfraquecê-la. Em outras palavras, acompanha-se a energia dominante e estabiliza-se a energia suprimida. O tempo para que se aplique remédios não tem limites, mas deve-se parar de aplicar assim que a energia for aliviada. Esta é a regra geral de tratar".

帝曰：善。客主之胜复奈何？岐伯曰：客主之气，胜而无复也。帝曰：其逆从何如？岐伯曰：主胜逆，客胜从，天之道也。

Disse o Imperador Amarelo: "Muito bem. Quais são as condições de dominância e retaliação da energia dominante da energia hospedeira (energia dominante do ano) e da energia convidada?" Disse Qibo: "Só existe a condição de dominância sem retaliação entre a energia hospedeira e a energia convidada". O Imperador Amarelo perguntou: "Como distinguir as condições adversas e ideais?" Disse Qibo: "Quando a energia hospedeira é dominante, é a condição adversa; quando a energia convidada é dominante, é a condição ideal, e essa é a regra comum do céu e da terra".

帝曰：其生病何如？岐伯曰：厥阴司天，客胜则耳鸣掉眩，甚则咳；主胜则胸胁痛，舌难以言。少阴司天，客胜则鼽嚏，颈项强，肩背瞀热，头痛少气，发热耳聋目瞑，甚则胕肿血溢，疮疡咳喘；主胜则心热烦躁，甚则胁痛支满。太阴司天，客胜则首面胕肿，呼吸气喘；主胜则胸腹满，食已而瞀。少阳司天，客胜则丹胗外发，及为丹熛疮疡，呕逆喉痹，头痛嗌肿，耳聋血溢，内为瘛疭，主胜则胸满咳仰息，甚而有血，手热。阳明司天，清复内余，则咳衄嗌塞，心鬲中热，咳不止而白血出者死。太阳司天，客胜则胸中不利，出清涕，感寒则咳；主胜则喉嗌中鸣。

Disse o Imperador Amarelo: "Quais são as doenças causadas por elas?" Disse Qibo: "Quando Jueyin está controlando a energia do céu, se a energia convidada for dominante, as pessoas irão contrair tínito e tontura, ou até tosse; se a energia hospedeira estiver dominando, as pessoas ficarão com dor no peito e no hipocôndrio, e também dificuldade de falar devido à rigidez na língua

"Quando Shaoyin estiver controlando a energia do céu, se a energia convidada estiver dominando, as pessoas vão começar a espirrar, terão rigidez no pescoço, sensação de febre no ombro e nas costas, dor de cabeça, respiração curta, febre, surdez, visão borrosa, terão mesmo edemas, hemorragia, infecção piogênica e ulceração na pele, tosse e respiração acelerada; se a energia hospedeira estiver dominando, as pessoas ficarão com um calor na região do coração, terão inquietação, e até dor e plenitude nos hipocôndrios.

"Quando Taiyin estiver controlando a energia do céu, se a energia convidada for a dominante, as pessoas irão contrair edema na cabeça e no rosto, e respiração acelerada; se a energia hospedeira do ano estiver dominando, as pessoas irão contrair plenitude no peito e no abdômen, e confusão mental após a ingestão de alimentos.

"Quando Shaoyang estiver controlando a energia do céu, se a energia convidada estiver dominando, as pessoas irão contrair pápulas com vermelhidão na pele, infecção piogênica e ulceração na pele, vômitos, dor de garganta, dor de cabeça, inchaço na faringe, surdez, hemorragia e convulsão das extremidades; se a energia hospe-

457

deira estiver dominando, as pessoas irão contrair plenitude no peito, tosse, suspiros, terão mesmo hemoptise e mãos quentes.

"Quando Yangming estiver controlando a energia do céu, se a energia convidada da friagem estiver tendo um aumento interno e controlar a energia do céu, as pessoas terão tosse, hemorragia, obstrução da faringe, calor no diafragma, tosse incessante com tez esbranquiçada. Se o paciente sangrar continuamente, morrerá.

"Quando Taiyang estiver controlando a energia do céu, se a energia convidada estiver dominando, o paciente sentirá um incômodo no peito, terá corrimento nasal, e tosse, sentindo frio; se a energia hospedeira do ano estiver dominando, será ouvido um chiado na garganta.

厥阴在泉，客胜则大关节不利，内为痉强拘瘛，外为不便；主胜则筋骨繇并，腰腹时痛。少阴在泉，客胜则腰痛，尻股膝髀腨胻足病，瞀热以酸，胕肿不能久立，溲便变；主胜则厥气上行，心痛发热，鬲中众痹皆作，发于胠胁，魄汗不藏，四逆而起。太阴在泉，客胜则足痿下重，便溲不时，湿客下焦，发而濡写，及为肿隐曲之疾；主胜则寒气逆满，食饮不下，甚则为疝。少阳在泉，客胜则腰腹痛而反恶寒，甚则下白溺白，主胜则热反上行而客于心，心痛发热，格中而呕。少阴同候。阳明在泉，客胜则清气动下，少腹坚满而数便写；主胜则腰重腹痛，少腹生寒，下为鹜溏，则寒厥于肠，上冲胸中，甚则喘不能久立。太阳在泉，寒复内余，则腰尻痛，屈伸不利，股胫足膝中痛。

"Quando Jueyin está afetando a energia do céu, se a energia convidada estiver dominando, o paciente terá dificuldade em movimentar as juntas; quando a energia estiver no interior, causa espasmos, rigidez e convulsão nos músculos; quando no exterior, causa a inconveniência nos movimentos; se a energia hospedeira estiver dominando, o paciente ficará oscilante e com rigidez nos músculos e nos ossos, terá dores lombares e abdominais freqüentes.

"Quando Shaoyin estiver afetando a energia da terra, se a energia convidada estiver dominando, o paciente terá lumbago, incômodo na região sacro-coccígea, coxas, joelhos, parte superior da coxa, tíbia, fíbula e pés, sensação de quentura e dores erráticas, edema que faz com que não possa ficar de pé por muito tempo, urinas sem cor; se a energia hospedeira estiver dominando, a energia invertida estará subindo para causar dor cardíaca, febre e síndrome Bi no diafragma. Como a doença se declara a partir do hipocôndrio, dificilmente se pode reter o suor e o paciente terá frio nas extremidades.

"Quando Taiyin estiver afetando a energia da terra, se a energia convidada estiver dominando, irão ocorrer os males da flacidez nos pés, peso nos membros inferiores, micção e defecação anormais. Como a umidade fica retida no aquecedor inferior, irão ocorrer as síndromes de diarréia devido à umidade perversa, edema e males dos genitais externos e do ânus; se a energia hospedeira estiver dominando, irão ocorrer a subida da energia fria, sensação de plenitude e opressão, diminuição da alimentação e das bebidas e até dor de hérnia.

"Quando Shaoyang estiver afetando a energia da terra, se a energia convidada estiver dominando, o paciente terá dores lombares e abdominais, calafrios e até urinas e fezes brancas; se a energia hospedeira estiver dominando, o calor irá, pelo contrário, subir para atacar o coração, ocorrendo males cardíacos, contenção interna da febre e vômitos. As outras síndromes serão os mesmos que quando Shaoyin estiver atacando a energia da terra.

"Quando Yangming estiver atacando a energia da terra, se a energia convidada estiver dominando, a energia fria estará ativa na parte inferior, o baixo ventre estará endurecido e cheio e ocorrerá diarréia com freqüência; se a energia hospedeira estiver dominando, o paciente terá peso na região lombar, dor abdominal e diarréia com fezes moles devida à descida da energia fria do baixo ventre; quando a energia fria que está no intestino e no estômago subir para atacar o peito, isso causará uma respiração acelerada no paciente, que dificilmente poderá ficar de pé.

"Quando Taiyang estiver afetando a energia da terra, a energia fria da água irá causar dor na região lombar e na região sacro-coccígea, dificuldade de esticar e dobrar as extremidades, e dores nas coxas, tíbia, pés e joelhos".

帝曰：善。治之奈何？岐伯曰：高者抑之，下者举之，有余折之，不足补之，佐以所利，和以所宜，必安其主客，适其寒温，同者逆之，异者从之。

Disse o Imperador Amarelo: "Muito bem. Mas como tratar tudo isso?" Disse Qibo: "É preciso suprimir a energia ascendente, para causar sua descida, elevar a energia vacilante que está embaixo para fazer com que suba, expurgar a energia estênica que está tendo um implemento, e fazer com que se revigore a energia astênica que está insuficiente; além disso, deve-se aplicar o remédio favorável e os alimentos adequados a fim de estabilizar a energia convidada e a energia hospedeira e adequar a friagem e a quentura das energias. Quando a energia hospedeira é semelhante à energia convidada, se a energia dominante for excessiva, deve ser detida para que seja tratada de forma reversa; quando a energia hospedeira estiver diferente da energia convidada, uma delas deve ser seguida e ajustada de acordo com as condições das forças que sejam parcialmente fortes ou fracas".

帝曰：治寒以热，治热以寒，气相得者逆之，不相得者从之，余以知之矣。其于正味何如？岐伯曰：木位之主，其写以酸，其补以辛。火位之主，其写以甘，其补以咸。土位之主，其写以苦，其补以甘。金位之主，其写以辛，其补以酸。水位之主，其写以咸，其补以苦。厥阴之客，以辛补之，以酸写之，以甘缓之。少阴之客，以咸补之，以甘写之，以咸收之〔明抄本"咸"作"酸"〕。太阴之客，以甘补之，以苦写之，以甘缓之。少阳之客，以咸补之，以甘写之，以咸软之。阳明之客，以酸补之，以辛写之，以苦泄之。太阳之客，以苦补之，以咸写之，以苦坚之，以辛润之。开发腠理，致津液，通气也。

Disse o Imperador Amarelo: "Quando tratar a doença fria, aplicar o remédio quente; quando tratar a doença quente, aplicar o remédio frio; quando a energia hospedeira for semelhante à energia convidada, tratar de forma reversa; quando a energia hospedeira for diferente da energia convidada, tratar de forma ideal para acompanhá-las. Isso tudo me é familiar. Mas qual é o sabor específico para revigorar e expurgar quando tratar a doença causada pelas atividades das energias dos cinco elementos?" Disse Qibo: "Ao tratar a doença causada pela energia dos anos que dominam o vento da madeira da energia hospedeira de Jueyin (a posição da madeira se encontra na energia inicial que está no período de sessenta e um dias antes do equinócio da primavera); expurgar com remédio de sabor ácido e revigorar com remédio de sabor picante. Ao tratar a doença causada pela energia hospedeira que

459

domina o ano do fogo imperial de Shaoyin (a posição do fogo imperial se encontra na segunda energia que está no período de sessenta e um dias após o Equinócio da Primavera) e a energia do fogo ministerial de Shaoyang (a posição do fogo ministerial está na terceira energia que se encontra no período de trinta dias anteriores e nos trinta dias posteriores ao Solstício de Verão); purgar com remédio de sabor doce e revigorar com remédio de sabor salgado. Ao tratar o mal causado pela energia hospedeira da umidade da terra de Taiyin (a posição da terra está na quarta energia que está no período de sessenta e um dias antes do Equinócio de Outono); purgar com remédio de sabor amargo e revigorar com remédio de sabor doce. Ao tratar a doença causada pela energia hospedeira do ano onde domina a secura do metal de Yangming (a posição do metal está na quinta energia que está no período de sessenta e um dias após o Equinócio de Outono); purgar com remédio de sabor picante e revigorar com remédio de sabor ácido. Ao tratar a doença causada pela energia hospedeira do ano que é dominado pela água fria de Taiyang (a posição da água está na energia terminal que se encontra no período de trinta dias anteriores e trinta dias posteriores ao Solstício de Inverno), purgar com remédio de sabor salgado e revigorar com remédio de sabor amargo.

"Ao tratar a doença causada pela energia convidada de Jueyin, revigorar com remédio de sabor picante, purgar com remédio de sabor ácido, e dispersar com remédio de sabor doce. Ao tratar a doença causada pela energia convidada de Shaoyin, revigorar com remédio de sabor salgado, purgar com remédio de sabor doce, e enfraquecer a energia perversa com remédio de sabor ácido. Ao tratar a doença causada pela energia convidada de Shaoyin, revigorar com remédio de sabor doce, purgar com remédio de sabor amargo e moderar a energia com remédio de sabor doce. Ao tratar a doença causada pela energia convidada de Shaoyang, revigorar com remédio de sabor salgado, purgar com remédio de sabor doce, e aliviar a firmeza com remédio de sabor salgado. Ao tratar a doença causada pela energia convidada de Yangming, revigorar com remédio de sabor ácido, purgar com remédio de sabor picante, e purgar com remédio de sabor amargo. Ao tratar a doença causada pela energia convidada de Taiyang, revigorar com remédio de sabor amargo, purgar com remédio de sabor salgado, estabilizar com remédio de sabor amargo, e umedecer com remédio de sabor picante. Esses tratamentos todos servem para eliminar as estrias, induzir os fluidos corporais e fazer passar a energia Yang".

帝曰：善。愿闻阴阳之三也何谓？岐伯曰：气有多少，异用也。帝曰：阳明何谓也？岐伯曰两阳合明也。帝曰：厥阴何谓也？岐伯曰：两阴交尽也。

Disse o Imperador Amarelo: "Muito bem. Disseram-me que existem três Yin e três Yang: qual a razão?" Disse Qibo: "Isto porque as energias Yin e Yang podem estar em maior ou menor quantidade, e todas são diferentes em suas funções". O Imperador Amarelo perguntou: "Qual o significado do Yangming?" Disse Qibo: "Quando os dois Yang, o de Taiyang e o de Shaoyang, ambos estão reluzentes, a isto se chama Yangming (o Yang brilhante)".

O Imperador Amarelo perguntou: "Qual é o significado de Jueyin?" Disse Qibo: "Quando os dois Yin, o de Taiyin e o de Shaoyin, ambos estão diminuindo, a isto se chama Jueyin (o último estágio do Yin)".

460

帝曰：气有多少，病有盛衰，治有缓急，方有大小，愿闻其约奈何？岐伯曰：气有高下，病有远近，证有中外，治有轻重，适其至所为故也。《大要》曰：君一臣二，奇之制也；君二臣四，偶之制也；君二臣三，奇之制也；君二臣六；偶之制也。故曰：近者奇之，远者偶之，汗者不以奇，下者不以偶，补上治上制以缓，补下治下制以急，急则气味厚，缓则气味薄，适其所，此之谓也。病所远而中道气味之者，食而过之，无越其制度也。是故平气之道，近而奇偶，制小其服也。远而奇偶，制大其服也。大则数少，小则数多。多则九之，少则二之。奇之不去则偶之，是谓重方。偶之不去，则反佐以取之，所谓寒热温凉，反从其病也。

Disse o Imperador Amarelo: "Já que as energias diferem em suas quantidades, as doenças são diferentes em seu crescimento e declínio; alguns tratamentos devem ser urgentes e alguns devem ser feitos devagar, e as prescrições são diferentes quanto a serem pequenas ou grandes; espero que me expliques o padrão para se distinguir isso". Disse Qibo: "Já que as energias perversas diferem em suas localização alta ou baixa, os focos são diversos quanto às distâncias, e as aparências da síndrome são diferentes no exterior e no interior, por isso o tratamento tem que ser leve ou pesado de acordo com a condição específica que faz com que o efeito do remédio atinja o foco de acordo com o critério. Está postulado no "Essencial": "Quando se aplica uma erva medicinal imperial e duas ervas medicinais vassalas, é o método da prescrição esporádica; quando se aplica duas ervas medicinais imperiais e quatro ervas medicinais vassalas, é o método de uma prescrição constante; quando se aplica duas ervas medicinais imperiais e seis ervas medicinais vassalas, é o método de uma prescrição mais constante"".

"Quando o foco está alto, usa-se a prescrição esporádica; quando o foco está longe, usa-se a prescrição constante; na diaforese, não deve ser usada a prescrição constante; na purgação não deve ser usada a prescrição esporádica; para revigorar, a prescrição de tratamento da parte superior do corpo deve ser lenta, e a prescrição para revigorar a parte inferior deve ser drástica; a maioria dos remédios com propriedades urgentes terão um sabor forte, a maioria dos remédios com propriedades moderadas terão um gosto mais discreto. Mas em qualquer dos casos, a prescrição deve atingir com precisão o foco da doença. Se o foco for remoto, o gosto do remédio pode se perder na metade do trajeto, por isso deve-se levar em consideração o fato de tomar o remédio antes ou depois das refeições. Seja qual for o caso, o efeito clínico deve atingir o foco e a regra não deve ser violada.

"Quando se adequar a energia para que fique moderada, se o foco for alto, não importa se está sendo usada a prescrição esporádica ou constante, ela deve ser pequena; se o foco for remoto, independente do fato de se usar uma prescrição esporádica ou constante, ela deve ser elevada. Uma prescrição elevada significa poucas ervas em grande quantidade; uma prescrição pequena, significa muitas ervas em quantidade diminuta. Quando forem muitos os tipos de ervas medicinais, podem chegar a nove; quando os tipos de ervas medicinais forem poucos, estas podem ser somente duas.

"Quando se aplica uma prescrição esporádica e a doença ainda permanece, aplica-se a prescrição constante, e a isto se chama prescrição complexa; quando se aplica a prescrição constante e a doença permanece, aplica-se o método inverso (tratamento de concordância), tal como ao tratar uma doença fria com um remédio quente, acrescenta-se um remédio frio que combine como remédio assistente; ao tratar uma doença quente com remédio frio, acrescentar um remédio quente que combine com a doença quente como remédio assistente; ao tratar doenças frias e quentes, acrescentar remédios frios e quentes como assistentes".

帝曰：善。病生于本，余知之矣。生于标者，治之奈何？岐伯曰：病反其本，得标之病，治反其本，得标之方。

Disse o Imperador Amarelo: "Muito bem. Fiquei conhecendo as doenças provenientes das energias dos troncos (das seis energias do vento, calor, umidade, secura, fogo e frio), mas como tratar as doenças provenientes das energias dos ramos (das energias do três Yin e dos três Yang?)" Disse Qibo: "Quando as síndromes forem contrárias aos troncos, pode-se inferir que a doença provém do ramo. Para tratar, distinguir o que é urgente daquilo que não o é; se a doença do ramo for urgente, então este deve ser acompanhado e esta tratada primeiro".

帝曰：善。六气之胜，何以候之？岐伯曰：乘其至也。清气大来，燥之胜也，风木受邪，肝病生焉。热气大来，火之胜也，金燥受邪、肺病生焉。寒气大来，水之胜也，火热受邪，心病生焉。湿气大来，土之胜也，寒水受邪，肾病生焉。风气大来，木之胜也，土湿受邪，脾病生焉。所谓感邪而生病也。乘年之虚，则邪甚也。失时之和，亦邪甚也。遇月之空，亦邪甚也。重感于邪，则病危矣。有胜之气，其必来复也。

Disse o Imperador Amarelo: "Muito bem. Qual o sintoma quando as seis energias estiverem superabundantes?" Disse Qibo: "Isso pode-se ficar sabendo quando as seis energias chegam. Quando a energia fria chega em larga escala, a energia da secura estará superabundante em parte para lesar a energia do vento madeira, e irá ocorrer doença no fígado. Quando a energia do calor chegar em larga escala, a energia do fogo estará superabundante em parte, ferindo a energia do metal, e irá ocorrer uma doença do pulmão. Quando a energia do frio chegar em grandes quantidades, a energia da água estará superabundante em parte, lesando o fogo, e irá ocorrer uma doença no coração. Quando a energia da umidade chegar em larga escala, a energia da terra estará superabundante em parte, lesando a água fria, e irá ocorrer uma doença nos rins. Quando a energia do vento chegar em larga escala, a energia da madeira estará superabundante em parte, ferindo a energia da terra, e irá ocorrer uma doença no baço. Essas doenças são afetadas pela energias perversas. No caso em que a energia dominante do ano (energia hospedeira) seja insuficiente, então esta estará em desarmonia com a energia convidada, e quando não houver lua (antes do primeiro quarto e depois do primeiro quarto do mês, quando a energia e o sangue humanos estão deficientes), a energia perversa estará mais severa. Se a energia perversa for contraída durante as três situações acima, a doença oferecerá perigo. Toda vez que a energia dominante surgir, a energia de retaliação surgirá com o seu aparecimento".

帝曰：其脉何如？岐伯曰：厥阴之至其脉弦，少阴之至其脉钩，太阴之至其脉沉，少阳之至大而浮，阳明之至短而涩，太阳之至大而长。至而和则平，至而甚则病，至而反者病，至而不至者病，未至而至者病，阴阳易者危。

O Imperador Amarelo perguntou: "Quais são as condições de pulso quando chegam as seis energias?" Disse Qibo: "Com a chegada da energia Jueyin, a condição de pulso é tensa; com a chegada da energia Shaoyin, a condição de pulso é em colchete. Com a chegada da energia Taiyin, a condição de pulso é submersa; com a chegada a energia Shaoyang a condição de pulso é agigantada e flutuante; com a chegada da energia Yangming, a condição de pulso é breve e variável; com a chegada da energia Taiyang a condição de pulso é agigantada e longa. Quando a condição de pulso for calma na chegada, o homem estará normal. Quando o pulso estiver além excedendo a plenitude, na chegada, isso mostra que há doença; quando a condição de pulso estiver ao contrário da energia das quatro estações, isso mostra que há doença. Quando o pulso deixar de surgir quando da chegada da energia, isso mostra que há doença; quando a energia deixar de chegar quando o pulso já tiver chegado, isso mostra doença. Quando o pulso Yin for visto na doença Yang ou o pulso Yang for visto na doença Yin, o paciente correrá perigo".

帝曰：六气标本，所从不同奈何？岐伯曰：气有从本者，有从标本者，有不从标本者也。帝曰：愿卒闻之。岐伯曰：少阳太阴从本，少阴太阳从本从标，阳明厥阴，不从标本从乎中也。故从本者，化生于本，从标本者有标本之化，从中者以中气为化也。帝曰：脉从而病反者，其诊何如？岐伯曰：脉至而从，按之不鼓，诸阳皆然。帝曰：诸阴之反，其脉何如？岐伯曰：脉至而从，按之鼓甚而盛也。

O Imperador Amarelo perguntou: "As mudanças das seis energias são diferentes quando se acompanham o tronco ou o ramo: qual a razão?" Disse Qibo: "Nas trocas das seis energias, algumas seguem o tronco e algumas o ramo; algumas não se alteram com o tronco nem com o ramo". Disse o Imperador Amarelo: "Espero conhecer isso em detalhes." Disse Qibo: "As alterações de Shaoyang e de Taiyin seguem o tronco (em Shaoyang, o fogo está no tronco e o Yang está no ramo; em Taiyin, a umidade está no tronco e o Yin está no ramo. Tanto Shaoyang quanto Taiyin estão tendo propriedades semelhantes no tronco e nos ramos, por isso as doenças causadas por ambos os canais mudam com o tronco); as alterações de Shaoyin e de Taiyang acompanham o tronco e os ramos (em Shaoyin o calor é o tronco e o Yin está nos ramos e na energia intermediária se acha a energia fria de Taiyang; em Taiyang, o frio está no tronco e Yang está nos ramos; a energia intermediária está na energia do calor de Shaoyin. Tanto Shaoyin quanto Taiyang são diferentes em troncos e ramos, e o tronco de um é a energia intermediária do outro, e além disso são diferentes em água e fogo, e diferentes em Yin e Yang, o tronco e os ramos não podem ser assimilados: por isso, na mudança, eles seguem ou o tronco ou o ramo); as alterações de Yangming e de Jueyin não seguem o tronco e os ramos, mas seguem a energia intermediária (em Yangming, a secura está no tronco e o Yang está nos ramos e a energia intermediária está na umidade da terra de Taiyin; em Jueyin, a madeira é o tronco e o Yin está nos ramos; a energia intermediária é o fogo ministerial de Shaoyang. A energia da secura se assimila à energia da umidade e a energia da madeira se assimila à energia do fogo, por isso, tanto Yangming quanto Jueyin não acompanham nem o tronco nem os ramos, mas seguem a energia intermediária). Quando a mudança acompanha o tronco, é porque a energia perversa provém do tronco; quando a mudança acompanha o tronco e os ramos, é porque algumas das doenças estão adscritas ao tronco e algumas aos ramos. Quando a mudança segue a energia intermediária, é porque a doença é proveniente da energia intermediária".

O Imperador Amarelo perguntou: "Como diagnosticar a doença quando a condição de pulso acompanha o tronco ou os ramos, mas está ao contrário da doença?" Disse Qibo: "Quando a condição de pulso é semelhante à doença, tal como quando são vistas no pulso as condições agigantada, flutuante e escorregadias na doença Yang, são pulsos concordantes, mas se a pulsação for tão fraca que dificilmente possa ser sentida à pressão, então não é uma doença Yang genuína e a condição de todos os pulsos Yang nas síndromes Yang será a mesma". Disse o Imperador Amarelo: "O que me dizes da condição de pulso quando está ao contrário da doença Yin?" Disse Qibo: "Quando a condição de pulso é semelhante à síndrome, mas a pulsação sob o dedo é muito forte à pressão, então não é uma doença Yin genuína".

是故百病之起，有生于本者，有生于标者，有生于中气者，有取本而得者，有取标而得者，有取中气而得者，有取标本而得者，有逆取而得者，有从取而得者。逆，正顺也；若顺，逆也。故曰：知标与本，用之不殆，明知逆顺，正行无问。此之谓也。不知是者，不足以言诊，足以乱经。故《大要》曰：粗工嘻嘻，以为可知，言热未已，寒病复始，同气异形，迷诊乱经。此之谓也。夫标本之道，要而博，小而大，可以言一而知百病之害，言标与本，易而勿损，察本与标，气可令调，明知胜复，为万民式，天之道毕矣。

"Por esse motivo, no começo de várias doenças, algumas delas são provenientes da energia do tronco, algumas provêm da energia dos ramos, e algumas delas da energia intermediária. Algumas das doenças são curadas quando se trata da energia do tronco, algumas são curadas tratando-se da energia dos ramos, algumas são curadas tratando-se a energia intermediária, outras são curadas tratando-se tanto a energia do tronco como a dos ramos, algumas são curadas tratando-se em contracorrente e algumas são curadas quando se trata em concordância. Os assim chamados tratamentos em contracorrente significam tratar contra a condição da doença e, de fato, é o tratamento positivo; no assim chamado tratamento de concordância, parece combinar na superfície, mas de fato é um tratamento negativo. Quando se sabe as razões dos troncos e dos ramos, não há perigo ao tratar; quando se entendem os princípios do tratamento de concordância e adversidade, pode-se tratar adequadamente sem imperfeições; quando não se conhecem os princípios, não há meios de diagnosticar, e isso só pode perturbar os canais de energia. Está postulado nos "Essenciais" : "Um médico de nível inferior pensa ter adquirido o conhecimento de forma satisfatória, mas quando entra em contato com o tratamento, antes que terminem seus argumentos contra a febre, o fenômeno do frio começa a se manifestar. Ele não compreende que as doenças de mesma energia possam ser diferentes, e dificilmente pode fazer um diagnóstico claro devido à perplexidade da mente e, por isso, ele só pode prejudicar a energia dos canais".

"O princípio dos troncos e ramos é conciso, mas pode ser aplicado de maneira extensa, e todas as alterações nas doenças podem ser entendidas através de um só exemplo. Quando se entende os princípios de troncos e ramos, seu tratamento raramente pode causar danos; ao determinar se a doença pertence ao tronco ou ao ramo pela observação, pode-se adequar a energia perversa para que se torne calma. Quando se entende claramente o princípio das energias de dominância e de retaliação das seis energias, pode-se estabelecer um exemplo aos médicos comuns da mesma maneira que se entendem as alterações no céu e na terra".

帝曰：胜复之变，早晏何如？岐伯曰：夫所胜者，胜至已病，病已愠愠，而复已萌也。夫所复者，胜尽而起，得位而甚，胜有微甚，复有少多，胜和而和，胜虚而虚，天之常也。帝曰：胜复之作，动不当位，或后时而至，其故何也？岐伯曰：夫气之生，与其化衰盛异也。寒暑温凉盛衰之用，其在四维。故阳之动，始于温，盛于暑；阴之动，始于清，盛于寒。春夏秋冬，各差其分。故《大要》曰：彼春之暖，为夏之暑，彼秋之忿，为冬之怒，谨按四维，斥候皆归，其终可见，其始可知，此之谓也。帝曰：差有数乎？岐伯曰：又凡三十度也。帝曰：其脉应皆何如？岐伯曰：差同正法，待时而去也。《脉要》曰：春不沉，夏不弦，冬不涩，秋不数，是谓四塞。沉甚曰病，弦甚曰病，涩甚曰病，数甚曰病，参见曰病，复见曰病，未去而去曰病，去而不去曰病，反者死。故曰：气之相守司也，如权衡之不得相失也。夫阴阳之气，清静则生化治，动则苛疾起，此之谓也。

O Imperador Amarelo perguntou: "Às vezes, a mudança da energia de dominância ou da energia de retaliação chega cedo, às vezes tarde: qual a razão?" Disse Qibo: "Quando a energia de dominância chega, o paciente já terá contraído a doença. Quando a energia perversa estiver acumulada, a energia de retaliação já terá germinado. A energia de retaliação aproveita a oportunidade para crescer quando a energia de dominância está chegando ao fim. Quando a energia de retaliação chega em sua posição, será intensificada. Nas energias de dominância, há diferenças na extensão de peso e leveza; nas energias de retaliação, há diferenças de quantidade de grande e pequeno. Quando a energia dominante for moderada, a energia de retaliação também será moderada; quando a energia dominante estiver deficiente, a energia de retaliação também será deficiente, e esta é a regra comum de alteração da energia do céu".

O Imperador Amarelo perguntou: "No rompimento da energia de dominância ou de retaliação às vezes elas não estão em suas exatas posições sazonais, ficando muitas vezes para trás: qual a razão?" Disse Qibo: "Isto porque as alterações das seis energias têm modos diferentes de ficar deficientes ou superabundantes. Os efeitos da friagem, da quentura, do frescor e da tepidez, prosperidade e deficiência são instaurados no último mês de cada estação. Por isso, quando a energia Yang principia, ela começa tépida e fica extremamente forte no calor do verão; quando a energia Yin principia, começa com o frescor e se torna extremamente forte no frio do inverno, e os climas da primavera, verão, outono e inverno são todos diferentes. Está postulado nos "Essenciais": "A calidez da primavera se desenvolve no calor forte do verão; o frescor do outono se desenvolve no frio do inverno". Quando se observa a alteração do último mês em cada estação e faz um reconhecimento do retorno do clima, pode vislumbrar o término da energia e conhecer o princípio da mesma".

O Imperador Amarelo perguntou: "Nas mudanças de tempo das quatro estações, existem diferenças nos dias?" Disse Qibo: "É provável que seja de trinta dias".

O Imperador Amarelo perguntou: "Qual a condição de correspondência no pulso?" Disse Qibo: "O pulso com diferença de tempo é semelhante ao que tem a condição normal; só que para um julgamento, deve-se deduzir a diferença de tempo. Foi estabelecido nos "Essenciais": "Quando a condição de pulso não estiver profunda no último mês da primavera; quando a condição de pulso não estiver rápida no último mês de outono; quando a condição de pulso não for tensa no último mês do verão; quando a condição de pulso não for inconstante no inverno, elas são chamadas obstrução da energia sazonal. Quando profundamente em excesso, é um pulso doente; quando excessivamente tenso, é um pulso doente; quando excessivamente rápido, é um pulso doente; quando irregular em excesso, é um pulso doente; quando o pulso estiver desordenado e não nivelado, é um pulso doente; quando a energia tiver ido embora e o pulso reaparecer, é um pulso doente. Quando a energia ainda permanecer e o pulso já tiver sumido, é um pulso doente; quando a energia tiver sumido, mas o pulso ainda permanecer, é um pulso doente; quando a condição do pulso for contrária à da energia, é o pulso fatal". Por isso, as energias das quatro estações estão mutuamente relacionadas, e cada uma conserva sua própria posição e cada uma tem sua responsabilidade, como a régua que marca o peso e o prato da balança: nenhum deles pode ser excluído. Quando as energias do Yin e do Yang estiverem tranqüilas, elas produzem a calma que motiva a geração e a transformação; quando estiverem cambiantes, irão causar a doença".

帝曰：幽明何如？岐伯曰：两阴交尽故曰幽，两阳相合故曰明，幽明之配，寒暑之异也。帝曰：分至何如？岐伯曰：气至之谓至，气分之谓分，至则气同，分则气异，所谓天地之正纪也。

O Imperador Amarelo perguntou: "Qual o significado de "Sombrio e Brilhante"?" Disse Qibo: "Quando as energias dos dois Yin estão diminutas, a isto se chama "Sombrio"; quando as energias dos dois Yang estão combinadas juntas, a isto se chama "Brilhante", e a coordenação de sombrio e brilhante causa a diferença do tempo frio e quente". O Imperador Amarelo perguntou: "O que é o equinócio e o solstício?" Disse Qibo: "Quando chega a energia, é o solstício; quando a energia se divide, é o equinócio. No solstício, as energias são as mesmas; no equinócio as energias diferem, e esta é a lei comum do céu e da terra".

帝曰：夫子言春秋气始于前，冬夏气始于后，余已知之矣。然六气往复，主岁不常也，其补写奈何？岐伯曰：上下所主，随其攸利，正其味，则其要也，左右同法。《大要》曰：少阳之主，先甘后咸；阳明之主，先辛后酸；太阳之主，先咸后苦；厥阴之主，先酸后辛；少阴之主，先甘后咸；太阴之主，先苦后甘。佐以所利，资以所生，是谓得气。

Disse o Imperador Amarelo: "Eu entendi o que disseste, que as energias da primavera e do outono se formam primeiro, e que as energias do verão e do inverno se formam depois, mas desde que as seis energias estão se movendo de maneira recíproca, e a energia dominante do ano está mudando constantemente, como aplicar as terapias de revigorar e purgar?" Disse Qibo: "Ao tratar a doença causada pela energia que controla a energia do céu e a energia que afeta a energia da terra, já que as energias são controladas respectivamente de cima e de baixo, para se aplicar a terapia de revigoramento e purgação deve-se basear no benéfico para curar a doença, e o ponto fundamental é aplicar o remédio de sabor adequado. Para a doença causada pela energias intermediárias da esquerda e da direita, o tratamento deve ser o mesmo. Foi determinado nos "Essenciais": "Quando Shaoyang estiver dominando o ano, aplicar primeiro o remédio de sabor doce, aplicando em seguida o remédio de sabor salgado; quando Yangming está dominando o ano, aplicar primeiro o remédio de sabor picante, e depois o remédio de sabor ácido; quando Taiyang estiver dominando o ano, aplicar primeiro o remédio de sabor salgado e depois o remédio de sabor amargo; quando Jueyin estiver dominando o ano, aplicar primeiro o remédio de sabor ácido e então o remédio de sabor picante; quando Shaoyin estiver dominando o ano, aplicar primeiro o remédio de sabor doce e depois o remédio de sabor salgado; quando Taiyin estiver dominando o ano, aplicar primeiro o remédio de sabor salgado e depois o remédio de sabor doce. Além disso, deve-se ajudar com o remédio favorável, para auxiliar o mecanismo de geração e transformação. Dessa forma os sabores podem estar de conformidade com as seis energias"".

帝曰：善。夫百病之生也，皆生于风寒暑湿燥火，以之化之变也。经言盛者写之，虚者补之，余锡以方士，而方士用之，尚未能十全，余欲令要道必行，桴鼓相应，犹拔刺雪汗，工巧神圣，可得闻乎？岐伯曰：审察病机，无失气宜，此之谓也。帝曰：愿闻病机何如？岐伯曰：诸风掉眩，皆属于肝。诸寒收引，皆属于肾。诸气膹郁，皆属于肺。诸湿肿满，皆属于脾。诸热瞀瘛，皆属于火。诸痛痒疮，皆属于心。诸厥固泄，皆属于下。诸痿喘呕，皆属于上。诸禁鼓慄，如丧神守，皆属于火。诸痉项强，皆属于湿。诸逆冲上，皆属于火。诸胀腹大，皆属于热。诸躁狂越，皆属于火。诸暴强直，皆属于风。诸病有声鼓之如鼓，皆属于热。诸病胕肿疼酸惊骇，皆属于火。诸转反戾，水液浑浊，皆属于热。诸病水液，澄澈清冷，皆属于寒。诸呕吐酸，暴注下迫，皆属于热。故《大要》曰：谨守病机，各司其属，有者求之，无者求之，盛者责之，虚者责之，必先五胜，疏其血气，令其调达，而致和平，此之谓也。

Disse o Imperador Amarelo: "Muito bem. A maioria das doenças são provenientes das alterações do que é saudável e perverso nas seis energias do vento, do frio, do calor, da umidade, da secura e do fogo. Foi determinado nos textos médicos que se deve purgar quando a energia estiver superabundante, e deve-se revigorar quando a energia estiver deficiente. Eu instruí os médicos com estes métodos, mas eles não conseguem obter um resultado satisfatório. Eu gostaria que esta importante teoria fosse prontamente colocada em uso para obter o efeito relacionado, como a baqueta se relaciona com o bater do tambor, produzir um efeito imediato como o arrancar fora do que está dilacerado e podre, e para que os médicos comuns atingissem um nível mais elevado de tratamento. Podes me dizer como fazê-lo?" Disse Qibo: "Quando se observa cuidadosamente o mecanismo da doença e trata sem violar o princípio da harmonização das seis energias, pode-se atingir a meta".

Disse o Imperador Amarelo: "Espero ouvir sobre o mecanismo da doença que disseste". Disse Qibo: "Todas as síndromes de tremor e tontura causadas pelo vento perverso pertencem ao fígado; todas as síndromes de rigidez muscular causadas pelo vento perverso pertencem ao rim; todos os sentimentos de irritabilidade e opressão causados pela enfermidade da energia vital são pertencentes ao pulmão; todas as síndromes de edema e plenitude causadas pela umidade perversa são pertencentes ao baço; todos os sinais de vista borrosa e convulsão das extremidades causados pela calor excessivo perverso pertencem ao fogo; todas as síndromes de dor, coceira, infecção piogênica e ulceração da pele pertencem ao coração; todas as síndromes de extremidades frias, retenção ou incontinência de fezes e urina pertencem ao aquecedor inferior; todas as síndromes de respiração ofegante, soluço e vômito pertencem ao aquecedor superior; todas as síndromes de trismo, arrepios de frio, percussão dos dentes pertencem ao fogo; todas as síndromes de doença convulsiva e rigidez no pescoço pertencem à umidade; todas as síndromes de contracorrente da energia vital pertencem ao fogo; todas as síndromes de distensão abdominal e plenitude pertencem ao calor; todas as síndromes de irritabilidade, inquietação, manias e modos ríspidos de agir pertencem ao fogo; todas as síndromes de rigidez muscular súbita pertencem ao vento perverso; todas as doenças que soam, como o borborigmo e um som como o de um tambor batendo em percussão pertencem ao calor; todos os males de edema, dor ao contato, susto, desassossego pertencem ao fogo; todas as síndromes de cãibra, rigidez muscular, turgidez do líquido excretado pertencem ao frio; em todos os casos, o excretar de líquidos claros e frios pertencem ao frio; todas as síndromes de eructação ácida, diarréia súbita com sensação urgente pertencem ao calor. Por isso está postulado nos "Essenciais": "Prestai muita atenção ao mecanismo das doenças e conheça bem as inúmeras síndromes, investigai o motivo da doença e das síndromes relacionadas e o motivo ou a doença que vem sem as síndromes que se espera; descobri a razão quando a energia perversa estiver superabundante e a razão pela qual a energia está deficiente. Verificai a energia dominante do movimento dos cinco elementos. Drenai a energia e o sangue para que fiquem calmos e circulem fluentemente, de acordo com o mecanismo da doença".

帝曰：善。五味阴阳之用何如？岐伯曰：辛甘发散为阳，酸苦涌泄为阴，咸味涌泄为阴，淡味渗泄为阳，六者或收或散，或缓或急，或燥或润，或软或坚，以所利而行之，调其气使其平也。帝曰：非调气而得者，治之奈何？有毒无毒，何先何后？愿闻其道。岐伯曰：有毒无毒，所治为主，适大小为制也。

Disse o Imperador Amarelo: "Muito bem. Quais são as funções dos cinco sabores do remédio e suas ligações com o Yin e o Yang?" Disse Qibo: "O remédio de sabores picante e doce são para dispersar, e pertencem ao Yang; os de sabores ácido e amargo são usados nas terapias eméticas e purgativas, e pertencem ao Yin; o remédio de sabor salgado também é usado na terapia emética e purgativa, e pertence ao Yin; o remédio de sabor constante, é para adoçar e purgar e pertence ao Yang. Entre os seis tipos de remédios, suas funções são diferentes em coletar, dispersar, moderar, urgir, secar, umedecer, aliviar e reforçar. Quando tratar, aplicar o remédio de acordo com sua função específica, dessa forma a energia pode ser adequada e se acalmar".

O Imperador Amarelo perguntou: "Algumas das doenças não podem ser curadas adequando-se a energia, então como tratá-las? Quais dos remédios são tóxicos e quais não? Quais devem ser usados em primeiro lugar e qual a razão?" Disse Qibo: "Ao aplicar o remédio com ou sem toxicidade, deve-se aplicar de acordo com o caso para que seja eficaz à doença. A dosagem deve ser determinada de acordo com a condição da doença".

帝曰：请言其制。岐伯曰：君一臣二，制之小也；君一臣三佐五，制之中也；君一臣三佐九，制之大也。寒者热之，热者寒之，微者逆之，甚者从之，坚者削之，客者除之，劳者温之〔胡本，读本，吴本“温”并作“益”〕，结者散之，留者攻之，燥者濡之，急者缓之，散者收之，损者温之，逸者行之，惊者平之。上之下之，摩之浴之，薄之劫之，开之发之，适事为故。帝曰：何谓逆从？岐伯曰：逆者正治，从者反治，从少从多，观其事也。帝曰：反治何谓？岐伯曰：热因寒用，寒因热用，塞因塞用，通因通用，必伏其所主，而先其所因，其始则同，其终则异，可使破积，可使溃坚，可使气和，可使必已。帝曰：善。气调而得者何如？岐伯曰：逆之从之，逆而从之，从而逆之，疏气令调，则其道也。

Disse o Imperador Amarelo: "Fale-me, por favor, da instituição da prescrição". Disse Qibo: "Quando usar um remédio de erva medicinal imperial e duas ervas medicinais vassalas, esta é a formação de uma pequena prescrição; quando se usa uma erva medicinal imperial, três ervas medicinais vassalas e cinco ervas medicinais auxiliares, esta é a formação de uma prescrição média; quando se usa uma erva medicinal imperial, três ervas medicinais vassalas e nove ervas medicinais auxiliares, esta é a formação de uma grande prescrição".

"Ao tratar a doença fria, aplicar o remédio de natureza quente; ao tratar a doença quente, aplicar o remédio de natureza fria. Quando a doença for leve, aplicar o remédio que é contra a condição da doença; quando a doença for severa, aplicar o remédio que é concordante com a condição da doença. À energia perversa que for firme e substancial, enfraquecê-la; à energia perversa que fica retida no corpo, dispersar; para a doença causada pela fadiga, nutrir a energia saudável com remédio de natureza quente; para a doença causada pela estase de energia e sangue, dispersar; para os males da secura, umedecer; para a doença que for aguda, remi-la; para a doença causada pela exaustão da energia e do sangue, coletar; para a doença consumptiva, revigorar; para a doença causada pela estagnação devida à vida fácil, drenar; para os males do terror, acalmar; quando a energia primordial estiver atolada, elevá-la; quando a energia perversa estiver em contracorrente, deprimi-la. Aplicar massagem, banhar, fazer com que a energia perversa vá embora, deter a explosão da energia perversa, usar terapias de purgar ou dispersar para deter a condição da doença".

O Imperador Amarelo perguntou: "Qual o significado de tratamento em contracorrente e tratamento de concordância?" Disse Qibo: "Tratar de maneira reversa é, na verdade, o tratamento positivo, tal como tratar a doença fria com remédio quente ou tratar a doença quente com remédio frio, e é o caso em que se trata contra a condição da doença. Acompanhar a concordância ao tratar é na verdade o tratamento adverso, tal como tratar a doença fria com remédio quente e ajudar com remédio frio ou tratar a doença quente com remédio frio e ajudar com remédio quente; é o caso de assistir com remédio que acompanha a condição da doença para tratamento positivo, e é o tratamento em contracorrente. Quanto à quantidade de remédio para o tratamento positivo, deve ser determinada pela condição da doença".

O Imperador Amarelo perguntou: "Qual é a condição do tratamento adverso?" Disse Qibo: "Ao tratar o verdadeiro frio interno e o pseudocalor externo, ao tratar o verdadeiro calor interno e o pseudofrio externo, quando se usa o remédio revigorante para retardar a pseudo-síndrome, e quando se usa o remédio para promover a circulação a fim de tratar o mal circulatório, pode ser usado o tratamento em contracorrente, como para subjugar a doença principal. Deve-se determinar primeiro a razão da doença, para que então seja subjugada. No tratamento em contracorrente, a natureza fria e quente do remédio parece ser semelhante à da doença, mas o efeito curador é completamente diferente, tal como tratar com remédio quente e assistir de forma diferente, tal como tratar com remédio quente e assistir com remédio frio em doença fria; o efeito curador vem principalmente do remédio quente. Só dessa maneira a doença prolongada pode ser vencida, o substancial da doença pode ser dissipado, a energia e o sangue podem se adequar e o paciente pode se recuperar".

Disse o Imperador Amarelo: "Muito bem. Algumas doenças são contraídas quando as seis energias estão harmoniosas, portanto, como tratá-las?" Disse Qibo: "Pode-se aplicar o tratamento em contracorrente ou o tratamento de concordância; pode-se aplicar o remédio principal para o tratamento em contracorrente e o remédio assistente para o tratamento de concordância, ou aplicar o remédio principal para o tratamento de concordância e o remédio assistente para o tratamento em contracorrente para drenar as atividades funcionais da energia vital para que fique harmoniosa, e esta é a maneira adequada de tratar".

帝曰：善。病之中外何如？岐伯者：从内之外者，调其内；从外之内者，治其外；从内之外而盛于外者，先调其内而后治其外；从外之内而盛于内者，先治其外而后调其内，中外不相及，则治主病。

O Imperador Amarelo perguntou: "Algumas doenças internas e externas afetam umas às outras, mas como tratá-las?" Disse Qibo: "Quando a doença for gerada no interior e, então, se desenvolve no exterior, tratar primeiro o interior; quando a doença for gerada do lado de fora e então passar para o interior, tratar o exterior primeiro; quando a doença se produzir no interior e, então, afetar o exterior e a doença se enfatizar do lado de fora, tratar primeiro a parte interna e, então, a parte externa; quando a doença for produzida no exterior e, então, afetar o interior e a doença se enfatizar no interior, tratar primeiro a parte interna e se a doença externa não tiver relação com a outra, deve ser tratada de acordo com a síndrome principal".

帝曰：善。火热复，恶寒发热，有如疟状，或一日发，或间数日发，其故何也？岐伯曰：胜复之气，会遇之时，有多少也。阴气多而阳气少，则其发日远，阳气多而阴气少，则其发日近。此胜复相薄，盛衰之节，疟亦同法。

Disse o Imperador Amarelo "Muito bem. Quando a energia do calor do fogo estiver em retaliação, faz com que as pessoas tenham calafrios e febre como malária, que às vezes irrompe todos os dias, às vezes após um intervalo de sete dias: por que isso?" Disse Qibo: "Isto porque a energia dominante e a energia de retaliação, estão às vezes repletas, às vezes vazias. Quando a energia Yin está repleta e a energia Yang vazia, o intervalo de surgimento será longo; quando a energia Yang está repleta e a energia Yin vazia, o intervalo de surgimento será curto. Esta é a condição de combate mútuo das energias dominante e de retaliação, e o mútuo regular de abundância e deficiência. Na malária, a condição é a mesma".

帝曰：论言治寒以热，治热以寒，而方土不能废绳墨而更其道也。有病热者寒之而热，有病寒者热之而寒，二者皆在，新病复起，奈何治？岐伯曰：诸寒之而热者取之阴，热之而寒者取之阳，所谓求其属也。帝曰：善。服寒而反热，服热而反寒，其故何也？岐伯曰：治其王气，是以反也。帝曰：不治王而然者何也？岐伯曰：悉乎哉问也！不治五味〔胡本，吴本"五味"并作"王味"《素问校讹》引古抄本作"王气"〕属也。夫五味入胃，各归所喜，故酸先入肝，苦先入心，甘先入脾，辛先入肺，咸先入肾，久而增气，物化之常也。气增而久，夭之由也。

Disse o Imperador Amarelo: "Foi estabelecido no tratado, que se deve tratar a doença fria com remédio quente, tratar a doença quente com remédio frio e o médico não deve anular esta regra de uma maneira geral. Mas, às vezes, a doença quente se torna ainda mais quente após a administração do remédio frio, e a doença fria se torna ainda mais fria após a administração do remédio quente; não só a doença fria ou a doença quente ficam remanescentes, mas novas doenças podem ser induzidas: como tratar isso?" Disse Qibo: "Quando a doença ficar ainda mais quente após a administração do remédio frio, deve-se nutrir o Yin; quando a doença se tornar ainda mais fria após a administração do remédio quente, o Yang deve ser revigorado, e esta é a forma de buscar a energia de mesmo nome".

Disse o Imperador Amarelo: "Muito bem. Qual a razão da doença ficar quente após a administração do remédio frio e ficar mais fria após a administração do remédio quente?" Disse Qibo: "Quando a energia hiperativa estiver sendo tratada isoladamente, o resultado será o contrário".

Disse o Imperador Amarelo: "Às vezes ocorre a condição em que a energia hiperativa não é tratada: qual a razão?" Disse Qibo: "Que pergunta difícil me propusésseis. É o tipo de desconsideração para tratar o costume a um determinado gosto. Quando os cinco sabores entram no estômago, vão primeiro para a víscera à qual agrada; a gosto ácido vai primeiro para o fígado; o gosto amargo vai primeiro para o coração; o gosto doce vai primeiro para o baço; o gosto picante vai primeiro para o pulmão, e o gosto salgado vai primeiro para os rins. Quando o acúmulo é prolongado, promove-se a energia da víscera devida. É a regra comum da atividade das energias dos cinco sabores após o sabor ter penetrado no estômago, e é a razão em que a doença prolongada da energia visceral se torna superabundante e finalmente se torna o contrário".

帝曰：善。方制君臣何谓也？岐伯曰：主病之谓君，佐君之谓臣，应臣之谓使，非上下三品之谓也。帝曰：三品何谓？岐伯曰：所以明善恶之殊贯也。

O Imperador Amarelo disse: "Muito bem. Nas prescrições médicas, há as diferenças de ervas medicinais imperiais e de ervas medicinais vassalas: qual a razão?" Disse Qibo: "A principal erva medicinal para tratar a doença é a erva imperial; o remédio assistente que ajuda o remédio imperial é a erva vassala e o remédio que dá apoio ao remédio vassal, emissário. Elas não significam os três graus superior, médio e inferior".

O Imperador Amarelo perguntou: "Qual o significado dos três graus?" Disse Qibo: "O termo três graus é para mostrar se a erva é tóxica ou não".

帝曰：善。病之中外何如？岐伯曰：调气之方，必别阴阳，定其中外，各守其乡，内者内治，外者外治，微者调之，其次平之，盛者夺之，汗者下之，寒热温凉，衰之以属，随其攸利，谨道如法，万举万全，气血正平，长有天命。帝曰："善。"

Disse o Imperador Amarelo: "Muito bem. Como tratar a doença interna e a doença externa?" Disse Qibo: "Ao tratar para adequar as energias, deve-se distinguir entre o Yin e o Yang e determinar primeiro se pertence ao interno ou ao externo.

Tratar de acordo com a localização do foco da doença. Quando estiver no interior, tratar internamente; quando estiver do lado de fora, tratar externamente. Quando a doença for leve, adequá-la; quando a doença for severa, moderá-la, e quando for abundante, atacá-la e consumi-la. Aplicar as terapias diaforéticas e purgativas de acordo com a propriedade fria, quente, tépida ou fresca da energia perversa e dissipar de acordo com a propriedade categórica da energia perversa. Quando se observa cuidadosamente as regras acima, o tratamento deve ser absolutamente satisfatório, a energia e o sangue podem ser acalmados e o paciente pode viver por muito tempo". Disse o Imperador Amarelo: "Muito bem".

NT - Os quartos ou fases da Lua são: lua nova ou novilúnio, em que ela se acha posicionada entre o Sol e a Terra, nos mostrando seu lado escuro; quarto crescente; lua cheia ou plenilúnio, onde a Terra se encontra posicionada entre o Sol e a Lua e esta nos mostra sua face clara por inteiro e o quarto minguante.

Em um mês ocorre uma lunação, que é tempo compreendido entre duas luas novas consecutivas, com duração aproximada de 29 dias 12 horas 44 minutos e 2,9 segundos. Considera-se também para cálculo, a lunação sideral com 27 dias 7 horas 15 minutos e 5 segundos.

Tendo percebido que próximo à lua nova nasciam menos crianças, em 1956, o Dr. Eugen Jonas, um médico eslovaco começou a pesquisar junto com colegas ginecologistas e psiquiatras, sobre a provável influência do sol, da lua e dos planetas, sobre o menor ou maior número de nascimentos em cada fase, bem como abortos, malformações e esterilidade e chegou à comprovação da influência destes no organismo humano.

著至教论篇第七十五

Capítulo 75
Zhu Zhi Jiao Lun
(O Princípio Supremo que se Relaciona
ao Céu, à Terra e ao Homem)

黄帝坐明堂，召雷公而问之曰：子知医之道乎？雷公对曰：诵而颇〔《太平御览》卷七百二十一《方术部》引"颇"作"未"〕能解，解而未能别，别而未能明，明而未能彰，足以治群僚，不足至〔吴本"至"作"治"〕侯王，愿得受树天之度，四时阴阳合之，别星辰与日月光，以彰经术，后世益明，上通神农，著至教，疑于二皇。帝曰：善！无失之，此皆阴阳表里上下雌雄相输应也，而道上知天文，下知地理、中知人事，可以长久，以教众庶，亦不疑殆，医道论篇，可传后世，可以为宝。

Quando o Imperador Amarelo se assentou no Pavilhão Iluminado, convocou Lei Gong e perguntou: "Tu entendes o princípio da medicina?" Disse Lei Gong: "Eu li os textos médicos, mas dificilmente posso explicá-los; mesmo assim eu posso explicá-los; dificilmente posso analisá-los com clareza; mesmo assim posso analisá-los; não compreendo as razões para isso ocorrer; muito embora eu possa entender as razões para isso, dificilmente posso praticar na clínica. Por esse motivo, com meu conhecimento da medicina, só posso tratar as moléstias dos meus colegas, e não sou capaz de tratar as enfermidades dos reis e dos nobres. Espero que possais me ensinar a forma de perscrutar as alturas do céu, capacitando-me a compreender plenamente os mistérios das quatro estações, do Yin e do Yang, das estrelas, do sol e da lua, integrando-os à teoria e à prática médica que se pode promover e tornar assim óbvio às gerações vindouras. Dessa forma poderá ser atingida a mais elevada capacitação de medicina herdada do remoto mestre médico Shen Nong, podendo-se atingir o nível médico dos dois reis (Baoxi e Nuiwo)".

Disse o Imperador Amarelo: "Muito bem. Estes princípios não devem ser perdidos. Eles são as interrelações e respostas mútuas entre o Yin e o Yang, superfícies e interiores, o de cima e o de baixo, o masculino e o feminino. A teoria e a capacitação médica só podem durar quando são conhecidas a astronomia acima, a geografia abaixo e os afazeres humanos no centro, e é a única condição pela qual as instruções médicas podem ser ensinadas sem que as pessoas fiquem perplexas. Na realidade seria bastante válido transcrever as teorias da medicina em livros passando-as para as gerações posteriores".

雷公曰：请受道，讽诵用解。帝曰：子不闻《阴阳传》乎！曰：不知。曰：夫三阳天为业，上下无常，合而病至，偏害阴阳。雷公曰：三阳莫当，请闻其解。帝曰：三阳独至者，是三阳并至，并至如风雨，上为巅疾，下为漏病，外无期，内无正，不中经纪，诊无上下，以书别。雷公曰：臣治疏愈，说意而已。帝曰：三阳者，至阳也，积并则为惊，病起疾风，至如礪砺，九窍皆塞，阳气滂溢，干嗌喉塞，并于阴，则上下无常，薄为肠澼，此谓三阳直心，坐不得起，卧者便身全〔林校引《甲乙经》"便身全"作"身重"〕。三阳之病，且以知天下，何以别阴阳，应四时，合之五行。

Disse Lei Gong: "Por favor, explicita a teoria médica para mim, e eu irei lê-la em voz alta até que possa compreendê-la". O Imperador Amarelo perguntou: "Já ouviste falar do livro "Yin Yang Zhuan"?" Disse Lei Gong: "Não, Majestade". Disse o Imperador Amarelo: "Quando as três energias Yang não seguem a lei comum e se movem para cima e para baixo, elas se combinam para formar em parte a superabundância do Yin e do Yang causando as doenças".

Lei Gong perguntou: "Quando as energias dos três Yang chegam simultaneamente, dificilmente podem ser detidas: por que isso?" Disse o Imperador Amarelo: "Com a chegada simultânea das três energias Yang, isso é rápido como a tempestade; quando invade a parte superior do corpo, irá causar distúrbios na cabeça; quando invadir a parte inferior do corpo irá causar incontinência na urina e nas fezes. A doença contraída não tem sintoma externo evidente, e não tem critério de definição para ser distinguida no interior. Como a infecção não segue a lei comum, dificilmente pode-se determinar se a doença pertence à parte superior ou à parte inferior".

Disse Lei Gong: "Quando eu trato este tipo de doença, somente alguns podem ser curados: dizei-me por favor a razão, para que eu possa eliminar minha perplexidade". Disse o Imperador Amarelo: "Quando as energias do três Yang chegam simultaneamente, é a condição da abundância extrema do Yang, e o acúmulo de causas Yang faz com que se fique aterrorizado. A instauração da doença é rápida como o vento, e é vigorosa como o trovão que pode até fechar os nove orifícios. Como a energia yang está fluindo para fora, isso causa secura na laringe e obstrução da garganta. Se as energias dos três yang se combinarem com o Yin, a energia Yin ficará rebelde e a parte superior e a inferior do corpo ficarão desequilibradas; se o mal ficar retido no aquecedor inferior, irá ocorrer a síndrome intestinal Bi (síndrome devido à disfunção do intestino grosso e do intestino delgado). Como a energia perversa dos três Yangs se acumula afetando os canais, o paciente não conseguirá se levantar depois de ter-se sentado e o corpo sentir-se-á pesado quando em repouso. Embora as doenças acima estabelecidas pertençam aos três Yang, no entanto, por meio delas pode-se entender a relação que existe entre o céu e o homem, as formas de se distinguir o Yin e o Yang para se adequar às quatro estações e para se coordenar com os cinco elementos".

雷公曰：阳言不别，阴言不理，请起受解，以为至道。帝曰：子若受传，不知合至道为惑师教，语子至道之要，病伤五藏，筋骨以消，子言不明不别，是世主学尽矣。肾且绝，惋惋日暮，从容不出，人事不殷。

Disse Lei Gong: "Eu não posso distinguir mesmo quando falais em bom som, isso para não dizer que está ininteligível. Deixai-me ficar de pé para ouvir vossa explanação, de maneira a que possa entender o princípio mais profundo".

Disse o Imperador Amarelo: "Embora tenhas recebido ensinamentos de seu professor, como não sabes como integrá-los ao princípio supremo, então ainda existe algo que o deixa perplexo em relação aos ensinamentos. Agora, deixa-me ensinar a essência do princípio supremo. Se as cinco vísceras do homem forem lesadas pela energia perversa, os músculos e os ossos serão lesados dia após dia. Se os princípios da medicina não fossem distinguidos nem compreendidos como o disseste, o princípio supremo já teria sido perdido há muito tempo. Se o pulso do rim, por exemplo, estiver severo, o paciente sentirá opressão no coração, o que irá se tornar ainda pior: à noite o paciente irá sentir o corpo repartido, sem vontade de sair e relutante em entrar em contato com as pessoas".

示从容论篇第七十六

Capítulo 76

Shi Cong Rong Lun

(Diagnosticar de Acordo com a Norma
Estabelecida de Maneira Menos Rígida)

黄帝燕坐，召雷公而问之曰：汝受术诵书者，若能览观杂学，及于比类，通合道理，为
余言子所长，五藏六府，胆胃大小肠脾胞膀胱，脑髓涕唾，哭泣悲哀，水所从行，此皆人之
所生，治之过失，子务明之，可以十全，即不能知，为世所怨。雷公曰：臣请诵《脉经·上
下篇》甚众多矣，别异比类，犹未能以十全，又安足以明之。

Quando o Imperador Amarelo estava sentado e descansando, convocou Lei Gong
e disse: "Tu que leste inúmeros livros médicos e aprendeste muitas práticas, deve
ter aprendido os princípios médicos de maneira cuidadosa e ser capaz de dar a
razão das doenças por analogia. Agora, fala-me de teu entendimento a respeito do
estudo. Como os cinco órgãos sólidos, os seis órgãos ocos, vesícula biliar, estômago,
intestino grosso e intestino delgado, baço, útero, bexiga, cérebro e coluna espinal,
muco nasal e saliva, choro, sofrimento e funcionamento dos fluidos corporais são
todos indispensáveis à existência do homem, e é fácil se enganar no tratamento, tu
deves entender os princípios médicos por antecipação, para que o tratamento não
tenha a menor chance de erro, e que não sejas acusado por isso".

Disse Lei Gong: "Eu li inúmeros assuntos no primeiro e no último volumes do
livro "Sobre os Canais", mas ainda não posso dizer a razão da doença por analogia,
por isso, ao tratar, não posso obter um efeito curador completo. Como podeis dizer
que eu tenha entendido de maneira acurada?"

帝曰：子别试通五藏之过，六府之所不和，针石之败，毒药所宜，汤液滋味，具言其状，
悉言以对，请问不知。雷公口：肝虚肾虚脾虚，皆令人体重烦冤，当投毒药刺灸砭石汤液，或
己，或不己，愿闻其解。帝曰：公何年之长而问〔于邑说"问"当作"闻"〕之少，余真问以
自谬也。吾问子窈冥，子言《上下篇》以对，何也？夫脾虚浮似肺，肾小浮似脾，肝急沉散
似肾，此皆工之所时乱也。然从容得之。若夫三藏土木水参居，此童子之所知，问之何也？

Disse o Imperador Amarelo: "Então, podes me dizer o que tenhas entendido do
primeiro e do último volumes de "Sobre os Canais", tal como a doença que pertence
às afecções das cinco vísceras, da desarmonia das seis entranhas, do caso que é
perdido para a acupuntura, do emprego adequado do tóxico, e dos gostos das
decocções. Deves relatá-los em detalhes para que eu os possa explicar em detalhes.
Agora, fazei um levantamento daquilo que não foi compreendido".

Disse Lei Gong: "Todas, a astenia do fígado, a astenia dos rins e a astenia do
baço causam peso no corpo, inquietação, e depressão mental. Eu as tratei com tóxicos,
acupuntura, agulhas de pedra e decocções; alguns dos tratamentos foram eficazes,
mas alguns não o foram: explicai-me por favor a razão".

Disse o Imperador Amarelo: "Tu estás avançado em anos, mas por que as teorias médicas de que tenhas conhecimento são tão superficiais?

"Pode ser que eu tenha feito uma pergunta inadequada. A pergunta que eu fiz pertence à mais profunda teoria médica, e por que me perguntais através de palavras como astenia do fígado, do rim e do baço no primeiro e no último volumes de "Sobre os Canais"?

"Quando a condição do pulso do baço é vazia e flutuante como o pulso do pulmão, quando o pulso do rim é fraco e flutuante como o pulso do baço e quando o pulso do fígado é rápido e escondido como o pulso do rim, eles freqüentemente são confundidos pelos médicos comuns. Mas se um deles aplicar a mente e diagnosticar sem preocupações, poderá distingui-los um por um.

"As vísceras do baço, fígado e rim estão todas debaixo do diafragma, e suas posições estão muito próximas uma da outra; podem ser distinguidas até mesmo por uma criança: por que então me perguntas?"

雷公曰：于此有人，头痛、筋挛骨重，怯然少气，哕噫腹满，时惊，不嗜卧，此何藏之发也？脉浮而弦〔《针灸资生经》第六《头痛》引作"其脉举之则弦"〕，切之石坚，不知其解，复问所以三藏者，以知其比类也。帝曰：夫从容之谓之也。夫年长则求之于府，年少则求之于经，年壮则求之于藏，今子所言皆失。八风菀热，五藏消烁，传邪相受。夫浮而弦者，是肾不足也，沉而石者，是肾气内著也，怯然少气者，是水道不行，形气消索也，咳嗽烦冤者，是肾气之逆也，一人之气，病在一藏也，若言三藏俱行，不在法也。

Disse Lei Gong: "Eis aqui um paciente que está com dor de cabeça, convulsão nos músculos e tendões, peso nas juntas ósseas, é tímido, tem respiração curta, distensão abdominal, se assusta com freqüência, custa a dormir: a qual víscera a doença pertence? Sua condição de pulso é tensa quando se segura este, e dura como pedra quando este é pressionado, e eu desconheço a razão. Agora eu pergunto novamente as condições das três vísceras acima, porque quero conhecer a analogia".

Disse o Imperador Amarelo: "Quando se faz a analogia, deve-se diagnosticar de maneira menos rígida. De uma maneira geral, as pessoas idosas têm o hábito de comidas deliciosas, e suas doenças devem ser procuradas nas seis entranhas; quanto aos jovens, freqüentemente estão esgotados pelo trabalho físico, suas doenças devem ser procuradas nos canais; para aqueles que estão começando a vida, há indulgência na atividade sexual, por isso suas doenças devem ser buscadas nas cinco vísceras. Agora você só determina o pulso das três vísceras, e negligencia sua fonte, por isso estás errado. O mal acumulado dos oito ventos, pode formar calor e consumir as cinco vísceras. Além disso, a variação da energia perversa pode ser passada de um para o outro de maneira regular. A condição de pulso flutuante e tenso que mencionaste, mostra a insuficiência da energia dos rins; o pulso fica duro como pedra em vez de ser escondido; quando pressionado com força, mostra que a energia dos rins está estagnada na parte interna sem se mover; nesse caso, o Yin turvo não irá descer, o fluido corporal não irá se espalhar a fim de dissipar a energia física e vital, e a contracorrente da energia dos rins causa tosse e inquietação. Por esse motivo, a doença deve estar nos rins. Se você detectar que a doença está nas três vísceras do fígado, do baço e dos rins, isto não tem registro nos clássicos médicos".

雷公曰：于此有人，四支解堕，喘咳血泄，而愚诊之，以为伤肺，切脉浮大而紧，愚不敢治，粗工下砭石，病愈多出血，血止身轻，此何物也？帝曰：子所能治，知亦众多，与此病失矣。譬以鸿飞，亦冲于天，夫圣人之治病，循法守度，援物比类，化之冥冥，循上及下，何必守经。今夫脉浮大虚者，是脾气之外绝，去胃外归阳明也，夫二火不胜三水，是以脉乱而无常也。四支解堕，此脾精之不行也。喘咳者，是水气并阳明也。血泄者，脉急血无所行也，若夫以为伤肺者，由失以狂也，不引比类，是知不明也。夫伤肺者，脾气不守，胃气不清，经气不为使，真藏坏决，经脉傍绝，五藏漏泄，不衄则呕，此二者不相类也。譬如天之无形，地之无理，白与黑相去远矣。是失，吾过矣。以子知之，故不告子，明引比类、从容，是以名曰诊轻，是谓至道也。

Disse Lei Gong: "Eis aqui um paciente com as extremidades separadas e fracas, respiração rápida, tosse e hematoquezia. Eu diagnostiquei, e embora a doença tivesse sido causada por uma lesão pulmonar, mas sua condição de pulso fosse flutuante, agigantada e vazia, então eu me atrevi a não tratá-lo. Um médico de nível inferior o tratou com agulha de pedra, e o sangramento foi abundante. Ma após o sangramento o paciente se sentiu relaxado no corpo todo. Qual é a doença?" Disse o Imperador Amarelo: "Embora tenhas conhecido e curado inúmeras doenças, estás errado ao observar esta. Ocasionalmente o médio de baixo nível pode curar uma doença, assim como uma ave aquática às vezes pode voar pelos céus.

"O médico superior cumpre a ordem estabelecida, raciocina sobre a doença por analogia, analisa-a ponderando e tratando de acordo com a situação cambiante. Quando inspeciona a parte superior do corpo, a parte inferior também pode ser conhecida, e ele não precisa se ater rigidamente à condição dos canais.

"Quando a condição do pulso do paciente é flutuante, agigantada e vazia, isso mostra que a energia do baço está penetrando no estômago, e que os fluidos corporais só se juntam ao Yang.

"Quando o segundo fogo (do estômago) for incapaz de controlar a terceira água (o terceiro Yin ou o baço), a condição do corpo estará desordenada.

"As extremidades separadas e fracas mostram a incapacidade de espalhar a essência do baço; a respiração acelerada e a tosse mostram a combinação da energia da água com o canal Yangming; a hematoquezia mostra o afundamento do canal que obstrui a circulação sanguínea fazendo com que o sangue transborde para fora. Se tu pensares que isso se deve a uma lesão do pulmão, é um erro de julgamento. A razão pela qual tu não podes pensar por analogia é porque não tens uma clara compreensão a respeito.

"Se a doença for causada por uma lesão do pulmão, a energia do baço não será mantida, a energia do estômago não será límpida, a energia do pulmão será danificada e deteriorada e a energia refinada não será capaz de se espalhar pelos canais. Como as energias refinadas das cinco vísceras estão vazando, irão ocorrer os males da hemorragia e da hematêmese.

"Existe uma grande diferença entre a doença da lesão pulmonar, e a da lesão esplênica. São diferentes como o céu e a terra, e como o branco e o negro.

"Tua falha no diagnóstico também é falha minha; eu pensei que tu já tivesses entendido bem, e não fiz com que tu te lembrasses da ordem estabelecida da analogia e do diagnóstico de uma forma mais amena, que são, sem dúvida, a teoria brilhante e a quintessência no diagnóstico".

疏五过论篇第七十七

Capítulo 77
Shu Wu Guo Lun
(As Cinco Falhas no Diagnóstico e no Tratamento)

黄帝曰：呜呼远哉！闵闵乎若视深渊，若迎浮云，视深渊尚可测，迎浮云莫知其际，〔于
鬯说："际字当依《六微旨大论》作'极'"〕圣人之术，为万民式，论裁志意，必有法则，循
经守数，按循医事，为万民副，故事有五过四德〔"四德"二字疑衍，全篇只论"五过"〕，汝
知之乎？雷公避席再拜曰：臣年幼小，蒙愚以惑，不闻五过与四德，比类形名，虚引其经，心
无所对。

Disse o Imperador Amarelo: "Ai de mim! Quão profunda e de longo alcance é a
medicina. É como perscrutar um abismo e dar de frente com as nuvens flutuantes
ao estudá-las. Pode-se esquadrinhar o abismo, mas dificilmente se pode chegar à
essência da nuvem flutuante. A técnica médica do sábio é o modelo das massas, e
quando ele tiver estudado e tiver alcançado o conhecimento da medicina, isto terá se
baseado numa determinada ordem estabelecida. É só seguir a rotina e a ordem
estabelecida, e tratar a doença de acordo com o princípio médico; assim se pode
beneficiar o paciente. Tu conheces as cinco falhas que foram estipuladas no diagnóstico e no tratamento?"

Lei Gong ficou de pé e disse: "Eu sou jovem, de parca inteligência e confuso e
não ouvi falar nas cinco falhas no diagnóstico e no tratamento. Só posso estabelecer
a analogia de acordo com a aparência e com o nome da doença, comparando vaga-
mente com o texto dos clássicos médicos. Não posso respondê-lo com o coração".

帝曰：凡未诊病者，必问尝贵后贱，虽不中邪，病从内生，名曰脱营；尝富后贫，名曰
失精；五气留连，病有所并。医工诊之，不在藏府，不变躯形，诊之而疑，不知病名；身体
日减，气虚无精，病深无气，洒洒然时惊，病深者，以其外耗于卫，内夺于荣。良工
〔"良"字疑误，似应作"粗"〕所失，不知病情，此亦治之一过也。

Disse o Imperador Amarelo: "Ao tratar, deve-se perguntar sobre as condições
da vida diária do paciente. Se o paciente foi nobre no passado e agora é humilde,
embora não tenha sido atacado pela energia perversa, tem porém uma doença que
provém do interior, e que é chamada "esgotamento da nutrição". Se o paciente foi
rico no passado e agora está pobre, isso causa a doença chamada "depleção da
essência". Ambas as enfermidades se devem à depressão do espírito e ao gradativo
acúmulo de energia estagnada e de sangue. Freqüentemente o médico fica perplexo
e não pode se certificar de que doença se trata ao diagnosticar, já que a doença não
está nas vísceras, e o corpo parece não ter nada de diferente. Mas o paciente vai se
tornando mais magro a cada dia, sua energia se debilita e sua essência se consome
dia após dia. Quando a condição da doença se torna severa, o paciente estará exausto,

479

com medo do frio, aterrorizado e inquieto. Já que a doença é causada pela depressão do espírito, a energia Wei será gasta do lado de fora, e a energia Rong que nutria o sangue, estará esgotada no interior, e a condição estará pior a cada dia. O médico de nível inferior negligencia a condição da doença e a trata sem cuidados. Esta é a primeira falha no diagnóstico e no tratamento.

凡欲诊病者，必问饮食居处，暴乐暴苦，始乐后苦，皆伤精气。精气竭绝，形体毁沮。暴怒伤阴，暴喜伤阳，厥气上行，满脉去形。愚医治之，不知补写，不知病情，精华日脱，邪气乃并，此治之二过也。

"Ao diagnosticar, o médico deve perguntar ao paciente sobre sua comida, bebida e vida diária e verificar se ele leva uma vida feliz ou se sofreu um revés no passado, já que todas essas condições ferem a energia refinada, debilitam a mesma e causam danos ao corpo. A súbita instauração da fúria pode lesar a energia Yin, e a instauração súbita da alegria pode lesar a energia Yang. Quando uma das energias Yin ou Yang estiver ferida, a energia Jueyin irá subir para causar a distensão e plenitude dos canais, e o corpo do paciente ficará emaciado. Quando o médico de baixo nível diagnostica, ele não sabe se o paciente deve ser revigorado ou purgado, e nem conhece a condição da doença que causa o definhar do paciente e a prosperidade da energia perversa. Esta é a segunda falha no diagnóstico e no tratamento.

善为脉者，必以比类奇恒从容知之，为工而不知道，此诊之不足贵，此治之三过也。

"O médico bom no diagnóstico, certamente pode distinguir a doença por analogia, analisar a doença extraordinária e a comum, manipular à vontade e lidar com cuidado da condição de alteração da doença. Se um médico ignorar esses princípios, seu diagnóstico não será recomendável de forma alguma. Esta é a terceira falha no diagnóstico e no tratamento.

诊有三常，必问贵贱，封君败伤，及欲侯王。故贵脱势，虽不中邪，精神内伤，身必败亡。始富后贫，虽不伤邪，皮焦筋屈，痿躄为挛。医不能严，不能动神，外为柔弱，乱至失常，病不能移，则医事不行，此治之四过也。

"Ao diagnosticar, deve perguntar de antemão os três estágios, do nobre e do humilde, do rico e do pobre, do feliz e do miserável por que tenha passado o paciente. Dessa maneira, quando um ex-príncipe ou duque tenham sido apeados do poder, embora não sendo atacados pelo perverso externo, seu espírito já está ferido. Seu corpo pode ser lesado e ele pode até morrer.

"Quando um homem que já foi rico fica pobre, embora não tenha sido lesado pelo perverso externo, seu cabelo começa a embranquecer, seus músculos se contraem e ele adquire flacidez nos pés. Ao tratar esta espécie de doença, se o médico não souber tratar dela com cuidado para transformar as idéias na mente do paciente, mas se submeter à vontade do paciente e tratar de maneira negligente, a doença não poderá ter recuperação de forma alguma, e nem precisa ser dito que não haverá qualquer efeito curador. Esta é quarta falha no diagnóstico e no tratamento.

凡诊者，必知终始，有知余绪。切脉问名，当合男女，离绝菀结，忧恐喜怒，五藏空虚，血气离守，工不能知；何术之语，尝富〔富"似应作"负"〕大伤，斩筋绝脉，身体复行，令泽不息，故伤败结，留薄归阳，脓积寒炅，粗工治之，亟刺阴阳，身体解散，四支转筋，死日有期，医不能明，不问所发，唯言死日，亦为粗工，此治之五过也。

480

"Ao diagnosticar, deve-se conhecer o processo por inteiro do desenvolvimento da doença, e ser capaz de conhecer sem fim inspecionando o começo. Para a palpação e as perguntas, deve-se observar as diferenças entre o homem e a mulher.

"Todos os fatores de separação entre as pessoas que se amam, na vida e na morte, depressão nos sentimentos, sofrimento, terror, alegria e raiva podem esvaziar as cinco vísceras, causando a elas a incapacidade de manter a energia e o sangue. Se o médico não conhecer essas coisas, como pode saber o que fazer para tratar?

"Como num homem seriamente ferido, a nutrição de seus músculos está praticamente esgotada; embora seu corpo possa ainda se mover, seu fluido corporal não mais pode ser gerado. Por isso, seu físico está arruinado e sua energia e seu sangue que estão estagnados no interior não podem mais nutrir o corpo todo através da circulação como antes. Desde que a velha lesão não tenha sido recuperada, a energia e o sangue ficam retidos no interior, e finalmente se juntam aos canais Yang; eles viram pus e sangue estagnado, causando a instauração alternada de frio e de calor no homem. O médico de baixo nível trata a isso com o método comum como se não soubesse que a síndrome do frio ou do calor são causadas pelo pus e pelo sangue estagnado; ele pica os canais Yin e Yang cada vez mais, gerando o esgotamento da energia dos canais. Quando a energia dos canais do paciente é dissipada, ocorre a convulsão das extremidades, e o paciente pode morrer logo. Quando um médico não pode distinguir a doença, não pode cuidar da razão da doença, mas só pode determinar a data da morte do paciente, também é um médico de baixo nível. Esta é a quinta falha do diagnóstico e do tratamento.

凡此五者，皆受术不通，人事不明也。故曰：圣人之治病也，必知天地阴阳，四时经纪〔"经纪"疑应作"经络"〕；五藏六府，雌雄表里；刺灸砭石，毒药所主；从容人事，以明经道，贵贱贫富，各异品理，问年少长，勇怯之理；审于分部，知病本始，八正九候，诊必副矣。

"As cinco falhas acima mencionadas são devidas à incapacidade do médico em compreender a habilidade clínica que aprendeu, nem sabe das condições nobres ou humildes, ricas ou pobres, e felizes ou miseráveis do paciente.

"Por essa razão, para um médico culto, antes de diagnosticar e tratar, ele deve conhecer a relação entre Yin e Yang, céu e terra, as quatro estações, canais e colaterais, os cinco órgãos sólidos e os seis órgãos ocos, a mulher (os seis Yin) e o homem (os seis Yang), as condições de pulso das superfícies e do interior, as principais doenças que podem ser curadas pela acupuntura, moxibustão, agulhas de pedra e tóxicos. Ele deve ter a aptidão para fazer analogia entre as mudanças dos assuntos humanos para que possa lidar com a rotina do diagnóstico e do tratamento. Os pacientes se diferenciam em nobres e humildes, ricos e pobres, de físicos fortes e fracos; e que tenham ou não estrias na pele. Deve-se analisar o caráter atrevido ou tímido do paciente e inspecionar ao qual pertence a enfermidade, como para saber a razão da doença. Deve referir-se depois aos oito termos solares do ano (os quatro equinócios e os quatro solstícios) e as condições das nove subdivisões do pulso. Dessa forma, o tratamento pode certamente ser correto.

治病之道，气内为宝，循求其理，求之不得，过在表里；守数据治，无失俞理，能行此术，终身不殆。不知俞理，五藏菀熟，痈发六府，诊病不审，是谓失常。谨守此治，与经相明。《上经》、《下经》，揆度阴阳，奇恒五中，决以明堂，审于终始，可以横行。

"Quanto à forma de tratar, deve-se buscar os motivos da alteração de energia do perverso e do saudável, através das operações internas das energias Rong e Wei. Se a razão não puder ser encontrada, deve ser procurada a partir da relação entre as superfícies e o interior.

"Ao tratar, o picar profundo deve estar de acordo com a maior ou menor energia e sangue do paciente, e não se deve picar contra as regras. Se o médico puder se adequar à regra, não poderá cometer erros médicos durante a vida inteira.

"Se o médico não conhecer a regra da acupuntura, mas picar o ponto de maneira grosseira, irá fazer com que as cinco vísceras retenham calor e que as seis entranham tenham carbúnculos e infecção piogênica. Quando se deixa de tratar corretamente a doença, a isto se chama "desvio da rotina"; quando alguém se alia à rotina e trata com cuidado, é de conformidade com os clássicos médicos.

"Os livros do "Clássico Superior" e do "Clássico Inferior" discutem os princípios do Yin, do Yang, das doenças extraordinárias e comuns. As doenças das cinco vísceras se manifestam através da compleição. Quando se inspeciona deve-se ser astuto e penetrante. Quando o médico puder entender o princípio e o fim da doença pela inspeção, seu tratamento será invencível".

徵四失论篇第七十八

Capítulo 78
Zheng Si Shi Lun
(As Quatro Razões da Falha do Tratamento)

黄帝在明堂，雷公侍坐。黄帝曰：夫子所通书受事众多矣，试言得失之意，所以得之，所以失之。雷公对曰：循经受业，皆言十全，其时有过失者，请〔吴本"请"作"愿"〕闻其事解〔按"事"字衍〕也。

O Imperador Amarelo estava sentado no Pavilhão Brilhante e Lei Gong estava fazendo companhia. O Imperador Amarelo perguntou: "Faz tempo que tu vens lendo livros médicos e estudando medicina há muito tempo; podes me dar tua opinião sobre as razões de sucesso e falha no tratamento, e qual doença pode ser curada e qual não pode?" Lei Gong respondeu: "Quando estava recebendo instrução médica, eu só ouvia dizer que o tratamento pode obter um efeito curador completo, mas na prática, eu tenho falhado com freqüência: espero saber a razão".

帝曰：子年少智未及邪，将言以杂合耶？夫经脉十二，络脉三百六十五，此皆人之所明知，工之所循用也。所以不十全者，精神不专，志意不理，外内相失，故时疑殆。诊不知阴阳逆从之理，此治之一失也。

O Imperador Amarelo disse: "É porque tu ainda és jovem, e só sua inteligência não basta, ou porque tens em mente teorias mistas e não podes te concentrar em aprender. Existem doze canais e trezentos e sessenta e cinco colaterais no corpo humano; eles são conhecidos de todos e são seguidos e aplicados pelos médicos no tratamento. A falha em se obter um efeito curativo completo se deve à incapacidade de concentração da mente, falha em qualquer que seja a análise mental e incapacidade de conhecer as condições dos canais pela inspeção da compleição. Por isso, com freqüência ocorrem perplexidade e problemas.

"Quando não se entende o princípio do Yin e do Yang e a propriedade agradável e adversa da doença, essa é a primeira razão de falha no tratamento.

受师不卒，妄作杂术，谬言为道，更名自功，妄用砭石，后遗身咎，此治之二失也。

"Quando uma pessoa abandona seu aprendizado médico pela metade e trata a doença de uma outra forma, exagera seu tratamento como sendo a verdade absoluta, ou para plagiar os resultados dos predecessores, como sua própria capacidade de mudar o nome, aplica a agulha indiscriminadamente, como resultado, trará problemas para si mesmo. Esta é a segunda razão da falha no tratamento.

不适贫富贵贱之居，坐〔高注本"坐"作"土"〕之薄厚，形之寒温，不适饮食之宜，不别人之勇怯，不知此类，足以自乱，不足以自明，此治之三失也。

"Quando não se sabe da situação de pobreza ou riqueza, da situação nobre ou humilde do paciente, não se conhece a espessura da terra no local em que o paciente vive, não se conhece sua situação de frio ou calor do corpo, não se sabe que alimento ou bebida o paciente ingere, e se é incapaz de distinguir o caráter arrojado ou tímido do paciente, nem se pode analisar a doença por analogia, isso só pode confundir os pensamentos sem que se tenha uma idéia clara no tocante à doença. Esta é a terceira razão de falha no tratamento.

诊病不问其始，忧患饮食之失节、起居之过度，或伤于毒，不先言此，卒持寸口，何病能中，妄言作名，为粗所穷，此治之四失也。

"Quando se deixa de perguntar a época de instauração da doença, sem saber se esta é devida à estimulação do espírito, desregramento da vida diária ou ao envenenamento, e se apalpa o pulso do paciente de uma maneira qualquer sem conhecer o motivo da enfermidade, como se pode diagnosticar de forma acurada? Aí, o médico só poderá falar a esmo, inventar o nome da doença, e finalmente projetar a si mesmo na dúvida devido à falta de cuidado. Esta é a quarta razão pela falha no tratamento.

是以世人之语者，驰千里之外，不明尺寸之论〔"论"字与下"诊"字误倒，应作"不明尺寸之诊，论无人事"〕，诊无人事。治数之道，从容之葆，坐持寸口，诊不中五脉，百病所起，始以自怨，遗师其咎。是故治不能循理，弃术于市，妄治时愈，愚心自得。呜呼！窈窈冥冥，孰知其道？道之大者，拟于天地，配于四海，汝不知道之谕，受以明为晦。

"Conseqüentemente, alguns médicos de baixo nível exageram no modo de falar, como um cavalo que galopa a uma distância de mil milhas, mas na verdade, ele nem mesmo entende a palpação do pulsos Cun e Chi; como pode ele saber da astronomia acima, da geografia abaixo e das tarefas humanas no centro, que estejam relacionadas ao tratamento? Os princípios do Yin e do Yang, as condições de concordâncias e adversidade da doença, das vísceras e dos canais só podem ser dominadas através do estar à vontade, da calma e da lentidão.

"Se alguém só sabe como inspecionar o pulso Cun Kou, mas não sabe como integrá-lo com as cinco vísceras, não será capaz de conhecer o motivo da doença. Quando ocorre um acidente médico, ele primeiro se queixa de que não aprendeu o suficiente, e depois então se queixa da falta de ensinamentos de seu professor. Por isso, se pratica a medicina, mas não sabe tratar os pacientes de acordo com os princípios médicos, só pode flanar pelo mercado e tratar as doenças de maneira bruta. Quando, por um acaso, o paciente é curado, ele se gaba de sua habilidade.

"Ai de mim! Quão sutil e profundo é o princípio da medicina, e quem pode entender as razões? A teoria da medicina pode ser comparada de maneira favorável com o céu e a terra, e se iguala ao mar profundo. Se não se compreender a importância dos princípios médicos, fica-se confuso, mesmo que amparado por alguém que os entenda".

阴阳类论篇第七十九

Capítulo 79
Yin Yang Lei Lun
(Sobre os Três Canais Yin e os Três Canais Yang)

孟春始至，黄帝燕坐，临观八极，正八风之气，而问雷公曰：阴阳之类，经脉之道，五中所主，何藏最贵？雷公对曰：春、甲乙青、中主肝，治七十二日，是脉之主时，臣以其藏最贵。帝曰：却念上下经，阴阳从容，子所言贵，最其下也。

No dia do Princípio da Primavera, o Imperador Amarelo se sentou à vontade junto à janela e observou o cenário das oito direções, de onde provêm os oito ventos. Ele perguntou a Lei Gong: "De acordo com a análise da teoria dos canais Yin e Yang, e segundo a Lei das cinco vísceras que dominam as estações, qual das vísceras tu achas que seja a mais importante?" Lei Gong respondeu: "A estação da primavera pertence a Jia e Yi no décimo ciclo, vem da madeira e tem cor verde, e é o fígado, que está dentre as cinco vísceras. O fígado está sadio durante o período de setenta e dois dias da primavera, e é neste período que ele engendra seu declínio. Por isso, eu acho o fígado a mais importante dentre as cinco vísceras".

Disse o Imperador Amarelo: "Tu deves recapitular as matérias que aprendeste no capítulo de analogia e análise do Yin e do Yang de maneira tranqüila no "Clássico do Superior e do Inferior". Aquela que pensas ser a mais importante é, na verdade, a menos importante delas".

雷公致斋七日，且复待坐。帝曰：三阳为经，二阳为维，一阳为游部，此知五藏终始。三阳〔张介宾说："三阳误也当作'三阴'，三阴，太阴也，太阴为诸阴之表，故曰三阴为表"〕为表，二阴为里，一阴至绝作朔晦，却具合以正其理。雷公曰：受业未能明。

Lei Gong jejuou por sete dias consecutivos e sentou-se ao lado do Imperador Amarelo numa manhã bem cedo. O Imperador Amarelo disse a ele: "Quanto aos canais Yin e Yang no homem, o terceiro Yang (o Canal Taiyang do Pé) percorre o sentido longitudinal, corre nas costas e atinge o topo da cabeça no sentido vertical e controla a energia Yang do corpo humano. O segundo Yang (o Canal Yangming) corre no sentido longitudinal, o qual se espalha pela face e acima na cabeça, cobrindo o peito e o abdômen no sentido horizontal. O primeiro Yang (o Canal Shaoyang) é o canal da travessia; começa no conto externo do olho, passa pela fossa supraclavicular e pela parte lateral do corpo, situando-se entre os Canais Taiyang e Yangming. Pode-se determinar o começo e o fim da energia visceral, inspecionando a chegada e a partida da circulação dos vários canais Yang. O terceiro Yin (Canal Taiyin), que controla o pulmão, o cabelo e a pele, constitui a superfície dos canais Yin. O segundo Yin (o Canal Shaoyin) que se aprofunda cada vez mais, controla no interior os rins e os ossos. O primeiro Yin (o Canal Jueyin) é o último estágio do Yin, que antecede o princípio do Yang, como a demarcação da lua negra no último dia do mês lunar e a lua nova do primeiro dia do mês lunar. O crescimento e declínio de um ao outro, está de acordo com a condição da circulação dos canais e das operações do Yin e do Yang no corpo humano". Disse Lei Gong: "Não creio que tenha entendido o que quereis dizer".

帝曰：所谓三阳者，太阳为经，三阳脉，至手太阴，弦浮而不沉，决以度，察以心，合之阴阳之论。所谓二阳者，阳明也，至手太阴，弦而沉急不鼓炅至以病皆死。一阳者，少阳也，至手太阴，上连人迎，弦急悬不绝，此少阳之病也，专阴则死。

Disse o Imperador Amarelo: "O assim chamado terceiro Yang indica o Canal Taiyang do corpo, seu pulso aparece em Cunkou (localizado ao longo da artéria radial proximal ao pulso da mão) do Canal Taiyin da Mão. A condição do pulso deve ser plena e agigantada. Se for tensa, flutuante e não se aprofundar no Taiyin da Mão, é o pulso patológico. Nesse momento, deve-se observar a condição saudável ou de debilidade da energia e do sangue do paciente, e saber a doença de cor, inferindo pela teoria do Yin e do Yang. O assim chamado segundo Yang indica o Canal Yangming que surge no pulso Cunkou do Canal Taiyin da Mão, o pulmão. A condição do pulso deve ser flutuante, agigantada e breve. Se estiver tensa, profunda e urgente sem agitação no Cunkou do Taiyin da Mão, mostra que a energia primordial do paciente está declinando. Se esta condição de pulso surgir quando o paciente tem febre, a energia primordial do paciente será consumida pelo calor e causará a morte do mesmo. O pulso do primeiro yang (o Canal Shaoyang) surge no Cunkou do Taiyin da Mão e se conecta acima com o pulso Renyin (localizado nas artérias laterais cervicais da cartilagem tiróide). Deve ser ligeiramente tenso e harmonioso. Se for tenso, mas suspenso e contínuo, é o pulso patológico da energia Shaoyang da madeira. Se a energia da madeira estiver extremamente ascendente e a condição do pulso extremamente tensa sem qualquer sintoma de relaxamento, é chamado "o pulso Yin sem Yang" que mostra a doença fatal do paciente.

三阴者，六经之所主也，交于太阴；伏鼓不浮，上空志心〔《甲乙》"志"作"至"，按"空"误作作"控"〕。二阴至肺，其气归膀胱，外连脾胃。一阴独至，经绝，气浮不鼓，钩而滑。此六脉者，乍阴乍阳，交属相并，缪通五藏，合于阴阳，先至为主，后至为客。

"O pulso do terceiro Yin (Baço) surge no Cunkou do Canal Taiyin da Mão, do pulmão e domina os seis canais. Conecta-se acima com o pulso do coração e sua condição de pulsação é de um agitado profundo sem flutuar. O segundo Yin é o Canal Shaoyin que se conecta com o pulmão. Sua energia se dirige à vesícula biliar e se conecta com o estômago e o baço do lado de fora. Quando a energia do primeiro Yin surge unicamente no Cunkou do Canal Taiyin, mostra que a energia do canal foi esgotada, fazendo com que se torne flutuante e deixe de se agitar, e sua condição de pulso é em anzol e escorregadia. As seis condições de pulso acima expostas podem parecer mudar do Yin para o Yang de maneira abrupta, mas estão todas relacionadas e todas aparecem em Cunkou. Elas se conectam com as cinco vísceras do lado de dentro e estão de acordo com as mudanças do Yin e do Yang. A chegada da energia dos seis canais em Cunkou, às vezes é adiantada e às vezes retardada; a energia que chega cedo é a energia hospedeira e a que aparece tarde é a energia convidada".

486

雷公曰：臣悉尽意，受传经脉，颂得从容之道、以合《从容》，不知阴阳，不知雌雄。帝曰：三阳为父，二阳为卫，一阳为纪；三阴为母，二阴为雌，一阴为独使。

Disse Lei Gong: "Agora entendo o que quereis dizer. O conhecimento dos canais que dissestes antes, e o princípio de repouso que eu li nos livros, são semelhantes à forma que antes dissestes, de tratar de uma maneira mais maleável, mas não entendo o significado do Yin e do Yang e do masculino e feminino". Disse o Imperador Amarelo: "O terceiro Yang é equivalente ao honorável pai, o segundo Yang é equivalente à guarda externa, e o primeiro Yang é equivalente à estaca da moenda; o terceiro Yin é equivalente à mãe, que é boa na alimentação, o segundo Yin é equivalente à mulher que vigia no interior, e o primeiro Yin é equivalente ao mensageiro que comunica o Yin ao Yang.

二阳一阴，阳明主病，不胜一阴，软〔《甲乙》"软上有"脉"字〕而动，九窍皆沉。三阳一阴，太阳脉胜，一阴不能止，内乱五藏，外为惊骇。二阴二阳，病在肺，少阴脉沉，胜肺伤脾，外伤四支。二阴二阳皆交至，病在肾，骂詈妄行，巅疾为狂。二阴一阳，病出于肾，阴气客游于心脘，下空窍堤，闭塞不通，四支别离。一阴一阳代绝，此阴气至心，上下无常，出入不知，喉咽干燥，病在土脾。二阳三阴，至阴皆在，阴不过阳，阳气不能止阴，阴阳并绝，浮为血瘕，沈为脓胕。阴阳皆壮，下至阴阳。上合昭昭，下合冥冥，诊决死生之期，遂合岁首。

"O segundo Yang é o Canal Yangming do estômago, terra; o primeiro Yin é o Canal Jueyin do fígado madeira; quando o fígado ataca o estômago de maneira perversa, causa a doença do yangming. Como o segundo Yang de Yangming não pode dominar o primeiro Yin da madeira, o pulso yangming é leve e perturbador, e o estômago falhará em nutrir os nove orifícios, que ficarão obstruídos.

"Quando a energia do terceiro Yang, bexiga, Taiyang do Pé e o primeiro Yin de Jueyin do fígado causarem a doença alternadamente, o fígado não vai poder suplantar a bexiga. Isso porque o fígado madeira produz o fogo e a bexiga a água fria, que é exatamente o que domina o fogo. Por isso, o Canal Taiyang é o dominante. A incapacidade da energia Jueyin do fígado em controlar a energia Taiyang da água fria, faz com que essa energia fria se torne em parte superabundante, o que vai confundir as cinco vísceras no interior e causar inquietação e terror no exterior do corpo.

"Quando o segundo Yin da energia Shaoyin do coração e o segundo Yang da energia Yangming do estômago causarem a doença, o coração flameja para lesar o pulmão, e a doença se aloja no pulmão. O fogo superabundante subjuga em contrapartida os rins, causando a condição de afundamento do pulso Shaoyin. Acima, a energia perversa do coração e abaixo, a energia perversa do estômago, dominam o pulmão pelo lado de fora e ferem o baço pelo lado de dentro. Como o baço controla as quatro extremidades, a falha do baço em espalhar a energia, causa dano às quatro extremidades.

"Quando o segundo Yin do fogo do coração de Shaoyang e o segundo yang do estômago terra de Yangming causarem a doença, o rim será atacado, causando a deficiência no rim água. Quando a secura for excessiva, causará uma doença mental ao paciente, com blasfêmias audaciosas às pessoas, e manias.

"Quando o segundo Yin do rim Shaoyin do Pé e o primeiro Yang do triplo aquecedor de Shaoyang da Mão causarem a doença, os rins irão adoecer. O Yin do rim ascende para atingir o pericárdio e desce para controlar o baixo abdômen e a bexiga, que está embaixo, causando cólica no canal do coração, e as quatro extremidades do paciente terão a sensação de serem fustigadas.

"Quando o primeiro Yin do Jueyin do fígado e o primeiro Yang do Shaoyang da vesícula biliar estiverem extremamente enfraquecidos e esgotados aqui e ali, isto se deve à ascensão da energia de Jueyin para atacar o coração. Como o vento madeira é móvel, ele sobe e desce sem uma direção definida. O paciente terá os sintomas de relutância em comer e beber, incontinência de fezes e urina e garganta seca. A doença estará no baço.

"Quando o segundo yang do yangming do estômago, e o terceiro Yin do pulmão de Taiyin da Mão e o Yin supremo do baço causarem a doença, incluindo a enfermidade do próprio Yin supremo do baço, a energia Yin não estará apta a exceder o yang, e a energia Yang não será capaz de controlar o Yin. Se tanto a energia Yin quanto a energia Yang estiverem esgotadas, o Yang flutuante de fora irá causar massas abdominais devido à estase de sangue no exterior, e o Yin aprofundado irá causar dor e erosão no interior. Se tanto a energia Yin quanto a energia Yang estiverem superabundantes, irão se voltar para dentro, causando no homem enfermidade no pênis e na mulher, doenças na vagina. Ao diagnosticar, deve-se inspecionar cuidadosamente o pulso, unindo-se ao princípio óbvio do céu acima, coordenando-se com o princípio profundo da terra abaixo. Dessa forma, pode-se antecipar a data de sobrevida ou morte do paciente, mas deve-se contá-la a partir do princípio do ano".

雷公曰：请问短期。黄帝不应。雷公复问。黄帝曰：在经论中。雷公曰：请闻短期。黄帝曰：冬三月之病，病合于阳者，至春正月脉有死征，皆归出春。冬三月之病，在理已尽，草与柳叶皆杀，春阴阳皆绝，期在孟春。春三月之病，曰阳杀，阴阳皆绝，期在草干。夏三月之病，至阴不过十日；阴阳交，期在濂水。秋三月之病，三阳俱起，不治自己。阴阳交合者，立不能坐，坐不能起，三阳独至，期在石水；二阴独至，期在盛水。

Disse Lei Gong: "Algumas doenças podem causar a morte do paciente num tempo muito curto: por que isso?" O Imperador Amarelo não respondeu. Quando Lei Gong perguntou novamente, o Imperador Amarelo disse: "Estava determinado nos antigos livros médicos". Lei Gong perguntou: "Quais os assuntos concernentes à doença que causa morte em curto espaço de tempo, nos antigos livros médicos?" Disse o Imperador Amarelo: "A energia Yin é próspera nos três meses da estação do inverno. Se a doença contraída tiver propriedades Yang, mostra que a energia Yin do paciente está bastante insuficiente. A doença irá piorar no primeiro mês da primavera, quando a energia yang se tornar próspera. Se o sintoma de morte for visto na condição do pulso, o paciente irá morrer perto do final da primavera e antes do começo do verão, quando a energia Yang estiver mais próspera e quando a energia Yin estiver fenecendo.

"Para a doença dos três meses de inverno, se o sintoma de morte for visto na condição do pulso, o paciente irá morrer na primavera.

"No inverno, quando as gramas e as folhas do chorão estão mortas, se tanto os pulsos Yin quanto os pulsos Yang estiverem esgotados, o paciente irá morrer no primeiro mês lunar.

"A doença dos três meses de primavera é chamada doença que mata pelo Yang. Se tanto o Yin quanto o Yang estiverem esgotados, o paciente morrerá no momento em que as gramas estiverem secas.

"A energia Yang está próspera nos três meses de verão. Se nesse período for contraída a doença do Yin extremo (Baço), isso mostra que a energia Yin do paciente está extremamente fraca, e ele morrerá dentro de dez dias. Se o pulso Yin surgir na posição Yang ou o pulso Yang surgir na posição Yin, isso mostra que a energia do baço não está ainda completamente esgotada, e então o paciente morrerá quando as águas estiverem começando a congelar, no princípio do inverno.

"Para a doença dos três meses de outono, se houver melhora nos três Canais Yin, o paciente poderá se recuperar mesmo que não tenha sido tratado. Se as energia Yin e Yang causarem doença de maneira alternada, deverá haver a condição de abundância parcial ou de declínio parcial no Yin e no Yang; se a energia Yang estiver superabundante, o paciente não será capaz de se sentar após ter ficado de pé; se a energia Yin estiver superabundante, o paciente não será capaz de ficar de pé após ter sentado. Se todos os três yang chegarem sem o Yin, isso mostra que a energia Yang está hiperativa e que a energia Yin está exausta. A exaustão da energia Yin é uma doença fatal, e o paciente morrerá quando as águas congelarem e ficarem duras como pedra. Quando todos os três Yin chegarem sem o Yang, isso também é uma doença fatal, e o paciente irá morrer na estação chuvosa do verão".

方盛衰论篇第八十

Capítulo 80

Fang Sheng Shuai Lun

(Sobre a Abundância e Debilidade das Energias Yin e Yang)

雷公请问气之多少，何者为逆，何者为从。黄帝答曰：阳从左，阴从右，老从上，少从下。是以春夏归阳为生，归秋冬为死，反之，则归秋冬为生，是以气多少，逆皆为厥。

Lei Gong perguntou: "Quanto à abundância e debilidade das energias, qual é adversa e qual é a concordante?" Disse o Imperador Amarelo: "A energia Yang se move da esquerda para a direita, a energia Yin se move da direita para a esquerda; a energia dos idosos se move de baixo para cima, e a energia dos jovens se move de cima para baixo. Por isso, quando a energia Yang retorna na primavera e no verão, está em concordância e gera a sobrevivência; quando a energia Yang retorna no outono e no inverno, é adversa e causa morte. E vice-versa, quando a energia Yin retorna no outono e no inverno, é concordante e gera a vida; quando a energia Yin retorna na primavera e no verão, é adversa e causa morte. Por essa razão, não vem ao caso se a energia é próspera ou debilitante, a síndrome Jueyin (frio nas extremidades) irá ocorrer sempre que a energia for adversa".

问曰：有余者厥耶？答曰：一上不下，寒厥到膝，少者秋冬死，老者秋冬生；气上不下，头痛巅疾，求阳不得，求阴不审，五部隔无征，若居旷野，若伏空室，绵绵乎属不满日。

Lei Gong perguntou: "Pode o homem contrair a síndrome Jue quando sua energia estiver excedente?" Disse o Imperador Amarelo: "Se a energia Yang ascender continuamente sem nunca descer, irá causar frio abaixo dos joelhos até os pés. Se essa enfermidade ocorrer a um jovem no outono ou no inverno, ele irá morrer; se ocorrer a um idoso no outono ou no inverno, ele irá sobreviver. Quando a energia Yang ascende sem descer, vai causar dor de cabeça e enfermidades na região da cabeça. Quando se toma a síndrome Jue por uma doença Yang, o calor Yang não pode ser encontrado; quando se toma por uma doença Yin, não se pode distinguir a energia fria do Yin. É uma síndrome que se parece com o Yang e se parece com o Yin. Além disso, parece que as vísceras são algo remoto e não existem síndromes evidentes que se manifestem para uma verificação. Parece que o paciente está num lugar selvagem ou que esconde a si próprio numa sala vazia onde dificilmente pode ver claramente as coisas mesmo que concentre a mente.

是以少气之厥，令人妄梦，其极至迷，三阳绝，三阴微，是为少气。

"Por isso, quando a energia de uma pessoa está deficiente por causa da síndrome Jue, ela terá sonhos sem sentido; quando a energia estiver extremamente deficiente, os sonhos serão fantásticos e de perplexidade. Quando as energias dos três canais

Yang estão lesadas, e as energias dos três canais Yin estão afinadas ao diagnosticar, é o sintoma de deficiência de energia.

是以肺气虚，则使人梦见白物，见人斩血藉藉，得其时则梦见兵战。肾气虚，则使人梦见舟船溺人，得其时则梦伏水中，若有畏恐。肝气虚则梦菌香生草，得其时则梦伏树下不敢起。心气虚则梦救火阳物，得其时则梦燔灼。脾气虚则梦饮食不足，得其时则梦筑垣盖屋。此皆五藏气虚，阳气有余，阴气不足，合之五诊，调之阴阳，以在经脉。

"Quando a energia do pulmão está deficiente, o paciente verá coisas brancas no sonho, ou irá sonhar com matanças e homens sangrando; quando houver abundância da energia do metal, ele irá sonhar com guerra.

"Quando a energia da água dos rins estiver deficiente, ele irá sonhar com barcos e com gente se afogando; quando a energia da água dos rins estiver próspera, ele irá sonhar que está se escondendo na água por ter encontrado algo pavoroso.

"Quando a energia da madeira do fígado estiver deficiente, ele irá sonhar com ervas aromáticas e árvores perfumadas; quando a energia do fígado estiver próspera, ele irá sonhar que está se escondendo debaixo de uma árvore, fazendo de tudo para não se levantar.

"Quando a energia do fogo do coração estiver deficiente, ele irá sonhar que está ateando fogo e sonhará com raios; quando a energia do fogo do coração estiver próspera, ele irá sonhar com um grande incêndio ardendo.

"Quando a energia da terra, do baço estiver deficiente, ele irá sonhar com insuficiência de comida e bebida; quando a energia do baço estiver próspera, ele irá sonhar que está construindo um muro e uma casa.

"Todos esses casos são motivados pela deficiência da energia dos cinco órgãos sólidos e pela ocorrência de excesso da energia dos seis órgãos ocos. Quando a energia Yin das cinco vísceras for insuficiente, a deficiência do Yin leva à hiperatividade do Yang. Isso faz com que os sonhos se tornem desordenados. Quando se vai tratar, deve-se observar a aparência externa da doença visceral e adequar o Yin e o Yang dos doze canais.

诊有十〔"十"疑当作"五"〕度度人：脉度、藏度、肉度、筋度、俞度，阴阳气尽〔撰主注："诊备尽阴阳虚盛之理"，细译其意，似本句应作"诊备阴阳"〕，人病自具。脉动无常，散阴颇阳，脉脱不具。诊无常行，诊必上下，度民君卿。受师不卒，使术不明，不察逆从，是为妄行，持雌失雄，弃阴附阳，不知并合，诊故不明，传之后世，反论自章。

"Existem padrões de cinco aspectos para se medir a doença do paciente, e são: o pulso padrão, a víscera padrão, o músculo padrão, o tendão padrão e o ponto shu padrão. Se uma pessoa puder entender de forma caprichosa o princípio do Yin e do Yang por meio do diagnóstico, pode ter uma compreensão da doença. Não existe padrão regular na pulsação: o pulso Yin pode estar disperso; o pulso Yang pode estar abundante em parte e a condição de pulsação pode não ser evidente, por isso ao diagnosticar, não se pode seguir uma rotina. Ao tratar, devem ser inspecionados tanto o pulso Renyin quanto o pulso Fuyang (Chongyang), assim como devem ser levados em consideração ambos, o status social e a situação feliz ou miserável do paciente. Se o médico não tiver terminado seus estudos, ele só terá um nível inferior de tratamento, e será incapaz de distinguir a condição adversa ou concordante da

491

energia; ele só poderá lesar o Yang ao revigorar o Yin, ou consumir o Yin quando revigorar o Yang. Como ele não compreende as razões do equilíbrio do Yin e do yang, ele de forma alguma poderá fazer um diagnóstico acurado. Quando ele impuser seu jeito de tratar às gerações vindouras, ele fará com que seus defeitos violem o ensinamento antigo.

至阴虚，天气绝，至阳盛，地气不足；阴阳并交，至人之所行；阴阳并交者，阳气先至，阴气后至。是以圣人持诊之道，先后阴阳而持之，《奇恒之势》乃六十首，诊合微之事，追阴阳之变，章五中之情，其中之论，取虚实之要，定五度之事，知此乃足以诊。是以切阴不得阳，诊消亡。得阳不得阴，守学不湛，知左不知右，知右不知左，知上不知下，知先不知后，故治不久，知丑知善，知病知不病，知高知下，知坐知起，知行知止，用之有纪，诊道乃具，万世不殆。

"Quando o auge da energia Yin (energia da terra) estiver deficiente, a energia Yang não irá descer, devido a ter sido lesada; quando o auge da energia Yang (energia do céu) estiver próspero, a energia Yin se tornará fraca e não irá subir; mas um médico superior poderá combinar e fazer fluir as energias do Yin e do Yang. No combinar e fazer fluir as energias do Yin e do Yang, a energia Yang vem em primeiro lugar, e a energia Yin vem em seguida.

"Por isso, quando um médico de alto nível diagnostica e apalpa, ele sempre leva em conta a ordem prioritária do Yin e do Yang, infere as sessenta condições das doença comuns e extraordinárias, sintetiza os casos pequenos e fragmentários obtidos através do diagnóstico, e pesa as mudanças do Yin e do Yang para conhecer com clareza a localização da doença nas cinco vísceras, e então infere o princípio médico e delineia a estenia e a astenia para julgar de acordo com os cinco padrões. Quando o médico conhece tudo, ele é capaz de diagnosticar e tratar.

"Quando o médico conhecer só o Yin, mas não conhecer o Yang, ele não é capaz de diagnosticar; quando ele conhece só o Yang, mas não conhece o Yin, o conhecimento médico que ele tem não é profundo; quando ele conhece só o lado esquerdo, mas não conhece o lado direito; conhece o que está acima, mas não conhece o que está abaixo, ou conhece o que vem primeiro, mas não conhece o que vem depois, seu efeito curador não pode ser duradouro. Quando tratar, deve-se conhecer o bom por meio do perverso, conhecer a condição saudável por meio da doença, conhecer o que está embaixo através do que está em cima, conhecer a condição de estar sentado através da condição de estar em pé, conhecer a condição de cessar através da condição de movimento. Só dessa forma, pode o tratamento estar em perfeita ordem, o diagnóstico ser exclusivo e o tratamento nunca vai levar a apuros.

起所有余，知所不足，度事上下，脉事因格。是以形弱气虚，死；形气有余，脉气不足，死。脉气有余，形气不足。生。是以诊有大方，坐起有常，出入有行，以转神明，必清必净，上观下观，司八正邪，别五中部，按脉动静，循尺滑涩，寒温之意，视其大小，合之病能逆从以得，复知病名，诊可十全，不失人情。故诊之，或视息视意，故不失条理，道甚明察，故能长久；不知此道，失经绝理，亡言妄期，此谓失道。

"Quando se inspeciona o aspecto que está abundante, pode-se conhecer o aspecto daquilo que é insuficiente; quando se considera as partes superior e inferior do paciente, pode-se comprovar o motivo por meio do diagnóstico. Tal como quando o físico do paciente é fraco e sua energia está debilitada, isso mostra a morte do paciente; quando a energia física for superabundante e a energia do canal for deficiente, isso também mostra a morte do paciente; quando a energia do canal estiver superabundante e a energia física for insuficiente, isso mostra que o paciente irá sobreviver.

"Portanto, ao diagnosticar e tratar, o médico deve estar conforme o princípio médico, em sua forma de sentar, de ficar de pé e de agir; ele deve estar de acordo com uma regra definida. Ele deve inspecionar as partes superiores e inferiores de maneira sensata, para distinguir as quatro estações e os oito termos solares e a parte das cinco vísceras que está sendo moderadamente atacada pela energia perversa. Deve-se pressionar e observar a condição de pulso, inspecionar a condição de pulso escorregadia, variável, fria e quente, sobre a pele anterolateral do antebraço; examinar a alteração das fezes e da urina do paciente para saber se a energia é adversa ou concordante, e determinar o nome da doença. Quando se diagnostica e trata desta forma, isso acarretará menos estragos e estará mais de acordo com os sentimentos humanos. Por isso, ao tratar, sempre se pode manter uma ordem inspecionando a respiração e a atitude mental do paciente. Quando a teoria médica de uma pessoa é extremamente superior, esta pode evitar as práticas errôneas. Se alguém não entender essas coisas, e viola o dogma e o princípio fundamental, fala acerca da doença tirando conclusões apressadas, está indo contra a lei".

解精微论篇第八十一

Capítulo 81
Jie Jing Wei Lun
(Interpretação da Razão Sutil de Verter Lágrimas)

黄帝在明堂。雷公请曰：臣受业，传之行教以经论，从容形法，阴阳刺灸，汤药所滋，行治有贤不肖，未必能十全。若先言悲哀喜怒，燥湿寒暑，阴阳妇女，请问其所以然者，卑贱富贵，人之形体所从，群下通使，临事以适道术，谨闻命矣。请问有毚愚仆漏之问，不在经者，欲闻其状。帝曰：大矣。

Quando o Imperador Amarelo estava sentado no Pavilhão Brilhante, Lei Gong disse para ele: "O princípio médico que vós me conferistes e que eu irei conferir aos outros, estão todos baseados no princípio da tranqüilidade, das teorias do Yin e do Yang, acupuntura e moxibustão, na forma de aplicar decocções etc., mas alguns dos tratamentos são eficazes e outros não, e os efeitos curativos não são inteiramente perfeitos. Vós me dissestes para tratar de forma diferentes, sendo os pacientes estão em diferentes condições de sofrimento, melancolia, alegria e raiva; quando os climas diferirem em secura, umidade ou quentura, e quando os pacientes de sexo diferente tiverem condições diferentes de prosperidade e debilidade de Yin e de Yang. Quando eu pergunto as razões de tudo isso, vós me dizeis, que eu devo discriminar de acordo com o paciente ser nobre ou o humilde, rico ou pobre ou estiver em condições de fraqueza ou saúde, a fim de adequar o princípio médico à prática clínica. Esses pormenores, vós já me haveis passado. Agora eu tenho algumas perguntas tolas e simples, que não são encontradas nos textos médicos clássicos, e eu espero que possais me falar a respeito". Disse o Imperador Amarelo: "A pergunta que formulastes é bastante importante".

公请问：哭泣而泪不出者，若出而少涕，其故何也？帝曰：在经有也。复问：不知水所从生，涕所从出也。帝曰：若问此者，无益于治也，工之所知，道之所生也。夫心者，五脏之专精也，目者其窍也，华色者其荣也，是以人有德也，则气和于目，有亡，忧知于色。是以悲哀则泣下，泣下水所由生。水宗者积水也，积水者至阴也，至阴者肾之精也，宗精之水所以不出者，是精持之也，辅引裹之，故水不行也。

Lei Gong perguntou: "Quando alguém chora, saem tanto as lágrimas quanto o muco nasal: qual a razão?" Disse o Imperador Amarelo: "Está escrito nos clássicos de medicina". Disse Lei Gong: "Eu não entendo como a lágrima é produzida e de onde vem o muco nasal". Disse o Imperador Amarelo: "Esta pergunta que fizeste não vai beneficiar o tratamento, mas deve ser conhecida dos médicos como parte da teoria da medicina. O coração é o chefe das vísceras do corpo; os olhos são a abertura e a compleição do rosto, é sua manifestação externa. Por isso, quando um homem tem algo complacente, a energia está concentrada nos dois olhos com uma aparência radiante; se ele tiver algo que desaponte, a melancolia estará manifestada nos olhos. As lágrimas do choro são fruto da água. A fonte de água é o fluido corporal. É o auge do Yin que acumula o fluido corporal, e no auge do Yin está a essência dos rins. A água que provém da essência dos rins geralmente não flui já que está protegida, cercada e controlada pela mesma essência. Portanto, normalmente, as lágrimas não conseguem sair de maneira automática.

夫水之精为志，火之精为神，水火相感，神志俱悲〔《太素》无"水火"八字〕，是以目之水生也。故谚言曰：心悲名曰志悲，志与心精，共凑于目也。是以俱悲则神气传于心精，上不传于志而志独悲，故泣出也。泣涕者脑也，脑者阴〔《太素〕、《甲乙》"阴"并作"阳"〕也。髓者骨之充也，故脑渗为涕。志者骨之主也，是以水流而涕从之者，其行类也。夫涕之与泣者，譬如人之兄弟，急则俱死，生则俱生，其志以早悲，是以涕泣俱出而横行也，夫人涕泣俱出而相从者，所属之类也。

"A energia retida da água é a vontade, e a energia refinada do fogo é o espírito, como diz o provérbio: "A melancolia do coração é, na realidade, a melancolia da vontade!" Quando alguém está melancólico, a vontade dos rins e a essência do coração irão se juntar nos olhos ao mesmo tempo.

"Por isso, quando o coração e os rins estão ambos melancólicos, o espírito e a energia serão transferidos à essência do coração, mas não à vontade dos rins abaixo, causando somente a melancolia da vontade do rim. Quando a vontade do rim deixar de ser apoiada pela essência da vida que pode controlar a água, as lágrimas irão fluir.

"O muco nasal pertence ao cérebro, o cérebro pertence ao Yin, e a medula é o que preenche a cavidade óssea. Quando houver exsudação da medula, isso virará muco. A vontade dos rins domina os ossos, por isso quando surgem as lágrimas, o muco vem junto com seu surgimento. O muco e a lágrima são como irmãos, eles morrem juntos quando na alegria. Se houver melancolia na vontade dos rins, o muco e a lágrima brotarão juntos. A razão da chegada da lágrima e do muco estarem acompanhados é porque pertencem à água".

雷公曰："大矣。请问：人哭泣而泣不出者，若出而少，涕不从之何也？帝曰：夫泣不出者，哭〔"哭"是似乎作"志"不悲也〕。不泣者，神不慈者。神不慈则志不悲，阴阳相持，泣安能独来。夫志悲者，惋惋则冲阴，冲阴则志去目，志去则神不守精，精神去目，涕泣出也。

Disse Lei Gong: "Sua explicação é esplêndida. Existem pessoas que querem chorar, mas que falham até em gritar ou têm poucas lágrimas com muco: qual a razão?" Disse o Imperador Amarelo: "Quando se chora sem lágrimas, é porque não se está triste; quando se falha em gritar, é porque seu espírito não se mexeu; quando o espírito de alguém não se mexe, sua vontade não estará triste. Desde que o Yin (a vontade) e o Yang (o espírito) empatam em suas respostas mútuas, como podem as lágrimas sair por si?

且子独不诵不念夫经言乎，厥则目无所见。夫人厥则阳气并于上，阴气并于下，阳并于上，则火独光也；阴并于下则足寒，足寒则胀也。夫一水不胜五〔《太素》"五"作"两"〕火，故目眦〔明抄本"目"下无"眦"字〕盲。

"Quando se está triste, haverá um sentimento de sofrimento que irá por em alvoroço a energia Yin, fazendo com que os rins desistam de guardar os olhos. Quando a vontade dos rins deixar os olhos, o espírito não irá guardar a energia refinada. Se tanto o espírito quanto a energia refinada deixarem os olhos, as lágrimas e o muco irão aflorar ao mesmo tempo.

"E o que mais não leste nos textos médicos clássicos? Estava determinado nos textos clássicos: "Quando se contrai a síndrome Jue, a energia yang estará acumulada na parte superior do corpo e a energia Yin na parte inferior. Quando a energia yang estiver acumulada acima, esta estará superativa na parte superior; quando a energia Yin se acumular na parte inferior, isso irá causar o mal dos frios nos pés e em seguida distensão. Já que uma só água não pode apagar dois fogos, isso fará com que os olhos não vejam nada".

是以冲风，泣下而不止。夫风之中目也，阳气内守于精，是火气燔目，故见风则泣下也。有以比之，夫火疾风生乃能雨，此之类也。

"O fato do fluir incessante dos olhos quando se fica de frente para o vento, é porque quando os olhos são atacados pelo vento perverso, a energia Yang desce para guardar a essência da vida. Quando a energia Yang estiver ausente, a energia do fogo irá queimar os olhos fazendo com que afluam lágrimas. Um vento forte, por exemplo, pode causar a chuva, e esta condição é a mesma no corpo humano".

灵 枢
EIXO ESPIRITUAL
(LING SHU)

叙

　　昔黄帝作《内经》十八卷，《灵枢》九卷，《素问》九卷，乃其数焉，世所奉行唯《素问》耳。越人得其一二而述《难经》，皇甫谧次而为《甲乙》，诸家之说悉自此始。其间或有得失，未可为后世法。则谓如《南阳活人书》称：咳逆者，哕也。谨按《灵枢经》曰：新谷气入于胃，与故寒气相争，故曰哕。举而并之，则理可断矣。又如《难经》第六十五篇，是越人标指《灵枢·本输》之大略，世或以为流注。谨按《灵枢经》曰：所言节者，神气之所游行出入也，非皮肉筋骨也。又曰：神气者，正气也。神气之所游行出入者流注也，井荥输经合者本输也，举而并之，则知相去不啻天壤之异。但恨《灵枢》不传久矣，世莫能究。夫为医者，在读医书耳，读而不能为医者有矣，未有不读而能为医者也。不读医书，又非世业，杀人尤毒于梃刃。是故古人有言曰：为人子而不读医书，犹为不孝也。仆本庸昧，自髫迄壮，潜心斯道，颇涉其理。辄不自揣，参对诸书，再行校正家藏旧本《灵枢》九卷，其八十一篇，增修音释，附于卷末，勒为二十四卷。庶使好生之人，开卷易明，了无差别。除已具状经所属申明外，准使府指挥依条申转运司选官详定，具书送秘书省国子监。今崧专访请名医，更乞参详，免误将来。利益无穷，功实有自。

Prefácio

No passado, o Imperador Amarelo escreveu o "Cânone da Medicina Interna" em 18 rolos dos quais 9 rolos são as "Questões fáceis" e 9 rolos do "Eixo Espiritual", mas só as "Questões Fáceis" estavam em voga. De acordo com um trecho das "Questões fáceis", Qin Yueren escreveu o "Clássico das Dificuldades", e Huangpu Mi escreveu o "Jia Yi", e daí por diante houve opiniões de vários eruditos. Entre as diversas opiniões, algumas não se adaptavam ao que podia ser seguido pelas gerações seguintes, tal como no "Nan Yang Huo Ren Shu" (Nanyang o Livro que Salva Vidas) que postula: "a tosse é vômito". Mas no Eixo Espiritual estava minuciosamente definido: "Quando a energia dos cereais acaba de entrar no estômago, as energias frias combatem todas as outras que causam o vômito". De acordo com o estabelecido, a razão se faz clara. Repetindo o capítulo sessenta e cinco do "Clássico das Dificuldades", Qin Yueren sintetizou o aspecto geral do "Ben Shu". Os pontos de acupuntura do "Eixo Espiritual", as pessoas pensam que são uma rubrica do texto. Mas no "Eixo Espiritual" está determinado com precisão: "Os pontos de acupuntura são os locais onde o espírito e a energia fluem para dentro e para fora, e eles não são a pele, os músculos, tendões e ossos". Novamente está estabelecido: "A energia do espírito é a energia da saúde, e seu fluxo para dentro e para fora é abundante e os pontos Jing, Xing, Shu, Jing e He são os pontos de acupuntura". Pode-se ver que as colocações são muito mais refinadas do que no ("Clássico das Dificuldades"), e a diferença é como o céu alto e a terra baixa. É uma pena que o "Eixo Espiritual" tenha ficado perdido por longo tempo e que as pessoas não tenham podido fazer nada.

É necessário que um médico leia livros de medicina. Às vezes, embora se leia livros médicos, não se é capaz de ser um médico, mas não se pode ser um médico sem ler livros médicos. Quando não se lê livros médicos e não se recebeu qualquer formação médica da família, pode-se matar o paciente de maneira bastante cruel, levando-o à morte com um bastão ou uma espada. Por isso, o velho ditado postula: "Quando o filho de um homem não lê livros médicos, ele não tem amor filial".

Eu sou um homem medíocre, mas tenho estado interessado em medicina desde minha juventude e na idade provecta eu entendi alguns princípios a respeito. Por isso, eu me arrisco a inferir vários livros e retificar o "Eixo Espiritual" que consta de oitenta e um capítulos em nove rolos guardados em minha casa com alguns adendos, exclusões e interpretações, colocando-os como apenso no fim do livro, estruturando o livro em vinte e quatro rolos, para que quando alguém esteja interessado em preservar os escritos sobre a saúde, possa entendê-lo facilmente sem ficar perplexo.

Esta edição, de acordo com o estipulado, foi encaminhada às autoridades competentes para exame e está sendo enviada ao Departamento Nacional de Educação. Agora tenho visitado alguns médicos eminentes para pedir sua ajuda a fim de corrigir detalhadamente os erros, para que não se possa causar mal algum no futuro e que se possa prestar benefícios inestimáveis.

时宋绍兴乙亥仲夏望日。锦官史崧题

Este prefácio foi escrito pelo oficial do governo Shi Song, da cidade de Jinguan, no décimo quinto dia do sétimo mês lunar no ano Yi Hai de Shaoxing (1155 d.C.) da Dinastia Song.

九针十二原第一

Capítulo 1
Jiu Zhen Shi Er Yuan
(Os Nove Tipos de Agulha e os Doze Pontos Fonte)

黄帝问于岐伯曰：余子万民，养百姓，而收其租税。余哀其不给，而属有疾病。余欲勿使被毒药，无用砭石，欲以微针通其经脉，调其血气，营其逆顺出入之会，令可传于后世。必明为之法令，终而不灭，久而不绝，易用难忘；为之经纪，异其章，别其表里；为之终给，令各有形，先立针经，愿闻其情。

O Imperador Amarelo disse a Qibo: "Eu amo o povo todo, e desejo manter todos os oficiais, por isso revoguei todos os encargos deles. Eu tenho compaixão pelo povo quando não pode ter uma morte natural. E o que é pior, caem doentes com freqüência. Eu desejo tratá-los com uma agulha fina, inserindo-a na pele em vez de dar a eles qualquer remédio ou aplicar neles qualquer agulha de pedra para drenar o canal; fazer ajustes na energia do sangue; promover a circulação do sangue; fazendo com que as condições agradáveis e adversas nos canais e as idas e vindas da energia e do sangue possam ser complementares uma à outra. Espero estabelecer uma ordem que prevaleça na acupuntura a fim de que possa ser passada às gerações posteriores. Portanto, é necessário que se construa uma estátua de acupuntura, a fim de facilitar sua aplicação, tornando improvável o seu esquecimento, para que o método da acupuntura não possa ser obliterado e perdido. Na estátua, deve regular o critério da profundidade da inserção para frente e para trás da agulha fina, que se distingam os pontos de acupuntura dos órgãos sólidos e dos órgãos ocos com parágrafos analíticos e capítulos para estipular o comprimento dos diversos tipos de agulha. Em outras palavras, compilar um clássico da acupuntura, e espero ouvir de ti sua matéria substancial".

岐伯答曰：臣请推而次之，令有纲纪，始于一，终于九焉。请言其道。小针之要，易陈而难入，粗守形，上守神，神乎神，客在门，未睹其疾，恶知其原。刺之微在速迟，粗守关，上守机，机之动，不离其空，空中之机，清静而微，其来不可逢，其往不可追，知机之道者，不可挂以发，不知机道，叩之不发，知其往来，要与之期，粗之暗乎，妙哉工独有之。往者为逆，来者为顺，明知逆顺，正行无问，逆〔逆而夺之：胡本，藏本，曰抄本"逆"作"迎"〕而夺之，恶得无虚，追而济之，恶得无实，迎之随之，以意和之，针道毕矣。

Disse Qibo: "Desejo vos dizer o essencial, começando do primeiro tipo de agulha indo até o nono tipo de agulha, de acordo com a ordem sistemática. De acordo com o essencial da acupuntura, é fácil falar a respeito, mas é difícil manter o padrão de excelência. Um médico adere rigidamente à posição do corpo e pica o foco, mas um médico superior trata de acordo com diversas expressões do paciente, que mostram o estado mental do mesmo. Um médico de baixo nível é como quem ficasse do lado de fora da porta, e que não pode perceber que doença é: como poderia conhecer a fonte da doença? A competência de picar está na aplicação rápida ou lenta e na retirada da agulha. Um médico de baixo nível só pode se ater aos pontos de acupuntura das juntas do membros de forma imutável, porém um médico superior pode observar a alteração flexível da energia do canal, e esta não pode de forma alguma se distanciar dos pontos de acupuntura. As razões contidas na acupuntura são bem mais sutis. Quando a energia perversa está em superabundância, não se deve revigorar pontos da cabeça; quando a energia perversa for debilitante, não se deve prosseguir no purgar. Quando se conhece os princípios das atividades funcionais da alteração da energia vital, não haverá o menor engano, quando não se conhece o princípio, é como a sete colocada com pressa no arco, que não pode ser disparada. Por isso, deve-se poder dominar o mecanismo do concordante e do adverso, do ir e vir, do abundante e do debilitante dos canais e das energias; pode-se então esperar um efeito curativo. Um médico de baixo nível, ignora essas coisas, e só um médico superior conhece os esquemas sutis. No tocante à condição de concordância e adversidade, quando a energia saudável está indo embora, é a condição adversa; quando a energia saudável exerce retaliação, é a condição de concordância; quando se entende o princípio das condições de concordância e das adversas, o médico será capaz de picar de maneira direta e ousada sem consultar os outros. Quando a energia saudável do paciente já está debilitada, mas pelo contrário, se aplica a terapia de purgação, como pode o paciente evitar de ficar ainda mais astênico? Quando a energia perversa já é abundante, mas, pelo contrário, se aplica a terapia para revigorar, como pode o paciente evitar de ficar ainda mais estênico? Deve-se purgar quando frente à energia perversa e revigorar quando a energia perversa bateu em retirada. Se a pessoa puder ponderar e analisar a condição do paciente antes de aplicar o revigorar e o purgar, a picada estará se atendo ao princípio da acupuntura.

凡用针者，虚则实之，满则泄之，宛陈则除之，邪胜则虚之。大要曰：徐而疾则实，疾而徐则虚。言实与虚，若有若无，察后与先，若存若亡，为虚与实，若得若失。虚实之要，九针最妙，补泻之时，以针为之。泻曰：必持内之，放而出之，排阳〔排阳得针：《甲乙》郑五第四"阳"作"扬"，"得"作"出"〕得针，邪气得泄。按而引针，是谓内温，血不得散，气不得出也。补曰随之，随之，意若妄之，若行若按，如蚊虻止，如留如还，去如弦绝，令左属右，其气故止，外门已闭，中气乃实，必无留血，急取诛之。持针之道，坚者为宝，正指直刺，无针〔无针：覆刻《太素》卷二十一"无针"作"针无"〕左右，神在秋毫，属意病者，审视血脉，刺之无殆。方刺之时，必在悬阳，及与两衡，神属勿去，知病存亡，血脉者〔血脉者：《甲乙》卷五第四"血"上有"取"字〕，在腧横居，视之独澄〔"澄"《太素》卷二十一作"满"〕，切之独坚。

"Ao picar, quando a energia saudável estiver astênica, aplicar a terapia de revigoração; quando a energia perversa for estênica, aplicar a terapia de purgação; quando houver sangue estagnado, aplicar a terapia de saída de sangue; quando a energia perversa estiver transbordante, aplicar a terapia purgativa. De um modo geral, quando se aplica as agulhas para revigorar, isso deve ser uma ação lenta ao inserir e rápida ao retirar, pressionando-se com vigor o orifício da agulha após a retirada; ao purgar, precisa-se ser rápido ao inserir e lento na retirada, sem pressionar o orifício da agulha. Ao revigorar e purgar, o paciente parece ao mesmo tempo sentir e não sentir nada; deve-se inspecionar o avanço e o retardo da chegada da energia, para se ter certeza se a agulha deve ser retida ou retirada imediatamente. Em outras palavras, seja qual for a terapia usada, de revigoração ou de purgação, deve-se fazer com que o paciente sinta que adquiriu algo na revigoração e de que perdeu algo na purgação. São diferentes os nove tipos de agulha quanto às suas funções: deve-se levar a cabo a revigoração e a purgação com técnicas diferentes. Ao purgar, deve-se segurar a agulha de maneira firme e então inserir: quando o paciente tiver a sensação da acupuntura, dirigir a agulha e alargar o orifício, retirando, então, a mesma com movimentos para que a energia perversa possa ser excretada juntamente com a retirada da agulha. Se o orifício feito pela agulha for pressionado logo após a retirada, isso fará com que a energia perversa fique retida no interior, o sangue estagnado não poderá ser dispersado, e a energia perversa não será excretada. Para revigorar, a picada pode ser feita a qualquer tempo, a picada deve ser feita como algo deliberado mas vagaroso, a inserção é como um avançar e parar, e a sensação do paciente deve ser como uma picada de mosquito na pele. Quando a agulha tiver sido inserida na pele, parar e deixar lá dentro, aguardando a desejada sensação da acupuntura; quando chegar, retirar a agulha com rapidez como uma flecha que parte do arco; retirar a agulha com a mão direita e pressionar o orifício deixado pela agulha com a mão esquerda rapidamente; dessa forma a energia do canal pode ser retida no interior, e quando o orifício deixado pela agulha tiver fechado, pode-se perceber uma energia meia quente. Se houver um sangramento sob a pele, ele não deve ser deixado sem cuidados, mas deve ser eliminado prontamente. Ao segurar a agulha, deve-se fazê-lo de maneira decidida, mirando o ponto de acupuntura acuradamente e picar prontamente; a agulha não deve deslizar da direita para a esquerda; o acupunturista deve concentrar sua mente no ponto da agulha, prestando atenção no paciente, inspecionar seu canal e tomar cuidado para se afastar dele; dessa forma não haverá risco em inserir. Imediatamente antes de picar, observar o local no nariz do paciente, entre os olhos e sobrancelhas, com a mente concentrada, sem qualquer negligência, para que se possa dar uma prognóstico estimativo da doença. O que se chama de "inspecionar o canal, é observar o mesmo ao lado do ponto de acupuntura, que vai estar bem cheio quando se olhar, e bastante substancial ao se pressionar.

九针之名，各各不同形：一曰镵针，长一寸六分；二曰员针，长一寸六分；三曰鍉针，长三寸半；四曰锋针，长一寸六分；五曰铍针，长四寸，广二分半；六曰员利针，长一寸六分，七曰毫针，长三寸六分；八曰长针，长七寸；九曰大针，长四寸。镵针者，头大末税，去泻阳气。员针者，针如卵形〔针如卵形：《太素》杨注作"锋如卵"〕，揩摩分间，不得伤肌肉，以泻分气。鍉针者，锋如黍粟之锐，主按脉勿陷，以致其气。锋针者，刃三隅，以发痼疾。铍针者，末如剑锋，以取大脓。员利针者，大如氂，且员且锐，中身微大，以取暴气〔以取暴气《太素·九针所主》杨注"气"作"痹"〕。毫针者，尖如蚊虻喙，静以徐往，微以久留之而养，以取痛痹。长针者，锋利身薄，可以取远痹。大针者，尖如梃，其锋微员，以泻机关之水也。九针毕矣。

"Quanto aos nove tipos de agulha, cada um tem um formato diferente. O primeiro tipo é chamado agulha sagital cujo comprimento é de 1,6 polegadas (3,5 cm); o segundo é chamado agulha do tipo ovóide e tem um comprimento de 1,6 polegadas (3,5 cm); o terceiro tipo é chamado de agulha de ponta rombuda e tem o comprimento de 3,5 polegadas (8,5 cm); a quarta é chamada agulha ensiforme e tem um comprimento de 1,6 polegadas (3,5 cm); a quinta agulha é chamada agulha em forma de espada e tem 4 polegadas (10 cm) de comprimento e uma espessura de 0,25 polegadas (1 mm); a sexta é chamada agulha de forma redonda e tem um comprimento de 1,6 polegadas (3,5 cm); a sétima agulha é chamada de filiforme e tem um comprimento de 3,6 polegadas (9,8 cm); a oitava agulha é chamada de agulha longa e tem um comprimento de 7 polegadas (17,5 cm); o nono tipo é chamado de agulha grande e tem um comprimento de 4 polegadas (10 cm). A agulha sagital é grande e afiada e é usada em picadas rasas para excretar o calor da pele. A ponta da agulha do tipo ovóide é como um ovo, é usada para esfregar entre os músculos, sem causar danos a eles, mas também pode ser usada para dispersar a energia perversa retida neles. A ponta da agulha rombuda se parece com um grão de painço, e é usada para pressionar o canal e induzir e energia saudável, excretando a energia perversa; a agulha ensiforme tem corte nos seus três lados, para tratar as doença prolongadas e refratárias. A ponta da agulha em forma de espada tem a forma dessa arma e é usada para lancetar carbúnculos e eliminar o pus. A ponta da agulha de forma redonda é longa e fina como um cabelo e o corpo da agulha é um tanto grosso, destinando-se a tratar a síndrome bi. A ponta da agulha filiforme se assemelha ao nariz de um mosquito: quando a agulha é inserida lentamente na pele e lá fica retida, pode dar tranqüilidade à mente e também pode ser usada para artralgia do tipo frio; a ponta da agulha longa é afiada e o corpo dela é um tanto longo e pode ser usada para tratar a síndrome bi prolongado; a ponta da agulha larga é como o bambu hirsuto e um tanto redonda e pode ser usada para excretar a água acumulada que fica retida nas juntas. São essas as condições dos nove tipos de agulha.

夫气之在脉也，邪气在上，浊气在中，清气在下。故针陷脉则邪气出，针中脉则浊气出，针太深则邪气反沉，病益。故曰：皮肉筋脉各有所处，病各有所宜〔病各有所宜：《甲乙》卷五第四"宜"作"舍"〕，各不同形，各以任其所宜。无实无虚，损不足而益有余，是谓甚病，病益甚。取五脉者死，取三脉者恇；夺阴者死，夺阳者狂，针害毕矣。刺之而气不至，无问其数；刺之而气至，乃去之，勿复针。针各有所宜，各不同形，各任其所为。刺之要，气至而有效，效之信，若风之吹云，明乎若见苍天，刺之道毕矣。

"No tocante à energia do canal do corpo humano, a energia perversa do Yang está geralmente na parte superior do corpo; a energia impura geralmente fica no meio e o frio-umidade geralmente se aloja na parte baixa, por isso a posição de picar não deve ser a mesma. Da mesma forma que quando se pica uma cavidade óssea num orifício da cabeça, isso fará com que a energia perversa do Yang saia para fora; quando se pica o canal Yangming, isso fará com que a energia impura saia para fora; quando a doença estiver na superfície e a picada for muito profunda, isso fará com que a energia perversa se aprofunde mais e agrave a doença. Já que a pele, os músculos, os tendões e os canais têm todos suas próprias posições, as doenças têm todas seus pontos de localização e as condições da doença são diferentes: a picada deve ser cautelosa. Não se deve revigorar a doença estênica e não se deve purgar a doença astênica, já que qualquer medida para atacar a deficiência ou incrementar a abundância, irá agravar a dor do paciente, e fazer com que a doença fique ainda mais severa. Quando se pica os pontos de acupuntura dos cinco órgãos sólidos do paciente, cuja energia refinada é debilitante, isso pode causar a morte do paciente; quando se pica os pontos de acupuntura dos três canais Yang, isso pode fazer com que o paciente se acovarde; quando o canal Yin é lesado, o paciente pode contrair a síndrome Jue; quando o canal Yang for lesado, o paciente pode ficar maníaco. Ao picar, deve-se[NT] esperar que o paciente tenha a sensação de acupuntura; se a sensação não for sentida após a picada, deve-se esperar até que venha, desconsiderando os intervalos de respiração do paciente; quando a sensação de acupuntura tiver chegado, a agulha deve ser retirada e não são necessárias mais picadas. Os nove tipos de agulhas têm diferentes funções e são de formatos diferentes; na acupuntura, o tipo de agulha deve ser selecionado de acordo com as diferentes condições da doença. A coisa mais importante na acupuntura é obter a sensação que lhe é própria; quando surge, o efeito curativo virá junto, e esse dito efeito curativo é tão digno de confiança quanto o céu azul que aparece quando as nuvens são sopradas pelo vento. Estes são os princípios da acupuntura".

黄帝曰：愿闻五脏六腑所出之处。岐伯曰：五脏五腧，五五二十五腧；六腑六腧，六六三十六腧。经脉十二，络脉十五，凡二十七气以上下，所出为井，所溜为荥，所注为腧，所行为经，所入为合，二十七气所行，皆在五腧也。节之交，三百六十五会，知其要者，一言而终，不知其要，流散无穷。所言节者，神气之所游行出入也，非皮肉筋骨也〔《素问·调经论》王注《针经》作"非骨节也"〕。

Disse o Imperador Amarelo: "Eu espero ouvir a respeito das saídas da energia do canal das vísceras". Disse Qibo: "Em cada canal dos cinco órgãos sólidos existem cinco pontos de acupuntura: Ting, Xing, Shu, Jing e He e formam no conjunto vinte e cinco pontos; em cada canal dos seis órgãos ocos existem seis pontos de acupuntura Ting, Xing, Shu, Yuan, Jing e He; juntos, eles formam trinta e seis pontos. Em cada um dos doze canais das vísceras, existe um ramo colateral; juntamente com cada ramo colateral dos canais Ren, Du e do baço, eles são quinze ramos colaterais. As energias dos vinte e sete canais (dos doze canais e dos quinze ramos colaterais) circulam ao redor do corpo todo, indo e vindo entre as extremidades altas e baixas. A energia do canal vai gradativamente do fraco para o forte e finalmente entra no ponto He, que tem o enunciado "a energia se inicia no ponto Ting, flui para o ponto Xing, vaza no ponto Shu, passa pelo ponto Jing, e entra no ponto He". As vinte e sete energias fluem e jorram cem cessar dos cinco pontos de acupuntura, dia e noite. Existem trezentos e sessenta e cinco pontos de acupuntura, onde se conectam as juntas do corpo humano; são todos, localizações em que a energia e o sangue vão e vêm, e os locais em que a energia dos canais permeia as juntas. Não são as juntas ósseas. Quando se sabe o essencial, pode-se chegar a uma conclusão com uma só sentença; se não se sabe, será algo frouxo e irrelevante.

睹其色，察其目，知其散复；一其形，听其动静，知其邪正。右主推之，左持而御之，气至而去之。凡将用针，必先诊脉，视气之剧易，乃可以治也。五脏之气已绝于内，而用针者

N T - Que os chineses chamam de "te ch'i" ou segundo a grafia pinyin para a transcrição atual dos ideogramas: "de qi".

反实其外，是谓重竭，重竭必死，其死也静，治之者辄反其气，取腋与膺；五脏之气已绝于外，而用针者反实其内，是谓逆厥，逆厥则必死，其死也躁，治之者，反取四末。刺之害，中而不去，则精泄；害〔复刻《太素》卷二十一《九针要道》"害"并作"不"〕中而去，则致气。精泄则病益甚而恇，致气则生为痈疡。

"Na seção de puntura, deve-se inspecionar a compleição do paciente e a expressão dos olhos, a fim de supervisionar a dispersão e a restauração do sangue e da energia do paciente, diferenciar no paciente o físico forte do fraco, ouvir o volume de voz para inferir a energia saudável, a energia perversa, astenia e estenia do paciente, inserir a agulha com a mão direita e apoiar a agulha com a mão esquerda; quando se obtiver a sensação de acupuntura após a picada, a agulha deve ser retirada. Antes de picar, deve-se observar e verificar se a energia do canal está harmoniosa ou não. Se uma pessoa revigorar a energia Yang no exterior do paciente cuja energia visceral já está lesada no interior, e que já tem uma deficiência de Yin, sua energia Yang ficará ainda mais abundante e sua energia Yin ficará ainda mais debilitada; nessas condições fala-se em exaustão dupla, e o paciente com exaustão dupla morrerá; quando morrer, parecerá estar calmo. Isto porque o médico picou em direção contrária à energia do canal, picando os pontos de acupuntura da axila e do peito de maneira errônea, fazendo com que a energia visceral se tornasse debilitante e esgotada. Se alguém revigorar a energia Yin interna do paciente, cuja energia visceral está debilitada no exterior e que tem deficiência de Yang, a energia Yin ficará ainda mais abundante e a energia Yang ficará ainda mais debilitada, causando frio nas extremidades: a isto se chama de síndrome Jue; o paciente com uma síndrome Jue adversa morrerá, e quando ele morrer, parecerá estar irritado. Isto porque o médico picou as pontas dos quatro membros do paciente, causando o esgotamento da energia Yang.

"Os fundamentos da puntura são: quando a agulha já tiver atingido o foco, mas não for retirada, isso irá lesar a energia; quando a agulha deixar de atingir o foco, a energia perversa ficará retida no interior. Quando a energia for ferida, a doença se agravará e o paciente ficará debilitado; quando a energia perversa ficar retida, o paciente poderá contrair carbúnculo e ulcerações.

五脏有六腑有十二原，十二原出于四关，四关主治五脏。五脏有疾，当取之十二原，十二原者，五脏之所以禀三百六十五节气味〔气味：孙鼎宜曰："味"当作"会"〕也。五脏有疾也，应出十二原，而原各有所出，明知其原，睹其应，而知五脏之害矣。阳中之少阴，肺也，其原出于太渊，太渊二。阳中之太阳，心也，其原出于大陵，大陵二。阴中之少阳，肝也，其原出于太冲，太冲二。阴中之至阴，脾也，其原出于太白，太白二。阴中之太阴，肾也，其原出于太溪，太溪二。膏之原，出于鸠尾，鸠尾一。肓原，出于脖胦，脖胦一。凡此十二原者，主治五脏六腑之有疾者也。

"No lado externo dos cinco órgãos sólidos, estão os seis órgãos ocos; fora dos seis órgãos ocos estão os doze pontos fonte. Os doze pontos fonte provenientes das quatro maiores juntas dos membros e os pontos fonte das quatro juntas maiores, são os principais locais para se tratar as infecções das cinco vísceras. Por isso, quando as cinco vísceras estiverem doentes, os doze ponto fonte devem ser picados. Os doze pontos fonte são os pontos em que se une a energia dos canais dos trezentos e sessenta e cinco pontos de acupuntura; quando as cinco vísceras estão doentes, isso irá se refletir nos doze pontos fonte, e cada um deles pertence a uma determinada víscera. Quando se entende o atributo do ponto fonte e se percebe sua resposta, pode-se compreender a condição de enfermidade da víscera.

"O coração e o pulmão estão situados acima do diafragma na posição do Yang. O pulmão é uma víscera Yin que se situa na posição do Yang, e é o Shaoyin dentro do Yang; seus pontos fonte são os pontos Taiyuan à direita e à esquerda (P 9). O coração é uma víscera yang e está situado na posição Yang: é o Yang dentro do Yang; seus pontos fonte são os pontos Daling à direita e à esquerda (CS 7). O fígado, o baço e os rins estão situados abaixo do diafragma, e estão na posição Yin. O fígado é uma víscera Yang e se situa na posição do Yin: é o Shaoyang dentro do Yin; seus pontos fonte são os pontos Taichong à direita e à esquerda (F 3); o baço é uma víscera Yin e se situa na posição do Yin; seus pontos fonte são os pontos Taibai à direita e à esquerda (BP 3); o rim é uma víscera Yin e está situado na posição do Yin: é o Taiyin dentro do Yin; seus pontos fonte são os pontos Taixi à direita e à esquerda (R 3). O ponto fonte do diafragma é o único ponto Jiuwei (RN 15) que pertence ao canal Ren. O ponto fonte da área abaixo do coração e acima do diafragma é o ponto único Qihai (RN 6) que pertence ao canal Ren. Os doze pontos fonte acima são as localizações mais importantes para as energias das vísceras, canais e colaterais jorrarem e se comunicarem, por isso, tratando através desses pontos, as doenças dos cinco órgãos sólidos e dos seis órgãos ocos podem ser curadas.

胀取三阳，飧泄取三阴。

"Quando o paciente tem distensão abdominal, picam-se os três canais Yang do pé; quando o paciente tem diarréia, picam-se os três canais Yin do pé.

今夫五脏之有疾也，譬犹刺也，犹污也，犹结也，犹闭也。刺虽久，犹可拔也；污虽久，犹可雪也；结虽久，犹可解也；闭虽久，犹可决也。或言久疾之不可取者，非其说也。夫善用针者，取其疾也，犹拔刺也，犹雪污也，犹解结也，犹决闭也。疾虽久，犹可毕也。言不可治者，未得其术也。

"Quando as cinco vísceras contraem a doença, isso é como uma ferroada no músculo, uma mancha num objeto, um nó num colar e uma extensão de lodo num rio. Embora a ferroada tenha permanecido por muitos dias, ainda pode ser removida; embora a mancha tenha permanecido por muito tempo, pode ser lavada; embora o nó tenha ficado amarrado por muito tempo, ainda pode ser desamarrado; embora o rio tenha ficado lodoso por muito tempo, ainda pode ser limpo. Algumas pessoas acham que uma doença prolongada não pode ser curada pela acupuntura, e sua opinião não é correta. Um médico que seja bom acupunturista, pode curar a doença, mesmo que seja uma enfermidade prolongada, da mesma forma que se retira um ferrão, que se limpa uma mancha, desfaz um nó ou limpa o lodo do rio. Aqueles que acham que uma doença prolongada não pode ser curada pela acupuntura, é porque não têm a técnica da acupuntura.

刺诸热者，如以手探汤；刺寒清者，如人不欲行。阴有阳疾者，取之下陵三里，正往无殆，气下乃止，不下复始也。疾高而内者，取之阴之陵泉；疾高而外者，取之阳之陵泉也。

507

"Quando se pica durante a febre, a mão deve ficar como que mergulhada na sopa quente, a agulha deve ser retirada imediatamente após picar; quando se pica numa doença fria, a picada deve ser como uma pessoa que reluta em deixar a casa antes de viajar. Quando há o fenômeno do calor do Yang perverso dentro do Yin, deve ser picando o ponto Zusanli (E 36); quando se pica, deve-se concentrar a mente para punturar o ponto acuradamente; quando a energia perversa for retirada, deve-se parar de picar; se a energia perversa não se retirar, deve-se picar novamente. Quando a doença estiver na parte superior do corpo, pertencente a um órgão sólido, pica-se o ponto Yinlingquan (BP 9); quando a doença está na parte superior do corpo, pertencente a um órgão externo oco, pica-se Yanglingquan (VB 34)".

本输第二

Capítulo 2
Ben Shu
(Os Acupontos)

黄帝问于岐伯曰：凡刺之道，必通十二经络〔十二经络：《太素》卷十一《本输》"经络"作"经脉"。〕之所终始，络脉之所别处〔《太素》卷十一《本输》"处"作"起"〕，五输之所留〔《太素》卷十一《本输》"留"下有"止"字〕，六腑之所与合，四时之所出入、五脏〔《太素》卷十一《本输》"六腑"上有"五脏"二字〕之所溜处，阔数之度，浅深之状，高下所至。愿闻其解。

O Imperador Amarelo se dirigiu a Qibo dizendo: "Ao picar, deve-se conhecer o princípio e o fim dos doze canais, dos ramos extras dos colaterais, o local onde terminam os cinco tipos de pontos de acupuntura Ting, Xing, Shu, Jing e He, as relações correspondentes dos cinco órgãos sólidos e dos seis órgãos ocos, as idas e vindas das energias Yin e Yang nas diversas estações, a circulação das energias nas cinco vísceras, e a largura e profundidade dos canais, colaterais, e colaterais diminutos da cabeça aos pés. Eu espero que o expliques para mim".

岐伯曰：请言其次也。肺出于少商，少商者，手大指端〔《太素》卷十一《本输》"指"下无"端"字〕内侧也，为井木；溜于鱼际，鱼际者，手鱼也，为荥；注于太渊，太渊，鱼后一寸陷者中也，为腧；行于经渠，经渠，寸口中也，动而不居，为经；入于尺泽，尺泽，肘中之动脉也，为合，手太阴经也。

Disse Qibo: Deixai-me dizer na ordem. O canal energético do Canal do Pulmão provém do ponto Shaoshang (P 11); o ponto Shaoshang está no flanco interno do polegar, e é chamado Ting Madeira; a partir daí, a energia do canal brota do ponto Yuji (P 10); o ponto Yuji está por detrás da eminência tenar da mão e é chamado Xing; daí, a energia do canal brota no ponto Taiyuan (P 9), e que está no oco de cerca de uma polegada (2,5 cm) por detrás da eminência tenar, e se chama Shu; daí em diante, a energia do canal passa pelo ponto Jingqu (P 8); o ponto Jingqu está no oco de Cunkou, onde pulsa sem cessar o Canal Taiyin e é chamado Jing; daí, a energia do canal atinge o ponto Chize (P 5); Chize está sobre a artéria do cotovelo, e se chama He [NT]. Estes são os cinco pontos de acupuntura que pertencem ao Canal do Pulmão, Taiyin da Mão.

心出于中冲，中冲，手中指之端也，为井木；溜于劳宫，劳宫，掌中中指本节之内间也，为荥；注于大陵，大陵，掌后两骨之间方下者也，为腧；行于间使，间使之道，两筋之间，三寸之中也，有过则至，无过则止，为经；入于曲泽，曲泽，肘内廉下陷者之中也，屈而得之，为合，手少阴也。

NT - Também se encontra com a grafia Ho.

"O canal energético do Canal do Pericárdio, provém do ponto Zhongchong (PC 9 ou CS 9); o ponto Zhongchong está na ponta do dedo médio, e é chamado Ting Madeira; a partir daí, o canal energético flui ao ponto Laogong (CS 8); o ponto Laogong se acha no lado interno da junta básica do dedo médio, no centro da palma da mão, e é chamado Xing; daí, a energia do canal flui do ponto Daling (CS 7); o ponto Daling está num oco entre os dois ossos por detrás da palma, e é chamado Shu; a partir daí, a energia do canal passa pelo ponto Jianshi (CS 5); o ponto Jianshi está no oco entre os dois tendões, três polegadas (7,6 cm) por detrás da palma; quando a víscera associada está enferma, aparecem reações, e quando não há doença na víscera relacionada, o canal está calmo: este se chama Jing; partindo daí, a energia do canal vai para o ponto Quze (CS 3); o ponto Quze está no oco do cotovelo, e pode ser visto quando o paciente dobra o cotovelo, e se chama He. Esses são os cinco pontos de acupuntura que pertencem ao Canal do Pericárdio, Shaoyin da Mão [NT1].

肝出于大敦，大敦者，足大指之端及三毛之中也，为井木；溜于行间，行间，足大指间也，为荥；注于太冲，太冲，行间上二寸陷者之中也，为腧；行于中封，中封，内踝之前一寸半，陷者之中，使逆则宛，使和则通，摇足而得之，为经；入于曲泉，曲泉，辅骨之下，大筋之上也，屈膝而得之，为合，足厥阴也。

"O canal energético do Canal do Fígado, provém do ponto Dadun (F 1); o ponto Dadun está entre o flanco externo do hálux e o pelo (que cresce na pele do aspecto dorsal das falanges proximais dos dedos do pé), e se chama Ting Madeira; a partir daí, a energia do canal flui do ponto Xingjian (F 2); o ponto Xingjian está no oco da artéria entre o hálux e o segundo artelho, e é chamado Xing; partindo daí, a energia do canal sai do ponto Taichong (F 3); o ponto Taichong está num oco a duas polegadas (5 cm) acima do ponto Xingjian e se chama Shu; daí, a energia do canal passa pelo ponto Zhongfeng (F 4); o ponto Zhongfeng está num oco à uma polegada (2,5 cm) em frente ao maléolo interno; quando se pica em contracorrente, a energia do canal fica bloqueada; quando se pica harmonizando, a energia do canal corre de forma fluente: este ponto pode ser visto quando o paciente está esticando o pé, e se chama Jing; a partir daí, a energia do canal passa ao ponto Ququan (F 8); o ponto Ququan está abaixo da fíbula no joelho, acima do tendão maior e abaixo do tendão menor, e pode ser visto quando o paciente dobra seu joelho, e se chama He. Estes são os cinco pontos de acupuntura pertencentes ao Canal do Fígado, Jueyin do Pé.

脾出于隐白，隐白者，足大指之端内侧也，为井木；溜于大都，大都，本节之后，下陷者之中也，为荥；注于太白，太白，腕骨之下也，为腧；行于商丘，商丘，内踝之下，陷者之中也，为经；入于阴之陵泉，阴之陵泉，辅骨之下，陷者之中也，伸而得之，为合，足太阴也。

"O canal energético do Canal do Baço [NT2] provém do ponto Yinbai (BP 1); o ponto Yinbai está no flanco interno do hálux, e é chamado Ting Madeira; daí, a energia do canal flui para o ponto Dadu (BP 2); o ponto Dadu está no oco por detrás

---

NT1 - Este canal também se chama da Circulação-Sexo (CS) e na França tem a denominação de Mestre do Coração (MC).

NT2 - Também chamado de Baço-Pâncreas, se bem que alguns autores não concordem com essa denominação.

da junta básica do hálux, e se chama Xing; daí, a energia do canal brota no ponto Taibai (BP 3); o ponto Taibai está por debaixo do nódulo ósseo do flanco interno do pé, e é chamado Shu; daí em diante, a energia do canal passa pelo ponto Shangqiu (BP 5); o ponto Shangqiu está num oco abaixo e em frente do maléolo interno e é chamado Jing; daí, a energia do canal entra pelo ponto Yinlingquan (BP 9); o ponto Yinlingquan está no oco abaixo da fíbula no flanco interno do joelho, e pode ser encontrado quando o paciente estica o pé, e se chama He. Estes são os cinco pontos de acupuntura que pertencem ao Canal do Baço, Taiyin do Pé.

肾出于涌泉，涌泉者，足心也，为井木；溜于然谷，然谷，然骨之下者也，为荥；注于太溪，太溪，内踝之后，跟骨之上，陷中者也，为腧；行于复留，复留，上内踝二寸，动而不休，为经；入于阴谷，阴谷，辅骨之后，大筋之下，小筋之上也，按之应手，屈膝而得之，为合，足少阴经也。

"O canal energético do Canal do Rim, provém do ponto Yongquan (R 1); o ponto Yongquan está no centro da sola do pé, e é chamado Ting Madeira; daí, o canal de energia flui ao ponto Rangu (R 2); o ponto Rangu está no oco do osso maior defronte ao maléolo interno, e se chama Xing; daí, o canal de energia flui ao ponto Taixi (R 3); o ponto Taixi está no oco do osso menor do calcanhar, por detrás do maléolo interno, e é chamado Shu; a partir daí, o canal de energia passa pelo ponto Fuliu (R 7); o ponto Fuliu está à duas polegadas (5 cm) acima do maléolo interno, onde a artéria pulsa sem cessar, e é chamado Jing; a partir daí, a energia do canal entra no ponto Yinggu (R 10); o ponto Yinggu está detrás da fíbula do flanco interno do joelho, abaixo do tendão maior e acima do tendão menor, que pode-se sentir pressionando, e pode ser encontrado quando o paciente dobra o joelho, e o ponto está no término da linha horizontal da fossa poplítea entre os dois tendões; o ponto se chama He. Estes são os cinco pontos de acupuntura que pertencem ao Canal do Rim, Shaoyin do Pé.

膀胱出于至阴，至阴者，足小指之端也，为井金；溜于通谷，通谷，本节之前外侧也，为荥；注于束骨，束骨，本节之后，陷者中也，为腧；过于京骨，京骨，足外侧大骨之下，为原；行于昆仑，昆仑，在外踝之后，跟骨之上，为经；入于委中，委中，腘中央，为合，委而取之，足太阳也。

"O canal energético do Canal da Bexiga, principia no ponto Zhiyin (B 67); o ponto Zhiyin está no flanco externo do artelho mínimo, e é chamado Ting Metal; daí, a energia do canal flui ao ponto Tonggu (B 66); o ponto Tonggu está no oco em frente à junta básica do flanco externo do artelho menor, e é chamado Xing; daí em diante, a energia do canal jorra do ponto Shugu (B 65); o ponto Shugu está no oco atrás da junta básica do flanco externo do artelho menor, e se chama Shu; daí a energia do canal vai até o ponto Jinggu (B 64); o ponto Jinggu está no oco no limite dorso-ventral do pé, abaixo da ossatura maior sobre o flanco externo do pé, e se chama Yuan; a partir daí, a energia do canal passa através do ponto Kunlun (B 60); o ponto Kunlun está no oco do osso menor do calcanhar no maléolo externo, e se chama Jing; a partir daí, a energia do canal passa pela linha horizontal da fossa poplítea atrás do joelho, e pode ser encontrada quando o paciente dobra o joelho, e se chama He. Estes são os cinco pontos de acupuntura do Canal da Bexiga, Taiyang do Pé.

胆出于窍阴，窍阴者，足小指次指之端也，为井金；溜于侠溪，侠溪，足小指次指之间也，为荥；注于临泣，临泣，上行一寸半陷者中也，为腧；过于丘墟，丘墟，外踝之前下，陷者中也，为原；行于阳辅，阳辅，外踝之上，辅骨之前，及绝骨之端也，为经；入于阳之陵泉，阳之陵泉，在膝外陷者中也，为合，伸而得之，足少阳也。

"O canal energético do Canal da Vesícula Biliar provém do ponto Qiaoyin (VB 11); o ponto Qiaoyin está no flanco externo do artelho que está próximo ao artelho menor, e é chamado Ting Metal; a partir daí, a energia do canal flui ao ponto Xiaxi (VB 43); o ponto Xiaxi está no oco em frente à junta básica entre o artelho menor e o artelho seguinte, e se chama Xing; daí em diante, a energia do canal provém do ponto Linqi (VB 15); o ponto Linqi está no oco que fica na junção por detrás da junta básica do artelho menor e do artelho seguinte, 1,5 polegadas (3,9 cm) acima do ponto Xiaxi, e se chama Shu; daí, a energia do canal atravessa o ponto Qiuxu (VB 40); o ponto Qiuxu está no oco do maléolo externo, e se chama Yuan; daí, a energia do canal passa pelo ponto Yangfu (VB 38); o ponto Yangfu está na extremidade inferior da fíbula, a quatro polegadas (10,1 cm) do maléolo externo, e se chama Jing; a partir daí, a energia do canal entra no ponto Yanglingquan (VB 34); o ponto Yanglingquan está no oco da fíbula externa, à uma polegada (2,5 cm) abaixo do joelho, e pode ser encontrado quando o paciente estica o pé, e se chama He. Estes são os cinco pontos de acupuntura e os pontos fonte que pertencem ao Canal da Vesícula Biliar, Shaoyang do Pé.

胃出于厉兑，厉兑者，足大指内次指之端也，为井金；溜于内庭，内庭，次指外间也，为荥；注于陷谷，陷谷者，上中指内间上行二寸陷者中也，为腧；过于冲阳，冲阳，足跗上五寸陷者中也，为原，摇足而得之；行于解溪，解溪，上冲阳一寸半陷者中也，为经；入于下陵，下陵，膝下三寸，胻骨外三里也，为合；复下三里三寸为巨虚上廉，复下上廉三寸为巨虚下廉也，大肠属上，小肠属下，足阳明胃脉也，大肠小肠，皆属于胃，是足阳明也。

"O canal energético do Canal do Estômago, provém do ponto Lidui (E 45); o ponto Lidui está na extremidade do segundo artelho, e é chamado Ting Metal; daí em diante, o canal flui ao ponto Neiting (E 44); o ponto Neiting está no oco do flanco externo do segundo artelho e é chamado Xing; daí, a energia do canal jorra do ponto Xiangu (E 43); o ponto Xiangu está no oco a duas polegadas (5,1 cm) acima do ponto Neiting, no lado interno do artelho médio, e se chama Shu; daí, a energia do canal passa através do ponto Chongyang (E 42); o ponto Chongyang está sobre a artéria interóssea, cinco polegadas (12,2 cm) acima do dorso, e pode ser encontrado quando o paciente mexe o pé ondulando, e se chama Yuan; a partir daí, a energia do canal passa pelo ponto Jiexi (E 41); o ponto Jiexi está atrás do oco da junta do dorso, 1,5 polegadas (3,8 cm) acima do ponto Chongyang, e se chama Jing; a partir daí, a energia do canal sai do ponto Xialing; o ponto Xialing é o ponto Zusanli (E 36), que está no flanco esterno da tíbia, a três polegadas (7,6 cm) abaixo do joelho, e se chama He; daí, descendo outras três polegadas (7,6 cm) está o ponto Shangjuxu (E 37); outras três polegadas abaixo, está o ponto Xiajuxu (E 39); o ponto Shangjuxu tem conexão com o intestino grosso e o ponto Xiajuxu tem conexão com o intestino delgado, e ambos estão relacionados ao Canal Yangming, do Estômago. Estes são os cinco pontos de acupuntura e os pontos fonte que pertencem ao Canal Yangming do Pé, o do Estômago.

三焦者，上合手少阳，出于关冲，关冲者，手小指次指之端也，为井金；溜于液门，液门，小指次指之间也，为荥；注于中渚，中渚，本节之后陷者中也，为腧；过于阳池，阳池，在腕上陷者之中也，为原；行于支沟 支沟，上腕三寸，两骨之间陷者中也，为经；入于天井，天井，在肘外大骨之上陷者中也，为合，屈肘乃得之；三焦下腧，在于足大指之前，少阳之后，出于腘中外廉，名曰委阳，是太阳络也，手少阳经也。三焦者，足少阳太阴〔足少阳太阴之所将：《太素》卷十一无"足少阳"三字，"太阴"作"太阳"〕（一本作阳）之所将，太阳之别也，上踝五寸，别入贯腨肠，出于委阳，并太阳之正，入络膀胱，约下焦，实则闭癃，虚则遗溺，遗溺则补之，闭癃则泻之。

"A circulação do canal energético do triplo aquecedor coincide, acima, com o Canal Shaoyin; seu canal provém do ponto Guanchong (TA 1 ou TR 1 na França, é TR porque é a abreviação de Triple Rechauffeur e na Espanha é a abreviação de Triple Recalentador); o ponto Guanchong está na extremidade do dedo anular, ao lado do dedo mínimo, e se chama Ting Metal; daí, o canal energético flui ao ponto Yemen (TA 2); o ponto Yemen está entre o dedo mínimo e o dedo anular, e se chama Xing; daí, a energia do canal flui ao ponto Zhongzhu (TA 3); o ponto Zhongzhu está no oco entre os dois ossos atrás do dedo mínimo e do dedo anular, e se chama Shu; daí, a energia do canal passa ao ponto Yangchi (TA 4); o ponto Yangchi está no oco da linha horizontal do punho, e se chama Yuan; daí, a energia do canal passa pelo ponto Zhigou (TA 6); o ponto Zhigou está no oco entre os dois ossos, três polegadas (7,6 cm) atrás do punho e se chama Jing; daí, a energia do canal passa ao ponto Tianjing (TA 10); o ponto Tianjing está acima do osso maior no lado externo do cotovelo, e pode ser encontrado quando o paciente dobra o cotovelo, e se chama He. O canal energético do Triplo Aquecedor possui um outro ramo que se conecta com o ponto de acupuntura mais baixo no pé, e se liga a partir do flanco externo da fossa poplítea em frente ao Canal Taiyang do Pé, Bexiga e por detrás do Canal Shaoyang do Pé, Vesícula Biliar: é o ponto Weiyang e é também o local onde o Canal Taiyang do Pé, Bexiga e os Colaterais se ramificam. Estas são as condições gerais dos cinco pontos de acupuntura, dos pontos fonte e dois pontos de acupuntura mais embaixo, pertencentes ao Canal Shaoyang da Mão, o Triplo Aquecedor. O canal energético do Triplo Aquecedor se conecta com o canal Taiyang do Pé (Bexiga): é um outro ramo do Canal Taiyang do Pé, e seu canal energético sai da barriga da perna, cinco polegadas (12,7 cm) acima do calcanhar, e surge do ponto Weiyang, e daí, ele mergulha no canal principal de Taiyang do Pé e vai por dentro para se conectar com a Bexiga e o Triplo Aquecedor. Quando o Triplo Aquecedor está estênico, ocorre disúria; quando se tratar a enurese que provém da astenia, deve-se aplicar a terapia de revigorar; quando tratar a disúria que é estênica, deve ser aplicada a terapia de purgar.

手太阳〔手太阳：按"手太阳"三字，与各脏腑之文不类，应据《太素》卷十一删〕小肠者，上合手太阳，出于少泽，少泽，小指之端也，为井金；溜于前谷，前谷，在手外廉本节前陷者中也，为荥；注于后溪，后溪者，在手外侧本节之后也，为腧；过于腕骨，腕骨，在手外侧腕骨之前，为原；行于阳谷，阳谷，在锐骨之下陷者中也，为经；入于小海，小海，在肘内〔在肘内：顾《校记》云："内"乃"外"之误字〕大骨之外，去端半寸陷者中也，伸臂〔伸臂《甲乙》卷三第二十九"伸臂"并作"屈肘"〕而得之，为合，手太阳经也。

513

"A circulação do canal energético do Intestino Delgado coincide, acima, com o Canal Taiyang da Mão. Seu canal de energia provém do ponto Shaoze (ID 1); o ponto Shaoze está no flanco externo da extremidade do dedo mínimo e se chama Ting Metal; daí, o canal de energia flui ao ponto Qiangu (ID 2); o ponto Qiangu está no oco em frente à junta básica do flanco externo do dedo mínimo, e se chama Xing; daí, o canal de energia jorra do ponto Houxi (ID 3); o ponto Houxi está no oco atrás da junta de base do flanco externo do dedo mínimo e se chama Shu; a partir daí, o canal de energia passa pelo ponto Wangu (ID 4); o ponto Wangu está no oco em frente ao osso do punho no flanco externo da mão, e se chama Yuan; daí, o canal de energia passa através do ponto Yanggu (ID 5); o ponto Yanggu está no oco por detrás do punho no flanco externo da mão e se chama Jing; daí em diante, o canal de energia vai ao ponto Xiaohai (ID 8); o ponto Xiaohai está no oco a cinco polegadas (12,7 cm) a partir do terminal externo do osso maior por fora do cotovelo, e pode ser encontrado quando o paciente dobra o cotovelo, e se chama He. Estes são os cinco pontos de acupuntura e os pontos fonte que pertencem ao Canal Taiyang da Mão, do Intestino Delgado.

大肠上合手阳明，出于商阳，商阳，大指次指之端也〔之端：《甲乙》卷三第二十七作
"内侧"〕，为井金；溜于本节之前二间〔溜于本节之前二间：《太素》卷十一作 "溜于二间"，
二间在本节之前〕，为荥，注于本节之后三间〔注于本节之后三间：《太素》卷十一作 "注于
三间"，三间在本节之后〕，为腧；过于合谷，合谷，在大指歧骨〔在大指歧骨之间：《太素》
卷十一 "大指" 下无 "歧骨" 二字，"指下" 并有 "二指" 二字〕之间，为原，行于阳溪，阳
溪，在两筋间陷者中也，为经；入曲池，在肘外辅骨陷者中，屈臂〔屈臂而得之：《太素》卷
十一 "臂" 作 "肘"〕 而得之，为合，手阳明也。

"A circulação do canal energético do Intestino Grosso, coincide, acima, com o Canal Yangming da Mão. Seu canal de energia provém do ponto Shangyang (IG 1); o ponto Shangyang está no flanco interno do dedo indicador ao lado do polegar e se chama Ting Metal; daí em diante, o canal de energia flui ao ponto Erjian (IG 2); o ponto Erjian está no oco em frente à junta básica do flanco interno do dedo indicador, e se chama Xing; daí, o canal de energia jorra no ponto Sanjian (IG 3); o ponto Sanjian está no oco atrás da junta básica do flanco interno do indicador e se chama Shu; daí, o canal de energia passa através do ponto Hegu (IG 4); o ponto Hegu está na junção óssea entre o polegar e o indicador, e se chama Yuan; daí em diante, o canal de energia passa pelo ponto Yangxi (IG 5); o ponto Yangxi está no oco entre os dois tendões da linha horizontal do punho, e se chama Jing; daí, a energia do canal vai para o ponto Quchi (IG 11); o ponto Quchi está no oco no final da linha horizontal que aparece quando se dobra o cotovelo na fíbula fora do mesmo e pode ser encontrado tocando o mamilo do paciente, e se chama He. Estes são os cinco pontos de acupuntura e os pontos fonte pertencentes ao Canal Yangming da Mão, do Intestino Grosso.

是谓五脏六腑之腧，五五二十五腧，六六三十六腧也。六腑皆出足之三阳，上合于手者
也。

"Os pontos de acupuntura acima relacionados são: os pontos de acupuntura Ying, Xing, Shu, Jing e He de cada um dos cinco órgãos sólidos, que são ao todos vinte e cinco pontos; os seis pontos Ting, Xing Shu, Yuan, Jing e He, de cada um dos seis órgãos ocos que juntos perfazem trinta e seis pontos; o canal energético dos seis órgãos ocos provém dos Canais Taiyang do Pé, Yangming do Pé e Shaoyang do Pé, e ao mesmo tempo, coincidem com os três Canais da Mão.

缺盆之中，任脉也，名曰天突，一。次任脉侧之动脉，足阳明也，名曰人迎，二。次脉手阳明也，名曰扶突，三。次脉手太阳也，名曰天窗，四。次脉足少阳也，名曰天容，五。次脉手少阳也，名曰天牖，六。次脉足太阳也，名曰天柱，七。次脉颈中央之脉，督脉也，名曰风府。腋内〔内："内"当作"下"，应据本经《寒热篇》改〕动脉，手太阴也，名曰天府。腋下三寸，手心主也，名曰天池。

"Bem no meio entre os pontos Quepen direito e esquerdo, está o ponto Tiantu (RN 22) que pertence ao Canal Ren; a seu lado, onde a artéria está respondendo aos dedos, próximo ao Canal Ren, está o ponto Renyin (E 9) que pertence ao Canal Yangming do Pé, o Estômago. Imediatamente a seguir, está o ponto Futu (E 32) que pertence ao Canal Yangming da Mão. Logo a seguir, vem o ponto Tianchuang (ID 16) que pertence ao Canal Taiyang da Mão. Em seguida a ele vem o ponto Tianrong (ID 17) que pertence ao Canal Shaoyang do Pé. Logo a seguir vem o ponto Tianyou (TA 16 ou SJ 16 - San Jiao 16, onde San Jiao significa Triplo Aquecedor em chinês) que pertence ao Canal Shaoyang da Mão. Logo depois, vem o ponto Tianzhu (B 10) que pertence ao Canal Taiyang do Pé. Logo depois, vem no meio do pescoço, o ponto Fengfu (DU 16) que pertence ao Canal Du. Na artéria sob a axila está o ponto Tianfu (P 3). Três polegadas (7,6 cm) por debaixo da axila está o ponto Tianchi (CS 1) que é controlado pelo Canal Shaoyin da Mão, o Coração.

刺上关者，呿不能欠；刺下关者，欠不能呿。刺犊鼻者，屈不能伸；刺两关者，伸不能屈。

"Quando se pica o ponto Shangguan, a boca do paciente deve ser aberta e não deve ser fechada; quando se pica o ponto Xiaguan, a boca do paciente deve ser fechada e não deve ser aberta. Quando se pica o ponto Dubi, o pé do paciente deve estar flexionado e não deve ser esticado; quando se pica o ponto Neiguan, o paciente deve abrir a palma da mão e não pode segurar nada.

足阳明挟喉之动脉也〔足阳明挟喉之动脉也，其腧在膺中：《太素卷》十一无此十四字〕，其腧在膺中。手阳明次在其腧外，不至曲颊一寸。手太阳当曲颊。足少阳在耳下曲颊之后。手少阳出耳后，上加完骨之上。足太阳挟项大筋之中发际。阴尺动脉在五里，五腧之禁也。

"O ponto Renying do Canal Yangming está ao lado do pomo de Adão, onde a artéria responde aos dedos. Seu canal energético desce à parte da frente do peito e ao ponto Qihu (E 13). O ponto Futu do Yangming da Mão está a uma polegada (2,5 cm) antes de se atingir a curva da bochecha; o ponto Tianchuang do Canal Taiyang da Mão está bem abaixo da curva da bochecha a uma polegada atrás do ponto Futu. O ponto Tianchuang do Canal Shaoyang do Pé está atrás da curva da bochecha, embaixo da orelha. O ponto Tianyou do Canal Shaoyang do Pé está atrás da orelha e bem acima está o ponto Wangu (B 12). O ponto Tianzhu do Canal Taiyang está no oco por fora do tendão maior da parte traseira da linha do cabelo, no pescoço. O ponto Wuli está três polegadas acima do cotovelo, onde se localiza o pulso chi do Yin, que não deve ser picado; se por um engano for picado, vai fazer com que a energia visceral que os pontos de acupuntura transportam para dentro, se esgote, por isso é um ponto contra-indicado.

515

肺合大肠，大肠者，传道之腑。心合小肠，小肠者，受盛之腑。肝合胆，胆者，中精之腑。脾合胃，胃者，五谷之腑。肾合膀胱，膀胱者，津液之腑也。少阳〔少阳：《太素》卷十一，《甲乙》卷一第三，"阳"并作"阴"〕属肾，肾〔肾：《灵枢略·六气论》"肾"下有"气"字〕上连肺，故将两藏。三焦者，中〔口：孙鼎宜曰："'中'当作'四'"，形误〕渎之腑也，水道出焉，属膀胱，是孤之腑也。是六腑之所与合者。

"O pulmão se comunica com o intestino grosso; o intestino grosso é um órgão oco que transporta os detritos. O coração se comunica com o intestino delgado; o intestino delgado é um órgão oco para receber a água e os cereais digeridos. O fígado se comunica com a vesícula biliar, e a vesícula biliar é um órgão oco límpido que rejeita tudo o que é turvo. O baço se comunica com o estômago; o estômago é um órgão oco para receber a água e os cereais. O rim se comunica com a bexiga; a bexiga é um órgão oco onde se reúnem a água e os fluidos. O Canal Shaoyin pertence ao rim, seu canal de energia se comunica acima com o pulmão, por isso a energia do canal do rim passa pelas vísceras da bexiga e do pulmão. O órgão oco do triplo aquecedor é como uma calha d'água que leva a todos os lados, drenando a água e se comunicando abaixo com a bexiga, já que não tem uma víscera que coordene; é chamado o órgão oco solitário. Essas são as relações de coordenação entre os seis órgãos ocos e os cinco órgãos sólidos.

春取络脉诸荥大经分肉之间，甚者深取之，间者浅取之。夏取诸腧孙络肌肉皮肤之上。秋取诸合，余如春法。冬取诸井诸腧之分，欲深而留之。此四时之序，气之所处，病之所舍，藏之所宜。转筋者，立而取之，可令遂已。痿厥者，张而刺之，可令立快也。

"Na primavera, deve-se picar os colaterais na superfície e os espaços entre os vários pontos Xing, tendões maiores e músculos, picando profundamente quando a doença for severa, e superficialmente quando a doença for leve. No verão, deve-se picar os pontos Shu dos doze canais e a parte rasa dos músculos e da pele. No outono, deve-se picar os pontos He dos doze canais, e o resto do comportamento ao picar deve se assemelhar à primavera. No inverno, deve-se picar os pontos Jing dos doze canais e os pontos Shu dos órgãos sólidos e ocos; a picada deve ser profunda e a agulha deve ficar retida. Estes são os locais mais apropriados para adaptar a seqüência da mudança de tempo nas quatro estações, das localizações onde a energia dos canais se concentra e a localização das doenças nas diversas estações. Ao tratar o paciente com constrição dos músculos, este deve ficar em pé e bem ereto ao picar, e a doença pode se recuperar rapidamente. Ao paciente com flacidez muscular e frio nas extremidades, o paciente deve estar deitado, e se sentirá mais à vontade após a picada".

小针解第三

Capítulo 3
Xiao Zheng Jie
(Explanação sobre a Agulha Pequena)

所谓易陈者，易言也。难入者，难著于人也。粗守形者，守刺法也。上守神者，守人之血气有余不足，可补泻也。神客者，正邪共会也。神者，正气也。客者，邪气也。在门者，邪循正气之所出入也。未睹其疾者，先知邪正何经之疾也。恶知其原者，先知何经之病，所取之处也。

O que se chama de "fácil de relatar" significa que é fácil de se falar sobre a doença. O que se chama "difícil de penetrar" significa que um homem comum dificilmente vai poder entender com clareza as sutilezas da doença. Ao que se chama "o médico de nível inferior se prende às aparências exteriores" quer dizer que um médico de baixo nível só pode tratar com a rotina de picadas. Ao que se chama "o médico de nível avançado trata de acordo com a essência da doença" significa que um médico superior pode se aperceber das condições estênicas e astênicas do paciente a fim de determinar o tratamento de revigorar ou purgar. O que se chama "espírito e hospedeiro" significa a coexistência da energia saudável e da energia perversa no canal. O que se chama "espírito" significa a energia saudável, e "hospedeiro" significa a energia perversa. O que se chama "junto à porta" significa que a energia perversa entra e sai juntamente com a energia saudável através das estrias. O que se chama "perder o pé da doença" significa que o médico não tem a menor idéia do que a doença seja. O que se chama "como pode a fonte da doença ser conhecida?" significa como se pode saber a qual canal a doença pertence e com qual ponto a doença deve ser tratada.

刺之微在数迟者，徐疾之意也。粗守关者，守四肢而不知血气正邪之往来也。上守机者，知守气也。机之动，不离其空中者，知气之虚实，用针之徐疾也。空中之机，清净以微者，针以得气，密意守气勿失也。其来不可逢者，气盛不可补也。其往不可追者，气虚不可泻也。不可挂以发者，言气易失也。扣之不发者，言不知补泻之意也，血气已尽而气〔而气不下"气"似应作"病"〕不下也。

O que se chama "a chave da picada está na velocidade" significa que é importante dominar a muita ou pouca velocidade de inserir e manipular a agulha. O que se chama "o médico de baixo nível pica nas juntas" dignifica que o médico de baixo nível só se atém a picar os acupontos nas extremidades, sem saber da condição abundante ou deficiente de energia, das idas e vindas do sangue e da energia saudável. O que se chama "um médico superior age de acordo com o mecanismo da doença" significa que um médico de nível avançado conhece a regra geral de mudanças das atividades funcionais da energia vital a fim de que possa revigorar ou purgar adequadamente ao picar. Ao que se chama "ao tratar as diversas condições da energia vital, não é possível se afastar da revigoração e do purgar" significa que primeiro se deve conhecer a abundância ou deficiência de energia no acuponto e, então, aplicar a terapia de revigorar ou de purgar. Ao que se chama "assegurar-se de examinar a energia de maneira cuidadosa e calma" significa examinar as idas e vindas da energia, cuidadosamente depois da sensação de acupuntura a fim de não perder a ocasião de revigorar e de purgar. Ao que se chama "não se opor diametralmente à energia que está chegando" significa que não se deve revigorar quando a energia perversa for superabundante. Ao que se chama "não perseguir a energia se está indo embora" significa não purgar quando a energia saudável estiver debilitada. Ao que se chama "não se deve fazer da sensação de acupuntura uma luz" significa que a sensação de acupuntura ("de qi") após picar pode fenecer facilmente. Ao que se chama "errar na pontaria como se a flecha estivesse presa no arco" significa que quando não se conhece o significado do revigorar e do purgar e se pica de maneira errada, isso irá fazer com que a energia e o sangue se esgotem e a doença não seja curada.

知其往来者，知气之逆顺盛虚也。要与之期者，知气之可取之时也。粗之暗者，冥冥不知气之微密也。妙哉！工独有之者，尽知针意。往者为逆者，言气之虚而小，小者逆也。来者为顺者，言形气之平，平者顺也。明知逆顺，正行无问者，言知所取之处也。迎而夺之者，泻也。追而济之者，补也。

Ao que se chama "conhecer as idas e vindas da energia" significa conhecer as condições adversas e concordantes, deficientes e abundantes da energia que está circulando. Ao que se chama "o momento de picar é importante" significa que quando se sabe da importância de aguardar a energia, ser-se-á capaz de conhecer o momento exato de picar. Ao que se chama "a ignorância do médico de baixo nível" significa que o médico de baixo nível é ignorante, e que não conhece a função sutil da circulação da energia. Ao que se chama "só um médico superior pode tratar de forma maravilhosa" significa que um médico superior compreende em minúcias a forma de picar e a importância de aguardar a energia. Ao que se chama "quando a energia se foi, isso é mau" significa que a energia vai ficar debilitada e tênue quando a energia perversa estiver definhando, e tênue significa adverso. Ao que se chama "quando a energia chega é agradável" significa que quando a energia saudável chega gradativamente, ela é harmoniosa e calma, e harmoniosa e calma significa agradável. Ao que se chama "quando se conhecer claramente as condições do agradável e do adverso, pode-se picar sem perguntar aos outros" significa que quando se compreende a relação concordante e adversa da circulação da energia, pode-se selecionar o acuponto adequado sem hesitação. Ao que se chama "dar saltos ao contrário" significa picar contra a direção da circulação do canal e é a terapia de purgar. Ao que se chama "dar assistência conjunta" significa picar na direção semelhante à da circulação do canal, e é a terapia de revigorar.

所谓虚则实之者，气口虚而当补之也。满则泄之者，气口盛而当泻之也。宛陈则除之者，去血脉也。邪胜则虚之者，言诸经有盛者，皆泻其邪也。徐而疾则实者，言徐内而疾出也。疾而徐则虚者，言疾内而徐出也。言实与虚，若有若无者，言实者有气，虚者无气也。察后与先，若亡若存者，言气之虚实，补泻之先后也，察其气之已下与常存也。为虚与实，若得若失者，言补者佖然若有得也，泻则怳然若有失也。

O que se chama "reforçar quando se está deficiente" significa aplicar a terapia de revigoração, picando quando a energia de Cunkou (a posição normal de palpação no pulso) estiver deficiente. Ao que se chama "purgar quando cheio" significa aplicar a terapia de purgação quando a energia de Cunkou estiver superabundante. Ao que se chama "eliminar a estagnação prolongada" significa que se deve remover o sangue estagnado nos colaterais. Ao que se chama "quando a energia perversa for excessiva, esvaziá-la", significa que a energia perversa está abundante no canal e que se deve aplicar a terapia de purgação para deixar sair a energia perversa junto com a agulha. Ao que se chama "revigorar com uma picada lenta e rápida" significa que quando se aplicar a terapia de revigoração, deve-se inserir a agulha lentamente, e retirá-la de maneira rápida. Ao que se chama "purgar com uma picada rápida e lenta" significa que quando se aplica a terapia de purgação, deve-se inserir a agulha rapidamente e retirar lentamente. Ao que se chama "a estenia e a estenia são como o ser e o não ser" significa que o revigorar pode causar a retaliação da energia saudável, e a purgação pode causar o desaparecimento da energia perversa. Ao que se chama "tomar nota da ordem de se picar e observar a existência e a não existência da energia perversa" significa diagnosticar para conhecer a estenia e a astenia da energia para determinar a ordem da revigoração e da purgação, e examinar se a energia perversa se retirou ou se ainda está retida. Ao que se chama "a estenia e a astenia podem causar ganho e perda" significa que o paciente sente plenitude como se estivesse adquirindo algo quando é revigorado, e sente que está perdendo algo quando é purgado.

夫气之在脉也，邪气在上者，言邪气之中人也高，故邪气在上也。浊气在中者，言水谷皆入于胃，其精气上注于肺，浊溜于肠胃，言寒温不适，饮食不节，而病生于肠胃，故命曰浊气在中也。清气在下者，言清湿地气之中人也，必从足始，故曰清气在下也。针陷脉则邪气出者，取之上。针中脉则浊气出者，取之阳明合也。针太深则邪气反沉者，言浅浮之病，不欲深刺也，深则邪气从之入，故曰反沉也。皮肉筋脉各有所处者，言经络各有所主也。取五脉者死，言病在中，气不足，但用针尽大泻其诸阴之脉也。取三阳之脉者，唯言尽泻三阳之气，令病人恇然不复也。夺阴者死，言取尺之五里五往者也。夺阳者狂，正言也。

Ao que se chama "quando a energia está no canal, a energia perversa está em cima" significa que após a energia perversa invadir o canal, o vento-calor muito provavelmente irá lesar a cabeça, por isso a energia perversa está em cima. Ao que se chama "a energia turva está no meio" significa que após a água e os cereais entrarem no estômago, sua energia refinada salta para dentro do pulmão, que está acima, e que a parte espessa e turva permanece no estômago e no abdômen, e se forem encontrados o frio e o calor, e o paciente não puder praticar a temperança no comer e no beber, irá ocorrer enfermidade no estômago e no intestino, por isso, a energia turva está no meio. Ao que se chama "a energia reluzente está embaixo" significa que quando a energia do frio, do frescor e da umidade causam a doença, ela se inicia nos pés, por isso se diz que a energia reluzente está embaixo. Ao que se chama "quando picar os canais da cabeça a energia perversa irá sair" significa que quando a energia perversa do vento-calor lesar a parte superior do homem, deve-se picar os acupontos da cabeça, e a energia perversa sairá. Ao que se chama "quando a agulha atingir o canal a energia turva irá para fora" significa picar Zusanli que é o ponto He do canal do estômago para tratar a doença causada pela energia turva do estômago e do intestino. Ao que se chama "quando a picada for muito profunda, a energia perversa irá, pelo contrário afundar" significa que para a doença cuja energia perversa está numa posição rasa, não se deve picar profundamente, caso contrário, isso fará com que a energia perversa vá ao interior e, então, ao contrário, irá se aprofundar. Ao que se chama "a pele, os músculos, os tendões e os canais estão em posições regulares" significa que a pele, os músculos, os tendões estão respectivamente em posições regulares, e que há posições definidas nos canais e colaterais para tratar as inúmeras doenças. Ao que se chama "o paciente irá morrer quando os cinco canais forem picados" significa que quando a doença estiver nas cinco vísceras e a energia primordial do paciente estiver deficiente, se for aplicada uma purgação excessiva nos acupontos das cinco vísceras o paciente irá morrer. Ao que se chama "picar os três canais" significa que quando não se fizer nenhum esforço para purgar a energia dos acupontos dos seis órgãos ocos, isso fará com que o paciente se acovarde e dificilmente possa se recuperar. Ao que se chama "quando o Yin for diminuído, o paciente irá morrer" significa que quando se picar para purgar, o ponto Wuli que está detrás do ponto Chize, durante cinco vezes, a energia Yin das cinco vísceras estará esgotada, e o paciente irá morrer. Ao que se chama "quando o Yang for diminuído, o paciente irá morrer" significa que quando as energias dos três canais Yang dos seis órgãos ocos forem purgados em demasia, isso causará no paciente uma alteração mental, ocorrendo manias.

睹其色，察其目、知其散复，一其形、听其动静者，言上工知相五色于目，有知调尺寸小大缓急滑涩，以言所病也。知其邪正者，知论虚邪与正邪之风也。右主推之、左持而御之者，言持针而出入也。气至而去之者，言补泻气调而去之也。调气在于终始一者，持心也。节之交三百六十五会者，络脉之渗灌诸节者也。

Ao que se chama "observar a compleição e examinar os olhos do paciente para saber da dispersão e da reunião da doença e se aperceber das mudanças nos canais pela palpação" significa que um médico superior não somente sabe como inspecionar a compleição e a mudança do brilho no olhos do paciente, mas também pode observar a condição de pulso grande ou diminuta, lenta ou rápida, escorregadia ou variável sobre a posição da pele anterolateral do antebraço e de Cunkou, a fim de entender a patogenia. Ao que se chama "conhecer o perverso debilitante e o vento perverso" significa saber se o paciente contraiu o perverso debilitante ou o vento perverso. Ao que se chama "inserir com a mão direita e guardar com a mão esquerda" indica as ações diferentes ao inserir e retirar a agulha. Ao que se chama "parar quando a energia tiver chegado" significa que quando a atividade funcional da energia vital tiver ficado harmoniosa após revigorar ou purgar, deve-se parar de picar. Ao que se chama "quando adequar a energia, concentrar-se no começo e no fim" significa que quando o médico estiver adequando a energia com a agulha, deve manter sua mente concentrada e não deixar seu espírito vagar. Ao que se chama "os trezentos e sessenta e cinco pontos nas juntas" significa que os trezentos e sessenta e cinco acupontos são os locais em que a energia e o sangue dos canais e colaterais se permeiam nas diversas juntas.

所谓五脏之气已绝于内者，脉口气内绝不至，反取其外之病处与阳经之合，有留针以致阳气，阳气至则内重竭，重竭则死矣，其死也无气以动，故静。所谓五脏之气已绝于外者，脉口气外绝不至．反取其四末之输，有留针以致其阴气，阴气至则阳气反入，入则逆，逆则死矣，其死也阴气有余，故躁。所以察其目者，五脏使五色循明，循明则声章，声章者，则言声与平生异也。

Ao que se chama "a energia das cinco vísceras" está esgotada no interior, significa que quando a condição do pulso estiver fraca, flutuante e astênica, como se o pulso não existisse ao apalpar, se a síndrome Yin astênica for tratada, picando-se por outro lado as superfícies focais e os pontos He do canal Yang, e também se retiver a agulha para induzir a energia Yang, a energia Yin ficará ainda mais exausta no interior quando a energia yang chegar; como a energia Yin fica cada vez mais esgotada, o paciente certamente irá morrer.

Ao que se chama "a energia das cinco vísceras está esgotada no exterior" significa que quando a condição de pulso se aprofundar e ficar tênue, como se o pulso não existisse ao apalpar de leve, se tratar, ao contrário, picando os acupontos das extremidades, e também se retiver a agulha para induzir a energia Yin, a energia Yang ficará atolada, e irá ocorrer o mal de Jueni causando a morte do paciente. Isto se deve ao excesso demasiado da energia Ying.

O motivo de se examinar os olhos é porque a energia refinada das cinco vísceras pode causar as cinco cores da compleição, fazendo com que os olhos fiquem claros e brilhantes, fazendo também com que a pessoa fique com uma voz alta e proeminente. Uma voz alta e proeminente, significa uma voz fora do comum.

邪气脏腑病形第四

Capítulo 4
Xie Qi Zang Fu Bing Xing
(Os Males Viscerais Causados pela Energia Perversa)

黄帝问于岐伯曰：邪气之中人也奈何？岐伯答曰：邪气之中人高〔高也：《医学纲目》卷一《五脏类》"高"下有"下"字〕也。黄帝曰：高下有度乎？岐伯曰：身半已上者，邪中之也；身半已下者，湿中之也。故曰：邪之中人也，无有常，中于阴则溜于腑，中于阳则溜于经。

O Imperador Amarelo perguntou e Qibo respondeu: "Qual é a condição quando o perverso exógeno invade o homem?" Qibo respondeu: "Depende da invasão estar na parte superior ou na parte inferior". O Imperador Amarelo perguntou: "Existe alguma diferença da invasão ser na parte superior ou na parte inferior?" Disse Qibo: "Quando a parte superior do corpo contrai a doença, ela é causada pelo vento frio e pelo perverso exógeno; quando a parte inferior do corpo contrai a doença, esta é causada pelo umidade perversa, por isso quando o exógeno perverso invade o corpo, não é necessário que seja num lugar fixo. Quando o exógeno perverso invade o canal Yin, pode ser transmitido aos seis órgãos ocos; quando o exógeno perverso invade o canal Yang, pode causar doenças ao longo do trajeto do dito canal Yang".

黄帝曰：阴之与阳也，异名同类，上下相会，经络之相贯，如环无端。邪之中人，或中于阴，或中于阳，上下左右，无有恒常，其故何也？

Disse o Imperador Amarelo: "Embora o canal Yang e o canal Yin sejam diferentes no nome, eles pertencem ao sistema dos canais e colaterais; eles se conectam um com o outro na parte superior e na parte inferior, e os canais e colaterais se ligam para formam um todo como um anel sem fim. Mas quando o perverso lesa o homem, às vezes está no canal Yin e às vezes no canal Yang; às vezes a doença está na parte superior, às vezes na parte inferior, às vezes do lado esquerdo, e às vezes do lado direito; qual a razão?"

岐伯曰：诸阳之会，皆在于面。中人也〔中人也：孙鼎宜曰："'中人'上当脱'邪之'二字〕，方乘虚时，及新用力，若饮食汗出〔若饮食汗出：《太素》卷二十七《邪中》"若"后并有"热"字〕腠理开，而中于邪。中于面则下阳明，中于项则下太阳，中于颊则下少阳，其中于膺背两胁亦中〔亦中其经：史崧《音释》云："一本作下其经"〕其经。

Qibo respondeu: "Os três canais Yang da mão e do pé convergem no rosto e na cabeça. A energia perversa com freqüência leva vantagem para invadir quando o corpo está debilitado, fatigado, logo depois de um trabalho árduo e transpirando após uma comida quente e quando se bebe quando os poros da pele estão abertos. Quando o rosto é atingido pela energia perversa, haverá uma transferência para baixo, ao canal do estômago, Yangming do Pé. Quando a nuca é atingida pela energia perversa, haverá uma transferência para baixo, ao canal da bexiga Taiyang do Pé. Quando a bochecha é atingida pela energia perversa, haverá uma transferência para baixo, ao canal da vesícula biliar, Shaoyang do Pé. Se o peito, costas e hipocôndrios forem atingidos pelas energias perversas, haverá uma transferência para baixo, ao subordinado dos canais Yangming, Taiyin e Shaoyang, respectivamente".

黄帝曰：其中于阴奈何？岐伯答曰：中于阴者，常从臂胻始。夫臂与胻，其阴，皮薄，其肉淖泽，故俱受于风，独伤其阴。

O Imperador Amarelo perguntou: "Qual a condição quando o canal Yin é invadido pela energia perversa?" Qibo respondeu: "Quando a energia perversa atinge o canal Yin, a doença com freqüência começa no braço e na perna. Como o úmero no braço e a tíbia na perna estão do lado de dentro, onde a pele é mais fina e os músculos mais tenros, então quando o corpo contrai a energia perversa, é o canal Yin que está pronto para ser atingido".

黄帝曰：此故伤其脏乎？岐伯答曰：身之中于风也，不必动脏。故邪入于阴经，则其脏气实，邪气入而不能客，故还之于腑。故中阳则溜于经，中阴则溜于腑。

O Imperador Amarelo perguntou: "Pode a energia perversa ferir as cinco vísceras?" Qibo respondeu: "Quando se contrai a energia perversa, não é necessário que as cinco vísceras sejam feridas; se o canal Yin for invadido pelo perverso exógeno, e a energia visceral do paciente for substancial o tempo todo, a energia perversa não pode de forma alguma ficar retida nas vísceras e não pode senão retornar aos seis órgãos ocos. Por isso, quando o canal Yang é invadido pela energia perversa, fica retida no dito canal e causa a doença; quando o canal Yin é invadido pela energia perversa, ficará retida nos seis órgãos ocos e causa a doença".

黄帝曰：邪之中人脏，奈何？岐伯曰：愁忧恐惧〔愁忧恐惧：《难经·四十九难》作"忧愁思虑"〕则伤心。形寒寒饮则伤肺，以其两寒相感，中外皆伤，故气逆而上行。有所堕坠，恶血留内；若有所大怒，气上而不下，积于胁下，则伤肝。有所击仆，若醉入房，汗出当风，则伤脾。有所用力举重，若入房过度，汗出浴水，则伤肾。黄帝曰：五脏之中风奈何？岐伯曰：阴阳俱感，邪乃得往。黄帝曰：善哉。

O Imperador Amarelo perguntou: "Algumas energias perversas podem lesar as cinco vísceras; qual a razão?" Disse Qibo: "A melancolia e a ansiedade podem lesar o coração. Quando o corpo apanha um frio e se bebe água fria, o pulmão será lesado, já que os dois tipos de frio perverso podem ferir tanto o interior quanto o exterior, ocorrendo o mal da reversão ascendente da energia do pulmão. Se alguém cair de um lugar alto, fazendo com que o sangue estagnado fique retido dentro do corpo, o paciente ficará enfurecido, fazendo com que a energia vital suba sem descer mais; a energia ficará estagnada nos hipocôndrios e irá ferir o fígado. Quando se cai ou se é ferido, e não se pratica a temperança no comer e no beber, ou quando se comete excessos no trabalho, o fígado será ferido. Quando se levanta um peso com dificuldade, quando há excesso na atividade sexual ou se toma um banho ou mergulha na água após suar, os rins serão lesados". O Imperador Amarelo perguntou: "Por que é que os cinco órgãos sólidos podem ser feridos pelo vento perverso?" Qibo respondeu: "Tanto os órgãos sólidos quanto os órgãos ocos podem ser invadidos, mas só o perverso externo e o perverso interno podem causar a retenção da doença". Disse o Imperador Amarelo: "Muito bem".

黄帝问于岐伯曰：首面与身形也，属骨连筋，同血合于气耳。天寒则裂地凌冰，其卒寒或手足懈惰，然而其面不衣何也？岐伯答曰：十二经脉，三百六十五络，其血气皆上于面而走空窍，其精阳气上走于目而为睛，其别气走于耳而为听，其宗气上出于鼻而为臭，其浊气出于胃，走唇舌而为味。其气之津液皆上熏于面，而皮〔而皮：《太素》卷二十七《邪中》"而"作"面"〕又厚，其肉坚，故天气〔故天气"胡本、熊本、周本、藏本，"气"并作"热"〕甚，寒不能胜之也。

O Imperador Amarelo perguntou e Qibo respondeu: "A cabeça, o rosto e o corpo todo estão em conexão com os ossos, os tendões, o sangue e a energia. Na estação fria quando a terra está congelada a ponto de se partir e o gelo se acumula, se o tempo se tornar ainda mais frio de repente, as mãos e os pés do homem vão tremer de frio e relutam em se mover, mas não é necessário que se cubra o rosto com panos para se afastar do frio: qual a razão?" Qibo respondeu: "A circulação de energia e de sangue nos doze canais e nos trezentos e sessenta e cinco colaterais atingem primeiro a cabeça e o rosto e, então, entram nos diversos ocos. A energia refinada vai para os olhos para capacitar a visão. A energia do canal se move para longe atingindo os ouvidos abaixo, capacitando a audição. O ar sendo enviado ao nariz permite que haja o olfato. A substância essencial dos cereais produzida pelo estômago ascende para entrar em contato com os lábios e a língua capacitando o paladar. Todos os fluídos das energias podem ascender para fumigar o rosto que é espesso com músculos firmes. Já que o Yang no rosto é muito quente, não pode ser vencido pelo tempo frio".

黄帝曰：邪之中人，其病形何如？岐伯曰：虚邪之中身也，洒淅动形。正邪之中人也微，先见于色，不知于身，若有若无，若亡若存，有形无形，莫知其情。黄帝曰：善哉。

O Imperador Amarelo perguntou: "Qual a patologia quando a energia perversa atinge o homem?" Disse Qibo: "Quando o astênico perverso lesa o homem, o paciente terá tremores e calafrios. Quando o vento das quatro estações fere o homem a enfermidade é leve; o paciente parece ter uma ligeira mudança na compleição, mas seu corpo é normal; há horas em que parece que a doença foi embora, há outras em que parece que a doença está na interior; parece que o paciente está doente e parece que não, e a condição da doença dificilmente é conhecida". Disse o Imperador Amarelo: "Muito bem".

黄帝问于岐伯曰：余闻之，见其色，知其病，命曰明；按其脉，知其病，命曰神；问其病，知其处，命曰工。余愿闻见而知之，按而得之，问而极之，为之奈何？岐伯答曰：夫色脉与尺之〔夫色脉与尺之：《甲乙》卷四第二上"之"下有"皮肤"二字〕相应也，如桴鼓影响之相应也，为之奈何？岐伯答曰：夫色脉与尺之相应也，如桴鼓影响之相应也，不得相失也，此亦本末根叶之出候也，故根死则叶枯矣。色脉形肉不得相失也，故知一则为工，知二则为神，知三则神且明矣。

O Imperador Amarelo perguntou a Qibo: "Disseram-me que se chama explícito o médico que conhece a patologia do paciente examinando sua compleição; quando ele pode conhecer a patologia pela palpação, a isso se chama maravilha; quando se conhece a patologia do paciente através da anamnese, inquirindo e ouvindo o paciente, a isso se chama capacidade. Eu desejo saber porque que a condição da doença pode ser conhecida examinando-se a compleição, a patologia pode ser conhecida pela apalpação, e a localização da doença pode ser conhecida por meio de perguntas?" Qibo respondeu: "Existem relações correspondentes entre a compleição do paciente, a condição de pulso e a pele anterolateral do antebraço e a doença, que se assemelham ao som correspondente quando se bate num tambor com uma baqueta, o qual de forma alguma pode deixar de emitir o som. Elas são correlatas como a raiz e o caule de uma árvore com seus ramos e folhas, mas o diagnóstico não deve ser idêntico ao método comum; quando a raiz morre, as folhas fenecem. Por isso, não se deve excluir nenhum dos três aspectos de exame da compleição, da apalpação do pulso e da pele do aspecto anterolateral do antebraço, para que se possa diagnosticar. Quando o médico conhece um aspecto, ele é capacitado, quando conhece dois aspectos é maravilhoso e quando conhece três aspectos ele é engenhoso".

黄帝曰：愿卒闻之。岐伯答曰：色青者，其脉弦也；赤者，其脉钩也；黄者，其脉代也；白者，其脉毛；黑者，其脉石。见其色而不得其脉，反得其相胜之脉，则死矣；得其相生之脉，则病已矣。

Disse o Imperador Amarelo: "Espero ouvir sua explicação sobre a compleição e o pulso". Disse Qibo: "Quando a compleição é esverdeada, a condição do pulso é muito tensa; quando a compleição é vermelha, a condição do pulso é em anzol; quando a compleição é amarela, a condição do pulso é intermitente; quando a compleição é branca, a condição do pulso é flutuante e escorregadia; quando a compleição é negra, a condição do pulso é dura. Estas são as regras padrão das correspondências das compleições e dos pulsos. Quando a compleição não está de conformidade com a condição do pulso, e quando, pelo contrário, se vê uma condição dominante de pulso, o paciente irá morrer; mas quando se vê um pulso decorrente, a doença do paciente será curada".

黄帝问于岐伯曰：五脏之所生，变化之病形何如？岐伯答曰：先定其五色五脉之应，其病乃可别也。黄帝曰：色脉已定，别之奈何？岐伯曰：调其脉之缓、急、小、大、滑、涩，而病变定矣。

O Imperador Amarelo perguntou a Qibo: "Quais as mudanças e as aparências da doença causada pelas cinco vísceras?" Qibo respondeu: "Primeiro deve-se verificar a relação correspondente entre as cinco cores da compleição e as cinco condições de pulso, e só então a doença pode ser distinguida". O Imperador Amarelo perguntou: "Como se pode distinguir a condição da doença depois de serem determinados a compleição e a condição de pulso?" Qibo respondeu: "Quando são encontradas as condições lenta ou acelerada, ampla ou diminuta, escorregadia ou variável após a inspeção, a patologia pode ser determinada".

黄帝曰：调之奈何？岐伯答曰：脉急者，尺之皮肤亦急；脉缓者，尺之皮肤亦缓；脉小者，尺之皮肤亦减而少气；脉大者，尺之皮肤亦贲而起；脉滑者，尺之皮肤亦滑；脉涩者，尺之皮肤亦涩，凡此变者，有微有甚。故善调尺者，不待于寸，善调脉者，不待于色。能参合而行之者，可以为上工，上工十全九；行二者，为中工，中工十全七；行一者，为下工，下工十全六。

O Imperador Amarelo perguntou: "Como examinar as mudanças das condições de pulso e da pelo do aspecto anterolateral do antebraço?" Disse Qibo: "Quando o pulso é rápido e a pele do aspecto anterolateral do antebraço também é pulsante, quando o pulso é lento e a pele do aspecto anterolateral do antebraço também está fina e deficiente, quando o pulso é amplo e a pele do aspecto anterolateral do ante-braço também está esticada e saliente, quando o pulso é escorregadio e a pele do aspecto anterolateral do antebraço também está escorregadia, quando o pulso é va-riável e a pele do aspecto anterolateral do antebraço a pele também se altera. Por isso, dos cinco tipos de alteração, alguns são obscuros e outros são bastante óbvios. Portanto, quem for bom no exame da pele do aspecto anterolateral do antebraço, não precisa aguardar para a apalpação do pulso Cunkou e quem for bom em examinar a condição de pulso não precisa aguardar até o exame da compleição do paciente. Quando um médico pode diagnosticar de acordo com esses três aspectos dos exemplos de compleição, apalpação do pulso e inspeção da pele do aspecto anterolateral do ante-braço, supõe-se que seja um médico superior, e que possa curar nove pacientes a cada dez; quando pode diagnosticar de acordo com dois aspectos, ele curará sete pacientes a cada dez; quando poder diagnosticar somente de acordo com um aspecto, supõe-se que seja um médico de nível inferior, e que possa curar seis pacientes a cada dez".

黄帝曰：请问脉之缓、急、小、大、滑、涩之病形何如？岐伯曰：臣请言五脏之病变也。心脉急甚者为瘈疭；微急为心痛引背，食不下。缓甚为狂笑；微缓为伏梁，在心下，上下行，时唾血。大甚为喉吤；微大为心痹引背，善泪出。小甚为善哕，微小为消瘅。滑甚为善渴；微滑为心疝引脐，小腹鸣。涩甚为瘖；微涩为血溢，维厥，耳鸣，颠疾。

O Imperador Amarelo perguntou: "Qual a patologia quando a condição de pulso for respectivamente lenta, rápida, diminuta, ampla, escorregadia e variável?" Disse Qibo: "Vou comentar sobre a patologia das cinco vísceras: quando o pulso o coração for muito rápido, irá ocorrer o espasmo muscular; quando for ligeiramente rápido, dificilmente será visto uma síndrome de ataque cardíaco por contra corrente ou um problema de origem alimentar. Quando o pulso do coração for muito lento, irá ocor-rer uma sensação de incômodo e um riso incoerente; quando for ligeiramente lento, irá ocorrer a doença de Fuliang (mal da plenitude epigástrica com massas devido à estagnação de sangue e energia vital), e sua energia pode se mover para cima e para baixo, e às vezes o paciente cospe sangue. Quando o pulso do coração for amplo, o paciente sente como um ferrão atravessando a garganta; quando for ligeiramente forte , irá ocorrer uma síndrome cardíaca Bi com dor irradiando às costas. Quando o pulso do coração do paciente for muito pequeno, irá ocorrer soluço, e quando for apenas pequeno, irá ocorrer diabetes. Quando o pulso do coração for muito escorre-gadio, o paciente terá muita sede; quando for ligeiramente escorregadio, irá ocorrer cólicas no canal do coração repercutindo no umbigo, causando ruídos no baixo ventre. Quando o pulso do coração for muito variável, o paciente ficará mudo; quando for ligeiramente variável, irá ocorrer esputo de sangue, hemorragia e reversão do pulso Yang causando tínito e dor de cabeça.

肺脉急甚为癫疾；微急为肺寒热，怠惰咳唾血，引腰背胸，若鼻息肉不通。缓甚为多汗；微缓为痿瘘、偏风，头以下汗出不可止。大甚为胫肿；微大为肺痹，引胸背起，恶日光。小甚为泄，微小为消瘅。滑甚为息贲上气，微滑为上下出血。涩甚为呕血；微涩为鼠瘘，在颈支腋之间，下不胜其上，其应善痠矣。

"Quando o pulso do pulmão estiver muito forte, irá ocorrer a "doença dian" na cabeça; quando estiver ligeiramente forte, irá ocorrer a síndrome de frio e quente e o paciente ficará cansado e fraco, cuspindo sangue, sentirá desconforto e dor irradiando à região lombar, costas e peito, e será perturbado por verrugas obstruindo o nariz. Quando o pulso do pulmão for muito lento, o paciente terá hidrose; quando for ligeiramente lento, irá ocorrer a síndrome de flacidez, algia no omoplata e suor incessante logo abaixo da cabeça. Quando o pulo do pulmão estiver muito amplo, irá ocorrer inchaço na tíbia, perto do pé; quando estiver ligeiramente amplo irá ocorrer a síndrome Bi irradiando ao peito e costas com sensação de desconforto, e o paciente irá detestar a luz solar. Quando o pulso do pulmão for muito pequeno, ocorrerá a diarréia; quando for ligeiramente diminuto, irá ocorrer diabetes. Quando o pulso do pulmão for muito escorregadio, irá ocorrer respiração rápida e reversão da energia do pulmão; quando for ligeiramente escorregadio, irá ocorrer hemorragia pela boca, pelas partes genitais e pelo ânus. Quando o pulso do pulmão for muito variável, irá ocorrer hematêmese; quando for ligeiramente variável irá ocorrer escrófula no pescoço e na axilas, ocorrendo a condição de pulso de astenia na parte inferior, não obstante esteja ocorrendo estenia na parte superior; como o metal pode dominar a madeira, o paciente aprecia muito o sabor ácido.

肝脉急甚者为恶言〔恶言：《甲乙》卷四第二下校注"恶言"一作"忘言"，按"忘"误，应据《千金》改作"妄"〕；微急为肥气，在〔在《难经·五十六难》"在"下并有"左"字〕胁下如覆杯。缓甚为善呕，微缓为水瘕痹也。大甚为内痈，善呕衄；微大为肝痹，阴缩，咳引小腹。小甚为多饮，微小为消瘅。滑甚为㿉疝，微滑为遗溺。涩甚为溢饮，微涩为瘛挛筋痹。

"Quando o pulso do fígado está muito forte, o humor do paciente ficará anormal e ele irá falar de maneira ríspida e sem sentido; quando estiver ligeiramente forte, irão ocorrer massas inchadas devido à estagnação do pulmão como se fosse uma xícara emborcada em baixo do hipocôndrio esquerdo. Quando o pulso do pulmão estiver muito lento, ocorrerão vômitos; quando estiver ligeiramente lento, ocorrerá a síndrome Bi devido ao acúmulo de líquidos. Quando o pulso do fígado estiver muito amplo, freqüentemente irá ocorrer carbúnculos internos, vômitos e epistaxe; quando estiver ligeiramente amplo, irá ocorrer a síndrome Bi hepática, e o paciente terá afundamento dos genitais externos sentido dor no baixo ventre quando for acometido de tosse. Quando o pulso do fígado for muito diminuto, o paciente terá sede e irá beber muito; quando estiver ligeiramente diminuto, o paciente irá comer muito e estará sempre com fome, com a síndrome da emaciação muscular. Quando o pulso do fígado estiver escorregadio, o escroto estará inchado; quando estiver ligeiramente escorregadio, irá ocorrer enurese. Quando o pulso do fígado estiver variável, irá ocorrer uma síndrome de retenção de fleuma; quando estiver ligeiramente variável, irá ocorrer convulsão e contratura.

脾脉急甚为瘛疭；微急为膈中，食饮入而还出，后沃沫。缓甚为痿厥；微缓为风痿，四肢不用，心慧然若无病。大甚为击仆；微大为疝〔疝：《脉经》卷三第三作"痞"〕气，腹裹大脓血，在肠胃之外。小甚为寒热，微小为消瘅。滑甚为㿉癃，微滑为虫毒蛕蝎腹热。涩甚为肠㿉；微涩为内溃，多下脓血。

"Quando o pulso do baço estiver forte, irá ocorrer convulsão das extremidades; quando estiver ligeiramente forte, irá ocorrer vômito após a ingestão de comida espuma espessa nas fezes. Quando o pulso do baço estiver muito lento, os quatro membros estarão fracos e frios; quando estiver ligeiramente lento, irá ocorrer flacidez causada pelo vento perverso e o inconveniente de mover as extremidades involuntariamente, mas o paciente estará bastante lúcido, não parecendo estar doente. Quando o pulso do baço estiver bastante amplo, o paciente irá cair de repente devido ao coma; quando estiver ligeiramente amplo, irá ocorrer a síndrome de piqi (formação de massa devida à estenia do baço e estagnação da energia vital) envolvendo uma grande quantidade de pus e sangue do lado de fora do intestino e do estômago. Quando o pulso do baço estiver muito pequeno, irá ocorrer o frio e o calor; quando estiver ligeiramente diminuto, irá ocorrer a edemaciação do músculo. Quando o pulso do baço estiver muito escorregadio, o escroto estará inchado ocorrendo disúria; quando estiver ligeiramente escorregadio, ocorrerão diversas infestações por parasitas, e o paciente sentirá calor no abdômen. Quando o pulso do baço estiver muito variável, ocorrerá a ginecopatia na mulher; quando estiver ligeiramente variável, ocorrerá úlceras internas e fezes sanguinolentas.

肾脉急甚为骨癫疾；微急为沉厥奔豚〔沉厥奔豚：《太素》卷十五《五脏脉诊》无"奔豚"二字〕，足不收，不得前后。缓甚为折脊；微缓为洞，洞者，食不化，下嗌还出。大甚为阴痿；微大为石水，起脐以下至小腹腄腄然，上至胃脘，死不治。小甚为洞泄，微小为消瘅。滑甚为癃癀；微滑为骨痿，坐不能起，起则目无所见。涩甚为大痈，微涩为不月沉痔。

"Quando o pulso do rim estiver muito forte, irá ocorrer a síndrome da flacidez envolvendo os ossos e o "mal dian"(mal na cabeça) ; quando estiver ligeiramente forte, o paciente irá sentir peso e frio nos pés e dificilmente poderá se esticar o dobrar, e terá retenção de fezes e urina. Quando o pulso do rim estiver muito lento, a espinha do paciente estará dolorida como se estivesse quebrada; quando estiver ligeiramente lento, irá ocorrer a doença "dong" onde o alimento não pode ser digerido e vomita-se após comer. Quando o pulso do rim estiver muito amplo, irá ocorrer impotência; quando estiver ligeiramente amplo irá ocorrer um edema duro que causa inchaço por sob o umbigo indo até o baixo ventre; se o inchaço atingir a cavidade gástrica, o paciente não poderá ser curado de forma alguma e irá morrer. Quando o pulso do rim estiver muito pequeno, irá ocorrer uma diarréia que escapa ao controle; quando estiver ligeiramente diminuto, irá ocorrer diabetes. Quando o pulso dos rins estiver muito escorregadio, ocorrerá disúria e inchaço no escroto; quando estiver ligeiramente escorregadio, irá ocorrer a síndrome da flacidez envolvendo os ossos, e o paciente não poderá se levantar após ter sentado, e quando se ergue não enxerga nada. Quando o pulso dos rins está muito variável, irão ocorrer grandes carbúnculos; quando ligeiramente variável, irão ocorrer hemorróidas internas e menoxia na mulher".

黄帝曰：病之六变者，刺之奈何？岐伯答曰：诸急者多寒；缓者多热；大者多气少血；小者血气皆少；滑者阳气盛，微有热；涩者多血〔多血："多"误，应作"少"〕少气，微有寒。是故刺急者，深内而久留之。刺缓者，浅内而疾发针，以去其热。刺大者，微泻其气，无出其血。刺滑者，疾发针而浅内之，以泻其阳气而去其热。刺涩者，必中其脉，随其逆顺而久留之，必先按而循之。已发针，疾按其痏，无令其血出，以和其脉。诸小者，阴阳形气俱不足，勿取以针，而调以甘药之。

528

O Imperador Amarelo perguntou: "Como tratar as seis condições de pulso causadas pelas variações, por meio das picadas?" Qibo respondeu: "Quando a condição do pulso for forte, não maioria das vezes pertence ao frio; quando a condição de pulso for lenta, na maioria das vezes pertence ao calor; quando a condição de pulso for ampla, na maioria das vezes pertence à energia que esteja em excesso e à deficiência de sangue; quando a condição de pulso for diminuta, na maioria das vezes pertence tanto à deficiência de energia quanto de sangue; quando a condição de pulso for escorregadia, isto se deve à energia Yang abundante com uma ligeira quentura; quando a condição de pulso estiver variável, isto se deve à deficiência de energia e de sangue com um pouco de frio. Por isso, ao picar a doença com pulso forte, a picada deve ser mais profunda e a retenção da agulha deve ser mais prolongada. Quando se pica a doença com pulso lento, a picada deve ser superficial e a retirada da agulha deve ser rápida. Quando se pica a doença com pulso amplo, pode-se tirar ligeiramente a energia, mas o sangramento não é permitido. Quando se pica a doença com pulso escorregadio, a inserção deve ser rápida e a picada deve ser rasa para que o Yang possa ser purgado e o calor perverso removido. Quando se pica a doença com pulso variável, deve-se atingir o canal, manipular a agulha de acordo com a direção concordante e adversa de movimento da energia e a retenção da agulha não deve ser mais prolongada; pressiona-se antes na direção de circulação da energia para fazer com que a energia fique uniforme; pressionar e tampar imediatamente o orifício da agulha imediatamente após retirá-la, para deter o sangramento e adequar o canal. Para a doença de condição de pulso pequeno, se o paciente tiver uma fraqueza de Yin, de Yang, de físico e de energia, não é aconselhável picar, e deve-se tratar com remédios de natureza leve".

黄帝曰：余闻五脏六腑〔五脏六腑：孙鼎宜曰："五脏"二字衍。〕之气，荥输所入为合，令〔令：《太素》卷十一《腑病合输》作"今"〕何道从入，入安连过〔连过：《甲乙》卷四第二下作"从道"〕，愿闻其故。岐伯答曰：此阳脉之别入于内，属于腑者也。黄帝曰：荥输与合，各有名乎。岐伯答曰：荥输治外经，合治内腑。

Disse o Imperador Amarelo: "Disseram-me que a energia dos canais dos seis órgãos ocos entram pelo ponto He a partir do ponto Xing; por qual canal entram no ponto He? Depois que a energia entra no canal, como pode se comunicar com um outro canal? Eu espero conhecer o motivo". Disse Qibo "Esta é a condição pela qual os inúmeros canais Yang da Mão e do Pé entram nos seis órgãos ocos pelos grandes colaterais". O Imperador Amarelo perguntou: "Pode-se distinguir os pontos Xing dos pontos He?" Qibo respondeu: "Os pontos Xing são os que tratam os canais externos e os pontos He tratam os órgãos internos ocos".

黄帝曰：治内腑奈何？岐伯曰：取之于合。黄帝曰：合各有名乎？岐伯答曰：胃合于三里，大肠合入于巨虚上廉，小肠合入于巨虚下廉，三焦合入于委阳，膀胱合入于委中央〔委中央："央"是衍文〕，胆合入于阳陵泉。

O Imperador Amarelo perguntou: "Como tratar as doenças dos órgãos ocos no interior do corpo?" Disse Qibo: "Devem ser picados os pontos He". O Imperador Amarelo perguntou: "Cada um dos pontos He tem um nome? Qibo respondeu: O ponto He do estômago é Sanli (E 36), o ponto He do intestino grosso é Shangjuxu (E

37, o ponto He do intestino delgado é Xiajuxu (E 39, o ponto He do triplo aquecedor é Weiyang (B 39), o ponto He da bexiga é Weizhong (B 40) e o ponto He da vesícula biliar é Yanglingquan (VB 34)".

黄帝曰：取之奈何？岐伯答曰：取之三里者，低跗；取之巨虚者，举足；取之委阳者，屈伸而索之；委中者，屈〔屈：《甲乙》卷四第二下"屈"下有"膝"字〕而取之；阳陵泉者，正〔正：《甲乙》卷四第二下"正"下并有"立"字〕竖膝予之齐，下至委阳〔下至委阳：张介宾曰："委阳当作委中"〕之阳取之；取诸外经者，揄申而从之。

O Imperador Amarelo perguntou: "Como picar os pontos He?" Qibo respondeu: "Quando picar o ponto Sanli o dorso do pé deve ser mantido baixo e plano; quando se pica os pontos Shangjuxu e Xiajuxu, o pé deve ser erguido; quando se pica o ponto Weiyang, o joelho deve ser dobrado e o pé deve ser esticado; quando se pica o ponto Weizhong, deve-se dobrar o joelho; quando se pica o ponto Yanglingquan, o paciente deve ficar em pé e bem ereto com os dois joelhos no mesmo nível, e o ponto estará no flanco externo do ponto Weizhong. Para todos os pontos Xing e Shu dos canais externos, deve-se aplicar o método de movimentar e esticar ao picar".

黄帝曰：愿闻六腑之病。岐伯答曰：面热者足阳明病，鱼络血者手阳明病，两跗之上脉竖〔竖：张注本"竖"作"坚"〕陷者足阳明病，此胃脉也。

Disse o Imperador Amarelo: "Desejo conhecer as condições de doença causadas pelos seis órgãos ocos". Disse Qibo: "Quando o rosto está quente, mostra que o Canal Yangming do Pé está afetado; quando pontos de sangue estagnado aparecem na eminência tenar da mão, isso mostra que o Canal Yangming da Mão está afetado; quando o pulso Chongyang parece estar firme e bastante escondido no dorso do pé, mostra que o Canal Yangming do Pé está afetado. Estes são os métodos para examinar o canal de energia do estômago.

大肠病者，肠中切痛而鸣濯濯，冬日重感于寒即泄，当脐而痛，不能久立，与胃同候，取巨虚上廉。

"Quando o intestino grosso é afetado, haverá dor aguda no abdômen, com borborigmos aqui e ali; se o frio perverso for novamente contraído no inverno, ocorrerá diarréia, o paciente terá dor perto do umbigo e não poderá ficar de pé enquanto estiver com dor. Como o intestino está intimamente relacionado com o estômago, pode ser tratado picando-se o ponto Shagjuxu do canal do estômago.

胃病者，腹䐜胀，胃脘当心而痛，上支两胁，膈咽不通，食饮不下，取之三里也。

"Na doença estomacal, o paciente irá sentir dor no hipocôndrio e na cavidade gástrica na posição do coração que dá apoio aos hipocôndrios. Como a passagem da faringe ao peito está obstruída, o paciente dificilmente poderá comer ou beber. Isto pode ser tratado picando-se o ponto Zusanli (E 36).

小肠病者，小腹痛，腰脊控睾而痛，时窘之後，当耳前热，若寒甚，若独肩上热甚，及手小指次指之间热，若脉陷者，此其候也，手太阳病也〔手太阳病也：《脉经》卷六第四无此五字〕，取之巨虚下廉。

"Na enfermidade do intestino delgado, haverá plenitude e distensão no estômago e o escroto fica dolorido devido ao atingimento da região lombar e das costas. O paciente sente um incômodo permanente, tem sensação de frio e calor junto aos ouvidos, sente calor acima das sobrancelhas e na posição entre o dedo mínimo e o anular. Quando a condição de pulso é astênica e de afundamento, é a síndrome de afecção do intestino delgado que pode ser tratada picando-se o ponto Xiajuxu.

三焦病者，腹〔腹：《千金》卷二十第四"腹"下并有"胀"字〕气满，小腹尤坚，不得小便，窘急，溢则水，留即为胀，候在足太阳之外大络，大络在太阳少阳之间，亦〔亦：《脉经》卷九第九"亦"作"赤"〕见于脉，取委阳。

"Na enfermidade do triplo aquecedor, há distensão e plenitude do abdômen, e o baixo ventre estará bastante firme devido à distensão. O paciente terá disúria e sentirá muito desconforto. Quando houver retenção de líquidos na pele, isto se transforma em edema; quando se acumula no abdômen, causa distensão. O mal do triplo aquecedor também pode aparecer nos colaterais maiores no flanco externo do Canal Taiyang do Pé; este grande colateral está situado entre o Canal Taiyang e o Canal Shaoyang. Quando o triplo aquecedor é afetado, o colateral maior estará vermelho. Pode ser tratado picando-se o ponto Weizhong.

膀胱病者，小腹偏肿而痛，以手按之，即欲小便而不得，肩上热，若脉陷，及足小指外廉及胫踝后皆热，若脉陷，取委中央。

"Na enfermidade da bexiga, o baixo ventre está inchado e dolorido. Quando se pressiona o local da dor com a mão, o paciente irá urinar, mas dificilmente pode começar a urinar por si mesmo; também sentirá muito calor nos ombros. Se o paciente tiver um pulso em depressão com muito calor nos pés, quentura no flanco externo do dedo mínimo, na tíbia e atrás dos tornozelos, isto pode ser tratado picando-se o ponto Weizhong.

胆病者，善太息，口苦，呕宿汁，心下澹澹，恐人将捕之，嗌中吤吤然，数唾，在足少阳之本末，亦视其脉之陷下者灸之；其寒热者，取阳陵泉。

"No mal da vesícula biliar, o paciente suspira com freqüência, tem gosto amargo na boca, vomita um líquido claro, tem palpitação como se alguém fosse prende-lo, e sente como se algo estivesse obstruindo a sua garganta, o que faz com que tenha tosse freqüente e fique cuspindo saliva. Neste caso, deve-se verificar o trajeto circular do Canal Shaoyang do Pé, além que também se deve verificar qual colateral está em depressão e que pode ser tratado com moxibustão; se aparecer a síndrome com episódios alternados de calafrio e febre, deve ser picado o ponto Yanglingquan".

黄帝曰：刺之有道乎？岐伯答曰：刺此者，必中气穴，无中肉节，中气穴则针染〔染：《甲乙》卷五第一下作"游"〕于巷，中肉节即皮肤痛。补泻反则病益笃。中筋则筋缓，邪气不出，与其真相搏，乱而不去，反还内著〔著："著"字疑误，据杨注，应作"病"〕，用针不审，以顺为逆也。

O Imperador Amarelo perguntou: "Existe uma regra para se picar os pontos acima mencionados?" Qibo respondeu: "Quando se pica esses pontos, deve-se dar ênfase ao ponto que conecta a energia, e não se deve enfatizar o músculo ou a junta. Quando o acuponto que conecta a energia é atingido, a agulha irá promover a circulação por debaixo do orifício e faz com que o canal fique desimpedido. Se um músculo ou junta forem atingidos de maneira errônea, isso somente pode prejudicar o músculo saudável e causar dor. Se for aplicada a purgação quando se devesse revigorar ou for aplicada a revigoração quando devesse haver a purgação, isso irá agravar a doença. Se o tendão for erroneamente atingido, ficará flácido, e a energia perversa não será excretada, e como resultado, a energia perversa ficará lutando com a energia saudável. Como a energia perversa não foi removida, voltará para dentro causando a doença. Isto se deve à falta de cuidado ao aplicar a agulha e tomar a energia de concordância pela adversa".

根结第五

Capítulo 5
Gen Jie
(O Início e o Fim do Canal)

岐伯曰：天地相感，寒暖相移，阴阳之道，孰少孰多？阴道偶，阳道奇。发于春夏，阴气少，阳气多，阴阳不调，何补何泻？发于秋冬，阳气少，阴气多，阴气盛而阳气衰，故茎叶枯槁，湿雨下归，阴阳相移，何泻何补？奇邪离经，不可胜数，不知根结，五脏六腑，折关败枢，开阖而走，阴阳大失，不可复取。九针之玄，要在终始，故能知终始，一言而毕，不知终始，针道咸绝。

Disse Qibo: "As energias do céu e da terra correspondem umas às outras e os climas frios e quentes se alternam um com o outro. É difícil entender a regra de alternância do Yin e do Yang e saber qual o lado deficiente, com menos energia e qual o lado abundante, com mais energia. O número do Yin é par, e o número do Yang é ímpar. Quando se cai doente na primavera e no verão, a energia Yin é menor e a energia Yang é maior e as energia Yin e Yang não estão em harmonia; neste tipo de doença, como tratar com a purgação e com a revigoração? Quando se fica doente no outono e no inverno, a energia Yang é menor e a energia Yin é maior, e o Yin e o Yang estão em intercâmbio; neste tipo de doença, como purgar e revigorar? Quando a energia perversa invade os canais e os colaterais, são inúmeras as doença que ocorrem; não se conhecendo o início e o fim do canais e dos acupontos, uma vez que o mecanismo da energia esteja danificado, o eixo fica deteriorado, a função de fechamento e abertura escapam à ordem, e a energia é excretada, o Yin e o Yang ficam enormemente prejudicados e a energia refinada não mais será reposta. O ponto principal da aplicação das agulhas está na compreensão do começo e do fim do canal. Quando se conhece os fatos a respeito do princípio e do fim do canal, pode-se aprender o princípio da acupuntura em pouca palavras. Quando alguém desconhece sua importância, o princípio da acupuntura estará extinto para ele.

太阳根〔于至阴：《素问·阴阳离合论》"根"下有"起"字〕于至阴，结于命门，命门者目也〔命门者目也《太素》卷十《经脉根结》并无此五字〕。阳明根于厉兑，结于颡大，颡大者钳耳也。少阳根于窍阴，结于窗笼，窗笼者耳中也。太阳为开〔开：《太素》卷五《阴阳合》卷十《经脉根结》作"关"〕，阳明为阖，少阳为枢。故开〔故开折："开"误，应作"关"〕折则肉节渎而暴病起矣，故暴病者取之大阳，视有余不足，渎者皮肉宛膲而弱也。阖折则气无所止息而痿疾起矣，故痿疾者，取之阳明，视有余不足，无所止息者，真气稽留，邪气居之也。枢折即骨繇而不安于地，故骨繇者取之少阳，视有余不足，骨繇者，节缓而不收也，所谓骨繇者摇故也，当穷其本也。

"O Canal Taiyang do Pé começa no ponto Zhiyin (B 67) no flanco externo do artelho menor e termina no ponto Jingming (B 11) no canto interno do olho. O Canal

Yangming do Pé começa no ponto Lidui (E 45) na extremidade do segundo artelho, ao lado do hálux, e termina no ponto Touwei (E 8) na eminência frontal. O Canal Shaoyang do Pé começa no ponto Qiaoyin (VB 44) na ponta do artelho próximo ao artelho menor, e termina no ponto Tinggong (ID 19) junto ao ouvido. O Canal Taiyang é no corpo como o ferrolho da porta da rua; o Canal Yangming é no corpo como a madeira da porta da rua, e o canal Shaoyang é no corpo como o eixo da porta da rua. Se o parafuso de Taiyang deixar de desempenhar sua função de fixar a porta, irá ocorrer uma instauração súbita da doença devido à ulceração nos espaços musculares; por isso quando tratar a instauração súbita da doença, deve ser picado o Canal da Bexiga, Taiyang do Pé, purgá-lo quando estiver em excesso e revigorá-lo quando estiver deficiente, de acordo com a condição da doença; a assim chamada alternância significa a emaciação do músculo e o enfraquecimento da pele. Se o Yangming deixar de cumprir sua função de fechar a porta a energia Yang não estará em parte alguma e ocorre a flacidez; por isso, ao tratar a flacidez, deve-se picar o Canal do Estômago Yangming do Pé, purgando quando estiver em excesso e revigorando quando estiver deficiente de acordo com a condição da doença; o que se chama não ter descanso em parte alguma significa que a energia saudável está impedida, e que a energia perversa está retida do lado de dentro. Se o Shaoyang deixar de desempenhar sua função de eixo, irá ocorrer a síndrome de insegurança nos ossos e o paciente não poderá andar em segurança, por isso, quando tratar a síndrome de falta de firmeza óssea, deve ser picado o Canal da Vesícula Biliar Shaoyang do Pé, purgando-o quando estiver em excesso e revigorando quando estiver deficiente, de acordo com a condição da doença; o que se chama não ter firmeza nos ossos significa que as juntas não devem ser controladas devido à flacidez. Deve-se comprovar as fontes das condições acima mencionadas.

太阴根于隐白〔根：《素问·阴阳离合论》"根"下有"起"字〕，结于太仓。少阴根于涌泉，结于廉泉。厥阴根于大敦，结于玉英，络于膻中。太阴为开〔开：应作"关"〕，厥阴为阖，少阴为枢。故开〔"开"应作"关"〕折则仓廪无所输膈洞，膈洞者取之太阴，视有余不足，故开折者气不足而生病也。阖折即气绝而喜悲，悲〔悲者："悲"上脱"善"字，应据《甲乙》卷二第五补〕者取之厥阴，视有余不足。枢折则脉有所结而不通，不通者取之少阴，视有余不足，有结者皆取之不足〔皆取之不足：按"不足"衍，应据《甲乙》卷二第五删〕。

"O Canal Taiyin do Pé começa no ponto Yinbai (BP 1) no canto interno do hálux, e termina no ponto Taicang (Zhongwan RN 12) na parte superior do abdômen. O Canal Jueyin do Pé começa no ponto Dadun (F 1) no canto externo do hálux e termina no ponto Yuying (Yutang RN 18) fazendo conexão abaixo com o ponto Tanzhong (RN 17). O Canal Shaoyin do Pé começa no ponto Yongquan (R 1) na sola do pé, e termina no ponto Lianquan (RN 23) sobre o pescoço, na altura da garganta. O Canal Taiyin é no corpo como o ferrolho da porta interna, o Canal Jueyin é no corpo como o madeiramento da porta interna e o Canal Shaoyin é como o eixo da porta interna. Se o Canal Taiyin deixar de desempenhar sua função de aferrolhar a porta, o baço não será capaz de transportar e transformar, os líquidos e os cereais não serão mais transportados, e irão ocorrer as síndromes de obstrução no peito e diarréia. As síndromes podem ser tratadas picando-se os acupontos do Canal do

Baço Taiyin do Pé, purgando quando estiver em excesso e revigorando quando estiver deficiente, de acordo com a condição da doença. A principal razão do Canal Taiyin não aferrolhar se deve à deficiência de energia. Quando o Canal Jueyin deixa de desempenhar sua função de fechar, ocorrerá um retardamento nas atividades funcionais da energia vital, e com freqüência o paciente irá sofrer de algum acometimento. A síndrome pode ser tratada picando-se os acupontos do Canal do Fígado Jueyin do Pé, purgando quando estiver em excesso e revigorando quando estiver deficiente, de acordo com a condição da doença. Quando o Canal Shaoyin deixar de desempenhar sua função de eixo, o canal dos rins ficará estagnado e obstruído. A síndrome pode ser tratada picando-se os acupontos do Canal do Rim Shaoyin do Pé, purgar quando houver excesso e revigorar quando estiver deficiente. Sempre que houver estagnação no canal, os métodos de picada devem ser os acima expostos.

足太阳根于至阴，溜于京骨，注于昆仑，入于天柱、飞扬也。

足少阳根于窍阴，溜于丘墟，注于阳辅，入于天容、光明也。

足阳明根于厉兑，溜于冲阳，注于下陵（马蒔曰："下陵当作解谿"），入于人迎、丰隆也。

手太阳根于少泽，溜于阳谷，注于少海，入于天窗、支正也。

手少阳根于关冲，溜于阳池，注于支沟，入于天牖、外关也。

手阳明根于商阳，溜于合谷，注于阳溪，入于扶突、偏历也。此所谓十二经者，盛络皆当取之。

"O Canal da Bexiga, Taiyang do Pé começa no ponto Jing (Poço) do canal em Zhiyin (B 67), vai até o ponto Yuan (Fonte) Jinggu (B 64), penetra no ponto Jing (Rio) Yangfu (B 60), atinge o ponto Tianzhu (B 10) acima no pescoço e chega abaixo, no pé em Feiyang (B 58).

"O Canal da Vesícula Biliar Shaoyang do Pé começa no ponto Jing (Poço) do canal em Qiaoyin (VB 44), flui para o ponto Yuan Fonte) Qiuxu (VB 40), penetra no ponto Jing (Rio) em Yangfu, atinge o ponto Tianrong (ID 17) acima no pescoço, e chega ao ponto colateral Guanming (VB 37).

"O Canal do Estômago Yangming do Pé começa no ponto Jing (Poço) do canal em Lidui (E 45), flui ao ponto Yuan (Fonte) de Chongyang (E 42), penetra no ponto Jing (Rio) em Jiexi (E 41), atinge o ponto Renying (E 9) acima no pescoço e atinge o ponto colateral de Fenglong (E 40) abaixo no pé.

"O Canal do Intestino Delgado Taiyang da Mão começa no ponto Jing (Poço) do canal em Shaoze (ID 1), fui ao ponto Jing (Rio) em Yanggu (ID 5), penetra no ponto He (Mar) em Xiaohai (ID 8), atinge o ponto Tianchuang (ID 7) acima no braço e atinge o ponto Zhizheng no braço na parte de baixo.

"O Canal do Triplo Aquecedor Shaoyang da Mão tem início no ponto Jing (Poço) do canal em Guanchong (TA 1), flui ao ponto Yuan (Fonte) em Yangchi (TA 4), penetra no ponto Jing (Rio) (TA 6), atinge o ponto Tianyou (TA 18) acima na cabeça, e chega ao ponto colateral Waiguan (TA 5).

"O Canal do Intestino Grosso Yangming da Mão começa no ponto Jing (Poço) do canal em Shangyang (IG 1), flui ao ponto Yuan (Fonte) em Hegu (IG 4), penetra no ponto Jing (Rio) em Yangxi (IG 5), atinge o ponto Futu (IG 18) no pescoço, e chega ao ponto colateral Pianli (IG 6). Estas são as doze localizações onde os doze canais e colaterais fluem e penetram; quando o colateral está superabundante e cheio, deve ser purgado ao picar.

一日一夜五十营，以营五脏之精，不应数者，名曰狂生。所谓五十营者，五脏皆受气。持其脉口，数其至也，五十动而不一代者，五脏皆受气；四十动一代者，一脏无气；三十动一代者，二脏无气，二十动一代者，三脏无气；十动一代者，四脏无气；不满十动一代者，五脏无气。予之短期，要在终始。所谓五十动而不一代者，以为常也，以知五脏之期〔期：疑当作"气"〕。予之短期者，乍数乍疏也。

"A energia do canal circula cinqüenta ciclos no corpo de dia e de noite. Se a circulação da energia refinada das cinco vísceras não estiver de conformidade com os cinqüenta ciclos e ficar mais rápida ou mais lenta, fica-se doente, e a isto se chama "adoecer". O critério dos cinqüenta ciclos pode ser usado para observar quão substancial está a deficiência das cinco vísceras, para contar o tempo de batimento do pulso quando se apalpa, e para determinar a robustez ou fraqueza do corpo do paciente. Quando o pulso não para uma só vez dentro dos cinqüenta batimentos, mostra que a energia refinada das cinco vísceras é próspera; quando o pulso para uma vez em quarenta batidas, isto mostra que a energia está deixando de atingir uma das vísceras; quando o pulso para uma vez em trinta batidas, isto mostra que a energia está deixando de atingir duas vísceras; quando o pulso para uma vez em vinte batidas, isto mostra que a energia não está atingindo três vísceras; quando o pulso para uma vez em dez batidas, isto mostra que a energia não está atingindo quatro vísceras; quando o pulso para uma vez em menos de dez batidas, isto mostra que a energia não está atingindo nenhuma víscera, e que o paciente irá morrer num curto período. Por isso, é importante observar a condição do pulso. Quando o pulso tiver cinqüenta batimentos sem parar, é a condição de pulso normal das cinco vísceras, donde se pode apreender que a energia refinada das cinco vísceras está normal. Quanto a saber se o paciente irá morrer ou não dentro de pouco tempo, isto é determinado pelas condições rápidas e lentas dos turnos de batimento do pulso".

黄帝曰：逆顺五体者，言人骨节之小大，肉之坚脆，皮之厚薄，血之清浊，气之滑涩，脉之长短，血之多少，经络之数，余已知之矣，此皆布衣匹夫之士也。夫王公大人，血食〔血食之君："血"字应作"肉"〕之君，身体柔脆，肌肉软弱，血气慓悍滑利，其刺之徐疾浅深多少，可得同之乎？岐伯答曰：膏粱菽藿之味，何可同也。气滑即出疾，其气涩则出迟，气悍则针小而入浅，气涩则针大而入深，深则欲留，浅则欲疾〔疾：张注本作"迟"〕。以此观之，刺布衣者深以留之，刺大人者微以徐之，此皆因气慓悍滑利也。

Disse o Imperador Amarelo: "Existem cinco tipos de físicos normais e anormais do homem; nos diversos físicos há tamanhos pequenos e grandes de juntas, músculos firmes e franzinos, pele fina ou grossa, sangue claro ou escuro, circulação de energia deslizante ou variada, canais longos ou curtos, diferença na densidade do sangue e diferença de número de canais e colaterais, e eu já entendi todas as condições. Mas elas denotam as condições de trabalho das pessoas. Como quanto aos príncipes e nobres que comem carne todo dia, em que seus corpos são frágeis, e sua circulação sangüínea é rápida e deslizante, pode ser o tratamento da inserção neles ser lenta ou rápida, de picadas profundas e rasas e o número de picadas no acupontos ser o mesmo que para se tratar os trabalhadores do povo?" Qibo respondeu: "Ao tratar as pessoas que geralmente comem carne, farinha refinada e arroz, não se deve dar o mesmo tratamento que para as pessoas que comem grãos não refinados. Ao paciente que tem uma energia deslizante, a retirada deve ser rápida; para o paciente que tem energia deslizante, deve-se picar de maneira pouco profunda com uma agulha pequena; o paciente que tem energia variável, deve-se picar com agulha grande; a retirada da agulha deve ser lenta; quando se pica em profundidade a agulha deve ser retida; quando se pica de forma rasa, a picada da agulha deve ser lenta. De acordo com o princípio acima estabelecido, a picada aos trabalhadores do povo deve ser rasa, e a inserção deve ser lenta, já que suas energias são rápidas e deslizantes, prestes a conduzir a condições anormais".

黄帝曰：形气之逆顺奈何？岐伯曰：形气不足，病气有余，是邪胜也，急泻之。形气有余，病气不足，急补之。形气不足，病气不足，此阴阳气俱不足也〔"气"字衍〕不可刺之，刺之则重不足，重不足则阴阳俱竭，血气皆尽，五脏空虚，筋骨髓枯，老者绝灭，壮者不复矣。形气有余，病气有余，此谓阴阳俱有余也，急泻其邪，调其虚实。故曰有余者泻之，不足者补之，此之谓也。

O Imperador Amarelo perguntou: "Como tratar quando a função e o físico estão deficientes ou estão em excesso?" Disse Qibo: "Quando o físico e função estão deficientes e a energia perversa está em excesso, é a condição de estenia da energia perversa, e esta deve ser purgada drasticamente; quando o físico e a função estão deficientes e a energia perversa também está deficiente, isto mostra que tanto o Yin quanto o Yang estão deficientes; quando tratar não se deve picar, pois se for picado de forma errônea, a energia saudável do paciente ficará ainda mais deficiente, causando a exaustão das cinco vísceras, que irão se esvaziar e os tendões e a medula ficarão enfraquecidos. Neste caso, um homem velho morrerá, e a doença de um homem no auge da vida dificilmente poderá ser curada. Se o físico e a função estiverem em excesso, e a energia perversa também estiver em excesso, deve-se purgar o perverso estênico e adequar a astenia e a estenia de forma a mantê-las em equilíbrio. Por isso, se purga quando há um excesso e se revigora quando há deficiência.

故曰刺不知逆顺，真邪相搏。满〔满：《甲乙》卷五第六作"实"〕而补之，则阴阳四溢，肠胃充郭，肝肺内膜，阴阳相错。虚而泻之，则经脉空虚，血气竭枯，肠胃㿉辟，皮肤薄著，毛腠夭膲〔膲：《太素》卷二十二《刺法》作"焦"〕，予之死期。故曰用针之要，在于知调阴与阳，调阴与阳，精气乃光，合形与气，使神内藏。故曰上工平气，中工乱脉，下工绝气危生。故曰下工不可不慎也。必审五脏变化之病，五脉之应，经络之实虚，皮之柔粗，而后取之也。

"Portanto, quando não se conhece o princípio de tratar purgando e revigorando, do adverso e do coincidente, isso irá causar a contenção da energia saudável e da energia perversa. Se a doença do mal estênico for tratada de forma errônea com a terapia de revigoração, tanto o Yin quanto o Yang ficarão abundantes em excesso, o que irá causar plenitude no intestino e no estômago, distensão no fígado e no interior do pulmão e um distúrbio no Yin e no Yang. Se o mal da astenia da energia saudável for tratado de maneira errônea com terapia de purgação, o canal ficará vazio, o sangue e a energia ficarão exaustos, o intestino e o estômago ficarão emaciados, com a pele apenas cobrindo os ossos, o cabelo saudável rareia e as estrias secam, e o paciente morre num curto período de tempo. Por isso, a principal chave da acupuntura esta no conhecimento do princípio do ajuste. Quando o Yin e o Yang estão ajustados, a energia refinada do paciente estará abundante, o físico e a função estarão unificados, e o espírito estará pronto a armazenar no interior. O médico de alto nível pode manter as energias equilibradas; o médico de nível médio pode tratar o paciente de acordo com a condição do pulso, e o médico de nível inferior só pode esgotar a energia e colocar a vida do paciente em perigo. Por isso, ao picar, deve-se tomar cuidado. Deve-se observar primeiro as alterações das cinco vísceras, a correspondente relação entre a condição de pulso das cinco vísceras e a doença, a astenia e a estenia dos canais e a maciez e a aspereza da pele, e depois tratar picando os acupontos adequados".

寿夭刚柔第六

Capítulo 6
Shou Yao Gang Rou
(Acerca da Relação entre Firmeza e Leveza do Corpo e a Duração da Vida de Cada Um)

黄帝问于少师曰：余闻人之生也，有刚有柔，有弱有强，有短有长，有阴有阳，愿闻其方。少师答曰：阴中有阴〔有阴：《甲乙》卷六第六作"有阳"〕，阳中有阳〔有阳《甲乙》卷六第六作"有阴"〕，审知阴阳，刺之有方，得病所始，刺之有理，谨度病端，与时相应，内合于五脏六腑，外合于筋骨皮肤。是故内有阴阳，外亦有阴阳。在内者，五脏为阴，六腑为阳；在外者，筋骨为阴，皮肤为阳。故曰病在阴之阴者，刺阴之荥输；病在阳之阳者，刺阳之合；病在阳之阴者，刺阴之经；病在阴之阳者，刺络脉。故曰病在阳者命〔命：与注本，张注本并作"名"〕曰风，病在阴者命曰痹，阴阳俱病命曰风痹。病有形而不痛者，阳之类也；无形而痛者，阴之类也。无形而痛者，其阳完而阴伤之也，急治其阴，无攻其阳；有形而不痛者，其阴完而阳伤之也，急治其阳，无攻其阴。阴阳俱动，乍有形〔乍有形，乍无形：《甲乙》卷六第六无两"形"字〕，乍无形，加以烦心，命曰阴胜其阳，此谓不表不里，其形不久。

O Imperador Amarelo disse a Shaoshi: "Disseram-me que o corpo dos humanos tem características diferentes: uns são firmes e outros macios; na constituição, alguns são fortes e outros são fracos; quanto à estatura alguns são altos e alguns são baixos; e alguns são Yin e outros são Yang; espero conhecer a razão". Shaoshi respondeu: "Existe Yin no Yang e existe Yang no Yin; quando se conhece a lei do Yin e do Yang e sua relação mútua, pode-se tratar a doença picando de forma adequada, conhecer a condição inicial da doença e aplicar adequadamente a técnica da picada. Ao tratar, deve-se também fazer uma estimativa da relação correspondente entre o curso da doença e das mudanças climáticas das quatro estações, com consciência. No corpo humano, o Yin e o Yang estão de acordo com os cinco órgãos sólidos e com os seis órgãos ocos no interior, e de conformidade com os tendões, ossos e pele no exterior; por isso, no corpo humano existe Yin e Yang no interior e Yin e Yang no exterior. No interior, os cinco órgãos sólidos são Yin e os seis órgãos ocos são Yang; no exterior, os tendões e ossos são Yin e a pele é Yang. Assim, ao tratar a doença do Yin do Yin, deve-se picar os pontos Xing do canal Yin; ao tratar a doença do Yang do Yang deve-se picar os pontos He do canal Yang; ao tratar a doença do Yin do Yang, deve-se picar os pontos Jing (Rio) do canal Yin; ao tratar a doença do Yang do Yin, deve-se picar os pontos colaterais do canal Yang. Esta é a regra fundamental de seleção dos acupontos para picar de acordo com a relação entre a doença e o Yin e o Yang interno e externo. As doenças também podem ser classificadas em categorias Yin e Yang; quando a doença estiver no canal Yang, ela é chamada vento; quando estiver no canal Yin, ela se chama Bi (doença devida ao bloqueio pelo perverso, das extremidades, meridianos e vísceras); quando a doença está tanto nos canais Yin quanto nos canais Yang, ela se chama artralgia devida ao vento perverso. Quando a doença tem uma alteração formal, mas o paciente não tem dor, pertence à categoria do canal Yang; quando a doença não tem alteração formal mas o paciente tem dor, ela pertence à categoria do canal Yin. Quando não existe alteração formal, mas o paciente tem dor, isto mostra que apenas o canal Yin está lesado, mas que não há prejuízo do canal Yang, assim, deve-se tratar os acupontos do canal Yin picando com ênfase, e não se deve tocar no canal Yang. Quando houver uma alteração formal mas o paciente não tiver dor, isto mostra que só o canal Yang foi atingido, mas que não há lesão no canal Yin, e deve-se tratar os acupontos do canal Yang com ênfase, mas o canal Yin não deve ser tocado. Quando tanto a superfície quanto o interior, tanto do Yin quanto do Yang estiverem doentes, a alteração formal aparece subitamente e some, de repente, e o paciente fica irritadiço, a isso se dá o nome de Yin ultrapassando o Yang e não é uma doença nem da superfície nem do interior, que é difícil de curar. Nesse caso, dificilmente o físico do paciente pode agüentar por muito tempo".

黄帝问于伯高曰：余闻形气病之先后，外内之应奈何？伯高答曰：风寒伤形，忧恐忿怒伤气。气伤脏，乃病脏；寒伤形，乃应形〔应形："应"误，当作"病"〕，风伤筋脉，筋脉乃应〔乃应，"应"误，当作"病"〕。此形气外内之相应也。

O Imperador Amarelo disse a Bogao: "Disseram-me que existem relações de correspondência de cedo ou tarde de interno e externo entre o físico, a função e a doença; qual a razão?" Bogao respondeu: "Quando o vento perverso invade a partir do exterior, ele atinge primeiro o físico, a resposta é externa; quando a melancolia, o terror e a raiva causam a excitação do espírito, primeiro fica ferida a energia interna, e a resposta é interna. Quando as energias estão descoordenadas a ponto de violar a energia das cinco vísceras, isso causa doença nas mesmas; quando o vento perverso atinge o físico, a superfície dos músculos e a pele ficam doentes. Quando o vento perverso fere os músculos que estão entre o exterior e o interior, o músculo estará doente. Estas são as relações internas e externas entre o físico, a função e a doença".

黄帝曰：刺之奈何？伯高答曰：病九日者，三刺而已。病一月者，十刺而已。多少远近，以此衰之。久痹不去身者，视其血络，尽出其血。黄帝曰：外内之病，难易之治奈何？伯高答曰：形先病而未入脏者，刺之半其日；脏先病而形乃应者，刺之倍其日。此月〔月：胡本、统本、藏本，日抄本并作"外"〕内难易之应也。

O Imperador Amarelo perguntou: "Como determinar o curso do tratamento?" Disse Bogao: "Quando a doença já dura nove dias, pode-se recuperar picando três vezes; quando a doença já dura um mês, pode-se recuperar picando dez vezes. O número de dias que dura a doença e o curso remoto ou recente da mesma, todos eles podem ser determinados picando-se uma vez para cada um dos últimos três dias. Na síndrome Bi prolongado, onde a energia perversa está retida, devem-se inspecionar as vênulas superficiais e retirar o sangue extravasado, tanto quanto possível". Disse o Imperador Amarelo: "Já que no corpo humano algumas doenças são internas e outras externas, quando se trata por meio de picadas, algumas doenças podem ser curadas facilmente e outras não; como distingui-las?" Bogao respondeu: "Quando o físico adoece primeiro, e a doença ainda não foi transmitida a um órgão interno, a doença está na superfície e o tempo de picada pode ser reduzido à metade; quando o órgão interno adoece primeiro e o físico também está doente, isto mostra que a doença está tanto no interior quanto no exterior, e o tempo de picada deve ser dobrado. Estas são as regras da relação correspondente entre a doença interna e a externa e a facilidade e a dificuldade em tratar a doença por meio de picadas".

黄帝问于伯高曰：余闻形有缓急，气有盛衰，骨有大小，肉有坚脆，皮有厚薄，其以立寿夭奈何？伯高答曰：形与气相任则寿，不相任则夭。皮与肉相果〔果：《甲乙卷六第十一》作"裹"〕则寿，不相果〔果：《甲乙卷六第十一》作"裹"〕则夭。血气经络胜形则寿，不胜形则夭。

O Imperador Amarelo perguntou a Bogao: "Disseram-me que no ser humano, existem as condições de lento e rápido no aspecto, próspero e deficiente na disposição, grande e pequeno no esqueleto, firme e crispado nos músculos e grosso e fino na pele; isto pode ser usado para determinar o ciclo vital de um homem?" Bogao respondeu: "Quando o físico de uma pessoa é equivalente à sua energia, ela viverá muito tempo, do contrário morrerá jovem. Quando a pele se prende firmemente aos músculos, ela viverá muito tempo, do contrário morrerá jovem. Quando a energia, o sangue, os canais e colaterais são abundantes e suplantam o físico, ela viverá muito tempo, do contrário morrerá jovem; quando tudo isso for deficiente e dificilmente suplantar o físico, ela morrerá jovem".

黄帝曰：何谓形之缓急？伯高答曰：形充而皮肤缓者则寿，形充而皮肤急者则夭。形充而脉坚大者顺也，形充而脉小以弱者气衰，衰则危矣。若形充而颧不起者骨小，骨小则夭矣。形充而大肉䐃坚而有分者肉坚，肉坚则寿矣；形充而大肉无分理不坚者肉脆，肉脆则夭矣。此天之生命，所以立形定气而视寿夭者。必明乎此立形定气，而后以临病人，决死生。

O Imperador Amarelo perguntou: "Qual o significado das condições crônicas e agudas do físico?" Bogao respondeu: "Quando o físico de uma pessoa é substancial e sua pele é macia, ela viverá muito tempo; quando o físico é substancial e a pele é firme, ela morrerá jovem. Quando o físico de uma pessoa é substancial e sua energia do canal é firme e ampla, a superfície e o interior estão de acordo com o que se chama concordância; quando o físico de uma pessoa é substancial e sua energia do canal é fraca e diminuta, é a debilidade da energia, que é um fenômeno perigoso. Quando o físico da pessoa é substancial e a maçã do rosto não é proeminente, seu esqueleto deve ser pequeno, e o homem com esqueleto pequeno morre jovem. Quando o físico da pessoa é substancial e os músculos de suas pernas e nádegas têm linhas salientes na pele, a isto se chama músculo firme, e o homem com músculos firmes vive mais tempo. Quando o físico da pessoa é substancial e os músculos de seus braços, suas pernas e nádegas não têm linhas na pele, a isto se chama músculo franzino, e o homem com músculo franzino morre cedo. Esta é a lei da natureza para manter a vida. De acordo com o firme e o macio, o forte e o fraco do físico, pode-se determinar se a energia pertence ao Yin ou ao Yang, e estabelecer a duração da vida de um homem. Quanto ao médico, ele deve compreender os pontos acima expostos, para que possa tratar a doença, estabelecer um prognóstico e julgar a respeito da sobrevida ou morte do paciente".

541

黄帝曰：余闻寿夭，无以度之。伯高答曰：墙基卑，高不及其地者，不满三十而死；其有因加疾者，不及二十而死也。黄帝曰：形气之相胜，以立寿夭奈何？伯高答曰：平人而气胜形者寿；病而形肉脱，气胜形者死，形胜气者危矣。

Disse o Imperador Amarelo: "Disseram-me que algumas pessoas vivem uma vida longa e que algumas morrem cedo, mas dificilmente se deduz sua condição". Disse Bogao: "Quando se infere o ciclo de vida de um homem, isso pode ser observado a partir da face; quando os ossos em torno do ouvido de uma pessoa são lisos e pendentes e deixam de atingir o nível dos músculos em frente ao ouvido, ele morrerá antes dos trinta; se ele contrair o exógeno perverso ou mais uma vez uma doença interna e ficar enfraquecido, ele morrerá antes do vinte". O Imperador Amarelo perguntou: "Como determinar a longevidade de um homem ou se sua vida será curta, quando a energia suplantar o físico e vice-versa?" Bogao respondeu: "Para um homem saudável, quando sua energia estiver ultrapassando o físico, ele terá vida longa; para aquele cujo físico e músculos forem muito finos, mesmo que sua energia suplante o físico, como o físico e os músculos estão exaustos ele morrerá muito cedo. Se o físico da pessoa não estiver muito emaciado, mas sua energia primordial já estiver declinando, embora o físico esteja superando a energia primordial, a doença ainda oferecerá perigo".

黄帝曰：余闻刺有三变，何谓三变？伯高答曰：有刺营者，有刺卫者，有刺寒痹之留经者。黄帝曰：刺三变〔刺三变：《太素》卷二十二《三变赖篇》"三"下无"变"字〕者奈何？伯高答曰：刺营者出血，刺卫者出气，刺寒痹者内热〔内热："内热"应作"内熨"〕。黄帝曰：营卫寒痹之为病奈何？伯高答曰：营之生病也，寒热少气，血上下行。卫之生病也，气痛时来时去，怫忾贲响，风寒客于肠胃之中。寒痹之为病也，留而不去，时痛而皮不仁。黄帝曰：刺寒痹内热〔内热：应作"内熨"〕奈何？伯高答曰：刺布衣者，以火焠之。刺大人者，以药熨之。

O Imperador Amarelo perguntou: "Disseram-me que há três tipos de picadas: quais são elas?" Disse Bogao: "Elas são a picada da energia Ying, a picada da energia Wei e a picada da artralgia do tipo frio". O Imperador Amarelo perguntou: "Com o que se parecem os três tipos de picada?" Bogao respondeu: "A picada da energia Ying é aquela em que se pica a veia para causar sangramento; a picada da energia Wei é aquela onde se dispersa essa energia e a picada da artralgia do tipo frio é para que se façam compressas de remédios quentes após a picada". O Imperador Amarelo perguntou: "Quais são as síndromes causadas respectivamente pela energia Ying, pela energia Wei e pela artralgia do tipo frio?" Bogao respondeu: "As síndromes principais da energia Ying são: episódios alternantes de calafrio e febre, respiração curta e a subida e descida acelerada do sangue; as principais síndromes da energia Wei são: dor devida ao distúrbio da energia vital que vão e vêm, aqui e ali, alternância de dor e falta de dor, plenitude e distensão do abdômen, causada pela invasão externa do vento frio, e a retenção de energia perversa no intestino e no estômago; as síndromes da artralgia do tipo frio são: freqüência de dores musculares e adormecimento na pele devido à retenção prolongada do frio perverso entre os canais e os colaterais". O Imperador Amarelo perguntou: "Na picada da artralgia do tipo frio, como proceder à aplicação de remédios quentes após picar?" Bogao respondeu: "O tratamento deve ser diferenciado de acordo com as diversas constituições dos pacientes: às pessoas comuns, deve-se aplicar acupuntura com agulha aquecida; aos nobres, deve-se aplicar remédios quentes após picar".

黄帝曰：药熨奈何？伯高答曰：用淳酒〔淳：《甲乙》卷十第一上作"醇"〕二十升，蜀椒一升〔一升：张注本"升"作"斤"〕，干姜一斤，桂心一斤，凡四种，皆㕮咀，渍酒中。用绵絮一斤，细白布四丈，并内酒中。置酒马矢煴中，盖封涂，勿使泄。五日五夜，出布绵絮，曝干之，干复渍，以尽其汁，每渍必晬其日，乃出干〔干：《甲乙》卷十第一上并无"干"字〕。干〔干：《太素》卷二十二《三变刺》无此"干"字〕，并用淳与绵絮，复布为复巾，长六七尺，为六七巾。则用之生桑炭炙巾，以熨寒痹所刺之处，令热入至于病所，寒复炙巾以熨之，三十遍而止。汗出，以巾拭身，亦三十遍而止。起步内中，无见风。每刺必熨，如此病已矣，此所谓内热也。

O Imperador Amarelo perguntou: "Como conduzir a aplicação do remédio quente?" Bogao respondeu: "Tome vinte litros de vinho sem quaisquer impurezas, um "catty" (1/2 quilograma) de pimenta, um catty de gengibre seco e um catty de louro; amasse os quatro ingredientes com grãos ásperos e embeba-os no vinho; tome um catty de fibra de algodão, quatro pés de pano branco fino embebendo-o também no vinho com os ingredientes; coloque a vasilha de vinho no estrume quente de cavalo, selando a boca da vasilha com barro para evitar que penetre o ar; retire o pano branco e a fibra do vinho após cinco dias e noites, secando ao sol e embeba novamente no vinho até que este seja absorvido. Deve-se embeber por um dia e uma noite, de cada vez, antes de secar ao sol; coloque os resíduos dos ingredientes e a fibra de algodão numa sacola de seis por sete pés feita de camadas de pano duplo, devendo haver seis delas prontas para o uso. Quando for usar, aplique a cataplasma com carvão de amora quente, aquecendo o local onde for mais séria a artralgia de tipo frio com a cataplasma quente para fazer com que o calor seja transmitido diretamente ao foco. Quando a cataplasma esfriar, passe-a de novo no fogo aquecendo novamente o foco umas trinta vezes, e seque o suor do corpo do paciente também umas trinta vezes. Após o tratamento, o paciente deve dar uma volta pelo aposento e ficar longe do vento. Cada picada deve ser feita junto com a aplicação do remédio quente, e dessa forma, a doença pode ser curada. Este é o método da aplicação do remédio quente".

官针第七

Capítulo 7
Guan Zhen
(Acerca da Aplicação das Agulhas)

凡刺之要，官针最妙。九针之宜，各有所为〔之宜、所为："宜""为"二字，上下误倒〕，长短大小，各有所施也，不得其用，病弗能移。疾浅针深，内伤良肉，皮肤为痈；病深针浅，病气不泻，支〔支：《甲乙》卷五第二作"反"〕为大脓。病小针大，气泻太甚，疾必为害；病大针小，气不泄泻，亦复为败〔亦复为败：《甲乙》卷五第二作"亦为后败"〕。失针之宜，大者泻，小者不移，已言其过，请言其所施。

A dica mais importante da acupuntura está na aplicação das nove agulhas. A aplicação de cada uma das nove agulhas tem respectivamente um escopo adequado, e é diferente a aplicação das agulhas longas, curtas, grandes e pequenas. Se a aplicação não for correta, a doença não será removida. Assim, quando se pica em profundidade o foco que está à pequena profundidade, isso irá ferir no interior o músculo saudável causando a supuração da pele; quando se pica de forma rasa o foco que está localizado em profundidade, a energia perversa não será removida, causando finalmente uma grande úlcera; quando se aplica uma agulha grande para uma doença leve e a energia é expurgada em excesso, a condição da doença ficará pior; quando se aplica uma agulha pequena para uma doença séria a energia perversa não será purgada, e isso irá causar problemas mais tarde. Por isso, a aplicação da agulha deve ser apropriada. Quando o tamanho da agulha for maior do que o necessário, isso irá ferir a energia saudável; quando for menor do que deve ser, a doença não será removida. Essas são as condições quando se aplica erroneamente uma agulha. Discutimos aqui a aplicação adequada das agulhas.

病在皮肤无常处者，取以镵针于病所，肤白勿取。病在分肉间，取以员针于病所。病在经络痼痹者，取以锋针，病在脉，气少当补之者，取以锝针于井荥分输。病为大脓者，取以铍针。病痹气暴发者，取以员利针。病痹气痛而不去者，取以毫针。病在中者，取以长针，病水肿不能通关节者，取以大针。病在五脏固居者，取以锋针，泻于井荥分输，取以四时。

Quando a doença está na superfície da pele sem uma localização definida, pode ser tratada com a agulha sagital. Se o local doente na pele estiver pálido, a agulha sagital não deve ser usada. Quando a doença está no músculo ou entre os músculos, pode ser tratada com a agulha do tipo ovóide. Quando a doença está no canal e a energia do paciente é deficiente a ponto de precisar de revigoração, tratar com a agulha rombuda pressionando respectivamente os pontos Ting (Poço), Xing e Shu. O paciente com uma doença de úlcera supurativa séria, pode-se tratar com a agulha em forma de espada para eliminar o pus. Quando tratar a síndrome Bi, isso pode ser feito com a agulha em forma de unha de cavalo. Quando tratar a síndrome Bi onde há dor incessante, isso pode ser tratado com agulha filiforme. Quando a doença penetrou o interior, pode-se tratar com agulha longa. Quando tratar o edema e as juntas do paciente estiverem gretadas, isso pode ser tratado com agulha grande. Quando tratar o mal prolongado retido nas cinco vísceras, pode-se tratar com a agulha ensiforme. Ao picar os pontos Ting (Poço) e Xing, para purgar, deve-se tratá-los de acordo com os diferentes climas das quatro estações.

凡刺有九，以应九变。一曰输刺；输刺者，刺诸经荥输脏输也。二曰远道刺；远道刺者，病在上，取之下，刺府输也。三曰经刺；经刺者，刺大经之结络经分也。四曰络刺；络刺者，刺小络之血脉也。五曰分刺；分刺者，刺分肉之间也。六曰大泻刺；大泻刺者，刺大脓以铍针也。七曰毛刺；毛刺者，刺浮痹皮肤也。八曰巨刺；巨刺者，左取右，右取左。九曰焠刺；焠刺者，刺燔针则取痹也。

Existem nove tipos de punturas adequadas aos nove tipos de males patológicos. O primeiro tipo se chama puntura shu, que é para picar os pontos shu nos diversos pontos Ting (Poço), Xing, Shu, Jing (Rio) e He dos doze canais nas extremidades e os acupontos viscerais nas costas e nas duas laterais. O segundo tipo se chama puntura distal que é a picada do acuponto na parte inferior quando a doença estiver na parte superior, e para picar os acupontos dos três canais Yang. O terceiro tipo é chamado puntura do canal que é a picada nos nós ou endurecimentos que conectam a camada profunda do canal. O quarto tipo é chamado puntura que deixar sair sangue, que é picar as veias superficiais e pequenas por sob a pele. O quinto tipo é chamado puntura intermuscular que é para regular o batimento das camadas musculares baixas. O sexto tipo é chamado puntura de drenagem que é para picar a úlcera supurativa. O sétimo tipo é chamado de puntura da pele que é para picar a síndrome Bi superficial da pele sem ferir o músculo. O oitavo tipo é chamado puntura ao oposto que é para picar os pontos controlaterais do lado afetado. O nono tipo é chamado puntura ao rubro, para tratar a síndrome Bi com a agulha esquentada ao rubro no fogo.

凡刺有十二节，以应十二经。一曰偶刺；偶刺者，以手直心若背，直痛所，一刺前，一刺后，以治心痹，刺此者傍针也。二曰报刺；报刺者，刺痛无常处也，上下行者，直内无拔针，以左手随病所按之，乃出针复刺之也。三曰恢刺；恢刺者，直刺傍之，举之前后，恢筋急，以治筋痹也。四曰齐刺〔齐：孙鼎宜曰：“‘齐’当作‘参’”〕；齐刺者，直入一，傍入二，以治〔寒气：《甲乙》卷五第二“寒”下有“热”字〕气小深者。或曰三刺；三刺者，治痹气小深者也〔或曰三刺，三刺者治痹气小深者也；《针灸大成》卷一引无“或曰”以下十四字〕。五曰扬刺；扬刺者，正内一，傍内四，而浮之，以治寒气之博大者也。六曰直针刺；直针刺者，引皮乃刺之，以治寒气之浅者也。七曰输刺；输刺者，直之直出，稀发针而深之〔稀发针而深之：按“稀”“深”二字疑误，似应分作“疾”“浅”二字〕，以治气盛而热者也。八曰短〔短：“短”字疑误，似应作“坚”〕刺；短刺者，刺骨痹稍摇而深之，致针骨所，以上下摩骨也。九曰浮刺；浮刺者，傍入而浮之，以治肌急而寒者也。十曰阴刺；阴刺者，左右率刺之，以治寒厥，中寒厥〔中寒厥：《圣济总录》卷一百九十二引无“中寒厥”三字〕，足〔足：《圣济总录》卷一百九十二“足”上有“取”字〕踝后少阴也。十一曰傍针刺；傍针刺者，直刺傍刺各一以治留痹久居者也。十二曰赞刺；赞刺者，直入直出，数发针而浅之出血，是谓治痈肿也。

Existem doze métodos de picar para tratar as inúmeras doenças dos doze canais. O primeiro tipo se chama puntura empareada, picando-se primeiro o ponto dolorido no peito, e depois o ponto dolorido nas costas, a fim de tratar os males da obstrução do tipo energia do coração, e a picada deve ser rasa para evitar que se fira um órgão interno. O segundo tipo é chamado puntura de gatilho que é para tratar a dor não localizada que está aqui e ali ao mesmo tempo, fazendo-o rapidamente mas sem tirar a agulha imediatamente, pressionando o local da dor com a mão esquerda e depois retirando a agulha, e picar de novo da mesma maneira quando for encontrado um outro ponto dolorido. O terceiro tipo é chamado puntura de relaxamento que é para picar imediatamente ao lado do músculo dolorido, manipulando a agulha para cima e para baixo, no lado anterior e posterior para relaxar o músculo e aliviar a dor muscular e o espasmo. O quarto tipo é chamado puntura assimétrica, que é para picar o centro da parte afetada com uma agulha e ambos os lados com outras duas agulhas, e a isso se chama puntura tripla que é para tratar o frio e o calor leves mas prolongados. O quinto tipo é chamado de puntura Yang, que é para picar o centro da parte afetada com uma agulha e os quatro lados com outras quatro agulhas numa picada rasa, para tratar a doença de extensão de frio e calor. O sexto tipo é chamado puntura perpendicular, mantendo-se primeiro a pele erguida com os dedos, picando então com a agulha na extensão da pele, para tratar a síndrome Bi atacada pelo frio perverso leve. O sétimo tipo é chamado puntura do ponto Shu, onde o penetrar e o erguer da agulha são perpendiculares, com uma inserção rápida e picada rasa para tratar a doença com energia abundante e febre alta. O oitavo tipo se chama puntura vertical que é para tratar a síndrome Bi do ossos, onde após a inserção se ondula levemente a agulha para fazê-la avançar, fazendo com que a ponta se aproxime do osso, aplicando o método de inserção e soerguimento, para que se possa tratar este tipo de síndrome Bi. O nono tipo é chamado puntura superficial que é a picada lateral rasa na superfície do músculo para tratar a síndrome Bi devido ao espasmo muscular. O décimo tipo se chama puntura Yin, que é para picar o lado interno das coxas esquerda e direita, a fim de tratar a síndrome Jue do tipo frio, devendo picar o ponto Taixi de Shaoyin do Pé atrás do maléolo interno. O décimo primeiro ponto é chamado de puntura dos arredores da agulha, que é para picar diretamente a parte afetada com uma agulha e picar as proximidades com outra agulha, a fim de tratar a síndrome Bi prolongada. A décima segunda puntura é chamada de rasa e repetida, onde o movimento de inserção e soerguimento é perpendicular, e a picada é rápida e rasa para tratar o carbúnculo e o inchaço.

脉之所居深不见者，刺之微内针而久留之，以致其空脉气也。脉浅者勿刺，按绝其脉乃刺之，无令精出〔无令精出：《圣济总录》卷一百九十二引"精"下有"气"字〕，独出其邪气耳。所谓三刺则谷气出者，先浅刺绝皮，以出阳邪；再刺则阴邪出者，少益深，绝皮致肌肉，未入分肉间也；已入分肉之间，则谷气出。故《刺法》曰：始刺浅之，以逐邪气而来血气；后刺深之，以致阴气之邪；最后刺极深之，以下谷气。此之谓也。故用针者，不知年之所加，气之盛衰，虚实之所起，不可以为工也。

Quando o canal está numa camada muito baixa e não pode ser visto, quando picar, deve-se manter a agulha de uma maneira suave e mantê-la na extensão para guiar a energia do canal ao acuponto. Quando picar o canal que está na localização rasa, não picar de forma abrupta, devendo-se primeiro pressionar para separar o fluxo do canal, mantendo-o longe do vaso sanguíneo, e então a agulha pode ser introduzida. A picada é somente para eliminar a energia perversa, e a energia refinada não deve ser excretada. A assim chamada picada dos três estágios é a última a receber a resposta por meio da agulha. O procedimento é o seguinte: em primeiro lugar, picar de maneira rasa através da pele para purgar a energia perversa do Wei; em segundo lugar, picar e expurgar a energia perversa do Ying, e esta picada deve ser mais profunda, penetrando a pele e se aproximando do músculo, mas não atingindo a carme aderente ao osso; por último, quando a agulha finalmente atingir a carne aderente ao osso, ocorrerá a resposta da puntura. Por isso está estabelecido na "Terapia da Picada": "No início, picar a pele de forma rasa, pois isso pode dispersar a energia perversa do Yang e promover a circulação da energia saudável; em seguida, picar mais profundamente para dispersar a energia perversa do Yin; finalmente, picar mais profundamente para produzir a resposta de puntura como para revigorar a astenia e purgar a estenia". Portanto, quando não se conhece a regra de envelhecimento do homem, ignorando-se a respeito das doenças causadas pela abundância ou deficiência, astenia ou estenia do sangue e da energia, este não pode ser considerado um bom médico.

凡刺有五，以应五脏。一曰半刺；半刺者，浅内而疾发针，无针伤肉，如拔毛状，以取皮气，此肺之应也。二曰豹文刺；豹文刺者，左〔左：《太素》卷二十二《五刺》"左"上有"刺"字〕右前后，针之中脉为故，以取经络之血者，此心之应也。三曰关刺；关刺者，直刺左右，尽筋上，以取筋痹，慎无出血，此肝之应也。或曰渊刺，一曰岂刺。四曰合谷刺；合谷刺者·左右鸡足，针于分肉之间，以取肌痹，此脾之应也。五曰输刺；输刺者，直入直出，深内之至骨，以取骨痹，此肾之应也。

Existem cinco tipos de terapia de picada adequadas às afecções relacionadas às cinco vísceras. O primeiro tipo é chamado picada rasa, na qual a inserção deve ser rápida sem ferir o músculo, como quando se arranca um fio de cabelo fino; isto pode purgar a energia da pele, e é a terapia de picada que corresponde ao pulmão. O segundo tipo é chamado puntura do foco do leopardo, picando-se à esquerda e à direita, na frente e atrás, devendo-se atingir os colaterais. Pode-se usar para dispersar o sangue estagnado nos canais e colaterais, e é a terapia de picada que corresponde ao coração. O terceiro tipo é chamado puntura das juntas, que é picar diretamente ao redor das juntas das extremidades, para tratar a síndrome Bi relativa aos tendões. Quando se pica, deve-se produzir sangramento e é a terapia de picada que corresponda ao fígado. Esta é chamada picada Yuan ou picada Qi. O quarto tipo é chamado de picada multidirecional, que é uma picada dirigida imediatamente para a frente com uma agulha e dos lados esquerdo e direito com duas agulhas, como o padrão de um pé de galinha. Quando se pica a textura e o espaço intersticial dos músculos, isso pode curar mialgia, e é a terapia de picada que corresponde ao baço. O quinto tipo se chama puntura do ponto Shu, onde a inserção e o soerguimento da agulha são perpendiculares para atingir a localização próxima ao osso. Pode curar o reumatismo que envolve o osso, e é a terapia de picada que corresponde aos rins.

本神第八

Capítulo 8
Ben Shen
(As Doenças Causadas pelas Atividades do Espírito)

黄帝问于岐伯曰：凡刺之法，先必本于神。血、脉、营、气、精神，此五脏之所藏也，至其淫泆，离藏则精失、魂魄飞扬、志意恍乱、智虑去身者，何因而然乎？天之罪与？人之过乎？何谓德气，生精、神、魂、魄、心、意、志、思、智、虑？请问其故。

O Imperador Amarelo perguntou a Qibo: "De acordo com os princípios da acupuntura, deve-se examinar primeiro cuidadosamente o paciente, e então tratar de acordo com as condições de suas atividades do espírito. Como o sangue, os canais, a energia Ying, a energia vital e a essência da vida estão todas armazenadas nas cinco vísceras, quando se tornam anormais e se afastam da víscera que as armazena, a energia refinada das cinco vísceras será perdida, a alma e o espírito inferior subirão pelos ares, a vontade sofrerá contrariada e o próprio paciente perderá o entendimento e deixará de ponderar; por que isso? Isto se deve à morbidez natural ou se deve a uma falha artificial do homem? Além disso, o que é a substância original? Como ela pode produzir a essência da vida, o espírito, a alma, o espírito inferior, a mente dentro do coração, as idéias, a vontade, a ponderação, a sabedoria e a consideração? Espero ouvir as razões a respeito disso".

岐伯答曰：天之在我者德也，地之在我者气也，德流气薄而生者也。故生之来谓之精，两精相搏谓之神，随神往来者谓之魂，并精而出入者谓之魄，所以任物者谓之心，心有所忆谓之意，意之所存谓之志，因志而存变谓之思，因思而远慕谓之虑，因虑而处物谓之智。

Qibo respondeu: "O ser humano vem à existência recebendo a substância original e a energia do céu e da terra, e o fluxo intermediário e o combate da substância original e da energia dão forma ao homem. A substância original que possibilita a evolução do corpo humano é chamada essência da vida; quando a essência Yin e a essência Yang se combinam, isso gera as atividades de vida a que se chama espírito; a função da consciência que surge junto com as atividades espirituais se chama alma; a faculdade de locomoção produzida juntamente com as idas e vindas da energia refinada, se chama espírito inferior; quando se faz uma proposta que vem de fora, é ocorre pelo coração (mente); quando o coração capta algo e deixa uma impressão, a isto se chama idéia; quando se estudam repetidamente as condições de mudança, de acordo com o entendimento, a isto se chama ponderação; quando se tem uma remota inferência proveniente da ponderação, a isto se chama consideração; quando se toma uma decisão correspondente ao estabelecimento de algo depois de ponderar, a isto se chama sabedoria.

故智者之养生也，必须四时而适寒暑，和喜怒而安居处，节阴阳而调刚柔，如是则僻邪不至，长生久视。

548

"Portanto, quando um homem sábio preserva a saúde, ele sempre se adapta ao clima frio e ao clima quente de maneira a estar de acordo com as quatro estações, mantém os humores do regozijo e da raiva em harmonia, para manter seu movimento e repouso no dia-a-dia, para que possa controlar a superabundância do Yin e do Yang e regula a firmeza e a mansidão. Desta forma, o perverso que debilita e rouba não invadem, e a pessoa não irá se tornar decrépita e terá uma vida longa.

是故怵惕思虑者则伤神，神伤则恐惧流淫而不止。因悲哀动中者，竭绝而失生。喜乐者，神惮散而不藏。愁忧者，气闭塞而不行。盛怒者，迷惑而不治。恐惧者，神荡惮而不收。

"O terror excessivo e a ponderação, fazem com que o paciente gaste a energia Yin e fique instável. O sofrimento excessivo lesa as vísceras internas, fazendo com que as atividades funcionais da energia vital se tornem exaustas, gerando a morte do paciente. A alegria excessiva causa a dispersão da energia que não pode mais ser armazenada. A melancolia excessiva causa o impedimento e a estagnação das atividades funcionais da energia vital. A fúria causa manias e a anormalidade do paciente. O terror excessivo causa o transbordamento da energia refinada devido ao desassossego do espírito.

心〔心怵惕：《素问·宣明五气篇》王注引无"心"字〕怵惕思虑则伤神，神伤则恐惧自失，破䐃脱肉，毛悴色夭，死于冬。

"O terror excessivo e a ponderação irão ferir o espírito; quando o espírito está ferido, a pessoa não sabe mais controlar a si própria; quando a condição é prolongada, a proeminência muscular vai se deteriorar e os músculos se consomem e caem; quando a doença posteriormente se desenvolve, fazendo com que o cabelo do paciente enfraqueça e a compleição se torne anormal, ele morrerá no inverno.

脾〔脾：《素问·宣明五气篇》王注引《五运行大论》新校正引均无"脾"字〕愁忧而不解则伤意，意伤则乱，四肢不举，毛悴色夭，死于春。

"Quando a melancolia extrema não puder ser removida, as idéias ficarão prejudicadas; quando forem lesadas, o paciente ficará deprimido, inquieto e relutante em erguer os membros devido à fraqueza; quando posteriormente se desenvolve a doença fazendo com que os cabelos do paciente enfraqueçam e a compleição de torne anormal, ele morrerá na primavera.

肝〔肝《素问·宣明五气篇》王注引无"肝"字〕悲哀动中则伤魂，魂伤则狂忘〔忘《甲乙》卷一第一，《千金》卷十一第一并作"妄"〕不精〔不精：《甲乙》卷一第一作"其精不守"〕，不精则不正当人〔不精则不正当人：《甲乙》卷一第一并无"不精则不正当"六字，"人"上并有"令"字，连下读〕，阴缩而挛筋，两胁骨不举，毛悴色夭，死于秋。

"Quando a melancolia excessiva afeta os órgãos internos, isso irá ferir a alma; quando a alma é ferida, ocorre a síndrome da alienação; isso irá fazer com que o sangue não seja mais armazenado no fígado; haverá atrofia dos órgãos genitais, espasmos musculares e dos nos ossos e nos hipocôndrios; quando posteriormente a doença se desenvolve fazendo com que os cabelos do paciente enfraqueçam e a compleição se torne anormal, o paciente irá morrer no outono.

肺〔肺：《素问·宣明五气篇》王注引无"肺"字〕喜乐无极则伤魄，魄伤则狂，狂者意不存人〔人：《甲乙》卷一第一作"其人"属下读〕，皮革焦，毛悴色夭，死于夏。

"A alegria excessiva irá ferir o espírito inferior; quando este for ferido, ocorrerão manias; isso fará com que a consciência do paciente fique desordenada e ele não será mais capaz de observar nada e sua pele ficará enfraquecida; quando posteriormente a doença se desenvolver fazendo com que o cabelo do paciente enfraqueça e sua compleição se torne anormal, ele irá morrer no verão.

肾〔肾：《素问·举痛论》王注引无"肾"字〕盛怒而不止则伤志，志伤则喜忘其前言，腰脊〔腰脊：《千金》卷十九第一"腰脊"下并有"痛"字〕不可能俯仰屈伸，毛悴色夭，死于季夏。

"Quando a fúria é irrestrita, irá ferir a vontade que pode causar o esquecimento de tudo aquilo que foi dito; causando dores lombares e na espinha de forma a que não possa olhar para baixo ou para cima conforme sua vontade; quando posteriormente a doença se desenvolver fazendo com que o cabelo do paciente enfraqueça e sua compleição se torne anormal, ele irá morrer no verão tardio.

恐惧而不解则伤精，精伤则骨酸痿厥，精时自下。是故五脏，主藏精者也，不可伤，伤则失守而阴虚，阴虚则无气，无气则死矣。是故用针者，察观病人之态，以知精神魂魄之存亡得失之意，五者以伤，针不可以治之也。

"Quando o terror excessivo não for aliviado, irá ferir a essência a vida, ocorrendo artralgia e síncope com flacidez, e o paciente terá com freqüência emissões noturnas. Portanto, as cinco vísceras servem para armazenar a energia refinada que não deve ser ferida, ou do contrário, a energia refinada irá perder seu lugar próprio de armazenamento, causando uma deficiência de Yin; neste caso, haverá uma falha da atividade da energia vital, e o paciente irá morrer muito cedo. Por isso, quando se aplica a puntura, deve-se observar a aparência do paciente para conhecer a condição de superabundância ou de deficiência da essência vital, do espírito, do espírito inferior etc. do paciente; se a energia refinada do paciente já estiver ferida nas cinco vísceras, ele não pode de jeito nenhum ser curado pela acupuntura.

肝藏血，血舍魂，肝气虚则恐，实则怒。脾藏营，营舍意，脾气虚则四肢不用，五脏不安，实则腹胀经溲不利。心藏脉〔脉：《医经正本书》第一作"神"〕，脉舍神，心气虚则悲，实则笑不休。肺藏气，气舍魄，肺气虚则鼻塞，不利少气，实则喘喝，胸盈仰息。肾藏精，精舍志，肾气虚则厥，实则胀，五脏不安。必审五脏之病形，以知其气之虚实，谨而调之也。

"O fígado armazena o sangue, e a alma adere ao sangue. Quando a energia do fígado é deficiente, irá ocorrer uma predisposição ao terror; quando a energia do fígado estiver superabundante, a pessoa estará predisposta a ficar zangada. O baço armazena a energia Ying, e as idéias aderem à ela. Quando a energia do baço é deficiente, isso irá causar embotamento dos movimentos dos quatro membros e desarmonia nas cinco vísceras; quando a energia do baço estiver obstruída, isso irá causar distensão abdominal, menoxenia, disquesia e disúria. O coração armazena o espírito, e este adere ao sangue; quando a energia do coração é deficiente, ocorre uma predisposição ao sofrimento; quando a energia do coração está superabundante, ocorre a síndrome do riso incessante. O pulmão armazena a energia, e o espírito inferior adere à energia primordial do homem. Quando a energia do pulmão é deficiente, o nariz ficará entupido, haverá dispnéia, respiração curta; quando a energia do pulmão estiver superabundante e plena, irá ocorrer respiração acelerada, sensação de plenitude no peito chegando mesmo a haver respiração rápida quando se olha para cima. O rim armazena a essência da vida, e a vontade do homem adere à energia refinada. Quando a energia dos rins é deficiente, os pés e as mãos ficarão frios; quando houver um estênico perverso nos rins, irá ocorrer a distensão abdominal, e as cinco vísceras podem ficar desarmoniosas. Portanto, ao tratar, deve-se observar os síndromes causados pelas cinco vísceras, para conhecer a astenia e a estenia da energia primordial e então tratar a doença com cautela".

终始第九

Capítulo 9
Zhong Shi
(O Início e o Término dos Canais)

凡刺之道，毕于终始，明知终始，五脏为纪，阴阳定矣，阴者主脏，阳者主腑〔阴者主脏，阳者主腑：注有浩曰："二句据韵互易，当作'阳者主腑，阴者主脏'"］，阳受气于四末，阴受气于五脏。故泻者迎之，补者随之，知迎知随，气可令和。和气之方，必通阴阳，五脏为阴，六腑为阳，传之后世〔传之后世，《甲乙》卷第五无"传之"以下二十四字］，以血为盟，敬之者昌，慢之者亡，无道行私，必得天殃。

As regulamentações da acupuntura estão todas por escrito no capítulo "O Início e o Término dos Canais"; quem entende o significado de começo e término do canal, será capaz de determinar a relação entre o canal Yin e o canal Yang. O canal Yin está interligado aos cinco órgãos sólidos e o canal Yang está interligado aos seis órgãos ocos. O canal Yang herda a energia de canal das quatro extremidades, e o canal Yin herda a energia de canal das cinco vísceras. Assim, quando se movimenta a agulha contra a direção do fluxo o canal, é a terapia de purgação; quando se movimenta a agulha na direção de fluxo do canal, é a terapia de revigoração. Quando se conhece a forma de movimentar a agulha para expurgar a chegada da energia estênica, e revigorar a energia astênica, a energia dos canais pode ser harmonizada, portanto, a chave para a harmonização da energia do canal é o entendimento da lei do Yin e do Yang. Os cinco órgãos sólidos são Yin no interior, e os seis órgãos ocos são Yang no exterior.

谨奉天道，请言终始，终始者，经脉为纪，持其脉口人迎，以知阴阳有余不足，平与不平，天道毕矣。所谓平人者不病，不病者，脉口人迎应四时也，上下相应而俱往来也，六经之脉不结动也，本末之寒温之相守司也，形肉血气必相称也，是谓平人。少气者，脉口人迎俱少而不称尺寸也。如是者，则阴阳俱不足，补阳则阴竭，泻阴则阳脱。如是者，可将以甘药，不〔不："不"下脱"愈"字］可饮以至剂。如是者，弗灸〔弗灸："灸"当作"久"〕，不已者，因而泻之，则五脏气坏矣。

Agora, passemos com prudência à discussão do significado de início e término dos canais, de acordo com o princípio de superabundância e deficiência do Yin e do Yang no céu e na terra. O que chamamos de início e término, é para se examinar se o Yin e o Yang, a estenia e a astenia estão mantendo o equilíbrio, apalpando Cunkou (artéria radial proximal ao pulso) e Renying (artérias cervicais laterais à cartilagem tiróide), tomando os doze canais como um princípio guia; dessa forma podem ser entendidas as razões de superabundância e deficiência de Yin e de Yang. O que se chama pessoa saudável é aquela que não tem doença alguma e onde as condições de pulso de Cunkou e Renying correspondem às estações; as condições de pulso de

Cunkou e Renying estão em consonância uma com a outra, vão e vêm continuamente e a pulsação dos seis canais é incessante; embora haja alterações de frio e calor nas quatro estações, Cunkou e Renying têm cada um uma condição específica de pulso sem interferir um com o outro; o físico, os músculos, o sangue e a energia são harmoniosos e estão alinhados um com o outro. Essas são as condições de um homem saudável. Quando o homem tem a respiração curta, suas condições de pulso Cunkou e Renying parecem estar boas, e sua pele anterolateral do antebraço não acompanha a condição do pulso, que mostra que tanto o Yin quanto o Yang estão deficientes. Quando tratar a doença de deficiência tanto de Yin quanto de Yang, se o Yang for revigorado, causará a exaustão do Yin; se o Yin for purgado, isso causará a exaustão da energia Yang. Por isso, o paciente desse tipo só pode ser revigorado com uma prescrição de atuação lenta. Se a doença não for curada, pode ser usada uma prescrição de atuação rápida. A doença deste tipo não pode de forma alguma ser curada a curto prazo. Quando não se trata desta forma, mas se trata com acupuntura, isso irá lesar a energia saudável das cinco vísceras.[NT]

人迎一盛，病在足少阳，一盛而躁，病在手少阳。人迎二盛，病在足太阳，二盛而躁，病在手太阳。人迎三盛，病在足阳明，三盛而躁，病在手阳明。人迎四盛，且大且数，名曰溢阳，溢阳为外格。脉口一盛，病在足厥阴，厥阴一盛而躁，在手心主。脉口二盛，病在足少阴，二盛而躁，在手少阴，脉口三盛，病在足太阴，三盛而躁，在手太阴。脉口四盛，且大且数者，名曰溢阴，溢阴为内关，内关不通死不治。人迎与太阴脉口俱盛四倍以上，命名关格，关格者，与之短期。

Quando o pulso Renying está duas vezes maior do que o pulso Cunkou, a doença está no Canal da Vesícula Biliar, Shaoyang do Pé. Quando estiver duas vezes maior e impetuosa, a doença está no Canal do Triplo Aquecedor, Shaoyang da Mão. Quando o pulso Renying estiver três vezes maior do que o pulso Cunkou, a doença está no Canal da Bexiga, Taiyang do Pé. Quando estiver três vezes e impetuoso, a doença está no Canal do Intestino Delgado, Taiyang da Mão. Quando o pulso Renying estiver quatro vezes maior do que o pulso Cunkou, a doença está no Canal do estômago, Yangming do Pé. Quando estiver quatro vezes maior e impetuoso, a doença está no Canal do Intestino Grosso, Yangming da Mão. Quando o pulso Renying estiver cinco vezes maior do que o pulso Cunkou, muito amplo e rápido, a isto se chama transbordamento do Yang, que mostra os seis canais Yang estão parcialmente abundantes e que o Yang deixa de se comunicar com a energia Yin, e também se chama "rejeição que vem de fora".

Quando o pulso Cunkou é duas vezes maior do que o pulso Renying, a doença está no Canal do Fígado Jueyin do Pé. Quando é duas vezes maior e impetuoso, a doença está no Canal do Pericárdio, Jueyin da Mão. Quando o pulso Cunkou é três vezes maior do que o pulso Renying, a doença está no Canal do Rim Shaoyin do Pé; quando está três vezes maior e impetuoso, a doença está no Canal do Coração Shaoyin da Mão. Quando pulso Cunkou é quatro vezes maior do que o pulso Renying, a doença está no Canal do Baço, Taiyin do Pé. Quando estiver quatro vezes maior e impetuoso, a doença está no Canal do Pulmão, Taiyin da Mão. Quando o pulso Cunkou

---

NT - A prescrição a que se refere o texto é a da fitoterapia com ervas chinesas.

estiver cinco vezes maior que o pulso Renyin, muito amplo e rápido, a isto se chama transbordamento do Yin, que mostra que os seis canais Yin estão parcialmente abundantes e deixam de se comunicar com a energia Yang, e isto também se chama "o fechamento que vem de dentro". Quando as superfícies e o interior estiverem obstruídas devido ao fechamento que vem de dentro, é uma doença fatal. Quando o pulso Renying e o pulso Cunkou estiverem ambos cinco vezes maior do que o normal, a isto se chama "Guan Ge"" (fechar e rejeitar). Quando alguém tem Guan Ge, vai morrer logo.

人迎一盛，泻足少阳而补足厥阴，二泻一补，日一取之，必切而验之，疏取之上，气和乃止。人迎二盛，泻足太阳，补足少阴，二泻一补，二日一取之，必切而验之，疏取之上，气和乃止。人迎三盛，泻足阳明而补足太阴，二泻一补，日二取之，必切而验之，疏取之上，气和乃止。脉口一盛，泻足厥阴而补足少阳，二补一泻，日一取之，必切而验之，疏而取之上，气和乃止。脉口二盛，泻足少阴而补足太阳，二补一泻，二日一取之，必切而验之，疏取之上，气和乃止。脉口三盛，泻足太阴而补足阳明，二补一泻，日二取之，必切而验之，疏而取之上，气和乃止。所以日二取之者，太阳主胃，大富于谷气，故可日二取之也。人迎与脉口俱盛三倍以上，命曰阴阳俱溢，如是者不开，则血脉闭塞，气无所行，流淫于中，五脏内伤。如此者，因而灸之，则变易而为他病矣。

Quando o pulso Renying estiver duas vezes maior do que o pulso Cunkou, o Canal da Vesícula Biliar Shaoyang do Pé deve ser purgado e o Canal do Fígado, Jueyin do Pé deve ser revigorado; ao purgar, deve-se picar um acuponto; quando revigorar, deve-se picar dois acupontos e isso deverá ser feito uma vez por dia; além disso, deve-se verificar os pulsos Renying e Cunkou para constatar se a doença está tendo um alívio ou um agravamento; se o paciente estiver irritado e inquieto, deve-se picar o canal da parte superior do corpo, e parar de picar quando a energia do canal estiver harmoniosa. Quando o pulso Renying estiver três vezes maior que o pulso Cunkou, deve-se purgar o Canal da Bexiga, Taiyang do Pé e revigorar o Canal do Rim Shaoyin do Pé; quando purgar, deve-se picar dois acupontos; quando revigorar, deve-se picar um acuponto, e a picada deve ser feita uma vez em dois dias; além disso, deve-se tomar os pulsos Renying e Cunkou para verificar se a doença está tendo um alívio ou se agravando; se o paciente ficar irritado e inquieto, deve ser picado o canal da parte superior do corpo, deixando de picar quando a energia do canal estiver harmonizada. Quando o pulso Renying estiver quatro vezes que o pulso Cunkou, deve-se purgar o Canal do Estômago Yangming do Pé e revigorar o Canal do Baço Taiyin do Pé; quando purgar, devem ser picados dois acupontos; quando revigorar deve ser picado um acuponto, e a puntura deve ser feita duas vezes ao dia; além disso, deve-se tomar os pulsos Renying e Cunkou para verificar se a doença está tendo uma melhora ou se está se agravando; se o paciente estiver irritado ou inquieto, deve ser picado o canal da parte superior do corpo, deixando-se de picar quando as energias do canal estiverem harmoniosas. Quando Cunkou estiver duas vezes maior do que Renying, deve-se purgar o Canal do Fígado, Jueyin do Pé e revigorar o Canal da Vesícula Biliar Shaoyang do Pé; quando revigorar, devem ser picados dois acupontos; quando purgar, deve ser picado um acuponto e a puntura deve ser feita uma vez ao dia; além disso devem ser verificados os pulsos Renying e

Cunkou para constatar se a doença teve uma melhora ou um agravamento; se o paciente estiver irritado ou inquieto, deve ser picado o canal da parte superior do corpo, deixando-se de picar quando as energias do canal estiverem harmoniosas. Quando o pulso Cunkou estiver três vezes maior do que o pulso Renying, deve-se purgar o Canal do Rim Shaoyin do Pé e revigorar o Canal da Bexiga Taiyang do Pé; quando revigorar, devem ser picados dois acupontos; quando purgar, deve ser picado um acuponto, devendo-se punturar uma vez, durante dois dias; além disso, deve-se tomar os pulsos de Renying e Cunkou para constatar se a doença está tendo uma melhora ou um agravamento; se o paciente sentir irritação ou inquietude, deve-se picar o canal da parte superior do corpo, cessando a puntura quando a energia do canal estiver harmoniosa. Quando o pulso de Cunkou estiver quatro vezes maior do que o pulso Renying, deve-se punturar o Canal do Baço Taiyin do Pé e revigorar o Canal do Estômago Yangming do Pé; quando revigorar, devem ser picados dois acupontos; quando purgar, deve ser picado um acuponto, e a puntura deve ser feita duas vezes ao dia; além disso, deve-se tomar o pulso de Cunkou e de Renying para verificar se a doença teve uma melhora ou um agravamento; se o paciente estiver irritado e inquieto, deve ser picado o canal da parte superior do corpo, cessando de picar quando a energia do canal estiver harmoniosa. A razão de se picar duas vezes ao dia, é porque o Canal Yangming controla a condição do estômago, e neste, a essência dos cereais é abundante, havendo muita energia e sangue. Quando os pulsos Cunkou e Renying estiverem ambos quatro vezes maiores do que o usual, a isto se dá o nome de "hiper-fluxo do Yin e do Yang"; se o canal não for drenado, isso irá fazer com que fiquem bloqueadas as atividades funcionais da energia vital, a circulação da energia vital ficará atrasada, a energia e o sangue desimpedidos, e as cinco vísceras serão lesadas. Neste caso, se a moxibustão for aplicada de maneira errônea, haverá uma mudança, causando a doença.

凡刺之道，气调而止，补阴泻阳，音气〔气：《甲乙》卷五第五作"声"〕益彰，耳目聪明，反此者血气不行。

Geralmente, quando se puntura, quando as energias Yin e Yang estão em harmonia, deve-se parar de picar. Além disso, deve-se prestar atenção à revigoração do Yin e à purgação do Yang; dessa forma, pode o paciente ter uma voz audível, os ouvidos atentos e os olhos brilhantes. Se for feito o contrário, purgando-se o Yin e revigorando o Yang, o sangue e a energia do paciente não irão operar normalmente.

所谓气至而有效者，泻则益虚，虚者脉大如其故而不坚也，坚如其故者，适虽言故，病未去也。补则益实。实者脉大如其故而益坚也，夫如其故而不坚者，适虽言快，病未去也。故补则实，泻则虚，痛虽不随针〔针："针"下脱"减"字，应据《甲乙》卷五第五补〕，病必衰去。必先通十二经脉之所生病，而后可得传于终始矣。故阴阳不相移，虚实不相倾，取之其经。

Aquilo que se diz ter um efeito curador quando a energia chega sob a agulha, significa que quando a síndrome estênica é tratado com a terapia de purgação, a estenia irá se transformar em astenia, e a condição de pulso astênico irá permanecer agigantada, mas não firme. Se a condição do pulso permanecer firme, a doença não será aliviada, embora o paciente se sinta confortável no momento. Quando a síndrome astênica for tratado com a terapia de revigoração, a astenia irá se transformar em estenia, e a condição de pulso estênico irá permanecer agigantada, mas não firme; a doença não será aliviada e ainda mais firme. Se a condição do pulso permanecer agigantada mas não firme, a doença não será aliviada embora o paciente se sinta confortável no momento. Por isso, quando se aplica a terapia de revigoração de forma acurada, a energia saudável poderá ser reforçada; quando se aplica a terapia de purgação de forma acurada, a energia perversa será debilitante. Muito embora a dor não possa ser removida imediatamente no momento em que se pica com a agulha, a doença certamente terá um alívio. Deve-se entender primeiro as relações entre os doze canais e a doença, podendo-se depois atingir a condição de um bom começo e um bom fim. O canal Yin e o canal Yang não podem de maneira nenhuma ser mudados entre si e a síndrome estênica não pode de maneira nenhuma ser revertido, por isso, quando tratar picam-se os acupontos do canal relacionado.

凡刺之属，三刺至谷气，邪僻妄合，阴阳易居，逆顺相反，沉浮异处，四时不得，稽留淫泆，须针而去。故一刺则阳邪出，再刺则阴邪出，三刺则谷气至，谷气至而止。所谓谷气至者，已补而实，已泻而虚，故以知谷气至也。邪气独去者，阴与阳未能调，而病知愈也。故曰补则实，泻则虚，痛虽不随针，病必衰去矣。

Ao picar, deve-se tomar o cuidado de aplicar o método das três punturas, para fazer com que a energia saudável surja lentamente. Todas as afecções como envolvimento da energia perversa com sangue e energia desordenada, fluir do Yin interno para o exterior, afundamento do Yang externo para o interior, circulação invertida de energia e sangue, afundamento e flutuação anormais da condição de pulso, inconsistência do canal com as quatro estações, estagnação de energia e sangue do paciente e o correr acelerado do sangue e da energia, devem ser removidos picando-se dessa maneira, por isso deve-se prestar atenção ao método das três picadas. Neste método, a picada inicial irá expelir a energia perversa do Yang; a segunda irá expelir a energia perversa do Yin; a terceira picada fará com que a energia saudável volte lentamente, e nesse momento a agulha pode ser retirada. Aquilo que se chama a chegada da energia saudável, significa que se pode conhecer a chegada desta energia quando o paciente sente que ela é mais substancial após revigorar e sente que a energia perversa está um tanto quanto retraída após purgar. Quando a energia perversa é removida, embora o sangue e a energia do Yin e do Yang ainda não tenham sido harmonizadas, pode-se saber que se irá recuperar da doença logo. Assim diz o ditado: "Revigorar gera o substancial e purgar gera a deficiência; embora a dor não seja toda retirada no momento da picada, a doença irá declinar".

阴盛而阳虚，先补其阳，后泻其阴而和之。阴虚而阳盛，先补其阴，后泻其阳而和之。

Quando a energia perversa no canal Yin estiver superabundante, e a energia saudável estiver deficiente no canal Yang, deve-se revigorar a energia saudável do canal Yang em primeiro lugar e depois então, purgar a energia perversa do canal Yin, de maneira a ajustar o excesso e a deficiência. Quando a energia saudável do canal Yin estiver deficiente e a energia perversa do canal Yang estiver superabundante, deve-se primeiro revigorar a energia saudável do canal Yin, e então purgar a energia perversa do canal Yang, de forma a adequar o excesso e a deficiência.

三脉动于足大指之间，必审其实虚。虚而泻之，是谓重虚，重虚病益甚。凡刺此者，以指按之，脉动而实且疾者疾泻之，虚而徐者则补之，反此者病益甚。其动也，阳明在上，厥阴在中，少阴在下。

Os três canais: Yangming do Pé, Jueyin do Pé e Shaoyin do Pé, todos têm suas artérias espalhadas entre o hálux e o segundo artelho; quando picar, deve-se examinar se a síndrome é astênica ou estênica; se for aplicada erroneamente a purgação da síndrome astênica, a isto se chama astenia dupla; a astenia será cada vez maior e a doença irá se agravar. Geralmente, ao picar este tipo de doença, pressiona-se primeiro a artéria com os dedos; se a pulsação for estênica e rápida, deve-se aplicar a terapia de purgação; quando a pulsação for estênica e lenta, deve-se aplicar a terapia de revigoração. Se for aplicada erroneamente a revigoração ou a purgação, a doença irá se agravar. Quanto à localização das artérias, a artéria do Yangming do pé está no dorso do pé, da mesma maneira que as de Jueyin do Pé e Taiyin do Pé.

膺腧中膺，背腧中背，肩膊虚者，取之上。

Ao picar os acupontos do peito, estes devem se beliscados; quando picar os acupontos das costas, as costas devem ser erguidas. Havendo dor, distensão e adormecimento no braço, devem ser picados os acupontos do canal do membro superior.

重舌，刺舌柱以铍针也。

Ao paciente com inchaço sublingual, picar a veia maior sob a língua para fazer com que sangre.

手屈而不伸者，其病在筋，伸而不屈者，其病在骨，在骨守骨，在筋守筋。

Quando não se pode esticar os dedos após tê-los curvado, a doença está no tendão; quando se deixa de curvar os dedos após tê-los esticado, o mal está nos ossos. Quando a doença está nos ossos, tratar os acupontos que controlam os ossos; quando a doença está nos tendões, tratar os acupontos que controlam os tendões.

补须〔补须："须"是误字，应作"泻"〕一方实，深取之，稀按其痏，以极出其邪气；一方虚，浅刺之，以养其脉，疾按其痏，无使邪气得入。邪气来也紧而疾，谷气来也徐而和。脉实者，深刺之，以泄其气；脉虚者，浅刺之，使精气无得出，以养其脉，独出其邪气。刺诸痛者〔刺诸痛者：《太素》卷二十二《三刺》"痛者"下并有"深刺之，诸痛者"六字〕，其脉皆实。

A regra fundamental do revigorar e do purgar é: quando purgar, prestar atenção para descobrir o lado estênico do canal de energia e picar profundamente na terapia de purgação; após retirar a agulha, pressionar o orifício rapidamente com a mão para excretar completamente a energia perversa; quando revigorar, prestar atenção para descobrir o lado astênico do canal de energia e picar de forma rasa, para manter o canal picado com a terapia de revigoração.; após a retirada da agulha, pressionar o orifício vigorosamente com a mão para evitar a incursão da energia perversa. Quando a energia perversa chegar, haverá uma sensação muito rápida por sob a agulha e quando a energia saudável chegar, haverá sob a agulha uma sensação lenta e harmoniosa. Quando a energia do canal estiver superabundante e estênica, deve-se aplicar a picada profunda; quando a energia do canal for deficiente e astênica, deve-se aplicar a picada rasa para evitar a excreção a energia refinada do canal: deve-se mantê-la dentro. Somente a energia perversa deve ser retirada. Em todas as doenças em que há dor, deve-se picar profundamente, já que todas as condições de pulso indicam que as doenças com dor são estênicas.

故曰：从腰以上者，手太阴阳明皆主之；从腰以下者，足太阴阳明皆主之。病在上者下取之，病在下者高〔高："高"是"上"的误字，应据《针灸问对》卷上改〕取之，病在头者取之足，病在足者取之腘。病生于头者头重，生于手者臂重，生于足〔足：胡本，熊本，周本，统本并作"腰"〕者足重，治病者先刺其病所从生者也。

Todas as enfermidades localizadas acima da região lombar podem ser tratadas com os acupontos do Canal do Pulmão Taiyin da Mão e com o Canal do Intestino Grosso Yangming da Mão; todas as enfermidades abaixo da região lombar podem ser tratadas com os acupontos do Canal do Baço Taiyin do Pé e com o Canal do Estômago Yangming do Pé. Quando a doença estiver na parte superior, devem ser picados os acupontos localizados bem na parte de baixo; quando a enfermidade estiver na parte inferior, podem ser picados os acupontos da parte superior; quando a enfermidade estiver na região lombar, podem ser picados os acupontos sobre a fossa poplítea; quando a enfermidade estiver na cabeça, o paciente sentirá aí um peso; quando a enfermidade estiver na mão, ela sentirá os pés pesados. Ao picar, deve-se primeiro analisar cuidadosamente as razões da doença e, então, proceder à puntura.

春气在〔在：《太素》卷二十二《三刺》"在"下有"豪"字〕毛，夏气在皮肤，秋气在分肉，冬气在筋骨，刺此病者各以其时为齐。故刺肥人者，以秋冬之齐；刺瘦人者，以春夏之齐。病痛者〔病痛者：《甲乙》卷五第五作"刺之痛者"〕阴也，痛而以手按之不得者阴也，深刺之。病在上者阳也，病在下者阴也。痒者阳也，浅刺之。

Na primavera, a energia perversa está nos pêlos mais finos; no verão, está na pele; no outono, a energia perversa está nos músculos, e no inverno, a energia perversa está nos tendões e nos ossos. Quando tratar as enfermidades relacionadas às estações, a puntura deve ser diferenciada em relação à profundidade, de acordo com as mudanças da estação. Para uma pessoa que tenha a carne forte, deve-se aplicar a puntura profunda que é adequada no outono e no inverno; para uma pessoa magra e debilitada, deve-se aplicar a puntura adequada à primavera e ao verão. Quando o paciente sentir dor ao picar, em sua maioria é a síndrome Yin; quando a dor não puder ser aliviada à pressão da mão, também é a síndrome Yin que deve ser tratada com puntura profunda. Quando o paciente tiver coceira, isso mostra que o perverso está no exterior, devendo ser tratado com uma puntura rasa. Quando a doença estiver na parte superior do corpo, pertence ao Yang; quando estiver na parte inferior, pertence ao Yin.

病先起阴者，先治其阴而后治其阳；病先起阳者，先治其阳而后治其阴。刺热厥者，留针反为寒；刺寒厥者，留针反为热。刺热厥者，二阴一阳；刺寒厥者，二阳一阴。所谓二阴者，二刺阴也；一阳〔一阳：《甲乙》卷七第三并作"二阳"，"二阳"上有"所谓"二字〕者，〔一：《甲乙》卷七第三并作"二"〕一刺阳也。久病者邪气入深，刺此病者，深内而久留之，间日而复刺之，必先调其左右，去其血脉刺道毕矣。

Quando a doença tiver início no Canal Yin, este deve ser tratado em primeiro lugar, tratando-se o Canal Yang depois; quando a doença tiver início no Canal Yang, este deve ser tratado primeiro, seguindo-se o Canal Yin. Quando se picar as extremidades frias devido ao calor perverso, a retenção da agulha pode fazer com que o calor se transforme em frio; quando punturar a síndrome Jue do tipo frio, a retenção da agulha pode fazer com que o frio se transforme em calor. Ao picar as extremidades frias devido ao calor perverso, o Canal Yin deve ser picado duas vezes, e o Canal Yang uma vez. O que se chama duas vezes Yin, significa picar duas vezes o Canal Yin e duas vezes Yang, significa picar duas vezes o Canal Yang. Quando a enfermidade for prolongada e o perverso tiver penetrado nas vísceras, deve-se picar em profundidade retendo a agulha por mais tempo, e a picada deve ser feita dia sim dia não. Quando o perverso está no canal, deve-se picar perpendicularmente, picando o colateral de forma contralateral quando a doença estiver no colateral, e o sangue estagnado no vaso deve ser removido. Estes são os princípios da acupuntura.

凡刺之法，必察其形气，形肉〔肉:《甲乙》卷五第五"肉"作"气"〕未脱，少气而脉又躁，躁厥〔厥:《甲乙》卷五第五校注云:"'厥'一作'疾'字"〕者，必为缪刺之，散气可收，聚气可布，深居静处，占〔占:《灵枢略·六气论》并作"与"〕神往来，闭户塞牖，魂魄不散，专意一神，精气之〔之:《灵枢略·六气论》并作"不"〕分，毋闻人声，以收其精，必一其神，令志在针，浅而留之，微而浮之，以移其神，气至乃休。男内女外，坚拒勿出，谨守勿内，是谓得气。

Geralmente, ao picar, deve-se examinar o físico e a energia vital do paciente. Se o físico do paciente não estiver emaciado, mas a respiração for curta e a condição do pulso impetuosa e rápida, deve-se aplicar a picada contralateral para reunir a energia que está dispersa, dispersando a energia perversa acumulada. Quando picar, o médico deve estar num local tranqüilo e proceder somente com o espírito, devendo também estar num ambiente com as portas e janelas fechadas; ele deve estar com a consciência limpa, estar puro de pensamentos e com a mente atenta, concentrando a energia; ele não pode estar escutando vozes ao redor, mantendo a mente atenta e concentrando a atenção somente na picada. Deve aplicar a puntura e o soerguimento com leveza, fazendo com que o paciente perca o medo até ter a sensação de acupuntura por debaixo da agulha. Quando o paciente for um homem, esperar pela energia Wei para a sensação de acupuntura; quando o paciente for uma mulher esperar pela energia Ying para a sensação de acupuntura. Deve-se oferecer toda resistência possível à saída da energia saudável, evitando de todas as maneiras a entrada da energia perversa, e a isto se chama obter a sensação de acupuntura.

凡刺之禁：新内勿刺，新刺勿内。已醉勿刺，已刺勿醉。新怒勿刺，已刺勿怒。新劳勿刺，已刺勿劳。已饱勿刺，已刺勿饱。已饿勿刺，已刺勿饿。已渴勿刺，已刺勿渴。大惊大怒，必定其气，乃刺之。乘车来者，卧而休之。如食顷乃刺之。出〔出:《甲乙》卷五第一上，《千金》卷二十九第三并作"步"〕行来者，坐而休之，如行十里顷乃刺之。凡此十二禁者，其脉乱气散，逆其营卫，经气不次，因而刺之，则阳病入于阴，阴病出为阳，则邪气复生，粗工勿察，是谓伐身，形体淫泆，乃消脑髓，津液不化，脱其五味，是谓失气也。

As contra-indicações de puntura são: Não se deve picar logo após uma relação sexual, e não se deve manter uma relação sexual logo após a puntura; não se deve picar após ter bebido, e não se deve beber após a puntura; não se deve picar após ter-se zangado e nem se deve zangar após a puntura; não se deve punturar após ter-se cansado com um serviço pesado, e nem se deve fazer um serviço pesado após a puntura; não se deve punturar após ter comido muito e nem se deve comer muito após a puntura; não se deve picar estando com fome e nem se deve ficar com fome após a puntura; não se deve puntura quando se está com sede e nem se deve passar sede após a puntura; não se deve punturar após ter tido muito medo e nem quando se está furioso e nem picar até que a energia tenha se acalmado. Quando o paciente tiver vindo de carro, deve se deitar pelo período de uma digestão até ser picado. O paciente que tiver vindo a pé, deve se sentar e descansar pelo período de uma caminhada de dez li (uma hora) antes da puntura. Em geral, todos os pacientes que estejam nas condições das contra-indicações acima estão com uma condição de pulso confusa, a energia saudável dispersa, funcionamento anormal da energia Ying e da energia Wei e deficiência de energia e sangue nos canais. Se forem picados de maneira negligente, a doença do canal Yang irá penetrar nos órgãos internos, a doença do canal Yin se incrusta no canal Yang, e os perversos criam transtornos. Um médico de nível inferior não dá atenção à essas contra-indicações, e na verdade está lesando o corpo do paciente, fazendo com que este fique com o corpo dolorido, consumindo a medula, deixando de espalhar os líquidos corporais, e o paciente não será capaz de obter as substâncias refinadas dos cinco sabores do alimento. Desta maneira, a energia saudável do paciente logo ficará diminuída, e a isto se dá o nome de confisco da energia.

太阳之脉〔太阳之脉：《甲乙》卷二第一上作"太阳脉绝"〕，其终也，戴眼，反折，瘛疭，其色白，绝皮乃绝汗，绝汗则终矣。少阳终者，耳聋，百节尽纵，目系绝，目系绝一日半则死矣，其死也，色青白乃死。阳明终者，口目动作，喜惊，妄言，色黄，其上下之经盛而不行则终矣。少阴终者，面黑，齿长而垢，腹胀闭塞，上下不通而终矣。厥阴终者，中热嗌干，喜溺心烦，甚则舌卷，卵上缩而终矣。太阴终者，腹胀闭不得息，气噫，善呕，呕则逆，逆则面赤，不逆则上下不通，上下不通则面黑皮毛燋而终矣。

Quando os Canais Taiyang da Mão e do Pé estão deprimidos, os olhos do paciente estarão arregalados, e ele terá epistótono, mãos e pés convulsos, instauração súbita da compleição pálida e transpiração. Quando os Canais Shaoyang da Mão e do Pé estiverem deprimidos, o paciente ficará surdo, suas juntas do corpo inteiro se tornam moles e fracas e seus olhos ficam arregalados; quando a energia do canal que se conecta com o cérebro estiver deprimida, o paciente morrerá em um dia e meio, e antes de morrer, sua compleição muda do esverdeado para o branco. Quando os Canais Yangming da Mão e do Pé estiverem deprimidos, o paciente ficará com o rosto distorcido, estará muitas vezes assustado, falando coisas desconexas e com a compleição amarela. Quando as artérias dos canais da mão em sua parte superior e dos canais do pé em sua parte inferior estiverem com batimentos hiperativos, o paciente morrerá. Quando os Canais Shaoyin da Mão e do Pé estiverem deprimidos, o paciente terá uma compleição negra, e seu dentes terão tártaro por mais tempo. Quando o paciente tiver plenitude e distensão abdominal, bloqueio das atividades funcionais superiores da energia vital em relação às inferiores, o paciente morrerá. Quando os Canais Jueyin da Mão e do Pé estiverem em depressão, o paciente sentirá calor no peito, garganta seca, urinas freqüentes, irritação, chegando a ficar com a língua encurvada, os testículos contraídos para cima e então morre. Quando os Canais Taiyin da Mão e do Pé estiverem deprimidos, o paciente terá distensão abdominal, dispnéia, eructação freqüente, reversão da energia vital ao vomitar, compleição vermelha devido à essa mesma reversão de energia, e se a energia vital falhar na reversão, a energia superior e a energia inferior ficarão bloqueadas por causa da compleição negra; por fim os pêlos finos enfraquecem e o paciente morre.

经脉第十

Capítulo 10
Jing Mai
(Sobre os Canais)

雷公问于黄帝曰：禁脉〔禁脉：张注本"脉"作"服"〕之言，凡刺之理，经脉为始，营其所行，制其度量，内次五脏，外别六腑，愿尽闻其道。黄帝曰：人始生，先成精，精成而脑髓生，骨为干，脉为营，筋为纲，肉为墙，皮肤坚而毛发长，谷入于胃，脉道以通，血气乃行。雷公曰：愿卒闻经脉之始生。黄帝曰：经脉者，所以能决死生，处百病，调虚实，不可不通。

Leigong se dirigiu ao Imperador Amarelo dizendo: "Foi estabelecido nos "Capítulos Jing Fu": "Na acupuntura, o canal é o mais importante, e deve-se estimar a condição de começo e fim de sua operação, conhecer sua extensão, suas relações com os cinco órgãos sólidos no interior e as diversas relações com os seis órgãos ocos no exterior". Espero conhecer sobre os motivos acerca disso". Disse o Imperador Amarelo: "No início da vida humana, primeiro se forma a essência, depois se desenvolvem o cérebro e a coluna espinal, e finalmente o corpo toma forma. O esqueleto é como os pilares de madeira dos dois lados da parede; os canais são como os quartéis que se comunicam entre si, os tendões são como cordas musicais e os músculos são como as paredes, a pele e os pêlos protegem os ossos, canais, tendões e músculos. Quando os cinco cereais entram no estômago, aí se produzem as substâncias refinadas que fazem com que os vasos fiquem desimpedidos, gerando as operações incessantes de sangue e energia". Disse Leigong: "Espero ouvir a respeito da condição da ocorrência inicial do canal". Disse o Imperador Amarelo: "Pode-se determinar a sobrevida ou morte do paciente, pode-se tratar inúmeras doenças e descobrir se a doença é estênica ou astênica de acordo com a condição do canal, e isto deve ser entendido.

肺手太阴之脉，起于中焦，下络大肠，还循胃口，上膈属肺，从肺系横出腋下，下循臑内，行少阴心主之前，下肘中，循臂内上骨下廉，入寸口，上鱼〔《圣济总录》卷一百九十一引"上"下无"鱼"字，"上"字连下读〕，循鱼际，出大指之端；其支者，从腕后直出次指内廉，出其端。是动则病肺胀满，膨膨而喘咳，缺盆中痛，甚则交两手而瞀，此为臂厥。是主肺所生病者，咳，上气喘渴，烦心胸满，臑臂内前廉痛厥，掌中热。气盛有余，则肩背〔背：守校本作"臂"。〕痛，风寒，汗出中风，小便数而欠。气虚则肩背痛寒，少气不足以息，溺色变。为此诸病，盛则泻之，虚则补之，热则疾之，寒则留之，陷下则灸之，不盛不虚，以经取之。盛者寸口大三倍于人迎，虚者则寸口反小于人迎也。

"O Canal do Pulmão Taiyin da Mão começa no abdômen no meio do aquecedor médio, serpenteia por baixo do intestino grosso, volta para passar pela entrada superior do estômago, ascende pelo diafragma e atinge o pulmão; daí, volta horizontalmente a partir da traquéia até a localização sob a axila, passa pelo flanco interno da parte superior do braço, em frente aos Canais Shaoyin da Mão e Jueyin da Mão para atingir a parte interna do cotovelo, acompanhando a partir daí a parte interna do antebraço e a parte inferior do rádio para atingir o pulso Cunkou, acompanhando depois a eminência tenar para atingir a ponta do polegar; seu ramo começa a partir da parte de trás do punho indo até a ponta extrema do dedo indicador (ponto Liuque) e se conecta com o Canal do Intestino grosso Yangming da Mão. As doenças que ficam no Canal Taiyin da Mão são: distensão pulmonar, estagnação da energia vital, respiração rápida, tosse e dor na fossa supraclavicular; quando o caso é severo, o paciente irá apertar o peito com as duas mãos cruzadas. Essas síndromes são causadas pela contracorrente ascendente da energia do canal do braço. As doenças do Canal Taiyin da Mão estão relacionadas ao pulmão e são: tosse, falta de ar, dor na parte interna da porção superior do braço e quentura no centro da palma da mão. Quando a energia perversa estiver abundante, irá ocorrer dor no ombro e no braço, micção freqüente, mas ocorrendo redução no volume da urina; quando a energia saudável estiver deficiente, irá ocorrer dor e frio no ombro, respiração curta e mudança na cor da urina. Quando tratar, aplicar a terapia de purgação; quando a síndrome for estênica, aplicar terapia de purgação e quando for astênica, aplicar terapia de revigoração; aplicar uma picada rápida quando for síndrome de calor; aplicar a retenção da agulha quando for uma síndrome de frio e aplicar a moxibustão quando o pulso for deficiente e estiver em depressão. Quanto à síndrome que não é nem astênica e nem estênica, picar os acupontos do Canal Taiyin da Mão. Quando o pulso Cunkou estiver quatro vezes maior do que o pulso Renying, é a síndrome estênica do Canal Taiyin da Mão; quando o pulso Cunkou estiver menor do que o pulso Renying, é a síndrome astênica do Canal Taiyin da Mão.

大肠手阳明之脉，起于大指次指之端，循指上廉，出合谷两骨之间，上入两筋之中，循臂上廉，入肘外廉，上臑外前廉，上肩，出髃骨之前廉，上出于柱骨之会上，下入缺盆，络肺，下膈，属大肠；其支者，从缺盆上颈，贯颊，入下齿中，还出挟口，交人中，左之右，右之左，上挟鼻孔。是动则病齿痛颈肿。是主津液所生病者，目黄口干，鼽衄，喉痹，肩前臑痛，大指次指痛不用。气有余则当脉所过者热肿，虚则寒栗不复。为此诸病，盛则泻之，虚则补之，热则疾之，寒则留之，陷下则灸之，不盛不虚，以经取之。盛者人迎大三倍于寸口，虚者人迎反小于寸口也。

"O Canal do Intestino Grosso Yangming da Mão, começa na ponta do dedo indicador, e sobe acompanhando o percurso no mesmo (pontos Erjian e Sanjian), passa pelo ponto Hegu no osso que forma uma forquilha entre o polegar e o indicador para atingir o oco entre os dois tendões no punho (ponto Yangxi) chegando ao flanco externo da parte superior do braço (pontos Zhouliao, Wuli e Binao), chegando ao ombro (Jianyu) e à escápula, convergindo depois aos inúmeros canais Yin no ponto Dazhui; daí vai à fossa supraclavicular, comunica-se com o pulmão, atravessa por inteiro o diafragma e se conecta com o intestino grosso; seu ramo vai ao pescoço a partir da fossa supra- clavicular, passando pela bochecha para chegar aos dentes inferiores, virando então para trás, fazendo um contorno para atingir o lábio superior, convergindo com o Canal simétrico do Yangming da Mão do outro lado no oco

563

nasolabial; daí, o canal esquerdo vai até o direito e o canal direito vai em direção ao esquerdo, conectando-se com as duas sobrancelhas e ligando-se ao Canal do Estômago Yangming do Pé. Os problemas que partem do Canal Yangming da Mão são a dor de dente e o inchaço no pescoço. As enfermidades do Canal Yangming da Mão se relacionam aos líquidos corporais são: olhos amarelados, boca seca, corrimento de muco nasal claro ou epistaxe, dor de garganta, dor no ombro e na parte superior do braço, e dor no indicador com que raramente alguém se acostuma. Quando a energia do canal Yangming da Mão está em excesso, ocorrem a síndrome estênica, calor e inchaço nos locais em que passa o canal; quando a energia do canal Yangming da Mão estiver deficiente e ocorrer uma síndrome astênica, o paciente irá tremer de frio, e dificilmente poderá se aquecer novamente. Ao tratar, aplicar a terapia de revigoração; quando a síndrome for estênica, aplicar a terapia de purgação; aplicar a terapia de revigoração quando a síndrome for astênica; aplicar a picada rápida para a síndrome de calor, aplicar a retenção da agulha quando for uma síndrome de frio e aplicar a moxibustão quando o pulso estiver deficiente e deprimido. Quanto à síndrome que não é estênica e nem astênica, picar o Canal Yangming da Mão. Quando o pulso Renying estiver quatro vezes maior que o pulso Cunkou, é a síndrome estênica do Canal Yangming da Mão; quando o pulso Renying estiver menor que o pulso Cunkou, é a síndrome astênica do Canal Yangming da Mão.

胃足阳明之脉，起于鼻之交頞中，旁纳太阳之脉，下循鼻外，入上齿中，还出挟口还唇，下交承浆，却循颐后下廉，出大迎，循颊车，上耳前，过客主人，循发际，至额颅；其支者，从大迎前下人迎，循喉咙入缺盆，下膈，属胃，络脾；其直者，从缺盆下乳内廉，下挟脐，入气街中；其支者，起于胃口，下循腹里，下至气街中而合，以下髀关，抵伏兔，下膝膑中，下循胫外廉，下足跗，入中指内间；其支者，下廉〔下廉：《太素》卷八，《脉经》卷六第六“廉”并作“膝”〕三寸而别，下入中指外间；其支者，别跗上，入大指间，出其端。是动则病洒洒振寒，善呻〔呻：《太素》卷八作“伸”〕数欠，颜黑，病至则恶人与火，闻木声则惕然而惊，心欲动，独闭户塞牖而处，甚则欲上高而歌，弃衣而走，贲响腹胀，是为骭厥。是主血〔血：《脉经》卷六第六校注云：“‘血’”一作‘胃’〕所生病者，狂疟温淫汗出，鼽衄，口喎〔口喎：莫文泉曰：“按口喎属筋病，与脉病不干，口喎当为‘喝’，谓口生病疮，与‘唇胗’”同为疡证〕唇胗，颈肿喉痹，大腹水肿，膝膑肿痛，循膺、乳、气街、股、伏兔、骭外廉、足跗上皆痛，中指不用。气盛则身以前皆热，其有余于胃，则消谷善饥，溺色黄。气不足则身以前皆寒栗胃中寒则胀满。为此诸病，盛则泻之，虚则补之，热则疾之，寒则留之，陷下则灸之，不盛不虚，以经取之。盛者人迎大三倍于寸口，虚者人迎反小于寸口也。

"O Canal do Estômago Yangming do Pé se inicia no ponto Yingxiang, ao lado da narina e corre juntamente com o Canal Taiyang do Pé, descendo então juntamente com o flanco externo do nariz para entrar na linha de junção dos dentes superiores e sair para circundar os lábios e encontrar o simétrico, o Canal Yangming do Pé do outro lado no ponto Chengjiang; depois, corre pelo lado interno da bochecha, passa pelos pontos Daying e Jiache para atingir a parte anterior do ouvido; daí, passa pelo ponto Kezhuren e corre juntamente com a linha do cabelo para atingir a fronte; seu ramo começa em frente ao ponto Daiying, desce ao ponto Renying, passa pela garganta (pontos Shuitu e Qishe) para entrar na fossa supra-clavicular, e então descer novamente para cruzar o diafragma, entrar em contato com o estômago e se comunicar com o baço. O outro ramo do Canal Yangming do Pé que corre na parte anterior, tem início na fossa supraclavicular para atingir o lado interno do peito, passando junto ao do umbigo (passa pelos pontos Tianshu, Wailing, Daju, Sahidao e Guilai) para atingir o ponto Qijie (Qichong) ao lado da divisa dos pelos pubianos; outro ramo começa a partir da saída do estômago, percorre o interior do abdômen e se junta ao canal já acima mencionado, que percorre a parte anterior em frente ao ponto Qijie (Qichong), depois corre ao longo da coxa, passa pelo ponto Futu e depois ao longo da dobra do joelho e do lado de fora da tíbia, passando pelo dorso do pé, indo atingir o lado interno do artelho médio; outro ramo tem início na localização que está a três polegadas abaixo do joelho, descendo pela parte externa do segundo artelho; outro ramo começa a partir do dorso do pé, percorre o interior do hálux para se unir ao Canal do Baço Taiyang do Pé. Os males que têm início no Canal Yangming do Pé são: calafrios por causa do frio, bocejar e se espreguiçar com freqüência, cor negra nas têmporas, afastar-se dos humanos e do fogo quando se está doente, medo do som proveniente da madeira, palpitação e preferência para ficar isolado e com as portas e janelas fechadas. Quando o mal for severo, o paciente pode cantar muito alto num lugar elevado e correr em círculos arrancando a roupa, distensão abdominal e borborigmos. Estas síndromes se devem à contracorrente da energia do canal que passa do pé à tíbia. Os males do Yangming do Pé relacionados ao estômago são: manias, malária, excesso de tepidez-calor, transpiração, corrimento de muco nasal claro, epistaxe, aftas, inchaço do pescoço, dor de garganta, distensão abdominal, inchaço acima do umbigo, dor na dobra do joelho, dor que atravessa o peito, dor no ponto Qijie na frente da perna e no ponto Futu no flanco externo da tíbia e no dorso do pé, e falta de movimento no artelho médio. Quando a energia do Canal Yangming da Mão está superabundante, o paciente sentirá quentura no peito e no abdômen, estará sempre com fome devido à digestão rápida e terá uma urina de cor forte; quando sua energia estiver deficiente, o peito e o abdômen estarão frios e o frio no estômago pode causar distensão e plenitude. Ao tratar, aplicar a terapia de purgação quando a síndrome for estênico, aplicar a terapia de revigoração quando a síndrome for astênica, aplicar a picada rápida quando houver a síndrome de calor, aplicar a retenção da agulha quando for a síndrome do frio e aplicar a moxibustão quando o pulso estiver deficiente e deprimido. Quanto à síndrome que não é nem astênica e nem estênica, picar o Canal Yangming do Pé. Quando o pulso Renying estiver quatro vezes maior que o pulso Cunkou, isto é a síndrome estênica do Canal Yangming do Pé; quando o pulso Renying estiver menor do que o pulso Cunkou, é a síndrome astênica do Canal Yangming do Pé.

脾足太阴之脉，起于大指之端〔起于大指之端：《病沉》卷十六《心腹相引痛候》卷三十《舌肿强候》"起于"下并有"足"字〕，循指内侧白肉际，过核骨后，上内踝前廉，入腨内，循胫骨后，交出厥阴之前。上膝股内前廉，入腹属脾络胃，上膈，挟咽，连舌本，散舌下；其支者，复从胃，别上膈，注心中〔中：《病沉》卷十六《心腹相引痛候》作"经"〕。是动则病舌本〔舌本：《太素》卷八"舌"下无"本"字〕强，食则呕，胃脘痛，腹胀善噫，得后与气〔得后与气：《太素》卷八，《伤寒论》卷一成注引并作"得后出余气"〕，则快然如衰，身体皆重。是主脾所生病者，舌本痛，体不能动摇，食不下，烦心，心下急痛〔急痛：《脉经》卷六第五，《图经》卷二 "急痛" 下并有 "寒疟" 二字〕，溏、瘕、泄、水闭，黄疸，不能卧，强立，股膝内肿厥，足大指不用。为此诸病，盛则泻之，虚则补之，热则疾之，寒则留之，陷下则灸之，不盛不虚，以经取之。盛者寸口大三倍于人迎，虚者寸口反小于人迎也。

"O Canal do Baço Taiyin do Pé, começa na extremidade do hálux, corre junto da carne branca do lado interno do hálux, ultrapassa o nódulo ósseo e sobe pela frente do maléolo interno, descendo novamente pela barriga da perna, corre pela parte posterior da tíbia para fazer intersecção com o Canal Jueyin do Pé, seguindo defronte ao mesmo; depois sobe pelo lado interno do joelho, entra na coxa, se junta com o baço e se comunica com o estômago, cruza o diafragma pela parte de cima, e ascende para passar junto à garganta, se comunica com a língua e nela se espalha; outro ramo sobe do estômago para se juntar ao Canal do Coração Shaoyin da Mão. Os males provenientes do Canal do Baço são: rigidez na língua, vômito após a ingestão da comida, dor na cavidade gástrica, distensão abdominal, eructação freqüente e alívio da distensão abdominal após eliminação intestinal e descarga da energia remanescente, mas com o corpo ainda pesado. Os males do Canal Taiyin do Pé relacionados ao baço são: dor na raiz da língua, dificuldade em ondular o corpo, dificuldade na ingestão da comida, sensação de opressão no peito, dor aguda abaixo do coração, malária do tipo frio, diarréia com fezes moles, disúria, icterícia e desejo de se deitar; quando o paciente fica em pé com dificuldade, haverá inchaço ao longo da parte interna da coxa e do joelho, causando a incapacidade de mover o hálux. Ao tratar, aplicar a terapia de purgação quando a síndrome for estênica, aplicar a terapia de revigoração quando a síndrome for astênica, aplicar a picada rápida para a síndrome do calor, aplicar a retenção da agulha para a síndrome do frio e aplicar a moxibustão quando o pulso estiver deficiente e deprimido. Quanto à síndrome que não é nem astênica e nem estênica, picar o Canal do Baço Taiyin do Pé. Quando o pulso Cunkou estiver quatro vezes maior que o pulso Renying, este é a síndrome estênica do Canal Taiyin do Pé; quando o pulso Cunkou estiver menor que o pulso Renying, é a síndrome astênica do Canal Taiyin do Pé.

心手少阴之脉，起于心中，出属心系，下膈络小肠〔肠：《素问·诊要经终论》王注作 "腹"〕；其支者，从心系上挟咽，系目系，其直者，复从心系却上肺，下出腋下，下循臑内后廉，行〔行：与注本，张注本，营校本 "行" 下并有 "手" 字〕太阴心主之后，下肘内，循臂内后廉，抵掌后锐骨之端，入掌内后廉〔入掌内后廉：《太素》卷八 "内" 下无 "后" 字〕，循小指之内出其端。是动则病嗌干心痛，渴而欲饮，是为臂厥。是主心所生病者，目黄胁痛，臑臂内后廉痛厥，掌中热痛〔热痛：《图经》卷二 "热" 下无 "痛" 字〕。为此诸病，盛则泻之，虚则补之，热则疾之，寒则留之，陷下则灸之，不盛不虚，以经取之。盛者寸口大再倍于人迎，虚者寸口反小于人迎也。

"O Canal do Coração Shaoyin da Mão começa no órgão do mesmo nome, e se conecta com o sistema cardíaco, desce para cruzar o diafragma comunicando-se com o baixo ventre; seu ramo ascende do sistema cardíaco para passar junto à garganta e se comunicar com os olhos (é a estrutura que conecta o globo ocular com o cérebro, incluindo os vasos sanguíneos e os nervos ópticos); outro ramo do canal que ascende diretamente pela parte anterior do corpo, sai do sistema cardíaco para o pulmão e atinge de forma horizontal a axila, e depois desce por detrás do lado interno da parte superior do braço (ponto Qingling), passando por trás do Canal do Pulmão Taiyin da Mão e do Canal do Pericárdio Jueyin da Mão para atingir o lado interno do cotovelo, passando depois ao longo do flanco interno do antebraço para chegar à eminência do rádio atrás da palma, chagando à extremidade do dedo mínimo. Os males provenientes do Canal Shaoyin da Mão são: secura na faringe, dor cardíaca e desejo de líquidos devido à sede. Estas síndromes se devem à energia caótica do canal no braço. Os males do Shaoyin da Mão que se relacionam com o coração são: olhos amarelados, plenitude e dor nos hipocôndrios, dor na parte de trás do lado interno do parte superior do braço e do antebraço, e quentura na palma das mãos. Ao tratar, aplicar a terapia de purgação quando a síndrome for estênica, aplicar a terapia de revigoração quando a síndrome for astênica, aplicar a picada rápida quando ocorrer o síndrome do calor, aplicar a retenção da agulha quando ocorrer a síndrome do frio e aplicar a moxibustão quando o pulso estiver deficiente e deprimido. Quanto à síndrome eu não é nem estênica e nem astênica, picar o Canal do Coração Shaoyin da Mão. Quando o pulso Cunkou estiver três vezes maior que o pulso Renying, é a síndrome estênica do Canal Shaoyin da Mão; quando o pulso Cunkou estiver menor que o pulso Renying, é a síndrome astênica do Canal Shaoyin da Mão.

小肠手太阳之脉，起于小指之端，循手外侧上腕，出踝中，直上循臂骨下廉，出肘内侧两筋之间，上循臑外后廉，出肩解，绕肩胛，交肩上，人缺盆，络心，循咽下膈，抵胃属小肠；其支者，从缺盆循颈上颊，至目锐眦，却入耳中；其支者，别颊上出页抵鼻，至目内眦，斜络于颧〔斜络于颧：《太素》卷八无此四字〕。是动则病嗌痛颔肿，不可以顾，肩似拔，臑似折。是主液所生病者，耳聋目黄颊〔颊：《脉经》卷六第四，《图经》卷二"颊"下并有"颔"字〕肿，颈颔肩臑肘臂外后廉痛。为此诸病，盛则泻之，虚则补之，热则疾之，寒则留之，陷下则灸之，不盛不虚，以经取之。盛者人迎大再倍于寸口，虚者人迎反小于寸口也。

"O Canal do Intestino Delgado Taiyang da Mão tem início no dedo mínimo, e passa pelo flanco externo da mão, para penetrar acima do punho e sair no processo estilóide ulnar, corre ao longo do ulna no braço para chegar ao meio dos ossos junto ao cotovelo (ponto Xiaohai), e depois, desce pelo flanco posterior e externo da parte superior do braço, saindo da intersecção posterior ao osso (ponto Jianzheng), desvia para o ombro e encontra o simétrico, o Canal Taiyang do outro lado acima do ombro (ponto Dazhui), passa pela fossa supraclavicular e pela axila para se comunicar com o coração; o Canal Taiyang da Mão passa diretamente pela frente da faringe para cruzar abaixo o diafragma e se comunica com o estômago e com o intestino delgado; seu ramo se separa da fossa supraclavicular sobe até o pescoço (pontos Tianchuang, Tianrong e Quanliao) para chegar ao canto externo do olho e desviar ao ouvido; outro ramo tem início da órbita superior, indo da bochecha ao nariz, atingindo depois o canto interno do olho. Os males provenientes do Canal Taiyang da Mão são: dor na faringe, inchaço no mento, impossibilidade de virar a cabeça para trás, dor no ombro como se estivesse sendo arrastado e dor no braço como se estivesse sendo quebrado. Os males do Canal Taiyang relacionados aos fluidos corporais são: surdez, olhos amarelados, inchaço nas bochechas e no mento e dor ao longo do flanco externo do pescoço, do ombro, do cotovelo e do braço. Ao tratar, aplicar a terapia de purgação quando a síndrome for estênica, aplicar a terapia de revigoração quando a síndrome for astênica, aplicar a picada rápida quando houver a síndrome do calor, aplicar a terapia de retenção da agulha para a síndrome frio e aplicar moxibustão quando o pulso for deficiente e deprimido. Quanto à síndrome que não é nem estênica e nem astênica, picar o Canal Taiyang da Mão. Quando o pulso Renying estiver três vezes maior do que o pulso Cunkou, é a síndrome estênica do Canal Taiyang da Mão; quando o pulso Renying for menor do que o pulso Cunkou, é a síndrome astênica do Canal Taiyang da Mão.

膀胱足太阳之脉，起于目内眦，上额，交巅；其支者，从巅至耳上角；其直者，从巅入络脑，还出别下项，循肩髆内，挟脊，抵腰中，入循膂，络肾，属膀胱；其支者，从腰中下挟脊，贯臀，入腘中；其支者，从髆内左右，别下，贯胛，挟脊内，过髀枢，循髀外，从后廉，下合腘中，以下贯踹内，出外踝之后，循京骨，至小指外侧。是动则病冲头痛，目似脱，项如拔，脊痛，腰似折，髀不可以曲，腘如结，踹如裂，是为踝厥。是主筋所生病者，痔疟狂癫疾，头颅项痛，目黄，泪出，鼽衄，项背腰尻腘踹脚皆痛，小指不用。为此诸病，盛则泻之，虚则补之，热则疾之，寒则留之，陷下则灸之，不盛不虚，以经取之。盛者人迎大再倍于寸口，虚者人迎小于寸口也。

"O Canal da Bexiga Taiyang do Pé, começa no canto interno do olho, passa acima da fronte e se une ao Canal Taiyang do Pé simétrico, do outro lado, no topo da cabeça; seu ramo começa a partir do alto da cabeça na parte superior da orelha; o Canal Taiyang do Pé passa diretamente pela frente e se comunica com o cérebro no alto da cabeça; seus ramos atingem a parte inferior do pescoço, correm ao longo da parte inferior do ombro para passar junto às vértebras e entrar dentro do corpo; então, penetra os músculos da espinha para se comunicar com os rins e se ligar com a bexiga; outro ramo passa junto à região lombar, desce ao ânus, passa pelas nádegas e atinge a fossa poplítea; outro ramo tem início no lado interno do ombro, desce e passa pelo grande trocanter, corre ao longo da parte posterior do flanco externo da coxa para chegar à região poplítea, e então passa pela barriga da perna pelo lado de trás do maléolo externo, indo daí ao quinto metatarso, sobre o aspecto lateral do pé para atingir a ponta do flanco externo do artelho menor, e depois, se conecta com o Canal Shaoyin do Pé. Os males que pertencem ao Canal Taiyang do Pé são: dor entre as duas sobrancelhas, dor no globo ocular que dá a sensação de que vai cair, dor no pescoço que parece que está sendo arrastado, dor na região lombar e na espinha que parece estar sendo quebrada e as pernas não podem se dobrar, a fossa poplítea do paciente parece estar oca e a barriga da perna parece estar rachada. Estas síndromes são devidos à contracorrente da energia do canal a partir do maléolo externo. Os males do Canal Taiyang relacionados aos tendões são: hemorróidas, malária, manias, epilepsia, dor no alto da cabeça e do pescoço, lacrimejamento, corrimento de um muco nasal claro, epistaxe, dor no pescoço, na região lombar, nas nádegas, na região poplítea, na barriga da perna e nos pés, e impossibilidade no movimento do artelho menor. Ao tratar, aplicar a terapia de purgação quando a síndrome for estênica, aplicar a terapia de revigoração quando a síndrome for astênica, aplicar a picada rápida para a síndrome do calor e aplicar a retenção da agulha quando da síndrome do frio e aplicar moxibustão quando o pulso estiver deficiente e deprimido. Quanto à síndrome que não é nem astênica e nem estênica, picar o Canal Taiyang do Pé. Quando o pulso Renying estiver três vezes maior do que o pulso Cunkou, este é a síndrome estênica do Canal Taiyang do Pé; quando o pulso Renying estiver menor que o pulso Cunkou, é a síndrome astênica do Canal Taiyang do Pé.

肾足少阴之脉，起于小指〔小指：《素问·厥论》王注"小指"下有"之端"二字〕之下，邪走足心，出于然谷之下，循内踝之后，别入跟中，以上踹内，出腘内廉，上股内后廉，贯脊，属肾，络膀胱；其直者，从肾上贯肝膈，入肺中，循喉咙，挟舌本；其支者，从肺出络心〔从肺出络心：《外台》卷七《胸胁痛及妨闷方门》"从"作"起"，汪琥曰"心"字当作"心包"〕，注胸中。是动则病饥不欲食，面如漆柴，咳唾则有血，喝喝〔喝喝：《脉经》卷六第《千金》卷十九第一作"喉鸣"〕而喘，坐而欲起，目䀮䀮如无所见，心如悬若饥状，气不足则善恐，心惕惕如人将捕之，是为骨厥。是主肾所生病者，口热舌干，咽肿上气，嗌干及痛，烦心心痛，黄疸，肠澼，脊股内后廉痛，痿厥嗜卧，足下热而痛。为此诸病，盛则泻之，虚则补之，热则疾之，寒则留之，陷下则灸之，不盛不虚，以经取之。灸则强食生肉，缓带，披发，大杖，重履而步。盛者寸口大再倍于人迎，虚者寸口反小于人迎也。

"O Canal do Rim Shaoyin do Pé começa na extremidade do artelho menor, passa à sola do pé e surge por debaixo do osso navicular anterior ao maléolo médio, e então corre ao longo da parte interna da tornozelo, ultrapassa o mesmo e sobe ao lado interno da barriga da perna, passa pelo lado interno da fossa poplítea; ascendo por detrás do lado interno da coxa, atinge a espinha e se comunica com a bexiga; o ramo do Canal Shaoyin do Pé que sai diretamente dos rins, sobe para atingir o pulmão, passa ao longo da garganta para atingir a raiz da língua; seu ramo tem início no pulmão para se comunicar com o pericárdio, atinge o peito e se liga ao Canal do Pericárdio Jueyin da Mão. Os males provenientes do Canal do Rim Shaoyin do Pé são: o paciente reluta em comer quando tem fome, tem a compleição negra como carvão, cospe sangue quando tosse, tem a respiração rápida e barulhenta, irritação, deseja se levantar quando está sentado por estar desassossegado, os olhos ficam alheios e parecem não ver nada, o coração bate descompassado e há deficiência de energia. Estas síndromes são devidos ao distúrbio da energia do canal do rim. Os distúrbios do Canal Shaoyin do Pé relacionados aos rins são: gosto amargo na boca, língua seca, inchaço na faringe, contracorrente da energia vital, secura na laringe com dor, sensação de opressão no peito, dor cardíaca, icterícia, síndrome Bi nos intestinos, dor na parte posterior da coluna e no lado interno da coxa, fraqueza nos pés, extremidades frias, sonolência e sensação de dor e calor na sola dos pés. Ao tratar, aplicar a terapia de purgação quando a síndrome for estênica, aplicar a terapia de revigoração quando a síndrome for astênica, aplicar a picada rápida quando a síndrome for o de calor, usar a retenção da agulha quando for a síndrome do frio e aplicar a moxibustão quando o pulso for deficiente e deprimido. Quanto à síndrome que não é nem astênica e nem estênica, picar o Canal Shaoyin do Pé. Se for aplicada a terapia de moxibustão, o paciente deve se alimentar com alimentos que não tenham sido cozidos, mesmo que com dificuldade, desapertar roupas e cintos, soltar o cabelo, deitar numa cama grande, usar sapatos pesados e caminhar lentamente, sendo estas as cinco medidas usadas para curar a doença dos rins nos tempos antigos. Quando o pulo Cunkou for três vezes maior que o pulso Renying, é a síndrome estênica do Canal Shaoyin do Pé; quando o pulso Renying estiver menor que o pulso Cunkou, é a síndrome astênica do Canal Shaoyin do Pé.

心主手厥阴心包络 〔心包络:《太素》卷八 "心包" 下无 "络" 字〕 之脉，起于胸中，出属心包络，下膈，历络三焦，其支者，循胸出胁，下腋三寸，上抵腋，下循臑内，行太阴少阴之间，入肘中，下臂，行两筋之间，入掌中，〔入掌中:《甲乙》卷二第一上无 "入掌中" 三字〕，循中指出其端；其支者，别掌中，循小指次指出其端。是动则病手心热，臂肘挛急，腋肿，甚则胸胁支满，心中憺 憺大动，面赤目黄，喜笑不休 〔喜笑不休:《太素》卷八无此四字〕。是主脉所生病者，烦心心痛，掌中热。为此诸病，盛则泻之，虚则补之，热则疾之，寒则留之，陷下则灸之，不盛不虚，以经取之。盛者寸口大一倍于人迎，虚者寸口反小于人迎也。

"O Canal do Pericárdio Jueyin da Mão começa no peito. Comunica-se com o pericárdio, desce para atravessar o diafragma e se conecta com o aquecedor superior, com o aquecedor médio e com o aquecedor inferior, um de cada vez; seu ramo começa no peito, percorre o hipocôndrio, passa pela localização que está a três polegadas abaixo da axila e sobe pela axila, depois caminha pelo lado interno da parte superior do braço, passa entre o Canal do Pulmão Taiyin da Mão e o Canal do Coração Shaoyin da Mão para penetrar no cotovelo, descendo depois, acompanhando o antebraço, passa entre os dois tendões (ponto Jianshi) e atinge a extremidade do dedo médio; outro ramo começa a partir da palma da mão, acompanha o dedo anular para atingir sua extremidade e se conecta com o Canal do Triplo Aquecedor Shaoyin da Mão. Os males provenientes do Canal Jueyin da Mão são: quentura na palma da mão, rigidez muscular no cotovelo, inchaço sob a axila, plenitude e distensão no peito, mal-estar cardíaco, compleição vermelha e olhos amarelados. Os males do canal Jueyin relacionados ao pericárdio são: inquietação, dor cardíaca e quentura no centro da palma da mão. Ao tratar, aplicar a terapia de purgação quando a síndrome for estênica, aplicar a terapia de revigoração quando a síndrome for astênica, aplicar a picada rápida na síndrome de calor, aplicar a retenção da agulha na síndrome do frio e aplicar a moxibustão quando o pulso estiver deficiente e deprimido. Quanto à síndrome que não é nem astênica e nem estênica, picar o Canal Jueyin da Mão. Quando o pulso Cunkou estiver duas vezes maior que o pulso Renying, é a síndrome estênica do Canal Jueyin da Mão; quando o pulso Cunkou estiver menor que o pulso Renying, é a síndrome astênica do Canal Jueyin da Mão.

三焦手少阳之脉，起于小指次指端，上出两指之间，循手表腕，出臂外两骨之间，上贯肘，循臑外，上肩，而交出足少阳之后，入缺盆，布膻中，散落 〔落:日刻本，《太素》卷八、《脉经》卷六十一并作 "络"〕 心包，下膈，循属三焦；其支者，从膻中上出缺盆，上项，系耳后直上，出耳上角，以屈下颊至 顺；其支者，从耳后入耳中，出走耳前，过客主人前，交颊，至目锐眦。是动则病耳聋浑浑 焞 焞，嗌肿喉痹。是主气所生病者，汗出，目锐眦痛，颊痛 〔痛:当注本作 "肿"〕。耳后肩臑肘臂外皆痛，小指次指不用。为此诸病，盛则泻之，虚是补之，热则疾之，寒则留之，陷下则灸之，不盛不虚，以经取之。盛者人迎大一倍于寸口，虚者人迎反小于寸口也。

"O Canal do Triplo Aquecedor Shaoyang da Mão começa na ponta do dedo anular, corre entre o dedo mínimo e o anular (pontos Yemen e Zhongzhu) e o dorso da mão para atingir o meio dos dois ossos do flanco externo do antebraço (ponto Zhigou), depois sobe para cruzar o cotovelo, e corre ao longo do flanco externo da parte superior do braço e do ombro (passando pelos pontos Naohui, Jianliao e Tianliao) cruza e percorre a parte de trás do Canal da Vesícula Biliar Shaoyang do Pé, depois penetra na fossa supraclavicular, cruza ponto Tianchong, passa pela fossa supraclavicular e o pescoço, sobe por detrás da orelha ara atingir a parte superior do ouvido (passando pelos pontos Yifeng, Chimai e Luxi), depois volta para baixo para atingir a têmpora e passa por debaixo da órbita; outro ramo tem início na parte de trás da orelha, entra no ouvido e sai, emergindo em frente à orelha, passa defronte do ponto Kezhuren e se une ao ramo que passa pela bochecha, já mencionado, depois atinge o canto externo do olho e se conecta com o Canal da Vesícula Biliar Shaoyang da Mão. Os males provenientes do Canal Shaoyang da Mão são: surdez fazendo com que o paciente não possa ouvir com clareza, inchaço na faringe e dor de garganta. Os males do Canal Shaoyang da Mão relacionados ao triplo aquecedor são: dor no canto externo do olho, inchaço nas bochechas, dor na parte posterior do ouvido, no ombro, na parte superior do braço, cotovelo e braço, e no dedo anular que praticamente não pode ser movido. Ao tratar, aplicar a terapia de purgação quando for a síndrome estênica, aplicar a terapia de revigoração quando for a síndrome astênica, aplicar a picada rápida quando for a síndrome de calor, aplicar a retenção da agulha quando for a síndrome de frio e aplicar a moxibustão quando o pulso estiver deficiente e deprimido. Quanto à síndrome que não é nem astênica e nem estênica, picar o Canal Shaoyang da Mão. Quando o pulso Renying estiver duas vezes maior do que o pulso Cunkou, é a síndrome estênica do Canal Shaoyang da Mão; quando o pulso Renying estiver menor que o pulso Cunkou, é a síndrome astênica do Canal Shaoyang da Mão.

胆足少阳之脉，起于目锐眦，上抵头角，下耳后循颈行手少阳之前，至肩上，却交出手少阳之后，入缺盆；其支者，从耳后入耳中，出走耳前，至目眦后；其支者；别〔别锐眦：《太素》卷八，《十四经发挥》"别"下并有"目"字〕锐眦，下大迎，合于手少阳，抵于颐，下加颊车，下颈合缺盆以下胸中，贯膈络肝属胆，循胁里，出气街，绕毛际，横入髀厌中；其直者，从缺盆下腋，循胸过季胁，下合髀厌中，以下循髀阳，出膝外廉，下外辅骨之前，直下抵绝骨之端，下出外踝之前，循足跗上，入小指次指之间，其支者，别跗上，入大指之间，循大指岐骨内出其端，还贯爪甲，出三毛。是动则病口苦，善太息，心胁痛不能转侧，甚则面微有尘，体无膏泽，足外反热，是为阳厥。是主骨所生病者，头痛，颔痛，目锐眦痛，缺盆中肿痛，腋下肿，马刀侠瘿，汗出振寒，疟，胸胁肋髀膝外至胫绝骨外踝前及诸节皆痛，小指次指不用。为此诸病，盛则泻之，虚则补之，热则疾之，寒则留之，陷下则灸之，不盛不虚，以经取之。盛者人迎大一倍于寸口，虚者人迎反小于寸口也。

"O Canal da Vesícula Biliar começa no canto externo do olho. Desce ao canto da têmpora, depois vira para baixo na parte posterior do ouvido e corre ao longo do pescoço, cruza o Canal do Triplo Aquecedor Shaoyang da Mão e corre por trás dele para atingir o ombro, e então, entra na fossa supraclavicular; seu ramo tem início a partir do canto externo do olho, desce à localização próxima do ponto Daying e se conecta com o canal do Triplo Aquecedor Shaoyang da Mão, passando depois a órbita inferior, passa pelo ponto Jiache, desce ao pescoço e se junta ao canal que entra na fossa supra-clavicular acima mencionado; depois, desce ao peito, atravessa o diafragma, se comunica com o fígado, se une à vesícula biliar, percorre o hipocôndrio, passa pelo ponto Qijie, desvia pela margem dos pelos pubianos para atingir horizontalmente o grande trocanter; o Canal Shaoyang do Pé que passa pela frente tem início no ponto Quepen indo até a axila, passa ao longo do peito e das costelas para se ligar ao canal acima citado no grande trocanter, depois percorre o lado externo da parte superior da coxa para atingir o ponto Yanglingquan, e desce em frente à fíbula para atingir o ponto Yangfu que está abaixo, depois surge da frente do maléolo externo e corre pelo dorso do pé atingindo a parte média entre o artelho menor e o quarto artelho; seu ramo começa a partir do dorso do pé passando pelo osso em forma de forquilha no hálux para atingir a extremidade do mesmo, depois volta para trás a fim de penetrar na unha e sair pela parte posterior da unha do artelho para se conectar com o Canal do Fígado Jueyin do Pé. Os males provenientes do Canal Shaoyang do Pé são: gosto amargo na boca, bocejar freqüente, dor cardíaca e no hipocôndrio, impossibilidade de dobrar e girar o corpo, compleição cor de poeira, perda da coloração dos músculos e da pele no corpo inteiro e quentura no flanco externo do pé. Estas síndromes se devem à energia perversa do canal Shaoyang. Os males do Canal Shaoyang que se relacionam aos tendões são: dor na face, dor na têmpora, dor no canto externo do olho, dor e inchaço na fossa supra-clavicular, inchaço e dor sob a axila, escrófula, suores, calafrios devidos ao frio, malária, dor no peito, no hipocôndrio, na costela coxa e joelho, e dor nas juntas da tíbia, extremidade inferior da tíbia e no maléolo externo, e no quarto artelho que dificilmente pode se mover. Ao tratar, aplicar a terapia de purgação quando a síndrome for estênica, aplicar a terapia de revigoração quando a síndrome for astênica, aplicar a agulha rapidamente para a síndrome o calor, aplicar a retenção da agulha para a síndrome do frio e aplicar a moxibustão quando o pulso for deficiente e deprimido. Quanto à síndrome que não é nem astênica e nem estênica, picar o Canal Shaoyang do Pé. Quando o pulso Renying estiver duas vezes maior do que o pulso Cunkou, este é a síndrome estênica do Canal Shaoyang do Pé; quando o pulso Renying estiver menor do que o pulso Cunkou, é a síndrome astênica do Canal Shaoyang do Pé.

肝足厥阴之脉，起于大指丛毛之际，上循足跗上廉，去内踝一寸，上踝八寸，交出太阴之后，上腘内廉，循股阴，入〔入：《脉经》卷六第一"入"下有"阴"字〕毛中，过阴器，抵小腹，挟胃属肝络胆，上贯膈，布胁肋，循喉咙之后，上入颃颡，连目系，上出额，与督脉会于巅；其支者，从目系下颊里，环唇内；其支者，复从肝别贯膈，上注肺。是动则病腰痛不可俯仰，丈夫㿗疝，妇人少腹肿，甚则嗌干，面尘脱色。是肝所生病者，胸满呕逆飧泄，狐疝遗溺闭癃。为此诸病，盛则泻之，虚则补之，热则疾之，寒则留之，陷下则灸之，不盛不虚，以经取之。盛者寸口大一倍于人迎，虚者寸口反小于人迎也。

"O Canal do Fígado Jueyin do Pé tem início no ponto Dadun, onde há uma pilosidade no artelho. Ascende em direção ao lado superior do dorso do pé (pontos Xiangjiang e Taichong) para atingir a localização a uma polegada em frente ao maléolo interno, e ascende à localização de oito polegadas acima do maléolo, fax uma intersecção com o Canal do Baço Taiyin do Pé correndo por detrás dele, e depois ascende ao lado interno da fossa poplítea e da coxa para atingir a margem dos pelo pubianos, após circundar os genitais externos, subindo ao baixo ventre, passando perto do estômago, faz conexão com o fígado e se comunica com a vesícula biliar (pontos Zhangmen e Qimen); seu ramo cruza o diafragma e se espalha pelo hipocôndrio e pela axila, e então corre por detrás da garganta indo à sua abertura superior para se conectar com os olhos, e depois desde as têmporas para convergir com o Canal Du no ponto Baihui no topo da cabeça; outro ramo tem início nas conexões oculares para atingir o lado interno da bochecha e circunda os lábios; outro ramo começa no fígado, atravessa o diafragma, sobe para chegar ao pulmão e se conecta com o Canal do Pulmão Taiyin da Mão. Os males provenientes do Canal Jueyin do Pé são: lumbago, dificuldade de olhar para cima e para baixo, no homem inchaço no escroto, e na mulher inchaço no baixo ventre e na região lombar. O paciente pode chegar a ficar com a garganta seca e perder a cor normal no corpo. Os males do Canal Jueyin do Pé relacionados ao fígado são: plenitude no peito, vômitos, diarréia, hérnia inguinal, enurese e disúria. Quando tratar, aplicar a terapia de purgação quando for a síndrome estênica, aplicar a terapia de revigoração quando a síndrome for astênica, aplicar a picada rápida na síndrome de calor e a retenção da agulha na síndrome do frio e aplicar a moxibustão quando o pulso for deficiente e deprimido. Quanto à síndrome que não é nem estênica e nem astênica, picar o Canal Jueyin do Pé. Quando o pulso Cunkou estiver duas vezes maior do que o pulso Renying, é a síndrome estênica do Canal Jueyin do Pé; quando o pulso Cunkou estiver menor do que o pulso Renying, é a síndrome astênica do Canal Jueyin do Pé.

手太阴气绝则皮毛焦，太阴者行气温于皮毛者也，故气不荣则皮毛焦，皮毛焦则津液去皮节〔皮节：此二字是衍文〕，津液去皮节者，则爪〔则爪：《难经·二十四难》"则"字上有"皮节伤"三字，"爪"作"皮"〕枯毛折，毛折者则毛〔毛：《脉经》卷三第四并作"气"〕先死，丙笃丁死，火胜金也。

"Quando a energia do Canal do Pulmão Taiyin da Mão está exausta, a pele e os pêlos enfraquecem, já que o Canal Taiyin da Mão pode amolecer a pele e os pêlos. Se sua energia não fluir e não se mantiver harmoniosa, isso fará com que a pele e os pêlos fiquem secos e enfraquecidos, e isto é o surgimento da devastação dos líquidos corporais. Se os líquidos do corpo forem gastos, isso irá prejudicar a superfície da pele, e quando esta for lesada, a pele ficará seca e os cabelos irão cair, e este é um sinal parconitório de morte, na energia do Canal do Pulmão. A doença irá se agravar no dia Bing, e o paciente irá morrer no dia Ding. Isto porque o pulmão pertence ao metal nos cinco elementos. Bing e Ding pertencem ao fogo, e o fogo domina o metal.

手少阴气绝则脉不通，脉不通则血不流；血不流，则髦色不泽，故其面黑如漆柴者，血先死，壬笃癸死，水胜火也。

"Quando o Canal de energia do Coração Shaoyin da Mão está obstruído, o coração fica obstruído e o sangue não pode circular livremente causando a perda da cor no corpo, e é o aparecimento antecipado da morte no sangue. A doença se agravará no dia Ren, e o paciente morrerá no dia Gui. Isto porque o coração pertence ao fogo nos cinco elementos, Ren e Gui pertencem à água, e a água domina o fogo.

足太阴气绝者，则脉不荣肌肉〔则脉不荣肌肉，《难经》二十四难，《甲乙》卷二第一上并作"则脉不营其口唇"〕，唇舌者〔唇舌者：《脉经》卷三第三，《甲乙》卷二第一上并作

"口唇者"〕肌肉之本也，脉不荣则肌肉软；肌肉软则舌萎人中满；人中满则唇反，唇反者肉先死，甲笃乙死，木胜土也。

"Quando a energia do Canal do Baço, Taiyin do Pé está exausta, a energia do canal não poderá nutrir os lábios. Os lábios são a raiz dos músculos; quando o músculo não está nutrido, ficará enrolado, causando inchaço na abertura nasolabial; quando a abertura nasolabial está inchada e os lábios se viram para fora, é o aparecimento antecipado de morte nos músculos. O mal será agravado no dia Jia e o paciente morrerá no dia Yi. Isto acontece porque o baço pertence nos cinco elementos à terra, e Jia e Yi pertencem à madeira e esta domina a terra.

足少阴气绝则骨枯，少阴者冬〔冬：《太平圣惠方》卷二十六作"肾"〕脉也，伏行而濡骨髓者也，故骨不濡则肉不能著〔著："著"下脱"骨"字，应据《脉经》卷三第五补〕也，骨肉不相亲则肉软却，肉软却故齿长而垢，发无泽，发无泽者骨先死，戊笃己死，土胜水也。

"Quando o Canal de energia do Rim Shaoyin do Pé está exausto, os ossos enfraquecem. Isto porque o canal do Rim, Shaoyin do Pé fica em profundidade para harmonizar e umedecer os ossos; se os ossos deixam de obter a nutrição da energia dos rins, os músculos não serão capazes de ficar presos aos ossos com firmeza e quando um não estiver firmemente preso ao outro, os músculos afundam e amolecem, os dentes do paciente ficam mais longos e fracos e os cabelos perdem o brilho por completo. Quando o cabelo não tem mais viço, é o aparecimento antecipado da morte se manifestando nos cabelos. A doença irá se agravar no dia Wu e o paciente morrerá no dia Ji. Isto porque o rim pertence nos cinco elementos à água, Wu e Ji pertencem à terra, e esta domina a água.

足厥阴气绝则筋绝，厥阴者肝脉也，肝者筋之合也，筋者聚于阴气〔阴气：《素问·诊要经络论》王注作"阴器"〕，而脉〔脉《难经·二十四难》无"脉"字〕络于舌本也，故脉弗荣则筋急，筋急则引舌与卵，故唇青〔唇青：《难经·二十四难》无"唇青"二字〕舌卷卵缩则筋先死，庚笃辛死，金胜木也。

"Quando a energia do Canal do Fígado, Jueyin do Pé está esgotada, isto fará com que fique minada a energia dos tendões. Isto porque Jueyin do Pé é o Canal do Fígado e a condição dos tendões depende o fígado; todos os tendões se juntam nos genitais externos e se comunicam acima com a raiz da língua; quando o fígado não pode mais nutrir os tendões, irá ocorrer contratura nos tendões fazendo com que a língua se encurve e os testículos afundem, e isto é o aparecimento antecipado da morte nos tendões. A doença irá se agravar no dia Geng e o paciente morrerá no dia Xin. Isto porque nos cinco elementos o fígado pertence à madeira, Geng e Xin pertencem ao metal, e este domina a madeira.

五阴气俱绝，则目系转，转则目运，目运者为志先死，志先死则远一日半死矣。

"Quando as energias de todos os canais Yin dos cinco órgãos sólidos estão esgotadas, o Yin e o Yang ficarão separados, causando a instabilidade das estrias, a excreção da energia refinada e o suor no estágio crítico. Quando as condições ocorrerem de manhã, o paciente irá morrer de noite; quando as condições ocorrerem de noite, o paciente irá morrer de manhã.

经脉十二者，伏行分肉之间，深而不见；其常见者，足太阴过于外〔外：《太素》卷九《经络别异》作"内"〕踝之上，无所隐故也。诸脉之浮而常见者，皆络脉也。六经络手阳明

574

少阳之大络，起于五指间，上合肘中。饮酒者，卫气先行皮肤，先充络脉，络脉先盛，故卫气已平，营气乃满，而经脉大盛。脉之卒然动者，皆邪气居之，留于本末；不动则热，不坚则陷且空，不与众同，是以知其何脉之动〔动：《太素》卷九《经络别异》作"病"〕也。

"Os doze canais que estão dispostos em interconexão, correm profundamente e dificilmente podem ser vistos; o Canal do Baço Taiyin do Pé, pode ser visto com freqüência quando passa na parte superior do maléolo interno sem nenhuma cobertura. Quando os colaterais que saem dos canais, eles podem ser vistos na superfície do corpo. Nos seis canais da mão e do pé, os grandes colaterais do Canal do Intestino Grosso Yangming da Mão e do Triplo Aquecedor Shaoyang da Mão se iniciam respectivamente no meio dos cinco dedos e chegam ao cotovelo. Num homem que consuma vinho, a energia deste corre pela pele juntamente com a energia Wei e preenche os colaterais, fazendo com que estes sejam os primeiros a ficar cheios e abundantes; depois e energia Wei se aquieta e é a vez da energia Ying ficar em plenitude. Quando o canal do homem ficar cheio de repente, isto se deve à invasão de energia perversa e sua retenção nos troncos e nos ramos do canal sem se mover, e a retenção da energia perversa se transforma em calor. Se os colaterais superficiais do homem não forem substanciais, isto mostra que a energia perversa penetrou no interior e que canal está esgotado. Já que a condição é bastante diferente da que é comum, pode-se verificar qual canal foi afetado".

雷公曰：何以知经脉之与络脉异也？黄帝曰：经脉者常不可见也，其虚实也以气口知之，脉之见者皆络脉也。雷公曰：细子无以明其然也。黄帝曰：诸络脉皆不能经大节之间，必行绝道而出，入复合于皮中，其会皆见于外。故诸刺络脉者，必刺其结上，甚血者虽无结，急取之，以泻其邪而出其血，留之发为痹也，凡诊络脉，脉色青则寒且痛，赤则有热。胃中寒，手鱼之络多青矣；胃中有热，鱼际络赤；其暴黑者，留久痹也；其有赤有黑有青者，寒热气也；其青短者，少气也。凡刺寒热者皆多血络，必间日而一取之，血尽而止，乃调其虚实；其小而短者少气，甚者泻之则闷，闷甚则仆，不得言，闷则急坐之也。

Leigong perguntou: "Como se pode saber qual a diferença dos canais e dos colaterais?" Disse o Imperador Amarelo: "Não é comum que se vejam os canais; sua condição de astenia e de estenia só podem ser determinadas apalpando-se o pulso Cunkou, e os canais que aparecem no exterior são os colaterais". Disse Leigong: "Eu não vejo a diferença". Disse o Imperador Amarelo: "Os colaterais não passam nas juntas maiores, mas passam pela pele e pelas estrias, onde os canais estão ausentes; eles surgem e desaparecem, se juntam aos colaterais superficiais da pele e aparecem na superfície junto com eles. Assim, quando tratar o mal que afeta os colaterais, deve-se picar na junção destes. Quando o mal for severo, mesmo que não haja sangue estagnado, deve-se picar de forma enfática para expurgar a energia perversa e deixar que saia sangue; se o sangue ficar retido no interior, isto irá causar a síndrome Bi. Quando se inspeciona o colateral, se estiver verde, isto mostra o frio perverso e dor; se estiver vermelho, isto mostra que há febre. Quando há frio no estômago, os colaterais da eminência tenar estão verdes; quando há calor no estômago, os colaterais da eminência tenar estão vermelhos; quando os colaterais da eminência tenar estão negros, é a síndrome Bi prolongada; se aparecerem as cores vermelha, preta e verde ao mesmo tempo, é o mal do frio e do calor; se estiverem verdes e curtos, é o sintoma da deficiência da energia Yang. Quando tratar o mal de frio e calor no estômago, as vênulas superficiais devem ser picadas várias vezes, devendo-se picar dia sim dia não e deixar de picar quando o sangue estagnado tiver se esvaziado. Deve-se também verificar se a doença é astênica ou estênica, se o canal está verde e curto, se há deficiência na energia o paciente; se for empregada uma purgação excessiva, isso pode fazer com que o paciente fique desconfortável e inquieto; quando a condição for severa, o paciente irá cair, impossibilitado de falar, e deve ser ajudado a se sentar para evitar que tropece.

手太阴之别，名曰列缺，起于腕上分间，并太阴之经直入掌中，散人于鱼际。其病实则手锐掌热，虚则欠㰦，小便遗数，取之去腕半寸〔半寸：二字误倒，应乙作"寸半"〕，别走阳明也。

"Ao colateral maior que sai do Canal do Pulmão Taiyin da Mão para se conectar com outro canal, se dá o nome de Lieque. Ele tem início nas camadas musculares do punho, corre em paralelo com o Canal Taiyin da Mão e penetra na eminência tenar, espalhando-se depois pela pele. Quando o colateral maior é afetado, e se houver uma síndrome estênica, o local do processo estilóide do rádio no pulso e na palma da mão ficará quente; se houver uma síndrome astênica, o paciente terá bocejos com a boca bem aberta, incontinência urinária ou urinas freqüentes. Quando tratar, picar o ponto Lieque que está a uma e meia polegada por trás do punho. O colateral maior do Canal Taiyin da Mão faz conexão com o Canal do Intestino Grosso Yangming da Mão neste ponto.

手少阴之别，名曰通里，去腕一寸半，别而上行，循经入于心中，系舌本，属目系。其实则支膈，虚则不能言，取之掌后一寸，别走太阳也。

"O colateral maior que sai do Canal do Coração Shaoyin da Mão se conecta com outro canal no ponto Tongli. Começa à uma polegada por trás do punho, desce ao longo do Canal Shaoyin da Mão e penetra na faringe, faz conexão com a língua e se liga com os olhos. Quando o colateral maior é afetado, e se ocorrer a síndrome estênica, o paciente não se sentirá à vontade, sentindo plenitude entre o peito e o diafragma, e se houver a síndrome astênica, o paciente não será capaz de falar. Quando tratar, picar o ponto Tongli que está a uma polegada por detrás do punho. O colateral maior do Canal Shaoyin da Mão se conecta com o Canal do Intestino Delgado Taiyang da Mão neste ponto.

手心主之别，名曰内关，去腕二寸，出于两筋之间，循经以上，系于心包络，心系实则心痛，虚则为头强，取之两筋间也。

"O colateral maior eu sai do Canal do Pericárdio Jueyin da Mão para fazer conexão com outro canal, se chama Neiguan. Começa a duas polegadas acima do punho, passa pelo meio dos dois tendões e desce acompanhando o Canal Jueyin da Mão para se juntar ao pericárdio. Quando o colateral maior é afetado, e se houver síndrome estênica no sistema cardíaco, irá ocorrer dor cardíaca; se for a síndrome astênica, irá ocorrer sensação de opressão no peito. Quando tratar, picar o ponto Neiguan, que está entre os dois tendões, duas polegadas acima do punho.

手太阳之别，名曰支正，上腕五寸，内注少阴；其别者，上走肘，络肩髃。实则节弛肘废，虚则生肬，小者如指痂疥，取之所别也。

"O colateral maior que provém do Canal do Intestino Delgado Taiyang da Mão para se conectar com outro canal, se chama Zhizeng. Começa a cinco polegadas acima do punho para se conectar com o Canal do Coração Shaoyin da Mão; outro ramo ascende para passar pelo cotovelo e atingir o ponto Jianyu. Quando o colateral maior é afetado, e se houver a síndrome estênica, os tendões do paciente ficarão flácidos e o cotovelo ficará rijo, e se houver a síndrome astênica, ocorrerão um verrugas supérfluas, e as pequenas estarão no meio dos dedos. Quando tratar, picar o ponto colateral do Canal Taiyang da Mão.

手阳明之别，名曰偏历，去腕三寸，别入太阴；其别者，上循臂，乘肩髃，上曲颊偏齿；其别者，入耳，合于宗脉。实则龋聋〔龋：《甲乙》卷二第一下有"齿耳"二字〕，虚则齿寒痹隔，取之所别也。

"O colateral maior que sai do Canal do Intestino Grosso Yangming da Mão para se conectar com outro canal se chama Pianli. Ele se separa a três polegadas acima do punho para se conectar com o Canal Taiyin da Mão; seus ramos sobem ao braço, passam pelo ponto Jianyu, vão à parte curva da mandíbula e se conectam com os dentes; um outro canal penetra no ouvido e converge com a rede geral dos colaterais de Taiyang da Mão, Shaoyang da Mão, Shaoyang do Pé e Yangming do Pé. Quando o colateral maior é afetado, e se a síndrome for estênica, irão ocorrer cáries e surdez; se a síndrome for astênica, irão ocorrer friagem nos dentes e bloqueio no diafragma. Ao tratar, picar o ponto colateral Pianli do Canal Yangming da Mão.

手少阳之别，名曰外关，去腕二寸，外绕臂，注胸中，合心主。病实则肘挛，虚则不收，取之所别也。

"O colateral maior que sai do Canal do Triplo Aquecedor Shaoyang da Mão para se conectar com outro canal se chama Waiguan. Ele tem início a duas polegadas acima do punho, ascende para se ramificar na parte interna do braço, corre pelo peito e se conecta como Canal do Pericárdio. Quando o canal maior é afetado, se a síndrome for estênica, a junta do cotovelo do paciente irá enrijecer; se a síndrome for astênica, a junta do cotovelo do paciente ficará mole e flácida. Ao tratar, picar o ponto colateral Waiguan do Canal Shaoyang da Mão.

足太阳之别，名曰飞阳，去踝七寸，别走少阴。实则鼽窒头背痛，虚则鼽衄，取之所别也。

"O colateral maior que sai do Canal da Bexiga Taiyang do Pé para se conectar com outro canal se chama Feiyang. Ele está a sete polegadas acima do maléolo externo e se conecta com o Canal Shaoyin do Pé. Quando o colateral maior é afetado, e se a síndrome for estênica, o nariz ficará entupido, havendo dor na cabeça e nas costas; se a síndrome for astênica, haverá um corrimento nasal claro e epistaxe. Ao tratar, picar o ponto colateral Feiyang do Canal Taiyang do Pé.

足少阳之别，名曰光明，去踝五寸，别走厥阴，下络足跗。实则厥，虚则痿躄，坐不能起，取之所别也。

"O colateral maior que sai do Canal da Vesícula Biliar Shaoyang do Pé para se conectar a outro canal se chama Guangming. Ele está a cinco polegadas acima do maléolo externo e se conecta com o Canal do Fígado Jueyin do Pé e se espalha pelo dorso do pé. Se o colateral maior for afetado, e a síndrome for estênica, irá ocorrer a

577

síndrome Jueni; se for astênica, o paciente dificilmente poderá andar e não poderá ficar de pé após ter-se sentado. Ao tratar, picar o ponto colateral Guangming do Canal Shaoyang do Pé.

足阳明之别，名曰丰隆，去踝八寸，别走太阴；其别者，循胫骨外兼，上络头顶，合诸经之气，下络喉嗌。其病气逆则喉痹瘁瘁，实则狂巅，虚则足不收，胫枯，取之所别也。

"O colateral maior que sai do Canal do Estômago Yangming do Pé para se conectar a outro canal, se chama Fenglong. Ele está a oito polegadas do maléolo externo e se conecta com o canal do Baço Taiyin do Pé; seu ramo ascende pelo flanco externo da tíbia e se comunica com a cabeça, convergindo aí as energias de inúmeros canais, descendo depois para atingir a garganta. Se o colateral maior for afetado e a energia vital estiver em contracorrente, o paciente terá subitamente obstrução na garganta e afonia. Quando a síndrome for estênica, o paciente terá manias; quando a síndrome for astênica, os tendões e os pés do paciente ficarão moles e flácidos, e os músculos da tíbia irão enfraquecer. Ao tratar, picar o ponto colateral Fenglong do Canal Yangming do Pé.

足太阴之别，名曰公孙，去本节之后一寸，别走阳明；其别者，入络肠胃。厥气上逆则霍乱，实则肠〔肠：《脉经》卷六第五，《千金》卷十五上第一并作"腹"〕中切痛，虚则鼓胀，取之所别也。

"O colateral maior que sai do Canal do Baço Taiyin do Pé para se conectar com outro canal se chama Gongsun. Ele está a uma polegada da junta básica do hálux e se conecta com o Canal do Estômago Yangming do Pé; outro ramo penetra no abdômen e se comunica com o intestino e o estômago. Quando o colateral maior é afetado e a energia caótica sobe em contracorrente para causar um distúrbio na energia do baço, ocorre o cólera. Se a síndrome for estênica, ocorre dor abdominal como se a pessoa estivesse sendo cortada; se a síndrome for astênica, ocorre distensão abdominal. Quando tratar, picar o ponto colateral Gongsun do Canal Taiyin do Pé.

足少阴之别，名曰大鍾〔大鍾：《千金》卷十九第一"大"并作"太"〕，当踝后绕根，别走太阳；其别者，并经上走于心包，下外贯腰脊。其病气逆则烦闷，实则闭癃，虚则腰痛，取之所别者也。

"O colateral maior eu sai do Canal do Rim Shaoyin do Pé para se conectar com outro canal se chama Taizhong. Ele provém da parte posterior do maléolo interno, serpenteia pelo calcanhar e se conecta com o Canal da Bexiga Taiyang do Pé; seu ramo corre em paralelo com o Canal do Rim Shaoyin do Pé para atingir a parte inferior do pericárdio e desce para se ligar com a região lombar e as costas. Se o colateral maior for afetado, o paciente terá a energia vital em contracorrente e sentirá inquietação. Quando a síndrome for estênica, irá ocorrer retenção de urinas; quando a síndrome for astênica, o paciente terá lumbago. Quando tratar, picar o ponto colateral Taizhong do Canal Shaoyin do Pé.

足厥阴之别，名曰蠡沟，去内踝五寸，别走少阳；其别者，径胫，上睾，结于茎。其病气逆则睾肿卒疝，实则挺长，虚则暴痒，取之所别也。

"O colateral maior que sai do Canal do Fígado Jueyin do Pé para se conectar com outro canal, se chama Ligou. Ele está a cinco polegadas acima do maléolo interno para se conectar com o Canal da Vesícula Biliar Shaoyang do Pé; seu ramo passa ao longo do Canal Jueyin do Pé, para atingir o testículo e o pênis. Se o colateral maior for afetado, haverá uma instauração súbita de dor de hérnia devido à contracorrente da energia vital; quando a síndrome for estênica, o pênis terá uma ereção. Quando a síndrome for astênica, ocorrerá uma coceira súbita nos genitais externos. Quando tratar, picar o ponto colateral Ligou do Canal Jueyin do Pé.

任脉之别，名曰尾翳，下鸠尾，散于腹。实则腹皮痛，虚则痒搔，取之所别也。

"O colateral maior que sai do Canal Ren e do Canal Chong se chama Weiyi. Ele se destaca do processo xifóide e desce para se espalhar pelo abdômen. Quando o colateral maior é afetado, e se a síndrome for estênica, a pele do abdômen ficará dolorida; se a síndrome for estênica, haverá prurido anal. Ao tratar, picar o ponto colateral Weiyi do Canal Ren.

督脉之别，名曰长强，挟脊〔脊：张注本用"脊"〕上项，散头上，下当肩胛左右，别走太阳，入贯脊。实则脊强，虚则头重，高摇之〔高摇之，挟脊之有过者：《甲乙》卷二第一下校语云："《九墟》无'高摇之'以下九字〕，挟脊之有过者，取之所别也。

"O colateral maior que sai do Canal Du para se conectar com outro canal se chama Changqiang. Ele sobe passando junto à espinha e atinge o pescoço, se espalha pela cabeça, desce pela escápula e se conecta com os Canais Shaoyin do Pé e Taiyang do Pé e depois penetra junto à coluna espinal. Quando o colateral maior é afetado, e se a síndrome for estênica, irá ocorrer enrijecimento da coluna; se a síndrome for astênica, irá ocorrer sensação de peso na cabeça. Ao tratar, picar o ponto colateral Changqiang do Canal Du.

脾之大络，名曰大包，出渊腋下三寸，布胸胁。实则身尽痛，虚则百节尽皆纵，此脉若罗络之血者，皆取之脾之大络脉也。

"O colateral maior do baço é chamado Dabao. Ele tem início a três polegadas por sob o ponto Yuanye e se espalha pelo peito e pelo hipocôndrio. Quando o colateral maior é afetado, e se a síndrome for estênica, o paciente sentirá o corpo todo dolorido; se a síndrome for astênica, as juntas do corpo inteiro estarão moles e flácidas. Este colateral maior contém o sangue de inúmeros colaterais. Ao tratar, picar o ponto colateral Dabao do Canal do Baço.

凡此十五络者，实则必见，虚则必下，视之不见，求之上下，入经不同。络脉异所别也。

"Todos os quinze colaterais maiores que saem dos grandes canais acima, podem ser vistos quando a energia perversa é estênica e o sangue está lotando os vasos. Eles não podem ser vistos quando a energia é astênica e o pulso está deprimido. Por isso, ao tratar, deve-se procurar os inúmeros acupontos dos colaterais. Como as condições dos canais são diferentes nas diversas pessoas, as condições dos colaterais também são diferentes".

经别第十一

Capítulo 11
Jing Bie
(Ramificações dos Doze Canais)

黄帝问于岐伯曰：余闻人之合于天道〔天道：《甲乙》卷二第一下"道"作"地"〕也，内有五脏，以应五音五色五时五味五位也；外有六腑，以应六律，六律建阴阳诸经而合之十二月、十二辰、十二节、十二经水、十二时、十二经脉者，此五脏六腑之所以应天道。夫十二经脉者，人之所以生，病之所以成，人之所以治，病之所以起，学之所始，工之所止也，粗之所易，上之所难也。请问其离合出人奈何？岐伯稽首再拜曰：明乎哉问也！此粗之所过，上之所息也，请卒言之。

O Imperador Amarelo perguntou a Qibo: "Foi-me dito que o corpo humano está de conformidade com o mundo e a natureza; os cinco órgãos sólidos Yin correspondem aos cinco tons, às cinco cores, às cinco estações, aos cinco sabores e às cinco orientações em seu interior, e a regra dos seis órgãos ocos do Yang corresponde às seis regras da música do Yang no exterior, e o estabelecimento das seis regras musicais pertence ao Yang. Os canais estão coordenados com os doze meses, doze ramos do ciclo duodecimal, doze troncos solares, doze rios, doze períodos de duas horas e doze canais. Estas são as condições gerais dos cinco órgãos sólidos e dos seis órgãos ocos para se adaptarem aos fenômenos do mundo natural; os doze canais são a passagem do fluxo de sangue e energia no corpo humano e guardam uma estreita relação com a existência do homem, a formação das doenças, a saúde humana e a recuperação das doenças. Um principiante no tratamento das doenças, deve aprender a teoria dos canais, e para ser um bom médico, precisa estar atento a isso. Um médico de baixo nível pensa que a teoria dos canais é fácil de aprender, mas um médico de alto nível considera difícil o seu domínio completo. Agora, eu desejo saber quais as condições de separação e combinação das ramificações dos canais no corpo humano; podes me dizer tudo a respeito?" Qibo se curvou em reverência e disse: "Que pergunta brilhante me propusestes! A condição do canal é aquilo que o médico imprudente negligencia e o que um médico esperto estuda cuidadosamente. Agora, deixai-me dizê-lo em detalhes.

足太阳之正，别人于腘中，其一道下尻五寸，别入于肛，属于膀胱，散之肾，循膂当心入散；直者，从膂上出于项，复属于太阳，此为一经也。足少阴之正，至腘中，别走太阳而合，上至肾，当十四颗，出属带脉；直者，系舌本，复出于项，合于太阳，此为一合。成以〔成以诸阴之别，皆为正也：《甲乙》卷二第一下无"成以"十字〕诸阴以之别，皆为正也。

"O ramo principal do Canal da Bexiga Taiyang do Pé se destaca da fossa poplítea no homem, e este ramo desce para chegar a cinco polegadas abaixo da região sacrococcígea, penetra no ânus e no interior do abdômen para se conectar com o órgão oco da bexiga, de seu mesmo canal e se espalha pelos rins, subindo depois por dentro e acompanhando a espinha e se dispersa na posição do coração; outro ramo do Canal Taiyang do Pé sobe direto da espinha para atingir o topo da cabeça, e depois se conecta com o mesmo Canal Taiyang do Pé.

"O ramo principal do Canal do Rim Shaoyin do Pé começa na fossa poplítea e se conecta com o Canal Taiyang do Pé, depois sobe até os rins e se une ao Canal da Cintura, no local da décima quarta vértebra; o outro ramo do canal sai de Shaoyin do Pé e vai direto alcançar a raiz da língua, sai pelo pescoço e se conecta com o Canal da Bexiga Taiyang do Pé. Esta é a primeira coordenação do posicionamento da superfície e do interior do Canal Taiyang do Pé e do Canal Shaoyin do Pé.

足少阳之正，绕髀入毛际，合于厥阴；别者，入季胁之间，循胸里属胆，散之上〔散之上：丹波元简曰："上"字衍〕肝，贯心，以〔以：《太素》卷九《经脉正别》杨注无"以"字〕上挟咽，出颐颔中，散于面，系目系，合少阳于〔于：张注本"于"下有"目"字〕外眦也。足厥阴之正，别跗上，上至毛际，合于少阳，与别俱行，此为二合也。

"O ramo principal do Canal da Vesícula Biliar Shaoyang do Pé provém e serpenteia pela coxa, entra pela margem dos pêlos pubianos e se conecta com o Canal do Fígado Jueyin do Pé. Outro ramo do canal entra pela parte macia das costelas nas laterais do peito, corre ao longo do peito e se conecta com o órgão oco da vesícula biliar do mesmo canal, e depois se dilui no fígado, passa pelo coração, passa junto à garganta, sai pela localização entre a bochecha e o queixo, se espalha pela face, se une às conexões oculares e se junta ao Canal da Vesícula Biliar Shaoyang do Pé no canto externo do olho. O ramo principal do Canal do Fígado Jueyin do Pé, se destaca do dorso do pé, sobe para atingir a margem dos pelos pubianos e se junta com o Canal da Vesícula Biliar Shaoyang do Pé correndo ao longo do outro ramo principal do Canal da Vesícula Biliar. Esta é a segunda coordenação de superfície e interior do Canal Shaoyang do Pé e do Canal Jueyin do Pé.

足阳明之正，上至髀，入腹里，属胃，散之脾，上通于心，上循咽出于口，上频顿〔顿：周本"顿"作"额"〕，还系目系，合于阳明也。足太阴之正，上至髀，合于阳明，与别俱行，上结于咽，贯舌中〔舌中：《太素》卷九《经脉正别》"中"作"本"〕，此为三合也。

"O ramo principal do Canal do Estômago Yangming do Pé sobe para atingir a coxa, entra no interior do abdômen, se conecta com o órgão oco do estômago e desemboca no baço; depois sobe para chegar ao coração, corre ao longo da garganta, sai pela boca para atingir a têmpera e o crânio; depois faz um círculo em volta do globo ocular e se conecta com o Canal do Estômago Yangming do Pé. O ramo principal do Canal Taiyin do Pé vai para cima para se conectar com o Canal do Estômago; depois sobe para se comunicar com a faringe e se liga à raiz da língua. Esta é a terceira coordenação de posicionamento de superfície e interior do Canal Yangming do Pé e do Canal Taiyin do Pé.

手太阳之正，指地，别于肩解，入腋走心，系小肠也。手少阴之正，别入于渊腋两筋之间，属于心，上走喉咙，出于面，合目内眦，此为四合也。

"O ramo principal do Canal do Intestino Delgado Taiyang da Mão corre de cima para baixo. Ele provém da junta atrás do ombro, entra pela axila, chega ao coração e se conecta com o órgão oco do intestino delgado do mesmo canal. O ramo principal do Canal do Coração Shaoyin da Mão entra no ponto Yuanye que está entre os dois tendões por sob a axila, se une ao coração, e depois sobe à garganta, chega à face e se conecta com um dos ramos do Canal Taiyang da Mão, no canto interno do olho. Esta é a quarta coordenação de posicionamento de superfície e interior do Canal Taiyang da Mão e do Canal Shaoyin da Mão.

手少阳之正，指天，别于巅，入缺盆，下走三焦，散于胸中也。手心主之正，别下渊腋三寸，入胸中，别属三焦，出循喉咙，出耳后，合少阳完骨之下，此为五合也。

"O ramo principal do Canal do Triplo Aquecedor Shaoyang da Mão, vai de cima para baixo. Começa no alto da cabeça, entra pela fossa supraclavicular; depois desce novamente para atingir o triplo aquecedor e termina no peito. O ramo principal do Canal do Pericárdio Jueyin da Mão surge a três polegadas por debaixo da axila, entra no peito, faz conexão com o triplo aquecedor, corre junto à garganta para chegar à posição atrás da orelha, e se conecta com o Canal do Triplo Aquecedor Shaoyang da Mão, abaixo do ponto Wangu. Esta é a quinta coordenação da colocação da superfície e do interior do Canal Shaoyang da Mão e do Canal Jueyin da Mão.

手阳明之正，从手循膺乳，别于肩髃，人柱骨下，走大肠，属于肺，上循喉咙，出〔出：张注本作"入"〕缺盆，合于阳明也。手太阴之正，别人渊腋少阴之前，入走肺，散之太阳〔太阳：日刻本作"大肠"〕，上出缺盆，循喉咙，复合阳明，此六合也。

"O ramo principal do Canal do Intestino Grosso Yangming Mão, começa na mão e sobe junto à localização entre a parte lateral do peito e o mamilo, para atingir o ponto Jianyu; passa pela clavícula, chega ao intestino grosso do canal do mesmo nome, e então se conecta ao pulmão, corre junto à garganta para entrar na fossa supra-clavicular e se conecta com o Canal Yangming da Mão. O ramo principal do Canal do Pulmão Taiyin da Mão surge para chegar em frente ao ponto Yuanye no Canal Shaoyin da Mão, percorre o pulmão, se dilui no intestino grosso, sobe para atravessar a fossa supraclavicular, corre ao longo da garganta e se conecta com o Canal do Intestino Grosso Yangming da Mão. Esta é a sexta coordenação de colocação de superfície e interior do Canal Yangming da Mão e do Canal Taiyin da Mão".

经水第十二

Capítulo 12
Jing Shui
(A Água dos Canais)

黄帝问于岐伯曰：经脉十二者，外合于十二经水，而内属于五脏六腑。夫十二经水者，其有大小、深浅、广狭、远近各不同，五脏六腑之高下、大小、受谷之多少亦不等，相应奈何？夫经水者，受水而行之；五脏者，合神气魂魄而藏之；六腑者，受谷而行之，受气而扬之；经脉者，受血而营之〔营：《灵枢略·六气论篇》作"荣"〕合而以治奈何？刺之深浅，灸之壮数，可得闻乎？

O Imperador Amarelo perguntou a Qibo: "Quando os doze canais do homem são vistos de fora, eles são como doze correntes de água; quando vistos de dentro, eles conectam os cinco órgãos sólidos e os seis órgãos ocos. Os doze canais recebem água da fonte e fluem a vários lugares; os cinco órgãos sólidos se combinam e armazenam respectivamente o espírito, a energia, a alma, e o espírito inferior; os seis órgãos ocos recebem os cinco cereais, transferindo-os transformando-os, e espalham a energia das substâncias refinadas pelo corpo todo; os canais recebem o sangue e o passam adiante para nutrir o corpo todo. Ao tratar, como coordenar com as condições tais como controle de profundidade da picada, lidar como tempo da moxibustão etc.; podes me falar a respeito?"

岐伯答曰：善哉问也！天至高，不可度，地至广，不可量，此之谓也。且夫人生于天地之间，六合之内，此天之高、地之广也，非人力之所能度量而至也。若夫八尺之士，皮肉在此〔在此：据《太素》卷五《十二水》杨注"在此"二字似应作"色脉"〕，外可度量切循而得之，其死可解剖而视之，其脏之坚脆，腑之大小，谷之多少，脉之长短，血之清浊，气之多少，十二经之多血少气，与其少血多气，与其皆多血气，与其皆少血气，皆有大数。其治以针艾，各调其经气，固其常有合乎？

Qibo respondeu: "Que excelente pergunta fizestes! O céu está tão no alto que dificilmente se pode inferir; a terra é tão vasta que dificilmente se pode medir, e diz o ditado que isto sempre foi assim. Quando um homem existe entre o céu e a terra e se situa dentro das três dimensões, ele dificilmente pode medir a altura do céu de forma acurada e artificialmente a extensão da terra. O corpo de um homem crescido tem pele, músculos e canais: um homem vivo se pode inspecionar pelo toque; um homem morto se pode examinar cuidadosamente através da autópsia; existe uma padrão definido de firme e de frágil em cada um dos cinco órgãos sólidos, para o tamanho dos seis órgãos ocos, para a quantidade dos cereais recebidos, para a extensão dos canais, para o claro ou o turvo do sangue, para a abundância ou deficiência da energia do canal e para as diversas condições de sangue e energia num canal. Quanto aos canais, alguns têm muito sangue e pouca energia, alguns têm pouco sangue e muita energia, alguns têm muito sangue e muita energia e alguns têm pouco sangue e pouca energia. Quando se ajusta a energia estênica ou astênica do canal de um paciente com acupuntura ou moxibustão, o manipular da profundidade da picada e o tempo de moxibustão devem corresponder ao profundo ou ao raso, e ao muito ou pouco de água dos doze canais".

黄帝曰：余闻之，快于耳，不解于心，愿卒闻之。岐伯答曰：此人之所以参天地而应阴阳也，不可不察。足太阳外合于清水，内属膀胱，而通水道焉。足少阳外合于渭水，内属于胆。足阳明外合于海水，内属于胃。足太阴外合于湖水，内属于脾。足少阴外合于汝水，内属于肾。足厥阴外合于沔水，内属于肝。手太阳外合淮水，内属小肠，而水道出焉。手少阳外合于漯水，内属三焦。手阳明外合于江水，内属于大肠。手太阴外合于河水，内属于肺。手少阴外合于济水，内属于心。手心主外合于漳水，内属于心包。凡此五脏六腑十二经水者，外有源泉而内有所禀，此皆内外相贯，如环无端，人经亦然。故天为阳，地为阴，腰以上为天，腰以下为地。故海以北者为阴，湖以北者为阴中之阴，漳以南者为阳，河以北至漳者为阳中之阴，漯以南至江者为阳中之太阳〔阳中之太阳：《甲乙》卷一第七"阳中之"下并无"太"字〕，此一隅之阴阳也，所以人与天地相参也。

Disse o Imperador Amarelo: "Teu falar é agradável aos meus ouvidos, mas ainda me deixa perplexo. Espero que me dês detalhes". Disse Qibo: "Isto se deve ao fato do homem se coordenar com o céu e a terra e se adaptar ao Yin e ao Yang, e isto deve ser entendido. O Canal Taiyang do Pé se coordena com a água do Rio Jing no exterior e se une ao órgão oco da bexiga no interior, e se comunica com os cursos d'água que percorrem o corpo todo. O Canal Shaoyang do Pé se coordena com a água do Rio Wei no exterior, e se une ao órgão oco da vesícula biliar no interior. O Canal Yangming do Pé se coordena com a água do mar no exterior, e se une ao órgão oco do estômago no interior. O Canal Taiyin do Pé se coordena com a água do lago no exterior e se une ao órgão sólido do baço no interior. O Canal Shaoyin do Pé se coordena com água do Rio Ru no exterior, e se une ao órgão sólido o rim no interior. O Canal Jueyin do Pé se coordena com a água do Rio Mian no exterior, e se une ao órgão sólido do fígado no interior. O Canal Taiyang da Mão se coordena com a água do Rio Huai no exterior e se une ao órgão oco do intestino delgado no interior, e este separa as substâncias translúcidas das turvas e carrega para fora as turvas através do curso d'água. O Canal Shaoyang da Mão se coordena com a água do rio no exterior e se une ao órgão oco do intestino grosso no interior. O Canal Taiyin da Mão se coordena com a água da correnteza no exterior e se une ao órgão sólido do pulmão no interior. O Canal Shaoyin da Mão se coordena com a água do Rio Ji no exterior e se une ao órgão sólido do coração. O Canal Jueyin da Mão se coordena com a água do Rio Zhang no exterior e se une ao pericárdio. Em outras palavras, a água dos doze canais dos cinco órgãos sólidos e dos seis órgãos ocos, provém de fontes externas e têm respectivamente suas águas internas. Elas se conectam e interligam umas com as outras no exterior e no interior, como um anel que gira e não tem fim, e a condição do canal humano é a mesma. O céu está em cima e é Yang, a terra está em baio e é Yin; a parte superior do corpo acima da região lombar é o céu e pertence ao Yang; a parte inferior do corpo, abaixo da região lombar é a terra e pertence ao Yin. Por isso, a localização norte da água do mar (estômago) se chama Yin; a localização norte da água do lago (baço) se chama o Yin do Yin; a localização sul da água do Rio Zhang (pericárdio) se chama Yang; a região que parte do norte da água da correnteza (pulmão) e vai a água do Rio Zhang se chama Yin do Yang; a região que parte do sul da água do Rio Luo (triplo aquecedor) e vai à água da correnteza se chama Yang do Yang. Estes são os exemplos ilustrados, com parte das águas em seus locais corretos, e é o princípio de correspondência do homem com o céu e a terra". [NT]

黄帝曰：大经水之应经脉也，其远近浅深，水血之多少各不同，合而刺之奈何？岐伯答曰：足阳明，五脏六腑之海也，其脉大血多，气盛热壮，刺此者不深弗散，不留不泻也。足阳明刺深六分，留十呼。足太阳深五分，留七呼。足少阳深四分，留五呼。足太阴深三分，留四呼。足少阴深二分，留三呼。足厥阴深一分，留二呼。手之阴阳，其受气之道近，其气之来疾，其刺深者皆无过二分，其留皆无过一呼。其少长大小肥瘦，以心撩之，命曰法天之常。灸之亦然。灸而过此者得恶火，则骨枯脉涩；刺而过此者，则脱气。

O Imperador Amarelo perguntou: "A energia dos canais corresponde aos canais do homem, mas as condições de afastado e próximo, raso e profundo muito ou pouco, na energia e no sangue são diferentes entre si; como combinar suas condições quando se aplica a terapia da acupuntura?" Qibo respondeu: "Nos cinco órgãos sólidos e nos seis órgãos ocos, o Canal do Estômago Yangming do Pé é como um mar entre os doze canais; é o canal que tem o pulso mais amplo, cheio de sangue, energia abundante e calor intenso. Assim, quando picar o canal, deve-se picar profundamente, ou então o perverso não pode se dispersar; a agulha deve ficar retida, ou então o perverso não pode ser expurgado. Quando se pica o Canal Yangming do Pé, que tem muito sangue e muita energia, a profundidade de picada deve ser de seis fen (0,6 polegadas), e o período de retenção da agulha deve ser de dez exalações. Quando se pica o Canal Taiyang do Pé, que tem mais sangue do que energia, a profundidade da picada deve ser de cinco fen (meia polegada), e o período de retenção da agulha deve ser de sete exalações. Quando se pica o Canal Shaoyang do Pé que tem muito sangue e muita energia, a profundidade da picada deve ser de quatro fen e o período de retenção da agulha deve ser de quatro exalações. Quando se pica o Canal Shaoyin do Pé que tem pouco sangue e pouca energia, a profundidade da picada deve ser de dois fen, e o período de retenção da agulha deve ser de três exalações. Quando se pica o Canal Jueyin do Pé que tem muito sangue e pouca energia, a profundidade da picada deve ser de um fen, e o período de retenção da agulha deve ser de duas exalações. Quanto aos Canais Yin e yang da Mão, eles estão mais próximos do coração e do pulmão, do qual recebem energia e as energias que fluem neles são mais rápidas, por isso geralmente a profundidade de picada não deve exceder dois fen, e o período de retenção da agulha não deve exceder uma exalação; entretanto, os pacientes se diferenciam em velhos e jovens, altos e baixos, gordos e magros, e deve-se deliberar com cuidado para tratar de maneira razoável.

NT – O que foi explicado também tem o nome de Via das Águas e as localizações de Yin e de Yang foram definidas no quadrado Mágico, o Mingtang onde também está inserida a numerologia; adicionando-se ou subtraindo-se os números, forma-se o símbolo benéfico de geração, a Sowástica enquanto que o desenho inverso é um símbolo maléfico e de destruição, a Swástica.

Quando se trata por meio da moxibustão, deve-se proceder da mesma maneira. Quando a moxibustão é excessiva a ponto de ferir o corpo humano, a isto se chama fogo perverso, que causa o enfraquecimento da medula e a estagnação do sangue. Quando a picada for excessiva, isso irá lesar a energia saudável do paciente".

黄帝曰：夫经脉之小大，血之多少，肤之厚薄，肉之坚脆，及䐃之大小，可为度量乎？岐伯答曰：其可为度量者，取其中度也，不甚脱肉而血气不衰也。若失度之人，㾦瘦而形肉脱者，恶可以度量刺乎。审切循扪按，视其寒温盛衰而调之，是谓因适而为之真也。

O Imperador Amarelo perguntou: "Existe algum padrão para se medir o muito ou pouco em relação ao sangue, a espessura e a finura da pele e a firmeza ou a fragilidade dos músculos e o tamanho da porção protuberante do músculo?" Qibo respondeu: "Elas podem ser medidas quando o paciente for de estatura média, não tiver músculos emaciados e seu sangue e sua energia não tiverem declinado. Quanto ao paciente de estatura anormal, muito emaciado e com os músculos deprimidos, só se pode determinar a profundidade da picada pela inspeção, apalpação do pulso Cunkou, pressionando-se a pele do aspecto anterolateral do antebraço e massageando a pele e os músculos, tratando então de acordo, após examinar as condições de frio e o calor, de astenia e estenia do paciente. Isto é o que se chama tratar com prudência de acordo com os diversos casos de picada".

经筋第十三

Capítulo 13
Jing Jin
(Distribuição dos Tendões ao Longo dos Canais)

足太阳〔足太阳：按《脉经》、《经别》、《经水》等篇例之，"足太阳"上疑脱"黄帝曰"三字〕之筋，起于足小指，上结于踝，邪上结于膝，其下循足外踝〔其下者循足外踝：周本"踝"作"侧"〕，结于踵，上循跟，结于腘；其别者，结于踹外，上腘中内廉与腘中并上结于臀，上挟脊上项；其支者，别入结于舌本；其直者，结于枕骨，上头下颜〔颜：《甲乙》卷二第六作"额"〕，结于鼻；其支者，为目上网〔网：《甲乙》卷二第六并作"纲"〕，下结于九页〔九：《太素》卷十三《经筋》并作"頄"。王注："頄，面颧也"〕；其支者，从腋后外廉，结于肩髃；其支者，入腋下，上出缺盆，上结于完骨；其支者，出缺盆，邪上出于頄。其病小指支〔支：圣济总录〕卷一百九十一作"及"〕，跟肿〔肿：《太素》卷十三《经筋》，《甲乙》卷二第六并作"踵"〕痛，腘挛，脊反折，项筋急，肩不举，腋支〔腋支：按"支"疑亦"及"之误字〕，缺盆中纽痛，不可左右摇。治在燔针劫刺，以知为数，以痛为输，名曰仲春痹也。

Disse o Imperador Amarelo: "A distribuição dos tendões ao longo do Canal (o tendino-muscular) da Bexiga Taiyang do Pé, começa no artelho menor, se une no maléolo externo e sobe ao joelho de forma inclinada; outro ramo, abaixo, acompanha o flanco externo do pé e se une no calcanhar, depois corre ao longo do calcanhar para atingir a fossa poplítea outro ramo se une no flanco externo da barriga da perna para atingir o lado interno da fossa poplítea, correndo em paralelo com o outro ramo da fossa poplítea acima mencionado; depois desce para se unir na parte superior das nádegas e corre ao longo da coluna espinal para atingir o topo da cabeça; a partir daí, surge outro ramo para se conectar com a raiz da língua; o ramo que prossegue, se une no osso occipital para atingir o alto da cabeça e a parte de baixo das têmporas; depois se une nos dois lados do nariz; a partir daí, se separa para formar os tendões finos em volta dos cílios e das fossas oculares acima e se une abaixo com o osso malar; outro ramo provém do lado externo da axila e sobe para se unir ao ponto Jianyu; outro ramo entra pela parte inferior da axila, sobe à fossa supraclavicular e sobe ainda mais para se unir ao ponto Wangu atrás da orelha; outro ramo se separa da fossa supraclavicular, atingindo acima o osso malar. Os males provenientes deste canal tendino-muscular são: dor no artelho menor e no calcanhar, contratura poplítea, curvatura reversa da coluna espinal, aperto no tendão do pescoço, dor na axila e na fossa supraclavicular fazendo com que paciente fique inquieto e incapaz de ondular o ombro. Quando tratar, picar com a agulha aquecida e retirar a agulha imediatamente após picar; o tempo de picada não é delimitado, mas deve-se parar de picar assim que a doença recrudescer, e picar somente o local dolorido. Este é a chamada síndrome Bi do meio da primavera.

足少阳之筋，起于小指次指，上结外踝，上循胫外廉，结于膝外廉；其支者，别起外辅骨，上走髀，前者结于伏兔之上，后者结于尻；其直者，上乘䏚季胁，上走腋前廉，系于膺乳，结于缺盆；直者，上出腋，贯缺盆，出太阳之前，循耳后，上额角，交巅上，下走颔，上结于𬎆；支者，结于目眦为外维。其病小指次指以转筋，引膝外转筋，膝不可屈伸，腘筋急，前引髀，后引尻，即上乘䏚季胁痛，上引缺盆膺乳颈，维筋急，从左之右，右目不开，上过右角，并跷脉而行，左络于右，故伤左角，右足不用，命曰维筋相交。治在燔针劫刺，以知为数，以痛为输，名曰孟春痹也。

"O tendão do Canal da Vesícula Biliar começa na extremidade do quarto artelho, liga-se ao maléolo externo na parte de cima e corre acompanhando o flanco externo da tíbia, se une ao ponto Yanglingquan no flanco externo do joelho; seu ramo se une à parte externa da fíbula, ascende para atingir o alto da coxa; seu ramo frontal se une ao músculo reto femural e o ramo posterior se une à região sacrococcígea; o tendão do canal que corre na parte anterior, sobe para atingir a localização mole e vazia por sob o hipocôndrio, e depois sobe para atingir a parte da frente da axila; corre ao longo do mamilo, ao lado do peito e se une acima à fossa supraclavicular; outro ramo que corre na parte anterior se separa da axila, passa pela fossa supraclavicular e passa em frente ao tendino-muscular do Canal Taiyang do Pé; depois passa pela parte posterior da orelha, sobe ao canto da cabeça, convergindo ao topo da mesma, desce para atingir o queixo e sobe para se ligar à bochecha; outro ramo se une ao canto externo do olho para se transformar nos finos tendões oculares. Os males provenientes do canal tendino-muscular são: espasmo do quarto artelho, espasmo do flanco externo do joelho causado pelo quarto artelho, impossibilidade de dobrar e esticar a unta do joelho, rigidez da fossa poplítea, dor que repuxa na parte anterior da coxa e que repuxa na parte posterior na região sacrococcígea, dor no local mole e oco da axila e na região mole das costelas, contratura da fossa supraclavicular, dos mamilos e do pescoço e de todas as regiões ligadas pelo tendão. Quando há contratura no canal tendino-muscular que vai do lado direito para o esquerdo, o olho direito não poderá se abrir; este tendino-muscular sobe para passar pela têmpora direita, correndo em paralelo com o Canal Jiao; o canal tendino-muscular do lado esquerdo se conecta com o do lado direito, assim, quando o canal tendino-muscular da esquerda for lesado, o pé direito não poderá se mover, e este é o chamado fenômeno da interseção das juntas e dos tendões. Quando tratar, picar com agulha aquecida e retirar a agulha instantaneamente após a picada; o tempo de picada não é delimitado, mas deve-se parar de picar assim que a enfermidade recrudescer, e picar somente o local dolorido. A isto se chama a síndrome Bi do início da primavera.

足阳明之筋，起于中三指〔中三指：廖平曰："'三'字衍，'中'亦误字，当作'次'"〕，结于跗上，邪外上加于辅骨，上结于膝外廉，直上结于髀枢，上循胁，属脊，其直者，上循骭，结于膝；其支者，结于外辅骨，合少阳，其直者，上循伏兔，上结于髀，聚于阴器，上腹而布，至缺盆而结，上颈，上挟口，合于𬎆，下结于鼻，上合于太阳，太阳〔太阳为目上网：《太素》卷十三《经筋》无"太阳"二字，"为"字属上读。"网"作"纲"〕为目上网；其支者，从颊结于耳前。其病足中指支，胫转筋，脚跳坚，伏兔转筋，髀前肿，㿗疝腹筋急，引缺盆及颊，卒口僻，急者目不合。热则筋纵，目不开。颊筋有寒，则急引颊移口〔移口：按

"移" 似误字，应作 "哆"，《说文·口部》"哆，此口也"〕；有热则筋弛纵缓，不胜收〔不胜收《太素》卷十三《经筋》"胜" 下无 "收" 字〕故僻，治之以马膏，膏〔膏：按此 "膏" 字蒙上误衍〕其急者，以白酒和桂，以涂其缓者，以桑钩钩之，即以生桑灰置之坎中，高下以坐等，以膏熨急颊，且饮美酒，啖美灸肉，不饮酒者，自强也，为之三拊而已。治在燔针劫刺，以知为数，以痛为输，名曰季春痹也。

"O tendão do Canal do Estômago Yangming do Pé começa no flanco externo do segundo artelho, une-se ao dorso do pé, inclina-se em direção à fíbula e se une ao flanco externo do joelho; depois se une à junta do quadril e se une à coluna espinal; o ramo que passa pela parte anterior corre ao longo da tíbia e se une ao joelho; outro ramo se separa para se unir à parte exterior da fíbula e se une ao Canal tendino-muscular Shaoyang do Pé; outro ramo anterior passa ao longo do músculo reto femural, e se une na coxa, depois converge nos genitais externos e se dispersa quando chega ao abdômen; depois sobe para se unir na fossa supraclavicular, passa pelo pescoço, passa junto à boca, se une ao osso malar e se une no nariz para fazer uma conexão com o Canal tendino-muscular Taiyang do Pé; os finos tendões das pálpebras pertencem ao Canal Taiyang do Pé e os finos tendões da pálpebra inferior pertencem ao Canal Yangming do Pé; outro ramo tem início na bochecha e se une em frente à orelha. Os males provenientes deste tendino-muscular são: dor no artelho médio e na tíbia, contratura no dorso do pé, espasmo do músculo reto femural, inchaço na parte frontal da coxa, inchaço do escroto, contratura do tendão do abdô-men que remete à fossa supraclavicular para causar dor, e instauração súbita de distorção na face; quando a contratura é devida ao frio, os olhos não podem se fe-char; quando se deve ao calor, os olhos não podem se abrir. Quando há frio no tendão que passa pela bochecha, isto fará com que ela fique dolorida e a boca não possa se fechar quando é aberta; quando há calor no tendão da bochecha, este ficará mole e flácido causando distorção no rosto. Quando tratar, deve-se aplicar banha de cavalo. Se a doença for aguda, esfregar o lado flácido do tendão com pó de cinamomo misturado com uma bebida destilada; se a doença for crônica, prender o canto da boca do paciente com uma presilha feita de madeira de amoreira; depois colocar um pouco de carvão quente de amoreira numa cova no chão, e a profundidade da cova deve ser a mesma que o comprimento onde se encaixe o paciente. Pressionar a parte da contratura da bochecha com banha de cavalo, fazendo com que o paciente beba um vinho de ao qualidade e coma carneiro assado. Se o paciente não beber, deve tomar o vinho mesmo que com dificuldade. Depois, massagear de tempos em tempos para completar o tratamento. Quando tratar, o paciente com um mal do tendão, picar com agulha aquecida e retirar a agulha imediatamente após picar; o tempo de pica-da não é determinado, mas deve-se parar de picar assim que a enfermidade recrudes-ça, e pica-se só no local da dor. A isto se chama síndrome Bi do final da primavera.

足太阴之筋，起于大指之端内侧，上结于内踝；其直者，络于膝内辅骨，上循阴股，结于髀，聚于阴器，上腹，结于脐，循腹里，结于肋〔肋：《太素》卷十三《经筋》《甲乙》卷二第六并作 "胁"〕，散于胸中；其内者，著于脊，共病足大指支，内踝痛，转筋痛，膝内辅骨痛，阴股引髀而痛，阴器纽痛，下引脐两胁痛，引膺中脊内痛。治在燔针劫刺，以知为数，以痛为输，命曰孟秋〔孟秋：《太素》卷十三《经筋》"孟" 作 "仲"〕痹也。

"O tendão do Canal do Baço Taiyin do Pé começa no lado interno da extremidade do hálux e se une ao maléolo interno; seu ramo que passa pela região anterior, ascende para se unir ao joelho ao lado da fíbula; depois ascende junto ao flanco interno da coxa e se une à parte superior da coxa, convergindo aos genitais externos; depois ascende ao abdômen, se une no umbigo, corre ao longo do abdômen, se une no hipocôndrio e se espalha no peito; o ramo interno se prende à coluna espinal. Os males provenientes do canal tendino-muscular são: dor no hálux e no maléolo interno, espasmo muscular, dor na parte superior da coxa tendendo ao lado interno da mesma, dor nos genitais externos causando inquietação, dor no umbigo, nos hipocôndrios, na parte lateral do peito e na espinha, repuxando para cima. Quando tratar, picar com agulha aquecida e retirar imediatamente após a picada; o tempo de picar não é delimitado, mas deve-se parar de picar assim que a doença recrudescer; pica-se somente o local dolorido. A isto se chama a síndrome Bi do meio do outono.

足少阴之筋，起于小指之下〔起于小指之下：《甲乙》卷二第六"小指之下"并有"入足心"三字〕，并足太阳之筋，邪走内踝之下，结于踵，与太阳之筋合，而上结于内辅之下，并太阴之筋而上循阴股，结于阴器，循脊内挟膂，上至项，结于枕骨，与足太阳之筋合。其病足下转筋，及所过而结者皆痛及转筋。病在此者，主痫瘛及痉，在外者不能俯，在内者不能仰。故阳病者腰反折不能俯，阴病者不能仰。治在燔针劫刺，以知为数，以痛为输，在内者熨引饮药。此筋折纽，纽〔此筋折纽，纽发：《圣济总录》卷一百九十一无"此筋折纽纽"五字〕数甚者，死不治，名曰仲秋〔仲秋：《太素》卷十三《经筋》作"孟秋"〕痹也。

"O tendão do Canal do Rim Shaoyin do Pé começa por debaixo do artelho menor e penetra na sola do pé; faz conexão com o tendino-muscular do Canal Taiyin, enviesando para atingir a parte inferior do maléolo interno, une-se ao tornozelo e se liga ao Canal Taiyin do Pé; depois sobe para se unir à parte inferior da fíbula, corre ao longo do Canal do Baço Taiyin do Pé para atingir o lado interno da coxa, liga-se aos genitais externos, corre pelo lado interno da espinha até atingir o pescoço, une-se ao occipital e faz conexão com o tendino-muscular do Canal Taiyang. Os males provenientes de onde passa este canal tendino-muscular são: espasmo muscular do pé e dor e espasmo por onde o canal passa e se une. As doenças que ocorrem são principalmente: epilepsia; espasmo muscular e do tipo convulsivo, quando a parte posterior do tendão é afetada; o corpo dificilmente pode se abaixar quando o tendão abdominal é afetado; dificilmente se pode voltar o corpo para cima quando há contratura nas costas; a região lombar dificilmente pode ser flexionada devido à reversão contrária da espinha, e quando há contratura abdominal, a pessoa não pode olhar para cima. Quando tratar, picar com agulha aquecida e retirá-la instantaneamente após a picada; o tempo da picada não é delimitado, mas deve-se parar de picar assim que a doença recrudescer; só se pica o local dolorido. Quando o mal for interno, fazer aplicação tópica de drogas aquecidas, exercícios físicos e de respiração e administração de decocções médicas; quando o ataque da doença for muito freqüente e muito sério, o paciente não pode ser curado de forma alguma. A isto se chama síndrome Bi do começo do outono.

足厥阴之筋，起于大指之上，结于内踝之前，上循胫，上结内辅之下，上循阴股，结于阴器，络诸筋。其病足大指支，内踝之前痛，内辅痛，阴股痛转筋，阴器不用，伤于内则不起，伤于寒则阴缩入，伤于热则纵挺不收。治在行水清阴气。其病转筋者，治在燔针劫刺，以知为数，以痛为输，命曰季秋痹也。

"O tendão do Canal do Fígado Jueyin do Pé começa na parte superior do artelho que contém o dito canal, sobe para se unir ao ponto Zhongfeng em frente ao maléolo interno, depois corre ao longo da tíbia e se reúne no joelho em frente à fíbula; depois corre acompanhando o lado interno da coxa, se une aos genitais externos e se liga aos inúmeros tendino-musculares dos outros canais. Os males provenientes deste tendino-muscular são: dor no maléolo interno prolongando-se ao artelho; dor na parte interna da fíbula; dor e espasmo no flanco interno da coxa e impossibilidade de usar os genitais externos. Se a doença for causada por excesso de relações sexuais, irá ocorrer impotência; se a doença for causada pelo calor, o pênis ficará ereto sem se contrair. Quando tratar, lavar o pênis com água para reduzir a energia de Jueyin. Se o mal for do tipo de espasmo, picar com agulha aquecida e retirar a agulha instantaneamente após a picada; o tempo da picada não é delimitado, mas deve-se parar de picar assim que a doença recrudescer; pica-se somente o local dolorido. A isto se chama síndrome Bi do fim do outono.

手太阳之筋，起于小指之上，结于腕，上循臂内廉，结于时内锐骨之后，弹之应小指之上，入结于腋下；其支者，后走腋后廉，上绕肩胛，循颈出走太阳之前〔出走太阳之前：《太素》卷十三《经筋》并作"足"，"之"下并有"筋"字〕，结于耳后完骨；其支者，入耳中；直者，出耳上，下结于颔，上属目外眦。其病小指支，肘内锐骨后廉痛，循臂阴入腋下，腋下痛，腋后廉痛，绕肩胛引颈而痛，应耳中鸣痛，引颔目瞑，良久乃得视，颈〔颈：《圣济总录》卷一百九十一作"头"〕筋急则为筋瘘颈肿。寒热在颈者，治在燔针劫刺之，以知为数，以痛为输，其为肿者，复而锐之。本支者，上曲牙，循耳前，属目外眦，上颔〔颔：《太素》卷十三《经筋》作"额"〕，结于角。其痛〔痛：为注本作"病"〕当所过者支转筋。治在燔针劫刺，以知为数，以痛为输，名曰仲夏痹也。

"O tendão do Canal do Intestino Delgado Taiyang da Mão tem início na ponta do dedo mínimo, se une ao pulso, corre ao longo do lado interno do braço e se une por detrás da eminência do cotovelo, e há aí uma sensação no dedo mínimo quando se aperta o ponto com o dedo; depois desce para se unir na axila; se ramo se separa a partir da parte posterior da axila, sobe para serpentear pela escápula, corre ao longo do pescoço e passa em frente ao tendino-muscular do Canal Taiyang do Pé; une-se ao ponto Wangu atrás da orelha; outro ramo sai daí para entrar no ouvido; o tendino-muscular que corre em frente, passa acima do ouvido, desce para se unir ao queixo e depois sobe para se ligar ao canto externo do olho. Os males provenientes deste tendino-muscular são: dor no dedo mínimo e na parte posterior da eminência tenar do rádio no lado interno do cotovelo; dor ao longo da parte interna do braço e da axila; dor na parte posterior da axila; dor no pescoço proveniente da escápula, tínito; dor que repuxa o queixo e faz com que se fechem os olhos e onde o paciente fica um longo tempo sem ver nada. Quando há frio no pescoço, haverá contratura no tendão da cabeça, escrófula e inchaço no pescoço. Quando tratar, picar com agulha aquecida, e retirá-la imediatamente após picar; o tempo de picada não é delimitado, mas deve-se parar de picar quando houver retração da doença; pica-se somente o local dolorido. Se o inchaço não diminuir após a picada, punturar de novo com agulha sagital. A isto se chama síndrome do meio de verão.

591

手少阳之筋，起于小指次指之端，结于腕，中循臂结于肘，上绕臑外廉，上肩走颈，合手太阳；其支者，当曲颊入系舌本；其支者，上曲牙，循耳前，属目外眦，上乘颔〔颔：张介宾曰：" '颔' 当作 '额'〕，结于角，其病当所过者即支转筋，舌卷。治在燔针劫刺，以知为数，以痛为数，名曰季夏痹也。

"O tendão do canal do Triplo Aquecedor Shaoyang da Mão começa na extremidade do dedo anular, une-se no punho, corre ao longo do braço e se une no cotovelo; depois, serpenteia pelo flanco externo da parte superior do braço, sobe ao ombro e atinge o pescoço; depois faz conexão com o tendino-muscular do Canal do Intestino Delgado Taiyang da Mão; seu ramo entra profundamente no osso malar e se liga à raiz da língua; outro ramo ascende para chegar ao topo da orelha, corre pela parte superior da têmpora e se liga ao canto externo do olho; depois, passa pela têmpora para se ligar no ângulo da mesma. Os males provenientes deste tendino-muscular são: língua enrolada e dor e espasmo ao longo dos músculos localizados no trajeto do canal tendino-muscular. Ao tratar, picar com agulha aquecida e retirar a agulha instantaneamente após a picada; o tempo da picada não é delimitado, mas deve-se parar de picar assim que a doença recrudescer; pica-se somente no local dolorido. A isto se chama síndrome Bi do final do verão.

手阳明之筋，起于大指次指之端，结于腕，上循臂，上结于肘外〔肘外：《甲乙》卷二第六 "肘" 下无 "外" 字〕，上臑，结于髃；其支者，绕肩胛，挟脊；直者，从肩髃上颈；其支者，上颊，结于頄；直者，上出手太阳之前，上左角，络头，下右颔。其病当所过者支痛及转筋〔支痛及转筋：《甲乙》卷二第六 "支" 下无 "痛及" 二字， "筋" 下有 "痛" 字〕，肩不举，颈不可左右视。治在燔针劫刺，以知为数，以痛为输，名曰孟夏痹也。

"O tendão do Canal do Intestino Grosso Yangming da Mão começa na extremidade do dedo indicador, junta-se ao punho, depois sobe acompanhando o antebraço e se une no cotovelo; depois sobe à parte superior do braço e se une ao ponto Jianyu; outro ramo desvia da escápula e corre ao longo da espinha; o tendino-muscular prossegue, chega ao ponto Jianyu para atingir o pescoço; outro ramo chega à bochecha e se une ao osso malar; outro tendino-muscular que ascende pela frente juntamente com o Canal Taiyang da Mão e então se divide em dois ramos; um deles atinge o canto esquerdo da têmpora, se comunica com a cabeça e desce pelo lado direito até o queixo; o outro, atinge o lado direito da têmpora, comunica-se com o alto da cabeça e desce pelo lado esquerdo até o queixo. Os males provenientes deste tendino-muscular são: dor e espasmo ao longo do trajeto deste canal tendino-muscular, impossibilidade de levantar o ombro e impossibilidade de girar o pescoço. Ao tratar, picar com a agulha aquecida e retirá-la imediatamente após a picada; o tempo de picada não é delimitado, mas deve-se parar de picar assim que a doença recrudescer; pica-se somente o local dolorido. A isto se chama síndrome Bi do início do verão.

手太阴之筋，起于大指之上，循指上行，结于鱼后〔鱼后：《甲乙》卷二第六 "鱼" 下有 "际" 字〕，行寸口外侧，上循臂〔上循臂：按 "臂" 下似应有 "内" 字〕，结肘中，上臑内廉，入腋下，出缺盆，结肩前髃〔前髃：《千金》卷十七第一作 "髃前"〕上结缺盆，下结胸里，散贯贲，合贲下，抵季胁。其病当所过者支转筋痛，甚成息贲，胁急吐血。治在燔针劫刺，以知为数，以痛为输，名曰仲冬痹也。

592

"O tendão do Canal do Pulmão Taiyin da Mão começa na extremidade do polegar, ascende acompanhando o dedo e se une atrás da eminência tenar; corre pelo flanco externo do pulso Cunkou, depois sobe ao antebraço e se une ao cotovelo; depois sobe pelo lado interno até a parte superior do braço, passa pela axila e a fossa supraclavicular para atingir a frente do ponto Jianyu; depois sobe novamente a fossa supraclavicular e aí se une; depois, desce para se comunicar com o peito, desvia e penetra no cárdia para chegar à parte mole perto das costelas. Os males provenientes deste tendino-muscular são: dor e espasmo dos músculos das extremidades inferiores por onde passa o tendino-muscular; se a doença se desenvolver com massas informes no hipocôndrio direito o paciente terá dor aguda na região e a síndrome de cuspir sangue. Ao tratar, picar com agulha aquecida e retirá-la imediatamente após a picada; o tempo de picada não é delimitado, mas deve-se parar de picar assim que a doença tiver recrudescido; pica-se somente o local dolorido. A isto se chama síndrome Bi do meio do inverno.

手心主之筋，起于中指，与太阴筋并行，结于肘内廉，上臂阴，结腋下，下散前后挟胁；其支者，入腋，散胸中，结于臂。其病当所过者，支转筋，前及胸痛息贲。治在燔针劫刺，以知为数，以痛为输，名曰孟冬痹也。

"O tendão do Canal do Pericárdio Jueyin da Mão começa no dedo médio e corre em paralelo ao Canal do Pulmão Taiyin da Mão; liga-se ao lado interno do cotovelo, sobe acompanhando o lado interno do braço e se une à axila; depois desce para se espalhar na parte anterior e na parte posterior para se ligar ao tendino-muscular no hipocôndrio; seu ramo penetra na axila, se espalha pelo peito e se une no cárdia. Os males provenientes deste tendino-muscular são: dor e espasmo muscular ao longo do trajeto por onde passa o canal, e dor no peito causada pelas massas informes. Ao tratar, picar com agulha aquecida e retirá-la imediatamente após a picada; o tempo de picada não é determinado, mas deve-se parar de picar assim que a doença tiver recrudescido; picar somente no local dolorido. A isto se chama síndrome Bi do início do inverno.

手少阴之筋，起于小指之内侧，结于锐骨，上结肘内廉，上入腋，交太阴，挟乳里，结于胸中，循臂，下系于脐。其病内急，心承伏梁，下为肘网。其病当所过者支转筋，筋痛。治在燔针劫刺，以知为数，以痛为输。其成伏梁唾血脓者，死不治。经筋之病，寒则反折筋急，热则筋弛纵不收，阴痿不用。阳急则反折，阴急则俯不伸。焠刺者，刺寒急也，热则筋弛纵不收，无用燔针。名曰季冬痹也。

"O tendão do Canal do Coração Shaoyin da Mão começa no flanco externo do dedo mínimo, junta-se ao osso agudo do dedo mínimo por detrás da palma da mão; depois sobe pelo lado interno do cotovelo, atinge a axila e faz interseção com o Canal do Pulmão Taiyin da Mão; depois resvala para dentro do mamilo, e se une no peito, descendo ao longo do cárdia, fazendo conexão abaixo com o umbigo. Os males provenientes deste tendino-muscular são contratura no peito e massa por debaixo do coração, que se chama Fuliang. Como este tendão é o principal para que a pessoa curve e estire o cotovelo, então haverá dor e espasmo ao longo do trajeto percorrido pelo canal. Ao tratar, picar com agulha aquecida e retirá-la imediatamente após a picada; o tempo de picada não é delimitado, mas deve-se parar de picar assim que a doença recrudescer; pica-se somente o local dolorido. Quando o paciente tiver a síndrome de cuspir sangue e pus e tiver o mal de Fuliang, não pode ser curado de forma alguma e morre. A isto se chama síndrome Bi do final do inverno. Todos esses males são gerados no tendino-muscular; Se a doença pertencer ao frio, irá ocorrer contratura no canal tendino-muscular; se pertencer ao calor, o canal tendino-muscular ficará mole e o paciente ficará impotente. Quando a contratura do tendino-muscular for nas costas, fará com que estas se voltem para trás; quando a contratura do canal for no abdômen, o paciente fica encurvado e não pode estirar o corpo. A agulha aquecida serve para tratar a contratura causada pelo frio; para a síndrome de moleza e flacidez no canal tendino-muscular, não deve ser usada a agulha aquecida.

足之阳明，手之太阳，筋急则口目为噼，眦，急不能卒视，治皆如右方也。

"Quando ocorre espasmo no Canal do Estômago Yangming do Pé e no Canal do Intestino Grosso Yangming da Mão, haverá distorção no rosto e impossibilidade de distinguir as coisas por completo. Ao tratar, picar com agulha aquecida com o método acima postulado".

骨度第十四

Capítulo 14
Gu Du
(A Medida Óssea)

黄帝问于伯高曰：脉度言经脉之长短，何以立之？伯高曰：先度其骨节之大小广狭长短，而脉度定矣。

O Imperador Amarelo perguntou a Bogao: "Como fazer para determinar o comprimento dos canais dos três Yin e dos três Yang?" Bogao respondeu: "Deve-se medir primeiro o tamanho, largura e comprimento dos ossos, e depois podem ser determinados os comprimentos dos canais".

黄帝曰：愿闻众人之度，人长七尺五寸者，其骨节之大小长短各几何？伯高曰：头之大骨围二尺六寸，胸围四尺五寸，腰围四尺二寸。髮所复者颅至项尺二寸；髮以下至颐长一尺，君子终折。

Disse o Imperador Amarelo: "Quero conhecer o tamanho dos ossos de um homem de estatura média. Já que um homem tem uma estatura normal de cerca de sete pés e meio, qual o tamanho e comprimento dos seus ossos?" Disse Bogao: "A circunferência do crânio quando medida ao nível do ápice das orelhas é de dois pés e seis polegadas; a circunferência do peito medindo-se ao nível dos mamilos é de quatro pés e cinco polegadas; a circunferência da bacia ao nível do umbigo é de quatro pés e duas polegadas; o comprimento que vai desde a linha frontal dos cabelos até a parte inferior das bochechas é de um pé, e uma pessoa sábia e razoável, ainda terá que inferir e comparar os dados com outros fatores.

结喉以下至缺盆中长四寸，缺盆以下至䯏骭长九寸，过则肺大，不满则肺小。䯏骭以下至天枢长八寸，过则胃大，不及则胃小。天枢以下至横骨长六寸半，过则回肠广长，不满则狭短。横骨长六寸半，横骨上廉以下至内辅之上廉长一尺八寸，内辅之上廉以下至下廉长三寸半，内辅下廉至内踝长一尺三寸，内踝以下至地长三寸，膝腘以下至跗属长一尺六寸，跗属以下至地长三寸，故骨围大则太过，小则不及。

"A extensão que vai do pomo de Adão até o ponto médio entre os dois pontos Quepen é de quatro polegadas. A extensão que vai do ponto Quepen ao processo xifóide externo é de nove polegadas; quando for de mais do que nove polegadas, o pulmão é em comparação maior do que o normal; quando tiver menos do que nove polegadas, o pulmão será comparativamente menor do que os outros. O comprimento do processo xifóide ao ponto Tianshu (ao nível do umbigo) é de oito polegadas; quando tiver mais do que oito polegadas, o estômago é comparativamente maior do que o normal; quando tiver menos de oito polegadas, o estômago é comparativamente menor do que o normal. A extensão que vai do ponto Tianshu ao osso do púbis é de seis e meia polegadas; quando tiver mais do que seis e meia polegadas, o intestino grosso é amplo e longo; quando tiver menos do que seis e meia polegadas, o intestino grosso é bem menor. A extensão do osso do púbis é de seis e meia polegadas; a extensão do osso do púbis ao processo ósseo lateral ao joelho é de um pé e oito polegadas; o comprimento que vai desde baixo da parte superior do processo ósseo lateral ao joelho até a parte inferior é de três e meia polegadas. O comprimento que vai da parte inferior do processo ósseo lateral ao joelho até o maléolo interno é de um pé e três polegadas; o comprimento que vai do maléolo interno ao chão é de três polegadas; o comprimento que vai da fossa poplítea ao nível do tornozelo é de um pé e seis polegadas, e o comprimento que vai do tornozelo ao chão é de três polegadas. Assim, quando a circunferência do osso for maior, o tamanho do osso será maior; quando a circunferência do osso for menor, o tamanho do osso será menor.

角以下至柱骨长一尺〔《甲乙》卷二第七校语："尺一作寸"〕，行腋中不见者长四寸，腋以下至季胁长一尺二寸，季胁以下至髀枢长六寸，髀枢以下至膝中长一尺九寸，膝以下至外踝长一尺六寸，外踝以下至京骨长三寸，京骨以下至地长一寸。

"O comprimento que vai do canto da têmpora ao processo espinhoso da sétima vértebra cervical é de um pé, e do processo espinhoso da sétima vértebra cervical à linha horizontal da axila que não pode ser vista porque a axila a encobre, é de quatro polegadas. O comprimento a partir de sob a axila ao hipocôndrio é de um pé e duas polegadas; do hipocôndrio à junta da bacia é de seis polegadas; da junta da bacia ao nível do ponto médio da cobertura do joelho é de um pé e nove polegadas; do nível que vai do meio da cobertura do joelho ao maléolo externo é de um pé e seis polegadas; do maléolo externo ao quinto osso metatarso no aspecto lateral do pé, é de três polegadas, e do quinto osso metatarso no aspecto lateral do pé até o chão, é de uma polegada.

耳后当完骨者广九寸，耳前当耳门者广一尺三寸〔三寸：《甲乙》卷二第七"三"作"二"〕，两颧之间相去七寸，两乳之间广九寸半〔广九寸半：《图翼》，《医统》，《金十方六集》等俱当折八寸〕，两髀之间广六寸半。

"A largura por detrás dos dois pontos Wangu atrás das orelhas é de nove polegadas; a largura entre os dois pontos Tinggong em frente às orelhas é de um pé e duas polegadas; a largura entre os dois ossos malares é de sete polegadas; a largura entre os dois mamilos é de oito polegadas, e a largura entre as duas coxas é de seis e meia polegadas.

足长一尺二寸，广四寸半。肩至肘长一尺七寸，肘至腕一尺二寸半，腕至中指本节长四寸，本节至其末长四寸半。

"A extensão do pé é de um pé e duas polegadas; sua largura tem quatro polegadas e meia. A extensão que vai do final do ombro ao cotovelo é de um pé e sete polegadas; do cotovelo ao punho, são um pé e um quarto; do punho à raiz da junta básica do dedo médio (entre o dedo e a palma da mão) é de quatro polegadas, e da junta básica à extremidade do dedo médio é de quatro e meia polegadas.

NT – O fato do pé chinês ter um pé e duas polegadas, se deve ao fato que as medidas chinesas eram diferentes em relação aos antigos padrões ingleses e que o chinês da época do Imperador Amarelo era homem de estatura mais elevada, portanto, seu pé era maior e não media apenas 0,33 cm, que foi uma medida padrão estabelecida a partir do pé de um rei inglês.

596

项髪以下至背骨长二寸半，膂骨以下至尾骶二十一节长三尺，上节长一寸四分分之一，奇分在下，故上七节至于膂骨九寸八分分之七，此众人骨之度也，所以立经脉之短也。是故视其经脉之在于身也，其见浮而坚，其见明而大者，多血；细而沉者，多气也。

"Da linha do cabelo, atrás do pescoço até o ponto Dazhui são duas polegadas e meia; a par disso, existem vinte e uma vértebras na espinha, incluindo doze vértebras toráxicas, cinco vértebras lombares e quatro vértebras coccígeas e seu comprimento é de três pés. Cada uma das vértebras cervicais tem 1,41 polegadas e o restante está localizado na espinha, por isso o comprimento das sete vértebras cervicais é de 9,87 polegadas. Este é o comprimento dos ossos de um homem de estatura comum, e é a base para se estabelecer os padrões para se examinar o comprimento dos canais. Quando se examina os canais e os colaterais do corpo, os superficiais e rasos são os colaterais. Quando eles são evidentes e grossos, isto mostra que estão cheios de sangue; quando são finos e ocultos, isto mostra que falta energia".

五十营第十五

Capítulo 15
Wu Shi Ying
(Os Cinqüenta Ciclos da Circulação nos Canais de Energia)

黄帝曰：余愿闻五十营奈何？岐伯答曰：天周〔天周：《甲乙》卷一第九作"周天"〕二十八宿，宿三十〔宿三十：《素问·八正神明论》王注"三十"上无"宿"字〕六分，人气行一周〔一周：《素问·八正神明论》王注"周"下有"天"字〕，千八分。日行二十八宿，人经脉上下、左右、前后二十八脉，周身十六丈二尺，以应二十八宿。

Disse o Imperador Amarelo: "Gostaria de conhecer as condições dos cinqüenta ciclos da circulação da energia dos canais". Disse Qibo: "Existem vinte oito constelações no céu e a distância entre cada uma delas é de trinta e seis minutos. A energia dos canais no corpo humano circula cinqüenta ciclos de dia e de noite e leva um mil e oito minutos. Em um dia e uma noite, o globo gira para passar pelas vinte oito constelações e os canais do homem, distribuídos no alto, em baixo, à esquerda, à direita, na frente e atrás também são vinte oito e a extensão total deles é de cento e sessenta e dois pés, quando se completa um ciclo da circulação pelo corpo todo; aos vinte oito canais correspondem as vinte oito constelações".

漏水下百刻，以分昼夜。故人一呼，脉再动，气行三寸，一吸，脉亦再动，气行三寸，呼吸定息，气行六寸。十息气行六尺，日行二分。二百七十息，气行十六丈二尺，气行交通于中，一周于身，下水二刻，日行二十五分。五百四十息，气行再周于身，下水四刻，日行四十分。二千七百息，气行十周于身，下水二十刻，日行五宿二十分。一万三千五百息，气行五十营于身，水下百刻，日行二十八宿，漏水皆尽，脉终矣。所谓交通者，并行一数也，故五十营备，得尽天地之寿矣，凡行八百一十丈也。

"Tome cento graduações de água escoando por uma clepsidra como padrão para dividir o dia e a noite. Em uma exalação de um homem, o pulso bate duas vezes, e a energia do pulso se move três polegadas no canal; em uma inalação o pulso também bate duas vezes e a energia do pulso se move seis polegadas. Em dez respirações, a energia do pulso se move seis pés; em vinte sete respirações a energia do pulso se movimenta dezesseis pés e duas polegadas, que é exatamente o tempo para que o globo gire a distância de dois minutos; são necessárias duzentos e setenta respirações para que a energia do canal percorra um ciclo no corpo, e a extensão dos canais é de cento e sessenta e dois pés. No período de comunicação mútua das energias para a circulação de um ciclo nas duzentas e setenta respirações, isso leva duas graduações sob o nível de água na clepsidra, e a rotação do globo é de vinte minutos; em quinhentas e quarenta respirações, a circulação dos canais é de dois ciclos; a marca sob o nível de água da clepsidra é de quatro graduações e a rotação do globo é de quarenta minutos excedentes; em duas mil e setecentas respirações, a circulação da energia do canal é de dez ciclos, e a marca sob o nível de água da clepsidra de vinte graduações, e a rotação do globo é de cinco constelações e vinte minutos excedentes; em treze mil e quinhentas, a circulação do canal é de cinqüenta ciclos, a marca sob o nível de água da clepsidra[NT] é exatamente de cem graduações, e a rotação do globo é de vinte oito constelações; nesse momento a água da clepsidra ter-se-á esgotado, e a energia do canal terá completado a distância de cinqüenta ciclos. O que se chama "comunicação mútua" serve para ilustrar a condição de circulação da energia do canal em um dos lados, para que as condições de ambos os lados representem os canais das mãos e dos pés, que são as mesmas e se comunicam. Quando se ilustram as condições dos cinqüenta ciclos de circulação da energia do canal, é a condição abrangente do céu e da terra".

NT – Clepsidra: trata-se do relógio de água que funciona pela diferença de pressão entre os vasos comunicantes.

营气第十六

Capítulo 16
Ying Qi
(A Energia Ying)

黄帝曰：营气之道，内谷为宝。谷入于胃，乃传之肺，流溢于中，布散于外，精专者行于经隧，常营无已，终而复始，是谓天地之纪。故气从太阴出，注手阳明，上行注足阳明，下行至跗上，注大指间，与太阴〔与太阴合：按"与"下应补"足"字〕合，上行抵髀〔《甲乙》卷一第十"髀"并作"脾"〕。从脾注心中，循手少阴，出腋下臂，注小指，合手太阳，上乘腋出颐内，注目内眦，上巅下项，合足太阳，循脊下尻，下行注小指之端，循足心注足少阴，上行注肾，从肾注心，外散于胸中。循心主脉，出腋下臂，出两筋之间，入掌中，出中指之端，还注小指次指之端，合手少阳，上行注膻中，散于三焦，从三焦注胆，出胁注足少阳，下行至跗上，复出跗注大指间，合足厥阴，上行至肝，从肝上注肺，上循喉咙，入颃颡之窍，究于畜门。其支别者，上额循巅下项中，循脊入骶，是督脉也，络阴器，上过毛中，入脐中，上循腹里，入缺盆，下注肺中，复出太阴。此营气之所行也，逆顺之常也。

Disse o Imperador Amarelo: "O que há de maior valor na energia Ying é receber os cereais. Quando a água e os cereais entram no estômago, as substâncias refinadas transformadas são transferidas ao pulmão, proeminentes entre os cinco órgãos sólidos e espalhando-se entre os seis órgãos ocos; a essência circula pelo túnel do canal e opera sem cessar, atinge o final e começa de novo, de maneira idêntica à lei do céu e da terra. A energia Ying começa no Canal do Pulmão Taiyin da Mão, corre pelo lado interno do braço, entra no Canal do Intestino Grosso Yangming da Mão, depois entra no Canal do Estômago Yangming do Pé, desce ao dorso do pé, e penetra no hálux para se unir ao Canal do Baço Taiyin do Pé, atingindo o baço; depois entra no coração pelo ramo do canal do baço; corre ao longo do Canal do Coração Shaoyin da Mão, passa pela axila, corre pelo lado posterior e interno do braço, flui até a extremidade do dedo mínimo e se une ao Canal do Intestino Delgado Taiyang da Mão; depois, desce para passar pela axila até atingir o lado interno das órbitas oculares, penetra no canto interno do olho; depois, sobe para atingir o topo da cabeça, e desce ao pescoço para se unir ao Canal da Bexiga Taiyang do Pé; depois, desce pela coluna espinal, passa pela região sacrococcígea e entra na extremidade do artelho menor; depois, corre pela sola do pé, entra no Canal do Rim Shaoyin do Pé, e corre ao longo do canal para entrar no rim; depois, sobe dos rins para entrar no pericárdio e se espalha pelo lado externo do peito; depois, corre ao longo do canal do pericárdio, entra na axila, desce ao longo do antebraço, entra na palma da mão e alcança a extremidade do dedo médio da mão; depois, volta para trás e entra na extremidade do dedo anular e se liga ao Canal do Triplo Aquecedor Shoyang da Mão; depois, sobe e entra no ponto Tanzhong, se espalha pelos aquecedores superior, médio e inferior, entra no Canal da Vesícula Biliar Shaoyang do Pé, desce ao dorso do pé, depois entra nos artelhos a partir do dorso do pé e se une ao Canal do Fígado Jueyin do Pé; depois, sobe pelo canal do fígado e atinge este órgão, passa daí ao pulmão, sobe pela parte posterior da garganta para atingir por trás os orifícios internos do nariz (os dois orifícios na parte superior da epiglote); os orifícios internos pertencem ao Canal Jueyin do Pé, e são diferentes das narinas externas que pertencem ao Canal Du. Outro ramo ascende para chegar à têmpora, corre pelo centro do alto da cabeça, desce até o pescoço, corre ao longo da coluna espinal e entra no osso sacral onde passa o Canal Du. Depois, passa ao Canal Ren, se comunica com os genitais externos, passa pela margem dos pelos pubianos, entra no umbigo, sobe e entra na fossa supraclavicular, daí desce e entra no pulmão; depois, começa a circular de novo a partir do Canal do Pulmão Taiyin da Mão. Este é o caminho que percorre a energia Ying e a rotina de concordância e refluxo movimenta os dois tipos de canais, do pé e da mão".

脉度第十七

Capítulo 17
Mai Du
(A Extensão dos Canais)

黄帝曰：愿闻脉度。岐伯答曰：手之六阳，从手至头，长〔长：《太素》卷五《十二水》杨注"长"下有"各"字〕五尺，五六〔五六：《难经·二十三难》"五六"下有"合"字〕三丈。手之六阴，从手至胸中，三尺五寸，三六一丈八尺，五六三尺，合二丈一尺。足之六阳，从足上至头，八尺，六八四丈八尺。足之六阴，从足至胸中，六尺五寸，六六三丈六尺，五六三尺，合三丈九尺。跷脉从足至目，七尺五寸，二七一丈四尺，二五一尺，合一丈五尺。督脉任脉各四尺五寸，二四八尺，二五一尺，合九尺。凡都合一十六丈二尺，此气之大经隧也。经脉为里，支而横者为络，络之别者为孙，盛而血者疾诛之，盛者泻之，虚者饮药以补之。

Disse o Imperador Amarelo: "Desejo ouvir acerca da extensão dos canais". Disse Qibo: "Nos canais Yang da mão, à esquerda e à direita, a extensão de cada um deles mão a cabeça é de cinco pés; e todos juntos eles medem trinta pés. Nos seis canais Yin da mão, a extensão da mão ao peito em cada um deles é de três pés e cinco polegadas e juntos eles medem vinte um pés. Nos seis canais Yang do pé, à esquerda e à direita, a extensão do pé ao topo da cabeça em cada um deles é de oito pés e eles todos juntos medem quarenta e oito pés. Nos seis canais Yin do pé, à esquerda e à direita, a extensão do pé ao peito em cada um deles é de seis pés e cinco polegadas, e juntos, eles medem trinta e nove pés. No canal Jiao, à esquerda e à direita, do pé ao olho, a extensão de cada um deles é de sete pés e cinco polegadas, e a extensão total é de quinze pés. A extensão no canal Du e no Canal Ren respectivamente é de quatro pés e cinco polegadas, e sua extensão total é de nove pés. A extensão total dos canais é de cento e sessenta e dois pés. Esses são os trajetos para que a energia dos canais circule. Os canais ficam em profundidade no corpo e os ramos que se separam dos canais, que correm horizontalmente são os colaterais, e os ramos dos colaterais são os colaterais diminutos. Quando os colaterais diminutos estão cheios de sangue estagnado, devem ser tratados imediatamente; quando a energia perversa for abundante, aplica-se a terapia de purgar; quando houver deficiência de energia saudável, deve-se revigorar com decocções médicas.

五脏常内阅于上七窍也，故肺气通于鼻，肺〔肺：《太素》卷六《脏·腑气液》，《甲乙》卷一第四并作"鼻"〕和则鼻能和臭香矣；心气通于舌，心〔心：《太素》卷六《》脏腑气液作"舌"〕和则舌能知五味矣，肝气通于目，肝〔肝：《太素》卷六《脏腑气液》作目〕和则目能辨五色矣；脾气通于口，脾〔脾：《难经·三十七难》，《甲乙》卷一第四并作"口"〕和则口能知五谷矣；肾气通于耳，肾〔肾：《太素》卷六《脏腑气液》并作"耳"〕和则耳能闻五音矣。五脏不和则七窍不通，六腑不和则留为痈。故邪在腑则阳脉不和，阳脉不和的气留之，气留之则阳气〔气：《难经·三十七难》作"脉"〕盛矣。阳气太盛则阴不利，阴脉不利则血〔血：《太素》卷六《脏腑气液》作"气"〕留之，血留之则阴气〔气：《难经·三十七难》作"脉"〕盛矣。阴气太盛，则阳气不能荣也，故曰关。阳气太盛，则阴气弗能荣也，故曰格。阴阳俱盛，不得相荣，故曰关格。关格者，不得尽期而死也。

"A energia refinada das cinco vísceras freqüentemente atinge o rosto passando pelo corpo e surge nos sete orifícios. A energia do pulmão se comunica com os orifícios do nariz e quando a energia do nariz está harmoniosa, este pode distinguir a fragrância e o cheiro pútrido; a energia do coração se comunica com a língua e quando a energia da língua está harmoniosa, esta pode distinguir os cinco sabores; a energia do fígado se comunica com os orifícios dos olhos e quando a energia dos olhos está harmoniosa, estes podem distinguir o negro e o branco; a energia do baço se comunica com o orifício da boca, e quando a energia da boca está harmoniosa, esta pode distinguir as fragrâncias dos cinco cereais; o rim se comunica com os orifícios do ouvido, e quando a energia dos ouvidos está harmoniosa, estes podem distinguir os cinco tons. Quando as cinco vísceras estão em desarmonia, os sete orifícios ficam obstruídos; quando as seis entranhas estão em desarmonia, ocorrem carbúnculos devido à estagnação do sangue. Por isso quando o perverso está nas seis entranhas, o canal Yang estará em desarmonia, causando a estagnação da energia yang, e a estagnação da energia Yang causa superabundância no canal Yang; quando o perverso está nas cinco vísceras, o canal Yin estará desordenado, causando a estagnação da energia Yin, e a estagnação da energia Yin causa a superabundância do canal Yin. Quando a energia Yin estiver superabundante, isso gera a incapacidade de operação da energia Yang, e a isto se dá o nome de "Guan"; quando a energia Yang está superabundante, isso gera a incapacidade de operação da energia Yin, e a isto se chama "Ge"; quando tanto a energia Yin quanto a energia Yang estão superabundantes causando a incapacidade de operação mútua, a isto se chama "Guange" (falha na interdependência mútua da superfície e do interior). Quando o paciente aparenta estar com a síndrome Guange, não será capaz de levar uma vida normal e morre logo".

黄帝曰：跷脉起安止？何气荣水〔荣水：《太素》卷十《阴阳乔脉》作"营此"〕？岐伯答曰：跷脉〔跷脉：《素问·刺腰痛篇》王注作："阴跷〕者，少阴〔少阴：《素问·刺腰痛篇》王注"少阴"上有"足"字〕之别，起于然骨之后，上内踝之上，直上循阴股入阴，上循胸里入缺盆，上出人迎之前，人烦，属目内眦，合于太阳、阳跷而上行，气并相还，则为濡目，气不荣则目不合。

O Imperador Amarelo perguntou: "Onde começa e termina o Canal Qiao? Com a ajuda de qual canal ele opera?" Qibo respondeu: "O Canal Yin Qiao é um outro canal que serve ao Canal do Rim Shaoyin do Pé; ele começa por detrás do ponto Zhaohai, sobe até a região superior do maléolo interno, corre acompanhando o flanco interno da coxa e entra nos genitais externos; depois, sobe ao abdômen e ao peito para entrar na fossa supraclavicular, depois se mostra em Renying, entra na bochecha, se comunica com o canto interno do olho, se une ao Canal da Bexiga Taiyang do Pé e depois sobe novamente. As duas energias dos Canais Yin Qiao e Yang Qiao circundam os olhos; se a energia Yin estiver superabundante, cairão lágrimas; se a energia yang estiver superabundante, os olhos dificilmente poderão se fechar".

603

黄帝曰：气独行五脏，不荣六腑，何也？岐伯答曰：气之不得无行也，如水之流，如日月〔如日月之行不休；《难经·三十七难》无"如日月"七字〕之行不休，故阴脉荣其脏，阳脉荣其腑，如环之无端，莫知其纪，终而复始。其流溢之气，内溉脏腑，外濡腠理。

O Imperador Amarelo perguntou: "Quando as energias dos canais Yin circulam somente nas cinco vísceras, isso não nutre as seis entranhas: por quê?" Qibo respondeu: "O fluxo de energia do canal é como a água que flui e nunca cessa. As energias do canal Yin nutrem a energia refinada das cinco vísceras e as energias do canal yang nutrem a energia refinada das seis entranhas; elas se interpenetram como um anel, terminam e começam novamente, sem ter fim. Quanto à energia do canal que está transbordante, ela permeia os órgãos sólidos e ocos no seu interior, e umedece a superfície dos músculos e a pele no exterior".

黄帝曰：跷脉有阴阳，何脉当其数？岐伯答曰：男子数其阳，女子数其阴，当数者为经，其不当数者为络也。

O Imperador Amarelo perguntou: "Nos Canais Qiao, o Yang Qiao e o Yin Qiao são diferentes: qual deles tem os quinze pés de extensão acima definido?" Qibo respondeu: "Num homem, deve-se medir o Canal Yang Qiao, e numa mulher, deve-se medir o Canal Yin Qiao. Ao comprimento total do canal, dá-se o nome de canal; o excedente se chama colateral. Por isso, no homem, o Yang Qiao é o canal e Yin Qiao é o colateral; na mulher, o Yin Qiao é o canal e Yang Qiao é o colateral".

604

营卫生会第十八

Capítulo 18
Ying Wei Sheng Hui
(A Forma de Distribuição e de Funcionamento
da Energia Ying e da Energia Wei)

黄帝问于岐伯曰：人焉受气？阴阳焉会？何气为营？何气为卫？营安从生？卫于焉会？老壮不同气，阴阳异位，愿闻其会。岐伯答曰：人受气于谷，谷入于胃，以传与肺〔肺：《难经·三十难》作"五脏六腑"〕，五脏六腑，皆以受气，其清者为营，浊者为卫，营在脉中，卫在脉外，营周不休，五十〔五十：《灵枢略·六气论篇》"五十"下有"周"字〕而复大会。阴阳相贯，如环无端。卫气行于阴二十五度，行于阳二十五度，分为昼夜，故气至阳而起，至阴而止。故曰：日中而阳陇〔陇：日刻本作"隆"〕为重阳，夜半而阴陇为重阴。故太阴主内，太阳主外，各行二十五度，分为昼夜。夜半为阴陇，夜半后而为阴衰，平旦阴尽而阳受气矣。日中为阳陇，日西而阳衰，日入阳尽而阴受气矣。夜半而大会，万民皆卧，命曰合阴，平旦阴尽而阳受气，如是无已，与天地同纪。

O Imperador Amarelo chamou Qibo e disse: "De onde o homem recebe a energia refinada? Para onde convergem as energias Yin e Yang? Qual o tipo de energia que se chama Ying e qual se chama Wei? De onde provém a energia Ying? Onde a energia Ying e a energia Wei se encontram? A condição de deficiência e de superabundância de energia num velho e num homem na flor da idade são diferentes, e os locais para onde as energias vão de dia e de noite também são diferentes. Quero ouvir a respeito da condição de quando as energias se encontram". Qibo respondeu: "A energia refinada do homem provém da transformação das substâncias refinadas recebidas dos cereais; quando os cereais entram no estômago, as substâncias refinadas produzidas serão transferidas aos cinco órgãos sólidos e aos seis órgãos ocos, e todos eles obtêm a nutrição. Na substância refinada, a parte translúcida se chama energia Ying e a parte turva é a energia Wei; a energia Ying flui dentro do canal e a energia Wei flui fora do canal, operando no corpo todo sem cessar; a energia Ying e a energia Wei perfazem cinqüenta ciclos cada uma a aí se encontram. O Yin e o Yang se comunicam um com o outro, dão voltas e começam de novo como um anel sem fim. A energia Wei perfaz vinte cinco ciclos na porção Yin e vinte cinco ciclos na porção Yang; metade desta circulação é durante o dia e metade à noite; sua circulação começa na cabeça que pertence ao Yang e termina nos canais Yin da mão e do pé. A energia Wei passa pelos canais Yin da mão e do pé. A energia Wei passa pr fora dos seis canais yang da mão e do pé durante o dia e como a energia Yang e mais próspera ao meio-dia, é chamada "Yang na prosperidade". A energia Wei passa por fora dos seis canais Yin do pé e da Mão a noite, e a energia Yin é mais próspera a meia-noite; depois da meia-noite a energia Yin entra gradativamente em declínio, e na aurora, a energia Yin está exausta e a energia Yang começa a subir; durante o dia a energia yang é mais próspera ao meio-dia. A energia Yang entra em declínio quando o sol se põe; à noite a energia Yang está exausta e a energia Ying começa a surgir; a meia-noite a energia Ying e a energia Wei convergem, e tanto a energia Ying quanto a energia Wei estão na posição Yin à meia-noite, e aí as pessoas estão dormindo, por isso se chama "Combinação do Yin"; ao alvorecer, a energia Yin está exausta e a energia Yang começa a surgir. Dessa forma, ela circula incessantemente, e combina com a condição de transferência do sol e da lua no universo".

黄帝曰：老人之不夜瞑者，何气使然？少壮之人不昼瞑〔不昼瞑：《甲乙》卷一第十一作"不夜瘼"〕者，何气使然？岐伯答曰：壮者之气血盛，其肌肉滑，气道通，荣卫之行，不失其常，故昼精而夜瞑。老者之气血衰，其肌肉枯，气道涩，五脏之气相搏，其营气衰少而卫气内伐，故昼不精，夜不瞑。

O Imperador Amarelo perguntou: "Dificilmente um velho pode dormir à noite: que energia faz isso? Um homem jovem e saudável dificilmente pode ser acordado quando dorme à noite: que energia faz isso?" Qibo respondeu: "Quanto ao homem saudável, sua energia e seu sangue são abundantes, seus músculos são lisos e sua energia de passagem está desobstruída, e as operações da energia Ying e da energia Wei são normais, por isso seu espírito está à vontade de dia e ele dorme bem à noite. Quanto a um homem velho, sua energia e seu sangue estão entrando em declínio, seus músculos estão emaciados, sua energia de passagem não é direta, as energias das cinco vísceras estão combatendo e dificilmente podem ser mantidas em harmonia, por isso sua energia Ying é deficiente e a sua energia Wei está corrompida por dentro, e como resultado, seu espírito não está à vontade durante o dia e ele não pode dormir bem à noite".

黄帝曰：愿闻营卫之所行，皆何道从来？岐伯答曰：营出于中焦，卫出于下〔下：《太素》卷十二首篇，《灵枢略》"下"并作"上"〕焦。黄帝曰：愿闻三〔三：按"三"误，应作"上"〕焦之所出。岐伯答曰：上焦出于胃上口，并咽以上贯膈而布胸中，走腋，循太阴之分而行，还至阳明，上至舌，下足阳明，常与营俱行〔常与营俱行：《病沉》卷十五《三焦病候》"营"下有"部"字〕于阳二十五度，行于阴亦二十五度一周也，故五十度而复大会于手太阴矣〔于阳二十五度至手太阴矣：《病沉》卷十五《三焦病候》无"于阳"以下三十字〕。黄帝曰：人有热，饮食下胃，其气未定，汗则出，或出于面，或出于背，或出于身半，其不循卫气之道而出何也？岐伯曰：此外伤于风，内开腠理，毛蒸理泄，卫气走之，固不得循其道，此气慓悍滑疾，见开而出，故不得从其道，故命曰漏泄。

Disse o Imperador Amarelo: "Desejo ouvir acerca das condições de surgimento da energia Ying e da energia Wei e suas formas de operação". Disse Qibo: "A energia Ying provém do aquecedor médio e a energia Wei provém do aquecedor superior". Disse o Imperador Amarelo: "Desejo ouvir acerca da condição de surgimento no aquecedor superior". Qibo respondeu: "A energia do aquecedor superior surge da abertura superior do estômago, percorre o esôfago, passa pelo diafragma e se espalha no peito; depois, corre horizontalmente para atingir a axila; desce pelo caminho do Canal do Pulmão Taiyin da Mão, volta pelo Canal do Intestino Grosso Yangming da Mão, sobe para atingir o nariz, e depois, desce para entrar no Canal do Estômago Yangming do Pé, e com freqüência caminha paralelo à energia Ying e à energia

Wei". Perguntou o Imperador Amarelo: "Quando se sente calor no corpo, este transpira assim que a comida e a bebida acabaram de entrar no estômago, e a energia refinada ainda não foi transformada; o suor escorre pelo rosto, pelas costas e pelas laterais do corpo e não sai pelos locais de operação no trajeto da energia Wei: qual a razão?" Disse Qibo: "É porque a invasão da energia perversa que provém de fora causa o amolecimento das estrias, e quando os pêlos finos, o corpo e a pele são bafejados pelo vento-calor, as estrias se abrem, e a energia Wei não percorre seu trajeto regular, mas passa por locais em que as estrias musculares estão moles; como a característica da energia Wei é ser intrépida e escorregadia, ela passa por locais em que as estrias estão flácidas, e a isto se dá o nome de "perda da energia"".

黄帝曰：愿闻中焦之所出。岐伯答曰：中焦亦并〔并：日刻本旁注："并"，一曰当作 "出"〕胃中，出上焦之后，此所受气者，泌糟粕，蒸津液，化其精微，上注于肺脉，乃化而 为血，以奉生身，莫贵于此，故独得行于经隧，命曰营气。黄帝曰：夫血之与气，异名同类， 何谓也？岐伯答曰：营卫者精气也，血者神气也，故血之与气，异名同类焉。故夺血者无汗， 夺气者无血，故人生有一死而无两生。

Disse o Imperador Amarelo: "Desejo ouvir a respeito das condições de surgimento no aquecedor médio". Disse Qibo: "A energia do aquecedor médio também provém do estômago e por detrás do aquecedor superior, ela se transforma e produz o sabor dos cinco cereais, manda para fora os detritos e retém o fluido refinado, mandando-o para dentro do pulmão, o qual então, é transformado em sangue para nutrir o corpo todo, por isso, é a mais válida e pode correr dentro do túnel do canal e se chama "Ying" (que nutre)". O Imperador Amarelo perguntou: "O sangue e a energia são diferentes no nome, mas, na verdade, pertencem à mesma categoria: isso por quê?" Qibo respondeu: "A energia Wei é transformada a partir da energia refinada da água e dos cereais e a energia Ying é a variação da água e dos cereais, então, embora sejam diferentes no nome, pertencem à mesma categoria. Portanto, quando o paciente entra em colapso devido a uma hemorragia maciça, não deve ser tratado com diaforese; quando tem consumo de energia não deve perder seu sangue; naturalmente, a morte é inevitável na vida de alguém, mas não se pode fazer reviver após a morte".

黄帝曰：愿闻下焦之所出。岐伯答曰：下焦者，别回肠，注于膀胱而渗入焉。故水谷者， 常并居于胃中，成糟粕，而俱下于大肠，而成下焦，渗而俱下，济泌别汁，循下焦而渗入膀 胱焉。黄帝曰：人饮酒，酒亦入胃，谷未熟而小便独先下何也？岐伯答曰：酒者熟谷之液也， 其气悍以清，故后谷而人，先谷而液出焉。黄帝曰：善。余闻上焦如雾，中焦如沤，下焦如 渎，此之谓也。

Disse o Imperador Amarelo: "Desejo ouvir a respeito das condições de surgimento no aquecedor inferior". Disse Qibo: "Aquecedor inferior começa na parte inferior e terminal do intestino delgado; envia o refugo ao intestino grosso, e manda água para a bexiga e eles se completam pela permeabilidade. Por isso, a substância do tipo da água e dos cereais é armazenada no estômago regularmente, e após a digestão, o refugo será enviado ao intestino grosso; durante a digestão, a água é drenada, o fluído claro é retido e o fluido turvo é despejado na bexiga por meio do aquecedor inferior". O Imperador Amarelo perguntou: "Quando se toma vinho, ele também entra no estômago, mas o vinho pode ser excretado pela urina antes que o arroz seja digerido: qual a razão?" Qibo respondeu: "O vinho é um líquido formado após a fermentação dos cereais; sua energia é audaz e escorregadia, por isso, mesmo quando entra no estômago depois que a comida, pode ser excretado pela urina antes da comida". Disse o Imperador Amarelo: "Muito bem. Por isso diz o ditado: "Quanto às funções do triplo aquecedor, o aquecedor superior se parece com a neblina, o aquecedor médio é como uma moenda e o aquecedor inferior é como um bueiro"".

四时气第十九

Capítulo 19
Si Shi Qi
(Aplicação das Diversas Terapias de Puntura nas Diferentes Estações)

黄帝问于岐伯曰：夫四时之气，各不同形，百病之起，皆有所生，灸刺之道，何者为定？岐伯答曰："四时之气，各有所在，灸刺之道，得气穴为定。故春取经血脉分肉之间，甚者深刺之，间者浅刺之；夏取盛经孙络，取分间绝皮肤；秋取经腧，邪在府，取之合；冬取井荥，必深以留之。

O Imperador Amarelo perguntou a Qibo: "Os climas são diferentes nas quatro estações e as doenças que são geradas pelos climas das várias estações são diferentes: como determinar o princípio da acupuntura e moxibustão ao tratar?" Qibo respondeu: "Quando as inúmeras energias das quatro estações afetam o homem para gerar doenças, elas se localizam nas diversas partes do corpo; o princípio da acupuntura e da moxibustão deve ser estabelecido com o padrão da sensação de acupuntura. Portanto, na primavera, deve-se picar o colateral e o espaço entre os músculos; pica-se profundamente quando a doença é severa e a picada é rasa quando a doença é leve; no verão, picar o canal Yang, o colateral diminuto, ou picar o limite entre os músculos, e a picada deve ser rasa para penetrar somente a pele; no outono, picar os pontos Shu dos vários canais; se a doença estiver nos seis órgãos ocos picar os pontos He; no inverno, picar os pontos Poço e os pontos Xing dos vários canais; a picada deve ser mais profunda e a retenção da agulha precisa ser mais longa.

温疟汗不出，为五十九痏。风㽷肤胀，为五十七〔七：《太素》卷二十三《杂刺》并作"九"〕痏，取皮肤之血者，尽取之。

"Para a malária do tipo quente sem suor, existem cinqüenta e nove acupontos para tratar; para o edema causado pelo vento perverso e para o edema de pele, há cinqüenta e nove acupontos para picar; se houver vênulas superficiais na pele do abdômen, devem ser todas picadas.

飧泄，补三阴之〔补三阴之，按"补"字误，似应作"取"，"之"是"交"的误字〕上补阴陵泉，皆久留之，热行乃止。

"Para a diarréia lientérica, picar o ponto Sanyinjiao e revigorar picando o ponto Yinlingquan; a retenção da agulha deve ser mais prolongada, e para-se de picar após a ocorrência de calor sob a agulha.

转筋于阳治其阳，转筋于阴治其阴，皆卒刺之。

"Para o espasmo muscular no flanco externo, picar os canais Yang do lado externo da mão e do pé; para o espasmo muscular do flanco interno, picar o lado interno da mão e do pé, e ambos devem ser picados com agulha aquecida.

609

徒疾，先取环谷下三寸，以铍针针之，已刺而筩之，而内之，入而复之〔之：《甲乙》卷八第四作"出"〕，以尽其疾，必坚，〔必坚：应作"必急刺之"〕来缓则烦悗，来急则安静，间日一刺之，疾尽乃止。饮闭药，方刺之时徒饮之，方饮无食，方食无饮，无食他食百三十五日。

"Quando o paciente tem edema, picar o ponto Guanyuan a três polegadas abaixo do umbigo com a agulha em forma de espada; após picar, colocar um tubo de bambu no oco da agulha para absorver a água, mantendo repetidamente o procedimento para retirar a água do interior; a picada deve ser rápida, pois uma picada prolongada pode deixar o paciente inquieto e deprimido, e a picada rápida irá acalmar o paciente. A picada deve ser feita dia sim dia não, e para-se de picar quando a água estiver exausta. Além disso, o paciente deve tomar algum tônico após o início da picada. Quando o paciente tiver tomado o tônico, deve evitar comer. Quando tiver comido, deve evitar o tônico e não deve ingerir alimento que não seja benéfico para o tratamento do edema, e esta contra-indicação deve ser observada por cento e trinta e cinco dias.

著痹不去，久寒不已，卒取其三里骨为干。肠中不便，取三里，盛泻之，虚补之。

"Quando o paciente tiver artralgia do tipo úmido e tiver um frio-umidade perverso e prolongado, deve-se picar até o osso com agulha aquecida; se o paciente tiver a síndrome Bi da tíbia e sentir desconforto no estômago, picar o ponto Sanli; aplicar a terapia de purgação quando a energia perversa estiver superabundante, e aplicar a terapia de revigoração quando a energia saudável estiver deficiente.

疠风者，素刺其肿上，已刺，以锐针针其处，按出其恶气〔气：《甲乙》卷十一第九下作"血"〕，肿尽乃止，常食方食，无食他食。

"Quando tratar o paciente de lepra, picar com freqüência a região inchada. Após a puntura, pressionar em volta do orifício da picada para drenar o sangue maléfico (ou sangue estagnado). O paciente deve ingerir com freqüência algum alimento adequado e evitar comer alimentos que ofereçam desvantagem à recuperação da doença.

腹中常鸣〔腹中常鸣：《脉经》卷六第八"腹"并作"肠"〕，气上冲胸，喘〔喘：《甲乙》卷九第七无"喘"字〕不能久立，邪在大肠，刺肓之原、巨虚上廉、三里。

"Quando o paciente tiver borborigmos com som alto, a energia vital está em contracorrente e com freqüência ataca o peito; não pode ficar muito tempo de pé; é a síndrome da energia perversa no intestino grosso; picar os pontos Qihai, Shangjuxu e Zusanli.

小腹控睾、引腰脊，上冲心，邪在小肠者，连睾系，属于脊，贯肝肺，络心系，气盛则厥逆，上冲肠胃，熏肝，散于肓〔肓：《甲乙》卷九第八作"胸"〕，结于脐〔脐：《脉经》卷六第六作"厌"〕。故取之肓原以散之，刺太阴以予之，取厥阴以下之，取巨虚下廉以去之，按其所过之经以调之。

"O baixo ventre controla os testículos e faz conexão com a coluna espinal; quando a dor estiver em contracorrente para atacar o coração e o peito, é a síndrome da energia perversa no intestino delgado. O intestino delgado faz conexão com o sistema testicular, junta-se à coluna espinal, atinge o fígado e o pulmão e se comunica com os vasos do coração; quando a energia perversa está superabundante, a energia caótica se volta em contracorrente para atacar o intestino e o estômago, prejudica o fígado e o pulmão, se espalha pelo peito e se prende à faringe. Portanto, quando tratar o mal do intestino delgado, deve-se picar o ponto Fonte do peito para dispersar a energia perversa; picar os pontos do Canal Taiyin da Mão para elevar a energia e picar os pontos do Canal Jueyin do Pé para abaixar a energia; picar o ponto Xiajuxu para arcover a energia perversa e picar os acupontos ao longo do trajeto em que passa o canal para adequar a energia.

善呕，呕有苦，长太息，心中憺憺，恐人将捕之，邪在胆，逆在胃，胆液泄则口苦，胃气逆则呕苦，故曰呕胆，取三里以下胃气逆，则刺〔则刺：《太素》卷二十三《杂否则》无"则"字。《千金》卷十二"刺"下并有"足"字〕少阳血络以闭胆逆，却调其虚实以去其邪。饮食不下，隔塞不通，邪在胃脘，在上脘则刺抑而下之，在下脘则散而去之。

"Quando o paciente vomita bile com freqüência, fica assustado e inquieto como se alguém fosse prendê-lo; este é a síndrome da energia perversa na vesícula biliar, e o distúrbio da energia vital irá afetar o estômago; quando a bile estiver transbordando, haverá um gosto amargo na boca; quando a energia do estômago estiver em contracorrente, a bile será vomitada. Quando tratar, picar o ponto Sanli para fazer com que a energia adversa do estômago desça; picar as vênulas superficiais do Canal Shaoyang do Pé para restringir a reversão da bile; além disso, deve-se inspecionar as condições estênicas e astênicas da doença e remover a energia perversa de forma correta. Quanto ao paciente que não possa comer e nem beber devido à obstrução em volta do diafragma, este é a síndrome da energia perversa na cavidade gástrica. Quando a doença está na parte superior da cavidade gástrica, picar os acupontos da mesma a fim de restringir a energia adversa do estômago; quando a doença estiver na parte inferior da cavidade gástrica, picar os acupontos da mesma para dispersar a estagnação.

小腹痛肿，不得小便，邪在三焦约，取之太阳〔取之：《太素》卷二十三《杂刺》"取之"下并有"足"字〕大络，视其络脉与厥阴小络结而血者，肿上及胃脘，取三里。

"Quando o baixo ventre do paciente estiver inchado e houver disúria, é a energia perversa na bexiga; picar os acupontos do colateral maior do Canal Taiyang do Pé. Quando houver sangue estagnado no colateral maior do Canal Taiyang do Pé e no colateral menor do Canal Jueyin do Pé, e inchaço próximo à cavidade gástrica, picar o ponto Sanli.

視其色，察其以〔察其以：《太素》卷二十三《杂刺》"以"作"目"〕，知其散复者，视其目色，以知病之存亡也。一其形，听其动静者，持气口人迎以视其脉，坚且盛且滑者病日进，脉软者病将下，诸经实者病三日已。气口候阴，人迎候阳也。

"Durante a picada, observar a compleição e os olhos do paciente para saber se a doença está se agravando ou melhorando; quando observar os olhos e a compleição do paciente, pode-se saber se a doença é severa ou passageira; ao diagnosticar as condições da doença, deve-se apalpar os pulsos Cunkou e Renying com a mente atenta; se o pulso estiver firme e escorregadio, isto mostra que a doença irá se agravar dia após dia; se o pulso for fraco na chegada, a doença logo terá alívio. Quando a doença estiver nos inúmeros canais e a condição de pulso for substancial e vigorosa, a doença irá se recuperar em três dias. O pulso Cunkou mostra as condições dos cinco órgãos sólidos que são Yin e dos seis órgãos ocos que são Yang.

五邪第二十

Capítulo 20
Wu Xie
(Terapia de Puntura para Tratar os Males das Cinco Vísceras)

邪在肺，则病皮肤痛，寒热，上气喘〔上气喘：《脉经》卷六第七"气"并重"气"字〕，汗出，咳动肩背。取之膺中外腧，背三节五脏〔背三节五脏：《甲乙》卷九第三作"椎"，无"五脏"二字〕之傍，以手疾按之，快然，乃刺之，取之缺盆中以越之。

Quando a energia perversa estiver no pulmão, o paciente irá sentir a pele dolorida, e terá frio e calor, contracorrente da energia vital, respiração rápida, suor e tosse fazendo com que os ombros e as costas sintam desconforto. Quando tratar, picar os pontos Zhongfu e Yunmen que estão na parte superior e lateral do peito, e picar o ponto Feishu ao lado da terceira vértebra nas costas; primeiro fazer pressão com força nas mãos, e depois picar o acuponto. A doença também pode ser tratada picado-se o acuponto Quepen.

邪在肝，则两胁中痛，寒中，恶血在内，行善掣，节时脚肿〔节时脚肿：《甲乙》卷九第四连上文"行善掣"作"肵节时肿善瘛"〕取之行间以引胁下，补三里以温胃中，取血脉以散恶血，取耳间青脉，以去其掣〔掣：《太素》卷二十二《五脏刺》作"瘛"〕。

Quando a energia perversa estiver no fígado, o paciente terá astenia e frio no aquecedor médio, estagnação interna de sangue e inchaço na junta da tíbia causando freqüentes espasmos; quando tratar, picar o ponto Xingjian para baixar a energia do hipocôndrio, revigorar o ponto Sanli para aquecer o aquecedor médio, picar as vênulas superficiais do mesmo canal para drenar o sangue maléfico, picar os colaterais verdes na orelha para remover a síndrome Bi.

邪在脾胃〔脾胃：《脉经》卷六第五"脾"下无"胃"字〕，则病肌肉痛。阳气有余，阴气不足，则热中善饥；阳气不足，阴气有余，则寒中肠鸣腹痛，阴阳俱有余，若俱不足，则有寒有热。皆调于三里。

Quando a energia perversa estiver no baço, os músculos do paciente estarão doloridos; se a energia Yang estiver superabundante e a energia Yin estiver deficiente, haverá calor no estômago e o paciente estará freqüentemente com fome; se a energia yang estiver deficiente e a energia Yin estiver superabundante, haverá frio no estômago e o paciente terá borborigmos e dor no abdômen; se tanto o Yin quanto o Yang estiverem com excesso ou ambas as energias estiverem deficientes, isto mostra que algumas síndromes pertencem ao frio e alguns pertencem ao calor; quando tratar, todos eles devem ser tratados picando-se o ponto Zusanli.

邪在肾，则病骨痛阴痹。阴痹者，按之而不得，腹胀腰痛，大便难，肩背颈项痛。时眩。取之涌泉、昆仑，视有血者尽取之。

Quando a energia perversa estiver no rim, irá ocorrer dor óssea síndrome Bi do tipo yin. Na síndrome Bi do tipo yin, dificilmente se pode detectar a região dolorida pela pressão com a mão, o paciente terá distensão abdominal, lumbago, disquezia, dor e rigidez no ombro, costas e pescoço e terá tonturas freqüentes. Quando tratar, picar o ponto Yongquan e o ponto Kunlun; se puder ser visto o sangue estagnado, devem ser picadas as vênulas superficiais do canal.

邪在心，则病心痛喜悲，时眩仆。视有余不足而调之其输也。

Quando a energia perversa estiver no coração, irá ocorrer dor cardíaca o paciente estará se lamentando e terá quedas freqüentes devido à tontura. Quando tratar, observar primeiro a condição astênica e estênica da doença, picando depois o acuponto do mesmo canal.

寒热病第二十一

Capítulo 21
Han Re Bing
(Doenças do Frio e do Calor)

皮寒热者，不可附席，毛发焦，鼻槁腊，不得汗。取三阳之络，以补手太阴。

Quando o perverso exógeno invadir a pele e os pêlos finos causando frio e calor no paciente, sua pele não poderá tolerar o contato com o colchão, sua pele e os pêlos finos estarão enfraquecidos e as narinas estarão secas sem líquido nenhum; deve-se tratar picando os pontos colaterais do Canal Taiyang do Pé, e revigorar picando o Canal Taiyin da Mão.

肌寒热者，肌痛，毛发焦而唇槁腊，不得汗，取三阳于下以去其血者，补足太阴以出其汗。

Quando o exógeno perverso invade os músculos fazendo com que o paciente tenha frio e calor, este terá dor muscular, enfraquecimento dos cabelos, secura nos lábios e nenhum suor. Ele deve ser tratado picando os pontos colaterais do Canal Taiyang do Pé nas extremidades inferiores, deixando sair o sangue estagnado; depois revigorar picando o Canal Taiyin do Pé para gerar suor.

骨寒热者，病无所安，汗注不休。齿未槁，取其少阴于阴股之络；齿已槁，死不治。骨厥亦然。

Quando o exógeno perverso penetra nos ossos fazendo com que o paciente tenha frio e calor, a dor não dará descanso nenhum, e o paciente irá transpirar no corpo todo; se os dentes não estiverem enfraquecidos, devem ser picados os pontos colaterais do Canal Shaoyin do Pé no lado interno da coxa; se os dentes estiverem enfraquecidos, a doença é fatal. Ao diagnosticar e tratar a síndrome Jue dos ossos, deve-se fazer de acordo com o mesmo método.

骨痹，举节不用而痛，汗注烦心。取三阴之经补之。

Na síndrome Bi óssea, todas as juntas do corpo estarão doloridas e elas deixam de se mover com agilidade; a transpiração não pode sair, e existe depressão no peito. Picar os pontos dos três canais Yin da mão e do pé e aplicar a terapia de revigoração.

身有所伤血出多，及中风寒，若有所堕坠，四以懈惰不收，名曰体惰。取其小腹脐下三结交。三结交者，阳明、太阴也，脐下三寸关元也。

Quando o corpo do paciente for ferido por uma lâmina de metal, sangrar muito e também tiver contraído e vento perverso, ou o paciente estiver emaciado nas quatro extremidades, relutar em se mover devido a ter caído de um lugar alto, a isto se chama "fadiga e flacidez nos membros"; deve-se tratar picando o ponto Sanjiejiao do Canal Ren (ponto Guanyuan), três polegadas abaixo do umbigo. O ponto Sanjiejiao significa a conexão tripla; é o local onde se encontram os canais Yangming do Pé, Taiyin do Pé e Ren.

厥痹者，厥气上及腹。取阳明之络，视主病也，泻阳补阴经也。

Quando se tem Jueni e a síndrome Bi, a energia estará subindo do pé para atacar o baixo ventre. Ao tratar, picar os pontos colaterais do canal Yin e do canal Yang, mas primeiro se deve descobrir qual é a doença principal; quando a doença principal estiver no canal Yang, aplicar a terapia de purgação; quando ela estiver no canal Yin, aplicar a terapia de revigoração.

颈侧之动脉人迎。人迎，足阳明也，在婴筋之前。婴筋之后，手阳明也，名曰扶突。次脉，足〔足少阳脉也：张注本"足少阳"下无"脉"字〕少阳脉也，名曰天牖。次脉，足太阳也，名曰天柱。腋下动脉，臂〔臂：《本输篇》作"手"〕太阴也，名曰天府。

A artéria no aspecto lateral do pescoço é o ponto Renying, que pertence ao Canal do Estômago Yangming do Pé e se localiza em frente ao tendão do pescoço. Atrás do tendão do pescoço está o ponto Futu que pertence ao Canal do Intestino Grosso Yangming da Mão. Do outro lado, está o ponto Tianyou que pertence ao Canal Shaoyang do Pé e a seguir está o ponto Taianzhu que pertence ao Canal Taiyang do Pé. O ponto na artéria da axila é o ponto Tianfu que pertence ao Canal do Pulmão Taiyin da Mão.

阳迎头痛，胸满不得息，取之人迎。暴瘖气鞕，取扶突与舌本出血。暴聋气蒙，耳目不明，取天牖。暴挛痫眩，足不任身，取天柱。暴瘅内逆，肝肺相搏，血溢鼻口，取天府。此为天牖五部。

Quando a energia perversa Yang estiver em contracorrente no canal yang causando dor de cabeça com plenitude no peito e dispnéia, picar o ponto Renying. Quando a pessoa tiver uma afonia súbita e bloqueio da energia, picar o ponto Futu e a raiz da língua para causar sangramento. Quando houver uma instauração súbita de surdez, superabundância de energia vital e não puder ver ou ouvir claramente, picar o ponto Tianyou. Quando houver contratura repentina nos membros, epilepsia ou espasmo e os calcanhares tiverem dificuldade de sustentar o corpo, picar o ponto Tianzhu. Quando a pessoa ficar repentinamente quente e com sede, a energia abdominal em contracorrente, houver combate do fogo perverso do pulmão e do fígado, fazendo com que o sangue corra de maneira brutal e transborde pelo nariz e pela boca, picar o ponto Tianfu. Estes são os locais dos cinco pontos janelas do céu relacionados aos orifícios da cabeça e da face.

臂阳明有人頄徧齿者，名曰大迎，下齿龋取之。臂恶寒补之，不恶寒泻之。足太阳有入頄徧齿者，名曰角孙，上齿龋取之，在鼻与頄前。方病之时其脉盛，盛则泻之，虚则补之。一曰取之出鼻外。

Na porção do Canal Yangming da Mão que ascende para penetrar na bochecha e que se espalha por toda parte na raiz dos dentes, seu acuponto se chama Daying. Quando as cáries dentárias estão no maxilar inferior, picar o ponto Daying. Quando a pessoa tem aversão ao frio através dos braços, aplicar a terapia de purgação. Na porção do Canal Taiyang da Mão que entra na bochecha e se espalha na raiz dos dentes, seu acuponto é chamado Jiaosun. Quando tratar as cáries no maxilar superior, picar o ponto Jiaosun e outros pontos em frente ao nariz e ao osso malar. Quando a enfermidade estiver no começo, se o pulso for superabundante, aplicar a terapia de purgação; se o pulso for deficiente, aplicar a terapia de revigoração. De acordo com outra versão, os acupontos laterais ao nariz também devem ser picados.

足阳明有挟鼻入于面者，名曰悬颅，属口，对入系目本，视有过者取之，损有余，益不足，反者益其〔张介宾曰："其"当作"甚"〕。足太阳有通项入于脑者，正属目本，名曰眼系，头目苦痛取之，在项中两筋间，入脑乃别阴跷、阳跷，阴阳相交，阳入阴，阴出阳，交于目锐眦，阳气盛则瞋目，阴气盛则瞑目。

O acuponto do Canal Yangming do Pé no momento em que este corre junto ao nariz e entra na face se chama Xuanlu. O canal que corre para baixo pertence à boca e o canal que corre para cima se conecta com os olhos. Tratar os locais que estejam anormais e purgar quando houver excesso e revigorar quando houver deficiência. Se o tratamento for ao contrário, a doença irá se agravar. A porção do Canal Taiyang do Pé que atinge o pescoço e entra no cérebro pertence diretamente às conexões oculares que são as estruturas que ligam os globos oculares ao cérebro, incluindo os vasos sanguíneos e os nervos ópticos. Para a dor de cabeça causada pelas conexões oculares, picar os acupontos entre os dois tendões do pescoço. O Canal Taiyang do Pé vai do pescoço em direção cérebro e depois, se divide respectivamente em Canal Yinqiao e Canal Yangqiao. Estes dois canais se interceptam, e então o Canal Yang entra no Yin e o Canal Yin entra no Yang; eles se interceptam no ponto Jingming no canto interno do olho. Quando a energia Yang estiver superabundante, os olhos se mantêm bem abertos; quando a energia Yin está superabundante, os olhos se mantêm fechados com freqüência.

热厥取足太阴、少阳，皆留之；寒厥取足阳明、少阴于足，皆留之。

Para a síndrome de extremidades frias, devido ao calor perverso, picar o acuponto do Canal do Baço Taiyin do Pé e o do Canal da Vesícula Biliar Shaoyang do Pé; para a síndrome Jue do tipo frio, picar os acupontos do Canal do Estômago Yangming do Pé e os do Canal do Rim Shaoyin do Pé. Também se pode picar pontos no pé. Em todas as picadas a agulha deve ser retida.

舌纵涎下，烦悗，取足少阴。振寒洒洒，鼓颔，不得汗出，腹胀烦悗，取手太阴。刺虚者，刺其去也；刺实者，刺其来也。

Quando a pessoa tem a língua fraca, incapaz de recolher e enrolada, a saliva sai espontaneamente e sente opressão no peito, picar os acupontos do Canal do Rim Shaoyin do Pé. Quando a pessoa está fria, com as duas bochechas tremendo como o bater de um tambor, e tem distensão e opressão no abdômen mas não tem suor no corpo, picar os acupontos do Canal do Pulmão Taiyin da Mão. Quando tratar a síndrome de astenia, picar o local astênico por onde passam as energias Ying e Wei, a fim de revigorar; quando tratar a síndrome de estenia, picar o local estênico por onde passam as energias Ying e Wei, a fim de purgar.

春取络脉，夏取分腠，秋取气口，冬取经输，凡此四时，各以时为齐。络脉治皮肤，分腠治肌肉，气口治筋脉，经输治骨髓、五脏。

Quando tratar na primavera, picar os acupontos entre os ramos colaterais do canal maior; quando tratar no verão, picar os acupontos entre os músculos e a pele; quando tratar no outono, picar os acupontos da área de Cunkou no punho sobre a

616

artéria radial; quando tratar no inverno, picar os acupontos sobre o canal. Nas quatro estações, cada uma delas tem um âmbito de punturas. Quando picar o músculo e a pele pode-se curar a doença de pele; quando se pica o músculo, pode-se curar a doença muscular; quando se pica Cunkou, pode-se curar os males dos tendões; quando se pica o canal, pode-se curar os males da medula óssea e das cinco vísceras.

身有五部：伏兔一；腓二．腓者腨也；背三；五脏之腧四；项五。此五部有痈疽者死。病始手臂者，先取手阳明、太阴而汗出；病始头首者，先取项太阳而汗出；病始足胫者，先取足阳明而汗出。臂太阴可汗出，足阳明可汗出。故取阴而汗出甚者，止之于阳；取阳而汗出甚者，止之于阴。

Existem no corpo cinco partes principais onde ocorrem carbúnculos. Elas são: o musculus rectus femoris (a porção mais proeminente do músculo no aspecto interno da coxa que parece uma lebre prostrada quando o joelho está em extensão); a barriga da perna; as costas, os pontos shu das cinco vísceras e o pescoço. Quando o carbúnculo ocorre nas inúmeras posições acima definidas, o paciente pode morrer. Quando o mal está no braço, picar os acupontos do Canal Yangming da Mão e os do Canal Taiyin da Mão para fazer suar; quando o mal tem início na cabeça, picar os acupontos do Canal Taiyang do Pé, no pescoço para fazer suar; quando o mal está na perna, picar primeiro os acupontos do Canal Yangming do Pé, para fazer suar. Picar tanto os pontos do Canal Taiyin da Mão quanto os do Canal Yangming do Pé podem fazer suar. Como o canal Yin e o canal Yang se comunicam, se o suor for abundante quando picar o canal Yin, o suor pode ser detido picando-se o canal Yang; se o suor for abundante quando se pica o canal Yang, o suor pode ser detido quando se pica o canal Yin.

凡刺之害，中而不去则精泄，不中而去则致气；精泄则病甚而恇，致气则生为痈疽也。

Em geral, ao picar, quando se mantém o foco e a agulha é retida, isso irá purgar a energia refinada do paciente; se o foco não for mantido e a agulha for retirada imediatamente, isso irá fazer com que a energia perversa fique estagnada sem s dispersar. Quando a energia refinada é purgada, o mal será agravado e irá causar um declínio no corpo; quando a energia perversa está estagnada, isso irá causar carbúnculo.

癲狂第二十二

Capítulo 22
Dian Kuang
(Síndrome Maníaco-Depressivo)

目眦外决于面者，为锐眦；在内近鼻者为内眦；上为外眦，下为内眦。

A comissura do olho que está no canto exterior da face se chama canto externo do olho; a comissura do olho que está próxima ao nariz se chama canto interno. O canto externo pertence ao Yang e o canto interno pertence ao Yin.

癫疾始生，先不乐，头重痛，视举目赤，甚作极〔甚作极：《甲乙》卷十一第二 "甚" 属上 "赤" 字之头，作 "举目赤甚"〕，已而烦心，候之于颜，取手太阳、阳明、太阴，血变而止。

No início do mal Dian (distúrbio mental), o paciente parece estar infeliz, seus olhos estão vermelhos e ficam olhando fixamente para a frente. Quando o mal é severo, o paciente terá a sensação de opressão no peito e fica inquieto. Quando se examina a expressão existente entre os dois olhos, e as sobrancelhas do paciente, pode-se predizer o ataque da doença. Ao tratar, picar os acupontos dos canais da Mão, Taiyang, Yangming e Taiyin, deixando de picar quando a cor da compleição do paciente ficar normal.

癫疾始作，而引口啼呼喘悸者，候之手阳明、太阳，左强者攻其右，右强者攻其左，血变而止。癫疾始作，先反僵，因而脊痛，候之足太阳、阳明、太阴〔阳明，大阴：《太素》卷三十《癫疾》无阳明，大阴〕、手太阳，血变而止。

No início do mal Dian, o paciente tem voz de choro; deve-se examinar e picar os acupontos ao longo dos Canais Yangming e Taiyang da Mão e aplicar a inserção contralateral; quando o lado esquerdo estiver rijo, picar o lado direito; quando o lado direito estiver rijo, picar o lado esquerdo, e cessar de picar após a compleição do paciente ter voltado ao normal. No início do mal Dian, o corpo do paciente fica primeiro ereto e rijo como um arco pendendo na direção contrária, e então, sente dor na espinha e nas costas. Deve-se examinar e picar os acupontos ao longo do Canal Taiyang do Pé e os do Canal Taiyang da Mão, e cessar de picar após a compleição do paciente ter voltado ao normal.

治癫疾者，常与之居，察其所当取之处。病至，视之有过者泻之，置其血于瓠壶之中，至其发时，血独动矣。不动，灸穷骨二十壮。穷骨者，骶骨也。

Quando tratar o paciente com o mal Dian, o médico deve sempre estar com o paciente por perto para verificar quais os canais e acupontos adequados para o tratamento. Quando o mal atacar, fazer uma sangria e deixar o sangue numa cuia; quando o mal atacar novamente, o sangue na cuia irá se mexer. Se ele não se mexer, aplicar moxibustão com vinte cones de moxa no osso qiong que é o osso chamado sacro (local do ponto Changqiang).

骨癫疾者，顑、齿诸腧、分肉皆满而骨居，汗出烦悗。呕多沃沫，气下泄，不治。

Na psicose depressiva que envolve os ossos, o paciente terá a sensação de distensão nas bochechas, nos dentes e músculos entre os pontos shu; terá também rigidez nos ossos, transpiração e sensação de opressão no peito. Se o paciente vomitar com muita saliva, isto mostra que a energia dos rins está sendo expurgada, e que a doença não pode ser curada de forma alguma.

筋癫疾者，身倦〔倦：《太素》卷十三《癫疾》作“卷”〕挛急大，刺项大经之大杼脉。呕多沃沫，气下泄，不治。

No mal Dian que envolve os tendões, o paciente ficará cansado e com rigidez muscular e o pulso agigantado. O mal pode ser tratado picando-se o ponto Dazhu atrás do pescoço. Se o paciente vomitar com muita saliva, isto mostra que a energia dos rins está sendo excretada e que a doença não pode ser curada de forma alguma.

脉癫疾者，暴仆，四肢之脉皆胀而纵。脉满，尽刺之出血；不满，灸之挟项太阳，灸带脉于腰相去三寸，诸分肉本输。呕多沃沫，气下泄，不治。

No mal Dian envolvendo o canal, o paciente pode cair repentinamente na instauração da doença; os vasos estarão inchados e moles nas quatro extremidades; se os vasos estiverem inchados e cheios, deve-se picar para que saia sangue; se os vasos não estiverem inchados e cheios, pode-se tratar aplicando moxibustão no Canal Taiyang do Pé prendendo a nuca, e aplicar moxibustão nos acupontos a três polegadas do Canal da Cintura e nos pontos shu nas quatro extremidades e entre os músculos. Se o paciente vomitar com muita espuma que mostra excreção de energia, o mal não pode ser curado de forma alguma.

癫疾者，疾发如狂者，死不治。

Quando se contrai o mal Dian, se a instauração da doença for do tipo maníaco, não pode ser curado de forma alguma.

狂始生，先自悲也，喜忘、苦〔苦：《太素》卷三十《惊狂》作“喜”〕怒、善恐者，得之忧饥，治之取〔取：《甲乙》卷十一第二“取”上有“先”字〕手太阴〔太阴：统本、金陵本“太阴并作“太阳”〕、阳明，血变而止，及取足太阴、阳明。狂始发，少卧不饥，自高贤也，自辩智也，自尊贵也，善骂詈，日夜不休，治之取手阳明、太阳、太阴、舌下少阴，视之盛者，皆取之，不盛，释之也。

No início das manias, o paciente tem primeiro um humor triste, esquece as coisas com facilidade, zanga-se facilmente, assusta-se com facilidade, e a doença é causada por melancolia e fome. Quando tratar, picar primeiro os acupontos do Canal Taiyang da Mão e os do Canal Yangming da Mão e deixar de picar quando a compleição do paciente tiver voltado ao normal; picar então os acupontos do Canal Taiyin do Pé e os do Canal Yangming do Pé. No começo das manias, o paciente dificilmente pode dormir, e não fica com fome, e se considera uma pessoa brilhante e sábia, um interlocutor brilhante, um a pessoa nobre e de talento, sempre pronto a repreender os outros, não importa se de dia ou de noite. Quando tratar, picar os acupontos dos Canais da Mão, Yangming, Taiyang e Taiyin e os acupontos do Canal

Shaoyin sob a língua. Os canais que estejam superabundantes, podem todos eles ser picados; os que não estiverem superabundantes devem ser deixados de lado.

狂言〔言：《太素》卷三十《惊狂》作"喜"〕、惊、善〔善：《太平御览》卷七百三十九引作"妄"〕笑、好歌乐〔好歌乐：《太平御览》卷七百三十九"好"下无"歌"字〕、妄行不休者，得之大恐，治之取手阳明、太阳、太阴。狂，目妄见、耳妄闻、善呼者，少气之所生也，治之取手太阳，太阴、阳明、足太阴、头两颗。狂者多食，善见鬼神，善笑而不发于外者，得之有所大喜治之取足太阴、太阳、阳明，后取手太阴、太阳、阳明。狂而新发，未应如此者，先取曲泉左右动脉，及盛者见血，有顷已，不已，以法取之，灸骨骶二十壮。

Quando o paciente tem uma alegria desmedida, fica assustado, com freqüência ri sem motivo, fica contente e age de forma selvagem, incessantemente de dia e de noite; as síndromes são causadas por ter sofrido um susto muito grande. Quando tratar, picar os acupontos dos Canais da Mão Yangming, Taiyang e Taiyin. O paciente maníaco freqüentemente vê coisas que os outros não vêem, ouve sons eu dificilmente podem ser ouvidos e muitas vezes fica apavorado; estes são sintomas de demência causados pela debilidade da energia e pelo declínio do espírito. Quando tratar, picar os acupontos dos Canais da Mão, Taiyang, Taiyin e Yangming, acupontos no Canal Taiyang do Pé e na cabeça, as duas bochechas. O paciente maníaco come muito, está propenso a ver deuses e fantasmas, muitas vezes ri sem ser na presença dos outros e estes fenômenos se devem ao espírito ter sido ferido pelo excesso de contentamento. Quando tratar, picar primeiro os acupontos dos Canais do Pé, Taiyin, Taiyang e Yangming. Quando a mania estiver no estágio inicial, onde os sintomas acima citados ainda não se instauraram, picar as artérias dos lados direito e esquerdo do ponto Ququan. Se o canal estiver cheio, a doença pode ser curada após o sangue ter sido excretado; se a doença não for curada, aplicar o método acima para tratar a psicose Dian e fazer vinte cones de moxa sobre o osso sacro.

风逆暴四肢肿〔肿：《甲乙》卷十第二下作"痛"〕，身漯漯，唏然时寒，饥则烦，饱则善变，取手太阴表里，足少阴、阳明之经，肉清取荥，骨清取井、经也〔取井、经也：《太素》卷三十《风逆》"井"下无"经"字，应据《太素》删〕。

Quando o vento perverso invade a porção externa do corpo, e a energia caótica se volta para dentro, as quatro extremidades do paciente ficarão subitamente doloridas; ele terá suores no corpo, e às vezes a respiração será ruidosa por causa do frio. O paciente se sente irritado quando está com fome e fica ativo e inquieto quando come a ponto de se sentir cheio. Ao tratar, picar a superfície e o interior do Canal do Pulmão Taiyin da Mão e do Canal do Intestino Grosso Yangming da Mão, além de picar o Canal do Rim Shaoyin do Pé e o Canal do Estômago Yangming do Pé. Quando o paciente sentir frio nos músculos, picar os pontos Xing nos quatro canais acima expostos; quando o paciente sentir frio nos ossos, picar o ponto Ting (poço) dos quatro canais acima citados.

厥逆为病也，足暴清，胸若将裂，肠若将以刀切之，烦而不能食，脉大小皆涩，暖取足少阴，清取足阳明，清则补之，温则泻之。厥逆腹胀满、肠鸣，胸满不得息，取之下胸二肋咳而动手者，与背腧以手按之立快者是也。

No mal Jueni, os pés do paciente ficam subitamente frios, seu peito parece que vai rachar, seu intestino parece ser talhado por uma faca; dificilmente o paciente pode se alimentar devido à distensão e plenitude do abdômen, e a chegada dos pulsos, tanto do intestino grosso quanto do delgado parece ser irregular. Se o paciente estiver com o corpo quente, picar os acupontos do Canal Shaoyin do Pé; se o paciente sentir o corpo frio, picar os acupontos do Canal do Estômago Yangming do Pé; ao paciente com o corpo frio, aplicar a terapia da revigoração; ao paciente com o corpo frio, aplicar a terapia de purgação. Para o paciente com o mal Jueni, que tenha distensão e plenitude no abdômen, borborigmos, plenitude no peito e dispnéia quando respirar, picar os acupontos no hipocôndrio por sob o peito; o ponto ideal para ser picado está no local correspondente ao que se sente quando o paciente tosse. Além disso, picar o ponto shu posterior, que é aquele em que o paciente sente alívio quando pressionado com os dedos.

内闭不得溲，刺足少阴、太阳与骶上以长针，气逆则取其太阴、阳明、厥阴〔厥阴：《甲乙》卷九第十并无"阴"字，"厥"字连下"甚"字断句〕，甚取少阴、阳明动者之经也。

Quando o paciente tem disúria, picar os acupontos do Canal Shaoyin do Pé, do Canal Taiyang do Pé e o ponto Changqiang no osso sacro com uma agulha longa. Quando o paciente tiver contracorrente da energia vital, picar os acupontos do Canal Taiyin do Pé e do Canal Yangming do Pé. Quando a instauração do mal Jueni for severa, picar os acupontos das artérias nos Canais Shaoyin do Pé e Yangming do Pé.

少气，身漯漯也，音吸吸也，骨竣体重，懈惰不能动，补足少阴。短气，息短不属，动作气索，补足少阴，去血络也。

Para o paciente que tiver deficiência de energia, suor no corpo, fala interrompida, dor nas juntas, peso no corpo e relutância em se mover, picar os acupontos do Rim Shaoyin do Pé e aplicar a terapia de revigoração. Para o paciente com falta de ar e respiração rápida, respiração curta e descontínua, e sua respiração parecer exausta quando faz tarefas leves, picar os acupontos do Canal do Rim Shaoyin do Pé; aplicar a terapia de revigoração e deixar o sangue sair nas vênulas superficiais.

热病第二十三

Capítulo 23
Re Bing
(A Doença Febril)

偏枯，身偏不用而痛，言不变，志不乱，病在分腠之间，巨针刺之，益其不足，损其有余，乃可复也。痱为病也，身无痛者，四肢不收，智乱不甚，其言微知，可治；甚则不能言，不可治也。病先起于阳，后入于阴者，先取其阳，后取其阴，浮而取之。

Na hemiplegia, quando o paciente tem o corpo dolorido, mas ainda pode andar como de costume, e sua consciência está normal, a doença causada pelo perverso está localizada onde se unem a pele e os músculos. Quando tratar, picar com uma agulha grande. Se a doença pertencer a um tipo de deficiência, aplicar a terapia de revigoração; se a doença estiver em plenitude, aplicar a terapia de purgação, e assim poderá haver recuperação. Na paralisia, quando o paciente não tem muita dor mas suas extremidades estão moles e não podem se retrair, sua consciência está desordenada, mas o caso não é muito sério, fala em voz baixa, mas as palavras não podem ser entendidas pelos outros, a doença é passível de cura; quando o caso for severo e o paciente não puder falar, a doença dificilmente poderá ser curada. Quando a doença tem início no Yang e depois penetra no Yin, o canal Yang (superfície) deve ser picado em primeiro lugar, picando-se depois o canal Yin. Deve-se aplicar a puntura rasa.

热病三日，而气口静、人迎躁者，取之诸阳，五十九刺，以泻其热而出其汗，实其阴以补其不足者。身热甚，阴阳皆静者，勿刺也；其可刺者，急取之，不汗出则泄。所谓勿刺者，有死征也。

Quando a doença febril tiver durado três dias e o pulso Cunkou estiver calmo mas o pulso Renying estiver agitado, escolher e picar dentre os cinqüenta e nove pontos para tratamento de doença febril nos vários canais Yang, a fim de purgar o calor perverso da superfície e induzir ao suor; além disso deve-se aplicar a picada para ativar o canal Yin a fim de revigorar a deficiência nos três canais Yin. Para o paciente cujo corpo esteja muito quente, mas que os pulso Yin e Yang, ao contrário, estejam calmos, não se deve aplicar puntura; quando a doença ainda puder ser tratada com puntura, deve-se picar imediatamente, procede-se à puntura, pois mesmo que o perverso não possa ser expulso pelo suor, ele será expulso pela diarréia. Quanto às doenças que não podem ser tratadas pela puntura, elas são doenças fatais.

热病七日八日，脉口动喘而短〔短：日刻本作"眩"〕者，急刺之，汗且自出，浅刺手大〔手大：《太素》卷二十五《热病说》"手"下无"大"字〕指间。

Quando a doença febril já tiver durado sete ou oito dias, com o pulso do paciente excitado, respiração rápida e tontura, deve-se picar imediatamente para obter uma

622

transpiração expontânea; picar principalmente os acupontos entre os dedos com uma puntura rasa da agulha.

热病七日八日，脉微小，病者溲血，口中干，一日半而死，脉代者，一日死。热病已得汗出，而脉尚躁，喘且复热，勿刺肤〔勿刺肤：《甲乙》卷七第一中作“勿庸刺”〕，喘甚者死。

Quando a doença febril já durar por sete ou oito dias, se a condição de pulso for fina, o paciente tiver hematúria e secura na boca, a morrer virá em um dia e meio; quando ocorrer a condição de pulso intermitente, o paciente morrerá no dia seguinte. Na doença febril, quando o suor for induzido, mas a condição de pulso ainda estiver superabundante e o paciente tiver dispnéia e febre, não se deve picar. Quando a respiração estiver alterada, o paciente morrerá.

热病七八日，脉不躁，躁不散数〔躁不散数：《脉经》卷七第二十“不”下无“散”字〕，后三日中有汗；三日不汗，四日死。未曾汗者，勿腠〔腠：《太素》卷二十五《热病说》《病沉》第九并作“庸”〕刺之。

Quando a doença febril tiver durado sete ou oito dias, mas a condição de pulso não estiver sujeita a mudanças, ou tiver havido mudanças, mas o pulso não estiver rápido, se ocorrer suor dentro de três dias, a doença poderá ser curada; se não houver suor dentro de três dias, o paciente morrerá no quarto dia. Para o paciente sem suor nenhum, não é necessária a puntura.

热病先肤痛，窒鼻充面，取之皮，以第一针，五十九，苛珍鼻，索皮于肺，不得索之火，火者心也。

Na doença febril, quando o paciente sente a pele dolorida, quando as pálpebras estão obstruídas como se houvesse algo dentro, deve-se picar a pele com uma puntura rasa, com uma agulha de ponta afiada; selecionar os pontos dentre os cinqüenta e nove destinados a tratar a doença febril; se o nariz do paciente estiver inchado, picar o ponto Feishu (Shu do Pulmão) com uma picada rasa. O ponto Xinshu (shu do Coração) não deve ser picado já que o coração pertence ao fogo e este domina o metal.

热病先身涩，倚而热，烦悗，干唇口嗌，取之皮，以第一针，五十九〔五十九：《甲乙》卷七第一中“九”下有“刺”字〕，肤胀口干，寒汗出，索脉于心，不得索之水，水者肾也。热病嗌干多饮，善惊，卧不能起，取之肤肉，以第六针，五十九，目眦青〔目眦青：《脉经》卷七第十三“青”作“赤”〕，索肉于脾，不得索之木，木者肝也。

Quando no início da doença febril, a pele parecer áspera e mutável, o paciente sente disforia e inquietação, plenitude e opressão no peito, secura nos lábios e na garganta; deve-se tratar os canais relacionados, por meio dos cinqüenta e nove pontos para tratar as doenças febris, por meio de uma agulha de ponta afiada. Em algumas doenças febris, a pele do paciente tem a sensação de distensão, a boca fica seca e o corpo tem um suor pegajoso; em algumas doenças febris, a garganta do paciente fica seca, ele toma muito líquido, fica assustado e reluta em se levantar; ao tratar, deve-se picar principalmente os músculos, selecionando os acupontos dentre os cinqüenta e nove destinados a tratar as doença febris com a agulha em forma de rabo de cavalo, Quando o canto do olho estiver vermelho, picar o músculo no ponto Pishu (shu do Baço).O ponto Ganshu (shu do Fígado) não deve ser picado, já que o fígado pertence à madeira, e esta domina a terra.

热病面青脑痛〔热病面赤脑痛:《素问·刺热篇》新校正引《灵枢》作"热病而胸胁痛"〕，手足躁，取之筋间，以第四针，于四逆，筋躄目浸，索筋于肝，不得索之金，金者肺也。

Na doença febril, quando o paciente não tem dor nos hipocôndrios e os membros estão agitados, deve-se picar o tendão com a agulha triangular; se o paciente tiver constrição no tendão e os olhos estiverem enevoados, deve-se tratar o tendão picando o ponto Ganshu (shu do Fígado). O ponto Feishu não deve ser picado porque o pulmão pertence ao metal e este domina a madeira.

热病数惊，瘛疭而狂，取之脉，以第四针，急泻有余者，癫疾毛发去，索血于心，不得索之水，水者肾也。

Na doença febril, quando o paciente tem convulsões, espasmos musculares e disforia, purgar o calor perverso superabundante de maneira ríspida com a agulha triangular; pode-se curar também o mal Dian e a calvície tratando dessa maneira. Quando tratar o mal cardíaco, picar o ponto Xinshu (shu do Coração). O ponto Shenshu (shu do Rim) não deve ser picado porque o rim pertence à água e esta domina o fogo.

热病身重骨痛，耳聋而好瞑，取之骨，以第四针，五十九刺，骨病不食，啮齿耳青，索骨于肾，不得索之土，土者脾也。

Na doença febril, quando o paciente sente peso no corpo e os ossos doloridos, surdez e desejo de dormir, devem ser tratados os ossos; selecionam-se e picam-se os pontos dentre os cinqüenta e nove que existem para tratar as doenças febris e pica-se com a agulha triangular. No mal dos ossos, o paciente reluta em comer, range os dentes e sente frio nas duas orelhas; os ossos também devem ser tratados picando-se o ponto Shenshu (shu do Rim). O ponto Pishu (shu do Baço) não deve ser picado, porque este pertence à terra e esta domina a água.

热病不知所痛，耳聋不能自收，口干，阳热甚，阴颇有寒者，热在髓，死不可治。

Na doença febril, quando o paciente não tem muita dor, mas está surdo, tem flacidez nas extremidades e tem sede, seu calor externo é extenso e o calor interno também é superabundante; já que há calor tanto interno quanto externo, isto mostra que o calor penetrou na medula óssea e o paciente não pode ser curado de maneira nenhuma.

热病头痛颞颥，目瘛脉痛，善衄，厥热病也，取之以第三针，视有余不足，寒热痔〔丹波元简曰:"寒热痔"三字，上下文不相续，似为衍文〕。

Na doença febril, quando o paciente tem uma dor de cabeça severa, os vasos da região ocular estão pulsando e muitas vezes ocorre epistaxe; e a síndrome Jueni do calor perverso que deve ser tratada picando-se com a agulha de ponta afiada. Verifica-se se a doença está tendo uma melhora ou se está piorando e trata-se de acordo.

热病体重，肠中热，取之以第四针，于其腧及下诸指间，索气于胃胳得气也。

Na doença febril, quando o paciente sente o corpo pesado e calor no intestino, deve-se tratar picando o ponto Weishu (shu do Estômago) e os acupontos entre os dedos das mãos e os dedos dos pés com a agulha triangular; pode-se também picar os pontos colaterais do Canal do Estômago Yangming do Pé, até ter a sensação de agulha.

热病、挟脐急痛，胸胁满，取之涌泉与阴陵泉，取以第四针，针嗌里。

Na doença febril, quando o paciente tem uma dor súbita no umbigo, e tem propensão à plenitude nos hipocôndrios, pica-se o ponto Yongquan e o ponto Yinlingquan e pica-se também o ponto Lianquan com a agulha triangular.

热病而汗且出，及脉顺可汗者，取之鱼际、太渊、大都、太白、泻之则热去，补之则汗出，汗出太甚，取内踝上横脉以止之。

Na doença febril, quando o paciente está a ponto de transpirar, os pulsos Yin e Yang coincidem com o Yin e o Yang da síndrome, e o calor pode ser disperso pelo suor, picar o ponto Yuji e o ponto Taiyuan do Canal Taiyin da Mão e o ponto Dadu, bem como o ponto Taibai do Canal Taiyin do Pé. O calor pode ser disperso quando se aplica a terapia de revigoração e o suor pode ser induzido quando se aplica a terapia de purgação. Se o suor induzido for demasiado, pode ser detido picando o ponto Sanyinjiao na linha horizontal do tornozelo.

热病已得汗而脉尚躁盛，此阴脉之极也，死；其得汗而脉静者，生。热病者，脉尚盛躁而不得汗者，此阳脉之极也，死；脉盛躁得汗静者，生。

Na doença febril, se o paciente transpirar e seu pulso estiver agitado e superabundante, isso mostra que o canal Yin está extremamente debilitado e que o paciente vai morrer; se o paciente transpirar e a condição de pulso for calma, o paciente sobreviverá. Na doença febril, quando o pulso estiver suscetível e o paciente não suar, isso mostra que seu canal Yang está extremamente debilitado e que o paciente vai morrer; quando o pulso estiver agitado e abundante, mas os canais Yin e Yang estiverem calmos após a transpiração, ele sobreviverá.

热病不可刺者有九：一曰，汗不出，大颧发赤哕者死；二曰，泄而腹满甚者死；三曰，目不明，热不已者死；四曰，老人婴儿，热而腹满者死；五曰，汗不出，呕下血者死；六曰，舌本烂，热不已者死；七曰，咳而衄，汗不出，出不至足者死；八曰，髓热者死；九曰，热而痉〔痉：《太素》卷二十五《热病说》作"痓"。〕者死。腰折，瘛疭，齿噤龂也。凡此九者，不可刺也。

Na doença febril, existem nove tipos de síndrome fatal que não devem ser punturadas. Primeiro: O paciente não sua, tem rubor nas maçãs do rosto e tem soluço: é uma síndrome fatal; segundo: o paciente tem diarréia com distensão abdominal e plenitude severas: é uma síndrome fatal; terceiro: os olhos do paciente não podem distinguir as coisas com clareza e a febre não baixa: é uma síndrome fatal; quarto: quando um homem velho ou uma criança têm febre e distensão abdominal: é uma síndrome fatal; quinto: o paciente não transpira, mas vomita e tem sangue nas fezes: é uma síndrome fatal; sexto: a raiz da língua tem pústulas e a febre não baixa: é uma síndrome fatal; sétimo: o paciente tem tosse, epistaxe sem transpiração, ou a transpiração dificilmente chega até os pés: é uma síndrome fatal; oitavo: quando o calor perverso penetra na medula óssea: é uma síndrome fatal; nono: o paciente tem febre com a síndrome Zhi: é uma síndrome fatal. O que se chama febre com síndrome Zhi, é a síndrome da rigidez da espinha e das costas como um arco que pende à direção contrária; o paciente tem convulsão, trismo e range os dentes. Todos as síndromes fatais acima mencionadas não devem ser tratadas com puntura.

所谓五十九刺者，两手外内侧各三，凡十二痏；五指间各一，凡八痏，足亦如是；头入发一寸傍三分各三，凡六痏；更入发三寸边五，凡十痏；耳前后口下者各一，项中一，凡六痏；巅上一，囟会一，发际一，廉泉一，风池二，天柱二。

O que se chama de cinqüenta e nove pontos para tratar a doença febril significa: nos flancos externos de ambas as mãos existem três pontos em cada uma, e nos

625

flancos internos de ambas as mãos existem três pontos em cada uma, o que perfaz doze pontos. Entre cada um dos cinco dedos, existe um ponto em cada um deles, o que perfaz ao todo oito pontos. A uma polegada adentro da linha do cabelo existem três localizações em cada lateral, e cada localização tem um ponto, por isso, em cada lado há três pontos, e em ambas as laterais, existem seis pontos. Três polegadas adentrando a linha do cabelo, há cinco pontos em cada lateral, e ao todo são dez pontos. Na frente e atrás da orelha, existe um ponto em cada; sob a boca existe um ponto; no meio do pescoço existe um ponto; ao todo são seis pontos. No topo da cabeça existe um ponto; Xinhui é um ponto; por dentro da linha frontal do cabelo existe um ponto; dentro da linha posterior do cabelo existe um ponto; Lianquan é um ponto; Fengchi são dois pontos e Tianzhu são dois pontos: ao todo são nove pontos.

气满胸中喘息，取足太阴大指之端，去爪甲如薤叶，寒则留之，热则疾之，气下乃止。

Quando existe contracorrente da energia vital, peito estufado e transpiração rápida, picar a ponta do hálux, na largura de uma cebolinha chinesa da unha. Se for a síndrome do frio, reter a agulha por mais tempo; se for a síndrome do calor, retirar a agulha imediatamente após picar; cessar a puntura quando a energia invertida tiver descido e a respiração rápida tiver sido aliviada.

心疝暴痛，取足太阴、厥阴、尽刺去其血络。

Na cólica do canal do coração com dor súbita, picar os Canais Taiyin e Jueyin do Pé e deixar o sangue sair nas vênulas superficiais.

喉痹舌卷，口中干，烦心心痛，臂内廉痛，不可及头，取〔取：《甲乙》卷九第二 "取" 下有 "关冲在" 三字〕手小指次指爪甲下，去端如韭叶。

Na dor de garganta, quando o paciente curva a língua e não pode esticá-la, tem secura na boca, sensação opressiva no peito, dor cardíaca, dor no flanco interno do braço e não pode elevar o braço ao nível da cabeça, picar o ponto Guanchong. O ponto Guanchong está no flanco externo do dedo anular (próximo ao dedo mínimo), a um fen (largura de uma cebolinha chinesa) da unha.

目中赤痛，从内眦始，取之阴跷。风痉身反折，先取足太阳及腘中及血络出血；中有寒，取三里。

Quando o paciente tem os olhos vermelhos e a doença tem início no canto interno do olho, picar o ponto Zhaohai do Canal Yinqiao. No mal convulsivo do tipo vento, quando a espinha está rija, pendendo como um arco na posição contrária, picar primeiro o ponto Weizhong do Canal Taiyang do Pé, e depois, picar as vênulas superficiais até que sangrem. Se o paciente tiver frio no abdômen, acrescentar a puntura do ponto Sanli.

癃，取之阴跷及三毛上及血络出血。

Quando tratar a disúria, picar o Canal Yinjiao e o acuponto na parte peluda do flanco externo do artelho; devem ser também picadas as vênulas superficiais sobre os canais do fígado e dos rins até que sangrem.

男子如蛊，女子如怚，身体腰脊如解，不欲饮食，先取涌泉见血，视跗上盛者，尽见血也。

Quando um homem contraiu o mal Shan Jia (dor abdominal devida à estagnação de energia) ou a mulher contraiu o enjôo matinal (náusea e vômito durante o início da gravidez), o corpo e a espinha parecem meio divididos e a pessoa reluta em comer, picar primeiro o ponto Yongquan até que sangre; depois, examinar o dorso do pé e picar as vênulas superficiais que estão superabundantes, para deixar sangrar ligeiramente.

厥病第二十四

Capítulo 24
Jue Bing
(Síndrome Jue)

厥头痛，而若肿起而烦心，取之足阳明、太阴。

Na dor de cabeça devido à síndrome Jue, quando a cabeça e o rosto do paciente parecem inchados e há uma sensação de opressão no peito, picar o ponto do Canal do Estômago Yangming do Pé e do Canal do Baço Taiyin do Pé.

厥头痛，头脉痛，心悲善泣，视头动脉反盛者，刺尽去血，后调足厥阴。

Na dor de cabeça devido à síndrome Jue, quando os canais na cabeça do paciente estiverem doloridos, ele se sentir triste, prestes a chorar, sua cabeça tremerem e os colaterais estiverem superabundantes, picar os colaterais e deixar sair sangue, depois picar o Canal do Fígado Jueyin do Pé para adequar.

厥头痛，贞贞头重而痛，泻头上五行，行五，先取手少阴，后取足少阴。

Na dor de cabeça devido à síndrome Jue, quando a cabeça do paciente está pesada e a dor é aguda, selecionar e picar os acupontos dos cinco canais no topo da cabeça (o Canal Du está no meio, nas laterais estão os dois Canais da Bexiga Taiyang do Pé e nas laterais mais adiante estão os dois Canais da Vesícula Biliar Shaoyang do Pé) para purgar o calor dos vários canais Yang, mas primeiro devem ser picados os acupontos do Canal do Coração Shaoyin da Mão, e depois o Canal do Rim Shaoyin do Pé.

厥头痛，意善忘，按之不得，取头面左右动脉，后取足太阴。

Na dor de cabeça devido à síndrome Jue, quando o paciente suspira muito e fica esquecido, e dificilmente se pode achar o local da dor pressionando com a mão, picar primeiro as artérias da direita e da esquerda na cabeça e na face e depois picar o ponto do Canal do Baço para adequar.

厥头痛，项先痛，腰脊为应，先取天柱，后取足太阳〔足太阳：《甲乙》卷九第一作"足太阳少阴"〕。

Na dor de cabeça devido à síndrome Jue, quando a dor estiver primeiro no pescoço, depois a dor se irradiar à espinha e à cintura, picar primeiro o ponto Tianzhu e depois picar os acupontos do Canal da Bexiga Taiyang do Pé.

厥头痛，头痛甚，耳前后脉涌有热（一本云有动脉），泻出其血，后取足少阳。

Na dor de cabeça devido à síndrome Jue, quando o paciente tiver uma dor de cabeça aguda, e os colaterais na frente e atrás da orelhas estiverem quentes, estes devem ser picados primeiro para deixar sair sangue, picando-se depois os acupontos do Canal do Intestino Delgado Taiyang do Pé e do Canal do Rim Shaoyin do Pé.

真头痛，头痛甚，脑尽痛，手足寒至节，死不治。

Na dor de cabeça que se conecta com o cérebro pela parte de dentro, devido à síndrome Jue, quando o paciente estiver com dor no corpo interior, seus membros estiverem frios e este frio atingir os cotovelos e os joelhos, o paciente não pode ser curado de maneira nenhuma e morre.

头痛不可取于腧者，有所击堕，恶血在于内，若肉伤，痛未已，可则刺，不可选取也。

Em alguns casos de dor de cabeça, não se deve tratar picando os acupontos, tal como em casos de ferimentos por batidas ou tombos, com sangue estagnado no interior; se o paciente tiver um ferimento interno e a dor não tiver sido eliminada, só se pode picar o local da dor por inserção oblíqua. A picada por acuponto remoto é proibida.

头痛不可刺者，大痹为恶，日〔日：《甲乙》卷九第一"日"上有"风"字〕作者，可令少愈，不可已。

Quando tratar a dor de cabeça, não se deve depender somente da picada. Devido ao dano causado pela síndrome Bi severa, o paciente terá dor de cabeça nos dias de vento; a puntura pode melhorar a doença, mas não pode ser eliminado.

头半寒痛，先取手少阳、阳明，后取足少阳、阳明。

Na dor de cabeça, quando o paciente sente frio de um lado, isso pode ser tratado picando primeiro os acupontos do Canal do Triplo Aquecedor Shaoyin da Mão e do Canal do Intestino Grosso Yangming da Mão, picando depois os acupontos do Canal da Vesícula Biliar Shaoyang do Pé e do Canal do Estômago Yangming do Pé.

厥心痛，与背相控，善瘛，如从后触其心，伛偻者，肾心痛也，先取京骨、昆仑，发狂不已，取然谷。

Na dor precordial do tipo Yin frio, com dor que se irradia às costas, o paciente fica assustado como se algo fosse cutucando seu coração por trás e ele não pode manter a cintura ereta e fica um pouco corcunda; isso é o mal de dor cardíaca e dos rins. Quando tratar, picar primeiro o ponto Jinggu e o ponto Kunlun; se a dor ainda não for aliviada, picar o ponto Rangu.

厥心痛，腹胀胸满，心尤痛甚，胃心痛也，取之大都、太白。

Na dor precordial do tipo Yin com distensão abdominal e plenitude no peito, quando houver especialmente dor no coração, é o mal do estômago e do coração. Quando tratar, picar o ponto Dadu e o ponto Taibai.

厥心痛，痛如以锥针刺其心，心痛甚者，脾心痛也，取之然谷、太溪。

Na dor precordial aguda do tipo Yin no coração, como se este fosse furado por uma pua, é o mal de dor no baço e no coração. Quando tratar, picar o ponto Rangu e o ponto Taixi.

厥心痛，色苍苍如死状，终日不得太息，肝心痛也，取之行间、太冲。

Na dor precordial do tipo Yin com compleição esverdeada como o carvão rescaldado e o paciente tiver dor no corpo o dia todo, é o mal da dor no coração e no fígado. Quando tratar, picar o ponto Xingjian e o ponto Taichong.

厥心痛，卧若徒居，心痛间，动作痛益甚，色不变，肺心痛也，取之鱼际、太渊。

Na dor precordial do tipo Yin, quando a dor cardíaca do paciente tem um ligeiro alívio, quando este se deita e descansa um pouco, e a dor se torna aguda quando ele se movimenta, e sua compleição permanece inalterada, é o mal da dor no pulmão e no coração. Quando tratar, picar o ponto Yuji e o ponto Taiyuan.

真心痛，手足清至节，心痛甚，旦发夕死，夕发旦死。

No infarto do miocárdio, quando o frio dos membros atingir as juntas e o coração tiver uma dor aguda, o paciente morrerá de noite quando o ataque tiver sido de manhã, e morrerá de manhã quando o ataque tiver sido à noite.

心痛不可刺者，中有盛聚，不可取于腧。肠中有虫瘕及蛟蛕，皆不可取以小针。

Em algumas dores cardíacas causadas por massas abdominais internas, não se deve tratar com agulhas. Se houver no interior um parasita ou uma lombriga, não se deve tratar picando com agulha pequena.

心肠〔心肠：《病沅》卷十八《蚘虫候》作"腹中"〕痛，憹作痛，肿聚，往来上下行，痛有休止〔痛有休止：《中脏经》卷上第二十四 "有" 下有 "时" 字〕，腹热，喜渴涎出者，是蛟蛕也，以手聚按而坚持之，无令得移，以大针刺之，久持之，虫不动，乃出针也。悲腹憹痛，形中上者〔悲腹憹痛，形中上者：《甲乙》卷九第二无 "悲腹" 以下八字〕。

Na dor abdominal, quando o paciente emite ruídos quando o mal ataca, seu abdômen estiver inchado com massas internas, a doença se instaura e sobe e desce; às vezes aparece e às vezes desaparece de forma paroxística, o paciente tem calor no abdômen e fica apalermado, isso mostra que existe uma lombriga no interior. Quando tratar, manter os dedos bem unidos e pressionar firmemente para que dentro, a lombriga fique imóvel no local da dor, que é causada por ela, e possa ser picada por uma agulha de tipo grande. Manter a pressão por longo tempo para ter certeza de eu a lombriga não se move, e depois retirar a agulha.

耳聋无闻，取耳中。

Quando o paciente está surdo e não pode ouvir nada, picar o acuponto da orelha (pontos Tinggong e Jiaosun).

耳鸣，取耳前动脉。

Quando o paciente tiver tínito, picar a artéria em frente à orelha.

耳痛不可刺者，耳中有脓，若有干耵聍，耳无闻也。

Onde houver dor dentro do ouvido, com pus ou cera de ouvido seca, fazendo com que o paciente perca o sentido da audição, não se deve picar.

耳聋，取手小指次指爪甲上与肉交者，先取手，后取足。

Para a surdez, picar o local onde se encontra a unha e a carne no flanco externo da extremidade do dedo anular. Picar primeiro o ponto Guanchong na mão, e depois, picar o ponto Qiaoyin no pé.

耳鸣，取手中指爪甲上，左取右，右取左，先取手，后取足。

Para o tínito, picar as extremidades do dedo médio da mão e a extremidade do artelho médio no pé; quando o tínito estiver no ouvido esquerdo, picar os acupontos do lado direito; quando o tínito estiver no ouvido direito, picar os acupontos do lado esquerdo. Picar primeiro os acupontos da mão, e depois, os acupontos sobre o pé.

足髀〔足髀：《太素》卷三十《髀疾》"髀" 上无 "足" 字〕不可举，侧而取之，在枢合中以员利针，大针不可刺。

Quando a coxa não puder ser erguida, picar o ponto Huantiao sobre o grande trocanter; quando o paciente estiver deitado de lado e usando a agulha em forma de rabo de cavalo, a agulha maior não deve ser usada.

病注下血，取曲泉。

630

Quando o paciente tiver sangue nas fezes, picar o ponto Ququan.

风痹淫泺，病不可已者，足如履冰，时如入汤中，股胫淫泺，烦心头痛，时呕时悗，眩已汗出，久则目眩，悲以喜恐，短气不乐，不出三年死也。

Na artralgia devida ao vento perverso, onde não há recuperação por um longo tempo, às vezes o paciente sente frio como se estivesse caminhando sobre o gelo; às vezes o paciente sente calor no abdômen como se tivesse tomado uma sopa quente; suas coxas e pernas estão doloridas e fracas; tem sensação de opressão no peito e dores de cabeça; vomita com freqüência; tem transpiração e tontura e os seus olhos ficam deslumbrados quando a respiração dura por mais tempo; ele se sente triste em relação ao passado sente-se muitas vezes assustado, tem respiração curta e seu espírito vagueia. O paciente com essa aparência morrerá dentro de três anos.

病本第二十五

Capítulo 25
Bing Ben
(Tratamento da Causa e da Conseqüência da Doença)

先病而后逆者，治其本。先逆而后病者，治其本。先寒而后生病者，治其本。先病而后生寒者，治其本。先热而后生病者，治其本。先泄而后生他病者，治其本，必且调之，乃治其他病。先病而后中满者，治其标。先病后泄者，治其本。先中满而后烦心者，治其本。有客气，有同气。大小便不利，治其标；大小便利，治其本。

Quando primeiro é contraída a doença, e depois ocorre a síndrome de contracorrente de energia e de sangue, deve-se tratar principalmente a causa que é a doença em si; quando se contrai primeiro a contracorrente de energia e de sangue, e então ocorre uma determinada doença, deve-se primeiro tratar a causa para adequar a energia e o sangue; quando se contrai primeiro a síndrome de propriedades frias, e depois outra doença ocorre, deve-se primeiro tratar a causa, que é a síndrome de propriedades frias; quando primeiro se contrai a doença, e depois a síndrome de propriedade fria, deve-se primeiro tratar a causa, que é a doença; quando ocorrer primeiro a síndrome de propriedade quente e depois uma outra doença, deve-se tratar primeiro a causa, que é a síndrome de propriedade quente; quando primeiro e contrai diarréia, e depois ocorre uma outra doença, deve-se tratar principalmente a causa, que é a diarréia e tratar a outra doença depois que a diarréia tiver sido curada; quando se contrai outra doença primeiro, e depois ocorrem flatulências abdominais, deve-se adequar primeiro a flatulência que é conseqüência; quando se contrai outra doença primeiro e depois ocorre diarréia, deve-se tratar primeiro a causa, que é a doença; quando se contrai flatulência abdominal primeiro, e depois se tem opressão no peito, deve-se tratar primeiro a causa, que é a flatulência abdominal. Nas doenças que ocorrem no homem, algumas são causadas pela energia convidada, que é a transmissão das energias perversas de causas diversas, e algumas são causadas pela energia idêntica que é a transmissão das energias perversas da mesma raiz. Quando o paciente contrai a doença, se houver retenção de fezes e de urina e o caso for urgente, deve-se tratar primeiro a conseqüência que é a retenção de fezes e de urina; se não houver retenção de fezes e de urina, trata-se a doença.

病发而有余，本而标之，先治其本，后治其标；病发而不足，标而本之，先治其标，后治其本。谨详察间甚，以意调之，间者并行，甚为〔为：《素问·标本病传论》《甲乙》卷六第二并作"者"〕独行。先小大便不利而后生他病者，治其本也。

Quando a doença for estênica e ocorrer em excesso durante o ataque, então o excesso perverso é a causa e a síndrome é a conseqüência, e deve-se tratar primeiro a energia perversa e depois tratar a doença; quando a doença for astênica e a energia saudável parecer deficiente, então esta é a conseqüência e a síndrome é a causa, devendo-se dar apoio primeiro à energia saudável e depois tratar a doença. Por isso, quando tratar, deve-se examinar com cuidado a extensão severa e leve da síndrome e ajustar conforme a necessidade. Para a doença leve, a causa e a conseqüência devem ser tratadas simultaneamente; para a doença severa, deve-se tratar primeiro a causa ou então a conseqüência, isto é indiferente.

杂病第二十六

Capítulo 26
Za Bing
(Doenças Mistas)

厥，挟脊而痛者，至顶，头沉沉然，目𥆨𥆨然，腰脊强，取足太阳腘中血络。

No Jueni do canal, ocorrem dores como beliscões de ambos os lados da espinha; o paciente tem a cabeça e o pescoço presos por uma sensação de desconforto; seus olhos dificilmente podem distinguir alguma coisa de forma clara, sua cintura e espinha estão rijas e ele não pode olhar nem para baixo e nem para cima. Quando tratar, picar o ponto Weizhong do Canal Taiyang do Pé e picar as vênulas superficiais até que sangrem.

厥，胸满面肿，唇漯漯然，暴言难，甚则不能言，取足阳明。

No Jueni do canal, o paciente tem plenitude no peito e seu rosto e lábios estão inchados; ele sente dificuldade se precisar falar de repente e é mesmo incapaz de falar. Quando tratar, picar os acupontos do Canal Yangming do Pé.

厥气走喉而不能言，手足清，大便不利，取足少阴。

No Jueni do Canal, quando a energia caótica sobe à garganta, o paciente não poderá falar, seus membros estarão frios e ele terá retenção de fezes. Quando tratar, picar os acupontos do Canal Shaoyin do Pé.

厥而腹向向然，多寒气，腹中穀穀，便溲难，取足太阴。

No Jueni do canal, quando o abdômen do paciente estiver se expandindo, a energia fria estará superabundante, com ruído como água dentro do abdômen, e haverá também constipação e disúria; picar os acupontos do Canal Taiyin do Pé.

嗌干，口中热如胶，取足少阴〔阴：《甲乙》卷七第一中作“阳”〕。

Quando se tem a garganta seca, a boca fica quente e pegajosa como cola, picar os acupontos do Canal Shaoyang do Pé.

膝中痛，取犊鼻，以员利针，发〔发：《太素》卷三十《膝痛》，《甲乙》卷十第一下“发”上并有“针”字〕而间之。针大如氂，刺膝无疑。

Quando a junta do joelho está dolorida, picar o ponto Dubi com a ponta da agulha em forma de rabo de cavalo. Deve-se aguardar um pouco e picar de novo. Como o corpo da agulha em forma de rabo de cavalo é grossa como a unha de um iaque, a aplicação do tratamento no mal da junta não pode ter hesitação.

喉痹不能言，取足阳明；能言，取手阳明。

Quando se tem dor de garganta, se não se puder falar, deve-se tratar picando os acupontos do Canal Yangming do Pé; se for possível falar, picar os acupontos do Canal Yangming da Mão.

疟不渴，间日而作，取足阳明〔取足阳明：《素问·刺疟篇》并作“刺足太阳”〕；渴而日作，取手阳明。

Quando se contrai malária, se não houver sede, e a doença atacar de vez em quando, picar os acupontos do Canal Taiyang da Mão; se houver sede, e a doença atacar de vez em quando, picar os acupontos do Canal Shaoyang da Mão.

齿痛，不恶清饮，取足阳明；恶清饮，取手阳明。

Na dor de dente, se o paciente não tiver aversão à bebidas frias, pode ser tratado picando-se os acupontos do Canal Yangming do Pé; se tiver aversão à bebidas frias, picar os acupontos do Canal Yangming da Mão.

聋而不痛者，取足少阳；聋而痛者，取手阳明。

Se houve surdez sem dor, ela pode ser tratada picando-se os acupontos do Canal Shaoyang do Pé; se houver surdez com dor, ela deve ser tratada picando-se os acupontos do Canal Yangming da Mão.

衄而不止，衃血流，取足太阳，不已，刺宛骨下，不已，刺腘中出血。

Na epistaxe, quando o sangramento não coagula, deve-se tratar picando os acupontos do Canal Taiyin do Pé; se a síndrome não se recuperar, picar o ponto Wangu; se novamente não se recuperar, picar o ponto Weizhong no centro da linha horizontal da fossa poplítea até que sangre.

腰痛，痛上寒，取足太阳阳明；痛上热，取足厥阴；不可以俯仰，取足少阳；中热而喘，取足少阴，腘中血络。

No lumbago, se a parte superior do corpo do paciente estiver fria, deve-se tratar picando os acupontos do Canal Taiyang do Pé e do Canal Yangming do Pé; se a parte superior do corpo tiver febre, picar os acupontos do Canal Jueyin do Pé; quando o paciente tem lumbago e não pode olhar nem para cima e nem para baixo, pica-se os acupontos do Canal Shaoyang do Pé. Quando se tem lumbago com febre interna e a boca se move como quando da respiração rápida, deve-se tratar picando os acupontos do Canal Shaoyin do Pé e picar as vênulas superficiais no centro da linha horizontal da fossa poplítea.

喜怒而不欲食，言益小〔言益小：《甲乙》卷九第五“小”并作“少”〕，刺足太阴；怒而多言，刺足少阳〔少阳：《甲乙》卷九第五作“少阴”〕。

Quando se fica zangado com freqüência, reluta-se em comer e raramente se fala, deve-se tratar picando os acupontos do Canal Taiyin do Pé; quando a pessoa está zangada e fala muito, deve-se tratar picando os acupontos do Canal Shaoyin do Pé.

颅〔颅：张注本作“颔”〕痛，刺手阳明与颅之盛脉出血。

Quando se tem dor no queixo, deve-se picar o acuponto do canal Yangming da Mão (ponto Shangyang) e o canal que estiver superabundante junto ao queixo (ponto Jiache) até que sangre.

项痛不可俯仰，刺足太阳；不可以顾，刺手太阳〔手太阳：《甲乙》卷九第一校语云：“一云手阳明”〕也。

Quando a cabeça e o pescoço estão doloridos e não se pode olhar para cima e nem para baixo, picar os acupontos do Canal Taiyang do Pé; se a cabeça e o pescoço não puderem ser virados para trás, picar os acupontos do Canal Yangming da Mão.

小腹满大，上走胃〔胃：《甲乙》卷九第九作“胸”〕，至心，淅淅身时寒热，小便不利，取足厥阴。

635

Quando o baixo ventre do paciente está se expandindo, a energia sobe em direção ao peito em direção ao coração; haverá calafrios; episódios alternados de calafrio e febre e o paciente terá disúria. Picar os acupontos do canal Jueyin do Pé.

腹满，大便不利，腹大，亦上走胸嗌，喘息喝喝然，取足少阴。

Quando o paciente tem distensão abdominal, constipação, inchaço no abdômen, contracorrente da energia vital atingindo o peito, laringo-faringite e sua respiração for pesada e rápida com ruídos, picar os acupontos do canal Shaoyang do Pé.

腹满食不化，腹向向然，不能大便，取足太阴〔太阴：《甲乙》卷九第七作"太阳"〕。

Quando o paciente tiver plenitude abdominal, a comida não puder ser digerida, o abdômen tiver flatulência do tipo astenia e os intestinos raramente funcionarem, deve-se tratar picando os acupontos do Canal Taiyang do Pé.

心痛引腰脊，欲呕，取足少阴。

Quando o pulso e a espinha denotarem dor cardíaca que aumenta cada vez mais e o paciente quiser vomitar, picar os acupontos do Canal Shaoyin do Pé.

心痛，腹胀。啬啬然，大便不利，取足太阴。

Quando se tem dor cardíaca, distensão abdominal e fezes secas, picar os acupontos do Canal Taiyin do Pé.

心痛引背不得息，刺足少阴；不已，取手少阳〔少阳：《千金》卷十三第六作"少阴"〕。

Quando as costas tiverem uma dor incessante gerada pela dor cardíaca, picar os acupontos do canal Shaoyin do Pé; se isso não aliviar, picar os acupontos do Canal Shaoyin da Mão.

心痛引小腹满，上下无常处，便溲难，刺足厥阴。

Quando se tem dor cardíaca, distensão abdominal, dor na parte superior e inferior sem uma posição definida, com constipação e disúria, picar os acupontos do Canal Jueyin do Pé.

心痛，但短气不足以息，刺手太阴。

Quando se tem dor cardíaca, respiração curta e dispnéia, picar os acupontos do canal Taiyin da Mão.

心痛，当九节刺之，按，已〔按已：《太素》卷二十六《厥心痛》作"不已"〕刺按之，立已；不已，上下求之，得之立已。

Quando se trata a dor cardíaca, deve-se picar a localização por debaixo da nona vértebra (ponto Jinsuo do Canal Du); antes de picar, pressionar e esfregar o acuponto; após picar, pressionar e esfregar novamente a dor será aliviada; se a dor não for aliviada, procurar e picar o acuponto que se relaciona a doença, a partir do ponto shu nas costas; quando o ponto adequado for picado, a dor será aliviada.

颊痛，刺足阳明曲周动脉见血，立已；不已，按人迎于经，立已。

Quando a bochecha está dolorida, picar a artéria circundante à curva do maxilar, que está no Canal Yangming do Pé (ponto Jiache) até sangrar, e a dor será aliviada imediatamente; se não for aliviada, picar o ponto Renying e pressionar o canal relacionado, aplicar uma puntura rasa e evitar picar a artéria; a dor será aliviada.

气逆上，刺膺中陷者与下胸动脉。

Quando a energia vital está em contracorrente, picar o acuponto na cavidade que está ao lado do peito (ponto Wuyi do Canal Yangming do Pé) e a artéria sob o peito.

腹痛，刺脐左右动脉，已刺按之，立已；不已，刺气街，已刺〔已刺：《甲乙》卷九第七无"已刺"二字〕按之，立已。

Quando se tem dor abdominal, picar as artérias à direita e à esquerda do umbigo e pressionar após picar; a dor será aliviada de imediato; picar novamente o ponto Qichong e pressioná-lo: a dor pode cessar.

痿厥为四末束悗，乃疾解之，日二，不仁者十日而知，无休，病已止。

Quando tratar a flacidez muscular e a friagem das extremidades, atar as quatro extremidades até que o paciente fique inquieto, desamarrando depois com rispidez, o que pode ser feito duas vezes ao dia. Se o paciente não ficar inquieto, ele começará a ficar depois de dez dias. Não se deve descontinuar o tratamento antes que o paciente tenha se recuperado.

哕，以草刺鼻，嚏，嚏而已；无息，而疾迎引之，立已；大惊之，亦可已。

Quando a pessoa tem soluços, picar o nariz com um pedaço de palha até fazer com que espirre, e aí parar; pode-se fazer também com que o paciente prenda a respiração e induza a contracorrente ascendente a descer rapidamente, fazendo com que o soluço cesse; se puder fazer também com que o paciente fique muito assustado, o soluço também cessa.

周痹第二十七

Capítulo 27
Zhou Bi
(A Síndrome Bi pelo Corpo Todo)

黄帝问于岐伯曰：周痹之在身也，上下移徙，随脉其〔随脉其：按："脉其"二字误倒〕上下〔上下：按"上下"二字误衍〕，左右相应，间不容空，愿闻此痛，在血脉之中邪？将在分肉之间乎？何以致是？其痛之移也，间不及下针，其慉痛之时，不及定治，而痛已止矣，何道使然？愿闻其故。岐伯答曰：此众痹也，非周痹也。

O Imperador Amarelo disse a Qibo: "Quando se tem a síndrome Bi pelo corpo todo, isso acontece aqui e ali, de acordo com a circulação sanguínea, à direita e à esquerda, em toda parte, com uma difusão que se estende por quase toda parte, não deixando espaço para nada. Quero saber se o perverso desta dor está no canal ou se está no músculo e a razão disso. No intervalo de mudança da dor, o tempo não é suficiente para picar; no período em que a dor toma forma, o tempo não é suficiente para se determinar a forma de tratar, e antes do tratamento começar, a dor já cessou. Quero saber a razão disso". Qibo respondeu: "Neste caso, existe uma polisíndrome Bi pelo corpo inteiro".

黄帝曰：愿闻众痹。岐伯对曰：此〔此：《古今医统》卷十一《痹证门》作"凡众痹"〕各在其处，更发更止，更居更起，以右应左，以左应右，非能周也，更发更休也。黄帝曰：善。刺之奈何？岐伯对曰：刺此者，痛虽已止，必刺其处，勿令复起。

Disse o Imperador Amarelo: "Desejo saber sobre as condições da polisíndrome Bi". Disse Qibo: "A polisíndrome Bi se alastra pelas inúmeras partes do corpo, ele se inicia de repente e termina de repente; começa e some; o mal do lado esquerdo pode afetar o lado direito e o do lado direito pode afetar o esquerdo; espalha-se pelo corpo todo; sua dor queima e pode sumir de repente". Disse o Imperador Amarelo: "Muito bem. Mas como tratar a doença com puntura?" Qibo respondeu: "Quando se pica a polisíndrome Bi, deve-se punturar de forma repetitiva, mesmo que a dor tenha parado, para evitar que volte".

帝曰：善。愿闻周痹何如？岐伯对曰：周痹者，在于血脉之中，随脉以上，随脉以下，不能左右，各当其所。黄帝曰：刺之奈何？岐伯对曰：痛从上下者，先刺其下以过（一作遇下同）之，后刺其上以脱之；痛从下上者，先刺其上以过之，后刺其下以脱之。

Disse o Imperador Amarelo: "Muito bem. Quero conhecer a condição da síndrome Bi no corpo inteiro". Disse Qibo: "Na síndrome Bi no corpo inteiro, o perverso está no canal; ele sobe e desce no canal, incapaz de ir à esquerda ou à direita e causa dor no local em que o perverso está localizado". Disse o Imperador Amarelo: "Como tratar com a puntura?" Qibo respondeu: "Se a dor for proveniente de cima, picar primeiro na parte de baixo para deter a progressão da doença; depois, picar acima para eliminar a causa; se a dor vier de baixo, picar primeiro acima para deter o desenvolvimento da doença, e depois picar embaixo para eliminar a causa da doença".

黄帝曰：善。此痛安生？何因而有名？岐伯对曰：风寒湿气，客于外分肉之间，迫切而为沫，沫得寒则聚，聚则排分肉而分裂也〔而分裂也：《千金》卷八第一《素问·痹论》王注无 "而分裂也" 四字〕，分〔分：《千金》卷八第一作 "肉"〕裂则痛，痛则神归之，神归之则热，热则痛解，痛解则厥，厥则他痹发，发则如是。

Disse o Imperador Amarelo: "Muito bom. Como ocorre a dor da síndrome Bi no corpo inteiro? Por que se chama síndrome Bi no corpo inteiro?" Qibo respondeu: "Quando os ventos patógenos frios e quentes invadem o músculo e a pele, isso força o fluído a virar fleugma e saliva, que ficarão condensadas e estagnadas devido ao frio; a fleugma e a saliva estagnadas vão causar rachaduras nos músculos, gerando dor; quando a pessoa está dolorida, sua atenção está concentrada no local da dor; a concentração da atenção irá produzir calor; a energia caótica irá entrar em contracorrente ascendente causando dor em outros locais, onde residem as síndromes Bi, formando a síndrome Bi no corpo todo.

帝曰：善。余已得其意矣〔帝曰善，余已得其意矣：此九字涉下误衍，应删〕。此内不在藏，而外未发于皮，独居分肉之间，真气不能周，故命曰周痹。故刺痹者，必先切循其下之六经，视其虚实，及大络之血结而不通，及虚而脉陷空者而调之，熨而通之，其瘈坚，转引而行之。黄帝曰：善。余已得其意矣。亦得其事也。九者，经巽之理，十二经脉阴阳之病也。

"É o caso em que o perverso ainda não penetrou as vísceras e não manifesta nada na pele; o perverso fica retido entre os músculos e só pode fazer com que a energia saudável deixe de circular no corpo todo; dessa forma produz-se a dor que se transforma na síndrome Bi. Por isso, quando tratar a síndrome Bi, deve-se pressionar e manter em primeiro lugar as localizações dos seis canais, examinar as condições de astenia e estenia e se existe estagnação de sangue nos colaterais maiores e qualquer condição de afundamento do canal, devido à astenia; depois, tratar ajustando, podendo-se usar a aplicação tópica de drogas aquecidas, a fim de drenar a energia e o sangue; se houver a condição de contratura muscular, isso também pode fazer com que a energia flua". Disse o Imperador Amarelo: "Muito bem. Agora eu conheço a condição da síndrome Bi e o princípio de tratamento".

口问第二十八

Capítulo 28
Kou Wen
(A Terapia de Tratamento através do Inquérito Verbal)

黄帝闲居，辟左右而问于岐伯曰：余已闻九针之经，论阴阳逆顺六经已毕，愿得口问。岐伯避席再拜曰：善乎哉问也，此先师之所口传也。黄帝曰：愿闻口传。岐伯答曰：夫百病之始生也，皆生于风雨寒暑，阴阳喜怒，饮食居处，大惊卒恐。则血气分离，阴阳破败，经络厥绝，脉道不通，阴阳相逆，卫气稽留，经脉虚空，血气不次，乃失其常。论不在经者，请道其方。

Quando o Imperador Amarelo estava descansando à vontade, mandou embora os súditos que estavam de ambos os lados e disse a Qibo: "Já ouvi falar a respeito das condições dos nove tipos de agulha, do Yin e do Yang, das condições de concordância e de contracorrente nos seis canais da mão e do pé, expostas no "Clássico das Agulhas". Quero ouvir mais a respeito do inquérito verbal que fazias no passado". Qibo deixou seu assento, fez uma reverência e disse: "Vós levantastes uma importante questão. Isto me foi passado por instrução oral por meu mestre". Disse o Imperador Amarelo: "Eu desejo conhecer os temas do inquérito verbal". Disse Qibo: "No início, as inúmeras doenças ocorrem em períodos de vento, chuva, frio e calor, com os humores da alegria e da raiva, na hora de comer, de beber, na vida diária, com causas internas e externas de grande susto e medo súbito. As perturbações inesperadas causadas pela separação da energia e do sangue, do Yin e do Yang separados, o rompimento da conexão entre os canais e os colaterais, a obstrução dos canais, o Yin e o Yang se desviando um do outro, a energia Wei estagnada, os canais ficando vazios, a energia e o sangue deixando de circular com seus padrões regulares, tudo isso é desordenado. Todos esses casos acima expostos não são vistos nos clássicos médicos antigos, e eu vos desejo falar a respeito".

黄帝曰：人之欠者，何气使然？岐伯答曰：卫气昼日行于阳，夜半则行于阴。阴者主夜，夜者卧。阳者主上，阴者主下。故阴气积于下，阳气未尽，阳引而上，阴引而下，阴阳相引，故数欠。阳气尽，阴气盛，则目瞑；阴气尽而阳气盛，则寤矣。泻足少阴，补足太阳。

O Imperador Amarelo perguntou: "Que energia causa o bocejo?" Qibo respondeu: "A energia Wei se movimenta no Yang durante o dia e na porção Yin durante a noite. O Yin pertence à noite, e a noite se relaciona com o deitar e o sono. O Yang se relaciona com a ascensão e pertence ao alto. O Yin se relaciona com a descida e pertence ao baixo; à noite quando se está prestes a dormir, a energia Yin se acumula embaixo quando a pessoa ainda não adormeceu e a energia Yang não entrou inteiramente na porção Yin. A energia Yang ainda está em ascensão, mas nesse momento, a energia Yin começa a descer; a subida e a descida das energias Yin e Yang causam o bocejo. Quando a energia Yang está exausta, e a energia Yin está abundante, a pessoa cerra os olhos e adormece; quando é de dia, a energia Yin está exausta e a energia Yang é abundante e a pessoa acorda. Quando tratar, deve-se expurgar, picando os acupontos do Canal do Rim Shaoyin do Pé e revigorar, picando os acupontos do Canal da Bexiga Taiyang do Pé".

黄帝曰：人之哕者，何气使然？岐伯曰：谷入于胃，胃气上注于肺。今有故寒气与新谷气，俱还入于胃，新故相乱，真邪相攻，气并相逆，复出于胃，故为哕。补手太阴，泻足少阴。

O Imperador Amarelo perguntou: "Que energia causa o soluço?" Qibo respondeu: "Quando os cereais entram no estômago, eles se transformam em energia do estômago e, então, se transferem para o pulmão que está acima. Se a energia fria já estiver no aquecedor médio, não pode se harmonizar com a energia dos cereais que acabou de entrar; elas se mesclam e combatem uma com a outra; finalmente, elas saem do estômago e atingem o diafragma e ocorre o soluço. Quando tratar, revigorar, picando os acupontos do Canal do Pulmão Taiyin da Mão, e purgar, picando o Canal do Rim Shaoyin do Pé".

黄帝曰：人之唏者，何气使然？岐伯曰：此阴气盛而阳气虚，阴气疾而阳气徐，阴气盛而阳气绝，故为唏。补足太阳，泻足少阴。

O Imperador Amarelo perguntou: "O que faz com que engula junto com a respiração rápida?" Qibo respondeu: "Quando a energia Yin da pessoa é superabundante e a energia Yang é deficiente, a energia Yin se move rapidamente e a energia Yang se move devagar, ou mesmo, a energia Yin é superabundante e a energia Yang está minguando, ocorre a síndrome do engolir junto com a respiração rápida. Quando tratar, revigorar, picando o Canal da Bexiga Taiyang do Pé, e purgar, picando o Canal do Rim Shaoyin do Pé".

黄帝曰：人之振寒者，何气使然？岐伯曰：寒气客于皮肤，阴气盛，阳气虚，故为振寒寒慄。补诸阳。

O Imperador Amarelo perguntou: "Que energia causa o calafrio no homem?" Qibo respondeu: "Quando a energia fria invade a pele, a energia Yin fica superabundante e a energia Yang fica deficiente, e o paciente terá calafrios e tremores por causa do frio. Quando tratar, aplicar a terapia de aquecimento e recuperação dos vários canais Yang".

黄帝曰：人之噫者，何气使然？岐伯曰：寒气容于胃，厥逆从下上散，复出于胃，故为噫。补足太阴、阳明。一曰补眉本也。

O Imperador Amarelo perguntou: "Que energia causa a eructação?" Qibo respondeu: "Quando a energia fria entra no estômago, a energia caótica da síndrome Jue se difunde; corre de baixo para cima e sai pelo estômago causando eructação. Quando tratar, aplicar a terapia de picar os acupontos do Canal do Baço Taiyin do Pé e do Canal do Estômago Yangming da Mão".

黄帝曰：人之嚏者，何气使然？岐伯曰：阳气和利，满于心〔心：孙鼎宜曰："心"当作"胸"〕，出于鼻，故为嚏。补足太阳荣〔荣：字误，应作"荥"断句〕。眉本，一曰眉上也〔一曰补眉本也：《甲乙》卷十二第一无"一曰"六字〕。

O Imperador Amarelo perguntou: "Que energia causa o espirro?" Qibo respondeu: "Quando a energia harmoniosa Yang está preenchendo o peito, ela sobe ao

641

nariz causando o espirro. Se este for devido à deficiência de Yang, deve-se revigorar, picando o ponto Xing, Tonggu do Canal Taiyang do Pé".

黄帝曰：人之軃者，何气使然？岐伯曰：胃不实则诸脉虚，诸脉虚则筋脉懈惰，筋脉懈惰则行阴用力，气不能复，故为軃。因其所在，补分肉间。

O Imperador Amarelo perguntou: "Que energia causa a fraqueza no corpo inteiro e faz com que os membros fiquem descompassados?" Qibo respondeu: "Quando a energia do estômago é astênica com pouca energia dos cereais, isso faz com que os canais do corpo inteiro fiquem vazios; o vazio dos canais faz com que os tendões amoleçam; se o paciente, mesmo com dificuldade, tiver relações sexuais, sua energia saudável não irá se recuperar, ocorrendo a síndrome da flacidez muscular e da friagem nas extremidades. Quando tratar, picar o local onde o mal ataca, e aplicar a terapia de revigoração, picando os espaços entre os músculos".

黄帝曰：人之哀而泣涕出〔泣涕出：《甲乙》卷十二第一"涕"下无"出"字，按："泣涕出"下脱"目无所见"四字〕者，何气使然？岐伯曰：心者，五脏六腑之主也；目者，宗脉之所聚也，上液之道也；口鼻者，气之门户也。故悲哀愁忧则心动，心动则五脏六腑皆摇，摇则宗脉感，宗脉感则液道开，液道开故泣涕出焉。液者，所以灌精濡空窍者也，故上液之道开则泣，泣不止则液竭，液竭则精不灌，精不灌则目无所见矣，故命曰夺精。补天柱经侠颈。

O Imperador Amarelo perguntou: "Que energia faz com que as lágrimas caiam e o corrimento nasal saia quando a pessoa está sofrendo e não pode ver nada?" Qibo respondeu: "O coração domina os cinco órgãos sólidos e os seis órgãos ocos; os olhos são o local para onde convergem os inúmeros canais e são a passagem para as lágrimas e a descarga nasal; os orifícios da boca e do nariz são os portais por onde a respiração entra e sai, por isso, quando a pessoa está sofrendo, seu coração palpita inquieto, e os cinco órgãos sólidos e os seis órgãos ocos não estão à vontade; como o canal convergente também está agitado, isso faz com que toda a passagem de fluido dos olhos, nariz e boca se abram e o fluido saia. Como o fluido corporal serve para irrigar a energia refinada e umedecer os orifícios, quando os portais das lágrimas e do muco nasal se abrem, existe um fluxo incessante; como resultado as lágrimas logo se esgotam, a energia refinada não é mais capaz de fluir para cima e os olhos não são capazes de ver as coisas. A isto se chama exaustão da essência da vida. Quando tratar, revigorar, picando o ponto Tianzhu que está na linha dos cabelos atrás do pescoço".

黄帝曰：人之太息者，何气使然？岐伯曰：忧思则心系急，心系急则气道约，约则不利，故太息以伸出之。补手少阴、心主、足少阳留之也。

O Imperador Amarelo perguntou: "Que energia causa o suspiro?" Qibo respondeu: "Quando se está melancólico e ansioso, isso faz com que os canais e colaterais mantenham o coração apertado e batendo muito; os caminhos da energia vital ficam obstruídos, por isso, a pessoa se alivia dando suspiros. Quando tratar, revigorar, picando os acupontos do Canal do Coração Shaoyin da Mão, o Canal do Pericárdio Jueyin da Mão e o Canal da Vesícula Biliar Shaoyang do Pé, retendo a agulha".

黄帝曰：人之涎下者，何气使然？岐伯曰：饮食者皆入于胃，胃中有热则虫动，虫动则胃缓，胃缓则廉泉开，故涎下。补足少阴。

O Imperador Amarelo perguntou: "Que energia causa a baba?" Qibo respondeu: "Todos os alimentos e bebidas entram no estômago; quando há calor no estômago, os vermes dos cereais se contorcem dentro do estômago, fazendo com que a energia enfraqueça; então se abre o ponto Lianquan debaixo da língua que é o portal da saliva, e esta vem à tona. Quando tratar, revigorar, picando o Canal do Rim Shaoyin do Pé".

黄帝曰：人之耳中鸣者，何气使然？岐伯曰：耳者宗脉之所聚也，故胃中空则宗脉虚，虚则下，溜脉有所竭者，故耳鸣。补客主人，手大指爪甲上与肉交者也。

O Imperador Amarelo perguntou: "Que energia faz com a pessoa tenha tínito?" Qibo respondeu: "O ouvido é o local para onde muitos canais convergem (Canais Shaoyang da Mão e do Pé, Taiyang da Mão e do Pé, Canal Yangming da Mão). Quando o estômago está vazio, isto causa astenia do canal convergente; quando o canal convergente está astênico, o Yang claro desce e torna ou canal liu (que leva ao ouvido) deficiente, e ocorre o tínito. Quando tratar, revigorar, picando o ponto Kezhuren do Canal Shaoyang do Pé e o ponto Shaoshang do Canal Taiyin da Mão na ponta do dedo polegar, onde a unha e a carne se encontram".

黄帝曰：人之自啮舌者，何气使然？岐伯曰：此厥逆走上脉气辈至也。少阴气至则啮舌，少阳气至则啮颊，阳明气至则啮唇矣。视主病者则补之。

O Imperador Amarelo perguntou: "O que faz com que a pessoa morda a própria língua?" Qibo respondeu: "Isto se deve à ascensão da energia fria nos canais, chegando aos locais cada um de acordo com sua categoria, tal como quando a contracorrente de Shaoyang atinge a bochecha, a pessoa morderá a língua; quando a contracorrente de Yangming atinge os lábios, a pessoa morde os lábios. Quando tratar, revigorar o canal relativo à enfermidade principal.

凡此十二邪者，皆奇邪之走空窍者也。故邪之所在，皆为不足。故上气不足，脑为之不满，耳为之苦鸣，头为之苦倾，目为之眩；中气不足，溲便为之变，肠为之苦鸣；下气不足，则乃为痿厥心悗。补足外踝下留之。

"Em outras palavras, as doze enfermidades são devidas ao ataque do patógeno específico aos orifícios da cabeça e do rosto. Todos os locais em que se alojam as energias perversas, são os locais onde as energias saudáveis estão insuficientes. Quando a energia saudável estiver insuficiente na parte superior, a medula cerebral não estará preenchendo o cérebro, ocorrendo tínito freqüente nos ouvidos, desvio da cabeça e obscurecimento da vista; quando a energia saudável estiver insuficiente no meio, ocorre a retenção de fezes e de urina, borborigmos freqüentes; quando a energia saudável é insuficiente na parte de baixo, ocorre flacidez muscular e friagem das extremidades e sensação de opressão no peito. Quando cuidar destas síndromes, elas devem ser tratadas picando-se o ponto Kunlun abaixo do maléolo externo; deve-se aplicar a terapia de revigoração e reter a agulha".

黄帝曰：治之奈何？岐伯曰：肾主为欠，取足少阴。肺主为哕，取手太阴、足少阴。唏者，阴与〔与：《甲乙》卷十二第一作"盛"〕阳绝，故补足太阳，泻足少阴。振寒者，补诸阳。噫者，补太阴、阳明。嚏者，补足太阳、眉本。亸，因其所在，补分肉间。泣出，补天柱经侠颈，侠颈者，头中分也。太息，补手少阴、心主、足少阳留之。涎下，补足少阴。耳鸣，补客主人、手大指爪甲上与肉交者。自啮舌，视主病者则补之。目眩头倾，补足外踝下留之。痿厥心悗，刺足太指间上二寸留之，一曰足外踝下留之。

643

O Imperador Amarelo perguntou: "Como tratar as síndromes?" Qibo respondeu: "O rim domina o bocejo: quando tratar, deve-se picar os acupontos do Canal Shaoyin do Pé. O pulmão domina o soluço: quando tratar, pica-se os acupontos do Canal Taiyin da Mão e do canal Shaoyin do Pé. Quando se tem a síndrome de engolir junto com a respiração rápida, isto se deve ao Yin estar superabundante e o Yang estar diminuído. Quando tratar, deve-se revigorar, picando os acupontos do Canal Taiyang do Pé e purgar, picando os acupontos do Canal Shaoyin do Pé. Quando a pessoa tem calafrios e treme de frio, revigorar os vários canais Yang. Quando a pessoa arrota, revigorar, picando os acupontos do Canal Taiyin do Pé e do Canal Yangming do Pé quando a pessoa espirrar, revigorar picando os acupontos do canal Taiyang do Pé. Quando a pessoa tem flacidez e friagem nas extremidades, revigorar, picando o espaço entre os músculos no local da doença.

"Quando a pessoa chora porque está sofrendo, revigorar, picando o ponto Tianzhu no centro da linha da cabeça, atrás do pescoço. Quando a pessoa suspira, revigorar, picando os acupontos do Canal Shaoyin da Mão, do Canal Jueyin da Mão, do Canal Shaoyang do Pé e reter a agulha.

"Quando a pessoa babar, revigorar, picando os acupontos do canal Shaoyin do Pé. Quando a pessoa tem tínito, revigorar, picando o ponto Kezhuren na ponta do dedo polegar onde a unha e a carne se encontram. Quando a pessoa morde a língua, revigorar, picando o canal relativo ao mal principal. Quando a pessoa não distingue bem com os olhos e tem um desvio na cabeça, revigorar, picando o ponto Kunlun abaixo do maléolo externo retendo a agulha. Quando a pessoa tem flacidez muscular e sensação de opressão no peito, picar de maneira enfática, duas polegadas acima do artelho e reter a agulha. Existe uma outra regra sobre o tratamento: revigorar, picando os acupontos sob o maléolo externo".

师传第二十九

Capítulo 29
Shi Chuan
(Instruções de Tratamento Reveladas pelos Mestres Antigos)

黄帝曰：余闻先师，有所心藏，弗著于方。余愿闻而藏之，则而行之，上以治民，下以治身，使百姓无病，上下和亲，德泽下流，子孙无忧，传于后世，无有终时，可得闻乎？岐伯曰：远乎哉问也。夫治民与自治，治彼与治此，治小与治大，治国与治家，未有逆而能治之也，夫惟顺而已矣。顺者，非独阴阳脉论气之逆顺也，百姓人民皆欲顺其志也。

Disse o Imperador Amarelo: "Disseram-me que os mestres antigos tinham muita compreensão própria que não foi anotada nas tábuas de argila. Desejo ouvir a respeito deste entendimento. Vou conservá-las com muito cuidado e fazer delas minha norma de comportamento para tratar as pessoas e a mim mesmo, por isso, para que as pessoas fiquem isentas de doenças, as pessoas de classe superior e de classe inferior na sociedade devem se manter harmoniosas, ter boas relações e boa vontade entre elas, tal como amor e amabilidade prevalecendo; seus descendentes viverão pacificamente sem perturbações físicas e mentais e essa tradição elevada pode passar às futuras gerações sem um fim. Posso ouvir a respeito?" Disse Qibo: "Quando se trata os outros ou a si mesmo, lida-se com coisas que estão perto ou longe, lida-se com facilidade a respeito das tarefas maiores, cuida-se de um país ou de uma família, o tratamento sempre falha quando se age de maneira inversa; só se deve tratar de uma forma congruente. O que se chama congruente, não somente envolve as condições dos canais Yin e Yang, mas também as energia Ying e Wei, envolvendo também os cuidados que coincidem com os desejos do povo".

黄帝曰：顺之奈何？岐伯曰：入国问俗，人家问讳，上堂问礼，临病人问所便。黄帝曰：便病人奈何？岐伯曰：夫中热消瘅则便寒，寒中之属则便热。胃中热，则消谷，令人悬心善饥，脐以上皮热；肠中热，则出黄如糜，脐以下皮寒。胃中寒，则腹胀；肠中寒，则肠鸣飧泄。胃中寒，肠中热，则胀而且泄，胃中热，肠中寒，则疾饥，小腹痛胀〔小腹痛胀：《太素》卷二《顺养》"小"作"少"，"痛"下无"胀"字〕。

O Imperador Amarelo perguntou: "Como tratar de maneira coincidente?" Qibo respondeu: "Quando se entra num país, deve-se primeiro perguntar a respeito dos costumes locais; quando se entra numa família, deve-se perguntar primeiro quais os tabus dentro da família; quando se deseja entrar num salão, deve-se primeiro perguntar quais as etiquetas dos anfitriões; quando está tratando, o médico deve perguntar e conhecer as inúmeras condições do paciente e depois determinar qual o tratamento mais adequado". O Imperador Amarelo perguntou: "Como tratar de forma adequada?" Qibo respondeu: "Quando a pessoa tem calor no intestino e no estômago, irá consumir muita comida e terá a síndrome Xiaodan: o adequado é tratar com remédios de natureza fria; quando se tem frio no intestino e no estômago, o adequado é tratar com remédios de natureza quente; quando existe calor no estômago, os cereais dentro dele serão digeridos rapidamente fazendo com que o coração fique como se estivesse pendurado e a pessoa com mais fome; quando existe sensação de calor na pele acima do umbigo, é porque existe calor no intestino; o paciente terá fezes finas como mingau; quando há sensação de frio na pele sob o umbigo é porque há frio no intestino, ocorrendo as síndromes de borborigmos e diarréia; quando há frio no estômago e calor no intestino, ocorre rapidamente a síndrome da fome e distensão no baixo ventre".

黄帝曰：胃欲寒饮，肠欲热饮，两者相逆，便之奈何？且夫王公大人血食之君，骄恣从欲，轻入，而无能禁之，禁之则逆其志，顺之则加其病，便之奈何？治之何先。

O Imperador Amarelo perguntou: "Quando há calor no estômago, deve-se tomar bebidas frias e quando há calor no intestino, deve-se tomar bebidas quentes; como o frio e o quente são um o contrário do outro, como se deve tratar esse tipo de doença? Em especial aos pacientes que sejam príncipes e nobres, que sempre comem carnes em suas refeições; eles são orgulhosos, são indulgentes em seus desejos, olham os outros de cima e dificilmente podem ser persuadidos; quando se os aconselha a tratar contra sua vontade, isso será o oposto de seus desejos; se a pessoa se tratar contra a vontade, a doença se agravará. Ao tratar, o que se deve fazer primeiro?"

岐伯曰：人之情，莫不恶死而乐生，告之以其败，语之以其善，导之以其所便，开之以其所苦，虽有无道之人，恶有不听者乎？

Qibo respondeu: "Geralmente todo mundo tem medo da morte e prefere viver; se o médico diz ao paciente o que é benéfico e o que é prejudicial ao seu corpo, mostra a ele a maneira correta de tratar, que lhe será benéfica e alivia as mazelas que o torna miserável ele não irá negligenciar seus conselhos, mesmo que seja um homem que não seja razoável".

黄帝曰：治之奈何？岐伯曰：春夏先治其标，后治其本；秋冬先治其本，后治其标。

O Imperador Amarelo perguntou: "De que forma tratar?" Qibo respondeu: "Na primavera e no verão, tratar primeiro a conseqüência externa, e depois, tratar a causa interna; no outono e no inverno, tratar primeiro a causa interna e depois tratar a conseqüência externa".

黄帝曰：便其相逆者奈何？岐伯曰：便此者，食饮衣服，亦欲适寒温，寒无凄怆，暑无出汗。食饮者，热无灼灼，寒无沧沧。寒温中适，故气将持。乃不致邪僻也。

O Imperador Amarelo perguntou: "Como tratar o paciente com a condição contrária acima estabelecida fazendo com que se torne adequado?" Qibo respondeu: "Quando se quer adequar a condição de um paciente deste tipo, manter um frio e um calor moderados em sua comida e roupas. Quanto às roupas, quando o tempo estiver frio, colocar roupas grossas para evitar pegar um resfriado; quando o tempo estiver quente, vestir roupas finas para evitar a transpiração. Quando ingerir alimentos e bebidas, evitar ingeri-los excessivamente frios ou quentes, mas conserva-los em temperatura moderada; desta forma, pode ser mantida a energia saudável no corpo, para que seja evitada a invasão da energia perversa que causa a doença".

646

黄帝曰：《本藏》以身形支节䐃肉，候五脏六腑之大小焉。今夫王公大人、临朝即位之君而问焉，谁可扪循之而后答乎？岐伯曰：身形支节者，脏腑之盖也，非面部之阅也。

Disse o Imperador Amarelo: "Foi estabelecido no capítulo "Sobre as Vísceras": "As condições dos cinco órgãos sólidos e dos seis órgãos ocos podem ser determinadas pelo físico e pelo tamanho e formato dos músculos aparentes nas juntas dos membros". Se um príncipe ou um rei quiserem conhecer as condições de suas vísceras, como alguém pode cutucá-los antes de responder?" Disse Qibo: "As condições de físico e músculos proeminentes dos membros coincide com as das vísceras, mas também pode se saber examinando a face".

黄帝曰：五脏之气，阅于面者，余已知之矣，以肢节而阅之奈何？岐伯曰：五脏六腑者，肺为之盖，巨肩陷咽，候见其外。黄帝曰：善。

Disse o Imperador Amarelo: "Agora eu fiquei sabendo que as energias refinadas das vísceras podem ser examinadas a partir do físico e da face, mas como conhecer as condições dos órgãos internos examinando as juntas?" Qibo respondeu: "Entre os cinco órgãos sólidos e os seis órgãos ocos, o pulmão está na posição mais elevada e é como uma canopla; a condição do pulmão pode ser determinada examinando a posição alta ou baixa do ombro e a condição de cavidade da faringe dentro e da laringe fora". Disse o Imperador Amarelo: "Muito bem".

岐伯曰：五脏六腑，心为之主，缺盆为之道，骷骨有余，以候髑骬。黄帝曰：善。

Disse Qibo: "Dentre os cinco órgãos sólidos e os seis órgãos ocos, o coração é dominante, e a fossa supraclavicular é a via de passagem; como a distância entre os dois extremos do osso do ombro é bastante larga, ela pode ser usada para examinar a localização e o formato do osso supraclavicular, a fim de saber se há uma condição alta ou baixa, firme ou crispada no coração". O Imperador Amarelo disse: "Muito bem".

岐伯曰：肝者主为将，使之候外，欲知坚固，视目小大。黄帝曰：善。

Disse Qibo: "Dentre os cinco órgãos sólidos e os seis órgãos ocos, o fígado é como um general, e pode ser usado para determinar os sintomas externos do corpo; quando se quer saber a condição de saúde do fígado do paciente, examina-se o brilho ou a opacidade de seus olhos". Disse o Imperador Amarelo: "Muito bem".

岐伯曰：脾者主为卫，使之迎粮，视唇舌好恶，以知吉凶。黄帝曰：善。

Disse Qibo: "O baço serve para defender o corpo todo, e recebe a energia refinada dos cereais transportando-a à todas as partes do corpo. Quando se examina a aparência dos lábios, mostrando as condições de semelhança e de dissemelhança, pode-se conhecer a condição do bom e do ruim do baço". Disse o Imperador Amarelo: "Muito bem".

岐伯曰：肾者主为外，使之远听，视耳好恶，以知其性。黄帝曰：善。愿闻之腑之候。

Disse Qibo: "O rim domina a água e os fluidos corporais, que capacitam a pessoa a ouvir longe. Quando se examina se a audição é aguçada ou não, pode-se conhecer a condição de forte ou fraco dos rins". Disse o Imperador Amarelo: "Desejo ouvir mais a respeito de como determinar as condições dos seis órgãos ocos".

岐伯曰：六腑者，胃为之海，广骸、大颈、张胸，五谷乃容；鼻隧以长，以候大肠；唇厚、人中长，以候小肠；目下果大，其胆乃横，鼻孔在外，膀胱漏泄；鼻柱中央起，三焦乃约。此所以候六腑者也。上下三等，脏安且良矣。

Disse Qibo: "Nos seis órgãos ocos, o estômago é como um mar que acomoda os alimentos; quando o músculo da bochecha está roliço, o pescoço está firme e o peito está empinado, sua capacidade de acomodar os cereais deve ser boa. Quando o conduto nasal da pessoa é longo, pode ser usado para determinar o intestino grosso. Quando os lábios são grossos e a curvatura vertical do meio do lábio superior é longa, pode ser usada para determinar o intestino delgado; quando a porção inferior de pele na pálpebra inferior for grande, isso mostra que o fígado é despótico e selvagem. Quando as narina são tão recurvadas que podem ser vistas de fora, isto mostra que a bexiga esta prestes a afundar. Quando a ponte do nariz não é plana, isso mostra eu o triplo aquecedor e normal. Estes são os métodos para determinar as condições dos seis órgãos ocos. Em suma, quando a parte superior e a inferior do físico de uma pessoa são semelhantes, isso significa que seus órgãos internos estão em harmonia e estão com as funções normais".

决气第三十

Capítulo 30
Jue Qi
(As Energias)

黄帝曰：余闻人有精、气、津、液、血、脉，余意以为一气耳，今乃辨为六名，余不知其所以然。岐伯曰：两神相搏。合而成形，常先身生，是谓精。何谓气？岐伯曰：上焦开发，宜五谷味，熏肤，充身泽毛，若雾露之溉，是谓气。何谓津？岐伯曰：腠理发泄，汗出溱溱，是谓津。何谓液？岐伯曰：谷入气满，淖泽注于骨，骨属屈伸，泄泽，补益脑髓，皮肤润泽，是谓液。何谓血？岐伯曰：中焦受气取汁，变化而赤，是谓血。何谓脉？岐伯曰：壅遏营气，令无所避，是谓脉。

Disse o Imperador Amarelo: "Disseram-me que existe a essência vital, a energia vital, o fluido fino, fluidos, sangue e vasos no corpo humano. Primeiro, eu pensava que fossem apenas energia; agora eu sei que são seis e que têm nomes diferentes e não sei porque se dividem em espécies diferentes". Disse Qibo: "Quando os sexos Yin e Yang se aproximam um do outro, eles se combinam e formam um novo corpo; a substância que produz o corpo existe antes do corpo e se chama essência vital". O Imperador Amarelo perguntou: "O que é energia vital?" Disse Qibo: "Quando o aquecedor superior dispersa as substâncias refinadas dos cinco cereais, que aquecem a pele e os músculos, penetram o físico e umedecem os pêlos finos, como o orvalho umedece as gramas e as madeiras, a isto se chama energia vital". O Imperador Amarelo perguntou: "O que é fluido fino?" Disse Qibo: "Quando as estrias excretam muito suor, a isto se chama fluido fino". O Imperador Amarelo perguntou: "O que é fluido?" Disse Qibo: "Quando os cereais entram no estômago, a energia vital preenche o corpo todo, o sumo úmido permeia a medula, fazendo com que as juntas ósseas fiquem lubrificadas e prontas a se dobrar e esticar livremente; a energia refinada dos cereais irá revigorar a medula cerebral no interior e umedecer a pele no exterior: a isto se chama fluido". O Imperador Amarelo perguntou: "O que é sangue?" Disse Qibo: "Quando o estômago que pertence ao aquecedor médio recebe o alimento, absorve sua substância refinada e se transforma em fluido vermelho, a isto se chama sangue". O Imperador Amarelo perguntou: "O que são vasos?" Disse Qibo: "São semelhantes a um dique que evita que a energia e o sangue corram desenfreadamente e sem escrúpulos: a isto se chama vasos".

黄帝曰：六气者，有余不足，气之多少，脑髓之虚实，血脉之清浊，何以知之？岐伯曰：精脱者，耳聋；气脱者，目不明；津脱者，腠理开，汗大泄；液脱者，骨属屈伸不利，色夭，脑髓消，胫痠，耳数鸣；血脱者，色白，夭然不泽，其脉空虚，此其候也。

O Imperador Amarelo perguntou: "Nos seis tipos de energia acima citados, alguns estão em excesso e alguns estão deficientes; como se pode saber se a energia

649

vital está em plenitude ou deficiente, o fluido astênico ou estênico e o sangue claro ou turvo?" Disse Qibo: "Quando a essência vital de uma pessoa está astênica, seus ouvidos estarão surdos; quando a energia vital de uma pessoa está astênica, seus olhos estarão olhando a esmo; quando o fluido fino de uma pessoa está astênico, isso fará com que as juntas ósseas deixem de se dobrar e esticar normalmente, sua compleição não terá brilho, sua medula cerebral não será plena e suas pernas estarão doloridas; quando o sangue de uma pessoa está astênico, seus vasos estarão vazios. Estes são os métodos de verificar se as seis energias estão em plenitude ou deficientes, astênicas ou estênicas e claras ou turvas".

黄帝曰：六气者，贵贱何如？岐伯曰：六气者，各有部主也，其贵贱善恶，可为常主，然五谷与胃为大海也。

O Imperador Amarelo perguntou: "Dentre as seis energias, qual é a mais importante e qual é a menos importante?" Disse Qibo: "Dentre as seis energias, cada uma delas é dominada respectivamente por uma víscera; geralmente, o estado de mais importante, menos importante, boa ou má em cada uma delas pode ou não mudar constantemente, mas todas as seis energias tomam os cinco cereais como fonte de existência".

肠胃第三十一

Capítulo 31
Chang Wei
(O Intestino e o Estômago)

黄帝问于伯高曰：余愿闻六腑传谷者，肠胃之小大长短，受谷之多少奈何？伯高曰：请尽言之，谷所从出入浅深远近长短之度：唇至齿长九分，口广二寸半。齿以后至会厌，深三寸半，大容五合。舌重十两，长七寸，广二寸半。咽门重十两，广一寸半；至胃长一尺六寸。胃纡曲屈，伸之，长二尺六寸，大一尺五寸，径五寸，大容三斗五升。小肠后附脊，左环回周迭积，其注于回肠者，外附于脐上，回运环十六曲，大二寸半，径八分分之少半，长三丈二尺。回肠当脐，左环，回周叶积而下回运环反十六曲，大四寸，径一寸寸之少半，长二丈一尺。广肠傅脊，以受回肠，左环叶脊，上下辟，大八寸，径二寸寸之大半，长二尺八寸。肠胃所入至所出，长六丈四寸四分，回曲环反，三十二曲也。

O Imperador Amarelo disse a Bogao: "Eu desejo ouvir acerca do transporte dos cereais nos seis órgãos ocos, o tamanho e extensão do estômago e do intestino e a capacidade de acomodação dos cereais". Disse Bogao "Deixai-me dizer a vós da extensão das inúmeras partes, desde a boca, onde entram os cereais até o ânus, onde as fezes são excretadas: A extensão dos lábios até os dentes é de nove fen (0,9 polegada); a largura da boca é de duas e meia polegadas; a profundidade desde a parte posterior dos dentes até a epiglote é de três e meia polegadas; ela pode conter cinco "ge" (0,05 litro) de alimento; o peso da língua é de dez onças, e tem sete polegadas de comprimento por duas e meia polegadas de largura; o peso da laringo-faringe é de dez onças e sua largura é de uma e meia polegadas; o comprimento da laringo-faringe até o estômago é de um pé e seis polegadas; o corpo do estômago é tortuoso, de dobra e estica; seu comprimento é de dois pés e seis polegadas; sua circunferência é de um pé e cinco polegadas; sei diâmetro é de cinco polegadas e sua capacidade é de três litros e meio. O intestino delgado se liga na parte posterior à espinha, atravessa da direita para a esquerda dando voltas, com dezesseis voltas; a porção do intestino delgado que se conecta com o intestino grosso se liga acima da localização do umbigo; sua circunferência é de duas polegadas e meia; seu diâmetro é de oito fen e dois terços, e seu comprimento é de trinta e dois pés. O intestino grosso corre à esquerda do umbigo, desce dando dezesseis voltas; sua circunferência é de quatro polegadas; seu diâmetro é de uma polegada e um terço e seu comprimento é de vinte um pés. A parte mais larga do intestino (reto) está próxima à coluna espinal e recebe os dejetos do intestino grosso; desce para se conectar com o ânus de forma inclinada; sua circunferência é de oito polegadas; seu diâmetro é de duas polegadas e dois terços e seu comprimento é de dois pés e oito polegadas. O comprimento total do trato digestivo é de sessenta pés e quatro polegadas e quatro fen; as voltas do intestino delgado e do intestino grosso são trinta e duas".

平人绝谷第三十二

Capítulo 32
Ping Ren Jue Gu
(O Jejum de um Homem Comum)

　　黄帝曰：愿闻人之不食，七日而死何也？伯高曰：臣请言其故。胃大一尺五寸，径五寸，长二尺六寸，横屈受水谷三斗〔《太素》卷十三《肠度》无"五升"二字〕五升。其中之谷常留二斗，水一斗五升〔《太素》卷十三《肠度》无"五升"二字〕而满。上焦泄气，出其精微，慓悍滑疾，下焦下溉诸肠。小肠大二寸半，径八分分之少半，长三丈二尺，受谷二斗四升，水六升三合合之大半。回肠大四寸，径一寸寸之少半，长二丈一尺。受谷一斗，水七升半。广肠大八寸，径二寸寸之大半，长二尺八寸，受谷九升三合八分合之一。肠胃之长，凡五丈八尺四寸〔《太素》卷十三《肠度》作"六丈四寸四分"〕，受水谷九斗二升一合合之大半，此肠胃所受水谷之数也。

Disse o Imperador Amarelo: "Disseram-me que quando um homem não come, ele pode morrer em sete dias: qual a razão?" Disse Bogao: "Deixai-me dizer a razão. A circunferência do estômago é de um pé e cinco polegadas; seu diâmetro é de cinco polegadas e seu comprimento é de dois pés e seis polegadas; sua capacidade de armazenamento de cereais e de água é de trinta litros; constantemente há vinte litros de comida e dez litros de líquido enchendo o estômago. Através da função de dispersão do aquecedor superior, a substância refinada do alimento é transportada para fora, e sua energia é ousada, escorregada e rápida; espalha-se para nutrir o corpo todo. A função do aquecedor inferior é a de lavar e limpar o alimento e este depois é transportado ao intestino delgado. O intestino delgado tem de espessura, duas polegadas e meia; seu diâmetro é de oito fen e um oitavo, e seu comprimento é de trinta e dois pés; sua capacidade de armazenamento de alimento é de vinte quatro litros e a capacidade para líquidos é de seis litros e três decalitros e dois terços de "ge". A circunferência do intestino grosso é de quatro polegadas; seu diâmetro é de uma polegada e um terço; seu comprimento é de vinte um pés; sua capacidade de conter alimentos é de é de dez litros e a de conter líquidos, de sete litros e meio. O circunferência da parte mais larga do intestino (reto) é de oito polegadas; seu diâmetro é de duas polegadas e dois terços; seu comprimento é de dois pés e oito polegadas e sua capacidade de conteúdo em dejetos é de nove litros e três "ge", oito fen e um oitavo. O comprimento total do intestino e do estômago é de sessenta pés, quatro polegadas e quatro fen; a capacidade total de manter cereais e água é de noventa e dois litros, um ge e dois terços.

　　平人则不然，胃满则肠虚，肠满则胃虚，更虚更满，故气得上下，五脏安定，血脉和利，精神乃居，故神者，水谷之精气也。故肠胃之中，当留谷二斗，水一斗五升。故平人日再后，后二升半，一日中五升，七日五七三斗五升，而留水谷尽矣。故平人不食饮七日而死者，水谷精气津液皆尽故也。

652

"Num homem normal, quando seu estômago está cheio de comida, seu intestino ainda está vazio; quando seu intestino está cheio de alimento transportado do estômago, seu estômago está vazio; como o estômago e o intestino estão cheios e vazios um de cada vez, isso capacita a ascensão e descida das atividades funcionais da energia vital, a estabilidade das cinco vísceras, a harmonia dos canais e a tranqüilidade do espírito. Dessa forma, supõe-se que o espírito do homem se transforme a partir da substância essencial do alimento. Portanto, para um homem normal que não esteja doente, há sempre vinte litros de alimento e quinze litros de líquido retidos no intestino e no estômago; ele urina duas vezes ao dia; isso perfaz cinco litros e em sete dias ele terá urinado trinta e cinco litros; por isso, após sete dias, a água e os cereais no intestino e no estômago terão se esgotado. Por essa razão, quando alguém deixa de ingerir comida e líquidos por sete dias, morrerá; isto se deve a exaustão de cereais e de líquidos em seu intestino e em seu estômago".

海论第三十三

Capítulo 33
Hai Lun
(Sobre os Quatro Mares)

黄帝问于岐伯曰：余闻刺法于夫子，夫子之所言，不离于营卫血气。夫十二经脉者，内属于腑脏，外络于肢节，夫子乃合之于四海乎？岐伯答曰：人亦有四海、十二经水。经水者，皆注于海，海有东西南北，命曰四海。黄帝曰：以人应之奈何？岐伯曰：人有髓海，有血海，有气海，有水谷之海，凡此四者，以应四海也。

O Imperador Amarelo perguntou a Qibo: "Ouvi teu discurso a respeito da terapia de puntura, e o que disseste não discordava das energias dos canais Ying e Wei. Já que os doze canais se conectam internamente com os cinco órgãos sólidos e com os seis órgãos ocos, no exterior com a ligação das quatro extremidades e das juntas, podes coordená-las com os quatro mares?" Qibo respondeu: "No corpo humano, existem quatro mares e doze canais. Os doze canais fluem em todas as direções, mas finalmente convergem aos quatro mares; existe o mar do leste, o do oeste, o do sul e o do norte, por isso se chamam quatro mares". O Imperador Amarelo perguntou: "De que forma o corpo corresponde aos quatro mares?" Qibo respondeu: "No corpo humano, existe o mar da medula, o mar do sangue, o mar da energia e o mar dos líquidos e dos cereais, e eles correspondem aos quatro mares".

黄帝曰：远乎哉，夫子之合人天地四海也，愿闻应之奈何？岐伯答曰：必先明知阴阳表里荣输所在，四海定矣。

Disse o Imperador Amarelo: "Quão profunda é tua maneira de falar! Coordenaste o corpo humano com o céu, a terra e os quatro mares. Posso ouvir mais acerca desta correspondência?" Disse Qibo: "Quando se conhece de forma explícita a localização do Yin e do Yang, da superfície e do interior, dos pontos Xing e Shu, se é capaz de determinar os quatro mares da medula, do sangue, da energia e o dos líquidos e cereais".

黄帝曰：定之奈何？岐伯曰：胃者水谷之海，其输上在气街〔街：当注本，张注本并作"冲"〕，下至三里。冲脉者为十二经之海，其输上在于大杼，下出于巨虚之上下廉。膻中者为气之海，其输上在于柱骨之上下，前在于人迎。脑为髓之海，其输上在于其盖，下在风府。

O Imperador Amarelo perguntou: "Como determinar os acupontos importantes dos quatro mares no corpo humano?" Qibo respondeu: "O estômago é o mar da água e dos cereais; seu acuponto mais importante é o ponto Qichong, e o menos importante é Sanli; o Canal Chong é o mar dos doze canais e é também o mar do sangue; seu acuponto mais importante é o ponto Dazhu, e os menos importantes são os pontos Shangjuxu e Xiajuxu; o ponto Tanzhong (a parte intermediária entre os dois seios) é o mar da energia; seus pontos importantes são: o ponto Yamen acima das vértebras cervicais, o ponto Dazhui abaixo das vértebras cervicais e o ponto Renying na frente; o cérebro é o mar da medula; seu acuponto mais importante é o ponto Baihui e o menos importante é o ponto Fengfu".

黄帝曰：凡此四海者，何利何害？何生何败？岐伯曰：得顺者生，得逆者败；知调者利，不知调者害。

O Imperador Amarelo perguntou: "Quanto aos quatro mares do corpo humano, qual tratamento é mais benéfico? Qual tratamento é prejudicial? Como fazê-los prósperos e o que causa seu declínio?" Disse Qibo: "Quando se tratar de uma maneira que esteja em concordância com as leis fisiológicas, os quatro mares estão prósperos; quando se trata de maneira contrária, é o declínio; quando se sabe como beneficiar os quatro mares, isso beneficia o corpo, do contrário, isso irá lesar o corpo".

黄帝曰：四海逆顺奈何？岐伯曰：气海有余者，气满胸中，悗〔悗：《太素》卷五《四系合》作"急"〕息面赤；气海不足，则气少不足以言。血海有余，则常想其身大，怫然不知其所病；血海不足〔血海不足：《甲乙》卷一第八"不足"上无"血海"二字〕，亦常想其身小，狭然不知其所病。水谷之海有余，则腹满；水谷之海不足，则饥不受谷食。髓海有余，则轻劲多力，自过其度；髓海不足，则脑转耳鸣，胫痠眩冒，目无所见，懈怠安卧。

O Imperador Amarelo perguntou: "Quais as condições de concordância e as de contracorrente dos quatro mares?" Qibo respondeu: "Quando o mar da energia está com excesso, isso mostra que a energia perversa está superabundante, e a pessoa tem plenitude no peito, respiração rápida e compleição vermelha; quando há insuficiência, a pessoa tem respiração curta e não pode falar. Quando o mar do sangue está em plenitude devido ao excesso de sangue e à superabundância de energia no canal, o paciente imagina que seu corpo está gigantesco, parece não estar doente, embora esteja melancólico; quando o mar do sangue está com insuficiência, a pessoa sempre sente que seu corpo está pequeno e leve, não aparenta estar doente, embora leve as coisas muito a sério. Quando o mar dos líquidos e dos cereais está com insuficiência, a pessoa tem fome mas dificilmente pode comer. Quando o mar da medula está em plenitude, isso faz com que a pessoa sinta o corpo leve e forte, e pode fazer serviços pesados a que não esteja acostumada; quando o mar da medula está com insuficiência, o cérebro parece estar rodando e ocorrem os síndromes do tínito, dor nas pernas, tontura, a pessoa não enxerga nada, fica indolente e sonolenta".

黄帝曰：余已闻逆顺，调之奈何？岐伯曰：审守其输而调其虚实，无犯其害，顺者得复，逆者必败。黄帝曰：善。

Disse o Imperador Amarelo: "Agora eu conheço as condições de contracorrente e concordância dos quatro mares, mas como tratá-las?" Disse Qibo: "Deve-se conhecer os acupontos principais e de menor importância que fazem a comunicação dos quatro mares e adequar revigorando na astenia e purgando na estenia, evitando o erro de purgar a astenia e revigorar a estenia. Quando se está de acordo com esta lei, o paciente será saudável; caso contrário, a doença se torna degenerativa". O Imperador Amarelo disse: "Muito bem".

五乱第三十四

Capítulo 34
Wu Luan
(As Cinco Perturbações)

黄帝曰：经脉十二者，别有五行，分为四时，何失而乱？何得而治？岐伯曰：五行有序，四时有分，相顺则治，相逆则乱。

O Imperador Amarelo perguntou: "Os doze canais do homem pertencem respectivamente aos cinco elementos e também se relacionam às quatro estações; quais são as condições de perda que os tornam desordenados e quais as condições em que se mantêm ordenados?" Disse Qibo: "O ciclo de criação e dominância dos cinco elementos tem uma seqüência regular, e existem mudanças nas quatro estações; eles estarão em ordem quando estiverem em concordância uns com os outros, e anormais e desordenados quando estiverem em contracorrente uns com os outros".

黄帝曰：何谓相顺？岐伯曰：经脉十二者，以应十二月。十二月者，分为四时。四时者，春秋冬夏，其气各异，营卫相随，阴阳已和，清浊不相干，如是则顺之而治。

O Imperador Amarelo perguntou: "Qual o significado de estar em concordância uns com os outros?" Qibo respondeu: "Os doze canais do corpo humano correspondem aos doze meses do ano; os doze meses do ano se dividem em quatro estações: primavera, verão, outono e inverno, onde os climas são diferentes. Se o interior e o exterior da energia Ying e da energia Wei concordarem uns com os outros, a superfície e o interior do Yin e do Yang equivalem uns aos outros e não existe distúrbio na ascensão e descida das energias claras e das turvas, na função das vísceras, e os canais e o clima das quatro estações estarão harmoniosos e o corpo humano estará à vontade e confortável".

黄帝曰：何谓逆而乱？岐伯曰：清气在阴，浊气在阳，营气顺脉〔营气顺脉：《太素》卷十二《营卫气行》"顺"下有"行"字。按"脉"字是衍文〕，卫气逆行，清浊相干，乱于胸中，是谓大悗。故气乱于心，则烦心密嘿〔嘿：《甲乙》卷六第四作"默"〕，俯首静伏；乱于肺，则俯仰喘喝，接〔接：《甲乙》卷六第四作"按"〕手以呼；乱于肠胃，则为霍乱；乱于臂胫，则为四厥；乱于头，则为厥逆，头重〔重《甲乙》卷六第四作"痛"〕眩仆。

O Imperador Amarelo perguntou: "Qual o significado de contracorrente e de tornar-se desordenado?" Disse Qibo: "A energia clara pertence ao Yang, mas se situa, ao contrário, na posição do Yin; a energia turva pertence ao Yin, mas se situa, ao contrário, na posição do Yang; a energia Ying flui corretamente na posição Yang, mas a energia Wei flui ao contrário na porção Yin, e a energia clara e a turva interferem uma com a outra perturbando o peito. Neste caso, é a condição adversa, e se chama a grande obscuridade. Quando a energia perversa está no coração causando perturbação, isso faz com que a pessoa fique taciturna, silenciosa sem querer falar nada, pendendo sua cabeça sem se movimentar; quando a energia perversa está no pulmão causando perturbação, o paciente irá olhar para cima e para baixo irrequieto, com que respire ruidosamente e que pressione o peito enquanto respira; quando a energia perversa está no intestino e no estômago causando perturbação, ocorre o cólera morbus; quando a energia perturbadora está nos braços e pernas, isso causa a síndrome Jue nas extremidades; quando a energia perturbadora está na cabeça, isso faz com que a pessoa tenha Jueni, sua cabeça fica dolorida e freqüentemente cai ao chão com tontura".

黄帝曰：五乱者，刺之有道乎？岐伯曰：有道以来，有道以去，审知其道，是谓身宝。黄帝曰：善。愿闻其道。岐伯曰：气在于心者，取之手少阴、心主之输。气在于肺者，取之手太阴荥、足少阴输。气在于肠胃者，取之足太阴，阳明（不）下者，取之三里。气在于头者，取之天柱、大杼；不知，取足太阳荥输。气在于臂足，取之先去血脉，后取其阳明、少阳之荥输。

O Imperador Amarelo perguntou: "Existe algum princípio para tratar os cinco tipos de perturbação acima expostos, quando se puntura?" Disse Qibo: "Quando o mal ataca, é um caminho de entrada; quando a doença é removida, é um caminho de saída; quando alguém conhece exatamente os caminhos de chegada e de saída da doença e a trata de maneira adequada, supõe-se que seja um tesouro na manutenção das pessoas com um corpo saudável". Disse o Imperador Amarelo: "Muito bem. Desejo saber sobre o princípio de tratamento". Disse Qibo: "Quando a energia perturbadora está no coração, picar o acuponto Shenmen do Canal do Coração Shaoyin da Mão e o acuponto Daying do Canal do Pericárdio Jueyin da Mão; quando a energia perturbadora está no pulmão, picar o ponto Yuji que é o ponto Xing do Canal Taiyin da Mão e o acuponto Taxi do Canal Shaoyin do Pé; quando a energia perturbadora está no intestino e no estômago, picar o acuponto Taibai do Canal Taiyin do Pé e o ponto Sanli que é o ponto inferior do Canal Yangming do Pé; quando a energia perturbadora está na cabeça, picar o acuponto Tianzhu e o ponto Dazhu; se a síndrome não for aliviada, picar o ponto Tonggu que é o ponto Xing do Canal Taiyang do Pé e o ponto Shugu do Canal Taiyang do Pé; quando a energia perversa está no braço e na perna, quando picar, remover primeiro o sangue parcialmente estagnado; pica-se então o ponto Xing ou respectivamente os acupontos dos Canais Yangming do Pé e Shaoyang do Pé, de acordo com as condições específicas da doença que está no braço ou na perna".

黄帝曰：补泻奈何？岐伯曰：徐入徐出，谓之导气，补泻无形，谓之同〔同：曰抄本作"固"〕精，是非有余不足也，乱气之相逆也。黄帝曰："允〔允：《太素》卷十二《营卫气行》作"光"〕乎哉道，明乎哉论，请著之玉版，命曰治乱也。

O Imperador Amarelo perguntou: "Como revigorar ou purgar?" Disse Qibo: "Quando se insere a agulha e se retira devagar, isto se chama induzir a energia. Quando se pica sem um propósito regular de revigorar ou purgar, a isto se chama estabilizar a essência da vida; isto não é nem para revigorar na insuficiência e nem para purgar no excesso de energia, é porque as energias perversas que causam perturbações estão entrando em disputa e precisam ser drenadas". Disse o Imperador Amarelo: "Quão brilhante é o princípio da puntura! Irei escrever o que disseste, numa placa de jade dando-lhe o nome de cinco perturbações".

胀论第三十五

Capítulo 35
Zhang Lun
(Sobre a Distensão)

黄帝曰：脉之应于寸口，如何而胀？岐伯曰：其脉大坚以涩者，胀也。黄帝曰：何以知脏腑之胀也？岐伯曰：阴为脏，阳为腑。

O Imperador Amarelo perguntou: "Quando a condição de pulso aparece em Cunkou, qual condição de pulso indica a síndrome da distensão?" Qibo respondeu: "Quando a condição de pulso for agigantada, firme e agitada na chegada, é a condição de pulso da distensão". O Imperador Amarelo perguntou: "Como determinar a distensão dos cinco órgãos sólidos da dos seis órgãos ocos?" Qibo respondeu: "Quando a condição de pulso for de Yin, a distensão está nos cinco órgãos sólidos; quando a condição de pulso for de Yang, a distensão está nos seis órgãos ocos".

黄帝曰：夫气之令人胀也，在于血脉之中耶，脏腑之内乎？岐伯曰：三（一云二字）者皆存焉，然非胀之舍也。黄帝曰：愿闻胀之舍。岐伯曰：夫胀者，皆在于脏腑之外，排脏腑而郭胸胁，胀皮肤，故命曰胀。

Disse o Imperador Amarelo: "Quando a pessoa tem um distúrbio da energia vital, isso irá fazer com que tenha a síndrome da distensão. Eu desejo saber se a distensão está nos canais ou nas vísceras". Qibo respondeu: "Tanto os canais quanto as vísceras podem reter a distensão, mas eles não são o local em que a distensão reside". Disse o Imperador Amarelo: "Desejo ouvir a respeito de onde a distensão se aloja". Disse Qibo: "Em geral, a distensão está além das vísceras, empurra as mesmas e se aloja entre o peito e os hipocôndrios ou recai sobre as estrias da pele e causa um alargamento, e por isso se chama distensão".

黄帝曰：脏腑之在胸胁腹裹之内也，若匣匮之藏禁器也，各有次舍，异名而同处，一域之中，其气各异，愿闻其故。黄帝曰：未解其意，再问〔黄帝曰，未解其意，再问：《太素》卷二十九《胀论》无此九字〕。岐伯曰：夫胸腹，脏腑之郭也。膻中者，心主之宫城也。胃者，太仓也。咽喉小肠者，传送也。胃之五窍者，闾里门户也。廉泉玉英者，津液之道也。故五脏六腑者，各有畔界，其病各有形状。营气循脉，卫气逆〔卫气逆：《太素》卷二十九《胀论》无此三字〕为脉胀，卫气并脉循分为肤胀。三里而泻〔三里而泻：《甲乙》卷八第三任务 "取三里泻之"〕，近者一下，远者三下，无问虚实，工在疾泻。

Disse o Imperador Amarelo: "As vísceras se encontram na camada interna do peito, dos hipocôndrios e da cavidade abdominal como um artigo confidencial escondido numa arca; cada um dos cinco órgãos sólidos e dos seis órgãos ocos tem aí sua residência própria; elas têm nomes diferentes, mas se localizam na mesma região e suas atividades e funções na mesma região são diferentes. Eu desejo saber a razão disso". Disse Qibo: "O peito e o abdômen são o alojamento exterior das vísceras;

Tanzhong está no palácio do meio, que é o Pericárdio; o estômago é o celeiro para armazenamento dos líquidos e dos cereais; a faringe, a garganta e o intestino delgado são as vias de passagem; os ouvidos, os olhos, o nariz, a boca e a língua são como as portas da casa; o ponto Lianquan e o ponto Yuying são a rota dos líquidos do corpo. Por isso, nos cinco órgãos sólidos e nos seis órgãos ocos, cada um tem seu limite, e estão ligados à coisas diferentes. Quando a energia Ying flui ao longo do canal, ocorre a distensão do mesmo; quando a energia Wei mergulha no canal e flui no limite entre os músculos, ocorre a distensão da pele. Quando tratar a distensão, picar o ponto Sanli com terapia de purgação; purgar uma vez para a doença contraída recentemente e purgar três vezes para a doença prolongada, e a distensão pode ser removida. Não importa se o mal pertence à astenia ou à estenia; aplicar uma terapia enérgica de purgação, será eficaz".

黄帝曰：愿闻胀形。岐伯曰：夫心胀者，烦心短气、卧不安。肺胀者，虚满而喘咳。肝胀者，胁下满而痛引小腹。脾胀者，善哕，四肢烦悗，体重不能胜衣，卧不安〔卧不安：按此三字是衍文〕。肾胀者，腹满引背央央然，腰髀痛。六腑胀：胃胀者，腹满，胃脘痛，鼻闻焦臭，妨于食，大便难。大肠胀者，肠鸣而痛濯濯〔濯濯：《甲乙》卷六第八并无此二字〕，冬日重感于寒，则飧泄不化。小肠胀者，少腹膜胀，引腰〔腰：《脉经》卷六第四作"腹"〕而痛，膀胱胀者，少腹满而气癃。三焦胀者，气满于皮肤中，轻轻然而不坚。胆胀者，胁下痛胀，口中苦，善太息。凡此诸胀者，其道在一，明知逆顺，针数不失。泻虚补实，神去其室，致邪失正，真不可定，粗之所败，谓之夭命。补虚泻实，神归其室，久塞其空，谓之良工。

Disse o Imperador Amarelo: "Desejo ouvir a respeito do surgimento da síndrome de distensão". Disse Qibo: "Na distensão relacionada ao coração, o paciente terá opressão no peito, respiração curta, inquietação no sono; na distensão do pulmão, o paciente tem opressão do tipo deficiência no peito, respiração rápida e tosse; na distensão devida ao distúrbio do fígado, o paciente terá distensão e plenitude sob os hipocôndrios e dor enviesada no baixo ventre; na distensão do baço, o paciente terá soluço freqüente; suas quatro extremidades estarão desengonçadas e seu corpo terá a sensação de estar pesado e não agüentará as roupas; na distensão do rim, o paciente terá plenitude do abdômen formando um reflexo desconfortável nas costas e na região lombar, nas juntas das extremidades que ficarão doloridas. Quanto à distensão dos seis órgãos ocos: a distensão do estômago irá causar plenitude do abdômen e dor na cavidade gástrica; o nariz parecerá ter sentido um odor pútrido que impede de comer, e o paciente terá disquezia; na flatulência do intestino grosso, o paciente terá borborigmos e dor intestinal; quando tiver um resfriado no inverno, terá diarréia com comida não digerida; na flatulência do intestino delgado, o paciente terá distensão e plenitude no baixo ventre e dor abdominal; na distensão da bexiga, o paciente terá distensão e plenitude no baixo ventre com retenção de urina; na distensão do triplo aquecedor, o paciente terá excesso de ar na pele causando inchaço, e a pele dará uma impressão de vazio e moleza quando pressionada; na dor de distensão do hipocôndrio, devida ao distúrbio da vesícula biliar, o paciente terá dor sob o hipocôndrio, gosto amargo na boca e irá bocejar com freqüência.

"O princípio de tratamento das várias doenças de distensão acima descritos são os mesmos. O tratamento será adequado quando se sabe claramente as relações de concordância e contracorrente frente à doença e quando o tempo de puntura (uma a três vezes) é correto. Se for aplicada a terapia de purgação à síndrome astênica ou a terapia de revigoração for aplicada à síndrome estênica, o espírito do paciente irá ficar disperso, a energia perversa penetrará para ferir a energia saudável, causando instabilidade. Um médico de baixo nível freqüentemente deixa de tratar de forma adequada, e supostamente é ele que faz com que o paciente morra mais cedo; se for aplicada a terapia de revigoração à síndrome astênica e a terapia de purgação à síndrome estênica, o espírito do paciente será conservado dentro do corpo, seus orifícios estarão estáveis e preenchidos com a energia saudável, e este médico supostamente é bom".

黄帝曰：胀者焉生？何因而有〔而有：《太素》卷二十九《胀论》"有"下并有"名"字〕？岐伯曰：卫气之在身也，常然〔然：《太素》卷二十九《胀论》并无此字〕并脉循分肉，行有逆顺，阴阳相随，乃得天和，五脏更始〔更始：《太素》卷二十九《胀论》"始"作"治"〕，四时循序，五谷乃化。然后厥气在下，营卫留止，寒气逆上，真邪相攻，两气相搏，乃合为胀也。黄帝曰：善。何以解惑？岐伯曰：合之于真，三合而得。帝曰：善。

O Imperador Amarelo perguntou: "Onde é gerada a distensão e por que tem esse nome?" Qibo respondeu: "No corpo, a energia Wei geralmente flui nos limites dos músculos ao longo do canal; se a energia Wei flui de maneira satisfatória ao longo dos três canais do pés e vai em contracorrente nos três canais da mão a fim de manter o Yin e o Yang harmoniosos, recebe-se a energia dos gênios da natureza, os cinco órgãos sólidos se mantêm em ordem, as quatro estações decorrem na seqüência regular, a alimento será digerido no estômago e absorvido de forma normal, e a pessoa será sadia. Se a energia fria se ocultar em baixo, ficando retida entre a energia Ying e a energia Wei, então o fluxo de ambas as energias será anormal, a energia fria subirá em contracorrente, a energia saudável e a energia perversa irão combater, e o mal da distensão toma forma". Disse o Imperador Amarelo: "Muito bem. Mas como me livro de minhas dúvidas?" Disse Qibo: "O correto é aplicar a terapia de purgação, e para o mal prolongado, o mais adequado é purgar três vezes". Disse o Imperador Amarelo: "Muito bem".

黄帝问于岐伯曰：胀论言无问虚实，工在疾泻，近者一下，远者三下。今有其三而不下者，其过焉在？岐伯对曰：此言陷于肉肓，而中气穴者也。不中气穴，则气内闭；针不陷肓，则气不行；上〔上：《太素》卷二十九《胀论》作"不"〕越中肉，则卫气相乱，阴阳相逐。其于胀也，当泻不泻，气故不下，三而不下，必更其道，气下乃止，不下复始，可以万全，乌有殆者乎。其于胀也，必审其胗〔胗：《甲乙》卷八第三并作"诊"〕，当泻则泻，当补则补，如鼓应桴，恶有不下者乎。

O Imperador Amarelo perguntou a Qibo: "Disseste que não se deve cogitar se a distensão é astênica ou estênica, mas que só haverá eficácia aplicando a purgação ríspida; pica-se uma vez quando a doença foi contraída recentemente, e três vezes quando a doença for prolongada. Agora, eu purguei três vezes, mas o mal não foi aliviado; onde está o erro?" Qibo respondeu: "O que aqui foi dito sobre picar uma vez ou picar três vezes, significa que a puntura deve atingir a membrana que está por debaixo da pele e acima do músculo e também se deve ressaltar o ponto da distensão. Se o acuponto não for ressaltado, a energia ficará presa sem excretar;

quando a agulha deixar de atingir a membrana sob a pele e acima do músculo a energia não irá fluir nos limites do músculo; quando a puntura não sobressair o acuponto, mas ressaltar erroneamente o local entre os músculos, a energia Wei irá fluir desenfreada e as energias Yin e Yang irão se debater no interior. Quando tratar a distensão por meio da puntura, deixando-se de purgar quando se deve, a energia de distensão não será dissipada; sob estas condições, deve-se picar mudando os pontos até que a energia de distensão seja removida. Se não for removida, deve-se picar novamente, e nenhum acidente ocorrerá. Quando tratar a distensão, deve-se examinar cuidadosamente se a síndrome pertence ao órgão sólido ou ao órgão oco; purgar quando deve ser purgado e revigorar quando deve ser revigorado; então o efeito curativo será tão claro e sonoro como as baquetas batendo num tambor. Quando se trata desta forma, como pode a distensão não ser curada?"

五癃津液别第三十六

Capítulo 36
Wu Long Jin Ye Bie
(As Cinco Espécies de Fluido Corporal)

黄帝问于岐伯曰：水谷入于口，输于肠胃，其液别为五，天寒衣薄则为溺与气，天热衣厚则为汗，悲哀气并则为泣，中热胃缓则唾。邪气内逆，则气为之闭塞而不行，不行则为水胀，余知其然也，不知其何由生，愿闻其道。

O Imperador Amarelo perguntou a Qibo: "Quando os líquidos e os cereais entram na boca e depois são passados aos intestinos, eles se dividem em cinco tipos de fluido; quando o tempo está frio e as roupas da pessoa são finas, a maioria deles vira urina e vapor; quando o tempo está quente no verão e as roupas da pessoa são grossas, a maioria deles fica úmido; quando a pessoa está acabrunhada e a energia entra no coração, eles se transformam em lágrimas; quando há calor no aquecedor médio e a energia do estômago é flácida e lenta, eles se transformam em saliva. Quando a energia perversa fica bloqueada no interior, a energia Yang fica obstruída e deixa de circular, ocorrendo edema. Eu conheço as condições acima, mas não sei de onde surgem os fluidos do corpo, e espero sabê-lo?"

岐伯曰：水谷皆入于口，其味有五，各注其海，津液各走其道。故三〔三：《甲乙》卷一第十三并作"上"〕焦出气，以温肌肉，充皮肤，为其津〔为其津：按"其"字衍，应据《甲乙》卷一第十三删〕；其流〔流：《太素》卷二十九《津液》作"留"〕而不行者，为液。

Disse Qibo: "Quando o alimento entra na boca, tem os diversos sabores, ácido, amargo, doce, picante e salgado, e eles entram respectivamente nos quatro mares. Os fluidos corporais transformados a partir dos líquidos e dos cereais se espalham individualmente por trajetos determinados. A energia Wei proveniente do aquecedor superior que umedece os músculos e mantém a pele, se chama fluido fino, e a que é mantida imóvel se chama fluido.

天暑衣厚则腠理开，故汗出；寒留于分肉之间，聚沫则为痛。天寒则腠理闭，气湿〔湿：《甲乙》卷一第十二作"涩"〕不行，水下留〔留：《甲乙》作"流"〕膀胱，则为溺与气。

"Quando no verão as roupas da pessoa forem bastante grossas, seus poros se abrem para suar e ela transpira. Quando o vento perverso fica retido entre o limite dos músculos, o fluido corporal fica condensado como uma espuma e ocorre dor. Quando no inverno os poros sudoríparos estão fechados, a energia fica instável devido à obstrução, e o fluido desce à bexiga para virar urina e vapor.

五脏六腑，心为之主，耳为之听，目为之侯，肺为之相，肝为之将，脾为之卫，肾为之外。故五脏六腑之津液，尽上渗于目，心悲气并则心系急，心系急则肺举，肺举则液上溢。夫心系与肺，不能常举，乍上乍下，故咳〔咳：《太素》卷二十九《津液》作"咳"。杨注："咳者，泣出之时，引气此口也"〕而泣出矣。

"Dentre os cinco órgãos sólidos e os seis órgãos ocos, aquele que domina é o coração e as atividades das outras vísceras estão sob seu controle; os ouvidos se encarregam da audição, os olhos se encarregam da visão, o pulmão se encarrega de dar assistência como um primeiro-ministro, o fígado se encarrega dos esquemas como um general, o baço se encarrega da defesa, e o rim, que armazena a essência da vida, se encarrega de dar apoio às atividades externas do corpo todo. Todos os fluidos corporais dos cinco órgãos sólidos e dos seis órgãos ocos sobem para penetrar nos olhos; quando o coração está sofrendo, as energias dos cinco órgãos sólidos e dos seis órgãos ocos sobem e entram no coração fazendo com que os canais e os colaterais deste fiquem tensos; quando isto ocorre, os lobos do pulmão ficam elevados e o fluido corporal sobe e transborda. Mas como os lobos do pulmão não podem ficar constantemente elevados no momento em que os canais e colaterais do coração estão tensos, e a energia não pode só subir, ela agora cai, por isso, quando o fluido está em ascensão juntamente com a energia e transborda, ocorre o fenômeno do choro com abertura da respiração e da boca.

中热则胃中消谷，消谷则虫上下作，肠胃充郭故胃缓，胃缓则气逆，故唾出。

"Quando há calor no aquecedor médio, o alimento no estômago será digerido com maior facilidade; após a digestão, os parasitas intestinais ficam ativos e se movem para cima e para baixo. Quando o intestino está cheio, a energia do estômago está flácida e lenta; quando isto ocorre, ela se volta em contracorrente e a saliva será excretada junto com ela.

五谷之津液和合而为膏者，内渗入于骨空，补益脑髓，而下流于阴股〔而下流于阴股：六字误衍〕。阴阳不和，则使液溢而下流于阴，髓液皆减而下，下过度则虚，虚故腰背〔腰背：《甲乙》卷一第十三"背"作"脊"〕痛而胫痠。

"Quando a matéria gordurosa formada pela combinação dos fluidos corporais transformados a partir dos cinco cereais se permeia na parte óssea oca, isso pode revigorar o cérebro e ser proveitoso à medula. Se as energias Yin e Yang não estiverem harmoniosas, o fluido corporal irá transbordar e flui pelo ânus fazendo com que a medula e o fluido corporal diminuam; quando se exerce atividades sexuais em excesso, o corpo fica debilitado, ocorrendo dor na espinha e as pernas ficam doloridas.

阴阳气道不通，四海闭塞，三焦不泻，津液不化，水谷并行肠胃之中，别于回肠，留于下焦，不得渗膀胱，则下焦胀，水溢则为水胀，此津液五别之逆顺也。

"Quando a energia que sai das vísceras fica impedida, o mar da energia, o mar do sangue, o mar da medula e o mar dos líquidos e dos cereais ficará obstruído; o triplo aquecedor deixa de exercer o transporte, o fluido corporal deixa de exercer a digestão, os líquidos e os cereais ficam acumulados no estômago e no intestino. Quando os líquidos e os cereais entram no intestino grosso, eles ficam retidos no aquecedor inferior e não se permeiam à bexiga; dessa forma, o que ocorre, é que o aquecedor inferior tem distensão e plenitude, e o transbordamento do fluido corporal causa edema. Estas são as condições de contracorrente e de concordância dos cinco tipos de fluido corporal".

五阅五使第三十七

Capítulo 37
Wu Yue Wu Shi
(Determinação das Condições das Cinco Vísceras ao se Examinar os Cinco Órgãos dos Sentidos)

黄帝问于岐伯曰：余闻刺五官五阅，以观五气。五气者，五脏之使也，五时〔五时：按 "时" 字误，应作 "使"〕之副也。愿闻其五使当安出？岐伯曰：五官者，五脏之阅也。黄帝曰：愿闻其所出，令可为常。岐伯曰：脉出其于气口，色见于明堂，五色更出，以应五时〔以应五时：本句应作 "以应五使"〕，各如其常〔常：与注本，此张注本作 "脏"〕，经气入脏，必当治里。

O Imperador Amarelo dirigiu-se a Qibo dizendo: "Fui instruído, em acupuntura, que existe um método de exame das cores da compleição dos cinco órgãos dos sentidos no exterior, para diagnosticar as alterações das vísceras no interior; as cores da compleição são enviadas pelas cinco vísceras, e também correspondem à missão das mesmas. Eu desejo ouvir a respeito de qual é o reflexo das cinco cores da compleição que corresponde à missão das cinco vísceras". Disse Qibo: "Os cinco órgãos dos sentidos são a reação externa das cinco vísceras". Disse o Imperador Amarelo: "Desejo ouvir a respeito da relação existente entre os cinco órgãos dos sentidos e as alterações das cinco vísceras, para que isso possa ser usado como rotina no exame da doença". Disse Qibo: "A condição de pulso das cinco vísceras pode se refletir em Cunkou; as cores da compleição podem se refletir no nariz. As alterações das cinco cores da compleição correspondem à missão das cinco vísceras e a compleição representa a condição das vísceras relacionadas. Quanto à doença que penetrou no órgão interno através do canal, o interior deve ser tratado".

帝曰：善。五色独决于明堂乎？岐伯曰：五官已辨〔辨：张注本作 "辩"〕，阙庭必张，乃立明堂。明堂广大，蕃蔽见外，方壁高基，引垂居外，五色乃治，平搏广大，寿中百岁。见此者，刺之必已，如是之人者，血气有余，肌肉坚致，故可苦以针。

Disse o Imperador Amarelo: "Muito bem. A compleição que reflete a condição visceral só aparece no nariz?" Disse Qibo: "Se as cores dos cinco órgãos dos sentidos puderem ser distinguidas claramente e parte da testa estiver aparente, então, pode-se determinar a partir da observação do nariz. Quando o nariz da pessoa for amplo e grande, suas bochechas e o trago se manifestam de forma aparente, o rosto é quadrado e carnudo, as gengivas protegem os dentes do exterior, as cinco cores da compleição são normais e os cinco órgãos dos sentidos se abrem nas posições adequadas; a pessoa pode ter uma vida longa, de cem anos. Quando tratar este tipo de pessoa, a puntura certamente será eficaz. Como o sangue e a energia desse tipo de pessoa é excedente, e seus músculos são substanciais e firmes, então pode-se picar de maneira vigorosa".

黄帝曰：愿闻五官。岐伯曰：鼻者，肺之官也；目者，肝之官也；口唇者，脾之官也；舌者，心之官也；耳者，肾之官也。

Disse o Imperador Amarelo: "Desejo ouvir a respeito dos cinco órgãos dos sentidos". Disse Qibo: "O nariz pertence ao pulmão, e se encarrega da respiração; os olhos pertencem ao fígado, e se encarregam da visão; a boca pertence ao baço e se encarrega de receber os líquidos e os cereais; a língua pertence ao coração e se encarrega de distinguir os sabores; os ouvidos pertencem aos rins e se encarregam da audição".

黄帝曰：以官何候？岐伯曰：以候五脏。故肺病者，喘息鼻胀；肝病者，眦青；脾病者，唇黄；心病者，舌卷短〔舌卷短：《甲乙》卷一第四"舌"下无"卷"字〕，颧赤；肾病者，颧与颜黑。

Disse o Imperador Amarelo: "Como posso diagnosticar examinando a compleição?" Disse Qibo: "Pode-se diagnosticar a condição das cinco vísceras examinando os cinco órgãos dos sentidos. Quando o pulmão está enfermo, ter-se-á uma respiração rápida e as narinas estarão agitadas; quando o fígado está enfermo, o canto do olho estará esverdeado; quando o baço estiver enfermo, a boca e os lábios estarão secos e amarelados; quando o coração estiver enfermo, a língua irá encurtar e as bochechas ficarão vermelhas; quando os rins estiverem enfermos, as bochechas e as têmporas estarão negras".

黄帝曰：五脉安出，五色安见，其常色殆者如何？岐伯曰：五官不辨，阙庭不张，小其明堂，蕃蔽不见，又埤其墙，墙下无基，垂角去外，如是者，虽平常殆，况加疾哉。

O Imperador Amarelo perguntou: "Será muito perigoso quando a condição do pulso e a compleição estiverem normais, mas a pessoa estiver doente: qual a razão disso?" Disse Qibo: "Quando a compleição da pessoa não for distinta, sua testa não é larga, seu nariz é estreito, suas bochechas e o trago não são aparentes, sua face é estreita, sem carne na porção inferior, sua eminência frontal está deprimida e as gengivas revelam os dentes; a pessoa tem o sintoma de tender a uma vida curta; mesmo que não tenha nenhuma doença, se for deixada sozinha, fica doente".

黄帝曰：五色之见于明堂，以观五脏之气，左右高下，各有形乎？岐伯曰：府〔府：张注本作"五"〕脏之在中也，各以次舍，左右上下，各如其度也。

Disse o Imperador Amarelo: "As cinco compleições aparecem no nariz onde se pode observar as energias das cinco vísceras; existe alguma imagem específica nas posições do meio, à esquerda, à direita, em cima e embaixo?" Disse Qibo: "Cada uma das cinco vísceras tem uma localização definida no peito e na cavidade abdominal; quando as compleições se refletem no nariz, existem também critérios regulares nas posições à esquerda, à direita, em cima e embaixo".

逆顺肥瘦第三十八

Capítulo 38
Ni Shun Fei Shou
(Diferentes Terapias de Acupuntura para Pessoas de Diversas Compleições, Gorda e Magra e as Condições de Contracorrente e Concordância dos Doze Canais)

黄帝问于岐伯曰：余闻针道于夫子，众多毕悉矣，夫子之道应若失〔失：按"失"应作"矢"〕，而据未有坚然者也，夫子之问学熟〔熟："熟"当作"孰""，下脱"得"字〕乎，将审察于物而心〔心：《太素》卷二十二《刺法》无"心"字〕生之乎？岐伯曰：圣人之为道者，上合于天，下合于地，中合于人事，必有明法，以起度数、法式检押，乃后可传焉。故匠人不能释尺寸而意短长，废绳墨而起平木〔平木：《太素》卷二十二《刺法》"平木"作"水平"〕也，工人不能置规而为圆，去矩而为方。知用此者，固自然之物，易用之教，逆顺之常也。

O Imperador Amarelo se dirigiu a Qibo dizendo: "Eu já ouvi de ti a teoria da acupuntura e aprendi muito a respeito. Embora o efeito curativo aplicando-se o método que disseste seja seguro como uma seta que atinge o alvo, e não concordo em que teu argumento tenha uma base definida. Teu método foi herdado de outros ou foi inventado por ti mesmo após observar as coisas?" Disse Qibo: "A teoria da acupuntura foi criada pelos santos, e está de acordo com o céu que está em cima, com a terra que está embaixo, e de acordo com os afazeres humanos no meio; tem uma regra explícita de estabelecer o critério da extensão e do tamanho, de forma que possa ser passada às gerações futuras. Por isso, um artesão não pode rejeitar medidas estipuladas e estabelecer uma medida à vontade, nem pode rejeitar a prática em uso e estabelecer um padrão à vontade, da mesma forma que não se pode riscar um círculo sem um par de compassos, ou desenhar um quadrado sem uma régua. Quando se trata de acordo com a regra, está-se de acordo com a lei natural das coisas e seu ensinamento pode ser aplicado. Esta também é a rotina de medir as condições adversas e de concordância das coisas".

黄帝曰：愿闻自然奈何？岐伯曰：临深决水，不用功力，而水可竭也，循掘决冲，而经可通也。此言气之滑涩，血之清浊，行之逆顺也。

Disse o Imperador Amarelo: "Desejo ouvir a respeito da lei natural". Disse Qibo: "Quando se drena a água para dentro de um vale profundo, a água pode se esgotar sem muito esforço; quando se cava um túnel, fazendo um buraco sem dar importância à dureza, finalmente se abre uma passagem. Isto quer dizer que a energia do corpo humano tem diferentes condições de insegurança e variação; o sangue tem diferentes condições de claro e de turvo, e a circulação da energia e do sangue tem diferentes condições de contracorrente e de concordância e a gente deve se prender à sua condição natural".

黄帝曰：愿闻人之白黑肥瘦小长，各有数乎？岐伯曰：年质壮大，血气充盈，肤革坚固，因加以邪，刺此者，深而留之，此肥人也〔此肥人也：《太素》卷二十二《刺法》无此四字〕。广肩腋项，肉薄厚皮而黑色，唇临临然，其血黑以浊，其气涩以迟，其为人也，贪于取与〔与：《甲乙》卷五第六作"子"〕，刺此者，深而留之，多益其数也。

O Imperador Amarelo perguntou: "Desejo saber se haveria alguma diferença ao picar as pessoas de tipos diferentes, tal como as pessoas de pele escura e as de pele branca, os gordos e os magros e os jovens e os velhos?" Disse Qibo: "Quando um homem alto e forte que está na flor da idade, contrai um perverso e solicita tratamento, já que seu sangue é abundante, sua energia está próspera e sua pele está firme e densa, pode-se picar profundamente e reter a agulha. Ao tratar outro tipo de homem, cujos ombros, axilas e pescoço sejam abertos e amplos, tiver os músculos finos, pele grossa e escura, lábios carnudos e grossos, sangue turvo e escuro, e este tipo de pessoa for interesseira em ganhos, mas também gostar de presentear aos outros, deve-se picar profundamente, reter a agulha e aumentar o tempo de puntura".

黄帝曰：刺瘦人奈何？岐伯曰：瘦人者，皮薄色少，肉廉廉然，薄唇轻言，其血清气滑，易脱于气，易损于血，刺此者，浅而疾之。

O Imperador Amarelo perguntou: "Como punturar um homem magro?" Disse Qibo: "Quanto a um homem magro, sua pele é fina e ele é pálido, seus músculos são emaciados, ele tem lábios finos, voz baixa, seu sangue é claro e sua energia é resvaladiça. Por isso, ele é fácil de desmaiar e seu sangue fácil de sofrer perdas. Quando se puntura uma pessoa deste tipo, deve-se proceder à picada rasa e retirar a agulha rapidamente".

黄帝曰：刺常人奈何？岐伯曰：视其白黑，各为调之，其端正敦厚者，其血气和调，刺此者，无失常数也。

O Imperador Amarelo perguntou: "Como punturar um homem normal?" Disse Qibo: "Examinar a pele clara ou escura do paciente e coordenar com a puntura profunda ou rasa. Se o paciente estiver ereto e bem, sua energia estará harmoniosa. Ao punturar pessoas deste tipo, não se deve descartar de forma alguma a terapia de acupuntura normal".

黄帝曰：刺壮士真骨者〔真骨者：按此三字误衍〕奈何？岐伯曰：刺壮士真骨〔真骨：按"真"应作"者"，"骨"字属下读〕，坚肉缓节监监然，此人重则气涩血浊，刺此者，深而留之，多益其数；劲〔劲：按"劲"当作"轻"〕则气滑血清，刺此者，浅而疾之。

O Imperador Amarelo perguntou: "Como punturar um homem normal na flor da idade?" Disse Qibo: "Os ossos de um homem forte são firmes, seus músculos são espessos e ele tem juntas fortes e amplas. Quando tratar esse tipo de pessoa, se for um homem prudente e estável, sua energia estiver estagnada e o sangue turvo, pica-se profundamente, retendo a agulha e aumenta-se o tempo de puntura; se ele for jovial e ativo, sua energia estará deslizante e seu sangue claro; pica-se então de forma rasa e retira-se a agulha rapidamente".

黄帝曰：刺婴儿奈何？岐伯曰：婴儿者，其肉脆血少气弱，刺此者，以豪〔豪：周本、日刻本、张注本，并作"毫"〕针，浅刺而疾发针，日再可也。

O Imperador Amarelo perguntou: "Como picar uma criança?" Disse Qibo: "Os músculos de uma criança são tenros, ela tem pouco sangue e sua energia é deficiente;

667

ao tratar, aplicar a puntura rasa com agulha filiforme, e a inserção deve ser rápida. Deve-se picar duas vezes ao dia".

黄帝曰：临深决水奈何？岐伯曰：血清气浊〔浊：《太素》卷二十二《刺法》作 "滑"〕，疾泻之，则气竭焉。黄帝曰：循掘决冲奈何？岐伯曰：血浊气涩，疾泻之，则经〔经：《甲乙》卷五第六作 "气"〕可通也。

O Imperador Amarelo perguntou: "Como integrar a picada com a drenagem de água para dentro do vale profundo?" Disse Qibo: "Quando aplicar a terapia de purgação rápida ao paciente de sangue claro e energia fugidia, isso irá fazer com que a energia saudável fique exausta". O Imperador Amarelo perguntou: "Como integrar a picada com a perfuração do túnel?" Disse Qibo: "Quando se aplica a terapia de purgação rápida ao paciente de sangue turvo e energia variável, isso irá propiciar energia saudável".

黄帝曰：脉行之逆顺奈何？岐伯曰：手之三阴，从脏走手；手之三阳，从手走头。足之三阳，从头走足；足之三阴，从足走腹。

O Imperador Amarelo perguntou: "Quais são as condições da circulação em contracorrente e de concordância nos doze canais?" Disse Qibo: "Os três canais Yin da mão começam no peito e terminam na ponta dos dedos; os três canais Yang da mão começam no braço e terminam na cabeça; os três canais Yang do pé começam na cabeça e terminam na extremidade dos artelhos, e os três canais Yin do pé começam no pé e terminam no abdômen".

黄帝曰：少阴之脉独下行何也？岐伯曰：不然。夫冲脉者，五脏六腑之海也，五脏六腑皆禀焉。其上者，出于颃颡，渗诸阳，灌诸精〔精：《甲乙》卷二第二作 "阴"〕；其下者，注少阴之大络，出于气街〔街：黄校本作 "衡"〕，循阴股内廉，入〔入：《甲乙》卷二第二 "入" 上有 "斜" 字〕腘中，伏行骭骨内，下至内踝之后〔后：《太素》卷十《冲脉》无此字〕属而别；其下者，并于少阴之经，渗三阴；其前者，伏行出附属，下〔下：顾氏《校记》云："'下'乃'上'之误"〕循跗入大指间，渗诸络而温肌肉。故别络结则跗上不动，不动则厥，厥则寒矣。黄帝曰：何以明之？岐伯曰：以言导之，切而验之，其非必动，然后乃可明逆顺之行也。黄帝曰：窘乎哉！圣人之为道也。明于日月，微于毫厘，其非夫子，孰能道之也。

O Imperador Amarelo perguntou: "Por que o Canal do Rim Shaoyin do Pé desce isolado?" Disse Qibo: "Não é o Canal do Rim Shaoyin do Pé, mas o ramo lateral do Canal Chong. O Canal Chong é o mar dos cinco órgãos sólidos e dos seis órgãos ocos, e eles são umedecidos e nutridos por ele. Seu canal ascendente parte do orifício superior do meato nasal, se permeia no canal Yang e desemboca no canal Yin; seu canal descendente desemboca no colateral maior do Canal do Rim Shaoyin do Pé (ponto Dazhong), sai do ponto Qichong, acompanha o lado interno da perna, desce até a junta da tíbia e ao tarso do maléolo interno e depois se ramifica. Seu ramo descendente acompanha o canal Shaoyin do Pé, se permeia entre os três canais Yin, que são: do fígado, do baço e do rim; seu ramo lateral que prossegue, se oculta e depois aparece junto ao maléolo externo, desce ao dorso do pé, entra na lateral do artelho, se permeia entre os colaterais para aquecer e nutrir os músculos. Por isso, se houver um entupimento no ramo colateral do Canal Chong nas extremidades inferiores, o pulso no dorso do pé não irá bater; quando não estiver pulsando, a energia Wei parará de correr e ocorrerá o mal Jueni e a síndrome dos membros frios". O Imperador Amarelo perguntou: "Como se pode entender as condições de contracorrente e concordância do Canal Chong e do Canal Shaoyin?" Disse Qibo: "Pode-se entender por meio de uma explicação oral, além disso pode-se verificar, pressionando o pulso do dorso do pé; se este não for o Canal Shaoyin, o pulso do dorso do pé estará batendo, e pode-se conhecer as relações de contracorrente e concordância do Canal Shaoyin e do Canal Chong". Disse o Imperador Amarelo: "Como isso é o significativo! O princípio da acupuntura dos santos é tão brilhante como o sol e a lua, e é meticuloso sem o menor desvio. Se não fosse tu, quem me poderia explicar!"

NT – Os santos mencionados são Budas indianos que viviam nas montanhas e raramente eram vistos pelos homens comuns e não se misturavam ao povo nas cidades, vivendo exclusivamente em meditação e em contato com a natureza e empenhados na purificação do espírito. Disse inclusive de alguns, que após terem deixado o invólucro carnal, desapareceram de seu caixão deixando apenas as vestes. Quando o Budismo penetrou na China, a partir da Índia, os chineses aceitaram a medicina, mas não imediatamente a religião e, por isso, os santos foram incorporados ao taoísmo. O encarregado de divulgar a medicina na China foi o Buda Mandjuchri que era chinês.

血络论第三十九

Capítulo 39
Xue Luo Lun
(Sobre as Vênulas Superficiais)

黄帝曰：愿闻其奇邪而不在经者。岐伯曰：血络是也。

Disse o Imperador Amarelo: "Desejo conhecer a condição de quando o perverso não está no canal". Disse Qibo: "É a condição de quando o perverso está nas vênulas superficiais".

黄帝说：刺血络而仆者，何也？血出而射者，何也？血少〔少：《太素》卷二十三《量络刺》《甲乙》卷一第十四并作"出"〕黑而浊者，何也？血出清〔血出清：《太素》卷二十三《量络刺》作"血清"〕而半为汁者，何也？发针而肿者，何也？血出若多若少而面色苍苍者，何也？发针而面色不变而烦悗者，何也？多出血而不动摇者，何也？愿闻其故。

O Imperador Amarelo perguntou: "Alguns pacientes desmaiam quando da saída de sangue das vênulas superficiais: isso por quê? Quando se permite que o sangue saia, ele jorra: por que isso? O sangue que sai é escuro e grosso: por que isso? Quando o sangue sai é diluído e metade dele é um sumo líquido: por que isso? Quando a agulha é retirada, a pele está inchada: por que isso? A compleição do paciente é verde, não importa se o sangramento é grande ou pequeno: por que isso? Após a retirada da agulha, a compleição do paciente continua a mesma, mas há uma sensação de opressão no peito: por que isso? Às vezes o sangramento é demasiado, mas o paciente não tem dor: por que isso? Desejo conhecer as inúmeras razões a respeito".

岐伯曰：脉气盛而血虚者，刺之则脱气，脱气则仆。血气俱盛而阴气〔阴气：按"阴"应作"阳"〕多者，其血滑，刺之则射；阳气畜积，久留而不泻者，其血黑以浊，故不能射。新饮而液渗于络，而未合和于血也，故血出而汁别焉；其不新饮者，身中有水，久则为肿。阴气积于阳，其气因于络，故刺之，血未出而气先行，故肿。阴阳之气，其新相得而未和合，因而泻之，则阴阳俱脱，表里相离，故脱色而〔而：《太素》卷二十三《量络刺》作"面"〕苍苍然。刺之血出多，色不变而烦悗者，刺络而虚经。虚经之属于阴者，阴脱，故烦悗。阴阳相得而合为痹者，此为内溢于经，外注于络，如是者，阴阳俱有余，虽多出血而弗能虚也。

Disse Qibo: "Quando a energia do canal é excessiva, mas o sangue está deficiente, se for picada a superfície da vênula e o sangue sair, haverá esgotamento da energia vital e o paciente entra em coma. Quando tanto o sangue quanto a energia estão em excesso, a energia yang do canal está abundante, e a circulação está fluindo e é resvaladiça; se a veia for picada, o sangue jorra; quando for purgada a energia Yang acumulada e retida por muito tempo nas vênulas superficiais, então o sangue que sai será escuro e não irá jorrar. Quando o paciente tiver acabado de tomar água que se permeia nas vênulas superficiais, mas ainda não se misturou com o sangue, nesse momento, se a vênula superficial for picada, parte do fluido será um sumo líquido;

se o paciente não tiver tomado água até então, o fluido fica retido no corpo, causando edema, o qual pode ser prolongado. Quando a energia Yin se acumula no colateral Yang, então a energia Yin fica oculta no colateral. Quando o colateral for picado e a energia sair antes da chegada do sangue, a energia Yin ficará retida nas estrias dos músculos e o local da picada ficará inchado. Quando as energias Yin e Yang tiverem acabado de se encontrar, mas ainda não se tiverem combinado, a terapia de purgação fará com que as energias fiquem dispersas e a superfície e o interior se afastem um do outro, e como resultante, a compleição do paciente ficará esmaecida, tornando-se verde. Quando a vênula superficial for picada e o sangramento for muito, e a compleição do paciente ficar imutável, ele tem uma sensação de opressão no peito: isto porque a puntura no colateral causa debilidade no canal; como o canal se conecta com as cinco vísceras que são Yin, e quando o canal Yin estiver debilitado, ocorre a opressão no peito; quando o Yin e o Yang perversos se combinam, ocorre a síndrome Bi; quando a energia perversa fica retida no corpo, ela preenche o canal no interior e sai pelo colateral, e dessa maneira, os perversos em ambos os canais, Yin e Yang, estarão em excesso. Portanto, quando picar o colateral, embora o sangramento seja muito, o canal não estará deficiente".

黄帝曰：相之奈何？岐伯曰：血脉者，盛〔血脉者，盛："者盛"二字误倒〕坚横以赤，上下无常处，小者如针，大者如筋，则而泻之万全也，故无失数矣〔矣：《太素》卷二十三《量络刺》并无此字〕；失数而反，各如其度。

O Imperador Amarelo perguntou: "Como examinar as vênulas superficiais?" Disse Qibo: "Quando a energia do canal do paciente estiver em excesso, pode-se perceber que a vênula superficial é firme, cheia e vermelha; ela pode estar bem a vista em cima ou oculta embaixo, sem definição de local; sob essas condições, a menor é como uma agulha e a maior é como um espeto; será perfeitamente seguro quando aplicar a terapia, picar o colateral e deixar sangrar, mas a picada não deverá se afastar do princípio da puntura que permite que o sangue saia. Se a puntura se afastar do princípio e violar a rotina, irão ocorrer as oito condições previamente citadas".

黄帝曰：针入而肉著者，何也？岐伯曰：热气因于针则针热，热则肉著于针，故坚焉。

O Imperador Amarelo perguntou: "Após a inserção da agulha, o músculo se liga ao corpo da mesma: por que isso?" Disse Qibo: "É porque o músculo está quente e a quentura faz com que o músculo fique firmemente preso à agulha".

阴阳清浊第四十

Capítulo 40
Yin Yang Qing Zhuo
(O Límpido e o Turvo nas Energias Yin e Yang)

黄帝曰：余闻十二经脉，以应十二经水〔十二经水：《太素》卷十二《营卫气行》"十二经水"下重"十二经水"四字〕者，其五色各异，清浊不同，人之血气若一，应之奈何？岐伯曰：人之血气，苟能若一，则天下为一矣，恶有乱者乎。黄帝曰：余问一人，非问天下之众。岐伯曰：夫一人者，亦有乱气，天下之众，亦有乱人，其合为一耳。

Disse o Imperador Amarelo: "Disseram-me que os doze canais no corpo humano correspondem aos doze cursos d'água na terra. As cores dos doze cursos d'água são diferentes, e a limpidez e a turgidez dos mesmos é diferente, mas no corpo humano, as condições de sangue e de energia nos doze canais são as mesmas; por que as pessoas dizem que eles se correspondem?" Disse Qibo: "Se as condições de sangue e energia no corpo humano fossem as mesmas, então, todas as coisas no mundo também seriam da mesma maneira, e aí, como poderia ocorrer alguma perturbação?" Disse o Imperador Amarelo: "O que eu estava apontando eram as condições de sangue e de energia nos canais do homem; eu não perguntei sobre os assuntos dos humanos no mundo". Disse Qibo: "Existe uma energia desordenada nas pessoas e também nas massas humanas no mundo. Suas condições são as mesmas".

黄帝曰：愿闻气之清浊。岐伯曰：受谷者浊，受气者清。清者注〔注：日抄本作"五"〕阴，浊者注阳。浊而清者，上出于咽；清而浊者，则下行〔则下行：《甲乙》卷一第十二作"下行于胃"〕。清浊相干〔清浊相干：4卷一第十二"清浊相干"句上有"清者上行，浊者下行"八字〕，命曰乱气。

Disse o Imperador Amarelo: "Desejo ouvir a respeito das energias límpidas e turvas no corpo humano". Disse Qibo: "O cereal que a pessoa ingere é de energia turva, e o ar que ela respira é de energia límpida. A energia límpida entra no pulmão, e a energia turva entra no estômago; a energia límpida domina o Yin e a energia turva domina o Yang; a energia límpida transformada pela energia turva, sobe e sai pela faringe; a energia turva contida na energia límpida, desce à cavidade gástrica. Se a subida e a descida da energia límpida se tornarem desordenadas e interferirem uma na outra, a isto se dá o nome de energia desordenada".

黄帝曰：夫阴清而阳浊，浊者〔者：《甲乙》卷一第十二作"中"〕有清，清者有浊，清浊〔清浊：应据《太素》《甲乙》删〕别之奈何？岐伯曰：气之大别，清者上注于肺，浊者下走〔走：《甲乙》卷一第十二并作"流"〕于胃。胃之清气，上出于口；肺之浊气，下注于经，内积于海。

O Imperador Amarelo perguntou: "Como o Yin é límpido e o Yang é turvo, na energia turva, está contida energia límpida e na energia límpida, está contida energia turva: como distingui-las?" Disse Qibo: "A diferença aproximada das energias é: a energia límpida sobe e penetra no pulmão e a energia turva desce e flui para dentro do estômago. A energia límpida transformada pelo estômago sobe para sair pela boca, e a energia turva contida no pulmão desce e penetra no canal e se acumula no interior do mar da energia".

黄帝曰：诸阳皆浊，何阳浊甚乎？岐伯曰：手太阳独受阳之浊，手太阴独受阴之清，其清者上走空窍，其浊者下行诸经。诸阳皆清，足太阴独受其浊。

O Imperador Amarelo perguntou: "Já que todos os órgãos ocos do Yang estão em locais em que se situa a energia turva, qual deles é o mais turvo?" Disse Qibo: "Somente o Canal do Intestino Delgado Taiyang da Mão recebe mais a energia turva e somente o Canal do Pulmão Taiyin da Mão recebe mais a energia límpida; a energia límpida sobe para atingir os orifícios, e a energia turva desce para entrar nos diversos canais. As cinco vísceras, que pertencem ao Yin, recebem a energia límpida, exceto o Canal do Baço Taiyin do Pé recebe a energia turva do estômago".

黄帝曰：治之奈何？岐伯曰：清者其气滑，浊者其气涩，此气之常也。故刺阴者，深而留之；刺阳者，浅而疾之；清浊相干者，以数调之也。

O Imperador Amarelo perguntou: "Como tratar e adequar as energias límpidas e turvas do Yin e do Yang?" Disse Qibo: "A energia límpida é escorregadia e a energia turva é variável, e essas são as condições normais das energias. Por isso, quando tratar a doença dos órgãos sólidos que pertencem ao Yin, picar em profundidade e reter a agulha por mais tempo; quando tratar a doença dos órgãos ocos que pertencem ao Yang, picar de forma rasa e retirar a agulha de imediato. Se a energia límpida e a energia turva estiverem interferindo uma na outra, deve-se definir se o modo de tratar deve dar ênfase ao Yin ou ao Yang, de acordo com a condição específica".

阴阳系日月第四十一

Capítulo 41
Yin Yang Xi Re Yue
(O Yin e o Yang do Corpo Humano em Relação ao Sol e à Lua)

黄帝曰：余闻天为阳，地为阴，日为阳，月为阴，其合之于人奈何？岐伯曰：腰以上为天，腰以下为地，故天为阳，地为阴。故足之十二经脉，以应十二月，月生于水，故在下者为阴；手之十指，以应十日，日主火〔日主火：按“主”字系“生于”二字之误〕，故在上者为阳。

O Imperador Amarelo perguntou: "Disseram-me que o céu é Yang e a terra é Yin; o sol é Yang e a Lua é Yin; qual é a condição quando o Yin e o Yang se coordenam com o corpo humano?" Disse Qibo: "A porção do corpo humano que está acima da região lombar se chama céu; a porção que está abaixo da região lombar é chamada terra, por isso, o céu pertence ao Yang e a terra pertence ao Yin. Os doze canais dos pés (os três canais Yin e os três canais Yang nos lados esquerdo e direito dos pés) correspondem aos doze meses do ciclo duodecimal, é como a lua que em sua essência Yin dá surgimento à água, então, tudo que está embaixo é chamado de Yin. Os dez dedos das duas mãos correspondem aos dez dias do ciclo decimal e como o sol que é a essência do fogo gera o Yang, tudo que está acima, é chamado de Yang".

黄帝曰：合之于脉奈何？岐伯曰：寅者，正月之生阳也，主左足之少阳；未者六月，主右足之少阳。卯者二月，主左足之太阳；午者五月，主右足之太阳。辰者三月，主左足之阳明；巳者四月，主右足之阳明；此两阳合于前，故曰阳明。申者，七月之生阴也，主右足之少阴；丑者十二月，主左足之少阴。酉者八月，主右足之太阴；子者十一月，主左足之太阴；戌者九月，主右足之厥阴；亥者十月，主左足之厥阴。此两阴交尽，故曰厥阴。

O Imperador Amarelo perguntou: "Quais as condições, quando os doze meses e os dez dias se coordenam com os canais?" Disse Qibo: "O primeiro mês lunar é o mês Yin, e é o momento em que é gerada a energia yang; como o Yang surge primeiro à esquerda e depois à direita, então, o primeiro mês lunar controla o Canal Shaoyang do pé esquerdo; o sexto mês lunar é o mês Wei, e controla o Canal Shaoyang do pé direito. O segundo mês lunar é o mês Mao, e controla o Canal Taiyang do pé esquerdo; o quinto mês lunar é o mês Wu, e controla o Canal Taiyang do pé direito. O terceiro mês lunar é o mês Chen, e controla o Canal yangming do pé esquerdo; o quarto mês lunar é o mês Si, e controla o Canal Yangming do pé direito. O terceiro e o quarto meses lunares estão entre Shaoyang e Taiyang; eles são luminosos em ambos os Yang e se chamam Yangming. O sétimo mês lunar é o mês Shen, e é o momento em que está se gerando a energia Yin; como a energia Yin aparece primeiro à direita e depois à esquerda, então o sétimo mês lunar controla o Canal Shaoyin do pé direito; o décimo segundo mês lunar é o mês Chou, e controla o Canal Shaoyin do pé esquerdo. O oitavo mês lunar é o mês You, e controla o Canal Taiyin do pé direito; o décimo primeiro mês lunar é o mês Zi, e controla o Canal Taiyin do pé esquerdo. O nono mês lunar é o mês Xu, e controla o Canal Jueyin do pé direito; o décimo mês lunar é o mês Hai, e controla o Canal Jueyin do pé esquerdo. O nono e o décimo meses lunares são o término do Yin, por isso se chamam Jueyin.

甲主左手之少阳，已主右手之少阳。乙主左手之太阳，戊主右手之太阳。丙主左手之阳明，丁主右手之阳明。此两火并合，故为阳阴。庚主右手之少阴，癸主左手之少阴。辛主右手之太阴，壬主左手之太阴。

"O dia Jia controla o canal Shaoyang da mão esquerda; o dia Ji, controla o canal Shaoyang da Mão direita. O dia Yi controla o Canal Taiyang da mão esquerda e o dia Wu controla o Canal Taiyang da mão direita. O dia Bing controla o Canal yangming da mão esquerda e o dia Ding controla o Canal Yangming da mão direita. Os dias Bing e Ding são brilhantes em ambas as luzes, e por isso se chamam Yangming. O dia Geng controla o Canal Shaoyin da mão direita e o dia Gui controla o Canal Shaoyin da mão esquerda. O dia Xin controla o Canal Taiyin da mão direita e o dia Ren controla o Canal Taiyin da mão esquerda.

故足之阳者，阴中之少阳也；足之阴者，阴中之太阴也。手之阳者，阳中之太阳也；手之阴者，阳中之少阴也。腰以上者为阳，腰以下者为阴。

"Os canais Yang nos dois pés são o Shaoyang no Yin; os canais Yin nos dois pés são o Taiyin no Yin. Os canais yang em ambas as mãos são o Taiyang no Yang; os canais Yin nas duas mãos são o Shaoyin no Yang. A porção acima da região lombar se chama Yang, e a porção abaixo da região lombar se chama Yin.

其于五藏也，心为阳中之太阳，肺为阴中〔阴中：《太素》作"阳中"〕之少阴，肝为阴中之少阳，脾为阴中之至阴，肾为阴中之太阴。

"Nas cinco vísceras, o coração é o Taiyang no Yang, o pulmão é o Shaoyin no Yang, o fígado é o Shaoyang no Yang, o baço é o extremo do Yin no Yin (Taiyin no Yin), e o rim é o Shaoyin do Yin.

黄帝曰：以治之奈何？岐伯曰：正月、二月、三月，人气在左，无刺左足之阳；四月、五月、六月，人气在右，无刺右足之阳。七月、八月、九月，人气在右，无刺右足之阴；十月、十一月、十二月，人气在左，无刺左足之阴。

O Imperador Amarelo perguntou: "E como tratar?" Disse Qibo: "A energia Yang se movimento da direita para a esquerda, no primeiro, segundo, e terceiro meses lunares; a energia do homem está à esquerda, os três canais Yang do pé esquerdo não devem ser picados. No quarto, quinto e sexto meses lunares, a energia do homem está à direita; os três canais Yang do pé direito não devem ser picados. A energia Yin se move da direita para a esquerda. No sétimo, oitavo e nono meses lunares, a energia do homem está à direita; os três canais Yin do pé direito não devem ser picados. No décimo, décimo primeiro e décimo segundo meses lunares, a energia do homem está à esquerda; os três canais Yin do pé esquerdo não devem ser picados".

黄帝曰：五行以东方为甲乙木王〔王：周本作"主"〕春，春者苍色，主肝〔主肝：《太素》卷五《阴阳合》"主"作"有"，上重"苍色"二字〕。肝者，足厥阴〔足：《太素》卷五《阴阳合》"足"上有"主"字〕也。今乃以甲为左手之少阳，不合于数何也？"岐伯曰：此天

675

地之阴阳也，非四时五行之以次行也。且夫阴阳者，有名而无形，故数之可十，离之可百，散之可千，推之可万，此谓也。

    O Imperador Amarelo perguntou: "Nos cinco elementos, a madeira do leste, de Jia e Yi está dominando a estação da primavera, na qual a cor é verde, e controla o fígado que é o Canal Jueyin do Pé. Agora tu tomas o dia Jia como sendo do Canal Shaoyang da mão direita o que está contra a regra dos cinco elementos coordenando o ciclo decimal: por que isso?" Disse Qibo: "Esta é a lei da variação do céu, da terra, do Yin e do Yang, que não estão arrumados de acordo com a seqüência das quatro estações e dos cinco elementos. Yin e Yang são nomes, mas não são formas. Por isso, quando se deduz as coisas com o princípio do Yin e do Yang, não se pode contar até dez, mas elas podem ser divididas em centenas, reduzidas a milhares, e pode-se inferir até dezenas de milhares, não tomando as coisas de maneira rígida".

病传第四十二

Capítulo 42
Bing Chuan
(A Transmissão das Doenças)

黄帝曰：余受九针于夫子，而私览于诸方，或有导引行气，乔〔乔：《甲乙》卷六第十作"按"〕摩、灸、熨、刺、焫、饮药，之一者可独守耶，将尽行之乎？岐伯曰：诸方者，众人之方也，非一人之所尽行也。

Disse o Imperador Amarelo: "Tu me deste o conhecimento dos nove tipos de agulha, e eu em particular já li muitos livros de medicina que relatam os métodos de tratamento. Para tratar, também existem os exercícios das extremidades e os de respiração, de massagem, moxibustão, aplicação tópica de drogas aquecidas, acupuntura, terapias de pontas aquecidas e a administração de preparados de ervas medicinais. Quando tratar, deve a terapia da puntura ser aplicada isoladamente, ou em conjunto com outras terapias?" Disse Qibo: "Múltiplos tratamentos podem ser aplicados às pessoas, não se deve estar preso a uma pessoa específica".

黄帝曰：此乃所谓守一勿失万物毕者也。今余已闻阴阳之要，虚实之理，倾移之过，可治之属，愿闻病之变化，淫传绝败而不可治者，可得闻乎？岐伯曰：要乎哉问。道，昭乎其如日醒，窘乎其如夜瞑，能被而服之，神与俱成，毕将服之，神自得之，生神之理，可著于竹帛，不可传于子孙。

Disse o Imperador Amarelo: "Isto é o que se chama ser fiel aos princípios de uma terapia sem descartá-la de todo, ao mesmo tempo em que se tratam as doenças mais complicadas, por meio de uma analogia abrangente. Agora, eu já ouvi o que precisava sobre a essência do Yin e do Yang, as razões da astenia e da estenia, as afecções devidas à instabilidade das estrias e à insuficiência da energia saudável e sobre as doenças que ainda têm a chance de serem curadas. Além disso tudo, eu desejo ouvir a respeito da alteração interna da doença na qual o perverso é transmitido de um vírus ao outro, da doença onde a energia saudável vai se deteriorando e deprimindo, e da doença que não pode ser curada de maneira alguma. É possível ouvir a respeito?" Disse Qibo: "O que me pedes é muito importante. O princípio de medicina é proeminente como aquele que vê as coisas claramente estando sóbrio durante o dia, embora à noite dificilmente possa distinguir o profundo, como se tivesse um véu sobre os olhos. Se a pessoa puder sustentar o princípio médico, deve mantê-lo junto de si como se fosse uma roupa que estivesse usando, e apreciá-lo cuidadosamente; a pessoa irá mergulhar nele à medida em que o estiver aplicando; quando isto acontecer, o efeito será maravilhoso. O princípio médico deve ser entalhado em tábuas de bambu para que possa ser manuseado pelas gerações vindouras. Não deve ser partilhado com os descendentes de maneira privada".

黄帝曰：何谓旦醒？岐伯曰：明于阴阳，如惑之解，如醉之醒。黄帝曰：何谓夜瞑？岐伯曰：瘖乎其无声，漠乎其无形，折毛发理，正气横倾，淫邪泮衍，血脉传溜〔溜：《甲乙》卷六第十作"留"〕，大〔大：《素问·标本病传论》新校正引《灵枢经》作"夫"〕气入藏，腹痛下淫，可以致死，不可以致生。

O Imperador Amarelo perguntou: "Qual o significado de "ver as coisas claramente estando sóbrio durante o dia"?" Disse Qibo: "Quando se entende a lei do Yin e do Yang, a dúvida original parece ter sido removida e é como se a pessoa saísse da embriaguez". O Imperador Amarelo perguntou: "Qual o significado de "como se tivesse um véu nos olhos à noite"?" Disse Qibo: "Quando o perverso externo invade o corpo, ele é silencioso e não faz um ruído, ele é sorrateiro sem deixar traço, mas os pêlos finos do paciente ficam arrepiados; suas estrias ficam abertas e sua energia saudável se dissipa; a energia perversa se espalha e transborda no corpo todo e nas quatro extremidades; fica retida no canal, flui para dentro das vísceras e causa dores abdominais e infiltração no aquecedor inferior. Neste caso, a pessoa não pode ser curada de forma alguma e morre".

黄帝曰：大气入藏奈何？岐伯曰：病先发于心〔于心：《千金》卷十三第一"心"下有"者"字〕，一日而之肺〔之肺：《千金》卷十三第一"之肺"下并有"喘咳"二字〕，三〔三：《素问·标本病传论》新校正引《甲乙》作"五"〕日而之肝〔之肝：《千金》卷十三第一"之肝"下并有"胁痛支满"〕，五日而之脾〔之脾：《千金》卷十三第一"之脾"下并有"闭塞不通，身痛体重"八字〕，三日不已，死，冬夜半，夏日中。

O Imperador Amarelo perguntou: "Como a energia perversa se transmite após ter entrado nas vísceras?" Disse Qibo: "Quando a doença começa no coração, ela será transmitida ao pulmão no dia seguinte, e o paciente terá tosse e respiração rápida; após outros cinco dias, a doença será transmitida ao fígado, e o paciente terá uma dor característica nos hipocôndrios; após outros cinco dias, a doença será transmitida ao baço, a energia do paciente ficará obstruída e ele irá sentir peso no corpo; após outros três dias, se a doença não for removida, o paciente morrerá; no inverno, ele morrerá à meia-noite e no verão, ele morrerá ao meio-dia.

病先发于肺〔于肺：《脉经》卷六第七"于肺"下并有"喘咳"二字〕，三日而之肝〔之肝：《脉经》卷六第七"之肝"下并有"胁痛支满"四字〕，一日而之脾〔之脾：《脉经》卷六第七"之脾"下并有"闭塞不通，身痛体重"八字〕，五日而之胃，十日不已，死，冬日入，夏日出。

"Quando a doença começa no pulmão, o paciente tem tosse e a respiração rápida; a doença será transmitida ao fígado em três dias, e terá a dor característica nos hipocôndrios; no dia seguinte, a doença será transmitida ao baço, e a energia do paciente ficará obstruída e ele sentirá o corpo pesado; após cinco dias, a doença será transmitida ao estômago, e o paciente terá dor abdominal; após dez dias, se a doença não for removida, o paciente morrerá; no inverno, ele irá morrer ao pôr-do-sol e no verão, ele irá morrer ao nascer do sol.

病先发于肝〔于肝：《脉经》卷六第一"于肝"下并有"头目眩，胁痛支满"七字〕，三日〔三日：《脉经》卷六第一作"一日"〕而之脾，五日〔五日：《脉经》卷六第一作"二日"〕而之胃〔之胃：《脉经》卷六第一"之胃"下并有"而腹胀"三字〕，三日而之肾〔之肾：《脉经》卷六第一下并有"少腹腰脊痛，胫痠"七字〕，三〔三：《脉经》卷六第一并作"十"〕日不已，死，冬日入，夏早食。

678

"Quando a doença começa no fígado, o paciente tem tontura e a dor característica no hipocôndrio; a doença será transmitida ao baço um dia depois; após dois outros dias a doença será transmitida ao estômago, e o paciente terá obstrução abdominal; após outros três dias, a doença será transmitida aos rins e o paciente terá dor no baixo ventre, na espinha e na tíbia; se a doença não se recuperar após outros dez dias, o paciente morrerá; no inverno, ele morrerá ao pôr-do-sol e no verão ele morrerá ao meio-dia.

病先发于脾，一日而之胃〔之胃：《脉经》卷六第五"之胃"下并有"而腹胀"三字〕，二日而之肾〔之肾：《脉经》卷六第五"之肾"下并有"少腹腰脊痛，胫酸"七字〕，三日而之膂〔而之膂：《脉经》卷六第五并无"膂"字〕膀胱〔膀胱：《脉经》卷六第五"膀胱"下并有"脊膂筋痛，小便闭"七字〕，十日不已，死，冬人定，夏晏食。

"Quando a doença começa no baço, ela será transmitida ao estômago no dia seguinte, e o paciente terá distensão no estômago; após outros dois dias, a doença será transmitida ao rim, e o paciente terá dor no baixo ventre, na espinha e na tíbia; após outros três dias, a doença será transmitida à bexiga, e o paciente terá dor nos músculos junto à espinha e nos dos braços, e terá disúria. Se a doença não se recuperar em dez dias, o paciente morrerá; no inverno, ele morrerá quando as pessoas forem se deitar (21:00 – 23:00 h), e no verão ele morrerá na hora da ceia.

病先发于胃〔于胃：《脉经》卷六第六"于胃"下并有"胀满"二字〕，五日而之肾，三日而之膂膀胱，五日而上之心，二日不已，死，冬夜半，夏日昳。

"Quando a doença começa no estômago, o paciente terá distensão neste órgão; após cinco dias a doença será transmitida ao rim; após três outros dias, a doença será transmitida à bexiga; após cinco dias, a doença será transmitida ao coração; se a doença não for recuperada em dois dias, o paciente morrerá; no inverno ele morrerá à meia-noite e no verão ele morrerá na parte da tarde.

病先发于肾，三日而之膂〔而之膂：《脉经》卷六第九并无"而膂"二字〕膀胱，三日而上之心，三日而之小肠〔三日而上之心，三日而之小肠：《脉经》卷六第九并作"二日上之心，心痛，三日之小肠胀"〕，三日不已，冬大晨，夏早〔早：日刻本，马注本并作"晏"〕晡。

"Quando a doença começa no rim, ela será transmitida à bexiga três dias depois; após outros dois dias, a doença será transmitida acima, indo ao coração causando dor cardíaca; após outros três dias, a doença será transmitida ao intestino delgado e o paciente terá distensão intestinal; se a doença não for removida após três dias, o paciente morrerá; no inverno, ele morrerá de madrugada e no verão, ele morrerá ao pôr-do-sol.

病先发于膀胱，五日而之肾，一日而之小肠〔小肠：《甲乙》卷六第十"小肠"下有"腹胀"二字〕，一〔一：《甲乙》卷六第十作"二"〕日而之心，二日不已，死，冬鸡鸣，夏下晡。

"Quando a doença começar na bexiga, ela será transmitida ao rim após cinco dias; no dia seguinte, a doença será transmitida ao intestino delgado e o paciente terá distensão abdominal; outros dois dias depois, a doença será transmitida ao coração; se a doença não se recuperar após dois dias o paciente morrerá; no inverno, o paciente o paciente morrerá ao cantar do galo (01:00-03:00 h), e no verão ele morrerá na parte da tarde.

诸病以次相传，如是者，皆有死期，不可刺也！间一藏〔一藏：《素问·标本病传论》"一藏"下有"止"字〕及二〔及二：《素问·标本病传论》"二"作"至"〕三四藏者，乃可刺也。

"As inúmeras doenças serão transmitidas de acordo com a seqüência regular. Para as doenças transmitidas desse jeito, pode-se prever a morte do paciente, e ele não poderá ser curado pela acupuntura. Quando a transmissão cessar após ter passado a uma víscera ou após ter passado a três ou quatro vísceras, então pode-se tratar com puntura".

淫邪发梦第四十三

Capítulo 43
Yin Xie Fa Meng
(O Sonho Induzido pela Energia Perversa)

黄帝曰：愿闻淫邪泮衍奈何？岐伯曰：正〔正：《病沉》卷四虚劳喜劳梦候》无此字〕邪从外袭内，而未有定舍，反〔反：《灵枢略》并作"及"〕淫于藏，不得定处，与营卫俱行，而与魂魄飞扬，使人卧不得安而喜梦。气淫于府，则有余于外，不足于内；气淫于藏，则有余于内，不足于外。

O Imperador Amarelo perguntou: "Qual é a patologia do sonho induzido pela energia perversa?" Disse Qibo: "Quando a energia perversa, que é danosa, invade o corpo, não tem local determinado para se alojar; quando atinge os órgãos internos, ela circula juntamente com a energia Ying e a energia Wei, e fica vadeando junto ao espírito, fazendo com que a pessoa dificilmente consiga dormir bem e tenha sonhos freqüentes. Sempre que a energia estiver abundante nos órgãos ocos, o Yang estará superabundante, e a energia yang que está do lado de fora está em excesso, e a energia Yin que está no interior, está insuficiente; quando a energia está abundante nos órgãos sólidos, então o Yin está superabundante, e a energia Yin que está no interior, está em excesso e a energia Yang que está no exterior, está insuficiente".

黄帝曰：有余不足有形乎？岐伯曰：阴气盛则梦涉大水而恐惧，阳气盛则梦大火而燔炳，阴阳俱盛则梦相杀。上盛则梦飞，下盛则梦堕，甚〔甚：《医说》卷五《梦》条引无此字〕饥则梦取〔取：《病沉》卷四《虚劳喜梦候》作"卧"，"予"作"行"〕，甚饱则梦予。肝气盛则梦怒，肺气盛则梦恐惧、哭泣、飞扬〔哭泣、飞扬：《千金》卷一《序例诊候》"哭泣"下无"飞扬"二字〕，心气盛则梦善笑恐畏〔恐畏：《太平御览》卷三十九引无"恐畏"二字〕，脾气盛则梦歌乐、身体重不举，肾气盛则梦腰脊两解不属。凡此十二盛者，至而泻之，立已。

O Imperador Amarelo perguntou: "Existe algo que aparente a manifestação de excesso ou insuficiência de Yin ou de Yang nos órgãos internos?" Disse Qibo: "Quando a energia Yin está próspera, a pessoa sonha que está atravessando um rio largo a vau e com apreensão; quando a energia Yang está próspera a pessoa sonha com as brasas de um grande incêndio; quando tanto as energias Yin quanto as Yang estão prósperas a pessoa sonha que está combatendo e que há uma carnificina; quando a parte superior está próspera a pessoa sonha que está voando por si mesma; quando a parte inferior está próspera, a pessoa sonha que está caindo; quando a pessoa vai dormir com fome, sonha que está deitada; quando a pessoa vai dormir após ter comido muito, ela sonha que está caminhando; quando a energia do fígado está próspera, a pessoa sonha que está zangada; quando a energia do pulmão está próspera, a pessoa sonha que está assustada e chorando; quando a energia do coração está próspera, a pessoa sonha que está rindo; quando a energia do baço está próspe-

681

ra, a pessoa sonha com cantos e músicas, ou que está ficando com o corpo pesado e que é incapaz de mover as extremidades; quando a energia do rim está próspera, a pessoa sonha que a região lombar se separou das costas. Quanto aos sonhos causados pelas doze energias que estão prósperas, sabendo-se em qual órgão a energia perversa está situada, aplica-se a terapia de purgar, e tudo termina.

厥〔厥：《中藏经》卷上第二十四作"邪"〕气客于心，则梦见丘山烟火。客于肺，则梦飞扬，见金铁之奇物。客于肝，则梦山林树木。客于脾，则梦见丘陵大泽，坏屋风雨。客于肾，则梦临渊，没居〔没居：《中藏经》卷中第三十作"投"〕水中。客于膀胱，则梦游行。客于胃，则梦饮食。客于大肠，则梦田野。客于小肠，则梦聚邑冲衢。客于胆，则梦斗讼自刳。客于阴器，则梦接内。客于项，而梦斩首。客于胫，则梦行走而不能前，及居深地窌苑〔《甲乙》宛：《病沉》卷四《虚劳喜梦候》无此二字〕中。客于股肱〔肱：《病沉》卷四《虚劳喜梦候》并无此字〕，则梦礼节拜起〔起：《甲乙》卷六第八并作"跪"〕。客于胞䐈〔䐈：《病沉》卷四《虚劳喜梦候》无此字〕，则梦溲便。凡此十五不足者，至而补之立已也。

"Quando a energia perversa invade o coração, sonha-se com fumaça e fogo na colina; quando ela invade o pulmão, sonha-se que se está voando, e se vêem coisas estranhas, feitas em metal; quando ela invade o fígado, sonha-se com árvores, flores e gramas; quando ela invade o baço, sonha-se com colinas e águas em larga escala, e casas destruídas pela chuva e pelo vento; quando ela invade o rim, sonha-se que se está frente a um abismo ou que se pula na água; quando ela invade a bexiga, sonha-se que se está perambulando; quando ela invade o estômago, sonha-se com comida e bebida; quando ela invade o intestino grosso sonha-se com campos; quando ela invade o intestino delgado, sonha-se com uma rua apinhada de gente; quando ela invade a vesícula biliar; sonha-se com brigas e litígio; quando ela invade os órgãos genitais, sonha-se com relações sexuais; quando ela invade a nuca, sonha-se com decapitação; quando ela invade a tíbia, sonha-se com dificuldade no andar, ou que se vive debaixo da terra; quando ela invade a coxa, sonha-se com uma genuflexão de cortesia; quando ela invade a bexiga e o reto, sonha-se com urina e fezes. Quanto aos sonhos causados pelos quinze tipos de energia insuficiente, quando se sabe em qual órgão a energia perversa está, e se pica com a terapia de revigoração, ela pode ser detida".

顺气一日分为四时第四十四

Capítulo 44
Shun Qi Yi Ri Fen Wei Si Shi
(A Energia Humana Saudável de Dia e de Noite Corresponde às Energias das Quatro Estações)

黄帝曰：夫百病之所始生者，必起于燥湿、寒暑、风雨、阴阳、喜怒、饮食、居处，气合而有形，得藏而有名，余知其然也。夫百病者，多以旦慧昼安，夕加夜甚，何也？岐伯曰：四时之气使然。

Disse o Imperador Amarelo: "As inúmeras doenças têm início a partir do ataque dos perversos exógenos, tais como a secura, o frio, o calor do verão, o vento e a chuva ou de danos internos, tais como a desarmonia do Yin e do Yang, contrariedades emocionais, alimentação desregrada e vida anormal. Quando a energia perversa invade o corpo, ela irá se manifestar na condição do pulso; quando a energia perversa penetrar os órgãos internos, a doença, com nomes diferentes pode ser constatada na superfície e no interior, e eu as conheço todas. Quanto à maioria das doenças, elas são leves pela manhã, calmas durante o dia, se agravam no cair da noite e pioram muito à noite: por quê?" Disse Qibo: "Elas são causadas pelas diversas energias das quatro estações".

黄帝曰：愿闻四时之气。岐伯曰：春生夏长，秋收冬藏，是气之常也，人亦应之，以一日分为四时，朝则为春，日中为夏，日入为秋，夜半为冬。朝则人气始生，病气衰，故旦慧；日中人气长，长则胜邪，故安；夕则人气始衰，邪气始生，故加；夜半人气入藏，邪气独居于身，故甚也。

Disse o Imperador Amarelo: "Desejo saber quais as energias das quatro estações que influenciam o corpo humano". Disse Qibo: "O clima é normal quando é gerada a primavera; cresce no verão, se recolhe no outono e armazena no inverno, e o corpo humano corresponde a elas. Quando se divide o dia e a noite em quatro estações, então, a manhã é a primavera, meio-dia é o verão, ao pôr-do-sol é o outono, e à noite é o inverno. De manhã, a energia saudável do corpo humano é como a geração da energia da primavera e a energia perversa está declinando, por isso o paciente está à vontade e a doença é leva; ao meio-dia, a energia saudável do corpo humano é próspera como o crescimento da energia no verão, e já que o crescimento da energia pode sobrepujar a energia perversa, a doença se acalma; à noitinha, a energia saudável do corpo humano está recolhida como a energia do outono, e a energia perversa começa a se sobressair e a doença a se agravar; à noite, a energia saudável do corpo humano está armazenada como a energia do inverno, e a energia perversa reside sozinha no corpo, por isso, a doença começa a piorar à noite".

683

黄帝曰：其时有反者何也？岐伯曰：是不应四时之气，藏独主其〔主其：周本作"生甚"〕病者，是必以藏气之所不胜时者甚，以其所胜时者起也。黄帝曰：治之奈何？岐伯曰：顺天之时，而病可与期。顺者为工，逆者为粗。

Disse o Imperador Amarelo: "Em algumas doenças, suas condições não são de concordância com aquilo que disseste: por quê?" Disse Qibo: "É o caso em que a doença não corresponde às energias das quatro estações, e uma única víscera contraiu uma doença séria. Quando a energia da víscera é subjugada pela energia do dia, tal como: a doença do baço encontra os dias da madeira; a doença do pulmão encontra os dias do fogo; a doença do rim encontra os dias da terra; a doença do fígado encontra os dias do metal e a doença do coração encontra os dias da água: nesses casos, a doença se agravará; quando a energia da víscera tem o apoio ou a concordância com a do dia, tal como: a doença do baço encontra os dias da terra; a doença do pulmão encontra os dias do metal; a doença dos rins encontra os dias do metal e da água; a doença do fígado encontra os dias da água e da madeira; e a doença do coração encontra os dias da madeira e do fogo, a doença terá um alívio". O Imperador Amarelo perguntou: "Como tratar?" Disse Qibo: "Quando se pode tratar em concordância ou tratar com a mudança do tempo, pode-se prever antecipadamente a agravação ou o alívio da doença. Quando se trata em concordância, se é um bom médico; quando se trata de maneira contrária, se é um médico de baixo nível".

黄帝曰：善。余闻刺有五变，以主五输，愿闻其数。岐伯曰：人有五藏，五藏有五变，五变有五输，故五五二十五输，以应五时。

Disse o Imperador Amarelo: "Muito bem. Disseram-me que para picar, existem cinco variações que tomam os cinco tipos de acupontos como pontos principais; eu desejo ouvir a respeito das regras". Disse Qibo: "No corpo humano, existem cinco órgãos sólidos, cada um deles com diferentes variações de cor, tempo, data, tom e sabor, e cada uma destas variações pode ocorrer nos cinco tipos de acupontos: Ting (Poço); Xing; Shu; Jing e He. Nos cinco órgãos sólidos, existem conjuntamente vinte cinco acupontos que correspondem às cinco estações: primavera, verão, verão longo, outono e inverno".

黄帝曰：愿闻五变。岐伯曰：肝为牝藏，其色青，其时春，其音角，其味酸，其日甲乙〔其日甲乙：《甲乙》卷·第二"其日甲乙"在"其时春"下，应据移正〕。心为牝藏，其色赤，其时夏，其日丙丁，其音徵，其味苦。脾为牝藏，其色黄，其时长夏，其日戊已，其音宫，其味甘。肺为牝藏，其色白，其音商〔其音商，其时秋：按《甲乙》卷一第二"其音商"在"其日庚辛"下，应据移正〕，其时秋，其日庚辛，其味辛。肾为牝藏，其色黑，其时冬，其日壬癸，其音羽，其味咸。是为五变。

Disse o Imperador Amarelo: "Desejo ouvir a respeito das cinco variações". Disse Qibo: "O fígado é uma víscera do Yang; dentre as cinco cores é verde; dentre as estações, é a primavera; entre os ciclos decimais do dia, é Jia e Yi; dentre os cinco tons é Jue e dentre os cinco sabores é o ácido. O coração é uma víscera do Yang; dentre as cinco cores, é o vermelho; dentre as estações é o verão; dentre o ciclo decimal do dia, é Bing e Ding; dentre os cinco tons é o Zhi, e dentre os cinco sabores é o amargo. O baço é uma víscera do Yin; dentre as cinco cores é o amarelo; dentre as estações é o verão longo; dentre o ciclo decimal do dia, é Wu e Ji; dentre os tons

684

é Gong e dentre os cinco sabores, é o doce. O pulmão é uma víscera do Yin; dentre as cinco cores é o branco; dentre as estações é o outono; no ciclo decimal do dia é Geng e Xin; dentre os cinco tons é Shang e dentre os cinco sabores é o picante. O rim é uma víscera do Yin; dentre as cinco cores é o preto; dentre as estações é o inverno; nos ciclos decimais do dia é Ren e Gui; dentre os cinco tons é Yu e dentre os cinco sabores, é o salgado. Estas são as cinco variações que correspondem aos cinco órgãos sólidos".

黄帝曰：以主五俞佘何？岐伯曰：藏主冬，冬刺井；色主春，春刺荥；时主夏，夏刺俞；音主长夏，长夏刺经；味主秋，秋刺合。是谓五变，以主五俞。

O Imperador Amarelo perguntou: "Quais são as condições dos cinco tipos de acupontos dominados pelas cinco variações?" Disse Qibo: "Os cinco órgãos sólidos dominam o inverno; no inverno deve-se picar os pontos Ting (poço) dos vários canais; as cinco cores dominam a primavera; na primavera deve-se picar os pontos Xing dos vários canais; as cinco estações dominam o verão; no verão deve-se picar os pontos Shu dos vários canais; os cinco tons dominam o verão longo; no verão longo deve-se picar os pontos Jing (canal) dos vários canais; os cinco sabores dominam o outono; no outono deve-se picar os pontos He dos vários canais. Estas são as condições das cinco variações que dominam respectivamente os cinco tipos de acuponto".

黄帝曰：诸原安合，以致六输？岐伯曰：原独不应五时，以经〔以经：孙鼎宜曰："以经当作"以脏"〕合之，以应〔以应：孙鼎宜曰："以应当作"不应"〕其数，故六六三十六输。

O Imperador Amarelo perguntou: "O que achas do ponto Yuan; como ele pode ser determinado para coincidir com o número dos seis tipos de acuponto nos órgãos ocos?" Disse Qibo: "Os pontos Yuan dos órgãos ocos não correspondem às cinco estações; eles não se prendem ao número de seis órgãos ocos, quando se coordena com os cinco órgãos sólidos. Nos seis órgãos ocos, existem trinta e seis acupontos".

黄帝曰：何谓藏主冬，时主夏，音主长夏，味主秋，色主春？愿闻其故。岐伯曰：病在藏者，取之井；病变于色者，取之荥；病时间时甚者，取之俞；病变于音者，取之经，经满而血者〔经满而血者：《甲乙》卷一第二校注："经"一作"络"。按似应作"病变于音络血而满者，取之经"〕；病在胃，及以饮食不节得病者，取之于〔于：按"于"字衍，应据《甲乙》卷一第二删〕合。故命曰味主合。是谓五变〔变：周本，日刻本作"病"〕也。

O Imperador Amarelo perguntou: "Qual é o significado dos cinco órgãos sólidos dominarem o verão, as cinco estações dominarem o verão, os cinco tons dominarem o verão longo, os cinco sabores dominarem o outono e as cinco cores dominarem a primavera?" Disse Qibo: "Quando a doença está nos cinco órgãos sólidos, devem ser picados os pontos Ting (Poço) dos vários canais; quando a doença se manifesta na compleição, devem ser picados os pontos Xing (canal) dos vários canais; quando a doença é aliviada ou agravada esporadicamente, devem ser picados os pontos Shu dos vários canais; quando a doença se manifesta na voz e quando os colaterais estão cheios de sangue estagnado, devem ser picados os pontos Jing dos vários canais; para a doença do estômago e para as doenças causadas pela intemperança de alimento e de bebida, devem ser picados os pontos He dos vários canais; como a doença do estômago é causada pelos alimentos ingeridos pela boca, então o ponto He domina os sabores. Estes são os princípios de puntura nos cinco tipos de doença acima determinados".

685

外揣第四十五

Capítulo 45
Wai Chuai
(Determinação que Vem de Fora)

黄帝曰：余闻九针九篇，余亲授其调〔余亲授其调：《太素》卷十九《要知道》"授"作"受"〕，颇得其意。夫九针者，始于一而终于九，然未得其要道也。夫九针者，小之〔之：《甲乙》卷五第七无此字〕则无内，大之则无外，深不可为下，高不可为盖〔深不可为下，高不可以盖：《甲乙》卷五第七无"深不"十字〕，恍惚无穷，流溢无极，余知其合于天道人事四时之变也，然余愿〔愿：《太素》卷十九《要知道》"愿"下有"闻"字〕杂之毫毛，浑束为一，可乎？岐伯曰：明乎哉问也，非独针道焉，夫治国亦然。

Disse o Imperador Amarelo: "Já ouvi as nove explicações a respeito das nove agulhas; aceitei entusiasmado seu significado e conheço aproximadamente o significado da primeira à nona agulha, mas não entendo seu sentido em profundidade. O princípio dos nove tipos de agulha, meticulosamente aí contido não pode ser menor, e a extensão não pode ser alongada. Sua profundidade parece sem fim e sem limites, e suas aplicações extravasam sem ter fim. Eu sei que suas condições mudam com a lei do céu, com os afazeres dos homens e com a variação das quatro estações, mas eu desejo saber se é possível fazer um sumário dos detalhes que são tão minuciosos como fios de cabelo, num esquema geral". Disse Qibo: "Estais fazendo uma pergunta brilhante, pois é tão necessário ter um programa geral da acupuntura, quanto um que regule um país".

黄帝曰：余愿闻针道，非国事也。岐伯曰：夫治国者，夫惟道焉，非道，何可小大深浅，杂合而为一乎？

Disse o Imperador Amarelo: "O que desejo saber é sobre o princípio da acupuntura, não como governar um país". Disse Qibo: "Quando se governa um país, deve-se basear isto num princípio; se não houver princípio, como se pode fazer um sumário das coisas tremendamente grandes e das tremendamente pequenas, das complexas e das simples, num programa abrangente?"

黄帝曰：愿卒闻之。岐伯曰：日与月焉，水与镜焉，鼓与响焉。夫日月之明，不失其影，水镜之察，不失其形，鼓响之应，不后其声，动摇则应和，尽得其情。

Disse o Imperador Amarelo: "Desejo ouvir a respeito dos detalhes". Disse Qibo: "Posso fazer uma analogia com o sol e a lua, com a água e com o espelho e com o som do tambor: O sol e a lua são brilhantes, mas não têm significado sem a sombra; a água e o espelho são límpidos e claros, mas não podem de maneira alguma mudar a forma física; o som do tambor não pode de maneira alguma vir depois deste ter sido vibrado pela baqueta; conhecendo-se sua existência, sempre haverá uma resposta. Quando a pessoa entende todas elas, será capaz de ter domínio sobre a terapia pela acupuntura".

黄帝曰：窘乎哉！昭昭之明不可蔽。其不可蔽，不失阴阳也。合而察之，切而验之，见而得之，若清水明镜之不失其形也。五音不彰，五色不明，五藏波荡，若是则内外相袭，若鼓之应桴，响之应声，影之似形。故远者司外揣内，近者司内揣外，是谓阴阳之极，天地之盖，请藏之灵兰之室，弗敢使泄也。

Disse o Imperador Amarelo: "É uma questão crucial! A luz que ilumina não pode ser concebida quando separada do princípio do Yin e do Yang, um oposto ao outro. Quando tratar, deve-se examinar as condições gerais do paciente, verificar por meio da apalpação e obter a condição da doença por meio da inspeção; desta forma, a condição da doença será tão clara como a água e o espelho sem distorções. A voz e a compleição do paciente são o reflexo das funções dos órgãos internos; quando os cinco sons não são ouvidos, as cinco cores ficam indistintas e isso mostra que os cinco órgãos sólidos estão hesitantes; é o caso em que o interno e o externo estão afetando um ao outro; o reflexo externo parecerá o tambor respondendo à batida da baqueta, e como a sombra surgindo simultaneamente em volta do corpo. Portanto, quando se observa de fora, a voz e a compleição do paciente, pode-se determinar a síndrome do órgão interno; quando se inspeciona as condições dos órgãos internamente, pode-se determinar as alterações de voz e de compleição externas. Pode-se considerar isso como sendo as alterações extremas do Yin e do Yang, e o princípio que envolve o céu e a terra. Isto será conservado na biblioteca da câmara da orquídea, para que seja conservado sem que se perca".

五变第四十六

Capítulo 46
Wu Bian
(Os Cinco Tipos de Afecções)

黄帝问于少俞曰：余闻百疾之始期也，必生于风雨寒暑，循毫毛而入腠理，或复还，或留止，或为风肿汗出，或为消瘅，或为寒热，或为留痹，或为积聚，奇邪淫溢，不可胜数，愿闻其故。夫同时得病，或病此，或病彼，意者天之为人生风乎，何其异也？少俞曰：夫天之生风者，非以私百姓也，其行公平正直，犯者得之，避者得无殆，非〔非：孙鼎宜曰："'非'上脱'风'字"〕求人而人自犯之。

O Imperador Amarelo perguntou a Shaoyu: "Disseram-me que no início das várias doenças, elas devem ter sido afetadas pelos exógenos perversos do vento, da chuva, do calor do verão; quando a energia do vento perverso se move juntamente com os pêlos finos e entra nas estrias, ele pode ser transformado ou fica retido no local; isso pode causar inchaço devido ao vento perverso com transpiração, ou irromper como diabetes, episódios alternados de calafrios e febre, síndrome Bi prolongada e massas abdominais; quando a energia perversa que é anormal se dispersa pelo corpo todo, as doenças terão mil formas de se mostrar caprichosas. Desejo ouvir a respeito da razão disso. Como elas são contraídas simultaneamente pelas pessoas, qual é a razão de serem diferentes, já que são causadas pelo vento da natureza?" Disse Shaoyu: "O vento da natureza sopra no universo todo e é líquido e certo que não seja imparcial à determinadas pessoas; quando um deles atinge uma delas, esta fica doente; quando se afasta dela, não haverá perigo; não é o vento que procura e ofende a pessoa, mas as pessoas que a si mesmas se ofendem e ficam doentes".

黄帝曰：一时遇风，同时得病，其病各异，愿闻其故。少俞曰：善乎哉问！请论以比匠人。匠人磨斧斤，砺刀削，斫材木。木之阴阳，尚有坚脆，坚者不入，脆者皮弛，至其交节，而缺斤斧焉。夫一木之中，坚脆不同，坚者则刚，脆者易伤，况其材木之不同，皮之厚薄，汁之多少，而各异耶。夫木之早花先生叶者，遇春霜烈风，则花落而叶萎；久曝大旱，则脆木薄皮者，枝条汁少而叶萎；久阴淫雨，则薄皮多汁者，皮溃而漉；卒风暴起，则刚脆之木，枝折杌伤；秋霜疾风，则刚脆之木，根摇而叶落。凡此五者，各有所伤，况于人乎。

Disse o Imperador Amarelo: "Quando pessoas diferentes enfrentam o vento perverso, contraem doenças simultaneamente, mas elas são diferentes. Desejo saber qual a razão". Disse Shaoyu: "Vós fizestes uma ótima pergunta. Deixai-me tomar o artífice como exemplo. Quando o artífice afia seu machado e seu cinzel para talhar a madeira, a firmeza e a maciez do lado Yang (lado da árvore que dá frente ao sol) e as do lado Yin (o lado de trás da árvore) são diferentes; quando se entalha ou corta a madeira, a parte firme dificilmente pode ser lascada e a parte mole se parte com facilidade, já que a porção que tem nós pode até danificar o machado ou o cinzel. Dentre as peças de madeira, umas são duras e outras são quebradiças; as duras são fortes e as quebradiças são fáceis de romper. Separando as peças de madeira que são diferentes, elas têm diversas espessuras na casca, e dentro, têm diferentes quantidades de seiva. Para uma árvore que cresce e floresce cedo, quando ela se defronta com o granizo ou com os ventos violentos na primavera, as flores irão cair e as folhas enfraquecer; quando uma árvore é batida pelo calor escorchante de um sol violento ou que se defronta com uma estiagem severa, se a madeira for fraca e a casca for fina, a umidade contida nos ramos ficará reduzida, fazendo com que as folhas fiquem debilitadas; quando os dias nublados se tornam extensos e ela se defronta com um tempo úmido longo, se a casca for fina e houver muita umidade contida no tronco, este ficará deteriorado com água que escoa; quando ela se defrontar com um vendaval súbito, se a madeira for dura, mas quebradiça, os ramos irão se partir e o tronco ficará danificado; quando se defrontar com o granizo do outono e com o vento que sopra rápido, se a madeira for dura, mas quebradiça, sua raiz ficará abalada e as folhas irão cair. Nas cinco diferentes condições da madeira acima citadas, todas elas têm respectivamente danos diversos, deixando o homem à mercê".

黄帝曰：以人应木奈何？少俞答曰：木之所伤也，皆伤其枝，枝之刚脆而坚〔刚脆而坚：按"脆"字疑误，似应作"刚而坚者"〕，未成伤也。人之有常病也，亦因其骨节皮肤腠理之不坚固者，邪之所舍也，故常为病也。

O Imperador Amarelo perguntou: "Qual a condição quando se compara um homem a uma árvore?" Disse Shaoyu: "Quando uma árvore é atingida, o ferimento está nos ramos; se estes forem robustos e firmes, eles não serão de todo lesados. Quando um homem fica doente com freqüência, isso geralmente se deve à enfermidade dos ossos e às estrias da pele, e as juntas ósseas e as estrias da pele são os locais em que geralmente a energia perversa fica retida, causando doenças".

黄帝曰：人之善病风厥漉汗者，何以候之？少俞答曰：肉不坚，腠理疏，则善病风。黄帝曰：何以候肉之不坚也？少俞答曰：䐃肉不坚，而无分理，理者粗理〔理者粗理：《甲乙》卷第二上作"肉不坚"〕，粗理而皮不致者，腠理疏。此言其浑然者。

O Imperador Amarelo perguntou: "Como determinar quais as razões quando se contrai com freqüência a síndrome Jue devido ao vento perverso?" Shaoyu respondeu: "Quando os músculos não estão firmes e substanciais e as estrias da pele estão flácidas, a pessoa contrai com freqüência a síndrome Jue devido ao vento perverso". O Imperador Amarelo perguntou: "Como se examinar quando os músculos não estão firmes e substanciais?" Shaoyu respondeu: "Quando os músculos do ombro, do cotovelo, da coxa e do joelho não estão firmes e substanciais e não têm textura, isso mostra que estão enfermos e que não estão substanciais. Quando o músculo não está firme, a pessoa tem uma pele áspera e fina, suas estrias estarão flácidas e ela está prestes a contrair o vento perverso. Esta é a condição aproximada a respeito".

黄帝曰：人之善病消瘅者，何以候之？少俞答曰：五藏皆柔弱者，善病消瘅。黄帝曰：何以知五藏之柔弱也？少俞答曰：夫柔弱者，必有刚强〔刚强：周本无此二字〕，刚强多怒，柔者易伤也。黄帝曰：何以候柔弱之与刚强？少俞答曰：此人薄皮肤而目坚固以深者，长冲〔冲：《甲乙》卷十一第六作"衡"〕直扬，其心刚，刚则多怒，怒则气上逆，胸中蓄积，血气逆留，䐃皮充饥〔䐃皮充饥：《甲乙》卷十一第六任务"腹皮充胀"〕，血脉不行，转而为热，热则消肌肤〔肤：《甲乙》卷十一第六无此字〕，故为消瘅，此言其人暴刚而肌肉弱者也。

O Imperador Amarelo perguntou: "Como examinar os motivos quando a pessoa está prestes a contrair diabetes?" Shaoyu respondeu: "Quando os cinco órgãos sólidos da pessoa estão enfraquecidos, ela está prestes a contrair diabetes". O Imperador Amarelo perguntou: "Como se pode saber que os cinco órgãos sólidos da pessoa estão fracos?" Shaoyu respondeu: "Quando os cinco órgãos sólidos da pessoa estão fracos, ela se mostra com um temperamento resoluto e se zanga facilmente, e quando estes órgãos estão fracos, a pessoa contrai diabetes". O Imperador Amarelo perguntou: "Como examinar as características de fraqueza e resolução?" Shaoyu respondeu: "A pele desse tipo de pessoa é fina, quando olha, sua vista é firme, seu globo ocular está fundo nas órbitas, com sobrancelhas erguidas e olhos bem abertos, olhando fixamente como que soltando chispas. Este tipo de pessoa tem um caráter decidido e freqüentemente fica zangada, fazendo com que a energia entre em contracorrente para se acumular no peito; dessa maneira, o sangue fica retido e impedido de circular, o abdômen fica inchado e a circulação sanguínea será anormal, causando a síndrome do calor estagnado; quando este calor estagnado atingir os músculos e a pele, ocorre o diabetes. Este é o caso em que a pessoa tem um temperamento enérgico, mas músculos fracos".

黄帝曰：人之善病热者，何以候之？少俞答曰：小骨弱肉者〔小骨弱肉：按："弱肉"下脱"色不一"三字〕，善病寒热。黄帝曰：何以候骨之小大，肉之坚脆，色之不一也。少俞答曰：颧骨者，骨之本也。颧大则骨大，颧小则骨小。皮肤薄而其肉无䐃，其臂懦懦然，其地色殆然，不与其天同色，污然独异，此其候也。然后臂薄者，其髓不满，故善病寒热也。

O Imperador Amarelo perguntou: "Como examinar os motivos quando se contrai sempre o frio e o calor?" Shaoyu respondeu: "Quando o esqueleto da pessoa é pequeno, seus músculos são fracos, e as cores de sua compleição são diferentes, ela está prestes a contrair com freqüência o frio e o calor". O Imperador Amarelo perguntou: "Como determinar se o esqueleto é grande ou pequeno, se a constituição dos músculos é firme ou frágil e se as cores são idênticas ou não na compleição?" Shaoyu respondeu: "O osso malar, na face é a fundação do esqueleto e do corpo todo. Quando o osso malar é grande, o esqueleto também será grande; quando o osso malar for pequeno, o esqueleto também será pequeno. Quando a pele da pessoa é fina sem músculos proeminentes, os braços serão fracos. Quando a cor do queixo for negra, diferente da cor das têmporas, como se fosse coberto por uma camada inerte e uma cobertura turva, fazendo com que a cor seja diferente da das outras porções do rosto, pode-se estimar a razão da doença. Se os braços e os músculos não se aprumarem sobre a camada posterior da coxa, a medula e os líquidos forçosamente estarão deficientes, e a pessoa irá contrair o frio e o calor com freqüência".

黄帝曰：何以候人之善病痹者？少俞答曰：粗理而肉不坚者，善病痹。黄帝曰：痹之高下有处乎？少俞答曰：欲知其高下者，各视其部。

O Imperador Amarelo perguntou: "Como examinar os motivos quando se contrai a síndrome Bi com freqüência?" Shaoyu respondeu: "Quando a textura da pele da pessoa é áspera, seus músculos não são firmes e substanciais, ela irá contrair com freqüência a síndrome Bi". O Imperador Amarelo perguntou: "Quando a síndrome Bi ocorre, é certeza que isso aconteça na parte superior ou na parte inferior do corpo?" Shaoyu respondeu: "Quando se quiser saber se a síndrome Bi irá ocorrer na parte superior ou na parte inferior do corpo, deve-se examinar as condições dos cinco órgãos sólidos".

黄帝曰：人之善病肠中积聚者，何以候之？少俞答曰：皮肤薄而不泽，肉不坚而淖泽〔而淖泽：按："而"下应有"不"字〕，如此则肠胃恶，恶则邪气留止，积聚乃伤〔伤：《甲乙》卷八第二并作"作"〕。脾胃之间，寒温不次，邪气稍至；稸积留止，大聚乃起。

O Imperador Amarelo perguntou: "Como determinar as razões quando a pessoa está prestes a contrair massa intestinal?" Shaoyu respondeu: "Quando a pele da pessoa está emaciada, fina, e não é lisa, e os músculos não forem substanciais e nem estiverem umedecidos, isto se deve ao atingimento do estômago e dos intestinos, fazendo com que a energia perversa fique retida no interior, e conseqüentemente, irá ocorrer a síndrome de massas. Se a comida não for digerida no estômago e no intestino, ou a temperatura do alimento não for adequada, a energia perversa irá invadir o baço e o estômago, e sua retenção no abdômen irá formar a doença séria de grandes massas".

黄帝曰：余闻病形，已知之矣，愿闻其时。少俞答曰：先立其年，以知其时，时高则起，时下则殆，虽不陷下，当年有冲通，其病必起，是谓因形而生病，五变之纪也。

(De acordo com a nota de Danboyuan, este parágrafo supostamente foi colocado aqui de maneira errônea, por isso, a tradução foi omitida).

NT – Autor de numerosas obras de medicina, que viveu no século X da nossa era.

本脏第四十七

Capítulo 47
Ben Zang
(As Várias Condições dos Órgãos
Internos Relacionadas às Diversas Doenças)

黄帝问于岐伯曰：人之血气精神者，所以奉生而周于性命者也。经脉者，所以行血气而营阴阳，濡筋骨，利关节者也。卫气者，所以温分肉，充皮肤，肥腠理，司关合者也。志意者，所以御精神，收魂魄，适寒温，和喜怒者也。是故血和则经脉流行，营覆阴阳，筋骨劲强，关节清利矣。卫气和则分肉解利，皮肤调柔，腠理致密矣。志意和则精神专直，魂魄不散，悔怒不起，五藏不受邪矣。寒温和则六府化谷，风痹不作，经脉通利，肢节得安矣。此人之常平也。五藏者，所以藏精神血气魂魄者也。六府者，所以化水谷而行津液者也。此人之所以具受于天也，无愚智贤不肖，无以相倚也，然有其独尽天寿，而无邪僻之病，百年不衰，虽犯风雨卒寒大暑，犹有弗能害也；有其不离屏蔽室内，无怵惕之恐，然犹不免于病，何也？愿闻其故。

O Imperador Amarelo disse a Qibo: "O sangue, a energia, a essência da vida e o espírito do homem são as substâncias que mantêm o corpo e a sujeição à vida. As funções dos canais do homem servem para promover a circulação do sangue e da energia, para fazer funcionar o Yin e o Yang, para umedecer os tendões e os ossos e tornar maleáveis as juntas; as funções da energia Wei do homem são nutrir os músculos, tornar substancial a pele, enriquecer as estrias e controlar a abertura e fechamento das estrias e da pele; as funções da vontade do homem frear o espírito, manter unidas a alma e o espírito inferior, acomodar às mudanças do clima frio e quente e adequar as mudanças de humor. Portanto, quando o sangue está harmonioso, o canal está desimpedido fazendo com que a nutrição alcance o interior e o exterior do corpo e, conseqüentemente, os tendões e os ossos estarão fortes e as juntas lépidas; quando a energia Wei está harmoniosa, os músculos da pessoa estão à vontade, as unhas e os tendões estão lisos, a pele está macia e as estrias estão densas; quando a vontade da pessoa está harmoniosa, sua mente está concentrada, sua alma e seu espírito inferior não estão dispersos, e a raiva e a ira não aparecem; como os cinco órgãos sólidos estão harmoniosos, dificilmente a pessoa será invadida pela energia perversa; quando se está preparado para as mudanças climáticas de frio e calor, as funções de transporte e transformação dos seis órgãos ocos estarão normais, não ocorre a artralgia devida ao vento perverso, os canais estão desimpedidos, e as atividades das quatro extremidades estão normais. Estas são as condições normais quando o corpo está harmonioso. Em outras palavras, as funções dos cinco órgãos sólidos são armazenar a essência da vida, o espírito, o sangue, a energia, a alma e o espírito inferior; as funções dos seis órgãos sólidos são as de transportar e transformar os cereais e os alimentos, espalhando os líquidos pelo corpo todo. Estas funções foram outorgadas pelo céu a todas as pessoas, independente delas serem sábias ou estúpidas, dignas ou indignas. Entretanto, algumas pessoas podem desfrutar de uma vida longa, não contraem doenças graves, seus corpos não são frágeis mesmo quando estão velhos, e a chuva, o vento, o frio repentino e o calor severo do verão não atingem sua saúde; mas algumas pessoas são diferentes e não podem escapar das doenças, mesmo quando estão com freqüência abrigadas dos ventos, dentro de casa e não se defrontaram com nada terrível. Desejo saber a razão disso".

岐伯对曰：窘乎哉问也！五藏者，所以参天地，副阴阳，而连四时，化五节者也。五藏者，固有小大高下坚脆端正偏倾者；六府亦有小大长短厚薄结直缓急。凡此二十五者，各不同，或善或恶，或吉或凶，请言其方。

Disse Qibo: "Vossa pergunta é muito importante. As funções e as atividades dos cinco órgãos sólidos estão de acordo com o céu e a terra, coordenadas com o Yin e o Yang, adequadas às quatro estações e correspondem às mudanças das cinco estações; primavera, verão, verão longo, outono e inverno. Quanto aos cinco órgãos sólidos, diferem em grande e pequeno, firme ou frágil, em posição correta ou não, enviesado ou não, e os seis órgãos ocos são diferentes em tamanho, comprimento, espessura, enrugado ou liso, e coeso ou não. Em outras palavras, as vinte cinco alterações (nos órgãos ocos, o triplo aquecedor não é contado já que é semelhante à bexiga) diferem, podem ser boas ou más, podem ser um desastre ou uma bênção. Agora, deixai-me falar das diferenças.

心小则安，邪弗能伤，易伤以忧；心大则忧不能伤，易伤于邪。心高则满于肺中，悗而善忘，难开以言；心下则藏外，易伤于寒，易恐以言。心坚则藏安守固；心脆则善病消瘅热中。心端正则和利难伤；心偏倾则操持不一，无守司也。

"Quando o coração da pessoa é pequeno, sua energia será estável, e dificilmente pode ser atingido pela energia perversa externa, mas está propenso a ser lesado por perturbações internas; quando o coração é grande, dificilmente pode ser lesado por perturbações internas, mas pode ser lesado pelo perverso exógeno. Quando o coração está em posição elevada, estará completamente coberto pelo pulmão, fazendo com que a pessoa se sinta oprimida e esquecida, e dificilmente pode ser convencida pelas palavras; quando o coração está em posição baixa, a sua energia será apertada, e a pessoa está propensa a ser atingida pelo vento perverso, e se assusta com palavras. Quando o coração da pessoa é firme e substancial, o espírito em seu interior será estável; quando o coração da pessoa é frágil, freqüentemente ela estará propensa a contrair diabetes e terá retenção de energia perversa no triplo aquecedor. Quando a posição do coração estiver correta, a energia será harmoniosa, e dificilmente ela poderá ser lesada pelos perversos exógenos; quando a posição do coração for enviesada, dificilmente se pode manter uma mente indene e lidar com as coisas de maneira coerente.

NT – Quando o texto se refere a espírito, espírito inferior e alma, está se reportando ao Yi, que faz parte do movimento terra; ao Po, que faz parte do movimento metal; e ao Shen que faz parte do movimento fogo. É um conceito estritamente chinês e a China antiga ensina que após a morte, o espírito superior deve subir aos céus e o inferior descer à terra; se isto não acontecer, o Po se torna um fantasma e tenta por todos os meios reanimar o cadáver, causando transtornos aos vivos.

肺小则〔肺小则：丹波元简曰："以前后文例推之，'肺小则'下恐脱'安'字"〕少饮，不病喘喝〔喝：《甲乙》卷一第五无此字〕；肺大则多饮〔则多饮：《千金》卷十七第一"则"下有"寒喘鸣"三字〕，善病胸痹喉痹〔喉痹：《甲乙》卷一第五无此二字〕逆气。肺高则上气肩息咳；肺下则居〔居：《甲乙》卷一第五作"逼"〕贲迫肺〔孙鼎宜曰："按'贲'当作'鬲'，'肺'当作'心'"〕，善胁下痛。肺坚则不病咳上气；肺脆则苦病消瘅易伤。肺端正则和利难伤；肺偏倾则胸〔胸：《甲乙》卷一第五"胸"下有"胁"字〕偏痛也。

"Quando o pulmão da pessoa é pequeno, sua energia será estável, ela bebe pouca água e dificilmente corre o risco de ter respiração acelerada; quando o pulmão da pessoa é grande, ela contrai o mal da respiração acelerada no tempo frio e pode contrair a síndrome Bi no peito e a contracorrente da energia vital. Quando a posição do pulmão for alta, ocorre a contracorrente da energia vital, a pessoa respira elevando os ombros e tosse; quando a posição do pulmão for baixa, isso irá oprimir o diafragma e o coração, ocorrendo dor nos hipocôndrios. Quando o pulmão da pessoa for firme, ela não terá a síndrome da tosse e da contracorrente da energia vital; quando o pulmão da pessoa for frágil, ela terá diabetes e corre o risco de ter respiração acelerada e epistaxe no tempo quente. Quando a posição do pulmão for correta, sua energia estará harmoniosa, e dificilmente ela pode ser atingida pelo perverso exógeno; quando a posição do pulmão for enviesada, isso irá fazer com que tenha dor em parte do peito e dos hipocôndrios.

肝小则藏〔藏：《甲乙》卷一第五无"藏"字〕安，无胁下之病〔病：张注本作"痛"〕；肝大则逼胃迫咽，迫咽〔迫咽：统本，金陵本并不叠此"迫咽"二字〕则苦膈中，且胁下痛。肝高则上支贲，切胁悗，为息贲；肝下则逼〔逼：《太素》卷六《五脏命分》作"安"〕胃，胁下空，胁下空则易受邪。肝坚则藏安难伤；肝脆则善病消瘅易伤。肝端正则和利难伤；肝偏倾则胁下痛也。

"Quando o fígado da pessoa é pequeno, sua energia é estável e não ocorre dor nos hipocôndrios; quando o fígado é grande, isso oprime o estômago e a faringe, e a pessoa sente obstrução no peito e dor sob os hipocôndrios. Quando a posição do fígado é alta, haverá um atingimento da área cardíaca, causando contratura sob o hipocôndrio, formando massas sob o hipocôndrio direito; quando a posição do fígado for baixa, a energia do estômago é estável, mas estará vazia sob o hipocôndrio, fazendo com que a pessoa esteja propensa a contrair o exógeno perverso. Quando o fígado da pessoa for firme, sua energia será estável, e ele dificilmente será atingido pelo exógeno perverso. Quando a posição do fígado for correta, a energia estará harmoniosa, e a pessoa dificilmente será atingida pelo exógeno perverso; quando o fígado estiver numa posição enviesada, ocorrerão dores sob o hipocôndrio.

脾小则藏〔藏：《太素》卷六《五脏命分》无此字，下"肾小"节，《太素》亦"藏"字〕安，难伤于邪也；脾大则苦凑䏚而痛，不能疾行。脾高则䏚引季胁而痛；脾下则下加于大肠，下加于大肠则藏苦受邪。脾坚则藏安难伤；脾脆则善病消瘅易伤。脾端正则和利难伤；脾偏倾则善满〔善满：《甲乙》卷一第五"善满"作"溲瘫"〕善胀也。

"Quando o baço for pequeno, sua energia será estável, e dificilmente a pessoa será atingida pelo exógeno perverso; quando o baço for grande, geralmente haverá dor na parte vazia e mole do hipocôndrio e a pessoa não poderá andar com pressa; quando a posição do baço for alta, haverá uma dor que se arrasta ao hipocôndrio;

quando a posição do baço for baixa, isso irá prejudicar o intestino grosso, e o baço estará propenso a ser atingido pelo exógeno perverso. Quando o baço é firme, sua energia será harmoniosa e ele dificilmente será atingido pelo exógeno perverso. Quando a posição do baço for correta, a energia será harmoniosa e ele dificilmente será atingido pelo exógeno perverso; quando a posição do baço for enviesada, a pessoa poderá ter convulsões crônicas e distensão abdominal.

肾小则·〔则：《千金》卷十建筑物第一"则"下有"耳聋或鸣，汗出"六字〕藏安难伤；肾大则善病腰痛，不可以俯仰，易伤以邪。肾高则苦背膂痛，不可以俯仰〔不可以俯仰：《千金》卷十九第一作"耳脓血出，或生肉塞耳"〕；肾下则腰尻痛，不可以俯仰，为狐疝。肾坚则不病腰背痛；肾脆则善病消瘅易伤〔易伤：《太素》卷六《五脏命分》并无此二字〕。肾端正则和利难伤；肾偏倾则苦腰尻痛也。凡此二十五变者，人之所苦常病。

"Quando o rim é pequeno, sua energia é estável e ele dificilmente é atingido pelo exógeno externo; quando o rim é grande, a pessoa tem surdez, tínito, transpiração e pode contrair lumbago com freqüência, não poderá olhar para baixo e nem para cima e poderá ser lesada pelo perverso exógeno. Quando a posição do rim é alta, a pessoa terá dor nas costas, pus e sangue saindo do ouvido e verrugas prejudicando a audição; quando a posição do rim é baixa, e pessoa terá dor na região lombar e nas nádegas, não poderá olhar para cima e nem para baixo e terá a síndrome da hérnia inguinal. Quando o rim da pessoa for firme, a pessoa não terá dores na região lombar; quando o rim da pessoa for frágil, ela muitas vezes ficará diabética. Quando a posição do rim estiver correta, a sua energia será harmoniosa e dificilmente ela será atingida pelo exógeno perverso; quando a posição do rim estiver enviesada, ela terá dor em parte da região lombar e nas nádegas. Em suma, as vinte cinco variações em tamanho, altura, firmeza, posição correta e enviesada dos cinco órgãos sólidos são a razão do corpo humano contrair inúmeras doenças".

黄帝曰：何以知其然也？岐伯曰：赤色小理者心小，粗理者心大。无髑骬者心高，髑骬小短举者心下。髑骬长者心下〔下：《甲乙》卷一第五并无此字〕坚，髑骬弱小〔小：《千金》卷十三第一并无此字〕以薄者心脆。髑骬直下不举者心端正，髑骬倚一方者心偏倾也。

O Imperador Amarelo perguntou: "Como saber as condições de tamanho, altura, firmeza, posição correta e enviesada dos cinco órgãos sólidos?" Disse Qibo: "Quando a pele da pessoa é vermelha com textura fina, seu coração será pequeno; quando a textura for áspera, seu coração será grande. Quando não se vê o processo xifóide do esterno, a posição do coração será alta; quando o processo xifóide do esterno é pequeno e se assemelhar a um peito de frango, a posição do coração será baixa. Quando o processo xifóide do esterno for longo, o coração será firme; quando o processo xifóide do esterno for fraco e fino, o coração será frágil. Quando o processo xifóide do esterno não for saliente, o coração estará em posição correta; quando o processo xifóide do esterno estiver pendendo para um lado, o coração estará enviesado.

白色小理者肺小，粗理者肺大。巨肩反膺陷喉者肺高，合腋张胁者肺下。好肩背厚者肺坚，肩背薄者肺脆。背膺厚者肺端正，胁偏疏者肺偏倾也。

"Quando a pele for branca e a textura fina, o pulmão será pequeno; quando a textura for áspera, o pulmão será grande. Quando os ombros forem altos, o peito saliente e a garganta tender para trás, a posição do pulmão será alta; quando as axilas forem restritas e os hipocôndrios abertos, a posição do pulmão será baixa. Quando os ombros são largos e as costas espessas, o pulmão será firme; quando os ombros e as costas forem finos, o pulmão será frágil. Quando as costas e os ombros são largos e espessos, a posição do pulmão é correta; quando o peito é enviesado, o pulmão será enviesado.

青色小理者肝小，粗理者肝大。广胸反骹者肝高，合胁兔骹者肝下，胸胁好者肝坚，胁骨弱者肝脆。膺〔膺：《甲乙》卷一第五 "膺" 下有 "胁" 字〕腹好相得者肝端正，胁骨偏举者肝偏倾也。

"Quando a pele da pessoa for verde com textura fina, o fígado será pequeno; quando a textura for áspera, o fígado será grande. Quando a largura entre os dois hipocôndrios for ampla e as costelas forem salientes, a posição do fígado será alta; quando a distância entre os dois hipocôndrios for estreita e os ossos planos que atravessam o peito e o hipocôndrio estiverem disfarçados em baixo, a posição do fígado será baixa. Quando as costelas forem firmes, o fígado será firme; quando as costelas não forem firmes, o fígado será frágil. Quando o peito, o hipocôndrio e o abdômen estiverem competindo, o fígado estará na posição correta; quando as costelas estiverem enviesadas e salientes, o fígado estará enviesado.

黄色小理者脾小，粗理者脾大。揭唇者脾高，唇下纵者脾下。唇坚者脾坚，唇大而不坚者脾脆。唇上下好者脾端正，唇偏举者脾偏倾也。

"Quando a pele está amarela e tem textura fina, o baço da pessoa estará diminuto; quando a textura estiver áspera, o baço estará aumentado. Quando os lábios da pessoa estiverem pulsando na parte de cima, o baço estará alto; quando os lábios estiverem caídos, grandes e sem firmeza, o baço estará numa posição baixa. Quando os lábios estiverem firmes, o baço estará firme; quando os lábios se apresentarem grandes e lassos, o baço estará frágil. Quando o lábio superior e o inferior estiverem nivelados, a posição do baço estará voltada para cima; quando os lábios estiverem pulsando e inclinados para um lado, a posição do baço será inclinada.

黑色小理者肾小，粗理者肾大。高耳者肾高，耳后陷者肾下。耳坚者肾坚，耳薄不坚者肾脆。耳好前居牙车者肾端正，耳偏高者肾偏倾也。凡此诸变者，持则安，减则病也。

"Quando a pele for escura e de textura fina, os rins serão pequenos; quando a textura for espessa, os rins serão grandes. Quando as duas orelhas estiverem em posição elevada, os rins estarão em posição alta; quando as orelhas estiverem voltadas para trás, os rins estarão em posição baixa; quando a pele e os músculo da orelha da pessoa forem substanciais, os rins estarão firmes; quando a pele e os músculos forem finos e não estiverem firmes, os rins serão frágeis. Quando as duas orelhas forem arredondadas e se situarem em frente dos dois ângulos das têmporas, os rins estarão em posição correta; quando uma orelha for mais alta do que a outra, os rins estarão enviesados. Para a condição das cinco variações acima, se for mantida corretamente nas condições específicas, ele pode ser estável; se estiverem mal adaptadas causando lesão, ocorrerá a doença.

帝曰：善。然非余之所问也。愿闻人之有不可病者，至尽天寿，虽有深忧大恐，怵惕之志〔志：熊本作 "至"〕，犹不能减〔减：《甲乙》卷一第五作 "感"〕也，甚寒大热，不能伤也；其有不离屏蔽室内，又无怵惕之恐，然不免于病者，何也？愿闻其故〔愿闻其故：《甲

696

乙》卷一第五无此四字〕。岐伯曰：五藏六府，邪之舍也，请言其故〔请言其故：《甲乙》卷一第五无此四字〕。五藏皆小者，少病，苦燋〔燋：《太素》卷六《五脏命分》并作"焦"〕心，大〔大：《太素》卷六《五脏命分》无此字〕愁忧；五藏皆大者，缓于事，难使以〔以：《太素》卷六《五脏命分》无此字〕忧。五藏皆高者，好高举措；五藏皆下者，好出人下。五藏皆坚者，无病，五藏皆脆者，不离于病。五藏皆端正者，和利得人心〔心：《太素》卷六《五脏命分》无此字〕；五藏皆偏倾者，邪心而善盗，不可以为人，平〔平：《甲乙》卷一第五作"卒"〕反复言语也。

Disse o Imperador Amarelo: "Muito bem. Mas isto não é o que eu quero saber. Eu quero saber porque algumas pessoas têm vida longa mesmo quando se encontram em grande miséria, passam por medo e têm mal humor; continuam saudáveis e não são lesadas mesmo se defrontando com o frio amargo e o calor escorchante, enquanto que outras, não podem de modo algum escapar das doenças mesmo quando estão num ambiente ao abrigo dos ventos e sem serem atacadas pelo sofrimento e pelo medo?" Disse Qibo: "Os cinco órgãos sólidos e os seis órgãos ocos são o local em que ficam retidos os exógenos perversos; quando os cinco órgãos sólidos da pessoa são pequenos, a doença contraída será leve, mas esse tipo de pessoa geralmente dá atenção à coisas preocupantes que inevitavelmente farão com que fiquem magoadas; quando os cinco órgãos sólidos da pessoa são grandes, ela será lenta para fazer as coisas, e dificilmente fica aflita. Quando a posição dos cinco órgãos sólidos é alta, a pessoa anseia por algo que está alto e fora do alcance da sua realidade; quando a posição dos cinco órgãos sólidos é baixa, a pessoa terá uma vontade fraca e se contentará em ser mandada pelos outros. Quando todos os cinco órgãos sólidos forem firmes, a pessoa não irá contrair a doença; quando todos os cinco órgãos sólidos forem fracos, a pessoa não se separará da doença. Quando a posição dos cinco órgãos sólidos for correta, a disposição da pessoa será para a gentileza e a sociabilidade; quando os cinco órgãos sólidos estiverem enviesados, a pessoa tem propensão a importunar os outros, ambiciona roubar, e suas palavras são volúveis".

黄帝曰：愿闻六腑之应。岐伯答曰：肺合大肠，大肠者，皮其应。心合小肠，小肠者，脉其应。肝合胆，胆者，筋其应。脾合胃，胃者，肉其应。肾合三焦膀胱，三焦膀胱者，腠理毫毛其应。

Disse o Imperador Amarelo: "Desejo ouvir a respeito das condições dos seis órgãos ocos ao serem examinados". Disse Qibo: "O pulmão está acoplado ao intestino grosso, e como são superfície e interior, pode-se conhecer as condições do intestino grosso examinando a pele; o coração é acoplado ao intestino delgado e como são superfície e interior, as condições do intestino delgado podem ser examinadas pelo canal; o fígado é acoplado à vesícula biliar e como são superfície e interior, pode ser examinado através dos tendões; o baço é acoplado ao estômago e como são superfície e interior, a condição do estômago pode ser examinada pelos músculos; o rim é acoplado à bexiga e ao triplo aquecedor e como são superfície e interior, a condição da bexiga e do triplo aquecedor pode ser examinada através dos pêlos finos e pelas estrias".

黄帝曰：应之奈何？岐伯曰：肺应皮。皮厚者大肠厚，皮薄者大肠薄。皮缓腹裹大者大肠大〔大：《甲乙》卷一第五并作"缓"〕而长，皮急者大肠急而短。皮滑者大肠直，皮肉不相离者大肠结。

O Imperador Amarelo perguntou: "Como examinar?" Disse Qibo: "Quando se examina o pulmão, devem ser examinadas as condições da pele, já que o pulmão é a superfície e o interior; por isso, quando a pele for grossa, o intestino grosso será espesso; quando a pele for fina, o intestino grosso será fino. Quando a pele for solta e o abdômen for grande, o intestino grosso será lasso e comprido; quando a pele for firme, o intestino grosso será apertado e curto. Quando a pele for lisa e úmida, o intestino grosso será liso; quando a pele e os músculos não estiverem bem juntos um do outro, o intestino grosso não será liso.

心应脉，皮厚者脉厚，脉厚者小肠厚；皮薄者脉薄，脉薄者小肠薄。皮缓者脉缓，脉缓者小肠大而长；皮薄而脉冲小者，小肠小而短。诸阳经脉皆多纡屈者，小肠结。

"Quando a pessoa deseja conhecer as condições do coração, deve examinar primeiro o canal. O coração e o intestino delgado são a superfície e o interior e o canal está debaixo da pele, por isso quando a pele for grossa, o canal será grosso e quando o canal for grosso, o intestino delgado será grosso; quando a pele for fina, o canal será fino e quando o canal for fino, o intestino delgado também será fino. Quando a pele for solta, o canal será lasso, e quando o canal for lasso, o intestino delgado será grande e comprido; quando a pele for fina e o canal deficiente e pequeno, o intestino delgado será pequeno e curto. Quando os vários canais e colaterais Yang parecerem tortuosos, a energia do intestino estará estagnada.

脾应肉。肉䐃坚大者胃厚，肉䐃么者胃薄。肉䐃小而么者胃不坚；肉䐃不称身者胃下，胃〔胃：《太素》卷六《脏腑应候》无此字〕下者下管约不利〔下管约不利：《太素》作"下脘未约"〕。肉䐃不坚者胃缓，肉䐃无小裹累者胃急。肉䐃多少裹累者胃结，胃结者上管〔上管：《太素》卷六《脏腑应候》"上管"上有"胃"字〕约不利也。

"Quando se deseja saber do baço, deve-se examinar o músculo proeminente. Como o baço e o estômago são a superfície e o interior, e o baço controla a condição do músculo, então quando o músculo proeminente for grande e firme, o músculo do estômago será espesso; quando o músculo proeminente for fino e pequeno, o músculo do estômago não será firme; quando o músculo proeminente não combinar com o corpo, o estômago será caído, em gastroptose; quando o estômago estiver caído, a porção inferior do estômago será restrita, causando dificuldades à passagem de urina e fezes. Quando o músculo proeminente não for firme, a energia do estômago será decaída e lenta; quando não aparecer o menor sinal do músculo proeminente, a energia do estômago estará estagnada e dessa forma, a entrada superior do estômago estará restrita, causando dificuldades para se ingerir alimentos e bebidas.

肝应爪，爪厚色黄者胆厚，爪薄色红〔色红：《太素》卷六《脏腑应候》无此二字。下"色青"、"色赤"、"色白"、"色黑"并无〕者胆薄。爪坚色青者胆急，爪濡色赤者胆缓。爪直色白无约者胆直，爪恶色黑多纹者胆结也。

"Quando se deseja conhecer as condições do fígado, deve-se examinar as unhas. Como o fígado e a vesícula biliar são a superfície e o interior, o fígado controla as condições das unhas, e a unha é a extensão do tendão; por isso quando a unha for grossa, a vesícula biliar será espessa; quando a unha for fina, a vesícula biliar será fina. Quando a unha for dura, a energia da vesícula biliar é agitada; quando a unha for macia, a energia da vesícula biliar é tranqüila. Quando a unha é lisa, sem nenhuma linha, a energia da vesícula biliar anda numa só direção; quando a unha é deformada e cheia de linhas, e energia da vesícula biliar está estagnada.

肾应骨。密理厚皮者三焦膀胱厚，粗理薄皮者三焦膀胱薄。疎腠理者三焦膀胱缓，皮急而无毫毛者三焦膀胱急。毫毛美而粗者三焦膀胱直，稀毫毛直三焦膀胱结也。黄帝曰：厚薄美恶皆有形，愿闻其所病。岐伯答曰：视其外应，以知其内藏，则知所病矣。

"Quando se deseja conhecer a condição do rim, deve-se examinar os ossos. O rim controla a condição dos ossos, e corresponde à condição do triplo aquecedor e da bexiga. Quando a textura da pele é lisa e a pele é espessa, o triplo aquecedor e a bexiga serão espessos; quando a textura da pele é áspera e a pele é fina, o triplo aquecedor e a bexiga são finos. Quando as estrias da pele são soltas, a energia do triplo aquecedor e da bexiga são moderadas; quando a pele é firme e sem qualquer pêlo, as energias do triplo aquecedor e da bexiga são agitadas. Quando os pêlos finos têm boa aparência e são ásperos, as energias do triplo aquecedor e da bexiga estão desimpedidas; quando os pêlos finos são poucos, as energias do triplo aquecedor e da bexiga estão estagnadas e não estão à vontade". Disse o Imperador Amarelo: "Já que os órgãos sólidos e os órgãos ocos têm formas diferentes de grossura e finura, de aspecto bom e mau, desejo saber que doenças isso causa?" Disse Qibo: "Quando se examina as condições que correspondem ao exterior, pode-se estimar as alterações dos órgãos internos, e conseqüentemente, a doença contraída será conhecida".

禁服第四十八

Capítulo 48

Jin Fu

(Compreensão Minuciosa dos Canais Antes de Picar)

雷公问于黄帝曰：细子得受业，通于九针六十篇，旦暮勤服之，近者编绝〔近者编绝：《太素》卷十四《人迎脉口诊》作"远"。按"近"与"久"，上下误倒，应作"久者编绝，近者简垢"〕，久者简垢，然尚讽诵弗置，未尽解于意矣。外揣〔外揣：周本"揣"下有"其"字〕言浑束为一，未知所谓也。夫大则无外，小则无内，大小无极，高下无度，束之奈何？士之才力，或有厚薄，智虑褊浅，不能博大深奥，自强于学〔于学：《太素》卷十四《人迎脉口诊》"于学"下有"未"字〕若细子，细子恐其散于后世，绝于子孙，敢问约之奈何？黄帝曰：善乎哉问也！此先师之所禁，坐私传之也，割臂歃血之盟也，子若欲得之，何不斋乎。

Leigong perguntou ao Imperador Amarelo: "Aprendi convosco e compreendi os nove tipos de agulha expostos nos "Sessenta Capítulos". Estudei com afinco os livros a respeito, de manhã à noite; os laços de fita que prendiam as tabuinhas de bambu já se partiram há muito tempo devido ao manuseio; nos livros mais recentes, algumas das folhas de bambu estão manchadas devido a serem constantemente viradas, mas eu persisti na leitura sem desistir. Entretanto, ainda não posso entender seu significado de forma acurada, especialmente a inclusão de detalhes como os "pêlos finos num programa abrangente" no capítulo Wai Chai (Determinação que Vem de Fora); eu não sei a que se refere. Desde que o princípio dos nove tipos de agulha não pode ser mais extenso porque abrange todas as coisas externas, e não pode ser menor porque não poderia conter tudo, ele chega ao extremo de ser grande e pequeno ao mesmo tempo, no domínio das alturas e das profundezas insondáveis. Quando se deseja fazer um sumário de um programa amplo, como fazê-lo? Além do mais, em relação aos talentos das pessoas, pode ser profundo ou superficial, mas na inteligência, a maioria das pessoas é radical e superficial; elas não se atêm ao princípio de extensão e profundidade, além de que não estudam com afinco. Eu temo que o estudo das nove agulhas se perca nas gerações vindouras, e que não possa de forma alguma ser conhecido pelos nossos descendentes. Então, o que se deve fazer para simplificar o princípio dos nove tipos de agulha?" Disse o Imperador Amarelo: "Fizeste uma ótima pergunta. Os falecidos mestres disseram que seria um crime passar à frente o princípio de maneira particular. Antes de ser instruído, o discípulo deve fazer um corte no braço e esfregar o sangue com a boca e fazer um juramento. Agora, se desejas obter a instrução genuína, por que não jejuas para demonstrar tua sinceridade?"

雷公再拜而起曰：请闻命于是也〔请闻命于是也：《太素》卷十四《人迎脉口诊》作"也于是"。"于是"二字属下读〕。乃斋宿三日而请曰：敢问今日正阳，细子愿以受盟。黄帝乃与

700

俱入斋室，割臂歃血。黄帝亲〔亲：《太素》卷十四《人迎脉口诊》无此字〕祝曰：今日正阳，歃血传方，有〔有：《太素》卷十四《人迎脉口诊》无此字〕敢背此言者，反〔反：《太素》卷十四《人迎脉口诊》作"必"〕受其殃。雷公再拜曰：细子受之。黄帝乃左握其手，右授之书，曰：慎之慎之，吾为子言之。

Leigong fez uma reverência, se ergueu novamente e disse: "Desejo ouvir vossas instruções". Então Leigong jejuou por três dias, retornou à presença do Imperador Amarelo e disse: "Desejo fazer o juramento e receber vossas instruções hoje ao meio-dia". Então o Imperador Amarelo introduziu Leigong no salão do jejum, fez um corte em seu braço, esfregando sua boca com sangue. Disse o Imperador Amarelo: "Hoje, ao meio-dia, eu passo a instrui-lo nos princípios de acupuntura mediante a cerimônia de esfregar a boca com sangue; se o juramento for violado, será para ti sinal de grande desgraça".[NT] Leigong fez uma reverência novamente e disse: "Aceito o que dissestes, com respeito e atenção". Então, o Imperador Amarelo tomou a mão de Leigong em sua mão esquerda passando a ele o livro com sua mão direita e dizendo: "Deves ser muito prudente ao lidar com ele. Deixa-me acrescentar algo mais.

凡刺之理，经脉为始，营其所行，知其度量，内刺五藏，外刺六府，审察卫气，为百病母，调其虚实，虚实乃止，泻其血络，血尽不殆矣。雷公曰：此皆细子之所以通，未知其所约也。

"Em relação ao princípio da puntura, deve-se estudar cuidadosamente os canais, medir os caminhos da circulação e conhecer sua extensão e tamanho, suas relações com os cinco órgãos sólidos no interior e estabelecer uma diferenciação em relação aos seis órgãos ocos no exterior; examinar a energia Wei que pode defender o exterior quando a energia Yang é estável, e quando o Yang estiver deficiente, a energia Wei não estará guardando o exterior e ocorrem doenças. Além disso, adequar a astenia e a estenia; se a doença for estênica, purgar as vênulas superficiais para causar sangramento, e quando o sangue estagnado nas vênulas superficiais tiver se esgotado, a doença já não oferecerá perigo". Disse Leigong: "Eu já conhecia todos esses princípios, mas não sei como fazer uma súmula deles todos".

黄帝曰：夫约方者，犹约囊也，囊满而弗约，则输泄，方成弗约，则神与弗〔与弗：《太素》卷十四《人迎脉口诊》作"弗与"〕俱。雷公曰：愿为下材者，勿满而约之。黄帝曰：未满而知约之以为工，不可以为〔以为：《太素》卷十四《人迎脉口诊》"以"下无"为"字〕天下师。

Disse o Imperador Amarelo: "Aquilo que se denomina "maneira fixa de picar" é como se amarrar a boca de uma sacola; quando esta estiver cheia e não estiver amarrada, as coisas que estão dentro irão cair, e como as coisas sumiram, o efeito curativo não irá aparecer junto com o tratamento da puntura". Disse Leigong: "Quanto aos médicos que se contentam em permanecer num nível baixo, eles amarram a boca da sacola como um programa genérico enquanto ela não estiver cheia". Disse o Imperador Amarelo: "Quando a pessoa puder amarrar a boca da sacola que não está cheia, para fazer um apanhado do programa genérico, poderá vir a ser um médico superior, mas supostamente não será uma pessoa de grande saber e virtude exemplar".

NT – Meio-dia, no horário chinês, corresponde à hora do cavalo, que começa às 11:00 e termina às 13:00. É a hora em que o Yang está no Yang, com o sol a pino, e o sol em chinês se chama Yangming, ou o "Yang Luminoso".

雷公曰：愿闻为工。黄帝曰：寸口主中，人迎主外，两者相应，俱往俱来，若引绳大小齐等。春夏人迎微大，秋冬寸口微大，如是者名曰平人。

Disse Leigong: "Desejo saber como se vem a ser um médico superior". Disse o Imperador Amarelo: "Quando um médico superior apalpa, ele enfatiza o exame das condições dos pulsos em Cunkou e em Renying; a condição do pulso Cunkou reflete as condições do Yin dos cinco órgãos sólidos, e a de Renying reflete as condições de Yang nos pulsos dos seis órgãos ocos; os dois pulsos se correspondem entre si, chegam e partem de maneira unânime e incessante; o ir e vir dos pulsos Cunkou e Renying que são afetados pela respiração, se manifestam de forma conjunta como um cabo de guerra, onde a corda e o homem se movem em uníssono. O batimento do pulso Renying é comparativamente maior na primavera e no verão, já que a primavera e o verão pertencem ao Yang; o batimento do pulso Cunkou é comparativamente maior no outono e no inverno, já que o outono e o inverno pertencem ao Yin. As pessoas com esse tipo de pulso são normais e não ficam doentes.

人迎大一倍于寸口，病在足〔足：《太素》卷十四《人迎脉口诊》并无"足"字，下同〕少阳，一倍而躁，在手少阳〔一倍而躁，在手少阳，二倍而躁，病在手太阳，三倍而躁病在手阳明：《太素》卷十四《人迎脉口诊》、《甲乙》卷四第一上并无疑后人依本书《终始篇》增衍〕。人迎二倍，病在足太阳，二倍而躁，病在手太阳。人迎三倍，病在足阳明，三倍而躁，病在手阳明。盛则为热，虚则为寒，紧则为痛痹，代则乍甚乍间。盛则泻之，虚则补之，紧痛〔紧痛：《甲乙》卷四第一上"紧"下无"痛"字〕则取之分肉，代则取血络且饮药，陷下则灸之，不盛不虚，以经取之，名曰经刺。人迎四倍者，且大且数，名曰溢阳，溢阳为外格，死不治。必审按其本末，察其寒热，以验其藏府之病。

"Quando o pulso Renying é duas vezes maior do que o pulso Cunkou, a doença está no Canal Shaoyang. Quando o pulso Renying é três vezes maior do que o pulso Cunkou, a doença está no Canal Taiyin. Quando o pulso Renying é quatro vezes maior do que o pulso Cunkou, a doença está no Canal Yangming. Quando o pulso Renying está superabundante, é o fenômeno do calor; quando está deficiente, é o fenômeno do frio. Quando o pulso estiver ágil, irá ocorrer a síndrome Bi do tipo frio; quando o pulso for intermitente, a síndrome não é séria, e irá ocorrer uma doença leve; quando o pulso estiver superabundante, aplicar a terapia de purgação; quando o pulso estiver deficiente, aplicar a terapia de revigoração; quando o pulso estiver agitado, picar os acupontos entre os músculos; quando o pulso estiver intermitente, picar as vênulas superficiais e administrar remédios ao paciente; quando o pulso estiver deficiente e fundo, aplicar moxibustão; quanto à condição que não é estênica e nem astênica, aplicar a forma comum de picar o canal adequado. Quando o pulso Renying for cinco vezes maior do que o pulso Cunkou, como ele está agigantado e rápido, a isso se chama "rejeição do yang externo", que é uma doença fatal. Quando tratar, deve-se inspecionar e apalpar com cuidado as condições de pulso de Cunkou para refletir o interno e o de Renying para refletir o externo, e examinar o frio e o calor da doença para verificar a extensão da seriedade dos órgãos internos.

寸口大于人迎一倍，病在足〔《甲乙》卷四第一上并无足字，下同〕厥阴，一倍而躁，在手心主。寸口二倍，病在足少阴，二倍而躁，在手少阴。寸口三倍，病在足太阴，三倍而躁，在手太阴。〔一倍而躁，在手心足，二倍而躁，在手少阴，三倍而躁在手太阴。《甲乙》卷四第一上并无，疑为后人增衍〕盛则胀满、寒中、食不化、虚则热中、出糜、少气、溺色变、紧则痛痹，代则乍痛乍止。盛则泻之，虚则补之，紧则先刺而后灸之，代则取血络而后调〔后调：《太素》卷十四《人迎脉口诊》作"泄"〕之，陷下则徒灸之，陷下者，脉血结于中，中有著血，血寒，故宜灸之，不盛不虚，以经取之。寸口四倍者，名曰内关，内关者，且大且数，死不治。必审察其本末之寒温，以验其藏府之病。

"Quando o pulso Cunkou for duas vezes maior do que o pulso Renying, a doença está no Canal Jueyin. Quando o pulso Cunkou estiver três vezes maior do que o pulso Renying, a doença está no Canal Shaoyin. Quando o pulso Cunkou for quatro vezes maior do que o pulso Renying, a doença está no Canal Taiyin. Quando o pulso Cunkou estiver superabundante, irão ocorrer as síndromes da distensão abdominal, retenção do frio perverso no aquecedor médio e indigestão dos alimentos; quando o pulso Cunkou estiver deficiente, irão ocorrer as síndromes de retenção do calor perverso no aquecedor médio, fazendo com que as fezes pareçam como cozidas ao ponto de mingau, respiração curta e urinas amarelas; quando o pulso Cunkou estiver agitado, irá ocorrer a síndrome Bi do tipo frio; quando estiver intermitente, a síndrome às vezes será dolorosa e às vezes deixa de ocorrer. Quando o pulso estiver superabundante, aplicar a terapia de purgação; quando o pulso estiver deficiente, aplicar a terapia de revigoração; quando o pulso estiver agitado, aplicar primeiro acupuntura e depois aplicar a moxibustão; quando o pulso for intermitente, purgar após picar as vênulas superficiais; quando o pulso estiver deficiente e fundo, aplicar somente moxibustão, já que o pulso deficiente e fundo se deve ao sangue estagnado nas vênulas superficiais, e o frio causa a estagnação do sangue, e o frio pode ser dispersado pela moxibustão. Quanto à condição de pulso que não é nem astênica e nem estênica, tratar da forma costumeira de acordo com as condições específicas. Quando o pulso Cunkou for cinco vezes maior do que o pulso Renying, é o chamado "fechamento que vem de dentro para resistir ao yang", onde a condição de pulso é agigantada e rápida, e é uma doença fatal. Quando tratar, deve-se inspecionar e apalpar com cuidado as condições do pulso Cunkou que refletem o interior e as do pulso Renying que refletem o exterior, e examinar o frio e o calor da doença, a fim de verificar a extensão da seriedade dos órgãos internos.

通其营〔营：《太素》卷十四《人迎脉口诊》并作"荥"〕输，乃可转于大数〔数：《甲乙》卷四第一上无此字〕。大数曰：盛则徒泻之，虚〔虚：《甲乙》卷四第一上有"小日"二字〕则徒补之，紧则灸刺且饮药，陷下则徒灸之，不盛不虚，以经取之。所谓经治者，饮药，亦曰〔曰：《甲乙》卷四第一止作"用"〕灸刺。脉急则引，脉大〔大：《太素》卷十四《人迎脉口诊》并作"代"〕以弱，则欲安静，用力无劳也。

"Só se pode aplicar o grande método da acupuntura e da moxibustão nos outros, quando se entende minuciosamente os pontos Xing e Shu. Ao paciente cuja condição de pulso está agigantada e superabundante, aplica-se somente a terapia de purgação; ao paciente com uma condição de pulso fina e deficiente, aplica-se a terapia de revigoração; quando o pulso está agitado, deve-se aplicar tanto a acupuntura quanto a moxibustão e o paciente também deve tomar remédios; quando a condição de pulso for deficiente e funda, aplicar somente a moxibustão; para a doença que não é nem astênica e nem estênica, aplica-se o tratamento comum de remédio ou acupuntura; quando o pulso estiver agitado, picar para mandar embora o perverso; quando o pulso for intermitente, o paciente deve permanecer calmo e não deve se sujeitar ao cansaço extremo exercendo suas forças com dificuldade".

五色第四十九

Capítulo 49
Wu Se
(As Cinco Cores)

雷公问于黄帝曰：五色独决于明堂乎？小子未知其所谓也。黄帝曰：明堂者鼻也，阙者眉间也，庭者颜也，蕃者颊侧也，蔽者耳门也，其间欲方大，去之十步，皆见于外，如是者寿必中百岁。

Leigong se dirigiu ao Imperador Amarelo dizendo: "Ao examinar as cinco cores na compleição de uma pessoa, elas são determinadas pelo Mingtang? Eu não compreendo seu significado". Disse o Imperador Amarelo: "Mingtang ou Sala da Claridade, significa o nariz; Que ou as torres que ficam junto ao portão do palácio, significam a posição entre as duas sobrancelhas; Tianting ou a corte imperial significa o meio da testa; Fan, ou a grade, significa os dois ossos malares. Bi ou barreira, significa o tragus. Quando os locais entre estas posições no homem parecem corretos e robustos, pode-se ver num só relance, a dez passos de distância, que pessoas desse tipo chegam aos cem anos".

雷公曰：五官之辨奈何？黄帝曰：明堂骨高以起，平以直，五藏次于中央，六府挟其两侧，首面上于阙庭，王宫在于下极，五藏安于胸中，真色以致，病色不见，明堂润泽以清，五官恶得无辨乎。雷公曰：其不辨者，可得闻乎？黄帝曰：五色〔五色：《甲乙》卷一第十五"五色"上有"五脏"二字〕之见也，各出其色〔色：《甲乙》卷一第十五无此字〕部。部骨〔部骨：《甲乙》卷一第十五"部骨"上有"其"字〕陷者，必不免于病矣。其色部〔色部：二字互倒〕乘袭者，虽病甚，不死矣。雷公曰：官五色奈何〔官五色奈何：《甲乙》卷一第十五作"五官具五色何也"〕？黄帝曰：青黑为痛，黄赤为热，白为寒，是谓五官。

Leigong perguntou: "Como distinguir as cores nos vários órgãos dos sentidos, as quais indicam as doenças?" Disse o Imperador Amarelo: "O osso do nariz deve ser alto e saliente, bem posicionado e reto; as posições que indicam os cinco órgãos sólidos se situam no meio do nariz em seqüência e os seis órgãos ocos completam os dois lados. O Que e o Tianting acima, indicam a cabeça e a face; o Xiaji que está entre os dois olhos, indica o coração, e como o coração é o monarca, Xiaji indica o palácio imperial. Quando os cinco órgãos sólidos no peito estão estáveis e harmoniosos, as cores das posições correspondentes estarão normais, sem cor de doença, a cor do nariz será definida, úmida e clara. Em tal circunstância, como se pode deixar de ver uma cor de doença nos cinco órgãos dos sentidos?" Disse Leigong: "Quando ela pode ser distinguida, quais os seus detalhes?" Disse o Imperador Amarelo: "A cor doente dos cinco órgãos sólidos será manifestada nas posições correspondentes a eles; se os locais que margeiam o centro estiverem afundados, eles não estarão isentos da doença. Se a cor que indica uma determinada víscera, aparecer na posição do ciclo de geração da víscera, tal como, quando a cor amarelo (baço) aparece em Xiaji (coração)[NT], o paciente não irá morrer mesmo que a doença seja bastante crítica". Leigong perguntou: "O que indicam as cinco cores?" Disse o Imperador Amarelo: "Verde e preto indicam dor, amarelo e vermelho indicam calor e o branco indica frio".

雷公曰：病之益甚，与其方衰如何？黄帝曰：外内皆在焉。切其脉口滑小紧以沉者，病益甚，在中；人迎气大紧以浮者，其病益甚，在外。其脉口浮滑者，病日进；人迎沉而滑者，病日损。其脉口滑以沉者，病日进，在内；其人迎脉滑盛以浮者，其病日进在外。脉之浮沉及人迎与寸口气小大等者，病难已。病之在藏，沉而大者，易已，小为逆；病在府，浮而大者，其病易已。人迎盛坚〔坚：《太素》卷十四《人迎脉口诊》作"紧"〕者，伤于寒；气口盛坚者，伤于食。

Leigong perguntou: "Como saber se a doença está se agravando ou se a energia perversa está declinando?" Disse o Imperador Amarelo: "Tanto os órgãos ocos no exterior quanto os órgãos sólidos no interior podem entrar em declínio. Quanto se apalpa Cunkou, se a condição de pulso for escorregadia, fina, agitada e funda, a doença irá se agravando a cada dia, e está nos cinco órgãos sólidos; quando a condição do pulso Renying é agigantada, agitada e flutuante, a doença também irá se agravar dia a dia e a doença está nos seis órgãos ocos. Quando a condição do pulso Cunkou é escorregadia e funda, a doença irá se agravar dia a dia e está nos cinco órgãos sólidos; quando a condição do pulso Renying é agigantada, agitada e flutuante, a doença também irá se agravar dia a dia e está nos seis órgãos ocos. Quando a condição de pulso é funda e flutuante, e as condições dos pulsos Renying e de Cunkou são agigantadas e finas, a doença dificilmente pode ser recuperada. Quando a doença está nos cinco órgãos sólidos e o pulso é agigantado e fundo, a doença pode facilmente ser recuperada; quando o pulso está fundo e fino, é a condição adversa. Quando a doença está nos seis órgãos ocos e o pulso é flutuante e agigantado, a doença pode ser facilmente recuperada; quando o pulso está flutuante e fino, é a condição adversa. O pulso Renying determina a condição das superfícies; quando o pulso é superabundante e agitado, isso mostra que os canais Yang foram feridos pelo frio perverso (perverso exógeno); o pulso Cunkou determina a condição do interior; quando pulso estiver superabundante e agitado, isso mostra que os canais Yin foram feridos pelo alimento (dano interno)".

雷公曰：以色言病之间甚奈何？黄帝曰：其色粗以明〔其色粗以明："明"下脱"者为坚"三字〕，沉夭者为甚，其色上行者病益〔益：《甲乙》卷一第十五作"亦"〕甚，其色下行如云彻散者病方已。五色各有藏部，有外部，有内部也。色从外部走内部者，其病从外走内；其色从内走外者，其病从内走外。病生于内者，先治其阴，后治其阳，反者益甚；其病生于阳者，先治其外，后治其内，反者益甚。其脉滑大以代而长者，病从外来，目有所见，志有所恶〔恶：《甲乙》卷四第一上作"存"〕，此阳气〔阳气：《甲乙》卷四第一上"阳"下无"气"字〕之并〔并：日抄本"并"作"病"〕也，可变而已。

Leigong perguntou: "Como ilustrar a extensão da seriedade da doença examinando a cor da compleição?" Disse o Imperador Amarelo: "Quando a compleição

---

NT – Xiaji também tem o nome de Wang Gong, que é palácio imperial em chinês.

do paciente for um tanto brilhante, a doença é leve; quando estiver funda e escura, a doença é séria. Se a cor da doença se mover para cima, a doença estará se agravando; se a cor da doença estiver se movendo para baixo como nuvens flutuantes que se dissipam, haverá recuperação. Nas cinco cores das doenças que refletem as diversas partes dos órgãos internos, umas pertencem aos seis órgãos ocos que são do exterior, algumas pertencem aos cinco órgãos sólidos, do interior. Quando a dor da doença estiver indo de fora para dentro, mostra que a doença está caminhando da superfície para o interior; se a cor da doença estiver caminhando de dentro para fora, isso mostra que a doença está saindo do interior e indo para a superfície. Quando a doença começa no interior, o órgãos sólido deve ser tratado primeiro, tratando-se os órgãos ocos depois; se o tratamento for feito na seqüência inversa, a doença irá se agravar; quando a doença começar no exterior, a superfície deve ser tratada primeiro, tratando-se o interior depois; se o tratamento for na seqüência inversa, ela irá se agravar. Quando a condição de pulso for escorregadia e agigantada ou intermitente e longa, isso mostra que o mal provém de fora. Quando a pessoa tem perturbações visuais, pode ter perturbação na mente, cheia de desejos, e isso é um mal de superabundância do Yang, podendo-se recuperar restringindo o Yang".

雷公曰：小子闻风者，百病之始也；厥逆〔逆："逆"是误字，似应作"痹"〕者，寒湿之起〔起：日抄本作"气"〕也，别之奈何？黄帝曰：常〔常：《甲乙》卷一第十五作"当"〕候厥中〔厥中：《甲乙》卷一第十五任务"眉间"〕，薄泽为风，冲浊为痹，在地为厥，此其常也，各以其色言其病。

Disse Leigong: "Disseram-me que o vento perverso é a fonte de todas as doenças, e a síndrome Bi é devido ao ataque do frio-umidade perverso; como distingui-los a partir da compleição na face?" Disse o Imperador Amarelo: "Deve-se inspecionar a compleição entre as duas sobrancelhas; quando a compleição for flutuante e levemente lustrosa, é o mal do vento; quando a compleição for funda e turva; é a síndrome Bi; quando a cor da doença estiver na parte inferior da face (queixo), é a síndrome Jue. Estas são as formas corriqueiras de distingui-las. Em outra palavras, deve-se distinguir a doença de acordo com a compleição".

雷公曰：人不病卒死，何以知之？黄帝曰：大气入于〔于：金陵本作"干"〕藏府者，不病而卒死矣。雷公曰：病小愈而卒死者，何以知之？黄帝曰：赤色出两颧，大如母〔母：《甲乙》卷一第十五作"拇"〕指者，病虽小愈，必卒死。黑色出于庭，大如母指，必不病而卒死。

Leigong perguntou: "Algumas pessoas têm morte súbita sem qualquer sintoma; como podemos distingui-lo de antemão?" Disse o Imperador Amarelo: "Quando o grande perverso invade os órgãos internos, pode-se morrer subitamente, sem qualquer sintoma". Disse Leigong: "No caso em que a doença já tenha tido uma melhora, mas que o paciente morra de repente, como se pode saber isso de antemão?" Disse o Imperador Amarelo: "Quando a cor vermelha parece nas duas bochechas, do tamanho de um polegar, embora já tenha havido uma melhora, o paciente pode ter morte súbita; quando a cor preta aparecer na testa do tamanho de um polegar, o paciente pode morrer de repente sem qualquer sintoma maior".

雷公再拜曰：善哉！其死有期乎？黄帝曰：察色以言其时。雷公曰：善乎！愿卒闻之。黄帝曰：庭者，首面也。阙上者，咽喉也。阙中者，肺也。下极者，心也。直下者，肝也。肝左者，胆也。下者，脾也。方上者，胃也。中央者，大肠也。挟大肠〔挟大肠：《甲乙》卷一第十五作"侠傍"〕者，肾也。当肾者，脐也。面王以上者，小肠也。面王以下者，膀胱子处也。颧者，肩也。颧后者，臂也。臂下者，手也。目内眦上者，膺乳也。挟绳〔绳：孙鼎宜曰："'绳'当作'日关'"〕而上者，背也。循牙车以下者，股也。中央者，膝也。膝以下者，胫也。当胫以下者，足也。巨分者，股里也。巨屈者，膝膑也。此五藏六府肢节〔肢节：《甲乙》卷一第十五作"支局"〕之部也，各有部分〔有部分：按此三字衍〕。有部分，用阴和阳，用阳和阴，当明部分，万举万当，能别左右，是谓大道，男女异位，故曰阴阳，审察泽夭，谓之良工。

Leigong fez novamente uma reverência e disse: "Muito bem. Existe uma data definida para a pessoa morrer de repente?" Disse o Imperador Amarelo: "Quando se examina a alteração da compleição do paciente, pode-se prever antecipadamente sua morte". Disse Leigong: "Muito bem. Desejo ouvir a respeito". Disse o Imperador Amarelo: "A testa está associada às doenças da cabeça e da face; o local acima do meio das sobrancelhas está associado aos males da faringe e da garganta; este local esta associado às doenças do pulmão; o local entre os olhos está associado às doenças do coração; a localização no meio dos olhos junto ao osso do nariz, está associado aos males do fígado; a parte esquerda se associa à vesícula biliar; a localização abaixo do osso do nariz que vai até o ápice, se associa aos males do baço; ligeiramente acima dos dois lados do ápice do nariz, é a associação com o estômago; o local no centro do rosto se associa aos males do intestino grosso; o local que se encontra ao lado das duas bochechas se associa ao rim; o local abaixo da bochecha que reflete a condição do rim, se associa aos males do umbigo; o local que se encontra dos dois lados do ápice do nariz se associa aos males da bexiga e do útero. Da mesma forma que as doenças relacionadas as quatro extremidades, determinadas nas várias porções, estão: o osso malar determina o ombro; o local atrás da bochecha determina o braço; a parte de baixo determina a mão; o local acima do canto interno do olho determina o peito e os seios; acima da localização junto à pupila, determina-se as costas; abaixo de Yache (sob a orelha) no osso curvo do maxilar, está determinada a coxa; o local que está no centro dos ossos do maxilar, está determinado o pé; a linha grande ao lado da boca determina o flanco interno da coxa; o local do osso curvo sob a bochecha determina a cobertura do joelho. Estes são os locais e posições que indicam as inúmeras doenças dos cinco órgãos sólidos e dos seis órgãos ocos e cada um deles tem sua posição. Quando tratar, fazer com que o Yang se alinhe com o Yin e que o Yin se alinhe com o Yang. Até quando se puder examinar e conhecer claramente a cor mostrada em determinada parte do rosto, será sempre adequado o diagnóstico e o tratamento. Quando se puder distinguir o yang se encaminhando para a esquerda e o Yin se encaminhando para a direita, isso será um subsídio para o entendimento do princípio do Yin e do Yang. Já que as posições que mostram a concordância e a contracorrente das doenças no homem e na mulher são diferentes, deve-se conhecer a lei do Yin e o yang; além disso, deve-se examinar a compleição lustrosa ou sombria do paciente, a fim de diagnosticar a condição boa ou má da doença. Quando for possível proceder desta maneira, este será merecedor de ser chamado de bom médico.

沉浊为内，浮泽〔泽：《甲乙》卷一第十五作"清"〕为外，黄赤为风〔风：按"风"当是"热"之误〕，青黑为痛，白为寒，黄而膏润为脓，赤甚者为血，痛甚为挛，寒甚为皮不仁。五色各见其部，察其浮沉，以知浅深，察其泽夭，以观成败，察其散抟，以知远近，视色上下，以知病处，积神于心，以知往今。故相气不微，不知是非，属意勿去，乃知新故。色明不粗，沉夭为甚〔沉夭为甚：按本句与下"其病不甚"句误倒，应乙作"色明不粗，其病不甚；不明不泽，沉夭为甚"〕；不明不泽，其病不甚。其色散，驹驹然，未有聚；其病散而气痛，聚未成也。

"Quando a compleição da pessoa for funda e escura, a doença está nos órgãos sólidos internos; quando estiver flutuante e clara, a doença está nos órgãos ocos externos. Quando a cor for amarela e vermelha, isso mostra calor; quando a cor for verde e preta, isso mostra dor; quando a cor for branca, isso mostra frio. Quando a compleição for amarela e lustrosa como óleo, isso mostra que o carbúnculo irá supurar; quando a cor for preta, isso mostra que há retenção de sangue; quando a dor for severa, irá virar contratura nos músculos, e quando a invasão do frio perverso for severa, a pele ficará dormente. As cinco cores se manifestam em várias partes; Ao se examinar a condição flutuante e funda da cor, pode-se conhecer a extensão da seriedade da doença; quando se examina a umidade e a secura da cor, pode-se estimar se a doença irá melhorar ou piorar; quando se examina a agitação e a coesão da cor, pode-se saber se a doença foi contraída há pouco tempo ou numa época remota; como se examina a posição superior ou inferior da cor, pode-se conhecer a localização da doença; quando a pessoa se empenha com afinco no exame da cor, pode saber da condição presente e passada da doença. Por isso, quando não se examina cuidadosamente a compleição, não se irá saber da astenia ou da estenia da doença, e só se pode saber da condição presente ou passada da doença, quando se examina com todo o carinho. Quando a compleição do paciente for lustrosa e não for áspera, a doença não será muito séria; quando a compleição for escura, sem qualquer lustro e parecer funda e turva, a doença será séria. Quando a cor se dispersar, tiver um aspecto bom e não estiver concentrada num determinado local, isso mostra que o paciente não tem nenhuma massa abdominal; quando a doença do paciente estiver sendo aliviada e não for devida unicamente a um distúrbio da energia vital, isso mostra que a massa abdominal ainda não tomou forma.

肾乘心，心先病，肾为应，色皆如是。

"Quando o rim domina o coração em excesso, é porque este já estava enfermo, e nesse caso, a cor negra que corresponde ao rim irá aparecer no local que indica a víscera com excesso de dominância (o coração) e os casos para as outras vísceras são idênticos.

男子色在于面王，为小腹痛，下为卵痛，其圜直为茎痛，高为本，下为首，狐疝㿉阴〔《甲乙》卷一第十五"阴"下有"病"字〕之属也。

"Quando uma cor doentia aparecer no ápice do nariz, isso mostra dor abdominal e atingimento ao testículo; quando a cor doentia aparecer no sulco nasolabial (ponto Shuigou) o pênis estará dolorido; quando ocorrer dor na parte superior do sulco nasolabial, a raiz do pênis estará dolorida. Esses males são do tipo hérnia inguinal e dor nos testículos e no pênis.

女子〔女子："女子"下脱"色"字〕在于面王，为膀胱子处之病，散为痛，抟为聚，方员左右，各如其色形。其随而下至胝〔胝：《甲乙》卷一第十五作"骶"〕为淫，有润如膏状，为暴食不洁。

"Quando a cor doentia aparecer acima do ápice do nariz numa mulher, isso mostra que a doença está na bexiga e no útero; quando a cor doentia estiver errática, isso mostra dor; quando a cor doentia estiver concentrada, isso denota massa abdominal, e o formato da massa será quadrado ou redondo, à esquerda ou à direita, manifestando no exterior seu surgimento, através da cor doentia. Quando a cor descer aos lábios, irá ocorrer secreção vulvar. Quando a compleição for brilhante e uniforme como banha de porco, isso é sintoma de gula ou de que a pessoa comeu comida impura.

左为左，右为右，其色有邪，聚散而不端，面色所指者也。色者，青黑赤白黄，皆端满有别乡。别乡赤者，其色亦〔亦：与注本，张注本作"赤"〕大如榆荚，在面王为不日。其色上锐，首空上向，下锐下向，在左右如法。以五色命藏，青为肝，赤为心，白为肺，黄为脾，黑为肾。肝合筋，心合脉，肺合皮，脾合肉，肾合骨也。

"Quando a cor doentia for vista do lado esquerdo, isso mostra que a doença está à esquerda; quando a cor doentia for vista do lado direito, isso mostra que a doença está à direita; quando no rosto a cor doentia estiver se agrupando ou desagregando de maneira anormal, se só se puder distinguir o local da cor doentia, dará para se saber em qual órgão interno a doença está localizada. Aquilo a que se dá o nome de cinco cores consta de: verde, preto, vermelho, branco e amarelo, e devem ser todos lustrosos, adequados, substanciais e úmidos, cada um deles aparecendo no local de uma determinada víscera; mas, às vezes, aparecem no local que indica uma outra víscera, tal como a cor vermelha do coração aparecendo no ápice do nariz do tamanho de uma vagem de olmo; entretanto, quando a condição da doença mudar em poucos dias, o formato da cor vai se alterando. Se a cor da doença for intensa no canto superior, isso mostra que a energia está deficiente na cabeça, e que a energia perversa está se desenvolvendo na parte de cima; quando a parte inferior estiver com uma cor intensa, a doença está caminhando para baixo; quando a cor intensa estiver à esquerda ou à direita, pode-se determinar o padrão de desenvolvimento de acordo com os exemplos acima. Quanto à correspondência das cinco vísceras com as cinco cores, a cor verde corresponde ao fígado, a cor vermelha corresponde ao coração, a cor branca corresponde ao pulmão, a cor amarela corresponde ao baço, e a cor preta corresponde ao rim. O fígado se liga aos tendões, o coração está ligado aos músculos, e o rim corresponde aos ossos".

论勇第五十

Capítulo 50
Lun Yong
(Sobre a Resistência)

黄帝问于少俞曰：有人于此，并行并立，其年之长少等也，衣之厚薄均也，卒然遇烈风暴雨，或病或不病，或皆病〔皆病：《甲乙》卷六第五作"皆死"〕，或皆不病〔或皆不病：《甲乙》卷六第五无此四字〕，其故何也？少俞曰：帝问何急？黄帝曰：愿尽闻之。少俞曰：春青〔青：《甲乙》卷六第五作"温"〕风，夏阳风，秋凉风，冬寒风。凡此四时之风者，其所病各不同形。

O Imperador Amarelo se dirigiu a Shaoyu dizendo: "As pessoas que caminham ou que estão sentadas por aqui, têm todas mais ou menos a mesma idade e a espessura de suas roupas é mais ou menos a mesma, mas quando se defrontam com a chuva, umas ficam doentes e outras não, ou todas morrem: qual a razão?" Disse Shaoyu: "O que desejais saber primeiro?" Disse o Imperador Amarelo: "Desejo saber tudo". Disse Shaoyu: "A brisa quente domina a primavera, a brisa de verão domina no verão; a brisa fresca domina no outono e a brisa fria domina no inverno. Os ventos diferentes das várias estações causam as diversas doenças quando atingem o corpo do homem".

黄帝曰：四时之风，病人如何？少俞曰：黄色薄皮弱肉者，不胜春之虚风；白色薄皮弱肉者，不胜夏之虚风；青色薄皮弱肉，不胜秋之虚风；赤色薄皮弱肉，不胜冬之虚风也。

O Imperador Amarelo perguntou: "Quais são as condições quando um homem é atingido pelos ventos nas quatro estações?" Disse Shaoyu: "Quando a pele do homem é amarela e fina, seus músculos são frágeis e sua energia do baço é deficiente e ela não é capaz de enfrentar o vento anormal (da madeira) na primavera; quando a pele da pessoa é branca e fina, seus músculos são frágeis e sua energia do pulmão é deficiente e ela não pode enfrentar o vento anormal (do fogo) no verão; quando a pele da pessoa é esverdeada e fina e seus músculos são frágeis e ela não pode enfrentar o vento anormal (do metal) no outono; quando a pele da pessoa é vermelha e fina e seus músculos são frágeis, ela não é capaz de enfrentar o vento anormal (da água) no inverno".

黄帝曰：黑色不〔不：《甲乙》卷六第五"不"下有"能"字〕病乎？少俞曰：黑色而皮厚肉坚，固不伤于四时之风。其皮薄而肉不坚，色不一者，长夏至而有虚风者，病矣。其皮厚而肌肉坚者，长夏至而有虚风，不病矣。其皮厚而肌肉坚者，必重感于寒，外内皆然，乃病。黄帝曰：善。

O Imperador Amarelo perguntou: "As pessoas com pele escura não contraem doenças?" Disse Shaoyu: "As pessoas com pele escura e espessa e músculos firmes seguramente não serão facilmente atingidas pelo vento anormal nas quatro estações;

se a pele da pessoa for fina e com cor indefinida e seus músculos não forem firmes, ela irá contrair a doença no verão longo quando encontrar o vento anormal; as pessoas com pele espessa e músculos firmes, não irão contrair doença no verão longo, mesmo quando se defrontarem com o vento anormal. Mas se a pessoa que tem pele espessa e músculos firmes for atingida repetidamente pelo vento frio, e for lesada de dentro para fora, ela mesmo assim não estará isenta da doença". Disse o Imperador Amarelo: "Muito bem".

黄帝曰：夫人之忍痛与不忍痛者，非勇怯之分也。夫勇士之不忍痛者，见难则前，见痛则止；夫怯士之忍痛者，闻难则恐，遇痛不动。夫勇士之忍痛者，见难不恐，遇痛不动；夫怯士之不忍痛者，见难与痛，目转面〔面：刘校云："详文义应改为"而"〕盼，恐不能言，失气惊，颜色变化〔化：周本，日记本并作"更"〕，乍死乍生。余见其然也，不知其何由，愿闻其故。少俞曰：夫忍痛与不忍痛者，皮肤之薄厚，肌肉之坚脆缓急之分也，非勇怯之谓也。

Disse o Imperador Amarelo: "Algumas pessoas conseguem suportar a dor e outras não e não se distinguem pela bravura e pela timidez. Alguns homens resistentes não podem agüentar a dor; algumas pessoa tímidas agüentam a dor, têm medo das dificuldades, mas ficam inamovíveis frente à dor. Quanto aos bravos que agüentam a dor, não têm medo da dificuldade e ficam inamovíveis frente à dor da mesma forma; quanto aos tímidos que não podem agüentar a dor, quando se defrontam com a dificuldade e a dor, eles só viram os olhos, ficam olhando com raiva, mas não ousam falar, seguram a respiração, ficam sobressaltados, pálidos e têm todo tipo de dúvida. Eu já vi todas essas condições, mas não sei a razão e desejo ouvir a respeito". Disse Shaoyu: "No tocante a agüentar a dor, isto se deve à pele ser grossa ou fina e se os músculos são firmes ou quebradiços, lassos ou tensos nas diversas pessoas, e isso não pode ser explicado pela bravura ou pela timidez".

黄帝曰：愿闻勇怯之所由然。少俞曰：勇士者，目深以固，长衡〔衡：与注本，张注本并作"冲"〕直扬，三焦理横，其心端直，其肝大以坚，其胆满以傍，怒则气盛而胸张，肝举而胆横，眦裂而目扬，毛起而面苍，此勇士之由然者也。

Disse o Imperador Amarelo: "Desejo saber o que causa a diferença entre a bravura e a timidez". Disse Shaoyu: "Quanto a um homem resistente, seu globo ocular é profundo, seu olhar é firme quando ele encara as coisas, suas sobrancelhas são longas e erguidas, a textura dos seus músculos é áspera e estriada, seu coração é normal, seu fígado é grande e firme, sua vesícula biliar é cheia de bile e sua bile é intensa; quando ele fica zangado, sua respiração é plena e seu peito se expande, sua vesícula biliar está em posição horizontal em relação ao fígado erguido; as órbitas dos olhos se projetam e seus olhos soltam lampejos, os pêlos estão eriçados e a compleição é verde. Essas as razões do porquê ele é resistente".

黄帝曰：愿闻怯士之所由然。少俞曰：怯士者，目大而不减，阴阳相失，其焦理纵，𩩲骬短而小，肝系缓，其胆不满而纵，肠胃挺，胁下空，虽方大怒，气不能满其胸，肝肺虽举，气衰复下，故不能久怒，此怯士之所由然者也。

Disse o Imperador Amarelo: "Desejo conhecer as condições de um homem tímido". Disse Shaoyu: "Quanto ao homem tímido, seus olhos são grandes, mas não profundos, freqüentemente move os olhos com receio, a textura dos seus músculos é lassa e flácida, seu processo xifóide do externo é curto e pequeno, seu fígado é pequeno e a bile na vesícula biliar não é plena, mas falta; seu intestino e estômago são antes lisos e têm menos curvas; o local por debaixo das costelas é vazio; a energia do seu fígado não é substancial; quando está com raiva, a energia correspondente não pode preencher o peito; mesmo que as energias do fígado e da vesícula biliar subam, caem imediatamente; como a energia é deficiente, dificilmente ele pode manter a raiva por muito tempo. Essas são as razões pelas quais um homem é tímido".

黄帝曰：怯士之得酒，怒不避勇士者，何藏使然？少俞曰：酒者，水谷之精，熟谷之液也，其气慓悍，其入于胃中，则胃胀，气上逆，满于胸中，肝浮胆横。当是之时，固〔固：统本金陵本并作"同"〕比于勇士，气衰则悔。与勇士同类，不知避〔避：统本作"为"〕之，名曰酒悖也。

Disse o Imperador Amarelo: "Quando um homem tímido tiver tomado bebidas destiladas, sua condição é a mesma que quando um homem destemido tenha se zangado: qual das vísceras faz com que isso aconteça?" Disse Shaoyu: "A bebida destilada é a essência da água e dos cereais, e a propriedade do sumo fluido dos cereais maturados é leve e rápida; quando isso entra no estômago, causa distensão; além disso, a energia da vesícula biliar causa a fúria assassina. Nesse momento, o homem tímido se assemelha ao valente, mas quando se recobra de sua embriaguez, lamenta. Um homem tímido é semelhante a um homem valente após ter bebido, mas não sabe o que faz, e a isso se dá o nome de dúvida após ter bebido".

背腧第五十一

Capítulo 51
Bei Shu
(Os Pontos Shu Posteriores Relativos às Cinco Vísceras)

黄帝问于岐伯曰：愿闻五脏之腧，出于背者。岐伯曰：胸〔胸：日刻本与注本，，终身注本并作"背"〕中大腧在杼骨之端，肺腧在三焦〔焦：《素问·血气形志篇》王注引作"椎"〕之间〔间：《素问·血气形志篇》王注引作"傍"〕，心腧在五焦之间，膈腧在七焦之间，肝腧在九焦之间，脾腧在十一焦之间，肾腧在十四焦之间，皆〔皆：周本，明本并作"背"〕挟脊相去三寸所，则欲得〔得：《太素》卷十一《气穴》无此字〕而验之，按其处，应在〔在：《太素》卷十一《气穴》无此字〕中而痛解，乃其腧也。灸之则可，刺之则不可。气〔气：《甲乙》卷三第八无此字〕盛则泻之，虚则补之。以火补者，毋吹其火，须自灭也；以火泻者，疾吹其火，传〔传：《太素》卷十一《气穴》"作傅"〕其艾，须其火灭也。

O Imperador Amarelo disse a Qibo: "Desejo conhecer as condições dos pontos shu posteriores das cinco vísceras". Disse Qibo: "Os pontos shu posteriores mais importantes (Dazhu B 11) estão nas duas laterais da primeira vértebra atrás do pescoço; os pontos Feishu (pontos shu posteriores do pulmão, B 13) estão nas laterais da terceira vértebra; os pontos Xinshu (pontos shu posteriores do coração, B 15) estão nas laterais da quinta vértebra; os pontos Ganshu (pontos shu posteriores do baço B 20) estão nas laterais da décima primeira vértebra; os pontos Shenshu (pontos shu posteriores do rim B 23) estão nas laterais da décima quarta vértebra. Esses pontos shu ficam imediatamente junto aos lados esquerdo e direito da coluna, e cada um deles está a uma polegada e meia da coluna espinal. Quando se deseja verificar a situação do acuponto, pressiona-se o dedo para procurar a posição na qual o paciente sente mais dor ou a posição em que o paciente está mais aliviado, e esta é a localização do ponto shu. Quando se tratar por meio do ponto shu, é permitido aplicar a moxibustão, e não se deve aplicar a acupuntura. Na moxibustão, quando a energia perversa for superabundante, aplica-se a terapia de purgação; quando a energia saudável estiver deficiente, aplica-se a terapia de revigoração. Quando se revigora com moxibustão, o fogo da moxa não deve ser ativado, ele deve se extinguir por si próprio após queimar; quando se purga com moxibustão, o fogo da moxa deve ser ativado rapidamente e depois se deve apagar delicadamente a moxa com a mão. O tratamento só termina quando o fogo estiver extinto".

卫气第五十二

Capítulo 52
Wei Qi
(Sobre a Energia Wei)

黄帝曰：五脏者，所以藏精神魂魄者也。六腑者，所以受水谷而行化物者也。其气内干五脏，而外络肢节。其浮气之不循经者，为卫气；其精气之行于经者，为营气。阴阳相随，外内相贯，如环之无端，亭亭淳淳乎，孰能穷之。然其分别阴阳，皆有标本虚实所离之处。能别阴阳十二经者，如病之所生。候虚实之所在者，能得病之高下。知六腑〔府：《甲乙》卷二第四作"经"〕之气街者，能知解结契绍于门户。能知虚石之坚软者，知补泻之所在。能知六经标本者，可以无惑于天下。

Disse o Imperador Amarelo: "Os cinco órgãos sólidos servem para guardar o espírito, a alma e o espírito inferior; os seis órgãos ocos servem para receber os líquidos e os cereais, e para transportar as substâncias refinadas. A energia vai para dentro dos cinco órgãos sólidos e sai para fora até as extremidades. A energia que flutua no exterior do canal e que não acompanha o trajeto do mesmo se chama energia Wei; a energia refinada que corre dentro do canal se chama energia Ying. O Yin e o Yang seguem um ao outro, e o interno e o externo se comunicam um com o outro como um anel que não tem começo nem fim. Quem poderia esgotar a essência desta energia interminável? Entretanto, as energias Yin e Yang dentro do corpo, têm diferentes condições de interior e de superfície, e de astenia e estenia; quando a pessoa puder distinguir os doze canais de Yin e de Yang, será capaz de entender a razão das causas da doença; quando ela puder examinar a situação de astenia e estenia, será capaz de conhecer os locais da doença no alto e no baixo; quando a pessoa conhecer os trajetos principais de partida e de chegada dos seis órgãos ocos, será capaz de saber como dissipar a massa e drenar os acupontos; quando a pessoa sabe o que pertence à astenia e à estenia, à firmeza e à sutileza, será capaz de saber qual canal deve ser revigorado e qual deve ser purgado; quando a pessoa conhecer os troncos e os ramos dos seis canais da mão e do pé, será capaz de entender a extensão das doenças sem ter dúvidas".

岐伯曰：博哉圣帝之论！臣请尽意〔尽意：《甲乙》卷二第四无此字〕悉言之。足太阳之本，在跟以上五寸中，标在两络命门。命门者，目也。足少阳之本，在窍阴之间，标在窗笼之前。窗笼者，耳也。足少阴之本，在内踝下上三寸〔上三寸：《千金》卷十九第一并作"二寸"〕中，标在背腧与舌下两脉也。足厥阴之本，在行间上五寸所，标在背腧也。足阳明之本，在厉兑，标在人迎颊挟颃颡也。足太阴之本，在中封前上四寸之中，标在背腧与舌本也。

Disse Qibo: "Quão profundo é vosso comentário. Eu desejo dar meus pontos de vista. O tronco do canal Taiyang do Pé é o ponto Fuyang (B 59) que está a cinco polegadas acima do tornozelo; seu ramo é a porta da vida dos colaterais à esquerda

715

e à direita, que é o ponto Jingming (B 1). O tronco do Canal Shaoyang do Pé é o ponto Qiaoyin (B 44); seu ramo está defronte ao batente da janela, e o que se chama de batente da janela indica o ponto Tinggong (ID 19) em frente à orelha. O tronco do Canal Shaoyin do Pé é o ponto Jiaoxin (R 8) que está a duas polegadas acima do maléolo interno do pé; sus ramos são os pontos Shenshu (B 23) nas costas e o ponto Lianquan (RN 23) nos dois canais sob a língua. O tronco do Canal Jueyin do Pé é o ponto Zhongfeng (F 4) a cinco polegadas acima do ponto Xingjian; seu ramo é o ponto Ganshu (B 18) nas costas; o tronco do Yangming do Pé é o ponto Lidui (E 45) e seu ramo é ponto Renying (E 9) que está no local em que se comunicam a boche-cha, a faringe, a parte inferior do palato e o nariz. O tronco do Canal Taiyin do Pé é o ponto Sanyinjiao (BP 6) defronte e acima do ponto Zhongfeng; seu ramo é o ponto Pishu (B 20) na parte posterior e raiz da língua.

手太阳之本，在外踝之后，标在命门之上一寸也。手少阳之本，在小指次指之间上二寸，标在耳后上角下外眦也。手阳明之本，在肘骨中，上至别阳，标在颜下合钳上也。手太阴之本，在寸口之中，标在腋内动也。手少阴之本，在锐骨之端，标在背腧也。手心主之本，在掌后两筋之间二寸中，标在腋下下三寸也。凡候此者，下虚则厥，下盛则热；上虚则眩，上盛则热痛。故石〔石：《太素》卷十《经脉标本》作"实"〕者绝而止之，虚者引而起之。

"O tronco do Canal Taiyang da Mão é o ponto Yanglao (ID 6) atrás do ângulo externo da mão; seu ramo está uma polegada acima do ponto Jingming. O tronco do canal Shaoyang da Mão é o ponto Yemen (TA 2) que está a duas polegadas acima do meio do dedo mínimo e do anular; seus ramos estão no ponto Jiaosun (TA 20) no canto superior atrás da orelha e o ponto Sizhukong (TA 23) ao lado do cano externo do olho. O tronco do Canal Yangming da Mão é o ponto Quchi (IG 11) que vai do osso do cotovelo até o ponto Binao (IG 14), acima; se ramo está no ponto Touwei (E 18) abaixo da testa e ao lado da orelha. O tronco do Canal Taiyin da Mão está no ponto Tianyuan (P 9) em Cunkou; seu ramo é ponto Tianfu (P 3) na artéria sob a axila. O tronco do canal Shaoyin da Mão está no ponto Shenmen (C 7) que está na porção terminal do osso agudo; seu ramo está no ponto Xinshu (B 15) nas costas. O tronco do canal do pericárdio é o ponto Neiguan (CS 6) que está no meio dos dois tendões, a duas polegadas do pulso, atrás da palma da mão; seu ramo está no ponto Tianchi (CS 1) que está a três polegadas sob a axila. Ao examinar os troncos e os ramos dos doze canais, quando os troncos dos vários canais Yang estiverem deficientes, irá ocorrer a síndrome Jueni; quando o tronco dos vários canais Yang estiver superabundante, irão ocorrer extremidades frias devido ao calor perverso. Quando os ramos dos vários canais Yin estiverem deficientes, irá ocorrer tontura; quando os ramos dos vários canais Yin estiverem superabundantes, irá ocorrer dor devido ao calor perverso. Por isso, quando se tratar a síndrome da estenia, isso irá eliminar a energia perversa e testar seu desenvolvimento; quando se tratar a síndrome da astenia, isso irá induzir a energia saudável e torná-la substancial.

请言气街：胸气有街，腹气有街，头气有街，胫气有街。故气在头者，止之于脑。气在胸者，此之膺与背腧。气在腹者，止之背腧，与冲脉于脐左右之动脉者。气在胫者，止之于气街，与承山踝上以下。取此者用毫针，必先按而在久〔在久：《甲乙》卷二第四作"久存之"〕应于手，乃刺而予之。所治者，头痛眩仆，腹痛中满暴胀，及有新积。痛可移者，易已也；积不痛，难已也。

"Deixai-me agora falar sobre os trajetos de energia. A energia do peito tem seu próprio trajeto; a energia do abdômen tem seu próprio trajeto; a energia da cabeça tem seu próprio trajeto e a energia da perna tem seu próprio trajeto. Portanto, quando a energia estiver na cabeça, picar o ponto Baihui (DU 20) no topo da cabeça para evitar a afecção da doença. Quando a energia estiver no peito, picar o ponto Feishu (B 13) nas costas para evitar a afecção da doença. Quando a energia estiver no abdômen, picar o ponto Pishu (B 20) nas costas; no trajeto do canal chong, picar o ponto Huangshu (R 16) em volta das artérias do umbigo e o ponto Tianshu (E 25). Quando a energia estiver na perna, picar o ponto Qichong (E 30), Chengshan (B 57) e os locais acima e abaixo do tornozelo para evitar a afecção da doença. Quando picar, aplicar a agulha filiforme, e pressionar antes o acuponto por um tempo considerável, e depois picar respectivamente com a terapia de revigoração ou com a terapia de purgação, até que a energia tenha chegado e seja sentida nos dedos. Os males causados pelos vários trajetos de energia são: dor de cabeça, desmaio, dor abdominal, flatulência abdominal, distensão súbita e massa no estágio inicial. Se o local da dor mudar, a mal é facilmente curável; se a massa não estiver dolorida e o local for fixo, dificilmente se pode curar".

论痛第五十三

Capítulo 53
Lun Tong
(Sobre a Dor)

黄帝问于少俞曰：筋骨之强弱，肌肉之坚脆，皮肤之厚薄，腠理之疏密，各不同，其于针石火焫之痛何如？肠胃之厚薄坚脆亦不等，其于毒药何如？愿尽闻之。少俞曰：人之骨强、筋弱〔《甲乙》卷六第十一"弱"作"劲"〕、肉缓、皮肤厚者耐痛，其于针石之痛、火焫亦然。

O Imperador Amarelo se dirigiu a Shaoyu dizendo: "No corpo humano existem diferenças de resistência e fragilidade nos tendões e nos ossos; existem diferenças e firmeza e debilidade nos músculos; existem diferenças de espessura e finura na pele e existem diferenças de lassidão e densidade nas estrias. Quais são as condições de dor quando recebem o tratamento por acupuntura, agulha de pedra e moxibustão? Existem também diferenças de espessura e finura, firmeza e fragilidade no intestino e no estômago; quais as respostas à estimulação quando são tratados com drogas tóxicas? Desejo conhecer os detalhes". Disse Shaoyu: "Quando um homem tem ossos fortes, tendões rijos, músculos macios e pele espessa, é capaz de resistir à dor, e também pode agüentar a dor do tratamento por acupuntura, agulha de pedra e moxibustão".

黄帝曰：其耐火焫〔焫：《甲乙》卷六第十一作"执"〕者，何以知之？少俞答曰：加以黑色而美骨者，耐火焫。黄帝曰：其不耐针石之痛者，何以知之？少俞曰：坚肉薄皮者，不耐针石之痛，于火焫亦然。

O Imperador Amarelo perguntou: "Algumas pessoas podem agüentar a dor da cauterização com moxa: como sabê-lo?" Disse Shaoyu: "Pessoas de pele escura e ossatura forte podem suportar a cauterização por moxa". Perguntou o Imperador Amarelo: "Algumas pessoas não podem suportar a dor da puntura: como sabê-lo?" Disse Shaoyu: "Pessoas com músculos firmes e pele fina pode ser que não suportem a dor do tratamento por acupuntura, e também não podem suportar a dor da moxibustão".

黄帝曰：人之病，或〔或：此字误衍〕同时而伤，或易已，或难已，其故何如？少俞曰：同时而伤，其身多热者易已，多寒者难已。

O Imperador Amarelo perguntou: "Quando a pessoas ficam simultaneamente doentes, algumas delas podem ter uma recuperação rápida enquanto que outras dificilmente se recuperam: qual a razão?" Disse Shaoyu: "Quanto à doença contraída simultaneamente, pessoas com muito calor interno podem se recuperar com mais facilidade, enquanto que pessoas com muito frio interno dificilmente se recuperam".

黄帝曰：人之胜毒，何以知之？少俞曰：胃厚、色黑、大骨及〔及：《甲乙》卷六第十作"肉"〕肥者，皆胜毒；故其瘦而薄胃〔薄胃：此应乙作"胃薄"〕者，皆不胜毒也。

O Imperador Amarelo perguntou: "Algumas pessoas podem suportar drogas tóxicas: como sabê-lo?" Disse Shaoyu: "Quando a pessoa tem um estômago com paredes espessas, pele escura, ossos grandes e músculos carnudos, pode suportar drogas tóxicas; quando se é magro e tem o estômago fraco, dificilmente se vai poder agüentar drogas tóxicas".

天年第五十四

Capítulo 54
Tian Nian
(A Duração Natural da Vida)

黄帝问于岐伯曰：愿闻〔愿闻：《灵枢略》作"夫"〕人之始生，何气〔气：《灵枢略》无此字〕筑为基，何立而〔而：《灵枢略》无此字〕为楯，何失而死，何得而生？岐伯曰：以母为基，以父为楯，失神者死，得神者生也。黄帝曰：何者为神？岐伯曰：血气已和，荣卫已通，五藏已成，神气舍心，魂魄毕具，乃成为人。

O Imperador Amarelo se dirigiu a Qibo dizendo: "Qual o fundamento do princípio da vida de uma pessoa? Como se estabelecem os limites para se guardar do externo? O que é que quando se perde causa a morte e o que se deve conservar para manter a vida?" Disse Qibo: "A mão é o fundamento e o pai é a amurada que está protegendo do lado de fora; quando a pessoa perde o espírito, morre; quando o espírito existe, a pessoa sobrevive". O Imperador Amarelo perguntou: "O que é o espírito?" Disse Qibo: "Quando o sangue e a energia estão harmoniosos, a energia Rong e a energia Wei passam livremente, as cinco vísceras têm forma e o espírito está guardado no coração fazendo com que ele induza a pensamentos e desejos, e isso mantém um homem".

黄帝曰：人之寿夭各不同，或夭寿，或卒死，或病久，愿闻其道。岐伯曰：五脏坚固，血脉和调，肌肉解利，皮肤致密，营卫之行，不失其常，呼吸微徐，气以度行，六腑化谷，津液布扬，各如其常，故能长久。

Disse o Imperador Amarelo: "A duração da vida é diferente nas diversas pessoas; umas morrem cedo e outras têm vida longa; umas têm morte súbita e outras têm enfermidade prolongada. Desejo saber o motivo disso". Disse Qibo: "A estrutura dos cinco órgãos sólidos deve ser firme, os canais devem ser bem constituídos e harmoniosos, os músculos devem ser maleáveis e úmidos, a pele deve ser fina e compacta, o fluir da energia Ying e da energia Wei não deve se afastar de sua condição normal, a respiração deve ser sutil e lenta, a energia deve fluir de forma moderada e na velocidade adequada, os seis órgãos ocos devem transformar os cereais e os líquidos do corpo devem se espalhar pelos diversos orifícios; quando todos os aspectos acima estiverem normais, a vida terá longa duração".

黄帝曰：人之寿百岁而死，何以致之？岐伯曰：使道隧以长，基墙高以方，通调营卫，三部三里，起骨高肉满，百岁乃得终。

O Imperador Amarelo perguntou: "Algumas pessoas podem viver até a idade de cem anos: como podem viver por tanto tempo?" Disse Qibo: "Quando as narinas são profundas e longas, o nariz é elevado, de tamanho grande e posição correta, o que pode harmonizar a energia dos canais, do Ying, do Wei, do triplo aquecedor e no ponto Sanli, fazendo com que a pessoa tenha vida longa. Por isso, quando o osso do nariz de uma pessoa é proeminente, e a cartilagem nasal for firme, esta poderá viver até os cem anos".

黄帝曰：其气之盛衰，以至其死，可得闻乎？岐伯曰：人生十岁，五藏始定，血气已通，其气在下，故好走。二十岁，血气始盛，肌肉方长，故好趋。三十岁，五藏大定，肌肉坚固，血脉盛满，故好步。四十岁，五藏六腑十二经脉，皆大盛以平定，腠理始疏，荣华颓落，发颇斑〔斑：《太素》卷二《寿限》作"颁"〕白，平盛不摇，故好坐。五十岁，肝气始〔始：《太平圣惠方》卷一《论形气盛衰法》无此字〕衰，肝叶始薄，胆汁始灭〔灭：周本，日刻本并作"减"〕，目始不明。六十岁，心气始衰，苦忧悲，血气懈惰，故好卧。七十岁，脾气虚〔虚：太平圣惠方》卷一《论形气盛衰法》作"衰"〕，皮肤枯。八十岁，肺气衰，魄离〔魄离：《甲乙》卷六第十二作"魂魄离散"〕，故言善误。九十岁，肾气焦〔焦：《太平圣惠方》卷一《论形气盛衰法》"焦"下有"竭"字〕，四藏〔四藏：《太素》卷二《寿限》作"脏枯"〕经脉空虚。百岁，五藏皆虚，神气皆去，形骸独居而终矣。

O Imperador Amarelo perguntou: "Podes me falar a respeito das condições de crescimento e declínio da energia, desde a juventude até a morte?" Disse Qibo: "Quando a pessoa tem dez anos de idade, suas cinco vísceras estão em perfeito estado, seu sangue e energia fluem e sua energia está nas extremidades inferiores, por isso ela gosta de correr. Quando a pessoa tem vinte anos, seu sangue e energia se tornam prósperos, seus músculos se desenvolvem, e ela gosta de andar rápido. Quando ela tem trinta anos, suas cinco vísceras estão em pleno funcionamento, seus músculos estão firmes, seu sangue é próspero e denso, e ela prefere andar devagar. Quando ela tem quarenta anos, seus cinco órgãos sólidos, seus seis órgãos ocos e os doze canais, estão bem desenvolvidos e estáveis, suas estrias começam a afrouxar e o brilho de sua compleição começa a fenecer, os cabelos e as têmporas começam a ficar grisalhos, ela gosta de lidar com as coisas de maneira mais simples, e prefere em vez de agir, ficar sentada. Quando ela tem cinqüenta anos, suas energias começam a declinar, o invólucro do seu fígado está fino e fraco, sua bile se reduz gradativamente e sua visão começa a ficar embotada. Quando ela tem sessenta anos, seu coração começa a declinar, ela tem angústia e preocupação freqüentes; já que seu sangue e energia agem lentamente, ela prefere ficar deitada. Quando ela tem setenta anos, a energia de seu baço está fraca e sua pele está seca. Quando ela tem oitenta anos, a energia de seu pulmão está declinando, sua alma e seu espírito inferior se dispersam, e por isso ela tem um modo de falar confuso. Quando ela tem noventa anos, a energia dos seus rins fenece e se exaure, esvaziando-se a energia de todas as vísceras: fígado, coração, baço e pulmão, juntamente com a energia dos canais. Quando ela tem cem anos, as energias de todas as vísceras se esgotaram, ela não tem mais espírito, e nessa hora, ela tem só a substância corporal, e pode morrer a qualquer momento".

黄帝曰：其不能终寿而死者，何如？岐伯曰：其五藏皆不坚，使道不长，空外以张，喘息暴疾，又卑基墙，薄脉少血，其肉不石〔石：《太素》卷二《寿限》作"实"〕，数中风寒，血气虚，脉不通，真邪相攻，乱而相引，故中寿而尽也。

O Imperador Amarelo perguntou: "Algumas pessoas morrem cedo e não podem completar seu ciclo de vida: por que isso?" Disse Qibo: "Quando não existe firmeza nas cinco vísceras, o sulco nasolabial é curto, as narinas estão viradas para fora, sua respiração é rápida, a testa é baixa, os canais são pequenos e têm pouco sangue em seu interior, seus músculos não são firmes, a pessoa está freqüentemente sujeita à apoplexia, seu sangue e energia são deficientes, seus canais são livres, sua energia saudável e a perversa atacam uma à outra, de forma que o sangue e a energia são anormais no corpo, fazendo com que a energia perversa penetre em profundidade, pessoas desse tipo morrem na meia-idade".

逆顺第五十五

Capítulo 55
Ni Shun
(A Concordância e a Contracorrente)

黄帝问于伯高曰：余闻气有逆顺，脉有盛衰，刺有大约，可得闻乎？伯高曰：气之逆顺者，所以应天地、阴阳、四时、五行也；脉之盛衰者，所以候血气之虚实有余不足。刺之大约者，必明知病之可刺，与其未可刺，与其已不可刺也。

O Imperador Amarelo perguntou a Bogao: "Disseram-me que as energias têm como diferença a concordância e a contracorrente, as condições de pulso têm a diferença da superabundância e da deficiência e a puntura tem seu método genérico; podes me falar a respeito?" Disse Bogao: "A concordância e a contracorrente que ocorrem na energia do corpo humano, correspondem ao Yin, ao Yang, às quatro estações e aos cinco elementos; quando se examina a superabundância e a deficiência da condição do pulso, pode-se determinar a estenia ou a astenia da doença e a ocorrência de excesso ou deficiência de sangue e de energia; quando se tratar com agulhas, de acordo com o método genérico da acupuntura, deve-se conhecer com precisão qual o tipo de doença que se deve tratar pela puntura, que tipo de doença não deve ser tratada assim naquele momento e que tipo de doença não se deve punturar".

黄帝曰：候之奈何？伯高曰：兵法曰：无迎逢逢之气，无击堂堂之阵。刺法曰：无刺熇熇之热，无刺漉漉之汗，无刺浑浑之脉，无刺病与脉相逆者。黄帝曰：候其可刺奈何？伯高曰：上工，刺其未生者也。其次，刺其未盛者也。其次，刺其已衰者也。下工，刺其方袭者也，与其形之盛者也，与其病之与脉相逆者也。故曰：方其盛也，勿敢毁伤，刺其已衰，事必大昌。故曰：上工治未病，不治已病。此之谓也。

O Imperador Amarelo perguntou: "Como tratar a doença que não deve ser picada?" Disse Bogao: "De acordo com a arte da guerra, não se deve atacar de cabeça o exército que se aproxima e ao qual não se possa oferecer resistência, e não se deve desencadear um ataque ao inimigo numa batalha encarniçada e cheia de flechas.[NT] Nos "Métodos de Acupuntura" está estabelecido: "Não picar quando o paciente estiver passando por uma febre excessiva; não picar quando o paciente estiver suando no corpo inteiro; não picar quando a condição de pulso do paciente estiver confusa e quando a doença for contrária à condição do pulso"". O Imperador Amarelo perguntou: "Como tratar a doença que pode sofrer puntura, após o exame?" Disse Bogao: "Quanto ao médico de alto nível, ele deve tratar a doença que não tenha uma

---

NT – "A Arte da Guerra" é um livro famoso de um estrategista chinês chamado Sun Tzu.

723

manifestação externa; em seguida, ele pode tratar e picar a doença em que a energia perversa ainda não esteja tão abundante; depois disso, ele pode tratar e picar a doença onde a energia perversa esteja declinando. Quanto a um médico de baixo nível, ele ousa picar a enfermidade que esteja sobreposta; quando a energia perversa estiver predominando ou quando a doença for contrária à condição do pulso, ele espera até que a energia perversa tenha se tornado insuficiente e, então, ele aproveita a oportunidade para picar e obter um bom efeito curativo. Portanto, quanto ao médico de alto nível, ele pode não somente tratar o órgão interno que está enfermo, mas também tratar o órgão interno que ainda não contraiu a doença".

五味第五十六

Capítulo 56
Wu Wei
(Os Cinco Sabores)

黄帝曰：愿闻谷气有五味，其入五脏，分别奈何？伯高曰：胃者，五脏六腑之海也，水谷皆入于胃，五脏六腑皆禀气于胃。五味各走〔走：《类说》卷三十七引作“入”〕其所喜，谷味酸，先走肝，谷味苦，先走心，谷味甘，先走脾，谷味辛，先走肺，谷味咸，先走肾。谷气〔谷气：《甲乙》卷六第九“谷气”下有“营卫俱行”四字〕津液已行，营卫大通，乃化糟粕，以次传下。

Disse o Imperador Amarelo: "Existem cinco sabores na essência que deriva dos alimentos; quando eles entram nas cinco vísceras do corpo, quais seus trajetos respectivos? Desejo que me digas". Disse Bogao: "O estômago é como um mar de convergência de nutrição dos cinco órgãos sólidos e dos seis órgãos ocos, e recebe a energia refinada formada pela digestão dentro dele; cada um dos cinco sabores do alimento entra na víscera que respectivamente o prefere. Portanto, a sabor ácido tende a entrar primeiro no fígado; o sabor amargo tende a entrar primeiro no coração; o sabor doce tende a entrar primeiro no baço; o sabor picante tende a entrar primeiro no pulmão; o sabor salgado tende a entrar primeiro nos rins. O fluido corporal convertido pelas substâncias refinadas da essência que deriva dos alimentos, corre pelo corpo facilitando a energia Ying e a energia Wei; as matérias inúteis, serão convertidas em escória para serem eliminadas ao exterior do corpo por meio da urina e da defecação".

黄帝曰：营卫之行奈何？伯高曰：谷始入于胃，其精微者，先出于胃之两焦，以溉五脏，别出两〔两：《甲乙》卷六第九“两”下有“焦”字，断句〕行，营卫之道。其大气之抟而不行者，积于胸中，命曰气海，出于肺，循喉咽，故呼则出，吸则入。天地之精气，其大数常出三入一，故谷不入，半日则气衰，一日则气少矣。

O Imperador Amarelo perguntou: "Qual a condição de funcionamento da energia Ying e da energia Wei?" Disse Bogao: "Quando os cereais tiverem entrado no estômago, as substâncias refinadas que foram geradas, se espalham pelo aquecedor superior e pelo aquecedor médio a partir do estômago para irrigar e nutrir as cinco vísceras, e os outros dois ramos são os dois trajetos da energia Ying e da energia Wei. Além disso, existe também o ar da natureza que se reúne sem tumulto e se acumula no peito, e a este se dá o nome de mar do qi (sopro). O sopro deste tipo provém do pulmão e percorre a garganta; sai quando a pessoa exala e entra quando a pessoa inala. A energia refinada dos cereais no mar do qi, é aproximadamente três quartos exalada e um quarto inalada. Por isso, se a pessoa não se alimenta por metade do dia, sentirá uma deficiência no alento; quando não se alimenta durante um dia inteiro, sente falta de ar".

黄帝曰：谷之五味，可得闻乎？伯高曰：请尽言之。五谷：秔〔秔：《甲乙》卷六第九作
"粳"〕米〔米：《太素》卷二《调食》"失"下有"饭"字〕甘，麻〔麻：《素问·藏气法时
论》作"小豆"〕酸，大豆咸，麦〔麦：《甲乙》卷六第九"麦"上有"小"字〕苦，黄〔黄：
《五行大义》卷三《论配气味》引《甲乙》无此字〕黍〔黍：《千金》卷二十九第四作"稻"〕
辛。五果：枣甘，李酸，栗咸，杏苦，桃辛。五畜：牛甘，犬酸，猪咸，羊苦，鸡辛。五菜：
葵甘，韭酸，藿咸，薤苦，葱辛。

O Imperador Amarelo perguntou: "Podes me falar a respeito dos cinco sabores dos cereais?" Disse Bogao: "Desejo explicar em detalhes. Quanto aos cinco cereais, o sabor do arroz de formato arredondado é doce; o sabor do gergelim é ácido; o sabor do feijão de soja é salgado; o sabor do trigo é amargo e o sabor do painço é picante. Quanto aos cinco frutos, o sabor da jujuba é doce, o sabor da ameixa é ácido; o sabor da castanha é salgado, o sabor do abricô é amargo e o sabor do pêssego é picante. Quanto aos cinco animais, o sabor da carne de vaca é doce; o sabor da carne de cachorro é ácido, o sabor da carne de porco é salgado, o sabor da carne de carneiro é amargo e o sabor da carne de frango é picante. Quanto aos vegetais, o sabor do aipo é doce, o sabor da cebolinha chinesa é amargo, o sabor dos feijões é salgado, o sabor do alho-porró é amargo e o sabor da cebolinha verde é picante.

五色：黄色宜甘，青色宜酸，黑色宜咸，赤色宜苦，白色宜辛。凡此五者，各有所宜。五
宜〔五宜：周本与注本并无此二字〕：所言五色〔五色：《太素》卷二《调食》作"五宜"〕者，
脾病者，宜食秔米饭牛肉枣葵；心病者，宜食麦羊肉杏薤；肾病者，宜食大豆黄卷猪肉栗藿；
肝病者，宜食麻犬肉李韭。肺病者，宜食黄黍鸡肉桃葱。

"Quanto as cinco cores, o amarelo corresponde ao doce, o verde corresponde ao ácido, o preto corresponde ao salgado, o vermelho é adequado ao ácido e o branco é adequado ao picante. Quanto as cinco cores, cada uma é adequada a uma circunstância. O que se chama de cinco circunstâncias adequadas é: ao paciente com mal do baço, é adequado comer arroz de formato arredondado, carne de vaca, jujuba e aipo; ao paciente com um mal do coração é adequado ingerir trigo, carne de carneiro, abricô e alho-porró; ao paciente com mal dos rins é adequado feijão de soja, painço, carne de porco e feijão em fava; ao paciente com mal do fígado, é adequado o gergelim, a carne de cachorro, ameixa e cebolinha chinesa;[NT] ao paciente com mal no pulmão é adequado ingerir painço, carne de frango, pêssego e cebolinha verde.

五禁：肝病禁辛，心病禁咸，脾病禁酸，肾病禁甘，肺病禁苦。

"As cinco contra-indicações são: quando tratar o mal do fígado, é proibido empregar o picante; quando tratar o mal do coração, é proibido empregar o salgado; quando tratar o mal do baço, é proibido empregar o ácido; quando tratar o mal do rim, é proibido empregar o doce; quando tratar o mal do pulmão, é proibido empregar o amargo.

肝色青，宜食甘，秔米饭牛肉枣葵〔葵：《太素》卷二《调食》无此字〕皆甘。心色赤，
宜食酸，大肉麻李韭皆酸〔大肉麻李韭皆酸：《太素》卷二《调食》"大"作"犬"，无"麻
韭"二字〕。脾色黄，宜食咸，大豆豕肉栗藿〔藿：《太素》卷二《调食》无此字〕皆咸。肺

NT – A cebolinha chinesa é de um verde mais escuro que a cebolinha verde comum, é menos comprida e as folhas são mais finas e têm um odor que lembra o alho descascado; a carne de cachorro deve ser comida por homens, porque é benéfica ao impulso sexual masculino.

"A cor do fígado é o verde; quando o fígado está enfermo, é aconselhável que se empregue o doce: o arroz de formato arredondado, a carne de vaca e a jujuba são doces. A cor do coração é o vermelho; quando o coração está enfermo, é aconselhável o alimento ácido: a carne de cachorro, o gergelim, a ameixa e a cebolinha chinesa são ácidos. A cor do baço é o amarelo; quando o baço está enfermo, é aconselhável ingerir alimento salgado: o feijão de soja, a carne de porco e a castanha são salgados. A cor do pulmão é o branco; quando o pulmão está enfermo, é aconselhável o alimento amargo: o trigo, a carne de carneiro e o abricô são amargos. A cor do rim é o preto; quando o rim estiver enfermo, é aconselhável ingerir o alimento picante: o painço, a carne de frango e o pêssego são picantes".

水胀第五十七

Capítulo 57
Shui Zhang
(O Edema)

黄帝问于岐伯曰：水与肤胀、鼓胀、肠覃、石瘕、石水〔石水："石水"二字是衍文〕，何以别之。岐伯答曰：水始起也，目窠上微肿，如新卧起之状，其颈脉动，时咳，阴股间寒，足胫瘇〔瘇：藏本与注本并作"肿"〕，腹乃大，其水已成矣。以手按其腹，随手而起，如裹水之状，此其候也。

O Imperador Amarelo perguntou a Qibo: "Como distinguir entre edema, anasarca, distensão abdominal, massa intestinal e massa empedrada no útero?" Disse Qibo: "No início do edema, as pálpebras da pessoa ficam meio cheias de líquido, como se ela tivesse acabado de acordar, o pulso Renying no pescoço bate rápido, ela tosse com freqüência, sente frio do lado interno da coxa e tem edema na perna, o abdômen está expandido, e então o edema se instala. Quando se pressiona o local inchado e depois se retira a mão, o abdômen estufa como se água tivesse sido infiltrada. Esses são os sintomas do edema".

黄帝曰：肤胀何以候之？岐伯曰：肤胀者，寒气客于皮肤之间，䯱䯱然不坚，腹大，身尽肿，皮厚，按其腹，窅〔窅：《甲乙》卷八第四作"腹陷"〕而不起，腹色不变，此其候也。

O Imperador Amarelo perguntou: "Como diagnosticar anasarca?" Disse Qibo: "A formação de anasarca se deve à retenção de energia fria dentro da pele. Se o abdômen estiver vazio e não estiver frio, quando for percutido, e parecer grande, e o corpo todo inchado, a pele grossa, a parte funda do abdômen não se expandir quando se retirar a mão após fazer pressão, e a cor da pele permanecer imutável, esses são os sintomas de anasarca".

鼓胀何如？岐伯曰：腹胀身皆大〔腹胀身皆大：《甲乙》卷八第四作"腹身皆肿大"〕，大〔大："大"字衍〕与肤胀等也，色苍黄，腹筋起，此其候也。

O Imperador Amarelo perguntou: "Quais são os sintomas de distensão no abdômen?" Disse Qibo: "Quando o abdômen do paciente está distendido e cheio, o corpo todo incha e se expande na anasarca, a pele fica entre verde e amarela e os vasos no abdômen incham abruptamente; esses são os sintomas de distensão abdominal".

肠覃何如？岐伯曰：寒气客于肠外，与卫气相搏，气〔气：《甲乙》卷八第四"气"上并有"正"字〕不得荣〔荣：《太素》卷二十九《胀论》作"营"〕，因有所系，癖而内著，恶气乃起，瘜肉乃生，其始生〔生："生"字衍〕也，大如鸡卵，稍以益大，至其成如怀子之状，久者离岁，按之则坚，推之则移，月事以时下，此其候也。

O Imperador Amarelo perguntou: "Quais são os sintomas de massa intestinal?" Disse Qibo: "Quando a energia fria fica retida na parte de fora do intestino para combater a energia Wei, isso faz com que a energia saudável deixe de operar normalmente. Como a energia fria e a energia Wei estão em conexão e não podem se dispersar, gradualmente irá se formando no interior a massa abdominal e começa a ter surgimento uma energia torpe, os pólipos começam a crescer; no começo isso é do tamanho de um ovo, mas gradativamente vai ficando cada vez maior; quando a doença já tomou forma, a paciente parece uma mulher grávida e o curso da doença irá durar muitos anos; quando se pressiona com a mão, é firme e duro; quando se empurra com a mão, parece que se move um pouco, mas a menstruação da paciente ocorre dentro do programado. Estes são os sintomas da massa intestinal”.

石瘕何如？岐伯曰：石瘕生胞中寒，寒气客于子门〔门：《千金》卷二十一第四作“宫”〕，子门闭塞，气不得通，恶血当泻不泻，衃以〔衃以：《甲乙》卷八第四作“血衃乃”〕留止，日以益大，状如怀子，月事不以时下。皆生于女子，可导而下。

O Imperador Amarelo perguntou: “Quais são os sintomas da massa empedrada no útero?” Disse Qibo: “A massa empedrada cresce no interior do útero. Quando a energia fria invade o orifício uterino, ela se oculta para causar obstrução de energia; o sangue impuro que deve ser excretado deixa de sair, fazendo com que um sangue corrompido seja mantido no interior, e a massa empedrada vai ficando maior a cada dia e, finalmente, a paciente parece uma mulher grávida, e sua menstruação não ocorre dentro dos padrões. Essa doença é contraída por mulheres, e pode ser eliminada aplicando-se a terapia de purgação”.

黄帝曰：肤胀鼓胀可刺邪？岐伯曰：先泻〔泻：《太素》卷二十九《胀论》并作“刺”〕其胀〔胀：《太素》卷二十九《胀论》并作“腹”〕之血络，后调其经，刺去〔去：“去”字衍〕其血络〔络：《太素》卷二十九《胀论》并作“脉”〕也。

O Imperador Amarelo perguntou: “Podem a anasarca e a distensão do abdômen ser tratadas com a puntura?” Disse Qibo: “Devem ser picadas em primeiro lugar as vênulas superficiais do abdômen, e depois, adequar o canal de acordo com a condição de astenia e de estenia, mas o tratamento principal deve ser o de picar as vênulas superficiais”.

贼风第五十八

Capítulo 58
Zei Feng
(O Vento Perverso)

黄帝曰：夫子言贼风邪气之伤人也，令人病焉，今有其不离屏蔽，不出空穴〔空穴：明本，，统本，日刻本，张注本"空"并作"室"〕之中，卒然病者，非不〔不：《太素》卷二十八《诸风杂论》作"必"〕离贼风邪气，其故何也？

O Imperador Amarelo disse a Qibo: "Tu já disseste que quando um homem é atingido pelo vento perverso, ele adoece. Mas alguns contraem doença subitamente quando estão dentro de casa e não foram invadidos pelo vento perverso: qual a razão?"

岐伯曰：此皆尝有所伤于湿气，藏于血脉之中，分肉之间，久留而不去；若有所堕坠，恶血在内而不去。卒然喜怒不节，饮食不适，寒温不时，腠理闭而不通。其开〔其开：《甲乙》卷六第五无此二字〕而遇风寒，则血气凝结，与故邪相袭，则为寒痹。其有热则汗出，汗出则受风，虽不遇贼风邪气，必有因加而发焉。

Disse Qibo: "Isto se deve ao paciente ter sido atingido pela umidade no passado, e a umidade perversa ter ficado retida entre os canais e os músculos, e que ainda não foi removida; ou o paciente caiu de um lugar alto no passado e ficou com sangue estagnado no corpo, que ainda não se dissipou; ou isto se deve ao paciente ter tido um excesso de alegria súbito ou uma raiva repentina, ter comido ou bebido algo inadequado ou ter se defrontado com um frio ou calor extremos, que tenha causado obstrução nas estrias; ou se deve ao paciente ter se defrontado com um vento frio quando as estrias estavam abertas, causando estagnação de sangue e de energia. Quando a umidade perversa prolongada se combina com o vento frio recém-contraído, isso causa uma protuberância nos hipocôndrios devido ao frio. Quando o paciente tem calor, ele transpira; quando o vento invade durante a transpiração, ele fica doente. Quando o perverso prolongado encontra o perverso recém-contraído, isso pode causar a doença, mesmo que a pessoa não tenha se deparado recentemente com um vento ladrão ou com a energia perversa".

黄帝曰：今夫子之所言者，皆病人之所自知也。其毋所遇邪气，又毋怵惕之所〔所：此"所"字疑衍〕志，卒然而病者，其故何也？唯有因鬼神之事乎？

Disse o Imperador Amarelo: "O que disseste é razoável e pode ser compreendido pelo paciente. Mas existe a condição na qual a pessoa se depara com a energia perversa nas quatro estações, e não ocorre nenhum estímulo que assuste, mas o paciente cai doente subitamente: qual a razão? São, na verdade, os deuses e os fantasmas que estão causando problemas?"

岐伯曰：此亦有故邪留而未发，因而志有所恶，及有所慕，血气内乱，两气相搏。其所从来者微，视之不见，听而不闻，故似鬼神。

730

Disse Qibo: "Isto é porque o paciente tem um perverso retido no corpo há muito tempo e que ainda não foi expulso, ou ele deve ter algo detestável ou algo admirável dentro de seu coração, que tornem o sangue e a energia confusos. Já que o perverso prolongado e as energias perversas recentes estão em combate, a doença ocorre subitamente. Como a razão da doença é bastante sutil, dificilmente se pode ver ou ouvir falar de algo parecido, e então é como se os deuses e os fantasmas estivessem causando problemas".

黄帝曰：其祝〔其祝：《甲乙》卷六第五作"其由祝由"〕而已者，其故何也？岐伯曰：先巫者，因〔因：《太素》卷二十八《诸风杂论》作"固"〕知百病之胜，先知其病知所从生者，可祝〔可祝："祝"下脱"由"字〕而已也。

O Imperador Amarelo perguntou: "Algumas doenças podem ser curadas por talismãs e encantamentos: qual a razão?" Disse Qibo: "O médico feiticeiro dos tempos antigos sabia realmente quais as doenças que condicionavam umas às outras. Por isso, deve-se conhecer de antemão as razões da doença, para depois curá-la com talismãs e encantamentos".

卫气失常第五十九

Capítulo 59
Wei Qi Shi Chang
(Tratamento da Energia Wei Anormal)

黄帝曰：卫气之留于腹中，搐积不行，苑蕴不得常所，使人支胁胃中满，喘呼逆息者，何以去之？伯高曰：其气积于胸中者，上取之；积于腹中者，下取之；上下皆满者，傍取之。

O Imperador Amarelo perguntou: "Quando a energia Wei se acumula no peito, mas a estagnação não fica restrita a um local definido, isso causa prolapso nos hipocôndrios, flatulência abdominal, dispnéia e contracorrente da energia vital. Como eliminá-las?" Disse Bogao: "Quando a energia fica acumulada no peito, tratar picando os acupontos na porção superior do corpo; quando a energia fica acumulada no abdômen, tratar picando os acupontos na porção inferior do corpo; quando a energia é plena e distende tanto o peito quanto o abdômen, tratar picando com pontos proximais".

黄帝曰：取之奈何？伯高对曰：积于上，泻人迎，天突、喉中；积于下者，泻三里与气街；上下皆满者，上下取之，与季胁之下一寸；重者〔重者：按"重者"与上"与季胁之下一寸"句似误倒，当作"重者，与季胁之下一寸，鸡足取之"〕，鸡足取之。诊视其脉大而弦急，及绝不至者，及腹皮急甚者，不可刺也。黄帝曰：善。

O Imperador Amarelo perguntou: "Como tratá-los picando os acupontos?" Disse Bogao: "Quando a energia Wei está acumulada no peito, purgar picando os pontos Renying (E 9), Tiantu (RN 22) e Houzhong; quando a energia Wei está acumulada no abdômen, purgar picando os pontos Sanli (E 36) e Qijie (E 30); quando o peito e o abdômen estão ambos em plenitude e distendidos com a energia, picar em cima os pontos Renying, Tiantu e Houzhong e embaixo os pontos Sanli e Qijie e picar no meio o ponto Zhangmen (F 13). Se a distensão for severa, picar de forma enviesada, nos padrões de uma pata de galinha. Se a condição do pulso do paciente estiver agigantada, em corda e rápida, ou o pulso estiver fundo e a parede do estômago muito dura, não se deve tratar com a puntura". Disse o Imperador Amarelo: "Muito bem".

黄帝问于伯高曰：何以知皮肉、气血、筋骨之病也？伯高曰：色起两眉〔色起两眉：《千金翼方》卷二十五《诊气血法》作"白色起于两眉间"〕薄泽者，病在皮。唇色青黄赤白〔白：《千金翼方》卷二十五《诊气色法》无此字〕黑者，病在肌肉。营气濡然者，病在血气〔气：《千金翼方》卷二十五《诊气色法》作"脉"〕。目色青黄赤白黑者，病有筋。耳焦枯受尘垢，病在骨。

O Imperador Amarelo perguntou a Bogao: "Como saber pelo exame se a doença é na pele, no músculo, de energia, no sangue, no tendão e nos ossos?" Disse Bogao: "Quando a cor branca aparecer entre as duas sobrancelhas, sem brilho, a doença está na pele; quando aparecer nos lábios a cor verde, a cor amarela, a cor vermelha ou a cor preta, a doença está nos músculos; quando o sangue e a energia do paciente estiverem deficientes, a doença está no canal; quando a cor verde, amarela, vermelha ou preta aparecerem nos olhos, a doença está no tendão; quando o ouvido estiver seco e cheio de cera, a doença está nos ossos".

黄帝曰：病形何如，取之奈何？伯高曰：夫百病变化，不可胜数，然〔夫面病变化，不可胜数，然：《甲乙》卷六第六并无此十字〕皮有部，肉有柱，血气有输，肉有属。黄帝曰：愿闻其故。伯高曰：皮之部，输于四末。肉之柱，在臂胫诸阳分肉之间，与足少阴分间〔分间：《千金翼方》卷二十五第一作"分肉之间"〕。血气之输〔血气之输：《千金翼方》卷二十五第一作"气血之轮"〕，输于诸络，气血留居，则盛而起。筋部无阴无阳，无左无右，候病所在。骨之属者，骨空之所以受益〔《甲乙》卷六第六作"液"〕而益脑髓者也。

O Imperador Amarelo perguntou: "Qual a aparência das doenças e como tratá-las picando?" Disse Bogao: "Na pele existe uma subcamada; no músculo existe uma porção proeminente; a energia e o sangue, são orbiculares; no ossos existe o tecido conectivo e todas essas são as partes dominantes". Disse o Imperador Amarelo: "Desejo ouvir as razões a respeito". Disse Bogao: "A subcamada de pele está nas quatro extremidades. A porção protuberante do músculo está entre os músculos dos vários canais Yang na parte inferior do braço e entre os músculos do Canal Shaoyin do Pé. O orbicular da energia e do sangue está nos pontos colaterais dos diversos canais; se a energia e o sangue estiverem estagnados, a energia do canal ficará obstruída. Quando a doença está no tendão, picar o foco, sem se ater ao fato de ser Yin, Yang, à direita ou a esquerda da doença. Quando a doença está nos ossos, picar o tecido conectivo ao osso, já que a cavidade óssea na junta é o local que recebe líquido para suplementar a medula cerebral.

黄帝曰：取之奈何？伯高曰：夫病变化，浮沉深浅，不可胜穷，各在其处〔"黄帝曰"至"各在其处"：《千金翼方》卷二十五第一作"若取之者，必须候病间甚者也"〕。病间者浅之，甚者深之，间者小之，甚者众之〔甚者众之：《千金翼方》卷二十五第一无"甚者"二字，"众"作"多"，"多之"二字，移在上文"甚者深之"之下〕，随变而调气〔气：《千金翼方》卷二十五第一作"之"〕，故曰上工。

"Quando se faz tratamento por meio da puntura, deve-se examinar a extensão severa ou leve da doença. Quanto à doença que é leve, picar de modo raso e fazer mais picadas. Quando alguém trata de acordo com a variação da doença, supõe-se que seja um bom médico".

黄帝问于伯高曰：人之肥瘦大小寒温，有老壮少小，别之奈何？伯高对曰：人年五十已上为老，二十已上为壮，十八已上为少，六岁已上为小。

O Imperador Amarelo perguntou a Bogao: "Como distinguir num homem as condições de gordo ou magro, frio ou quente, e o senil, o adulto, o jovem e a criança?" Disse Bogao: "Quando a pessoa tem mais do que cinqüenta anos, ela é velha; quando ela tem mais do que vinte, ela é adulta; quando ela tem mais do que dezoito, ela é jovem; quando ela tem mais do que seis ela é uma criança".

黄帝曰：何以度知其肥瘦？伯高曰：人有肥有膏有肉。黄帝曰：别此奈何？伯高曰：䐃肉坚，皮满者，肥。䐃肉不坚，皮缓者，膏。皮肉不相离者，肉。

O Imperador Amarelo perguntou: "Como fazer uma estimativa?" Disse Bogao: "Existem entre os humanos três tipos de corpo: o tipo gordo, o tipo obeso e o tipo

733

musculoso". O Imperador Amarelo perguntou: "Como distingui-los?" Disse Bogao: "Quando a parte proeminente do músculo da pessoa é firme e sua pele é cheia, ela é do tipo gordo; quando a parte proeminente do músculo da pessoa não tem firmeza e sua pele é flácida, ela é do tipo obeso; quando a pele e os músculos estão coesos, ela é do tipo musculoso".

黄帝曰：身之寒温何如？伯高曰：膏者其肉淖，而粗理者身寒，细理者身热。脂者其肉坚，细理者热，粗理者寒。

O Imperador Amarelo perguntou: "Como distinguir os tipos de corpo que são frios e os que são quentes?" Disse Bogao: "O músculo do homem de tipo obeso é úmido, e se a textura for áspera, ele pode agüentar o frio; se a textura for fina e densa ele pode agüentar o calor. O músculo do homem de tipo gordo é firme e substancial; se a textura for fina e densa ele pode agüentar o calor; se a textura for áspera, ele pode agüentar o frio".

黄帝曰：其肥瘦大小奈何？伯高曰：膏者，多气而皮纵缓，故能纵腹垂腴。肉者，身体容大。脂者，其身收小。

O Imperador Amarelo perguntou: "Quais são as condições quando o corpo da pessoa é gordo ou magro, grande ou pequeno?" Disse Bogao: "Quanto a um homem do tipo obeso, sua energia é superabundante, sua pele é mole e flácida, por isso seus músculos abdominais são moles e sua barriga fica pendurada. Quanto ao homem do tipo musculoso, a capacidade do seu corpo é maior. Quanto ao homem do tipo gordo, seus músculos são apertados e densos e sua estatura é menor".

黄帝曰：三者之气血多少何如？伯高曰：膏者多气，多气者热，热者耐寒。肉者多血则充形，充形则平。脂者，其血清，气滑少，故不能大。此别于众人者也。黄帝曰：众人奈何？伯高曰：众人皮肉脂膏不能相加也，血与气不能相多，故其形不小不大，各自称其身，命曰众人。

O Imperador Amarelo perguntou: "Quais são as condições de abundância e de escassez de energia e de sangue nas pessoas do tipo gordo, no obeso e no musculoso?" Disse Bogao: "Um homem do tipo obeso tem muita energia, seu físico é quente, e ele não pode suportar o frio. Um homem do tipo musculoso tem muito sangue que pode sustentar o físico, seu temperamento é moderado. Quanto ao homem do tipo gordo, seu sangue é claro, sua energia é escorregadia e parca, por isso seu corpo não pode ter resistência. Essas são as diferenças em relação ao homem comum". O Imperador Amarelo perguntou: "Quais são as condições de energia e de sangue de um homem comum?" Disse Bogao: "De um modo geral, a pele, os músculos e a gordura não estão fazendo falta, o sangue e a energia estão equilibrados, nenhum deles parcialmente abundante, por isso o corpo de uma pessoa só pode ser considerado como de tamanho normal se a pele, os músculos, os tendões e os ossos estiverem firmes no corpo todo; um homem como este, é tido como um homem comum".

黄帝曰：善。治之奈何？伯高曰：必先别其三形，血之多少，气之清浊，而后调之，治无失常经。是故膏人，纵腹垂腴；肉人者，上下容大；脂人者，虽脂不能大者。

Perguntou o Imperador Amarelo: "Como tratá-los?" Disse Bogao: "Deve-se distinguir entre o excesso e a falta de sangue e se a energia é clara ou turva nos três tipos de corpo, antes de tratar. Quando tratar, não se deve estar afastado do princípio da circulação normal da energia Wei. Deve-se ter em mente que nas pessoas do tipo obeso, seus músculos abdominais são moles e flácidos, sua barriga fica pendurada; nas pessoas do tipo musculoso, sua capacidade na parte superior e inferior do corpo é maior; nas pessoas do tipo gordo, embora os gordos sejam cheios, seus corpos não podem ser tão grandes como as pessoas do tipo musculoso e do tipo obeso".

玉版第六十

Capítulo 60
Yu Ban
(A Placa de Jade)

黄帝曰：余以小针为细物也，夫子乃言上合之于天，下合之于地，中合之于人，余以为过针之意矣，愿闻其故。岐伯曰：何物大于天〔天：《太素》卷二十三《疽痛逆顺刺篇》"天"作"针者"二字〕乎？夫大于针者，惟五兵者焉。五兵者，死之备也，非生之具〔具：《太素》卷二十三《疽痛逆顺刺篇》作"备也"二字〕。且夫人者，天地之镇也，其不〔不：是衍文〕可不参乎？夫治民者，亦惟针焉。夫针之与五兵，其孰小乎？

O Imperador Amarelo disse a Qibo: "Antes eu achava que as agulhas pequenas eram ninharias, mas agora dizes que a agulha pode chegar ao céu acima, à terra embaixo e ao homem no meio. Acho que tenhas superestimado o sentido original disso, e desejo ouvir suas razões a respeito". Disse Qibo: "O que pode ser maior do que a agulha? Só existem cinco armas maiores do que a agulha, mas as armas são usadas para a carnificina, elas não são usadas para salvar a vida do homem. Já que a vida humana é a coisa mais preciosa entre o céu e a terra, por que não pode a agulha conectar o céu e a terra? Quanto aos assuntos concernentes a disciplinar o povo, eles também podem ser induzidos pelo princípio da agulha. Com tais considerações, quando se comparam suas funções com as cinco armas, qual deveria em vossa opinião ser a menor?"

黄帝曰：病之生时，有喜怒不测，饮食不节，阴气不足，阳气有余，营气不行，乃发为痈疽。阴阳〔阴阳：《太素》卷二十三《疽痛逆顺刺》"阳"下并有"气"字〕不通，两〔两：黄校本作"而"〕热相搏，乃化为脓，小针能取之乎？岐伯曰：圣人不能使化者，为之邪不可〔不可：孙鼎宜曰："'不可'二字衍文"〕留也。故两军相当，旗帜相望，白刃陈于中野者，此非一日之谋也。能使其民，令行禁止，士卒无白刃之难者，非一日之教也，须臾之〔臾之：《太素》卷二十三《疽痛逆顺刺》作"久之方"〕得也。夫至使身被痈疽之病，脓血之聚者，不亦离道远乎。夫痈疽之生，脓血之成也，不从天下，不从地出〔不从天下，不从地出：《甲乙》卷十一第九下无"不从"八字〕，积微之所生也。故圣人自〔自：《太素》卷二十三《疽痛逆顺刺》作"之"〕治于未有形也，愚者遭其已成也。

O Imperador Amarelo perguntou: "No decurso da doença, se o paciente for caprichoso, deixa de praticar a temperança no comer e no beber, sua energia Yin nos cinco órgãos sólidos se torna insuficiente e a energia yang nos seis órgãos ocos terá um excesso causando o impedimento das energias Ying e Wei e irão surgir carbúnculos. Quando as energias Yin e Yang estão obstruídas, o calor perverso acumulado irá virar pus. Pode este tipo de doença ser tratado picando-se com uma agulha pequena?" Disse Qibo: "Como a doença vem sendo retida no interior por um longo período, mesmo o mais sábio não pode eliminar imediatamente a energia perversa. São dois exércitos hostis enfrentando um ao outro, suas bandeiras estão desfraldadas, suas armas distribuídas entre os soldados no campo; a disposição não pode ser esquematizada num só dia; quando o povo de um país observa a lei para evitar atos ilegais, não é num só dia que o povo recebe a educação concernente. Quando o corpo de uma pessoa tem carbúnculo com acúmulo de pus, ela não está longe de seguir os princípios de preservação da saúde para estar em forma? De fato, o carbúnculo e o acúmulo de pus são formados pela superposição gradativa de várias ninharias que juntas causam a doença. Por isso, um sábio presta atenção à prevenção da doença e a trata quando ainda não é visível, mas um homem estúpido, só pode tratar depois que ela tiver tomado forma".

黄帝曰：其已〔已：周本人"以"〕形，不予遭，脓已成，不予见，为之奈何？岐伯曰：脓已成，十死一生，故圣人弗使已成，而明为良方，著之竹帛使能者踵而传之后世，无有终时者，为其不予遭也。

O Imperador Amarelo perguntou: "Quando o carbúnculo se forma, não é entendido pelas pessoas comuns, e quando a supuração está completa, não é compreendida pelas pessoas comuns: o que se pode fazer a respeito?" Disse Qibo: "Quando a supuração está completa, dez pacientes morrem e só um sobrevive. Por isso um sábio formulou no passado uma prescrição muito boa para tratar a doença antes da supuração, e ela está escrita na tabuinha de bambu e de seda para ser comunicada aos homens de talento e para as gerações vindouras sem ter fim. A razão do sábio ter assim procedido, deveu-se principalmente ao fato de que as pessoas comuns não conheciam nada disso".

黄帝曰：其已〔其已：《甲乙》卷十一经九下"已"下有"成"字〕有脓血而后遭乎〔而后遭乎：《甲乙》卷十一第九下无此四字〕，不导之〔导之：守山阁《校本》注云："导之"二字衍〕以小针治乎？岐伯曰：以小治小者其功小，以大治大者多害〔多害：《甲乙》卷十一第九下任务"其功大"。下有"以小治大者多害大"八字〕，故其已成脓血〔血：《太素》卷二十三《疽痈逆顺刺》无此字〕者，其唯砭石铍锋之所取也。

O Imperador Amarelo perguntou: "Se o carbúnculo se formou com pus, ele pode ser tratado com agulha pequena?" Disse Qibo: "Quando se usa uma agulha pequena para tratar um local exíguo, seu efeito será pequeno; quando se usa uma agulha grande para tratar um local grande, o efeito será grande, por isso, quando o carbúnculo estiver supurado com pus, é aconselhável usar a agulha de pedra, a agulha em forma de espada ou a agulha ensiforme para remover o pus".

黄帝曰：多害者其不可全乎？岐伯曰：其在逆顺焉。黄帝曰：愿闻逆顺。岐伯曰：以为伤者，其白眼〔眼：《甲乙》卷十一第九下任务"睛"〕青黑眼小，是一逆也；内药而呕者，是二逆也；腹痛渴甚，是三逆也；肩项中不便，是四逆也；音嘶色脱，是五逆也。除此五者为顺矣。

O Imperador Amarelo perguntou: "Pode ser difícil de curar o carbúnculo que causa muitos danos ao paciente?" Disse Qibo: "Depende da condição da síndrome estar em concordância ou em contracorrente". Disse o Imperador Amarelo: "Desejo ouvir a respeito das condições das síndromes que estão em concordância ou em contracorrente". Disse Qibo: "Existem cinco espécies de síndrome em contracorrente em relação aos carbúnculos. Quando o branco do olho está verde e escuro e o olho é pequeno, são as síndromes em contracorrente do primeiro tipo; quando o paciente vomita após a administração do remédio, é a síndrome em contracorrente do segundo tipo quando o paciente tem dor e muita sede, são as síndromes em contracorrente do terceiro tipo; quando o paciente sente dificuldade de girar o ombro e o pescoço, é a síndrome em contracorrente do quarto tipo; quando a voz do paciente é rouca e ele tem uma compleição com uma palidez mortal, são as síndromes de contracorrente do quinto tipo. Todas as outras síndromes além das síndromes de contracorrente, são síndromes de concordância".

黄帝曰：诸病皆有逆顺，可得闻乎？岐伯曰：腹胀，身热，脉大，是一逆也；腹鸣而满，四肢清，泄，其脉大，是二逆也，衄而不止，脉大〔大：《甲乙》卷四第一下校注："一作小"〕，是三逆也；咳且溲血，脱形，其脉小劲，是四逆也；脱形身热，脉小以疾，是谓五逆也。如是者，不过十五日而死矣。

O Imperador Amarelo perguntou: "Nas diversas doenças, existem síndromes de concordância e de contracorrente: posso ouvir algo a respeito?" Disse Qibo: "Quando a pessoa tem distensão abdominal, sensação de calor no corpo e uma condição de pulso pequena, são as síndromes de contracorrente do primeiro tipo; quando a pessoa tem borborigmos e distensão no abdômen, frio nas extremidades, diarréia e condição de pulso agigantado, são as síndromes de contracorrente do segundo tipo; quando a pessoa tem epistaxe incessante e condição de pulso agigantado, são as síndromes do terceiro tipo; quando a pessoa tem tosse, hematúria, emaciação muscular e condição de pulso fino e rápido, são as síndromes de contracorrente do quarto tipo; quando a pessoa tem tosse, corpo emaciado, quentura no corpo e condição de pulso fino e rápido são as síndromes de contracorrente do quinto tipo. Quando a pessoa contrai estas síndromes, morre dentro de quinze dias.

其腹大胀，四末清，脱形，泄甚，是一逆也；腹胀便血，其脉大，时绝，是二逆也；咳溲血，形肉脱，脉搏，是三逆也；呕血，胸满引背，脉小而疾，是四逆也；咳呕腹胀，且飧泄，其脉绝，是五逆也。如是者，不及〔及：与注本，张注本并作"过"〕一时而死矣。工不察此者而刺之，是谓逆治。

"Quando a pessoa tem o abdômen grande e distendido, suas quatro extremidades são frias seu corpo está emaciado e a diarréia é severa, são as síndromes de contracorrente do primeiro tipo; quando a pessoa tem distensão e plenitude no abdômen, hematoquezia, condição de pulso agigantado e intermitente, são as síndromes de contracorrente do segundo tipo; quando a pessoa tem tosse, hematúria, emaciação, forte resposta nos dedos quando se apalpa o pulso, são as síndromes de contracorrente do terceiro tipo; quando há hematêmese, plenitude e opressão no peito afetando as costas, e condição de pulso rápido e fino, são as síndromes de contracorrente do quarto tipo; quando a pessoa tem tosse o vômito, distensão abdominal, diarréia e uma condição de pulso escondido e profundo, são as síndromes de contracorrente do quinto tipo. Quando essas síndromes ocorrem, o paciente morre dentro de um dia. Quando o médico picar de maneira ríspida e negligente nessas aparências perigosas, a isto se chama tratar em contracorrente".

黄帝曰：夫子之言针甚骏，以配天地，上数天文，下度地纪，内别五脏，外次六府，经脉二十八会，尽有周纪，能杀生人，不能起死者，子能反之乎？岐伯曰：能杀生人，不能起死者也。黄帝曰：余闻之则为不仁，然愿闻其道，弗行于人。岐伯曰：是明道也，其必然也，其如刀剑之可以杀人，如饮酒使人醉也，虽勿诊，犹可知矣。

Disse o Imperador Amarelo: "Como disseste, as funções da agulha são inúmeras, e pode-se fazer uma aproximação com os fenômenos astronômicos em cima, e

738

seguir o ambiente geográfico embaixo. No corpo humano, existem diferenças dos cinco órgãos sólidos no interior, e no arranjo ordenado dos seis órgãos sólidos na parte externa, e os vinte oito canais têm um uso prático costumeiro na circulação. Às vezes só se pode tratar o paciente picando com a agulha, mas não de pode trazer de volta a vida do mesmo: pode-se alterar essa situação?" Disse Qibo: "Quando o tratamento é feito de maneira errada, isso pode causar a morte do paciente e não se pode trazer sua vida de volta". Disse o Imperador Amarelo: "Seu modo de falar não aparenta humanidade: espero ouvir as razões disso para que ninguém venha a picar um paciente de forma ríspida". Disse Qibo: "A razão é bastante explícita e terá um resultado inevitável. Quando o médico não tem prática de aplicar agulhas, é como se usasse uma espada para matar um homem, ou que fizesse alguém se embriagar com bebida destilada. Pela analogia acima, pode-se entender as razões sem diagnosticar".

黄帝曰：愿卒闻之。岐伯曰：人之所受气者，谷也。谷之所注者，胃也。胃者，水谷气血之海也。海之所行云气者〔海之所行云气者，天下也；《甲乙》卷五第一下"气"作"雨"〕，天下也。胃之所出气血者，经隧也。经隧者，五脏六腑之大络也，迎而夺之而已矣〔迎而夺之而已矣；《灵枢略六气论篇》无"迎而夺之而已矣"七字〕。

Disse o Imperador Amarelo: "Desejo ouvir a respeito dos detalhes". Disse Qibo: "A energia refinada de um homem depende do suprimento de cereais, e os cereais ficam armazenados no estômago. O estômago é o mar dos líquidos e dos cereais, da energia e do sangue. Quando o mar se evapora, desce para virar nuvens e chuva que se espalham pelo céu, e da mesma forma, a energia e o sangue que são convertidos e gerados do estômago, circulam ao longo dos canais. Os canais são os grandes colaterais dos cinco órgãos sólidos e dos seis órgãos ocos".

黄帝曰：上下有数乎? 岐伯曰：迎之五里，中道而止，五至而已，五往而藏之气尽矣，故五五二十五而竭其输矣，此所谓夺其天下者也，非能绝其命而倾其寿者也。黄帝曰：愿卒闻之。岐伯曰：阖门而刺之者，死于家中；入门而刺之者，死于堂上。黄帝曰：善乎方，明哉道，请著之玉版，以为重宝，传之后世，以为刺禁，令民勿敢犯也。

O Imperador Amarelo perguntou: "Quando se picam os canais da mão e do pé em cima e embaixo, existe alguma contra-indicação?" Disse Qibo: "Quando se purga picando o ponto Wuli contra a direção do canal de energia por um erro, a energia visceral detém sua operação na metade do caminho. A energia visceral só pode chegar cinco vezes; se a puntura a uma determinada víscera for errada por cinco vezes, a energia da dita víscera estará esgotada; já que o total das chegadas das cinco energias viscerais antes da exaustão é de vinte cinco vezes, então, quando por um engano se picar vinte cinco vezes de maneira errada, todas as energias das cinco vísceras estarão esgotadas e o paciente morre. Não é a agulha que causa a morte do paciente, mas ela se deve à ignorância daquele que pica, e por não conhecer as contra-indicações de acupuntura". Disse o Imperador Amarelo: "Desejo ouvir os detalhes". Disse Qibo: "Quando o médico pica de forma ríspida, se a puntura for rasa, o paciente morre quando chega em casa; se a picada for profunda, ele morre no consultório médico". Disse o Imperador Amarelo: "O princípio que expuseste é excelente, e as razões são bastante explícitas. Hei de gravá-las numa placa de jade tomando-as como um tesouro valioso. Quero passá-las às gerações posteriores como contra-indicações na acupuntura para que as pessoas não violem a regra".

五禁第六十一

Capítulo 61
Wu Jin
(As Cinco Contra-indicações)

黄帝问于岐伯曰：余闻刺有五禁？岐伯曰：禁其不可刺也。黄帝曰：余闻刺有五夺。岐伯曰：无泻其不可夺者也。黄帝曰：余闻刺有五过。岐伯曰：补泻无过其度。黄帝曰：余闻刺有五逆。岐伯曰：病与脉相逆，命曰五逆。黄帝曰：余闻刺有九宜。岐伯曰：明知九针之论，是谓九宜。

O Imperador Amarelo disse a Qibo: "Disseram-me haver cinco contra-indicações de puntura: o que isso significa?" Disse Qibo: "Isso significa que algumas partes do corpo não devem ser punturadas nos cinco dias contra-indicados". Disse o Imperador Amarelo: "Disseram-me que na puntura existe o que se chama de cinco depleções". Disse o Imperador Amarelo: "Isso significa que se deve evitar de purgar os cinco tipos de doença em que a energia refinada é deficiente". Disse o Imperador Amarelo: "Disseram-me que ao picar existem os cinco excessos". Disse Qibo: "Isso significa que não se deve purgar ou revigorar picando em excesso". Disse o Imperador Amarelo: "Disseram-me que ao picar, existe o que se chama de síndrome em contracorrente". Disse Qibo: "Isso se refere aos cinco tipos de síndrome que são contrários às condições de pulso e se chamam as cinco contracorrentes". Disse o Imperador Amarelo: "Disseram-me que ao picar, existe o que se chama de nove adequações". Disse Qibo: "Quando se entende as minúcias e se segue o princípio dos nove tipos de agulhas, a isso se dá o nome de nove adequações".

黄帝曰：何谓五禁？愿闻其不可刺之时。岐伯曰：甲乙日自乘，无刺头，无发蒙于耳内。丙丁日自乘，无振埃于肩喉廉泉。戊己日自乘四季，无刺腹去爪泻水。庚辛日自乘，无刺关节于股膝。壬癸日自乘，无刺足胫。是谓五禁。

O Imperador Amarelo perguntou: "Quais são as cinco contra-indicações? Eu desejo saber em que dia não se deve picar". Disse Qibo: "Nos dias de Jia e Yi, não picar na cabeça, nem picar do lado interno da orelha aplicando o "método de picar Fameng" (picar o ponto Tinggong ao meio-dia). Nos dias de Bing e Ding, não aplicar o "método de picar Zhen – ai" (picar os pontos Tianrong e Lianquan) no ombro e na garganta. Nos dias de Wu e Li e nos dias de Chen, Xu, Chou e Wei, não picar o abdômen, nem aplicar o "método de picar Quzhao" (retirar água com a agulha em forma de espada) para a retirada de líquido. Nos dias de Ren e Gui, não picar a perna. Essas são as chamadas contra-indicações".

黄帝曰：何谓五夺？岐伯曰：形肉已夺，是一夺也；大夺血之后，是二夺也；大汗出之后，是三夺也；大泄之后，是四夺也；新产及大血〔大血：《甲乙》卷五第一"大"下有"下"字〕之后，是五夺也。此皆不可泻。

740

O Imperador Amarelo perguntou: "Quais são as cinco depleções?" Disse Qibo: "Quando a pessoa tem uma doença prolongada e os músculos são muito finos, é o primeiro tipo de depleção; quando o paciente sofreu uma hemorragia maciça, é o segundo tipo de depleção; quando o paciente tem suor excessivo, é o terceiro tipo de depleção; quando o paciente tem uma diarréia severa, é o quarto tipo de depleção; quando a mulher parturiente acabou de dar à luz um filho ou teve uma hemorragia maciça, é o quinto tipo de depleção. Não se deve tratar purgando os pacientes com essas cinco depleções".

黄帝曰：何谓五逆？岐伯曰：热病脉静，汗已出，脉盛躁，是一逆也；病泄，脉洪大，是二逆也；著痹不移，䐃肉破，身热，脉偏绝，是三逆也；淫而夺形，身热，色夭然白，及后下血衄，血衄笃重，是谓四逆也；寒热夺形，脉坚博，是谓五逆也。

O Imperador Amarelo perguntou: "Quais são as cinco contracorrentes?" Disse Qibo: "Quando o paciente tiver febre e sua condição de pulso estiver calma, ou quando o paciente tiver transpiração, mas sua condição de pulso estiver irritadiça, é o primeiro tipo de contracorrente; quando o paciente tem diarréia, mas sua condição de pulso está em plenitude e agigantada, é o segundo tipo de contracorrente; quando o paciente tem uma artralgia localizada prolongada e os músculos do cotovelo protuberantes e os joelhos estiverem rachados e com ulcerações, tiver febre no corpo, mas sua condição de pulso tender a ser um pulso profundo, é a terceira condição de contracorrente; quando o paciente tiver uma síndrome Bi intestinal, polução noturna, corpo emaciado, compleição escura e pálida, ocorrendo nas fezes coágulos de sangue vermelho e preto e a condição da doença for bastante séria, é o quarto tipo de contracorrente; quando o paciente tiver febre e o corpo delgado, mas tiver uma condição de pulso firme e vigoroso, é o quinto tipo de contracorrente".

动输第六十二

Capítulo 62
Dong Shu
(A Pulsação Arterial)

黄帝曰：经脉十二，而手太阴、足少阴、阳明独动不休，何也？岐伯曰：是明胃脉也。胃为五脏六腑之海，其清气上注于肺，肺气从太阴而行之，其行也，以息往来，故人一呼脉再动，一吸脉亦再动，呼吸不已，故动而不止。

Disse o Imperador Amarelo: "Nos doze canais, a pulsação incessante das artérias ocorre somente no Canal do Pulmão Taiyin da Mão, no Canal do Rim Shaoyin do Pé e no Canal do Estômago Yangming do Pé: qual a razão?" Disse Qibo: "Isto se deve ao Canal do Estômago yangming do Pé estar associado ao batimento do pulso. O estômago é o local para onde convergem as energias dos cinco órgãos sólidos e dos seis órgãos ocos; o sopro fresco convertido pelas substâncias refinadas dos alimentos ascende e penetra no pulmão, e o sopro que tem início a partir do Canal Taiyin da Mão se espalha pelo corpo todo. O ar no pulmão tem ação para cima e para baixo, através da inalação e da exalação, e quando se exala uma vez, o pulso bate duas vezes, e quando se inala uma vez, o pulso também bate duas vezes; à medida em que a respiração é incessante, o batimento do pulso Cunkou não para".

黄帝曰：气之过于寸口也，上十焉息？下八焉伏？何道从还？不知其极。岐伯曰：气之离藏也，卒然如弓弩之发，如水之下岸，上于鱼以反衰，其余气衰散以逆上，故其行微。

Disse o Imperador Amarelo: "Quando o canal de energia do Taiyin da Mão passa em Cunkou, ele está presente quando sobe para atingir o pulmão, e se esconde quando desce para atingir a ponta do dedo. De qual local ele volta para seu próprio canal Taiyin da Mão? E por que motivo?" Disse Qibo: "Quando a energia do canal se afasta dos órgãos internos para atingir os canais externos, ela é irresistível como a flecha que é atirada do arco ou a torrente d'água caindo por um despenhadeiro. Quando a energia do canal sobe para atingir a eminência tenar na mão, ela fica mais fraca; quando a energia restante caminha em contracorrente ascendente, ela fica deficiente e se assenta, por isso seu movimento é lento".

黄帝曰：足之阳明何因而动？岐伯曰：胃气上注于肺，其悍气上冲头者，循咽，上走空窍，循眼系，入络脑，出顑，下客主人，循牙车，合阳明，并下人迎，此胃气别走于阳明者也。故阴阳上下，其动也若一。故阳病而阳脉小者为逆，阴病而阴脉大者为逆。故阴阳俱静俱动，若引绳相倾者病。

O Imperador Amarelo perguntou: "Por que existe artéria no canal do Estômago Yangming da Mão?" Disse Qibo: "Quando a energia do estômago sobe e penetra no pulmão, o fluxo principal de energia corre à cabeça, depois, acompanha a garganta para chegar aos sete orifícios e corre acompanhando os colaterais internos do globo ocular, para entrar em contato com o interior do cérebro; depois, sai da têmpora, desce para se unir ao ponto Kezhuren, atinge o ponto Jiache e se une ao seu próprio canal, Yangming do Pé, subindo até Renying. Esta é a razão de Renying pulsar incessantemente quando a energia do estômago se espalha e depois volta ao próprio Canal Yangming do Pé. Por isso, os batimentos de Cunkou na artéria Taiyin e de Renying na artéria Yangming são idênticos. Quando o pulso Yang é pequeno na doença Yang, isto se chama contracorrente; quando o pulso Yin é gigantesco na doença Yin, a isto também se chama contracorrente. Sob condições normais, a extensão de batimentos dos pulsos Cunkou e Renying se mantém em equilíbrio; se um deles estiver superabundante e o outro deficiente, isso causará doença".

黄帝曰：足少阴何因而动？岐伯曰：冲脉者，十二经之海也，与〔与：《素问·离合真邪论》王注引《灵枢》"与"下有"足"字〕少阴之大络，起于肾下，出于气街，循阴股内廉，邪入腘中，循胫骨内廉，并少阴之经，下入内踝之后，入足下；其别者，邪〔邪：本经《逆顺肥瘦篇》无此字〕入踝，出属跗上，入大指之间，注诸络，以温足胫〔胫：《甲乙》卷二第一下作"跗"〕，此脉之常动者也。

O Imperador Amarelo perguntou: "Por que existe pulsação da artéria no Canal do Rim Shaoyin do Pé?" Disse Qibo: "O Canal Chong é o mar dos doze canais. Ele começa no ponto Huiyin junto aos colaterais do Canal Shaoyin do Pé e se sobressai a partir do ponto Qichong, corre acompanhando o lado interno da coxa, se inclina na fossa poplítea no joelho, e depois, corre acompanhando o lado interno da tíbia, se une ao Canal do Rim Shaoyin do Pé, entra na parte posterior do maléolo interno e sai no local próximo ao maléolo externo, entra no artelho e penetra no colateral do Canal Shaoyin, na perna, para aquecer e umidificar a perna. Esta é a razão da pulsação ser incessante no Canal Shaoyin do Pé".

黄帝曰：营卫之行也，上下相贯，如环之无端，今有其卒然遇邪气，及逢大寒，手足懈惰，其脉阴阳之道，相输之会，行相失也，气何由还？岐伯曰：夫四末阴阳之会者，此气之大络也。四街者，气之径路也。故络绝则径通，四末解则气从合，相输如环。黄帝曰：善。此所谓如环无端，莫知其纪，终而复始，此之谓也。

Disse o Imperador Amarelo: "As energia Ying e Wei passam pelo corpo todo, e funcionam em cima e embaixo como um anel sem fim. Quando a pessoa se depara repentinamente com o frio, suas extremidades perdem a força; a atividade do Yin e do Yang nos canais e circulação de energia e sangue se tornam anormais, e sob tais circunstâncias, de qual local a energia retorna para chegar e sair sem parar?" Disse Qibo: "As quatro extremidades do corpo humano são os locais para onde convergem as energias Yin e Yang e se constituem no colateral maior da energia do canal, por isso, quando os colaterais estão bloqueados devido a terem sido invadidos, os canais ainda podem estar desimpedidos. A energia do canal ficará harmoniosa novamente após terem sido dissipadas as energias perversas nas quatro extremidades e a transmissão irá continuar como um anel sem fim".

五味论第六十三

Capítulo 63
Wu Wei Lun
(Sobre os Cinco Sabores)

黄帝问于少俞曰：五味入于口也，各有所走，各有所病。酸走筋，多食之〔之：《千金》卷二十六《序论》作"酸"〕，令人癃；咸走血，多食之〔之：《千金》卷二十六《序论》作"咸"〕，令人渴；辛走气，多食之〔之：《千金》卷二十六《序论》作"辛"〕，令人洞心；苦走骨，多食之〔《千金》卷二十六《序论》作"苦"〕令人变呕；甘走肉，多食之〔《千金》卷二十六作"甘"〕令人悗心。余知其然也，不知其何由，愿闻其故。

O Imperador Amarelo perguntou a Shaoyu: "Quando os cinco sabores entram no estômago, cada um deles tem preferência por uma víscera que a ele se assemelha nas propriedades e cada um deles causa um mal específico; assim, o sabor ácido vai para os tendões, e quando se consome o sabor ácido em excesso, isso irá causar disúria; o sabor salgado vai para o sangue, e quando se consome o sabor salgado em excesso, isso irá causar sede; o sabor picante se encaminha à energia quando se consome o mesmo em excesso, isso irá gerar uma sensação de fumigação no coração; o sabor amargo vai para os ossos, e quando se consome o sabor amargo em excesso, isso causará vômitos; o sabor doce vai para os músculos, e quando se consome o sabor doce em excesso, isso dará uma sensação de opressão no coração. Eu já conheço essas condições, mas não entendo as causas, e desejo saber as razões disso".

少俞答曰：酸入于胃，其气涩以收，上之两焦〔上之两焦：《甲乙》卷六第九无此四字〕，弗能出入也，不出即留于胃中，胃中和温，则下注膀胱，膀胱之胞薄以懦〔懦：《太素》卷二《调食》作"濡"〕，得酸则缩绻，约而不通，水道不行，故癃。阴者，积筋之所终〔终：《甲乙》卷六第九"终下"并有"聚"字〕也，故酸入〔《甲乙》卷六第九"入"下有"胃"字〕而走筋矣。

Shaoyu respondeu: "Quando o sabor ácido penetra no estômago, ele é adstringente e áspero e tem uma função restritiva, e não consegue entrar e sair juntamente com as atividades da energia vital; já que não pode sair, fica retido no estômago que é quente e, então, se permeia em sentido descendente e penetra na bexiga. Como a bexiga é fina e macia, ela afundará quando se deparar com o sabor ácido e a saída da bexiga ficará controlada e obstruída, e dessa forma, as urinas não serão uniformes e irá ocorrer a síndrome da disúria. Os genitais externos são o local para onde convergem todos os tendões do corpo, e o sabor ácido penetra no estômago por meio dos tendões".

黄帝曰：咸走血，多食之，令人渴，何也？少俞曰：咸入于胃，其气上走中焦，注于脉，则血气走之，血与咸相得则凝，凝则胃中汁注之〔注之：《千金》卷二十六第一《序论》作

"泣"〕，注之则胃中竭〔竭：《千金》卷二十六第一《序论》作"乾渴"〕，竭则咽路焦，故舌本干而善渴。血脉者，中焦之道也，故咸入而走血矣。

O Imperador Amarelo perguntou: "O excesso de sabor salgado faz com que a pessoa tenha sede: por que isso?" Disse Shaoyu: "Quando o sabor salgado penetra no estômago, a energia transformada ascende para atingir o aquecedor médio, e depois, a partir dele, entra no canal. O canal reflete a condição do fluxo de sangue; quando o canal se depara com o sabor salgado, ele ficará obstruído e o líquido do estômago ficará estagnado e irregular quando de sua chegada; quando o líquido do estômago estiver estagnado, irá secando até se esgotar; quando o líquido do estômago estiver seco e esgotado, a faringe, que é a passagem de saliva, ficará seca, e a pessoa terá sede e irá engolir em seco. O canal começa a se comunicar com a energia e o sangue a partir do aquecedor médio; quando a energia salgada penetra no estômago, ela vai para o sangue".

黄帝曰：辛走气，多食之，令人洞心，何也？少俞曰：辛入于胃，其气走于上焦，上焦者，受气而营诸阳者也，姜韭之气熏之〔熏之：《千金》卷二十六第一并作"熏至营卫"〕，营卫之气〔营卫之气：《甲乙》卷六第九并无"之气"二字，"营卫"二字连下读〕不时受之，久留心下，故洞心〔洞心：《千金》卷二十六第一作"愠愠痛也"〕。辛与气俱行，故辛入而与汗俱出。

O Imperador Amarelo perguntou: "O sabor picante vai em direção à energia; quando a pessoa consome o sabor picante em excesso, irá sentir como uma fumigação de fumaça em direção ao coração; por que isso?" Disse Shaoyu: "Quando o sabor picante entra no estômago, sua energia ascende ao aquecedor superior, e como este tem a função de receber a energia refinada dos alimentos e dos líquidos para fazer com que a energia Yang circule pelo corpo todo, quando as energias do gengibre e da cebolinha chinesa fumigarem as energias Ying e Wei, isso será estimulado pelo picante; quando este ficar por muito tempo retido no estômago, haverá a sensação de fumigação no coração. O picante vai em direção à energia Wei e caminha juntamente com essa energia, por isso, quando o sabor picante penetra no estômago, será empurrado para a frente juntamente com o doce".

黄帝曰：苦走骨，多食之，令人变呕，何也？少俞曰：苦入于胃，五谷之气，皆不能胜苦，苦入下脘，三焦之道皆闭而不通，故变呕．齿者，骨之所终也，故苦入而走骨，故入而复出，知其走骨也。

O Imperador Amarelo perguntou: "O sabor amargo vai para os ossos, e quando se consome o sabor amargo em excesso, a cor dos dentes sofrerá uma mudança; qual a razão?" Disse Shaoyu: "Quando o sabor amargo penetra no estômago, todas as energias dos cinco cereais não podem suportar este sabor. Quando o sabor amargo entra na parte inferior da cavidade gástrica, a via de passagem do triplo aquecedor ficará obstruída e a cor dos dentes irá mudar. Os dentes são os terminais dos ossos, por isso, quando o sabor amargo penetra no estômago, vai primeiro para os ossos, e depois se encaminha para os dentes fazendo com que eles fiquem escuros e amarelados. Pela aparência, as pessoas sabem que o sabor amargo penetrou nos ossos".

黄帝曰：甘走肉，多食之，令人悗心，何也？少俞曰：甘入于胃，其气弱小，不能上至于上焦，而与谷留于胃中者，令人柔润者也，胃柔则缓，缓则虫动，虫动则令人悗心。其气外通于肉，故甘走肉。

O Imperador Amarelo perguntou: "O sabor doce vai para os músculos, e quando se consome o sabor doce em excesso, isso dará a sensação de opressão no coração: por que isso?" Disse Shaoyu: "Quando o sabor doce penetra no estômago, como sua energia é bastante reduzida, não pode subir ao aquecedor superior, mas só pode ficar retida no estômago juntamente com os cereais. O doce pode amolecer e umedecer o estômago; quando a energia do estômago estiver lassa, o funcionamento da energia será mole e lento e o remexer dos parasitas no estômago e no intestino faz com que haja opressão no coração; além disso, o doce se comunica com os músculos no exterior, por isso o ditado de que "o sabor doce vai para os músculos"".

阴阳二十五人第六十四

Capítulo 64
Yin Yang Er Shi Wu Ren
(Os Vinte Cinco Tipos de Pessoas Dentro das Diversas Características do Yin e do Yang)

黄帝曰：余闻阴阳之人何如？伯高曰：天地之间，六合之内，不离于五，人亦应之。故五五二十五人之政，而阴阳之人不与焉。其态又不合于众者五，余已知之矣。愿闻二十五人之形，血气之所生，别而以候，从外知内何如？岐伯曰：悉乎哉问也，此先师之秘也，虽伯高犹不能明之也。黄帝避席遵循而却曰：余闻之，得其人弗教，是谓重失，得而泄之，天将厌之。余愿得而明之，金柜藏之，不敢扬之。岐伯曰：先立五形金木水火土，别其五色，异其五形之人，而二十五人具矣。黄帝曰：愿卒闻之。岐伯曰：慎之慎之，臣请言之。

Disse o Imperador Amarelo: "Disseram-me que alguns seres humanos pertencem ao Yin e outros ao Yang: quais as condições?" Disse Bogao: "Foi definido por Shaoshi que dentro das seis direções (leste, oeste, norte, sul, para cima e para baixo) entre o céu e a terra, nada pode se afastar dos cinco elementos, e o homem corresponde a isso. Então, os vinte cinco tipos de pessoa que pertencem aos cinco elementos estão excluídos dos tipos de pessoa do Yin e do Yang. Os aspectos das pessoas dos tipos Yin e Yang que contêm Taiyang, Shaoyang, Taiyin, Shaoyin e os tipos Meigos diferem das pessoas comuns e eu já compreendi todos eles. Agora eu desejo ouvir a respeito dos vários aspectos dos vinte cinco tipos de pessoas; suas características provêm do sangue e da energia e eu desejo entender as alterações dos órgãos internos examinando de fora: o que devo fazer?" Disse Qibo: "Fizestes uma pergunta muito inteligente. Trata-se do comunicado confidencial do falecido mestre e mesmo Bogao não pode compreendê-lo por inteiro". O Imperador Amarelo deixou seu trono, se afastou modestamente e disse: "Avisaram-me para não compartilhar com os que merecem, pois isso é um grande erro; quando se tenha adquirido um conhecimento genuíno e o negligenciar, o céu irá execrá-lo. Eu espero, quando tiver obtido o conhecimento, possa interpretá-lo e guardá-lo num gabinete de ouro, ousando não abandoná-lo". Disse Qibo: "Deve-se primeiro estabelecer a forma dos cinco elementos: metal, madeira, água, fogo e terra, distinguir as cinco cores e separar os cinco tons, e então podem ser conhecidas as características da forma dos vinte cinco tipos de pessoas". Disse o Imperador Amarelo: "Desejo ouvir a todas". Disse Qibo: "Deveis ser muito cuidadoso a respeito. Agora, deixai-me dizer em detalhes.

木形之人，比于上角，似于苍帝。其为人苍色，小头，长面，大肩背，直身，小手足，好有才，劳心，少力，多忧劳于事。能春夏不能秋冬，感而病生，足厥阴佗佗然。大角之人，比于左足少阳，少阳之上遗遗然。左角之人，比于右足少阳，少阳之下随随然。钛角之人，比于右足少阳、少阳之上推推然。判角之人，比于左足少阳，少阳之下栝栝然。

"O homem do tipo madeira, quando se faz analogia com os cinco tons, é como o Shangjue (Jue Superior); é semelhante às pessoas do leste, onde vive o Imperador Verde. Ele é verde e tem a cabeça pequena, tem o rosto comprido, ombros largos, costas lisas, corpo ereto e membros pequenos; ele é talentoso, tem destreza mental, tem pouca força física, e muitas vezes se preocupa com seus afazeres; suporta o clima da primavera e do verão, mas não pode suportar o clima do outono e do inverno; quando se depara com a energia perversa no outono e no inverno, fica doente. A pessoa do tipo Shangjue pertence ao Canal do Fígado Jueyin do Pé e sua aparência externa é sempre graciosa. Nos tons da madeira, a pessoa pertence ao Taijue (Jue Maior) que pode ser comparado ao Shaoyang do Pé Esquerdo, e a parte superior de Shaoyang parece estar satisfeita; a pessoa que pertence ao Zuojue (Jue Esquerdo) pode ser comparada ao Shaoyang do Pé Direito e a parte inferior de Shaoyang parece ser amigável; a pessoa que pertence ao Taijue (Jue Maior) pode ser comparada ao Shaoyang do Pé Direito, e a parte superior de Shaoyang parece prosseguir; a pessoa que pertence a Panjue (Meio Jue) pode ser comparada ao Shaoyang do Pé Esquerdo, e a parte inferior de Shaoyang parece ser correta.

火形之人，比于上徵，似于赤帝，其为人赤色，广𩨗，锐面小头，好肩背髀腹，小手足，行安地，疾心〔疾心：《千金》卷十三第一大"心"字〕，行摇，肩背肉满，有气轻财，少信，多虑，见事明，好颜，急心，不寿暴死。能春夏不能秋冬，秋冬感而病生，手少阴核核然。质〔质：《甲乙》卷一第十六作"太"〕徵之人比于左手太阳，太阳之上肌肌然。少徵之人，比于右手太阳，太阳之下慆慆然。右徵之人，比于右手太阳，太阳之上鲛鲛然。质判（一曰质徵）之人，比于左手太阳，太阳之下支支颐颐然。

"O homem do tipo fogo quando comparado aos cinco tons, é como Shangzhi (Zhi Superior), e se assemelha às pessoas do sul onde vive o Imperador Vermelho. Ele tem a característica de dentes amplos e reveladores, queixo fino e pontudo, cabeça pequena, ombros, costas, coxas e abdômen bem desenvolvidos; mãos e pés pequenos, caminha um passo aprumado, tem um andar rápido e os ombros balançam; os músculos das costas são roliços; é ousado, não liga para dinheiro, quebra suas juras com freqüência, fala palavras ofensivas, é claro na análise, é ansioso de coração, não tem vida longa e sofre morte súbita. Suporta o clima da primavera e o do verão, mas não suporta o clima do outono e o do inverno; quando se defronta com a energia perversa do outono e do inverno, ele fica doente. A pessoa do tipo Shangzhi (Zhi Superior) pertence ao Canal do Coração Shaoyin da Mão, e é modesta. Nos tons do fogo, a pessoa pertence ao tipo Taizhi (Zhi Maior) que pode ser comparado ao Canal do Intestino Delgado Taiyang da Mão (Esquerda), e a parte superior de Taiyang aparenta ser brilhante; a pessoa que pertence ao tipo Shaozhi (Zhi Menor) pode ser comparada ao Canal do Intestino Delgado Taiyang da Mão (Direita), e a parte inferior de Taiyang tem o aspecto alegre; a pessoa que pertence a Youzhi (Zhi Direito) pode ser comparada ao Canal do Intestino Delgado Taiyang da Mão (Direita) e a parte superior de Taiyang parece progressista e brilhante; a pessoa que pertence a Panzhi (Meio Zhi) pode ser comparada ao Taiyang da Mão Esquerda; e a parte inferior de Taiyang parece ser otimista e satisfeita.

土形之人，比于上宫，似于上古黄帝。其为人黄色，圆面，大头，美肩背，大腹，美股胫，小〔小："小"疑应作"大"〕手足，多肉，上下相称，行安地，举足浮〔举足浮："浮"是"孚"的误字〕，安心，好利人，不喜权势。善附人也。能秋冬不能春夏，春夏感而病生，足太阴敦敦然。太宫之人，比于左足阳明，阳明之上婉婉然。加宫之人（一曰众之人），比于左足阳明，阳明之下坎坎然。少宫之人，比于右足阳明，阳明之上枢枢然。左宫之人（一曰众之人，一曰阳明之上），比于右足阳明，阳明之下兀兀然。

"O homem do tipo terra quando comparado aos cinco tons, é como Shanggong (Gong Superior) e se assemelha às pessoas do centro, onde vive o Imperador Amarelo. Ele tem a característica da pele amarela, rosto redondo, cabeça grande, ombros e costas bem desenvolvidos, abdômen grande, pernas e coxas fortes, mãos e pés grandes, músculos roliços e planos na parte superior e na parte inferior do corpo, seus passos são eretos; é honesto, tem coração bondoso, gosta de fazer coisas em benefício dos outros, detesta o poder e a influência, e tende a confiar nos outros. Pode suportar o clima do outono e do inverno, mas não pode suportar o clima da primavera e do verão; quando se depara com a energia perversa da primavera e do verão, ele fica doente. A pessoa do tipo Shanggong pertence ao Canal do Baço Taiyin do Pé é diligente. Nos tons da terra a pessoa que pertence ao tipo Taigong (Gong Maior) pode ser comparada ao Yangming do Pé Esquerdo, e a parte superior de Yangming parece amigável; a pessoa que pertence ao tipo Jiagong (Gong Direito) pode ser comparada ao Yangming do Pé Esquerdo, e a parte inferior do yangming aparenta ser alegre e prazerosa; a pessoa que pertence ao tipo Shaogong (Gong Menor) pode ser comparada ao Yangming do Pé Direito, e a parte superior do Yangming parece escorregadia e lisa; a pessoa que pertence ao tipo Zuogong (Gong Esquerdo) pode ser comparada ao Yangming do Pé Direito, e a parte inferior do Yangming parece ser amável.

金形之人，比于上商，似于白帝。其为人方面，白色，小头，小肩背，小腹，小手足，如骨发踵外，骨轻、身清廉，急心，静悍，善为吏〔善为吏：《千金》卷十七第一作"性喜为吏治"〕。能秋冬不能春夏，春夏感而病生，手太阴敦敦然。钛〔钛：《甲乙》卷一第十六作"大"〕商之人，比于左手阳明之上廉廉然。右〔右：日刻本作"左"〕商之人，比于左手阳明，阳明之下脱脱然。右商之人，比于右手阳明，阳明之上监监然。少商之人，比于右手阳明，阳明之下严严然。

"O homem do tipo metal quando comparado aos cinco tons se assemelha a Shangshang (Shang Superior), e é parecido com as pessoas do oeste onde vive o Imperador Branco. Ele tem como características o rosto quadrado, a cor branca, cabeça pequena, ombros e costas pequenos, abdômen pequeno, mãos e pés pequenos, tem o corpo leve quando faz as coisas, é magro, capaz e vigoroso, impetuoso, e pode ser tanto ativo quanto indolente, e tem propensão a ser um oficial. Pode suportar o clima do outono e o do inverno, mas quando se defronta com a energia da primavera e o verão, fica doente. A pessoa do tipo Shangshang pertence ao Canal do Pulmão Taiyin da Mão e é resoluta. Nos tons do metal, a pessoa que pertence ao tipo Taishang (Shang Maior) pode ser comparada ao Yangming da Mão Esquerda, e a parte superior de Yangming parece não ser amigável; a pessoa que pertence ao tipo Youshang (Shang Direito) pode ser comparada ao Yangming da Mão Esquerda, e a parte inferior do Yangming parece estar à vontade e tem movimentos lentos; a pessoa que pertence ao tipo Zuoshang (Shang Esquerdo) pode ser comparada ao Yangming da Mão Direita, e a parte superior do Yangming é experiente em observar; a pessoa que pertence ao tipo Shaoshang (Shang Menor) pode ser comparada ao Yangming da Mão Direita, e a parte inferior do yangming parece ser solene e digna.

水形之人，比于上羽，似于黑帝。其为人黑色，面不平，大头，廉〔廉：《甲乙》卷一第十六并作"广"〕颐，小肩，大腹，动〔动：《甲乙》卷一经十六作"小"，校语作"大"〕手足，发行摇身，下尻长，背延延然，不敬畏，善欺绐人，戮死。能秋冬不能春夏，春夏感而病生，足少阴汗汗然。大羽之人，比于右足太阳，太阳之上颓颓然。少羽之人，比于左足太阳，太阳之下纡纡然。众之为人比于右足太阳，太阳之下洁洁然。桎之为人，比于左足太阳，太阳之上安安然。是故五形之人二十五变者，众之所以相欺〔刘衡如曰："疑当作"异"〕者是也。

"O homem do tipo água quando comparado aos cinco tons, é como Shangyu (Yu Superior), e se assemelha às pessoas do norte onde vive o Imperador Negro. Ele tem as características da pele escura, rosto rude, cabeça grande, maçãs do rosto amplas, ombros pequenos, abdômen grande, mãos e pés grandes, corpo que oscila quando age, tem uma distância grande entre a região lombar e as nádegas e tem as costas grandes, não respeita as pessoas e não tem medo de ninguém, lesa os outros com freqüência, e ocasionalmente, pode ser assassinado. Ele pode suportar o clima do outono e o do inverno, mas não pode suportar o clima da primavera e do verão, e quando se depara com a energia perversa da primavera e do verão, ele fica doente. A pessoa que pertence ao tipo Shangyu pertence ao Canal do Rim Shaoyin do Pé e é medíocre. Nos tons de Yu, a pessoa que pertence ao tipo Taiyu (Yu Maior) pode ser comparada ao Taiyang do Pé Direito e a parte superior de Taiyang parece ser complacente; a pessoa que pertence ao tipo Shaoyu (Yu Menor) pode ser comparada ao Taiyang do Pé Esquerdo, e a parte inferior de Taiyang parece ser tortuosa e não é franca; a pessoa que pertence ao tipo Zhongyu (Yu Direito) pode ser comparada ao Taiyang do Pé Direito, e a parte inferior de Taiyang pertence ao silencioso e calmo; a pessoa que pertence ao tipo Zhiyu (Yu Esquerdo) pode ser comparada ao Taiyang do Pé Esquerdo, e a parte superior de Taiyang parece lenta e preguiçosa. Portanto, as vinte cinco variedades nos cinco tipos de homem diferem das pessoas comuns".

黄帝曰：得其形，不得其色何如？岐伯曰：形胜色，色胜形者，至其胜时年加，感则病形，失则忧矣。形色相得者，富贵大乐。黄帝曰：其形色相胜之时，年加可知乎？岐伯曰：凡年忌下上之人〔凡年忌下上之人："凡年"七字，应据《甲乙》卷一第十六改为"凡人之"三字连下"大忌"断句〕，大忌常加〔常加：《甲乙》卷一第十六"加"下有"九岁"·二字。应据补〕七岁，十六岁，二十五岁，三十四岁，四十三岁，五十二岁，六十一岁，皆人之大〔大：《甲乙》卷一第十六无此字〕忌，不〔不：《永乐大典》卷三千七《阴阳二十五人》条引无此字〕可不自安也，感则病行〔行：《甲乙》卷一第十六无此字〕。失则忧矣。当此之时，无为好事，是谓年忌。

O Imperador Amarelo perguntou: "Quando o corpo humano está adequado na forma aos cinco elementos, mas não tem a cor de pele adequada, qual é sua condição?" Disse Qibo: "Quando as cinco cores que pertencem à forma dominam as cinco cores que pertencem à cor da pele ou as cinco cores de pele dominam os cinco elementos que pertencem à forma, e assim por diante, conforme o período de dominância do ano, quando as pessoas são ligeiramente afetadas, ficam doentes; se o paciente for maltratado, algo preocupante acontece. Se a cor da pele e a forma estão adequadas umas às outras, isso trará grandes prazeres". Disse o Imperador Amarelo: "Existe a condição de dominância da forma ou da cor de pele no ano contra-indicado: qual a razão?" Disse Qibo: "De uma maneira geral, os anos contra-indicados ao homem ocorrem a cada nove, a partir dos sete anos de idade; depois aos dezesseis; vinte um; trinta e quatro; quarenta e três; cinqüenta e dois e sessenta e um; todos esses são anos de grande contra-indicação ao homem, e deve-se ter cuidado nesses anos, já que qualquer afecção pode causar a doença, e se esta não for bem cuidada, ocorrem problemas. Nesses anos, não se deve fazer nada que seja turbulento. Esta é a condição do ano chamado de contra-indicação".

黄帝曰：夫子之言，脉之上下，血气之候，以知形气奈何？岐伯曰：足阳明之上，血气盛则髯〔髯：《甲乙》卷一第十六任务"须"〕美长，血少气多〔血少气多：《甲乙》卷一第十六作"血多气少"〕则髯短，故气少血多〔气少血多：《甲乙》卷一第十六作"气多血少"〕则髯少；血气皆少则无髯，两吻多画。足阳明之下，血气盛则下毛美长至胸；血多气少则下毛美短至脐，行则善高举足，足指少肉，足善寒；血少气多则肉而善瘃；血气皆少无毛，有则稀〔稀：《甲乙》卷一第十六"稀"下有"而"字〕枯悴，善痿厥足痹。

Disse o Imperador Amarelo: "Disseste que quando se examina a energia e o sangue da parte superior e da parte inferior dos três canais Yang da mão e do pé, pode-se saber se a forma e a energia estão fortes ou fracas: qual a condição?" Disse Qibo: "Quando a forma característica do Canal Yangming do Pé está na parte superior, se o sangue e a energia estiverem superabundantes, a barba será bonita e longa; se a energia for plena e o sangue for pouco, a barba será rala; se tanto a energia quanto o sangue forem poucos, não haverá barba nas bochechas e haverá muitas rugas nos cantos da boca; quando a forma característica do Canal Yangming do Pé estiver na arte inferior, se tanto o sangue quanto a energia estiverem superabundantes, os pêlos pubianos serão vistosos e longos e haverá pêlos no peito; se o sangue for muito e a energia for pouca, os pêlos pubianos serão vistosos e curtos, e sua extensão irá parar na região do umbigo; esse homem sempre ergue bastante os pés quando anda, o músculo do polegar é fino e ele freqüentemente sente frio nos pés; se o sangue for pouco e a energia muita, os músculos das extremidades inferiores estarão prestes a contrair inflamações devidas ao frio; se tanto o sangue quanto a energia forem poucos, não haverá pêlos pubianos e se os houver, serão poucos e secos, os pés serão fracos e flácidos e ele terá uma dor de artralgia freqüentemente nos pés.

足少阳之上，气血盛则通髯美长；血多气少则通髯美短；血少气多则少髯；血气皆少则无髯，感于寒湿则善痹，骨痛爪枯也。足少阳之下，血气盛则胫毛美长，外踝肥；血多气少则踝毛美短，外踝皮坚而厚；血少气多则胻毛少，外踝皮薄而软；血气皆少则无毛，外踝瘦无肉。

"Quando a forma característica do Canal Shaoyang do Pé está na parte superior, se tanto a energia quanto o sangue estiverem superabundantes, a barba nas bochechas, juntando-se às têmporas será bonita e longa; se o sangue for muito e a energia for pouca, a barba nas bochechas, juntando-se às têmporas será bonita e curta; se o sangue for pouco e a energia for muita, a barba será pouca; se tanto o sangue quanto a energia forem poucos, o homem será imberbe. Quando contrai o frio-umidade, freqüentemente ele terá artralgia, dos nos ossos e unhas fracas. Quando a forma característica do canal Shaoyang do Pé está na parte baixa, se tanto o sangue quanto a energia forem superabundantes, o pêlo fino nas pernas será bonito e longo e os maléolos externos serão amplos e grandes; se o sangue for muito e a energia for pouca, o cabelo fino das pernas será bonito e curto, e a pele do maléolo externo será firme e grossa; se o sangue for pouco e a energia for muita, o pêlo fino das pernas será pouco, e a pele do maléolo externo será fina e macia; se tanto o sangue quanto a energia forem poucos, não haverá pêlo nas pernas e os maléolos externos serão descarnados e sem músculos.

足太阳之上, 血气盛则美眉, 眉有毫毛; 血多气少则恶眉, 面多少〔少:《甲乙》卷一第十六作 "小"〕理; 血少气多〔气多:《甲乙》卷一第十六作 "气盛"〕则面多肉; 血气和则美色。足太阴〔阴: 当注本, 张注本作 "阳"〕之下, 血气盛则跟肉满, 踵坚; 气少血多则瘦, 跟空; 血气皆少则喜转筋, 踵下痛。

"Quando a forma característica do Canal Taiyang do Pé estiver na parte superior, se tanto a energia quanto o sangue estiverem superabundantes, as sobrancelhas serão bonitas e misturadas com o cabelo longo; se o sangue for muito e a energia for pouca, as sobrancelhas serão fracas e não terão umidade e haverá muitas linhas no rosto; se o sangue for pouco e a energia for muita, o rosto será muito musculoso; se o sangue e a energia estiverem harmoniosos, a compleição terá um bonito aspecto. Quando a forma característica do Canal Taiyang do Pé estiver na parte inferior, se tanto o sangue quanto a energia estiverem superabundantes, o músculo do calcanhar será roliço e substancial; se a energia for pouca e o sangue muito, o calcanhar será fino e sem músculos; se tanto o sangue quanto a energia forem poucos, o homem terá espasmos nos músculos e dor no calcanhar.

手阳明之上, 血气盛则髭美; 血少气多则髭恶; 血气皆少则无髭。手阳明之下, 血气盛则腋下毛美, 手鱼肉以温; 气血皆少则手瘦以寒。

"Quando a forma característica do Canal Yangming da Mão estiver na parte superior, se tanto o sangue quanto a energia estiverem superabundantes, a barba ao lado da boca terá uma boa aparência; se o sangue for pouco e a energia muita, a barba ao lado da boca terá um aspecto ralo; se tanto o sangue quanto a energia forem poucos, não haverá barba alguma ao lado da boca. Quando a forma característica do canal Yangming da Mão estiver na parte inferior, se tanto o sangue quanto a energia estiverem superabundantes, o pêlo nas axilas será bonito e abundante, e o músculo da eminência tenar estará quente; se tanto o sangue quanto a energia forem poucas, os músculos da mão serão finos e emaciados, e ele terá frio com freqüência.

手少阳之上, 血气盛则眉美以长, 耳色美; 血气皆少则耳焦恶色。手少阳之下, 血气盛则手卷多肉以温; 血气皆少则寒以瘦; 气少血多则瘦以多脉。

"Quando a forma característica do Canal Shaoyang está na parte superior, se tanto o sangue quanto a energia estiverem superabundantes, as sobrancelhas serão elegantes e longas, e a cor das orelhas será boa; se tanto o sangue quanto a energia forem poucos, as orelhas serão atacadas por uma cor escura. Quando a forma característica do canal Shaoyang da Mão estiver na parte inferior, se tanto o sangue quanto a energia estiverem superabundantes, os músculos das mãos e dos pés estarão plenos e quentes; se tanto o sangue quanto a energia forem poucos, as mãos dele estarão frias, emaciadas e com poucos músculos; se a energia for pouca e o sangue for muito, a pele e os músculos serão finos, e os colaterais serão visíveis do lado de fora.

手太阳之上，血气盛则有多髯，面多肉以平；血气少则面瘦恶〔恶：《甲乙》卷一第十六作 "黑"〕色。手太阳之下，血气盛则掌肉充满；血气皆少则掌瘦以寒。

"Quando a forma característica do canal Taiyin da Mão estiver na parte superior, se tanto o sangue quanto a energia estiverem superabundantes, ele terá muita barba acima e embaixo da boca, e os músculos do rosto serão lisos e cheios; se tanto o sangue quanto a energia forem poucos, não haverá músculos na face e ele será escuro. Quando a forma característica do canal Taiyang da Mão estiver na parte inferior, se tanto o sangue quanto a energia estiverem superabundantes, os músculos das palmas da mãos estarão plenos; se tanto o sangue quanto a energia forem poucos, os músculos das palmas serão finos e frios".

黄帝曰：二十五人者，刺之有约乎？岐伯曰：美眉者，足太阳之脉，气血多；恶眉者，血气少；其肥而泽者，血气有余；肥而不泽者，气有余，血不足；瘦而无泽者，气血俱不足。审察其形气有余不足而调之，可以知逆顺矣。

O Imperador Amarelo perguntou: "Existe algum critério para tratar com acupuntura os vinte cinco tipos de homem?" Disse Qibo: "Quando as sobrancelhas são elegantes, isso se deve tanto à energia quanto ao sangue no Canal Taiyang do Pé estarem plenos; quando as sobrancelhas não são elegantes, isto se deve a que tanto o sangue quanto a energia do Canal Taiyang do Pé são poucos; se o músculo da pessoa é carnudo e a pele não tem umidade, ele pertence à categoria de excesso de energia e deficiência de sangue; quando o músculo está emaciado e a cor da pele não tem lustro, ele pertence à categoria dos deficientes tanto em energia quanto em sangue. Quando se examina a aparência de excesso ou de deficiência de energia e de sangue a partir de fora, e se equilibra de acordo com o princípio de revigoração da astenia e purgação da estenia, este saberá a diferença entre a concordância e a contracorrente".

黄帝曰：刺其诸阴阳奈何？岐伯曰：按其寸口人迎，以调阴阳，切循其经络之凝涩，结而不通者，此〔此：《永乐大典》卷一三八七《痹类》引作 "在"〕于身皆为痛痹，甚则不行，故凝涩。凝涩者，致气以温之，血和乃止。其结络者，脉结血不和，决之乃行。故曰：气有余于上者，导而下之；气不足于上者，推而休之；其稽留不至者，因而迎之；必明于经隧，乃能持之。寒与热争者，导而行之；其宛陈血不结者，侧而予之〔侧而予之：《甲乙》卷一第十六任务 "即而取之"〕。必先明知二十五人，则血气之所在，左右上下，刺约毕也。

O Imperador Amarelo perguntou: "Como picar os canais Yin e os canais Yang?" Disse Qibo: "Pressionar o pulso Cunkou e o pulso Renying para examinar a superabundância ou a deficiência de Yin e de Yang, pressionando juntamente o trajeto do canal para verificar se existe estagnação; se houver estagnação e impedimento, a pessoa terá artralgia no corpo, e quando o caso for sério não poderá andar. Por isso, quanto ao paciente com estagnação de sangue e energia, sua energia Yang será induzida para que seu sangue e energia sejam aquecidos e aplainados, detendo-se o tratamento quando o sangue estiver harmonioso. Para a doença de congelamento do canal causando impedimento do sangue, fazendo com que o sangue corra desimpedido, drenar para que ele fique plano. Por isso, quando a energia perversa estiver hiperativa na parte superior, induzir para que desça; quando a energia saudável for insuficiente na parte superior, picar os acupontos na parte superior; picar os acupontos na parte superior, esfregar e pressionar o músculo e a pele para fazer voltar a energia; quando a energia não chegar após uma retenção longa da agulha, aplicar a polimanipulação para induzi-la. Deve-se entender minuciosamente e de antemão as passagens dos canais, e depois tratar com o método correto. Na condição de contenção de frio e de calor, deve-se drenar a energia e o sangue; quando há acúmulo e estagnação prolongados de sangue, picar os acupontos sobre os focos. Resumindo, deve-se entender os tipos das vinte cinco espécies de homens e picar de acordo com as características da doença estarem na energia, no sangue, à direita, à esquerda, na parte de cima e na parte de baixo".

五音五味第六十五

Capítulo 65
Wu Yin Wu Wei
(Os Cinco Tons e os Cinco Sabores)

右徵与少徵，调右手太阳上，　　左商与左徵，调左手阳明上。
少徵与大宫，调左手阳明上。　　右角与大角，调右足少阳下。
大徵与少徵，调左手太阳上。　　众羽与少羽，调右足太阳下。
少商与右商，调手太阳下。　　　桎羽与众羽，调右足太阳下。
少宫与大宫，调足阳明下。　　　判角与少角，调右足少阳下。
钛商与上商，调右足阳明下。　　钛商与上角，调左足太阳下。

As pessoas que dentro dos cinco tons pertencem aos tipos Youzhi (Zhi Direito) e Shaozhi (Zhi Menor), devem ser tratadas na parte superior do Canal Taiyang da Mao Direita. As pessoas que pertencem aos tipos Zuoshang (Shang Esquerdo) e Zuozhi (Zhi Esquerdo), devem ser tratadas na parte superior do Canal Yangming da Mão Esquerda. As pessoas que pertencem aos tipos Shaozhi (Zhi Menor) e Dagong (Gong Maior) devem ser tratadas na parte superior do Canal Yangming da Mão Esquerda. As pessoas que pertencem aos tipos Youjue (Jue Direito) e Dajue (Jue Maior), devem ser tratadas na parte inferior do Canal Shaoyang do Pé Direito. As pessoas que pertencem aos tipos Dazhi (Zhi Maior) e Shaozhi (Zhi Menor) devem ser tratadas na parte superior do Canal Taiyang da Mão Esquerda. As pessoas que pertencem aos tipos Zhongyu (Yu Direito) e Shaoyu (Yu Menor), devem ser tratadas na parte inferior do Canal Taiyang do Pé Direito. As pessoas que pertencem aos tipos Shangshang (Shang Superior) e Youshang (Shang Direito), devem ser tratadas na parte inferior do Canal Taiyang da Mão Direita. As pessoas que pertencem aos tipos Zhiyu (Yu Esquerdo) e Zhongyu (Yu Direito), devem ser tratadas na parte inferior do Canal Taiyang do Pé Direito. As pessoas que pertencem aos tipos Shaogong (Gong Menor) e Dagong (Gong Maior), devem ser tratadas na parte inferior do Canal Yangming do Pé Direito. As pessoas que pertencem aos tipos Panjue (Meio Jue) e Shaojue (Jue Menor), devem ser tratadas na parte inferior do canal Shaoyang do Pé Direito. As pessoas que pertencem aos tipos Daishang (Shang Maior) e Shaoshang (Shang Menor) devem ser tratadas na parte inferior do Canal Yangming do Pé Direito. As pessoas que pertencem aos tipos Daishang (Shang Maior e Shangjue (Jue Superior) devem ser tratadas na parte inferior do Canal Taiyang do Pé Esquerdo.

上徵与右徵同，谷麦，畜羊，果杏，手少阴，藏心，色赤，味苦，时夏。上羽与大羽同，谷大豆，畜彘，果栗，足少阴，藏肾，色黑味咸，时冬。上宫与大宫同。谷稷，畜牛，果枣，足太阴，藏脾，色黄，味甘，时季夏。上商与右商同，谷黍，畜鸡，果桃，手太阴，藏肺，色白，味辛，时秋。上角与大角同，谷麻畜犬，果李，足厥阴，藏肝，色青，味酸，时春。

Tanto as pessoas de Shangzhi (Zhi Superior) quanto as de Youzhi (Zhi Direito) pertencem ao tom do fogo, e dentro desta categoria, nos cinco cereais é o trigo; nos cinco animais é o carneiro; nos cinco frutos é o abricô, nos canais é o Shaoyin da Mão, nos cinco órgãos sólidos é o coração; nas cinco cores é o vermelho; nos cinco sabores é o amargo; nas quatro estações é o verão. Tanto as pessoas de Shangyu (Yu Superior) quanto as de Dayu (Yu Maior) pertencem ao tom da água, e dentro desta categoria, nos cinco cereais é o feijão de soja, nos cinco animais é o porco, nos cinco tipos de nozes é a castanha; nos canais é o Shaoyin do Pé, nos cinco órgãos sólidos é o rim; nas cinco cores é o preto; nos cinco sabores é o salgado; nas quatro estações é o inverno. Tanto as pessoas de Shanggong (Gong Superior) quanto as de Dagong (Gong Superior) pertencem ao tom da terra e dentro desta categoria, nos cinco cereais são os grãos, nos cinco animais é a vaca, nos cinco frutos é a jujuba, nos canais é o Taiyin do Pé, nos cinco órgãos sólidos é o baço, nas cinco cores é o amarelo, nos cinco sabores é o doce, nas quatro estações é o verão tardio. Tanto as pessoas de Shangshang (Shang Superior) quanto as de Youshang (Shang Direito) pertencem ao tom do metal, e dentro desta categoria, nos cinco cereais é o painço glutinoso, nos cinco animais é o frango, nos cinco frutos é o pêssego, nos canais é o Taiyin da Mão, nos cinco órgãos sólidos é o pulmão, nas cinco cores é o branco, nos cinco sabores é o picante, nas quatro estações é o outono. Tanto as pessoas de Shangjue (Jue Superior) quanto as de Dajue (Jue Maior) pertencem ao tom da madeira, e dentro desta categoria, nos cinco cereais é o gergelim, nos cinco animais é o cachorro, nos cinco frutos é a ameixa, nos canais é o Jueyin do Pé, nos cinco órgãos sólidos é o fígado, nas cinco cores é o verde, nos cinco sabores é o ácido, nas quatro estações é a primavera.

大宫与上角，同右足阳明上。左角与大角，同左足阳明上。

少羽与大羽，同左足太阳下。左商与右商，同左手阳明上。

加宫与大宫，同左足少阳上。质判与大宫，同左手太阳下。

判角与大角，同左足少阳下。大羽与大角，同右足太阳上。

大角与大宫，同右足少阳上。

As pessoas de Dagong (Gong Maior) e de Shagjue (Jue Superior) pertencem aos cinco tons e devem ser tratadas na parte superior do Canal Yangming do Pé (Direito). As pessoas de Zuojue (Jue Esquerdo) e as de Dajue (Jue Maior) devem ser tratadas na parte superior do Canal do Estômago Yangming do Pé (Esquerdo). As pessoas de Shaoyu (Yu Menor) e Dayu (Yu Maior) devem ser tratadas na parte inferior do Canal da Bexiga Taiyang do Pé (Direito). As pessoas de Zuoshang (Shang Esquerdo) e de Youshang (Shang Direito) devem ser tratadas na parte superior do Canal do Intestino Grosso Yangming da Mão (Direita). As pessoas de Jiagong (Gong Direito) e Dagong (Gong Maior) devem ser tratadas na parte superior do Canal da Vesícula Biliar Shaoyang do Pé (Esquerdo). As pessoas de Panzhi (Meio Zhi e de Dagong (Gong Maior), devem ser tratadas do Canal do Intestino Delgado Taiyang da Mão (Esquerda). As pessoas de Panjue (Meio Jue) e de Dajue (Jue Maior) devem ser tratadas na parte inferior do canal da Vesícula Biliar Shaoyang do Pé (Esquerdo). As pessoas de Dayu (Yu Maior) e de Dajue (Jue Maior) devem ser tratadas na parte superior do canal da Bexiga Taiyang do Pé (Direito). As pessoas de Dajue e Dagong devem ser tratadas na parte superior do Canal da Vesícula Biliar Shaoyang do Pé (Direito).

右徵、少徵、质徵、上徵、判徵。右角、钛角、上角、大角、判角。

右商、少商、钛商、上商、左商。少宫、上宫、大宫、加宫、左角宫。

众羽、桎羽、上羽、大羽、少羽。

Youzhi (Zhi Direito), Shaozhi (Zhi Menor), Zhizhi (Zhi Maior), Shangzhi (Zhi Superior) e Panzhi (Zhi Médio) são os cinco tipos que pertencem ao tom do fogo. Youjue (Jue Direito), Daijue (Grande Jue), Shangjue (Jue Superior), Dajue (Jue Maior) e Panjue (Jue Médio) são os cinco tipos que pertencem ao tom da madeira. Youshang (Shang Direito), Shaoshang (Shang Menor), Daishang (Grande Shang), Shangshang (Shang Superior) e Zuoshang (Shang Esquerdo) são os cinco diferentes tipos que pertencem ao tom do metal. Shaogong (Gong Menor), Shanggong (Gong Superior), Dagong (Gong Maior), Jiagong (Gong Direito) e Zuogong (Gong Esquerdo) são os cinco tipos diferentes eu pertencem ao tom da terra. Zhongyu (Yu Direito), Zhiyu (Yu Esquerdo), Shangyu (Yu Superior), Dayu (Yu Maior) e Shaoyu (Yu Menor) são os cinco diferentes tipos que pertencem ao tom da água.

黄帝曰：妇人无须者，无血气乎？岐伯曰：冲脉、任脉，皆起于胞中，上循背〔背：《素问·空骨论》王注引《针经》并作"脊"〕里，为经络之海。其浮而外者，循腹右上行，会于咽喉，别而络唇口。血气盛〔血气盛：谬平曰："血字衍"则充肤热肉〔则充肤热肉：《素问·空骨论》王注引《针经》"充"作"皮"，热下无"肉"字〕，血独盛则澹渗皮肤，生毫毛。今妇人之生〔今妇人之生：《甲乙》卷二第二无"今之生"三字，"妇人"二字属下读〕，有余于气，不足于血，以其数〔以其《甲乙》卷二第二"以其"下有"月水下"三字〕脱血也，冲任之脉，不荣口唇，故须不生焉。

O Imperador Amarelo perguntou: "A mulher não tem barba: isso é porque ela não tem sangue e energia?" Disse Qibo: "Tanto o canal Chong quanto o Canal Ren têm início na bexiga, e sobem acompanhando o lado interno da espinha e são o mar dos canais. A parte superficial dos Canais Chong e Ren sobem respectivamente acompanhando o abdômen e se encontram na faringe, depois desviam em torno da boca e dos lábios. Quando a energia está superabundante, a pele da pessoa estará quente; quando o sangue estiver superabundante, os pêlos começam a crescer. Numa mulher, quando a energia está em excesso, mas o sangue é insuficiente devido à menstruação, então os Canais Chong e Ren não podem nutrir a boca e os lábios e não há barba".

黄帝曰：士人有伤于阴，阴气绝而不起，阴不用，然其须不去，其故何也？宦者独去何也？愿闻其故。岐伯曰：宦者去其宗筋，伤其冲脉，血泻不复，皮肤内结，唇口不荣，故须不生。

O Imperador Amarelo perguntou: "Um homem que tenha sido ferido nas genitais ficando impotente, e que seu pênis se levante com dificuldade está inválido, mas ainda tem barba, enquanto que um eunuco, tendo sido castrado, não tem barba nenhuma: qual o motivo?" Disse Qibo: "Após os testículos terem sido extirpados, o Canal Chong fica lesado, há uma queda no sangue e este dificilmente pode se recuperar. Como a energia está estagnada na pele, os lábios e a boca não podem receber a nutrição da energia e do sangue, e assim, ele não tem barba".

黄帝曰：其有天宦者，未尝被伤，不脱于血，然其须不生，其故何也？岐伯曰：此天之所不足也，其任冲不盛，宗筋不成，有气无血，唇口不荣，故须不生。

O Imperador Amarelo perguntou: "Um homem que tenha um defeito genital congênito, não foi castrado por operação, não tem menstruação, mas também não tem barba: qual o motivo?" Disse Qibo: "Isto se deve ao pouco desenvolvimento da energia congênita; seus canais Ren e Chong não são desenvolvidos, a função de seu pênis não está completa, e ele tem alguma energia, mas falta sangue, por isso dificilmente os lábios e a boca podem ser nutridos, e ele não tem barba".

黄帝曰，善乎哉！圣人这通万物也，若日月之光影，音声鼓响，闻其声而知其形，其非夫子，孰能明万物之精。是故圣人视其颜色〔颜色：《太素》卷十《任脉》"颜"作"真"〕，黄赤者多热〔热：按："热"似为"血"之误字〕气，青白者少热气，黑色者多血少气。美眉者太阳多血，通髯极须者少阳多血，美须者阳明多血，此其时然也。夫人之常数，太阳常多血少气，少阳常多气少血，阳明常多血多气，厥阴常多气少血，少阴常多血少气，太阴常多血少气〔多血少气：周本，当注本并作"多气少血"〕，此天〔天：疑当作"人"字〕之常数也。

Disse o Imperador Amarelo: "Seu modo de falar é excelente. Os santos conhecem os princípios de todas as coisas, o que brilha e é claro como a luz e a sombra do sol e da lua, o que é explícito como o bater do tambor; quando um som é ouvido, sua aparência será conhecida; se não fosse tu, quem poderia explicar sua quintessência? Por isso, quando um santo examina a compleição dum homem, ele pode saber se o sangue e a energia do paciente é muito ou pouco; quando a compleição parece amarela ou vermelha, a energia e o sangue do paciente estão em excesso; quando a compleição parece verde e branca, sua energia e sangue são poucas; quando a compleição parece escura (preta), o sangue é muito, mas a energia é pouca; quando as duas sobrancelhas são elegantes, ele pertence ao Canal Taiyang com muito sangue; quando as costeletas se unem ao cabelo, ele pertence ao Canal Shaoyin com muito sangue; quando a compleição confere boa aparência, ele pertence ao Canal yangming com muito sangue. Geralmente as condições são desta forma. No canal do corpo da pessoa, existe uma proporção definida no sangue e na energia; nos Canais Taiyang da Mão e do Pé, geralmente há mais sangue e menos energia; nos Canais Shaoyang da Mão e do Pé, geralmente há mais sangue e menos energia; nos Canais Yangming da Mão e do Pé, geralmente o sangue e a energia se eqüivalem; nos Canais Jueyin da Mão e do Pé, geralmente há mais energia do que sangue; nos Canais Shaoyin da Mão e do Pé, geralmente há pouco sangue e pouca energia; nos Canais Taiyin da Mão e do Pé, geralmente há mais sangue e menos energia. Essas são as condições da proporção definida de sangue e de energia nos canais do corpo".

百病始生第六十六

Capítulo 66
Bai Bing Shi Sheng
(O Início das Diversas Doenças)

黄帝问于岐伯曰：夫百病之始生也，皆生于风雨寒暑，清湿喜怒。喜怒不节则伤脏，风雨则伤上，清湿则伤下。三部之气，所伤异类〔异类：《甲乙》卷八第二作"各异"〕，愿闻其会。岐伯曰：三部之气各不同，或起于阴，或起于阳，请言其方，喜怒不节，则伤脏，脏伤〔则伤脏，脏伤：按"则伤"五字误衍，此应作"喜怒不节则病起于阴"〕则病起于阴也；清湿袭虚，则病起于下；风雨袭虚，则病起于上，是谓三部。至于其淫泆，不可胜数。

O Imperador Amarelo se dirigiu a Qibo dizendo: "O início de todas as várias doenças se deve ao vento, à chuva, ao frio, ao calor, à umidade, ao excesso de alegria ou raiva no interior e no exterior. Quando uma pessoa tem excesso de alegria ou raiva sem temperança, seus órgãos internos ficarão lesados; quando uma pessoa é afetada pelo vento e pela chuva exógenos, a parte superior do corpo estará lesada; quando a pessoa é afetada pelo frio-umidade, a parte inferior do corpo ficará lesada. Como o atingimento das partes inferior, média e superior do corpo são diferentes, desejo que me digas a razão mais comum". Disse Qibo: "As inúmeras energias nas três partes do corpo são diferentes; algumas delas começam no braço, na perna e nas nádegas; algumas começam no rosto, no pescoço, no peito, nas costas e no hipocôndrio, e eu gostaria de saber as razões. Quando a pessoa está alegre ou com raiva sem temperança, a doença começa de dentro; quando a umidade perversa invade os tendões e os ossos, a doença vem da parte inferior; quando o vento e a chuva invadem o músculo externo exatamente quando o paciente está debilitado, a doença provém da parte superior. Essas são as três partes mais importantes onde a doença se inicia. Quando a doença penetra, as síndromes decorrentes são incontáveis".

黄帝曰：余固不能数，故问先师〔先师：《太素》卷二十七《邪传》作"天师"〕，愿卒闻其道。岐伯曰：风雨寒热，不得虚邪，不能独伤人。卒然逢疾风暴雨而不病者，盖无虚，故邪不能独伤人，此必因虚邪之风，与其身形，两虚相得〔得：《甲乙》卷八第二作"搏"〕，乃客其形。两实相逢，众人肉坚。其中于虚邪也，因于天时，与其身形，参以虚实，大病乃成，气有定舍，因此为名、上下中外，分为三员。

Disse o Imperador Amarelo: "Exatamente porque eu não sou capaz de contar as doenças, eu pergunto a respeito à Vossa Excelência; desejo ouvir as razões em detalhes". Disse Qibo: "Se a pessoa não tem nenhum perverso que debilite: vento, chuva, frio e calor, eles não podem por si ferir. Algumas pessoas se defrontam de repente com o vendaval e a chuva torrencial, mas não são infectadas pela doença, isso porque não têm nenhum perverso que debilite, e a tempestade não pode feri-las. Na formação da doença, o perverso que debilita e o corpo debilitado devem estar existindo ao mesmo tempo e só sob tais condições o perverso pode invadir o corpo. Quando o clima é normal e o corpo da pessoa é forte, onde a pele e os músculos geralmente são substanciais, o perverso que debilita não pode de forma alguma invadir o corpo. Sempre que a pessoa for ferida pelo perverso que debilita, o clima deve estar anormal e o corpo da pessoa deve estar debilitado, e somente quando o perverso for substancial e o corpo estiver debilitado, a doença séria pode ocorrer. A energia pode dominar a superfície e o interior, e a doença recebe seu nome de acordo com o local em que o perverso está retido. Existem aí igualmente três partes no superior, no inferior, no interno e no externo.

是故虚邪之中人也，始于皮肤，皮肤缓则腠理开，开则邪从毛发入，入则抵深，深则毛发立，毛发立则淅然，故皮肤痛。留而不去，则传舍于络脉〔脉：《甲乙》卷八第二无此字〕，在络之时，痛于肌肉，其痛之时息〔其痛之时息：《太素》卷二十七《邪传》"时"下无"息"字〕，大经乃代。留而不去，传舍于经，在经之时，洒淅喜惊。留而不去，传舍于输，在输之时，六经不通，四肢则肢节痛〔四肢则肢节痛：《甲乙》卷八第二作"四节即痛"〕，腰脊乃强，留而不去，传舍于伏冲之脉、在伏冲之时，体重身痛。留而不去，传舍于肠胃，在肠胃之时，贲响腹胀，多寒则肠鸣飧泄，食不化，多热则溏出糜〔糜：张注本作"糜"〕。留耳不去，传舍于肠胃之外，募原之间，留著于脉稽留而不去，息而成积，或著孙脉〔《甲乙》卷八第二并作"络"〕或著络脉，或著输脉，或著于伏冲之脉，或著于膂筋，或著于肠胃之募原，上连〔上连：按："上连"当作"或著"〕于缓筋，邪气淫泆，不可胜论。

"Quando o perverso que debilita invade o corpo humano, ele começa pela pele; quando a pele está frouxa, as estrias se abrem e a energia perversa penetra através dos pêlos; depois da invasão, ela penetra profundamente no interior, fazendo com que os pêlos fiquem arrepiados; quando a energia perversa fica retida e não é removida, ela é transmitida aos colaterais; quando o perverso está nos colaterais, os músculos ficam doloridos; quando a dor cessa, os canais é que ficam doloridos; quando o perverso não é removido, ele será transmitido ao canal; quando o perverso estiver no canal, o paciente terá calafrios e sobressaltos; quando o perverso não é removido, será transmitido ao canal shu (Canal Taiyang do Pé), e os seis canais da mão do paciente ficarão impedidos, suas quatro extremidades ficarão doloridas e ele não pode se esticar e dobrar a espinha; quando o perverso não é removido, será transmitido ao Canal Chong que está oculto; quando o perverso estiver no Canal Chong, o paciente sentirá peso e dor no corpo; quando o perverso não for removido, será transmitido ao intestino e ao estômago; quando o perverso estiver no intestino e no estômago, o paciente terá inchaço no abdômen; se ele sentir mais frio, terá borborigmos, diarréia e indigestão da comida; quando o perverso ficar retido e não for removido, será transmitido ao lado de fora do intestino e do estômago, e entre a membrana externa do intestino, ficando retido nos colaterais finos da membrana; quando o perverso não for removido, ficará retido formando massa abdominal. Resumindo, quando a energia perversa invade o corpo, fica retida no colateral diminuto, ou no colateral, ou no canal, ou no canal shu, ou no Canal Chong que é oculto, ou nos tendões da espinha ou do braço, ou na membrana externa do intestino e do estômago, ou no pênis; a energia perversa pode se espalhar pelo corpo inteiro com muitas variantes que dificilmente podem ser citadas por completo".

黄帝曰：愿尽闻其所由然。岐伯曰：其著孙络之脉而成积者，其积往来上下，臂手孙络之居也，浮〔浮："浮"上脱"落"字〕而缓，不能句积而止之，故往来移行肠胃之间，水、溱渗注灌，濯濯有音，有寒则䐜䐜满雷引，故时切痛。其著于阳明之经，则挟脐而居，饱食则益〔益："益"应作"脉"〕大，饥则益小。其著于缓筋也，似阳明之积，饱食则痛，饥则安。其著于肠胃之募原也，痛而外连于缓筋，饱食则安，饥则痛。其著伏冲之脉者，揣之应手而动，发手则热气下于两股，如汤沃之状。其著于膂筋在肠后者，饥则积见，饱则积不见，按之不得。其著于输之脉者，闭塞不通，津液不下，孔窍干壅。此邪气之从外入内，从上下也。

Disse o Imperador Amarelo: "Desejo ouvir em detalhes sobre as razões da formação de massa abdominal". Disse Qibo: "Quando a massa abdominal se forma devido à retenção da energia perversa nos colaterais diminutos, a dita massa abdominal pode se mover para cima e para baixo; como ela está nos colaterais e estes são flutuantes e moles, não se pode deter e fixar a massa; quando ela se transfere de cá para lá, gradativamente penetra nos intestinos e no estômago se distendendo com um gorgulhar como o som do trovão e o paciente tem dores freqüentes e agudas. Quando a energia perversa está no Canal yangming, a massa abdominal estará presa perto do umbigo; se a pessoa estiver bem alimentada, os colaterais engrossam e ficam grandes; se a pessoa estiver com fome, os colaterais afinam e diminuem. Quando a energia perversa fica retida no pênis, sua condição será semelhante à do Canal Yangming; se a pessoa estiver bem alimentada, haverá distensão e dor; se a pessoa estiver com fome, ao contrário, irá se sentir à vontade. Quando a energia perversa fica retida nas membranas entre o intestino e o estômago, a dor poderá afetar o pênis; se a pessoa estiver bem alimentada, se sentirá à vontade; se estiver com fome, sentirá dor. Quando a energia perversa fica retida no Canal Chong que está oculto, a pulsação será rápida e agitada quando este for pressionado com a mão; quando a mão for retirada, haverá correntes quentes descendo pela coxa como uma sopa quente derramada. Quando a energia perversa ficar retida no tendão do braço, se a pessoa estiver com fome, a massa será bem evidente; se estiver bem alimentada, ela não será aparente, e dificilmente poderá ser detectada mesmo que se faça pressão com a mão. Quando a energia perversa estiver no canal shu, irá causar obstrução no canal de passagem, impossibilitando que os líquidos se espalhem, causando secura nos orifícios. Essas são as síndromes comuns da energia perversa quando se transfere de fora para dentro e de cima para baixo".

黄帝曰：积之始生，至其已成奈何？岐伯曰：积之始生，得寒乃生，厥乃成积也。黄帝曰：其成积奈何？岐伯曰：厥气生足悗，悗生胫寒，胫寒则血脉凝涩，血脉凝涩则寒气上入于肠胃，入于肠胃则䐜胀，䐜胀则肠外之〔肠外之：《太素》杨注作"肠胃之外"〕汁沫迫聚不得散，日以成积。卒然多食饮则肠满，起居不节，用力过度，则络脉伤，阳络伤则血外溢，血外溢则衄血，阴络伤则血内溢，血内溢则后〔后：《甲乙》卷八第二并作"脉"〕血，肠胃〔《太素》卷二十七《邪传》作"外"〕之络伤，则血溢于肠外，肠外有寒汁沫与血相搏，则并合凝聚不得散而积成矣。卒然外中于寒，若内伤于忧怒，则气上逆，气上逆则六输不通，温〔温：按据《太素》杨注"温"应作"卫"〕气不行，凝血蕴里而不散，津液涩渗，著而不去，而积皆成矣。

O Imperador Amarelo perguntou: "Qual a condição quando decorre a formação da massa abdominal?" Disse Qibo: "No início da massa abdominal, a energia fria invade em primeiro lugar o pé; quando a energia perversa e fria do tipo Jue sobe para o intestino e o estômago, este é o principal motivo da formação da massa". O Imperador Amarelo perguntou: "Qual a condição quando ela toma forma?" Disse Qibo: "A energia perversa e fria do tipo Jue causa dor e inconveniência no caminhar, e conseqüentemente, a perna fica fria, a friagem da perna causa estagnação de sangue; quando a energia fria desce e entra no intestino e no estômago de forma gradativa, o abdômen fica distendido; quando houver distensão no abdômen, haverá acúmulo de líquido e espuma do lado de fora do intestino e do estômago, sem se dispersar, devido à pressão do frio perverso; quando a condição se tornar prolongada, irá se transformar em massa abdominal. Quando a pessoa come em demasia, repentinamente seu intestino fica cheio de comida, tornando difícil a transformação e o transporte do alimento; quando ela não pratica a temperança na vida diária, ou se excede em esforços, os colaterais serão lesados; o sangue transborda; quando o sangue transborda, ocorre epistaxe; quando o colateral Yin é lesado, o sangue derrama para dentro; quando o sangue se derrama dentro, haverá sangue nas fezes. Quando o intestino e o estômago são lesados, o sangue transborda para fora do intestino; se houver energia fria além do intestino, os líquidos e a espuma se debatem com o sangue que transbordou, e ficarão combinados e estagnados sem se dispersar; nesse caso, também poderá haver massa abdominal. Quando a pessoa é atingida pelo frio perverso exógeno, e é novamente atingida, desta vez pelos humores internos da melancolia e da raiva, isso fará com que a energia entre em contracorrente; quando a energia está em contracorrente, as energias dos seis canais ficam impedidas; quando a energia Wei está obstruída, o sangue fica estagnado, ficando preso no interior sem se dispersar, e o fluido corporal não será uniforme; quando a condição for prolongada, a massa abdominal toma forma".

黄帝曰：其生于阴者奈何？岐伯曰：忧思伤心；重寒伤肺；忿怒伤肝；醉以入房，汗出当风、伤脾；用力过度，若入房汗出浴，则伤肾。此内外三部之所生病者也。

O Imperador Amarelo perguntou: "Qual a condição no momento em que a doença se inicia a partir dos órgãos internos?" Disse Qibo: "A melancolia lesa o coração; o frio duplo (frio externo proveniente de alimentos e bebidas, e frio interno do corpo) lesa os pulmões; a raiva lesa o fígado; quando se apanha um resfriado devido a ter suado durante a relação sexual e ter bebido em seguida, isso lesa o baço; quando há excesso de cansaço, ou se toma banhos em que se sua depois de uma relação sexual, isso lesa os rins. Esses são os males do aquecedor superior e do inferior dentro e fora do corpo".

黄帝曰：善。治之奈何？岐伯答曰：察其所痛，以知其应，有余不足，当补则补，当泻则泻，毋逆天时，是谓至治。

Disse o Imperador Amarelo: "Muito bem. Mas como tratar os males?" Disse Qibo: "Examinai o motivo que causa a doença para conhecer o síndrome correspondente; quanto à energia perversa que estiver em excesso quando a energia saudável estiver insuficiente, revigorar quando deve ser revigorado e purgar quando deve ser purgado; quando a pessoa não viola as relações entre o clima das quatro estações e o corpo humano, supõe-se que esse seja o melhor método de tratamento".

行针第六十七

Capítulo 67
Xing Zheng
(A Transmissão pela Agulha)

黄帝问于岐伯曰：余闻九针于夫子，而行之于百姓，百姓之血气各不同形，或神动而气先针〔针："针"字疑衍〕行，或气与针相逢，或针已出气独行，或数刺乃知，或发针而气逆，或数刺病益剧，凡此六者，各不同形，愿闻其方。

O Imperador Amarelo chamou Qibo e disse: "Apliquei os nove tipos de agulhas que disseste para tratar as pessoas; como o sangue e as energias delas eram diferentes em abundância e deficiência, e suas constituições diferentes, então as respostas de puntura às picadas foram diferentes. Algumas delas ficaram excitadas ao serem picadas, a resposta da agulha veio antes do tempo; em algumas delas, a resposta chegou no momento da picada; em algumas delas, a resposta da agulha continuou mesmo depois desta ter sido retirada; em algumas delas, a resposta da agulha só chegou após várias picadas; em algumas delas, a resposta da agulha chegou muito lentamente após a picada; em algumas delas, a doença se tornou ainda mais séria após picar muitas vezes. Nos seis casos, as condições após a picada foram diferentes; desejo ouvir as razões".

岐伯曰：重阳之人，其神易动，其气易往也。黄帝曰：何谓重阳之人？岐伯曰：重阳之人，熇熇高高，言语善疾，举足善高，心肺之藏气有余，阳气滑盛而扬，故神动而气先行。

Disse Qibo: "Quando o Yang da pessoa está em excesso, ela fica irritadiça, e a resposta da agulha pode se produzir facilmente". O Imperador Amarelo perguntou: "Qual é a condição quando o Yang da pessoa está em excesso?" Disse Qibo: "Quando o Yang da pessoa está em excesso, ela será galante e dominante, rápida no falar, levanta os pés enquanto caminha, e parece ser complacente. Suas energias do coração e do pulmão estão em excesso, o funcionamento da energia Yang é uniforme, substancial e exuberante, portanto, quando tocada de leve, a resposta vem instantaneamente".

黄帝曰：重阳之人而神不先行者，何也？岐伯曰：此人颇有阴者也。黄帝曰：何以知其颇有阴也？岐伯曰：多阳者多喜，多阴者多怒，数怒者易解，故曰颇有阴，其阴阳之离〔离：《太素》卷二十七《邪传》无此字〕合难，故其神不能先行也。

O Imperador Amarelo perguntou: "Quanto às pessoas cujo Yang está em excesso, elas não podem expressar antecipadamente a hipersensibilidade de suas mentes: qual a razão?" Disse Qibo: "As pessoa desse tipo, têm um tanto de energia Yin em seu interior". O Imperador Amarelo perguntou: "Como saber que elas têm algo de Yin em seu interior?" Disse Qibo: "Quando o Yang do homem está em excesso, ele está freqüentemente alegre; quando o Yin do homem está em excesso, ele se zanga

763

com facilidade; quando sua raiva já está para ser eliminada, ele pertence à categoria do Yin no Yang, por isso ele tem algo de Yin em seu interior. As pessoas desse tipo têm mais Yang e pouco Yin, e o Yin e o Yang dificilmente podem se ajustar um ao outro, por isso elas não podem expressar de antemão a hipersensibilidade de suas mentes".

黄帝曰：其气与针相逢奈何？岐伯曰：阴阳和调〔和调：《甲乙》卷一第十六"调"下有"者"字〕而〔而：《甲乙》卷一第十六无此字〕血气淳泽滑利，故针入而气出，疾而相逢也。

O Imperador Amarelo perguntou: "Qual a condição quando a resposta da agulha chega com a picada no tempo devido?" Disse Qibo: "Quando o Yin e o Yang da pessoa estão em harmonia, a circulação de sangue e de energia tem umidade e uniformidade, por isso quando a agulha é inserida, a resposta da agulha chega com a picada no devido tempo".

黄帝曰：针已出而气独行者，何气使然？岐伯曰：其阴气〔阴气，阳气：《甲乙》卷一第十六"阴阳"下并无"气"字〕多而阳气少，阴气沉而阳气浮者内藏〔浮者内藏：当注本，张注本"浮"字断句，下并有"沉"字〕，故针已出，气乃随其后，故独行也。

O Imperador Amarelo perguntou: "Quando a resposta ainda permanece após a retirada da agulha, qual energia causa isso?" Disse Qibo: "Isto se deve ao paciente ter mais Yin e pouco Yang; sua energia Yin está se aprofundando e sua energia Yang está flutuando; quando a energia Yin está afundando, ela se aloja no interior e dificilmente responde, mas após a agulha ser retirada, a resposta da agulha aparece logo em seguida, por isso se chama "A chegada individual"".

黄帝曰：数刺乃知，何气使然？岐伯曰：此人之多阴而少阳，其气沉而气往难，故数刺乃知也。

O Imperador Amarelo perguntou: "Quando a doença só pode ser aliviada após picar muitas vezes, que energia causa isso?" Disse Qibo: "As pessoas desse tipo têm muito Yin e pouco Yang, e como o Yang está alojado no interior, a ocorrência da resposta da agulha é bastante difícil, dessa forma, a doença só pode ser curada quando se puntura muitas vezes".

黄帝曰：针入而气逆者〔而气逆者：丹波元简曰："按上下文例，'者'下似脱'其数刺病益甚者'七字〕，何气使然？岐伯曰：其气逆与其数刺病益甚者，非阴阳之气，浮沉之势也，此皆粗之所败，上〔上：日刻本，张注本，黄校本并作"工"〕之所失，其形气无过焉。

Disse o Imperador Amarelo: "Quando a pessoa tem contracorrente da energia vital após a inserção da agulha, ou a doença piora após picadas freqüentes, que energia causa isso?" Disse Qibo: "Quando ocorre a contracorrente da energia vital ou a doença piora após picadas freqüentes, isso não se deve às várias condições: superabundância, deficiência, flutuação ou afundamento do Yin e do Yang, mas seu mau resultado se deve ao descuido no tratamento; isso é erro do médico e não tem nada a ver com o corpo e a energia".

上膈第六十八

Capítulo 68
Shang Ge
(O Vômito Imediatamente Após a Ingestão de Comida)

黄帝曰：气为上膈者，食饮〔饮：《甲乙》卷十一第八无此字〕入而还出，余已知之矣。虫为下膈，下膈者，食晬时乃出，余未得其意，愿卒闻之。岐伯曰：喜怒不适，食饮不节，寒温不时，则寒汁流〔流：卷十一第八作"留"〕于肠中〔于肠中：《甲乙》卷十一第八无此三字〕，流于肠中则虫寒，虫寒则积聚，守于下管〔守于下管：《太素》卷二十六《虫痈》"下管"下重"守于下管"四字〕，则肠胃充郭，卫气不营，邪气居之。入食则虫上食，虫上食则下管虚，下管虚则邪气胜之，积聚以留，留则痈成，痈成则下管约。其痈在管内者，即〔即：《太素》卷二十六《虫痈》作"则沉"〕而痛深；其痈在〔在：《甲乙》卷十一第八"在"下有"脘"字〕外者，则痈外〔痈外：按："痈"字疑衍〕而痛浮，痈上皮热。

Disse o Imperador Amarelo: "Quando as atividades funcionais da energia vital estão suspensas, isso faz com que a pessoa vomite assim que ingere a comida, e eu já conheço essa condição. Quando a pessoa tem lombrigas fazendo com que vômito não ocorra de imediato, ela vomita um dia ou uma noite depois da ingestão da comida, e eu não compreendo a razão, e eu espero que me contes em detalhes". Disse Qibo: "Este tipo de doença é gerado pela alegria e raiva inadequados, alimentação e bebida irregulares e não estar vestido de acordo com o clima; conseqüentemente a energia do estômago fica prejudicada, os líquidos frios ficam retidos no intestino gerando parasitas que estão acostumados ao frio e que se acumulam na parte inferior da cavidade gástrica; dessa forma, o intestino e o estômago irão ficar dilatados, a energia do baço deixa de atuar, e a energia perversa fica retida. Quando se ingere a comida, os parasitas também se alimentam; quando eles ingerem comida, a parte inferior da cavidade gástrica fica vazia, e a energia perversa aproveita para invadir; devido à retenção de energia perversa, o abcesso situado em profundidade toma forma fazendo com que a cavidade gástrica não possa mais se manter no lugar. Quando o abcesso está na parte baixa da cavidade gástrica, isso irá causar uma dor profunda e aguda; quando o abcesso estiver na parte externa da parte baixa da cavidade gástrica, a dor será superficial e flutuante, e a pele no local do abcesso estará quente".

黄帝曰：刺之奈何？岐伯曰：微按其痈，视气〔气：张注本作"其"〕所行，先浅刺其傍，稍内益深，还而刺之，毋过三行，察其沉浮，以为深浅。已刺必熨，令热入中，日使热内，邪气益衰，大痈乃溃。伍以参禁，以除其内，恬憺无为，乃能行气，后以咸苦〔以咸：《甲乙》卷十一第八作"服酸"〕，化谷乃下矣。

O Imperador Amarelo perguntou: "Como tratar esse tipo de doença pela puntura?" Disse Qibo: "Pressionai levemente o local do abcesso com a mão, examinando a

765

direção do fluxo de energia, picar primeiro superficialmente o local do foco, e depois aprofundar gradativamente e finalmente inserir a agulha; a picada não deve ser feita mais do que três vezes; picar superficialmente ou de modo profundo de acordo com a profundidade do abcesso. Após picar, fazer uma aplicação tópica de drogas quentes para fazer com que o calor penetre no interior; quando o calor tiver penetrado no interior todos os dias, a energia perversa recebida irá declinar gradativamente e haverá alívio no carbúnculo grande e cheio de pus e sangue. Além disso, deve-se aplicar o método das Três e das Cinco contra-indicações a fim de remover a causa da doença no corpo. O paciente deve estar completamente livre de desejos ou de ambições, indiferente à fama e ao ganho e livre de pensamentos que o distraiam; assim a energia saudável pode fluir livremente; logo depois o paciente irá se recuperar com remédios e alimentos de sabor ácido e amargo; quando o paciente puder digerir a comida, a síndrome do vômito restrito será eliminada".

忧恚无言第六十九

Capítulo 69
You Hui Wu Yan
(Afonia devida à Melancolia e ao Ressentimento)

黄帝问于少师曰：人之卒然忧恚而言无音者，何道之塞，何气出〔出：《甲乙》卷十二第二作"不"〕行，使音不彰？愿闻其方。少师答曰：咽喉〔喉：按："喉"字涉下衍〕者，水谷之道也。喉咙者，气之所以上下者也。会厌者，音声之户也。口唇〔口唇：《灵枢略无音论篇》"唇"上无"口"字〕者，音声之扇也。舌者，音声之机也。悬雍垂者，音声之关也。颃颡者，分气之所泄也。横骨者，神气所使，主发舌者也。故人之鼻洞涕出不收者，颃颡不开〔开：《甲乙》卷十二第二《灵枢略·无音论篇》并作"闭"〕，分气失也。是故厌小而疾薄〔是故厌小而疾薄：《甲乙》卷十二第二"是故"作"其"，"而"下无"疾"字〕，则发气疾，其开阖利，其出气易；其厌大而厚，则开阖难，其气出迟，故重言也〔故重言也：《甲乙》卷十二第二"言也"下有"所谓吃者，其言逆，故重之"十字〕。人卒然无音者，寒气客于厌，则厌不能发，发不能下至〔发不能下至：《灵枢略·无音论篇》无"下"字，"至"下有"其机扇"三字〕，其开阖不致〔其开阖不致：《甲乙》卷十二第三作"机扇开阖不利"〕，故无音。

O Imperador Amarelo chamou Shaoshi e disse: "Quando a pessoa fica subitamente afônica devido à melancolia e ao ressentimento, os trajetos de energia e de sangue ficam obstruídos e a voz deixa de ser alta e clara, qual a energia que obstrui? Desejo saber as razões". Disse Shaoshi: "A faringe é a passagem dos líquidos e dos cereais para que entrem no estômago; a garganta serve para que o ar suba e desça, entre e saia; a epiglote é como a janela para enviar a voz para fora; os lábios são como porta para dar passagem à voz; a língua é como um órgão que produz a voz; a úvula é como uma passagem para a voz; o orifício superior do palato serve para dividir o alento que vai respectivamente para a boca e para o nariz; o palato que é controlado pelos nervos, serve para dominar a língua a fim de dar estrutura à linguagem. Por isso, quando a pessoa tem sinusite com um corrimento nasal incessante, isto se deve ao orifício superior do palato que deixa de se fechar, e não pode dividir adequadamente o alento. Quando a epiglote é pequena e fina, a chegada do alento é fácil e rápida; assim, a pessoa será enérgica e clara no falar; se a epiglote for grande e grossa, será difícil de abrir e fechar, o alento chegará baixo e a pessoa será gaga. Quando a pessoa tem uma afonia súbita, isso se deve ao ataque do frio perverso, fazendo com que a epiglote funcione de maneira anormal; quando ela se abre e fecha, é ineficaz, e a pessoa ficará afônica".

黄帝曰：刺之奈何？岐伯曰：足之少阴，上系于舌〔舌：《甲乙》卷十二第二"舌"下有"本"字〕，络于横骨，终于会厌。两泻其血脉，浊气乃辟。会厌之脉，上络任脉，取之天突，其厌乃发也。

O Imperador Amarelo perguntou: "Como tratar a afonia pela puntura?" Disse Qibo: "O Canal Shaoyin do Pé se une acima à raiz da língua, e se comunica com o palato, terminando na epiglote. Quando tratar, purgando respectivamente o Canal do Rim Shaoyin do Pé e o Canal Ren, o frio perverso e a energia turva serão removidas. Como o canal da epiglote passa acima pelo Canal Ren, quando se pica mais adiante o ponto Tiantu, a voz irá sair a partir da epiglote".

寒热第七十

Capítulo 70
Han Re
(O Frio e o Quente)

黄帝问于岐伯曰：寒热瘰疬在于颈腋者，皆〔皆：《甲乙》卷八第一并无此字〕何气使〔使：《甲乙》卷八第一作"所"〕生？岐伯曰：此皆鼠瘘寒热之毒气也，留于脉而不去者也。

O Imperador Amarelo chamou Qibo e disse: "A escrófula do frio e do calor crescem no pescoço e debaixo da axila: que energia causa isso?" Disse Qibo: "A escrófula é causada pelo frio e pelo calor retidos no canal sem serem removidos".

黄帝曰：去之奈何？岐伯曰：鼠瘘之本，皆〔皆：《千金》卷二十三第一"皆"下有"根"字〕在于脏，其末上出于颈腋之间〔间：《千金》卷二十三第一作"下"〕，其浮于脉中，而未内著于肌肉，而外为脓血者，易去也。

O Imperador Amarelo perguntou: "Como se faz para tratar?" Disse Qibo: "A escrófula é proveniente dos órgãos internos; e suas ramificações sobem juntamente com o canal para aparecer no pescoço e sob a axila. Se a energia tóxica estiver flutuando no canal, e ainda não tiver penetrado na musculatura, mas fora virar pus e sangue, pode ser facilmente removida".

黄帝曰：去之奈何？岐伯曰：请从其本引其末，可使衰去而绝其寒热。审按其道以予之，徐往徐来〔徐往徐来：《千金》卷二十三第一"徐往"下无"徐"字〕以去之，其小如麦者，一刺知，三刺而已。

O Imperador Amarelo perguntou: "Como removê-la?" Disse Qibo: "Fortalecei os órgãos internos com energia saudável, e depois, induzir o perverso tóxico da escrófula a sair; dessa forma, o ataque do frio e do quente será detido. Examinai o local da escrófula, picando adequadamente de acordo com o trajeto do canal, removendo a toxicidade da escrófula com manipulação de acupuntura com chegada e saída lentas. Quando a escrófula estiver do tamanho de um grão de trigo, o efeito já estará sendo obtido, e a enfermidade estará curada após três sessões".

黄帝曰：决其生死奈何？岐伯曰：反其目视之，其中有赤脉，上下贯瞳子，见一脉，一岁死；见一脉半，一岁半死；见二脉，二岁死；见二脉半，二岁半死；见三脉，三岁而死。见赤脉不下贯瞳子，可治也。

O Imperador Amarelo perguntou: "Como diagnosticar a sobrevida e a morte do paciente?" Disse Qibo: "Sacuda a pestana e observe; se houver uma linha vermelha de vaso correndo verticalmente pela pupila, o paciente morrerá um ano depois; quando o vaso estiver com uma medida e meia, o paciente irá morrer após um ano e meio; quando houver dois vasos vermelhos, o paciente morrerá dois anos depois; quando houver dois e meio deles, o paciente morrerá após dois anos e meio; quando houver três deles, o paciente morrerá três anos depois. Se a linha vermelha não estiver atravessando a pupila, a doença poderá ser curada".

邪客第七十一

Capítulo 71
Xie Ke
(Retenção do Perverso)

黄帝问于伯高曰：夫邪气之客人也，或令人目不瞑，不卧出者〔不卧出者：周学海曰："不卧出者"，疑当作"不汗出者"〕，何气使然？伯高曰：五谷入于胃也，其糟粕、津液、宗气分为三隧。故宗气积于胸中，出于喉咙，以贯心脉，而行呼吸焉。营气者，泌其津液，注之于脉，化以为血，以荣四末内注五脏六府，以应刻数焉。冲气者，出其悍气之慓疾，而先行于四末分肉皮肤之间而不休者也。昼日〔日：《甲乙》卷十二第三并无此字〕行于阳，夜行于阴〔夜行于阴：此后应据《太素》、《甲乙》、《外台》补"其入于阴也"五字〕，常从足少阴之分〔分：《病沉》卷三《虚劳不得眠候》"分"下有"肉"字〕间，行于五藏六府。今厥〔厥：《甲乙》卷十二第三作"邪"〕气客于五藏六府，则卫气独卫其外，行于阳，不得入于藏〔行于阳，不得入于藏：《太素》卷十二《营卫气行》无此八字〕。行于阳则阳气盛，阳气盛则阳跷陷〔陷：《甲乙》卷十二第三并作"满"〕；不得入于阴，阴虚〔阴虚：《太素》卷十二第三"阴"下有"气"字〕，故目不瞑。

O Imperador Amarelo convocou Bogao e disse: "Quando o perverso invade o corpo, a pessoa não consegue dormir com os olhos fechados e não tem transpiração: que energia causa isso?" Disse Bogao: "Após os cinco cereais terem entrado no estômago, eles se dividem em refugo, fluidos corporais e energia inicial, os quais fluem respectivamente em três trajetos para os aquecedores superior, médio e inferior. A energia inicial fica acumulada no peito, sai pela garganta, se une ao coração e se encarrega da respiração. A energia Ying segrega os fluidos corporais e penetra nos canais, vira sangue para nutrir no exterior as quatro extremidades, e entra internamente nos órgãos sólidos e nos órgãos ocos, à velocidade de cinqüenta ciclos de dia e de noite, ou cem marcas da clepsidra. A energia Wei tem a característica de ser ousada e rápida, se movimenta através da musculatura e da pele sem cessar. Durante o dia, ela corre na porção Yang, à noite ela corre na porção Yin; começa com freqüência nos músculos do Canal do Rim Shaoyin do Pé, depois corre para atingir os cinco órgãos sólidos e os seis órgãos ocos. Quando a energia perversa invade os órgãos internos, a energia Wei se prende somente ao exterior do corpo; quando o exterior do corpo está guardado, a energia Yang fica superabundante; quando a energia Yang está superabundante, a energia do Canal Yangqiao está plena, fazendo com que a energia Yang deixe de entrar na porção Yin. Como a energia Yin debilita, o paciente não será capaz de dormir com os olhos fechados".

黄帝曰：善。治之奈何？伯高曰：补其不足，泻其有余，调其虚实，以通其道而去其邪，饮以半夏汤一剂，阴阳已通，其卧立至。黄帝曰：善。此所谓决渎壅塞，经络大通，阴阳和得〔和得：二字误倒，应据《甲乙》乙正〕者也。愿闻其方。伯高曰：其汤方以流水千里以外者八升，扬之万遍，取其清五升煮之，炊以苇薪火〔火：《太素》卷十二《营卫气行》作"大""大沸"自为句〕，沸置秫米一升，治半夏五合，徐炊，令竭为一升半，去其滓，饮汁一小杯，日三稍益，以知为度。故其病新发者，复杯则卧，汗出则已矣。久者，三饮而已也。

O Imperador Amarelo perguntou: "Como tratar o mal da insônia?" Disse Bogao: "Revigorai o Yin que está insuficiente, purgando o Yang que está em excesso, adequando a astenia parcial e a estenia parcial; dessa forma, isso irá fazer com que a passagem da energia Wei fique desimpedida, e a energia perversa perturbadora seja removida. Ao mesmo tempo, o paciente deve tomar a decocção de "pinellia" (tubérculo), para que as energias Yin e Yang possam ser drenadas e o paciente possa cair imediatamente no sono". Disse o Imperador Amarelo: "Muito bem. Esta terapia é como limpar o bloqueio do curso d'água, fazendo com que os canais e os colaterais tenham uma boa circulação e o Yin e o Yang se tornem harmoniosos. Desejo ouvir acerca da prescrição da "pinellia". Disse Bogao: "Ao fazer a prescrição da "pinellia", tomar oito litros de água corrente, misturar dez vezes; após a precipitação da impureza, tomar daí cinco litros de água clara e fervê-la com junco em brasa; após uma grande fervura, colocar um litro de sorgo moído, meio litro de "pinellia" processada e ferver lentamente; quando o decocto líquido tiver se condensado em um litro e meio, retirar o refugo do cozimento. Administrar ao paciente o decocto numa xícara pequena de cada vez, três vezes ao dia; a dose pode ser um pouco maior para se obter um efeito curativo. Se a doença estiver no estágio inicial, o paciente pode dormir após a administração, e após a transpiração, a doença estará em fase de recuperação; na doença prolongada, a recuperação virá após três decocções".

黄帝问于伯高曰：愿闻人之肢节，以应天地奈何？伯高答曰：天圆地方，人头圆足方以应之。天有日月，人有两〔两：《素问·四季调神大论》王注引《灵枢经》作"眼"〕目。地有九州〔地有九州：《五行大义》卷五第二十三作"天有九星"〕，人有九窍。天有风雨，人有喜怒。天有雷电，人有音声。天有四时，人有四肢。天有五音，人有五藏。天有六律，人有六腑。天有冬夏，人有寒热。天有十日，人有手十指。辰有十二，人有足十指、茎、垂以应之；女子不足二节，以抱人形。天有阴阳，人有夫妻。岁有三百六十五日，人有三百六十节。〔六十：《太素》卷五"十"下有"五"字〕地有高山，人有肩膝。地有深谷，人有腋腘。地有十二经水，人有十二经脉。地有泉脉〔泉脉：《太素》卷五作"云气"〕，人有卫气。地有草蓂，人有毫毛。天有昼夜，人有卧起。天有列星，人有牙齿。地有小山，人有小节。地有山石，人有高骨。地有林木，人有募筋。地有聚邑，人有䐃肉。岁有十二月，人有十二节。地有四〔四：《甲乙》卷五无此字〕时不生草，人有无子。此人与天地相应者也。

O Imperador Amarelo disse a Bogao: "Desejo ouvir a respeito da correspondência das extremidades e das juntas humanas com o céu e a terra". Disse Bogao: "O céu é redondo e a terra é quadrada; a cabeça do homem é redonda e seu pé é quadrado, assim, o céu e a terra correspondem ao homem. No céu, há o sol e a lua; no homem existem os olhos; no céu existem nove estrelas; no homem existem os nove orifícios; no céu existe o vento e a chuva; no homem existem a alegria e a raiva; no céu existe o trovão e o raio; no homem existe a voz; no céu existem as quatro estações; no homem existem as quatro extremidades; no céu existem os cinco tons;

no homem existem os cinco órgãos sólidos; no céu existem os seis padrões de estabelecer o tom; no homem existem os seis órgãos ocos; no céu existem os dez troncos celestiais (ciclo decimal); no homem existem os dez dedos; no céu existem os doze ramos terrestres (ciclo duodecimal); no homem existem dez artelhos, o pênis e os testículos que correspondem ao céu; na mulher não há pênis e nem testículos, mas ela pode conceber; no céu existe o Yin e o Yang; no homem existe o marido e a mulher; no ano existem trezentos e sessenta e cinco dias; no corpo humano há trezentos e sessenta e cinco acupontos; na terra há as altas montanhas; no corpo humano há os ombros e os joelhos; na terra há os vales profundos; no corpo humano há as axilas e a fossa poplítea; na terra há doze grandes rios; no corpo humano há doze canais principais; na terra existem as nuvens; no corpo humano existe a energia Wei; na terra as gramas crescem por toda parte; no corpo humano crescem os pêlos finos; no céu existe o dia e a noite; no homem existe o sono e o despertar; no céu há estrelas; no homem existem os dentes; na terra há as pequenas colinas; no homem há os pequenos ossos das juntas; na terra existem as rochas; no corpo humano existe a cabeça proeminente dos ossos (como bochechas, ombros, joelhos e tornozelo); na terra existem os bosques; no corpo humano existe a aponeurose; na terra existem cidades cheias de pessoas; no corpo humano existem os músculos proeminentes; no ano há doze meses; no corpo humano existem doze grandes juntas nas quatro extremidades; na terra às vezes a grama não cresce; no homem pode não haver descendência a vida toda. Essas são no homem as condições que correspondem ao céu e à terra".

黄帝问于岐伯曰：余愿闻持针之数，内针之理，纵舍之意，扞皮开腠理，奈何？脉之屈折，出入之处，焉至而出，焉至而止，焉至而徐，焉至而疾，焉至而入？六腑之输于身者，余愿尽闻。少序〔少序：《太素》卷九《脉行同异》作"其序"〕别离之处，离而入〔入：《太素》卷建筑物《脉行同异》作"行"〕阴，别而入阳，此何道而从行？愿尽〔尽：《太素》卷九《脉行同异》无此字〕闻其方。岐伯曰：帝之所问，针道毕矣。

O Imperador Amarelo chamou Qibo e disse: "Desejo saber como dominar a técnica da acupuntura, o princípio de inserção da agulha, o significado das terapias da picada demorada, quando se deixa de picar, e a terapia de dividir a pele em partes iguais para abrir as estrias; além disso, desejo conhecer os locais em que os canais retornam, chegam e saem, os pontos de início e término do canal de energia, os locais em que eles estão mais rápidos e onde estão mais lentos, os locais onde entram e as condições em que surgem os seis órgãos ocos no corpo todo; além disso, desejo conhecer a seqüência do fluxo de energia, os locais em que os ramos vão do Yang para o Yin e do Yin para o Yang e os trajetos de passagem. Além disso, eu desejo conhecer os motivos". Disse Qibo: "Suas perguntas abrangem todos os princípios da acupuntura".

黄帝曰：愿卒闻之。岐伯曰：手太阴之脉，出于大指之端，内屈，循白肉际，至本节之后太渊留以澹，外屈。上于本节下，内屈，与阴诸络会于鱼际，数脉并注，其气滑利，伏行壅骨之下，外屈，出于寸口而行，上至于肘内廉，入于大筋之下，内屈，上行臑阴，入腋下，内屈走肺，此顺行逆数之屈折也。心主之脉。出于中指之端，内屈，循中指内廉以上留于掌中，伏行两骨之间，外屈，出两筋之间，骨肉之际，其气滑利，上二寸〔上二寸：《太素》《脉行同异》作"上行三寸"〕，外屈，出行两筋之间，上至肘内廉，入于小筋之下，留两骨之会，上入于胸中，内络于心脉。

Disse o Imperador Amarelo: "Desejo ouvir isso em detalhes". Disse Qibo: "A energia do Canal Taiyin da Mão começa na ponta do polegar (ponto Shaoshang), vira para o interior acompanhando a carne branca até o ponto Taiyuan atrás da junta básica e aí existe pulsação; depois se vira para fora, sobe por baixo da junta básica e vira de novo para dentro juntando-se aos inúmeros colaterais Yin na eminência tenar. Os Canais Taiyin da Mão, Shaoyin da Mão e Jueyin da Mão surgem em combinação com a energia corrente que é bastante escorregadia; a energia corre e se oculta embaixo do primeiro metacarpo da eminência tenar; depois, vira-se para fora e sobe acompanhando o pulso Cunkou para atingir o lado interno do cotovelo; depois, entra na parte inferior do tendão maior, vira-se para dentro e sobe para atingir o lado interno da parte superior do braço; depois entra na axila e se volta para dentro para atingir o pulmão. Existem os trajetos de concordância (verticais) e os de contracorrente (horizontais) da energia no Canal do Pulmão Taiyin da Mão. A energia do Canal do Pericárdio Jueyin da Mão começa na ponta do dedo médio (ponto Zhongchong), vira-se para dentro, sobe acompanhando o lado interno do dedo médio para chegar ao ponto Laogong, corre e se oculta entre as juntas básicas dos dedos médio e indicador, depois vira-se para fora, acompanha os tendões do antebraço e vai ao lado da palma da mão e aos músculos e ossos do punho; sua energia é bastante escorregadia; depois o canal volta para fora para subir três polegadas acima do punho; passa pelo ponto Daling entre os dois tendões, sobe para atingir o lado interno do cotovelo, e entra no lado inferior do tendão menor e na convergência dos dois ossos (ponto Quze); depois sobe para chegar ao peito e se une ao Canal do Coração".

黄帝曰：手少阴之脉独无腧，何也？岐伯曰：少阴，心脉也。心者，五脏六腑之大主也，精神之所舍也，其藏坚固，邪弗能容也。容之则心伤，心伤则神去，神去则死矣。故诸邪之在于心者，皆在于心之包络，包络者，心主之脉也，故独无腧焉。

O Imperador Amarelo perguntou: "Por que o Canal Shaoyin da Mão não tem acupontos?" Disse Qibo: "O Canal do Shaoyin da Mão é o Canal do Coração e é ele que domina os cinco órgãos sólidos e os seis órgãos ocos; é o local onde a mente se guarda e como é firme, dificilmente os exógenos perversos podem nele penetrar; se o exógeno perverso penetra, o coração será lesado; se o coração for lesado, o espírito ficará disperso; se o espírito ficar disperso, o paciente morre. Por isso, todos os exógenos perversos que ficam retidos no sistema cardíaco se localizam no pericárdio e o Canal do Pericárdio é controlado pelo coração. Já que o pericárdio recebe o perverso do coração, o Canal do Coração Shaoyin da Mão não tem acupontos".

黄帝曰：少阴独无腧者，不病乎？岐伯曰：其外经〔经：《甲乙》卷三第二十六"经"下并有"脉"字〕病而藏不病，故独取其经于掌后锐骨之端。其余脉出入屈折，其行之徐疾，皆如少阴心主之脉行也。故本输者，皆因其气之虚实疾徐以取之，是谓因冲而泻，因衰而补，如是者，邪气得去，真气坚固，是谓因天之序。

O Imperador Amarelo perguntou: "Já que o Canal Shaoyin da Mão não tem acupontos, ele não contrai doenças?" Disse Qibo: "O Canal do Coração pode ter uma enfermidade por fora, mas o coração em si não ficará doente; quando o Canal do Coração estiver externamente enfermo, pode-se picar o ponto Shenmen do Canal, na ponta do osso agudo por trás da palma. A ligação com todos os outros canais, a chegada e a saída, o caminhar rápido ou lento da energia do canal são semelhantes aos Canais Taiyin da Mão e ao do Pericárdio. Por isso, o ponto Shenmen deve ser picado de acordo com as condições de astenia e de estenia, com a rapidez ou lentidão de energia do canal, isto é, purgar quando estiver hiperativa e revigorar quando estiver debilitada. Tratando-se desta maneira, a energia perversa pode ser removida, e a energia saudável fica firme e substancial. Esta é a terapia que está de acordo com as quatro estações".

黄帝曰：持针纵舍奈何？岐伯曰：必先明知十二经脉之本末，皮肤之寒热，脉之盛衰滑涩。其脉滑而盛者，病日进；虚而细者，久以持；大以涩者，为痛痹，阴阳如一者，病难治。其本末尚热者，病尚在；其热已衰者，其病亦去矣。持其尺，察其肉之坚脆、大小、滑涩、寒温〔温:《甲乙》卷五第七作"热"〕、燥湿。因视目之五色，以知五脏而决死生。视其血脉，察其色，以知其寒热痛痹。

O Imperador Amarelo perguntou: "Quando se segura a agulha, existe a terapia de mantê-la e a de retirá-la. Como são elas?" Disse Qibo: "Deve-se conhecer de antemão o início dos doze canais, se a pele está afeita ao frio ou ao calor, a abundância e a debilidade, e se a condição de pulso é constante ou variável. Se o pulso for abundante e escorregadio, a doença irá piorar dia a dia; quando a condição do pulso for astênica e fina, a doença será prolongada; quando a condição de pulso for agigantada e inconstante, será uma artralgia agravada pelo frio; quando a condição de pulso parecer mostrar que o Yin e o Yang estão idênticos, o que dificilmente se pode distinguir, a doença dificilmente será curada; quando o calor permanecer nas quatro extremidades, no peito e no abdômen, isso mostra que a doença persiste; se o calor no peito, no abdômen e nas quatro extremidades estiver desaparecendo, a recuperação está a caminho. Examina-se a pele do aspecto anterolateral do antebraço para observar se a musculatura está firme ou frágil; se a condição estiver agigantada ou pequena, escorregadia ou inconstante, e se a doença pertence ao frio, ao calor, à secura ou à umidade. Além disso, examina-se as cinco cores nos olhos para saber das alterações internas nos cinco órgãos sólidos, podendo-se então antecipar a sobrevida ou a morte do paciente; além do mais, examina-se se a cor da pele está verde, preta, amarela, vermelha ou branca, a fim de determinar se a síndrome é do frio, do calor, dor ou Bi".

黄帝曰：持针纵舍，余未得其意也。岐伯曰：持针之道，欲端以正，安以静，先知虚实，而行疾徐，左手〔手:周本，当注本并作"指"〕执骨，右手循之，无与肉〔肉:藏本作"内"〕果〔果:《甲乙》卷五第七作"裹"〕，泻欲端以正，补必闭肤，辅〔辅:《甲乙》卷五第七作"转"〕针导气，邪〔邪:《甲乙》卷五第七"邪"下有"气不"二字〕得淫泆，真气得居。黄帝曰：扞皮开腠理奈何？岐伯曰：因其分肉，在别其肤，微内而徐端之，适神不散，邪气得去。

Disse o Imperador Amarelo: "Eu ainda não entendi muito bem a terapia de permanência ou de isenção". Disse Qibo: "Na manipulação, quando da puntura, deve-se estar firme e calmo. Deve-se conhecer primeiro a astenia e a estenia da doença, e depois decidir da velocidade de inserção da agulha. Na inserção, segurar o osso do paciente com os dedos da mão esquerda, e pressionar o acuponto com os dedos da mão direita para evitar que a agulha fique emaranhada na fibra muscular.

Quando picar, a agulha deve ser mantida reta, e a inserção deve ter um só direcionamento; quando revigorar, o orifício da agulha na pele deve ser lacrado; aplicar a manipulação de punção na agulha para guiar a energia a fim de que não corra descontrolada, e desta forma, a energia saudável pode ser restabelecida". O Imperador Amarelo perguntou: "Como defender a pele e abrir as estrias?" Disse Qibo: "Deve-se picar de acordo com a veia que está no sentido do músculo e inserir a agulha de leve quando a musculatura se dividir, e picar de forma precisa, sem desvios. Se o acupunturista concentrar sua mente no que está fazendo, certamente o perverso será removido".

黄帝问于岐伯曰：人有八虚，各何以候？岐伯答曰：以候五脏。黄帝曰：候之奈何？岐伯曰：肺心有邪，其气留于两肘；肝有邪，其气流于两腋；脾有邪，其气留于两髀；肾有邪，其气留于两腘。凡此八虚者，皆机关之室，真气之所过，血络之所游，邪气恶血，固不得住留，住留则伤筋〔筋：周本与注本并作"经"〕络，骨节机关不得屈伸，故痀〔痀：胡本熊本周本作"拘"〕挛也。

O Imperador Amarelo chamou Qibo e disse: "No corpo humano existem oito locais que debilitam; como determinar a doença da pessoa a partir deles?" Disse Qibo: "Isso pode determinar a doença nos cinco órgãos". O Imperador Amarelo perguntou: "Como determinar cada um deles?" Disse Qibo: "Quando a energia perversa estiver no pulmão, deve-se reter a energia nos dois cotovelos; quando a energia perversa estiver no fígado, deve-se reter a energia nas duas axilas; quando a energia perversa estiver no baço, deve-se reter a energia nas duas metades superiores das duas coxas; quando o perverso estiver no rim, deve-se reter a energia nas duas fossas poplíteas. Os dois cotovelos, as duas axilas, as duas partes superiores das coxas e as duas fossas poplíteas são os oito locais da astenia; são os locais das juntas e de rotação, onde a energia saudável vai e vem, e os locais para onde convergem o sangue e os colaterais. Nesses locais, a energia perversa e o sangue impuro dificilmente podem se alojar. Se ficarem retidos, o canal e os colaterais serão lesados, fazendo com que as juntas não possam se esticar e dobrar, gerando a síndrome da contratura nos membros".

通天第七十二

Capítulo 72
Tong Tian
(Os Diferentes Tipos de Homem)

黄帝问于少师曰：余尝闻人有阴阳，何谓阴人，何谓阳人？少师曰：天地之间，六合之内〔六合之内：《甲乙》卷一第十六无此四字〕，不离于五，人亦应之，非徒一阴一阳而已也，而略言耳，口弗能徧明也。黄帝曰：愿略闻其意，有贤人圣人，心能备而行之乎，少师曰：盖有太阴之人，少阴之人，太阳之人，少阳之人，阴阳和平之人。凡五人者，其态不同，其筋骨气血各不等。

O Imperador Amarelo se dirigiu a Shaoshi e disse: "Disseram-me que existem diferentes tipos de homem, os quais pertencem ao Yin e ao Yang. O que é que se quer dizer com o homem pertencer ao Yin e quando é que ele pertence ao Yang?" Disse Shaoshi: "Entre o céu e a terra, as coisas não podem se afastar do escopo dos cinco elementos, e o corpo humano também corresponde aos cinco elementos, mas isto é só uma maneira aproximada de falar, já que não existem somente os opostos de Yin e Yang, e a condição mais complicada dificilmente pode ser exposta em palavras". Disse o Imperador Amarelo: "Desejo ouvir acerca das condições genéricas. Quanto aos sábios e santos, eles conseguem manter o Yin e o Yang em completo equilíbrio?" Disse Shaoshi: "De uma maneira geral, algumas pessoas pertencem a Taiyin, outras pertencem a Shaoyin; algumas pertencem a Taiyang, outras pertencem a Shaoyang, e algumas pessoas são uma forma branda de Yin e de Yang. Em outras palavras, nos cinco tipos de pessoas, suas aparências são diferentes, as condições de forte ou fraco nos tendões e nos ossos são diferentes, e a condição de superabundância e debilidade na energia e no sangue também são diferentes"

黄帝曰：其不等者，可得闻乎？少师曰：太阴之人，贪而不仁，下齐〔齐：《甲乙》卷一第十六作"济"〕湛湛，好内而恶出，心和〔和：《甲乙》卷一第十六作"抑"〕而不发，不务于时，动而后之〔之：《甲乙》卷一第十六作"人"〕，此太阴之人也。

O Imperador Amarelo perguntou: "Podeis falar sobre as diferentes condições?" Disse Shaoshi: "Um homem do tipo Taiyin é ganancioso, não é sincero e nem generoso, é avarento com seus subordinados, adora tirar e detesta dar; esconde o seu coração para não se expor, não se preocupa em fazer o bem, aproveita-se do tempo e do comportamento dos outros. Este é o tipo de homem que se assemelha a Taiyin.

少阴之人，小贪而贼心，见人有亡，常若有得，好伤好害，见人有荣，乃反愠怒，心疾〔疾：《甲乙》卷一第十六作"嫉"〕而无恩，此少阴之人也。

"Um homem do tipo Shaoyin tem interesse em tirar vantagem de tudo e tem consigo a intenção de lesar os outros, fica feliz quando vê alguém ferido como se tivesse tido a paga de alguma coisa, sente-se feliz em prejudicar os outros, fica com raiva das honrarias dos outros, é ciumento e não nutre simpatia por ninguém. Esse é o tipo de homem que se assemelha a Shaoyin.

太阳之人，居处于于，好言大事，无能而虚说，志发于四野，举措不顾是非，为事如常自用，事虽败而常无悔，此太阳之人也。

"Um homem do tipo Taiyang geralmente está satisfeito consigo mesmo, fica feliz em falar de coisas grandiosas, é incompetente, mas na maioria das vezes fala do que é grande sem a menor hesitação. Ele não dá importância a se o seu comportamento está certo ou errado e considera a si mesmo sempre certo; quando falha, ele geralmente não se arrepende. Este é o tipo de homem que se assemelha a Taiyang.

少阳之人，误谛好自贵，有小小官，则高自宜〔宜：《甲乙》卷一第十六作"宣"〕，好为外交而不内附，此少阳之人也。

"Um homem do tipo Shaoyang geralmente é cuidadoso ao lidar com as coisas, gosta de se vangloriar do seu prestígio, quando tem um posto menor se acha imprescindível e faz alarde disso, gosta de se comunicar com os outros, mas não consegue ficar perto de quem gosta. Este é o tipo de homem que se assemelha ao Shaoyang.

阴阳和平之人，居处安静，无为惧惧，无为欣欣，婉然从物，或与不争，与时变化，尊则谦谦〔尊则谦谦：《甲乙》卷一第十六作"尊而谦让"〕，谭而不治〔谭而不治：《甲乙》卷一第十六作"卑而不谄"〕，是谓至治。古之善用针艾者，视人五态乃治之，盛者泻之，虚者补之。

"Um homem de um tipo que mescle ligeiramente o Yin e o Yang é do tipo calmo, não está sujeito a medos acidentais nem a excessos de alegria, concorda em se submeter ao trabalho, se percebe pequenas vantagens não se empenha em brigar por elas; se adapta às mudanças de situação; quando está numa situação de honrarias se mantém modesto; quando está numa situação subalterna não é subserviente às autoridades superiores. A versão acima dos cinco tipos de homens é uma verdade incontestável. Nos tempos antigos, o médico bom em acupuntura examinava antes a aparência dos cinco tipos de homens, e depois tratava de acordo com as condições respectivas, purgando o paciente cuja energia fosse superabundante e revigorando o paciente que estivesse com a energia debilitada".

黄帝曰：治人之五态奈何？少师曰：太阴之人，多阴而无阳，其阴血浊，其卫气涩，阴阳不和，缓筋而厚皮，不之疾泻，不能移之。少阴之人，多阴少阳，小胃而大肠，六腑不调，其阳明脉小而太阳脉大，必审调之，其血易脱，其气易败也。

O Imperador Amarelo perguntou: "Como tratar os cinco tipos diferentes de homens?" Disse Shaoshi: "Quanto ao homem de Taiyin que tem muito Yin sem Yang, como seu sangue Yin é turvo, sua energia Wei é variável, seu Yin e seu Yang não são harmoniosos de maneira alguma, ele tem as características dos tendões flácidos e a pele grossa; se não for aplicada a terapia de purgação a este tipo de homem, sua doença dificilmente pode ser removida. Quanto a um homem do tipo Shaoyin que tem mais Yin e pouco Yang, como seu estômago é pequeno e seu intestino é grande, as funções dos seis órgãos ocos não são harmoniosas; como a energia de seu Canal Yangming do Pé é menor, e a energia do Canal Taiyang da Mão é maior, quando tratar, deve-se ter muito cuidado, já que seu sangue pode se esgotar com facilidade, sua energia também pode ser lesada facilmente.

太阳之人，多阳而少阴〔少阴：《甲乙》卷一第十六作"无阴"〕，必谨调之，无脱其阴，而泻其阳，阳重〔阳重：当注本，张注本并作"阴重"〕脱者易狂，阴阳皆脱者，暴死不知人也。少阳之人，多阳少阴，经小而络大，血在中而气〔气：《甲乙》卷一第十六"气"下有"在"字〕外，实阴而虚阳，独泻其络脉，则强气脱而疾，中气不足，病不起也。

"Quanto àquele que pertence ao tipo Taiyang, ele tem mais Yang do que Yin; deve ser tratado com cuidado para evitar o esgotamento do Yin, e só o Yang pode ser purgado. Quando o Yin tiver sido purgado em demasia, o paciente se torna maníaco devido à superabundância do Yang; se tanto o Yin quanto o Yang se esgotarem, o paciente fica inconsciente ou morre de repente. O homem que pertence ao tipo Shaoyang tem mais Yang do que Yin, seus canais são pequenos e seus colaterais são grandes, seu sangue está no interior e sua energia está no exterior. Quando tratar, deve-se reforçar os canais Yin e purgar os colaterais Yang. Mas se os colaterais Yang forem purgados em excesso, a energia yang irá se esgotar rapidamente causando a insuficiência do aquecedor médio, e a doença dificilmente poderá ser curada.

阴阳和平之人，其阴阳之气和，血脉调，谨诊其阴阳，视其邪正，安容仪，审有余不足，盛则泻之，虚则补之，不盛不虚，以经取之。此所以调阴阳，别五态之人者也。

"Quanto ao homem que pertence a um tipo onde há uma ligeira mistura do Yin e do Yang, sua energia Yin e sua energia Yang são harmoniosas e os canais se completam. Quando tratar, deve-se examinar cuidadosamente as alterações do Yin e do Yang para saber da superabundância ou da debilidade da energia perversa e da energia saudável; observar a aparência do paciente a fim de determinar qual lado está em excesso e qual lado está deficiente; quando o perverso for superabundante, aplicar a terapia de purgação; quando a energia saudável estiver deficiente, aplicar a terapia de revigoração; se a doença não for nem superabundante e nem deficiente, picar o canal onde a doença se aloja. Este é o critério para ajuste do Yin e do Yang e para se distinguir os cinco tipos diferentes de homens".

黄帝曰：夫五态之人者，相与毋故，卒然新会，未知其行也，何以别之？少师答曰：众人之属，不如〔如：周本，与注本，作"知"〕五态之人者，故五五二十五人，而五态之人不与焉。五态之人，尤不合于众者也。黄帝曰：别五态之人奈何？少师曰：太阴之人，其状黮黮然黑色，念然下意，临临然长大，䐃然未偻，此太阴之人也。

O Imperador Amarelo perguntou: "Quanto aos cinco tipos diferentes de pessoas, como não tenho amizade com elas, não sei de seu comportamento no dia-a-dia. Quando nos deparamos de repente, não sabemos como distingui-los". Disse Shaoshi: "Dentre os diversos tipos de homens, não se conhecem as características dos cinco tipos delineados acima, por isso, existem vinte cinco tipos de homem no Yin e no Yang, mas os cinco tipos acima descritos estão excluídos e eles são bastante diferentes das pessoas comuns". O Imperador Amarelo perguntou: "Como distinguir os cinco tipos de homens?" Disse Shaoshi: "Quanto ao homem do tipo Taiyin, sua pele é escura e preta, ele parece ser solene, mas tem uma consciência medíocre, seu corpo é alto e seus músculos do pescoço são proeminentes como se ele fosse corcunda, mas na realidade ele não tem nenhum raquitismo. Esta é a aparência de um homem do tipo Taiyin.

少阴之人，其状清然窃然，固以阴贼，立而躁崄，行而似伏，此少阴之人也。

778

"Quanto a um homem do tipo Shaoyin, sua aparência é fria e superficial, ele gosta de ofender os outros com uma capacidade insidiosa, fica em pé de um ímpeto e se inclina de lado, anda como que prostrado. Esta é a aparência de um homem pertencente ao tipo Shaoyin.

太阳之人，其状轩轩储储，反身折腘，此太阳之人也。

"O homem do tipo Taiyang, parece à vontade e alegre, está satisfeito consigo mesmo, seu peito é erguido e seu abdômen é proeminente como se a fossa poplítea estivesse encurvada. Esta é a aparência de um homem que pertença ao tipo Taiyang.

少阳之人，其状立则好仰，行则好摇，其两臂〔其两臂：《甲乙》卷一第十六，此三字属上读〕两肘则常出于背〔两肘则常出于背：《甲乙》卷一第十六作"两臂肘皆出于背"〕，此少阳之人也。

"Quanto ao homem do tipo Shaoyang, ele faz um meneio de cabeça quando se levanta e se balança quando anda, e com freqüência põe os dois braços e os cotovelos para trás. Esta é a aparência de um homem que pertença ao tipo Shaoyang.

阴阳和平之人，其状委委然，随随然，颙颙然，愉愉然，暶暶然，豆豆然，众人皆曰君子，此阴阳和平之人也。

"Quanto ao homem do tipo ligeiramente Yin e Yang, sua aparência é boa, ele se mostra obediente, gentil e respeitoso, é amigável e agradável, tem uma aparência boa e benigna, e as pessoas o chamam cavalheiro. Esta é a aparência de um homem que pertence ao tipo ligeiramente Yin e ligeiramente Yang".

官能第七十三

Capítulo 73
Guan Neng
(Cada Qual de Acordo com sua Capacidade)

黄帝问于岐伯曰：余闻九针于夫子，众多矣不可胜数，余推而论之，以为一纪。余司诵之，子听其理，非则语余，请其正道，令可久传，后世无患，得其人乃传，非其人勿言。岐伯稽首再拜曰：请听圣王之道。

O Imperador Amarelo chamou Qibo e disse: "Ouvi muitas de suas exposições a respeito das nove agulhas de acupuntura onde o tempo era incontável e eu deliberadamente estudei durante doze anos. Agora quero revelar a ti o excesso de contentamento, e espero que me possas apontar os erros, para que isso possa ser passado às gerações vindouras sem causar danos; desejo compartilhar com as pessoas que aspiram à acupuntura e guardar silêncio para com aqueles que não têm propensão". Qibo fez uma reverência e depois a repetiu e disse: "Desejo ouvir de vossos lábios o princípio da acupuntura, ó rei sagaz".

黄帝曰：用鍼之理，必知形气之所在，左右上下，阴阳表里，血气多少，行之逆顺，出入之合，谋伐有过。知解结，知补虚泻实，上下气门〔气门：《太素》卷十九《知官能》作"之气"〕，明通于四海，审其所在，寒热淋露，以〔以：《太素》卷十九《知官能》《图经》卷三并作"荥"〕输异处，审于调气，明于经隧，左右肢络，尽知其会。寒与热争，能合而调之，虚与实邻，知决而通之，左右不调，把而行之，明于逆顺，乃知可治，阴阳不奇，故知起时，审于本末，察其寒热，得〔得：《图经》卷三引作"知"〕邪所在，万刺不殆，知官九针，刺道毕矣。

Disse o Imperador Amarelo: "Ao se aplicar o princípio da acupuntura, deve-se conhecer a condição em que a pessoa tenha as carnes polpudas ou emaciadas no corpo e a condição astênica ou estênica da energia; as diversas posições dos órgãos internos; as relações de superfície e interior do Yin e do Yang; a grande ou pequena quantidade de sangue e de energia; a direção do fluxo de concordância ou contracorrente na energia do canal no corpo todo; a convergência da energia; o local onde ela penetra na superfície a partir do interior e do interior à superfície; somente desta forma pode a energia perversa e o sangue serem eliminados no tratamento. Além disso, deve-se conhecer os locais em que o Yin e o Yang se acumulam; saber como revigorar e purgar a energia astênica e a estênica nos canais das mãos e dos pés; abranger de maneira explícita as funções do mar da energia, do mar da medula e do mar dos líquidos e dos cereais e conhecer os locais de astenia e de estenia. Se o frio e o calor forem prolongados, isto se deve às posições do ponto Xing e do ponto Shu serem diferentes, portanto, deve-se adequar cuidadosamente o canal de energia, tornando claras as posições dos canais, colaterais e os ramos colaterais que derivam à direita e à esquerda. Se o frio e o calor estiverem combatendo, deve-se tratar de acordo com sua condição sintética; para a doença em que a astenia e a estenia forem semelhantes, deve-se tomar uma decisão firme a respeito do que está certo e do que está errado; quando a doença não tiver se fixado do lado direito ou do lado esquerdo, deve-se apertar o acuponto com o dedo para fazer derivar a energia antes de picar. Antes de tratar, deve-se entender a condição de concordância e de contracorrente, e só não se dando ênfase ao Yin ou ao Yang é que se pode conhecer a relação existente entre a causa da doença e a estação. Quando de antemão se observa a mudança de frio e de calor para conhecer a localização em que reside a energia perversa, não ocorrerá nenhum acidente mesmo que se pique dez mil vezes. Quando se conhece o princípio das nove agulhas e se o aplica corretamente, supõe-se ser exaustivo o princípio da acupuntura.

明于五输，徐疾所在，屈伸出入，皆有条理，言阴与阳，合于五行，五藏六府，亦有所藏，四时八风，尽有阴阳，各得其位，合于明堂，各处色部，五藏六府，察其所痛，左右上下，知其寒温，何经所在，审皮肤之寒温滑涩，知其所苦，膈有上下，知其气所在。先得其道，稀而疏之，稍深以留，故能徐入之。大热在上，推而下之，从下上者，引而去之，视前痛〔痛：张注本作"病"〕者，常先取之。大寒在外，留而补之，入于中者，从合泻之。针所不为，灸之所宜，上气不足，推而扬之，下气不足，积而从之，阴阳皆虚，火自当之，厥而寒甚，骨廉陷下，寒过于膝，下陵三里，阴络所过，得之留止，寒入于中，推而行之，经陷下者，火则当之，结络坚紧，火所治之。不知所苦，两跷之下，男阴女阳，良工所禁，针论毕矣。

"Na acupuntura, a picada rápida e a picada lenta aos pontos shu correspondentes aos órgãos internos, a postura estirada ou curva do paciente durante a picada e os métodos de inserção e retirada da agulha, todos obedecem a regras estritas. Quando se fala a respeito do Yin e do Yang do corpo, deve-se estar de acordo com os cinco elementos. Os cinco órgãos sólidos e os seis órgãos ocos têm a função de armazenar respectivamente o espírito e os cereais, e as mudanças das quatro estações e os ventos das oito direções se relacionam ao Yin e ao Yang; no rosto da pessoa, existem diversas posições que pertencem respectivamente ao Yin, ao Yang e aos cinco elementos e elas se combinam no nariz; a partir das diversas cores mostradas nas várias partes do rosto, pode-se determinar a doença dos órgãos internos. Quando se examina a localização da dor do paciente, integrando-se às cores mostradas à esquerda, à direita, na parte superior, e na parte inferior do rosto, pode-se então saber se a doença pertence ao frio ou ao calor e qual o canal enfermo. Quando tratar, examina-se as condições de frio, de calor, de escorregadio e mutável na pele do aspecto anterolateral do antebraço para saber que doença está atingindo o paciente; examina-se então a localização acima e abaixo do diafragma (pulmão e estômago) para saber onde se aloja o perverso. Deve-se conhecer primeiro o trajeto do canal e depois picar o acuponto; a puntura deve ser pouca e precisa, picando-se em profundidade e retendo a agulha para fazer com que a energia saudável entre lentamente. Quando o paciente tiver febre alta na arte superior, picar para fazer descer; quando o perverso estiver se desenvolvendo de baixo para cima, picar para induzir a que desça, e depois removê-lo. Além disso, verificar o histórico do paciente e picar de acordo com a condição anterior, a fim de tratar a causa da doença. Quando o frio surgir na superfície do corpo, picar e reter a agulha para revigorar de maneira a produzir calor; se o frio perverso tiver penetrado no interior, picar e reter a agulha para purgar. Às doenças onde a puntura não seja adequada, aplicar moxibustão. Para aqueles em que o aquecedor superior esteja com insuficiência, picar para aumentar a energia; para aqueles em que o aquecedor inferior estiver insuficiente, picar para acumular e estabilizar a energia; para aqueles em que tanto o Yin quanto o Yang estiverem astênicos, aplicar terapia de moxibustão. Quando o paciente tiver os pés frios e o frio for bastante severo, ou que a musculatura junto aos ossos estiver deprimida, ou que a extensão do frio tenha ultrapassado os dois joelhos, deve-se aplicar moxibustão no ponto Sanli; quando o frio ficar retido no local por onde passa o colateral Yin e quando o frio perverso tiver penetrado nos órgãos internos, picar e dispersar a energia; quando o canal estiver deprimido, aplicar a terapia de moxibustão; quando o canal estiver nodoso e firme, aplicar também a moxibustão. Se o paciente não tiver dor, mas adormecimento, deve-se picar o ponto Shenmen e o ponto Zhaohai do Canal Yinqiao; se por um erro for picado o Canal Yinqiao num homem ou o Canal Yangqiao numa mulher, esta é a contracorrente induzida por um acupunturista de alto nível. Estão, pois, aqui expostos os princípios cardinais da acupuntura.

用针之服，必有法则，上视天光，下司八正，以辟奇邪，而观百姓，审于虚实，无犯其邪。是得天之露，遇岁之虚，救而不胜，反受其殃，故曰：必知天忌，乃言针意。法于往古，验于来今，观于窈冥，通于无穷，粗之所不见，良工之所贵，莫知其形，若神彷髴。

"Quando se aprende a aplicar a agulha, deve-se seguir uma regra definida. Deve-se observar a lei de revolução do sol, da lua, das estrelas em cima, e entender a condição normal dos oito termos solares embaixo, a fim de que se possa lembrar as pessoas para que examinem a astenia e a estenia, e tomar cuidado contra a invasão. Quando o vento e a chuva são anormais em sua chegada ou se o clima não estiver de conformidade com a estação, se o médico não puder recuperar o paciente de acordo com a mudança sazonal, isso fará com que a doença fique perigosa, portanto, deve-se conhecer as contra-indicações sazonais, podendo-se então entender a terapia da acupuntura. Seguir o exemplo do aprendizado dos povos antigos e compará-lo com a situação atual, examinar as coisas invisíveis no corpo, a fim de conhecer as mudanças sem fim da doença, são coisas que um médico de nível inferior não entende e que um médico de nível superior aprecia. Como existem coisas invisíveis sem deixar traço, sutis como existissem e não existissem, então, isso é difícil de se compreender.

邪气之中人也，洒淅动形。正邪之中人也微，先见于色，不知于其身，若有若无，若亡若存，有形无形，莫知其情。是故上工之取气，乃救其萌芽；下工守其已成，因败其形。

"Quando a energia perversa invade o corpo, ocorre o fenômeno dos calafrios de frio. Quando a pessoa é afetada pelo frio perverso após a transpiração, a doença se manifesta de leve na compleição, mas o corpo não sente nada de errado; a paciente ao mesmo tempo parece estar doente e parecer não estar; a doença parece ter fenecido, embora pareça estar presente; parece haver morbidez e não haver, e dificilmente se compreende o estado real do paciente.

是故工之用针也，知气之所在，而守其门户，明于调气，补泻所在，徐疾之意，所取之处。写必用员，切而转之，其气乃行，疾而〔而：《太素》卷十九《知官能》作"入"〕徐出，邪气乃出，伸而迎之，遥〔遥：《太素》卷十九《知官能》并作"摇"〕大其穴，气出乃疾。补必用方，外引其皮，令当其门，左引其枢，右推其肤，微旋而徐推之，必端以正，安以静，坚心无解，欲微以留，气下而疾出之，推其皮，盖其外门，真气乃存。用针之要，无忘其神。

"Por isso, quando picar, o médico deve conhecer o trajeto dos canais de energia e picar o acuponto devido. Ao mesmo tempo, ele deve conhecer as dicas para o ajuste, e sob que condições deve revigorar e sob que condições deve purgar, e saber se deve aplicar a inserção rápida ou lenta. Quando purgar, deve-se aplicar a manipulação ágil e flexível, inserir a agulha diretamente no foco e manipular a agulha de forma a que a energia saudável possa fluir normalmente; quando se insere rapidamente a agulha e se retira lentamente, a energia perversa é excretada juntamente com a retirada da agulha; quando se prolonga a inserção para receber a chegada da energia e se pressiona o orifício antes da retirada da agulha, a energia perversa sai rapidamente. Quando revigorar, deve-se picar com uma manipulação ágil e solta, amassando a pele no local do acuponto, segurando a agulha com a mão esquerda e inserindo a agulha na pele com a mão direita, movimentando de leve e inserindo lentamente; na inserção, o corpo da agulha deve estar reto, o espírito do acupunturista deve estar calmo, resoluto sem qualquer preguiça; quando a energia chegar, reter a agulha por um momento retirando a agulha com rapidez; após a energia ter ido embora, pressionar a pele no acuponto e selar o orifício da agulha para que a energia saudável não seja excretada. A chave da puntura é que ninguém se esqueça de recuperar o espírito".

雷公问于黄帝曰：针论曰：得其人乃传，非其人勿言。何以知其可传？黄帝曰：各得其人，任之其能，故能明其事。雷公曰：愿闻官能奈何？黄帝曰：明目者，可使视色。聪耳者，可使听音。捷疾辞语者，可使传论语。徐而安静，手巧而心审谛者，可使行针艾，理血气而调诸逆顺，察阴阳而兼诸方。缓节柔筋而心和调者，可使导引行气。疾毒言语轻人者，可使唾痈咒病。爪苦手毒，为事善伤者，可使按积抑痹。各得其能，方乃可行，其名乃彰。不得其人，其功不成，其师无名。故曰：得其人乃言，非其人勿传，此之谓也。手毒者，可使试按龟，置龟于器下而按其上，五十日而死矣；手甘者〔手甘：《太素》卷十九《知官能》作"甘手"〕，复生如故也。

Leigong se dirigiu ao Imperador Amarelo e disse: "Foi estabelecido em "Sobre a Acupuntura": "Só deves comunicar a perícia da acupuntura à pessoa certa, porém mantenha silêncio para com a pessoa errada". Mas como se pode saber quem é a pessoa certa e quem não é?" Disse o Imperador Amarelo: "Quando comunicar, deve ser encontrada uma pessoa talentosa, ensinando a ela a destreza para a qual tenha competência, de modo que possa entender perfeitamente sua tarefa". Disse Leigong: "Desejo ouvir acerca de como empregar pessoas de acordo com seus talentos". Disse o Imperador Amarelo: "Quando a pessoa tem aptidão para ver, pode ser induzida a examinar as cores da compleição; quando a pessoa tem aptidão para ouvir, pode ser induzida a distinguir a voz do paciente; quando a pessoa tem desembaraço para falar e lhe foi outorgada uma língua de prata; pode ser induzida a transmitir a fala dos outros; quando a pessoa fala de maneira lenta e calma, tem destreza nas mãos e tem um bom nível mental, pode ser induzida a manipular a acupuntura e a moxibustão para drenar o sangue e a energia, para ajustar as energias adequadas e as que estão em contracorrente e a doença anormal, observar as alterações do Yin e do Yang e aplicar vários tratamentos; quando a pessoa é lenta no agir, tem tendões moles, boa natureza e disposição agradável, pode ser guiada para tratar induzindo a energia; quando a pessoa é ciumenta, cáustica, espezinhando os outros ao falar, pode ser ensinada a mandar a doença embora com veemência e encantamentos; quando a pessoa tiver unhas grossas, e for implacável nas ações e estiver pronta a ferir os outros quando faz as coisas, pode ser ensinada a dissolver as massas e tratar a síndrome Bi. Em suma, induzir a pessoa a ter capacitação conforme a habilidade, e só desta maneira podem as várias terapias da acupuntura serem postas em prática e a reputação da pessoa pode se formar e espalhar. Se o conhecimento for compartilhado com a pessoa errada, não só a função da puntura pode ser levada a efeito por inteiro, mas o professor também ficará desacreditado. É isto que significa "comunicar à pessoa certa e guardar silêncio para com a pessoa errada". Quanto ao método de testar se a pessoa tem uma mão implacável, pode-se distinguir pressionando uma tartaruga; colocai uma tartaruga sob um utensílio de louça e quando a pessoa tiver uma mão implacável, pressionar o utensílio com a mão, e a tartaruga irá morrer em cinqüenta dias; se a pessoa não tiver uma mão implacável, decorridos os cinqüenta dias a tartaruga estará viva".

论疾诊尺第七十四

Capítulo 74
Lun Ji Zhen Chi
(Determinar a Doença pela Inspeção
da Pele Anterolateral do Antebraço)

黄帝问于岐伯曰：余欲无视色持脉，独调〔调：据《太素》卷十五《尺诊》杨注应作"诊"〕其尺，以言其病，从外知内，为之奈何？岐伯曰：审其尺之缓急、小大、滑涩，肉之坚脆，而病形定矣。

O Imperador Amarelo chamou Qibo e disse: "Desejo que me expliques as razões da doença e também conhecer as alterações internas que provêm de fora sem inspecionar a compleição e apalpar o pulso do paciente, mas apenas examinando as posições sobre a pele do aspecto anterolateral do antebraço: como fazê-lo?" Disse Qibo: "Ao se examinar o rápido ou o lento, o grande e o pequeno, as condições escorregadias ou variáveis da pele do aspecto anterolateral do antebraço e as condições de firmeza e fragilidade do músculo, pode-se determinar a localização da doença.

视人之目窠〔窠：《太素》卷十五《尺诊》作"果"〕上微痈〔痈：《脉经》卷八第八作"拥"〕，如新卧起伏，其颈脉动，时咳，按其手足上，窅〔窅：《脉经》卷八第八作"陷"〕而不起者，风水肤胀〔肤胀：《脉经》卷八第八无此二字〕也。

"Quando as pálpebras do paciente parecerem estar ligeiramente inchadas como se ele tivesse acabado de acordar, seu pulso Renying no pescoço estará pulsando de maneira aparente e ele irá tossir de vez em quando; ao pressionar as mãos e os pés, e o local pressionado ficar bastante fundo e não voltar ao normal com a retirada da mão, é sintoma de edema causado pelo vento perverso.

尺肤滑〔滑：《太素》卷十五《尺诊》作"温"〕其淖泽者，风也。尺肉〔肉：《脉经》卷四第一作"内"〕弱者，解㑊，安卧脱肉者，寒热，不治，尺肤滑而泽脂者，风也。尺肤涩者，风痹也。尺肤粗如枯鱼之鳞者，水泆饮也。尺肤热甚，脉盛躁者，病温也，其脉盛而滑者，病〔病：《太素》卷十五《尺诊》作"汗"〕且出也。尺肤寒，其〔其：《脉经》卷四第一作"甚"。"寒甚"断句〕脉小〔小：《甲乙》卷四第二上任务"急"〕者，泄、少气。尺肤炬然，先热后寒者，寒热也。尺肤先寒，久大之而热者，亦寒热也。

"Quando a pele do aspecto anterolateral do antebraço do paciente estiver quente, mole, igualada e lustrosa, é um mal do vento. Quando o músculo junto à pele do aspecto anterolateral do antebraço estiver solto e fraco, o paciente estará cansado, com vontade premente de dormir, e com a musculatura emaciada, é uma doença insidiosa devida ao frio e ao calor, que dificilmente poderá ser curada. Quando a pele do aspecto anterolateral do antebraço estiver enrugada sem qualquer sensação de instabilidade, é o mal da artralgia devido ao vento perverso. Quando a pele do aspecto anterolateral do antebraço estiver áspera como uma escama de peixe, é a síndrome de retenção de fleuma líquida. Quando a pele do aspecto anterolateral do antebraço estiver quente, e a condição de pulso agigantada e impetuosa, é o mal da febre sazonal; se a condição de pulso for agigantada e escorregadia, o paciente estará prestes a suar. Quando a pele do aspecto anterolateral do antebraço estiver muito fria e a condição de pulso diminuta e fina, é o mal da diarréia ou deficiência de energia. Quando a pele do aspecto anterolateral do antebraço estiver quente como fogo, já tendo estado quente antes e depois ficar fria, é o mal do frio e o calor; quando pressionada pela mão, parece estar fria, mas vai ficando gradativamente quente com a continuação da pressão, e este também é o mal do frio e do calor.

肘所独热者，腰以上热；手所独热者，腰以下热。肘前独热者，膺前热；肘后独热者，肩背热。臂中独热者，腰腹热；肘后粗〔粗：《甲乙》卷四第二作"廉"〕以下三四寸热者，肠中有虫〔肠中有虫：按："虫"疑是"热"之误字〕，掌中热者，腹中热；掌中寒者，腹中寒。鱼上〔上：《甲乙》卷四第一作"际"〕白肉有青血脉者，胃中有寒。

"Quando a pele do cotovelo, só ela estiver quente, isso mostra que há calor acima da região lombar; quando somente a mão estiver quente, isso mostra que há calor abaixo da região lombar; quando só a frente do cotovelo estiver quente, isso mostra que há calor na parte anterior do peito, quando só a parte de trás do cotovelo estiver quente, isto mostra que há calor nas costas; quando somente a parte interna do braço estiver quente, isto mostra que o calor está na região lombar e no abdômen; quando só o local a três polegadas sob a parte de trás do cotovelo estiver quente, isto mostra que há calor no intestino; quando a palma da mão estiver quente, isto mostra que o calor está no abdômen; quando a palma da mão estiver fria, isto mostra que há frio no abdômen; quando aparecer um colateral verde na carne branca da eminência tenar, isto mostra que há frio no estômago.

尺〔尺：《甲乙》卷四第二上"尺"下有"肤"字〕炬然热，人迎大者，当〔当：《脉经》卷四第一作"尝"〕夺血。尺坚大〔坚大：《脉经》卷四第一作"紧人迎"三字〕，脉小甚，少气，悗有加，立死。

"Quando a pele do aspecto anterolateral do antebraço tiver um calor arrasador, o pulso da mão e o pulso Renying estiverem gigantescos, isto mostra uma perda de sangue no paciente; quando a pele do aspecto anterolateral do antebraço estiver esticada e o pulso Renying diminuto, isto mostra que a energia do paciente está deficiente; se a compleição parecer verde e novamente branca, o paciente morrerá imediatamente.

目赤色者病在心，白在肺，青在肝，黄在脾，黑在肾。黄色不可名者，病在胸中。

"Quando os olhos da pessoa estiverem vermelhos, a doença está no Canal do coração; quando estiverem brancos, a doença está no pulmão; quando estiverem verdes, está no fígado; quando estiverem amarelos misturando-se com outras cores indefinidas, a doença está no diafragma.

诊目痛〔痛：《脉经》卷五第四作"病"〕，赤脉从上下者，太阳病；从下上者，阳明病；从外走内者，少阳病。

"Quando se inspeciona a doença ocular, se houver um canal vertical descendente e vermelho nos olhos, é o mal pertencente ao Canal Taiyang do Pé; se houver um canal ascendente e vermelho nos olhos, é o mal pertencente ao Canal Yangming;

se houver um canal vermelho correndo horizontalmente a partir do canto interno do olho, é o mal pertencente ao Canal Shaoyang.

诊寒热，赤脉上下至瞳子，见一脉一岁死，见一脉半一岁半死，见二脉二岁死，见二脉半二岁半死，见三脉三岁死。

"Quando se inspeciona o mal da escrófula do frio e do calor, e houver um canal vertical e vermelho penetrando na pupila, havendo somente um canal vermelho, o paciente morrerá dentro de um ano; se houver um canal vermelho e meio, o paciente morrerá em um ano e meio; se os canais vermelhos forem dois, o paciente morrerá em dois anos; se houver dois canais vermelhos e meio, o paciente morrerá dentro de dois anos e meio; se forem três canais vermelhos, o paciente morrerá em três anos.

诊龋齿痛，按其阳〔阳："阳"下脱"明"字应据《甲乙》卷十二第六补〕之〔之：《脉经》卷五第四"之"下有"脉"字〕来，有过者独〔独：孙鼎宜曰："独"当作"为"〕热，在左左热，在右右热，在上上热，在下下热。

"Quando se inspeciona as cáries dentárias que sejam doloridas, pressionar o trajeto de chegada dos Canais Yangming da mão e do pé se o canal estiver hiperativo, isso mostra que há calor; quando o lado esquerdo estiver hiperativo, o calor está à esquerda; quando a lado direito estiver hiperativo, o calor está à direita; quando a parte superior estiver hiperativa, o calor estará na parte superior; quando a parte inferior estiver hiperativa, o calor estará na parte inferior.

诊血脉者，多赤多热，多青多痛，多黑为久痹，多赤、多黑、多青皆见者，寒热。

"Quando se inspecionam os colaterais, se houver excesso da cor vermelha, isso mostra que o paciente tem muito calor; se houver um excesso da cor verde, isso mostra que o paciente tem muitas dores; se houver um excesso da cor preta, isso mostra que o paciente tem uma síndrome Bi prolongada; se as cores vermelha, preta e verse aparecerem simultaneamente e em excesso, isso mostra uma doença do frio e do calor.

身痛而〔而：《病沉》卷十二并作"面"〕色微黄，齿垢黄，爪甲上黄，黄疸也，安卧，小便黄赤，脉小而涩者，不嗜食。

"Quando o paciente está com o corpo dolorido, com a compleição ligeiramente amarela, o esputo amarelo e as unhas amarelas, é o mal da icterícia. Quando a paciente tem muita vontade de dormir, tem urina de cor forte e uma condição de pulso pequena e variável, o paciente tem a síndrome da perda de apetite.

人病，其寸口之脉，与人迎之脉小大等及其浮沉等者，病难已也。

"Quando o pulso Cunkou e o pulso Renying do paciente estiverem com uma pulsação de mesma intensidade e suas extensões de flutuação e depressão forem semelhantes, a doença dificilmente poderá ser curada.

女子手少阴脉动甚者，妊子。

"Ao se inspecionar uma mulher, se seu Canal do Coração Shaoyin da Mão estiver pulsando de forma intensa, ela está grávida.

婴儿病，其头毛皆逆上者，必死。耳间青脉起者，掣痛〔痛：《甲乙》卷十二第十一"痛"上有"腹"字〕。大便赤瓣〔赤瓣：《脉经》卷九第九作"赤青瓣"〕，飧泄，脉小〔脉者：《甲乙》卷十二第一"小"作"大"〕者，手足寒，难已；飧泄，脉少，手足温，泄易已。

"Quando uma criança fica doente e seu cabelo fica arrepiado, ela morre. Se ela tiver um canal verde e protuberante em volta da orelha, isso mostra que ela tem convulsão muscular e dor abdominal. Quando são vistos coágulos verdes nas fezes, isso mostra que ela tem indigestão; se sua condição de pulso for gigantesca e ela tiver os pés e as mãos frias, ela dificilmente poderá ser curada; se o paciente tem indigestão e uma condição de pulso pequeno, mas seus pés e mãos estiverem quentes, o mal da diarréia poderá ser facilmente curado.

四时之变，寒暑之胜，重阴必阳，重阳必阴，故阴主寒，阳主热，故寒甚则热，热甚则寒，故曰：寒生热，热生寒，此阴阳之变也。故曰：冬伤于寒，春生瘅热〔瘅热：《素问·阴阳应象大论》作"温病"〕；春伤于风，夏生后泄肠澼；夏伤于暑，秋生痎疟；秋伤于湿，冬生咳嗽。是谓四时之序也。

"As alterações de clima nas quatro estações são as alternâncias de frio e calor; quando o Yin estiver superabundante, ele irá se transformar em Yang; quando o yang estiver superabundante, ele irá se transformar em Yin; como o Yin domina o frio e o Yang domina o calor, por isso quando o frio for excessivo ele irá se transformar em calor, e quando o calor for excessivo irá se transformar em frio. Portanto, o frio extremo pode produzir calor e o calor extremo pode produzir frio e este é o princípio da mudança relativa do Yin e do Yang. Por isso, quando uma pessoa é lesada pelo frio no inverno, ela terá febre sazonal na primavera. Quando a pessoa for lesada pelo vento na primavera, terá diarréia no verão. Quando a pessoa for lesada pelo calor do verão durante o verão, terá malária no outono. Quando ela for lesada pela umidade no outono, terá tosse no inverno. Esta é a lei dos males causados pela mudança de tempo nas quatro estações".

刺节真邪第七十五

Capítulo 75
Ci Jie Zhen Xie
(Critérios para Picar e a Diferença entre
a Energia Saudável e a Energia Perversa)

黄帝向于岐伯曰：余闻刺有五节奈何？岐伯曰：固有五节：一曰振埃，二曰发蒙，三曰去爪〔爪："爪"疑当作"水"〕，四曰彻〔彻：张注本作"撒"〕衣，五曰解惑。黄帝曰：夫子言五节，余未知其意。岐伯曰：振埃者，刺外经，去阳病也。发蒙者，刺府输，去府病也。去爪者，刺关节肢〔肢：《太素》卷二十二《五节刺》作"之支"二字〕络也。彻衣者，尽刺诸阳之奇输也。解惑者，尽知调阴阳，补泻有余不足，相倾移也。

O Imperador Amarelo convocou Qibo e disse: "Disseram-me que existem cinco critérios para punturar: quais são eles?" Disse Qibo: "Sem dúvida, cinco são os critérios. Eles são: Zhen-ai (sacudir a poeira), Fameng (dar luz à ignorância), Qushui (remover o edema), Cheyi (retirar as vestes) e Jiehuo (tirar as dúvidas)". Disse o Imperador Amarelo: "Eu não compreendo o significado dos cinco critérios que mencionaste". Disse Qibo: "A terapia de puntura Zhen-ai serve para picar os acupontos nas quatro extremidades e a pele para tratar a doença Yang; a terapia de puntura Fameng serve para picar os pontos shu dos seis órgãos ocos para tratar suas enfermidades; a terapia de puntura Qushui serve para picar os ramos colaterais das juntas; a terapia de puntura Cheyi serve para picar os colaterais maiores dos seis órgãos ocos; a terapia de puntura Jiehuo serve para revigorar a insuficiência e purgar o excesso depois de ter entendido cuidadosamente as funções de ajuste do Yin e do Yang e picar de maneira flexível e em contracorrente em condições extraordinárias".

黄帝曰刺节言振埃，夫子乃言刺外经，去阳病，余不知其所谓也，愿卒闻之。岐伯曰：振埃者，阳气大逆，上〔上：《太素》卷二十二《五节刺》无此字〕满于胸中，愤〔愤：《太素》卷二十二《五节刺》作"烦"〕瞋肩息，大气逆上，喘喝坐伏，病恶埃烟，饲不得息，请言振埃，尚疾于振埃。黄帝曰：善。取之何如？岐伯曰：取之天容。黄帝曰：其咳上气，穷诎胸痛者，取之奈何？岐伯曰：取之廉泉。黄帝曰：取之有数乎？岐伯曰：取天容者，无过一里，取廉泉者，血变而止。帝曰：善哉。

Disse o Imperador Amarelo: "A terapia de puntura Zhen-ai, tu o disseste, serve para picar os canais externos para tratar as doenças do Yang; não sei exatamente o que estás indicando. Desejo que me expliques em detalhes". Disse Qibo: "A terapia de puntura Zhen-ai serve para tratar a contracorrente severa da energia Yang; aplica-se a terapia quando o paciente tem plenitude e distensão no peito, está com os ombros encolhidos e com a respiração rápida, quando sua respiração está em contracorrente no peito, e ele tosse e transpira rápido, sente mal-estar ao sentar ou quando está prostrado, e tem dispnéia como se sua garganta estivesse sufocando.

789

Esta terapia se chama Zhen-ai por analogia à eficácia curativa da picada que é tão rápida como tirar o pó". Disse o Imperador Amarelo: "Muito bem. Mas qual acuponto deve ser picado?" Disse Qibo: "Deve-se picar o ponto Tianrong". Perguntou o Imperador Amarelo: "Se o paciente tiver tosse e dispnéia causadas pela subida da energia do pulmão em contracorrente, obstrução na respiração e dor no peito, que acuponto deve ser picado?" Disse Qibo: "Deve-se picar o ponto Lianquan". O Imperador Amarelo perguntou: "Existe alguma regra para picar os dois acupontos?" Disse Qibo: "Quando se pica o ponto Tianrong, a inserção não deve exceder uma polegada; quando se pica o ponto Lianquan, a puntura deve cessar quando a compleição do paciente tiver mudado". Disse Qibo: "Muito bem".

黄帝曰：刺节言发蒙，余不得其意。夫发蒙者，耳无所闻，目无所见。夫子乃言刺腑输，去腑病，何输使然？愿闻其故。岐伯曰：妙乎哉问也！此刺之大〔大：《太素》卷二十三《五节刺》无此字〕约，针之极也，神明之类也，口说书卷，犹不能及也，请言发蒙耳，尚疾于发蒙也。黄帝曰：善。愿卒闻之。岐伯曰：刺此者，必于日中，刺其听宫，中其眸子，声闻于耳〔耳《甲乙》卷十二第五作"外"〕，此其输也。黄帝曰：善。何谓声闻于耳？岐伯曰：刺邪〔刺邪：《甲乙》卷十二第五作"已刺"〕以手坚按其两鼻窍而〔而：《甲乙》卷十二第五作"令"〕疾偃，其声必应于针也。黄帝曰：善。此所谓弗见为之，而无目视，见而取之，神明相得者也。

Disse o Imperador Amarelo: "Eu não compreendo o significado da terapia de puntura Fameng. A função da terapia de puntura Fameng é tratar a enfermidade de alguém que não possa ouvir e que não possa ver, mas tu disseste para picar os pontos shu dos seis órgãos ocos para tratar os males dos mesmos; picando qual ponto shu pode-se atingir o resultado? Desejo ouvir as razões a respeito". Disse Qibo: "Fizestes uma pergunta esplêndida! É a essência da puntura, e o ápice da destreza da acupuntura que pertence à divindade, e que não pode ser expressa mesmo que se faça por escrito após um relato oral. O nome Fameng tem analogia com a eficácia do tratamento que é mais rápida do que iluminar a ignorância". Disse o Imperador Amarelo: "Muito bem. Desejo que me expliques em detalhes". Disse Qibo: "Ao tratar a doença na qual a pessoa não pode escutar com seus ouvidos e não pode ver com seus olhos, o ponto Tinggong deve ser picado ao meio-dia; a resposta da puntura irá afetar diretamente a pupila e fazer com que se ouça sons. Este é o principal ponto shu para tratar a doença". Disse o Imperador Amarelo: "Muito bem. Mas o que faz com que o paciente ouça sons?" Disse Qibo: "Quando a agulha for inserida, pede-se ao paciente para pressionar as duas narinas apertando bem, ditando rapidamente de costas; aí, haverá sons em resposta à picada". Disse o Imperador Amarelo: "Muito bem. Isto é o que se chama ver, não o que foi feito, embora nada seja visto com os olhos, mas fazendo funcionar a agulha como se estivesse vendo a chegada e a saída do canal. Quando o médico tiver as coisas assim sob perfeito controle, ele realmente terá atingido a extensão da divindade".

黄帝曰：刺节言去爪，夫子乃言刺关节肢络，愿卒闻之。岐伯曰：腰脊者，身之大关节也。肢胫〔肢胫：《甲乙》卷九第十一并作"股胻"〕者，人之管〔管：《太素》卷二十二《五节刺》作"所"〕以趋翔也。茎垂者，身中之机，阴精之候，津液之道也。故饮食不节，喜怒不时，津液内溢，乃下留于睾，血〔血：《太素》卷二十二《五节刺》作"水"〕道不通，日大不休，俯仰不便，趋翔不能，此病荣然有水，不上不下，铍石所取，形不可匿，常不得蔽，故命曰去爪。帝曰：善。

Disse o Imperador Amarelo: "A terapia de puntura Qushui como o disseste, serve para picar os ramos colaterais das juntas. Desejo conhecer os detalhes". Disse Qibo: "A região da bacia e a espinha são as maiores juntas do corpo; as extremidades baixas e as canelas são os órgãos da locomoção; o pênis é o órgão de reprodução do corpo, podendo descarregar o esperma e é a saída dos líquidos do corpo. Quando a pessoa não pratica a temperança no comer e no beber, e tem alegria e raiva inadequadas fazendo com que os fluido corporal transborde no interior, e depois flua para o escroto, como o curso d'água está impedido, o edema no escroto será maior a cada dia, e o paciente terá dificuldade de olhar para cima e para baixo quando anda. Este tipo de mal se deve ao acúmulo de água, à obstrução da energia do aquecedor superior e à impossibilidade de excreção da urina. Nesse caso, pode-se aplicar a agulha em forma de espada para retirar a água". Disse o Imperador Amarelo: "Muito bem".

黄帝曰：刺节言彻衣，夫子乃言尽刺诸阳之奇输，未有常处也，愿卒闻之。岐伯曰：是阳气有余而阴气不足，阴气不足则内热，阳气有余则外热，内热相搏，热于怀炭，外畏绵帛近〔近：《甲乙》作"衣"〕，不可近身，又〔又：《甲乙》卷七第一上作"身热"〕不可近席，腠理闭塞，则汗不出，舌焦唇槁，腊干嗌燥，饮食不让美恶。黄帝曰：善。取之奈何？岐伯曰：取之于其天府、大杼三痏，又刺中膂，以去其热，补足手太阴以去其汗，热去汗稀，疾于彻衣。黄帝曰：善。

Disse o Imperador Amarelo: "A terapia de puntura Cheyi como o disseste serve para picar os colaterais dos seis órgãos ocos que não têm posições definidas. Desejo conhecer os detalhes a respeito". Disse Qibo: "Serve para tratar a doença quando a energia Yang está em excesso e a energia Yin está deficiente. Quando a energia Yin está deficiente, irá se produzir calor interno; quando a energia Yang estiver em excesso, será gerado um calor externo; quando os dois calores estiverem combatendo um ao outro, o paciente irá sentir um calor intenso como se estivesse atiçando o fogo de carvão. Ele terá aversão por vestir roupas de algodão e de seda, abomina roupas presas e se aproximar do colchão; não tem suor devido à obstrução das estrias, tem a língua seca, os lábios estão enfraquecidos, a musculatura seca, a garganta seca e tem abundância de calor interno; não tem apetite e não consegue distinguir se o sabor da comida é bom ou não". Disse o Imperador Amarelo: "Muito bem. Mas como tratar por meio da puntura?" Disse Qibo: "Pica-se o ponto Tianfu no Canal Taiyin da Mão e o ponto Dazhu no Canal Taiyang do Pé, três vezes cada, e depois, pica-se o ponto Zhonglu que é o ponto Shu do Cana Taiyang do Pé para remover o calor; revigora-se o Canal do Baço Taiyin do Pé e o Canal do Pulmão Taiyin da Mão para causar transpiração; quando o calor for removido e o suor reduzido, a doença estará curada, e o efeito curativo é mais rápido do que se despojar das roupas". O Imperador Amarelo disse: "Muito bem".

黄帝口：刺节言解惑，夫子乃言尽知调〔调：《甲乙》卷十第二下"调"下有"诸"字〕阴阳，补泻有余不足，相倾移也，惑〔惑：《甲乙》卷十第二下无此字〕何以解之？岐伯曰：大风在身，血脉〔血脉：按："血脉"疑当作"血气"〕偏虚，虚者不足，实者有余，轻重不得，倾侧宛伏，不知东西，不知南北，乍上乍下，乍反乍复，颠倒无常，甚于迷惑。黄帝曰：

善。取之奈何？岐伯曰：泻其有余，补其不足，阴阳平复，用针若此，疾于解惑。黄帝曰：善：请藏之灵兰之室，不敢妄出也。

Disse o Imperador Amarelo: "A terapia de puntura Jiehuo como o disseste, deve ser feita entendendo-se primeiro cuidadosamente as funções do Yin e do Yang, revigorando-se depois o que é insuficiente e purgando o que está em excesso, e o intercâmbio das condições de astenia e de estenia, mas como conhecer o fenômeno patológico?" Disse Qibo: "Quando a pessoa contrai o vento de maneira severa, seu sangue e energia se tornam astênicos; quando a pessoa está astênica, sua energia saudável forçosamente estará insuficiente; quando a pessoa está estênica, sua energia perversa estará em excesso; dessa maneira, sua extremidades perdem o equilíbrio, o corpo fica enviesado e a pessoa não pode tolerar a posição oblíqua do corpo e dos membros, não podendo fazer distinção da orientação. A síndrome, está às vezes em cima e às vezes embaixo, ora é leve ora é severa, e não tem um padrão regular de ataque. O paciente é anormal no dia-a-dia, e a condição da doença é mais séria do que a perda total ou a perda parcial da consciência". Disse o Imperador Amarelo: "Muito bem. Mas como tratar pela puntura?" Disse Qibo: "Purga-se quando houver excesso ou revigora-se quando houver insuficiência, adequando o Yin e o Yang para que se normalize; quando se aplica a terapia de puntura deste tipo, o efeito curador será mais rápido do que tirar dúvidas". Disse o Imperador Amarelo: "Muito bem. Irei manter os protocolos do princípio que mencionaste na biblioteca real para não deixar que se percam".

黄帝曰：余闻刺有五邪，何谓五邪？岐伯曰：病有持痈者，有容〔容：《甲乙》卷五第五无此字〕大者，有狭〔狭：《甲乙》卷五第五无此字〕小者，有热者，有寒者。是谓五邪。黄帝曰：刺五邪奈何？岐伯曰：凡刺五邪之方，不过五章，瘅热消灭，肿聚散亡，寒痹益温，小者益阳，大者必去，请道其方。

Disse o Imperador Amarelo: "Disseram-me que existe uma terapia de puntura para tratar os cinco perversos: quais são os cinco perversos?" Disse Qibo: "Quanto às doenças, algumas pertencem ao tipo gorduroso e balofo, algumas pertencem ao tipo estênico, algumas pertencem ao tipo astênico, algumas pertencem ao tipo calor e algumas pertencem ao tipo frio e são chamadas os cinco perversos". Disse o Imperador Amarelo: "Como tratá-las pela puntura?" Disse Qibo: "Existem só cinco modalidades de tratar os cinco perversos: para tratar o calor, o calor perverso deve ser eliminado; para a doença de inchaço e de massas, o inchaço deve ser dissipado; para o mal da artralgia do tipo frio deve-se aquecer; para o mal que debilita deve-se reforçar a energia Yang; para o mal do tipo estênico deve-se remover a energia perversa. Deixai-me agora que vos explique os métodos.

凡刺痈邪，无迎陇，易俗移性不得脓，脆〔脆：《甲乙》卷五第二作"越"〕道更行，去〔去：《太素》卷二十二《五邪刺》"去"上有"行"字〕其乡，不安〔不安：《太素》卷二十二《五邪刺》"不安"下有"其"字〕处，所〔所：按"所"疑当作"邪"〕乃散亡。诸阴阳过〔过：《甲乙》卷五第二校语作"遇"〕痈〔痈：《太素》卷二十二《五邪刺》"痈"下有"所"字〕者，取之其输泻之。

"Quando picar a massa ou carbúnculo, não se deve picar a parte de cima com aspereza contra o perverso em ascensão; deve-se tratar com paciência como quem quer mudar os costumes ou mudar a disposição da pessoa; se não houver pus na massa, deve-se punturar com outra terapia e de maneira nenhuma picar no local; dessa forma o perverso pode ser dissipado. É importante purgar picando os pontos nos canais Yin e Yang que estiverem envolvidos para fazer sumir o carbúnculo.

凡刺大邪日以小，泄夺〔夺：按"夺"字衍〕其有余，乃益虚。剽其通〔通：《太素》卷二十二《五邪刺》作"道"〕，针其邪，肌肉亲，视之毋有反其真。刺诸阳分肉间。

"Quando tratar o fator patogênico do tipo excesso, que é o perverso estênico, a picada serve para reduzir; picando-se o que é abundante, isso pode fazer com que a condição hiperativa se normalize. Ao picar, drenar energicamente o perverso e enfocar o local da energia perversa para fazer com que os músculos fiquem juntos uns dos outros, cessando a puntura quando ver que a energia perversa foi removida e a energia saudável já se recuperou. Deve-se observar que a maior ocorrência de perversos estênicos está nos três canais Yang, e a picada deve ocorrer ao longo da musculatura dos mesmos canais.

凡刺小邪，日以大，补其不足乃无害，视其所在迎之界，远近尽至，其不得外，侵而行之乃自费。刺分肉间。

"Ao picar o perverso astênico, está sendo reforçada a energia saudável. Quando a insuficiência tiver sido dissipada, o perverso astênico não poderá mais causar nenhum mal. Ao revigorar, inspecionar o local da astenia para conhecer sua demarcação em relação à energia saudável; induzir a energia saudável que está esparsa para a esfera da astenia, sem exceção. Se a revigoração for excessiva, irá causar prejuízo, por isso deve-se picar o espaço entre os músculos.

凡刺热邪，越而苍，出游不归乃无病，为开通〔通：当注本，张注本，并无"通"字〕辟门户，使邪得出病乃已。

"Quando picar o calor perverso, isso vai fazer com que ele se transforme em frio; quando o perverso tiver sido dissipado, o paciente não terá mais calor e poderá se recuperar. Ao picar, alargar o orifício feito pela agulha a fim de excretar o calor perverso e a doença poder ser curada.

凡刺寒邪，日以温，徐往徐来〔徐来：《太素》卷二十二《五邪刺》任务"疾去"〕致其神，门户已闭气不分，虚实得调其气存也。

"Ao picar o frio perverso, deve-se aquecer a energia saudável; a inserção da agulha deve ser lenta e a retirada deve ser rápida para reavivar o espírito. Quando se retirar a agulha, seu orifício deve se lacrado para que a energia não se disperse; a estenia e a astenia irão se ajustar e a energia saudável ficará retida no interior".

黄帝曰：官针奈何？岐伯曰：刺痈者用铍针，刺大者用锋针，刺小者用员利针，刺热者用镵针，刺寒者用毫针也。

O Imperador Amarelo perguntou: "Ao picar os cinco perversos, que tipo de agulha deve ser empregada?" Disse Qibo: "Quando picar o carbúnculo, aplicar a agulha em forma de espada; quando picar a energia astênica, aplicar a agulha de ponto ovóide; quando picar a energia estênica, aplicar a agulha ensiforme; quando picar o calor perverso, aplicar a agulha sagital; quando picar o frio perverso, aplicar a agulha filiforme.

请言解论〔解论：按"论"似应作"结"〕，与天地相应，与四时相副，人参天地，故可为解。下有渐洳，上生苇蒲，此所以知形气之多少也。阴阳者，寒暑也，热则滋雨〔雨：《太素》卷二十二《五邪刺》无此字〕而在上，根荄少汁。人气在外，皮肤缓，腠理开，血气减，汁大泄，皮淖泽。寒则地冻水冰，人气在中，皮肤致，腠理闭，汗不出，血气强，肉坚涩。当是之时，善行水者，不能往冰；善穿地者，不能凿冻；善用针者，亦不能取四厥〔厥：《甲乙》卷七第三作"逆"〕；血脉凝结，坚搏不往来者亦未可即柔。故行水者，必待天温冰释冻解〔冻解：《甲乙》卷七第三"冻解"上有"穿地者必待"五"字〕。而水可行，地可穿也。人脉犹是也，治厥者，必先熨调和其经，掌与腋、肘与脚、项与脊以调之〔之：《甲乙》作"其气"〕，火气〔火气《甲乙》卷七第三作"大道"〕已通，血脉乃行，然后视其病，脉淖泽者刺而平之，坚紧者，破而散之，气下乃止，此所谓以解结者也。

"Agora, permita-me que vos fale da teoria da remoção do perverso cumulativo. Já que há aclimatação ao céu e à terra e que se está de acordo com as quatro estações, e o homem se coordena com o céu e a terra, então pode haver uma explicação daquilo que seja remover o perverso cumulativo. Quando, por exemplo, houver água e umidade na parte de baixo e há junco em cima e se vê que os juncos estão bonitos ou fenecem, pode-se estimar se a extensão de água é grande ou pequena. Por isso, quando se observa de fora se o corpo está forte ou fraco, pode-se ter uma estimativa do muito ou pouco de energia e de sangue. Quanto às alterações do Yin e do Yang, pode-se fazer uma analogia com o frio e o calor nas quatro estações; quando o calor no alto estiver evaporando, as raízes da grama e da madeira estarão carecendo de umidade; quando a energia no corpo da pessoa estiver fumigando, a pele estará lassa, as estrias abertas; a pessoa tem uma transpiração enorme, o sangue e a energia sofrem uma grande perda e a pessoa fica debilitada e sua pele fica úmida. No tempo frio, quando a terra estiver congelada e a água endurecida pelo gelo, a energia Yang do homem estará alojada no interior, a pele ficará densa, as estrias fechadas, e não haverá transpiração nenhuma, o sangue e a energia estarão fortes e a musculatura firme e inconstante. Num clima frio como este, a pessoa que sabe velejar bem, não pode navegar com seu barco no gelo; a pessoa que tem habilidade em penetrar na terra não pode cinzelar o estrato congelado, e da mesma forma, a pessoa que for boa em acupuntura não pode picar as quatro extremidades de Jueni; se o canal estiver condensado devido ao frio no qual o sangue fica estagnado e deixar de fluir livremente, não deve ser massageado. Por isso, um marinheiro deve aguardar até que o tempo esteja quente e o gelo tenha derretido; depois volta a velejar; para alguém que penetre na terra, esta pessoa deve esperar que a terra descongele, para poder ser cinzelada. A condição é semelhante no corpo humano; quando tratar o Jueni, deve-se fazer aplicação tópica de drogas quentes para ajustar primeiro os canais; aplicar a terapia das duas palmas, das duas axilas, dois cotovelos, dois pés e juntas do pescoço, costas e espinha; quando a energia quente tiver chegado, o canal reassume sua operação; depois pode-se inspecionar a condição da doença; se o pulso estiver escorregadio em excesso, isso mostra que a energia Wei está flutuante; pica-se para fazer com que volte ao normal; se o pulso estiver firme e apertado, isso mostra que a energia está estênica; pica-se para dispersar a estagnação, mas deixa-se de picar quando e energia de Jueni tiver descido. Isto é o que se chama terapia de remoção do perverso cumulativo.

用针之类，在于调气，气积于胃，以通营卫，各行其道。宗气留于海，其下者注于气街，其上者走于息道。故厥在于足，宗气不下，脉中之血，凝而留止，弗之火调，弗能取之。

"Na lei da puntura, é fundamental adequar a energia. A energia refinada da água e dos cereais, que fica acumulada no estômago pode se comunicar com a energia Ying e com a energia Wei e fazer com que cada uma delas circule pelo corpo todo. A energia inicial fica retida no mar da energia do peito; quando desce, jorra no ponto Qijie; quando sobe, vai ao trato respiratório. Quando a pessoa tem os membros frios, isto se deve à energia inicial ter deixado de subir ao longo do canal e ao sangue dentro deste ter ficado retido pela estagnação; se não se aplicar de antemão a terapia com drogas quentes, não é adequado picar.

用针者，必先察其经络之实虚，切而循之，按而弹之，视其应〔应：《太素》卷二十二《五邪刺》作"变"〕动者，乃后取之〔之：此字是衍文〕而下之。六经调者，谓之不病，虽病，谓之自己也。一经上实下虚而不通者，此必有横络盛加于大经，令之不通，视而泻之，此所谓解结也。

"Ao tratar com acupuntura, deve-se primeiro inspecionar a astenia e a estenia dos canais e dos colaterais com muito cuidado; apalpar o pulso e o traço do perverso; pressionar e beliscar a pele esfregando o acuponto e inspecionando as mudanças, e depois, picar os acupontos adequados para remover a doença. Se os seis canais da mão e do pé estiverem harmoniosos, isso mostra que não há doença, e mesmo que haja uma doença leve, esta pode ser removida por si própria. Se um determinado canal estiver impedido com a situação estênica na parte superior e astênica na parte inferior, os colaterais, que são horizontais, devem ter sido invadidos pelo perverso, e este transmitido aos canais que são verticais, causando a obstrução. Quando for possível perceber a condição e purgar, a isto se chama aplicar a terapia de remoção do perverso cumulativo.

上寒下热，先刺其项太阳，久留之，已刺〔刺：《太素》卷二十二《五邪刺》无此字〕则〔则：《甲乙》卷七第三"则"下有"火"字〕熨项与肩胛，令热下合乃止，此所谓推而上之者也。

"Quando a pessoa tiver frio acima da região lombar e calor abaixo dessa região, deve-se picar os acupontos do Canal Taiyang do Pé, no pescoço, retendo a agulha o maior tempo possível; após picar, fazer a aplicação tópica de drogas quentes no pescoço e na escápula, cessando de picar quando o calor descer para se combinar com o calor de baixo. A isto se chama terapia de empurrar o calor.

上热下寒，视其虚脉而陷之于经络者取之，气下乃止，此所谓引而下之者也。

"Quando a pessoa tem calor na parte superior da região lombar e frio na parte de baixo da mesma, inspecionar qual o pulso deficiente que está deprimido no canal e no colateral; tratar picando o acuponto adequado e deixar de picar após a chegada da energia Yang. Isto é o que se chama terapia de puntura para induzir a descida do calor.

大热遍身，狂而妄见、妄闻、妄言、视足阳明及大络取之，虚者补之，血而〔而：《甲乙》卷七第三作"如"〕实者泻之，因其〔其：《太素》卷二十二《五邪刺》作"令"〕偃卧，居其头前，以两手四指挟按颈动脉，久持之，卷而切推，下至缺盆中，而复止〔止：《太素》卷二十二《五邪刺》作"上"〕如前，热去乃止，此所谓推而散之者也。

795

"Quando a pessoa tem febre alta no corpo todo, e fica maníaca a ponto de ver e ouvir coisas que não existem na realidade, e fala sem sentido, pica-se o acuponto adequado após inspecionar o Canal do Estômago Yangming do Pé e seus colaterais; se o canal e os colaterais estiverem astênicos, aplicar a terapia de revigoração; se houver sangue estagnado e a síndrome for estênica, aplicar a terapia de purgação. Além disso, fazer com que o paciente deite de costas; o médico se posiciona em frente à cabeça do paciente, prende e pressiona o pulso Renying do paciente no pescoço com os dois polegares por longo tempo; depois, pressiona para cima e para baixo dobrando os dedos e empurra para fazer com que o calor atinja a fossa supraclavicular, e continua a pressionar para cima e para baixo até que o calor tenha sido removido. A isto se chama terapia de dispersão por meio de empurrar".

黄帝曰：有一脉生数十病者，或痛、或痈、或热、或寒、或痒、或痹、或不仁，变化无穷，其故何也？岐伯曰：此皆邪气之所生也。黄帝曰：余闻气者，有真气，有正气，有邪气，何谓真气？岐伯曰：真气者，所受于天，与谷气并而充身也。正气者，正风也，从一方来，非实风，又〔非实风，又：《甲乙》卷十第一下无此四字〕非虚风也。邪气者〔邪气者：《甲乙》卷十第一下"邪气者"下有"虚风也"三字〕，虚风之贼伤人也，其中人也深，不能自去。正风者，其中人也浅，合而自去，其气来〔来：《甲乙》卷十第一下《灵枢略》并无此字〕柔弱，不能胜〔胜：《甲乙》卷十第一作"伤"〕真气，故自去。

Disse o Imperador Amarelo: "Pode ser que dez tipos de males ocorram num canal, e estes podem ser: dor, carbúnculo, calor, frio, prurido, síndrome Bi ou adormecimento, e as várias mudanças são infinitas: qual a razão?" Disse Qibo: "Tudo isso é produzido pela energia perversa". Disse o Imperador Amarelo: "Disseram-me que as energias são diferentes. O que é a energia verdadeira? O que é a energia saudável? O que é a energia perversa?" Disse Qibo: "A energia verdadeira é a energia congênita que o homem recebe do céu; ela se combina com a energia da água e dos cereais provenientes dos alimentos para nutrir o corpo todo; a energia saudável que também é chamada de sopro normal e o sopro de vento que vem de um lado de acordo com a mudança de clima devido às quatro estações, o qual também é diferente do vento da astenia que é contrário às quatro estações; a energia perversa, que também é chamada de astenia do vento, pode ferir o corpo tão profundamente que não pode se dissipar por si mesma; o vento normal só pode ferir o corpo de leve, e pode ser dissipado por si mesmo, isto porque a energia normal do vento é fraca, e não pode ferir a energia normal do corpo, por isso pode se dissipar por si própria.

虚邪之中人也，洒淅动形，起毫毛而发腠理。其入深，内搏于骨，则为骨痹。搏于筋，则为筋挛。搏于脉中，则为血闭不通，则为痈。搏于肉，与卫气相搏，阳胜者则为热，阴胜者则为寒，寒则真气去，去则虚，虚则寒。搏于皮肤之间〔之间：《甲乙》卷十第一下无此二字〕，其气外发，腠理开，毫毛摇，气往来行，则为痒。留而不去则痹。卫气不行，则为不仁。

"Quando o perverso que debilita ataca o corpo, aparecem do lado de fora o arrepio de frio, o eriçar dos pêlos, a abertura das estrias. Se o vento perverso penetrar no interior ferindo os ossos, ocorre a síndrome Bi; quando o perverso atinge os tendões, ocorre constrição nos mesmos; quando o perverso atinge o canal, ocorre artralgia devido ao distúrbio no sangue; como a circulação está obstruída, desenvolve-se o carbúnculo; quando o perverso atinge a musculatura, ele se combina com a energia Wei; se a energia Yang estiver parcialmente abundante, ocorre a síndrome do calor; se a energia Yin estiver parcialmente abundante, ocorre a síndrome do frio. O frio perverso pode forçar a energia saudável a ir embora causando a deficiência de energia Yang; quando esta estiver deficiente, a energia fria do Yin fere a pele, e causa abertura das estrias e a queda dos pêlos finos. Quando a energia perversa chega e vai embora, isso causa prurido; quando a energia perversa fica retida, isso causa a síndrome Bi; quando a energia Wei deixa de fluir, isso causa o mal do adormecimento.

虚邪偏客于身半，其入深，内居〔居：《灵枢略》作"干"〕荣卫，荣卫稍衰，则真气去，邪气独留，发为偏枯。其邪气浅者，脉〔脉："脉"似应为"为"之误字〕偏痛。

"Quando o perverso que debilita atinge um lado do corpo, a energia perversa penetra no interior para invadir a energia Rong e a energia Wei, causando o declínio das funções, a energia saudável vai embora e só a energia perversa fica retida dentro do corpo, ocorrendo a síndrome da hemiplegia; se o ataque da energia perversa for leve, a pessoa terá uma dor parcial no corpo.

虚〔虚：《甲乙》卷十一九下无此字〕邪之入于身也深，寒与热相搏，久留而内著，寒胜其热，则骨疼肉枯，热胜其寒，则烂肉腐肌为脓，内伤骨，内伤骨为骨蚀。有所疾前筋〔有所疾前筋：楼英曰"疾前"二字衍文，筋当作"结"〕，筋屈不得伸，邪气居其间而不反，发于〔于：周本，张注本并作"为"〕筋溜〔溜：《甲乙》卷十一第九下作"瘤"〕。有所结，气归之，卫气留之，不得反，津液久留，合而为肠溜〔肠溜："溜"应作"瘤"〕，久者数岁乃成，以手按之柔。已有所结，气归之，津液留之，邪气中之，凝结日以易〔易：按："易"是"益"之误字〕甚，连以聚居，为昔瘤，以手按之坚。有所结，深中骨，气因于骨，骨与气并，日以益大，则为骨疽〔骨疽："骨疽"应作"胃瘤"〕。有所结，中于肉，宗气归之，邪留而不去，有热则化而为脓，无热则为肉疽，凡此数气者，其发无常处，而有常名也。

"Quando o perverso que debilita penetra no corpo, a energia fria combate o calor; quando a energia fria fica retida e se fixa por tempo prolongado, se o frio vencer o calor, ocorrem as síndromes de dor nos ossos e enfraquecimento muscular; se o calor triunfar do frio, isso causa ruptura e supuração nos músculos. Quando penetra para atingir o osso, isso causa a corrosão dos ossos. Quando a energia perversa cumulativa atinge os tendões, estes deixam de se esticar. Quando a energia perversa cumulativa fica retida por tempo prolongado sem se retrair, ocorre tumor nos tendões. Se a energia perversa ficar estagnada a ponto de obstruir a energia fazendo com que a energia Wei também fique estagnada e deixe de circular normalmente, o fluido corporal fica retido no estômago e nos intestinos por muito tempo, ocorrendo o tumor intestinal; às vezes a doença leva muito tempo para se formar e muitos anos até se manifestar, e é mole à pressão da mão. Quando a energia perversa fica estagnada no interior, o fluido corporal fica retido e a energia ataca o resto do corpo; o sangue e a energia ficam mais estagnados dia após dia, e o acúmulo contínuo causa um tumor nas carnes, que se apresenta duro quando pressionado pela mão. Quando o perverso cumulativo penetra no esqueleto, como a ossatura foi ferida, a combinação do atingimento ósseo e da energia perversa se torna maior e maior a cada dia e, finalmente, ocorre o osteoma. Quando a energia perversa cumulativa atinge a musculatura e aí fica estagnada, se a energia perversa ficar retida e ocorrer calor, ocorre mioma. Os inúmeros tipos de energia perversa acima mencionados não têm localização definida na instauração, mas todos têm um nome determinado de doença".

NT – Note-se no final deste Capítulo, a existência de câncer já na China Antiga, quando o texto fala da "doença que leva muito tempo para se formar e muito tempo para se manifestar" e em "acúmulo contínuo que causa um tumor nas carnes, que se apresenta duro quando pressionado pela mão".

卫气行第七十六

Capítulo 76
Wei Qi Xing
(A Circulação da Energia Wei)

黄帝问于岐伯曰：愿闻卫气之行，出入之合，何如？岐伯曰：岁有十二月，日有十二辰，子午为经，卯酉为纬。天周〔天周：《甲乙》卷一第九作"周天"〕二十八宿，而一面七星，四七二十八星，房昴为纬，虚张为经。是故房至毕为阳，昴至心为阴，阳主昼，阴主夜。故卫气之行，一日一夜五十周于身，昼日行于阳二十五周，夜行于阴二十五周，周于五脏。

O Imperador Amarelo convocou Qibo e disse: "Desejo conhecer a circulação da energia Wei e sua chegada e partida nos canais Yin e Yang. Em que condições isso ocorre?" Disse Qibo: "Existem doze meses no ano e existem doze horas duplas no dia. Zi e Wu estão respectivamente no sul e no norte e sua linha de conexão é a longitude vertical; Mao e You estão respectivamente a leste e a oeste, e sua linha de conexão é a latitude horizontal. Os corpos celestes circulam entre as vinte oito estrelas e em cada orientação existem sete estrelas; nas quatro orientações, existem igualmente vinte oito estrelas. A latitude parte da estrela Fang no leste e vai até a estrela Mao a oeste; a longitude vai da estrela Xu ao norte, até a estrela Zhang ao sul. Por isso, da estrela Fang à estrela Bi é Yang, da estrela Mao à estrela Xin é Yin; o Yang domina o dia e o Yin domina a noite, por isso, a circulação da energia Wei perfaz cinqüenta ciclos no corpo de dia e de noite. De dia, ela circula no Yang com vinte cinco ciclos e de noite, ela circula entre os órgãos internos com vinte cinco ciclos.

是故平旦阴〔阴：《太素》卷十二《卫五十周》"阴"下并有"气"字〕尽，阳气出于目，目张则气上行于头，循项下足太阳，循背下至小指之端。其散者，别于目锐眦，下手太阳，下至手小指之间外侧。其散者，别于目锐眦，下足少阳，注小指次指之间。以上循手少阳之分，侧下至小指之间。别者以上至耳前，合于颌脉，注足阳明，以下行至跗上，入五指之间。其散者，从耳下下手阳明，入大指〔《灵枢约注》卷上《经络第二》"大指"当作"次指"〕之间。入掌中。其至于足也，入足心，出内踝下，行阴分，复合于目，故为一周。

"Assim, ao nascer do sol quando a energia Yin estiver exausta, a energia Yang estará flutuando para fora dos olhos, no momento em que eles se abrem; aí, a energia sobe à cabeça, e depois desce ao longo do pescoço para chegar ao Canal Taiyang do Pé, e depois desce ao longo das costas para chegar ao ponto Zhiyin na ponta do artelho menor. Seu ramo se espalha a partir do canto externo do olho, desce acompanhando o Canal Taiyang da Mão para chegar ao ponto Shaoze na ponta do flanco externo do dedo mínimo. Outro ramo deriva do canto externo do olho, desce acompanhando o Canal Shaoyin do Pé e atinge o ponto Qiaoyin entre o artelho menor e o quarto artelho. A partir do Canal Shaoyang do Pé, ele entra no Canal Shaoyang da Mão para atingir o ponto Guanzhong na ponta do dedo mínimo. Outro ramo sobe para chegar em frente ao ouvido, se junta ao pulso mandibular, e depois sai no Canal Yangming do Pé; desce ao dorso do pé e atinge a ponta do artelho médio. Outro ramo desce acompanhando o Canal Yangming da Mão por baixo da orelha para chegar ao ponto Shangyang na ponta do dedo indicador e depois sua energia entra na palma da mão. Quando a energia Wei chega ao pé, entra no centro da sola, sai a partir do maléolo interno, sobe à porção Yin, e depois sobe para convergir com outro ramo no canto interno do olho. Este é o ciclo de circulação da energia Wei.

是故日行一舍，人气行〔人气行：《甲乙》卷一第九"行"下并有"于身"二字〕一周与十分身之八；日行二舍，人气行三周于身〔三周于身：《甲乙》卷一第九作"于身三周"〕与十分身之六；日行三舍，人气行于身五周与十分身之四；日行四舍，人气行于身七周与十分身之二；日行五舍，人气行于身九周；日行六舍，人气行于身十周与十分身之八；日行七舍，人气行于身十二周在身与十分身之六；日行十四舍，人气二十五周于身有奇分与十分身之二，阳尽于阴，阴受气矣。其始入于阴，常从足少阴注于肾，肾注于心，心注于肺，肺注于肝，肝注于脾，脾复注于肾为周。是故夜行一舍，人气行于阴脏一周与十分脏之八，亦如阳行之二十五周，而复合于目。阴阳一日一夜，合有奇分十分身之四〔四：黄校本作"二"〕，与十分藏之二，是故人之所以卧起之时有早晏者，奇分不尽故也。

"Por isso, quando o sol percorre a distância de uma estrela (de uma estrela à próxima), a energia Wei circula 18/10 de ciclo no corpo; quando o sol percorre a distância de duas estrelas, a energia Wei circula 36/10 de ciclo no corpo; quando o sol percorre a distância de três estrelas a energia Wei circula 54/10 de ciclo no corpo; quando o sol percorre a distância de quatro estrelas, a energia Wei circula 72/10 de ciclo no corpo; quando o sol percorre a distância de cinco estrelas, a energia Wei circula 9 ciclos no corpo; quando o sol percorre a distância de seis estrelas, a energia Wei circula 108/10 de ciclo no corpo; quando o sol percorre a distância de sete estrelas, a energia Wei circula 126/10 de ciclo no corpo; quando o sol percorre a distância de quatorze estrelas, a energia Wei circula 252/10 de ciclo no corpo; quando a energia Wei completa seu curso na porção Yang durante o dia, a porção Yin à noite se encarrega da energia. Quando a energia Wei começa a desabrochar na porção Yin, geralmente começa pelo Canal Shaoyin do Pé e entra no rim, indo depois do rim ao coração; depois, vai do coração ao pulmão, e do pulmão ao fígado; depois do fígado vai ao baço, e do baço novamente ao rim completando um ciclo. Então, quando o sol percorre a distância de uma estrela durante as horas da noite, a energia Wei circula 18/10 de ciclo nas vísceras Yin do corpo; completa vinte cinco ciclos na porção Yin da mesma maneira que durante o dia, e finalmente há um encontro no canto interno do olho. Nas circulações na porção Yin e na porção Yang do corpo, de dia e de noite, existe uma sobre de 2/10 no corpo e 2/10 nas vísceras Yin. Já que o ir deitar cedo ou tarde e o levantar cedo ou tarde diferem de homem para homem, existe um resto em circulação".

黄帝曰：卫气之在于身也，上下往来不以〔不以：《甲乙》卷一第九作"无已"〕期〔期：《甲乙》卷一第九作"其"，属下读〕，候气而刺之奈何？伯高曰：分有多少，日〔日：应作"至"〕有长短，春秋冬夏，各有分理，然后常以平旦为纪，以夜尽为始。是故一日一夜，水下百刻，二十五刻者，半日之度也，常如是毋已，日入而止，随日之长短，各以为纪而刺之。谨候其时，病可与期，失时反候者，百病不治〔治：《甲乙》卷一第九作"除"〕。故曰：刺实者，刺其来也；刺虚者，刺其去也。此言气存亡之时，以候虚实而刺之。是故谨候气之所在而刺之，是谓逢时。在〔在："在"上脱"病"字。应据《太素》补〕于三阳，必候其气在于阳〔阳：《太素》卷十二《卫五邪刺》"阳"下并有"分"字〕而刺之；病在于三阴，必候其气在阴分而刺之。

Disse o Imperador Amarelo: "Quando a energia Wei está no corpo humano, ela opera sem cessar para cima e para baixo, indo e vindo; quando a pessoa desejar aguardar a chegada da sensação normal durante o tratamento por acupuntura, como deve proceder?" Disse Bogao: "A extensão dos dias é diferente no Equinócio da Primavera e no Equinócio de Outono; a duração do dia no Solstício de Verão e no Solstício de Inverno também é diferente e a duração do dia e da noite tem padrões regulares na primavera, no verão, no outono e no inverno, por isso, toma-se a aurora como critério, e toma-se o final da noite como o início da energia Wei para circular na porção Yang. Em um dia e uma noite, o escoar de água na clepsidra é de cem divisões, e vinte cinco graduações representa metade do dia. Ela continua a circular incessantemente. Ao tratar, deve-se picar de acordo com os diversos critérios de extensão de tempo, do nascer do sol ao pôr-do-sol. Se a pessoa aguardar cuidadosamente a oportunidade do momento da chegada da energia e picar, será capaz de predizer a data de término da doença; se perder a oportunidade de picar, ou se violar a mudança de clima da estação, a doença dificilmente poderá ser removida. Por isso, quando tratar a estenia perversa, deve-se purgar, picando a chegada da energia (energia estênica); quando tratar o mal de deficiência da energia vital, deve-se revigorar, picando a energia que parte (energia astênica). Isto quer dizer que quando a energia está em ascensão ou está debilitada, pica-se após inspecionar a astenia e a estenia. Portanto, deve-se esperar pela energia, inspecionar sua localização e picar no momento correto, que é chamado de encontro no momento adequado. Quando a doença estiver nos três canais Yang, deve-se esperar até que a energia esteja na porção Yang para depois começar a picar; quando a doença estiver nos três canais Yin, deve-se esperar até que a energia esteja na porção Yin, para depois começar a picar.

水下一〔一：《太素》卷十二《卫五十周》无此字〕刻，人气在太阳；水下二刻，人气在少阳；水下三刻，人气在阳明；水下四刻，人气在阴分。水下五刻，人气在太阳；水下六刻，人气在少阳；水下七刻，人气在阳明；水下八刻，人气在阴分。水下九刻，人气在太阳；水下十刻，人气在少阳；水下十一刻，人气在阳明；水下十二刻，人气在阴分。水下十三刻，人气在太阳；水下十四刻，人气在少阳；水下十五刻，人气在阳明；水下十六刻，人气在阴分。水下十七刻，人气在太阳；水下十八刻，人气在少阳；水下十九刻，人气在阳明；水下二十刻，人气在阴分。水下二十一刻，人气在太阳；水下二十二刻，人气在少阳；水下二十三刻，人气在阳明；水下二十四刻，人气在阴分。水下二十五刻，人气在太阳，此半日之度也。从房至毕一十四舍，水下五十刻，日行半度〔日行半度：《甲乙》卷一第九作"半日之度也"。此下并有"以昴为心，亦十四舍，水下五十刻，终日之度也"十八字〕，回〔回：作"日"〕行一舍，水下三刻与七分刻之四。大要曰常以日之加于宿上也，人气在太阳。是故日行一舍，人气行三阳行与阴分，常如是无已，天与〔天与：当注本作"与天"〕地同纪，纷纷盼盼，终而复始，一日一夜，水下百刻而尽矣。

"Quando o nível de água estiver na primeira graduação da clepsidra, a energia Wei estará nos Canais Taiyang da Mão e do Pé; quando estiver na segunda graduação, a energia Wei estará nos Canais Shaoyang da Mão e do Pé; quando estiver na terceira graduação, a energia Wei estará nos Canais Yangming da Mão e do Pé; quando estiver na quarta graduação, a energia Wei estará na porção Yin. Quando o nível de água estiver na quinta graduação da clepsidra, a energia Wei passa para a porção Yang e penetra nos Canais Taiyang da Mão e do Pé; quando estiver na sexta graduação, a energia Wei estará nos Canais Shaoyang da Mão e do Pé; quando estiver na sétima graduação, a energia Wei estará nos Canais Yangming da Mão e do Pé; quando estiver na oitava graduação, e energia Wei estará na porção Yin. Quando o nível de água da clepsidra estiver na nona graduação, a energia Wei estará nos Canais Taiyang da Mão e do Pé; quando estiver na décima graduação, a energia Wei estará nos Canais Shaoyang da Mão e do Pé; quando estiver na décima primeira graduação, a energia Wei estará nos Canais Yangming da Mão e do Pé; quando estiver na décima segunda graduação, a energia Wei estará na porção Yin. Quando o nível de água estiver na décima terceira graduação da clepsidra, a energia Wei estará nos Canais Taiyang da Mão e do Pé; quando estiver na décima quarta graduação, a energia Wei estará nos canais Shaoyang da Mão e do Pé; quando estiver na décima quinta graduação, a energia Wei estará nos Canais Yangming da Mão e do Pé; quando estiver na décima sexta graduação, a energia Wei estará na porção Yin. Quando o nível de água estiver na décima sétima graduação da clepsidra, a energia Wei estará nos Canais Taiyang da Mão e do Pé; quando estiver na décima oitava graduação, a energia Wei estará nos Canais Shaoyang da Mão e do Pé; quando estiver na décima nona graduação, a energia Wei estará nos Canais Yangming da Mão e do Pé; quando estiver na vigésima graduação, a energia Wei estará na porção Yin. Quando o nível de água estiver na décima primeira graduação da clepsidra, a energia Wei estará nos Canais Taiyang da Mão e do Pé; quando estiver na vigésima segunda graduação, a energia Wei estará nos Canais Shaoyang da Mão e do Pé; quando estiver na vigésima terceira graduação, a energia Wei estará nos Canais Yangming da mão e do Pé; quando estiver na vigésima quarta graduação, a energia Wei estará na porção Yin. Quando o nível de água estiver na vigésima quinta graduação da clepsidra, a energia Wei estará novamente nos Canais Taiyang da Mão e do Pé São estas as graduações para que a energia Wei circule na metade do dia. Calcula-se que num dia inteiro, o sol percorra da estrela Fang à estrela Bi, o trajeto de quatorze estrelas, o que totaliza cinqüenta graduações sob o nível de água da clepsidra, e esta é a previsão do trajeto do sol em metade do dia; o percurso do sol da estrela Mao à estrela Xin tem a distância de quatorze estrelas, o que também perfaz cinqüenta graduações sob o nível de água da clepsidra; quando combinados, é o período de tempo que o sol leva para perfazer o ciclo inteiro de um dia e uma noite. Sempre e o sol estiver passando de uma estrela para outra, isso leva 34/7 graduações. Está determinado no "Essencial" dos clássicos antigos: "Quando o sol percorre o trajeto de uma estrela, a energia Wei circula nos Canais Taiyang da Mão e do Pé". Por isso, quando o sol percorre a distância de uma estrela, a energia Wei percorre os três canais Yang e as porções Yin. A energia Wei funciona incessantemente de acordo com a lei de mudança do céu e da terra, e parece confuso, mas é ordenado: começa de novo a partir do momento em que termina. Em um dia e uma noite, quando as graduações da clepsidra tiverem atingido cem, a energia Wei terá completado uma circulação de cinqüenta ciclos no corpo humano".

九宫八风第七十七

Capítulo 77
Jiu Gong Ba Feng
(Os Nove Palácios e os Oito Ventos)

立夏 四 阴 洛
东 南 方
巽
阴立 洛夏

上 夏
离
天至

玄立 坤 委秋

仓春 震 门分

中 摇召 央

仓秋 兑 果分

天立 艮 留春

叶冬 坎 蛰至

新立 乾 洛冬

阴 洛
立夏 四 东 南 方
仓 门
春分 三 东 方 留
天
立春 八 东北方

上 天
夏至 九 南 方
招摇 五 中央
叶蛰
冬至 一 北 方

玄 委
立秋 二 西 南 方
仓 果
秋分 七 西 方 洛
新
立冬 六 西北方

804

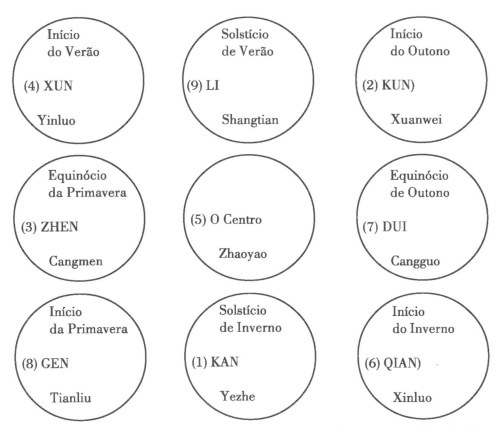

太一常以冬至之日，居叶蛰之宫四十六日，明日居天留四十六日，明日居仓门四十六日，明日居阴洛四十五日，明日居天宫四十六日，明日居玄委四十六日，明日居仓果四十六日，明日居新洛四十五日，明日复居叶蛰之宫，曰冬至矣。

No dia do Solstício de Inverno, a Estrela Polar geralmente se situa no Palácio Yezhe que está bem ao norte durante quarenta e seis dias; no dia seguinte do período, ela se transfere e fica situada no Palácio Tianliu que está a nordeste durante quarenta e seis dias; no próximo dia do período, ela se transfere ao Palácio Cangmen que está bem a leste durante quarenta e seis dias; no dia seguinte do período, ela se transfere ao Palácio Yinluo que está a sudeste durante quarenta e cinco dias; no dia seguinte do período, ela se transfere ao Palácio Shangtian que está bem ao sul durante quarenta e seis dias; no dia seguinte do período, ela se transfere ao Palácio Xuanwei que está a sudoeste durante quarenta e seis dias; no dia seguinte do período, ela se transfere ao Palácio Cangguo que está bem a leste durante quarenta e seis dias; no dia seguinte do período ela se transfere ao Palácio Xinluo que está a noroeste durante quarenta e cinco dias; no dia seguinte do período, ela retorna ao Palácio Yezhe, e é novamente Solstício de Inverno.

NT – O norte chinês, em relação ao que aponta a bússola, está do lado oposto, isto é, o que no ocidente se classifica como sul, por isso, todas as outras localizações estão no sentido invertido, daí a localização dos Palácios aparentemente não corresponder à realidade.

805

太一日游，以冬至之日，居叶蛰之宫，数所在，日从〔从：《图经》卷三《针灸避忌太一之图序》作"徙"〕一处，至九日，复反于一，常如是无已，终而复始。

Quanto às localizações da Estrela Polar nos diversos dias, ela começa a se situar no Palácio Yezhe que está na posição Kan e no número um no Solstício de Inverno; move-se para um novo palácio a cada dia e no nono dia retorna novamente à posição Kan, um (o Solstício de Inverno é um, o Início do Outono é dois, o Equinócio da Primavera é três, o Início do Verão é quatro, a posição central é cinco, o Início do Inverno é seis, o Equinócio do Outono é sete, o Início da Primavera é oito e o Solstício de Verão é nove). Ela se move incessantemente e começa outra vez a partir do ponto terminal sem ter fim.

太一移日，天必应之以风雨，以其日风雨则吉，岁美〔岁美：《太素》卷二十八《九宫八风》"美"作"矣"、"岁矣"属上读〕民安少病矣，先之则多雨，后之则多汗。

No dia em que a Estrela Polar passa de uma palácio para o outro, forçosamente há vento e chuva. Se o vento e a chuva forem harmoniosos, haverá uma boa colheita no ano, e as pessoas viverão sadias e praticamente sem doenças. Se o vento e a chuva ocorrerem alguns dias antes, o ano será de chuvas abundantes; se o vento e a chuva ocorrerem alguns dias depois, será um ano de secura.

太一在冬至之日有变，占在君；太一在春分之日有变，占有相；太一在中宫之日有变，占在吏；太一在秋分之日有变，占在将；太一在夏至之日有变，占在百姓。所谓有变者，太一居五宫之日，病〔病：张注本作"疾"〕风折树木，扬沙石。各以其所主占贵贱，因视风所从来而占之。风从其所居之乡来为实风，主生，长养万物。从其冲后来为虚风，伤人者也，主杀主害者〔主杀主害者：《甲乙》卷六第一作"主杀者"〕。谨候虚风而避之，故圣人日避虚邪之道，如避矢石然，邪弗能害，此之谓也。

No dia em que a Estrela Polar está no Solstício de Inverno, se houver mudança no clima, a profecia irá se realizar para o monarca; no dia em que a Estrela Polar estiver no Equinócio da Primavera, se houver mudança no clima, a profecia se realizará para o primeiro-ministro; no dia em que a Estrela Polar estiver no Palácio Zhao Yao, o do centro (décimo oitavo dia de cada estação), se houver mudança no clima, a profecia se realizará para os oficiais; no dia em que a Estrela Polar estiver no Equinócio de Outono, se houver mudança no clima a profecia se realizará para os generais; no dia em que a Estrela Polar estiver no Solstício de Verão, se houver mudança no clima, a profecia se realizará para as pessoas comuns. O que se chama de mudança no clima está indicando a ocorrência de quebra das madeiras e levantamento de areias e pedras pela tempestade no dia em que a Estrela Polar se situa nos cinco palácios acima citados. Pode-se profetizar de acordo com a orientação da Estrela Polar que domina a nobreza ou a humildade do paciente, e determinar as conseqüências da doença de acordo com a direção da chegada do vento. Quando o vento vem da orientação dominante, é o vento-estenia que pode nutrir todas as coisas e se associa ao crescimento. Quando o vento vem da posição dominante oposta, é o vento-astenia, que pode ferir as pessoas e se associa ao morticínio. Pode-se calcular cuidadosamente a ocorrência do vento-astenia e evitá-lo. Foi determinado pelos sábios que se deve evitar o vento-astenia da mesma maneira que as flechas e as pedras atiradas. Dessa forma, a pessoa não será atingida pela invasão do exógeno perverso.

是故太一入〔入：当注本，张注本并无此字〕徙立于中宫，乃朝八风，以占吉凶也。风从南方来，名曰大弱风，其伤人也，内舍于心，外在于脉，气主热。风从西南方来，名曰谋风，其伤人也，内舍于脾，外在于肌，其气主为弱。风从西方来，名曰刚风，其伤人也，内舍于肺，外在于皮肤，其气主为燥。风从西北方来，名曰折风，其伤人也，内舍于小肠，外在于手太阳脉，脉绝则溢，脉闭则结不通，善暴死。风从北方来，名曰大刚风，其伤人也，内舍于肾，外在于骨与肩背之膂筋〔与肩背之膂筋：《素问·移精变气论》引无"与肩"六字〕，其气主为寒也。风从东北方来，名曰凶风，其伤人也，内舍于大肠，外在于两胁腋骨下及肢节〔外在于两胁腋骨下及肢节：《素问·移精变气论》作"外在于掖胁"〕。风从东方来，名曰婴儿风，其伤人也，内舍于肝，外在于筋纽〔纽：《太素》卷二十八《九宫八风》作纫"〕其气主为身湿。风从东南方来，名曰弱风，其伤人也，内舍于胃，外在肌肉，其气主体重。此八风皆从其虚之乡来，乃能病人。三虚相搏，则为暴病卒死。两实一虚，病则为淋露寒热。犯其雨湿之地，则为痿。故圣人避风。如避矢石焉。其有三虚而偏中于邪风，则为击仆偏枯矣。

Por isso, somente quando a Estrela Polar entra no Palácio Central para fazer face aos oito ventos, é que se pode calcular o bom ou mau prognóstico da doença. Assim, quando o vento vem do sul, é o vento Daruo (grande vento fraco), que prejudica o homem, invade o interior do coração e fica retido nos canais externos; sua energia pode causar o mal do calor. Quando o vento vier do sudoeste, é o vento Mou (vento astuto), que fere o homem e invade o interior do baço e fica retido no exterior da musculatura; sua energia pode causar o mal da debilidade. Quando o vento vem do oeste, é o vento Gang (vento firme), e fere o homem invadindo o interior do pulmão, e por fora fica retido na pele; sua energia pode causar o mal da secura. Quando o vento vem do noroeste, é o vento Zhe (vento que dobra) e fere o homem invadindo o intestino delgado e no exterior fica retido no Canal Taiyang da mão; se o pulso estiver fundo, é o transbordamento da energia perversa; se o pulso estiver bloqueado, é a estagnação devida à obstrução e o paciente pode sofrer morte súbita. Quando o vento vem do norte, é o vento Dagang (grande vento firme) e fere o homem invadindo o interior dos rins e externamente fica retido no esqueleto; sua energia pode causar o mal do frio. Quando o vento vem do nordeste, é o vento Xiong (vento ameaçador) que fere o homem e atinge internamente o intestino grosso e fica retido nas axilas e nos dois hipocôndrios. Quando vento vem do leste, é o vento Ying-er (vento infante) e sua energia lesa o homem invadindo o interior do fígado e externamente fica retido nas juntas e tendões, e causa o mal da umidade. Quando o vento vem de sudeste, é o vento Ruo (vento fraco) que lesa o homem invadindo internamente o estômago e que externamente fica retido nos músculos; sua energia pode causar o mal do aumento de peso. Em suma, os oito tipos de vento das diversas direções, provêm de regiões que debilitam e podem causar a doença. Deve-se ter em mente que quando um homem debilitado se depara com o ano da astenia, e isso ocorre de novo, ele é invadido pela astenia-vento; as três astenias podem fazer com que o paciente tenha morte súbita. Se houver duas estenias e uma astenia, a doença será uma fadiga misturada com o tipo frio ou calor. Se uma pessoa for atingida pela umidade numa região úmida e chuvosa, irá contrair a síndrome da flacidez. Portanto, um homem sábio evita o vento perverso da mesma maneira que evita as flechas e as pedras atiradas Se uma pessoa tiver todas as três astenias, e mais uma vez for atingida pelo vento perverso, irá cair ao chão e terá hemiplegia.

九针论第七十八

Capítulo 78
Jiu Zhen Lun
(Sobre os Nove Tipos de Agulha)

黄帝曰：余闻九针于夫子，众多博大矣，余犹不能瘝，敢问九针焉生？何因而有名？岐伯曰：九针者，天地之大〔大：《甲乙》卷五第二无此字〕数也，始于一而终于九。故曰：一以法天，二以法地，三以法人，四以法时，五以法音，六以法律，七以法星，八以法风，九以法野。

Disse o Imperador Amarelo: "Disseram-me que o aprendizado dos nove tipos de agulha é rico, profundo e extenso, mas eu não entendo como elas surgiram e porque têm nomes diferentes". Disse Qibo: "O nove das agulhas é o número do céu e da terra, começando no um e terminando em nove. O primeiro tipo de agulha segue o exemplo do céu, o segundo tipo de agulha segue o exemplo da terra, o terceiro tipo de agulha segue o exemplo do homem, o quarto tipo de agulha segue o exemplo das quatro estações, o quinto tipo de agulha segue o exemplo dos cinco tons, o sexto tipo de agulha segue o exemplo das seis leis da música, o sétimo tipo de agulha segue o exemplo das sete estrelas, o oitavo tipo de agulha segue o exemplo dos ventos das oito direções, e o nono tipo de agulha segue o exemplo das nove divisões de prefeitura".

黄帝曰：以针应九之数奈何？岐伯曰：夫圣人之起天地之数也，一而九之，故以立九野，九而九之，九九八十一，以起黄钟数焉，以针应数也。

O Imperador Amarelo perguntou: "Como comparar as nove agulhas com os nove números?" Disse Qibo: "Os números estabelecidos pelos sábios servem para expressar as alterações do céu e da terra e do Yin e do Yang, tomando de um a nove como os números fundamentais, e depois disso, são determinadas as nove prefeituras. Nove vezes nove são oitenta e um e aí foi determinado o número de Huang Zhong (sino que determina a nota musical média) de oitenta e um fen (8.1 polegadas). Quando se faz analogia com o número, surgem os nomes dos nove tipos de agulha.

一者天也，天者阳也，五脏之应天者肺，肺者五脏六腑之盖也，皮〔皮：《素问·欬论》"皮"下并有"毛"字〕者肺之合也，人之阳也。故为之治〔治：《甲乙》卷五第二"治"下有"鑱"字〕针，必以大其头而锐其末，令无得深入而阳气出。

"O primeiro tipo de agulha faz analogia com o céu, e o céu é Yang. Dentre os cinco órgãos sólidos do corpo humano, o pulmão corresponde ao céu. O pulmão está na posição mais elevada, é a canopla dos cinco órgãos sólidos e dos seis órgãos ocos,

---

NT – As prefeituras eram as províncias em que estava dividido o Império do Meio (China) e eram em número de nove.

e a pele e os pêlos finos que cobrem a superfície do corpo correspondem ao pulmão. Para tratar a pele e os pêlos finos, foi feita a agulha sagital; sua cabeça é grande e sua ponta é afiada, por isso não se pode picar profundamente, para não excretar a energia Yang.

二者地〔地也：《甲乙》卷五第二"地也"下有"地者土也"四字〕也，人之所以应土者肉也。故为之治〔治：《甲乙》卷五第二"治"下有"员"字〕针，必筩其身而员其末，令无得伤肉分〔肉分：《圣济总录》卷一百九十二"肉"下无"分"字〕，伤则气得竭。

"O segundo tipo de agulha faz analogia da terra com o corpo humano; a terra corresponde à musculatura. Para tratar a doença muscular foi feita a agulha do tipo ovóide; o corpo da agulha é reto e a ponta é redonda para que se evite ferir os músculos; se o músculo for ferido, a energia fica debilitada.

三者人也，人之所以成生者血脉也。故为之治〔治：《甲乙》卷五第二"治"下有"匙"字〕针，必大其身而员其末，令可以按脉勿陷，以至其气，令邪气〔令邪气：《甲乙》卷五第二作"使邪"〕独出。

"O terceiro tipo de agulha faz analogia com o homem, e o crescimento do homem depende do funcionamento incessante do canal. Para tratar a doença do canal, foi feita a agulha de ponta rombuda; o corpo da agulha é grande e a ponta é redonda para que possa massagear o canal e o colateral sem afundá-lo na musculatura; ela pode induzir a energia saudável a que fique desimpedida e remove ao mesmo tempo a energia perversa do interior.

四者时也，时者，四时八风之客于经络之中，为瘤病者也。故为之治针，必筩其身而锋其末，令可以泻热出血，而瘤病竭。

"O quarto tipo de agulha faz analogia com as quatro estações. Quando os canais e os colaterais da pessoa são invadidos pelos perversos das oito direções, ocorre a doença prolongada. Para poder tratar este tipo de doença, foi feita a agulha ensiforme; o corpo da agulha é reto e sua ponta é afiada; ela excreta o calor, permite que o sangue saia e purga as doenças crônicas.

五者音也，音者冬夏之分，分于子午，阴与阳别，寒与热争，两气相搏，合为痈脓〔脓：《甲乙》卷五第二作"肿"〕者也。故为之治〔治：《甲乙》卷五第二"治"下有"铍"字〕针，必令其末如剑锋，可以取大脓。

"O quinto tipo de agulha faz analogia com os cinco tons; o número cinco está situado no meio, entre os números um e nove. Dentre os nove palácios, o número um representa o Solstício de Inverno e o Zi, o nove representa o Solstício de Verão e o Wu; como o cinco está no meio, ele separa o inverno do verão, e como o inverno e o verão estão separados, Zi e Wu também estão. Ele faz uma comparação com o fato de que existe diferença no corpo humano entre o Yin e o Yang e que existe um combate entre a energia fria e a energia do calor; quando as duas energias se combinam, ocorre o mal do carbúnculo. Para poder tratar este tipo de doença, foi feita a agulha em forma de espada; sua ponta se assemelha a essa arma, e serve para perfurar o carbúnculo e eliminar o pus.

六者律也，律者，调阴阳四时而合十二经脉，虚邪客于经络而为暴痹者也。故为之治〔治：《甲乙》卷五第二"治"下有"员利"二字〕针，必令尖如氂，且员且锐，中身微大，以取暴气。

809

"O sexto tipo de agulha faz analogia com as seis leis da música; como as seis leis harmonizam as notas agudas e as graves e o Yin e o Yang, podem ser usadas para explicar os doze canais do homem. Se o Yin e o Yang não estiverem harmoniosos no corpo humano e o exógeno perverso tiver a chance de invadir os canais, ocorre a síndrome Bi aguda. Para poder tratar este tipo de síndrome Bi, foi feita a agulha em forma de rabo de cavalo; sua ponta é redonda e aguda e é fina como o cabelo, mas o corpo da agulha é razoavelmente grosso, por isso pode ser usada para tratar o ataque repentino da síndrome Bi.

七者星也，星者人之七窍，邪之所〔之所：覆刻《太素》卷二十一《九针所象》无此二字〕客于经，而为痛痹，舍于经络者也。故为之治〔治：《甲乙》卷五第二"治"下有"毫"字〕针，令尖如蚊虻喙，静以徐往，微以久留，正气因之，真邪俱往，出针而养者也。

"O sétimo tipo de agulha faz analogia com as sete estrelas e estas se assemelham aos sete orifícios do homem. Se o canal de uma pessoa for invadido pelo exógeno perverso gerando uma artralgia do tipo frio, o perverso ficará retido no canal. Para tratar este tipo de doença, foi feita a agulha filiforme, na qual a ponta da agulha é fina como o probóscide (nariz) do mosquito. Quando tratar, inserir a agulha calmamente e devagar, retendo-a por algum tempo, e isso fará com que a energia perversa se torne substancial; como a energia do canal e a energia perversa são ambas afetadas pela picada, quando a agulha for retirada, pressionar por longo tempo o orifício por ela deixado, a fim de evitar a excreção da energia.

八者风也，风者入之股肱八节也，八正之虚风，八风〔八风：《甲乙》卷五第二无此二字〕伤人，内舍于骨解腰脊节腠理〔理：《甲乙》卷五第二、覆刻《太素》卷二十一并无此字〕之间，为深痹也。故为之治〔治：《甲乙》卷五第二"治"下有"长"字〕针，必长其身〔必长其身：《甲乙》卷五第二作"薄其身"〕，锋其末，可以取深邪远痹。

"O oitavo tipo de agulha faz analogia com os oito ventos; estes vêm de oito direções diferentes e são como as oito seções dos braços e das pernas no corpo humano. Quando os ventos que debilitam, provenientes dos oito termos solares (os dois Equinócios, os dois Solstícios e os quatro Inícios) lesam o corpo do homem, eles penetram nas linhas de junção e nas juntas entre os ossos e na espinha, para implantarem a síndrome Bi profunda. Para poder tratar a doença, foi feita a agulha longa; o corpo da agulha é fino e sua ponta é aguda de modo a que possa tratar a energia perversa profundamente enraizada e a síndrome Bi prolongada.

九者野也，野者人之节解皮肤之间也，淫邪流溢于身，如风水之状，而溜〔而溜：《甲乙》卷五第二无此字〕不能过于机关大节者也。故为之治〔治：《甲乙》卷五第二"治"下有"大"字〕针，令尖如挺，其锋微员，以取大气之不能过于关节者也。

"O nono tipo faz analogia com as nove prefeituras; estas são usadas para explicar as juntas e a pele do corpo todo. Se a energia perversa for superabundante a ponto de transbordar no corpo todo como o vento e a água, ela deixará de passar pelas juntas e ficará estagnada. Para poder tratar este tipo de doença, foi feita a agulha larga; sua ponta se assemelha a um bambu partido com um formato meio arredondado; serve para tratar os males de retenção da energia da água e a falha de passagem de ar nas juntas".

黄帝曰：针之长短有数乎？岐伯曰：一曰镵针者，取法于巾针〔巾针：《圣济总录》一百九十二并作"布针"〕，去末寸半〔寸半：《甲乙》卷五第二作"半寸"〕，卒锐之，长一寸六分，主热在头身也。二曰圆针，取法于絮针，筩其身而卵其锋，长一寸六分，主治分间气。三曰匙针，取法于黍粟之锐，长三寸半，主按〔主按：《圣济总录》卷一百九十二作"以按"〕脉取气，令邪出。四曰锋针，取法于絮针，筩其身，锋其末，长一寸六分，主痈热〔痈：《甲乙》卷五第二作"泻"〕出血。五曰铍针，取法于剑锋，广二分半，长四寸，主大痈脓，两热争者也。六曰员利针，取法于氂，针微大其末；反小其身，令可深内也，长一寸六分、主取痈痹者也。七曰毫针，取法于毫毛，长一寸六分，主寒热痛痹在络者也。八曰长针、取法于綦针，长七寸，主取深邪远痹者也。九曰大针，取法于锋针，其锋微员、长四寸，主取大气不出关节者也。针形毕矣，此九针大小长短法也。

O Imperador Amarelo perguntou: "Existe alguma diferença no comprimento das agulhas?" Disse Qibo: "O primeiro tipo se chama agulha sagital e foi feita seguindo o exemplo da agulha de costura (agulha para cerzir roupa); ela se torna repentinamente aguda à meia polegada da ponta e seu comprimento é de uma polegada e seis fen, servindo principalmente para tratar o calor perverso na cabeça e no corpo. O segundo tipo é chamado de agulha de tipo ovóide, foi feita seguindo o exemplo da agulha para prensar chumaços; o corpo da agulha é reto e redondo, sua ponta é redonda e afunilada como um ovo; seu comprimento é de uma polegada e seis fen e serve principalmente para tratar os perversos que estão no meio dos músculos. O terceiro tipo de agulha é chamado de ponta rombuda, e foi feita seguindo o exemplo do painço glutinoso que é redondo e um tanto agudo; seu comprimento é de três polegadas e meia e serve principalmente para picar a energia após apalpar a fim de excretar o perverso. O quarto tipo de agulha é chamada de agulha ensiforme, e também foi feita seguindo o exemplo da agulha para apertar chumaços; o corpo da agulha é reto e redondo, sua ponta é aguda, seu comprimento é de uma polegada e seis fen e serve principalmente para purgar o calor e permitir a saída de sangue. O quinto tipo de agulha é chamado de agulha em forma de espada, e que é feita seguindo o exemplo da ponta da espada; tem duas polegadas e meio fen de espessura, quatro polegadas de comprimento e serve principalmente para tratar a massa e o pus e combater o frio e o calor. O sexto tipo de agulha é chamado de agulha em forma de rabo de cavalo, e foi feito seguindo o exemplo do pelo de iaque, que é longo e rígido; sua ponta é maior e o corpo relativamente pequeno para possibilitar que a agulha penetre profundamente; seu comprimento é de uma polegada e seis fen, e serve principalmente para tratar o carbúnculo e a síndrome Bi. O sétimo tipo de agulha se chama filiforme, e foi feito seguindo o exemplo do cabelo sedoso, que é muito fino; seu comprimento é de uma polegada e seis fen e serve principalmente para tratar o frio e o calor, a artralgia do tipo frio e os perversos nos colaterais. O oitavo tipo de agulha é chamado de agulha longa, e foi feito seguindo o exemplo da agulha longa; seu comprimento é de sete polegadas e serve principalmente para tratar o perverso profundamente enraizado e a síndrome Bi prolongada. O nono tipo de agulha é chamado de agulha larga e foi feito seguindo o exemplo da agulha ensiforme; a ponta da agulha é um tanto quanto redonda; seu comprimento é de quatro polegadas e serve principalmente para tratar o ar que não circula entre as juntas. Os formatos, tamanhos e comprimentos acima mencionados, são os dos nove tipos de agulhas".

黄帝曰：愿闻身形应九野〔九野：《千金翼方》卷二十三《疮痈上》作"九宫"〕奈何？歧伯曰：请言身形之应九野也，左足应立春，其日戊寅己丑。左胁应春分，其日乙卯。左手应立夏，其日戊辰己巳。膺喉首头应夏至，其日丙午。右手应立秋，其日戊申己未。右胁应秋分，其日辛酉。右足应立冬、其日戊戌己亥。腰尻下窍应冬至，其日壬子。六府膈下三藏应中州，其大禁，大禁太一所在之日及诸戊己。凡此九者，善候八正所在之处，所主左右上下身体有痈肿者，欲治之，无以其所直之日溃治之，是谓天忌日也。

Disse o Imperador Amarelo: "Desejo ouvir no que o formato do corpo humano corresponde aos nove palácios e aos oito diagramas". Disse Qibo: "Deixai-me dar a condição correspondente da forma do corpo em relação aos nove palácios. O pé esquerdo corresponde ao Início da Primavera e seus dias de correspondência são Wu Yin e Ji Chou. O hipocôndrio esquerdo corresponde ao Equinócio da Primavera e seu dia de correspondência é Yi Mao. A mão esquerda corresponde ao Início do Verão e seus dias de correspondência são Wu Chen e Ji Si. A garganta e a cabeça correspondem ao Solstício de Verão, e seu dia de correspondência é Bing Wu. A mão direita corresponde ao Início do Outono e seus dias de correspondência são Wu Shen e Ji Wei. O hipocôndrio direito corresponde ao Equinócio de Outono e seu dia de correspondência é Xin Chou. O pé direito corresponde ao Início do Inverno e seus dias de correspondência são Wu Xu e Ji Hai. A região lombar, os genitais externos e o ânus correspondem ao Solstício de Inverno e seu dia de correspondência é Ren Zi. Os seis órgãos ocos e o fígado, o baço, o rim, que estão sob o diafragma correspondem ao palácio central; as contra-indicações de puntura estão nos dias em que a Estrela Polar se situa nos vários dias de Wu Ji. A partir dos nove palácios acima mencionados, pode-se determinar a situação da Estrela Polar e as partes superior e inferior, esquerda e direita que correspondem às partes do corpo. Ao paciente com carbúnculo, não se deve picar nos dias de correspondência, já que são grandes as contra-indicações desses dias.

形乐志苦，病生于脉，治之以灸刺。形苦志乐，病生于筋，治之以熨引，形乐志乐，病生于肉，治之以针石。形苦志苦，病生于咽喝，治之以甘药。形数惊恐，筋脉不通，病生于不仁，治之以按摩醪药。是谓形。

"Quando a pessoa sente o corpo tranqüilo, mas o espírito está sofrendo, sua doença está no canal; quando tratar, deve-se aplicar acupuntura. Quando a pessoa sente um mal-estar corporal, mas está com o espírito alegre, se estiver doente, a enfermidade está nos tendões; quando tratar, deve-se usar uma aplicação tópica com drogas quentes. Quando a pessoa está com o corpo tranqüilo e estiver com o espírito alegre, se ficar doente, a doença está nos músculos; quando tratar, aplicar acupuntura com a agulha de pedra. Quando a pessoa está com o corpo fatigado e com o espírito desanimado, se ficar doente, a doença estará na garganta, devendo a recuperação ser feita com remédio de sabor doce. Quando a pessoa passa por sustos repetidos e seus canais e colaterais estão obstruídos, se ficar doente, será um adormecimento nas extremidades; quando tratar, usa-se massagem e vinho medicinal. Essas são as assim chamadas doenças do corpo e do espírito.

五藏气〔五藏气：《素问·宣明五气》作"五气所病"〕：心主噫，肺主咳，肝主语，脾主吞，肾主欠。六府气：胆为怒，胃为气逆哕，大肠小肠为泄，膀胱不约为遗溺，下焦溢为水。

812

"Quando a energia das cinco vísceras está mal ajustada, ocorrem diversas síndromes. No coração, trata-se principalmente da eructação; no pulmão é principalmente a tosse; no fígado, é principalmente a polilogia; no baço é principalmente a deglutição; no rim é principalmente o bocejo; quando as energias dos seis órgãos ocos estiverem mal-ajustadas, a pessoa tem propensão a se zangar devido à perturbação da vesícula biliar; fica propensa ao soluço devido à perturbação do estômago; está propensa a ter diarréia devido à perturbação do intestino grosso e do intestino delgado; quando a bexiga da pessoa está fora de controle, ela fica propensa à enurese; quando o aquecedor inferior transborda, a pessoa está propensa a ter edema.

五味〔五味：《素问·宣明五气》"五味"下并有"所入"二字〕：酸入肝，辛入肺，苦入心，甘入脾，咸入肾，淡入胃〔《颊说》卷三十七引并无"淡入胃"三字〕，是谓五味。

"Quando os cinco sabores penetram no estômago, cada um deles se encaminha à víscera de sua preferência. O sabor ácido entra primeiro no fígado; o sabor picante entra primeiro no pulmão; o sabor amargo entra primeiro no coração; o sabor salgado entra primeiro no rim; o sabor doce entra primeiro no baço. Essas são as condições de quando os cinco sabores penetram nas vísceras.

五并：精气并肝则忧，并心则喜，并肺则悲，并肾则恐，并脾则畏，是谓五精之气并于脏也。

"Quando a energia refinada armazenada no rim e produzida pelos cinco sabores entra numa víscera, ocorre a doença. Quando a energia refinada penetra no fígado, a pessoa tem melancolia em excesso; quando a energia refinada penetra no coração, isso causa excesso de alegria e a pessoa fica risonha; quando a energia refinada penetra no pulmão, a pessoa sofre; quando a energia refinada penetra no rim, a pessoa fica aterrorizada; quando a energia refinada penetra no baço, a pessoa tem propensão a ficar com fome. Esses são as várias síndromes causados pela penetração da energia refinada nas cinco vísceras quando se está debilitado.

五恶：肝恶风，心恶热，肺恶寒，肾恶燥，脾恶湿，此五藏气所恶也。

"O fígado abomina o vento; o coração detesta o calor; o pulmão detesta o frio; o rim abomina a secura; o baço detesta a umidade. Estas são as cinco abominações das vísceras em relação às várias energias.

五液：心主汗，肝主泣，肺主涕，肾主唾，脾主涎，此五液所出也。

"Quanto às cinco vísceras, cada uma delas produz uma determinada espécie de líquido. O coração produz o suor; o fígado produz a lágrima; o pulmão produz o corrimento nasal; o rim produz o esputo; o baço produz a saliva. Estas são as condições dos cinco líquidos produzidos nas diversas vísceras.

五劳〔五劳：《素问·宣明五气》作"五劳所伤"〕：久视伤血，久卧伤气，久坐伤肉，久立伤骨，久行伤筋，此五久劳所病也。

"Os cinco tipos de fadiga excessiva causam ferimentos às diversas partes do corpo. O olhar prolongado prejudica o sangue; o deitar prolongado prejudica a energia; o sentar prolongado prejudica a musculatura; o ficar em pé prolongado prejudica os ossos; o caminhar prolongado prejudica os tendões. Esses são os males causados pelos cinco tipos de fadiga excessiva.

五走：酸走筋，辛走气，苦走血〔苦走血，咸走骨：《太素》卷二《调食》杨注为"苦走骨，咸走血"〕，咸走骨，甘走肉，是谓五走也。

"Quando os cinco sabores entram nas cinco vísceras, cada um deles ativa uma parte respectiva do corpo. O sabor ácido ativa os tendões; o sabor picante ativa a energia o sabor amargo ativa os ossos; o sabor salgado ativa o sangue; o sabor doce ativa a musculatura. Essas são as condições de ativação dos cinco sabores.

五裁：病在筋，无食酸；病在气，无食辛；病在骨，无食咸；病在血，无食苦；病在肉，无食甘。口嗜而欲食之，不可多也，必自裁也。命曰五裁。

"Quando a pessoa aprecia os cinco sabores na comida, deve ser moderada. Quando o mal da pessoa está nos tendões, ela não deve ingerir o sabor muito ácido; quando o mal está na energia, ela não deve ingerir o sabor muito picante; quando o mal está nos ossos, ela não deve ingerir o sabor muito salgado; quando o mal está nos músculos, ela não deve ingerir o sabor muito amargo; quando o mal está nos múscu-los, ela não deve ingerir o sabor muito doce. Quando a pessoa aprecia os cinco sabores, ela não deve ingeri-los em excesso, deve controlar a si mesma e a isto se chama de cinco autocontroles.

五发：阴病发于骨，阳病发于血，以味发于气〔以味：《素问·宣明五气》作"阴病发于肉"〕，阳病发于冬，阴病发于夏。

"Quando da ocorrência dos males das cinco vísceras, isso acontece em diversas posições e por várias razões. O mal dos rins ocorre na medula; o mal do coração ocorre no canal; o mal do baço ocorre na musculatura; o mal Yang do fígado ocorre no inverno; o mal Yin do fígado ocorre no verão.

五邪〔五邪：《素问·宣明五气》作"五邪所乱"〕：邪入于阳，则为狂；邪入于阴，则为血痹；邪入于阳，转〔转：《太素》卷二十七《邪传》作"搏"〕则为癫〔癫：素问·宣明五气》作"癫"〕疾；邪入于阴，转则为痦；阳入之于阴，病静；阴出之于阳，病喜怒。

"Quando as cinco vísceras são invadidas pelo perverso, ocorre a doença; quando o perverso entra no Yang, o paciente fica maníaco; quando o perverso entra no Yin, ocorre artralgia devido à perturbação no sangue; quando o perverso entra no Yang e há combate entre o yang e o perverso, ocorre o mal na cabeça (mental); quando o perverso entra no Yin e o Yin combate o perverso, ocorre afonia; quando o perverso passa do Yin para o Yang, a doença será passageira; quando a doença passar do Yang para o Yin, o paciente irá ficar zangado em demasia.

五藏〔五藏《素问·宣明五气》作"五藏所藏"〕：心藏神，肺藏魄，肝藏魂，脾藏意，肾藏精志也。

"Cada uma das cinco vísceras armazena ou controla respectivamente uma ativi-dade mental. O coração armazena o espírito; o pulmão armazena o espírito inferior; o fígado armazena o humor (alma); o baço armazena as idéias; os rins armazenam a essência e a vontade.

五主〔五主：《素问·宣明五气》作"五藏所主"〕：心主脉，肺主皮，肝主筋，脾主肌，肾主骨。

"Cada uma das cinco vísceras controla uma determinada parte do corpo; o co-ração controla os canais; o pulmão controla a pele; o fígado controla a aponeurose; o baço controla os músculos e os rins controlam a medula óssea.

814

阳明多血多气，太阳多血少气，少阳多气少血，太阴多血少气，厥阴多血少气，少阴多气少血。故曰刺阳明出血气，刺太阳出血恶气，刺少阳出气恶血，刺太阴出血恶气，刺厥阴出血恶气，刺少阴出气恶血也。

"Os Canais Yangming da Mão e do Pé têm muito sangue e muita energia; os Canais Taiyang da Mão e do Pé têm muito sangue e pouca energia; os canais Shaoyang da Mão e do Pé têm muita energia e pouco sangue; os Canais Taiyin da Mão e do Pé têm muito sangue e pouca energia; os canais Jueyin da Mão e do Pé têm muito sangue e pouca energia; os canais Shaoyin da Mão e do Pé têm muita energia e pouco sangue. Por isso, quando picar os Canais Yangming, tanto o sangue quanto a energia devem ser excretados; quando picar os Canais Taiyang, o sangue deve sair, mas a energia não deve ser excretada; quando picar os Canais Shaoyang, a energia deve ser excretada, mas o sangue não; quando picar os Canais Taiyin o sangue pode ser excretado, mas a energia não; quando picar os Canais Jueyin, a energia deve ser excretada, mas o sangue não.

足阳明太阴为表里，少阳厥阴为表里，太阳少阴为表里，是谓足之阴阳也。手阳明太阴为表里，少阳心主为表里，太阳少阴为表里，是谓手之阴阳也。

"O Canal do Estômago Yangming do Pé e o Canal do Baço Taiyin do Pé são a superfície e o interior; o Canal da Vesícula Biliar Shaoyang do Pé e o Canal do Fígado Jueyin do Pé são a superfície e o interior; o Canal da Bexiga Taiyang do Pé e o Canal do Rim Shaoyin do Pé são a superfície e o interior; estas são as relações de superfície e interior entre os três canais Yin do Pé e os três Canais Yang do Pé. O Canal do Intestino Grosso Yangming da Mão e o Canal do Pulmão Taiyin da Mão são a superfície e o interior; o Canal do Triplo Aquecedor Shaoyang da Mão e o Canal do Pericárdio Jueyin da Mão são a superfície e o interior; o Canal do Intestino Delgado Taiyang da Mão e o Canal do Coração Shaoyin da Mão são a superfície e o interior; estas são as relações de superfície e interior entre os três canais Yin da mão e os três canais Yang da mão".

NT – Na moderna terminologia da acupuntura, à superfície e interior, dá-se o nome de acoplado.

岁露论第七十九

Capítulo 79
Sui Lu Lun
(Sobre os Frescores do Ano)

　　黄帝问于岐伯曰：经言夏日伤暑，秋〔秋：《外治》卷五《疗疟方》"秋"下并有"必"字〕病疟，疟之发以时，其故何也？岐伯对曰：邪〔邪：《素问·疟论》"邪"下并有"气"字〕客于风府，病〔病：《素问·疟论》并无此字〕循膂而下，卫气一日一夜，常大会于风府，其明日日下一节，故其日作晏。此其先客于脊背也，故每至于风府则腠理开，腠理开则邪气入，邪气入则病作，此所以日作尚晏也。卫气之行风府，日下一节，二十一日下至尾底〔底：当注本，张注本并作"骶"〕，二十二日入脊内，注于伏冲〔伏冲：《甲乙》卷七第五作"太冲"〕之脉，其行〔其行：《素问·疟论》"其"下并有"气上"二字〕九日，出于缺盆之中，其气上行〔上行：《素问·疟论》并作"日高"〕，故其病稍益至〔至：按"至"字误，《素问》《甲乙》《病源》作"早"〕。其内搏〔搏：《素问·疟论》并作"薄"〕于五藏，横连募原，其道远，其气深，其行迟，不能日作，故次〔次：《病源》卷十一作"间"〕日乃蓄积而作焉。

O Imperador Amarelo convocou Qibo e disse: "Foi estabelecido nos clássicos: "Quando o pessoa é lesada pelo calor do verão no verão, ela irá contrair manias no outono e o tempo de sua instauração é definido". Qual a razão?" Qibo respondeu: "Quando a energia perversa invade o ponto Fengfu, ela se move ao longo da espinha e vai descendo dia a dia; como e energia Wei converge ao ponto Fengfu após circular de dia e de noite, no dia seguinte ela se desloca para cima em uma vértebra; a instauração da malária será um dia depois, e isto se deve à energia perversa ter previamente invadido a espinha. Sempre que a energia Wei atingir a espinha no ponto Fengfu, as estrias estarão abertas, e a partir daí, a energia perversa irá invadir o corpo; quando a energia perversa invadir, a doença irá atacar o corpo, e esta é a razão pela qual a instauração da doença se dá depois. Quando a energia Wei deixa o ponto Fengfu, ela se move descendo as vértebras dia após dia, e no vigésimo primeiro dia, ela atinge o cóccix; no vigésimo segundo dia ela entra na espinha e desemboca no Canal Taichong; depois, ela ascende acompanhando o canal para chegar à fossa supraclavicular (ponto Tiantu); no nono dia a energia começa a se movimentar mais para cima, por isso o tempo de instauração da doença estará se postergando ligeiramente mais do que o previsto. Se a energia perversa chegar perto das cinco vísceras para atingir a porção entre o diafragma e a pleura, a distância a percorrer é mais longa; a localização definitiva da energia perversa é bastante profunda, e o tempo que dura o ciclo fica maior e não pode atacar todos os dias, por isso, ataca dia sim dia não, após o acúmulo da energia perversa".

　　黄帝曰：卫气每至于风府，腠理乃发，发则邪入〔发则邪入：《素问·疟论》"邪入"下并有"入则病作"四字〕焉。其卫气日下一节，则不当风府奈何？岐伯曰：风府无常〔风府

816

无常:《素问·疟论》并作"风无常府"〕,卫气之所应〔应:《素问·疟论》并作"发"〕,必开其腠理,气之所舍节〔舍节:《太素卷二十五》"舍"下并无"节"字〕,则其府也〔府也:《甲乙》卷七第五作"病作"〕。

Disse o Imperador Amarelo: "As estrias se abrem sempre que a energia Wei atinge o ponto Fengfu, e quando as estrias se abrem, a energia perversa tem a chance de invadir o corpo e causar a doença. Desta feita, a energia Wei se move descendo uma vértebra a cada dia; e se o ciclo da energia Wei não tiver atingido exatamente o ponto Fengfu, qual será a condição?" Disse Qibo: "O local por onde a energia perversa invade não é definido, mas as estrias certamente se abrem quando a energia Wei e a energia perversa estão combatendo; quando a energia perversa fica retida, a doença ataca o corpo".

黄帝曰:善。夫风之与疟也,相与同类,而风常在,而疟特以时休何也?岐伯曰:风气留其处,疟气随经络沉以内搏,故卫气应乃作也。帝曰:善。

Disse o Imperador Amarelo: "Muito bem. As condições do vento perverso e o mal da malária são semelhantes; elas pertencem à categoria da energia perversa, mas o ataque do vento perverso é duradouro e o ataque do mal da malária cessa de vez em quando; qual a razão?" Disse Qibo: "O mal causado pelo vento perverso geralmente se restringe ao local da doença, mas a malária se transmite aos órgãos internos juntamente com os canais e os colaterais; quando a energia perversa se corresponde com a malária, há o ataque". Disse o Imperador Amarelo: "Muito bem".

黄帝问于少师曰:余闻四时八风之中人也,故有寒暑,寒则皮肤急而腠理闭,暑则皮肤缓而腠理开。贼风邪气,因得以入乎?将必须八正虚〔虚:《甲乙》卷六第一作"风"〕邪,乃能伤入乎?少师答曰:不然。贼风邪气之中人也,不得以时。然必因其开也,其入深,其内极病〔其内极病:《甲乙》卷六第一"极病"作"亟而疾"〕,其病人也卒暴;因其闭也,其入浅以留,其病〔病:按"病"下脱"人"之〕也徐以迟〔迟:《太素》卷二十八《三虚三实》作"持"〕。

O Imperador Amarelo chamou Shaoshi e disse: "Disseram-me que quando o ser humano é lesado pelos oito tipos de vento das quatro estações se deve à diferença entre o clima frio e o quente; quando o corpo está frio, a pele se contrai e as estrias ficam densas; quando o corpo está quente, a pele fica solta e as estrias se abrem. A lesão do corpo se deve à diferença do calor ou do frio, causando a invasão do vento ladrão e da energia perversa, quando as estrias estão abertas, ou se deve ao atingimento causado pelo perverso debilitante dos oito ventos?" Disse Shaoshi: "Nem a um, nem ao outro; quando o vento ladrão e a energia perversa ferem o homem, para isso não há um momento definido, mas quando ela atinge o homem, ela pode penetrar em profundidade e rapidamente, fazendo com que o paciente contraia a doença num repente; quando as estrias estão fechadas, a energia perversa só pode penetrar superficialmente e fica retida na superfície fazendo com que o paciente contraia a doença lentamente e de uma forma prolongada".

黄帝曰:有寒温和适,腠理不开,然有卒病者,其故何也?少师答曰:帝弗知邪入乎?虽〔虽:《甲乙》卷六第一"虽"上有"人"字〕平居,其腠理开闭缓急,其故〔其故:《太素》卷二十八《三虚三实》并作"固"〕常有时也。黄帝曰:可得闻乎?少师曰:人与天地相参也,

817

与日月相应也。故月满则海水西盛，人血气积，肌肉充，以肤致，毛发坚，腠理郄，烟垢著。当是之时，虽遇贼风，其入浅不深。至其月郭空，则海水东盛，人气血虚，其卫气去，形独居，肌肉减，皮肤纵，腠理开，毛发残，膲理薄〔膲理薄：《甲乙》卷六第一无此三字〕，烟垢落。当是之时，遇贼风则其入深，其病人也卒暴。

Disse o Imperador Amarelo: "Algumas pessoas podem se adaptar de maneira adequada ao calor e ao frio, suas estrias não se abrem, mas elas contraem a doença repentinamente: qual a razão?" Disse Shaoshi: "Não conheceis a condição quando a energia perversa invade? Embora o homem possa levar uma vida tranqüila, a abertura e o fechamento das estrias e a densidade ou flacidez da pele podem mudar de tempos em tempos". Disse o Imperador Amarelo: "Podes me dizer da condição?" Disse Shaoshi: "O homem se relaciona como céu e a terra, e corresponde ao movimento do sol e da lua: quando é lua cheia, a água no mar ocidental é abundante e o corpo da pessoa está forte, o sangue e a energia estão claros, os músculos são substanciais, a pele é densa, os pêlos estão firmes, as estrias estão fechadas e a superfície do corpo está escura e espessa; se nesse momento houver invasão do vento ladrão, a invasão não será profunda. No quarto minguante, a água do mar oriental é abundante, o corpo humano está fraco, o sangue e a energia da pessoa estão debilitados, a energia Wei está tortuosa e a forma do corpo estará meio ao abandono; a musculatura estará emaciada, a pele estará flácida, as estrias abertas, os pêlos não terão crescido completamente e a aparência externa escura, espessa e saudável estará em declínio; se der de encontro nesse momento com a invasão do ladrão, a invasão será profunda, e o ataque da doença será rápido".

黄帝曰：其有卒然暴死暴病〔暴病：《甲乙》卷六第一无此二字〕者何也？少师答曰：三虚〔三虚：《甲乙》卷六第一"三虚"上并有"得"字〕者，其死暴〔暴：《甲乙》卷六第一无此字〕疾也；得三实者，邪不能伤人也。黄帝曰：愿闻三虚。少师曰：乘年之衰，逢月之空，失时之和，因为贼风所伤，是谓三虚。故论不知三虚，工反为粗。帝曰：愿闻三实。少师曰：逢年之盛，遇月之满，得时之和，虽有贼风邪气，不能危之〔危之：《甲乙》卷六第一作"伤"〕也。黄帝曰：善乎哉论！明乎哉道！请藏之金匮。命曰三实，然此一夫之论也。

Disse o Imperador Amarelo: "Algumas pessoas morrem de repente: por que isso?" Shaoshi respondeu: "Quando a pessoa se defronta com as três astenias, ela não será ferida pela energia perversa". Disse o Imperador Amarelo: "Desejo ouvir acerca das três astenias". Disse Shaoshi: "Quando a pessoa é atingida pela astenia no ano cuja energia está insuficiente, e novamente se depara com a lua minguante, e o clima da estação não está harmonioso, a isto se chama o encontro com as três astenias. Se um médico não entender das três astenias quando está tratando ele será apenas um médico de baixo nível". Disse o Imperador Amarelo: "Desejo ouvir a respeito da condição das três astenias". Disse Shaoshi: "Isto quer dizer que no ano em que a energia dominante está em excesso, se a pessoa se defronta novamente com a lua cheia e o clima das quatro estações está harmonioso, embora existam o vento ladrão e a energia perversa, elas não podem ferir o corpo". Disse o Imperador Amarelo: "Teu modo de falar revela excelência e tua explanação é também incisiva. Tenha a bondade de guardar suas colocações no gabinete dourado e as chame de "Três Astenias"; mas tuas colocações acima expostas só indicam a condição de um indivíduo isolado".

818

黄帝曰：愿闻岁之所以皆同病者，何因而然？少师曰：此八正之候也。黄帝曰："候之奈何？少师曰：侯此者〔候此者：当注本无此三字〕，常以冬至之日，太一立于叶蛰之宫，其至也，天必应之以风雨者矣。风雨从南方来者，为虚风，贼伤人者也。其以夜半〔半：《太素》卷二十八《八正风候》无此字〕至也，万民皆卧而弗犯也，故其岁民少病。其以昼至者，万民懈惰而皆中于虚风，故万民多病。虚邪入客于骨而不发于外，至其立春，阳气大发，腠理开，因立春之日，风从西方来，万民又皆中于虚风，此两邪相搏，经气结〔结：《太素》卷二十八《八风正候》作"绝"〕代者矣。故诸逢其风而遇其雨者，命曰遇岁露焉。因岁之和，而少贼风者，民少病而少死；岁多贼风邪气，寒温不和，则民多病而死矣。

Disse o Imperador Amarelo: "Desejo ouvir a respeito de quais energias causam as doenças no ano". Disse Shaoshi: "Devem ser observados os ventos das oito direções para se poder determinar". Perguntou o Imperador Amarelo: "Como observá-los?" Shaoshi respondeu: "A pessoa deve observar no dia do Solstício de Inverno quando a Estrela Polar estiver situada no Palácio Yezhe, porque provavelmente deve haver vento no dia em que a Estrela está se levantando. Se o vento vier do sul, ele é chamado de vento que debilita, porque prejudica o corpo. Se o vento vier à noite, quando a maioria das pessoas estão dormindo e ele não pode penetrá-las, poucas pessoas irão contrair doenças naquele ano. Se o vento vier durante o dia, quando a maioria das pessoas vai negligenciar se defender dele, será um ano em que muitas pessoas irão contrair a doença. Se o perverso que debilita penetrar nos ossos no inverno e o perverso não tiver sido excretado, a energia Yang será detida e as estrias se abrirão após o Início da Primavera. Quando o vento vier do oeste no dia do Início da Primavera, as pessoas serão atingidas pelo perverso que se alojou durante o inverno e que irá combater o perverso recente da primavera causando estagnação da energia e a doença. Por isso, o vento ou a chuva de uma determinada orientação são chamados de frescor (orvalho) do ano. Quando a energia do ano está em harmonia com o vento ladrão, poucas pessoas contraem a doença e poucas pessoas morrem; se houver uma grande quantidade de ventos ladrões e de energias perversas no ano, o clima será mutável com frio e calor que não são harmoniosos, e muitas pessoas contraem doenças, e muitas morrem".

黄帝曰：虚邪之风，其所伤贵贱何如？侯之奈何？少师答曰：正月朔日太一居天留〔留：《太素》卷二十八《八正风候》作"溜"〕之宫，其日西北风，不雨，人多死矣。正月朔日，平旦北风，春，民多死。正月朔日，平旦北风行，民病多者，十有三也。正月朔日，日中北风，夏，民多死。正月朔日，夕时北风，秋，民多死。终日北风，大病死者十有六。正月朔日，风从南方来，命曰旱乡，从西方来，命曰白骨，将国有殃，人多死亡。正月朔日，风从东方来，发屋，扬沙石，国有大灾也。正月朔日，风从东南方行，春有死亡。正月朔，天和温不风，籴贱，民不病；天寒而风，籴贵，民多病。此所谓侯岁之风，残伤人者也。二月丑不风，民多心腹病。三月戌不温，民多寒热。四月巳不暑，民多瘅病。十月申不寒，民多暴死。诸所谓风者，皆发屋，折树木，扬沙石，起毫毛，发腠理者也。

O Imperador Amarelo perguntou: "Como observar no homem o atingimento severo e o leve causados pelo vento que debilita?" Disse Shaoshi: "No primeiro dia do primeiro mês lunar, a Estrela Polar se desloca na direção do Palácio Tianliu; se o vento vier do noroeste sem chuva, muitas pessoas morrem por causa da doença; se o vento vem do norte na madrugada do primeiro dia do primeiro mês lunar, muitas pessoas morrem na primavera do mesmo ano devido à doença; se o vento vem do norte ao meio-dia do primeiro dia do primeiro mês lunar, muitas pessoas morrem no verão do mesmo ano; se o vento vem do norte na noite do primeiro dia do primeiro mês lunar, muitas pessoas ficam doentes no outono do mesmo ano; se o vento sopra no norte o dia inteiro, a doença prevalece e sessenta por cento das pessoas morrem. Quando o vento vem do sul no primeiro dia do primeiro mês lunar, é chamado de vento da região seca; quando o vento vem do oeste, é chamado de vento da região dos esqueletos secos, havendo grandes calamidades que prevalecem no país inteiro e muitas pessoas morrem doentes. Se o vento vier do leste sacudindo os prédios e levantando areia e pedras, haverá grandes calamidades no país inteiro; quando o vento vem do sudeste no primeiro dia do primeiro mês lunar, muitas pessoas morrem na primavera; se o clima estiver quente sem qualquer vento no primeiro dia do primeiro mês lunar, o preço do arroz será moderado e as pessoas serão saudáveis o ano inteiro. Esta é a condição geral de se observarem os ventos que prejudicam o corpo humano. Quando não houver vento nenhum no dia Chou do segundo mês lunar, as pessoas irão em sua maioria contrair doenças do coração e do abdômen; quando não estiver quente no dia Wu do terceiro mês lunar, a maioria das pessoas irá contrair o mal do frio e do calor; quando não estiver muito sufocante no dia Ji do quarto mês lunar, as pessoas em sua maioria irão contrair o mal do calor dan; quando não estiver frio no dia Shen do décimo mês lunar, as pessoas irão contrair em sua maioria um mal que cause morte súbita. O acima exposto que se chama de vento, se refere ao vento que pode sacudir os prédios e quebrar as madeiras, arrastar areias e pedras, e que pode fazer com que o cabelo das pessoas fique em pé e as estrias do corpo se abram, e que é bem diferente do vento comum".

大惑论第八十

Capítulo 80
Da Huo Lun
(Sobre a Grande Confusão)

黄帝问于岐伯曰：余尝上于清冷之台，中阶而顾，葡匐而前则惑。余私异之，窃内怪之，独瞑独视，安心定气，久而不解。独博〔博：《太素》卷二十七《七邪》作"转"〕独眩，披发长跪，俯而视之，后久之不已也。卒然自上〔上：《太素》卷二十七《七邪》并作"止"〕，何气使然？岐伯对曰：五藏六府之精气，皆上注于目而为之精〔精：《千金》卷六上作"睛"〕。精之窠为眼，骨之精为瞳子，筋之精为黑眼，血之精为络，其窠气之精为白眼，肌肉之精为约束，裹撷筋骨血气之精而与脉并为系，上属于脑，后出于项中。故邪中于项，因逢其身之虚，其入深，则随眼系以入于脑，入于脑则脑转，脑转则引目系急，目系急则目眩以转矣。邪〔邪：《太素》卷二十七《七邪》"邪"下有"中"字〕其精〔其精：《太素》卷二十七《七邪》不重此二字〕，其精所中不相比也则〔则：《甲乙》卷十二第四"则"上叠"不相比"三字〕精散，精散则视歧〔视歧：《千金》卷六上并作"故"字〕，视歧见两物。目者，五藏六府之精也，营卫魂魄之所常营也，神气之所生也。故神劳则魂魄散，志意乱。是故瞳子黑眼法于阴，白眼赤脉法于阳也，故阴阳合传而精明也。目者，心使也，心者，神之舍也，故神精乱而不转，卒然见非常处，精神魂魄，散不相得，故曰惑〔惑：周本，日刻本，张注本并作"感"〕也。黄帝曰：余疑其然。余每之东苑，未曾不惑，去之则复，余唯独为东苑劳神议乎？何其异也？岐伯曰：不然也。心有所喜，神有所恶，卒然相感，则精气乱，视误故惑，神移乃复。是故间者为迷，甚者为惑。

O Imperador Amarelo convocou Qibo e disse: "Eu já subi ao Palanque do Frescor, olhei ao redor enquanto subia os degraus, pendi para a frente, senti a vista turva, no meu íntimo fiquei admirado, e então fechei os olhos e depois os abri a fim de estabilizar minha mente, mas o fenômeno perdurou por muito tempo, e eu senti que estava tonto e que minha cabeça rodava. Então, meus cabelos ficaram desalinhados minha cabeça pendeu para a frente e eu fiquei olhando para baixo durante um bom tempo, e assim mesmo a tontura não passou, mas subitamente, o fenômeno desapareceu. Que energia induz a isso?" Qibo respondeu: "As energias refinadas dos cinco órgãos sólidos e dos seis órgãos ocos no corpo humano sobem em direção aos olhos para possibilitar a visão. O receptáculo da energia refinada são os olhos; a essência dos olhos é a pupila; a essência dos tendões é a parte negra dos olhos; a essência do sangue está nas vênulas superficiais dos dois cantos dos olhos e nas duas órbitas oculares; a essência do ar que se respira no corpo está no branco dos olhos; a essência da musculatura está nas pálpebras; quando as energias refinadas dos tendões, dos ossos, do sangue e da energia se combinam com os canais e os colaterais no olho, isso forma os conectores oculares. Os conectores oculares se juntam acima com o cérebro e atingem mais abaixo, o meio do pescoço na parte posterior; por isso,

821

quando a energia perversa atinge a nuca, e se depara com a debilidade do corpo, ela penetra no interior; quando a energia perversa atinge o cérebro, a pessoa se sente zonza a partir do cérebro e dos conectores oculares que ficam tensos devido a isso. Quando os conectores oculares estão tensos, os olhos da pessoa ficam girando de um lado para o outro, e as coisas que ela vê parecem estar girando. Se a energia perversa invadir a energia refinada dos olhos, e a energia refinada que foi invadida não puder se manter harmoniosa, isso faz com que a energia refinada se disperse; quando a energia refinada dos olhos está dispersa, ocorre diplopia, e as coisas parecem existir em dobro. Os olhos estão no local onde as energias refinadas dos cinco órgãos sólidos e dos seis órgãos ocos convergem e este é o local em que a energia Ying, a energia Wei, a alma e o espírito inferior vão e vêm, por isso, o espírito e a energia do olhos desempenham um papel importante ao ver as coisas. Quando o espírito e a energia estão superfatigados, a alma e o espírito inferior pairam no ar e a vontade da pessoa fica confusa. Por isso, a pupila e a parte negra do olho pertencem aos órgãos internos do Yin, e os canais vermelhos do branco do olho pertencem aos órgãos internos do Yang; quando as energias Yin dos ossos, dos tendões, do fígado e dos rins convergem com as energias Yang do sangue, da energia, do coração e do pulmão, a capacidade de ver do olho pode ser mantida. Os olhos servem ao coração, e o coração é o local onde o espírito se abriga, então, quando o espírito da pessoa está disperso e sua essência está desordenada sem convergir, se uma coisa extraordinária é vista, o espírito, a alma e o espírito inferior ficam desordenados e desarmoniosos; como resultado, ocorre o fenômeno da confusão no paciente". Disse o Imperador Amarelo: "Eu sou cético a respeito do que disseste. Sempre que vou ao Palanque do Frescor no Pátio do Leste, eu fico confuso, mas quando saio do Palanque do Frescor, fico normal de novo. Eu só disperso meu espírito no Pátio do Leste? Por que isso é tão estranho?" Disse Qibo: "Não é estranho de maneira alguma. Quando a mente da pessoa se apega à alguma coisa, mas o espírito da pessoa abomina essa mesma coisa, quando o humor do gostar e do desgostar se permeiam de repente, isso faz com que o espírito fique desordenado, e a pessoa começa ver coisas em dobro e fica perplexa. Depois, o espírito e a consciência voltam para o lugar, e a pessoa volta ao normal novamente. Nas condições acima expostas, quando o caso é leve, se chama perplexidade; quando o caso é severo se chama confusão".

黄帝曰：人之善忘者，何气使然？岐伯曰：上气不足，下气有余，肠胃实而心肺虚，虚则营卫留于下，久之不以时上，故善忘也。

O Imperador Amarelo perguntou: "Quando estou esquecido, que energia causa isso?" Disse Qibo: "Isto se deve às energias dos órgãos internos na porção superior estarem insuficientes, e as energias dos órgãos internos na porção inferior estarem em excesso; isto é, as energias do estômago e do intestino estão substanciais e as energias do coração e do pulmão estão debilitadas. Quando as energias do coração e do pulmão estão deficientes, a energia Ying e a energia Wei ficam retidas no intestino e no estômago e deixam de se espalhar pelo corpo todo por um longo tempo; quando ambas as energias e o sangue estão deficientes, ocorre o mal do esquecimento".

黄帝曰：人之善饥而不嗜食者，何气使然？岐伯曰：精气并于脾，热气留于胃，胃热则消谷，谷消故善饥。胃气逆上，则胃脘寒，故不嗜食也。

O Imperador Amarelo perguntou: "Algumas pessoas estão sempre com fome, mas relutam em comer. Que energia causa isso?" Disse Qibo: "A energia refinada que é Yin, se junta ao baço, e o calor que é Yang, fica retido no estômago. Quando o calor no estômago é vigoroso, se dá a digestão e a pessoa fica freqüentemente com fome. Quando a energia do estômago está em contracorrente, isso causa astenia da cavidade gástrica e a pessoa reluta em comer".

黄帝曰：病而不得卧者，何气使然？岐伯曰：卫气不得入于阴，常留于阳。留于阳则阳气满，阳气满则阳跷盛，不得入于阴则阴气虚，故目不瞑矣。

O Imperador Amarelo perguntou: "Quando a pessoa não consegue dormir por estar adoentada, que energia causa isso?" Disse Qibo: "A energia Wei deve passar pela porção Yang durante o dia e passar pela porção Yin durante a noite, mas quando ela fica retida na porção Yang e deixa constantemente de entrar na porção Yin, isso faz com que porção yang fique agitada e a energia do pulso de Yangqiao fique parcialmente abundante. Como a energia Wei deixa de entrar na porção Yin causando deficiência da energia Yin, a pessoa não consegue dormir".

黄帝曰：病目而〔病目而：当注本"目而"作"而目"〕不得视者，何气使然？岐伯曰：卫气留〔留：《甲乙》卷十二第三作"行"〕于阴，不得行〔行：《甲乙》卷十二第三作"入"〕于阳。留于阴则阴气盛，阴气盛则阴跷满，不得入于阳则阳气虚，故目闭也。

O Imperador Amarelo perguntou: "Quando a pessoa fecha os olhos e não pode ver nada por causa da tontura, que energia causa isso?" Disse Qibo: "A energia Wei deve trafegar somente na porção Yin e faz com que ela se torne próspera; quando a energia Yin está parcialmente abundante, a energia do pulso de Yinqiao está plena. Já que a energia Wei está deixando de entrar na porção Yang, a energia Yang está deficiente, o que faz com que a pessoa não possa fechar os olhos e dormir".

黄帝曰：人之多卧者，何气使然？岐伯曰：此人肠胃大而皮肤湿〔湿：《太素》卷二十七《七邪》作"涩"〕，而分肉不解焉。肠胃大则卫气留久，皮肤湿则分肉不解，其行迟。夫卫气者，昼日〔日：《甲乙》卷十二第三无此字〕常行于阳，夜行于阴，故阳气尽则卧，阴气尽则寤。故肠胃大，则卫气行留久；皮肤湿，分肉不解，则行迟。留于阴也久，其气不清〔清：胡本、熊本、周本并作"精"〕，则欲瞑，故多卧矣。其肠胃小，皮肤滑以缓，分肉解利〔分肉解利：按"利"字疑误，《医学纲目》卷十五引"利"作"则"属下读〕，卫气之留于阳也久，故少瞑焉。

O Imperador Amarelo perguntou: "Quando a pessoa gosta de ficar deitada, que energia causa isso?" Disse Qibo: "O intestino desse tipo de pessoa é grande e grosso, sua pele é áspera e irregular e seus músculos não são deslizantes. Como seu intestino e estômago são grossos e grandes, o período de retenção da energia Wei é mais longo; quando a pele á áspera e irregular e os músculos não deslizam, a operação da energia Wei será mais lenta. Como a energia Wei passa pela porção Yang durante o dia e passa pela porção Yin durante a noite, então à noite a energia Yang está deficiente e a pessoa deseja dormir, e quando a energia Yin está deficiente de madrugada ela acorda. Quando a energia Wei fica retida na porção Yin por um período longo, a energia não é refinada e a pessoa gosta de fechar os olhos e dormir. Se o intestino e

823

o estômago da pessoa forem pequenos, sua pele é úmida e lisa, e seus músculos devem ser escorregadios; a energia Wei fica retida na porção Yang por longo tempo e a pessoa reluta em deitar e dormir".

黄帝曰：其非常经也，卒然多卧者，何气使然？岐伯曰：邪气留于上瞧，上瞧闭而不通，已食若饮汤，卫气留久〔留久：《太素》卷二十七《七邪》作"歹留"〕于阴而不行，故卒然多卧焉。

O Imperador Amarelo perguntou: "Se uma pessoa geralmente não gosta de dormir, mas subitamente tem vontade de fazê-lo, que energia causa isso?" Disse Qibo: "É porque a energia perversa fica retida no aquecedor superior fazendo com que a energia fique retida neste aquecedor, ou a pessoa come até se fartar e bebe água em excesso, fazendo com que a energia Wei fique retida na porção Yin e deixe de atingir a porção Yang; aí a pessoa tem uma vontade súbita de dormir".

黄帝曰：善。治此诸邪奈何？岐伯曰：先〔先：《甲乙》卷十二第三"先"下有"视"字〕其藏府，诛其小过，后调其气，盛者泻之，虚者补之，必先明知其形志之苦乐，定乃取之。

Disse o Imperador Amarelo: "Muito bem. Mas como tratar as energias perversas?" Disse Qibo: "Deve-se examinar as condições dos órgãos internos, eliminar a energia perversa enquanto está leve e, então, ajustar a energia Ying e a energia Wei. Quando a energia perversa estiver superabundante, aplicar a terapia de purgação; quando a energia saudável estiver deficiente, aplicar a terapia de revigoração. Deve-se conhecer exatamente quais os ânimos de alegria ou de tristeza do paciente, e depois de ter uma compreensão segura, tratar picando os acupontos".

痈疽第八十一

Capítulo 81
Yong Ju
(Sobre o Carbúnculo e o Carbúnculo de Raiz Profunda)

黃帝曰：余闻肠胃受谷，上焦出气，以温分〔分：《灵枢略·六气论》作爪"〕肉，而养骨节，通腠理。中焦出气如露〔露：《甲乙》卷十一第九上作"雾"〕，上〔上：《鬼遗方》卷四无此字〕注豀谷，而渗孙脉，津液和调，变化而赤为血，血和则孙脉先满溢〔溢：《太素》卷二十六《痈疽》作"满"，属下读〕，乃注于络脉，皆盈，乃注于经脉。阴阳已张，因息乃行，行有经〔经：《千金翼方》卷二十三并作"纲"〕纪，周有道理，与天合同，不得休止。切而调之，从虚去实，泻则不足，疾则气减，留则先后。从实去虚，补则有余。血气已调，形气乃持。余已知血气之平与不平，未知痈疽之所从生，成则之时，死生之期，有〔有：《医心方》卷十五"有"上并有"期"字〕远近，何以度之，可得闻乎？

Disse o Imperador Amarelo: "Disseram-me que o intestino e o estômago recebem os cereais, que a energia Wei provém do aquecedor superior para umedecer as unhas e os músculos, e nutrir os ossos e juntas e drenar as estrias; a energia Ying provém do aquecedor médio e penetra na concavidade entre os feixes de músculos e penetra nos colaterais diminutos como uma fumaça úmida. Quando os fluidos do corpo da pessoa estão harmoniosos, eles se transformam no fluido vermelho do sangue; quando o sangue está harmonioso, ele penetra nos colaterais diminutos e quando estes estão preenchidos o sangue penetra nos ramos colaterais do canal maior; quando este está preenchido, o sangue entra dentro do canal; quando a energia Ying e a energia Wei estão plenas, o sangue se espalha pelo corpo todo ao mesmo tempo que a respiração. A circulação de energia e de sangue, tem regras determinadas como a revolução do sol e da lua em determinados graus, e opera incessantemente como o universo. Os males da astenia e da estenia devem ser tratados como um todo. Elimina-se a estenia perversa com a terapia de purgação, mas purgando-se em excesso, isso irá lesar a energia saudável causando insuficiência. Quando picar, a retirada da agulha deve ser rápida para reduzir a energia perversa. Se o tempo de retenção da agulha for igual em todos os diversos casos, a doença dificilmente irá mostrar uma melhora. Aplicar uma terapia de apoio à energia saudável a fim de eliminar a deficiência, mas se a revigoração for excessiva, isso fará com que ocorra a estenia com excesso e a volta da dor. Quando a energia e o sangue estiverem harmoniosos, a relação entre o corpo físico e a energia estará normal. Agora eu conheço o princípio do equilíbrio e do desequilíbrio da energia e do sangue, mas não sei de onde provém o carbúnculo e o carbúnculo profundamente enraizado, a ocasião de sua formação e seu desaparecimento, a data de recuperação do paciente, sua morte, e a maneira de inferir a data remota ou recente deles. Podes me falar a respeito do princípio?"

岐伯曰：经脉留行不止，与天同度，与地合纪。故天宿失度，日月薄蚀，地经失纪，水道流溢，草萱〔萱：《医心方》卷十五并作"虚"《医心方》旁注："虚死草也"〕不成，五谷不殖，径路不通，民不往来，巷聚邑居，则〔则：《太素》卷二十六《痈疽》并无此字〕别离异处，血气犹然，请言其故。夫血脉营卫，周流不休，上应星宿，下应经数。寒邪〔邪：《病源》卷三十二《痈利候》、《久痈候》均作"寒气"〕客于经络〔经络：《灵枢略》作"经脉"〕之中则血泣，血泣则不通，不通则卫气归之，不得复反，故痈肿。寒气化为热，热胜则腐肉，肉腐则为脓，脓不泻则烂筋，筋烂则伤骨，骨伤则髓消，不当骨空，不得泄泻，血枯空虚，则筋骨肌肉不相荣，经脉败漏，熏于五藏，藏伤故死矣。

Disse Qibo: "Os canais têm uma operação cíclica incessante como o céu e os regulamentos terrestres, por isso o sol, a lua e as estrelas se distanciam do corriqueiro; o sol e lua tendem ao vermelho e ao amarelo ou ocorrem eclipses; se a terra se distanciar do usual, os rios transbordam; as gramas não podem crescer e os cereais não são capazes de se reproduzir. Assemelha-se a quando as trilhas estão obstruídas e os homens não podem se comunicar uns com os outros; as ruas e as alamedas estão apinhadas ou as pessoas estão nos subúrbios vivendo em áreas diferentes. A condição de circulação do sangue e da energia é semelhante, e eu vou falar acerca dos motivos. A energia do canal, a energia Ying e a energia Wei estão circulando sem cessar, e simbolizam as estrelas em cima e o túnel embaixo. Se a energia fria invadir o canal, este ficará obstruído e estagnado; a obstrução irá causar o acúmulo da energia Wei e dificilmente poderá operar normalmente, e por isso se forma o carbúnculo. A energia fria pode se transformar em calor, e quando o calor for excessivo, ele irá corromper a musculatura, e quando os músculos estiverem corrompidos, haverá a formação de pus; isso irá lesar os ossos; quando o osso for atingido, isso irá consumir a medula; quando a medula estiver consumida, o osso estará oco; quando o osso estiver oco, a energia não irá se espalhar, o sangue irá sofrer perdas pesadas e os tendões, os ossos e os músculos não serão capazes de nutrir uns aos outros; como resultado o canal será corrompido, o que irá afetar os cinco órgãos internos; quando os cinco órgãos internos forem atingidos, o paciente morre".

黄帝曰：愿尽闻痈疽之形，与忌曰〔曰：《太素》卷二十六《痈疽》作"日"〕名。岐伯曰：痈发于嗌中，名曰猛疽，猛疽不治，化为脓，脓不泻，塞咽，半日死；其化为脓者，泻则合〔合：《太素》卷二十六《痈疽》作"含"〕豕膏，冷食〔冷食：《外台》卷二十四"冷食"上并有"毋"字〕，三日而已。

Disse o Imperador Amarelo: "Desejo ouvir a respeito das formas do carbúnculo e do carbúnculo de raiz profunda, seus dias de contra-indicação e seus vários nomes". Disse Qibo: "O carbúnculo de raiz profunda, se localiza na faringe e é chamado de abcesso atrás da faringe; se não for tratado com veemência, o sangue se transforma em pus rapidamente; se o pus não for removido, ele irá obstruir a garganta, e o paciente morre em metade de um dia. Se houver supuração, passar banha de porco na boca para remover o pus, evitando alimentos frios, e a recuperação pode se dar em três dias.

发于颈，名曰夭疽，其痈〔痈：《外治》卷二十四并作"状"〕大以赤黑，不急治，则热气下入渊腋，前伤任脉，内熏肝肺〔肺：《鬼遗方》卷四作"脉"〕，熏肝肺〔熏肝肺：《千金翼方》并无此三字〕十余日而死矣。

"Quando o carbúnculo está no pescoço, é chamado de carbúnculo sobre o mastóide, e é grande, vermelho e preto; se não for tratado a tempo, o calor perverso atinge o ponto Yuanye (três polegadas sob a axila) indo lesar a parte anterior do Canal Ren, e deteriora o canal do fígado por dentro; o paciente morre em dez dias.

阳留大发，消脑留项，名日脑烁，其色不乐〔乐：《病源》卷三十二《疽候》作"荣"〕，项〔《甲乙》卷九"项"上有"脑"字〕痛而如刺以针，烦心者死不可治。

"Quando o Yang perverso está hiperativo, ele lesa o cérebro e se infiltra no pescoço, e é chamado carbúnculo do tipo Yin na nuca; não é vermelho e nem incha, mas a cabeça, o cérebro e o pescoço do paciente doem como se fossem picados por uma agulha. Se o paciente ficar impaciente, é uma doença fatal.

发于肩及臑，名曰疵痈，其状赤黑，急治之〔急治之：《千金翼方》卷二十三作"不急治"〕，此令人汗出至足，不害五藏，痈发四五日逞焫之。

"Quando o carbúnculo está no ombro e na parte superior do braço, é chamado de infecção pirogênica dos ossos e é vermelho e preto. Se não for tratado a tempo, fará com que o paciente transpire até os pés, mas não pode ir tão longe que lese os cinco órgãos. Deve ser tratado com moxibustão nos quatro a cinco dias que se seguem à instauração.

发于腋下赤坚者，名曰米〔米：《千金翼方》卷二十三并作"朱"〕疽，治之以砭石，欲细而长，疏〔疏：《太素》卷二十六《痈疽》作"数"〕砭之，涂以豕膏，六日已，勿裹之。其痈坚而不溃者，为马刀挟瘿，急治之。

"Quando o carbúnculo sob a axila é vermelho e firme, é chamado de carbúnculo vermelho. Quando tratar, deve-se aplicar a agulha de pedra fina e longa, picando-se várias vezes, e então, besuntar com ungüento e a recuperação se dará em seis dias, não sendo necessário espremer o carbúnculo. Se o carbúnculo for duro e não estourar, é o carbúnculo do sabre que deve ser tratado imediatamente.

发于胸，名曰井疽，其状如大豆，三四日起，不早治，下入腹，不治〔不治：《外台》卷二十四"不治"上有"入腹"二字〕，七〔七：《外台》卷二十四并作"十"〕日死矣。

"Quando o carbúnculo estiver no peito, chama-se abcesso no "poço". Seu formato é como o feijão de soja; se não for tratado nos três ou quatro primeiros dias, o tóxico perverso desce ao abdômen; se não for tratado após ter atingido o abdômen, o paciente morre em dez dias.

发于膺，名曰甘疽，色青〔色青：《鬼遗方》卷四无此二字〕，其状如穀实菰蓏，常苦〔苦：《鬼遗方》卷四无此字〕寒热，急治之，去其寒热〔去其寒热：《甲乙》卷十一第九下"去其寒热"下有"不急治"三字〕，十岁死，死后出脓。

"Quando o carbúnculo profundamente enraizado está nos dois lados do peito, é chamado de celulite do peito. Seu formato é como fruto da amoreira ou como o chocalho da cobra da Mongólia. Como o paciente tem com freqüência a síndrome do frio e do calor, deve ser removido imediatamente; se não for tratado a tempo, o paciente morre em dez dias, e o pus brota por si próprio após a morte do paciente.

发于胁，名曰败疵，败疵者女子之病也，灸〔灸：周本作"久"〕之，其病大痈脓，治之，其中乃有生肉大如赤小豆，剉䕡茹草根各一升，以水一斗六升煮之，竭为取三升，则强饮，厚衣坐于釜上，令汗出至足，

827

"Quando o carbúnculo está no hipocôndrio, é chamado Baizi (mal que corrompe) que é uma doença fácil de uma mulher contrair. Se for prolongado, pode virar um carbúnculo grande com pus, e um pólipo do tamanho do feijão azuki dentro do pus. Quando tratar, colocar (um litro de cada) flores de campainha dourada e raiz de grama, em dezesseis litros de água e ferver até que sobre uma decocção com três litros; beber mesmo que seja com dificuldade; o paciente deve se sentar com roupas grossas num banco que esteja quente e transpirar até os pés, e a doença estará eliminada.

发于股胫，名曰股胫疽，其状不甚变，而痈脓搏骨，不急治，三〔三：《甲乙》卷十一第九下并作"四"〕十日死矣。

"Quando o carbúnculo estiver na perna, é chamado de osteomielite do fêmur e da tíbia; não existe nenhuma formação proeminente, mas o inchaço com pus ataca os ossos. Se não for tratado a tempo, o paciente morre em quarenta dias.

发于尻，名曰锐疽，其状赤坚大，急治之，不〔不：《鬼遗方》卷四"不"下有"速"字〕治，三〔三：《病源》卷三十二作"四"〕十日死矣。

"Quando o carbúnculo está nas nádegas, é chamado de carbúnculo da região coccígea; é vermelho, grande e firme, e deve ser tratado imediatamente, ou então, o paciente morre em quarenta dias.

发于股阴，名曰赤施，不急治，六十〔十：《医心方》卷十五并无此字〕日死，在两股之内，不治，十〔十：《鬼遗方》卷四并作"六"〕日而当死。

"Quando o carbúnculo está no flanco interno da coxa, é chamado carbúnculo que se manifesta vermelho; se não for tratado a tempo, o paciente morre em seis dias. Quando os carbúnculos estão dos dois lados da coxa, o paciente morre em seis dias.

发于膝，名曰疵〔疵：《鬼遗方》卷四作"雌"〕痈，其状大痈，色不变，寒热，如〔如：《鬼遗方》卷四并作"而"〕坚石〔石：《医心方》卷十五并无此字〕，勿石，石〔石：《鬼遗方》卷四作"破"〕之者死，须其柔，乃石之者生。

"Quando o carbúnculo está no flanco interno do joelho, é chamado de carbúnculo fêmea. É grande e inchado, mas a cor da pele permanece inalterada. Se o paciente tiver frio e calor, e se o carbúnculo for duro, não deve ser dilacerado na picada; se o for, o paciente morre. Se for espremido devagar com as mãos, o paciente pode so-breviver.

诸痈疽之发于节而相应者，不可治也。发于阳者，百日死；发于阴者，三〔三：鬼遗方》卷四并作四〕十日死。

"Quando o carbúnculo estiver na posição simétrica acima, abaixo, à direita e à esquerda da junta, não terá cura. Quando estiver sobre um canal Yang, o paciente morre em cem dias; quando está sobre um canal Yin, o paciente morre em quarenta dias.

发于胫，名曰兔啮，其状赤至骨〔其状赤至骨：《甲乙》卷十一第九下作"其状如赤豆至骨"〕，急治之，不〔不：《甲乙》卷十一第九下"不"下并有"急"字〕治害人也。

"Quando o carbúnculo está sobre a tíbia, abaixo do joelho, é como um feijão vermelho e atinge o osso. Deve ser tratado imediatamente ou prejudica o homem.

发于内踝，名曰走缓，其状痈也〔痈也：《太素》卷二十三并无二字〕，色不变，数石其输，而止其寒热，不死。

828

"Quando o carbúnculo está no tornozelo, é chamado de movimento retardado do tóxico e a cor do músculo permanece inalterada. Quando for tratado com moxibustão freqüente, e se o frio e o calor forem removidos, o paciente não morrerá.

发于足上下，名曰四淫，其状大痈，急〔《鬼遗方》卷四"急"上并有"不"字〕治之，百日死。

"Quando o carbúnculo estiver no pé, é chamado de mal inflamatório do pé. Sua aparência é a de um carbúnculo comum, e se não for tratado a tempo, o paciente morre em cem dias.

发于足傍，名曰厉痈，其状不大，初如小指发，急治之，去其黑者，不消辄益，不治，百日死。

"Quando o carbúnculo está sobre a lateral do pé, é chamado carbúnculo do pé. Não é grande e provém do artelho menor, e deve ser tratado com rigor para remover a parte preta. Se esta não for removida, o mal se agrava e o paciente morre em cem dias.

发于足指，名脱痈，其状赤黑，死不治；不赤黑，不死。不衰，急斩之，不〔不：《甲乙》卷十一第九下"不"下并有"去"字〕则死矣。

"Quando o carbúnculo está no artelho, é chamado de gangrena do artelho; quando vermelho e preto, é uma doença fatal; se não for vermelho e preto, o paciente não morre, mas se a doença não for aliviada após tratar, corta-se o artelho e o paciente pode sobreviver; se não for cortado, o paciente morre.

黄帝曰："夫子言痈疽，何以别之？岐伯曰：营卫〔卫：《甲乙》卷十一第九下作"气"〕稽留于经脉之中，则血泣而不行，不行则卫气从之而不通，壅遏而不得行，故热。大热不止，热胜则肉腐，肉腐则为脓。然不能陷，骨髓不为燋枯，五藏不为伤，做命曰痈。

O Imperador Amarelo perguntou: "Qual a diferença do carbúnculo e do carbúnculo de raiz profunda como disseste acima?" Disse Qibo: "Quando a energia Ying fica retida nos canais e nos colaterais por muito tempo, o sangue fica estagnado e deixa de circular, e a energia Wei fica impedida devido à obstrução. Neste caso, produz-se o grande calor. Quando o calor for excessivo, irá causar a deterioração dos músculos e irá gerar pus facilmente, mas não será capaz de penetrar na medula, nem seca a medula, e por isso os cinco órgãos sólidos não são prejudicados. O mal é chamado carbúnculo".

黄帝曰：何谓疽？岐伯曰：热气淳〔淳：《鬼遗方》卷一作"浮"〕盛，下陷肌肤，筋髓枯〔枯：《甲乙》卷十一第九作"骨肉"〕，内连五脏，血气〔血气：《太平圣惠方》卷十六《痈疽论》"血气"下有"涸"字〕竭，当其痈〔痈：《太平圣惠方》卷六十一《痈疽论》作"痛"〕下，筋骨良肉皆无余，故命曰疽。疽者，上之皮夭以坚，上〔上：《甲乙》卷十一第九作"状"〕如牛领之皮。痈者，其皮上薄以泽。此其侯也。

O Imperador Amarelo perguntou: "O que é chamado de carbúnculo de raiz profunda?" Disse Qibo: "Quando o calor da pessoa é abundante e profuso, o tóxico perverso penetra na pele, nos tendões, na medula e na musculatura e aí, chega aos cinco órgãos sólidos internos, causando o esgotamento da energia e do sangue. Nas posições dolorosas, todos os tendões e músculos se deterioram e a doença é chamada de carbúnculo de raiz profunda. No carbúnculo de raiz profunda, a cor da pele é preta e escura, sem umidade e firme como a pele debaixo do pescoço da vaca. No carbúnculo, a pele fica fina e com uma cor brilhante. Estes são os métodos que distinguem o carbúnculo e o carbúnculo de raiz profunda".

829

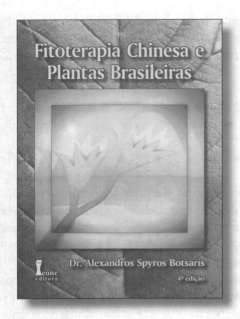

FITOTERAPIA CHINESA E PLANTAS BRASILEIRAS – 4ª edição
Dr. Alexandros Spyros Botsaris

ISBN 978-85-274-0934-6
18 × 26 cm
552 páginas

Desde os primórdios da civilização humana, os povos da terra têm recorrido aos recursos terapêuticos originários de sua cultura. Pode-se observar, sob uma perspectiva histórica, que os povos que mantêm e preservam suas tradições e manifestações culturais, conjugando-as com as exigências do mundo contemporâneo ao invés de destruí-las, conseguem potencializar os avanços da técnica sem corromper as bases de sustentação da sociedade. A Medicina Tradicional Chinesa compreende diversas técnicas terapêuticas que são usadas em associação ou isoladamente no tratamento de doenças.

PRÁTICA DA MEDICINA TRADICIONAL CHINESA
Xie Zhufan

ISBN 978-85-274-1016-8
18 × 27 cm
600 páginas

O professor Xie Zhufan é um especialista pioneiro na área da integração entre as medicinas chinesa e ocidental. Ao observar as diferenças culturais entre o Oriente e o Ocidente, escreveu A Prática da Medicina Tradicional Chinesa para satisfazer as necessidades dos médicos ocidentais que não tinham conhecimento da língua chinesa mas desejavam estudar a medicina chinesa.

Conheça mais em: www.iconeeditora.com.br

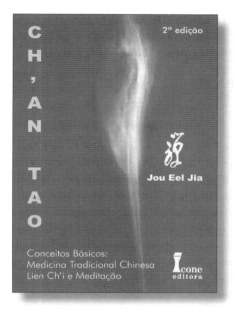

CH'AN TAO – CONCEITOS BÁSICOS: MEDICINA TRADICIONAL CHINESA, LIEN CH'I E MEDITAÇÃO – 2ª EDIÇÃO
Jou Eel Jia

ISBN 978-85-274-0778-6
14 × 21 cm
304 páginas

"Há mais de 5000 anos os médicos chineses acreditavam que a saúde não é só a ausência de doenças, mas sim o equilíbrio harmônico do ser humano como todo." Com essas palavras o doutor Jou Eel Jia começa esta apresentação da Medicina Tradicional Chinesa ao público brasileiro. E nesta frase já é possível perceber que o livro vai além do seu objetivo mais imediato, abre ao leitor os horizontes da sabedoria de uma civilização milenar e faz, ao mesmo tempo, uma proposta de vida, uma proposta altamente desejável: "o equilíbrio harmônico do ser humano como um todo".

FORMULAS E RECEITAS DA MEDICINA CHINESA
Xu Ling

ISBN 978-85-274-0836-3
17 × 24 cm
240 páginas

"A farmacologia de fórmula é um ramo de estudo farmacêutico, cujo objetivo consiste em esclarecer e estudar princípios terapêuticos de combinação das ervas, regras de composição segundo determinada fórmula e sua aplicação na clínica médica. É uma disciplina importantíssima, que orienta direta-mente como praticar a teoria de Bian Zheng Lun Zhi e aplicar princípios terapêuticos.

Conheça mais em: www.iconeeditora.com.br

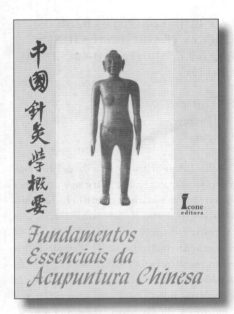

FUNDAMENTOS ESSENCIAIS DA ACUPUNTURA CHINESA
Sonia Regina de Lima Maike (trad.)

ISBN 978-85-274-0331-3
18 × 26 cm
428 páginas

Este livro é uma tradução do livro Essentials of Chinese Acupuncture, traduzido do Zhongguo Zhenjiuxue Gaiyao, publicado em 1964. Este livro tem como característica principal uma clara apresentação das teorias básicas da medicina tradicional chinesa, de forma que os leitores possam compreender a medicina tradicional chinesa em geral e compartilhar seus benefícios, em sua prática clínica e estudo da acupuntura e moxabustão.

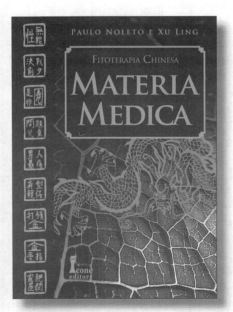

MATÉRIA MÉDICA (FITOTERAPIA CHINESA)
Paulo Noleto / Xu Ling

ISBN 978-85-274-1038-0
17 × 24 cm
568 páginas

A Medicina Tradicional Chinesa possui uma longa história e um sistema de teoria especial e exclusivo com resultados terapêuticos excelentes, contribuindo na manutenção da saúde e proliferação de gerações do povo chinês, fazendo parte importante do brilhante patrimônio nacional. A Organização Mundial da Saúde dá grande importância à Medicina Tradicional Chinesa e a recomenda a todo o mundo com o objetivo de beneficiar mais países e povos.

Conheça mais em: www.iconeeditora.com.br